Monumenta Germaniae Historica

Schriften

Band 40

Hans Eberhard Mayer

Die Kanzlei der lateinischen Könige
von Jerusalem

I

Hannover 1996
Hahnsche Buchhandlung

Hans Eberhard Mayer

Die Kanzlei
der lateinischen Könige
von Jerusalem

I

Hannover 1996
Hahnsche Buchhandlung

Dieses Werk wurde gefördert durch ein einjähriges Akademie-Stipendium der Volkswagen-Stiftung in Hannover und durch einen einjährigen Forschungsaufenthalt am Historischen Kolleg in München. Träger des Historischen Kollegs sind der Stiftungsfonds Deutsche Bank zur Förderung der Wissenschaft in Forschung und Lehre und der Stifterverband für die Deutsche Wissenschaft.

Die Deutsche Bibliothek – CIP-Einheitsaufnahme

Mayer, Hans Eberhard:
Die Kanzlei der lateinischen Könige von Jerusalem /
Hans Eberhard Mayer. – Hannover: Hahn
   (Schriften / Monumenta Germaniae Historica; Bd. 40)
   ISBN 3-7752-5440-4
NE: Monumenta Germaniae Historica <München>: Schriften
   1. – (1996) ISBN 3-7752-5740-3
   2. – (1996) ISBN 3-7752-5741-1

© 1996 Hahnsche Buchhandlung, Hannover
Alle Rechte vorbehalten
Druck: Strauss Offsetdruck GmbH, Mörlenbach
Einband: K. Schaumann, Darmstadt
Printed in Germany
ISBN Teil 1: 3-7752-5740-3
ISBN Teil 2: 3-7752-5741-1
ISBN Gesamtwerk: 3-7752-5440-4
ISSN 0080-6951

Vorwort

Als ich Ende 1967 nach Kiel berufen wurde, war es drei Jahre her, daß ich versprochen hatte, innerhalb von etwa fünf Jahren die kritische Ausgabe der Urkunden der lateinischen Könige von Jerusalem vorzulegen. Das war meine ehrliche Hoffnung und dennoch eine grobe Fehleinschätzung. Auch das Literaturverzeichnis dieses Werkes legt davon Zeugnis ab, daß ich seit 1964 alles andere als untätig war und neben der Materialsammlung, der Herstellung von Texten und der Bearbeitung von Deperdita und Konsensakten eine Fülle kleinerer oder größerer Vorstudien zum Druck brachte, darunter mehrere Bücher. Die letzte und zugleich mit Abstand umfangreichste Vorstudie lege ich jetzt mit dieser zweibändigen Kanzleigeschichte vor – kurz ehe ich in Kiel 1997 emeritiert werde. Da die kritische Aufarbeitung der Diplome damit abgeschlossen ist, hoffe ich zuversichtlich, als Emeritus die eigentliche Edition nunmehr ohne größeren Verzug vorlegen zu können.

Die Zentralverwaltung der Kreuzfahrerkönige von Jerusalem hatte wie jeder Königshof des Mittelalters eine Reihe bedeutender Kronämter in der Hand von Hochadligen, daneben aber auch zwei anders geartete Amtsstellen, zum einen die meist adlig, aber nicht aus dem Hochadel besetzten vier Vizegrafen zur Verwaltung der Krondomäne, die die eigentliche Machtbasis der Könige war, zum andern die geistlich bemannte Kanzlei unter dem Kanzler, in der meist jeweils nur ein Notar, gelegentlich noch ein Kanzleischreiber tätig waren. Da wir kaum vizegräfliche Urkunden und überhaupt kein Register der Vizegrafen oder der übergeordneten Finanzbehörde der Secrète haben, ist die Erforschung der Kanzlei unser wichtigstes Mittel zur Erkenntnis der Herrschaftsstruktur des lateinischen Königreichs Jerusalem.

Nach so langer Zeit habe ich vielfältigen Dank abzustatten für mannigfache Förderung und tatkräftige Hilfe vieler Institutionen und Personen, von denen ich längst nicht alle nennen kann. Dem Wissenschaftsministerium des Landes Schleswig-Holstein danke ich für großzügige Beurlaubungen sowohl in Gestalt von Forschungsfreisemestern wie auch mittels Beurlaubungen ohne Dienstbezüge, die mit Drittmitteln finanziert wurden. Mit besonderer Dankbarkeit denke ich in diesem Zusammenhang zurück an ein einjähriges Akademie-Stipendium der Stiftung Volkswagenwerk 1987/1988, mit dem ein Freijahr für mich finanziert wurde, und an den einjährigen Aufenthalt, mit dem mir in der Kaulbach-Villa des Historischen Kollegs in München 1993/1994 ein unvergeßlich großzügiges Jahr der reinen Forschung zuteil wurde. Da sich die Arbeit an der Kanzleigeschichte von derjenigen an der Edition und den anderen Vorstudien nicht reinlich trennen läßt, denke ich auch gern und voller Dank zurück an meine wiederholten Aufenthalte in Dumbarton Oaks in Washington und am Institute for Advanced Study in

Princeton. Angesichts meines Arbeitsgebietes bleibt für mich auch unvergeßlich ein Forschungsaufenthalt am Institute for Advanced Study der
Hebräischen Universität Jerusalem, der es mir ermöglichte, sechs Monate in
der Stadt zu leben und zu forschen, der so viel von meiner Arbeit gilt. Es
geht mir mit Jerusalem wie dem verdienten Erforscher der Kreuzfahrerkir-
chen, dem Marquis Melchior de Vogüé (1829–1916), der in seinen Reiseno-
tizen „Jérusalem, hier et aujourd'hui" über seinen letzten Abschied vom
Hl. Land 1911 schrieb: „Mais le souvenir reste, plus intense, plus lucide, plus
reconnaisant que jamais. Il va d'une date à l'autre ... Le souvenir pénètre
tout mon être; je sens qu'il ne me quittera qu'avec la vie".

Dank zu sagen gilt es vor allem bei meinen Kieler Mitarbeitern, die mich
mit Textkollationen, der Erstellung einer Formularkartei und vielen Einzelrecherchen unterstützt haben. Vier von ihnen haben inzwischen selbst Pro-
fessuren oder Dozenturen: Marie-Luise Favreau-Lilie, Rudolf Hiestand,
Gerhard Rösch und Thomas Vogtherr. Auch alle meine Hilfskräfte waren
mir behilflich mit Literaturbeschaffung, Einzelrecherchen und Korrekturen.
Ich nenne stellvertretend für alle diejenigen, denen ich besonders verpflichtet
bin: Wolfgang Andreas, Marie von Felbert, Julia Goette, Matthias Lang,
Monika Obermaier, Martin Rheinheimer, Otto-Heinrich Schmidt-Durdaut.
Meine Sekretärin, Frau Ute Gudschun, hat das umfangreiche Manuskript der
beiden Bände neben vielem anderem über Jahre hinweg mit stoischer Ruhe
und gleichbleibender Präzision ins Reine geschrieben und auf dem Computer
eingerichtet. Dafür gilt ihr mein ganz besonderer herzlicher Dank. Auch
zahlreiche Fachgenossen haben mir selbstlos über viele Jahre hinweg immer
wieder ihren Rat geliehen. Es heißt, wer keinen nennt, wird niemanden
vergessen. Aber dankbar genannt seien doch wenigstens diejenigen, die ich
besonders oft in Anspruch nahm: Rudolf Hiestand, Robert B. C. Huygens,
Benjamin Z. Kedar, Joshua Prawer (†) und Jean Richard.

Dem Präsidenten der Monumenta Germaniae Historica, Herrn Professor
Dr. Rudolf Schieffer, danke ich herzlich für die Aufnahme des Werkes in die
Schriftenreihe der Monumenta Germaniae Historica.

Kiel, im September 1995   Hans Eberhard Mayer

Inhaltsverzeichnis

Band I

Band II

Abkürzungs- und Siglenverzeichnis

BECh	Bibliothèque de l'Ecole des Chartes
BF	BÖHMER – FICKER, Regesta imperii 5 (1198–1272)
CC	Corpus Christianorum
D., DD	Diplom(e)
D. spur.	Diploma spurium
DA	Deutsches Archiv für Erforschung des Mittelalters
JL	JAFFÉ – LÖWENFELD, Regesta pontificum Romanorum
MGH	Monumenta Germaniae Historica
SS	Scriptores
SS rer. Germ.	Scriptores rerum Germanicarum in usum scholarum separatim editi
SS rer. Germ. N. S.	Scriptores rerum Germanicarum, Nova series
MIÖG	Mitteilungen des Instituts für Österreichische Geschichtsforschung
NA	Neues Archiv der Gesellschaft für ältere deutsche Geschichtskunde
NU., NUU.	Nachurkunde(n)
P. G.	Palestine Grid (Gitternetz zur Bestimmung palästinensischer Ortslagen)
POTTHAST	POTTHAST, Regesta pontificum Romanorum
QFIAB	Quellen und Forschungen aus italienischen Archiven und Bibliotheken
RHC	Recueil des Historiens des Croisades
Hist. occid.	Historiens occidentaux
Hist. or.	Historiens orientaux
RRH	RÖHRICHT, Regesta regni Hierosolymitani
VU, VUU	Vorurkunde(n)

Quellen- und Literaturverzeichnis

A b r é g é du Livre des Assises de la Cour des Bourgeois, in: Recueil des Historiens des Croisades. Lois 2. Paris 1843. S. 227–352

Abū Šāma, Le livre des deux jardins, in: Recueil des Historiens des Croisades. Historiens orientaux 4. 5. Paris 1898. 1906

ACHT, Peter: Mainzer Urkundenbuch. Band 2, 2 (Arbeiten der Hessischen Historischen Kommission Darmstadt). Darmstadt 1971

ACHT, Wilhelm: Die Entstehung des Jahresanfangs mit Ostern. Eine historisch-chronologische Untersuchung über Entstehung des Osteranfangs und seine Verbreitung vor dem 13. Jahrhundert (Diss. Leipzig). Berlin 1908

English Episcopal A c t a. Band 1: Lincoln 1067–1185, hg. von David M. SMITH. London 1980; Band 2: Canterbury 1162–1190, hg. von Christopher R. CHENEY und Bridgett A. JONES. London 1986; Band 5: York 1070–1154, hg. von Janet E. BURTON. Oxford 1988

Adam von Bremen, Hamburgische Kichengeschichte, hg. von Bernhard SCHMEIDLER (MGH Scriptores rerum Germanicarum [2]). Hannover und Leipzig 1917

Alberich von Troisfontaines: Chronica Albrici monachi Trium Fontium a monacho monasterii Hoiensis interpolata, in: MGH SS 23. Hannoverae 1874. S. 631–950

Albert von Aachen, Historia Hierosolymitana, in: Recueil des Historiens des Croisades. Historiens occidentaux 4. Paris 1879. S. 265–713

D'ALBON, Marquis Claude F.: Cartulaire général de l'Ordre du Temple 1119 ? – 1150. Paris 1913

D'ALESSANDRO NANNIPIERI, Mariella: Carte dell'Archivio di Stato di Pisa. Band 1: 780–1070 (Thesaurus ecclesiarum Italiae 7, 9). Roma 1978

[Amadi] Chroniques d'Amadi et de Strambaldi, hg. von René DE MAS LATRIE. Band 1 (Collection de documents inédits sur l'histoire de France. Première série: Histoire politique). Paris 1891

Ambroise, Estoire de la Guerre Sainte. Histoire en vers de la Troisième Croisade, hg. von Gaston PARIS (Collection de documents inédits sur l'histoire de France). Paris 1897

AMT, Emilie: The Accession of Henry II in England. Royal Government Restored. Woodbridge 1993

A n n a l e s Cameracenses, in: MGH SS 16. Hannoverae 1859. S. 509–554

A n n a l e s Marbacenses qui dicuntur, hg. von Hermann BLOCH (MGH SS rer. Germ. [9]). Hannover und Leipzig 1907

A n n a l e s Scheftlariensis maiores, in: MGH SS 17. Hannoverae 1861. S. 335–343

A n n a l e s de Terre Sainte, hg. von Reinhold RÖHRICHT, in: Archives de l'Orient latin 2b (1884) S. 427–461

A n n a l e s monasterii de Theokesberia, in: Annales monastici, hg. von Henry R. LUARD 1 (Rolls Series 36, 1). London 1864

A n n a l i Genovesi di Caffaro e de' suoi continuatori, Bände 1–4 (Fonti per la storia d'Italia 10–13). Band 1, hg. von Luigi T. BELGRANO; Band 2, hg. von Luigi T. BELGRANO und Cesare IMPERIALE DI SANT'ANGELO; Band 3, hg. von Cesare IMPERIA-

LE DI SANT'ANGELO; Band 4, hg. von Cesare IMPERIALE DI SANT'ANGELO. Genova 1890. Roma. 1901. 1923. 1926

[Ansbert] Historia de expeditione Friderici imperatoris, in: Quellen zur Geschichte des Kreuzzuges Kaiser Friedrichs I., hg. von Anton CHROUST (MGH SS rer. Germ. N. S. 5). Berlin 1928. S. 1–115

ANTWEILER, Wolfgang: Das Bistum Tripolis im 12. und 13. Jahrhundert. Personenge-schichtliche und strukturelle Probleme (Studia Humaniora 20). Düsseldorf 1991

APPELT, Heinrich: Die Reichskanzlei Barbarossas – ein terminologisches Problem?, in: Römische Historische Mitteilungen 28 (1986) S. 141–150

– Der Vorbehalt kaiserlicher Rechte in den Diplomen Friedrich Barbarossas, in: MIÖG 68 (1960) S. 81–97

ARAGO, Antonio M. – TRENCHS, José: Las escribanias reales catalano-aragonesas de Ramon Berenguer IV a la minoria de Jaime I, in: Revista de archivos, bibliotecas y museos 80 (1977) S. 421–442

D'ARBOIS DE JUBAINVILLE, Henry: Catalogue d'actes des comtes de Brienne, in: BECh 33 (1872) S. 141–186

– Essai sur les sceaux des comtes et des comtesses de Champagne. Paris 1856

– Histoire de Bar-sur-Aube sous les comtes de Champagne 1077–1284. Paris 1859

– Histoire des ducs et des comtes de Champagne. Bände 1. 3. 4, 1. 4, 2. 5. 7. Paris 1859. 1861. 1865. 1865. 1863. 1869

– Recherches sur les premiers années de Jean de Brienne, in: Mémoires lus à la Sorbonne 4 (1868) S. 235–247

– Voyage paléographique dans le département de l'Aube. Rapport à M. le Préfet sur une inspection faite en 1854 dans les archives communales et hospitalières du département. Troyes und Paris 1855

A r c h i v i o paleografico italiano. Band 14, hg. von Franco BARTOLONI, Alessandro PRATESI u. a. Roma 1954

ARNDT, Helene: Studien zur inneren Regierungsgeschichte Manfreds (Heidelberger Abhandlungen 31). Heidelberg 1911

Arnold von Lübeck, Chronica Slavorum, hg. von I. M. LAPPENBERG (MGH SS rer. Germ. [14]). Hannoverae 1868 (auch in: MGH SS 21. Hannoverae 1869. S. 100–250)

ARNOLD, Udo: Entstehung und Frühzeit des Deutschen Ordens. Zu Gründung und innerer Struktur des Deutschen Hospitals von Akkon und des Ritterordens in der ersten Hälfte des 13. Jahrhunderts, in: Die geistlichen Ritterorden Europas, hg. von Josef FLECKENSTEIN und Manfred HELLMANN (Vorträge und Forschungen 26). Sigmaringen 1980

– Jerusalem und Akkon. Zur Frage von Kontinuität oder Neugründung des Deutschen Ordens 1190, in: MIÖG 86 (1978) S. 416–432

Arnulf von Lisieux, Letters, hg. von Frank BARLOW (Camden, Third Series 61). London 1939

AURELL I CARDONA, Martin: Une famille de la noblesse provençale au moyen âge: Les Porcelet. Avignon 1986

AUVRAY, Lucien: Les registres de Grégoire IX., 4 Bde. Paris 1896. 1907. 1908–1910. 1955

L' a v o u é r i e en Lotharingie. Actes des 2es Journées Lotharingiennes 22–23 octobre 1982 (Publication de la section historique de l'Institut grand-ducal de Luxembourg). Luxembourg 1984

al-'Azīmī, Chronique abrégée, hg. von Claude CAHEN, in: Journal asiatique 230 (1938) S. 353–448

BAAKEN, Gerhard: Die Regesten des Kaiserreichs unter Heinrich VI. 2 Bände (Regesta imperii 4, 3, 1 und 4, 3, 2). Köln und Wien 1972. 1979

BAERTEN, Jean: Le comté de Haspinga et l'avouérie de Hesbaye (IXe – XIIe siècle), in: Revue belge de philologie et d'histoire 40 (1962) S. 1149–1167

Bahā' ad-Dīn, Anecdotes et beaux traits de la vie du Sultan Youssof (Salâh ed-Dîn), in: Recueil des Historiens des Croisades. Historiens orientaux 3. Paris 1884. S. 1–430

BALDWIN, John W.: Studium et regnum: The Penetration of University Personnel into French and English Administration at the Turn of the Twelfth and Thirteenth Centuries, in: L'enseignement en Islam et en Occident au moyen âge, hg. von George MAKDISI, Dominique SOURDEL und Janine SOURDEL-THOMINE (= Revue des études islamiques 44. Hors série 13). Paris 1977. S. 199–215

BARACCHI, Antonio: Le carte del mille e millecento che si conservano nel Regio Archivio Notarile di Venezia, in: Archivio Veneto 22 (1881) S. 311–332

BARBER, Malcolm: The New Knighthood. A History of the Order of the Temple. Cambridge 1994

BARBIER, Victor: Histoire de l'abbaye de Floreffe, de l'Ordre de Prémontré. Seconde édition. Band 2 (Documents). Namur 1892

BARRE, Ernest: Etude historique sur Chouilly. Châlons-sur-Marne 1866

DE BARTHELEMY, Anatole: Pèlerins champenois en Palestine 1097–1249, in: Revue de l'Orient latin 1 (1893) S. 354–380

BARTHELEMY, Dominique: Les deux âges de la seigneurie banale. Pouvoir et société dans la terre des sires de Coucy (milieu XIe – milieu XIIIe siècle). Paris 1984

DE BARTHELEMY, Edouard: Diocèse ancien de Châlons-sur-Marne. Histoire et monuments. 2 Bände. Paris 1861

– Recueil des chartes de l'abbaye de Notre-Dame de Cheminon (Mémoires de la Société des sciences et arts de Vitry-le-François 11, 1881). Arcis-sur-Aube 1883

– Recueil des chartes de la commanderie du Temple-lez-Châlons, in: DERS.: Diocèse ancien de Châlons-sur-Marne. Histoire et monuments. Band 1. Paris 1861. S. 394–442

– Les seigneurs et la seigneurie d'Arzillières, in: Revue de Champagne et de Brie 23 (1887) S. 161–178, 264–288, 365–376, 422–430

Bartolf von Nangis, Gesta Francorum expugnantium Hierusalem, in: Recueil des Historiens des Croisades. Historiens occidentaux 3. Paris 1866. S. 487–543

BAUTIER, Robert H. – GILLES, Monique: Chronique de Saint-Pierre-le-Vif de Sens dite de Clarius (Sources d'histoire médiévale). Paris 1979

BAXTER, James H. – JOHNSON, Charles: Medieval Latin Word-List from British and Irish Sources. London 1955

Benedict of Peterborough siehe Gesta regis Henrici secundi

BENSON, Robert: The Bishop-Elect. A Study in Medieval Ecclesiastical Office. Princeton 1968

BENTON, John F.: The Court of Champagne as a Literary Center, in: Speculum 36 (1961) S. 551–591
– The Court of Champagne under Henry the Liberal and Countess Mary (Maschinenschriftliche Dissertation). Princeton 1959 (benutzt nach dem Exemplar in der Bayerischen Staatsbibliothek, München)
– Recueil des actes des comtes de Champagne 1152–1197. Pré-Edition 1988 (nach Bentons Tod maschinenschriftlich in 12 Exemplaren hergestellt, von denen mir Professor Michel Bur [Nancy] dankenswerterweise sein Exemplar zur Einsicht zur Verfügung stellte)

BERCHER, Jacques: Approche systematique de l'ancien droit privé. Genève 1963

BERGER, Elie: Les registres d'Innocent IV. 4 Bände. Paris 1884. 1887. 1897. 1921

BERLIÈRE, Ursmer: Frédéric de Laroche, évêque d'Acre et archévêque de Tyr. Envoi de reliques à l'abbaye de Florennes, in: Annales de l'Institut archéologique du Luxembourg 43 (1908) S. 67–79 (überarbeitete Fassung eines Aufsatzes mit gleichem Titel in: Revue bénédictine 23 [1906] S. 501–513 sowie von: Une lettre de Frédéric de Laroche, évêque de S. Jean d'Acre, in: Revue bénédictine 24 [1907] S. 123–125)

BERNARD, Auguste: Cartulaire de l'abbaye de Savigny suivi du Petit Cartulaire de l'abbaye d'Ainay. Band 1 (Collection de documents inédits sur l'histoire de France). Paris 1853
– Recueil des chartes de l'abbaye de Cluny, complété, revisé et publié par Alexandre BRUEL. Bände 1. 4. 5 (Collection de documents inédits sur l'histoire de France). Paris 1876. 1888. 1894

BERNARD, Gildas: Guide des archives départementales de l'Aube. Troyes 1967

BERNHARDI, Wilhelm: Lothar von Supplinburg (Jahrbücher der Deutschen Geschichte). Leipzig 1879

DE BERTRAND DE BROUSSILLON, Arthur Comte: Cartulaire de l'abbaye de Saint-Aubin d'Angers. 3 Bände (Documents historiques sur l'Anjou 1–3). Paris 1903. Angers 1903. Paris 1903

BETTIN, Hans: Heinrich II. von Champagne. Seine Kreuzfahrt und Wirksamkeit im heiligen Lande (1190–1197) (Historische Studien 85). Berlin 1910

BEYER, Gustav: Die Kreuzfahrergebiete Südwestpalästinas, in: Beiträge zur biblischen Landes- und Altertumskunde (hervorgegangen aus der Zeitschrift des Deutschen Palästina-Vereins 68 (1946/1951) S. 149–281
– Neapolis (nablus) und sein Gebiet zur Kreuzfahrerzeit, in: Zeitschrift des Deutschen Palästina-Vereins 63 (1940) S. 155–209

BEYER, Heinrich: Urkundenbuch zur Geschichte der jetzt die preußischen Regierungsbezirke Coblenz und Trier bildenden mittelrheinischen Territorien. Band 1. Coblenz 1860

BISCHOFF, Bernhard: Zur Frühgeschichte des mittelalterlichen Chirographum, in: DERS., Mittelalterliche Studien. Ausgewählte Aufsätze zur Schriftkunde und Literaturgeschichte. Band 1. Stuttgart 1966. S. 118–122

BISHOP, Terence A. M.: Scriptores regis. Facsimiles to identify and illustrate the hands of royal scribes in original charters of Henry I, Stephen, and Henry II. Oxford 1961

BITTERAUF, Theodor: Die Traditionen des Hochstifts Freising. 2 Bände (Quellen und Erörterungen zur bayerischen und deutschen Geschichte. N. F. 4. 5). München 1905. 1909

BLAISE, Albert: Dictionnnaire latin-français des auteurs chrétiens. Turnhout 1954

BLANCARD, Louis: Documents inédits sur le commerce de Marseille au moyen âge. Band 1. Marseille 1884

BLATT, Franz u. a.: Novum glossarium mediae Latinitatis (= Nouveau Ducange), bisher erschienen Buchstabe L–P, Hafniae 1957–1993

BLOCH, Hermann: Die älteren Urkunden des Klosters S. Vanne zu Verdun, in: Jahrbuch der Gesellschaft für lothringische Geschichte und Altertumskunde 10 (1898) S. 338–449; 14 (1902) S. 48–150

BODSON, J.: Les grands hommes de l'Italie. Comte Luidgi (sic) Cibrario. Paris 1868

BÖHM, Ludwig: Johann von Brienne König von Jerusalem, Kaiser von Konstantinopel (Um 1170–1237). Heidelberg 1938

BÖHMER, Johann Friedrich: Die Regesten des Kaiserreiches unter Philipp, Otto IV., Friedrich II., Heinrich (VII.), Conrad IV., Heinrich Raspe, Wilhelm und Richard 1198–1272. Neu bearbeitet von JULIUS FICKER (Regesta imperii 5, 1. 2). Innsbruck 1881. 1882.
ZINSMAIER, PAUL: Nachträge und Ergänzungen (Regesta imperii 5, 4). Köln. Wien 1983

– Regesten zur Geschichte der Mainzer Erzbischöfe. Band 2. Bearbeitet von Cornelius WILL. Innsbruck 1886

BONAINI, Francesco: Statuti inediti della città di Pisa. Band 1. Firenze 1854

BONGARS, Jacques: Gesta Dei per Francos sive Orientalium expeditionum et regni Francorum Hierosolimitani historia. Band 1. Hanoviae 1611

BORMANS, Stanislas – SCHOOLMEESTERS, Emile: Cartulaire de l'église Saint-Lambert de Liége. Band 1. Bruxelles 1893

BOSHOF, Egon: Untersuchungen zur Kirchenvogtei in Lothringen im 10. und 11. Jahrhundert, in: ZRG Kan. Abt. 96 (1979) S. 55–119

DE BOUARD, Alain: Manuel de diplomatique française et pontificale. Band 1. Paris 1929

BOURASSE, Jean J.: Cartulaire de Cormery (Mémoires de la Société archéologique de Touraine 12). Tours 1861

BOURIENNE, V.: Antiquus cartularius ecclesiae Baiocensis (Livre noir). Band 2. Rouen und Paris 1903

BOURILLY, V. L.: Essai sur l'histoire politique de la Commune de Marseille des origines à la victoire de Charles d'Anjou. 2 Bände (Annales de la Faculté des Lettres d'Aix 12. 13). Marseille 1919–1920. 1921–1922

BOURQUELOT, Felix: De la chancellerie des comtes de Champagne, in: Revue des sociétés savantes 4 (1858) S. 771–780

– Fragments de comptes du XIIIe siècle, in: BECh 24 (1863) S. 51–79

– Histoire de Provins. 2 Bände. Provins und Paris 1839. 1840

BOUTILLIER DU RETAIL, A. – PIETRESSON DE ST.-AUBIN, Pierre: Obituaires de la Province de Sens. Band 4 (Recueil des Historiens de la France. Obituaires 4). Paris 1923

BOUTIOT, Theophile – SOCCARD, Emile: Dictionnaire topographique du département de l'Aube (Dictionnaire topographique de la France). Paris 1874

BOUTROUCHE, Robert: Seigneurie et féodalité. Band 1. Paris 1959

BRADER, David: Bonifaz von Montferrat bis zum Antritt der Kreuzfahrt (1202) (Historische Studien 55). Berlin 1907

BRAND, Charles M.: The Byzantines and Saladin, 1185 – 1192: Opponents of the Third Crusade, in: Speculum 37 (1962) S. 167–181

BRANDILEONE, Francesco: Il diritto romano nelle leggi normanne e sveve del regno di Sicilia. Torino 1884

BRESC-BAUTIER, Geneviève: Le cartulaire du chapitre du Saint-Sépulcre de Jérusalem (Documents relatifs à l'histoire des croisades 15). Paris 1984. (Die alte Edition von DE ROZIERE [siehe dort] bietet oft zuverlässigere Texte.)

BRESSLAU, Harry: Handbuch der Urkundenlehre. Band 1. Zweite Auflage. Berlin 1912; Band 2 (davon Abteilung 2 erstmals hg. von Hans W. KLEWITZ). Berlin 1914–1931. Band 3: Register von Hans SCHULZE. Berlin 1960

BREYER, Robert: Die Legation des Kardinalbischofs Nikolaus von Albano in Skandinavien, in: Beilage zum Programm der städtischen Realschule zu Halle a. S., Ostern 1893. Halle a. S. 1893

BROOKE, Zachary N. – BROOKE, Christopher L. N.: Henry's Chancellors Before He Became King. Appendix zu: Henry II Duke of Normandy and Aquitaine, in: English Historical Review 61 (1946) S. 88–89

BROUSSILLON, Le Comte siehe BERTRAND DE BROUSSILLON

BRUCKNER, Wilhelm: Die Sprache der Langobarden (Quellen und Forschungen zur Sprach- und Culturgeschichte der germanischen Völker 75). Straßburg 1895

BRÜHL, Carlrichard: Rogerii II regis diplomata latina (Codex diplomaticus regni Siciliae. Series I, Band 2, 1). Köln und Wien 1987

– Urkunden und Kanzlei König Rogers II. von Sizilien. Mit einem Beitrag: Die arabischen Dokumente Rogers II. von Albrecht NOTH (Studien zu den normannisch-staufischen Herrscherurkunden Siziliens. Beihefte zum Codex diplomaticus regni Siciliae 1). Köln und Wien 1978. – Italienische Übersetzung: Diplomi e cancelleria di Ruggero II. Palermo 1983

BRUNDAGE, James A.: Latin Jurists in the Levant. The Legal Elite of the Crusader States, in: Crusaders and Muslims in Twelfth-Century Syria, hg. von Maya SHATZ-MILLER. Leiden 1993. S. 18–31 zuzüglich 6 Tabellen

BRUNEL, Clovis: Recueil des actes des comtes de Pontieu (1026–1279) (Collection de documents inédits sur l'histoire de France). Paris 1930

BRUNEL, Ghislain: Chartes et chancelleries épiscopales du Nord de la France au XIᵉ siècle, in: A propos des actes d'évêques. Hommage à Lucie Fossier, hg. von Michel PARISSE. Nancy 1991. S. 227–244

BRUTAILS, Jean A.: Cartulaire de l'église collégiale St.-Seurin de Bordeaux. Bordeaux 1897

BUCHTHAL, Hugo: Miniature Painting in the Latin Kingdom of Jerusalem. With Liturgical and Palaeographical Chapters by Francis WORMALD. Oxford 1957

BULST-THIELE, Marie L.: Sacrae domus militiae Templi Hierosolymitani magistri. Untersuchungen zur Geschichte des Templerordens 1118/19–1314 (Abhandlungen

der Akademie der Wissenschaften in Göttingen. Philologisch-historische Klasse, 3. Folge 86). Göttingen 1974
- Templer in königlichen und päpstlichen Diensten, in: Festschrift Percy Ernst Schramm zu seinem siebzigsten Geburtstag. Band 2. Wiesbaden 1964. S. 289–308
BUR, Michel: La formation du comté de Champagne, v. 950 – v. 1150 (Publications de l'Université de Nancy II = Mémoires des Annales de l'Est 54). Nancy 1977
Burchard von Ursperg, Chronicon, in: MGH SS 23. Hannoverae 1874. S. 333–383
BURNS, Robert I.: Diplomatarium of the Crusader Kingdom of Valencia. The Registered Charters of its Conqueror Jaume I, 1257–1276. Band 1: Introduction. Society and Documentation in Crusader Valencia. Princeton 1985
BUSSON, G. – LEDRU, A.: Nécrologe-obituaire de la cathédrale du Mans (Archives historiques du Maine 7). Le Mans 1906
Bustān al-Ğāmī: Une chronique syrienne du VIᵉ/XIIᵉ siècle: le „Bustān al jāmi'", hg. von Claude CAHEN, in: Bulletin d'études orientales de l'Institut français de Damas 7/8 (1938) S. 113–158

CAHEN, Claude: Un document concernant les Melkites et les Latins d'Antioche au temps des croisades, in: Revue des études byzantines 29 (1971) S. 285–292
- Notes sur l'histoire des croisades et de l'Orient latin. II: Le régime rural syrien au temps de la domination franque, in: Bulletin de la Faculté des Lettres de Strasbourg 29 (1950) S. 286–310
- La Syrie du Nord à l'époque des croisades et la principauté franque d'Antioche (Institut français de Damas. Bibliothèque orientale 1). Paris 1940
CALLEWAERT, Camille: Nouvelles recherches sur la chronologie médiévale en Flandre, in: Annales de la Société d'émulation de Bruges 59 (1909) S. 41–62, 153–182
- Les origines du style pascal en Flandre, in: Annales de la Société d'émulation de Bruges 55 (1905) S. 13–26, 121–143
CAMUZAT, Nicolaus: Promptuarium sacrarum antiquitatum Tricassinae dioecesis. Augustae Trecarum 1610
C a p i t u l a r i a regum Francorum, hg. von Alfred BORETIUS. Band 1, Teil 1 (MGH Capit. 1, 1). Hannoverae 1881
CAPPELLI, Adriano: Dizionario di abbreviature latine ed italiane. 6. Auflage. Milano 1979
CARO, Georg: Genua und die Mächte am Mittelmeer 1257–1311. Band 1. Halle 1895
CARR, Annemarie W.: The Mural Paintings of Abu Ghosh and the Patronage of Manuel Comnenus in the Holy Land, in: Crusader Art in the Twelfth Century, hg. von Jaroslav FOLDA (British Archaeological Reports. International Series 152). Oxford 1982. S. 215–243
CARRIERE, Victor: Histoire et cartulaire des Templiers de Provins. Paris 1919
CARRIGUES, Martine: Le premier cartulaire de l'abbaye cistercienne de Pontigny (XIIᵉ – XIIIᵉ siècles) (Collection de documents inédits sur l'histoire de France. Section de philologie et d'histoire jusqu'à 1610. Série in-8° 14). Paris 1981
CARTELLIERI, Alexander: Philipp II. August, König von Frankreich. Band 1. Leipzig und Paris 1899–1900. Band 2. Leipzig und Paris 1906. Band 4, Teil 2. Leipzig 1922

C a r t u l a i r e des abbayes de Saint-Pierre de la Couture et de Saint-Pierre de Solesmes publié par les Bénédictins de Solesmes. Le Mans 1881

CATEL, Albert und LECOMTE, Maurice: Chartes et documents de l'abbaye cistercienne de Preuilly (Société d'archéologie, sciences, lettres et arts du département de Seine-et-Marne). Paris 1927

CATUREGLI, Natale, Regestum Pisanum. Regesto della chiesa di Pisa. Band 1 (Regesta chartarum Italiae 24). Roma 1938

CATUREGLI, Natale – BANTI, Ottavio: Le carte arcivescovili pisane del secolo XIII. Bände 1. 2. 3. 4 (Regesta chartarum Italiae 37. 38. 40. 43). Roma 1974. 1985. 1989 1993

CECCHETTI, Bartolomeo: Bolle dei dogi di Venezia sec. XII – XVIII. Zweite Auflage. Venezia 1888

CESSI, Roberto: Deliberazioni del Maggior Consiglio di Venezia. Band 1: Liber comunis qui vulgo nuncupatur „plegiorum" (Atti delle assemblee costituzionali italiane dal medio evo al 1831. Serie 3, sezione 1: Parlamenti e consigli maggiori dei comuni italiani). Bologna 1950

CHALANDON, Ferdinand: La diplomatique des Normands de Sicile et de l'Italie méridionale, in: Mélanges d'archéologie et d'histoire 20 (1900) S. 155–197

– Histoire de la domination normande en Italie et en Sicile. Band 2. Paris 1907

CHAMPOLLION-FIGEAC, Jean J.: Documents historiques inédits tirés des collections manuscrits de la Bibliothèque Royale et des archives et bibliothèques des départements (Collection de documents inédits sur l'histoire de France. Mélanges historiques). Paris 1843

CHANDON DE BRIAILLES, Le Comte: Bulle de Clérembaut de Broyes, archévêque de Tyr, in: Syria 21 (1940) S. 82–89

– Bulles de l'Orient latin, in: Syria 27 (1950) S. 284–300

– Lignages d'Outremer: Les seigneurs de Margat, in: Syria 25 (1946–1948) S. 231–258

CHAPLAIS, Pierre: The Anglo-Saxon Chancery: From the Diploma to the Writ, in: Journal of the Society of Archivists 3, n° 4 (1966) S. 160–176

– Une charte originale de Guillaume le Conquérant pour l'abbaye de Fécamp: la donation de Steyning et de Bury, in: L'abbaye bénédictine de Fécamp. Ouvrage scientifique du XIIIᵉ centenaire, 658 – 1958. Band 1. Fécamp 1959. S. 93–101

– Diplomatic Documents Preserved in the Public Record Office. Band 1: 1101–1272. London 1964

– English Royal Documents. King John – Henry VI. 1199 – 1461. Oxford 1971

– The Origin and Authenticity of the Royal Anglo–Saxon Diploma, in: Journal of the Society of Archivists 3, n° 2 (1966) S. 48–61

– The Royal Anglo-Saxon 'Chancery' Revisited, in: Studies in Medieval History Presented to R. H. C. DAVIS, hg. von Henry MAYR-HARTING und Robert I. MOORE. London 1985. S. 41–51

– The Seals and Original Charters of Henry I, in: English Historical Review 75 (1960) S. 260–275

CHARLES, Robert – Vicomte MENJOT D'ELBENNE: Cartulaire de l'abbaye de Saint-Vincent du Mans. Mamers und Le Mans 1886–1913

DE CHARPIN-FEUGEROLLES, (Hippolythe) comte – GUIGUE, Georges: Grande pancarte ou cartulaire de l'abbaye de l'Ile-Barbe suivi de documents inédits et de tables. Band 1. Montbrison 1923

CHARTROU, Josèphe: L'Anjou de 1109 à 1151. Foulque de Jérusalem et Geoffroi Plantagenêt. Paris o. J.

CHAZAUD, Martial A.: Inventaire et comptes de la succession d'Eudes, comte de Nevers (Acre 1266), in: Mémoires de la Société nationale des Antiquaires de France 32 = 4. série 2 (1871) S. 164–206

CHEDEVILLE, Andre: L'essor urbain et les hommes, la naissance de la bourgeoisie, in: La ville médiévale des Carolingiens à la Renaissance, hg. von Jacques LE GOFF (Histoire de la France urbaine 2). Paris 1980. S. 103–142

– Liber controversiarum Sancti Vincentii Cenomannensis ou second cartulaire de l'abbaye de Saint-Vincent du Mans. Paris 1968

CHEHAB, (Emir) Maurice H.: Tyr à l'époque des croisades. Band 2: Histoire sociale, économique et religieuse. Partie 2 (= Bulletin du Musée de Beyrouth 32). Paris 1979

CHENEY, Christopher R.: English Bishops' Chanceries 1100–1250 (Publications of the Faculty of Arts of the University of Manchester 3). Manchester 1950

CHEVALIER, Casimir: Cartulaire de l'abbaye de Noyers (Mémoires de la Société archéologique de Touraine 22). Tours 1872

CHEVALIER, C. Ulysse J.: Cartulaire de l'abbaye de Saint-André-le-Bas (Collection de cartulaires dauphinois 1). Vienne und Lyon 1869

– Cartulaires des Hospitaliers et des Templiers en Dauphiné (Collection de cartulaires dauphinois 3, 1). Vienne 1875

CHEVREUX, Paul – VERNIER, Jules: Les archives de Normandie et de la Seine-Inférieure. Etat général des fonds. Recueil de fac-similés d'écriture du XIe au XVIIIe siècle. Rouen 1911

C h r o n i c a regia Coloniensis (Annales maximi Colonienses), hg. von Georg WAITZ (MGH SS rer. Germ. [18]). Hannoverae 1880

C h r o n i c o n Affligemense, in: MGH SS 9. Hannoverae 1851. S. 407–417

C h r o n i c o n Montis Sereni, in: MGH SS 23. Hannoverae 1874. S. 130–226

Breve c h r o n i c o n de rebus Siculis, hg. von Jean L. A. HUILLARD-BREHOLLES, Historia diplomatica Friderici secundi. Band 1, 2. Parisiis 1852. S. 887–908

Anonymi C h r o n i c o n Terrae Sanctae seu Libellus de expugnatione, hg. von Hans PRUTZ, Quellenbeiträge zur Geschichte der Kreuzzüge. Heft 1. Danzig 1876

Ex c h r o n i c o Turonensi auctore anonymo S. Martini Turonensis canonico, in: Martin BOUQUET, Recueil des Historiens des Gaules et de la France 18. Paris 1879. S. 290–320

C h r o n i q u e de Morée (Aragonesische Version), hg. von Alfred MOREL-FATIO (Publications de la Société de l'Orient latin. Série historique 4). Genève 1885

Les grandes c h r o n i q u e s de France. Band 6, hg. von Jules VIARD. Paris 1930

CLARK, Andrew: The English Register of Godstow Nunnery near Oxford. 3 Bände (Early English Text Society. Original Series 129. 130. 142). London 1905. 1906. 1911

CLAY, C. T.: Notes on the Chronology of the Early Deans of York, in: The Yorkshire Archaeological Journal 34 (1939) S. 361–378

La c l e f des Assises de la Haute Cour du royaume de Jérusalem et de Chypre, in: Recueil des Historiens des Croisades. Lois 1. Paris 1841. S. 573–600

CLERVAL, Jules A.: Les écoles de Chartres au moyen âge. Paris 1895

C o d i c e diplomatico Barese. Band 3: Le pergamene della cattedrale di Terlizzi (971–1300), hg. von Francesco CARABALLESE. Band 5: Le pergamene di S. Nicola di Bari. Periodo normanno (1075–1194), hg. von Francesco NITTI DI VITO. Band 10: Le pergamene di Barletta del R. Archivio di Napoli (1075–1309), hg. von Riccardo FILANGIERI DI CANDIDA. Bari 1899. 1902. 1927

COHN, E. S.: The Manuscript Evidence for the Letters of Peter of Blois, in: English Historical Review 41 (1926) S. 43–60

COHN, Willy: Die Geschichte der sizilischen Flotte unter der Regierung Friedrichs II. (1197–1250). Breslau 1926

CONGAR, Yves M. C.: Henri de Marcy, abbé de Clairvaux, cardinal-évêque d'Albano et légat pontifical, in: Analecta monastica. 5ᵉ série (Studia Anselmiana 43). Roma 1958. S. 1–90

C o n s t i t u t i o n e s et acta publica imperatorum et regum. Band 2, hg. von Ludewicus WEILAND (MGH Const. 2). Hannoverae 1896

C o n t i n u a t i o Claustroneoburgensis II, in: MGH SS 9. Hannoverae 1851. S. 613–624

COPPENS, Cyprianus: Cartularium Affligemense. Varia diplomata (1105–1242) (Fontes Affligemenses. Bouwstoffen voor de geschiedenis van de abdij Affligem 8). Affligem 1969 (hektographiert)

CORBET, Patrick: Les collégiales comtales de Champagne (v. 1150 - v. 1230), in: Annales de l'Est 29 (1977) S. 195–241

C o r p u s inscriptionum Graecarum. Band 4, hg. von Ernestus CURTIUS und Adolphus KIRCHHOFF. Berolini 1877

COSSE-DURLIN, Jeannine: Cartulaire de St.-Niçaise de Reims (Documents, études et répertoires publiés par l'Institut de recherche et d'histoire des textes). Paris 1991

COURSON, Aurelien de: Cartulaire de l'abbaye de Redon en Bretagne (Collection de documents inédits sur l'histoire de France). Paris 1863

CRONNE, H. A.: The Reign of Stephen 1135–1154. Anarchy in England. London 1970

CSENDES, Peter: Die Kanzlei Kaiser Heinrichs VI. (Österreichische Akademie der Wissenschaften. Philosophisch-historische Klasse. Denkschriften 151). Wien 1981

CURZON, Henri de: La règle du Temple (Société de l'Histoire de France). Paris 1886

CUTLER, Anthony: Ephraim, mosaicist of Bethlehem: The Evidence from Jerusalem, in: Jewish Art 12–13 (1986–1987) S. 179–183

[Cyprianus] S. Thasci Caecili C y p r i a n i De opere et eleemosynis, in: Opera omnia, hg. von Guilelmus HARTEL (CSEL 3, 1). Vindobonae 1868. S. 371–394

Andreae D a n d u l i ducis Venetiarum Chronica per extensum descripta ca. 46 - 1280 d. C., hg. von Ester PASTORELLO (Rerum Italicarum scriptores. Nuova edizione 12, 1). Bologna 1938

DAVIDSOHN, Robert: Forschungen zur Geschichte von Florenz. Band 2. Berlin 1900

DAVIS, Henry W. C.: Waldric, the Chancellor of Henry I, in: English Historical Review 26 (1911) S. 84–89

DAVIS, R. H. C.: King Stephen 1135–1154. Berkeley und Los Angeles 1967
– William of Tyre, in: Relations between East and West in the Middle Ages, hg. von Derek BAKER. Edinburgh 1973. S. 64–76
DE BOER, P. A. H.: Dispersed Leaves, in: Journal of Semitic Studies 13 (1968) S. 33–35
DELABORDE, Henri F.: Chartes de Terre Sainte provenant de l'abbaye de Notre-Dame de Josaphat (Bibliothèque des Ecoles françaises d'Athènes et de Rome 19). Paris 1880
– Recueil des actes de Philippe Auguste, roi de France. Band 1 (Chartes et diplômes relatifs à l'histoire de France). Paris 1916. Band 4 siehe unter NORTIER
DELAHAYE, Philippe: L'organisation scolaire au XIIe siècle, in: Traditio 5 (1947) S. 211–268
DELAVILLE LE ROULX, Joseph: Les archives, la bibliothèque et le trésor de l'Ordre de Saint-Jean de Jérusalem (Bibliothèque des Ecoles françaises d'Athènes et de Rome 32). Paris 1883
– Cartulaire général de l'Ordre des Hospitaliers de S. Jean de Jérusalem (1100–1310) Bände 1. 2. 3. Paris 1894. 1897. 1899
– Chartes de Terre Sainte, in: Revue de l'Orient latin 11 (1905–1908) S. 181–191
– Les Hospitaliers en Terre Sainte et à Chypre (1100–1310). Paris 1904
– Inventaire de pièces de Terre Sainte de l'Ordre de l'Hôpital, in: Revue de l'Orient latin 3 (1895) S. 36–106. Nachdruck in: DERS.: Mélanges sur l'Ordre de St.-Jean de Jérusalem. Paris 1910 (Nr. XIV)
DEL GIUDICE, Giuseppe: Riccardo Filangieri al tempo di Federico II, di Corrado e di Manfredi, in: Archivio storico per le province napoletane 15 (1890) S. 766–807; 16 (1891) S. 93–139, 453–498, 675–716; 17 (1892) S. 5–33, 243–277, 527–563
DELISLE, Leopold: Catalogue des actes de Philippe Auguste. Paris 1856
– Histoire du château et des sires de Saint-Sauveur-le-Vicomte suivie de pièces justificatives. Valognes 1867
– Mémoire sur les actes d'Innocent III, in: BECh 19 = 4. série 4 (1858) S. 1–73
– Note sur l'emploi du mot majesté par les premiers Capétiens, Appendix zu: DERS., Mémoire sur une lettre inédite adressée à la Reine Blanche par un habitant de La Rochelle, in: BECh 17 = 4. série 2 (1856) S. 553–555
– Note sur les sceaux des lettres closes, Appendix zu: DERS., Mémoire sur une lettre inédite adressée à la Reine Blanche par un habitant de La Rochelle, in: BECh 17 = 4. série 2 (1856) S. 533–537
– Notes sur les chartes originales de Henri II, roi d'Angleterre et duc de Normandie au British Museum et au Record Office, in: BECh 68 (1907) S. 272–314
– Recueil des actes de Henri II, roi d'Angleterre et duc de Normandie, concernant les provinces françaises et les affaires de France. Introduction (Chartes et diplômes relatifs à l'histoire de France). Paris 1909. Bände 1, 2 und 3 (posthum hg. von Elie BERGER) Paris 1916. 1920. 1927
DENIS, Louis J.: Chartes de St.-Julien de Tours (1002–1300) (Archives historiques du Maine 12). Le Mans 1912–1913
DEPOIN, Joseph: Recueil de chartes et documents de St.-Martin-des-Champs monastère parisien. Band 1 (Archives de la France monastique 13). Paris 1912

DEPT, Gaston G.: Les influences anglaise et française dans le comté de Flandre au début du XIIIᵉ siècle (Université de Gand. Recueil de travaux publiés par la Faculté de Philosophie et Lettres 59). Gand und Paris 1928

DER NERSESSIAN, Sirarpie: The Kingdom of Cilician Armenia, in: A History of the Crusades, hg. von Kenneth M. SETTON. Band 2. Madison, Wisc. 1969. S. 630–659

DE SANDOLI, Sabino: Corpus inscriptionum crucesignatorum Terrae Sanctae (1099–1291). Testo, traduzione e annotazioni (Pubblicazioni dello Studium Biblicum Franciscanum 21). Jerusalem 1974

DESCHAMPS, Paul: Les châteaux des croisés en Terre Sainte. Band 2: La défense du royaume de Jérusalem. Band 3: La défense du comté de Tripoli et de la principauté d'Antioche (Bibliothèque archéologique et historique 34. 90). Paris 1939. 1973

DESPY, Georges: Les actes des ducs de Basse-Lotharingie du XIᵉ siècle, in: La Maison d'Ardenne Xᵉ – XIᵉ siècles. Actes des Journées Lotharingiennes 24–26 octobre 1980 (Publications de la section historique de l'Institut Grand-Ducal de Luxembourg 95). Luxembourg 1981. S. 65–132

– Les chartes de l'abbaye de Waulsort. Etude diplomatique et édition critique. Band 1: 946 – 1199 (Académie royale des sciences, des lettres et des beaux-arts de Belgique). Bruxelles 1957

– Contribution à l'étude des formulaires de chartes du XIIᵉ siècle en Basse-Lotharingie, in: Annales du 36ᵉ congrès de la Fédération archéologique et historique de Belgique, 12–15 avril 1955. Gand 1956. S. 497–506

– Notes sur les actes de Godefroid le Barbu comme marquis de Toscane (1054–1069), in: Mélanges offerts par ses confrères étrangers à Charles Braibant. Bruxelles 1959. S. 105–112

– Typologie der auf die Namen der Herzöge von Niederlothringen gefälschten Urkunden (datiert in die Jahre 1050–1100), in: Fälschungen im Mittelalter. Internationaler Kongreß der Monumenta Germaniae Historica. München 16.–19. September 1986. Teil IV (= Diplomatische Fälschungen. Teil II) (MGH Schriften 33, 4). Hannover 1988. S. 275–285

DEVIC, Claude – VAISSETTE, Joseph: Histoire générale de Languedoc (Edition PRIVAT). Bände 5 und 8. Toulouse 1875. 1879

DIBBEN, L. B.: Chancellor and Keeper of the Seal under Henry III, in: English Historical Review 27 (1912) S. 39–51

DIEKAMP, Wilhelm: Zum päpstlichen Urkundenwesen des XI., XII. und der ersten Hälfte des XIII. Jahrhunderts, in: MIÖG 3 (1892) S. 565–627

DIGARD, Georges u. a.: Les registres de Boniface VIII. Bände 1. 2. 3. 4. Paris 1907. 1904. 1921. 1939

D o c u m e n t s relatifs à la successibilité au trône et à la régence, in: Recueil des Historiens des Croisades. Lois 2. Paris 1843. S. 391–434

DODU, Gaston: Histoire des institutions monarchiques dans le royaume de Jérusalem 1099–1291. Paris 1894

DÖLGER, Franz – KARAYANNOPULOS, Johannes: Byzantinische Urkundenlehre. 1. Abschnitt: Die Kaiserurkunden (Handbuch der Altertumswissenschaften. Abteilung 12. Teil 3. Band 1. Abschnitt 1 = Byzantinisches Handbuch. Teil 3. Band 1. Abschnitt 1). München 1968

DOLEZALEK, Gero: Das Imbreviaturbuch des erzbischöflichen Gerichtsnotars Hubaldus aus Pisa Mai bis August 1230 (Forschungen zur neueren Privatrechtsgeschichte 13). Köln und Wien 1969

DOUET D'ARCQ, Louis C.: Collection de sceaux. Première partie. Bände 1. 2 (Inventaires et documents publiés par l'ordre de l'Empereur). Paris 1863. 1867

– Recherches historiques et critiques sur les anciens comtes de Beaumont-sur-Oise du XIᵉ au XIIIᵉ siècle (Mémoires de la Société des antiquaires de Picardie. Documents inédits concernant la province 4). Amiens 1855

DOUGLAS, Audrey W.: Frankalmoin and Jurisdictional Immunity, in: Speculum 53 (1978) S. 26–48

DRÖGEREIT, Richard: Gab es eine angelsächsische Königskanzlei?, in: Archiv für Urkundenforschung 13 (1935) S. 335–436

DU BROSSAY, Emmanuel Ch.: Cartulaire d'Azé et du Genétail, prieurés de l'abbaye Saint-Nicolas d'Angers 1080–1637 (Archives historiques du Maine 3). Le Mans 1903. S. 49–168

DUBY, Georges – WALLON, Armand: Histoire de la France rurale. Band 1: La formation des campagnes françaises des origines au XIVᵉ siècle, hg. von Georges DUBY. Paris 1975

DU CANGE, Carolus DUFRESNE sieur: Les Familles d'Outre-Mer de Du Cange, hg. von E. G. REY (Collection de documents inédits sur l'histoire de France). Paris 1869

– Glossarium mediae et infimae latinitatis. Editio nova a Leopold FAVRE. 10 Bände. Niort 1883–1887

DUCHESNE, André: Histoire généalogique des maisons de Guines, d'Ardres, de Gand et de Coucy. Paris 1631

DUCHET, Th. – GIRY, Arthur: Cartulaires de l'église de Thérouanne (Publications de la Société des Antiquaires de la Morinie). Saint-Omer 1881

DUFOUR, Jean: Recueil des actes de Louis VI, roi de France (1108–1137) (Chartes et diplômes relatifs à l'histoire de France). Bände 1. 2. 3. Paris 1992. 1992. 1993

DUNBABIN, Jean: William of Tyre and Philip of Alsace, Count of Flanders, in: Mededeelingen van de Koninklijke Vlaamsche Academie voor Wetenschappen, Letteren en Schone Kunsten van Belgie. Klasse der Letteren 48 (1986) S. 109–117

DU PLESSIS, Toussaints: Histoire de l'église de Meaux. Band 2. Paris 1731

DURRIEU, Paul: Les archives angevines de Naples. Etude sur les registres du roi Charles Iᵉʳ (1265–1285). Bände 1. 2 (Bibliothèques des Ecoles françaises d'Athènes et de Rome 46. 51). Paris 1886. 1887.

D(USSAUD), R(ené): [Rezension zu] Mgr. PETIT, La ville de Tulupa au temps des croisades. Comptes-rendus de l'Académie des Inscriptions et Belles-Lettres 1922. S. 189–190, in: Syria 4 (1923) S. 78 f.

– Topographie historique de la Syrie antique et médiévale (Bibliothèque archéologique et historique 4). Paris 1927

DUVIVIER, Charles: Actes et documents anciens intéressant la Belgique. Nouvelle série (= Band 2). Bruxelles 1903

EDBURY, Peter W.: The 'Cartulaire de Manosque': a Grant to the Templars in Latin Syria and a Charter of King Hugh I of Cyprus, in: Bulletin of the Institute of Historical Research 51 (1978) S. 174–181
– John of Ibelin's Title to the County of Jaffa and Ascalon, in: English Historical Review 98 (1983) S. 115–133
– The Kingdom of Cyprus and the Crusades, 1191–1374. Cambridge 1991
EDBURY, Peter W. – ROWE, John G.: William of Tyre. Historian of the Latin East (Cambridge Studies in Medieval Life and Thought. Fourth Series 8). Cambridge 1988
– William of Tyre and the Patriarchal Election of 1180, in: English Historical Review 93 (1978) 1–25
ELISSÉEFF, Nikita: Nūr ad-Dīn. Un grand prince musulman de Syrie au temps des croisades (511–569 H./1118–1174). Band 2. Damas 1967
ELLENBLUM, Ronnie: Who Built Qalʿat al-Ṣubayba?, in: Dumbarton Oaks Papers 43 (1989) S. 103–112
ELLIS, Henry: General Introduction to Domesday Book. Band 2. o. O. 1833
ELM, Kaspar: Fratres und Sorores Sanctissimi Sepulcri. Beiträge zu fraternitas, familia und weiblichem Religiosentum im Umkreis des Kapitels vom Hlg. Grab, in: Frühmittelalterliche Studien 9 (1975) S. 287–333
ELZE, Reinhard: Die päpstliche Kapelle im 12. und 13. Jahrhundert, in: ZRG Kan. Abt. 36 (1950) S. 145–204
– Ein Seneca-Zitat in Barbarossa-Urkunden, in: Römische Historische Mitteilungen 28 (1986) S. 151–154
ENZENSBERGER, Horst: Beiträge zum Kanzlei- und Urkundenwesen der normannischen Herrscher Unteritaliens und Siziliens (Münchener Historische Studien. Abteilung Geschichtliche Hilfswissenschaften 9). Kallmünz/Oberpfalz 1971
– Bemerkungen zu Kanzlei und Diplomen Robert Guiskards, in: Roberto il Guiscardo e il suo tempo. Relazioni e comunicazioni nelle prime giornate normanno-sveve (Bari, maggio 1973) (Fonti e studi del Corpus membranarum Italicarum 11). Roma 1975. S. 107–113
– Cancelleria e documentazione sotto Ruggero I di Sicilia, in: Ruggero il Gran Conte e l'inizio dello stato normanno. Relazioni e comunicazioni nelle seconde giornate normanno-sveve (Bari, maggio 1975) (Fonti e studi del Corpus membranarum Italicarum 12). Roma 1977. S. 15–23
ERDMANN, Carl: Die Entstehung des Kreuzzugsgedankens (Forschungen zur Kirchen- und Geistesgeschichte 6). Stuttgart 1935
ERKENS, Franz R.: Vuenricus cancellarius scripsit et subscripsit. Eine unedierte Urkunde des Erzbischofs Egilbert von Trier, in: Rheinische Vierteljahresblätter 56 (1992) S. 79–96
[Ernoul] Chronique d'Ernoul et de Bérnard le Trésorier, hg. von Louis DE MAS LATRIE (Société de l'Histoire de France). Paris 1871
L' E s t o i r e de Eracles Empereur et la conqueste de la Terre d'Outremer [= altfranzösische Fortsetzung der Chronik des Wilhelm von Tyrus], in: Recueil des Historiens des Croisades. Historiens occidentaux 2. Paris 1859
Etienne de Tournai, Lettres, hg. von Jules DESILVE. Valenciennes und Paris 1893

EUBEL, Conrad: Hierarchia catholica medii aevi. Band 1: 1198–1431. Editio altera. Monasterii 1913

EVERGATES, Theodore: The Chancery Archives of the Counts of Champagne: Codicology and History of the Cartulary-Registers, in: Viator 16 (1985) S. 159–178
– Feudal Society in the Bailliage of Troyes under the Counts of Champagne, 1152–1284. Baltimore und London 1975

EVRARD, H.: Documents relatifs à l'abbaye de Flône, in: Analectes pour servir à l'histoire ecclésiastique de la Belgique 23 (= 2ᵉ série 7). Louvain 1892. S. 273–453; ebd. 24 (= 2ᵉ série 8). Louvain 1893, S. 395–492.

EWALD, Wilhelm: Siegelkunde (Handbuch der mittelalterlichen und neueren Geschichte. Abteilung IV). München und Berlin 1914

FALASCHI, Emma: Carte dell'Archivio capitolare di Pisa. Band 1: 930–1050; Band 2: 1051–1075 (Thesaurus ecclesiarum Italiae 7, 1. 2). Roma 1971. 1973

FALKENSTEIN, Ludwig: Alexandre III et Henri de France. Conformités et conflits, in: Die französische Kirche und das Papsttum (10.–13. Jahrhundert), hg. von Rolf GROSSE (Studien und Dokumente zur Gallia pontificia 1). Bonn 1993. S. 103–176
– Analecta pontificia Cameracensis. Zum Datum und Inhalt mehrerer Mandate Alexanders III. betreffend Cambrai, in: Archivum historiae pontificiae 21 (1983) S. 35–78
– Pontificalis maturitas vel modestia sacerdotalis? Alexander III. und Heinrich von Frankreich in den Jahren 1170–1172, in: Archivum historiae pontificiae 22 (1984) S. 31–88

FARCINET, Charles: L'ancienne famille de Lusignan. Les premiers sires de ce nom. Les comtes de la Marche. Geoffroy le Grand-Dent. 2ᵉ édition. Fontenay-le-Comte und Vannes 1899

FARRER, William: Early Yorkshire Charters. Band 3. Edinburgh 1916

FAUROUX, Marie: Recueil des actes des ducs de Normandie de 911 à 1066. Caen 1961

FAVREAU(-LILIE), Marie L.: La cacciata dei Pisani dal regno di Gerusalemme sotto la reggenza di Enrico conte di Champagne e un diploma di Boemondo IV conte di Tripoli per il comune di Pisa, in: Bollettino storico pisano 54 (1985) S. 107–115
– Friedenssicherung und Konfliktbegrenzung: Genua, Pisa und Venedig in Akkon, ca. 1200–1224, in: I comuni italiani nel regno crociato di Gerusalemme, hg. von Gabriella AIRALDI und Benjamin Z. KEDAR (Collana storica di fonti e studi 48). Genova 1986. S. 429–447
– Graf Heinrich von Champagne und die Pisaner im Königreich Jerusalem, in: Bollettino storico pisano 47 (1978) S. 97–120
– Graf Heinrich von Malta, Genua und Boemund IV. von Antiochia. Eine urkundenkritische Studie, in: QFIAB 58 (1978) S. 181–215
– Die Italiener im Heiligen Land vom ersten Kreuzzug bis zum Tode Heinrichs von Champagne (1098–1197). Amsterdam 1989
– Die italienische Levante-Piraterie und die Sicherheit der Seewege nach Syrien im 12. und 13. Jahrhundert, in: Vierteljahrschrift für Sozial- und Wirtschaftsgeschichte 65 (1978) 461–510

- Die italienischen Kirchen im Heiligen Land (1098–1291), in: Studi veneziani. N. S. 13 (1987) S. 15–101
- Studien zur Frühgeschichte des Deutschen Ordens (Kieler Historische Studien 21). Stuttgart o. J. (1974)
FEDALTO, Giorgio: La Chiesa latina in Oriente. Band 2: Hierarchia Latina Orientis (Studi religiosi 3, 2). o. O. (Verona) 1976
FERRETTO, Arturo: Contributi alle relazioni tra Genova e l'Oriente, in: Giornale ligustico di archeologia, storia e letteratura 21 (1896) S. 40–48
FICKER, Julius: Beiträge zur Urkundenlehre. 2 Bände. Innsbruck 1877. 1878
- Urkunden zur Reichs- und Rechtsgeschichte Italiens. Band 4 (Forschungen zur Reichs- und Rechtsgeschichte Italiens 4). Innsbruck 1874
FIGLIUOLO, Bruno: Amalfi e il Levante nel medioevo, in: I comuni italiani nel regno crociato di Gerusalemme, hg. von Gabriella AIRALDI und Benjamin Z. KEDAR (Collana storica di fonti e studi 48). Genova 1986. S. 571–664
FILANGIERI DI CANDIDA, Riccardo: Riccardo Filangieri, imperialis aulae marescallus e i suoi omonimi contemporanei, in: Archivio storico per le province napoletane 37 (1912) S. 264–271, 466–469; 38 (1913) S. 311–317
FLECKENSTEIN, Josef: Die Rechtfertigung der geistlichen Ritterorden nach der Schrift „De laude novae militiae" Bernhards von Clairvaux, in: Die geistlichen Ritterorden Europas, hg. von Josef FLECKENSTEIN und Manfred HELLMANN (Vorträge und Forschungen 26). Sigmaringen 1980. S. 7–22
FOREVILLE, Raymonde: L'Eglise et la royauté en Angleterre sous Henri II Plantagenet (1154–1189) o. O. u. J. (Paris 1943)
F o r m u l a e Merowingici et Karolini aevi, hg. von Karolus ZEUMER (MGH Formulae). Hannoverae 1896
FORSTREUTER, Kurt: Der Deutsche Orden am Mittelmeer (Quellen und Studien zur Geschichte des Deutschen Ordens 2). Bonn 1967
FOSSIER, Robert: La terre et les hommes en Picardie jusqu'à la fin du XIIIe siècle. 1 Band in zwei durchpaginierten Teilen. Paris und Louvain 1968
FOURNIER, Edouard: L'origine du vicaire général et des autres membres de la curie diocésaine. Paris 1940
Aliud f r a g m e n t u m (Pisanum), in: Ferdinando UGHELLI, Italia sacra 10^b. Venetiis 1722. Sp. 118–120 (Anecdota Ughelliana)
FRIED, Johannes: Die Entstehung des Juristenstandes im 12. Jahrhundert. Zur sozialen und politischen Bedeutung gelehrter Juristen in Bologna und Modena (Forschungen zur neueren Privatrechtsgeschichte 21). Köln und Wien 1974
FRIEDLÄNDER, Ina: Die päpstlichen Legaten in Deutschland und Italien am Ende des XII. Jahrhunderts (1181–1198) (Historische Studien 177). Berlin 1928
DE LA FUENTE, Vicente: España sagrada. Bände 49. 50. Madrid 1866. 1866
Fulcher von Chartres, Historia Hierosolymitana, hg. von Heinrich HAGENMEYER. Heidelberg 1913
FUNK, Philipp: Jakob von Vitry. Leben und Werke (Beiträge zur Kulturgeschichte des Mittelalters und der Renaissance 3). Leipzig und Berlin 1909

GALBRAITH, Vivian H.: Monastic Foundation Charters of the Eleventh and Twelfth Centuries, in: Cambridge Historical Journal 4 (1932–1934) S. 205–222, 296–298
– Studies in the Public Records. London und Edinburgh 1948
Gallia christiana in provincias ecclesiasticas distributa (ed. nova). Opera et studio monachorum congregationis S. Mauri ordinis S. Benedicti, Bände 8. 12. Parisiis 1744. 1770
Gallia christiana novissima. Histoire des archévêchés, évêchés et abbayes de France, hg. von Joseph H. ALBANES und Ulysse CHEVALIER. Band 3: Arles. Valence 1901
GAMS, Pius B.: Series episcoporum ecclesiae catholicae. Ratisbonae 1873
GARRIGUES, Martine: Le premier cartulaire de l'abbaye cistercienne de Pontigny (Collection de documents inédits sur l'histoire de France. Section de philologie et d'histoire jusqu'à 1610). Paris 1981
GARUFI, Carlo A.: I documenti inediti dell'epoca normanna in Sicilia. Parte prima (Documenti per servire alla storia di Sicilia. Prima serie 18). Palermo 1899
– Sullo strumento notarile nel Salernitano nello scorcio del secolo XI, in: Archivio storico italiano 46 (1910) S. 53–80, 291–343
– Il tabulario di S. Maria di Valle Giosafat nel tempo normanno-svevo e la data delle sue falsificazioni, in: Archivio storico per la Sicilia orientale 5 (1908) S. 161–183, 315–349
GASPARRI, Françoise: L'écriture des actes de Louis VI, Louis VII et de Philippe Auguste (Centre de recherches d'histoire et de philologie de la IVe section de l'Ecole pratique des Hautes-Etudes V, 20). Genève und Paris 1973
GENICOT, Leopold: Etudes sur les principautés lotharingiennes (Université de Louvain. Recueil de travaux d'histoire et de philologie, 6e série 7). Louvain 1975
Le Livre de Geoffroy le Tort, in: Recueil des Historiens des Croisades. Lois 1. Paris 1841. S. 433–450
[Gerhard von Nazareth, De conversatione virorum dei in Terra Sancta morantium] (Exzerpte), hg. von Benjamin Z. KEDAR, Gerard of Nazareth. A Neglected Twelfth Century Writer in the Latin East. A Contribution to the Intellectual and Monastic History of the Crusader States, in: Dumbarton Oaks Papers 37 (1983) S. 55–77 (hier S. 71–75)
Gervasius von Canterbury, Opera historica, hg. von William STUBBS. Band 1 (Rolls Series 73, 1). London 1879
GERVERS, Michael: The Cartulary of the Knights of St. John in Jerusalem. Secunda camera. Essex (British Academy. Records of Social and Economic History. New Series 6). Oxford 1982
Gesta Francorum et aliorum Hierosolimitanorum, hg. mit englischer Übersetzung von Rosalind HILL (Medieval Texts). London und Edinburgh 1962; hg. von Heinrich HAGENMEYER. Heidelberg 1890 (nur benutzt, wo eigens angegeben)
Gesta Guillelmi Maioris Andegavensis episcopi ab ipsomet relata, hg. von Luc D'ACHERY, Spicilegium sive collectio veterum aliquot scriptorum, qui in Galliae bibliothecis delituerant. Nova editio priori accuratior, hg. von Stephanus BALUZE und Edmundus MARTENE. Band 2. Parisiis 1723. S. 159–207
Gesta episcoporum Halberstadensium, in: MGH SS 23. Hannoverae 1874. S. 73–123

(Benedict of Peterborough), G e s t a regis Henrici secundi, hg. von William STUBBS Bände 1. 2 (Rolls Series 49, 1. 2). London 1867

G e s t a Innocentii papae III, in: Jacques P. MIGNE, Patrologia Latina 214. Parisiis 1890. Sp. XVII–CCXXVIII

G e s t a obsidionis Damiate, hg. von Reinhold RÖHRICHT, Quinti belli sacri scriptores minores (Publications de la Société de l'Orient latin. Série historique 2). Genevae 1879

G e s t a Stephani regis Anglorum, in: Chronicles of the Reigns of Stephen, Henry II. and Richard I., hg. von Richard HOWLETT. Band 3 (Rolls Series 82, 3). London 1886

Les G e s t e s des Chiprois, in: Recueil des Historiens des Croisades. Documents arméniens 2. Paris 1906. S. 651–872

GIARD, René: Note sur une ancienne „charte-partie" conservée aux Archives Nationales, in: BECh 61 (1900) S. 201–206

GIBBS, Marion: Early Charters of the Cathedral Church of St. Paul, London (Camden. Third Series 58). London 1939

[Gilbert Foliot] The Letters and Charters of Gilbert Foliot, abbot of Gloucester (1139–48), bishop of Hereford (1148–63), and London (1163–87), hg. von Adrian MOREY und Christopher N. L. BROOKE. Cambridge 1967

GINZEL, Friedrich K.: Handbuch der mathematischen und technischen Chronologie. Band 3. Leipzig 1914

GIRGENSOHN, Dieter – KAMP, Norbert: Urkunden und Inquisitionen des 12. und 13. Jahrhunderts aus Patti, in: QFIAB 45 (1965) S. 1–240

Giselbert von Mons, La chronique. Nouvelle édition, hg. von Leon VANDERKINDERE (Commission royale d'histoire. Recueil de textes pour servir à l'étude de l'histoire de Belgique). Bruxelles 1904

[GLORIA, Andrea]: Codice diplomatico padovano dal secolo sesto a tutto l'undecimo (Monumenti storici publicati dalla R. Deputazione Veneta di storia patria 2 = Serie prima. Documenti 2). Venezia 1877

– Codice diplomatico padovano dall'anno 1101 alla Pace di Costanza (25 giugno 1183). 2 Bände (Monumenti storici publicati dalla R. Deputazione veneta di storia patria 4. 7 = Serie prima. Documenti 4. 6). Venezia 1879. 1881

GONZALEZ, Julio: Regesta de Fernando II. Madrid 1943

Gottfried von Villehardouin siehe Villehardouin

GRABOIS, Aryeh: Louis VII pèlerin, in: Revue d'histoire de l'église de France 74 (1988) S. 5–22

GRAUERT, Hermann: Eine Tempelherrenurkunde von 1167, in: Archivalische Zeitschrift 3 (1878) S. 294–309

[Gregor der Große] Sancti Gregorii Magni XL homiliarum in evangelia libri duo, in: Jacques P. MIGNE, Patrologia Latina 76. Parisiis 1849. Sp. 1075–1312

Gregor der Priester, Chronique, in: Recueil des Historiens des Croisades. Documents arméniens 1. Paris 1869. S. 152–201

Gregor von Tours, De cursu stellarum, hg. von Friedrich HAASE (Universitätsprogramm Breslau). Breslau 1853

GREVEN, Joseph: Frankreich und der fünfte Kreuzzug, in: Historisches Jahrbuch 43 (1928) S. 15–52

GROH, Friedrich: Der Zusammenbruch des Reiches Jerusalem 1187–1189. Jena 1909

GROTEFEND, Hermann: Zeitrechnung des deutschen Mittelalters und der Neuzeit. Band 1. Hannover 1891

GROTEN, Manfred: Der Magistertitel und seine Verbreitung im Deutschen Reich des 12. Jahrhunderts, in: Historisches Jahrbuch 113 (1993) S. 21–40

GROUSSET, René: Histoire des croisades et du royaume franc de Jérusalem. Bände 2. 3. Paris 1935. 1936

GUERARD, Benjamin: Cartulaire de l'abbaye de Saint-Bertin (Collection de documents inédits sur l'histoire de France). Paris 1840

– Cartulaire de l'abbaye de Saint-Père de Chartres. Band 2 (Collection de cartulaires de France 1 = Collection de documents inédits sur l'histoire de France. Série 1. Histoire politique). Paris 1840

Guibert von Nogent, Gesta Dei per Francos, in: Recueil des Historiens des Croisades. Historiens occidentaux 4. Paris 1879. S. 113–263

[Guido de Bazoches] Ex Guidonis de Bazochiis cronosgraphie libro septimo. Letzter Teil bis zum Schluß für akademische Übungen hg. von Alexander CARTELLIERI, bearbeitet von Wilhelm FRICKE. Jena 1910

– Aus den Briefen des Guido von Bazoches, hg. von Wilhelm WATTENBACH, in: NA 16 (1891) S. 67–113

GUIGUE, Marie C.: Cartulaire lyonnais. Documents inédits pour servir à l'histoire des anciennes provinces de Lyonnais, Forez, Beaujolais, Dombes, Bresse et Bugey comprises jadis dans le pagus maior Lugdunensis. Band 1. Lyon 1885

– Obituarium Lugdunensis ecclesiae. Nécrologe des personnages illustres et des bienfaiteurs de l'église métropolitaine de Lyon. Lyon 1867

Guillaume de Tyr siehe Wilhelm von Tyrus

GUILLOT, Olivier: Le comte d'Anjou et son entourage au 11e siècle. 2 Bände. Paris 1972

GUYOTJEANNIN, Olivier: Les actes établies par la chancellerie royale sous Philippe Ier, in: BECh 147 (1989) S. 29–48

– L'influence pontificale sur les actes épiscopaux français (Provinces ecclésiastiques de Reims, Sens et Rouen, XIe – XIIe siècles), in: Die französische Kirche und das Papsttum (10. - 13. Jahrhundert), hg. von Rolf GROSSE (Studien und Dokumente zur Gallia pontificia 1). Bonn 1993. S. 299–322

GYSSELING, Maurits – KOCH, A. C. F.: Diplomata Belgica ante annum millesimum centesimum scripta (Bouwstoffen en Studien voor de Geschiedenis en de Lexicografie van het Nederlands 1). 1 Textband. 1 Tafelband. Brussel 1950

HABETS, Joseph: Beknopte geschiedenis der proostdij van Meerssen, in: Publications de la Société historique et archéologique dans le duché de Limbourg 25 (= N. S. 5). Maestricht 1888. S. 3–160

HAGENEDER, Othmar – HAIDACHER, Anton u. a.: Die Register Innocenz' III. (Publikationen der Abteilung für historische Studien des Österreichischen Kulturinstituts in Rom). Band 1. Graz und Köln 1964–1968. Band 2. Wien 1979–1983

HAGENMEYER, Heinrich: Chronologie de l'histoire du royaume de Jérusalem. Règne de Baudouin I (1101–1118), in: Revue de l'Orient latin 11 (1905–1908) S. 145–180, 453–485 (weitere Teile dieses Fortsetzungswerks wurden nicht benutzt)
- Die Kreuzzugsbriefe aus den Jahren 1088–1100. Eine Quellensammlung zur Geschichte des ersten Kreuzzuges. Innsbruck 1901
HAIGNERE, Daniel: Les chartes de Saint-Bertin. Band 1 (Publications de la Société des Antiquaires de la Morinie). Saint-Omer 1886
- Donation à l'abbaye d'Arrouaise d'une terre située à Vieille-Eglise par la reine Mathilde, comtesse de Boulogne, in: Bulletin historique de la Société des Antiquaires de la Morinie 7 (1887) S. 682–685
- Quelques chartes de l'abbaye de Samer, in: Mémoires de la Société académique de l'arrondissement de Boulogne-sur-Mer 12 (1880) S. 89–252
- Trois chartes inédites des comtes de Boulogne, in: Bulletin de la Société académique de l'arrondissement de Boulogne-sur-Mer 1 (1864–1872, erschienen 1873) S. 372–375
HALKIN, Joseph – ROLAND, Charles G.: Recueil des chartes de l'abbaye de Stavelot-Malmédy. Band 1. Bruxelles 1909
HALL, Hubert: A Formula Book of English Official Historical Documents. Band 2. Cambridge 1909
- Studies in English Historical Documents. Cambridge 1908
HALPHEN, Louis: Le comté d'Anjou au XIᵉ siècle. Paris 1906
HAMILTON, Bernard: The Latin Church in the Crusader States. The Secular Church. London 1980
- The Titular Nobility of the Latin East: The Case of Agnes of Courtenay, in: Crusade and Settlement. Papers Read at the First Conference of the Society for the Study of the Crusades and the Latin East And Presented to R. C. Smail, hg. von Peter W. EDBURY. Cardiff 1985. S. 197–212
- Women in the Crusader States: The Queens of Jerusalem 1100–1190, in: Medieval Women, hg. von Derek BAKER (Studies in Church History. Subsidia 1). Oxford 1978. S. 143–174
HANQUET, Karl: La Chronique de Saint-Hubert dite Cantatorium. Nouvelle édition (Commission royale d'histoire. Recueil de textes pour servir à l'étude de l'histoire de Belgique). Bruxelles 1906
HARDY, Thomas D.: Rotuli chartarum in Turri Londinensi asservati. Band 1, 1. London 1837
(HARMAND, Auguste): Notice historique sur la léproserie de la ville de Troyes, in: Mémoires de la Société d'agriculture, des sciences, arts et belles-lettres du département de l'Aube 14 = 2. série 1 (1847–1848) S. 429–680
HARMER, Florence E.: Anglo-Saxon Writs. Manchester 1952
HARTMANN, Heinz: Die Urkunden Konrads IV. Beiträge zur Geschichte der Reichsverwaltung in spätstaufischer Zeit, in: Archiv für Urkundenforschung 18 (1944) S. 38–163
HASENRITTER, Fritz: Beiträge zum Urkunden- und Kanzleiwesen Heinrichs des Löwen (Greifswalder Abhandlungen zur Geschichte des Mittelalters 6). Greifswald 1936
HASKINS, Charles H.: England and Sicily in the Twelfth Century, in: English Historical Review 26 (1955) S. 433–447, 641–655

- Norman Institutions. Cambridge/Mass. 1918
Sir Christopher H a t t o n ' s Book of Seals, hg. von Lewis C. LLOYD und Doris
M. STENTON (Publications of the Northamptonshire Record Society 15). Oxford
1950
HAUREAU, Barthélemy: Mémoire sur quelques chanceliers de l'église de Chartres, in:
Mémoires de l'Institut national de France. Académie des Inscriptions et Belles-
Lettres 31, 2. Paris 1884. S. 63–122
HAUSMANN, Friedrich: Formularbehelfe der frühen Stauferzeit. Untersuchungen über
deren Herkunft, Verwendung und Verhältnis zur Urkundensammlung des Codex
Udalrici, in: MIÖG 58 (1950) S. 68–96
HAUZINSKI, Jerzy: O domniemanych próbach konwersji asasynów na chrescijanstwo
w swietle relacij Wilhelma z Tyru (Sur les prétendus tentatives des Assassins de
Syrie de se convertir au christianisme à la lumière du récit du Guillaume de Tyr),
in: Przeglad Historyczny 64 (1973) S. 243–253
HAVERKAMP, Alfred: Die Regalien-, Schutz- und Steuerpolitik in Italien unter Fried-
rich Barbarossa bis zur Entstehung des Lombardenbundes, in: Zeitschrift für
bayerische Landesgeschichte 29 (1966) S. 3–156
Haymarus Monachus, De expugnata Accone liber tetrastichus, hg. von Paul E. D.
RIANT. Lugduni 1866
VON HECKEL, Rudolf: Das päpstliche und sicilische Registerwesen, in: Archiv für
Urkundenforschung 1 (1908) S. 371–510
HECTOR, L. C.: The Handwriting of English Documents. London 1958
VON HEINEMANN, Lothar: Normannische Herzogs- und Königsurkunden aus Unter-
italien und Sicilien, in: Einladung zur akademischen Feier des Geburtsfestes S. M.
des Königs Wilhelm II. von Württemberg auf den 25. Februar 1899 im Namen des
Rektors und Akademischen Senats der königlichen Eberhard-Karls-Universität
Tübingen. Tübingen 1899
VON HEINEMANN, Otto: Codex diplomaticus Anhaltinus. Band 1. Dessau 1867–1869
Heinrich von Huntingdon, Historia Anglorum, hg. von Thomas ARNOLD (Rolls Series
74). London 1879
[Heinricus Italicus] Das urkundliche Formelbuch des königlichen Notars Heinricus
Italicus aus der Zeit der Könige Ottokar II. und Wenzel II. von Böhmen, hg. von
Johannes VOIGT, in: Archiv für Kunde österreichischer Geschichtsquellen 29 (1863)
S. 1–184
Helinand von Froidmont, Chronicon, in: Jacques P. MIGNE, Patrologia Latina 212.
Parisiis 1855. Sp. 771–1082
HELLEINER, Karl: Der Einfluß der Papsturkunde auf die Diplome der deutschen
Könige im zwölften Jahrhundert, in: MÖIG 44 (1930) S. 21–56
Helmold von Bosau, Slawenchronik, hg. von Bernhard SCHMEIDLER (MGH SS rer.
Germ. [32]). Hannover 1937.
DE HEMPTINNE, Thérèse – VERHULST, Adriaan: De oorkonden der Graven van
Vlaanderen (Juli 1128 – September 1191). 2: Uitgave. Band 1: Regering van Diederik
van de Elzas (Juli 1128 – 17 Januari 1168) (Commission royale d'histoire. Recueil
des actes des princes belges 6). Brussel 1988

HENDRICKX, Benjamin: Les institutions de l'Empire latin de Constantinople (1204–1261): la chancellerie, in: Acta classica. Proceedings of the Classical Association of South Africa 19 (1976) S. 123–131

Herbert von Bosham, Vita S. Thomae, in: Materials for the History of Thomas Becket, Archbishop of Canterbury, hg. von James C. ROBERTSON. Band 3 (Rolls Series 67, 3). London 1877. S. 155–534

D'HERBOMBEZ, Armand: Cartulaire de l'abbaye de Gorze (Ms. 826 de la Bibliothèque de Metz) (Mettensia 2). Paris 1898

– Chartes de l'abbaye de Saint-Martin de Tournai. Band 1. Bruxelles 1898

HERDE, Peter: Beiträge zum päpstlichen Kanzlei- und Urkundenwesen im 13. Jahrhundert, 2. Auflage (Münchener Historische Studien. Abt. Geschichtliche Hilfswissenschaften 1). Kallmünz 1967

HERKENRATH, Rainer M.: Die Reichskanzlei in den Jahren 1174 bis 1180 (Österreichische Akademie der Wissenschaften. Philosophisch-Historische Klasse. Denkschriften 130). Wien 1977

– Die Reichskanzlei in den Jahren 1181 bis 1190 (Österreichische Akademie der Wissenschaften. Philosophisch-Historische Klasse. Denkschriften 175). Wien 1985

– Reinald von Dassel als Verfasser und Schreiber von Kaiserurkunden, in: MIÖG 72 (1964) S. 34–62

– Studien zum Magistertitel in der frühen Stauferzeit, in: MIÖG 88 (1980) S. 3–35

HERQUET, Karl: Chronologie der Großmeister des Hospitalordens während der Kreuzzüge. Berlin 1880

HEUPEL, Wilhelm: Der sizilische Großhof unter Kaiser Friedrich II. Eine verwaltungsgeschichtliche Studie (MGH Schriften 4). Leipzig 1940

HEYDEL, Johannes: Das Itinerar Heinrichs des Löwen, in: Niedersächsisches Jahrbuch 6 (1929) S. 1–166

HIESTAND, Rudolf: Die Anfänge der Johanniter, in: Die geistlichen Ritterorden Europas, hg. von Josef FLECKENSTEIN und Manfred HELLMANN (Vorträge und Forschungen 26). Sigmaringen 1980. S. 31–80

– Antiochia, Sizilien und das Reich am Ende des 12. Jahrhunderts, in: QFIAB 73 (1993) S. 70–121

– L'arcivescovo Ubaldo e i Pisani alla terza crociata alla luce di una nova testimonianza, in: Bollettino storico pisano 58 (1989) S. 37–51

– Un centre intellectuel en Syrie du Nord? Notes sur la personnalité d'Aimery d'Antioche, Albert de Tarse et Rorgo Fretellus, in: Le Moyen Age. Revue d'histoire et de philologie 100 = 5. série 8 (1994) S. 7–36

– Chronologisches zur Geschichte des Königreiches Jerusalem um 1130 (= Chronologisches I), in: DA 26 (1970) S. 220–229

– Chronologisches zur Geschichte des Königreiches Jerusalem im 12. Jahrhundert (= Chronologisches II), in: DA 35 (1979) S. 542–555

– Feierliche Privilegien mit divergierenden Kardinalslisten? Zur Diplomatik der Papsturkunden des 12. Jahrhunderts, in: Archiv für Diplomatik 33 (1987) S. 239–268

– Die Integration der Maroniten in die römische Kirche, in: Orientalia Christiana Periodica 54 (1988) S. 119–152

- „Kaiser" Konrad III., der zweite Kreuzzug und ein verlorenes Diplom für den Berg Thabor, in: DA 35 (1979) S. 82–126
- Die päpstlichen Legaten auf den Kreuzzügen und in den Kreuzfahrerstaaten vom Konzil von Clermont (1095) bis zum vierten Kreuzzug (maschinenschriftliche Habilitationsschrift). Kiel 1972
- Palmarea – Palmerium. Eine oder zwei Abteien in Galiläa im 12. Jahrhundert?, in: Zeitschrift des deutschen Palästina-Vereins 108 (1992, erschienen 1993) S. 174–188
- 'Plange, Syon et Iudea' – Historische Aussage und Verfasserfrage, in: Mittellateinisches Jahrbuch 23 (1988) S. 126–142
- Precipua tocius christianismi columpna. Barbarossa und der Kreuzzug, in: Friedrich Barbarossa. Handlungsspielräume und Wirkungsweisen des staufischen Kaisers, hg. von Alfred HAVERKAMP (Vorträge und Forschungen 40). Sigmaringen 1992. S. 51–108
- Vorarbeiten zum Oriens pontificius. Band 1: Papsturkunden für Templer und Johanniter. Band 2: Papsturkunden für Templer und Johanniter. Neue Folge. Band 3: Papsturkunden für Kirchen im Heiligen Lande (Abhandlungen der Akademie der Wissenschaften in Göttingen. Philologisch-historische Klasse. 3. Folge 77. 135. 136). Göttingen 1972. 1984. 1985
- Zum Leben und zur Laufbahn Wilhelms von Tyrus, in: DA 34 (1978) S. 345–380
- Zum Problem des Templerzentralarchivs, in: Archivalische Zeitschrift 76 (1980) S. 17–38
- Zwei unbekannte Diplome der Könige von Jerusalem aus Lucca, in: QFIAB 50 (1971) S. 1–57

HIESTAND, Rudolf – MAYER, Hans Eberhard: Die Nachfolge des Patriarchen Monachus von Jerusalem, in: Basler Zeitschrift für Geschichte und Altertumskunde 74 (1974) S. 109–130

HILL, Sir George: A History of Cyprus. Bände 2. 3. Cambridge 1948

HILL, John H. – HILL, Laurita L.: Justification historique du titre de Raymond de Saint-Gilles: „Christiane milicie excellentissimus princeps", in: Annales du Midi 66 (1954) S. 101–112

L' H i s t o i r e de Guillaume le Maréchal, comte de Striguil et de Pembroke, régent d'Angleterre de 1216 à 1219, hg. von Paul MEYER (Société de l'histoire de France) Band 1. Paris 1891

H i s t o i r e du commerce de Marseille, hg. von der Chambre de Commerce de Marseille. Band 1. Paris 1949

Die H i s t o r i a de duce Hinrico – Quelle der Heiligblutverehrung in St. Ägidien zu Braunschweig, hg. von Detlev HELLFAIER, in: Heinrich der Löwe, hg. von Wolf D. MOHRMANN (Veröffentlichungen der Niedersächsischen Archivverwaltung 39). Göttingen 1980. S. 377–406

H i s t o r i a ducum Veneticorum, in: MGH SS 14. Hannoverae 1883. S. 72–97

H i s t o r i a monasterii beatae Mariae de Fontanis Albis, hg. von Andre SALMON (Recueil de chroniques de Touraine. Collection de documents de l'histoire de Touraine 1). Tours 1854. S. 257–291

Regni Iherosolimitani brevis h i s t o r i a , in: Annali Genovesi (siehe oben). Band 1. Genova 1890. S. 127–146

H i s t o r i c a l Manuscripts Commission. Report on Manuscripts in Various Collections. Band 1. London 1901

HODGETT, Gerald A. J.: The Cartulary of Holy Trinity. Aldgate (Publications of the London Record Society 7). London 1971

HODGSON, Marshall G. S.: The Order of Assassins. The Struggle of the Early Nizari Ismailis against the Islamic World. s'Gravenhage 1955

HÖDL, Günther: Die Admonter Briefsammlung 1158–1162 (cvp. 629). Teil I, in: DA 25 (1969) S. 347–470

HÖDL, Günther – CLASSEN, Peter: Die Admonter Briefsammlung (MGH Briefe der deutschen Kaiserzeit 6). München 1983

HOFMEISTER, Adolf: Puer, iuvenis, senex. Zum Verständnis der mittelalterlichen Altersbezeichnungen, in: Papsttum und Kaisertum. Festschrift Paul Kehr zum 65. Geburtstag, hg. von Albert BRACKMANN. München 1926. S. 287–316

HOLLYMAN, Kenneth: Le développement du vocabulaire féodal en France pendant le haut moyen âge (Etude sémantique) (Société de publications romanes et françaises 58). Paris 1957

HOLTZMANN, Walther: Papsturkunden in England. Band 2 (Abhandlungen der Gesellschaft der Wissenschaften zu Göttingen. Philologisch-Historische Klasse. 3. Folge 14). Berlin 1935

HONIGMANN, Ernest: Le couvent de Barṣaumā et le patriarcat jacobite d'Antioche et de Syrie (Corpus scriptorum Christianorum orientalium 146 = Subsidia 7). Louvain 1954

HORSTMANN, Hans: Die Rechtszeichen der europäischen Schiffe im Mittelalter. II. Teil: Die heraldischen Rechtszeichen, in: Bremisches Jahrbuch 51 (1969) S. 85–162

HOTZELT, Wilhelm: Kirchengeschichte Palästinas im Zeitalter der Kreuzzüge (Kirchengeschichte Palästinas von der Urkirche bis zur Gegenwart 3). Köln 1940 (sehr selten [der größte Teil der Auflage verbrannte im Krieg], hier benutzt nach dem Exemplar des Instituts für byzantinische und neugriechische Philologie der Universität München)

HUBATSCH, Walther: Der Deutsche Orden und die Reichslehnschaft über Cypern (Nachrichten der Akademie der Wissenschaften in Göttingen. I. Philologisch-Historische Klasse. Jahrgang 1955. Nr. 8). Göttingen 1955

– Montfort und die Bildung des Deutschordensstaates im Heiligen Lande (Nachrichten der Akademie der Wissenschaften in Göttingen. I. Philologisch–Historische Klasse Jahrgang 1966. Nr. 5). Göttingen 1966

Hugo Falcandus, La Historia o Liber de regno Sicilie e la Epistola ad Petrum Panormitane ecclesie thesaurarium. Nuova edizione, hg. von G. B. SIRAGUSA (Fonti per la storia d'Italia). Roma 1897

[Hugo von St. Viktor] Hugonis et Honorii chronicorum Continuationes Weingartenses, in: MGH SS 21. Hannoverae 1869. S. 473–480

HUGO, Carolus L.: Sacrae antiquitatis monumenta historica, dogmatica, diplomatica. 1. Auflage. Stivagii 1725

HUILLARD-BRÉHOLLES, Jean L. A.: Historia diplomatica Friderici secundi. Band 2 in 2 Teilen. Band 3. Parisiis 1852

- Vie et correspondance de Pierre de la Vigne. Paris 1865
  Siehe auch unter Petrus de Vinea
HUNT, Lucy A.: Art and Colonialism: The Church of the Nativity in Bethlehem
  (1169) and the Problem of „Crusader" Art, in: Dumbarton Oaks Papers 45 (1991)
  S. 69–85
HUNT, Richard W.: Studies on Priscian in the Twelfth Century, in: Medieval and
  Renaissance Studies 2 (1950) S. 1–56
HUYGENS, Robert B. C.: Editing William of Tyre, in: Sacris erudiri. Jaarboek for
  godsdienstwetenschappen 27 (1984) S. 461–473
- Guillaume de Tyr étudiant. Un chapitre (XIX, 12) de son „Histoire" retrouvé, in:
  Latomus 21 (1962) S. 811–829
- Pontigny et l'Histoire de Guillaume de Tyr, in: Latomus 25 (1966) S. 139–142
- La tradition manuscrite de Guillaume de Tyr, in: Studi medievali, 3. serie 5 (1964)
  S. 281–373

Ibn al-Aṯīr, Kamel Altevarikh, in: Recueil des Historiens des Croisades. Historiens
  orientaux 1. 2, 1. Paris 1872. 1887
Ibn al-Qalānisī, Damas de 1075 à 1154, französische Übersetzung von Roger LE TOUR-
  NEAU. Damas 1952. Weiterreichende englische Übersetzung von Hamilton A. R.
  GIBB, The Damascus Chronicle of the Crusades. London 1932
Ibn Jobeir, Voyages, französische Übersetzung von Maurice GAUDEFROY-DEMOM-
  BYNES. 3 durchpaginierte Bände und Indexband (Documents relatifs à l'histoire des
  croisades 4. 5. 6. 7). Paris 1949. 1951. 1953. 1965
ILGEN, Theodor: Markgraf Conrad von Montferrat. Marburg 1880
'Imâd ad-Dîn al-Isfahânî, Conquête de la Syrie et de la Palestine par Saladin (al-Fath al-
  qussî fî l-fath al-qudsî), französische Übersetzung von Henri MASSE (Documents
  relatifs à l'histoire des croisades 10). Paris 1972.
  Exzerpte aus 'Imād ad-Dīn bei Abū Šāma, Livre des deux jardins, in: Recueil des
  Historiens des Croisades. Historiens orientaux 4. 5. Paris 1898. 1906
IMBART DE LA TOUR, Pierre: Questions d'histoire sociale et religieuse. Epoque féodale.
  Paris 1907
IMPERIALE DI SANT'ANGELO, Cesare: Codice diplomatico della Repubblica di Genova
  (Fonti per la storia d'Italia) Bände 1. 2. Roma 1936. 1938
INGUANEZ, Mauro, I necrologi cassinesi (Fonti per la storia d'Italia). Roma 1941
I t i n e r a r i u m peregrinorum et gesta regis Ricardi, hg. von William STUBBS, in:
  Chronicles and Memorials of the Reign of Richard I. Band 1 (Rolls Series 38, 1).
  London 1864; urprüngliche, wesentlich kürzere Fassung: Hans E. MAYER, Das Itine-
  rarium peregrinorum. Eine zeitgenössische englische Chronik zum dritten Kreuzzug
  in ursprünglicher Gestalt (MGH Schriften 18). Stuttgart 1962

JACKSON, Peter: The End of Hohenstaufen Rule in Syria, in: Bulletin of the Institute
  of Historical Research 59 (1986) S. 20–36
JACOBY, David: Citoyens, sujets et protégés de Venise et de Gênes en Chypre du XIIIᵉ
  au XIVᵉ siècle, in: Byzantinische Forschungen 5 (1977) S. 159–188

- Conrad, Marquis of Montferrat, and the Kingdom of Jerusalem (1187–1192), in: Atti del Congresso internazionale „Dai feudi monferrini e dal Piemonte ai nuovi mondi oltre gli Oceani", Alessandria, 2–6 aprile 1990 (Biblioteca della Società di storia, arte e archeologia per le province di Alessandria e Asti 27). Alessandria 1993. S. 187–238
- Crusader Acre in the Thirteenth Century: Urban Layout and Topography, in: Studi Medievali, 3. serie 20 (1979) S. 1–45
- La féodalité en Grèce médiévale. Les Assises de Romanie: sources, application et diffusion. Paris und La Haye 1971
- The Kingdom of Jerusalem and the Collapse of Hohenstaufen Power in the Levant, in: Dumbarton Oaks Papers 40 (1986) S. 83–101

Le Livre de J a c q u e s d ' I b e l i n , in: Recueil des Historiens des Croisades. Lois 1. Paris 1841. S. 451–468

JAFFÉ, Philipp: Codex Udalrici, in: DERS., Bibliotheca rerum Germanicarum. Band 5. Berolini 1869. S. 1–469
- Regesta pontificum Romanorum ab condita ecclesia ad annum p. Chr. n. MCXCVIII. Editionem secundam correctam et auctam curaverunt Samuel LOEWEN-FELD, Ferdinand KALTENBRUNNER und Paul EWALD. 2 Bände. Lipsiae 1885. 1888

[Jakob von Verona] Liber peregrinationis di Jacopo da Verona, hg. von Ugo MONNE-RET DE VILLARD (Il nuovo Ramusio 1). Roma 1950

Jakob von Vitry, Historia orientalis, hg. von Jacques BONGARS, Gesta Dei per Francos. Band 1. Hanoviae 1611. S. 1047–1145
- Lettres, hg. von Robert B. C. HUYGENS. Leiden 1960

JAL, A.: Glossaire nautique. Répertoire polyglotte de termes de marine anciens et modernes. Paris 1848

JAMISON, Catherine: History of the Royal Hospital of St. Katherine by the Tower of London. London 1952

JANICKE, Karl: Urkundenbuch des Hochstifts Hildesheim und seiner Bischöfe. Band 1 (Publicationen aus den K. Preußischen Staatsarchiven 65). Leipzig 1896

Le Livre de J e a n d ' I b e l i n , in: Recueil des Historiens des Croisades. Lois 1. Paris 1841. S. 1–432

JOBIN, Jean-Baptiste: Histoire du prieuré de Jully–les–Nonnains. Paris 1881

[Johann von Salisbury] Historia pontificalis, hg. von Marjorie CHIBNALL (Nelson Texts). London und Edinburgh 1956
- The Letters of John of Salisbury. Band 2, hg. von William J. MILLOR und Christopher N. L. BROOKE (Oxford Medieval Texts). Oxford 1979
- Vita s. Thomae, in: James C. ROBERTSON, Materials for the History of Thomas Becket. Band 2 (Rolls Series 67, 2). London 1876. S. 299–322

Johann von Würzburg, Descriptio locorum Terre Sancte, hg. von Robert B. C. HUY-GENS, Peregrinationes tres (CC Cont. med. 139). Turnholti 1994. S. 79–141

Johannes Kinnamos, Epitome rerum ab Ioanne et Alexio Comnenis gestarum, hg. von Augustus MEINEKE (Corpus scriptorum historiae Byzantinae). Bonnae 1836

Johannes Phokas, Compendiaria descriptio castrorum et urbium ab urbe Antiochia usque Hierosolymam, in: Recueil des Historiens des Croisades. Historiens Grecs 1. Paris 1875. S. 527–558

JOHNEN, Joseph: Philipp von Elsass, Graf von Flandern, 1157 (1163) – 1191, in: Bulletin de la Commission royale d'histoire 79 (1910) S. 341–469

JORANSON, Einar: The Palestine Pilgrimage of Henry the Lion, in: Medieval and Historiographical Essays in Honor of James Westfall Thompson, hg. von James L. CATE und Eugene N. ANDERSON. Chicago 1938

JORDAN, Karl: Die Urkunden Heinrichs des Löwen Herzogs von Sachsen und Bayern (MGH Laienfürsten- und Dynastenurkunden 1). 2 Teile. Leipzig 1941. Weimar 1949

JORIS, André: Sur le style employé dans deux chartes épiscopales liégoises de l'année 1215, in: Revue belge de philologie et d'histoire 40 (1962) S. 385–389

KALTENBRUNNER, Ferdinand: Römische Studien III, in: MIÖG 7 (1886) S. 21–118

Kamāl ad-Dīn, L'Histoire d'Alep, französische Teilübersetzung von Edgar BLOCHET, in: Revue de l'Orient latin 3 (1895) S. 509–565; 4 (1896) S. 145–225; 5 (1897) S. 37–107; 6 (1898) S. 1–49

KANTOROWICZ, Hermann: Über die dem Petrus de Vineis zugeschriebene „Arenge", in: MIÖG 30 (1909) S. 651–654

KAZDAN, Alexandre – ZABOROV, M. A.: Gijom Tirskij o sostave gospodstvujuščego klassa v Vizantii (konec XI – XII v.) (Wilhelm von Tyrus über die Zusammensetzung der herrschenden Klasse in Byzanz [Ende 11.–12. Jahrhundert), in: Vizantijskij Vremennik 32 (1971) S. 48–54

KEDAR, Benjamin Z.: Ecclesiastical Legislation in the Kingdom of Jerusalem: The Statutes of Jaffa (1253) and Acre (1254), in: Crusade and Settlement. Papers Read at the First Conference of the Society for the Study of the Crusades and the Latin East and Presented to R. C. Smail, hg. von Peter W. EDBURY. Cardiff 1985. S. 224–230

– Genoa's Golden Inscription in the Church of the Holy Sepulchre. A Case for the Defence, in: I comuni italiani nel regno crociato di Gerusalemme, hg. von Gabriella AIRALDI und Benjamin Z. KEDAR (Collana storica di fonti e studi 48). Genova 1986. S. 317–335

– Ein Hilferuf aus Jerusalem vom September 1187, in: DA 38 (1982) S. 112–122

– Palmarée abbaye clunisienne du XIIe siècle en Galilée, in: Revue bénédictine 93 (1983) S. 260–269

– The Patriarch Eraclius, in: Outremer. Studies in the History of the Crusading Kingdom of Jerusalem Presented to Joshua Prawer, hg. von Benjamin Z. KEDAR, Hans E. MAYER und Raymond C. SMAIL. Jerusalem 1982. S. 177–204

– Radiocarbon Dating of Mortar from the City-Wall of Ascalon, in: Israel Exploration Journal 28 (1978) S. 173–176

– The Subjected Muslims of the Frankish Levant, in: Muslims under Latin Rule, 1100 – 1300, hg. von James M. POWELL. Princeton 1990. S. 135–174

KEHR, Karl Andreas: Die Urkunden der normannisch-sicilischen Könige. Eine diplomatische Untersuchung. Innsbruck 1902

KEHR, Paul F.: Papsturkunden in Spanien. Vorarbeiten zur Hispania pontificia. I. Katalanien. II. Urkunden und Regesten (Abhandlungen der Gesellschaft der Wissenschaften zu Göttingen. Philologisch-historische Klasse, Neue Folge 18, 2). Berlin 1926

KERCKX, R.: Sur l'emploi du style de l'Annonciation dans la chronique de Gislebert de Mons et dans la chancellerie montoise à la fin du XIIᵉ siècle, in: Annales de la Société d'émulation de Bruges 61 (1911) S. 105–125

DE KERSERS, Louis: Essai de reconstitution du Cartulaire A de Saint-Sulpice de Bourges, in: Mémoires de la Société des Antiquaires du Centre 35 = 2. série 5 (1912) S. 1–350

KIRNER, Giuseppe: Di alcuni documenti del secolo XII concernenti le chiese francesi, in: Studi storici 9 (1900) S. 93–121, 241–276

KLEWITZ, Hans W.: Cancellaria. Ein Beitrag zur Geschichte des geistlichen Hofdienstes, in: DA 1 (1937) S. 44–79

KLUGER, Helmuth: Hochmeister Hermann von Salza und Kaiser Friedrich II. Ein Beitrag zur Frühgeschichte des Deutschen Ordens (Quellen und Studien zur Geschichte des Deutschen Ordens 37). Marburg 1987

KNEBEL, Wilhelm: Kaiser Friedrich II. und Papst Honorius III. in ihren gegenseitigen Beziehungen von der Kaiserkrönung Friedrichs bis zum Tode des Papstes (1220–1227) (Diss. Münster). Münster 1905

KNOCH, Peter: Studien zu Albert von Aachen. Der erste Kreuzzug in der deutschen Chronistik (Stuttgarter Beiträge zur Geschichte und Politik 1). Stuttgart 1966

KNOWLES, David: Archbishop Thomas Becket: A Character Study, in: Proceedings of the British Academy 35 (1949) S. 177–205
– Thomas Becket. London 1970

KOCH, A. C. F.: Oorkondenboek van Holland en Zeeland tot 1299. Band 1. 's-Gravenhage 1970

KOCH, Walter: Die Reichskanzlei in den Jahren 1167 bis 1174. Eine diplomatisch-paläographische Untersuchung (Österreichische Akademie der Wissenschaften. Philosophisch-Historische Klasse. Denkschriften 115). Wien 1973
– Die Schrift der Reichskanzlei im 12. Jahrhundert (1125 – 1190). Untersuchungen zur Diplomatik der Kaiserurkunden (Österreichische Akademie der Wissenschaften. Philosophisch-Historische Klasse. Denkschriften 134). Wien 1979

Kölner Königschronik siehe Chronica regia Coloniensis

KÖLZER, Theo: Kanzlei und Kultur im Königreich Sizilien 1130–1198, in: QFIAB 66 (1986) S. 20–39
– Die sizilische Kanzlei von Kaiserin Konstanze bis König Manfred (1195–1266), in: DA 40 (1984) S. 532–561

KOHLER, Charles: Chartes de l'abbaye de Notre-Dame de la Vallée de Josaphat en Terre Sainte, in: Revue de l'Orient latin 7 (1900) S. 108–222
– Un rituel et un bréviaire du Saint-Sépulcre de Jérusalem (XIIᵉ – XIIIᵉ siècle), in: Revue de l'Orient latin 8 (1900–1901) S. 383–500

Konstantin Manasses, Hodoiporikon, hg. von Konstantin HORNA, in: Byzantinische Zeitschrift 13 (1904) S. 313–355

KREY, August C.: [Einleitung zu] William of Tyre, A History of Deeds Done Beyond the Sea, engl. Übers. von Emily A. BABCOCK und August C. KREY. 2 Bände (Columbia University Records of Civilization 35, 1. 2). New York 1941
– William of Tyre. The Making of an Historian in the Middle Ages, in: Speculum 16 (1941) S. 149–166

KÜHN, Fritz: Geschichte der ersten lateinischen Patriarchen von Jerusalem. Leipzig 1886

KÜHNEL, Gustav: Das Ausschmückungsprogramm der Geburtsbasilika in Bethlehem. Byzanz und das Abendland im Königreich Jerusalem, in: Boreas. Münstersche Beiträge zur Archäologie 10 (1987) S. 133–149

– Neue Feldarbeiten zur musivischen und malerischen Ausstattung der Geburts-Basilika in Bethlehem, in: Kunstchronik 37 (1984) S. 507–513

– Wall Painting in the Latin Kingdom of Jerusalem (Frankfurter Forschungen zur Kunst 14). Berlin 1988

KUPPER, Jean L.: Liège et l'église impériale, XIe – XIIe siècles (Bibliothèque de la Faculté de Philosophie et Lettres de l'Université de Liège 228). Paris 1981

KURTH, Godefroid: Chartes de l'abbaye de Saint-Hubert en Ardenne. Band 1. Bruxelles 1903

LABANDE, Leon H.: Trésor des chartes du comté de Rethel. Band 4: Appendices et table générale des noms (Collection de documents historiques publiés par ordre de ... le Prince Albert I de Monaco). Paris 1914

LACROIX, Benoît: Guillaume de Tyr: unité et diversité dans la tradition latine, in: Etudes d'histoire littéraire et doctrinale 4 (Université de Montréal. Publications de l'Institut d'études médiévales 19). Montréal und Paris 1968. S. 201–215

LAGENISSIERE, Louis: Histoire de l'évêché de Bethléem. Paris und Nevers 1872

LALORE, Charles: Cartulaire de l'abbaye de Basse-Fontaine. Chartes de Beauvoir (Collection des principaux cartulaires du diocèse de Troyes 3). Paris und Troyes 1878

– Cartulaire de l'abbaye de la Chapelle-aux-Planches. Chartes de Montierender, de St.-Etienne et de Toussaints de Chélons, d'Andecy, de Beaulieu et de Rethel (Collection des principaux cartulaires du diocèse de Troyes 4). Paris und Troyes 1878

– Cartulaire de l'abbaye de Montiéramey (Collection des principaux cartulaires du diocèse de Troyes 7). Paris und Troyes 1890

– Cartulaire de Montier-la-Celle (Collection des principaux cartulaires du diocèse de Troyes 6). Paris und Troyes 1882

– Cartulaire de l'abbaye du Paraclet (Collection des principaux cartulaires du diocèse de Troyes 2). Paris 1878

– Cartulaire de l'abbaye de St.-Loup de Troyes (Collection des principaux cartulaires du diocèse de Troyes 1). Paris 1875

– Cartulaire de St.-Pierre de Troyes. Chartes de la collégiale de St.-Urbain de Troyes (Collection des principaux cartulaires du diocèse de Troyes 5). Paris und Troyes 1880

– Chartes de l'abbaye de Mores (Aube), in: Mémoires de la Société académique d'agriculture, des sciences, arts et belles-lettres du département de l'Aube 37 = 3. série 10 (1873) S. 5–107

– Documents sur l'abbaye de Notre-Dame-aux-Nonnains de Troyes, in: Mémoires de la Société académique d'agriculture, des sciences, arts et belles-lettres du département de l'Aube 38 = 3. série 11 (1874) S. 5–236

– Les sires et les barons de Chacenay. Troyes 1885

Lambertus Parvus, Annales, in: MGH SS 16. Hannoverae 1859. S. 645–650

LAMMA, Paolo: Comneni e Staufer. Ricerche sui rapporti fra Bisanzio e l'Occidente nel secolo XII. Band 1 (Istituto storico italiano per il medio evo. Studi storici 14–18). Roma 1955

LA MONTE, John L.: Feudal Monarchy in the Latin Kingdom of Jerusalem 1100 to 1291 (Monographs of the Mediaeval Academy of America 4). Cambridge, Mass. 1932

– The Lords of Sidon in the Twelfth and Thirteenth Centuries, in: Byzantion 17 (1944/45) S. 183–211

– A Register of the Cartulary of the Cathedral of Santa Sophia of Nicosia, in: Byzantion 5 (1929–1930) S. 439–522

– The Rise and Decline of a Frankish Seigneury in Syria in the Time of the Crusades, in: Revue historique du Sud-Est européen 15 (1938) S. 301–320

– The Viscounts of Naplouse in the Twelfth Century, in: Syria 19 (1938) S. 272–278

LA MONTE, John L. – DOWNS, Norton: The Lords of Bethsan in the Kingdoms of Jerusalem and Cyprus, in: Medievalia et Humanistica 6 (1950) S. 57–75

LANDON, Lionel: The Itinerary of King Richard I with Studies on Certain Matters of Interest Connected with his Reign (Publications of the Pipe Roll Society 51 = New Series 13). London 1935

LANFRANCHI, Luigi (Hg.): Famigilia Zusto (Fonti per la storia di Venezia. Sezione IV. Archivi privati). Venezia 1955

LANGLOIS, Victor: Le Trésor des chartes d'Arménie ou Cartulaire de la chancellerie royale des Roupéniens. Venise 1863

DE LA RONCIÈRE, Charles Bourel: Les régistres d'Alexandre IV. Bände 1. 2. 3, 1. 3, 2. Paris 1902. 1917–1931. 1953. 1959

DE LASTEYRIE, Robert: Cartulaire général de Paris ou Recueil de documents relatifs à l'histoire et à la topographie de Paris. Band 1: 528–1180 (Histoire générale de Paris). Paris 1887

LAUDE, Pierre J., Catalogue méthodique, descriptif et analytique des manuscrits de la Bibliothèque publique de Bruges. Bruges 1859.

LAUER, Philippe: Recueil des actes de Louis IV, roi de France (936–954) (Chartes et diplômes relatifs à l'histoire de France). Paris 1949

LAURENT, Vitalien: Le sceau de Théodora Comnène, reine latine de Jérusalem, in: Bulletin de la section historique de l'Académie roumaine 23. Année 1942. Bucuresti 1943. S. 202–214. Taf. I–IV (Taf. I und II: Abbildung des lateinischen Siegels, Taf. III und IV: Abbildung des griechischen Siegels)

LAWRIE, Archibald C.: Early Scottish Charters Prior to A. D. 1153. Glasgow 1905

LAZZARINI, Vittorio: Originali antichissimi della cancellaria veneziana (Osservazioni diplomatiche e paleografiche), in: Nuovo Archivio Veneto, N. S. 8 (1904) S. 199–229

LEES, Beatrice A.: Records of the Templars in England in the Twelfth Century. The Inquest of 1185 with Illustrative Charters and Documents (British Academy. Records of the Social and Economic History of England and Wales 9). London 1935

LE GLAY, André: Glossaire topographique de l'ancien Cambrésis suivi d'un recueil de chartes et diplômes pour servir à la topographie et à l'histoire de cette province. Cambrai 1849

LENEL, Walter: Die Entstehung der Vorherrschaft Venedigs an der Adria mit Beiträgen zur Verfassungsgeschichte. Straßburg 1897

LE PELLETIER, Laurent: Rerum scitu dignissimarum a prima fundatione monasterii s. Nicolai Andegavensis ad hunc usque diem epitome nec non et eiusdem monasterii abbatum series. Andegavi 1635

DE LEPINOIS, Eugene de Buchere – MERLET, Lucien: Cartulaire de Notre-Dame de Chartres. Band 1. Chartres 1862

LESORT, André: Les chartes du Clermontois conservées au Musée Condé à Chantilly (1069–1352), in: Mémoires de la Société des Lettres, Sciences et Arts de Bar-le-Duc, 4ᵉ série 2 (1903) S. 3–271

– Chronique et chartes de l'abbaye de Saint-Mihiel (Mettensia 6). Paris 1909–1912

Le L i b e r pontificalis. Texte, introduction et commentaire. Band 1, hg. von Louis DUCHESNE (Bibliothèque des Ecoles françaises d'Athènes et de Rome, 2ᵉ série). Paris 1886

LIENARD, Felix: Dictionnaire topographique du département de la Meuse (Dictionnaire topographique de la France). Paris 1872

Les L i g n a g e s d'Outremer, in: Recueil des Historiens des Croisades. Lois 2. Paris 1843. S. 435–474

LILIE, Ralph J.: Noch einmal zu dem Thema „Byzanz und die Kreuzfahrerstaaten", in: Varia I. Beiträge von Ralph J. LILIE und Paul SPECK (Poikila Byzantina 4). Bonn 1984. S. 121–174

LINDER, Amnon: An Unpublished Charter of Geoffrey, Abbot of the Temple in Jerusalem, in: Outremer – Studies in the History of the Crusading Kingdom of Jerusalem Presented to Joshua Prawer, hg. von Benjamin Z. KEDAR, Hans E. MAYER und Raymond C. SMAIL. Jerusalem 1982. S. 119–129

LISCIANDRELLI, Pasquale: Trattati e negoziazioni politiche della Repubblica di Genova (958–1797). Regesti (Atti della Società ligure di storia patria 75 = N. S. 1). Genova 1960

Le L i v r e au Roi, in: Recueil des Historiens des Croisades. Lois 1. Paris 1841. S. 601–644

LLOYD, Lewis C. siehe HATTON, Christopher

LLOYD, Simon: English Society and the Crusade 1216–1307. Oxford 1988

LOHRMANN, Dietrich: Papsturkunden in Frankreich. Neue Folge 7: Nördliche Ile-de-France und Vermandois (Abhandlungen der Akademie der Wissenschaften in Göttingen. Philologisch-historische Klasse, 3. Folge 95). Göttingen 1976

LONGNON, Auguste: Dictionnaire topographique du département de la Marne (Dictionnaire topographique de la France). Paris 1891

– Documents relatifs au comté de Champagne et de Brie 1172–1361. Band 1 (Collection de documents inédits sur l'histoire de France). Paris 1901

LONGNON, Jean: Les compagnons de Villehardouin. Recherches sur les croisés de la quatrième croisade (Centre de recherches d'histoire et de philologie de la IVᵉ section de l'Ecole pratique des Hautes Etudes. V. Hautes études médiévales et modernes 30). Genève 1978

– L'Empire latin de Constantinople et la principauté de Morée. Paris 1949

- Problèmes de l'histoire de la principauté de Morée. Deuxième article, in: Journal des Savants (1946) S. 147–161
- Recherches sur la vie de Geoffroy de Villehardouin suivies du catalogue des actes de Villehardouin (Bibliothèque des Hautes Etudes. Sciences historiques et philologiques 276). Paris 1939

(LOTTIN, RENÉ): Cartularium insignis ecclesiae Cenomannensis quod dicitur Liber albus capituli (Institut des provinces de France, 2ᵉ série 2). Le Mans 1869

LUCHAIRE, Achille: Un document retrouvé, in: Journal des Savants Oktober 1905. S. 557–568
- Etudes sur les actes de Louis VII. Paris 1885
- Louis VI le Gros. Annales de sa vie et de son règne. Paris 1890
- Remarques sur la succession des grands officiers de la couronne qui ont souscrit les diplômes de Louis VI et de Louis VII (1108–1180), in: Annales de la Faculté des Lettres de Bordeaux 3 (1881) S. 63–77, 364–393

LUNDGREEN, Friedrich: Wilhelm von Tyrus und der Templerorden (Historische Studien 97). Berlin 1911

LUTTRELL, Anthony: Feudal Tenure and Latin Colonization, in: English Historical Review 85 (1970) S. 755–775

LYONS, Malcolm C. – JACKSON, D. E. P.: Saladin. The Politics of Holy War (University of Cambridge Oriental Publications 30). Cambridge 1982

MADOX, Thomas: Formulare Anglicanum or a Collection of Ancient Charters and Instruments of Divers Kinds Taken from the Originals. London 1702

MAGNETTE, F.: Saint-Frédéric, évêque de Liège (1119–1121), in: Bulletin de la Société d'art et d'histoire du diocèse de Liège 9 (1895) S. 225–262

MAHUL, Alphonse: Cartulaire et archives des communes de l'ancien diocèse et de l'arrondissement administratif de Carcassonne. Bände 2. 3. Paris 1859. 1861

MALECZEK, Werner: Petrus Capuanus: Kardinal, Legat am Vierten Kreuzzug, Theologe (gest. 1214) (Publikationen des Historischen Instituts beim Österreichischen Kulturinstitut in Rom. Abteilung 1. Band 8). Wien 1988

MANARESI, Cesare: I placiti del „Regnum Italiae". Band 3 (Fonti per la storia d'Italia 97*). Roma 1960

MANITIUS, Max: Geschichte der lateinischen Literatur des Mittelalters. Band 3 (Handbuch der Altertumswissenschaft. Abteilung 9. Teil 2. Band 3). München 1931

MANSI, Giovanni D.: Sacrorum conciliorum nova et amplissima collectio. Bände 21. 22. Venetiis 1776. 1778

Maragone, Bernardo: Gli Annali Pisani, hg. von Michel L. GENTILE (Rerum Italicarum scriptores. Nuova edizione 6, 2). Bologna o. J. (1930–1936)

MARANINI, Giuseppe: La costituzione di Venezia dalle origini alla serrata del Maggior Consiglio. Venezia 1927

MARCHANDISSE, Alain: L'obituaire de la cathédrale Saint-Lambert de Liège (XIᵉ – XVᵉ siècles). Bruxelles 1991

MARCHEGAY, Paul: Cartularium monasterii beatae Mariae Caritatis Andegavensis (scil. Ronceray) (Archives d'Anjou. Recueil de documents et mémoires inédits sur cette province 3). Angers 1854

– Les prieurés anglais de St.-Florent près Saumur. Notice et documents inédits tirés des archives de Maine-et-Loire, in: BECh 40 (1879) S. 154–184

MARIOTTI, Annibale: Saggio di memorie istoriche, civili ed ecclesiastiche della città di Perugia. Band 1, 2. Perugia 1806

MARLOT, Guilelmus: Metropolis Remensis historia. Band 2. Remis 1679

DE MARNEFFE, Edgar: Cartulaire d'Afflighem. Band 1, 1 (Analectes pour servir à l'histoire ecclésiastique de la Belgique. 2ᵉ section. Série des cartulaires et des documents inédits). Louvain 1894

– Styles et indictions suivis dans les anciens documents liégois (Petit trésor historique 1). Bruxelles 1896

– Tableau chronologique des dignitaires du chapitre Saint-Lambert à Liège, in: Analectes pour servir à l'histoire ecclésiastique de la Belgique 25 (= 2ᵉ série 9). Louvain 1895. S. 433–485. Deuxième Supplément, in: Analectes pour servir à l'histoire ecclésiastique de la Belgique 31 (= 3. série 1). Louvain 1905. S. 109–166

MARSHALL, Christopher: Warfare in the Latin East, 1192–1291 (Cambridge Studies in Medieval Life and Thought. Fourth Series 17). Cambridge 1992

[Marsilio Zorzi] Der Bericht des Marsilio Zorzi. Codex Querini Stampalia IV 3 (1064), hg. von Oliver BERGGÖTZ (Kieler Werkstücke. Reihe C. Band 2). Frankfurt am Main und Bern 1991

DE MARSY, Alexandre comte: Fragment d'un cartulaire de l'ordre de Saint-Lazare, en Terre Sainte, in: Archives de l'Orient latin 2ᵇ (1884) S. 121–157

MARTENE, Edmundus – DURAND, Ursinus: Thesaurus novus anecdotorum. Band 1. Lutetiae Parisiorum 1717

MARTENS, Mina: Une reproduction manuscrite inédite du sceau du Godefroid de Bouillon, in: Annales de la Société royale d'archéologie de Bruxelles 46 (1942–1943) S. 7–26

MARTIN, Jean M.: Les chartes de Troia. Edition et étude critique des plus anciens documents conservés à l'Archivio Capitolare. Band 1: 1024–1266 (Codice diplomatico pugliese. Continuazione del Codice diplomatico Barese 21). Bari 1976

MARTIN, L'abbé Jean P. P.: Les premiers princes croisés et les Syriens jacobites de Jérusalem, in: Journal asiatique, série 8, 13 (1889) S. 33–79 (Übersetzung syrischer Handschriftenkolophone)

MARTIN, José Luis: Origenes de la orden militar de Santiago (1170–1195) (Anuario de estudios medievales 6). Barcelona 1974

DE MAS LATRIE, Louis: Critique de deux diplômes commerciaux des villes de Marseille et de Trani, in: BECh 3. série 1 (1849) S. 343–355

– Histoire de l'île de Chypre sous le règne des princes de la maison de Lusignan. Bände 1. 2. Paris 1851. 1852

– Les patriarches latins de Jérusalem, in: Revue de l'Orient latin 1 (1893) S. 17–41

M a t e r i a l s for the History of Thomas Becket, Archbishop of Canterbury, hg. von James C. ROBERTSON und J. B. SHEPPARD. Band 5 (Rolls Series 67, 5). London 1881

MATHOREZ, Jules: Guillaume aux Blanches Mains évêque de Chartres, in: Archives historiques du diocèse de Chartres (1911) S. 187–340

Matthaeus Parisiensis, Chronica maiora. Band 2, hg. von Henry R. LUARD (Rolls Series 57, 2). London 1874
- Historia Minor, hg. von Sir Frederick MADDEN. Band 1 (Rolls Series 44, 1). London 1866
MAUBACH, Josef: Die Kardinäle und ihre Politik um die Mitte des XIII. Jahrhunderts unter den Päpsten Innocenz IV., Alexander IV., Urban IV., Clemens IV. (1243–1268) (Diss. Bonn). Bonn 1902
MAYER, Hans E.: Abū 'Alīs Spuren am Berliner Tiergarten. Ein diplomatisches Unikat aus dem Kreuzfahrerkönigreich Jerusalem, in: Archiv für Diplomatik 38 (1992) S. 113–133
- Angevins versus Normans: The New Men of King Fulk of Jerusalem: in: Proceedings of the American Philosophical Society 133 (1989) S. 1–25
- Die antiochenische Regentschaft Balduins II. von Jerusalem im Spiegel der Urkunden, in: DA 47 (1991) S. 559–566
- The Beginnings of King Amalric of Jerusalem, in: The Horns of Ḥaṭṭīn, hg. von Benjamin Z. KEDAR (Proceedings of the Second Conference of the Society for the Study of the Crusades and the Latin East. Jerusalem and Haifa 2 – 6 July 1987). Jerusalem und London 1992. S. 121–135
- Bemerkungen zur Typologie der Urkunden des Kreuzfahrerkönigreichs Jerusalem, in: Commission internationale de diplomatique, Diplomatique royale du moyen-âge XIIIᵉ – XIVᵉ siècles. Actes du Colloque (Ergänzungsband 1 zur Revista da Faculdade de Letras [der Universität von Porto]. História). Porto 1996. S. 115–131
- Bistümer, Klöster und Stifte im Königreich Jerusalem (MGH Schriften 26). Stuttgart 1977
- Carving up Crusaders. The Early Ibelins and Ramlas, in: Outremer. Studies in the History of the Crusading Kingdom of Jerusalem Presented to Joshua Prawer, hg. von Benjamin Z. KEDAR, Hans E. MAYER und Raymond C. SMAIL. Jerusalem 1982. S. 101–118
- The Concordat of Nablus, in: Journal of Ecclesiastical History 33 (1982) S. 531–543
- The Crusader Principality of Galilee between Saint-Omer and Bures-sur-Yvette, in: Itinéraires d'Orient. Hommages à Claude Cahen (Res Orientales 6). Bures-sur-Yvette 1994. S. 157–167
- The Crusades. Second Edition. Oxford 1988
- Ein Deperditum König Balduins III. von Jerusalem als Zeugnis seiner Pläne zur Eroberung Ägyptens, in: DA 36 (1980) S. 549–566
- The Double County of Jaffa and Ascalon: One Fief or Two?, in: Crusade and Settlement. Papers Read at the First Conference of the Society for the Study of the Crusades and the Latin East and Presented to R. C. Smail, hg. von Peter W. EDBURY. Cardiff 1985. S. 181–190
- Fontevrault und Bethanien. Kirchliches Leben in Anjou und Jerusalem im 12. Jahrhundert, in: Zeitschrift für Kirchengeschichte 102 (1991) S. 14–44
- Geschichte der Kreuzzüge. 8. Auflage. Stuttgart 1995
- Guillaume de Tyr à l'école, in: Mémoires de l'Académie des sciences, arts et belleslettres de Dijon 127 (1988) S. 257–265

[MAYER, Hans E.]
- Henry II of England and the Holy Land, in: English Historical Review 97 (1982) S. 721–739
- Herrschaft und Verwaltung im Kreuzfahrerkönigreich Jerusalem, Historische Zeitschrift 261 (1995) S. 695–738
- Die Herrschaftsbildung in Hebron, in: Zeitschrift des Deutschen Palästina-Vereins 101 (1985) S. 64–81
- Die Hofkapelle der Könige von Jerusalem, in: DA 44 (1988) S. 489–509
- Ibelin versus Ibelin: The Struggle for the Regency of Jerusalem, in: Proceedings of the American Philosophical Society 122 (1978) S. 25–57
- Jérusalem et Antioche au temps de Baudouin II, in: Comptes rendus des séances de l'Académie des Inscriptions et Belles-Lettres (1980) S. 717–736
- John of Jaffa, His Opponents and His Fiefs, in: Proceedings of the American Philosophical Society 128 (1984) S. 134–163
- Die Kanzlei Richards I. von England auf dem Dritten Kreuzzug, in: MIÖG 85 (1977) S. 22–35
- Die Kreuzfahrerherrschaft 'Arrabē, in: Zeitschrift des Deutschen Palästina-Vereins 93 (1977) S. 198–212
- Die Kreuzfahrerherrschaft Montréal (Šōbak). Jordanien im 12. Jahrhundert (Abhandlungen des Deutschen Palästina-Vereins 14). Wiesbaden 1990
- Die Legitimität Balduins IV. von Jerusalem und das Testament der Agnes von Courtenay, in: Historisches Jahrbuch 108 (1988) S. 63–89
- Manasses of Hierges in East and West, in: Revue belge de philologie et d'histoire 66 (1988) S. 757–766
- Marseilles Levantehandel und ein akkonensisches Fälscheratelier des 13. Jahrhunderts (Bibliothek des Deutschen Historischen Instituts in Rom 38). Tübingen 1972
- Mélanges sur l'histoire du royaume latin de Jérusalem (Mémoires de l'Académie des Inscriptions et Belles-Lettres. N. S. 5). Paris 1984
- On the Beginnings of the Communal Movement in the Holy Land: The Commune of Tyre, in: Traditio 24 (1968) S. 443–457
- The Origins of the County of Jaffa, in: Israel Exploration Journal 35 (1985) S. 35–45
- The Origins of the Lordships of Ramla and Lydda in the Latin Kingdom of Jerusalem, in: Speculum 60 (1985) S. 537–552
- Das Pontifikale von Tyrus und die Krönung der lateinischen Könige von Jerusalem. Zugleich ein Beitrag zur Forschung über Herrschaftszeichen und Staatssymbolik, in: Dumbarton Oaks Papers 21 (1967) S. 141–232
- Sankt Samuel auf dem Freudenberge und sein Besitz nach einem unbekannten Diplom König Balduins V., in: QFIAB 44 (1964) S. 35–71
- Scripta Serbellonica, in: Archiv für Diplomatik 35 (1989) S. 421–456
- Die Seigneurie de Joscelin und der Deutsche Orden, in: Die geistlichen Ritterorden Europas, hg. von Josef FLECKENSTEIN und Manfred HELLMANN (Vorträge und Forschungen 26). Sigmaringen 1980. S. 171–216
- Das Siegelwesen in den Kreuzfahrerstaaten (Bayerische Akademie der Wissenschaften. Philosophisch-Historische Klasse. Abhandlungen, Neue Folge 83). München 1978

- Die Stiftung Herzog Heinrichs des Löwen für das Hl. Grab, in: Heinrich der Löwe, hg. von Wolf D. MOHRMANN (Veröffentlichungen der Niedersächsischen Archivverwaltung 39). Göttingen 1980. S. 307–330
- Studies in the History of Queen Melisende of Jerusalem, in: Dumbarton Oaks Papers 26 (1972) S. 95–182
- The Succession to Baldwin II of Jerusalem: English Impact on the East, in: Dumbarton Oaks Papers 39 (1985) S. 139–147
- Das syrische Erdbeben von 1170, in: DA 45 (1989) S. 474–484
- Two Unpublished Letters on the Syrian Earthquake of 1202, in: Medieval and Middle Eastern Studies in Honor of Aziz Suryal Atiya, hg. von Sami A. HANNA. Leiden 1972. S. 295–310
- Ein unedierter Originalbrief aus dem Heiligen Land von 1164/1165 und die Herren von Montfort-sur-Risle, in: DA 46 (1990) S. 481–505
- Varia Antiochena. Studien zum Kreuzfahrerfürstentum Antiochia im 12. und frühen 13. Jahrhundert (MGH. Studien und Texte 6). Hannover 1993
- Vier jerusalemitanische Königsurkunden für Pisa: echt, gefälscht oder verunechtet, in: Fälschungen im Mittelalter. Internationaler Kongreß der Monumenta Germaniae Historica. München, 16. – 19. September 1986. Teil IV: Diplomatische Fälschungen (II) (MGH Schriften 33, 4). Hannover 1988. S. 137–157
- The Wheel of Fortune: Seignorial Vicissitudes under Kings Fulk and Baldwin III of Jerusalem, in: Speculum 65 (1990) S. 860–877
- Zum Tode Wilhelms von Tyrus, in: Archiv für Diplomatik 5/6 (1959/1960) S. 182–198
- Zur Geschichte der Johanniter im 12. Jahrhundert, in: DA 47 (1991) S. 139–159

MAYER, Hans Eberhard – FAVREAU(-LILIE), Marie L.: Das Diplom Balduins I. für Genua und Genuas Goldene Inschrift in der Grabeskirche, in: QFIAB 55/56 (1976) S. 22–95

MAYER, Theodor: Fürsten und Staat. Studien zur Verfassungsgeschichte des deutschen Mittelalters. Weimar 1950

MENAGER, Leon R.: Les actes latins de S. Maria di Messina (1103–1250) (Istituto siciliano di studi bizantini e neo-ellenici. Testi 9). Palermo 1963
- Inventaire des familles normandes et franques émigrées en Italie méridionale et en Sicile (XIe – XIIe siècles) = Appendix zu DERS.: Pesanteur et étiologie de la colonisation normande d'Italie, in: Relazioni e communicazioni nelle Prime Giornate Normanno-Sveve del Centro di studi normanno-svevi. Bari 1973: Roberto Guiscardo e il suo tempo (Fonti e studi del Corpus membrarum Italicarum 11). Roma 1975. S. 260–390
- Recueil des actes des ducs normands d'Italie (1046–1127). Band 1: Les premiers ducs (1046–1087) (Società di storia patria per la Puglia. Documenti e monografie 45). Bari 1980

MERLET, Lucien: Cartulaire de l'abbaye de la Sainte-Trinité de Tiron. Band 1. Chartres 1883

MERLET, René: Cartulaire de St.-Jean-en-Vallée de Chartres. Band 1 (Collection de cartulaires chartraines 1). Chartres 1906

METAIS, Charles: Cartulaire de l'abbaye cardinale de la Trinité de Vendôme. Bände 1. 2. Paris 1893. 1894
– Cartulaire de l'abbaye de Notre-Dame de Josaphat (scil. von Chartres). 2 Bände. Chartres 1911. 1912
– Marmoutier. Cartulaire blésois. Blois 1889–1891
– Les Templiers en Eure-et-Loire. Histoire et cartulaire (Archives historiques du diocèse de Chartres 7). Chartres 1902
METCALF: D. M.: Coinage of the Crusades and the Latin East in the Ashmolean Museum Oxford. Second edition London 1995
[Michael der Syrer] Chronique de Michel le Syrien, patriarche jacobite d'Antioche (1166–1199), hg. mit französischer Übersetzung von Jean B. CHABOT. Band 3. Paris 1905
MICHELET, Jules: Procès des Templiers. Band 2 (Collection de documents inédits sur l'histoire de France). Paris 1851
MINIERI RICCIO, Camillo: Cenni storici intorno i grandi uffizii del Regno di Sicilia durante il regno di Carlo I. d'Angiò. Napoli 1872
– Genealogia di Carlo I. d'Angiò. Napoli 1857
– Il regno di Carlo I° d'Angiò dal 2 gennaio 1273 al 31 dicembre 1283, in: Archivio storico italiano, 4. serie 1 (1878) S. 1–13 (Teil eines langen Fortsetzungswerkes)
MIRAEUS, Aubertus: Opera diplomatica et historica. Editio secunda. Bände 1. 2. 4, hg. von Joannes F. FOPPENS. Bruxellis 1723. 1723. 1748
MIRET I SANS, Joaquim: Itinerari de Jaume I „el Conqueridor". Barcelona 1908
MÖHRING, Hannes: Saladin und der Dritte Kreuzzug. Aiyubidische Strategie und Diplomatie im Vergleich vornehmlich der arabischen mit den lateinischen Quellen (Frankfurter Historische Abhandlungen 21). Wiesbaden 1980
MOLINIER, Auguste: Obituaires de la province de Sens. Band 1: Diocèses de Sens et de Paris. Band 2: Diocèse de Chartres (Recueil des Historiens de la France. Obituaires 1. 2). Paris 1902. 1906
MONJOIE, P.: A propos de l'emploi du style de Pâques à la chancellerie de Hainaut à la fin du XIIe siècle, in: Le Moyen Age. Revue d'histoire et de philologie 74 = 4e série 23 (1968) S. 27–37
MONTICOLO, Giovanni: La costituzione del Doge Pietro Polani (Febbraio 1143, 1142 more Veneto) circa la processio scolarum, in: Rendiconti della Reale Accademia dei Lincei. Classe di scienze morali, storiche e filologiche, 5. serie 9 (1900) S. 91–133
Regii Neapolitani archivi m o n u m e n t a edita ac illustrata. Band 5. Neapoli 1857
MOORE, Stuart A.: Cartularium monasterii sancti Iohannis Baptistae de Colecestria. Band 1. London 1897
MOREY, Adrian und BROOKE, Christopher N. L.: Gilbert Foliot and his Letters (Cambridge Studies in Medieval Life and Thought N. S. 11). Cambridge 1965
MORGAN, Margaret R.: La continuation de Guillaume de Tyr (1184–1197) (Documents relatifs à l'histoire des croisades 14). Paris 1982
MORICE, Hyacinthe: Mémoires pour servir de preuves à l'Histoire ecclésiastique et civile de Bretagne. Band 1. Paris 1742
MORIN, Guillaume: Histoire générale des pays de Gastinois, Senonois et Hurepois. Paris 1630

MORIN, O.: Les avoueries ecclésiastiques en Lorraine. Paris und Nancy 1907
MORLET, Marie Th.: Les noms de personne sur le territoire de l'ancienne Gaule du VIᵉ au XIIᵉ siècle. 2 Bände. Paris 1968. 1972
MOROZZO DELLA ROCCA, Raimondo – LOMBARDO, ANTONIO: Documenti del commercio veneziano nei secoli XI – XIII. 2 Bände (Regesta chartarum Italiae 28. 29). Roma 1940
MÜLLER, Giuseppe: Documenti sulle relazioni delle città toscane coll'Oriente cristiano e coi Turchi. Firenze 1879
MULLER, Samuel – BOUMANN, Arie C.: Oorkondenboek van het sticht Utrecht tot 1301. Band 1. Utrecht 1920
MURATORI, Ludovico A.: Antiquitates Italicae medii aevi. Band 1. Mediolani 1738
MURRAY, Alan V.: The Title of Godfrey of Bouillon as Ruler of Jerusalem, in: Collegium Medievale. Interdisciplinary Journal of Medieval Research 3 (1990) S. 163–178
M u s é e des archives départementales. Recueil de fac-similés héliographiques de documents tirés des archives des préfectures, mairies et hospices. Paris 1878
M u s é e des Archives Nationales. Documents originaux de l'histoire de France exposés dans l'Hôtel Soubise. Publié par la Direction générale des Archives Nationales. Paris 1872
MUSSET, Georges: L'abbaye de la Grâce-Dieu (Archives historiques de la Saintonge et de l'Aunis 27). Paris und Saintes 1898

N a r r a t i o de primordiis ordinis Theutonici, hg. von Max PERLBACH, Die Statuten des Deutschen Ordens. Halle an der Saale 1890. S. 159–160
NAUMANN, Claudia, Der Kreuzzug Kaiser Heinrichs VI. Frankfurt am Main und Bern 1994
NEGRI, Giovanni Francesco: Prima crociata overo lega di militie christiane segnalate di croce. Bologna 1658
NEWMAN, William M.: Les seigneurs de Nesle en Picardie (XIIᵉ – XIIIᵉ siècle). 2 Bände (Memoirs of the American Philosophical Society 91, 1. 2). Philadelphia 1971
NICAISE, Auguste: Epernay et l'abbaye Saint-Martin de cette ville. Histoire et documents inédits. Band 2. Châlons-sur-Marne 1869
Niccolò da Poggibonsi, Libro d'Oltramare (1346–1350) (Pubblicazioni dello Studium Biblicum Franciscanum 2). Gerusalemme 1945
NIERMEYER, Jan F.: Mediae latinitatis lexicon minus. Leiden 1976
– Onderzoekingen over Luikse en Maastrichtse oorkonden en over de Vita Baldrici episcopi Leodiensis (Bijdragen van het Instituut voor middeleeuwsche geschiedenis der Rijks-Universiteit te Utrecht 20). Groningen 1935
Niketas Choniates, Historia, hg. von Ioannes Aloysius VAN DIETEN. 2 Bände (Corpus fontium historiae Byzantinae 3). Berlin 1975
NITTI DI VITO, Francesco: Le pergamene di S. Nicola di Bari. Periodo normanno (Codice diplomatico Barese 5). Bari 1902
NORTIER, Michel: Recueil des actes de Philippe Auguste, roi de France. Band 4 (Chartes et diplômes relatifs à l'histoire de France). Paris 1979
Band 1 siehe unter DELABORDE

N o t a i liguri del secolo XII. Teil II: Guglielmo Cassinese (1190–1192). Band 1, hg. von Margaret W. HALL, Hilmar C. KRUEGER und Robert L. REYNOLDS. Genova 1938

N o t a i liguri del secolo XII e del XIII. Teil VI: Lanfranco. Band 2, hg. von Hilmar C. KRUEGER und Robert L. REYNOLDS. Genova 1952

OHLIG, Margarete: Studien zum Beamtentum Friedrichs II. in Reichsitalien von 1237–1250 unter besonderer Berücksichtigung der süditalienischen Beamten (Diss. Frankfurt am Main). Kleinheubach am Main 1936

Oliver von Paderborn, Historia Damiatina, hg. von Hermann HOOGEWEG, Die Schriften des Kölner Domscholasters, späteren Bischofs von Paderborn und Kardinal-Bischofs von S. Sabina Oliverus (Bibliothek des litterarischen Vereins in Stuttgart 202). Tübingen 1894. S. 159–282

[Ordericus Vitalis] Orderici Vitalis ecclesiasticae historiae libri tredecim. Band 3, hg. von Augustus LE PREVOST (Société de l'histoire de France). Paris 1845

The Ecclesiastical History of Ordericus Vitalis, hg. und übersetzt von Marjorie CHIBNALL. Bände 5. 6 (Oxford Medieval Texts). Oxford 1975. 1978 (soweit nicht ausdrücklich anders gesagt, wird diese Ausgabe zitiert)

[Otto von Freising] Ottonis et Rahewini Gesta Friderici I. imperatoris, hg. von G. WAITZ und B. VON SIMSON (MGH SS rer. Germ. [46]). Hannover und Leipzig 1912

OURY, G.: Guillaume de Messines, l'ermite de Fontaines-les-Blanches devenu patriarche de Jérusalem, in: Bulletin de la Société archéologique de Touraine 37 (1973) S. 225–243

PAINTER, Sidney: The Houses of Lusignan and Châtellerault 1150–1250, in: Speculum 30 (1955) S. 374–384

– The Lords of Lusignan in the Eleventh and Twelfth Centuries, in: Speculum 32 (1957) S. 27–47

DE PANGE, Jean: Le roi très chrétien. Paris 1949

PAOLI, Sebastiano: Codice diplomatico del sacro militare ordine gerosolimitano oggi di Malta. Band 1. Lucca 1733

PAQUAY, Jean: Cartulaire de la Collégiale Notre-Dame à Tongres jusqu'au XVᵉ siècle. Band 1. Tongres 1909

PARDESSUS, Jean M.: Ordonnances des rois de France de la troisième race. Supplément. o. O. u. J.

PARISSE, Michel: Les chartes des évêques de Metz au XIIᵉ siècle. Etude diplomatique et paléographique, in: Archiv für Diplomatik 22 (1976) S. 272–316

– La noblesse lorraine. XIᵉ – XIIIᵉ siècle. Band 1. Paris und Lille 1976

– Remarques sur les chirographes et les chartes-parties antérieurs à 1120 et conservés en France, in: Archiv für Diplomatik 32 (1986) S. 546–567

PELLIOT, Paul: Mélanges sur l'époque des croisades (Mémoires de l'Académie des Inscriptions et Belles-Lettres 44). Paris 1951

PELLOT, Paul: Cartulaire du prieuré de Longueau, in: Revue de Champagne et de Brie, 2ᵉ série 7 (1895) S. 19–39, 161–180

PERARD, Estienne: Recueil de plusieurs pièces curieuses servant à l'histoire de Bourgogne. Paris 1664

PERGAMENI, Charles: L'avouerie ecclésiastique belge des origines à la période bourguignonne. Gand 1907

PERLBACH, Max: Die Statuten des Deutschen Ordens. Halle an der Saale 1890

PERRIN, Charles E.: Recherches sur la seigneurie rurale en Lorraine d'après les plus anciens censiers (IXe – XIIe siècles) (Publications de la Faculté des Lettres de l'Université de Strasbourg 71). Paris 1935

PETIT, Ernest: Histoire des ducs de Bourgogne de la race capétienne. Bände 2. 3. Paris 1888. 1889

PETRUCCI, Armando: Codice diplomatico del monastero benedittino di S. Maria di Tremiti (1005–1237) (Fonti per la storia d'Italia 98). Roma 1960

Petrus Alfonsi, Disciplina clericalis, hg. von Alfons HILKA und Werner SÖDERHJELM. Band 1 (Acta societatis scientiarum Fennicae 38, 4). Helsingfors 1911

[Petrus Cantor] Pierre le Chantre, Summa de sacramentis et animae consiliis. Troisième partie (III, 2b), hg. von Jean A. DUGAUQUIER (Analecta Mediaevalia Namurcensia 21). Louvain und Lille 1967

Petrus de Vinea: Friderici imperatoris epistolarum ... libri VI. Band 1, hg. von Johannes R. ISELIUS. Basileae 1740
Siehe auch unter HUILLARD-BRÉHOLLES

PFLIEGER, André: Liturgicae orationis concordantia verbalia. Pars I: Missale Romanum. Freiburg i. Br. 1964

VON PFLUGK-HARTTUNG, Julius: Das Komma auf päpstlichen Urkunden, in: MIÖG 5 (1884) S. 434–440
– Specimina selecta chartarum pontificum Romanorum. Pars I–III. Stuttgart 1885–1887

[Philipp von Novara] Livre de Philippe de Navarre, in: Recueil des Historiens des Croisades. Lois 1. Paris 1841. S. 469–571

PHILIPPI, Friedrich: Zur Geschichte der Reichskanzlei unter den letzten Staufern Friedrich II., Heinrich (VII.) und Konrad IV. Münster 1885

PIOT, Charles: Cartulaire de l'abbaye de Saint-Trond. Band 1. Bruxelles 1870

[Pipe Rolls] The Great Roll of the Pipe for the twenty-third Year of the Reign of King Henry the Second, A. D. 1176–1177 (Publications of the Pipe Roll Society 26). London 1905

PIVEC, Karl: Der Diktator Nicolaus von Rocca. Zur Geschichte der Sprachschule von Capua, in: Amman-Festgabe. Teil 1 (Innsbrucker Beiträge zur Kulturwissenschaft 1). Innsbruck 1953. S. 135–152

PLANCHENAULT, Adrien: Cartulaire du chapitre de Saint-Laud d'Angers (Actes du XIe et du XIIe siècle) (Documents historiques sur l'Anjou 4). Angers 1903

DE POLI, Oscar: Inventaire des titres de la maison de Milly. Paris 1888

POLOCK, Marlene: Magister Vivianus, ein Kardinal Alexanders III. Prosopographische Anmerkungen, in: Papsttum, Kirche und Recht im Mittelalter. Festschrift für Horst Fuhrmann zum 65. Geburtstag, hg. von Hubert MORDEK. Tübingen 1991. S. 265–276

PONCELET, Edouard: Actes des princes-évêques de Liège. Hugues de Pierrepont 1200–1229 (Commission royale d'histoire. Recueil des actes des princes belges). Bruxelles 1941
– Inventaire analytique des chartes de la collégiale de Saint-Croix. Band 1. Bruxelles 1911
– Les sceaux et les chancelleries des princes-évêques de Liège. Liège 1938
POOLE, Austin L.: From Domesday Book to Magna Carta 1087–1216 (Oxford History of England). Oxford 1951
POSSE, Otto: Die Siegel der deutschen Kaiser und Könige von 751 bis 1913. Band 5. Dresden 1913
POTTHAST, August: Regesta pontificum Romanorum inde ab anno p. Chr. n. MCXCVIII ad annum MCCCIV. 2 Bände. Berolini 1874. 1875
POUPARDIN, René: Cartulaire de Saint-Vincent de Laon (Arch. Vatican., Misc. Arm. XV. 145). Analyses et pièces inédites, in: Mémoires de la Société de l'histoire de Paris et de l'Ile-de-France 29 (1902) S. 173–267
POWELL, James M.: Anatomy of a Crusade 1213–1221. Philadelphia 1986
POZZA, Marco: Venezia e il regno di Gerusalemme dagli Svevi agli Angioini, in: I comuni italiani nel regno crociato di Gerusalemme. Atti del colloquio „The Italian Communes in the Crusading Kingdom of Jerusalem" (Jerusalem, May 24 – May 28, 1984), hg. von Gabriella AIRALDI und Benjamin Z. KEDAR (Collana storica di fonti e studi 48). Genova 1986. S. 351–399
PRAWER, Joshua: Colonization Activities in the Latin Kingdom of Jerusalem, in: Revue belge de philologie et d'histoire 29 (1951) S. 1063–1118
– Crusader Institutions. Oxford 1980
– L'établissement des coutumes du marché à Saint-Jean d'Acre et la date de composition du Livre des Assises des Bourgeois, in: Revue historique de droit français et étranger, 4. série 29 (1951) S. 329–351
– Histoire du royaume latin de Jérusalem. Band 1. Paris 1969
PREDELLI, Riccardo: Le reliquie dell'archivio dell'ordine Teutonico in Venezia, in: Atti del Reale Istituto Veneto di Scienze, Lettere ed Arti 64 (1904–1905) S. 1379–1462
PRESCOTT, Hilda: The Early Use of Teste me ipso, in: English Historical Review 35 (1920) S. 214–217
PRESSUTTI, Petrus: Regesta Honorii papae III. 2 Bände. Romae 1888. 1895
PREVENIER, Walter: La chancellerie des comtes de Flandre dans le cadre européen à la fin du XIIᵉ siècle, in: BECh 125 (1967) S. 34–93
– De Oorkonden der Graven van Vlaanderen (1191 – aanvang 1206). Band 1: Diplomatische Inleiding. Band 2: Uitgave (Commission royale d'histoire. Recueil des actes des princes belges 5). Brussel 1966. 1964
– Un problème de chronologie: la transition du style de Noel au style de Pâques dans la chancellerie des comtes de Flandre (1191–1205), in: Revue belge de philologie et d'histoire 43 (1965) S. 556–571
– Du style de Noel au style de Pâques dans la chancellerie des comtes de Hainaut et dans le 'Chronicon Hanoniense' de Gislebert de Mons (1171–1205), in: Miscellanea Medievalia in memoriam Jan Frederik Niermeyer. Groningen 1967. S. 245–255

PREVOST, Arthur E.: Les Champenois aux croisades, in: Mémoires de la Société académique d'agriculture, des sciences, arts et belles-lettres du Département de l'Aube 85/86 = 3. série 58/59 (1921–1922) S. 109–185
– Recueil des chartes et bulles de Clairvaux. Ligugé 1929
PRINGLE, Denys: King Richard I and the Walls of Ascalon, in: Palestine Exploration Quarterly 116 (1984) S. 133–147
– Magna Mahumeria (al-Bira): the Archaeology of a Frankish New Town in Palestine, in: Crusade and Settlement. Papers read at the First Conference of the Society for the Study of the Crusades and the Latin East and presented to R. C. Smail, hg. von Peter W. EDBURY. Cardiff 1985. S. 147–165
PROU, Maurice: Les diplômes de Philippe Ier pour l'abbaye de St.-Benoît-sur-Loire, in: Mélanges Jules Havet. Recueil de travaux d'érudition dédiés à la mémoire de Jules Havet. Paris 1895. S. 155–199
– Recueil des actes de Philippe Ier roi de France (1059 – 1108) (Chartes et diplômes relatifs à l'histoire de France). Paris 1908
PROU, Maurice – VIDIER, Alexandre: Recueil des chartes de l'abbaye de St.-Benoît-sur-Loire. Band 1. Paris und Orléans 1900–1907
PRUTZ, Hans: Aus Phönizien. Geographische Skizzen und historische Studien. Leipzig 1876
– Malteser Urkunden und Regesten zur Geschichte der Tempelherren und der Johanniter. München 1883
– Studien über Wilhelm von Tyrus, in: NA 8 (1883) S. 91–132
– Ein zeitgenössisches Gedicht auf die Belagerung Accons, in: Forschungen zur deutschen Geschichte 21 (1881) S. 449–494
PRYOR, John H.: Geography, Technology, and War. Studies in the Maritime History of the Mediterranean 649–1571. Cambridge 1988
PUNCUH, Dino: Liber privilegiorum ecclesiae Ianuensis (Fonti e studi di storia ecclesiastica 1). Genova 1962
PYKE, Jacques: Le chapitre cathédral de Notre-Dame de Tournai de la fin du XIe à la fin du XIIIe siècle. Son organisation, sa vie, ses membres (Université de Louvain. Recueil de travaux d'histoire et de philologie, 6e série 30). Louvain-la-Neuve und Bruxelles 1986

QUANTIN, Maximilien: Cartulaire général de l'Yonne. Band 2. Auxerre 1860
QUARESMIUS, Franciscus: Historica, theologica et moralis Terrac Sanctae elucidatio. Ed. I. Band 2. Antverpiae 1639. Ed. II. Band 2. Venetiis 1881
QUELLER, Donald E.: Diplomatic „Blancs" in the Thirteenth Century, in: English Historical Review 80 (1965) S. 476–491

Radulf von Coggeshall, Chronicon Anglicanum, hg. von Joseph STEVENSON (Rolls Series 66). London 1875
Radulf von Diceto, Opera historica, hg. von William STUBBS. 2 Bände (Rolls Series 68, 1. 2). London 1876
Radulf Niger, Chronica universalis (Auszüge), in: MGH SS 27. Hannoverae 1885. S. 331–341

- De re militari et triplici via peregrinationis Ierosolimitanae (1187/88), hg. von Ludwig SCHMUGGE (Beiträge zur Geschichte und Quellenkunde des Mittelalters 6). Berlin und New York 1977
RAGOSTA, Rosalba: Le genti del Mare Mediterraneo. Band 1. Napoli 1981
Rahewin siehe Otto von Freising
Raimund von Aguilers, Historia Francorum qui ceperunt Iherusalem, in: Recueil des Historiens des Croisades. Historiens occidentaux 3. Paris 1866. S. 231–309 (soweit nicht eigens auf diese Edition verwiesen ist, wurde benutzt die Ausgabe von John H. und Laurita L. HILL, Le „Liber" de Raymond d'Aguilers (Documents relatifs à l'histoire des croisades 9). Paris 1969
RAMACKERS, Johannes: Papsturkunden in Frankreich. Neue Folge. Band 2: Normandie. Band 6: Orléannais (Abhandlungen der Gesellschaft der Wissenschaften zu Göttingen. Philologisch-historische Klasse, 3. Folge 21. 41). Göttingen 1937. 1958
- Papsturkunden in den Niederlanden (Belgien, Luxemburg, Holland und Französisch-Flandern) (Abhandlungen der Gesellschaft der Wissenschaften zu Göttingen. Philologisch-historische Klasse, 3. Folge 8 und 9). Göttingen 1933. 1934
RASSOW, Peter: Die Urkunden Kaiser Alfonsos VII. von Spanien, in: Archiv für Urkundenforschung 10 (1928) S. 328–467; 11 (1930) S. 66–137
R é c i t s d'un menestrel de Reims, hg. von Joseph J. SMET, Chronique de Flandre et des croisades (Recueil des chroniques de Flandre 3 = Collection de chroniques belges inédites). Bruxelles 1856. S. 571–687
R e c u e i l de fac-similés de chartes normandes publiés à l'occasion du cinquantenaire de sa fondation par la Société de l'Histoire de Normandie avec transcriptions de Jules J. VERNIER. Rouen und Paris 1919
R e c u e i l de fac-similés de l'Ecole des Chartes. Anciens Fonds (nur in der Ecole des Chartes in Paris benutzbar)
REDLICH, Oswald: Die Privaturkunden des Mittelalters (Urkundenlehre. Teil 3 = Handbuch der mittelalterlichen und neueren Geschichte IV, 3). München und Berlin 1911
R e g e s t a regum Anglo-Normannorum 1066–1154. Band 1: Regesta Willelmi Conquestoris et Willelmi Rufi, hg. von Henry W. C. DAVIS und Robert J. WHITWELL; Band 2: Regesta Henrici primi (1100–1135), hg. von Charles JOHNSON und Henry A. CRONNE; Band 3: Regesta regis Stephani ac Mathildis imperatricis ac Gaufridi et Henrici ducum Normannorum (1135–1154), hg. von Henry A. CRONNE und R. H. C. DAVIS; Band 4: Facsimiles of original charters and writs of King Stephen, the Empress Matilda and Dukes Geoffrey and Henry (1135–1154), hg. von Henry A. CRONNE und R. H. C. DAVIS. Oxford 1913. 1956. 1968. 1969
R e g e s t a regum Scottorum. Band 1: The Acts of Malcolm IV King of Scots 1153–1165, hg. von Geoffrey W. S. BARROW; Band 2: The Acts of William I King of Scots 1165–1204, hg. von Geoffrey W. S. BARROW with the Collaboration of William W. SCOTT. Edinburgh 1960. 1971
RENARDY, Christine: Le monde des maîtres universitaires du diocèse de Liège 1140–1350. Recherches sur sa composition et ses activités (Bibliothèque de la Faculté de Philosophie et Lettres de l'Université de Liège 227). Paris 1979

REUSSENS, Le chanoine E.: Les chancelleries inférieures en Belgique depuis leur origine jusqu'au commencement du XIIIe siècle, in: Analectes pour servir à l'histoire ecclésiastique de la Belgique 26 = 2. série 10 (1896) S. 20–206

REY, Emmanuel G.: Les dignitaires de la principauté d'Antioche. Grands-officiers et patriarches, in: Revue de l'Orient latin 8 (1900/1901) S. 116–157
– Sommaire du Supplément aux Familles d'Outre-Mer. Chartres 1881

RHEINHEIMER, Martin: Das Kreuzfahrerfürstentum Galiläa (Kieler Werkstücke. Reihe C. Band 1). Frankfurt am Main und Bern 1990

RIANT, Le comte Paul E. D.: Les archives des établissements latins d'Orient à propos d'une publication de l'Ecole Française de Rome, in: BECh 42 (1881) S. 12–18 = Archives de l'Orient latin 1 (1881) S. 705–710
– Eclaircissements sur quelques points de l'histoire de l'église de Bethléem-Ascalon, in: Revue de l'Orient latin 1 (1893) S. 140–160, 381–412, 475–525; 2 (1894) S. 35–72
– Etudes sur l'histoire de l'église de Bethléem. Band 1. Gênes 1889
– Expéditions et pélerinages des Scandinaves en Terre Sainte au temps des croisades. Paris 1865

Richard von Devizes, Chronicle, hg. von John T. APPLEBY (Medieval Texts). London und Edinburgh 1963

Richard FitzNigel, Dialogus de scaccario. The Course of the Exchequer and Constitutio domus regis. The Establishment of the Royal Household, hg. und übersetzt von Charles JOHNSON (Oxford Medieval Texts). Oxford 1983

Richard von San Germano, Chronica, hg. von Carlo A. GARUFI (Rerum Italicarum scriptores. Nuova edizione 7, 2). Bologna 1936–1938

RICHARD, Jean: L'abbaye cistercienne de Jubin et le prieuré Saint-Blaise de Nicosie, in: Epeteris tou Kentrou Epistemonikon Ereunon 3 (1969–1970) S. 63–74. Nachgedruckt in: Jean RICHARD, Orient et Occident du Moyen Age: contacts et relations (XIIe – XVe siècles) (Variorum Reprints. Collected Studies 49). London 1976. Nr. XIX
– A propos d'un privilége de Jean II de Lusignan: une enquête sur les modalités de la mise en forme des actes royaux, in: Δελτίον τῆς Ἐταιρείας Κυπριακῶν Σπουδῶν 13 (1986) S. 125–133
– Aux origines d'un grand lignage: Des Palladii à Renaud de Châtillon, in: Media in Francia ... Recueil de mélanges offert à Karl Ferdinand Werner à l'occasion de son 65e anniversaire par ses amis et collègues français. o. O. 1989. S. 409–418
– Le chartier de Sainte-Marie-Latine et l'établissement de Raymond de Saint-Gilles à Mont-Pèlerin, in: Mélanges Louis Halphen. Paris 1951. S. 605–612
– Chypre sous les Lusignans. Documents chypriotes des archives du Vatican (Bibliothèque archéologique et historique 73). Paris 1962
– Le comté de Tripoli dans les chartes du fonds de Porcellet, in: BECh 130 (1972) S. 339–382
– Le comté de Tripoli sous la dynastie toulousaine (1102–1187) (Bibliothèque archéologique et historique 39). Paris 1945
– La diplomatique royale dans les royaumes d'Arménie et de Chypre (XIIe – XVe siècles), in: BECh 144 (1986) S. 69–86

- Eglise latine et églises orientales dans les états des croisés: La destiné d'une prieuré de Josaphat, in: Mélanges offerts à Jean Dauvillier. Toulouse 1979. S. 743–752
- Le Livre des Remembrances de la Secrète du royaume de Chypre (1468–1469) (Sources et études de l'histoire de Chypre 10). Nicosie 1983
- Monarchical Institutions, in: A History of the Crusades, hg. von Kenneth M. SETTON. Band 5: The Impact of the Crusades on the Near East, hg. von Norman P. ZACOUR und Harry W. HAZARD. Madison, Wisc. 1985. S. 218–232
- Pairie d'Orient latin: Les quatre baronnies des royaumes de Jérusalem et de Chypre, in: Revue historique de droit français et étranger, 4e série 28 (1950) S. 67–88
- Quelques textes sur les premiers temps de l'église latine de Jérusalem, in: Recueil de travaux offert à M. Clovis Brunel (Mémoires et documents publiés par la Société de l'Ecole des Chartes 12). Band 2. Paris 1955. S. 420–430
- Le royaume latin de Jérusalem. Paris 1953
- Sur un passage du „Pèlerinage de Charlemagne": le marché de Jérusalem, in: Revue belge de philologie et d'histoire 43 (1953) S. 552–555

Richer von Reims, Histoire de France, hg. von Robert LATOUCHE. 2 Bände (Les classiques de l'histoire de France au moyen âge). Paris 1930. 1937

RIDER, Richard: Vie et survie de quelques familles illustres du royaume de Jérusalem, in: Le Moyen Age. Revue d'histoire et de philologie 79 = 4. série 28 (1973) S. 251–267

RIEDMANN, Josef: Studien über die Reichskanzlei unter Friedrich Barbarossa in den Jahren 1156–1166, in: MIÖG 75 (1967) S. 322–402

RIGAUX, E.: Note sur quelques chartes de Samer, in: Bulletin de la Société académique de l'arrondissement de Boulogne-sur-Mer 6 (1904) S. 361–369

[Rigord] Oeuvres de Rigord et de Guillaume le Breton, historiens de Philippe-Auguste, hg. von Henry F. DELABORDE. Band 1. Paris 1882

RILEY-SMITH, Jonathan: The Assise sur la ligece and the Commune of Acre, in: Traditio 27 (1971) S. 179–204
- The Feudal Nobility and the Kingdom of Jerusalem, 1174–1277. London 1973
- The First Crusade and the Idea of Crusading. London 1986
- The Knights of St. John in Jerusalem and Cyprus c. 1050–1310 (A History of the Order of the Hospital of St. John of Jerusalem 1). London 1967
- Some Lesser Officials in Latin Syria, in: English Historical Review 87 (1972) S. 1–26
- The Templars and the Castle of Tortosa in Syria: an Unknown Document Concerning the Acquisition of the Fortress, in: English Historical Review 84 (1969) S. 278–288

Robert von Auxerre, Chronicon, in: MGH SS 26. Hannoverae 1882. S. 219–276

Robert von Clari, La conquête de Constantinople, hg. von Philippe LAUER (Les classiques français du moyen âge). Paris 1924

Robert von Torigni, Chronique, hg. von Leopold DELISLE. 2 Bände (Société de l'histoire de Normandie). Rouen 1872. 1873

Rochechouart, Louis de: Journal de voyage à Jérusalem (1461), hg. von C. COUDERC, in: Revue de l'Orient latin 1 (1893) S. 168–274

RODENBERG, Carl: Epistolae saeculi XIII e regestis pontificum Romanorum selectae. Bände 1. 2 (MGH Epistolae saeculi XIII e regestis pontificum Romanorum selectae 1. 2). Berolini 1883. 1887

RÖDIG, Thomas: Zur politischen Ideenwelt Wilhelms von Tyrus (Europäische Hochschulschriften. Reihe III, Band 429). Frankfurt am Main und Bern 1990

RÖHRICHT, Reinhold: Die Deutschen im Heiligen Lande. Chronologisches Verzeichnis derjenigen Deutschen, welche als Jerusalempilger und Kreuzfahrer sicher nachzuweisen oder wahrscheinlich anzunehmen sind. Innsbruck 1894

– Geschichte des ersten Kreuzzuges. Innsbruck 1901

– Geschichte des Königreichs Jerusalem (1100–1291). Innsbruck 1898

– Regesta regni Hierosolymitani (MXCVII – MCCXCI). Innsbruck 1893. Additamentum. Innsbruck 1904

– Die Rüstungen des Abendlandes zum dritten großen Kreuzzuge, in: Historische Zeitschrift 34 (1875) S. 1–73

– Syria sacra, in: Zeitschrift des Deutschen Palästina-Vereins 10 (1887) S. 1–48

[Roger von Howden (Hoveden)] Chronica magistri Rogeri de Houedene. 4 Bände, hg. von William STUBBS (Rolls Series 51, 1. 2. 3. 4). London 1868. 1869. 1870. 1871

– [Fortsetzung der Chronik unter dem falschen Namen] Walter von Coventry, Historical Collections, hg. von William STUBBS. Band 2 (Rolls Series 58). London 1873

Roger von Wendower, Flores historiarum, hg. von Henry G. HEWLETT. 2 Bände (Rolls Series 84, 1. 2). London 1886. 1887

ROLAND, C. G.: Un faux diplôme de Conrad II. Etude diplomatique et historique, in: Bulletin de la Commission royale d'histoire 76 (1907) S. 548–567

ROLLAND, Paul: Notes de chronologie tournaisienne, in: Bulletin de l'Académie royale d'archéologie de Belgique. Année 1925. S. 58–73

ROMAN, Joseph: Manuel de sigillographie française. Paris 1912

ROMANIN, Samuele: Storia documentata di Venezia. Band 1. Venezia 1853

Romuald von Salerno, Chronicon, hg. von Carlo A. GARUFI (Rerum Italicarum scriptores. Nuova edizione 7, 1). Città di Castello 1905–1935

Rorgo Fretellus, Description de la Terre Sainte, hg. von P. C. BOEREN (Koninklijke Nederlandse Akademie van Wetenschapen, Afdeeling Letterkunde. Verhandelingen Nieuwe Reeks 105). Amsterdam 1980

ROSEROT, Alphonse: Dictionnaire topographique du département de la Haute-Marne (Dictionnaire topographique de la France). Paris 1903

DE ROSNY, Arthur: Faramus de Boulogne. La famille de Bolonia en Angleterre. Descendance des comtes de Boulogne, in: Bulletin de la Société académique de l'arrondissement de Boulogne-sur-Mer 7 (1904–1907) S. 148–185

ROSSETTI, G. u. a.: Pisa nei secoli XI e XII. Formazione e caratteri di una classe di governo. o. O. u. J. (Pisa 1979)

(ROSSI, Giovanni): Memoriale di notizie storico-critiche spettanti a Gualtieri da Ocre, Gran Cancelliere de' Regni di Sicilia e Gerusalemme sotto Federico II, Corrado e Manfredi. Napoli 1829

ROUND, John H.: Ancient Charters Royal and Private Prior to A. D. 1200 (Publications of the Pipe Roll Society [Old Series] 10). London 1888

– The Earliest Fines, in: English Historical Review 12 (1897) S. 293–302

- Faramus of Boulogne, in: The Genealogist N. S. 12 (o. J. = 1896) S. 145–151
- The First Known Fine (1175), in: DERS., Feudal England. Historical Studies on the XIth and XIIth Centuries. London 1895
- Geoffrey de Mandeville. A Study of the Anarchy. London 1892
- Studies in Peerage and Family History. London 1901
ROUSSEAU, Felix: Actes des comtes de Namur de la première race 946–1196 (Recueil des actes des princes belges). Bruxelles 1936
DE ROZIÈRE, Eugène: Cartulaire de l'église du Saint Sépulcre de Jérusalem. Paris 1849. Neuedition siehe unter BRESC-BAUTIER
RUDT DE COLLENBERG, Wipertus: Etat et origine du haut clergé de Chypre avant le Grand Schisme d'après les registres des papes du XIIIᵉ et du XIVᵉ siècle, in: Mélanges de l'Ecole française de Rome. Moyen âge – temps modernes 91 (1979) S. 197–332
RÜHL, Franz: Chronologie des Mittelalters und der Neuzeit. Berlin 1897
RUNCIMAN, Sir Steven: A History of the Crusades. 3 Bände. Cambridge 1951. 1952. 1954
RYMER, Thomas: Foedera, conventiones, litterae et cuiusque generis acta publica inter reges Angliae et alios ... habita aut tractata (Record Commission). Band 1, 1. Londini 1816

SACERDOTI, A.: Glossario dei vocaboli tecnici usati nelle leggi qui riprodotte (= Glossar zur Edition der venezianischen Seestatuten vor 1255 von Riccardo PREDELLI im Nuovo Archivio Veneto 4. 5), in: Nuovo Archivio Veneto 5 (1903) S. 348–355
Saewulf, Certa relatio de situ Ierusalem, hg. von Robert B. C. HUYGENS, Peregrinationes tres (CC Cont. med. 139). Turnholti 1994. S. 59–77 (der Titel des Werks nur auf S. 7 der Edition)
SALLOCH, Marianne: Die lateinische Fortsetzung Wilhelms von Tyrus. Leipzig 1934
SALTER, Herbert E.: A Charter of Stephen of January 1139, in: English Historical Review 25 (1910) S. 114–116
- Facsimiles of Early Charters in Oxford Muniment Rooms. Oxford 1929
SALTMAN, Avrom: Theobald Archbishop of Canterbury (University of London. Historical Studies 2). London 1956
SANTIFALLER, Leo: Beiträge zur Geschichte der Kontextschlußformeln der Papsturkunde, in: Historisches Jahrbuch 57 (1937) S. 233–257
- Beiträge zur Geschichte des Lateinischen Patriarchats von Konstantinopel (1204–1261) und der venezianischen Urkunde (Historisch-diplomatische Forschungen 3). Weimar 1938
Saxo Grammaticus, Gesta Danorum, hg. von J. OLRIK und H. RAEDER. Band 1. Hauniae 1931
SCALFATI, Silio P. P.: Carte dell'Archivio della Certosa di Calci. Band 1: 999–1099 (Thesaurus ecclesiarum Italiae VII, 17). Roma 1977
SCHALLER, Hans M.: Die Kanzlei Kaiser Friedrichs II. Ihr Personal und Sprachstil. Teil I, in: Archiv für Diplomatik 3 (1957) S. 207–286. Teil II: ebd. 4 (1958) S. 264–327

- Kanzlei und Kultur zur Zeit Friedrichs II. und Manfreds, in: Cancelleria e cultura nel medio evo, hg. von Germano GUALDO. Città del Vaticano 1990. S. 119–127; wieder abgedruckt in: DERS., Stauferzeit S. 525–533
- Eine kuriale Briefsammlung des 13. Jahrhunderts mit unbekannten Briefen Friedrichs II., in: DA 18 (1962) S. 171–213; wieder abgedruckt in DERS., Stauferzeit S. 283–328
- Stauferzeit. Ausgewählte Aufsätze (MGH Schriften 38). Hannover 1993
- Die staufische Hofkapelle im Königreich Sizilien, in: DA 11 (1955) S. 462–505; wieder abgedruckt in: DERS., Stauferzeit S. 479–523
- Zur Entstehung der sogenannten Briefsammlung des Petrus de Vinea, in: DA 12 (1956) S. 114–159; wieder abgedruckt in: DERS., Stauferzeit S. 225–270

SCHARER, Anton: Die angelsächsische Königsurkunde im 7. und 8. Jahrhundert (Veröffentlichungen des Instituts für österreichische Geschichtsforschung 26). Wien und Köln 1982

SCHAUBE, Adolf: Handelsgeschichte der romanischen Völker des Mittelmeergebiets bis zum Ende der Kreuzzüge (Handbuch der mittelalterlichen und neueren Geschichte). München und Berlin 1906

SCHEFFER-BOICHORST, Paul: Kaiser Friedrichs I. letzter Streit mit der Kurie. Berlin 1866
- Urkunden und Forschungen zu den Regesten der staufischen Periode. Zweite Folge, in: NA 27 (1901) S. 71–124

SCHEIN, Sylvia: Latin Hospices in Jerusalem in the Late Middle Ages, in: Zeitschrift des Deutschen Palästina-Vereins 101 (1985) S. 82–92
- The Patriarchs of Jerusalem in the Late Thirteenth Century – Seignors Espiritueles et Temporeles?, in: Outremer. Studies in the History of the Crusading Kingdom of Jerusalem Presented to Joshua Prawer, hg. von Benjamin Z. KEDAR, Hans E. MAYER und Raymond C. SMAIL. Jerusalem 1982. S. 297–322

SCHIEFFER, Rudolf: Bleibt der Archipoeta anonym?, in: MIÖG 98 (1990) S. 59–79
- Zur Datierung der Papsturkunden des 10. und des frühen 11. Jahrhunderts, in: Ex ipsis rerum documentis. Beiträge zur Mediävistik. Festschrift für Harald Zimmermann zum 65. Geburtstag, hg. von Klaus HERBERS, Hans H. KORTÜM und Carlo SERVATIUS. Sigmaringen 1991. S. 73–84

SCHIEFFER, Theodor: Adnotationes zur Germania pontificia und zur Echtheitskritik überhaupt, in: Archiv für Diplomatik 32 (1986) S. 503–545

SCHILLMANN, Fritz: Die Formularsammlung des Marinus von Eboli (Bibliothek des Preußischen Historischen Instituts in Rom 16). Rom 1929

SCHLUMBERGER, Gustave – CHALANDON, Ferdinand – BLANCHET, Adrien: Sigillographie de l'Orient latin (Bibliothèque archéologique et historique 37). Paris 1943

SCHMEIDLER, Bernhard: Der dux und das comune Venetiarum von 1141–1229. Beiträge zur Verfassungsgeschichte Venedigs vornehmlich im 12. Jahrhundert (Historische Studien 35). Berlin 1902

SCHMIDT, Gustav: Urkundenbuch des Hochstifts Halberstadt und seiner Bischöfe. Teil 2: 1236–1303 (Publicationen aus den Preußischen Staatsarchiven 21). Leipzig 1884

SCHMITZ-KALLENBERG, Ludwig: Die Lehre von den Papsturkunden (Urkundenlehre. Teil 2 = Grundriß der Geschichtswissenschaft, Band 1, Abt. 2, Teil 2). Leipzig und Berlin 1913

SCHUBERT, Hans: Eine Lütticher Schriftprovinz nachgewiesen an Urkunden des 11. und 12. Jahrhunderts. Marburg 1908

SCHULTHESS, Friedrich: Christlich-palästinensische Fragmente aus der Omajjaden-Moschee zu Damaskus (Abhandlungen der königlichen Gesellschaft der Wissenschaften zu Göttingen. Philologisch-Historische Klasse, Neue Folge 8, 3). Berlin 1905

SCHWINGES, Rainer C.: Kreuzzugsideologie und Toleranz. Studien zu Wilhelm von Tyrus (Monographien zur Geschichte des Mittelalters 15). Stuttgart 1977

– Kreuzzugsideologie und Toleranz im Denken Wilhelms von Tyrus, in: Saeculum 25 (1974) S. 367–385

SENN, Felix: L'institution des avoueries ecclésiastiques en France. Paris 1903

SETTON, Kenneth M. (Hg.): A History of the Crusades. Bände 2. 5. Madison, Wisc. 1969. 1985

– The Papacy and the Levant (1204–1571) (Memoirs of the American Philosophical Society). Philadelphia 1978

SIBERRY, Elizabeth: The Crusading Counts of Nevers, in: Nottingham Medieval Studies 34 (1990) S. 64–70

Sicard von Cremona, Cronica, in: MGH SS 31. Hannoverae 1903. S. 22–181

Sigebert von Gembloux, Chronographia. Auctarium Aquicinense, in: MGH SS 6. Hannoverae 1844. S. 392–398. – Continuatio Aquicinctina, ebd. S. 405–438

Simeon von Durham, Opera omnia, hg. von Thomas ARNOLD. Band 2 (Rolls Series 75, 2). London 1885

SIMONSFELD, Henry: Jahrbücher des Deutschen Reichs unter Friedrich I. (Jahrbücher der Deutschen Geschichte). Band 1. Berlin 1980

SMAIL, Raymond C.: Crusading Warfare (1097–1193). A Contribution to Medieval Military History (Cambridge Studies in Medieval Life and Thought. New Series 3). Cambridge 1956

SOCARD, Emile: Chartes inédites extraites des cartulaires de Molême intéressant un grand nombre de localités du département de l'Aube, in: Mémoires de la Société académique d'agriculture, des sciences et belles-lettres du département de l'Aube 28 (1864) S. 163–364

VON SODEN, Hermann Freiherr: Bericht über die in der Kubbet in Damaskus gefundenen Handschriftenfragmente, in: Sitzungsberichte der Königlich Preussischen Akademie der Wissenschaften. Jahrgang 1903. Zweiter Halbband. Berlin 1903. S. 825–830

SOURDEL-THOMINE, Janine – SOURDEL, Dominique: A propos des documents de la Grand Mosquée de Damas conservés à Istanbul. Résultats de la seconde enquête, in: Revue des études islamiques 33 (1965) S. 73–85

STENTON, Doris M. siehe HATTON, Christopher

– Roger of Howden and Benedict, in: English Historical Review 68 (1953) S. 574–582

[Stephan von Tournai] Die Summa des Stephanus Tornacensis über das Decretum Gratiani, hg. von Johann Friedrich VON SCHULTE. Giessen 1891.

STIENNON, Jacques: L'écriture diplomatique dans le diocèse de Liège du XIe au milieu du XIIIe siècle. Reflet d'une civilisation (Bibliothèque de la Faculté de Philosophie et Lettres de l'Université de Liège 5). Paris 1960

S t o r i a di Venezia. Band 2: Dalle origini del ducato alla IV crociata. o. O. u. J. (Venedig 1958)

STRAYER, Joseph: France: the Holy Land, the Chosen People and the Most Christian King, in: Action and Conviction in Early Modern Europe. Essays in Memory of Elmore H. Harbison, hg. von Theodor K. RABB und Jerrold E. SEIGEL. Princeton 1969. S. 3–16

STREHLKE, Ernst: Tabulae ordinis Theutonici. Berolini 1869. Reprint mit einer gesondert paginierten Einleitung von Hans E. MAYER. Toronto 1975

STRUBBE, Egied I. – VOET, Leon: De Chronologie van de middeleeuwen en de moderne tijden in de Nederlanden. Antwerpen und Amsterdam 1960

TAFEL, Gottlieb L. F. – THOMAS, Georg M.: Urkunden zur älteren Handels- und Staatsgeschichte der Republik Venedig mit besonderer Beziehung auf Byzanz und die Levante. 2 Bände (Fontes rerum Austriacarum. Abt. 2. Band 13, 1. 2). Wien 1856

TARDIF, Jules: Monuments historiques (auf dem Schmutztitel als Zusatz der übliche Titel: Cartons des rois) (Archives de l'Empire. Inventaires et documents). Paris 1866

TAVIANI, Huguette: Les archives du diocèse de Campagna dans la province de Salerne (Fonti e studi del Corpus membranarum Italicarum. N. S. Fonti 1). Roma 1974

TESKE, Gunnar: Die Briefsammlungen des 12. Jahrhunderts in St. Viktor/Paris. Entstehung, Überlieferung und Bedeutung für die Geschichte der Abtei (Studien und Dokumente zur Gallia Pontificia 2). Bonn 1993

TESSIER, Georges: Diplomatique royale française. Paris 1962

TEULET, Alexandre: Layettes du Trésor des Chartes. Band 1 (Archives de l'Empire. Inventaires et documents). Paris 1863

THANER, Friedrich: Über die Entstehung und Bedeutung der Formel: „Salva sedis apostolicae auctoritate" in den päpstlichen Privilegien, in: Sitzungsberichte der Kaiserlichen Akademie der Wissenschaften. Philologisch-Historische Klasse 71 (1872) S. 807–851

THEINER, Augustin: Vetera monumenta historica Hungariam sacram illustrantia ex tabulariis Vaticanis deprompta. Band 1. Romae 1859

Theodericus, Libellus de locis sanctis, hg. von Robert B. C. HUYGENS, Peregrinationes tres (CC Cont. med. 139). Turnholti 1994. S. 143–197

THIERFELDER, Hildegard: Das älteste Rostocker Stadtbuch (etwa 1254 – 1273). Göttingen 1967

[Thietmar] Magistri Thietmari peregrinatio, hg. von Johann C. M. LAURENT, Peregrinatores medii aevi quatuor. Editio secunda. Accessit Magistri Thietmari Peregrinatio. Lipsiae 1873 (gesonderte Paginierung)

Thietmar von Merseburg, Chronik, hg. von Robert HOLTZMANN (MGH SS rer. Germ. N. S. 9). Berlin 1935

THOMAS, Georg M.: Ein Tractat über das heilige Land und den dritten Kreuzzug, in: Sitzungsberichte der königlich bayerischen Akademie der Wissenschaften zu München. Jahrgang 1865. Band 2. München 1865. S. 141–171

TIBBLE, Steven: Monarchy and Lordships in the Latin Kingdom of Jerusalem 1099–1291. Oxford 1989

TILLMANN, Helene: Die päpstlichen Legaten in England bis zur Beendigung der Legation Gualas (1218) (Diss. Bonn). Bonn 1926

TIRELLI CARLI, Matilde: Carte dell'archivio capitolare di Pisa. Band 3: 1076–1100; Band 4: 1101–1120 (Thesaurus ecclesiarum Italiae VII, 3 und VII, 4). Roma 1977. 1969

TOCK, Benoit M.: Une chancellerie épiscopale au XII⁰ siècle. Le cas d'Arras (Université catholique de Louvain. Publications de l'Institut d'études médiévales. Textes, études, congrès 12). Louvain-la-Neuve 1991

– Les chartes des évêques d'Arras (1093 – 1203) (Collection de documents inédits sur l'histoire de France. Section d'histoire médiévale et de philologie. Série in-8° 20). Paris 1991

TOECHE, Theodor: Kaiser Heinrich VI. (Jahrbücher der deutschen Geschichte). Leipzig 1867

VON TOLL, Robert: Zur Chronologie der Gründung des Ritterordens vom St. Marien-Hospitale des Hauses der Deutschen in Jerusalem, in: Mittheilungen aus dem Gebiete der Geschichte Liv-, Esth- und Kurlands 11 (1868) S. 103–130, 497–503

TOUT, Thomas F.: Chapters in the Administrative History of Mediaeval England. The Wardrobe, the Chamber and the Small Seals. Bände 1. 5. Manchester 1920. 1930

TOUT, Thomas F. – JOHNSTONE, HILDA: State Trials of the Reign of Edward I. 1289–1293 (Royal Historical Society. Camden Third Series 9). London 1906

TRENCHS, José – ARAGO, Antonio M.: Las cancillerias de la corona de Aragón y Mallorca desde Jaime I a la muerte de Juan II (Folia Parisiensia 1). Zaragoza 1983

T r i u m p h u s sancti Lamberti de castro Bullonio, in: MGH SS 20. Hannoverae 1868. S. 497–511

TRUSEN, Winfried: Chirographum und Teilurkunde im Mittelalter, in: Archivalische Zeitschrift 75 (1979) S. 233–249

TUCCI, Ugo: Un problema di metrologia navale: la botte veneziana, in: Studi Veneziani 9 (1967) S. 201–246

TYERMAN, Christopher: England and the Crusades 1095–1588. Chicago 1988

U r k u n d e n b u c h des Erzstifts Magdeburg. Teil 1 (Geschichtsquellen der Provinz Sachsen und Anhalt und des Freistaates Anhalt, Neue Reihe 18). Magdeburg 1937

Wirtembergisches U r k u n d e n b u c h , hg. von dem Kgl. Staatsarchiv in Stuttgart. Band 3. Stuttgart 1871

URSEAU, Charles: Cartulaire noir de la cathédrale d'Angers. Paris und Angers 1908

Usâma Ibn Munqidh, Des enseignements de la vie. Souvenirs d'un gentilhomme syrien du temps des Croisades, französische Übersetzung von Andre MIQUEL. Paris 1983

VALLEE, Eugène – LATOUCHE, ROBERT: Dictionnaire topographique du département de la Sarthe (Dictionnaire topographique de la France). 2 Bände in einem. Paris 1950. 1952

VALOIS, Noel: Le roi très chrétien, in: (Alfred) BAUDRILLART, La France chrétienne dans l'histoire (14ᵉ Centenaire du Baptême de Clovis). Paris 1896. S. 314–327

VAN BERCHEM, Max: Notes sur les croisades. I: Le Livre de M. Röhricht, in: Journal asiatique, 9ᵉ série 19 (1902) S. 385–456

VAN CAENEGEM, Raoul C.: Royal Writs in England from the Conquest to Glanville. A Study in the Early History of the Common Law (Publications of the Selden Society 77). London 1959

VAN MINGROOT, Erik: Indictio secundum stilum Cameracensem, in: Bulletin de la Commission royale d'histoire 143 (1977) S. 139–205

– Keerstijl en Nieuwjaarsindictie in het Bisdom Kamerijk (XIᵈᵉ en begin de XIIᵈᵉ eeuw), in: Bulletin de la Commission royale d'histoire 141 (1975) S. 47–132

VAN WERVEKE, H.: Filips van de Elzas en Willem van Tyrus. Een episode uit de geschiedenis van de kruistochten (Mededelingen van de Koninklijke Vlaamse Academie voor Wetenschappen, Letteren en Schone Kunsten van Belgie. Klasse der Letteren. Jaargang 23, Nr. 2). Brussel 1971

VECELLIO, Cesare: Degli habiti antichi et moderni di diverse parti del mondo libri due. Ed. I. Venetia 1590

VEISSIERE, Michel: Une communauté canoniale au moyen âge. Saint-Quiriace de Provins (XIᵉ – XIIIᵉ siècles) (Société d'histoire et d'archéologie de l'arrondissement de Provins. Documents et travaux 1). Provins 1961

VERCAUTEREN, Fernand: Actes des comtes de Flandre 1071–1128 (Commission royale d'histoire. Recueil des actes des princes belges). Bruxelles 1938

VERHULST, Adriaan – DE HEMPTINNE, Thérèse: Le chancelier de Flandre sous les comtes de la maison d'Alsace (1128–1191) (Studia historica Gandensia 213 = Sonderabdruck aus: Bulletin de la Commission royale d'histoire 141. S. 267–311). Gand 1977

VESSEY, D. W. T. C.: William of Tyre and the Art of Historiography, in: Mediaeval Studies 35 (1973) S. 433–455

– William of Tyre: Apology and Apocalypse, in: Hommage à André Boutemy, hg. von Guy CAMBIER (Collection Latomus 145). Bruxelles 1976

Villehardouin, (Geoffroy de): La conquête de Constantinople, hg. mit neufranzösischer Übersetzung von Edmond FARAL. Band 2. Deuxième édition (Les classiques de l'histoire de France au moyen âge 19). Paris 1961

VINCENT, Hugues – ABEL, Felix M.: Bethléem. Le Sanctuaire de la Nativité. Paris 1914

– Jérusalem. Recherches de topographie, d'archéologie et d'histoire. Band 2: Jérusalem nouvelle. Paris 1914–1922

VINCKE, Johannes: Der Eheprozeß Peters II. von Aragon (1206 – 1213), in: Gesammelte Aufsätze zur Kulturgeschichte Spaniens 5 (Spanische Forschungen der Görresgesellschaft. Reihe 1, Band 5). Münster 1935. S. 108–189

VINOGRADOFF, Paul: Villainage in England. Oxford 1892

VIOLET, Bruno: Ein zweisprachiges Psalmfragment aus Damaskus, in: Orientalistische Literaturzeitung 4 (1901) S. 425–441

V i t a Frederici episcopi Leodiensis, in: MGH SS 12. Hannoverae 1856. S. 501–508

VOGTHERR, Thomas: Die Regierungsdaten der lateinischen Könige von Jerusalem, in: Zeitschrift des Deutschen Palästina-Vereins 110 (1994) S. 51–81

DE VOGUE, Melchior: Les églises de la Terrre Sainte. Paris 1860

WACKERNAGEL, Rudolf – THOMMEN, Rudolf: Urkundenbuch der Stadt Basel. Band 2. Basel 1893

Walter von Châtillon, Moralisch-satirische Gedichte, hg. von Karl STRECKER. Heidelberg 1929

[Walter der Kanzler] Galterii cancellarii Bella Antiochena, hg. von Heinrich HAGENMEYER. Innsbruck 1896

Walter Map, De nugis curialium, hg. von Montague R. JAMES, revidiert von Christopher N. L. BROOKE und Roger A. B. MYNORS (Oxford Medieval Texts). Oxford 1983

WANSBROUGH, John: The Safe-Conduct in Muslim Chancery Practice, in: Bulletin of the School of Oriental and African Studies 34 (1971) S. 20–35

WARNER, George F. – ELLIS, Henry: Facsimiles of Royal and Other Charters in the British Museum. Band 1: William I – Richard I. London 1903

VON WARTBURG, Walther: Französisches Etymologisches Wörterbuch. Band 14. Basel 1961

WARTMANN, Hermann: Urkundenbuch der Abtei Sanct Gallen. Band 1. Zürich 1863

WEDEKIND, Anton C.: Nekrologium monasterii s. Michaelis (Noten zu einigen Geschichtsschreibern des deutschen Mittelalters 9). Braunschweig 1933

WEISS, Anton: Aeneas Sylvius Piccolomini als Papst Pius II. Sein Leben und Einfluss auf die literarische Cultur Deutschlands. Mit 149 bisher ungedruckten Briefen. Graz 1897

WERNER, Jakob: Nachlese aus Züricher Handschriften. Teil 1: Die Teilnehmerliste des Laterankonzils vom Jahre 1215, in: NA 31 (1906) S. 575–593

WHITE, Geoffrey H.: The Career of Waleran, Count of Meulan and Earl of Worcester (1104–1166), in: Transactions of the Royal Historical Society, Fourth Series 17 (1934) S. 19–48

– King Stephen's Earldoms, in: Transactions of the Royal Historical Society, Fourth Series 13 (1930) S. 51–82

WIDEMANN, Josef: Die Traditionen des Hochstifts Regensburg und des Klosters St. Emmeram (Quellen und Erörterungen zur bayerischen Geschichte, Neue Folge 8). München 1943

WIEDERHOLD, Wilhelm: Papsturkunden in Frankreich IV: Provence mit Venaissin, Uzegois, Alais, Nemosez und Nizza, in: Nachrichten von der königlichen Gesellschaft der Wissenschaften zu Göttingen. Philologisch-historische Klasse. Beiheft. Berlin 1907. S. 38–172

Wilbrand von Oldenburg, Peregrinatio, in: Johann C. M. LAURENT, Peregrinatores medii aevi quatuor. Editio secunda. Lipsiae 1873

Wilhelm von Andres, Chronica, in: MGH SS 24. Hannoverae 1879. S. 684–773

Wilhelm von Canterbury, Vita s. Thomae, in: James C. ROBERTSON, Materials for the History of Thomas Becket, Archbishop of Canterbury. Band 1 (Rolls Series 67, 1). London 1875

[Wilhelm von Malmesbury] Willelmi Malmesberiensis monachi De gestis regum Anglorum libri quinque, hg. von William STUBBS. 2 Bände (Rolls Series 90, 1. 2). London 1887. 1889

- Historia novella, hg. von William STUBBS (Rolls Series 90, 2). London 1889

Wilhelm von Nangis, Chronicon, in: Martin BOUQUET, Recueil des Historiens des Gaules et de la France 20. Paris 1840. S. 543–646

Wilhelm von Newburgh, Historia rerum Anglicarum, in: Chronicles of the Reigns of Stephen, Henry II and Richard I, hg. von Richard HOWLETT. Bände 1. 2. (Rolls Series 82, 1, 2). London 1884. 1885

Wilhelm von Rubruk, Itinerarium, hg. von Francisque MICHEL und Thomas WRIGHT, Relations des voyages de Guillaume de Rubruk, Bernard le Sage et Saewulf (Publications de la Société de Géographie). Paris 1839. S. 19–200

[Wilhelm von Tyrus, Chronicon] Guillaume de Tyr, Chronique, hg. von Robert B. C. HUYGENS. 2 durchpaginierte Bände (CC Cont. med. 63. 63A). Turnholti 1986 (das autobiographische Kapitel erstmals ediert bei HUYGENS, Guillaume de Tyr étudiant [siehe oben])
Die altfranzösische Übersetzung wird hier benutzt nach der alten Ausgabe der lateinischen Chronik im Recueil des Historiens des Croisades. Historiens occidentaux 1, 1 und 1, 2. Paris 1844 (unterm Strich)
Altfranzösische Fortsetzung siehe oben unter MORGAN und Estoire de Eracles
Lateinische Fortsetzung siehe oben unter SALLOCH

WILKEN, Friedrich: Geschichte der Kreuzzüge. Band 4. Leipzig 1826

William FitzStephen, Vita s. Thomae Cantuariensis archiepiscopi et martyris, hg. von James C. ROBERTSON, Materials for the History of Thomas Becket, archbishop of Canterbury. Band 3 (Rolls Series 67, 3). London 1877. S. 1–154

WILLIAMS, John R.: The Quest for the Author of the Moralium Dogma Philosophorum, 1931–1956, in: Speculum 32 (1957) S. 736–747

- William of the White Hands and Men of Letters, in: Anniversary Essays in Mediaeval History by Students of Charles Homer Haskins, hg. von Charles H. TAYLOR und John L. LA MONTE. Boston und New York 1929

WINKELMANN, Eduard: Acta imperii inedita saeculi XIII. Urkunden und Briefe zur Geschichte des Kaiserreichs und des Königreichs Sizilien. Band 1. Innsbruck 1880

- Kaiser Friedrich II. 2 Bände (Jahrbücher der Deutschen Geschichte). Leipzig 1889. 1897

WOLFF, Robert L.: The Organization of the Latin Patriarchate of Constantinople, 1204–1261. Social and Administrative Consequences of the Latin Conquest, in: Traditio 6 (1948) S. 33–60

- Politics in the Latin Patriarchate of Constantinople, 1204–1261, in: Dumbarton Oaks Papers 8 (1954) S. 225–303

WOLFRAM, Herwig (Hg.): Intitulatio II. Lateinische Herrscher- und Fürstentitel im neunten und zehnten Jahrhundert (MIÖG. Ergänzungsband 24). Wien 1973

ZAMMIT GABARRETTA, Antonio – MIZZI, Joseph: Catalogue of the Records of the Order of St. John of Jerusalem in the Royal Malta Library. Band 1. Malta 1964

ZARB, Mireille: Histoire d'une autonomie communale. Les privilèges de la ville de Marseille du Xe siècle à la Révolution. Paris 1961

ZATSCHEK, Heinz: Studien zur mittelalterlichen Urkundenlehre. Konzept, Register und Briefsammlung (Schriften der Philosophischen Fakultät der deutschen Universität in Prag 4). Brünn und Prag 1929

ZENKER, Barbara: Die Mitglieder des Kardinalkollegiums von 1130 bis 1159. Würzburg 1964

ZIELINSKI, Herbert: Zu den Urkunden der beiden letzten Normannenkönige Siziliens, Tankreds und Wilhelms III. (1190–1194), in: DA 36 (1980) S. 433–486

ZIMMERMANN, Heinrich: Die päpstliche Legation in der ersten Hälfte des 13. Jahrhunderts vom Regierungsantritt Innocenz' III. bis zum Tode Gregors IX. (1198–1214) (Görres-Gesellschaft zur Pflege der Wissenschaften im katholischen Deutschland. Veröffentlichungen der Sektion für Rechts- und Sozialwissenschaften 17). Paderborn 1913

ZINSMAIER, Paul: Die Reichskanzlei unter Friedrich II., in: Probleme um Friedrich II., hg. von Josef FLECKENSTEIN (Vorträge und Forschungen 16). Sigmaringen 1974. S. 135–166

A.

Der Stand der Forschung

Der Stand der Forschung

Die Geschichte der Kanzlei der lateinischen Kreuzfahrerkönige von Jerusalem hat bisher das Interesse der Forschung nur mäßig geweckt. Das ist begreiflich, denn ohne die mühsame Arbeit des Diktatvergleichs an den Diplomen der lateinischen Könige lassen sich keine Einsichten über ihre Kanzlei gewinnen. Nur vier Forscher haben bisher kurze Bemerkungen hierzu gemacht. Einen knappen Abriß über die Kanzler von Jerusalem – nicht alle – gab schon Ducange[1], aber sein Interesse war ein rein prosopographisches. Noch die besten Ausführungen machte Dodu[2]. Er hat nicht nur darauf hingewiesen, daß das Kanzleramt eine Domäne des Klerus und ein Sprungbrett zu hohen Kirchenämtern war, sondern er hat sich auch – wenigstens in der Sache, wenn auch ohne das Wort zu gebrauchen – mit dem Amt des Vizekanzlers beschäftigt, am richtigen Beispiel Stephans von Lyon und am falschen des Kapellans Lambert. Auch die wichtige Frage nach einer etwa bestehenden Residenzpflicht des Kanzlers bei Hofe hat er aufgeworfen und bejaht.

La Monte[3] hat sich am ausführlichsten geäußert und ansatzweise auch einzelne Diplomteile untersucht: Invocatio, Intitulatio, Promulgatio, Datum, aber nicht den wichtigsten Formularteil, die Corroboratio. Außerdem hat auch er eine Liste der Kanzler geboten. Von manchen potentiell möglichen Erkenntnissen hat er sich dadurch abgeschnitten, daß er das jerusalemitanische Diplom wie überhaupt die Institutionen des Königreichs Jerusalem unter dem Einfluß seines Lehrers Charles Homer Haskins allzu sehr an der anglo-normannischen Königsurkunde maß, die aber nicht das Vorbild für Jerusalem abgegeben hatte. So hat er etwa das Fehlen von Mandaten in Jerusalem beklagt, obwohl dort gar keine Chance bestand, einen Urkundentyp wie den englischen 'writ' in großem Umfang einzuführen. Schließlich hat Jean Richard[4] noch einige Zeilen beigesteuert. Er hat die Existenz des Mandats nicht einfach bestritten, sondern für Verwaltungs- und Justizsachen eigene Büros postuliert, was schwierige Probleme aufwirft (siehe unten Bd. 2, S. 783 f.). Eine personelle Verflechtung zwischen Kanzlei und Kapelle ist von La Monte bestritten, von Richard bejaht worden.

---

1) DUCANGE – REY, Familles S. 634–636.
2) DODU, Institutions S. 157–159.
3) LA MONTE, Feudal Monarchy S. 122–133, 255 f.
4) Political and Ecclesiastical Organization of the Crusader States, in: SETTON, Crusades 5, S. 227.

Die Zurückhaltung, mit der ein an sich interessantes Thema bisher behandelt wurde, liegt nicht nur in dem Umfang der Arbeit, die ein Diktatvergleich an den noch vorhandenen Diplomen mit sich bringt. Man mußte sich auch ernsthaft fragen, ob man bei dem ganz fragmentarischen Zustand der Überlieferung überhaupt zu gesicherten Ergebnissen würde kommen können. Zweimal wurden die Archive im Königreich Jerusalem, darunter auch das des Königs, vernichtet, das eine Mal 1187 nach der Schlacht bei Hattīn, das andere Mal nach dem Fall des Heiligen Landes 1291. Vom Archiv des Hl. Grabes haben wir wenigstens die Chartulare des Chorherrenstifts, die freilich dessen Archiv nicht vollständig tradieren. Das Archiv des Patriarchen ist dagegen vollständig verloren. Die Archive sämtlicher Erzbistümer und Bistümer sind verschwunden. Nur der Zufall hat uns ein Diplom für den Erzbischof von Tyrus und eines für den Bischof von Bethlehem erhalten. Bei den Klöstern, die teilweise rechtzeitig Archivbestände nach Europa verlagerten, hat nur für S. Maria im Tal Josaphat ein größerer Bestand überlebt, für andere Klöster haben wir nur Fragmente. Was die Johanniter nach Europa retteten, unterlag 'nur' den auch anderswo üblichen Verlusten, so daß dieser Bestand numerisch der reichste ist. Das Templerarchiv ist ganz dezimiert, während wir für die Deutschritter wenigstens deren Berliner Chartular haben und fragmentarische Archivbestände in Venedig, wo sie dem Orden bereits 1309 bei der Übersiedlung des Meisters in die Marienburg so unwichtig geworden waren, daß er sie zurückließ. An Seigneurialarchiven haben wir aus dem Königreich Jerusalem gerade die Haupturkunden eines einzigen, der sogenannten „Seigneurie de Joscelin", die in das Deutschordenschartular aufgenommen wurden[5].

Von den Königen von Jerusalem unter Einschluß ihrer Zeiten als Grafen von Askalon sind etwas über 200 Urkunden (ca. 205) überliefert, die nicht einmal alle Kanzleiprodukte sind. Sie verteilen sich auf die Zeit der Geschichte der Kanzlei von Jerusalem von 1099 bis 1225, also über 126 Jahre. Dann erlischt die Kanzlei. Es folgen noch etwa 40 in anderen Kanzleien entstandene Urkunden landfremder Könige oder ihrer Regenten, ganz überwiegend Diplome Kaiser Friedrich II. und seines Sohnes Konrad IV. Während der Existenz der Kanzlei von Jerusalem haben wir also im Durchschnitt nicht mehr als 205 : 126 = 1, 6 Diplome pro Jahr. Es liegt auf der Hand, daß dies nur einen Bruchteil des Kanzleiausstoßes darstellen kann, wahrscheinlich weniger als 2 Prozent. Die Kanzlei hatte jeweils nur einen

---

5) Zur Archivfrage RIANT, Archives S. 13–16 = S. 706–708; RÖHRICHT, Geschichte S. 998 Anm. 2; MAYER, Bistümer S. VII f.; HIESTAND, Vorarbeiten 1, S. 13–38; 3, S. 9 f. Zum Deutschordenschartular MAYER, Reprint von STREHLKE, Tabulae S. 64–81.

Notar. Unterstellt man, daß dieser nur alle drei Tage ein Diplom ausfertigte, so kam er auf 121 Diplome im Jahr; wir haben davon 1, 6!

Die Annahme einer Kanzleikapazität, die mindestens so hoch war[6], wird erhärtet, wenn man die Belehnungsvorgänge betrachtet, wie sie der König in der Krondomäne und bei den Baronen mit eigenen Herrschaften sowie bei den zahlreichen an den Hafenkassen und königlichen Märkten zahlbaren Geldlehen unablässig vorgenommen haben muß. Wir haben Hinweise theoretischer wie praktischer Natur, daß solche Belehnungen nicht nur durch die bekannte Symbolhandlung von Treueid und Mannschaft erfolgten, sondern daneben – jedenfalls ab der zweiten Hälfte des 12. Jahrhunderts – noch schriftlich in urkundlicher Form. Die Kodifikationen des jerusalemitanischen Feudalrechts enthalten diesbezügliche Vorschriften und sogar ein Musterformular in altfranzösischer Sprache für eine Belehnungsurkunde[7]. Geldlehen wurden in den Finanzbehörden mindestens registriert, aber hier mehr als beim Landlehen bedurfte auch der Empfänger eines Nachweises, falls die königliche Kasse die Auszahlung verweigern würde. In dem erwähnten Seigneurialarchiv der Seigneurie de Joscelin besteht die Mehrzahl der Stücke aus solchen Belehnungsurkunden aus dem letzten Viertel des 12. Jahrhunderts. Man muß daher theoretisch bei jedem Vasallenwechsel in jedem Kronlehen bis hinunter zum *feudum unius militis* ein Deperditum des Königs unterstellen. Natürlich werde ich das nicht aufnehmen in die Edition, da eine so extensive Definition der Deperdita ins Uferlose führen müßte und die Häufung solcher Stücke auch keine weiteren Einsichten in die Regierungsstruktur bringen würde, da der Vorgang immer derselbe war. Aber für die Ermittlung der Kapazität der Kanzlei und die Abschätzung der eingetretenen Verluste muß man nicht nur die 205 Volldiplome bis 1225 betrachten, sondern auch diese Belehnungsurkunden, die sehr zahlreich gewesen sein müssen. Aber trotz dieser trümmerhaften Überlieferung wird

---

6) Diese Berechnungen sind gewiß noch zu niedrig gegriffen. BRÜHL, Urkunden S. 43 f. = Diplomi S. 35 f. kam bei der Unterstellung, daß der erhaltene Bestand von Diplomen Rogers II. 4 % des wahren Ausstoßes gewesen sei, auf durchschnittlich 34 Diplome pro Jahr oder drei im Monat, während man im 13. Jahrhundert die normale Kapazität eines Notars mit zwei bis drei Privilegien pro Tag ansetzte. Brühl erhärtete mit dem Argument seine Beobachtung, daß die Kanzlei Rogers II. ein Ein-Mann-Betrieb war. Dies gilt auch hier, aber in beiden Fällen gilt ebenso, daß diese Feststellung schon mit sehr vorsichtigen Annahmen getroffen wird, daß also der tatsächliche Ausstoß der Kanzlei und damit die tatsächlichen Urkundenverluste höher waren, als die Rechenexempel erkennen lassen.

7) Livre de Philippe de Navarre c. 63, S. 534; vgl. Livre de Jean d'Ibelin c. 144, S. 218.

sich zeigen, daß sich Diktatgruppen mit wünschenswerter Sicherheit bilden lassen, vor allem deshalb, weil es fast immer jeweils nur einen Notar gab. Ich behandle in der Kanzleigeschichte ausschließlich lateinische Urkunden der Könige von Jerusalem, schon deshalb weil wir von der Existenz anderssprachig gehaltener Diplome keinerlei Kenntnis haben, denn die französischen Diplome, die es gibt, stammen nicht mehr aus der Königskanzlei von Jerusalem, sondern aus den Kanzleien landfremder Könige, deren Entwicklung hier nicht zu untersuchen ist. Hätte die Kanzlei von Jerusalem eine längere Geschichte gehabt, so hätte sie zweifellos wie die zyprische auch Diplome in französischer Sprache produziert. Eine andere Frage ist es, ob es jemals Diplome in arabischer Sprache – wie in Sizilien – gegeben hat. Erhalten sind keine, nicht einmal Kenntnis haben wir davon. Es hat aber seigneuriale Urkunden in arabischer Sprache gegeben, die dann natürlich die unterste Verwaltungseinheit des Dorfes (Casale) betrafen. Als der Johanniterorden 1212 das Casale Manueth ankaufte (RRH n° 858a), übernahm er die darauf bezüglichen Archivalien, und 1531 lagerten im Johanniterarchiv noch acht Urkunden in „chaldäischer", „babylonischer" oder „türkischer" Schrift, die sich wenigstens teilweise auf Manueth bezogen[8], so daß die Existenz arabischer Königsurkunden auch nicht schlechthin bestritten werden kann[9].

Man weiß, daß die französische Forschung der deutschen Diplomatik auf dem Wege des Diktatvergleichs nicht hat folgen wollen, sondern sich rein auf den Schriftvergleich verläßt[10]. Das hat schon für die Kapetingerkanzlei dazu geführt, daß das Bild von der Kanzleientwicklung lückenhaft ist; in Jerusalem wäre es gar nicht gegangen, zumal die in der Diplomatik aller Länder beliebte Gleichung Notar = Ingrossator, an deren Geltung ich schon bei kontinentalen Kanzleien Zweifel habe, in Jerusalem nur streckenweise aufgeht, streckenweise aber nicht, wenn ein hauptamtlicher Kanzleischreiber da war, was öfters vorkam.

Ich wünsche mir, daß die Geschichte der Kanzlei von Jerusalem auch ein Beitrag zu der alten Diskussion der Diplomatiker über die methodische Berechtigung oder Nichtberechtigung von Diktatvergleichen sein möge. Nicht zuletzt deshalb habe ich diese so ausführlich gehalten, denn eine

---

8) Inventar von Manosque, Departementalarchiv Marseille 56 H 68, fol. 330^r, 330^v, 331^r, 563^v.

9) Der Deutsche Orden beschäftigte 1280 in Akkon einen *scriba in Arabico* (RRH n° 1435), ohne daß sicher wäre, daß es sich um einen Urkundenschreiber handelte.

10) In Frankreich deutet sich allerdings ein Wandel an bei GUYOTJEANNIN, Actes, passim. – In England geht der Diktatvergleich aus mehrerlei Gründen wirklich fast nie, jedenfalls nur dann, wenn ein Schreiber ausgesprochene Eigenheiten aufweist wie der Scriptor regis XIII.

Geheimwissenschaft wie bei Sickel und Kehr darf der Diktatvergleich nicht werden. Beide waren geniale Urkundenkritiker, denen man durchaus glauben darf, auch wenn Sickel den Schlickschen Fälschungen aufsaß. Aber Diktatvergleiche müssen transparent und nachvollziehbar sein. Einige praktische Hinweise seien noch gegeben. Hier und im folgenden wird in Diktatvergleichen der besseren Vergleichbarkeit wegen, wie dies in Kanzleiuntersuchungen üblich ist, die Orthographie der urkundlichen Zitate stets im Sinne des klassischen Lateins regularisiert, also *ecclesiae* statt *ecclesie* oder *ecclesię*, *totius* statt *tocius*, *Ierusalem* statt *Iherusalem*, etc. Die Urkunden aus dem lateinischen Osten werden mit RRH und einer Nummer zitiert nach RÖHRICHT, Regesta regni Hierosolymitani, Innsbruck 1893, Additamentum ebd. 1904. Auch die Königsurkunden von Jerusalem werden mit diesen Nummern zitiert, da die endgültigen Nummern in der Edition noch nicht feststehen. Um den Leser darüber zu informieren, welche der zitierten Röhricht-Nummern eine Königsurkunde ist und welche nicht, wird der ersten Gattung ein D. (DD. für mehrere) vorangesetzt, also beispielsweise D. RRH n° 74. In der Edition werden diese Nummern anhand der Konkordanztabelle leicht zu Diplomnummern der Edition umsetzbar sein; zudem werden die Vorbemerkungen auf die entsprechenden Stellen der Kanzleigeschichte verweisen, und in der Liste der Drucke und Regesten wird Röhrichts Nummer immer als letzte zitiert werden, um die Auffindung zu erleichtern. Deperdita habe ich hier nur behandelt, soweit sie kanzleigeschichtlich relevant sind. Wo der Text dies zuläßt, sind die Röhricht-Nummern in chronologischer Abfolge zitiert. Da manche von Röhrichts zeitlichen Ansätzen korrigiert werden müssen, ist die numerische Abfolge der Zahlen gelegentlich gestört; sie entspricht dann der von mir für richtig gehaltenen Chronologie, über die die Liste der behandelten Urkunden zu Beginn jeder behandelten Diktatgruppe Auskunft gibt. Nach dem Usus der modernen Diplomatik ist für die zeitliche Einreihung nicht genau bestimmbarer Urkunden der letztmögliche Zeitpunkt entscheidend, während Röhricht sie zum frühesten Zeitpunkt einordnete. Aus einer Vielzahl von Gründen habe ich Diplome und Privaturkunden neu und präziser als bisher datieren können und müssen. Auf den Exkurs I, unten Bd. 2, S. 845–886, der diese Umdatierungen enthält, kann daher nicht eindringlich genug hingewiesen werden.

B.

Die Entstehung der Kanzlei

Die Entstehung der Kanzlei

Mittelalterliche Kanzleien sind in der Regel langsam gewachsen. Davon macht auch die Kanzlei der lateinischen Könige von Jerusalem keine Ausnahme, denn es dauerte 16 Jahre nach der Eroberung Jerusalems 1099, bis uns ein Kanzler begegnet (D. RRH n° 79), und im strengen Sinne kann es keine Kanzlei geben, wenn es keinen Kanzler gibt. Aber natürlich mußten die Herrscher von Beginn an urkunden. Die Urkunde der Könige hat eine Entwicklung durchgemacht, sie hat allmählich ein für sie charakteristisches Formular ausgebildet. Aber am Anfang mußte sie aus dem Boden gestampft werden, mußte das Problem bewältigt werden, sofort nach der Eroberung Jerusalems mit der Beurkundung von Rechtsgeschäften zu beginnen und ohne Vorbilder im eigenen Land, ohne eigene königliche Tradition königliche Diplome auszustellen. Während sich etwa die frühe anglo-normannische Kanzlei doch wenigstens in einem gewissen Umfang am Urkundenwesen Eduards des Bekenners ausrichten konnte, gab es keinerlei Verbindung von den Urkunden des fatimidischen Palästina zu dem der Kreuzfahrer, und anders als die normannisch-sizilische Kanzlei hat die jerusalemitanische wahrscheinlich nie in arabischer Sprache geurkundet.

Man hat sich anfangs natürlich des Instruments der Empfängerausfertigung bedient (siehe unten S. 422–437), aber alles konnte man solchen Empfängerschreibern um so weniger überlassen, als ihre Hilfestellung praktisch nur bei Diplomen für geistliche Korporationen in Betracht kam. Ich habe 1978 die These vertreten, daß im weltlichen Bereich der König anfangs die Besiegelung zu inhibieren trachtete, bei den Magnaten mit relativ wenig, gemeinsam mit diesen bei den Kleinvasallen mit ziemlich viel Erfolg[1]. Diese These hat jüngst Rheinheimer dahingehend ausgebaut, daß anfangs im weltlichen Bereich überhaupt nur der König urkunden durfte[2]. Dies hat in der Tat viel für sich und erklärt eine ganze Reihe von Fällen, die mir in anderem Zusammenhang viel Schwierigkeiten machten, weil hier ein unverhältnismäßig langer Zeitraum zwischen einer bezeugten Schenkung eines Vasallen, für die aber keine Urkunde mehr vorliegt, und der königlichen Bestätigung verging. Gelegentlich hat auch der ursprüngliche Schenker lange Zeit warten müssen, bis er die Sache beurkunden konnte, wenn der König dies nicht selbst tat. Ein gewisser Balduin erhielt von dem König Balduin I. von Jerusalem (1100–1118) ein Haus in Jerusalem und gab dieses noch zu

---

1) MAYER, Siegelwesen S. 17 f., 38–58.
2) RHEINHEIMER, Galiläa S. 127–134.

Lebzeiten des Königs und wohl nach Ende 1111, als er selbst Bischof von Beirut wurde (RRH n° 69), auf Betreiben des Königs an die Johanniter. Nun durften aber auch die Bischöfe anfangs nicht siegeln, bis der Nazarener, der erzbischöflichen Rang beanspruchte, kurz vor 1125 in dieses bisher erzbischöfliche Vorrecht eindrang. So hat auch der Bischof von Beirut seinen Tausch schließlich und endlich beurkundet und auch besiegelt (RRH n° 144), aber erst im Jahre 1133.

In jedem Falle bedurfte der König von Anfang an neben Empfängerschreibern auch im besten Falle einer Urkundenschreibstube, mindestens aber eines Urkundenschreibers, der entweder exklusiv für ihn schrieb oder aber für den König, aber auch für andere arbeitete, und zu dieser letztgenannten Lösung ist es anfangs gekommen. Es ist deshalb ganz natürlich, daß wir am Beginn von einem festen Urkundenformular noch weit entfernt stehen, um so mehr als die Multinationalität des Staatswesens zunächst hybride Mischformen nach Vorbildern aus diversen europäischen Regionen entstehen ließ. Für die englische Urkunde hat dies Thomas Madox gültig formuliert: „In the Early times after the Conquest" they „seem to be very Various and (if I may speak it without offence) Unsettled in point of Form"[3]. Das feierliche Diplom der Könige von Jerusalem gibt es zunächst nur als Idealbild, nicht aber als ausgebildete Urkundenform.

Die Anfänge des Urkundenwesens der Könige von Jerusalem liegen für uns im Dunkel der Geschichte, denn D. RRH n° 51 aus dem Jahre 1106 ist das erste erhaltene echte Diplom. Der erste Herrscher, Gottfried von Bouillon, war bereits verstorben und sein Nachfolger Balduin I. stand bereits im sechsten Regierungsjahr, als D. RRH n° 51 ausgestellt wurde. Aber natürlich hat Balduin schon früher geurkundet. Die Empfänger bedurften der Diplome zur Rechtssicherung, mochten diese Rechte nun durch die Eroberung neu geschaffen worden sein oder bei einzelnen Institutionen in der Fortführung früherer Rechte bestehen. Und natürlich wußte ein Balduin I., zumal er für den geistlichen Stand erzogen worden war, um den Wert der Königsurkunde als eines Mittels monarchischer Repräsentation und politischer Propaganda. Wer mit solcher Energie wie Balduin I. dafür sorgte, daß es zu einer dynastischen Grablege kam[4], wollte auch königliche Diplome.

Für Balduins Bruder und Vorgänger Gottfried von Bouillon ist die Frage schwieriger zu beurteilen, da er nur ein Jahr lang herrschte. Es gibt natürlich zu denken, daß von Gottfried nicht eine einzige Urkunde aus Jerusalem überliefert ist, nicht einmal ein mittelalterliches Falsum. Bei der Verehrung

---

3) MADOX, Formulare Anglicanum S. IV f.
4) MAYER, Mélanges S. 90 f.

und Legendenbildung um Gottfried, die ja schon im 12. Jahrhundert mit Albert von Aachen massiv einsetzte, hätten solche Falsifikate nahegelegen, und aus Niederlothringen, wo Gottfried vor dem Kreuzzug Herzog gewesen war, sind sie auch bekannt[5]. Insbesondere bei den drei Fälschungen der Johanniter[6], die eine freilich hervorragend dafür geeignete Urkunde Herzog Gottfrieds III. von Brabant von 1183 vor 1211 zweimal auf den Namen Gottfrieds von Bouillon umdeuteten und mit einer anderen Urkunde Gottfrieds III. dasselbe taten, um ihrem Orden schon in der Vorkreuzzugszeit eine Existenz zu verleihen, spielt auch der Nimbus Gottfrieds von Bouillon als des ersten Herrschers von Jerusalem eine bedeutende Rolle. Auch im Hl. Land haben sich einzelne geistliche Korporationen wie die Abtei S. Maria im Tal Josaphat und das Kanonikerstift auf dem Berge Sion eine falsche Gründungstradition beigelegt und ihre Anfänge auf den Herzog zurückgeführt[7], doch scheint sich das nicht bis zur Herstellung einer gefälschten Urkunde verdichtet zu haben, jedenfalls nicht in dem relativ gut erhaltenen Bestand von Josaphat. Wenn man zögerte, auf Gottfrieds Namen zu fälschen, so mag das zusammenhängen mit seiner zwielichtigen Stellung als Herrscher ohne Königstitel, die noch heute den Historikern Kopfzerbrechen bereitet. Eines war freilich klar: König war er nicht. Das war nicht nur den Chroniken zu entnehmen, sondern auch dem Titel der Könige von Jerusalem, die sich ohne Rücksicht auf den Namen durchzählten und dabei nicht mit Gottfried, sondern mit seinem Nachfolger anfingen. Sich in einer Gründungslegende auf den Herzog zurückzuführen, war vornehm. Fälschte man aber rechtsetzende Urkunden, so empfahl es sich, auf den Namen eines Königs zu fälschen, da entgegenstehendes Recht mittels einer Königsurkunde leichter zu überwinden war als mit einer nichtköniglichen, mochte sie auch ein Quasi-Heiliger ausgestellt haben.

Es mag durchaus sein, daß Gottfried in seinem einen Herrschaftsjahr in Jerusalem nicht übertrieben viel urkundete und daß in diesem Jahr manches formlos geregelt wurde. Da Gottfried aber nach dem Vorbild seiner Vorgänger schon in Niederlothringen geurkundet hatte[8], gehe ich davon aus, daß er dies auch in Jerusalem tat. Bezeugt sind doch immerhin verlorene Privilegien Gottfrieds für das Hl. Grab, das Templum Domini, S. Maria

---

5) DESPY, Actes S. 70 n° 9–12 und S. 99–111 und DERS., Typologie S. 281 f.

6) DESPY, Actes S. 70 n° 10–12.

7) MAYER, Bistümer S. 258–287, 230–234; HIESTAND, Vorarbeiten 3, S. 36, zum Sion ebd. 3, S. 282 f. (anders als Mayer).

8) DESPY, Actes S. 71 n° 13 f., S. 74 n° 10–13.

Latina, das Johanniterspital in Jerusalem und den Thabor[9], und ich kann mir nicht vorstellen, daß die vier aufeinander folgenden Gunsterweise für den Patriarchen Daimbert von Jerusalem unverbrieft gewesen sein sollten[10]. Ein Vertrag mit Venedig kommt hinzu (RRH n° 31).

Woran aber sollte sich unter Gottfried und seinem Nachfolger ein jerusalemitanisches Diplom orientieren? Als mögliche Vorbilder kommen in Betracht, was man bei den lothringischen Eroberern als bekannt voraussetzen darf. Beim Durchzug durch das byzantinische Reich mögen die Kreuzfahrer byzantinische Kaiserurkunden zu Gesicht bekommen haben, aber anders als später bei den Königen von Kleinarmenien, die ihre Privilegien dem byzantinischen Chrysobull mit Goldbulle und eigenhändiger Unterschrift in griechischen Buchstaben und roter Tinte nachbildeten[11], hat die byzantinische Kaiserurkunde in der Kanzlei von Jerusalem nie einen Niederschlag gefunden, was bei der Amtstracht durchaus anders war[12].

Ebensowenig wirkte das Urkundenwesen der Normannen Unteritaliens im großen und ganzen auf das jerusalemitanische Diplom ein. Das war auch nicht verwunderlich, denn noch unter Roger II. waren dessen Diplome bis 1127 eher Zufallsprodukte als Kanzleiausfertigungen. Er zog fallweise den einen oder anderen seiner Kapelläne für das Urkundengeschäft heran oder überließ die Herstellung des Textes sogar weitgehend dem Empfänger; überdies urkundete er vor Einrichtung einer Kanzlei überwiegend griechisch[13]. Die lateinische Königsurkunde der sizilischen Normannen wurde erst 1132–1136 von dem Notar Wido nach dem Vorbild der Papsturkunde geschaffen[14] und kam in dieser Form den Jerusalemitanern wohl nur selten zu Gesicht und Gottfried von Bouillon überhaupt nicht. Insbesondere die Intitulatio und die Devotionsformel waren bei den Normannen von derjenigen in Jerusalem völlig abweichend, und die Corroboratio arbeitete in der Siegelankündigung bei den Herrscherurkunden fast stets mit dem in Jerusalem nur unter Kaiser Friedrich II. vorkommenden Wort *typarium*[15] und

---

9) D. RRH n° 74; Wilhelm von Tyrus, Chronicon IX. 9, S. 431; DELAVILLE LE ROULX, Inventaire S. 52 n° 52; DD. RRH n° 57. 293; JL 5948.

10) Wilhelm von Tyrus, Chronicon IX. 15, IX. 16, X. 3, S. 440 f., 455; vgl. ebd. X. 4, S. 456 f.

11) RICHARD, Diplomatique royale S. 73–77; gute Beispiele sind RRH n° 820. 869 f. von 1207 und 1214.

12) MAYER, Pontifikale S. 173–180.

13) BRÜHL, Urkunden S. 37 f. = Diplomi S. 29–31; KÖLZER, Kanzlei S. 23 f., 28.

14) BRÜHL, Urkunden S. 39, 65 = Diplomi S. 31 f., 54; KÖLZER, Kanzlei S. 28 f.

15) CHALANDON, Diplomatique S. 166–170, 173; KEHR, Urkunden S. 247–253, 288–296, besonders S. 295; BRÜHL, Urkunden S. 80–83, 86 f. = Diplomi S. 66–69, 72.

mit der Nennung der Notare, zu der es in Jerusalem nur ausnahmsweise kam. Auch sind in den normannischen Herzogs- und Königsurkunden die Zahlen in den Datierungen überwiegend ausgeschrieben, in Jerusalem fehlt dies[16]. Ferner fehlt in der ersten Diktatgruppe jerusalemitanischer Diplome gänzlich ein ausgesprochenes normannisches Lieblingswort, das später in Jerusalem zu fast universeller Geltung kam, und dies schon zu Zeiten des ersten königlichen Urkundenmannes Robert, aber nicht in seinen Produkten, nämlich *divisio* für Grenzbeschreibung oder Besitzaufteilung (siehe unten S. 427). Das gab es auch in England und in der Normandie, also in anderen normannischen Bereichen, seltener in Frankreich, Flandern und Holland, aber nirgends in Europa so beständig wie im normannischen Süditalien. Nicht in der jerusalemitanischen Königsurkunde, sondern in der Masse der antiochenischen Fürstenurkunden ist der Einfluß der dort staats-

---

Dieses Wort war schon in der Siegelankündigung der normannischen Herzogsurkunde unter Robert Guiskard überwiegend, unter den folgenden Herzögen war es seltener; vgl. MÉNAGER, Recueil S. 47 n° 12, 68 n° 16, 101 n° 31, 105 n° 33, 110 n° 35, 113 n° 36, 116 n° 37, 120 n° 38, 122 n° 39, 127 n° 40 (III), 142 n° 44, 146 n° 45, 198 n° 58, 215 n° 61. Eine nichtkaiserliche Ausnahme im Hl. Land ist RRH n° 986 von 1228: *privilegium plumbeo sigillo mei typarii roboratum.*

16) In RRH n° 69 aus der ersten Diktatgruppe der jerusalemitanischen Kanzlei heißt es wenigstens *millesimo centesimo XII* ^{mo}, in der Empfängerausfertigung D. RRH n° 57 haben wir *C° decimo post millesimum*, aber die völlige Ausschreibung, auch der Indiktion, kommt nicht vor. Am ehesten ist normannischer Einfluß in der Frühzeit noch greifbar in der Floskel *meorum multorum militum in praesentia* in D. RRH n° 51 von 1106. Das gemahnt an die bei den Normannenherrschern häufige *Residentibus*-Formel, für die ich nachfolgend einige Beispiele gebe. Robert Guiskard von 1067 (MÉNAGER, Recueil S. 76 n° 18 = D. Tankred n° 23): *ubi ego resedeo una insimul cum meis magnatibus Normannis atque Longobardis*; Graf Roger I. von 1085 (KEHR, Urkunden S. 410 n° 2): *apud Miletum residens cum baronibus et optimatibus meis*; Adalasia und Graf Roger II. von 1112 (D. Ro. II. 3): *cum multis nostrorum tam clericorum quam baronum quam militum residentes*; Graf Roger II. von 1116 (D. Ro. II. 5): *in praesentia plurimorum baronum meorum* (Häufiger dann in der Königszeit; siehe BRÜHL, Urkunden S. 91 = Diplomi S. 76). Aber sonst ist außer der Gedenkformel und der Eingangsdatierung (die freilich die Zahlen in Ziffern hat) in D. RRH n° 51 nichts Normannisches zu erkennen, und beides wurde anderswo ebenso gehandhabt. Für die Annahme eines normannischen Vorbildes ist das mit Abstand zu wenig, zumal die Erwähnung der Anwesenheit der Ritter Balduins I. in dem zeugenlosen D. RRH n° 51 viel eher sachlich motiviert ist. Der König gestand hier nämlich zu, daß die schon seit 1101 (vgl. RRH n° 36) zur Versorgung von Rittern verwendeten Casalien des Thaborklosters nach dem Tod oder der Abreise dieser Ritter an das Kloster zurückfallen sollten. Da empfahl sich der Hinweis, daß die betroffene Schicht an D. RRH n° 51 mitgewirkt hatte.

begründenden Normannen greifbar, dort allerdings mit Händen. Dies gilt vor allem für die aus der normannischen *filius-et-haeres* Klausel[17] genommene Angabe des Vaters in der Intitulatio[18] und für die Angabe der Prinzipatsjahre in der allerdings immer am Schluß stehenden Datierung. Die unter dem Kanzler arbeitenden Notare werden in Antiochia nach normannischem Vorbild wenigstens gelegentlich genannt (RRH nº 605a. 633. 680 von 1181–1189), und die Ausschreibung der Datumszahlen ist in die frühesten antiochenischen Fürstenurkunden eingegangen (RRH nº 12. 35. 53).

Vom englischen Diplom werden die auf dem Ersten Kreuzzug mitziehenden französischen Normannen etwas gewußt haben, aber nicht die Lothringer. Erst recht hatte der sich unter König Heinrich I. von England explosionsartig vermehrende *writ*, der schon unter König Stephan Zeichen der Spezialisierung aufwies[19], in Jerusalem kein Gegenstück, auch wenn es dort in geringem Umfang Mandate gab. Erst weit später begegnen wir englischem Einfluß im Diplom der Könige von Jerusalem.

Neben diesen großen Blöcken herrscherlicher Urkunden steht als mögliches Modell natürlich auch das Urkundenwesen der eigenen engeren und weiteren heimatlichen Region, d. h. die nordfranzösische und lothringische Privaturkunde, insbesondere die der Herzöge von Niederlothringen und die von Gottfrieds Kampfgenossen des ersten Kreuzzuges aus der Provence, aus Flandern und der Normandie. Von der Urkunde des Grafen von Saint-Gilles führt keine erkennbare Linie zu dem jerusalemitanischen Diplom. Auch aus der Herzogsurkunde der Normandie sind keine Einflüsse zu spüren. Die dortigen Herzöge hatten keine organisierte Kanzlei, sondern zogen fallweise ihre Kapelläne, so Dudo von St.-Quentin oder später Arnulf, den nachmaligen Patriarchen von Jerusalem, für die Herstellung oder wenigstens die Unterfertigung ihrer Urkunden heran, denn die meisten Herzogsurkunden der Normandie sind Empfängerausfertigungen. Insbesondere die Intitulatio der Herzöge ist ganz verschieden von derjenigen in Jerusalem unter Balduin I. Ebenso widerspricht es dem jerusalemitanischen Kanzleibrauch auch der Anfangszeit, daß die meisten normannischen Herzogsurkunden ganz undatiert sind und das Datum dort, wo es vorkommt, im allgemeinen am Ende, manchmal auch innerhalb des Textes, aber nie am Anfang steht. Eigenhän-

---

17) Dazu ENZENSBERGER, Bemerkungen S. 109; BRÜHL, Urkunden S. 80 f. = Diplomi S. 67 f.

18) Dies begegnet in Jerusalem später, wenn auch außerhalb der Intitulatio, unter Hemelin, der aber eben ein Normanne war; siehe unten S. 465.

19) Dazu VAN CAENEGEM, Royal Writs S. 130; HALL, Studies S. 213.

dige Unterschriften der Herzöge in Form eines Kreuzes kommen nicht oder allenfalls selten vor[20].

Mehr Glück erhofft man sich zunächst, wenn auch eher instinktiv, von einem Blick in die Urkunden der Grafen von Flandern, aber auch hier mit negativem Resultat. Seit 1089, als Graf Robert II. den Propst von Saint-Donatien in Brügge zu seinem erblichen Kanzler und Fiskalchef ernannte und ihm das *magisterium meorum notariorum et capellanorum et omnium clericorum in curia mea servientium* übertrug[21], hatte Flandern zwar einen Kanzler, der aber in erster Linie Chefadministrator der gräflichen Domäne war, wie auch die gräflichen Notare dieser Zeit vorwiegend Fiskalfunktionäre waren. Die Urkunden der Grafen waren am Ende des 11. Jahrhunderts überwiegend Empfängerausfertigungen, bei denen sich die Rolle des Kanzlers auf die Anbringung des Siegels beschränkte, und auch das tat nicht der Propst von Saint-Donatien, der sich bis 1127 nie als Kanzler bezeichnete, sondern es war die Funktion von Subalternbeamten, die dann auch den Titel eines *cancellarius* im technischen Sinne eines gräflichen Siegelfunktionärs führten. Erst unter Wilhelm Clito und Dietrich vom Elsaß kam das Kanzleiwesen in Flandern richtig in Schwung. Der Propst von Brügge bezeichnete sich nun als *cancellarius comitis*, d. h. als Kanzleichef, im Gegensatz zu den simplen *cancellarii*, die bis 1142 weiter amtierten. Eigene Urkunden stellte die Kanzlei wahrscheinlich erst ab 1136, nachweislich erst ab 1157 her, wenngleich Vercauterens Meinung, neben den Empfängern hätten gelegentlich auch gräfliche Kapellane in der Frühzeit Urkunden für ihren Herrn geschrieben, damit nicht automatisch aus der Welt ist. Die Dinge waren also 1099, als Jerusalem erobert wurde, in Flandern so wenig gefestigt, daß von der flandrischen Grafenurkunde kein Einfluß auf das jerusalemitanische Diplom zu erwarten ist[22].

Das naheliegendste Vorbild für Diplome Gottfrieds von Bouillon, des Herzogs von Niederlothringen, und seines Bruders als Herrscher von Jerusalem ist natürlich die niederlothringische Herzogsurkunde. Hier finden sich in der Tat Ähnlichkeiten. Sie sind allerdings nicht leicht zu beurteilen. Die aprioristische Wahrscheinlichkeit, daß ein niederlothringischer Herzog eine Person seines Vertrauens mit auf den Kreuzzug nahm und auch als Herrscher von Jerusalem weiter beschäftigte und daß diese Person dann wenigstens teilweise Urkunden nach dem vertrauten Muster der Heimat schrieb,

---

20) FAUROUX, Recueil S. 41–64; HASKINS, Norman Institutions S. 70–76.

21) VERCAUTEREN, Actes S. 23 n° 9.

22) Über die Verhältnisse in Flandern siehe ebd. S. XLIX f., XLVII, LII, LIX–LXII; PREVENIER, Chancellerie S. 35–37, 38, 45; VERHULST – HEMPTINNE, Chancelier S. 274–278.

muß immer im Hintergrund der Argumentation stehen; diese gewinnt erst durch diese Annahme an Tiefenschärfe. Zwei Gründe zumal führen zu dieser etwas zurückhaltenden Auffassung. Einmal haben wir von Herzog Gottfried eben keine jerusalemitanischen Urkunden, und hier mehr als bei seinem Bruder müßten wir das lothringische Vorbild erwarten, denn Balduin hatte nach seinem Ausscheiden aus dem Klerus von Reims, Cambrai und Lüttich zwischen 1076 und 1086 lange bei seinem Schwiegervater in der Normandie gelebt; erst 1096 kam er nach Lothringen zurück[23]. Zum andern war der erste Urkundenschreiber der Könige von Jerusalem alles andere als ein nüchterner Kanzleimann, vielmehr handelte es sich um einen Kleriker mit literarischen Ambitionen und wenig stabilem Urkundenformular, der nicht am gleichförmigen Diktat, sondern an der Variation seine Freude hatte. Diese Abweichungen vom Urkundenstil sind um so gravierender, als er auch Briefe verfaßte, wo sein ganzes Stilideal mehr angebracht war als in trockenen Diplomen. Schließlich und endlich haben wir trotz der verdienstvollen Forschungen von Despy noch immer nicht die wünschenswerte Klarheit über das Urkundenwesen der Herzöge von Niederlothringen vor dem Aufbruch zum Kreuzzug 1096.

Despy zeichnet folgendes Bild[24]: Vor 1069 lassen sich im 11. Jahrhundert in Niederlothringen wie anderwärts nur Empfängerausfertigungen feststellen, allerdings ist in dem mit Fälschungen und Verunechtungen durchsetzten Bestand der Urkunden der Herzöge von Niederlothringen selbst die Zahl dieser Empfängerausfertigungen verschwindend gering: eine Urkunde Herzog Friedrichs für St.-Trond von 1059 und eine Gerichtsurkunde Gottfrieds des Bärtigen vom Mai 1069. Dieser hatte 1047 Oberlothringen zum zweiten Mal verloren und wurde infolge seiner berühmten Heirat von 1054 Markgraf der Toskana. Er erhielt 1065 Niederlothringen dazu und leitete nun die Geschicke dieser zwei großen Blöcke bis zu seinem Tode im Dezember 1069. In Italien erbte er die durchorganisierte Kanzlei seines Vorgängers, des Markgrafen Bonifaz, und brachte von dort die Anregung mit nach Niederlothringen, auch nordalpin die Herstellung der herzoglichen Urkunden nicht mehr länger den Empfängern zu überlassen. Despy hat aus dem Material die Schlußfolgerung gezogen, die Herzöge von Niederlothringen hätten in den letzten drei Dezennien des 11. Jahrhunderts zwar keine organisierte Kanzlei im Sinne einer permanenten Beurkundungsstelle gehabt, hätten aber,

---

23) MAYER, Mélanges S. 15–42, 47 f.
24) DESPY, Actes, passim; DERS., Notes, passim; DERS., Typologie, passim.

wie das einheitliche Formular zeige, ihre Urkunden doch wenigstens von Klerikern ihrer Entourage redigieren lassen[25].

Insgesamt stellen diese Beobachtungen einen wesentlichen Fortschritt unserer Erkenntnis dar, vor allem bei der souveränen Ausmerzung der gefälschten oder verunechteten Stücke. Der Restbestand echter Urkunden ist freilich außerordentlich gering:

1. DESPY, Actes S. 68 n° 6 von 1069: Nachdem Herzog Gottfried der Bärtige die Kanoniker von St. Dagobert in Stenay vertrieben und durch Mönche aus Gorze ersetzt hat, schenkt er der Abtei Gorze die Kirche von Stenay und anderen genannten Besitz.

2. DESPY, Actes S. 69 n° 8 von 1070–1076: Herzog Gottfried der Bucklige beurkundet, daß ihm der Abt von Echternach gegen eine Jahresrente von 60 Pfund die Hälfte seiner Kirchen in Friesland abgetreten hat.

3. DESPY, Actes S. 70 n° 9 von 1084 (*recte*: 1096): Herzog Gottfried von Bouillon bestätigt dem Priorat von St. Peter in Bouillon den Besitz der Kirche von Sensenruth und regelt die Verhältnisse der Burgkapelle von Bouillon. Das Stück ist nach Despys Nachweis[26] entgegen älteren Annahmen keine völlige Fälschung, sondern lediglich verunechtet. Ich gebe hier das Regest nur des echten Teiles. Es ist insbesondere in wesentlichen Formularteilen echt.

4. DESPY, Actes S. 71 n° 13 von 1093: Herzog Gottfried von Bouillon setzt die Abtei Gorze wieder in den Besitz ihres Priorats St. Dagobert in Stenay ein, das der Graf Arnulf sich angeeignet hatte.

5. DESPY, Actes S. 71 n° 14 von 1096: Herzog Gottfried von Bouillon bestätigt gemeinsam mit seinem Bruder Balduin der Abtei Gorze den Besitz des Priorats St. Dagobert in Stenay.

Nr. 2 ist eine ganz kurze Notiz, die für jeden Diktatvergleich ausfällt. Nr. 3 ist verunechtet, wobei es den Anschein hat, daß an sich echte Formularteile mindestens an die falsche Stelle geraten sind. Trotzdem kann es für den Diktatvergleich in eingeschränktem Umfang herangezogen werden. Die diktatmäßigen Berührungen, aus denen Despy auf eine Diktateinheit schloß, finden sich aber vorwiegend zwischen den Stücken 1, 4 und 5. Despy ist auf das Problem nicht eingegangen, das für den Diktatvergleich darin liegt, daß alle drei Urkunden in der Abtei Gorze denselben Empfänger haben und auch mit Stenay denselben Besitz der Abtei betreffen. Das ist mißlich, denn es legt die Möglichkeit nahe, daß in den jüngeren Urkunden die Diktatanklänge durch die Benutzung der älteren entstanden sind. Danach sieht es

---

25) DESPY, Actes S. 126.
26) DESPY, Actes S. 99–107.

in den Narrationes von Nr. 1 und Nr. 4 jedenfalls aus. Das ist um so näher-
liegend, als nach Despys Feststellungen[27] Nr. 1 und 4, von denen Originale
noch im Musée Condé in Chantilly bei Paris liegen[28], von derselben Hand
geschrieben sind. Auch Despy verkennt nicht, daß dies nicht nur auf einen
herzoglichen Schreiber deuten kann, sondern auch auf einen Empfängerschreiber aus Gorze oder Stenay. Despy hat nun aber demselben Schreiber
auch eine Urkunde des Erzbischofs Engelbert von Trier von 1089 (?) zugeschrieben, der gleichfalls das damals viel umstrittene Stenay an Gorze
bestätigte. Während sich jeder Besucher von Chantilly wie ich von der
Gleichheit der Schrift in Nr. 1 und 4 leicht überzeugen kann, hat Despy für
die Urkunde des Erzbischofs keinen Lagerort angegeben. Ich danke den
Herren Kollegen Michel Parisse und F. R. Erkens dafür, daß sie mir diese
Lücke in freundlichster Weise gefüllt haben. Das original erhaltene Stück
befindet sich in der Pariser Nationalbibliothek, Coll. de Lorraine 407 fol. 2.
Es ist jüngst von Erkens ediert worden[29]. Der von mir anhand einer sehr
guten Fotografie der erzbischöflichen Urkunde mit den zwei Originalen in
Chantilly durchgeführte Schriftvergleich bestätigte mir voll die Richtigkeit
von Despys Annahme einer Schriftgleichheit aller drei Stücke, wenn auch
die Identität der Hände von 1089 und 1093 begreiflicherweise mehr ins Auge
fallen als die der Hand von 1069, die ja 20 und mehr Jahre früher geschrieben hatte.

Allerdings ziehe ich daraus andere Folgerungen als Despy. Dieser hat den
Befund so erklärt, daß es sich bei Nr. 4 um ein Original handelt, bei Nr. 1
und bei der erzbischöflichen Urkunde dagegen um Nachzeichnungen, die
der Schreiber von Nr. 4 anfertigte. Nun sagt Despy aber nicht, ob dieser
Schreiber seiner Meinung nach ein Empfängerschreiber oder ein herzoglicher
war, aber man muß annehmen, daß er in ihm einen herzoglichen sah,
mindestens im Leser diesen Eindruck erwecken will, denn ein Empfängerschreiber wäre für ihn überaus mißlich. Der Inhalt der Urkunden sei nicht
anzweifelbar, sagt Despy, werde vielmehr auch durch eine ganze Reihe
späterer Urkunden ab 1108 (JL 6215) bestätigt. Damit ist der Verdacht von
Fälschungen entkräftet[30]. Das ist richtig, aber für Despy, der die Urkunden

---

27) Ebd. S. 117 f.

28) Chantilly, Musée Condé, armoire 83, Q3 und Q6. LESORT, Chartes S. 53 n° 1, 56
n° 2; Nr. 5 ist nur als Druck überliefert.

29) ERKENS, Vuenricus cancellarius S. 95 f.

30) Es sei jedoch darauf aufmerksam gemacht, daß Nr. 4 nur der in Nr. 1 beurkundeten Schenkung Gottfrieds des Bärtigen gedenkt, während in Nr. 5 außerdem
noch die Rede davon ist, daß auch Herzog Gottfried der Bucklige diese Schenkung *tota
vita sua laudata*, und wenn darunter eine Urkunde zu verstehen ist, so hat sie sich in

der Herzöge von Niederlothringen zu edieren hat, wichtiger als für mich, wo es nur um die Formalien geht. Despys Erklärung ist aber keineswegs die einzige, zumal es paläographisch plausibler wäre, in Nr. 1 das Original und in Nr. 4 die Nachzeichnung zu sehen[31]. Despys Erklärung ist nicht einmal die wahrscheinlichste, denn viel einfacher erscheint die Annahme, daß in Nr. 1, Nr. 4 und der erzbischöflichen Urkunde ein Empfängerschreiber aus Gorze oder Stenay am Werk war. Dann freilich liegt hinsichtlich der Mundierung der Urkunden der Herzöge von Niederlothringen 1069 kein Einschnitt, wie ihn Despy für den Übergang von Empfängerausfertigung zur Kanzleiausfertigung angenommen hatte.

Macht man sich Despys Theorie versuchsweise zu eigen, so ist nicht einzusehen, warum 1093, als Gottfried von Bouillon über Stenay urkundete, Nachzeichnungen angefertigt worden sein sollten, deren Originale damals just vorlagen. Erst recht nicht ist einzusehen, warum ein Schreiber des Ausstellers solche Nachzeichnungen angefertigt haben sollte, was üblicherweise ja beim Empfänger passierte. Ein Aussteller ließ nicht nachzeichnen, sondern bestätigte. Auch kann man sich durchaus vorstellen, daß der Erzbischof von Trier einen Empfängerschreiber heranzog, aber nicht, daß er sich eines herzoglichen Urkundenschreibers bediente, wenn er für Gorze oder Stenay urkundete. Bei der simplen Annahme eines Empfängerschreibers entfallen alle diese Schwierigkeiten, sowohl Nr. 1 wie Nr. 4 wie die erzbischöfliche Urkunde sind Originale, keine von ihnen ist eine Nachzeichnung, allerdings sind Nr. 1 und Nr. 4 nicht an der herzoglichen Kurie geschrieben. Die Voraussetzung für Despys These einer mindestens embryonalen lothringischen 'Kanzlei' im späten 11. Jahrhundert ist aber nicht nur die Diktateinheit der Herzogsurkunden, sondern auch deren Mundierung am herzoglichen Hof. Wenn man erst Empfängerschreiber heranzog, wird man auch Empfängerkonzipienten bemüht haben[32].

---

einer Überlieferungsgruppe, über der an sich kein unfreundlicher Stern waltete, nicht erhalten.

31) Nr. 4 hat nämlich, abgesehen von einer generell größeren Schriftähnlichkeit mit der erzbischöflichen Urkunde, mit dieser die relativ weiten Spatien vor Satzanfängen mit Majuskeln im Context gemeinsam, die mit zwei bis drei Punkten überbrückt werden. Wenn die erzbischöfliche Urkunde eine Nachzeichnung ist, dann wird hierdurch Nr. 4 mit ihr geeint, nicht Nr. 1.

32) Nr. 5 kann diesen Einwand nicht entkräften. Die Diktateinheit läßt sich auch an diesem Stück begründen, es ist aber nur in einem Druck des 18. Jahrhunderts überliefert. Da es wiederum für Gorze/Stenay ist, wäre das Original vonnöten, um zu sehen, ob hier wiederum derselbe (Empfänger)schreiber am Werk war. Despys ganze Theorie wäre ja viel eingängiger, wenn wir auch nur eine einwandfrei echte Urkunde

Despy äußert sich auch nicht, wie man sich in seiner Theorie erklären soll, daß alle drei Urkunden besiegelt waren. Sie haben sämtlich noch Siegelschnitte oder bei Nr. 4, wo das Siegel weggeschnitten wurde, den durch die Faltung daneben entstandenen Abdruck, erkennbar als Pergamentverfärbung. Die Besiegelung von Despys Original Nr. 4 ist natürlich unproblematisch, aber wie hat man sich die Besiegelung der beiden „Nachzeichnungen" zu denken? Mit dem Siegel Gottfrieds von Bouillon? Oder durch den Aussteller mit gefälschten Siegeln? Oder durch den Empfänger mit solchen? Oder soll unterstellt werden, daß Gottfried von Bouillon 1093 noch immer über den Siegelstempel Gottfrieds des Bärtigen verfügte und hiermit siegeln konnte und daß die Nachzeichnung der erzbischöflichen Urkunde in Trier vorgelegt wurde, um dort das erzbischöfliche Siegel zu erhalten? Jede dieser Lösungen ist unbefriedigend.

Ich will Despys Lösungsvorschlag gar nicht unbedingt in Zweifel ziehen. Er wahrt das essentielle Faktum des Befundes, nämlich die Identität der Hände von Nr. 1 und Nr. 4 und der erzbischöflichen Urkunde. Aber er ist nicht sehr plausibel und bringt enorme Schwierigkeiten mit sich als Preis dafür, daß so die Existenz einer herzoglichen Kanzlei in vollem Umfang gewahrt bleibt, die bei der Annahme eines Empfängerschreibers mit einem erheblichen Fragezeichen zu versehen ist. Ich benutze im Folgenden das von Despy aufgebaute Bild als Arbeitshypothese, aber der Leser muß sich ihrer potentiellen Brüchigkeit bewußt bleiben. Ich kann das deshalb tun, weil die Echtheit der drei Urkunden nicht zur Debatte steht. In zwei von ihnen, Nr. 1 und 4, vermehrt um Nr. 3 und 5, haben wir die einzige Möglichkeit, eine Brücke zu schlagen vom Urkundenwesen der Herzöge von Niederlothringen zu dem des ersten Königs von Jerusalem. Im besten Falle tue ich dies von Urkunden aus, die nach Despy diktatmäßig in einer herzoglichen Urkundenstelle entstanden sind. Im schlimmsten Falle tue ich es von echten niederlothringischen Urkunden aus, die zeigen, wie sich die Zeitgenossen solche herzoglichen Urkunden vorstellten. Hierfür stellt Despys Diktatvergleich die Ausgangsbasis bequem zusammen. Ich gehe hier nicht alle Formularteile durch, sondern nur die, bei denen man fündig wird. Die verbale Invocatio lautet in Nr. 1 und 5 *In nomine sanctae et individuae trinitatis* ohne *amen*, aber in Nr. 3 *In nomine patris et filii et spiritus sancti* und in Nr. 4 *In nomine sancte et individue trinitatis, patris et filii et spiritus sancti*, beides ohne *amen*. Will man ein Überwiegen der ersten Form bei einem so

---

der Herzöge für einen anderen Empfänger im Volltext hätten und sich auch daraus dieselbe eindrucksvolle Diktateinheit ergäbe, die Despy für Nr. 1, 4 und 5 herausgearbeitet hat.

geringen Material überhaupt erwägen, dann ist dies auch die überwiegende Form in der ersten jerusalemitanischen Diktatgruppe (unten S. 397). Sie findet sich in den Notizen RRH n° 36. 40, ferner in RRH n° 67. D. RRH n° 74. RRH n° 75, also fünfmal in der Gruppe, davon aber nur einmal in einem Diplom, denn der Konzipient schrieb auch für andere Aussteller. Dagegen findet sich Despys dritte Form, später mit *amen* die Standardinvocatio der jerusalemitanischen Kanzlei, nur zweimal (RRH n° 69. 68), aber beidemals mit *amen* und in RRH n° 68 ohne *et individuae*. Aber dagegen steht, daß die Invocatio in DD. RRH n° 51. 59, den Briefen RRH n° 63. 64 und in D. RRH n° 68a ganz fehlt, was nur bei den Briefen normal ist und in dem Original D. RRH n° 51 und der Nachzeichnung D. RRH n° 68a auch nicht als Ausfall der Überlieferung zu deuten ist.

Bei der Intitulatio haben wir zwar in Lothringen überwiegend *dux et marchio* (Nr. 1, 4, 5), einmal dagegen nur *dux* (Nr. 3), während in Jerusalem bunte Vielfalt herrscht: *rex Ierosolimitanus, rex Ierusalem Latinorum primus, rex Ierusalem, regnum Ierosolimitanum obtinens*[33]. Aber im Gegenzug bieten die lothringischen Urkunden Abwechslung in der Devotionsformel (*dei gratia; divina propitiante gratia; dei gratia et misericordia* Nr. 1, 4, 5; fehlt ganz Nr. 3), wo es in Jerusalem eher langweilig zugeht: *gratia dei* D. RRH n° 51; *dei gratia* DD. RRH n° 59. 68a; *dispositione dei* D. RRH n° 74. *Dei gratia* findet sich außerhalb der Diplome übrigens auch in RRH n° 36. 40. 64. 68, während in RRH n° 69. 63 wie in Nr. 3 gar keine Devotionsformel zu finden ist und in RRH n° 75 neben *dei gratia* (so auch RRH n° 67) für den ausstellenden Patriarchen von Jerusalem noch *dei nutu* für den König steht. Wer will, kann hier wie dort ein Bemühen um Abwechslung feststellen, das sich in den lothringischen Urkunden in der Devotionsformel manifestierte, in Jerusalem im eigentlichen Königstitel. Die subjektive Form der Intitulatio mit dem *ego* der Privaturkunden findet sich in Lothringen nur einmal (Nr. 3), dagegen in Jerusalem achtmal[34]. Auffallend sind bei den Lothringern lange bis sehr lange Narrationes (Nr. 1, 4, 5, fehlt ganz Nr. 3). Wir werden sehen, daß die Narratio dem nüchternen Diplom von Jerusalem überwiegend fremd ist, aber am Anfang findet sie sich. In der ersten Diktatgruppe fehlt sie zwar in RRH n° 40. D. RRH n° 51. RRH n° 69. 64. 68. DD. RRH n° 68a. 74, aber wo sie vorkommt, ist sie nur in dem Brief RRH n° 63 kurz, in RRH n° 36. 67 ist sie lang, in D. RRH n° 59. RRH n° 75 gar

---

33) DD. RRH n° 51. 59. 68a. 74; vgl. *Ierusalem rex, Latinorum rex, Ierosolimorum rex* in RRH n° 63. 68. 75.

34) DD. RRH n° 51. 59. RRH n° 69. 68. D. RRH n° 68a. RRH n° 67. D. RRH n° 74. RRH n° 75; fehlt zwangsläufig in den Notizen RRH n° 36. 40, aber auch in den Briefen RRH n° 63. 64.

sehr lang. Schon hier wird deutlich, wie stiefmütterlich dieser Formularteil in den jerusalemitanischen Königsurkunden behandelt wurde, denn nur eines von vier Diplomen hat ihn. Aber ausdrucksvoll ist die Länge dort, wo die Narratio in dieser Diktatgruppe überhaupt vorkommt.

Wir kommen nun zur Unterschrift des Ausstellers. Despy hat in Abrede gestellt, daß die Herzöge von Niederlothringen nördlich der Alpen jemals eigenhändig ihre Urkunden unterschrieben hätten[35]. So eindeutig ist aber das Material keineswegs. Zunächst ist sicher, daß Gottfried der Bärtige in der Toskana seine acht erhaltenen Placita[36] unterschrieb, die freilich überwiegend nicht besiegelt waren. Die Palette der Variation reicht vom autographen Kreuz ohne jeden Zusatz über das eigenhändige Kreuz mit dem ebenso eigenhändigen Zusatz *GOTEFREDVS DVX SS* bis zu einem eigenhändigen Kreuz mit einem objektiven Zusatz des Schreibers wie *Signum manus Gotifridi ducis incliti, qui huic causae praefuit.* Die einzige Urkunde, die von seinem toskanischen Kanzler diktiert wurde[37], hatte nur ein Siegel, aber keine Unterschrift sei es des Ausstellers oder des Kanzlers[38], ist aber als Unikat nicht beweiskräftig.

Es ist prima vista nicht einzusehen, warum Gottfried der Bärtige, als er 1065 aus Italien nach zehnjähriger Abwesenheit wieder nach Lothringen kam, darauf verzichtet haben sollte, seine Urkunden zu unterschreiben oder mit einem Handzeichen zu versehen, wenn er es südlich der Alpen nachweislich so gehandhabt hatte. Das ist um so weniger einzusehen, als Despy[39] vermutet hat, daß der Herzog in Lothringen ebenso wie in Italien mit seinem Urkundenwesen seine *auctoritas publica* betonen wollte, daher die Ausfertigung in Lothringen durch eigene Notare unter Gottfried dem Bärtigen und seinen Nachfolgern. In dieselbe Richtung weist es, daß Gottfried der Bärtige als erster Herzog von Niederlothringen ein Siegel ankündigte (Nr. 1 von 1069).

Mustert man das Material für Lothringen durch, so muß man mit DESPY, Actes S. 68 n° 5 anfangen, einem Placitum des Herzogs Gottfried des Bärtigen für die Kirche von Verdun aus dem Jahre 1069, denn hier haben wir das einzige Placitum des Herzogs von nördlich der Alpen. Auch hier hat Despy[40] die Eigenhändigkeit der Unterschrift des Herzogs bestritten, ob-

---

35) DESPY, Notes S. 110.
36) MANARESI, Placiti 3, S. 239 n° 405, 243 n° 406, 245 n° 407, 247 n° 408, 249 n° 409, 253 n° 410, 264 n° 414, 292 n° 421.
37) MURATORI, Antiquitates 1, S. 955.
38) DESPY, Notes S. 110; DERS., Actes S. 124 f.
39) DESPY, Notes S. 111 f.
40) Ebd. S. 110.

wohl doch nachweislich die italienischen Placita desselben Ausstellers durchweg eigenhändig unterfertigt waren. Das Argument ist, es handle sich um eine Empfängerausfertigung, verfaßt von Richer, dem Kanzler der Kirche von Verdun[41]. Das wird sicher richtig sein, ist aber kein Grund für die Annahme, daß Gottfried eine solche Urkunde nicht unterschrieben haben sollte, mindestens mit einem eigenhändigen Kreuz, denn die Unterfertigung kündigt mit *Ego dux et marchio Godefridus hanc diffinitionis chartam signi mei impressione signavi* wegen des Wortes *impressio* eher das Siegel an als ein Handzeichen. Der Fall wäre dann vergleichbar dem italienischen Placitum MANARESI, Placiti 3, S. 245 n° 407 (autographes Kreuz und Siegel). Daß in der langen Zeugenliste und in der Unterfertigung der Verduner Gerichtsurkunde die Kreuze fehlen, ist schwerlich ein Indiz, denn die Überlieferung ist ein Chartular des 15. Jahrhunderts.

An gleicher Stelle[42] hat Despy auch für Nr. 1 eine eigenhändige Unterschrift bestritten. Die Urkunde weise lediglich einen Vermerk des Schreibers auf. Aber der Vermerk lautet: † *Signum Godefridi ducis.* Nach Despy handelt es sich ja um eine 1093 hergestellte Nachzeichnung, aber das Kreuz in dem verlorenen Original könnte durchaus eigenhändig gewesen sein, zumal nur der Herzog ein solches Kreuz erhält, aber weder seine Gemahlin noch sein Sohn noch einer der weiteren 20 Zeugen. Sollte es sich freilich um ein Original handeln, so wäre es zwecklos, bei dem Kreuz nach unterschiedlich gefärbter Tinte zu fahnden, weil die Stelle im 19. Jahrhundert mit Reagenzien behandelt wurde, so daß das Kreuz jetzt dunkler erscheint als die Schrift, ohne daß dies notwendigerweise immer schon der Fall war.

Zu den anderen erhaltenen lothringischen Herzogsurkunden hat sich Despy hinsichtlich der Unterschrift nicht geäußert. Nr. 2 hat als kurze Notiz natürlich überhaupt keine Unterschrift. Nr. 3 ist verunechtet und die älteste Überlieferung ist ein Pseudo-Original mit Nachzeichnungscharakter auf Papier aus dem 16. Jahrhundert. Hier lautet die Signumzeile: *Ego dux Godefridus relectum michi recognovi et signavi.* Ein Kreuz ist nicht vorhanden, aber der Platz dafür ist freigelassen, denn die hier angezeigte Lücke wurde nur teilweise durch ein sogenanntes gezopftes *g* der Zeile darüber bedingt[43]. Auch die Formulierung der Zeile deutet auf eine eigenhändige Unterkreuzung. In Nr. 4 ist im Original in Chantilly das Kreuz vor der Signumzeile so weit ausgerissen, daß hier kein Befund mehr zu erheben ist. Im Chartular von Gorze lautet der Eintrag: † *Signum Godefridi dei gratia*

---

41) So DESPY in seinem Regest und Actes S. 128 (letzter der Zeugen). Im Druck nur bei MARTÈNE – DURAND, Thesaurus novus anecdotorum 1, S. 189.
42) DESPY, Notes S. 110.
43) Abbildung bei DESPY, Actes S. 100.

ducis et marchionis, während der Vermerk in Nr. 5, nur überliefert im Druck bei Miraeus – Foppens, nicht auf eine eigenhändige Beteiligung Gottfrieds von Bouillon deutet: *Signum Godefridi ducis, qui hanc chartam describi fecit.* Das braucht eine Eigenhändigkeit der anderen Einträge nicht zu tangieren, denn auch in besser funktionierenden Kanzleien, in denen Unterschriften vorkamen, waren beileibe nicht alle Urkunden damit beglaubigt.

Das lothringische Material ist in sich selbst im Grunde wenig aussagekräftig, man kann es ebenso gut für wie gegen eine eigenhändige Beteiligung der Herzöge an ihren Urkunden deuten. Die Waage muß sich aber deutlich zugunsten einer – sicherlich nicht durchgehend gegebenen – Eigenhändigkeit der herzoglichen Unterschrift neigen, wenn man sich in Erinnerung ruft, daß Gottfried der Bärtige ein Jahrzehnt lang in Italien Placita unterschrieb und daß die Herzöge von Niederlothringen ab 1065 auch Urkunden der Kapetinger Heinrich I. und Philipp I. zu Gesicht bekommen haben müssen, die häufig eigenhändig mit einem Kreuz unterschrieben waren[44].

In Jerusalem hat König Balduin I., der ja für den Klerus erzogen worden war[45], neben der Beglaubigung durch das Siegel seine Urkunden auch eigenhändig unterschrieben mit der Formel † *b dei gracia rex* †[46], allerdings nicht durchgehend. Die gesamte Unterschrift ist eigenhändig, denn sie ist in der Nachzeichnung D. RRH n° 68a dem Original D. RRH n° 57 sehr ähnlich, obwohl zwischen beiden fast zwei Jahre liegen. Die Unterschrift fehlt mit Sicherheit in den Originalen DD. RRH n° 51. 79. 80, die statt dessen besiegelt waren, auch wenn das Siegel nur in D. RRH n° 80 angekündigt wird. Anscheinend völlig unbeglaubigt sind DD. RRH n° 52. 59. 76a, aber alle drei sind lediglich kopial überliefert, könnten also im Original die Unterschrift gehabt haben[47]. Bei D. RRH n° 59, nur in der Chronik Wilhelms von Tyrus überliefert, ist es unwahrscheinlich, daß es völlig unbeglaubigt gewesen sein sollte, da dem König an der darin berichteten Erhebung seiner Krönungskirche Bethlehem zum Bistum viel gelegen war. Da Wilhelm die Zeugen aufführt, hätte er eine königliche Unterschrift wohl kaum wegge-

---

44) TESSIER, Diplomatique S. 220.

45) Wilhelm von Tyrus, Chronicon X. 1, S. 453.

46) Ein Rest einer derartigen Unterschrift, diesmal des Bischofs Bernhard von Nazareth, findet sich vielleicht in dem Original von RRH n° 97, wo allerdings am Ende nur zwei durch ein Spatium für ca. 15 Buchstaben getrennte Kreuze stehen.

47) Die Unterschrift kann vom Kopisten weggelassen worden sein, denn sie ist so schlecht lesbar, daß bei D. RRH n° 57 von drei späteren Kopien (Johanniterarchiv in der National Library of Malta, Arch. 1 n° 3, 4 und 6) nur eine diese auffällige Zeile nachzeichnet und sie bei D. RRH n° 68a in einer späteren Kopie (Departementalarchiv Marseille 56 H 4054 n° 2) ebenfalls fehlt.

lassen, während er ein Siegel nicht überliefern konnte, sondern nur eine Siegelankündigung. DD. RRH n° 52. 76a dagegen sind Empfängerausfertigungen, die anfänglich anscheinend unbesiegelt blieben (siehe unten S. 53). Die Unterschrift ist (oder war) vorhanden in DD. RRH n° 57. 68a. 74, denn sie wird in D. RRH n° 74 wenigstens angekündigt als *manu mea subter confirmo*, aber außerdem wurde noch wie in D. RRH n° 68a das Siegel angekündigt. Nur D. RRH n° 57 war nur durch die Unterschrift beglaubigt. Bei der Besprechung dieses Phänomens habe ich alle Diplome Balduins I. untersucht und bin damit über die erste Diktatgruppe hinausgegangen. Von den nichtköniglichen Urkunden dieser frühesten Diktatgruppe fehlt die Unterschrift zwangsläufig in den Notizen RRH n° 36. 40 und in den Briefen RRH n° 63. 64[48]. RRH n° 67, eine Patriarchenurkunde, ist völlig unbeglaubigt, obwohl sie original erhalten ist. Sie hat weder Siegel noch Unterschrift, ja nicht einmal Zeugen, während in der Patriarchenurkunde RRH n° 68, die Delaville Le Roulx in seiner Edition fälschlich als Original angesprochen hat, wenigstens das Siegel angekündigt wird. Dagegen ist die Legatenurkunde RRH n° 69 vom Aussteller, vom König und den Zeugen eigenhändig unterkreuzt worden[49]. Der Schreiber hatte die Signumvermerke vorausgefertigt und – mindestens bei einigen der Beteiligten – davor Platz für das Handzeichen gelassen. Der Legat und der König zogen ihre Kreuze so weit herunter, daß der Erzbischof von Caesarea mit dem seinigen weit nach links in den Rand hinein ausweichen mußte. Schon die graphische Anordnung läßt also keinen Zweifel daran, daß die Kreuze nachträglich zugefügt wurden und damit eigenhändig sind; sie differieren aber auch deutlich voneinander im Duktus und in der Form.

Die eigenhändige Unterschrift oder das autographe Handzeichen haben sich im Diplom von Jerusalem nicht halten können, nicht einmal unter Balduin III. und Amalrich, die Wilhelm von Tyrus als *commode* bzw. *modice litteratus* bezeichnet[50] und die daher einer Unterschrift gewiß fähig waren. Die Unterschrift blieb eine Besonderheit der Frühzeit unter Balduin I., die zu Beginn der Regierung Balduins II. mit D. RRH n° 91 von 1120 ausläuft. Es wäre verfehlt, das Vorbild etwa bei den italischen Normannen zu suchen, wo die Herzöge von Apulien nach Robert Guiskard eigenhändig

---

48) Für einen nicht erhaltenen königlichen Brief von 1101 ist auch eine Unterschrift des Königs bezeugt bei Bartolf von Nangis, Gesta Francorum S. 531. Bartolf schrieb vor 1109 und wahrscheinlich in Jerusalem (MAYER, Bistümer S. 46, 263).

49) Etwa so auch HIESTAND, Vorarbeiten 3, S. 110. Außerdem wurde das Stück vom König auch besiegelt; siehe den Druck bei Hiestand mit der Siegelbeschreibung von 1255.

50) Wilhelm von Tyrus, Chronicon XVI. 2, XIX. 2, S. 715, 865.

unterschrieben und ebenso auf Sizilien der Großgraf Roger und nach ihm Roger II.[51]. Roger Borsa (1085–1111) etwa trug als Unterschrift ein: † *Ego R. dux me subscripsi.* Aber eigenhändig war nur das Kreuz. Zwar hatte Balduin jahrelang in der Normandie gelebt, und der einflußreiche Archidiakon von Jerusalem Arnulf von Chocques, einer der engsten Vertrauten Balduins, war vor dem Kreuzzug einer der Urkundenmänner Roberts II. von der Normandie gewesen (unten S. 46), der wußte, wie herzogliche Urkunden dort aussahen, aber in der Normandie ist das Kreuz in der Unterschrift des Herzogs eben nicht eigenhändig[52]; eine ganz eigenhändige Signumzeile gab es schon gar nicht. Ich glaube vielmehr, daß in Jerusalem die Tradition der Herzöge von Niederlothringen weitergepflegt wurde, bei Gottfried wohl nur mit einem Kreuz, bei Balduin in der Form einer eigenhändigen Unterschrift, wie sie auch der Großvater Gottfried der Bärtige in Italien praktiziert hatte. Daß die Kapetinger der Zeit ihre Präzepte häufig mit einem Kreuz eigenhändig abzeichneten, müssen sowohl Gottfried wie Balduin gewußt haben, und von daher ergab sich ein zusätzlicher Anreiz, es ihnen gleichzutun.

Ebenso wie höchstwahrscheinlich bei der eigenhändigen Unterfertigung konnte der erste Urkundenschreiber der Herrscher in Jerusalem auch beim Siegel auf eine Tradition der niederlothringischen Herzöge zurückgreifen. Wir haben gesehen (oben S. 26), daß schon D. RRH n° 51, das erste erhaltene Diplom Balduins I., besiegelt war, daß D. RRH n° 59 ganz unbeglaubigt war, aber sehr wohl ein Siegel gehabt haben könnte, während D. RRH n° 57 mit Sicherheit unbesiegelt war. Nachgewiesen ist das Siegel an DD. RRH n° 51. 68a. 74. 79. 80, darüber hinaus an der Notiz RRH n° 40 von 1102/1103 (dem frühesten Vorkommen des königlichen Siegels), an der Legatenurkunde RRH n° 69 und als Verschlußsiegel 1107[53]. Das Siegel war also unter Balduin I. von Anfang an das gebräuchliche Beglaubigungsmittel der Urkunden, von Fall zu Fall verstärkt oder auch einmal ersetzt durch die eigenhändige Unterschrift. In Niederlothringen begegnet das Siegel der Herzöge erstmals 1069 bei Gottfried dem Bärtigen[54], dann wieder bei

---

51) CHALANDON, Diplomatique S. 179; KEHR, Urkunden S. 175–178, 265; ENZENSBERGER, Beiträge S. 86.

52) FAUROUX, Recueil S. 57.

53) MAYER, Siegelwesen S. 10–13; Siegelbeschreibung an RRH n° 69 bei HIESTAND, Vorarbeiten 3, S. 111 Anm. 1. Als Parallele zu der königlichen Besiegelung einer Legatenurkunde sei auf den relativ häufigen Usus Philipps I. von Frankreich verwiesen, fremde Urkunden dadurch zu bestätigen, daß er sie gleich selbst siegelte; siehe PROU, St.-Benoît-sur-Loire S. 164–169.

54) Nr. 1 und im selben Jahr wahrscheinlich auch an DESPY, Actes S. 68 n° 5; auch in Italien siegelte Gottfried der Bärtige: MANARESI, Placiti 3, S. 245 n° 407; MURA-

Gottfried von Bouillon 1093 und 1096[55]. Von hier aus konnte die Tradition der Siegelurkunde zwanglos in das jerusalemitanische Diplom einmünden.

Die Unterschrift mehr als das Siegel, das man auch anderswoher hätte nehmen können, deutet darauf hin, daß die ersten Königsurkunden von Jerusalem sich mutatis mutandis am Vorbild der herzoglichen Urkunden von Niederlothringen ausrichteten. Aber insgesamt ist das Ergebnis nicht so, wie man es sich wünschen würde. Nach wie vor bleibt die aprioristische Wahrscheinlichkeit, daß die Dinge so abliefen, daß Gottfried einen Urkundenmann aus Niederlothringen mitbrachte, das stärkste Glied in der Kette. Es wird durch die hier vorgetragenen Argumente lediglich gestärkt. Aber es gibt noch anderes. Daß sowohl in den Urkunden der ersten jerusalemitanischen

---

TORI, Antiquitates 1, S. 955. Frühere Siegel der Herzöge von Niederlothringen sind gefälscht; DESPY, Actes S. 130.

55) Nr. 4, 3 und 5. Gottfrieds Siegel hing einst auch an einer Urkunde seiner Mutter, der Gräfin Ida von Boulogne, für die Abtei Afflighem bei Brüssel; DE MARNEFFE, Cartulaire d'Afflighem 1, 1, S. 13 n° 6. Von diesem Siegel haben sich drei im wesentlichen übereinstimmende Abbildungen erhalten (Galoppierender Ritter mit der Umschrift: † GODEFRIDVS GRA DI DVX ET MARCHIO). MARTENS, Reproduction S. 16–25 hat die Echtheit der früher angegriffenen Urkunde nachgewiesen. Dies gilt auch für Gottfrieds Siegel. Problematischer ist Idas Siegel, das auch an der Urkunde hing, da für sie sonst kein anderes Siegel bezeugt ist, weder 1070 noch 1098 (MIRAEUS – FOPPENS, Opera diplomatica 1, S. 159 n° 38 und GUÉRARD, Cartulaire de St.-Bertin S. 227 n° 16. Ihre Urkunde für die Kirche von Münsterbilsen von 1096 [GYSSELING – KOCH, Diplomata Belgica S. 376 n° 225; Tafelband Taf. 81 Faksimile als echt; so auch DESPY, Actes S. 77 n° 7] ist nicht von ihr besiegelt, sondern vom Bischof von Lüttich. Das Stück ist aber dreist gefälscht, denn im Context dieses angeblichen Originals ist die Rede von *Karoli iure et Lutherorum lege* !). Ein drittes Siegel, das nicht angekündigt wird, hat Martens für dasjenige Eustachs III. von Boulogne gehalten, der zwar – anders als seine Brüder Gottfried und Balduin – in der Urkunde nicht genannt wird (Das einzige Zeugnis für seine Anwesenheit in Niederlothringen 1096 ist die verunechtete Urkunde Nr. 3. Zum Kreuzzug aufgebrochen ist er jedenfalls nicht mit Gottfried von Lothringen, sondern mit den Nordfranzosen; Albert von Aachen, Historia Hierosolymitana S. 314), dem die Urkunde aber in Boulogne zur Bestätigung vorgelegt wurde (MARTENS, Reproduction S. 23–25; Chronicon Affligemense, MGH SS 9, S. 415). Martens hat zwar erwogen, ob es sich um Balduins Siegel gehandelt haben könnte, da er wenigstens als anwesend genannt wird, dies aber dann verworfen, weil Balduin kein Siegel gehabt habe. Das ist sicher richtig, weil er zuvor ja im Haushalt seines Schwiegervaters gelebt hatte (MAYER, Mélanges S. 40–42), wo er kein Siegel brauchte. Aber was gegen Balduin spricht, spricht auch gegen Eustach III. Auch er hatte kein Siegel (MAYER, Siegelwesen S. 9; zu ergänzen um Eustachs Urkunde von 1122 bei GUÉRARD, Cartulaire de St.-Bertin S. 229 n° 17).

Diktatgruppe wie in den lothringischen Herzogsurkunden häufig eine Unsicherheit im Gebrauch der ersten Person Singular und Plural auftritt, dergestalt daß man zwar mit *ego* einsetzt, aber mit *nos, noster* oder einem Verb wie *statuimus* fortfährt, sei hier lediglich erwähnt. Ich werde es unten S. 400 als Diktatelement der jerusalemitanischen Gruppe verwerten, aber es ist kein Bindeglied zwischen Niederlothringen und Jerusalem, denn wer genügend Privaturkunden des 11. Jahrhunderts gelesen hat, weiß, daß dieses Phänomen des Unwissens universell war.

Besser verwertbar ist Despys Beobachtung[56], daß die Urkunden Gottfrieds von Bouillon eindringlich die Legitimität seiner Nachfolge und die Erblichkeit des Herzogsamtes betonen, weil er bekanntermaßen ja sehr erhebliche Schwierigkeiten hatte, sich in Niederlothringen durchzusetzen. Wir finden in Nr. 3 *legitimus successor et haeres ducis Godefridi cognomento Barbati filiique eius potentissimi et iustissimi ducis Godefridi avunculi mei*, in Nr. 4 steht *postquam vero ipsis defunctis* (scil. Gottfried der Bärtige und seine Gemahlin) *in nostras manus honor eorum per successionem devenit*, und in Nr. 5 heißt es *sed postea nobis in eorum haereditatem succedentibus*. Wie Gottfried seine Urkunden im Osten stilisieren ließ, wissen wir nicht. Immerhin war auch dort seine Stellung unklar, viel unklarer als in Niederlothringen, wo ja an der herzoglichen Würde kein Zweifel war. Dem kinderlosen Gottfried folgte sein Bruder Balduin, dessen geblütsrechtlicher Anspruch aber auf der Legitimität der Herrschaft Gottfrieds beruhte. Das hat sich bis zum Winter 1109/1110 in den Diplomen niedergeschlagen. Nur in D. RRH n° 51 findet sich davon nichts. Aber schon im ersten Stück der Diktatgruppe, RRH n° 36 von 1100, steht *dux Godefridus totius Orientis serenissimus princeps constitutus* sowie *gloriosissimus et christianissimus rex Balduinus, qui fratri suo duci Godefrido in regnum Asye successit*. In D. RRH n° 59 von 1109/1110 steht *placuit clero atque ... primatibus cum universa Francorum multitudine, ut piissimus et misericordissimus dux Godefridus, carissimus frater meus, eidem* (scil. *civitati*) *praesideret ... Cui ego Balduinus ab exultante clero principibus et populo rex Francorum nutu divino electus atque statutus Ierosolimitano successi solio*. Ein ganzes Jahrzehnt hat Balduin also in seinen Urkunden die Legitimität von Gottfrieds Herrschaft und seiner eigenen betonen lassen, und das erinnert eben doch sehr an Gottfrieds ähnliche Beteuerungen in seiner niederlothringischen Zeit.

Wir haben in den vorstehenden Zitaten gewisse Epitheta ornantia für den Herzog von Niederlothringen und den Herrscher von Jerusalem kennengelernt. Die Frage der Epitheta in den frühen jerusalemitanischen Königs-

---

56) DESPY, Actes S. 121.

urkunden verdient Beachtung. Die klassische Diplomatik schenkt ihnen mit vollem Recht nur Beachtung in der Signumzeile und im Datum der Königsurkunden, allenfalls noch in der Intitulatio, wenn sie dort vorkommen. Solche Enthaltsamkeit kann ich mir hier nicht auferlegen, weil ich es formal mit einem disparaten Material zu tun habe, teils Briefe, teils Notizen, in den Diplomen nicht durchweg Datierungen, kaum Signumzeilen. Man muß also Epitheta betrachten, wie man sie findet, und in der ersten jerusalemitanischen Diktatgruppe kommen vor:

1. Für den König:
   rex inclitus RRH n° 75
   rex inclitus et christianissimus im Datum RRH n° 40
   gloriosissimus et christianissimus rex RRH n° 36
   gloriosissimus rex RRH n° 69. 75 (im Datum)
   gloriosus rex RRH n° 69 (zweimal, davon einmal im Datum). 63. 68. 67 (zweimal, davon einmal im Datum)
   rex invictissimus im Datum RRH n° 64. 68. D. RRH n° 68a
   praeclarus rex RRH n° 67

2. Für Herzog Gottfried von Niederlothringen:
   serenissimus princeps RRH n° 36
   piissimus et misericordissimus dux D. RRH n° 59
   misericordissimus dux D. RRH n° 59

3. Für die Patriarchen von Jerusalem:
   vir clarissimus D. RRH n° 59
   vir piissimus RRH n° 64
   omnium Ierosolimitanorum humillimus RRH n° 75

Sucht man nach Vorbildern, so springt einem zuerst *christianissimus* in die Augen, und man denkt an den *roi très chrétien*. De Pange[57] hat die Meinung vertreten, erst im 14. Jahrhundert verbreite sich der Ausdruck in Frankreich als ein Nebenprodukt des Konflikts mit England. So reinlich läßt sich das aber nicht sagen, auch wenn es seit Philipp IV. mit diesem Ehrentitel steil bergauf geht. Aber das Attribut *christianissimus* begegnet schon im 11. Jahrhundert in D. 126 Philipps I. von Frankreich, einer Empfängerausfertigung für St.-Corneille in Compiègne aus dem Jahre 1092, für Karl den Kahlen und die Königin von England. In der Korrespondenz der Päpste mit den Königen von Frankreich tritt *rex christianissimus* seit 1163 auf, also seit Alexander III. und Ludwig VII., allerdings nicht in der Adresse. Um dieselbe Zeit taucht es mehrfach bei Johann von Salisbury auf, und Ende des 12. Jahrhunderts bezeichnete Wilhelm von Tyrus Ludwig VII. von Frank-

---

57) DE PANGE, Roi très chrétien, passim.

reich als *piissimus et christianissimus Francorum rex*[58]. Der Ausdruck war also im 12. Jahrhundert gewiß noch selten, aber er weist allemal auf Frankreich. Viel spezifischer dorthin weist natürlich *gloriosus/gloriosissimus*. Unter Ludwig dem Frommen war dies das Attribut der unter dem Kaiser regierenden karolingischen Könige in Intitulatio oder Signumzeile[59]. Über die Westfranken vererbte es sich an die Kapetinger und ist bei Robert II. von Frankreich das Epitheton schlechthin, bei Heinrich I. noch häufig und fast das einzige Epitheton und auch unter Philipp I. nicht selten, während es bei Ludwig VI. schon zur ausgesprochenen Rarität wird[60]. Hier ist der Einfluß des Kapetingerdiploms mit Händen zu greifen[61].

Aber der jerusalemitanische Diktator kam nicht aus dem kapetingischen Frankreich. Hätte er seine Diplome nach dem Vorbild der kapetingischen entworfen, so müßte man im Datum das Wort *publice (Actum publice)* erwarten, wie es zwischen Hugo Capet und Ludwig VI. kennzeichnend war, doch finden wir dies nicht bei diesem Diktator und auch sonst so gut wie nicht in Jerusalem[62]. Er muß lediglich Kapetingerdiplome des 11. Jahrhunderts gekannt haben. Neben *christianissimus* und *gloriosus/gloriosissimus* steht nämlich *rex invictissimus* im Datum von RRH n° 64. 68. D. RRH n° 68a, und das kommt aus der deutschen Kaiserurkunde. Ursprünglich eine Formel Lothars I., konkurrierte das Wort in der Signumzeile und im Datum am

---

58) Johann von Salisbury, Historia pontificalis S. 2, 11, 52, 57. Wilhelm von Tyrus, Chronicon XXII. 4, S. 1011. Siehe zu dem Problem generell VALOIS, Roi très chrétien S. 318 und STRAYER, France S. 9.

59) TESSIER, Diplomatique S. 87, 92.

60) Robert II.: PARDESSUS, Ordonnances. Supplément S. 25–71; Roberti regis diplomata, BOUQUET, Recueil 10, S. 573–626. Heinrich I.: Diplomata Henrici I Francorum regis, BOUQUET, Recueil 11, S. 565–606; TESSIER, Diplomatique S. 220; PROU, Recueil des actes de Philippe Ier DD. 6–8. 34. 40. 51. 55. 61. 124. Ludwig VI.: PARDESSUS, Ordonnances. Supplément S. 174, 203, 224. Nichts zusätzlich bei TARDIF, Cartons des rois für Ludwig VI. Durchgesehen wurden nur diese beiden Serien. Seit meiner Durchsicht ist die neue Edition der Urkunden Ludwigs VI. von Frankreich zwar erschienen, aber da die Indices noch ausstehen, habe ich darauf nicht umgestellt.

61) Im süditalisch-normannischen Bereich kommt das Wort dagegen erst unter Roger II. als Epitheton vor; siehe BRÜHL, Rogerii II diplomata, Index diplomaticus S. 409 f. Zwar war es in der apulischen Herzogsurkunde vorbereitet worden durch gelegentliche Verwendung für Robert Guiskard, doch war dies nur eine Formulareigentümlichkeit von Roger Borsas Notar Grimoald, die er zudem keineswegs durchgehend anwendete; siehe MÉNAGER, Recueil S. 136 n° 43, 173 n° 48, 177 n° 50, 178 n° 51, 181 n° 52, 183 n° 53, 187 n° 55, 198 n° 58, 215 n° 61 von 1083–1087.

62) TESSIER, Diplomatique S. 223; PROU, Recueil des actes de Philippe Ier S. CLVII. Ausnahmen in Jerusalem RRH n° 127. 933.

Ende der ostfränkischen Zeit noch mit *serenissimus* und *piissimus*[63], setzte sich dann aber unaufhaltsam durch. Unter Heinrich III. finden wir es schon durchgehend in der Signumzeile, und bei Heinrich IV., dessen Diplome unserem Diktator ebenso zeitgenössisch sind wie die französischen Philipps I., findet sich dann folgender Befund: Als König hat Heinrich in der Signumzeile bis D. 224 von 1069 überwiegend gar kein Epitheton, danach zeigen seine Urkunden überwiegend *invictissimus* bis D. 356 von 1084. Von der Kaiserkrönung an entfällt zunächst jedes Epitheton bis zu den Italienaufenthalten von 1090–1096, als *invictissimus* wiederkehrt und dann bleibt. Entscheidend ist, daß andere Epitheta so gut wie nicht vorkommen, und dann auf eng umgrenzte Diktatgruppen beschränkt bleiben[64]. In der letzten lothringischen Königskanzlei war der Ausdruck eher selten[65] und schon bei den Westfranken von ausgesuchter Rarität. Bei den Kapetingern und Westfranken müssen wir – bei allerdings großen Lücken in den Chartes et diplômes und bei ungenügenden Indices der älteren Bände – zurückgehen bis zu Ludwig IV. (dem Überseeischen), um in dessen D. 10 wenigstens *invictus* zu finden. Den italischen Normannen war das Epitheton nicht gänzlich fremd[66] und ist mit Boemund I. auch nach Antiochia übergeschwappt[67].

Es ist also kein Zweifel: *invictissimus* nahm der Diktator ebenso aus der deutschen Kaiserurkunde wie er *gloriosus/gloriosissimus* aus der kapetingischen Königsurkunde bezog. Damit ist er praktisch als Lothringer identifiziert, denn nur hier im Grenzgebiet zwischen dem Reich und Frankreich konnte es zu diesem Phänomen kommen. Wollte ein anderer ein solches

---

63) TESSIER, Diplomatique S. 87; KEHR, Urkunden der deutschen Karolinger 3, S. XXVII, XXIX.

64) DD. H. IV. 258–260. 264. 265. 267: *humillimus et invictissimus*; D. H. IV. 354: *illustrissimus*; DD. H. IV. 427. 435. 436. 438. 452: *invictissimus atque piissimus*.

65) Wir finden es dreimal bei Zwentibold, einmal in den lothringischen Diplomen Ludwigs des Kindes; SCHIEFFER, Urkunden der deutschen Karolinger 4, S. 13 und DLdK 49.

66) *Invictissimus rex* für Roger II. in der Beurkundung eines Hofgerichtsurteils durch fünf Richter von 1151 bei BRÜHL, Rogerii II diplomata, Appendix 2, 1, S. 274 n° 7; *rex invictissimus* für Wilhelm II. in einer Urkunde des Bischofs von Troia bei BRESC – BAUTIER, Cartulaire du St.-Sépulcre S. 319 n° 167.

67) HAGENMEYER, Kreuzzugsbriefe S. 156 n° 15 (S. 160). *Invictus* für Boemund I. auch in den normannischen Gesta Francorum S. 46; RRH n° 194. 195 im Datum als Spezialität des antiochenischen Fürstenkanzlers Odo und etwas früher auch in RRH n° 151b des Patriarchen von Antiochia im Datum als Bezeichnung des Königs Fulko von Jerusalem als Regent Antiochias, aber sonst in der antiochenischen Fürstenurkunde nicht.

Epitheton benutzen, so schrieb er *victoriosissimus* (RRH n° 81a)[68]. Ich ergänze das Bild noch um *serenissimus* und *piissimus*. Das erste stammt aus der Kaisertitulatur Karls des Großen, war aber bei den deutschen Kaisern in der zweiten Hälfte des 11. Jahrhunderts als Epithethon lange schon verschwunden[69]. Unter ostfränkischem Einfluß war es in der lothringischen Kanzlei Ludwigs des Kindes (DD. 2. 16–18. 50. 57. 59. 68. 70) noch häufig, ohne daß man deshalb gleich an alte lothringische Vorbilder für den Diktator in Jerusalem zu denken hätte. Auch die hochburgundischen Könige benutzten es gern[70]. Die Kapetinger benutzten es gelegentlich, so Philipp I. in seinen DD. 40. 85 und Ludwig VI.[71]. Konrad von Montferrat bezeichnete im Hl. Land König Philipp II. Augustus von Frankreich als *serenissimus* (D. RRH n° 705). Bleibt das Bild hier unvollkommen, so sieht man bei *piissimus*, auch das ein altes ostfränkisches, weniger westfränkisches Attribut, etwas klarer. Ein Lothringer konnte es aus Frankreich haben, wo es unter Philipp I. in seinen DD. 124–126 erscheint, die allerdings Empfängerausfertigungen für St.-Corneille in Compiègne sind. Eher möglich ist deutscher Einfluß, denn zwischen 1092 und 1096, also kurz vor dem ersten Kreuzzug, durchbrachen die italienischen Notare Heinrichs IV., Oger A und Oger B, mit dem Attribut *invictissimus ac piissimus* in fünf Diplomen (siehe oben S. 33 Anm. 64) das herkömmliche Schema, das allein *invictissimus* hatte, und natürlich haben die beiden Notare mehr als fünf Diplome in vier Jahren geschrieben und auch nicht nur für italienische Empfänger.

Die anderen Epitheta bringen keine Resultate, wohl aber die Betrachtung eines anderen Begriffes. Für die vornehmen Vasallen bietet uns der Diktator als Synonym für *barones* in D. RRH n° 59 *primates, proceres* und *optimates*[72] an, Ausdrücke, die sonst im Hl. Land so gut wie unbekannt waren. Hier werden wir im kapetingisch-lothringischen Bereich fündig. *Optimates*

---

68) Aus Urkunden der Zeit in lothringischen Chartularen gebe ich die folgenden Beispiele für Epitheta im Superlativ: *gloriosissimus imperator, humillimus episcopus, serenissimus pontifex* (D'HERBOMEZ, Cartulaire de Gorze S. 229 n° 128, 230 n° 129, 245 n° 140); *nobilissimi testes, nobilissima comitissa* (LESORT, Chartes de St.-Mihiel S. 144 n° 36, 178 n° 49, 181 n° 50); *nobilissimus augustus* (BORMANS – SCHOOLMEESTERS, Cartulaire de St.-Lambert de Liége 1, S. 46 n° 29).

69) Schon unter Heinrich III. kommt *serenissimus* nur noch dreimal vor.

70) Die Urkunden der burgundischen Rudolfinger, Wort- und Sachregister s. v. *rex*.

71) PARDESSUS, Ordonnances. Supplément S. 178: *tempore vero serenissimi ac piissimi nostri genitoris Philippi* und ebd. S. 224: *serenissimus rex* im Datum; TARDIF, Cartons des rois S. 209 n° 367: *Signum incliti atque serenissimi regis*.

72) Die letzten beiden auch RRH n° 69 und nachklappernd bei dem späteren Notar Hemelin auch in RRH n° 91.

und *proceres* sind in den Diplomen Philipps I. eine vertraute Erscheinung[73].
Fulcher von Chartres hat je 10 Belege für *optimates* und *proceres*, aber nur
einen für *baro*[74]. *Optimates* ist auch in Lothringen im 12. Jahrhundert[75]
ein durchaus vertrauter Begriff für die Vasallen.

Es gibt nun allerdings Dinge, die passen überhaupt nicht in das Bild eines
nach Jerusalem verpflanzten Lothringers. Das gilt vor allem für die Sanctio
positiva in Form der bekannten Grußformel der paulinischen Briefe (siehe
unten S. 411). Das verschlägt deshalb nichts, weil ich für den Wortlaut
überhaupt kein urkundliches Vorbild gefunden habe. Umgekehrt gibt es für
die von Anfang an (D. RRH n° 51) verwendete Bleibulle zu viele mögliche
Vorbilder. Aus dem lothringischen Raum konnte man sich die Anregung für
diesen Siegelstoff aber bestimmt nicht holen. Ich habe mich mit diesem
Problem schon früher einmal befaßt[76], ohne jetzt darüber hinauszukommen: Als Modelle kommen der Papst, aber auch Byzanz oder die Normannen in Betracht, ohne daß sich dies genauer eingrenzen ließe. Blei war eben
im mediterranen Bereich ein sehr oft verwendetes Siegelmaterial, weil es im
Gegensatz zum Wachs nicht der klimatisch bedingten Verformung unterlag,
weshalb das Wachssiegel im lateinischen Osten nur Urkunden von bloß
vorübergehendem Wert beglaubigte.

Ferner ist auffallend, daß das Inkarnationsjahr in RRH n° 36. 40. DD.
RRH n° 51. 59. RRH n° 69 nach dem pisanischen Stil berechnet ist, also am
25. März vor dem 1. Januar unseres Ziviljahres beginnt[77]. Allerdings war
unser Diktator nicht nur mit der Herstellung von Diplomen des Königs
befaßt, er war auch der Urkundenschreiber der frühen Patriarchen von
Jerusalem Daimbert, Ebremar, Gibelin und Arnulf. Schon in seiner ersten
Urkunde (RRH n° 36), die er für Tankred von Galilaea schrieb, gedenkt er
Daimberts. Ich vermute, daß Daimbert den Datierungsgebrauch seiner
Heimat am Hl. Grab verbindlich gemacht hatte, und sein Schreiber behielt
ihn auch unter den Nachfolgern zunächst bei, ließ ihn aber schlagartig

---

73) PROU, Recueil des actes de Philippe Ier Index s. vv., während in der deutschen
Kaiserurkunde das Wort *optimates* in nachottonischer Zeit selten wird, wogegen es mit
proceres besser bestellt ist. Aus dem Kapetingerdiplom sind diese Worte natürlich auch
in den Sprachschatz der flandrischen Grafenurkunde übergegangen; siehe VERCAU-
TEREN, Actes, Index s. vv.

74) Fulcher von Chartres, Historia Hierosolymitana ed. Hagenmeyer, Index s. vv.

75) HANQUET, Cantatorium S. 59 und Index s. v., der Ausdruck findet sich auch in
der um 1160 verunechteten lothringischen Herzogsurkunde Nr. 3.

76) MAYER, Siegelwesen S. 14 f.

77) Schon beobachtet bei KÜHN, Lateinische Patriarchen S. 68–70.

fallen, als Daimberts langjähriger Gegenspieler Arnulf – ein Flandrer mit einer Karriere in der Normandie – 1112 den Patriarchenstuhl bestieg[78].

Am schwierigsten sind das am Anfang stehende Datum und das Wort *casale* zu beurteilen. Hier nämlich kann man an normannischen Einfluß denken. Während die Datierung bei den apulischen Herzogen nach Robert Guiskard am Ende stand, wurde sie unter dem sizilischen Großgrafen Roger an den Anfang zwischen Invocatio und Intitulatio oder hinter beide oder bei invokationslosen Urkunden auch ganz an den Anfang gestellt. Unter Roger II. blieb dieser Brauch in der Frühzeit erhalten, bis das Datum ab 1140 ans Ende kam und in den Diplomen dann auch dort blieb[79]. In den Privaturkunden blieb es beim Datum am Anfang[80]. In den Urkunden der lothringischen Herzöge dagegen stand das Datum ebenso unweigerlich am Ende wie in den kapetingischen Diplomen und den Urkunden der deutschen Kaiser, sei es am Ende des Contextes, sei es am Ende des Eschatokolls.

Aber man muß sich überlegen, wie normannischer Einfluß allenfalls hätte wirksam werden können. Der einzige Normanne, der anfangs im Königreich Jerusalem eine Rolle spielte, war Tankred. Mit Gottfried von Bouillon scheint er ein erträgliches Verhältnis gehabt zu haben, da dieser ihn mit Galilaea belehnte[81]. Aber sofort nach Gottfrieds Tod ging er auf die Seite des Patriarchen Daimbert über und war mit diesem zusammen einer der entschlossensten Gegner Balduins I. Balduin einigte sich mit dem Patriarchen, da dieser sich auf die Krönung einließ und ein Patriarch nur unter

---

78) Bei den Bischöfen von Ramla hielt sich der calculus Pisanus noch einige Zeit, wenn auch nicht durchgehend. RRH n° 165. 190 sind so datiert, dagegen RRH n° 76b (ediert unten Bd. 2, Exkurs II, S. 887 n° 1; siehe auch MAYER, Bistümer S. 341 und DERS., Kreuzfahrerherrschaft Montréal S. 265 f.) und 246 nicht. Ich erkenne calculus Pisanus auch in drei Urkunden des Hl. Grabes von 1134/1135, die ich einem pisanischen Konzipienten zuweise (RRH n° 154. 158. 166; siehe unten Bd. 2, Exkurs I, S. 855 f.). Der pisanische Notar Bonaccursus datierte am 11. März 1271 RRH n° 1373 *secundum cursum Pisanum 1271, secundum vero morem patriarchatus Hierosolymitani 1270, ind. 14*, was nur geht, wenn beim Patriarchen damals der französische Osterstil oder der zeitgenössische in der Papstkanzlei benutzte calculus Florentinus galt.

79) CHALANDON, Diplomatique S. 174 f.; BRÜHL, Urkunden S. 79 f. = Diplomi S. 66.

80) Als einige Beispiele DELABORDE, Chartes S. 38 n° 13 von 1124; DELAVILLE LE ROULX, Cartulaire général des Hospitaliers de S. Jean 1, S. 41 n° 49, 134 n° 172 von 1119–1147; BRÜHL, Rogerii II diplomata S. 237–241 DD. I. III des Herzogs Roger von Apulien und Appendix 2, 1, S. 259–276 n° 1–3, 5 und 7 aus den Jahren 1139–1151; BRESC-BAUTIER Cartulaire du St.-Sépulcre S. 303 n° 154; 305 n° 155; 306 n° 157, 319 n° 167 von 1171–1180.

81) RRH n° 36; Albert von Aachen, Historia Hierosolymitana S. 517, 538.

erheblichen Schwierigkeiten zu beseitigen war, auch wenn Balduin dies im Herbst 1102 durchaus bewirken konnte. Mit Tankred dagegen machte er relativ kurzen Prozeß und vertrieb ihn schon im März 1101 aus dem Reich nach Antiochia. Nun war aber das Datum am Anfang in Italien keine normannische Spezialität, sondern eine ganz allgemein italienische Angelegenheit, herrührend aus dem Usus der römischen Tabellionen, insbesondere in der Notarsurkunde[82]. In Pisa, wo die Urkunden in aller Regel von öffentlichen Notaren geschrieben wurden, traf dies natürlich auch zu. Mustert man als Beispiel CATUREGLIs Regesto della chiesa di Pisa durch, wo dieses Phänomen ja vermerkt ist, so findet sich in diesem repräsentativen Material in der hier interessierenden zweiten Hälfte des 11. Jahrhunderts das Datum ganz überwiegend am Anfang[83].

Bei dem jerusalemitanischen Diktator fehlt das Datum ganz in dem Brief RRH n° 63. Es steht am Anfang in RRH n° 36. 40. DD. RRH n° 51. 74. RRH n° 75, dagegen am Ende in D. RRH n° 59. RRH n° 69. 64. 68. D. RRH n° 68a. RRH n° 67. Rein numerisch sind die beiden Datierungsmodi also etwa gleich verteilt, und hier zeigt sich schon, daß hier kein Pisaner schrieb, sondern ein Nichtpisaner, der einige pisanische Gebräuche imitierte. Aber während der neue Patriarch Arnulf 1112 sofort mit dem unhandlichen *calculus Pisanus* beim Inkarnationsjahr aufräumte, wandte er der Frage, ob das Datum am Anfang oder am Ende zu stehen habe, begreiflicherweise keine Aufmerksamkeit zu, so daß der Diktator noch zwei Jahre später am Anfang datieren konnte (D. RRH n° 74. RRH n° 75), ohne Anstoß zu erregen. Das Phänomen war denn in Jerusalem mit diesem Diktator auch keineswegs zu Ende, sondern findet sich in Urkunden des Hl. Grabes schon in RRH n° 58, aber auch später in RRH n° 82. 126. 142. 145. 154. 156. 160. 161. 302 von 1116–1156, darunter auch in RRH n° 154, das ich dem Diktat eines Pisaners zuschreibe[84], während derselbe Mann in RRH n° 166 Schlußdatierung hatte. In den Urkunden der Abtei S. Maria im Tal Josaphat finden wir das Anfangsdatum noch in RRH n° 87. 92. 93. 97. 120 von 1119–1127, bei den Johannitern schließlich in RRH n° 150. 201 von 1134–1141.

---

82) BRESSLAU, Urkundenlehre [2]2, S. 395 f., 452.

83) In den fünf Urkunden des Erzbischofs Daimbert selbst steht es viermal am Anfang und nur einmal am Ende; CATUREGLI, Regesto 1, n° 206. 210. 212. 215. 216 von 1091–1098. Derselbe Befund ergibt sich aus TIRELLI CARLI, Carte 3, passim, und SCALFATI, Carte 1, passim, sowie D'ALESSANDRO NANNIPIERI, Carte 1, passim. Noch zu Beginn des 13. Jahrhunderts ist die Erscheinung in Pisa häufig; CATUREGLI, Carte arcivescovili, Bd. 1, passim.

84) MAYER, Guillaume de Tyr S. 262.

Wichtiger ist das Wort *casale* im Sinne von 'Dorf'. Sein Eindringen und
sein Gebrauch müssen hier eingehend erörtert werden, um überhaupt einmal
das Problem sichtbar zu machen und zum anderen die naheliegende Vermutung normannischen Einflusses sofort nach der Eroberung zu entkräften.
Casale ist im Hl. Land der terminus technicus für die dörfliche ländliche
Siedlung mit zahllosen Belegen und hat, wie wir sehen werden, das europäische *villa* ganz ins Abseits gedrängt, obwohl die *villani* sich hielten. Französisch, deutsch oder lothringisch ist *casale* jedenfalls ganz bestimmt nicht,
schon gar nicht in dieser Bedeutung. In den bisher publizierten westfrän-
kischen Karolinger- und in den Kapetingerdiplomen tritt es so gut wie nie
auf, auch wenn die älteren Indices relativ karg sind. Bezeichnend ist der neue
Index zu dem Band für Robert I. und Raoul von Jean Dufour: Während
man *passim* für *villa* schreiben mußte, erscheint für *casale* überhaupt kein
Eintrag. Ich habe hier überhaupt nur vier Belege gefunden[85].

In den ostfränkischen und deutschen Kaiserdiplomen ist das Wort seit
Ludwig dem Deutschen häufiger, wenn auch insgesamt nicht sonderlich
stark vertreten. Entscheidender als die Häufigkeit ist die geographische
Verbreitung. Es handelt sich nämlich fast ausnahmslos um Diplome für
italienische Empfänger, und dann meist in der ursprünglichen Bedeutung des
Wortes 'Haus, Hofstatt, Bauernhof'. Die Bedeutung 'Dorf, Ortschaft'
kommt vor, aber nur bei Ortsnamen, und auch diese liegen dann in Italien[86]. Die einzigen geographischen Ausnahmen, aber auch diese mit der
eingeschränkten Bedeutung, sind DLdD. 16 für die elsässische Abtei Mur-
bach und DF. I. 490 für die Abtei Château-Chalon im französischen Département Jura *(unum casale in coemeterio)*. In diesen Regionen mag das Wort
zurückgehen auf die Zeit des nachkarolingischen Königreichs Hochburgund,
wo es vorkommt in DD. Burg. 39. 105, privaturkundlich in DD. Burg. 15.
146. 152. 156, ferner in den Pertinenzformeln von DD. Burg. 8. 53. 82. 91.
92. 110, privaturkundlich in den Pertinenzformeln von DD. Burg. 141. 150.
151. 168. Das Mittellateinische Wörterbuch verzeichnet privaturkundliche
Belege aus derselben Gegend (Basel, Lausanne). Während hier das Wort nicht
rar war, ist es in Lothringen sehr selten bezeugt[87], und kommt dort nie als
'Dorf' vor. In dem Niederlothringen benachbarten Flandern scheint *casale*

---

85) Karl der Kahle n° 54; Karl der Einfältige n° 25; Lothar n° 49. 50, alle mit der
Bedeutung 'Hofstatt', aber die beiden Lothardiplome betreffen den spanischen Pyre-
näenbereich, während die Diplome der beiden Karl Empfänger bei Nîmes und bei Narbonne haben. In allen diesen Gegenden war das Wort relativ häufig.
86) Z. B. D. Arnolf 125: *casale, quod dicitur Ballonum.*
87) BEYER, Mittelrheinisches Urkundenbuch 1, S. 700 n° 640, wo man sich bemüßigt
fühlte, es zu übersetzen: *casale, quod houestat vocatur.* Cartulaire de Chaumousy S. 88.

überhaupt nicht auf. In Vercauterens Ausgabe der Urkunden der Grafen von Flandern vor 1128 ist im Index *villa* auf 64 Seiten nachgewiesen, teilweise mit mehr als einem Beleg pro Seite, während das Stichwort *casale* überhaupt nicht erscheint, und in Preveniers Edition der flandrischen Grafenurkunden 1191–1206 sieht es genau so aus.

Damit sind wir bereits dicht am französischen Bereich. In den Sammlungen des Nouveau Ducange in Paris habe ich nach Ausschaltung von Belegen aus dem Hl. Land und den hochburgundischen Diplomen 64 Nachweise gefunden, davon die ganz erdrückende Mehrheit aus Südfrankreich (Provence, Toulouse, Aquitanien, Gascogne, Pyrenäen), auch in der Auvergne, im Limousin, im mittleren Rhonetal, im Mâconnais, in Grenoble, dort aber viel weniger häufig als im Süden und Südwesten. Aus Dijon stammen vier Nachweise, und damit nähert man sich wieder dem hochburgundischen Gebiet, wohin auch in weitem regionalem Zusammenhang der eine Nachweis aus Langres gerechnet werden kann. Zwei Belege stammen aus der Gegend von Bourges, aber das gesamte Frankreich nördlich der Loire, also die Heimat der landnehmenden Lothringer, Flandrer und Nordfranzosen, ist nur mit einem einzigen Beleg aus dem Auxerrois vertreten. Nicht eine einzige dieser 64 Belegstellen hat die Bedeutung 'Dorf', sie meinen alle 'Haus, Gebäude, Hofstatt, enclos, chézal', und dieses Wort existiert im Provenzalischen ja noch heute. Es gibt im modernen Frankreich nicht einen einzigen Ortsnamen mit Casal; mit Chézal und Chézeaux sieht es südlich der Loire besser aus. Entsprechend diesem Befund tun sich denn auch die mittellateinischen Wörterbücher schwer mit der Bedeutung 'Dorf'. Das Mittellateinische Wörterbuch, hier ergänzt um eine Durchsicht seiner Sammlungen, muß hierfür entweder auf italienische Verhältnisse in den deutschen Kaiserurkunden ausweichen oder auf deutsche, gelegentlich auch italienische Quellen, welche Verhältnisse in den Kreuzfahrerstaaten schildern[88]. In den Sammlungen des Cabinet Ducange in Paris griff man zurück auf das Johannicherchartular von Delaville Le Roulx, also wieder auf Dinge aus dem Hl. Land. Wilhelm von Tyrus, der im Osten geboren war und dort schrieb, aber für ein abendländisches Publikum[89], verwendete *casale* nicht beliebig, sondern wußte von seinen Studienjahren in Frankreich, daß man es für

---

88) Hermann von Salza 1229 an den Papst, MGH Const. 2, S. 161 n° 121; STREHLKE, Tabulae ordinis Theutonici; Wilbrand von Oldenburg; Oliver von Paderborn; Wilhelm von Rubroek, jeweils oft; Annales Marbacenses S. 92 (vgl. ebd. S. 88, apulische Dinge betreffend); Annali Genovesi 1, S. 143 (vgl. ebd. 4, S. 93 betreffend Italien); Historia ducum Veneticorum S. 79 betreffend die Romania.

89) Und zwar nach dem Handschriftenbestand in Frankreich und England; vgl. Wilhelm von Tyrus, Chronicon S. 32 f.

Westeuropäer erklären mußte, wenn es 'Dorf' meinte[90]. Chronisten aus dem lothringischen und nordfranzösischen Raum vermieden das Wort gänzlich, weder Albert von Aachen noch Fulcher von Chartres verwenden es auch nur ein einziges Mal[91].

Es ist ganz eindeutig, daß *casale* = 'Dorf' den Kreuzfahrerstaaten weder von den Deutschen noch von den Franzosen in die Wiege gelegt wurde. Und obwohl es sich bei *casale* quasi um ein erzitalienisches Wort handelt, darf man hier doch nicht an den Patriarchen Daimbert als Vermittler denken wie bei dem pisanischen Datierungsgebrauch, denn in Pisa, wo Daimbert Erzbischof gewesen war, ist sowohl im 12. wie im 13. Jahrhundert, wie eine Durchsicht der pisanischen Urkunden ergibt[92], das Wort für 'Dorf' nicht *villa*, aber auch nicht *casale*, sondern ganz erdrückend *locus*. Auch bei *casale* denkt man also wie bei der Eingangsdatierung primär an das süditalische Normannenreich, denn hier war es das gängige Wort für Dorf, und zwar schon vor den Kreuzzügen[93], aber auch dort wußte man, daß man es Nichtitalienern erklären mußte[94].

Doch erhebt sich derselbe Einwand wie bei der Eingangsdatierung: Der normannische Einfluß im Königreich Jerusalem war zu ephemer und mit Tankreds Abzug nach Antiochia im März 1101 vorerst beendet. Erst 1115 mit der Ernennung des Kanzlers Paganus begann eine Zeit des normannischen Einflusses in der Kanzlei, und natürlich werden urkundenkundige Italo-Normannen 1113 mit Adalasia von Sizilien nach Jerusalem gekommen sein, als diese bis 1117 Königin von Jerusalem wurde. Aber als Adalasia ankam, stand längst fest, daß Dörfer im lateinischen Orient *casalia* hießen. Generell braucht man eine italo-normannische Wurzel für das Wort *casale*

---

90) Wilhelm von Tyrus XX. 19, S. 937: *suburbanorum adiacentium, que nostri casalia dicunt, annuos redditus*; ganz ähnlich ebd. XVIII. 19, S. 838: *in suburbanis, que vulgo casalia appellant.*

91) Frdl. Mitteilung von Dr. Susan Edgington und Dr. Verena Epp. Dagegen kommt es natürlich vor in der süditalischen Chronik der Gesta Francorum S. 48, und hier natürlich im Sinne von 'Dorf'.

92) CATUREGLI, Regesto 1; CATUREGLI, Carte arcivescovili 1; FALASCHI, Carte 1 und 2; TIRELLI CARLI, Carte 3 und 4.

93) MÉNAGER, Recueil S. 47 n° 12, 65 n° 15, 68 n° 16, 110 n° 35, 127 n° 40 (III), 129 n° 41, 146 n° 45, 175 n° 49, 185 n° 54, 187 n° 55, 198 n° 58, 203 n° 59 aus den Jahren 1063–1087; *villa* kommt nur einmal vor S. 129 n° 41. In BRÜHLS Ausgabe der lateinischen Urkunden Rogers II. von Sizilien heißt es im Index erwartungsgemäß „*casale* oft", *villa* ist ausgeworfen und erhält zwei echte und fünf unechte Belege.

94) Hugo Falcandus, Liber de regno Sicilie S. 112: *duas villas optimas, que Siculi casalia vocant.* Hugos Herkunft ist unbekannt, aber man geht allgemein davon aus, daß er kein Sizilianer war.

im Hl. Land dennoch nicht auszuschließen. Man muß sich nur hüten, deshalb in dem ersten Urkundenmann der Könige von Jerusalem einen Italo-Normannen zu sehen. Die Urkundenstelle des Königs nahm sprachlich mindestens teilweise natürlich auf, was um sie herum sich entwickelte, aber sie selbst war bis 1115 nicht normannisch dominiert.

Sieht man, wie ich dies tue, in dem ersten königlichen Urkundenmann einen Lothringer, so muß man den Gebrauch von *casale* natürlich verglei-chen mit dem des lothringischen Äquivalents, nämlich mit *villa*. Bis zum Pactum Warmundi D. RRH n° 102 von 1124 findet sich *casale* insgesamt – also nicht nur in Produkten dieses ersten Urkundenreferenten – in RRH n° 36. 38. JL 5948. RICHARD, Chartrier S. 609 n° 1. DD. RRH n° 51. 52. RRH n° 58. DD. RRH n° 57. 59. RRH n° 65. 73a. D. RRH n° 74. RRH n° 76. DD. RRH n° 76a. 79. 80. RICHARD, Chartrier S. 612 n° 3. RRH n° 86. 87. D. RRH n° 90. RRH n° 92. 93. 97. D. RRH n° 100a. RRH n° 101. In derselben Zeit kommt *villa* nur vor in RRH n° 38. JL 5948. RRH n° 44. 48. DD. RRH n° 57. 59. RICHARD, Chartrier S. 611 n° 2. RRH n° 89[95]. Danach finde ich *villa* nur in RRH n° 108. 118. BRESC-BAUTIER, Cartulaire du St.-Sépulcre S. 170 n° 72. RRH n° 209. JL 8915. RRH n° 282. 316. 340. 345. 346. 362. HIESTAND, Vorarbeiten 3, S. 237 n° 88. D. RRH n° 400. RRH n° 418. JL 11385 *(dominus villae)*. 469. JL 11831. RRH n° 493. JL 14681. RRH n° 638. 649. JL 17324. D. RRH n° 744. RRH n° 1269. Das ist natürlich wesentlich mehr, als ich einst dachte[96]. Aber es verändert mein Bild von damals nur numerisch, nicht in der Sache: Neben den zahl-losen Belegen für *casale* durch das ganze 12. und 13. Jahrhundert ist *villa* im Osten sehr selten.

Selbst diese geringe Zahl relativiert sich bei genauer Betrachtung noch einmal beträchtlich. BRESC-BAUTIER n° 72 und RRH n° 44. 209 betreffen

---

95) In D. RRH n° 80 ist in dem Druck von Delaborde S. 30 statt *villam* zu lesen *villanum*.

96) MAYER, Bistümer S. 62. Ich habe schon damals stillschweigend die Verwendung von *villa* in den Spuria für Marseille und Genua DD. spur. RRH n° 163. 276. LISCIAN-DRELLI, Trattati n° 156. D. spur. RRH n° 747 ausgeschaltet. Prüft man die chronika-lische Verwendung für Bethlehem und Nablus bei Albert von Aachen, Fulcher von Chartres, den Gesta Francorum und bei Wilhelm von Tyrus, so ergibt sich, daß sie für Bethlehem überwiegend gar nichts, für Nablus *urbs* sagen. Nur Wilhelm von Tyrus, Chronicon XI. 12, S. 514 nennt Bethlehem eine *villa*, doch nur im Text von D. RRH n° 59, der nicht von ihm stammt. Für eine wirkliche Stadt finde ich *villa* nur zweimal urkundlich benutzt in D. RRH n° 57 von 1110 für Nablus und in D. RRH n° 744 von 1198 für Akkon, doch vgl. brieflich Hermann von Salza an den Papst von 1229 (MGH Const. 2, S. 161 n° 121): *villam etiam, quae dicitur ad S. Georgium* (= Lydda), *et casalia, quae sunt ex utraque parte viae usque in Ierusalem, reddiderunt.*

villae, die in Europa lagen, so daß man schon deshalb hier das Wort *casale* vermieden haben mag. Das hatte seine Parallele in den päpstlichen Besitzbestätigungen für das Kapitel vom Hl. Grab, wo man in der Regel für Besitz im Hl. Land *casale*, für den in Europa *villa* verwendete[97].

Des weiteren muß man eine ganze Reihe von Belegen ausschalten, die bei genauer Betrachtung das neue Resultat zeigen, daß *villa* am Hl. Grab zum Ausdruck für eine landesausbauende Plangründung zur Ansiedlung neuer lateinischer Bauern wurde. Das betrifft zunächst Magna Mahumeria (al-Bīra) nördlich von Jerusalem, an sich ein längst bekanntes Siedlungsprojekt des Stifts der Grabeskirche, mit den Belegen RRH n° 340. 345. HIESTAND, Vorarbeiten 3, S. 237 n° 88. RRH n° 469. JL 11831. 17324. In den königlichen Besitzbestätigungen für die Grabeskirche bleibt es stets eines einer Reihe von *casalia*, die Gottfried von Bouillon geschenkt hatte (DD. RRH n° 74. 309. 354. 400). Anders in den päpstlichen Besitzbestätigungen. Es ist zunächst ein *castrum*[98], aber 1164 ist eine *villa* daraus geworden[99], und vier Jahre später heißt es in RRH n° 469 (wiederholt in JL 11831. 14681. 17324): *villas etiam, quas edificastis, ut Magnam Mahomariam et Parvam et Bethsuri, et alias omnes, quas edificaturi estis, ubi Latini habitabunt.* Der Treueid, den am 11. Februar 1155 zweiundneunzig *burgenses* von Mahumeria an das Kapitel des Hl. Grabes leisteten und dem später weitere 50 Namen nachgetragen wurden (RRH n° 302), scheint den ernsthaften Ausbau zu einem Ort lateinischer Siedlung zu markieren. Bald danach behielt sich das Stift ausdrücklich vor, ausgetane Weinberge zum Bau von Häusern zu verwenden, *si canonici...villam suam amplificare voluerint* (RRH n° 362)[100].

Unweit von Magna Mahumeria siedelte der Prior der Grabeskirche 1160 *infra casale nostrum de Ramathes in loco qui dicitur Nova Villa* drei neue Siedler an (RRH n° 346). Spätestens 1144 war der Ort im Besitz des Hl. Grabs (JL 8479), wenn er nicht schon mit dem seit 1114 von den Königen bestätigten Barimeta identisch ist (DD. RRH n° 74. 309. 354. 400). Im

---

97) Ich habe aus diesem Grunde natürlich Belege für *villa* in Papsturkunden, die ins Hl. Land gingen, in der Regel nicht aufgenommen. Die Ausnahmen sind einmal JL 5948. 8915, wo ein Entwurf des Thaborklosters verwendet worden sein dürfte (siehe unten S. 417), zum anderen JL 11831. 14681. 17324, wo wörtlich RRH n° 469 abgeschrieben wird.

98) JL 7318. 8939, *turris* bei Fulcher von Chartres, Historia Hierosolymitana S. 731 f., als Ausnahme durch Übernahme aus den Königsurkunden als *casale* bezeichnet in JL 8479.

99) HIESTAND, Vorarbeiten 3, S. 237 n° 88.

100) Zu dem Siedlungsprojekt siehe PRAWER, Colonization Activities S. 1087–1095 = Crusader Institutions S. 126–132; PRINGLE, Magna Mahumeria, passim.

Jahre 1170 werden auch die ebenfalls nicht weit von Magna Mahumeria gelegenen Orte Parva Mahumeria = el-Qubēbe und Bethsuri = Bēt Sūrīq als *villae* und lateinische Neusiedlungen bezeichnet (RRH n° 469 = JL 11831. 14681. 17324). Schon 1164 hatte der König von *Bethsuric, in cuius territorio fundata est villa que dicitur Parva Mahumeria*, gesprochen (D. RRH n° 400). Bethsuric gehörte schon zur Erstausstattung des Hl. Grabs durch Gottfried von Bouillon (D. RRH n° 74). In den fünfziger Jahren bemerken wir dort erhöhte Aktivität. Offenbar waren die Chorherren bei ihrem Landesausbau dem Königshaus in die Quere gekommen. Die Königin Melisendis klagte den Besitz von 20 syrischen Bauern ein, zog die Klage aber im April 1152 zurück, als sie jeden Mann und jede Unterstützung brauchte (D. RRH n° 278; zum Datum siehe unten Bd. 2, Exkurs I, S. 862). Bei derselben Gelegenheit zog sie eine weitere Klage zurück, die vier Syrer in Ramathes betraf. Das Stift wollte nach ihrem Sturz keine Risiken eingehen und ließ sich 1155 auch von Balduin III. bestätigen, daß die Klagen erledigt seien (D. RRH n° 307). Das mag wohl nötig gewesen sein, denn 1160 hatte der König erneute Klagen laufen, die unter anderem mit diesmal 20 Syrern in Ramathes zu tun hatten; sie wurden jetzt mit einem Klageverzicht beendet und bei dieser Gelegenheit bestätigte der König erneut den Verzicht seiner Mutter auf die Klage wegen Bethsuric[101]. Nimmt man alles zusammen, so hat man den Eindruck, daß es der Prior Amalrich von Nesle (1151–1157 oder 1158) war, der mit dem Landesausbau seines Stifts um Jerusalem herum im großen Maßstab anfing und ihm ausweislich von RRH n° 469 auch als Patriarch (1157 oder 1158–1180) wohlwollend gegenüberstand.

Es gehört wohl in denselben Zusammenhang, wenn der Herr von Haifa den Chorherren vom Hl. Grab 1164 viel Land in und bei einer namenlosen *villa deserta* zwischen Haifa und einem Palmarea schenkte (RRH n° 418). Beabsichtigt war hier natürlich ein neues Siedlungsprojekt, das aber anscheinend nicht gedieh[102]. Wahrscheinlich müssen wir auch für die *villa Boria* in JL 5948 davon ausgehen, daß es um eine Neugründung ging[103]. In

---

101) D. RRH n° 353; auch später schleppte sich die Sache noch durch die königlichen Besitzbestätigungen DD. RRH n° 354. 400.

102) Die Identifikation dieser *villa deserta* mit dem Palmerium in RRH n° 594 bei PRAWER, Colonization Activities S. 1109–1114 = Crusader Institutions S. 136–140 ist unhaltbar, weil es sich bei dem tertium comparationis aus den 70er Jahren nicht um die *villa deserta*, sondern um das Kloster Palmarea im Jordantal handelte; siehe KEDAR, Palmarée S. 266–269. Palmerium ist jüngst von HIESTAND, Palmarea – Palmerium, passim identifiziert worden mit Sulem in der Nähe des Thaborberges. Siehe auch ebd. zur Geschichte der Abtei Palmarea.

103) So auch PRAWER, Colonization Activities S. 1008 f. = Crusader Institutions S. 135 f.

RRH n° 36 lag der Ort 1101 noch zerstört und unbewohnt, während sich aus D. RRH n° 51 von 1106 für seine Geschicke nichts ergibt. Aber es muß eine Bedeutung haben, wenn er 1103 in JL 5948 (wiederholt in JL 8915 von 1146) als *villa* bezeichnet wird. Eine Aufsiedlung durch das Kloster, die 1182 erfolgt war[104], lag um so näher, als er am Fuß des Berges Thabor lag.

Man muß also aus der Gesamtheit der Belege für *villa* im Hl. Land diejenigen ausscheiden, die europäische *villae* oder aber Siedlungsprojekte im Hl. Land im Sinne französischer Villes neuves bezeichnen. Es fällt ferner auf, daß *villa* in der Frühzeit in einer – bei der kleinen Zahl der Belege insgesamt erstaunlichen – Häufung bei den tolosanischen Grafen von Tripolis auftritt (RRH n° 38. 44. 48. RICHARD, Chartrier de Ste.-Marie Latine S. 611 n° 2. RRH n° 108. 118). Das ist auch gar nicht erstaunlich. Zwar kannte man im Pays Toulousain das Wort *casale*, aber es hieß dort 'Hofstatt' (siehe oben S. 38 f.), während Dörfer üblicherweise als *loci* oder *villae* bezeichnet wurden. Da es in Tripolis, anders als in Jerusalem, keinen italienischen Einfluß gab, zögerte man anfänglich offenbar, das mit einer anderen Bedeutung besetzte Wort *casale* zu verwenden und hielt sich lieber an das vertraute *villa*. In derselben Zeit, in der wir nämlich vor 1127 in Tripolis sechs Belege für *villa* haben, finden wir *casale* dort nur viermal (RRH n° 38. 58. RICHARD, Chartrier S. 609 n° 1, 612 n° 3). Angesichts des totalen Siegeszuges von *casale* in Jerusalem setzte sich der Gebrauch dann allmählich auch in Tripolis durch.

Es bleiben dann an Belegen für *villa*, die nicht als Sonderfall erklärbar sind, an Diplomen lediglich DD. RRH n° 57. 59. Ich halte sie für Rückzugsgefechte von Nichtitalienern. D. RRH n° 57 ist eine Empfängerausfertigung der Johanniter (siehe unten S. 423–426), D. RRH n° 59 ein Produkt des ersten Urkundenschreibers der Könige von Jerusalem, für den ich eine lothringische Herkunft vermute. Man könnte natürlich auch daran denken, daß in beiden Stücken mit den *villae* Nablus und Bethlehem etwas gemeint war, das größer als ein Casale, aber kleiner als eine *civitas* oder *urbs* war, aber obwohl ich dies einst erwog[105], ist es doch nicht sehr überzeugend, denn das hätte Abgrenzungsschwierigkeiten mit *villae* wie Boria am Thabor oder später Parva Mahumeria gegeben, die diese Forderung gewiß nicht erfüllten[106]. Auch hat das Wort in RRH n° 38. 1269, wo es mit Burgen und Casalien konfrontiert wird, gleichwohl klar die Bedeutung 'Dorf'. Und

---

104) Wilhelm von Tyrus, Chronicon XXII. 15 (14), S. 1027; der Ort hatte damals einen Turm.

105) MAYER, Bistümer S. 62.

106) Wilhelm von Tyrus, Chronicon XXII. 15 (14), S. 1027 nennt Boria einen *locus*.

schließlich läßt sich die Mittelstellung von *villa* zwischen *civitas* und *casale*, die hier unterstellt wurde, sonst eben nicht nachweisen, auch und gerade nicht für Bethlehem und Nablus.

Der Lothringer, mit dem ich mich hier befasse, hat zwar *villa* nur einmal für Bethlehem in D. RRH n° 59. In seinen Produkten (siehe unten S. 373) RRH n° 40. 63. 64. 69 gab es aber überhaupt keine Gelegenheit, das Wort oder sein Gegenstück *casale* anzubringen. In RRH n° 36. DD. RRH n° 51. 59. 74 gebrauchte er *casale*. Nun hatte aber bei der Ausstellung von RRH n° 36 für das Thaborkloster neben dem König auch der Normanne Tankred die Hand im Spiel, und er hatte zuvor den Thabor beherrscht, so daß hier vielleicht einmal eine normannische Spur zu greifen ist. In D. RRH n° 51 schlägt in der Besitzliste RRH n° 36 als VU. durch, wurde also bei der Ausstellung verwertet. Das läßt nur die Casalien in DD. RRH n° 59. 74 übrig. In RRH n° 67. 68. D. RRH n° 68a, wo Gelegenheit gewesen wäre, *casale* zu verwenden, hat der Lothringer gar nichts[107]. In D. RRH n° 75, wo er auch *casale* hätte benutzen können, gebraucht der Diktator *Ierusalem et loca sibi adiacentia*. Man muß sich ja klar machen, daß man hier unbewußten Vorgängen nachspürt. Der *calculus Pisanus* des Patriarchen Daimbert muß dem Lothringer 1112 von Arnulf untersagt worden sein, aber ob er *villa*, *locus* oder *casale* schrieb, war ungeregelt. Nur meine ich, daß ein Italiener die *villa* in D. RRH n° 59 vermieden hätte und daß der Lothringer *villa* oder *locus* schrieb, wo ihm nicht VUU. etwas anderes anboten, aber nichts gegen das ohnehin eingeführte und in Jerusalem jedermann verständliche Wort *casale* hatte, wenn es in einem Empfängerentwurf oder in einer VU. stand. Als 1115 wirklich ein süditalienischer Normanne in die Kanzlei einzog, da hatte sich *casale* längst durchgesetzt, und der Normanne hatte keinerlei Anlaß, das Wort zu vermeiden, während ihm *villa* begreiflicherweise überhaupt nicht in die Feder floß. Nachdem mit Paganus und Hemelin nacheinander zwei italienische Normannen die Königskanzlei von 1115–1131 dirigiert hatten, war es natürlich mit *villa* in Jerusalem ganz vorbei und in Tripolis auch. Der Begriff war nunmehr unbesetzt und stand zur Verfügung, als man ab 1150 nach einem Wort suchte, mit dem man neue Plangründungen oder landesausbauende Aufsiedlungen bezeichnen konnte.

Ich fasse das Resultat der Untersuchung zusammen. Möglicherweise bediente sich schon Gottfried von Bouillon, ganz sicher aber sein Bruder Balduin I. von Jerusalem im Osten eines Urkundenschreibers aus Lothrin-

---

107) Hier ist Röhricht in seinem Regest RRH n° 67 das Wort *casale* in die Feder gerutscht, obwohl es im Text überhaupt nicht steht und erst 1123 und 1129 in den NUU. auftritt, wenn auch die Identität der Besitzungen nicht gesichert ist; siehe MAYER, Bistümer S. 268 f.

gen, der für die Herrscher und die Patriarchen von Jerusalem Urkunden schrieb, wenngleich bei den ersteren daneben auch Empfängerausfertigungen vorkommen. Er war kein trainierter Urkundenmann. Als er vor die neue Aufgabe gestellt wurde, nahm er sich seine heimatliche lothringische Privaturkunde, vielleicht die herzogliche, zum Vorbild, reicherte dieses Modell aber um Ausdrücke der kapetingischen Königsurkunde und der deutschen Kaiserurkunde an, um seinen Produkten ein königliches Gepränge zu geben. Unter dem Einfluß des Patriarchen Daimbert baute er auch pisanische Elemente in seine Produkte ein, so die Datierung am Anfang und bis 1112 auch den *calculus Pisanus*. Das frühe Diplom von Jerusalem ist mithin ein getreues Spiegelbild des Reichs: lothringisch dominiert, anderen Einflüssen offen, zeitweise pisanisch bedroht[108].

Von einer Kanzlei von Jerusalem kann man bei dieser Konstruktion natürlich noch nicht sprechen, nicht nur weil es noch keinen Kanzler gab. Angesichts der Verschiedenartigkeit der Auftraggeber dieses Konzipienten muß man fragen, ob er primär der Urkundenmann des Königs oder der Patriarchen war. Er war natürlich ein Geistlicher und mußte irgendwie mit einer Pfründe versorgt werden. Da bereits Gottfried von Bouillon Kanoniker am Hl. Grab und im Templum Domini (Felsendom) in Jerusalem eingesetzt hatte[109], konnte der Herrscher dort durchaus eine Stelle für einen geistlichen Urkundenschreiber seines Vertrauens verlangen und durchsetzen. Balduin I. behandelte das Kirchengut ohnehin wie das des Königs[110]. Die eifrige Tätigkeit unseres Diktators für die Patriarchen legt die Vermutung nahe, daß er sein Auskommen an der Grabeskirche fand (siehe dazu unten S. 385–390). Man möchte dann natürlich meinen, daß es primär seine Aufgabe gewesen wäre, für das Hl. Grab zu arbeiten und er nur fallweise vom König herangezogen wurde. An der Grabeskirche waren ja an sich die Voraussetzungen für eine permanente Schreibstube gegeben, denn außer den Vermögensangelegenheiten der Kirche und des Patriarchen im Hl. Land sowie der Verwaltung der Diözese und des Patriarchats mußten die kirchlichen Verbindungen zu Rom und der Westkirche aufrechterhalten und vor allem der sehr umfangreiche abendländische Besitz[111] insoweit dirigiert werden, als nicht lokale und regionale Administratoren dies übernehmen konnten.

---

108) Hierzu MAYER, Bistümer S. 14 f., 41–43; DERS., Crusades ²S. 60–63; FAVREAU-LILIE, Italiener S. 51–79.
109) Wilhelm von Tyrus, Chronicon IX. 9, S. 431.
110) MAYER, Bistümer S. 225–228; DERS., Nablus S. 534–537.
111) 1128 in JL 7318 sechzig Kirchen in 28 Diözesen, wenn ich richtig gezählt habe.

Es wird auch gleich zu Beginn des Reiches Arnulf von Chocques, später Patriarch von Jerusalem (1112–1118), als Kanzler des Hl. Grabes genannt. Dieser begabte, energische, wenn auch recht weltliche Kleriker aus Flandern war vor dem Kreuzzug Kapellan und Kanzler des Herzogs Robert II. von der Normandie gewesen[112]. Er wurde 1099 in ungeklärter Position zum Leiter der Kirche von Jerusalem bestellt, aber noch im selben Jahr aus dieser Funktion entfernt. Albert von Aachen nennt ihn mehrfach Kanzler der Grabeskirche[113], aber davon kann keine Rede sein, denn es fehlt an urkundlichen Zeugnissen, auf die der selbstbewußte Arnulf gewiß nicht verzichtet hätte. Er scheint vorübergehend das Kanonikerstift im Templum Domini übernommen zu haben[114]. Als sein Gegenspieler Patriarch Daimbert im Herbst 1102 durch den aus dem gleichen Ort wie Arnulf gebürtigen Ebremar ersetzt wurde, begegnet Arnulf erstmals als Archidiakon der Kirche von Jerusalem, wozu ihn seine normannische Erfahrung auch durchaus befähigte[115], und in diesem Amt verblieb er bis zu seiner eigenen Wahl zum Patriarchen (RRH n° 69 von 1111 und RRH n° 63 von 1112). Er war damit der erste Verwaltungsbeamte der Kirche von Jerusalem, und der lothringische Gewährsmann Alberts wird dies als Kanzleramt mißverstanden haben[116]. Vor 1134 begegnet beim Patriarchen von Jerusalem kein Kanzler (siehe unten S. 48).

Auch wenn man Arnulf als Patriarchenkanzler streichen muß, sollte man gleichwohl erwarten, daß man an der Grabeskirche über eine permanent besetzte Schreibstube verfügt hätte. Überraschenderweise war dies aber nicht der Fall. Was unser Mann mit RRH n° 40. 69. 63. 64. 68. 67. 75 für die Patriarchen geschrieben hat, deutet zwar auf eine permanente Schreibstube hin, und das ist vielleicht nicht die ganze Produktion (siehe unten S. 416–420). In JL 5948 von 1103 findet man Anklänge an sein Diktat, die

---

112) MAYER, Kreuzfahrerherrschaft Montréal S. 81; HASKINS, Norman Institutions S. 74 f.

113) Albert von Aachen, Historia Hierosolimitana S. 489: *Cancellarius sanctae ecclesiae Iherusalem, procurator sanctarum reliquiarum et custos elemosynarum fidelium* (wird 1099 an die Spitze der Kirche von Jerusalem berufen); S. 491: *cancellarius ac custos Dominici Sepulchri* (August 1099); S. 653: *clericus et cancellarius* (1108); S. 704 *cancellarius Sepulchri Dominici* (1112).

114) Ebd. S. 526 nennt ihn Albert *praelatus Templi Domini*. Auch Wilhelm von Tyrus, Chronicon X. 7, S. 461 schreibt ihm dort eine Pfründe zu.

115) Albert von Aachen, Historia Hierosolimitana S. 599; vgl. Wilhelm von Tyrus, Chronicon X. 7, S. 461 ohne Zeitangabe.

116) Dagegen steht es mit der bei Albert auch berichteten Position als Reliquienkustos des Hl. Grabes besser; siehe unten S. 58.

ich freilich anders erkläre. Bei einer Urkunde des Grafen von Cerdagne als
Grafen von Tripolis für das Hl. Grab von 1106 (RRH n° 48) könnte man
zwar der Meinung sein, daß sie diktatmäßig in dieselbe Gruppe gehört, aber
bei näherer Betrachtung spricht mehr dagegen als dafür. Dagegen zeigt der
Brief des Patriarchen Gibelin an die Suffragane und den Klerus der Kirche
von Arles von 1110[117] wirklich nicht unerhebliche Diktatanklänge. Aber
daneben schrieben auch andere, denn weder in dem Brief des Patriarchen
Daimbert an Boemund I. von Antiochia von 1100[118] noch in dem Brief
des Patriarchen Ebremar an Bischof Lambert von Arras von 1104 (RRH
n° 42) noch in einer in Anwesenheit Balduins I. ausgestellten Urkunde des
Grafen Bertrand von Tripolis von 1110 oder 1112 (RRH n° 58) finden sich
irgendwelche Diktatanklänge, die uns berechtigen würden, diese Stücke
unserem Diktator zuzuschreiben, so daß sie von anderen verfaßt worden
sein müssen.

Ein Kanzler muß kurz vor 1134 ernannt worden sein, denn wahrscheinlich in diesem Jahr begegnet erstmals Balduin, der Kanzler des Patriarchen,
aber nicht im Osten, sondern als Gesandter in Genua (RRH n° 153). Danach
haben wir bei den Kanzlern folgendes Bild:

Balduin

Jahr	RRH n°	Tätigkeit
1137	173	Zeuge für den Kastellan von St.-Omer[119]. Un-ter den Zeugen auch *Balduinus cancellarius patriarchae* (Dieser Name fehlt in den Regesten bei RÖH-RICHT und im Musée des Archives Nationales S. 97 n° 146).
1138	174	Zeuge für den König
1138	179	Zeuge für den König
1138	180	Zeuge für den Bischof von Akkon
1138	182	Zeuge für den Kaplan Riso
1138	190	Zeuge für den Bischof von Ramla

---

117) D'ALBANÈS – CHEVALIER, Gallia christiana novissima. Band Arles S. 190 n° 471.
Siehe unten S. 420.
118) RRH n° 32; Wilhelm von Tyrus, Chronicon X. 4, S. 456.
119) D'ALBON, Cartulaire du Temple S. 99 n° 141.

Jahr	RRH n°	Tätigkeit
1140	198	Zeuge für den Grafen von Tripolis im Gefolge des Patriarchen von Jerusalem (vgl. RRH n° 193). Zum Datum siehe unten Bd. 2, Exkurs I, S. 858.
1141	204	Zeuge für den Patriarchen von Jerusalem als Diakon und Kanoniker des Hl. Grabes
1141–1143	213	Zeuge für den Patriarchen von Jerusalem: *Cesariensis archiepiscopus tunc temporis noster cancellarius.* Zum Datum siehe unten Bd. 2, Exkurs I, S. 859.
1144	226	Erzbischof von Caesarea (1141/1143–1156). Zur Nennung Balduins in RRH n° 375 siehe BRESC-BAUTIER, Cartulaire du St.-Sépulcre S. 148 Anm. 4

Ernesius

Jahr	RRH n°	Tätigkeit
1143	215	Zeuge für den Patriarchen von Jerusalem: *patriarchae nepos et cancellarius*
1145	234	*Data ... per manum Ernesii cancellarii* in Urkunde des Patriarchen von Jerusalem
1146	240	Zeuge für den König unter einem neuen Patriarchen von Jerusalem
1148	251	*Datum per manum Ernesii cancellarii* in Urkunde des Patriarchen von Jerusalem
1150	259	Zeuge für die Königin
1160	354	Erzbischof von Caesarea (1156–1175; vgl. Wilhelm von Tyrus, Chronicon XVIII. 6. 20, S. 818, 841). Zu der unglaubwürdigen Nachricht, er sei von Papst Alexander III. geweiht worden, also erst nach September 1159, siehe unten S. 567.

Rainer (?)

Jahr	RRH n°	Tätigkeit
1160	356	Zeuge für den Grafen von Askalon, der selbst aber einen anderen Kanzler hat

Amalrich

Jahr	RRH n°	Tätigkeit
1167	430	*Data per manum Amalrici cancellarii* in Urkunde des Patriarchen von Jerusalem
1167	431	desgleichen
1168	455	Zeuge für den Patriarchen von Jerusalem
1168	456	desgleichen

(Haymarus) Monachus

1171	490	*magister Monachus, cancellarius ... patriarchae* Zeuge in einem Vergleich des Priors des Hl. Grabes
ca. 1171	492	Zeuge für den Prior vom Ölberg
1175	528	*Data per manum magistri Monachi cancellarii* in einer Urkunde des Patriarchen von Jerusalem
1177	543	*Datum per manum magistri Monachi cancellarii* in einer Urkunde des Patriarchen von Jerusalem
1182	618	Erzbischof von Caesarea (1180–1197; vgl. Wilhelm von Tyrus, Chronicon XXII. 4. 7, S. 1012, 1016)

Fulko

1186	657b	*Data per manum Fulchonis cancellarii* in Urkunde des Patriarchen von Jerusalem

Die Liste zeigt, daß die Kanzler der Patriarchen von Jerusalem Männer von Statur waren, die als Gesandte Verwendung finden konnten und gern als Zeugen in Urkunden aller möglichen Aussteller herangezogen wurden. Ganz offensichtlich war die Leitung der Schreibstube des Patriarchen nur ein Teil ihrer Aktivität. Als Kanzler haben sie nur Urkunden der Patriarchen unterfertigt, keine der Prioren des Chorherrenstifts, deren Kanzler sie also nicht waren. Ob sie selbst die Urkunden des Patriarchen verfaßten oder sich hierfür eines permanenten Urkundenschreibers bedienten, bleibt unsicher, denn nur einmal (RRH n° 543) wird außer dem unterfertigenden Kanzler auch ein Schreiber aus dem Haushalt des Patriarchen genannt. Mindestens der Kanzler Balduin scheint einen Versuch gemacht zu haben, mit dem Diakon Gerald einen permanenten Urkundenschreiber zu bestellen, der sowohl für den Patriarchen wie für das Stift schrieb (siehe unten S. 51 f.), aber das scheint nicht sehr langlebig gewesen zu sein. Die Patriarchenkanzler blieben über geraume Zeit im Amt, weil sie bereits eine wichtige Stellung erreicht hatten und auf Beförderung nur innerhalb der hauchdünnen Schicht der bischöflichen und erzbischöflichen Positionen hoffen konnten. Das Erzbistum Caesarea war im 12. Jahrhundert eine ziemlich feste Pfründe des Hl. Grabes und insbesondere der Patriarchenkanzler. Von den acht Erzbischöfen Caesareas in diesem Zeitraum waren nicht weniger als drei zuvor Kanzler des Patriarchen von Jerusalem gewesen. Nimmt man noch Erzbischof Ebremar (1108–1129) hinzu, der sich als Patriarch von Jerusalem nicht halten konnte und Caesarea übernahm, sowie den Erzbischof Eraclius (1175–1180), der zuvor Archidiakon des Hl. Grabes gewesen war, dann bleiben nur drei Erzbischöfe, die zuvor nichts mit dem Hl. Grab zu tun hatten: Balduin I. (1101–1108), Gaudentius (1129 [vor 19. Oktober; RRH n° 129a]–1143, falls er nicht identisch ist mit dem 1129 [vor September 24; RRH n° 128] in RRH n° 128 einmal bezeugten gleichnamigen Kanoniker des Hl. Grabes) und Peter von Limoges (1199–1237). Der Kanzler Rainer, wenn er denn Patriarchenkanzler war, könnte zum Bischof von Lydda aufgestiegen sein[120].

Eine Zusammenstellung der namentlich bekannten Urkundenschreiber des Patriarchen und des Hl. Grabes vor 1187 erhärtet die schon oben S. 47 f. geäußerte Vermutung, daß es am Hl. Grab keine permanent besetzte Schreibstube gab oder doch allenfalls nur ganz vorübergehend.

Jahr	RRH n°	Schreiber
1123	101	*Arnaldus Dominici Templi canonicus rogatus scripsit*
1129	129a	*Datum per manum Hugonis Bethlemitanae ecclesiae sacerdotis et bibliothecarii*
1130–33	183	*Giraldus sancti Sepulchri diaconus, qui hanc cartam composuit.* Zum Datum vgl. BRESC-BAUTIER, Cartulaire du St.-Sépulcre S. 215 Anm. 1
1133	146	*Giraldus diaconus et canonicus sancti Sepulcri, qui hanc cartam composuit*
1134	152	*De diaconibus: ... Geraldus, qui cartam istam composuit*

---

120) RRH n° 372. 455. In RRH n° 371 von 1161 erscheint noch der Amtsvorgänger. RRH n° 372 ist falsch datiert und kann frühestens nach 1163 oder 1164 liegen.

Jahr	RRH n°	Schreiber
1135	154	*Iohannes subdiaconus, qui hanc cartam scripsit*
1135	161	*Peregrinus interfuit ad haec omnia ... et posuit hoc sigillum et scripsit haec*
1136	166	*Scriptum per manum Iohannis Pisani, qui eo tempore ad Sepulchrum clericulos docebat*
1141	201	*Nicholaus presbyter Hyspaniae scripsit*
1143	215	*Helias scriptor huius privilegii*
1143	223	*Scriptum per manum Donati diaconi et scribae Sepulcri Domini*
1177	543	*De familia mea* (scil. *patriarchae*): ... *Willelmus crucifer, qui haec scripsit*

Das ist an Schreibern schon alles, trotz der Fülle der im Chartular des Chorherrenstifts vom Hl. Grab aus der Zeit vor 1187 noch erhaltenen Urkunden. Es gibt in der ersten Hälfte der dreißiger Jahre einen deutlichen Versuch, mit hauseigenen Urkundenmännern zu arbeiten. Das sind die Chorherren Gerald und Johannes. Über Peregrinus wissen wir gar nichts, dem Kapitel gehörte er nicht an. Danach wird das Namensmaterial sehr dünn, drei Namen aus 50 Jahren! Elias und Wilhelm waren Hauskleriker des Patriarchen, Elias außerdem der Kanzler des Königs. Der spanische Priester Nikolaus dürfte ein Chorherr des Hl. Grabes gewesen sein, der 1160–1166 dort Prior war (siehe unten S. 600). Bei Johannes Pisanus wird eine Schwierigkeit des Hl. Grabes beim Aufbau einer eigenen Schreibstube deutlich. In der an Talenten ohnehin armen Kirche des Hl. Landes eröffneten sich Männern, die sich auf das Urkundengeschäft verstanden, Karrieren. Bei dem Scholaster Johannes Pisanus ist das bekannt. Er verließ bald nach 1136 Jerusalem und übernahm das Archidiakonat von Tyrus; später stieg er zum Kurienkardinal auf[121]. Auch Gerald mag eine geistliche Laufbahn im Osten gemacht haben, allerdings begegnet sein Name zu häufig, als daß wir ihn wirklich verfolgen könnten. Aber im Episkopat läßt sich deutlich zeigen, wie sehr das Chorherrenstift am Hl. Grab auch Rekrutierungsstelle für die anderen Diözesen war[122]. Es wird nicht allzu weit von der Wahrheit sein, wenn wir vermuten, daß jeder Versuch, eine permanente eigene Schreibstube aufzubauen, schon im Keim erstickt wurde dadurch, daß die Schreiber in bessere Ämter davonliefen. Die Kürze der Tätigkeit bei Gerald

---

121) MAYER, Guillaume de Tyr, passim.
122) HAMILTON, Latin Church S. 117.

(2–4 Jahre; siehe unten S. 568) und Johannes Pisanus (2 Jahre) spricht jedenfalls für diese Annahme, denn man kann sich nicht vorstellen, daß die beiden, die nachweislich Wert darauf legten, ihre Namen zu nennen, dies plötzlich unterließen. Aber am auffallendsten ist natürlich, daß sich der Patriarch Warmund 1123 eines Kanonikers des Templum Domini bedienen mußte, der auch für andere arbeitete (siehe unten S. 505–512), während Patriarch Stephan noch 1129 den Bibliothekar von Bethlehem (als Kanoniker von Bethlehem im selben Jahr auch, gemeinsam mit dem Patriarchen, Zeuge für den Erzbischof von Tyrus in RRH n° 127) als Urkundenschreiber bemühen mußte. Das wurde erst anders, als von 1135 bis 1148 Elias A am Hl. Grab Urkunden schrieb (siehe unten S. 568 f.). Im eigenen Hause konnten die Patriarchen anfangs also niemanden finden. Wäre der erste Diktator, der für die Patriarchen und für den König Urkunden verfaßte, der hauptamtliche Urkundenreferent des Hl. Grabes gewesen, so hätte kein Grund bestanden, diese Einrichtung nicht fortzuführen, was aber nachweislich nicht der Fall war.

War dieser Diktator, neben dem ja am Hl. Grab noch andere schrieben (oben S. 47 f.), aber nicht der Urkundenmann des Hl. Grabes, dann muß er derjenige des Königs gewesen sein, der am Hl. Grab lediglich fallweise für Briefe und Urkunden herangezogen wurde, und man versteht dann gut, wieso sich der Patriarch Daimbert für seinen extrem königsfeindlichen Brief RRH n° 32 eines anderen Schreibers bediente. König Balduin I. hatte also für sein Urkundengeschäft einen lothringischen Kleriker seines Vertrauens, der nachweislich auch für die Patriarchen Ebremar (RRH n° 40), Gibelin (RRH n° 69) und Arnulf (RRH n° 64. 68. 67. 75) schrieb, einmal auch für Tankred von Galilaea (RRH n° 36)[123]. Wegen seines anfänglichen pisanischen Datierungsgebrauches vermute ich, daß ihn schon der Patriarch Daimbert, wenigstens in Zeiten des Auskommens mit dem König, beschäftigte, und eben dasselbe vermute ich schon für Gottfried von Bouillon. Ein wirklicher Urkundenmann war er nicht, wie die Untersuchung seines Diktats (unten S. 397–413) zeigen wird, auch wenn er sich einarbeitete. Es war ihm so wenig um Gleichförmigkeit der Königsurkunden zu tun, daß er sich an den später seltenen Empfängerausfertigungen nicht störte, die in der Zeit seiner Tätigkeit auch begegnen. Das Siegel mag er allerdings bewahrt haben. Es fällt nämlich auf, daß die Empfängerausfertigungen vor 1115 DD. RRH

---

123) Ein vergleichbares Beispiel ist der Schreiber XIV Heinrichs I. von England. Er arbeitete außerhalb der Kanzlei für den Erzbischof von Canterbury, den Prior von Christchurch in Canterbury, den Bischof von Ely und vielleicht für St. Martin Le Grand; BISHOP, Scriptores regis S. 24 f.; Regesta regum Anglo-Normannorum 4, S. 11.

n° 52. 57. 76a unbesiegelt sind[124]. DD. RRH n° 52. 76a sind gänzlich unbeglaubigt, in D. RRH n° 57 findet sich lediglich die eigenhändige Unterschrift des Königs. Besiegelt wurden daher offenbar nur die von unserem
Diktator geschriebenen Diplome, während Empfängerausfertigungen, freilich
nicht nur sie, vom König allenfalls unterschrieben wurden, ohne daß dies
zwangsläufig gewesen wäre. Es wäre daher möglich, daß die Obhut des
Königssiegels unserem Diktator anvertraut war, auch wenn das Auftauchen
nur einer einzigen besiegelten Empfängerausfertigung aus jenen Jahren vor
1115 das Bild natürlich verändern könnte. Die Siegelbewahrung wäre zwar
eine Funktion gewesen, wie sie auch ein Kanzler ausübte, aber dennoch
besaß dieser Diktator so wenig Kanzlermentalität, daß er nicht darauf drang,
daß auch Empfängerausfertigungen besiegelt wurden und er damit wenigstens insoweit an diesen Diplomen beteiligt war.

Bezeichnenderweise endet die Tätigkeit dieses Mannes in dem Moment, in
dem der König einen wirklichen Kanzler bestellte[125]. Er konnte die Empfängerausfertigungen nicht sofort beseitigen, aber er ließ sie sofort besiegeln
und sorgte dafür, daß er als Zeuge genannt wurde (RRH n° 79). Die Herrscher von Jerusalem hatten also vor 1114 keine Kanzlei, sondern nur die
embryonale Vorstufe eines wahrscheinlich außerhalb des Hofes versorgten
Vertrauten, der für sie Diplome schrieb, aber nicht ausschließlich, und
vielleicht ihr Siegel aufbewahrte. Die Geschichte der Kanzlei von Jerusalem
beginnt mit der Bestellung des Kanzlers Paganus im Jahre 1115.

---

124) Seit der Ernennung des Kanzlers Paganus 1115 waren dann auch Empfängerausfertigungen besiegelt (DD. RRH n° 79. 120).

125) D. RRH n° 79 von 1115; zum Datum siehe MAYER, Kreuzfahrerherrschaft
Montréal S. 263 f.

C.

Die Kanzler und Hilfsdatare
der Könige von Jerusalem

I. Der angebliche Kanzler Arnulf von Chocques und der angebliche Vizekanzler Peter der Einsiedler

Von den Kanzlern der Könige von Jerusalem hat bisher nur Wilhelm von Tyrus die gebührende Beachtung gefunden (siehe unten S. 167 Anm. 3). Eine von Hiestand mündlich vorgetragene Arbeit über die Kanzler von Jerusalem ist ohne seine Schuld nie erschienen[1]. Immerhin findet man in der Literatur zwei Listen von Kanzlern von Jerusalem[2], allerdings sind sie nicht ganz zuverlässig. Diejenige bei Ducange – Rey ist für das 13. Jahrhundert unvollständig, während La Monte nach fehlerhaften Regesten Röhrichts (RRH n° 552. 691) Lambert und Oddo als Kanzler nennt, obgleich der erstere nur Königskapellan und Hilfsdatar, der zweite nur Notar war. Beide haben zu 1234 fälschlich einen ehemaligen Kanzler von Jerusalem angeführt, der in Wahrheit einer von Pisa war (siehe unten S. 365 f.).

Eine Kanzlei des Königs und des Reichs gab es, seit es einen Kanzler gab. Das war der Fall seit 1115. Aber sowohl Ducange – Rey wie La Monte haben schon für die Zeit davor den bekannten Archidiakon von Jerusalem, Arnulf von Chocques, als Kanzler des Königs Balduin I. angeführt. Er müßte die Funktion bekleidet haben, bis er 1112 Patriarch von Jerusalem wurde. Auch andere Autoren haben diese Fiktion übernommen[3], aber Arnulfs Kanzlerschaft ist zu streichen. Ich habe bereits gezeigt, daß schon die Vermutung, er sei Kanzler wenigstens der Kirche von Jerusalem gewesen, nicht zu halten ist (siehe oben S. 46). Aber diese Stellung ist wenigstens bei Albert von Aachen bezeugt. Dagegen ist es ein arges Mißverständnis des Textes Alberts von Aachen, wenn Arnulf auch noch zum königlichen Kanzler hochstilisiert wurde. Albert berichtet, Balduin I. habe 1108 Sidon belagert und dabei einen Turm beschießen lassen. *Consilio Arnulfi clerici et cancellarii regis animus repressus est.* Der König hörte dann mit der Beschießung auf[4]. Aber *regis* gehört natürlich zu *animus*, nicht zu *cancellarius*, so daß auch hier Arnulf nur als Kanzler der Kirche von Jerusalem bezeugt ist, was gleichfalls nicht stimmt, da die dortigen Patriarchen vor 1134 keine Kanzler hatten.

---

1) Siehe HIESTAND, Wilhelm von Tyrus S. 350 Anm. 22.
2) DUCANGE – REY, Familles S. 634–636; LA MONTE, Feudal Monarchy S. 255 f.
3) RÖHRICHT, Geschichte S. 96. HAGENMEYER in seiner Edition der Gesta Francorum S. 481 f.
4) Albert von Aachen, Historia Hierosolimitana S. 653.

Die kurz nach 1124 geschriebene Chronik von St.-Pierre-le-Vif in Sens berichtet vom Grafen Stephan von Blois, er habe 1102 in Jerusalem den König um Reliquien gebeten. *Rex vocavit Arnulfum scriniarium suum et ait ei, ut quicquid scriniarii in capella sua eligerat* (scil. Stephan), *totum absque mora sibi tribueret*[5]. Vorschnelle Betrachtung könnte dazu verleiten, aufgrund dieser Stelle in Arnulf den Archivar des Königs zu sehen und damit den Kanzleichef. Obwohl weit später ein königliches Archiv bezeugt ist, das unter der Leitung des Kanzlers stand (siehe unten S. 245), ergibt sich in Wahrheit aus der Stelle in der Chronik von Sens, daß Arnulf der Reliquienkustos des Hl. Grabes, mindestens der königlichen Kapelle oder des königlichen Schatzes war[6]. Die Funktion Arnulfs als Reliquienkustos ist bei Albert von Aachen ausdrücklich bezeugt (siehe oben S. 47), aber als Kanzler des Königs ist Arnulf von Chocques ganz sicherlich zu streichen, so daß hier auch keine Biographie des ja sehr bedeutenden Mannes zu geben ist.

Gleich ganz und gar fällt es ins Reich der Fabel, wenn in der älteren, überwiegend erbaulichen Literatur zu dem vorgeblichen Kreuzzugsurheber Peter dem Einsiedler gelegentlich behauptet worden ist, Gottfried von Bouillon habe ihn nach der Eroberung Jerusalems 1099 zum Vizekanzler ernannt. Kritischere Geister haben dies zwar erwähnt, dann aber gleich als freie Erfindung verworfen, aber Negri, dessen Geschichte des ersten Kreuzzuges von 1658 hier als Quelle zitiert wurde, hält für diese Fiktion der Nachprüfung nicht stand. Er berichtet nämlich nicht von einer Ernennung Peters zum Vizekanzler, sondern vielmehr läßt er Gottfried von Bouillon zum König gesalbt werden, und dieser ernennt dann Peter zum Vize*könig*[7], nicht zum Vizekanzler. Das ist natürlich nicht besser als die Negri in der Literatur gelegentlich untergeschobene Behauptung, kann aber hier außerhalb der Diskussion bleiben, da ich mich mit der Kanzlei befasse, nicht mit Gottfrieds Königtum oder mit Peter dem Einsiedler. Vizekanzler war dieser nie.

---

5) BAUTIER, Chronique de St.-Pierre-le-Vif S. 186.

6) Bautier übersetzt *scriniarius* sicherlich richtig mit „le garde de son trésor"; so schon HAGENMEYER, Chronologie, Revue de l'Orient latin 11, S. 151 f. n° 636. Siehe zu der Stelle auch MAYER, Hofkapelle S. 460.

7) NEGRI, Prima crociata S. 138: „e dichiarò egli suo vicerè il venerabile Pietro Eremita".

Die Kanzlei in der Zeit der Normannen (1115–1131)
(Paganus und Hemelin)

II. Der normannische Kanzler Paganus
(1115–1129)

1. Die Ernennung des ersten Kanzlers

Bis 1115 gab es keinen Kanzler. Der König Balduin I. (1100–1118) hatte einen wohl lothringischen Urkundenkonzipienten, Robert mit Namen, der – gemeinsam mit Empfängerschreibern – des Königs Urkundengeschäfte besorgte und anscheinend auch das königliche Siegel hütete, daneben aber auch Urkunden und Briefe für die Patriarchen Ebremar, Gibelin und Arnulf schrieb, einmal auch für den Normannenfürsten Tankred. Diese Tätigkeiten übte er aus bis 1114 einschließlich (D. RRH n° 74. RRH n° 75). Im Jahre 1115 empfand der König nach anderthalb Jahrzehnten königlicher Herrschaft diesen Zustand als unbefriedigend und ernannte erstmals einen eigenen Kanzler für das Königreich, einen gewissen Paganus, der 1115 in D. RRH n° 79 als *Paganus cancellarius* als Zeuge auftritt, in dem nur wenig späteren RRH n° 76b des Bischofs von Ramla als *cancellarius regis*[1]. Dieser Paganus diente nicht nur ihm als Kanzler, sondern auch seinem Nachfolger Balduin II. (1118–1131) bis 1129.

Die Bestellung des Paganus zum Kanzler des Königreichs Jerusalem war für den lateinischen Osten ein Startschuß. Er war der früheste Kanzler, den wir dort kennen. Zwar beschäftigte Boemund I. von Antiochia 1107 einen Kanzler Hugo[2], aber das war in Europa nach seiner Vertreibung aus Antiochia. Im Osten hatte er keinen Kanzler (RRH n° 12). Cahen hat ohne Belege zu 1113 und 1119 einen antiochenischen Kanzler Gautier angeführt[3]. Es handelt sich natürlich um Walter den Kanzler, den Verfasser der Bella

---

1) Zum Datum von RRH n° 76b siehe MAYER, Kreuzfahrerherrschaft Montréal S. 262–268.
2) Regii Neapolitani archivi monumenta 5, S. 314 n° 527.
3) CAHEN, Syrie du Nord S. 463.

Antiochena und mutmaßlichen Kanzler Rogers von Antiochia. Daß es 1119 in Antiochia einen Kanzler gab, bezeugt Walter selbst[4]. Das Jahr 1113 aber ist vermutlich nur eine Angleichung von Walters Amtszeit an diejenige von Fürst Roger, der sofort auf den am 12. Dezember 1112 gestorbenen Tankred folgte. Wir haben von Fürst Roger zwei Urkunden, eine von 1114 für Josaphat (RRH n° 76), die andere von 1118 für die Johanniter (RRH n° 86). Beide nennen aber keinen Kanzler. Die zweite, geschrieben von einem Subdiakon Petrus, ist mit Sicherheit eine Empfängerausfertigung unter Verwendung von D. RRH n° 57 als Formularbehelf (siehe unten S. 423 f.), zeigt aber wenigstens eine antiochenische Entourage des Fürsten, während bei der ersten zweifelhaft ist, ob sie je vollzogen wurde, denn es fehlen in dem Original der Name eines Casales sowie die Namen der angekündigten Zeugen und schließlich jede Spur des angekündigten Siegels. Möglicherweise ist also auch RRH n° 76 eine Empfängerarbeit, vielleicht überhaupt nur ein Empfängerentwurf, den der Fürst nicht genehmigte. Jedenfalls liegt für einen Kanzler in Antiochia schon 1113 kein Hinweis vor. Es bleibt bei Paganus als erstem Kanzler des lateinischen Ostens[5].

2. Die Herkunft des Paganus

Paganus wurde 1115 zum Kanzler bestellt, also in der Zeit der sizilischen Königin Adalasia (1113–1117). Es gibt nun gewisse Indizien, daß auch Paganus aus dem unteritalischen Normannenreich kam. Damit soll keineswegs gesagt werden, daß Adalasia hinter seiner Ernennung stand. König Balduin I. war nicht der Mann, sich von seinen Ehefrauen in die Politik hineinreden zu lassen. Wäre Paganus ihr Günstling gewesen, so hätte er 1117 mit ihr fallen müssen. Auch hatte Adalasia während ihrer Regentschaft im Normannenreich selbst keinen Kanzler gehabt, sondern sich mit ihrem tuszischen Kapellan Johannes beholfen (D. Ro. II. 1). Erst Roger II. ernannte nach seiner Krönung zum König 1130 einen Kanzler. Es mögen andere als Adalasia gewesen sein, die zur Ernennung eines Kanzlers rieten, so der Patriarch Arnulf, selbst ein Flandrer, aber vor dem Kreuzzug Kanzler des Herzogs von der Normandie (siehe oben S. 46). Aber Arnulf war in einflußreichen Stel-

---

4) Walter der Kanzler, Bella Antiochena S. 84.

5) Zu der Kanzlei der Patriarchen von Jerusalem siehe oben S. 48–51. Zur Kanzlei der Fürsten von Antiochia siehe MAYER, Varia Antiochena S. 75–109. Kanzler der Grafen von Tripolis siehe unten Bd. 2, Exkurs III, S. 924 f. Zu den Kanzlern von Zypern siehe RICHARD, Diplomatique S. 77–86 und EDBURY, Cyprus S. 189 f. Reine Kanzlerlisten für Zypern und Tripolis bei LA MONTE, Feudal Monarchy S. 257, 260.

lungen seit 1099 im Land; warum kam es erst 1115 zur Ernennung eines Kanzlers? Wir wissen es nicht. Vielleicht hat sich Arnulf mit politischen Ratschlägen zurückgehalten, bis er 1112 das Patriarchat erlangt hatte, um das er seit 1099 hatte kämpfen müssen. Auch danach muß ihn vorrangig der zähe Kampf um die Reform des Kapitels des Hl. Grabes (1114) beschäftigt haben.

Das Jahr 1115 sah auch eine große Verwaltungsreform. Das Reich, das bisher einen einzigen Vicecomitat gebildet hatte, wurde in mehrere solche zerlegt, der bisherige einzige Vizegraf Pisellus wurde erster Seigneur in Oultrejourdain, wo der König 1115 die Burg Montréal (Šaubak) erbaute[6]. Es ist durchaus nicht ausgeschlossen, daß beide Maßnahmen in einem gewissen inneren Zusammenhang standen: Regionalisierung der Finanzverwaltung und der Gerichtsbarkeit für die fränkische Bourgeoisie in der Domäne des Königs und gleichzeitig Einrichtung einer 'Zentralbehörde' für das Urkundenwesen, das als ein das Reich zusammenhaltendes Herrschaftsinstrument des Königs eine gesteigerte Bedeutung erlangen mußte, als er die ehemals zentrale Vizegrafschaft untergliederte.

Aber Adalasias Ankunft könnte insofern etwas mit der Ernennung des Paganus zu tun gehabt haben, als sich in ihrer Entourage ein Urkundensachverständiger, eben Paganus, befunden haben mag, zu dem der König Vertrauen faßte. Oder aber es reizte der Ortswechsel Adalasias nach Jerusalem andere in Unteritalien, ihr zu folgen. Das Reich befand sich ja von 1113 bis 1117 in enger Allianz mit Roger II. von Sizilien, dem ein Erbvertrag die Nachfolge in Jerusalem zusicherte, falls Balduin und Adalasia keine Kinder haben sollten, was angesichts von Adalasias Alter und des Königs Homosexualität zu erwarten stand.

Paganus ist kein spezifisch normannischer Name, sondern war überall gebräuchlich, wo Französisch gesprochen wurde[7]. Aber Paganus hatte einen

---

6) MAYER, Kreuzfahrerherrschaft Montréal S. 83–91.

7) Der Namen ist Gemeingut in Frankreich und im süditalischen Normannenstaat, aber auch sonst in Italien. Er war ursprünglich kein Taufname, sondern ein einfacher Rufname bei Knaben, bei denen aus irgendwelchen Gründen die Taufe hinausgezögert wurde. Oft genug blieb dann natürlich nach der Taufe der bisherige Rufname doch an der Person hängen. Das läßt sich sehr schön beobachten in den Urkunden von St.-Martin-des-Champs in Paris, wo man diese Praxis offenbar mißbilligte und daher öfters den Taufnamen eigens dazusetzte, so schon 1096 in der Schenkung der Kirche von Montmartre durch den Vizegrafen von Melun (DEPOIN, Recueil de chartes de St.-Martin-des-Champs 1, S. 115 n° 72): *Vir quidem egregius Paganus appellatus, a baptismate Walterius, et uxor eius a baptismate Hodierna, Comitissa nuncupata*; vgl. den Zeugen *Nivardus cognomine Paganus de Mondisderio* von 1130 bei D'ALBON, Cartulaire du Temple S. 23 n° 31.

consanguineus, den Hofkleriker Brando, und für diesen erschließe ich unten S. 457–462 eine normannische Herkunft, und das ist dann gleichbedeutend mit einer Herkunft auch des Paganus aus dem süditalischen Normannenreich.

Delaborde hat darauf hingewiesen, daß Paganus sich nie einen geistlichen Titel beilegt, dennoch aber Geistlicher gewesen sei[8]. Er hielt die Vorstellung eines Laienkanzlers geradezu für abwegig, obwohl er noch nicht einmal wußte, daß Paganus als Erzbischof enden sollte. Rey[9] hat aber ernsthaft die Theorie vertreten, daß Paganus ein Laie war. Vor 1110 hatte der ältere Paganus von Haifa Besitz an das Johanniterspital geschenkt[10]. Man weiß nun, daß Tankred von Antiochia beim großen Schiedsgericht des lateinischen Ostens 1109 in Tripolis seine alten Lehen im Königreich Jerusalem zurückerhielt, zu denen auch Haifa gehört hatte[11]. Dieser Teil der Regelungen blieb Papier, da Tankred Antiochia nie mehr zu verlassen brauchte, wie man 1109 noch hatte fürchten müssen. Rey meint zwar auch, daß Paganus Haifa vorerst behalten durfte, weist dann aber auf den Bericht Alberts von Aachen hin[12], daß Balduin II. bei seinem Regierungsantritt 1118 eine ganze Reihe von Lehen der Krondomäne zuschlug (teilweise aber auch wieder austat!). Rey fragte sich, ob nicht der König Paganus von Haifa als Entschädigung für sein eingezogenes Lehen zum Kanzler ernannt habe! Ein Seigneur als Kanzler, das ist nun wirklich eine Zumutung, mit der man sich nicht lange zu befassen braucht. Es geht ja schon aus chronologischen Gründen nicht, da der Kanzler Paganus bereits 1115 amtierte (RRH n° 76b. DD. RRH n° 79. 80). Es ging auch bei Rey nur, weil er die Kanzlerschaft irrtümlich erst 1120 beginnen ließ.

Dennoch sollte man die Vorstellung, die Reys abenteuerlicher Hypothese zugrunde lag, nicht vorschnell verwerfen. Ein Seigneur war der Kanzler ganz sicher nicht, aber war er ein Laie? Paganus muß mit Urkundenerfahrung eingewandert sein, sonst wäre er nicht Kanzler geworden. Wie überall sonst gab es natürlich auch in Unteritalien eine Vielzahl von urkundenschreibenden Klerikern. Aber anders als sonst irgendwo im Europa des 11. und 12. Jahrhunderts (außer in Aragon) gab es dort auch ein Laiennotariat, das insbesondere in den Gerichten tätig war, für die die Bestimmung des römi-

---

8) DELABORDE, Chartes de Josaphat S. 10, 14.

9) DUCANGE – REY, Familles S. 265.

10) D. RRH n° 57. Zu diesem Paganus von Haifa vgl. auch Albert von Aachen, Historia Hierosolymitana S. 667.

11) Ebd. S. 668.

12) Ebd. S. 709 f.

schen Rechts galt, daß Kleriker in ihnen nicht tätig werden durften, weder als Richter noch als Notar[13].

Sieht man sich an, wie der Kanzler Paganus in den Zeugenlisten im Osten aufgeführt ist, so setzen ihn RRH n° 76b. D. RRH n° 100a mitten unter die Laien. Nun ist RRH n° 76b geschrieben vom Kanoniker Arnold, der sich bei den Daten derartige Nachlässigkeiten erlaubte, daß man ihm auch bei der Zeugenliste, in der er auch den König bei den Geistlichen unterbrachte, keine besondere Sorgfalt zuzutrauen braucht (siehe unten S. 507). Es kann einfach ein Irrtum sein, aber für D. RRH n° 100a drängt sich diese Erklärung nicht auf, weil wir den Schreiber nicht kennen. Es ist aber auch in den meisten anderen Zeugenunterschriften des Paganus nicht ganz klar, in welche Gruppe er gehört. Er ist, da er ein geistliches Amt nicht nennt, entweder der letzte (bzw. einzige) der geistlichen oder der erste der weltlichen Zeugen (DD. RRH n° 79. 90a. 90. 109). Paganus als Laie wäre freilich in D. RRH n° 90 vor einem der größten Barone des Reichs genannt, nämlich vor Eustach Granier, Herr von Caesarea und Sidon, und auch vor den nach Eustach aufgeführten Herren von Tiberias und Ramla. Aber er könnte qua Amt als Kanzler des Königs, als der er ja in der Zeugenliste bezeichnet wird, in dieser herausragenden Stellung sein, und man darf auch nicht vergessen, daß sein Verwandter Brando dieses Diplom konzipierte und schrieb. Nicht einmal die Zeugenliste in D. RRH n° 91 von 1120 ist eindeutig. Hier steht Paganus zwischen Peter von Barcelona, einem bekannten Chorherren des Hl. Grabes, und seinem eigenen Verwandten, dem Hofkleriker Brando, also eindeutig unter den Geistlichen. Nach Brando kommen die Laien. Aber wenn Paganus ein Laie war, so hätte man ihn hinter Brando stellen müssen.

---

13) BRANDILEONE, Diritto romano S. 25 nach Codex iuris civilis, Cod. I. 3. 17 und 40; Nov. 123 c. 15. Zu den Laiennotaren vgl. ENZENSBERGER, Beiträge S. 39–76, besonders S. 39 f. In Aragon waren die *scriptores domini regis* ausnahmslos Laien. Man kann dies gut erkennen, da sie sich in den Diplomen nennen. Auffallend ist ihre große Zahl. So arbeiteten in der Kanzlei Jaimes I. von Aragon (1213–1276) nicht weniger als 73 namentlich bekannte Schreiber; BURNS, Diplomatarium 1, S. 32. Das ist selbst für eine so lange Regierungszeit exorbitant, dürfte aber der Grund sein, warum sie sich nennen, da anders die Verantwortung für den Text nicht mehr feststellbar gewesen wäre. – Für Paganus kann die Frage, ob er Laie war, wenigstens erörtert werden. Weiteres laikales Personal ist in der Kanzlei von Jerusalem bis zu ihrem Ende 1225 nicht erkennbar, danach kommen natürlich laikale öffentliche Notare vor, die fallweise Urkunden für die Zentralgewalt schrieben. Ein Sonderfall ist der Notar des Regenten Richard Filangieri, Nikolaus von Rocca. Er war, wie ich zeigen werde, öffentlicher Notar, außerdem aber Kleriker (siehe unten Bd. 2, S. 767). Zu Laienkanzlern in Zypern und zu öffentlichen Notaren im dortigen Kanzleidienst siehe EDBURY, Cyprus S. 189 f.

Das aber hätte seltsam ausgesehen für diejenigen Zeitgenossen, die die wahre Hierarchie kannten: Paganus war der Chef einer Kanzlei, in der Brando als Schreiber und Aushilfsnotar arbeitete. Es könnte also aus dieser Erwägung heraus in D. RRH n° 91 der Laie Paganus einmal vor den Kleriker Brando gerutscht sein.

Ganz sicher war Paganus 1123 geistlichen Standes, denn im Pactum Warmundi (D. RRH n° 102) führte der Patriarch von Jerusalem aus, der Vertrag mit Venedig sei bekräftigt worden *propria nostra et episcoporum sive cancellarii manu pacisque osculo, prout ordo noster exigit, datis*, von den Baronen dagegen mit einem Schwur auf die Evangelien. Ich will die Dinge hier nicht forcieren, aber man kann nicht umhin zu sehen, daß schon die Zeitgenossen schwankten. Am Ende seiner Laufbahn war Paganus ganz ohne Zweifel geistlichen Standes. Aber könnte er nicht als Laiennotar aus Unteritalien eingewandert und als Laie in den Dienst des Königs getreten sein und dann im Laufe seiner langen Kanzlerschaft die geistlichen Weihen genommen haben? Kein Geringerer als der hl. Ambrosius, freilich ein Sonderfall, hatte als Laie Karriere gemacht, ehe er in den Episkopat umstieg. Auch aus dem 12. Jahrhundert gibt es einen illustren Fall. Im Jahre 1166 kam Graf Stephan von Perche als Laie nach Palermo, wurde zum Kanzler des Königreichs Sizilien bestellt, bald darauf zum Subdiakon geweiht und Ende 1167 zum Erzbischof von Palermo erwählt[14].

3. Paganus als Kanzler des Königs

Paganus hatte eine lange Kanzlerschaft, die 14 Jahre währte. Er war der Kanzler der Spätzeit Balduins I. und fast der gesamten Regierung Balduins II. Wie Balduin I. war auch dessen Namensvetter und Nachfolger zuvor Graf von Edessa gewesen, und dort finden wir gelegentlich Kanzler (RRH n° 113a. 206), aber erstmals unter dem Nachfolger Balduins II., der schon in Galilaea einen Kanzler gehabt hatte (RRH n° 87). Ein Könner war der edessenische Kanzler Jakob von 1126 in RRH n° 113a nicht. Die Gedenkformel *ut pro anima mea et parentum meorum ipsa comitissa distribuerit* führte er in seine Urkunde ein, ehe er vier Zeilen später überhaupt erst verriet, wer sich hinter dem Possessivum als Aussteller verbarg. In der entlegenen Grafschaft wird ein besserer Urkundenmann nicht zu haben gewesen sein, auch für Balduin II. nicht, der daher in Jerusalem auf den Kanzler seines Vorgängers angewiesen blieb.

---

14) KEHR, Urkunden S. 84.

Paganus überstand viele Krisen, den Eheskandal Balduins I. 1117 mit der
Verstoßung der Königin, den Thronfolgestreit des Jahres 1118, die Gefangenschaft Balduins II. 1123/24, und im Laufe der Zeit nahm er an Statur ständig
zu. Anfänglich war er natürlich nichts anderes als der Urkundenreferent des
Königs, der selbst diktierte und sicher auch siegelte. Aber schon damals
achtete er darauf, daß er als Kanzler auch genannt wurde, und das blieb ein
durchgehendes Charakteristikum seiner Kanzlerschaft. Als Zeuge erscheint
er in DD. RRH n° 79. 90a. 90. 91. 100a. 109. In DD. RRH n° 102. 105
erscheint er als Datar. In D. RRH n° 121 finden wir seinen Namen im
Beurkundungsbefehl, in D. RRH n° 137a im Besiegelungsbefehl, in D. RRH
n° 130 erscheint er im Eschatokoll nicht mehr, weil er die Kanzlei bereits
abgegeben hatte und dort jetzt eine Vakanz herrschte. Gerade das zeigt aber,
daß seine Nennung – und sei es als Zeuge – während seiner Kanzlerschaft
von ihm sehr bewußt gewünscht wurde[15].

Am 16. Januar 1120 tagte in Nablus eine Reichsversammlung, auf der der
König auf die Kontrolle der kirchlichen Zehnten verzichtete, die er bisher
ausgeübt hatte. Damit beendete er den Investiturstreit im Königreich Jerusalem. Die Teilnehmerliste in den Konzilsakten und bei Wilhelm von
Tyrus[16] zählt die geistlichen und weltlichen Spitzen des Reichs auf: der
Kanzler Paganus gehörte dazu. Wir sehen ihn hier erstmals in einer maßgeblichen politischen Frage mitwirken. Von den beiden Urkunden, mittels
derer das Konkordat fixiert wurde, schrieb er diejenige des Königs für den
Patriarchen, von der wir einen Niederschlag noch in D. RRH n° 89 haben.

Aber neben diesem Urkundengeschäft war er in Nablus auch in jener
Rolle tätig, in der hochmittelalterliche Königskanzler exzellierten: als politischer Berater, sonst hätte man ihn in der Teilnehmerliste nicht aufzuführen
brauchen. Schon ein Jahr zuvor hatte sich Fürst Roger von Antiochia am
Vorabend der Schlacht auf dem Ager Sanguinis mit seinem Kanzler Walter
beraten, was man mit dem kostbaren Gerät im Heer anfangen solle[17]. Der
Wechsel in die Rolle des politischen Beraters brachte wie überall einen
partiellen Rückzug aus dem Urkundengeschäft mit sich. Bereits im Dezember 1119 und im Januar 1120, als die Kanzlei einen hohen Arbeitsanfall zu
bewältigen hatte, zog Paganus seinen Verwandten Brando, der schon 1115
D. RRH n° 80 mundiert hatte, nicht nur als Schreiber, sondern auch als
Aushilfsnotar heran (D. RRH n° 90a. 90; siehe unten S. 446). Paganus schied

---

15) Er erscheint nicht in DD. RRH n° 80. 89. 120. 125. Im ersten Diplom konnte er
wegbleiben, weil er als Diktator beteiligt war. DD. RRH n° 89. 125 sind nur Diplom-
fragmente, D. RRH n° 120 ist größtenteils eine Empfängerausfertigung.
16) Vat. lat. 1345 fol. 1ʳ-1ᵛ; Wilhelm von Tyrus, Chronicon. XII. 13, S. 563 f.
17) Walter der Kanzler, Bella Antiochena S. 84.

aus dem Urkundengeschäft nicht völlig aus. Wir entnehmen dies D. RRH n° 121 von März 1129: *Pagano meo cancellario scribi et plumbeo regali sigillo confirmari praecepi*, sowie D. RRH n° 137a von 1129: *Hoc vero donum...meo plumbeo sigillo corroborari per manum Pagani nostri cancellarii praecepi*. Aber es war eine leitende Funktion geworden. Der Kanzler griff selbst nur noch zur Feder, wenn es galt, so wichtige Dinge wie das Konkordat von Nablus zu beurkunden. Es wurde daher noch im Jahre 1120 (D. RRH n° 91) ein hauptamtlicher Notar angestellt, der spätere Kanzler Hemelin.

Die Schlacht auf dem Ager Sanguinis vom 28. Juni 1119 hatte drastische Konsequenzen. In Antiochia war die normannische Führungsschicht dezimiert. Der König von Jerusalem und seine Vasallen wurden auf sieben Jahre immer tiefer in die antiochenischen Angelegenheiten verstrickt, der König als Regent, sein Adel mit ihm, ein Problem, mit dem ich mich bereits mehrfach befaßt habe[18]. Lange Abwesenheiten des Königs aus dem Reich von Jerusalem gingen mit dieser antiochenischen Politik einher. Es läßt sich deutlich zeigen, daß die Politik des Königs beim Adel von Jerusalem von Anfang an unpopulär war und immer unpopulärer wurde, weil sie einen Blutzoll forderte, dem nach den Bedingungen des Regentschaftsvertrages keine Belohnung im Antiochenischen gegenüberstand, da es dem König verboten war, antiochenische Lehen an jerusalemitanische Vasallen zu geben. Am 18. April 1123 geriet der König im Norden gar in Gefangenschaft, in der er bis zum 24. August 1124 blieb.

Der König urkundete 1122 für die Abtei Josaphat (D. RRH n° 100a), und zwar, wie ich gezeigt habe, im Antiochenischen[19]. Die Zeugen waren Antiochener mit einer Ausnahme. Denn auch der Kanzler Paganus wurde als Zeuge genannt, hatte den König also aus Jerusalem nach Antiochia begleitet und war bei ihm geblieben, und mit ihm war der Notar Hemelin in den Norden gegangen, dem sich das Diktat von D. RRH n° 100a zuschreiben läßt, auch wenn er nicht genannt wird. Das ist für die Kanzleigeschichte von sehr erheblicher Bedeutung. Es war die gesamte Kanzlei, die dem König ins Ausland folgte. Ob er sich ihrer dort bediente, um die für die Regentschaft Antiochias nötigen Urkunden zu erlassen, stehe dahin. Man möchte es vermuten, da er sein Urkundenbüro nun einmal auf Reisen mitgenommen hatte. Aber umgekehrt steht fest, daß die Beurkundungstätigkeit im Königreich aufgehört hatte. Es gab keinen König, der Entscheidungen hätte treffen können, es gab keinen Notar, der Dictamina hätte entwerfen können,

---

18) MAYER, Jérusalem et Antioche, passim; DERS., Mélanges S. 126–130; DERS., Antiochenische Regentschaft, passim.
19) Ebd. S. 561 f.

es gab keinen Kanzler, der hätte siegeln können. Wer vom König ein Diplom haben wollte, mußte auf eine seiner sporadischen Anwesenheiten im Reich warten oder – wie die Mönche von Josaphat, die im übrigen eine Niederlassung in Antiochia hatten[20] – die beschwerliche Reise nach Antiochia auf sich nehmen. Nimmt man hinzu, daß der König während seiner Abwesenheit seinen Untertanen auch in letzter Instanz kein Recht sprechen konnte, so ist klar, was die antiochenische Regentschaft des Königs 1119–1126 für das Königreich Jerusalem bedeutete. Das Land wurde nicht mehr regiert. Mindestens gab es an Regierung nur noch ein Minimum.

Fulcher von Chartres hat uns ja ein recht genaues Itinerar des Königs aus dieser Zeit hinterlassen[21], aus dem sich errechnen läßt, daß der König zwischen Juni 1119 und Dezember 1126 von 90 Monaten 16 in Gefangenschaft und wenigstens 39 in Antiochia, also nur höchstens 35 Monate in seinem Reich war, weniger als 40 Prozent des gesamten Zeitraumes. Man versteht dann besser, warum man aus der Zeit der Regentschaft kaum Diplome hat, ja unter Einbeziehung einigermaßen sicher eingrenzbarer Konsensakte kaum Regierungshandlungen des Königs. Ich habe an anderer Stelle diese Liste bereits vorgeführt und ausgewertet[22].

Außer D. RRH n° 100a ist uns aus dem Norden während dieses langen Zeitraumes kein Diplom überkommen. Für die Kanzleigeschichte bedeutet das Stück, daß, wie anderwärts auch, Kanzler, Kanzlei und Siegel dem König folgten, selbst ins Ausland, was in Jerusalem allerdings nicht so bleiben sollte, denn später blieb das Siegel bei Auslandsreisen des Königs meist im Reich zurück, jedenfalls im 12. Jahrhundert[23]. Dagegen scheinen sie dem König nicht in den Kampf gefolgt zu sein, denn als er 1123 gefangengenommen wurde, blieb Paganus von diesem Schicksal verschont.

Zwischen dem 20. Januar und dem 15. Februar 1124 fungierte er als Datar im Pactum Warmundi mit den Venezianern (D. RRH n° 102). Auf die Nachricht von des Königs Gefangennahme hatte Patriarch Warmund von Jerusalem ca. Mitte Mai eine Reichsversammlung nach Akkon einberufen, die Eustach von Caesarea und Sidon zum Regenten wählte. Es war das erste Mal, daß ein König von Jerusalem gefangen und eine solche Lösung notwendig wurde[24]. Nach Eustachs Tod am 15. Juni 1123 wurde Wilhelm von

---

20) Vgl. CAHEN, Un document S. 285–292; vgl. dazu MAYER, in: DA 28, S. 578 f.; RICHARD, Eglise latine S. 743–752.

21) MAYER, Antiochenische Regentschaft S. 563.

22) Ebd. S. 563–566.

23) Siehe unten Bd. 2, S. 50–55.

24) Fulcher von Chartres, Historia Hierosolymitana S. 658–661.

Buris, der Herr von Tiberias, zum neuen Regenten gewählt[25]. Die Wahl von Regenten zeigt an, daß der König vor seiner Abreise keinen Reichsverweser bestellt hatte, da man sonst keinen hätte zu wählen brauchen. Nicht einmal in der eingeschränkten Form einer Statthalterschaft fand also während der Abwesenheiten des Königs Regierung statt. Man muß ernsthaft erwägen, ob Episkopat und Adel nicht froh waren, als man eine Regentschaftsregierung einrichten konnte, denn sie war besser als die Nichtregierung zuvor.

Fulcher von Chartres berichtet jeweils nur von der Wahl eines einzigen Regenten. Aber die Wirklichkeit sah anders aus; der Vertrag mit Venedig heißt nicht umsonst Pactum Warmundi. Schon bei der Gefangennahme des Königs trat der Patriarch Warmund von Jerusalem als politisch aktiv hervor. Er war es, der die Reichsversammlung nach Akkon einberief, um die Krise zu lösen: *Hoc...patriarcha Hierosolymitanus...dictavit et teneri decrevit.* In D. RRH n° 102 für Venedig tritt dann Anfang 1124 ein Triumvirat auf, ein Regentschaftsrat bestehend aus dem Patriarchen, dem Konstabler (und eigentlichen Regenten) Wilhelm von Buris, und dem Kanzler Paganus. Der Kanzler war also im Reich zurück, er sorgte dafür, daß geurkundet werden konnte, denn er selbst war der Datar von D. RRH n° 102, und er regierte mit zwei Kollegen das Reich. Er vor allen anderen dürfte die Meinung des Königs im Regentschaftsrat vertreten haben. Seine Kooptation in das Triumvirat zeigt, daß er bereits vor der Gefangennahme der politische Hauptberater des Königs gewesen sein muß. Erst recht war er es nach der Entlassung Balduins II. aus der Gefangenschaft. Aus dem Urkundengeschäft zog er sich jetzt mehr und mehr zurück. Der Notar Hemelin wurde Vizekanzler und nunmehr auch in den Diplomen genannt (DD. RRH n° 137a. 130), aber weder wurde er in dieser Eigenschaft Datar, da D. RRH n° 130, vom Vizekanzler Hemelin während einer Kanzleivakanz geschrieben, ohne Nennung eines Datars nur *factum est et datum*, noch erhielt er die Siegelkontrolle, die Paganus beibehielt (D. RRH n° 137a).

4. Das Ende der Kanzlerschaft des Paganus

Im Jahre 1129, zwischen dem 1. März und dem 23. September, erging D. RRH n° 130. Damals hatte Paganus sein Kanzleramt bereits niedergelegt. Erstmals Hiestand hat darauf hingewiesen, daß eine Lücke in den alten

---

25) Fulcher von Chartres, Historia Hierosolymitana S. 674 f.

Drucken von D. RRH n° 130 mit dem Namen des Paganus zu füllen ist[26]. In einer nicht lange zurückliegenden verlorenen Urkunde, deren Zeugenliste hier reproduziert wird[27], erschien er als *Paganus Caesariensis electus, olim cancellarius tantum.* Er war also zum Erzbischof von Caesarea gewählt worden. Damit verband sich der Verlust des Kanzleramtes oder der Verzicht darauf. Zwar könnte der Eintrag auch so interpretiert werden, daß Paganus einst *nur* Kanzler, jetzt aber (Kanzler *und*) Elekt von Caesarea war, denn das Stück nennt im Schreibbefehl nur den Vizekanzler Hemelin. Aber entweder hier oder als Datar hätte Paganus genannt werden müssen, wenn er denn noch Kanzler gewesen wäre. Das Kanzleramt war vielmehr im Moment vakant, die Geschäfte führte der Vizekanzler.

Es fällt nun auf, daß sämtliche anderen Diplome, die in das Jahr 1129 fallen oder zumindest fallen können, ohne Kanzleiunterfertigung sind und weder einen Kanzler noch einen Vizekanzler nennen (DD. RRH n° 121. 125. 137a). Man muß sich fragen, ob das eventuell zusammenhing mit den verfassungsrechtlichen und politischen Entscheidungen dieser Zeit. Im Mai 1129 kam der Graf Fulko von Anjou ins Hl. Land und heiratete die Thronerbin Melisendis, die älteste Tochter Balduins II.[28]. Die Verhandlungen über diese Ehe hatten seit Herbst 1127 gedauert und waren sehr schwierig gewesen. Die Hindernisse bestanden einmal in immer noch fortdauernden Zweifeln an der Legitimität Balduins II., zum andern in Fulkos Forderung, daß Melisendis vor der Hochzeit zur *haeres regni* erklärt würde. Das konnte man zwar durchsetzen, aber es bedeutete die erste weibliche Erbfolge und führte schon wenig später (nach März 1129, aber vor September 1130/ August 1131) zur ersten uns bekannten Adelsrevolte im Reich, die den Sturz des Herrn von Transjordanien zur Folge hatte[29]. Daß nicht Paganus als Gesandter 1127 nach Europa ging, sondern zwei Barone, braucht uns nicht zu wundern. Der Adel mußte an den Verhandlungen beteiligt werden, denn er mußte vor allem die weibliche Erbfolge schlucken. Überdies blieb der König ja im Osten, so daß auch der Kanzler dortzubleiben hatte. Aber fest-

---

26) HIESTAND, Chronologisches I S. 222 f.; DERS., Chronologisches II S. 544.

27) Unter den Zeugen ist auch der königliche Kämmerer Radulf. Sein Vorgänger, seit 1119 im Amt, erscheint zuletzt im März 1129, Radulf amtiert danach bis 1130/1131 (RRH n° 87. 121. 137). Die Urkunde erging also nach dem 1. März, aber vor dem 24. September 1129. Auch war Erzbischof Ebremar von Caesarea gerade erst verstorben, denn 1129 ind. 7, also vor 24. September 1129, urkundete er noch für das Hl. Grab (RRH n° 126).

28) Hierzu und zum Folgenden MAYER, Succession to Baldwin II, passim; DERS., Crusades, 2. Auflage S. 82 f.

29) MAYER, Kreuzfahrerherrschaft Montréal S. 105 f.

steht, daß Paganus die Ankunft des Grafen von Anjou im Kanzleramt nicht oder allenfalls geringfügig überdauert hat; es hängt davon ab, ob man bereits in D. RRH n° 121 von März 1129 eine Vakanz des Kanzleramtes sehen will. Vor dem 24. September war es dann gewiß vakant (D. RRH n° 130).

Die einfachere Annahme ist, daß Paganus auf seine alten Tage das Verlangen nach einem Erzbistum hatte und seine langjährigen Dienste mit Caesarea belohnen ließ, das der König – Investiturstreit hin und her – im ganzen 12. Jahrhundert praktisch ebenso zu vergeben hatte wie die anderen Bistümer. Es hätte damals gerade noch den Anschauungen der Zeit entsprochen, die Kanzlei dann abzugeben (siehe unten S. 142–145). Aber ganz soll man die andere Möglichkeit nicht aus dem Auge verlieren, daß Paganus sich in den Beratungen gegen die weibliche Thronfolge ausgesprochen hatte und dann als untragbar gehen mußte, befördert zum Erzbischof von Caesarea. Das wäre dann der erste Fall, wovon wir weitere noch kennenlernen werden, daß ein Kanzler im Prinzip unabsetzbar war, so daß man ihn – wenigstens in der Frühzeit – nur dadurch loswerden konnte, daß man ihn in den Episkopat katapultierte.

Ob Paganus jemals als geweihter Erzbischof zelebrierte, wo einst Pontius Pilatus residiert hatte, ist ganz zweifelhaft. Vor dem 24. September 1129 war er Elekt von Caesarea, aber vor dem 12. Juni 1130 war bereits Gaudentius geweihter Erzbischof dortselbst (RRH n° 130. 133. D. RRH n° 134), und schon am 19. Oktober 1129 trat Gaudentius als erwählter Erzbischof von Caesarea auf[30]. Paganus war vor diesem Datum gestorben.

Mit den Verhältnissen, die unter Robert geherrscht hatten, räumte Paganus auf. Wie es einer anständigen Kanzlei ziemte, wurde das Urkundengeschäft des Herrschers jetzt im wesentlichen an zwei Personen gebunden, Paganus und Hemelin, dazwischen als Aushilfsnotar Brando. Vor allem aber schrieb kein Notar mehr für nichtkönigliche Aussteller, wie dies Robert getan hatte. Die Zahl der Empfängerausfertigungen ging zurück, wir finden jetzt nur noch DD. RRH n° 79. 120[31]. Und diese beiden waren besiegelt, hatten also nachweislich der Kanzlei zur Schlußkontrolle und zur Beglaubigung vorgelegen. Die Zeit unbesiegelter Empfängerausfertigungen war vorbei. Damit Hand in Hand ging der Aufstieg des königlichen Siegels zum wichtigsten Beglaubigungsmittel der Diplome (siehe unten S. 490 f., 493).

---

30) RRH n° 129a; HIESTAND, Chronologisches II S. 544.
31) Lediglich um die Zeit der Reichsversammlung von Nablus vom 16. Januar 1120 hat der Kanzler wegen eines umständehalber stark erhöhten Arbeitsanfalls noch eine Beteiligung der Empfänger an den Urkunden zugelassen, die sich in unterschiedlicher Weise an DD. RRH n° 90a. 90 zeigen läßt; siehe unten S. 443–447. Aber die beiden Dictamina wurden in der Kanzlei konzipiert.

Unbesiegelt sind nur noch DD. RRH n° 90a. 102. 125. Das erste ist aber lediglich ein knapper Bestätigungsvermerk, das zweite wurde wohl deshalb nicht besiegelt, weil der König in Gefangenschaft war und das Stück ja auch nicht ihn zum Aussteller hatte, sondern den Regentschaftsrat, und das dritte ist ganz offensichtlich unvollständig überliefert, denn es hat überhaupt kein Eschatokoll. Die unter Balduin I. noch übliche Unterschrift des Königs hörte jetzt auf. Sie läuft aus mit D. RRH n° 91 von 1120, wo sie zwar nicht überliefert, aber angekündigt ist.

Unter allen Kanzlern von Jerusalem war Paganus wahrscheinlich der mächtigste, denn von allen hatte allein er Einfluß auf die Ernennung des Kanzleipersonals, während später die Bestellung der Notare der Kompetenz des Kanzlers strikt entzogen war. Man könnte sogar sagen, daß die Kanzlei unter Paganus ein Familienbetrieb war, denn als Schreiber und Aushilfsnotar arbeitete in ihr der Hofkleriker Brando, der mit Paganus verwandt war (D. RRH n° 90) und den wahrscheinlich schon die Patronage des Kanzlers in der Kapelle untergebracht hatte. Da mit Hemelin ab 1120 erneut ein Normanne Notar in der Kanzlei wurde, liegt die Vermutung nahe, daß der Kanzler ihn wenigstens auswählte und zur Ernennung empfahl. Mehr als einen Notar – von Brandos einem Monat abgesehen – hatte die Kanzlei nicht, und das sollte so bleiben.

Unter der Kanzlerschaft des Paganus wurde das Diplom von Jerusalem von einer Privaturkunde zu einer Königsurkunde. Das war zwar weniger das Verdienst des Paganus als des Notars Hemelin, aber es deutet sich schon an in dem von Paganus selbst konzipierten D. RRH n° 80. Wenn er in den beiden DD. für Venedig RRH n° 102. 105 als erster in der Kanzlei von Jerusalem mit einer *Data per manum*-Formel als Datar auftritt, so wird das kaum nur ein Resultat der Experimentierfreudigkeit Hemelins gewesen, sondern in Absprache mit dem Kanzler erfolgt sein, zumal Hemelin später von dieser Formel wieder abrückte.

Tabellarisch ergibt sich dann für Paganus folgender Lebenslauf:

Vor 1115 (und wohl nach 1113)	Einwanderung aus dem süditalischen Normannenreich
1115–1129	Kanzler der Könige Balduin I. und Balduin II.
1120 Januar	Teilnahme an der Reichsversammlung von Nablus
1122 (August–Dezember)	Mit dem König im Antiochenischen
1123 Mitte Mai – 1124 Ende August	Mitglied des Regentschaftsrates in Jerusalem während der Gefangenschaft des Königs
1129 vor September 24	Elekt von Caesarea. Preisgabe des Kanzleramtes oder Entlassung aus demselben
1129 vor Oktober 19	Tod des Paganus

III. Der normannische (?) Kanzler Hemelin (1130–1131)

Nachdem der Kanzler Paganus 1129 Erzbischof von Caesarea geworden war, wurde Hemelin sein Nachfolger als Kanzler. Dieser war schon seit 1120 in der Kanzlei tätig gewesen, erst als Notar, dann als Vizekanzler. In D. RRH n° 130 von 1129 (März 1–September 23) war er noch Vizekanzler, obwohl Paganus das Kanzleramt bereits niedergelegt hatte. In D. RRH n° 134 von 1129 Dezember 25–1130 Juni 12 tritt er erstmals, in D. RRH n° 137 von 1130 September 27–1131 August 21 letztmals als Kanzler des Königreichs Jerusalem auf. Sein Nachfolger, der Kanzler Franco, erscheint erstmals im Jahre 1134 (D. RRH n° 149). Ich vermute (siehe unten S. 460 f.), daß Hemelin beim Regierungsantritt des neuen Königs Fulko von Anjou am 14. September 1131 oder bald danach aus dem Amt scheiden mußte. Da die Tätigkeit Hemelins als Kanzler nachweislich nur zwei Jahre, keinesfalls aber mehr als vier betrug (bei einer Gesamtamtszeit in der Kanzlei von mindestens elf und höchstens vierzehn Jahren), handle ich auch seine Zeit als Kanzler unten (S. 457–504) im Zusammenhang mit seiner Tätigkeit als Notar und Vizekanzler ab, zumal er auch als Kanzler-Notar seine eigenen Dictamina entwarf.

IV. Der Kanzler Franco
(1134–1136)

Auf Hemelin folgte im Kanzleramt ein gewisser Franco, über den wir sonst nichts wissen. Vor dem 24. September 1134 war er im Amt, als er D. RRH n° 149 unterfertigte. Es handelt sich hier um ein Diplom, das Fulko in seiner Eigenschaft als Regent von Antiochia ausstellte. Sein zweites Diplom in dieser Eigenschaft ist ein Jahr später ebenfalls von Franco unterfertigt (D. RRH n° 157). Man hat darum in der Literatur Franco verschiedentlich für einen antiochenischen Sonderkanzler Fulkos gehalten[1].

Das wäre dann verlockend, wenn man ihn identifizieren könnte mit dem gleichzeitig erscheinenden Erzbischof Franco von Hierapolis. Mit dieser Möglichkeit habe ich mich schon zweimal befaßt[2]. Nach erneuter Prüfung halte ich daran fest, diese Identifizierung zu verwerfen. Hierapolis war seit alters ein zum Patriarchat Antiochia gehörendes Erzbistum. Sein ursprünglicher Sitz in Manbiǧ östlich von Aleppo war nur ab 1111 auf ganz kurze Zeit in den Händen der Kreuzfahrer. Wir wissen nicht, wann der erzbischöfliche Sitz Hierapolis wieder eingerichtet wurde; Franco ist der einzige Titular, den wir dort kennen. Er wurde überwiegend als *archiepiscopus Tuluppensis* bezeichnet. Der Sitz war also transferiert worden nach Dulūk (heute Dülük köy in der Türkei), in byzantinischer Zeit einer bedeutenden Festung nördlich von Aleppo, die aber seit der Mitte des 12. Jahrhunderts nur noch als ein kleines Dorf genannt wird[3]. Das Erzbistum war das geistliche Zentrum der Lateiner für die Grafschaft Edessa westlich des Euphrat.

---

1) Dies gilt anscheinend schon für DUCANGE – REY, Familles S. 634, die ihn in der Liste der jerusalemitanischen Kanzler wegließen; DELABORDE, Chartes de Josaphat S. 14 f. LA MONTE, Feudal Monarchy S. 255 erwägt dies immerhin als Möglichkeit. HIESTAND, Zwei unbekannte Diplome S. 9; BRESC-BAUTIER, Cartulaire du St.-Sépulcre, Index S. 374.
2) MAYER, Marseilles Levantehandel S. 16 Anm. 15; DERS., Queen Melisende S. 131 Anm. 66.
3) Michael der Syrer, Chronique 3, S. 191; DUSSAUD in: Syria 1923, S. 78; CAHEN, Syrie du Nord S. 115; ELISSÉEFF, Nūr ad-Dīn 1, S. 166 f.; HELLENKEMPER, Burgen S. 47–50; EDDÉ, Ibn Šaddad S. 276–278; HAMILTON, Latin Church S. 29. Daß Franco von Tuluppa-Hierapolis in Turbessel residierte, ist eine Annahme von CAHEN, Syrie du Nord S. 320, die auf RRH n° 151. 206 (vgl. auch RRH n° 153a) beruht, dadurch aber nicht erhärtet wird. Auch das jakobitische Bistum befand sich in Dulūk; siehe Michael der Syrer, Chronique 3, S. 475; HONIGMANN, Barṣaumā S. 122.

Im Mai 1134 bestätigte Graf Joscelin II. von Edessa den Johannitern mit der Zustimmung von Erzbischof Franco von Tuluppa den Besitz eines Spitals und einer Kirche in Turbessel, der gräflichen Hauptburg westlich des Euphrat, die schon sein Vater Joscelin I. mit der Zustimmung des Königs Balduin II. von Jerusalem vor 1131 geschenkt hatte (RRH n° 151). Da der Kastellan von Turbessel als Zeuge fungierte, war die Urkunde wahrscheinlich dort ausgestellt. Im Jahre 1134 machte der Erzbischof Franco von Hierapolis der Abtei Josaphat eine Zehntschenkung in den Burgen seiner Diözese (RRH n° 153a, ediert unten Bd. 2, Exkurs II, S. 892 Nr. 4). Im Jahre 1141[4] bestätigte Graf Joscelin II. den Johannitern ein Casale in der Grafschaft Edessa, das sie aus einer früheren Schenkung eines Königs von Jerusalem (als Graf von Edessa) besaßen (RRH n° 206). Der Kanzler Radulf von Chartres stellte diese Urkunde aus *Francone Tulippensi archipresulante, Raimundo principe in Antiochia regnante*. Franco hatte also das Konzil von Antiochia von Dezember 1140 gut überstanden, auf dem der Patriarch Radulf von Antiochia abgesetzt wurde. *Franco Ierapolitanus (archiepiscopus)* hatte nämlich anfangs Radulfs Sache unterstützt[5].

Man sieht nicht, warum der König Fulko, wenn er überhaupt einen antiochenischen Sonderkanzler ernannte, hierfür nicht einen Bischof aus dem Fürstentum Antiochia, sondern aus der Grafschaft Edessa bestellt haben sollte. Immerhin gehörte Hierapolis aber zur Kirche von Antiochia, und 1141 wurden in RRH n° 206 im Datum Franco von Tuluppa und Fürst Raimund von Antiochia genannt, so daß vielleicht damals eine gewisse politische Anlehnung bestand. Aber der Kanzler Franco nennt nie eine geistliche Würde. Dagegen war der andere Franco bereits im Mai 1134 Erzbischof (RRH n° 151). Es hätte nahegelegen, diese Würde seinem Kanzlertitel hinzuzufügen, als er vor dem 24. September 1134 D. RRH n° 149 unterfertigte, und wenn man dieses vor Mai 1134 oder gar mit der anderen

---

4) Vor September 1 wegen Epakte 11, aber Indiktion 3; 1140 ist unwahrscheinlich, da die Epakte für dieses Jahr 0 lautet und folglich in römischen Zahlen gar nicht angegeben, sondern nur weggelassen werden kann.

5) Wilhelm von Tyrus, Chronicon XV. 16, S. 696; HIESTAND, Neuer Bericht S. 322. CAHEN, Syrie du Nord S. 320 ist im Irrtum, wenn er meint, Wilhelm von Tyrus, Chronique XVII. 17, S. 785 vermelde zu 1151 den Tod eines namenlosen Erzbischofs von Hierapolis, der Franco gewesen sein könne. Zwar heißt es im Text: *Decesserunt itaque ecclesie Antiochene in partibus illis tres archiepiscopi, Edessanus, Ierapolitanus et Coriciensis, quorum ecclesias etiam nunc infidelitas detinet*, aber Wilhelm gebrauchte hier *archiepiscopus* für *archiepiscopatus* (zu Parallelbeispielen siehe den Apparat von Huygens bei Wilhelm von Tyrus, Chronicon XVI. 29, 9, S. 756).

Chartularüberlieferung 1133 ansetzen will, so doch wenigstens in D. RRH n° 157 von 1135.

Es ist erstaunlich, daß in der Diskussion um den antiochenischen Sonderkanzler Franco nie D. spur. RRH n° 163 verwendet wurde, und in diese Kritik muß ich mich selbst einschließen. Zwar war die Unechtheit dieses Stückes schon 1849 vermutet und 1920 erwiesen worden, aber diese Erkenntnis fand nur sehr unvollkommen Eingang in die Forschung[6]. Gerade wer das Stück für echt hielt, hätte sich aber in unserem Zusammenhang darauf stürzen müssen, denn die Unterfertigung lautet: *Data Neapolim per manum Franconis cancellarii in aula regia idus aprilis. Factum est hoc anno dominicae incarnationis M °C °XXX °VI °, indictione XI.* Bei Abwägung aller Umstände muß das Datum mit 1136 aufgelöst werden, obgleich man 1133 auch erwägen könnte[7]. Wie alle Marseillaiser Urkundenfälschungen für das Königreich Jerusalem hat auch D. spur. RRH n° 163 ein echtes Diplom als Modell gehabt, jedenfalls für den Rahmen, während der Context natürlich frei erfunden ist. Es gibt nicht nur keinen Anlaß, an der Kanzleimäßigkeit der Unterfertigung Francos zu zweifeln, sondern diese wird geradezu erhärtet durch den Ausdruck *in aula regia* (siehe unten S. 523), vor allem aber durch den falschen Lokativ *Neapolim*, den das Spurium mit den echten DD. RRH n° 164 (Original!). 179 teilt[8]. Es kann überhaupt nicht zweifelhaft sein, daß der Kanzler Franco 1136 (allenfalls 1133) in Nablus ein Diplom des Königs Fulko unterfertigte. Das heißt, daß er nicht etwa ein antiochenischer Sonderkanzler war, sondern Fulkos erster Kanzler für das Königreich Jerusalem, der 1134 und 1135 seinen König nach Antiochia ebenso begleitete, wie dies schon Paganus getan hatte (siehe oben S. 66 f.).

Wer dieser Franco wirklich war, da er mit dem Erzbischof von Hierapolis nicht identifiziert werden kann, entzieht sich ganz unserer Kenntnis. Das Diktat der drei von ihm unterfertigten DD. RRH n° 149. 157. spur. 163 (soweit echt) ist nämlich eindeutig dem Notar und späteren Kanzler Elias zuzuweisen (siehe unten S. 546–559). Nur eines ist sicher: ein Normanne wie seine Vorgänger Paganus und Hemelin war Franco nicht mehr. Mit Normannen konnte sich der König Fulko nicht befreunden. Ordericus Vitalis und Ibn al-Qalānisī berichten beide, daß Fulkos Anfänge als König sehr stürmisch waren und daß er es an Augenmaß fehlen ließ und gegen die etablierten Gruppen vorging und sie durch eine neue Klientel ersetzte. Seltsamerweise ist auch dies unbeachtet geblieben, bis ich vor kurzem diese

---

6) MAYER, Marseilles Levantehandel S. 9 f.

7) Ebd. S. 16 Anm. 15.

8) In DD. RRH n° 174. 181 stehen richtige Lokative, die aber in den Chartularen des Hl. Grabes bereits emendiert sein könnten.

tiefgreifenden Störungen des inneren Gleichgewichts in Jerusalem untersuchte und zeigen konnte, daß Fulko sich vor und im Zusammenhang mit der Revolte des Grafen Hugo II. von Jaffa tatsächlich eine neue Klientel schuf[9].

Das Machtwort des Königs traf vor allem die Normannen, die in der Reichsverwaltung einflußreich waren und die de facto mit Hugo II. von Jaffa die Spitzenposition im Adel innehielten, denn Hugo war nur theoretisch ein Chartrain; in Wahrheit empfand er normannisch, denn er war in Apulien geboren und aufgewachsen und hatte seinen französischen Vater und Frankreich nie gesehen. Der normannische *dux* von Antiochia mußte weichen, der normannische Vizegraf von Jerusalem und der normannische Kanzler Hemelin. Ob bei diesem enormen Personalrevirement in der Verwaltung, aber auch im Adel, das auch neuangekommene Angevins in herausgehobene Positionen schwemmte wie etwa Hugo II. von Amboise, der Kastellan von Hebron wurde, gleich ein Angevin zum Kanzler ernannt wurde, ist ungewiß, da Fulko mit Elias auf alle Fälle für einen angiovinischen Notar in der Kanzlei sorgte. Man kann also nicht einmal vermuten, daß auch Franco ein Angevin war, zumal auch in anderen Fällen das Revirement nicht 1131 sofort bei Regierungsantritt des Königs erfolgte, sondern es sich um einen kontinuierlichen Vorgang der ersten Jahre des Königs handelte.

Franco, der 1134 erstmals als Kanzler vorkommt[10], amtierte noch am 2. August 1135 (D. RRH n° 157) und am 13. April 1136 (D. spur. RRH n° 163). Auch Fulkos Diplom für das Spital in Nablus fällt in Francos Amtszeit und dürfte Francos Unterfertigung getragen haben. Noch im Jahr 1136, zwischen dem 24. September und dem 24. Dezember, war als sein Nachfolger der Kanzler Elias im Amt (D. RRH n° 164). Ob Franco starb oder ersetzt wurde, wissen wir nicht, obwohl es wegen der sich entwickelnden Vorstellung von der Unabsetzbarkeit des Kanzlers zu wissen wünschenswert wäre. Immerhin könnte der Umstand, daß wir ihn mit niemandem nach 1136 gleichsetzen können, auf einen Todesfall deuten, wie man auch nicht annehmen soll, daß ein König, der nachweislich darauf aus war, sich eine neue Klientel zu schaffen, einen Kanzler ernannt hätte, den er dann doch hätte ersetzen müssen.

---

9) MAYER, Angevins vs. Normans, passim; DERS., Wheel of Fortune, passim.
10) D. RRH n° 149; zu der entfernten Möglichkeit, daß Franco erst um diese Zeit überhaupt ernannt wurde, siehe unten S. 518 f.

V. Der angiovinische Kanzler Elias
(1136–1143)

Auf den Kanzler Franco folgte 1136 (D. RRH n° 164) der Angioviner Elias, der schon zuvor als Notar in der Kanzlei tätig gewesen war. Er wurde der eigentliche Kanzler des Königs Fulko, der sieben Jahre lang bis zu des Königs Tod amtierte, letztmals als Konzipient einer Privaturkunde vor dem 24. September 1143 (RRH n° 215). Da er auch als Kanzler seine eigenen Dictamina entwarf, handle ich ihn bei den Notaren ab (siehe unten S. 515–562).

VI. Ein Einwanderer aus England:
Der flandrische(?) Kanzler Radulf von Bethlehem (1145–1174)
(nachgewiesen 1146–1174)

1. Die Ernennung und die Person

Als der Kanzler Elias, wohl in den letzten Monaten der Regierungszeit des am 10. November 1143 gestorbenen Königs Fulko, zum Bischof von Tiberias ernannt wurde (siehe unten S. 530–538), mußte er offenbar die Kanzlei abgeben, da er sein eigener Notar gewesen war, jetzt aber ein neuer Notar ernannt wurde – anscheinend noch von dem König Fulko –, den ich als Interimsnotar bezeichne (siehe unten S. 530–532, 606 f.). Dagegen blieb der Posten des Kanzlers zunächst vakant, denn im Jahre 1144 diktierte zweimal der neue Interimsnotar, ohne daß ein Kanzler genannt worden wäre (DD. RRH n° 226. 227). Wir können jedenfalls nicht davon ausgehen, daß bereits 1144 ein neuer Kanzler ernannt wurde, denn da der nächste Kanzler ein sehr geltungsbewußter Mann war, hätte er sich ohne Zweifel genannt, wenn er bereits amtiert hätte.

Aber am 1. Februar 1146 war dieser neue Kanzler namens Radulf im Amt[1]. Waren Paganus der mächtigste und Radulfs Nachfolger Wilhelm der berühmteste Kanzler des Königreichs Jerusalem, so war Radulf dessen bedeutendster Kanzler und der Vollender des jerusalemitanischen Diploms, dessen Formular er nach Jahrzehnten des Tastens und des Experimentierens derart stabilisierte, daß es bis 1187 so wenig Änderungen erfuhr, daß wir gerade

---

1) D. RRH n° 244. Zu Radulf siehe Gallia christiana, ed. nova 12, S. 688; LAGENISSIÈRE, Histoire de Bethléem S. 36–41; RIANT, Etudes 1, S. 19–21; DERS., Eclaircissements S. 144–150; Dictionary of National Biography 16, S. 660 f.; DUCANGE – REY, Familles S. 635 legt Radulfs Ernennung fälschlich und ohne Beleg erst auf 1147, wahrscheinlich unter Bezugnahme auf D. RRH n° 245, das aber zu 1146 gehört; siehe unten S. 104–107.

noch individuelle Diktatoren dahinter ausmachen, aber weniger gut als zuvor heimatliche Eigenheiten eingewanderter Notare erkennen können. Ja selbst ins 13. Jahrhundert hinein wirkte Radulfs Formular in den Königsurkunden von Jerusalem noch nach. Begünstigt wurde dieser dominierende Einfluß in der Entwicklung des jerusalemitanischen Diploms natürlich auch dadurch, daß Radulf mit nahezu 30 Jahren Amtszeit mit weitem Abstand der langlebigste unter den Kanzlern Jerusalems war. Möglicherweise reagierte die Kanzlei mit dieser Erstarrung des Formulars auf einen infolge zunehmender Schriftlichkeit des Rechtsverkehrs wachsenden Geschäftsumfang. Und schließlich kam Radulf aus England und war von dort ein schon damals relativ rigides Formular bei Königsurkunden gewöhnt, auch wenn der endgültige Höhenflug des *writ* erst noch bevorstand, nachdem Radulf England verlassen hatte. Angesichts Radulfs überragender Bedeutung in der Geschichte der Kanzlei sollen in diesem Kapitel auch einige allgemeine Probleme des Kanzleramtes an seinem Beispiel erörtert werden.

Radulf dürfte noch 1145 ernannt worden sein. Nach dem Tode des Königs Fulko hatte seine Witwe Melisendis auf zweierlei Art die Macht im Reich übernommen. Einmal hatte sie aus der von dem König Balduin II. 1129 begründeten und 1131 bekräftigten Samtherrschaft eigenständige Rechte am Reich, auch wenn diese territorial undefiniert waren. Zum anderen war ihr Sohn Balduin III. minderjährig, so daß sie seinen Reichsanteil als Regentin regierte. Wilhelm von Tyrus[2] formulierte für diese Zeit: *Reseditque regni potestas penes dominam Milissendem deo amabilem reginam*, und er fügt sogar hinzu: *cui iure hereditario competebat*, obwohl das nur für ihren Reichsanteil galt. Bald nach Fulkos Tod ernannte Melisendis ihren Verwandten Manasses von Hierges, der erst seit dem Frühjahr 1142 im Hl. Land war, zum wichtigsten Kronamt des Konstablers, und wir finden ihn im Jahre 1144, just dem Jahr der Kanzleivakanz, in dieser Funktion[3]. Sie und sie allein ernannte Manasses, und als Regentin war dies ihr Recht, aber auch ihre Pflicht, um so mehr als sie als Frau ein Heer nicht führen konnte, was das Militäramt des Konstablers noch bedeutsamer machte. Auch der Umstand, daß der Konstabler zusammen mit Melisendis im Bürgerkrieg von 1152 stürzte, beweist, daß er allein ihre Ernennung war. Von einer Beteiligung der Magnaten dabei oder gar einer solchen des neuen Königs Balduin III. ist nicht die Rede, und sie ist auch ganz und gar unwahrscheinlich. Manasses war im Osten ein Parvenu, der erst zwei Jahre vor seiner Ernennung angekommen war. Zuvor

---

2) Wilhelm von Tyrus, Chronicon XV. 27, S. 711.
3) Ebd. XVI. 4. XVII. 13, S. 720, 777. MAYER, Manasses of Hierges S. 760, 762. Siehe auch unten S. 651.

aber war das Konstableramt in den Händen zweier Mitglieder der seigneuria-
len Aristokratie gewesen, denn nach Eustach Granier, dem Herrn von Sidon
und Caesarea, war Wilhelm von Buris, der Fürst von Galilaea, gefolgt. Den
Baronen mußte es unwillkommen sein, daß das Amt jetzt ihrer Schicht
entglitt. Sie ließen denn auch Manasses erst spät durch Heirat in ihre Kreise
aufsteigen, nämlich um 1150, als er die Tochter des Herrn von Ramla heiratete[4]. So bald sie konnten, stürzten sie ihn und vertrieben ihn zurück nach
Europa. Schon zuvor soll ihr Haß auf ihn so groß gewesen sein, daß sie
ihrer Abneigung Taten hätten folgen lassen, wenn nicht die Königinmutter
schützend ihre Hand über ihn gehalten hätte[5]. Ganz gewiß war Manasses
ohne das Zutun des einheimischen Adels in sein hohes Amt gekommen.

Eine ausschließlich königliche Ernennung war diesem Militäramt durchaus
angemessen. Bei späterer Gelegenheit erfahren wir aber, daß die Ernennung
des Kanzlers de consilio principum erfolgte[6]. Wenn es 1144 nachweislich
keinen Kanzler gab, so vielleicht deshalb, weil entweder der größere Teil der
Magnaten die Königinmutter in diesem Punkt konterkarierte und die Zustimmung verweigerte oder gar der König Balduin III. auf diesem Wege die
Bestellung eines neuen Kanzlers 1144 inhibieren konnte, der nach Lage der
Dinge der alleinige Kandidat der Melisendis gewesen wäre. Lieber behalf
man sich mit einer Vakanz im Kanzleramt, die freilich schon die tiefgreifenden inneren Zwistigkeiten der kommenden Jahre zwischen dem König und
seiner Mutter vorherahnen ließ[7].

Ein neuer Kanzler konnte erst bestellt werden, nachdem Balduin III., der
im ersten Halbjahr 1130 geboren worden war[8], in der ersten Hälfte des
Jahres 1145 seine Volljährigkeit erreichte. Wilhelm von Tyrus stellt die
Dinge so dar, als habe Melisendis bis 1152 einfach so getan, als sei 1145
nichts passiert und habe einfach weiterregiert[9]. Ihr eigenständiger Anteil am

---

4) Zum Zeitpunkt der Ehe MAYER, Queen Melisende S. 155; DERS., Carving up
Crusaders S. 103.
5) Wilhelm von Tyrus, Chronicon XVII. 13. 14, S. 777 f., 779.
6) Ebd. XXI. 5, S. 967.
7) Diese Erklärung kommt allerdings erst nach dem Tod des Königs Fulko am
10. November 1143 in Betracht. Zuvor hätte er einen neuen Kanzler bestellen können,
da er auch einen neuen Notar ernannte; siehe unten S. 606 f. Aber Fulko hatte bestenfalls einige Monate für eine Kanzlerernennung Zeit gehabt, und man muß immerhin
die Möglichkeit in Rechnung stellen, daß er planmäßig auf eine Kanzleivakanz hin-
steuerte. Immerhin gab es in Frankreich kurzfristige Kanzleivakanzen in den Jahren
1127/1128, 1132, 1140, 1149 und 1150; siehe dazu DUFOUR, Recueil des actes de
Louis VI 3, S. 40 f.; TESSIER, Diplomatique S. 133 f.; LUCHAIRE, Etudes S. 61.
8) HIESTAND, Chronologisches I S. 225 f.
9) Wilhelm von Tyrus, Chronicon XVII. 13, S. 777 f.

Reich mochte dies erleichtern, denn er lief ja weiter. Aber die Geschichte des Kanzleramtes spricht eine andere Sprache, denn wenn jetzt, 1145 oder 1146, ein Kanzler ernannt werden konnte, nachdem dies zuvor manifest unmöglich gewesen war, so deutet dies auf einen Kompromiß in diesem Punkt zwischen Melisendis und Balduin III., aber auch darauf, daß Melisendis ihrem Sohn ein Mitspracherecht zubilligte, wenn auch nur zähneknirschend, denn sie war und blieb eine dominante Persönlichkeit. Daß Balduin III. damals nicht einfach untätig abwartete, ergibt sich auch aus seiner Intervention in den Angelegenheiten der Herrschaft Beirut[10].

Radulf war also ein Kompromißkandidat, und dem trug er sofort in seinem ersten Diplom Rechnung. Hatte sich der Kanzler bisher in irgendeiner Form deutlich als Kanzler des Königs bezeichnet[11], so nennen DD. RRH n° 244. 240. 245 Radulf als *regius cancellarius*, was für Balduin III. ebenso paßte wie für Melisendis. Hierfür gab es nur einen einzigen Präzedenzfall in der Unterfertigung des Kanzlers Elias in D. RRH n° 174, einem Diplom, in dem der König Fulko und die Königin Melisendis besonders eng zusammenarbeiteten und Melisendis als Mitausstellerin genannt ist. Es mag mehr Diplome Fulkos von dieser Art gegeben haben, und Radulf mag sich hier seine Anregungen geholt haben. Aber das hatte jetzt einen anderen Charakter: der Kanzler war vorsichtig. Nach dem Sturz der Melisendis im Bürgerkrieg von 1152 ließ Radulf, der immer noch selbst diktierte, auch das Adjektiv *regius* weg und nannte sich nur *cancellarius*, was anfangs sicher nur die Imitation eines älteren Kanzleibrauches war[12], dann aber ab 1154 wahrscheinlich eine andere Bedeutung annahm, weil Radulf seit diesem Jahr nicht nur der Kanzler des Königs war, sondern bis 1163 auch der des Königsbruders und Grafen Amalrich von Jaffa-Askalon (siehe unten S. 116–129). Kaum war Radulf aber zum Bischof aufgestiegen und es hatte in der Kanzlei ein anderer Notar die Feder ergriffen, da war Radulf nunmehr *cancellarius regis* und blieb es.

Auch hielt sich Radulf in seinen frühen, von ihm selbst diktierten DD. RRH n° 244. 240. 245 strikt an die Verfassung, indem er den König und seine Mutter als gemeinsame Aussteller nannte, so auch im Datum von D. RRH n° 244. So hatte es schon der Interimsnotar in D. RRH n° 227 von

---

10) MAYER, Wheel of Fortune S. 869 f.

11) *Regis, meus, noster*, häufig auch einfach als *cancellarius*, weil es in einem Diplom des Königs – und solche der Königinnen kennen wir vor Melisendis nicht – selbstverständlich war, daß es der Kanzler des Königs war.

12) DD. RRH n° 90a. 90. 91. 100a. 134. 149. 157. spur. 163. 164; vgl. auch die Empfängerausfertigung D. RRH n° 79.

1144 gehalten[13], aber damals war die Stellung des Königs eine schwächere gewesen. Man sieht nicht, wie sich Radulf anders als so aus der Affäre hätte ziehen können, aber vielleicht erfreute das weder Melisendis noch Balduin III., die beide gehofft haben mögen, den Kanzler nach seiner Ernennung auf ihre Seite ziehen zu können. Man muß ernsthaft überlegen, ob es nicht mit dem Scheitern solcher Wünsche zusammenhängt, daß sich 1146 die Königinmutter und ihr Sohn erneut zusammenfanden, um Radulf zum Erzbischof von Tyrus zu machen (siehe unten S. 102), denn nach den bisherigen Gepflogenheiten mußte er dann die Kanzlei abgeben. Bei der sich anbahnenden Spaltung des Reiches in zwei verfeindete Lager war es politisch gesehen nützlicher, zwei jeweils loyale Scriptoria zu haben, die von den jeweils eigenen Kapellänen bemannt wurden, als eine Kanzlei, die weder von Melisendis noch von Balduin III. einseitig beherrscht werden konnte. Daß dies formaldiplomatisch ein enormer Rückschritt war, wird keinen der beiden nachhaltig gestört haben.

Radulf stützte nach Kräften in seinen Diplomen das Ansehen der Dynastie (siehe unten S. 716 f.). Aber die Situation des Reiches war delikat, diejenige Radulfs war es erst recht, als sich nach seiner Ernennung die Spannungen zwischen dem König und seiner Mutter nicht legten, sondern ganz im Gegenteil ständig vertieften. Ein glatter Höfling war unter diesen Umständen die geeignetste Persönlichkeit für das Kanzleramt, und etwa so schildert uns Wilhelm von Tyrus seinen Vorgänger[14]: *dominum Radulfum regis cancellarium, virum utique litteratum sed nimis secularem, Anglicum natione, formam decorum, regi et regine cunctisque curialibus valde acceptum.* Wer dächte bei *nimis secularis* nicht gleich an seinen Namensvetter, den Kanzler Radulf des englischen Königs Heinrich I. von 1107 bis 1123? Man kann ihn nicht besser beschreiben als im Dictionary of National Biography[15]: „He is described as crafty, prompt to work evil of every kind, oppressing the innocent, robbing men of their lands and possessions, and glorying in his wickedness and ill-gotten gains". Allerdings hatte er das Unglück, daß ausgerechnet der maliziöse Heinrich von Huntingdon uns über ihn informiert. Er besaß sogar eine Burg, Berkhampstead, und in dieser starb er 1123, denn als er den König dorthin geleitete, fiel er vom Pferd, und ein Mönch von St. Albans, dem er Unrecht getan hatte, ritt ihn zugrunde, so daß er wenige Tage später starb[16]. Ganz so schlimm wird es mit dem

---

13) Siehe unten S. 609; zu dem anders gelagerten Fall von D. RRH n° 226 siehe unten S. 609 f.

14) Wilhelm von Tyrus, Chronicon XVI. 17, S. 738.

15) Dictionary of National Biography 16, S. 658.

16) Heinrich von Huntingdon, Historia Anglorum S. 244, 308. Roger von Hoveden, Chronica 1, S. 180.

jerusalemitanischen Kanzler Radulf nicht gewesen sein, aber alles deutet darauf hin, daß auch er auf seine materiellen Vorteile sorgsam achtete, eben *nimis secularis* war. Ganz negativ ist das Urteil Wilhelms über ihn übrigens nicht, denn bei anderer Gelegenheit hat er ihn *vir liberalis et benignus admodum* genannt[17]. Und zu *nimis secularis* hatte er sofort hinzugesetzt *utique litteratus*, ein Lob, mit dem er, der fast 20 Jahre lang an den europäischen Universitäten studiert hatte, bei anderen sehr knauserig umging[18]. Wo er diese Bildung erhalten hatte, ob in England oder auf dem Kontinent, wissen wir nicht, aber manches spricht für Kontinentaleuropa (siehe unten S. 88–93).

2. Radulf vor der Einwanderung
(Kanzler der englischen Königin 1137–1141?)

Radulf wanderte aus Europa ins Hl. Land ein; das bezeugt Wilhelm von Tyrus ausdrücklich, wenn er ihn *Anglicus natione* nennt[19]. Er gilt seither als gebürtiger Engländer, doch kann das auch heißen, daß er aus England einwanderte, zuvor aber dorthin eingewandert war, jedoch so sehr von England geprägt war, daß er als Engländer galt. Auch von Godehilde (Godwere), der ersten Gemahlin Balduins I. von Jerusalem, behauptete Wilhelm von Tyrus *ex Anglia trahens originem*[20]. Sie mag sogar in England geboren worden sein, wo ihr Vater aber auch begütert war. Doch nach unseren heutigen Maßstäben war sie eine Normannin, denn sie entstammte der führenden normannischen Adelsfamilie der Tosny und lebte dort mit ihrem Mann Balduin bei ihrem Vater in Conches, ehe sie mit Balduin auf den Kreuzzug zog[21].

---

17) Wilhelm von Tyrus, Chronicon XX. 30, S. 956.
18) Siehe zu Radulfs Bildung unten S. 745, 750 f.
19) Wilhelm von Tyrus, Chronicon XVI. 17, S. 738.
20) Ebd. III. 19 (18), S. 221.
21) MAYER, Mélanges S. 32–42, besonders S. 40 f. Wilhelm von Tyrus ging öfter bei Herkunftsbezeichnungen in die Irre. Zwar gab es am Hl. Grabe einen Subprior Petrus von Barcelona, aber entgegen der Behauptung bei Wilhelm von Tyrus wurde nicht dieser später Erzbischof von Tyrus, sondern ein Prior Petrus, der niemals von Barcelona heißt. Der Fehler ist um so ärger, als Wilhelm auf dem Erzstuhl von Tyrus einer der Nachfolger dieses Petrus war. Siehe dazu MAYER, Fontevrault S. 21 Anm. 26. Immerhin müssen solche Fehler natürlich im Einzelfall nachgewiesen oder zumindest wahrscheinlich gemacht werden.

Wilhelms Äußerung sagt noch nichts darüber aus, wann Radulf einwanderte, aber es kann nicht allzu lange vor 1145 gewesen sein, weil er danach noch 29 Jahre lebte und zuvor sich eine umfassende Bildung angeeignet hatte, sicher nicht in den Domschulen des Königreichs Jerusalem. Für dieses Unterfangen hatte Wilhelm von Tyrus 15 Jahre Kindheit und Lateinschule, danach 20 Jahre Universitätsstudium benötigt. Radulf vor seiner Ernennung zum Kanzler mit einem anderen Kleriker im Hl. Land zu identifizieren[22], scheint angesichts seines Allerweltsnamens aussichtslos zu sein, aber überraschenderweise gibt es zu jener Zeit gar nicht so viele Radulfe, die in Frage kämen. Gar nicht in Betracht kommt ein ab 1132 bezeugter Kanoniker des Hl. Grabes namens Radulf von Paris, nicht nur seines Namens wegen, sondern weil er 1155, als unser Radulf längst Kanzler war, immer noch Kanoniker an der Grabeskirche war (RRH n° 141. 315). Liegt er zu spät, so liegt ein Archidiakon Radulf von Lydda, dessen Position Vertrautheit mit dem Urkundenwesen verlangte, zu früh, denn zwar tritt er 1136 auf, war aber bereits 1115 im selben Amt tätig (RRH n° 76b. 165). Als Archidiakon, Kanzler und Bischof hätte er bei einer Personengleichheit mit unserem Radulf 59 Jahre einer Karriere in herausgehobenen Ämtern gehabt, und Archidiakon wurde man ja nicht ganz jung, quasi gleich am Tage nach den niederen Weihen. Dann bleiben noch fünf Kleriker namens Radulf, die als wahre Eintagsfliegen nur je ein einziges Mal erscheinen: ein Kapellan von Nazareth 1115[23], ein Kanoniker und Diakon 1130 am Hl. Grabe (RRH n° 133), ein *Radulfus frater ecclesie* von Akkon 1135 (RRH n° 155), der dort wahrscheinlich Kanoniker war, aber auch Laienbruder gewesen sein könnte, weil ihm ein *Gualterius canonicus* gegenübersteht[24], ein Kanoniker vom Zionsberg 1138 (D. RRH n° 174), ein Kanoniker Rudolf von Tripolis 1142 (RRH n° 211). Keiner von ihnen kommt ernsthaft in Betracht, denn ein geltungsbedürftiger und fähiger Mann wie der spätere Königskanzler Radulf

---

22) Daß Radulf im Hl. Land vor 1156 kein geistliches Amt nennt, heißt natürlich nicht, daß er bis zu seiner Ernennung zum Bischof von Bethlehem ohne ein solches gewesen wäre; schon 1146 war er ja ein Intrusus in der Kirche von Tyrus. Die englischen Königskanzler beispielsweise waren natürlich Geistliche, erscheinen aber in den Zeugenlisten nur als *cancellarii*. Auch schottische Königskanzler nennen fast nie eine geistliche Würde. Eine Ausnahme ist Ingram, der drei Urkunden als *clericus* bezeugte, 40 als *cancellarius* und nur drei als Archidiakon von Glasgow; Regesta regum Scottorum 1, S. 29; 2, S. 30.

23) RRH n° 81a, vielleicht identisch mit dem Kapellan R. von Nazareth 1120 in RRH n° 97.

24) Zum Institut der Laienbrüder am Hl. Grab, das in Akkon analog existiert haben könnte, siehe ELM, Fratres S. 293–305.

hätte auch an einer kirchlichen Korporation, die ihn früher beherbergt hätte, den Weg in die Ämter angetreten und würde dann mit einem Ämtertitel erscheinen, auch sicherlich mehr als nur einmal. Kanzler wird man noch weniger über Nacht als Archidiakon, und Radulf war ein genialer Urkundenmann. Hätte er vor 1145 schon längere Zeit im Hl. Land verbracht, so sollte man erwarten, daß man seine Namens- oder Diktatspur im Urkundenwesen des Landes fände. Das ist beim Diktat ganz sicher nicht der Fall, aber es gibt vor ihm zwei Kanzler namens Radulf, einmal einen enigmatischen *Rodulfus cancellarius*, der 1127 eine Urkunde Boemunds II. von Antiochia bezeugt (RRH n° 119). Mit dem Diktat der Boemundurkunde hat er nichts zu tun und war eher der Kanzler des Patriarchen Bernhard von Antiochia, denn er unterschreibt hinter ihm und dem Archidiakon Pontius von Antiochia. Das ist für eine Identität mit dem 1174 gestorbenen Königskanzler Radulf eigentlich immer noch zu früh, und ich möchte eher annehmen, daß es sich bei dem Patriarchenkanzler Rudolf um Radulf von Domfront handelt, der 1135 (RRH n° 161a) als Erzbischof von Mamistra erscheint und in diesem Jahr Patriarch von Antiochia wurde. Der andere Kanzler Radulf ist der sehr bemerkenswerte Wanderkanzler Radulf von Chartres (siehe zu ihm Bd. 2, Exkurs V, S. 929–931), der zwar schon 1141 Kanzler des Grafen von Edessa, aber 1157 immer noch Kanzler des Grafen von Tripolis war, also hier ausscheiden muß[25].

Wir haben also weder vom Namen noch von der Funktion her vor 1145 einen Radulf im Hl. Land, den man mit dem Königskanzler identifizieren könnte, so daß man annehmen muß, daß er wirklich erst kurz vor seiner Ernennung in den Osten kam. Er fällt quasi vom Himmel und erhält dann sofort eine der höchsten Positionen am Hofe, und wenige Jahre später wird dieser Inconnu auch noch Erzbischof von Tyrus, wenn auch als Intrusus. Das ist nur denkbar, wenn er neben seiner unbestreitbaren Expertise im Urkundenwesen auch gute Beziehungen hatte. Und hier kann man tatsächlich einen Kandidaten aus England anbieten, wo ansonsten nach einem Radulf zu fahnden der Suche nach der sprichwörtlichen Nadel im Heuhaufen gliche. Um es gleich zu sagen: es wird eine Hypothese bleiben, aber eine durchaus mögliche. Gesucht wird in England ein Mann namens Radulf, der intensive Erfahrung im Urkunden- und Kanzleiwesen hatte und insbesondere mit Königsurkunden zu hantieren wußte, dessen englische Laufbahn so abbricht, daß er kurz vor 1145 ins Hl. Land ausgewandert sein könnte, und

---

25) Hier sei erwähnt, daß Radulf von Bethlehem niemals Vizekanzler war. Er wird zwar im Druck von D. spur. RRH n° 548 als solcher bezeichnet, doch ist dies ein Lesefehler von Strehlke (siehe unten Bd. 2, S. 369 f.); richtig muß es Kanzler heißen.

der auch Erfahrungen im kontinentalen Urkundenwesen besaß, denn alles spricht dafür, daß der Kanzler Radulf bis zu seiner Ernennung zum Bischof von Bethlehem seine eigenen Dictamina verfaßte, also identisch war mit dem jerusalemitanischen Notar Radulf A, in dessen Diktat der englische Einfluß eher diskret ist (siehe unten S. 718-742).

Just ein solcher Mann steht zur Verfügung mit Radulf, dem Kanzler der Königin Mathilde von England (1135-1152), der Gemahlin des Königs Stephan (1135-1154). Diese Mathilde[26] war das einzige Kind von Graf Eustach III. von Boulogne und seiner Frau Maria, einer Tochter Malcolms III. von Schottland. Mathilde war also die Tochter des jüngsten Bruders des Herzogs Gottfried von Bouillon und des Königs Balduin I. von Jerusalem. Damit war Mathilde verwandt mit allen Mitgliedern der jerusalemitanischen Dynastie Boulogne (Gottfried von Bouillon, Balduin I.) und Ardennen (Balduin II., Melisendis, Balduin III.). Mathildes Urgroßvater war Eustach I. von Boulogne, die Urgroßmutter der Königinmutter Melisendis in Jerusalem war Ida, die Schwester Eustachs I. von Boulogne. Das mußte einen ehemaligen Kanzler Mathildes der Königinmutter Melisendis unmittelbar empfehlen. Melisendis hat die Ardennen und Lothringen und Boulogne nie gesehen, aber als Manasses von Hierges aus den Ardennen 1142 ins Hl. Land kam, da machte sie ihn nach zwei Jahren zu ihrem Konstabler, und er stand ihr nur um eine Generation näher als die Königin Mathilde von England, denn Melisendis und Manasses hatten in Graf Hugo von Rethel einen gemeinsamen Großvater.

Vor 1125 war Mathilde von Heinrich I. von England mit Stephan von Blois verheiratet worden, und 1125 hatte sie ihren Vater Eustach III. beerbt. Seither gehörten ihr, die eine sehr reiche Frau war, auf dem Kontinent die Grafschaft Boulogne und in England der enorme Honour of Boulogne. Es war nicht verwunderlich, daß sie als Königin einen eigenen Kanzler hatte, denn schon als Gräfin von Boulogne hatte sie sicherlich urkunden müssen, sei es auch unter Einschaltung ihres Mannes Stephan von Blois[27].

Über Mathildes Kanzler Radulf hat erstmals White gehandelt, ihn damals aber noch für einen Kanzler des Königs gehalten[28]. Im Jahre 1934 neigte er dagegen schon der Auffassung zu, daß er Kanzler der Königin war[29]. Bei diesem Zögern des großen Gelehrten muß man bedenken, daß die Ausgabe der Urkunden des Königs Stephan und seiner Gemahlin Mathilde in den Regesta regum Anglo-Normannorum damals noch nicht erschienen war.

---

26) Zu ihr vor allem den Artikel im Dictionary of National Biography 37, S. 53 f.
27) Siehe zu diesem Problem unten Bd. 2, S. 926-928, Exkurs IV.
28) WHITE, Earldoms S. 73 f.
29) WHITE, Career S. 33 f.

Zwar hatte der Marquis d'Albon schon 1913 die entscheidende Urkunde gedruckt, mit der Mathilde 1137 das erste englische Templerhaus in Temple Cressing in Essex gründete[30], aber sie drang erst 1935, und damit zu spät für White, ins englische Bewußtsein, als sie von Beatrice Lees nachgedruckt wurde[31]. Diese Urkunde Mathildes ist bezeugt von *Radulpho cancellario meo*.

Der König Stephan hatte drei Kanzler. Aber daneben hatte die Königin Mathilde ihre eigenen Kanzler. Der dritte und letzte hatte einen Namen, der mit A begann[32]. Der einzige Nachweis für seine Tätigkeit fällt in die Jahre 1147–1152, und man hat vermutet, daß die Urkunde *in extremis* ausgestellt wurde, kurz ehe die Königin am 3. Mai 1152 starb. Dafür spricht immerhin, daß der Erzbischof Theobald von Canterbury sie zwischen 1150 und 1152 bestätigte[33]. Auch ihr zweiter Kanzler ist nur einmal belegt. Als *Thomas cancellarius* bezeugte er ihre zweite Urkunde für die Abtei Arrouaise in Französisch Flandern, die sie in Lens ausstellte und die mit 23. Juni 1142 exakt datiert ist (Regesta regum Anglo-Normannorum 3 n° 26). Er ist wahrscheinlich identisch mit dem gleichnamigen Kapellan der Königin, dem wir zwischen 1142 und 1147 (maximal bis 1152) begegnen[34].

Besser steht es um Mathildes ersten Kanzler Radulf, der in dieser Funktion siebenmal als Zeuge erscheint (Regesta regum Anglo-Normannorum 3 n° 24. 157. 207. 239b. 586. 843. 921). Seine früheste sicher datierte Erwähnung ist im März oder April 1137 in Evreux (n° 843), die späteste am 9. Februar 1141 in London (n° 24; n° 921 ist von 1140). Vier Urkunden, in denen er als Zeuge auftritt, sind wie die meisten englischen Königsurkunden nur in mehr oder weniger weiten Zeiträumen zu datieren, nämlich 1136–1140, möglicherweise 1140 (n° 586 für die Abtei Missenden in Buckinghamshire), 1139–1141, wahrscheinlich aber 1140[35]. Diese beiden fallen also

---

30) Jedenfalls das erste auf dem flachen Lande; die Londoner Niederlassung im Stadtteil Holborn war wahrscheinlich älter.

31) D'ALBON, Cartulaire du Temple S. 86 n° 124; LEES, Inquest of 1185, S. 145 n° 1. Jetzt Regesta regum Anglo-Normannorum 3 n° 843.

32) Ebd. 3 n° 503: *testibus … A … cancellario*. Das Original in der British Library wurde im Cottonian Fire derart beschädigt, daß der Name nicht mehr lesbar ist; JAMISON, History of St. Katherine's by the Tower, Frontispiz Facsimile des Originals.

33) LLOYD und STENTON, Book of Seals, S. 296; SALTMAN, Theobald S. 385 n° 162.

34) Regesta regum Anglo-Normannorum 3 n° 196. 198. 503. 541. Etwa zur selben Zeit erscheint ein Kapellan Thomas in zwei Urkunden des Königs, ebd. n° 199. 507, aber es amtierten nebeneinander zwei Kapelläne dieses Namens; siehe ebd. S. XIII.

35) N° 207. Es handelt sich um die Gründungsurkunde der Abtei Coggeshall, wofür der Chronist Radulf von Coggeshall († ca. 1228), Chronicon Anglicanum S. 11 das Jahr 1140 angibt.

in die anderweitig gesicherte Amtszeit Radulfs. Dagegen haben die Herausgeber zwei Urkunden Mathildes für St. Augustine's, Canterbury, und für St. John's Abbey, Colchester, in denen der Kanzler Radulf auftritt (n° 157. 239b) mit der gesamten Regierungszeit Mathildes 1135–1152 angesetzt. Das geht nicht, denn die Amtszeit des 1142 nachweislich abgelösten Kanzlers Radulf läßt einen bis 1152 reichenden Ansatz nicht zu. Die Herausgeber haben n° 157 sogar mit „möglicherweise 1151" datiert. Dabei stand die Überlegung Pate, daß die Königin hier der Nonne Helmid Land in Faversham (Kent) gab, welches nach ihrem Tode an die dortige Marienkirche fallen sollte. De facto war es also eine Schenkung an diese Kirche. Sie gehörte zur Abtei St. Augustine's in Canterbury, weshalb das Stück auch im Chartular dieser Abtei überliefert ist, die in Faversham die Zehnten besaß (n° 156). König Stephan bestätigte Mathildes Schenkung anläßlich eines Aufenthaltes in Canterbury (n° 158). Seine Urkunde ist undatiert, doch wird im Chartular 1151 angegeben, ohne daß man wüßte, worauf diese Zuschreibung beruht[36]. Aber mehrere Erwägungen sprechen dagegen, auch die Schenkung Mathildes mit 1151 anzusetzen, die ja nicht einmal für Stephans Bestätigung gesichert ist. Zunächst läßt sich, wie wir sehen werden, 1151 nicht mit der Amtszeit des Königinnenkanzlers Radulf vereinbaren. Zum anderen erwähnt Stephans Bestätigung Helmids Rechte nicht mehr, sondern sagt nur, St. Mary's in Faversham solle das von der Königin geschenkte Land in Ruhe besitzen. Helmid war also schon tot, so daß Stephans Bestätigung nicht schon bald nach der Schenkung Mathildes ergangen sein kann, wie es die Theorie der Herausgeber voraussetzt. Schließlich gründete Stephan 1148 in Faversham die Abtei St. Salvator, ein Kloster von Cluniazensermönchen, und schenkte ihr zu diesem Zweck seinen Manor Faversham, den er zuvor von seinem bedeutendsten General Wilhelm von Ypern ertauscht hatte (n° 300). Hinter der Gründung stand aber auch die Königin, denn sie hatte für das Tauschgut aus ihrem Erbgut Lillechurch in Higham (Kent) bereitgestellt, das sie überhaupt erst frühestens 1148 von St. John's Abbey, Colchester, erhalten hatte (n° 221), und deshalb wurde sie in Faversham begraben[37]. Nach 1148 hätte Mathilde in Faversham also sicher niemandem mehr etwas geschenkt außer der dortigen Abtei St. Salvator, so daß n° 157 vor, aber eben *vor*, 1148 anzusetzen ist und ganz sicher nicht erst 1151.

Als Mathilde in Evreux im März oder April 1137 mit ihrem Kanzler urkundete (n° 843), befand sie sich beim König, der Mitte März in der

---

36) Mit Stephans Itinerar, das ihn 1151 in London, St. Albans, Oxford und Worcester zeigt (Regesta regum Anglo-Normannorum 3 S. XLIII), wäre dies immerhin vereinbar.

37) HODGETT, Cartulary of Holy Trinity, Aldgate, Appendix S. 231 n° 14 (S. 232). Dictionary of National Biography 37, S. 54. DAVIS, King Stephen S. 128.

Normandie zu seinem einzigen und erfolglosen Versuch gelandet war, das Herzogtum zurückzugewinnen. Er blieb dort bis November. Mathildes Urkunde ist eine ihrer frühesten als Königin von England, nur n° 239d. 243. 917 sind möglicherweise früher, können aber auch bis 1147 bzw. 1152 angesetzt werden. Ob ihr der Kanzler Radulf, der hier neben ihrem Seneschal und ihrem Kämmerer erscheint, schon zuvor ab Ende 1135 in England oder davor zwischen 1125 und 1135 in der Grafschaft Boulogne gedient hatte, entzieht sich beim gegenwärtigen Stand der Editionen unserer Kenntnis; möglich wäre es. Jedenfalls hatte er vor dem Januar 1139 noch kein Land, das er der Abtei Godstow eigentlich schenken wollte (siehe dazu unten S. 91), war also noch nicht lange im Amt oder gar im Lande. Es würde jedenfalls nicht verwundern, wenn er mit dem Königspaar aus Boulogne gekommen wäre. Auch Alice von Louvain, die aus Brabant stammende zweite Frau Heinrichs I. von England, brachte von dort ihren Urkundenmann Gottfried mit, der 1123 Bischof von Bath wurde[38].

Ob Radulf in England Urkunden der Königin, in denen er als Zeuge auftritt, auch selbst diktierte, ist ungewiß. Die Königskanzler diktierten in England nicht, dafür treten sie in den Urkunden viel zu selten als Zeugen auf. Sie überließen die Herstellung der Urkunden den zahlreichen Scriptores regis. Ob das auch für das Urkundenwesen der Königin galt, weiß man nicht, aber man kann es nicht ausschließen. Wenn man also in Mathildes Urkunden kontinentale Einflüsse findet (siehe hierzu unten Bd. 2, Exkurs IV, S. 927 f.), so werden diese nicht auf ihren Kanzler zurückgehen. In der Tat ist eine ihrer Urkunden gewiß nicht von ihrem Kanzler Radulf diktiert, der als Zeuge auftritt, sondern vom Scriptor regis XIII, der damals mit ihr und dem König in der Normandie war[39]. Daneben muß man auch an Empfängereinflüsse denken, denn unter Mathildes Urkunden sind Stücke für die Abteien Arrouaise und Clairmarais, beide im Pas-de-Calais, und eines für die normannische Abtei Bec (Regesta regum Anglo-Normannorum 3 n° 24. 26. 76. 195. 196. 198), und unter den Ausstellorten findet man Lens, Boulogne und Evreux (ebd. n° 26. 196. 843). Aber kontinentaler Empfängereinfluß scheidet natürlich aus in Stücken für englische Empfänger, die gleichwohl kontinentale Einflüsse zeigen (ebd. n° 149. 207). Auch in den kontinentalen Stücken muß es sich bei kontinentalen Wendungen nicht um Empfängerdiktat handeln, es kann auch ein kontinental beeinflußtes Kanzleidiktat sein, wie es in der Kanzlei des Königs auch beim Scriptor regis XIII begegnet. Wie

---

38) POOLE, From Domesday Book to Magna Carta S. 126 Anm. 3.

39) Regesta regum Anglo-Normannorum 3 n° 843. Mit dem Scriptor regis XIII werde ich mich demnächst in einer eigenen Arbeit befassen.

immer auch, selbst im ungünstigsten Fall, daß der Kanzler Radulf für seine Königin keine Urkunden diktierte, sind die kontinentalen Einflüsse doch so, daß er sie kannte und tolerierte, vielleicht auch deshalb weil sie ihm seiner eigenen Herkunft wegen nicht fremd waren.

Ganz sicher wäre er in Mathildes Umgebung nicht der einzige aus Flandern und dem Boulonnais gewesen. Unter den Kapellänen und den Klerikern des Königs und der Königin finden sich Balduin von Boulogne und sein Bruder Eustach, Richard von Boulogne und Robert von Boulogne, dann aber auch außerhalb der Kapelle Bosoher von Boulogne und Ayllardus Flandrensis[40]. Bekannter sind Wilhelm von Ypern, der Generalkapitän von König Stephans Soldtruppen, der schon 1136 kurz in England war, dann 1137 und 1138 die Normandie für den König zu halten suchte und ihm – und während seiner Gefangenschaft auch der Königin – ab Juli 1139 in England diente, sowie Osto von St.-Omer, der schon 1137 in einer Urkunde der Königin als Osto von Boulogne auftritt (Regesta regum Anglo-Normannorum 3 n° 843) und 1153/1154 englischer Templermeister war[41]. Beim Regierungswechsel in England 1154 mußte er Richard von Hastings weichen, spielte aber in der englischen Politik noch bis 1174 eine bedeutende Rolle. Balduin, der Konstabler der Grafschaft Boulogne, hatte nicht unerwartet englische Lehen unter dem König Stephan. Dank der Anstrengungen von Round kennen wir auch Faramus von Boulogne gut, der wahrscheinlich ein Verwandter der Königin Mathilde war und in England Besitzungen in sechs Grafschaften hatte[42].

Wichtiger ist der Zeitpunkt des Endes der englischen Laufbahn Radulfs. Vor dem 23. Juni 1142 hat er, der am 9. Februar 1141 noch der Kanzler der Königin war, sein Kanzleramt verloren, denn im Juni 1142 amtierte sein Nachfolger, der Königinnenkanzler Thomas (n° 24. 26). Es ist bei den englischen Verhältnissen ein Glückszufall, daß man so dicht hintereinander zwei so exakt datierte Urkunden der Königin hat. Radulf war nicht etwa verstorben, sondern er hatte das Kanzleramt verloren. Das ergibt sich aus den Urkunden des Nonnenklosters Godstow in Oxfordshire, und selbst die Herausgeber der Urkunden der Königin Mathilde haben sich diese wichtigen Belege entgehen lassen, denn der Index zu dem dritten Band der Regesta

---

40) Regesta regum Anglo-Normannorum 3, S. XI f. und ebd. 3 n° 541. 556. 850. 851.

41) Siehe zu ihm BULST-THIELE, Templer S. 293.

42) Symeon von Durham, Opera 2, S. 310: *Rexit autem familiam regis Stephani Willelmus d'Ipre, homo Flandrensis, et Pharamus, nepos reginae Matildis, et iste Bononiensis.* AMT, Accession of Henry II S. 82–93; RIDER, Vie et survie S. 263–265; Round, Faramus of Boulogne, passim; DERS., Peerage and Family History S. 159–161 zu Faramus und S. 147–180 generell zu den Boulonnaisern im damaligen England.

regum Anglo-Normannorum weist S. 385 beim Kanzler Radulf den Beleg n° 366 nicht aus. Damals bestätigte zwischen dem 8. und dem 13. Januar 1139 der König Stephan den Nonnen den Besitz, und zwar anläßlich der Weihe der Abteikirche[43]. Unter diesen Besitzungen war auch *de dono Radulfi cancellarii regine unam marcam argenti donec terram habeat,* also solange bis Radulf Land hätte, um dieses anstelle der Geldrente den Nonnen zu schenken[44]. Bald hatte er welches, nämlich zweieinhalb *hides* und eine halbe *virgate* in Shillingford (Oxfordshire). Zwischen 1136 und 1141 schenkte der König Stephan dies an Godstow (n° 367). Da es aber in n° 366 anläßlich der Kirchweih von Januar 1139 noch nicht erscheint, obwohl der König dort auch eine eigene Schenkung in Walton bestätigte, ergibt sich, daß Stephans Schenkung in Shillingford erst nach Januar 1139 erging und vor dem Jahr 1141, als seine Gegnerin, die Kaiserin Mathilde, erneut darüber verfügte. Zwischen dem 2. Februar und dem 25. Juli, vielleicht sogar dem 7. April 1141 bestätigte die in der Schlacht von Lincoln gegen Stephan siegreich gebliebene Kaiserin Mathilde – nicht zu verwechseln mit Stephans gleichnamiger Königin – den Nonnen zwei Schenkungen des in ihre Gefangenschaft geratenen Königs Stephan, nämlich einmal den schon vor 1139 geschenkten Besitz in Walton und das Land in Shillingford, das aber jetzt nicht mehr in Fläche, sondern in Ertragswert ausgedrückt und mit 52 Shilling six Pence beziffert wurde (n° 368: *LII solidatas et VI denarios terre*). Das war genau der Betrag, für den das Land verpachtet gewesen war, wohl von der königlichen Domäne, ehe Stephan seine Schenkung in Shillingford gemacht hatte. Die Kaiserin Mathilde beschäftigte sich nämlich noch dreimal mit diesem Land. Zunächst bestätigte sie es zusammen mit dem Besitz in Walton im Jahr 1143 in einer Urkunde, die nicht über jeden Verdacht erhaben ist (n° 370). Ihr Mann Gottfried von Anjou wird hier schon als Herzog der Normandie bezeichnet, obwohl er diesen Titel eigentlich erst im April 1144 annahm. Immerhin gibt es hierfür ein Parallelbeispiel[45]. Außerdem ist die Rede von *terram de Shillingford,...quam Radulphus vicecomes pro L duobus solidis et VI denariis tenuit.* Nun ist ein Sheriff (*vicecomes*) von Oxfordshire namens Radulf, um den es sich hier ja handeln müßte, unter

---

43) So n° 366; vgl. den Fundationsbericht von Godstow bei CLARK, English Register of Godstow 1, S. 28 und SALTER, Charter of Stephen S. 115.

44) *Donec* kann nicht nur 'solange bis', sondern auch 'solange als' heißen. Aber nicht nur gäbe das hier keinen Sinn, sondern der König bestätigte in derselben Urkunde auch *de dono Eustachii filii mei C solidos in denariis donec terram habeat,* und Eustach trat erst 1146 oder 1147 das Erbe seiner Mutter als Graf von Boulogne und Inhaber des Honour of Boulogne in England an; siehe CRONNE, Reign of Stephen S. 60.

45) HASKINS, Norman Institutions S. 130 Anm. 24.

Stephan überhaupt nicht bekannt. Aber es kann sich hier durchaus um einen reinen Schreibfehler der kopialen Überlieferung handeln, denn wir erfahren später, daß tatsächlich ein Radulf das Land gegen Pacht besessen hatte, nur war er kein Sheriff. Die Kaiserin erwähnte den Besitz nämlich im selben Jahr 1143 in einer allgemeinen Besitzbestätigung für Godstow, die unverdächtig ist (n° 371), und dort heißt es *terram de Shillingford, videlicet duas hidas et dimidiam et dimidiam virgatam, quam Radulphus scriba tenuit per annum pro LII solidis et VI denariis cum pratis et pasturis...ita integre totam sicut eam habuerunt, quando apud Oxinefordam obsessa fui* (September bis Dezember 1142). Etwa ein Jahr später bestätigte sie die Sache nochmals (n° 372), diesmal gemeinsam mit ihrem Sohn Heinrich, dem späteren Heinrich II., der von Oktober 1143 bis Ostern 1144 in England war. Hier ist erneut die Rede von der *terra de Shillingford, que est de tenedura de Bensintona, quam Radulphus scriba tenebat ad firmam singulis annis pro LII solidis et VI denariis*[46].

Es liegt nahe anzunehmen, daß der *Radulfus scriba* identisch ist mit dem früheren Kanzler der Königin[47], und man wird wohl nicht fehlgehen, wenn man den Gang der Dinge so rekonstruiert: Vor Januar 1139 hatte der Kanzler Radulf an Godstow eine Mark Silber pro Jahr geschenkt, bis er dies durch eine Landschenkung (oder, wie üblich, Erträge aus Land) würde ablösen können. Es wird ausdrücklich gesagt, daß es ihm hierfür noch an Land gebrach, und daraus darf man schließen, daß er noch nicht lange in England, also kein gebürtiger Engländer war, denn Kanzler der Königin war er schon seit wenigstens zwei Jahren, hatte aber dennoch in England zwar Einkünfte, aus denen er eine Mark Silber für Godstow abzweigen konnte, aber kein Land. Stephan beseitigte diesen Mangel nach Januar 1139, aber vor seiner Gefangennahme in der Schlacht bei Lincoln, indem er zwar Radulf nicht direkt Land gab, das dieser an Godstow hätte weiterschenken können, sondern Land der Krondomäne, das für 52 Shilling six Pence an Radulf verpachtet war, an Godstow gab. Radulf schuldete seine Pacht nun dort. Aber nach Stephans Katastrophe in der Schlacht bei Lincoln (2. Februar

---

46) Weitere Bestätigungen des Landes, „which Raaf Scribe held for two and fifty shyllingis and sixe pens" in Shillingford, stammen von Heinrich II. (ca. 1156 und nochmals ca. 1182) und Heinrich III. (ca. 1217); siehe CLARK, English Register of Godstow 2, S. 654 n° 878, S. 661 n° 886, S. 666 n° 892.

47) Diese Identifizierung ist aufgrund der Urkunden von Godstow so gut wie sicher. Dagegen ist es zweifelhaft, ob der *cancellarius regine / scriba* Radulf auch identisch ist mit dem *scriba* Radulf, der vor 1135 gemeinsam mit jemand anders ein Haus in Rouen besaß; Regesta regum Anglo-Normannorum 2 n° 1910 und ebd. S. XI, wo er als Schreiber der Kanzlei des Königs Heinrich I. von England angesprochen wird.

1141) scheint dies keinen Bestand mehr gehabt zu haben, jedenfalls nicht mehr lange, denn der Kanzler Radulf wurde von der Königin ja just um diese Zeit, zwischen 9. Februar 1141 und 23. Juni 1142, durch den Kanzler Thomas ersetzt, und damit war natürlich auch seine Fähigkeit, die Pacht an Godstow zu zahlen, beeinträchtigt, denn mit seinem Sturz hatte er seine Einkünfte als Kanzler verloren. Schon als die Königin einen Gesandten zu der Synode von Winchester schickte, die im April 1141 die Kaiserin Mathilde anerkannte, um die Freilassung ihres in Bristol als Gefangenen einsitzenden Gemahls Stephan zu verlangen, schickte sie nicht mehr ihren Kanzler Radulf, der noch am 9. Februar 1141 in London war, also in England, sondern einen Kleriker Christian[48]. Im ersten Halbjahr 1141 bestätigte die Kaiserin Mathilde Godstow den Besitz des Landes in Shillingford, ohne die Besitzrechte Radulfs überhaupt zu erwähnen. Entweder wollte sie den Kanzler der verhaßten Gegnerin totschweigen oder sie hatte Radulf aus seinem in Oxfordshire gelegenen Besitz hinausgeworfen, denn diese Grafschaft kontrollierte sie, bis der freigelassene Stephan sie im September 1142 in Oxford zu belagern anfing; ihr Itinerar zeigt nach der Schlacht bei Lincoln bis Ende 1142 nicht weniger als sechs, zum Teil lange Aufenthalte dort an[49]. Erst ab 1143 tat sie in drei Urkunden des Umstandes Erwähnung, daß Radulf dieses Land in Pacht besessen hatte, aber natürlich war er für sie jetzt nicht mehr *Radulfus cancellarius*, sondern *Radulfus scriba*.

Daß der jerusalemitanische Kanzler Radulf zuvor der Kanzler Radulf der englischen Königin Mathilde war, bleibt eine Hypothese, aber eine mögliche. Und dafür, daß Radulf im Sog der Schlacht bei Lincoln aus der Kanzlei der Königin Mathilde ausschied, spricht angesichts des Umstandes, daß er dort nachweislich zwischen Februar 1141 und Juni 1142 durch Thomas ersetzt wurde, eine aprioristische Wahrscheinlichkeit, die gestützt wird durch die generell katastrophalen Auswirkungen, die die Schlacht von Lincoln auf die englische Zentralverwaltung hatte, die ja schon durch die Arretierung des Hauptministers, des Bischofs Roger von Salisbury, und des Königskanzlers Roger le Poer am 24. Juni 1139 aufs schwerste in Mitleidenschaft gezogen worden war. Es würde zu weit gehen, wollte man behaupten, wie es bisweilen geschehen ist, daß im Sommer 1139 die ganze Verwaltung zusammenbrach, aber es kam zu einem tiefgreifenden Personalwechsel, der sich noch verschärfte, nachdem Stephan bei Lincoln in die Gefangenschaft seiner Thronrivalin, der Kaiserin Mathilde, gefallen war. Es konnte eben nicht

---

48) Wilhelm von Malmesbury, Historia novella S. 577 § 496.
49) Regesta regum Anglo-Normannorum 3, S. XLIV.

ausbleiben, daß auch die Zentralverwaltung litt in jenem Bürgerkrieg der „19 Winter, als Christus und die Apostel schliefen" (Angelsächsische Chronik).

Wie man weiß, war der Triumph der Kaiserin viel kurzlebiger, als man hätte erwarten sollen. Nach ihrer schlimmen militärischen Niederlage von Mitte September kam Stephan am 1. November 1141 frei und ergriff auf dem Konzil von Winchester vom 7. Dezember erneut die Zügel der Regierung. Aber das bedeutete nicht das Ende der Anarchie und des Krieges, dessen Ende sich erst 1153 im Vertrag von Westminster abzeichnete. Als Stephan im Dezember 1141 wieder zu regieren begann, mußte er dies ohne seine alten politischen Hauptstützen tun. Die Beaumont-Zwillinge, Graf Waleran von Meulan, Earl of Worcester, und Robert Earl of Leicester, hatten im Herbst ihren Frieden mit der Kaiserin und ihren Angiovinern gemacht. Das bedeutete, daß sich Stephan jetzt auf seinen zuvor mit ihm verfeindeten Bruder, den Bischof Heinrich von Winchester, stützen mußte.

Es war also eine neue Regierung im Amt, und das Personal der alten Verwaltung hatte die tiefe Krise der Jahre 1139–1141 größtenteils nicht überdauert, zumal dann wenn es in der Hoffnung auf einen raschen Sieg der Kaiserin übergelaufen war[50]. Von den sechs königlichen Stewards des Jahres 1136 starben zwei vor 1139, drei liefen über, einer überlebte politisch. Von zwei Schenken desselben Jahres starb einer 1139, der andere verschwindet im selben Jahr von der Bildfläche. Die Kämmerer wechselten beide mehrfach die Seiten, ein ehemaliger Kämmerer vom Anfang der Regierung lief gleichfalls zur Kaiserin über. Der einzige bekannte Schatzmeister des Königs namens Adelelm hat die Krise sicher nicht ungeschoren überstanden, da er ein Verwandter des 1139 festgenommenen Bischofs von Salisbury war. Von den vier Konstablern von 1136 nahmen zwei 1139, ein dritter 1141 Partei für die Kaiserin, nur Robert de Vere konnte im Amt überdauern. Der Marschall John FitzGilbert verließ Stephans Sache 1139 und wurde nicht ersetzt. Die ohnehin inoffizielle, aber sehr mächtige Position des Justitiars wurde erst recht nicht mehr besetzt, nachdem der alte Bischof Roger von Salisbury 1139 gestürzt worden und noch im selben Jahr gestorben war. Von den alten königlichen Reiserichtern Heinrichs I. wechselten zwischen 1138 und 1141 mehrere die Partei. In einer Übersicht über die Earls, Sheriffs und örtlichen Richter ist fast von der Hälfte (40 von 82 Namen) bekannt, daß sie zur Kaiserin überliefen oder von ihr ernannt wurden.

---

50) Zu dem im Folgenden beschriebenen Personalkarussell siehe Regesta regum Anglo-Normannorum 3, S. IX–XXVI; BISHOP, Scriptores regis, passim; CRONNE, Reign of Stephen S. 213–218.

Mit besonderer Wucht war die Kanzlei betroffen. Der erste Kanzler des Königs Stephan mit Namen Roger le Poer, dessen namengebende Armut natürlich mit der Ernennung zum Kanzler aufgehört hatte, war ein Sohn des Bischofs Roger von Salisbury und wurde mit diesem am 24. Juni 1139 verhaftet, was natürlich sein Amt jäh beendete. Schon als der König den Bischof Nigel von Ely, einen Neffen des Bischofs, der nach Devizes entwischt war, dort bald nach dem spektakulären Coup belagerte, drohte er ihm an, er werde seinen bisherigen Kanzler hängen, wenn ihm nicht die Burg ausgeliefert werde[51]. Nun ernannte der König Philipp von Harcourt zu seinem Kanzler, der zu Weihnachten 1139 im Amt war und Kanzler blieb, bis er im März 1140 zum Bischof von Salisbury nominiert wurde. Aber mit dieser Kandidatur scheiterte der König bei seinem Bruder, dem päpstlichen Legaten Bischof Heinrich von Winchester, den der König gerade erst im Dezember 1138 um den Erzstuhl von Canterbury geprellt hatte. Als Philipp sich in Salisbury nicht durchsetzen konnte, ging er mit seinem alten Patron Graf Waleran von Meulan zur Kaiserin über und wurde 1142 Bischof von Bayeux. Der dritte und letzte Kanzler Stephans war Robert von Gent, ein Sohn jenes Flamen Gilbert von Gent, den Wilhelm der Eroberer in Yorkshire etabliert hatte. Robert war schon vor der Schlacht bei Lincoln im Amt und verblieb darin bis zum Tode des Königs 1154. Er war also ein politischer Überlebenskünstler, hat sich aber vielleicht nach 1147, als er Dekan von York wurde, mehr um diese Position gekümmert als um die Kanzlei, in der er sich offenbar nicht sehr oft sehen ließ, womit er dem König auch nicht gefährlich wurde. Während Roger le Poer in dreieinhalb Jahren Amtszeit 62 Königsurkunden bezeugte und Philipp von Harcourt in weniger als einem Jahr es immerhin auf zwölf brachte, erscheint der Name des Kanzlers Robert von Gent als Zeuge trotz einer Amtszeit von fast 15 Jahren nur in 19 Königsurkunden. Der Siegelbewahrer Heinrichs I., Robert de Sigillo, scheint sich 1135 nach Reading zurückgezogen zu haben. Im Jahre 1141 wurde er von der Kaiserin zum Bischof von London erhoben. Dagegen war der nächste Siegelbewahrer 1139 oder 1140 im Amt und hielt sich darin bis 1154.

Der Sturz des Kanzlers 1139 und die Schlacht bei Lincoln hatten natürlich auch Rückwirkungen auf die Kanzleinotare, die Scriptores regis. Zu Beginn der Regierung Stephans waren in der Kanzlei mindestens sechs Schreiber tätig (Nr. X, XI, XIII, XIV, XVI und XVII). Noch vor der Verhaftung der Bischöfe nahmen die Schreiber XVIII und XIX ihre Tätigkeit auf. Möglicherweise schieden Nr. X, XI, XVI und XVII schon vor dem Fall des Kanzlers

---

51) Gesta Stephani S. 49.

aus und wurden durch Nr. XVIII und XIX ersetzt, aber ebenso gut können sie erst mit dem Kanzler gestürzt sein, worauf die relativ hohe Zahl von vier Mann immerhin deutet. Nach dem Fall des Kanzlers waren wahrscheinlich noch Nr. XIII, sicher aber Nr. XIV, XVIII, XIX und XX in der Kanzlei tätig, aber dem machte die Schlacht bei Lincoln ein Ende. Nr. XX, der 1139 kurz vor der Verhaftung der Bischöfe eingetreten und daher unbelastet war, blieb in der Kanzlei, Nr. XXI trat neu ein.

Zwei Schreiber waren von nun an das Maximum, aber es wäre denkbar, daß es in den letzten Jahren von Stephans Königtum nur noch einer war. Nr. XIX verschwindet spurlos, drei suchten sich andere Beschäftigungen. Nr. XIV, von dem wir den Namen Peter der Schreiber (*Petrus scriba*) kennen, lief über zur Kaiserin und schrieb ihr drei oder sechs Urkunden, je nachdem welcher paläographischen Zuschreibung man folgt. Dies hielt ihn bis 1144 beschäftigt, ab 1147 oder 1148 trat er als Urkundenschreiber in die Dienste des Erzbischofs Theobald von Canterbury, dem er nicht weniger als 25 Urkunden schrieb und in seinem Dienst auch vier Urkunden des Königs Heinrich II. für Christ Church, Canterbury. Er mag von 1145 bis 1147 Kanoniker in St. Martin le Grand in London gewesen sein. Jedenfalls stammt aus diesem Zeitraum eine Reihe von Königsurkunden für das Stift, deren Handschrift umstritten ist. Bishop hält sie für die Hand eines Imitators, Davis und Cronne sehen in ihr die Hand des Scriptor regis XIV, also Peters selbst. Aber auch dann bleibt die Zeit zwischen 1144 und 1145 unbesetzt. Zwischen 1141 und 1143 verkaufte er einen Grundbesitz in Gloucestershire, zwischen 1153 und 1161 war er selbst der Empfänger zweier von seiner Hand geschriebenen Urkunden, einer des Erzbischofs von Canterbury, der anderen des dortigen Priors von Christ Church. Die Biographie zeigt unverkennbar, wie er durch die Ereignisse von 1141 aus der gradlinigen Bahn geworfen worden war.

Schreiber XVIII schrieb dem König Urkunden fast bis zur Schlacht bei Lincoln. Eine davon, für die Kathedrale von Worcester (Regesta regum Anglo-Normannorum 3 n° 963), gehört aus inhaltlichen Gründen in die Jahre 1135–1139, ist aber mit dem gefälschten Exemplar des ersten Siegels des Königs besiegelt; das echte gebrauchte er bis zur Verhaftung der Bischöfe. Möglicherweise ist die Urkunde also eine erst später vom Schreiber XVIII hergestellte Fälschung oder mindestens Verunechtung und ein Indiz für die Art und Weise, mit der Schreiber XVIII jetzt sein Geld verdienen mußte[52]. Der Schreiber XIII schließlich mußte gleichfalls nach der Schlacht

---

52) Das gefälschte Siegel hängt auch an n° 964, ebenfalls für die Kathedrale von Worcester, aber von unbekannter Hand geschrieben.

von Lincoln den Kanzleidienst quittieren. Ein Jahr später, an Ostern 1142, finden wir ihn, der schon dem König Heinrich I. volle 21 Urkunden geschrieben hatte, als Urkundenschreiber beim Bischof von London, Robert de Sigillo, der als Siegelbewahrer Heinrichs I. in der Kanzlei einst sein Vorgesetzter gewesen war[53]. Die Verbindung mit dem 1150 gestorbenen Bischof von London scheint nicht allzu lange gedauert zu haben, denn auch der Schreiber XIII hielt sich mit Urkundenfälschungen über Wasser, die ich im einzelnen nicht hier, sondern demnächst in einem eigenen Aufsatz betrachten werde.

Wir wissen nicht, was dazu führte, daß die Königin Mathilde ihren Kanzler Radulf bald nach der Schlacht bei Lincoln entließ und durch Thomas ersetzte. Es ist ja auch genau so gut möglich, daß er selbst ging, weil er die Sache Stephans und Mathildes verloren gab. Anders als der Scriptor regis XIV konnte er sich allerdings in die Kanzlei der Kaiserin nicht retten, denn Peter war nur Schreiber gewesen, aber Radulfs Ehrgeiz mußte sich darauf richten, ein neues Kanzleramt zu ergattern. Die Kaiserin aber hatte im Juli 1141 nicht nur in William FitzGilbert bereits einen eigenen Kanzler, sondern hatte überdies noch versprochen, sie werde den Bruder des Earl of Oxford zum Kanzler machen, wenn William FitzGilbert das Amt niederlegen werde[54]. Nur als einfacher Scriptor regis wäre also für Radulf bei der Kaiserin Platz gewesen – falls sie ihn überhaupt gewollt hätte, denn als ehemaliger Kanzler der Königin war er natürlich politisch exponierter gewesen als der Scriptor regis XIV. Erst recht konnte er bei der Kaiserin nicht auf einen Bischofsthron hoffen und – wenn er aus eigenem Antrieb die Kanzlei der Königin Mathilde verließ – auch unter Stephan nach dessen Freilassung nicht mehr. Das Amt eines Kanzlers der Königin war aber schon unter Heinrich I. von England das Sprungbrett für eine Erhebung zum Bischof gewesen: Reinhelm, der Kanzler der Königin, die damals auch Mathilde hieß, wurde 1107 Bischof von Hereford, während Bernhard 1115 zum Bischof von St. David's in Wales aufstieg[55]. Das würde leicht erklären, warum Radulf im Hl. Land schon ein Jahr nach seiner Ernennung zum dortigen Reichskanzler die Hand nach dem Erzbistum Tyrus ausstreckte, wenngleich er sich dort nicht halten konnte (siehe unten S. 101–112).

Ist die Vermutung wirklich so weit hergeholt, daß er ins Hl. Land gegangen sein könnte, um dort eine neue Kanzleilaufbahn zu beginnen? Dort

---

53) GIBBS, Early Charters of St. Paul S. 173 n° 219; Facsimile des Originals im Kapitelarchiv von St. Paul's in London in Regesta regum Anglo-Normannorum 4, Taf. XI.
54) Ebd. 3 n° 634; vgl. ebd. 3, S. XXIX f.
55) Ebd. 2, S. XI.

wurde der Kanzlerposten kurz vor dem Tod des Königs Fulko (10. November 1143) vakant, so kurz davor, daß er keinen Nachfolger mehr ernennen konnte. Und nach seinem Tod begann sofort die wechselseitige Blockade seiner Witwe und ihres Sohnes in dieser Frage (siehe oben S. 79–81). Auch wenn man von dieser Vakanz nichts wußte, so wußte man doch, daß in Jerusalem nach Fulkos Tod, von dem Europa im Sommer 1144 erfahren haben muß, ein größeres Personalrevirement ins Haus stand, weil sich Melisendis eine eigene Klientel schaffen mußte und jenes Unrecht wenigstens teilweise wieder gutzumachen war, mit dem Fulko zu Beginn seiner Regierung seine Anhänger aus Anjou und anderswoher rücksichtslos in Ämter und Lehen geboxt hatte. Das war ja bekannt, Ordericus Vitalis führte ausdrücklich Klage darüber[56]. Wenn er es wußte, wußte man es auch am englischen Hof. Dort mußte man gleichfalls wissen, wie beschränkt die Bildungschancen im Hl. Land waren und daß einem fähigen Mann, wie es der Kanzler der Königin Mathilde gewesen sein muß, große Aufstiegschancen in der Kirche oder in der Verwaltung winkten, zumal wenn er auf seine bisherige Tätigkeit als Kanzler der Nichte des Staatsgründers Gottfried von Bouillon hinweisen konnte und in einem Moment ankam, in dem Melisendis, wie ihre Besetzung des Konstableramtes mit Manasses von Hierges zeigt, die Kontakte zu Lothringen und den Ardennen neu zu beleben suchte. Das mußte ihn auch dem König empfehlen und den notwendigen Kompromiß bei der Kanzlerernennung erleichtern (siehe oben S. 80 f.). Es wäre bei dieser Theorie erklärt, warum Radulf *cancellarius/scriba* trotz seiner wenigstens vier Jahre dauernden herausragenden Tätigkeit für die Königin Mathilde in England 1141/1142, spätestens 1143 (*Radulphus scriba*) spurlos verschwindet[57] und weder im Episkopat oder sonstwo in der englischen Kirche[58] oder in der wiederauflebenden Kanzlei der Königin und des

---

56) Historia ecclesiastica ed. CHIBNALL 6, S. 390–392. Vgl. zu dem Problem MAYER, Angevins, passim; DERS., Wheel of Fortune, passim; DERS., Fontevrault, passim.

57) Wenn es richtig ist, daß der Königinnenkanzler Radulf aus Flandern war und in den Osten ging, könnte er 1142 mit dem Grafen Dietrich von Flandern aufgebrochen sein. Ob dieser damals wirklich bis in den Osten kam oder vorher umkehrte, ist ungewiß, ja bisher wußte man bei diesem schier unermüdlichen Jerusalempilger überhaupt nichts von einer Pilgerfahrt 1142, aber er selbst gedenkt dieser in einer Urkunde aus diesem Jahr; DE HEMPTINNE – VERHULST, Oorkonden 2, 1, S. 106 n° 63 und S. LXXII f.

58) Soweit ich sehe, wäre die Annahme, daß der Kanzler der Königin später Prior des Augustinerchorherrenstifts Holy Trinity within Aldgate in London wurde, die einzige Alternative einer Laufbahn innerhalb von England. Der dortige zweite Prior Radulf hat eine Biographie in der Stiftschronik erhalten (HODGETT, Cartulary of Holy Trinity, Aldgate S. 231 n° 14; vgl. S. 229 n° 13 [S. 231]). Daraus geht hervor, daß ein gewisser

Königs oder gar der Gegenseite irgendwelche weiteren englischen Spuren

---

Radulf *vir venerabilis, etate maturus, in divina et humana pagina optime eruditus, hac urbe* (scil. London) *natus et nutritus, omnibus civibus amabilis et devotus, regi Stephano et eius uxori Matilde regine et curie regie cognitus et dilectus* im Januar 1147 zweiter Prior des bedeutenden, 1108 gegründeten Stifts wurde, das er schon ab 1144 als Subprior in Stellvertretung des kränkelnden ersten Priors Normannus verwaltet hatte. Ganz zweifellos war dieser Radulf ein enger Vertrauter der Königin Mathilde, deren Beichtvater er war. In dieser Eigenschaft war er auch an ihrem Totenbett präsent, ebenso später an dem des Königs Stephan. Zwei Kinder des Königspaares wurden in der Konventskirche begraben. Mit dem Erzbischof Theobald von Canterbury stand er auf vertrautem Fuße, ebenso mit Thomas Becket, obwohl der Bericht, der Radulf zum Beichtvater und zum Poenitentiar Beckets macht, von dem dieser sich habe geißeln lassen, hier sicherlich geschönt ist, denn daß dem Prior Radulf der Tod Beckets am Todestag selbst im Traum offenbart worden sei, ist manifest unmöglich, weil der Prior bereits im Oktober 1167 starb. Aber angesichts des oben zitierten Eulogiums auf den Prior Radulf in der Stiftschronik ist es recht unwahrscheinlich, daß der Chronist eine frühere Tätigkeit des Priors als Kanzler der Königin verschwiegen hätte. Auch setzte die Begünstigung des Hauses durch die Königin Mathilde nur jene fort, die bereits ihre gleichnamige Vorgängerin, die Gemahlin Heinrichs I. von England, und deren Mann vorexerziert hatten. Die ältere Mathilde hatte Holy Trinity gegründet und ihm Aldgate geschenkt (Ebd. S. 224 f. n° 1 und 4). Sie hatte auch die Sepultur in Holy Trinity erwählt, aber durch sinistre Machenschaften jagten die Mönche von Westminster den Kanonikern von Aldgate die Leiche zum Begräbnis ab, und vom Vermächtnis blieben Holy Trinity nur die Reliquien der älteren Mathilde, darunter freilich ein sehr wertvolles Stück vom Hl. Kreuz, ein Geschenk des Kaisers von Byzanz (Ebd. S. 229 n° 13). Auch nach dem Tod der jüngeren Mathilde und des Königs Stephan blieb dem Haus das Wohlwollen der angiovinischen Gegenseite erhalten, denn 1155 und 1156 ließ Heinrich II. einen Sohn und eine Tochter in Holy Trinity taufen (Ebd. S. 231 n° 14). Der Prior Radulf und die jüngere Königin Mathilde waren zweifellos einander vertraut, aber das besondere Wohlwollen Stephans und Mathildes hatte mit dem Prior Radulf wenig zu tun, sondern galt dem Haus. – Es gibt zwei Urkunden für die Abtei Sameraux-Bois bei Boulogne, in deren erster der König Stephan und seine Gemahlin Mathilde und in deren zweiter Stephan allein der Abtei die Besitzungen 1141 und 1145 bestätigte (HAIGNERÉ, Quelques chartes S. 117 n° 4, 120 n° 5). In beiden tritt als Zeuge ein *Radulfus capellanus* auf, in dem man natürlich, wenn man will, den früheren Kanzler Mathildes sehen könnte, der dann nach dem Ende seiner Kanzlerschaft in den Boulonnais gegangen wäre, aus dem er möglicherweise nach England gekommen war. Aber gegen die beiden Urkunden bestehen hinsichtlich der Echtheit ganz erhebliche Bedenken, die schon RIGAUX, Note S. 365–367 zum Teil geäußert hat, und unter den wenigen Urkunden von Samer aus dieser Zeit sind es nicht die einzigen Falsa. Formularmäßig sind sie überwiegend von kontinentaler Art, insbesondere bei der Datierung mit *anno verbi incarnati*. Der Datar ist aber in beiden Fällen *Richardus Anglicus notarius noster*, bei dem dann das kontinentale Gepräge der beiden Stücke eher erstaunt. Englisch ist das Fehlen einer Siegelankündigung, was aber natürlich auch

hinterlassen hat, nicht einmal als Urkundenfälscher wie die Kanzleiskriptoren des Königs n° XIII und XVIII (siehe oben S. 96 f.). Es wäre erklärt, warum er im Osten ebenso plötzlich auftaucht, wie er im Westen verschwand. Es wäre erklärt, warum dieser *homo novus*, den man zuvor im Hl. Land partout nicht feststellen kann, sofort in das Amt des Reichskanzlers katapultiert wurde und schon im Jahr nach seiner Ernennung die Hand nach der zweithöchsten Würde der Kirche des Landes ausstrecken konnte, nach dem Erzbistum Tyrus. Und es wäre schließlich erklärt, warum man mit diesem Kanzler nicht etwa ein Risiko einging, sondern für die Entwicklung des jerusalemitanischen Diploms einen ausgesprochenen Glücksgriff tat. Radulf war, als er im Hl. Land ankam, als Person ein Unbekannter, hatte aber, wie ich meine, als Kanzler der Königin Mathilde von England eine reiche Erfahrung mit einer königlichen Kanzlei und ihren Produkten englischer wie kontinentaler Prägung. Die hier entwickelte Theorie bleibt hypothetisch, erklärt aber den Gesamtbefund besser als die alternative Annahme, daß jemand zum Kanzler von Jerusalem bestellt wurde, der frisch eingewandert und ohne Erfahrung in einer Königskanzlei war.

Es soll hier aber doch noch ein weiteres Argument zugunsten einer Herkunft Radulfs aus der englischen Königskanzlei vorgetragen werden. Gedient hatte er in England Stephans Königin Mathilde. Nun ist unter den Heiligengemälden, mit denen er später in Bethlehem seine Kathedrale schmückte, auch eine Darstellung des Protomartyrers Stephanus, des Na-

---

kontinental vorkam, und – wenigstens im Prinzip – die Adresse mit *salutem*, gerichtet an *omnibus Francis et Anglis*. Aber unenglisch ist es, damit noch *et universis sanctae matris ecclesiae filiis tam futuris quam praesentibus* zu verbinden. Das Formular ist also in unzulässiger Weise hybrid. Schlimmer ist in beiden Urkunden, daß Stephan und Mathilde ohne königlichen Titel nur als Graf und Gräfin von Boulogne urkunden. Das ist eigentlich unvorstellbar, und zwar erst recht bei einem englischen Konzipienten. Die Zeugenlisten sind in beiden Stücken völlig identisch, was bei vier Jahren Abstand keinen guten Eindruck macht. Auch die Texte sind großenteils identisch, und die zweite Urkunde wirkt wie eine interpolierte Fassung der ersten, aber bei der ersten erheben sich gegen das Datum die allerschwersten Bedenken. Die Zeugenliste ist nämlich rein flandrisch, kein Engländer kommt darin vor. Im Ausstelljahr aber war der König Stephan vom 2. Februar bis zum 1. November in der Gefangenschaft der Kaiserin Mathilde und konnte überhaupt nicht urkunden, und Aufenthalte in Flandern, wo das Stück sichtlich ausgestellt zu sein vorgibt, lassen sich weder im Januar noch nach dem 1. November mit seinem Itinerar vereinbaren. Dasselbe gilt übrigens auch für das Jahr der zweiten Urkunde (1145). Ich halte in der Tat beide Urkunden für unecht. Aber selbst wenn der boulonnaisische Kapellan Radulf 1145 tatsächlich der alte Kanzler der Königin Mathilde gewesen sein sollte, so ließe dies immer noch die Möglichkeit einer Auswanderung nach Palästina in diesem Jahr.

menspatrons des Königs Stephan von England[59]. Wegen seines Tischdiensts für die Apostel war Stephanus einer der ersten Diakone und ist hier in liturgischer Diakonsgewandung dargestellt. Aber an Pracht der Gewandung stellt er alle anderen Heiligen auf den Fresken weit in den Schatten. Seine Dalmatica ist überreich mit Perlen und Edelsteinen verziert, auch das Buch, das er in der Hand hält, ist in dieser Weise reich verziert. Die Dalmatica selbst ist aus einem goldfarbenen Stoff gewirkt, der durchgehend mit Medaillons besetzt ist. Kühnel hat zwar gezeigt, daß Medaillons auf der Dalmatica bei Darstellungen von Heiligen, Bischöfen und Diakonen vorkommen, aber in Bethlehem sind die Medaillons allesamt mit einer Darstellung geschmückt, für die er keine Parallelen beibringt: In jedem Medaillon findet sich ein Adler, das Symbol weltlicher Herrschaft. Es fällt einem sofort die Adlerdalmatica im Wiener Kaiserornat ein. Und in der Tat, dem Besucher Bethlehems bietet sich Stephanus dar als ein Diakon, aber ein wahrhaft königlicher Diakon. Ob das Gemälde eine Huldigung darstellte an Radulfs König Stephan in England und an dessen Vater, den Grafen Stephan von Blois, der 1102 kämpfend in der Schlacht bei Ramla gefallen war, ein Martyrertod, der in den Augen des Jahrhunderts endlich jenen Makel tilgte, der auf ihm gelegen hatte, seit er bei Antiochia aus dem Heer des Ersten Kreuzzuges geflohen war[60]?

3. Radulfs Griff nach Tyrus 1146–1150/1151

Der neugebackene jerusalemitanische Kanzler Radulf war ein karrierebewußter Mann, der nicht daran dachte, sich mit dem Kanzleramt zufriedenzugeben. Er strebte den Aufstieg in den Episkopat an. Nachdem der Erzbischof Fulcher von Tyrus am 25. Januar 1146 zum Patriarchen von Jerusalem gewählt worden war, war der zweitwichtigste Metropolitansitz des Reiches vakant, aber die Meinungen über die Nachfolge waren geteilt, jedenfalls im Klerus. Auf Einladung der Königinmutter und des Königs versammelten sich die Wähler in Tyrus[61]. Als anwesend werden der Patriarch Fulcher von Jerusalem genannt und die Suffragane von Tyrus, von denen dann im weiteren Verlauf des Berichts Bernhard von Sidon und Johannes von Beirut namentlich aufgeführt werden. Der Bischof Rorgo von Akkon wird wohl anwesend gewesen sein, aber sicherlich nicht präsent waren die nördlichen

---

59) KÜHNEL, Wall Painting S. 64–69, Taf. XX f.
60) Wilhelm von Tyrus, Chronicon X. 19 (20), S. 477.
61) Ebd. XVI. 17, S. 738 f.

Suffragane Tripolis, Tortosa und Byblos, weil die Erzdiözese Tyrus sowohl vom Patriarchat Antiochia wie vom Patriarchat Jerusalem beansprucht wurde und de facto geteilt war, woran auch der neuerliche Entscheid der Kurie von 1138 zugunsten Jerusalems (JL 7908) nichts geändert hatte. Aber auch die Königin Melisendis und der König Balduin III. waren anwesend, und noch hatte der Hof bei kirchlichen Wahlen ein ausschlaggebendes Gewicht. Er obsiegte zunächst auch hier. Ein Teil der Wähler verlangte die Wahl des königlichen Kanzlers Radulf. Wilhelm von Tyrus versichert uns ausdrücklich, daß diese Kandidatur die Zustimmung und aktive Unterstützung des Königs und seiner Mutter, ja des ganzen Hofes (*cunctisque curialibus valde acceptum*) hatte.

Von den Suffraganen scheint nur der Bischof Adam von Baniyās die Kandidatur Radulfs unterstützt zu haben. Adam war 1140 erhoben worden und starb 1160[62]. Er war Bischof von Baniyās 1148 bei der Belagerung von Damaskus und 1156 beim Strafgericht des Patriarchen Fulcher über die Ölbergkanoniker[63]. Zwischendrin aber hatte er sein Bistum verloren, denn am 27. November 1150 tritt ein Bischof Gilduin von Baniyās zusammen mit dem Bischof Rainer von Sebaste als Zeuge in einer Urkunde des Erzbischofs von Nazareth auf[64]. Es ist klar, daß Bischof Adam hatte weichen müssen, aber die Gründe dafür müssen schwerwiegend gewesen sein, denn der Patriarch Fulcher, damals noch als Erzbischof von Tyrus Metropolitan von Baniyās, hatte 1140 der Erhebung Adams ausdrücklich zugestimmt. Der vorübergehende Verlust seines Amtes wäre am ehesten erklärt, wenn man annimmt, daß sich Adam in der tyrischen Frage auf die Seite Radulfs schlug und ihn nun der Zorn des sanguinischen Patriarchen traf. Bei der Generalbereinigung des Problems Tyrus 1151 muß Adam ins Amt zurückgekehrt sein, allerdings in deutlicher Distanz zu Fulcher, denn er war 1156 einer der ganz wenigen Bischöfe, die Sympathie für die Ölbergkanoniker zum Ausdruck brachten[65].

---

62) Wilhelm von Tyrus, Chronicon XV. 11, S. 690. D. RRH n° 354. RRH n° 371.

63) Ebd. XVII. 1, S. 761. RRH n° 323.

64) RRH n° 259a. Die Vermutung von RÖHRICHT ebd., es handle sich um einen sonst unbekannten Bischof von Valania an der syrischen Küste bei der Burg Margat, ist unsinnig, da nicht zu sehen ist, was der dortige Bischof so weit im Süden hätte tun sollen.

65) Es muß dagegen offen bleiben, obwohl es eine verführerische Annahme ist, ob der König den Adam – immerhin ein ehemaliger Archidiakon mit einer dem König nützlichen Verwaltungserfahrung (Wilhelm von Tyrus, Chronicon XV. 11, S. 690) – vorübergehend in seiner Kapelle versorgte, denn in D. RRH n° 258, wo überwiegend Gestrauchelte als Zeugen auftreten, erscheint neben dem Elekten Radulf von Tyrus auch ein königlicher Kapellan namens Adam.

Wer in Tyrus der Kandidat der anderen Seite für das erzbischöfliche Amt war, wird nicht verraten. Möglicherweise war es der seit 1130/1131 (D. RRH n° 137) amtierende Prior Petrus der Grabeskirche, der dann Jahre später statt Radulfs Erzbischof von Tyrus wurde. Aber möglicherweise war es auch der Archidiakon von Tyrus, Johannes Pisanus, den Wilhelm von Tyrus als die Speerspitze der Opposition nennt. Er wurde später Kardinal und unterschreibt als solcher erstmals am 18. März 1152[66], so daß sein Ausscheiden als Anwärter auf Tyrus dem im Mai 1151 erstmals als Erzbischof von Tyrus bezeugten Petrus (RRH n° 266) den Weg geebnet haben könnte. Wen immer man im Auge gehabt haben mag, ein großer Teil des Wahlkörpers empfand Radulfs Kandidatur und Wahl – denn diese erfolgte – als einen Oktroi. Die Führer der Gegenpartei waren neben dem Archidiakon Johannes Pisanus die Bischöfe von Sidon und Beirut und der Patriarch Fulcher. Sie appellierten den Fall an die päpstliche Kurie. Aber das ändert nichts daran, daß Radulf gewählt wurde. Wilhelm von Tyrus sagt dies zwar nicht ausdrücklich, aber immerhin berichtet er davon, daß Radulf *ecclesiam* (scil. *Tyrensem*) *et eius bona invasit posseditque per biennium*, und noch im Sommer 1150 wurde Radulf als Zeuge einer Königsurkunde *Tyri electus* genannt (D. RRH n° 258).

Es ist nicht leicht zu sagen, wann die Wahl Radulfs erfolgte. Dies ist abhängig von dem Datum der Weihe des Patriarchen Fulcher von Jerusalem, für das das Datum von D. RRH n° 245 eine nicht unerhebliche *crux* darstellt. Der Patriarch Wilhelm von Jerusalem starb am 27. September 1145, und nach einer Vakanz von vier Monaten wurde der Erzbischof Fulcher von Tyrus am 25. Januar 1146 zum Patriarchen gewählt[67]. Am 19. Februar 1146 erscheint Fulcher als Elekt von Jerusalem (D. RRH n° 240). Das Datum seiner Weihe ist nicht überliefert[68]. Im Jahre 1148, eher als 1147,

---

66) MAYER, Guillaume de Tyr S. 265.

67) Wilhelm von Tyrus, Chronicon XVI. 17, S. 738.

68) Ich gehe davon aus, daß eine Weihe auch dann stattfand, wenn wie hier der Elekt die Bischofsweihe bereits in dem Bistum erhalten hatte, aus dem er kam. Ich führe hierfür einige Fälle an. In Jerusalem erscheint der Patriarch Gibelin, zuvor Erzbischof von Arles, zunächst als Elekt; RRH n° 59. Fulcher selbst, um den es hier geht und der vom Erzstuhl von Tyrus kam, wurde anfangs als Elekt bezeichnet; D. RRH n° 240. Dagegen ist D. RRH n° 548, wo man den früheren Erzbischof von Caesarea als erwählten Patriarchen findet, eine Fälschung der Mitte des 13. Jahrhunderts. Allerdings dachte sich der Fälscher nichts bei einem erwählten Patriarchen, die Position schien ihm unverdächtig. Von dem Bischof Radulf von Sidon, der schon im Februar 1215 gewählt war (POTTHAST 4954 = MIGNE, PL 216, Sp. 973), erfahren wir ausdrücklich, daß er im November 1215 auf dem Laterankonzil zum Patriarchen geweiht wurde (Estoire de Eracles S. 319: *fu sacré a ce concile*).

urkundete er als (geweihter) Patriarch[69]. Eine nähere Eingrenzung ergibt sich aus D. RRH n° 258. Dieses ist mit 22. Juni a. inc. 1150, ind. 13 tadellos datiert, so daß man der zusätzlichen Angabe *Fulcherii patriarchatus a. 4* durchaus trauen darf, zumal der Konzipient Daniel aus einer Jerusalemer Familie stammte. Gerechnet wurde hier offenkundig ab der Weihe, da vom Ausgangspunkt der Wahl her D. RRH n° 258 bereits in das fünfte Amtsjahr des Patriarchen fiele[70]. Lag aber der 22. Juni 1150 ab Weihe gerechnet im vierten Jahr Fulchers, so war er spätestens am 22. Juni 1147 geweiht worden, frühestens am 23. Juni 1146.

Nun wird Fulcher aber schon im Datum von D. RRH n° 243 als Patriarch, nicht als Elekt genannt (*presidente sedis Iherosolimitane Fulcerio patriarcha*). In diesem Stück wird a. inc. 1146 zwar verbunden mit ind. 8, d. h. die Indiktion deutet auf das Jahr 1145 (vor September 24). Doch ist dies mit Sicherheit verkehrt, da Fulcher am 25. Januar 1146 überhaupt erst gewählt wurde[71]. Die Indiktion hätte richtig 9 zu lauten, und dann gehört RRH n° 243 zu 1146, und zwar nicht nur nach die Wahl Fulchers am 25. Januar, sondern auch nach den 19. Februar, als er noch Elekt war (D. RRH n° 240), jedoch wegen des Wechsels in der berichtigten Indiktion vor den 24. September. Spätestens am 23. September 1146 war Fulcher also geweiht, frühestens am 23. Juni (D. RRH n° 258; siehe oben) hat die Weihe stattgefunden.

Fulchers Wahl und Weihe zum Patriarchen machte den Weg frei für die umstrittene Wahl Radulfs zum Erzbischof von Tyrus. Radulf unterfertigte noch D. RRH n° 245 als Kanzler, ohne die Zufügung irgendeines geistlichen Amtes. Er nennt sich nicht einmal Elekt von Tyrus, obwohl er noch im Sommer 1150 so bezeichnet wurde (D. RRH n° 258) und obwohl er 1156 D. RRH n° 321 als Kanzler und Elekt von Bethlehem unterfertigte. Das Diplom D. RRH n° 245 wird gewöhnlich auf den 4. Juli 1147 angesetzt, kann aber auch zu 1146 gehören, da im Datum a. inc. 1147 mit ind. 9 verbunden wird; für Juli 1147 hätte die Indiktion 10 zu lauten. Soll man aufgrund von D. RRH n° 245 vermuten, daß Radulf erst danach, also erst nach dem 4. Juli 1146 oder gar nach dem 4. Juli 1147 gewählt wurde, wenn der Erzbischof Fulcher von Tyrus bereits am 25. Januar 1146 zum Patriarchen von Jerusalem gewählt und zwischen dem 23. Juni und dem 23. Sep-

---

69) RRH n° 251. Zum Datum siehe unten Bd. 2, Exkurs I, S. 860.

70) Ähnlich hat man in RRH n° 242 den Beginn der Regierung Balduins III. nicht ab der Krönung 1143, sondern ab der Volljährigkeit 1145 gerechnet, was auch für D. RRH n° 256 gelten dürfte; siehe MAYER, Melisende S. 141 Anm. 41 und unten Bd. 2, Exkurs I, S. 860 zu D. RRH n° 256.

71) Aus demselben Grunde verbietet sich auch die Annahme des stilus Pisanus.

tember desselben Jahres dort geweiht wurde? Bei ganz stringenter positivistischer Betrachtung müßte man so argumentieren. Natürlich fanden die beiden Wahlen nicht gleichzeitig statt, schon weil die erste in Jerusalem, die zweite in Tyrus zu erfolgen hatte. Aber alle Welt muß sich beizeiten überlegt haben, wie man Tyrus besetzen werde, wenn der dortige Erzbischof Patriarch wurde. Eine Vakanz in Tyrus bis über den Juni 1147 hinaus ist jedenfalls ganz unwahrscheinlich[72], war es doch das zweitwichtigste Amt in der Hierarchie des Landes. Man könnte natürlich Tyrus für Fulcher nicht nur bis zur Patriarchenweihe, sondern auch bis zum Erhalt des Palliums offengehalten haben. Aber selbst bei einer Romreise Fulchers im Jahre 1146, über die nichts bekannt ist, wäre er bis zum Juli 1147 zurückgewesen und die Wahl eines neuen Erzbischofs hätte längst stattgefunden haben können, ganz abgesehen davon, daß das Pallium oft genug nicht persönlich in Rom abgeholt, sondern in den Osten übersandt wurde[73].

Gehört D. RRH n° 245 zu 1146, so ist die Länge der tyrischen Vakanz ohne Bedeutung. Fulcher wurde im Januar 1146 gewählt, im Sommer 1146 geweiht, so daß Radulfs Wahl in Tyrus sehr wohl nach dem 4. Juli 1146 stattgefunden haben kann. Dafür daß D. RRH n° 245 bereits am 4. Juli 1146 erging, sprechen immerhin gewichtige Überlegungen. Es ist Radulfs eigenes Diplom, nicht nur von ihm unterfertigt, sondern auch von ihm diktiert. Bei der Betrachtung seiner Diktatgruppe wird sich zeigen, daß Radulf ein ausgezeichneter Komputist war (siehe unten S. 740 f.). Seine Indiktion stimmt achtmal mit dem Inkarnationsjahr überein, nur in DD. RRH n° 245. 299 nicht. Im letztgenannten Stück ist sie um I zu hoch. Aber dieser Fehler stammt nicht von Radulf selbst, sondern von dem komputistisch nicht sattelfesten Radulf C, der die beiden VUU. RRH n° 301. D. RRH n° 300 schrieb, aus denen Radulf das Datum ohne Nachprüfung kopierte. Eine

---

72) Seit 1139 galt die Vorschrift, daß eine Sedisvakanz höchstens drei Monate dauern durfte, was natürlich nicht immer eingehalten wurde; siehe Lateranum II can. 28 und Lateranum IV can. 23 bei MANSI, Amplissima collectio 21, Sp. 533 und 22, Sp. 1011.

73) Theoretisch brauchte Fulcher überhaupt kein Pallium, weil er es als Erzbischof von Tyrus bereits hatte; JL 7943. Aber als 1136 der Erzbischof Radulf von Mamistra Patriarch von Antiochia wurde und sofort das Pallium seines Vorgängers eigenmächtig vom Altar der antiochenischen Kathedrale nahm, wurde er später genötigt, dieses an der Kurie zurückzugeben. Er empfing stattdessen ein anderes, das vorschriftsmäßig vom Grabe Petri genommen worden war (Wilhelm von Tyrus, Chronicon XIV. 10. XV. 13, S. 642, 693). Auch der Papst bestand also darauf, daß in solchen Fällen eine neuerliche Palliumsverleihung stattfand (für den Hinweis auf Radulfs Fall danke ich Prof. Rudolf Hiestand, Düsseldorf.)

solche Erklärung bietet sich bei D. RRH n° 245 nicht an, denn eine VU. ist nicht zu erkennen[74]. Es kann aber durchaus ein Schreibfehler in der Überlieferung vorliegen, einer Kopie des 13. Jahrhunderts (La Valletta, Johanniterarchiv, Arch. vol. 1 n° 49). Hierbei kann nicht die Indiktion verschrieben sein, denn aus X kann nicht VIIII werden. Wohl aber könnte das Inkarnationsjahr MCXLVII verschrieben sein aus (richtig) MCXLVI im verlorenen Original.

Es kommt noch etwas anderes hinzu. Bis zu der außerordentlich schwierigen Besitztrennung zwischen dem Hl. Grab und dem Johanniterorden um die Mitte des 12. Jahrhunderts[75] besorgten sich die Johanniter jeweils beim Amtsantritt eines neuen Patriarchen eine Besitzbestätigung vom König, um sich gegen den neuen Patriarchen abzusichern, von dem sie die Exemption ja erst 1154 erreichten. Das Problem bestand darin, daß in der Frühzeit sehr viele Schenkungen in aller Welt gesamthaft dem Hl. Grab und dem Johannesspital gemacht worden waren. Die Johanniter waren also immer dadurch gefährdet, daß das Hl. Grab Besitzungen für sich beanspruchen konnte, die das Spital seinem Korporationsvermögen zurechnete. Dagegen sicherten königliche Besitzbestätigungen mit detaillierter Besitzliste. Dabei kam es seit dem ersten Laterankonzil von 1123 auch darauf an, eine solche Besitzbestätigung des Königs noch vor der Weihe des neuen Patriarchen zu erlangen, da seit dem Konzil dem Elekten die Verfügung über das Kirchengut verboten war[76]. Bis zur Weihe war man also sicher. D. RRH n° 245 betrifft zwar vor allem zwei einzelne Landtransaktionen, aber angehängt wurde eine pauschale Bestätigung der Schenkungen der Könige von Jerusalem seit Balduin I. und ihrer Vasallen. Auf eine Besitzliste wurde hier verzichtet, wohl weil bereits zwei derartige vorlagen, auf die man rekurrieren konnte, die letzte von 1129 (DD. RRH n° 57. 130). Bei einer Weihe Fulchers zwischen 23. Juni und 23. September 1146 war man mit D. RRH n° 245 gerade noch einigermaßen innerhalb der Frist, aber nur wenn das Diplom am 4. Juli 1146 erging, und auch dann nur, wenn Fulcher sogar an diesem Tage

---

74) Es wird keine erwähnt. Eine Almosenschenkung der Königsfamilie, wie sie in D. RRH n° 245 erfolgte, setzt keine VU. voraus. Es wurden außerdem noch zwei Casalien in der Terre de Suète an den König gegen zwei andere Casalien getauscht. Es mag da eine ursprüngliche Schenkungsurkunde gegeben haben, aber aus dieser stammte das Datum ganz bestimmt nicht, denn der Schenker war von 1106 bis 1137 in muslimischer Gefangenschaft gewesen und 1146 kaum noch am Leben; vgl. MAYER, Bistümer S. 76 f.

75) RRH n° 316. 318; siehe zu dem Problem auch MAYER, Zur Geschichte der Johanniter, S. 150–159.

76) BENSON, Bishop-Elect S. 41.

noch nicht geweiht war, seine Weihe also mit neuerlicher Einengung auf den Zeitraum 4. Juli – 23. September 1146 anzusetzen ist. Der 15. Juli 1146 als der doppelte Festtag der *Divisio apostolorum* und der Eroberung der Stadt 1099 (siehe dazu unten S. 712) wäre immerhin eine mögliche Spekulation. Man könnte es dabei bewenden lassen. Das Resultat wäre, daß Fulcher zwischen dem 4. Juli und dem 23. September, möglicherweise am 15. Juli 1146 die Weihe zum Patriarchen von Jerusalem erhielt, daß D. RRH n° 245 zum 4. Juli 1146 gehört und der Kanzler Radulf erst danach zum Erzbischof von Tyrus gewählt wurde. Die ersten beiden Schlußfolgerungen sind endgültig. Aber am 19. Februar 1146, als in Tyrus D. RRH n° 240 ausgestellt wurde, befand sich ein großes Aufgebot in der phönizischen Hafenstadt. Zunächst waren dort der König und seine Mutter, die gemeinsam das Diplom ausstellten, in dem sie vor Ort einen Streit zwischen Bauern zweier tyrensischer Casalien schlichteten, was natürlich nicht der Grund ihres Kommens gewesen war. Das adlige Gefolge in der Zeugenliste blieb eher unter dem Normalen. Keiner der großen Barone wird genannt, sondern nur zwei mittlere Vasallen und vor allem Inhaber von Kronämtern: der Konstabler Manasses, der der Magnatenschicht noch nicht angehörte, der Schenk, der Marschall und der Vizegraf von Nablus, natürlich auch in der Kanzleizeile der Kanzler Radulf. Wesentliche Feudalangelegenheiten oder weltliche Dinge von Bedeutung können damals in Tyrus nicht verhandelt worden sein, hier fand keine *curia regis* statt. Zugegen waren vielmehr in der Ausdrucksweise Wilhelms von Tyrus bei seinem Bericht über Radulfs Wahl zum Erzbischof die *curiales*, also Hoffunktionäre. Dagegen war das geistliche Aufgebot beeindruckend: der Elekt Fulcher von Jerusalem, der Bischof Bernhard von Sidon, die beide als an der strittigen Wahl von 1146 beteiligt genannt werden, sodann der Bischof Benedikt von Tropea in Kalabrien, ferner vom Hl. Grab nicht nur der Prior Petrus, sondern auch der Thesaurar und ein Chorherr, dann der Patriarchenkanzler Ernesius, aus der Abtei Josaphat bei Jerusalem der Subprior und ein Mönch und schließlich der Archidiakon Johannes (Pisanus) von Tyrus, wie der Patriarch und der Bischof von Sidon ein Gegner der Wahl Radulfs. Der Patriarch war also mit großem Gefolge nach Tyrus gereist, und bis auf den Bischof von Beirut erscheinen unter den Zeugen die Hauptgegner Radulfs.

Man kann sich schwer dem Eindruck entziehen, daß man im Februar 1146 in Tyrus zusammengekommen war, um dort, wie dies Wilhelm von Tyrus ausdrücklich versichert[77], die Nachfolge im Erzbistum Tyrus zu

---

77) Wilhelm von Tyrus, Chronicon XVI. 17, S. 738: *contigit tam dominum regem quam matrem eius, ... dominum quoque patriarcham, ... episcopos quoque eiusdem ecclesie*

regeln[78]. Wir stehen dreieinhalb Wochen nach der Wahl Fulchers zum Patriarchen. Die Königsfamilie war entschlossen, den Kanzler zum Erzbischof von Tyrus zu machen. Angesichts der Wahrscheinlichkeit, daß er erst kurz im Hl. Land war und der dortigen Kirche noch nicht nachhaltig gedient hatte, war der Sturm vorauszusehen, der sich bei seiner Wahl erheben würde. Es empfahl sich dann für die Befürworter dieser Wahl, sie so rasch wie möglich abzuhalten, solange der neue Patriarch dem Königshause noch wegen seiner eigenen Wahl verpflichtet war. Ein solches Gefühl war zwar bei dem intransigenten Fulcher nicht unbedingt zu erwarten, aber je länger man säumte, desto weniger würde man ihn zu irgendeinem Entgegenkommen bereit finden. Fulcher war gegen Radulfs Wahl, aber als Scharfmacher schickte er den Archidiakon von Tyrus, Johannes Pisanus, vor[79].

Alles bei dieser Wahl paßt besser in den Februar als in die Zeit nach dem 4. Juli 1146. Wenn man die Wahl Radulfs in den Februar 1146 verlegt, muß man allerdings annehmen, daß es überhaupt zulässig war, in Tyrus eine Neuwahl vorzunehmen, ehe Fulcher in Jerusalem die Weihe erhalten hatte. Wenn Fulcher an der Frage der Weihe scheiterte, mußte er ja nach Tyrus zurückkönnen. Es wäre liebenswürdig gewesen, mit der tyrischen Neuwahl bis dahin zuzuwarten, aber ich habe nicht den Eindruck, daß man dies tun mußte. Man hätte nämlich sonst bei allen Translationen auf ein Erzbistum mit der Neuwahl am bisherigen Sitz auch zuwarten müssen, bis Rom das Pallium verliehen hatte, denn ohne dieses war auch ein konsekrierter Erzbischof nichts, aber das dauerte angesichts der Länge der Reise und des Ruhens der Schiffahrt im Winter natürlich lange[80].

Kanzleigeschichtlich hat die Theorie von einer Wahl Radulfs im Februar 1146 zum Erzbischof von Tyrus natürlich Konsequenzen. Am 4. Juli 1146 war Radulf noch Kanzler (D. RRH n° 245). Wenn er aber bereits Elekt von Tyrus war, so heißt das, daß er die Kanzlei nicht freiwillig abgab, wobei er – durchaus überzeugend, wie die Zukunft erweisen sollte – hätte argumentieren können, daß noch gar nicht sicher sei, ob er sich in Tyrus überhaupt

---

suffraganeos, apud predictam urbem (scil. Tyrus), *ut ecclesie providerent, convenisse.*

78) Das dürfte auch der Grund gewesen sein, warum sich der Kanzler Radulf für D. RRH n° 240 sowohl eines Empfängerentwurfs für den Text wie eines Empfängerschreibers für das Ingrossat bediente (siehe unten S. 722, 794–799), was sonst nicht seine Art war. Radulf hatte eben für mehr nicht Zeit, er war im Wahlkampf.

79) Wilhelm von Tyrus, Chronicon XVI. 17, S. 738: *Alii vero, quorum princeps erat Iohannes Pisanus ...*

80) Man sollte vielleicht auch beachten, daß sich die Elekten auch bei Translationen stets nach dem neuen Sitz bezeichnen und nicht zusätzlich noch nach dem alten. Sie selbst hatten also mit der Annahme der Wahl den alten Sitz bereits preisgegeben.

durchsetzen werde. Sicher ist, daß er ein Jahrzehnt später mit Erfolg bemüht war, das Bischofsamt mit der Leitung der Kanzlei zu verbinden (siehe unten S. 142). Es ist nicht einzusehen, daß er dies nicht schon 1146 versucht haben sollte, ja dann erst recht, weil seine Zukunft in Tyrus wirklich in den Sternen stand. Das Abweichen vom Herkommen, wonach beide Ämter unvereinbar waren, würde auch erklären, warum er aus Vorsicht in der Unterfertigung von D. RRH n° 245 auf die Angabe des geistlichen Amtes verzichtet haben könnte. Wir werden sehen, daß er auch als Kanzler des Grafen von Askalon auf die Angabe seines bischöflichen Amtes in Bethlehem verzichten sollte (siehe unten S. 118). Auch aus einem anderen Grund muß man Radulfs Wahl vor dem 4. Juli 1146 ansetzen. Wegen der Wahl Fulchers mußte eine Gesandtschaft an die Kurie abgeordnet werden. Es empfahl sich, ihr wegen der Appellation gleich auch das Geschäft der Bestätigung oder Zurückweisung von Radulfs Wahl anzuvertrauen. Das verlangten nicht nur Kostenerwägungen, sondern auch der Umstand, daß die Gesandtschaft beim Papst besonders die Freiheit der kirchlichen Wahlen betrieb, die bei Radulfs Wahl ja nicht gewahrt gewesen war (siehe unten S. 111 f.).

Wilhelm von Tyrus deutet an, es habe vor allem die Königin Melisendis hinter der Kandidatur Radulfs gestanden, denn Wilhelm schreibt, es seien der König und seine Mutter, *penes quam regni cura et universum residebat moderamen*, deswegen nach Tyrus gereist. Ich habe mich hiervon in einer früheren Arbeit beeindrucken lassen[81], und es mag ja sein, daß es so war, denn nachdem Melisendis Radulf hatte fallen lassen, erkannte ihn der König noch im Juni 1150 als erwählten Erzbischof von Tyrus an (D. RRH n° 258). Aber nachdem sich gezeigt hat, daß Balduin III. nach seiner Volljährigkeit aktiver in die Politik eingriff, als uns Wilhelm von Tyrus glauben machen will, und daß Radulf 1145 als Kanzler ein Kandidat war, auf den sich der König und die Königinmutter geeinigt hatten (siehe oben S. 81), darf man dasselbe sicher auch für die Kandidatur zum Erzbischof von Tyrus im Jahre 1146 unterstellen.

Schwieriger ist es zu sagen, warum sich die Gegenseite so gegen ihn sperrte. Daß er als Neuankömmling an altgedienten Klerikern des Landes vorbeiziehen wollte, ohne sich durch die Institutionen gedient zu haben, wird schon mitgespielt haben, obwohl das kein einmaliges Ereignis gewesen wäre. Das war bei einer Einwandererkirche nicht immer zu vermeiden. Aber damals wenigstens stand, wenn man eine Translation aus dem bereits vorhandenen Episkopat vermeiden wollte, in dem Archidiakon Johannes Pisanus ein hervorragend qualifizierter Mann im Lande zur Verfügung, der es zu

---

81) MAYER, Queen Melisende S. 127.

Recht später zum Kardinal brachte und auch im Kardinalskolleg kein Hinterbänkler blieb[82]. Aber es gab Gewichtigeres. Tyrus war wegen des schon erwähnten Streits der beiden Patriarchate um die Obödienz der Erzdiözese (siehe oben S. 102) in der Sicht des Patriarchen von Jerusalem ein heikler Posten. Daß die Entscheidung von 1138 nicht endgültig gewesen war, wußte man, denn bereits anderthalb Jahre später drohte der Papst ganz unverhüllt, daß er sich bei Fortdauer der Streitigkeiten, diesmal zwischen dem Patriarchen Wilhelm von Jerusalem und dem Erzbischof Fulcher von Tyrus, dazu entschließen könne, die Erzdiözese Tyrus samt ihren Suffraganen unmittelbar dem Hl. Stuhl zu unterstellen[83]. Das mochte dem Erzbischof Fulcher, den der Patriarch Wilhelm daran zu hindern gesucht hatte, sich in Rom das Pallium zu holen, gut in den Ohren geklungen haben. Als er erst Patriarch von Jerusalem war, muß es ihm als Kakophonie vorgekommen sein. Für ihn kam es jetzt darauf an, diese Lösung des Problems, die später begreiflicherweise die Sympathie des Chronisten Wilhelm von Tyrus hatte, zu verhindern. Sollten der Hof und der Kanzler nicht die Gewähr geboten haben, eine solche Maßnahme Roms mit allen Mitteln zu bekämpfen, so war Radulf in Tyrus für den Patriarchen Fulcher inakzeptabel. Mit dem guten Einvernehmen zwischen Fulcher und dem Papst, den er im anakletianischen Schisma bedingungslos gestützt hatte, war es ja seit dem Tode Innocenz' II. 1143 vorbei; Fulcher mußte sich auf härteren Wind aus Rom einstellen, und tatsächlich schlug Eugen III. zu einem unbekannten Zeitpunkt zwischen 1145 und 1153 die Bistümer Beirut und Sidon dem Patriarchat von Antiochia zu[84]. Das war eine ganz unerträgliche Lösung, weil sie dem Erzbischof von Tyrus de facto nur noch zwei Suffragane (Akkon und Baniyās) beließ und damit die ordnungsgemäße Struktur der Kirchenprovinz, für die drei Suffragane nötig waren, in Frage stellte.

Nun gibt es aber kein Indiz dafür, daß der Hof irgendwelche Sympathien für die antiochenische Position in der tyrensischen Streitfrage gehabt hätte. Die Romunmittelbarkeit war gewiß auch nichts, was der Hof sich wünschte, denn die Lösung einer dornigen Streitfrage wäre erkauft worden mit dem Ausscheiden der nach Jerusalem wichtigsten Kirchenprovinz aus dem Verband der Reichskirche. Das konnte kein König wollen. Aber so wie es später Wilhelm von Tyrus sympathisch war, wäre es auch dem Kanzler Radulf möglicherweise gefällig gewesen, denn es hätte unmittelbarere Kontakte als

---

82) Zu ihm siehe MAYER, Guillaume de Tyr, passim.
83) JL 7943, zuletzt gedruckt bei HIESTAND, Vorarbeiten 3, S. 152 n° 40, der auch erstmals die hier in Aussicht genommene Lösung des tyrensischen Streits herausgearbeitet hat.
84) Ebd. 3, S. 203 n° 69.

bisher mit dem Papsttum bedeutet. Fulcher mußte in Tyrus jemanden haben, der ihm Garant war, als Erzbischof von Tyrus nur einen jerusalemitanischen Kurs zu steuern, und dafür mag der ab 1151 nachweisbare Erzbischof Petrus von Tyrus als langjähriger Prior der Grabeskirche die Gewähr geboten haben.

Aber bei der Wahl Radulfs war 1146 noch ein anderes kirchliches Problem involviert, die Freiheit der kirchlichen Wahlen. Diese war im lateinischen Osten nicht garantiert, bis Celestin III. wohl 1191 in einer wichtigen Dekretale das bisherige Verfahren verbot, wonach man dem Patriarchen und dem König zwei Kandidaten vorschlug, von denen sie einen wählen oder beide zurückweisen konnten; dies wurde jetzt zu einer nachträglichen Zustimmung abgeschwächt[85]. Aber die Frage war auch virulent, als 1146 Radulf mit massiver Hilfe des Hofes zum Erzbischof gewählt wurde. Der Patriarch Fulcher hatte Europa verlassen müssen kurz nach dem Ausbruch des anakletianischen Schismas, in dem er so entschieden für Innocenz II. Partei ergriff, daß er sich bei seinem anakletianischen Bischof nicht halten konnte und lieber als einfacher Chorherr am Hl. Grab unterkroch, als unter den obwaltenden Umständen weiterhin sein Stift Cellefrouin zu leiten[86]. Fulcher war also aus Aquitanien. Er muß von den Pilgern in Jerusalem erfahren haben, daß im Jahre 1137 beim Anschluß Aquitaniens an das Kapetingerreich Ludwig VI. von Frankreich und im selben Jahr noch Ludwig VII. in zwei bedeutsamen Privilegien für alle Bistümer und Klöster Aquitaniens die Freiheit der kirchlichen Wahlen bewilligt hatten[87]. Ob er auch wußte, daß es über diesem Zugeständnis beim ersten Testfall 1140 in Poitiers sofort zum Streit kam, stehe dahin, ist aber auch belanglos, denn natürlich mußte Fulcher zusehen, daß er auch in Jerusalem aquitanische Rechtsverhältnisse erhielt. Und er tat es. Im Frühjahr 1146 kam eine Gesandtschaft der jerusalemitanischen Kirche an die Kurie. Wir können sie aus ihren Aktivitäten erschließen. Da Fulcher am 25. Januar zum Patriarchen, Radulf nach meiner Berechnung Mitte Februar zum Erzbischof gewählt worden war, mußte für beide die päpstliche Bestätigung und das Pallium eingeholt werden. Aber natürlich erledigte die Gesandtschaft gleich alle schwebenden Angelegenheiten. Dazu gehörte sicher die Schlichtung eines höchst unerquicklichen Streits zwischen Nazareth und der Abtei Josaphat, der im Frühjahr 1146 zu einer Denkschrift der Abtei an den Papst führ-

---

85) JL 17656, vollständig gedruckt bei HIESTAND, Vorarbeiten 3, S. 348 n° 171.
86) Wilhelm von Tyrus, Chronicon XIV. 11, S. 643.
87) DUFOUR, Recueil des actes de Louis VI 2, S. 312 n° 387, wiederholt von Ludwig VII. bei LUCHAIRE, Etudes S. 97 n° 1.

te[88]. Sodann bestätigte am 4. Mai 1146 der Papst Eugen III. ein Privileg Paschals II. für die Erlöserabtei auf dem Thabor, fügte aber die freie Wahl des Abt-Erzbischofs dazu (JL 8915). Am 13. Juli 1146 bestätigte er die Besitzungen des Chorherrenstifts der Grabeskirche, fügte aber auch hier das Recht der freien Wahl des Patriarchen hinzu, das in der imposanten Serie der Vorurkunden bislang nie aufgetreten war (JL 8939). Wenn Fulcher im Frühjahr 1146 diese Wahlprivilegien an der Kurie impetrieren ließ, hätte er, der für seine Intransigenz in kirchlichen Dingen berüchtigt war, zuvor einer Wahl in Tyrus tatenlos zusehen sollen, in der gegen diese neuen Prinzipien in so flagranter Weise verstoßen wurde? Es ist sehr wahrscheinlich, daß der Streit um Radulfs Wahl zum Erzbischof von Tyrus ein Teil der Auseinandersetzung um die Freiheit der kirchlichen Wahlen war[89], und Patriarch Fulcher hat letztlich hier seinen Willen durchgesetzt, aber in Gestalt eines Pyrrhussiegs, denn generell änderte sich bis Celestin III. nichts.

Wilhelm von Tyrus schreibt, Radulf habe die Kirche von Tyrus und ihren Besitz zwei Jahre lang innegehabt[90]. Das mag stimmen, wenn damit gemeint ist, daß Radulf so lange das Kirchengut kontrollierte, aber es ist sicherlich verkehrt, wenn damit die Gesamtdauer des Streits um Tyrus gemeint ist. Kassiert wurde die Wahl Radulfs schließlich von Papst Eugen III. (1145–1153), aber das war frühestens nach dem Juni 1150 der Fall, als Radulf noch immer als Elekt von Tyrus bezeichnet wurde[91]. Tyrus erhielt der Prior Petrus vom Hl. Grab, der im Mai 1151 als Erzbischof von Tyrus erscheint[92].

88) HIESTAND, Vorarbeiten 3, S. 183 n° 60.

89) Jedenfalls scheint sich der Vorwurf der Gegner Radulfs auf diesen Punkt gerichtet zu haben, auch wenn das natürlich ein Vorwand gewesen sein kann, denn es wurde argumentiert, die Parteigänger Radulfs hätten sich auf *regia violentia* verlassen; Wilhelm von Tyrus, Chronicon XVI. 17, S. 739.

90) Ebd. XVI. 17, S. 739.

91) D. RRH n° 258. Die Synode, die der päpstliche Legat Guido im Sommer 1149 abhielt (Johann von Salisbury, Historia pontificalis c. 37 S. 73), hatte hier also noch keine Lösung gebracht, obwohl beabsichtigt war, sich mit dem Streit der Patriarchen von Jerusalem und Antiochia um die Kirchenprovinz Tyrus zu befassen, denn die Antiochener und die nördlichen Suffragane verweigerten die Teilnahme. Immerhin hielt Johann von Salisbury das Erzbistum Tyrus zur Zeit der Synode von 1149 für vakant, denn er schrieb ebd. *Tripolitanus electus, quia tunc illa sedes archiepiscopum non habebat, tum in aliis offenderat legatum ...*; siehe auch ANTWEILER, Bistum Tripolis S. 59 Anm. 127.

92) RRH n° 266, als Prior zuletzt im Mai 1148 in JL 9260. Petrus selbst rechnete seinen Pontifikat in Tyrus von einem unbekannten Zeitpunkt in den Jahren 1149 oder 1150 an, denn er urkundete in RRH n° 375 a. inc. 1162, a. pont. mei 13. Vgl. PELLIOT, Mélanges S. 20–22.

4. Radulfs Absetzung als Kanzler und seine Rückkehr in die Kanzlei 1146–1152

Nachdem Radulf am 4. Juli 1146 noch ein Diplom des Königs unterfertigt hatte (D. RRH n° 245), verlor er die Kanzlei. Es war nicht so wie später bei Wilhelm von Tyrus, daß er als Kanzler lediglich kaltgestellt worden wäre, ohne förmlich das Amt zu verlieren (siehe unten S. 214), sondern er mußte es auch formal abgeben, denn im Juni 1150 war er nur Elekt von Tyrus, aber nicht Kanzler, weder des Königs noch des Reichs (D. RRH n° 258), obwohl er den ausstellenden König durch seine bloße Präsenz in seinem Kampf gegen die Königinmutter stützte. Wäre er damals noch Kanzler gewesen, so wäre dies mit Sicherheit vermerkt worden. Bisherigem Gebrauch entsprach es, daß ein Kanzler des Königs, der zu einem Bischofsamt aufstieg, die Kanzlei abgeben mußte. Das war bei Paganus ebenso der Fall gewesen wie bei Elias[93]. Ich habe schon früher vermutet, daß man ursprünglich von seiten des Hofes Radulf beide Ämter zukommen lassen wollte, das Erzbistum und die Kanzlei, daß er aber zurücktreten mußte oder entlassen wurde, als der Sturm über seine Wahl in Tyrus sich nicht legte[94]. Ich sehe das heute im Prinzip unverändert, aber etwas differenzierter. Wie ich meine, erfolgte die Wahl im Februar 1146. Aber im Juli 1146 war Radulf noch immer Kanzler (D. RRH n° 245), mithin also in meiner Theorie gleichzeitig Elekt und Kanzler, auch wenn er sich nicht als Elekt bezeichnete (siehe oben S. 108). Als er eine Wahl treffen mußte, wenn er nicht einfach entlassen wurde, gab er die Kanzlei ab und blieb Elekt von Tyrus, wie dies schließlich auch den ihm aus England gewohnten Verhältnissen entsprach. Freilich war er nicht der Mann, der freiwillig abdiziert hätte, und so mag er wohl entlassen worden sein, wofür ein Grund darin gelegen haben mag, daß er sich so geschickt zwischen den Parteien hielt, daß weder die Königinmutter noch der König ihn ganz auf ihre Seite ziehen konnten (siehe oben S. 81 f.). Erst 1150 finden wir ihn gänzlich auf der Seite Balduins III. Im Falle einer förmlichen Entlassung dürfte er ausdrücklich von seinen Pflichten als Kanzler entbunden worden sein. Wir haben dafür zwar weder bei ihm noch bei seinen Vorgängern oder Nachfolgern positive Hinweise, aber üblich war so

---

93) Paganus hatte schon als Elekt die Kanzlei abgegeben; siehe oben S. 69. Etwas anderes ist lediglich einmal in der natürlich weniger festgefügten Patriarchenkanzlei von Jerusalem festzustellen, wo der zum Erzbischof von Caesarea aufgerückte Kanzler Balduin die Kanzlei noch einige Zeit leitete, bis Ernesius sie vor August 1143 übernahm; siehe hierzu unten Bd. 2, Exkurs I, S. 859 zu RRH n° 213.

94) MAYER, Queen Melisende S. 133.

etwas, jedenfalls wurde der englische Kanzler Thomas Becket förmlich entpflichtet, als er 1162 Erzbischof von Canterbury wurde[95]. Jedenfalls war im Jahre 1149 (wegen ind. 12 vor dem 24. September) die Kanzlei vakant, denn Melisendis urkundete damals ohne irgendeine Kanzleiunterfertigung (D. RRH n° 256), und so ging es weiter bis zum Bürgerkrieg von 1152. Wie 1144 war keine der beiden Seiten stark genug, um einen neuen Kanzler zu ernennen, weder der König noch seine Mutter. Nicht nur der Kanzler war gegangen, sondern mit seinem Abgang war die Kanzlei überhaupt erloschen, weil er ja seine eigenen Dictamina geschrieben hatte. Sie wurde nur unvollkommen ersetzt durch rivalisierende Scriptorien der Königinmutter und des Königs, in denen Kapelläne und Hofkleriker mehr schlecht als recht Urkunden fabrizierten. Hier in der Kanzlei begann anscheinend der Zerfall des Königtums erst in zwei rivalisierende Haushalte des Königs und der Königinmutter – ohne daß das Reich förmlich geteilt worden wäre –, dann sogar in zwei Gruppen von Vasallen, die nur je einem der Teilherrscher Treue schuldig zu sein glaubten[96]. Ganz massiv ist dies im Jahr 1150 zu beobachten, kann aber damals nicht urplötzlich aufgebrochen sein, zumal die Spaltung in der Kanzleigeschichte eben schon 1149 manifest ist. Das Reich trieb unaufhaltsam dem Bürgerkrieg zu. In diesem intervenierte später, sicher nicht nur aus Rechtsgründen, die Kirche massiv auf der Seite der Melisendis, deren Sturz zwar nicht verhindert werden konnte, der aber ein unblutiger Rückzug in Ehren verschafft wurde[97]. Da Radulf in Tyrus den Patriarchen von Jerusalem gegen sich hatte, ist es nicht erstaunlich, daß wir ihn in dem Machtkampf zwischen Balduin III. und seiner Mutter, in dem der König seine Machtzentren ohnehin in den Küstenstädten Akkon und Tyrus hatte, jetzt auf der Seite des Königs finden, auch am Tiefpunkt von dessen Position (D. RRH n° 258), auch wenn der König sein Diplom nicht aufsetzen ließ von dem urkundengewandten Radulf, sondern von seinem auf diesem Gebiet stümperhaften Kapellan Daniel; Radulf war weder Kanzler noch Urkundenreferent mehr.

Der Bürgerkrieg, der zum Sturz der Melisendis führte, wurde, ohne sofort auszubrechen, am 30. März 1152 eingeleitet mit der von dem Patriarchen abgeschlagenen Forderung des Königs, ihn zu Ostern ohne seine Mutter zu krönen. Das war natürlich der *casus belli*. Obwohl man noch eine ganz kurzfristige förmliche Reichsteilung dazwischenschaltete, war der Krieg

---

95) Herbert von Bosham, Vita s. Thomae S. 185: *auctoritate quoque regia ab omnibus curiae nexibus absolutus.*

96) MAYER, Queen Melisende S. 141–164.

97) Nach 1152 war die Haltung der Kirche gegenüber Melisendis wesentlich zurückhaltender; siehe unten S. 703 f.

einschließlich der wenigen Kampfhandlungen und der Ausarbeitung einer politischen Lösung am 20. April 1152 bereits zu Ende[98]. Diese wenigen Wochen sahen eine entscheidende Wende in Radulfs Leben. Den Kampf um Tyrus hatte er vor dem päpstlichen Richterstuhl ja bereits zwischen Juni 1150 und Mai 1151 verloren (siehe oben S. 112). Aber kaum hatte der König gesiegt, als der Abt von Josaphat die Besitzungen seiner Abtei durch den jetzt unangefochten allein regierenden Balduin III. bestätigen ließ (D. RRH n° 291). Das Diplom gehört entgegen einer älteren auf 1154 lautenden Datierung eindeutig zum 20. April 1152, wie im Original zu lesen steht. Von Melisendis war überhaupt nicht mehr die Rede, sie gab hier nicht einmal ihren ab 1154 (D. RRH n° 293) wieder auftretenden Konsens. Einer ihrer letzten Anhänger, Philipp von Nablus, war auf die Seite des Königs zurückgekehrt. Die Kirche stützte jetzt den König, denn die beiden ranghöchsten Erzbischöfe nach dem Patriarchen, der von Tyrus und der von Caesarea, dienten ihm als Zeugen. Und Radulf war als Kanzler wieder da. Er unterfertigte das von ihm auch diktierte Diplom. Tyrus war ihm entglitten, aber Kanzler war er wieder[99]. Natürlich wußte der König, daß Radulf ein außergewöhnlich fähiger Urkundenmann war, überdies einer, der in den Jahren des Reichszerfalls auf seiner Seite gestanden hatte. Aber Radulf wird sicher argumentiert haben, daß seine Ablösung als Kanzler illegal gewesen

---

98) D. RRH n° 291. MAYER, Queen Melisende S. 169 f.

99) Das Datum von D. spur. RRH n° 276, das von dem Kanzler Radulf unterfertigt ist, gibt Anlaß, dies zu überdenken. Es lautet 23. September a. inc. 1152, ind. 14. Die Urkunde ist konzipiert nach zwei echten Vorlagen, einem Diplom Balduins III. und einer Urkunde der Melisendis, siehe unten S. 783–787. Man muß davon ausgehen, daß bis April 1152 aufgrund der verfassungsrechtlichen Konstellation der Samtherrschaft nur der König und seine Mutter gemeinsam einen Kanzler hätten bestellen können. Hält man sich an das Inkarnationsjahr, so kommt man nicht in Konflikt mit der hier vertretenen Hypothese, wonach Radulf erst nach dem Ende des Bürgerkriegs im April 1152, dann aber sofort in die Kanzlei zurückkehrte. Nun paßt aber die Indiktion nicht zum Inkarnationsjahr. Sie ist um II zu niedrig, wenn man Indiktionswechsel am 1. September unterstellt, und noch immer um I, wenn man den Wechsel der bedanischen Indiktion am 24. September annimmt. Die Indiktion führt uns deshalb auf den 23. September 1151 oder gar 1150. Da aber zu beiden Zeitpunkten aus den oben genannten verfassungsrechtlichen Erwägungen eine Zustimmung der Königinmutter Melisendis zu einer Rückkehr Radulfs, der in D. RRH n° 258 vom 22. Juni 1150 so eindeutig auf der Seite des Königs gewesen war, in die Kanzlei ganz und gar unwahrscheinlich ist, wird man auf das Datum einer Fälschung nicht die Vermutung einer schon um diese Zeit beginnenden zweiten Amtsperiode Radulfs als Kanzler gründen wollen, auch wenn die Affaire des Erzbistums Tyrus spätestens im Mai 1151 (RRH n° 266) durch die Bestellung des neuen Erzbischofs Petrus gelöst war.

sei, mindestens aber mußte seine Neuinstallierung so wirken, und präzedenzbildend war die Sache auf alle Fälle, da wir bei seinem Nachfolger sehen
können, daß er aus dem Kanzleramt nicht mehr vertrieben, sondern nur an
dessen Ausübung gehindert werden konnte, als er zur politischen Belastung
wurde[100].

5. Radulf als Kanzler von Jaffa-Askalon 1154–1163

Allmählich gelangte auch ein weiterer der letzten Parteigänger der Melisendis
wieder zu Einfluß, ihr jüngerer Sohn Amalrich. Im Jahre 1151 hatte sie ihn
zum Grafen von Jaffa gemacht. Nach ihrem Sturz verlor er die Grafschaft
und war noch 1154 nur *frater regis*. Aber wohl noch im selben Jahr erhielt
er nicht nur Jaffa zurück, sondern sein Bruder, der König, belehnte ihn auch
mit dem 1153 eroberten Askalon, und kreierte damit die Doppelgrafschaft
Jaffa-Askalon[101]. Erstmals urkundete er am 14. Januar 1155 (D. RRH
n° 300), als er RRH n° 301 vom selben Tag bestätigte, was dann in D. RRH
n° 299 vom König bestätigt wurde. Damals war die Belehnung Amalrichs
mit Jaffa-Askalon noch ein ganz rezentes Ereignis. Die Zeugenliste der drei
Stücke ist weitgehend identisch, weil hier einer vom andern abschrieb. Darin
kommen Personen vor, die hier noch als *homines regis* bezeichnet werden,
später aber Vasallen des Grafen waren: Joscelin von Samosata und Bartholomaeus von Soissons. Joscelin war dann bereits einen Monat später (RRH

---

100) Siehe unten S. 214. Zur Unabsetzbarkeit des Kanzlers siehe auch unten
S. 156–162. Auch in Frankreich haben wir damals mehr als einen Kanzler mit mehr als
einer Amtsperiode: 1. Stephan von Garlande, ab 1105 oder 1106 Kanzler Philipps I.,
danach Ludwigs VI., blieb 1120 Kanzler, als er, obschon Kleriker, zusätzlich noch
Seneschall wurde, stürzte 1127, wurde aber erneut Kanzler 1132–1137; 2. Algrinus von
Etampes, 1132 Kanzler Ludwigs VI., dann erneut 1137–1140 unter Ludwig VII.;
3. Cadurcus, Kanzler Ludwigs VII. 1140–1147, bis Ludwig auf den Kreuzzug ging. In
seiner Abwesenheit machte Cadurcus dem Regenten Suger von St.–Denis die heftigste
Opposition, während Kanzler auf dem Kreuzzug ein gewisser Bartholomaeus war.
Cadurcus wurde aber erneut Kanzler Ende 1149 nach der Rückkehr des Königs und
blieb es bis ins Frühjahr 1150. Siehe zu diesen Cancellariaten PROU, Recueil des actes
de Philippe Ier S. LXI–LXIV; DUFOUR, Recueil des actes de Louis VI 3, S. 38–42;
TESSIER, Diplomatique S. 133; TESKE, Briefsammlungen S. 182 f.; LUCHAIRE, Remarques S. 382–384. Mindestens Cadurcus betrachtete seine Entmachtung als illegal, denn
in einem Brief an seinen Kontrahenten Suger bezeichnete er sich selbst als Kanzler;
BOUQUET, Recueil 15, S. 497 n° 41: *Cadurcus clericus et homo suus, regis Francorum
dictus cancellarius.*
101) MAYER, Queen Melisende S. 162, 175 f. , 182; DERS., Double County S. 181 f.

n° 303) Vasall des Grafen und hatte dort eine lange Laufbahn, erst beim Grafen, dann (nach dessen Erhebung zum König) beim König Amalrich, dann erneut in der Grafschaft Jaffa-Askalon unter der Gräfin Sibylle als Kastellan von Askalon[102]. Bartholomaeus von Soissons begegnet wieder als Vasall des Grafen Amalrich im Februar 1155 und 1157 (DD. RRH n° 303. 324). Mindestens einen gräflichen Vasallen gab es aber im Januar 1155, und zwar Hugo von Ibelin, den Hauptvasallen des Grafen. Hugo selbst bezeichnet den Grafen als seinen Herrn in RRH n° 301, als er das gräfliche Siegel erbat. Der Graf mag um diese Zeit also noch mehr Vasallen gehabt haben, aber die Fälle des Joscelin von Samosata und des Bartholomaeus von Soissons beweisen, daß die Feudalstruktur der neuen Doppelgrafschaft im Januar 1155 noch nicht abgeschlossen war, so wie auch außer dem unterfertigenden Kanzler damals noch kein einziger gräflicher Funktionär begegnet. Im Februar 1155 hatte sich alles geändert (D. RRH n° 303). Hier erscheinen neben den führenden gräflichen Vasallen Hugo und Balduin von Ibelin die Vizegrafen Gerbert von Askalon und Rainald von Jaffa, der Kastellan Guido von Askalon und der Seneschalk Seifredus, also eine Fülle gräflicher Funktionäre, der Kanzler obendrein. An gräflichen Vasallen begegnen in dieser Zeit außer den beiden Ibelins und neben Joscelin von Samosata und Bartholomaeus von Soissons noch die aus RRH n° 308. 324. 332. 356 bekannten Adam, der Stiefsohn des Vizegrafen Rainald von Jaffa, sodann Rohard von Jaffa (der nachmalige Rohard der Jüngere, Kastellan von Jerusalem), Wilhelm von Tyrus und als gräflicher Söldner Robert von St. Karileff (= St.-Calais im Dépt. Sarthe).

Wesentlich für die Kanzleigeschichte ist es, daß D. RRH n° 300, die erste Urkunde des Grafen Amalrich, unterfertigt ist von einem Kanzler Radulf ohne jede weitere Qualifikation. Dieselbe Unterfertigungsformel steht auch in den Parallelurkunden RRH n° 301. D. RRH n° 299. Alle drei Stücke sind eindeutiges Kanzleidiktat, RRH n° 301. D. RRH n° 300 stammen von Radulf C, D. RRH n° 299 vom Kanzler (= Radulf A) selbst (siehe unten S. 744–747). Das erlaubt uns drei Annahmen:

1. Es gab einen Königskanzler Radulf, aber überhaupt keinen Kanzler des Grafen. Radulf C hätte in RRH n° 301. D. RRH n° 300 – als D. RRH n° 299 noch nicht vorlag! – einen Grafenkanzler erfunden. Daran kann man natürlich nicht glauben, denn es bleibt in den gräflichen Urkunden mit Ausnahme des ohne Unterfertigung ergangenen D. RRH n° 332 auch künf-

---

102) DD. RRH n° 303. 308. 324. 332. 334. 356 für den Grafen. RRH n° 447. D. RRH n° 514 für den König Amalrich. D. RRH n° 545/I. RRH n° 545/II. 546. D. RRH n° 553 (ohne Kastellanstitel). RRH n° 570. 589. DD. RRH n° 613. 627 als Kastellan. DD. RRH n° 276. 496. 650 sind Spuria.

tig bei der Unterschrift eines ohne jeden Zusatz genannten (gräflichen) Kanzlers Radulf[103].

Oder 2.: Es gab einen Königskanzler Radulf und daneben und personenverschieden von ihm einen gleichnamigen Grafenkanzler, der in dem Moment aus der Geschichte verschwindet, in dem der Graf zum König aufrückte, wo er den bisherigen, inzwischen zum Bischof von Bethlehem aufgerückten Königskanzler weiterbeschäftigte und wegen der inzwischen eingetretenen Unabsetzbarkeit der Kanzler (dazu unten S. 156–162) auch weiterbeschäftigen mußte. Auf diese Fallkonstellation könnte immerhin deuten, daß der Königskanzler ab 1156 seiner Unterfertigung die neue Würde als Elekt, dann als Bischof von Bethlehem hinzufügen ließ[104], während es beim Grafenkanzler bei der Nennung nur als Kanzler blieb. Man wird aber ausschalten müssen, daß der Graf von Jaffa-Askalon einen eigenen *cancellarius* als Kanzleichef ohne sonstiges Amt und unter diesem noch einen Notar zur Herstellung der Dictamina gehabt haben solle. Dafür waren die Verhältnisse in der Doppelgrafschaft nicht großräumig genug, und ein paralleler Fall ist aus dem Privaturkundenwesen des Hl. Landes auf diesem Niveau nicht bekannt, erst recht nicht auf einem sozial tieferen. Ausnahmen gibt es beim Patriarchen von Jerusalem und beim Fürsten von Antiochia, aber beileibe nicht immer, sondern auch dort nur gelegentlich[105]. Ein Grafenkanzler entwarf und schrieb in aller Regel seine Urkunden selbst. Nun zeigen aber alle gräflichen Urkunden ein ganz klar erkennbares Diktat eines einzelnen Mannes, der Amalrichs askalonitanischer Notar war und den er 1163, als er König wurde, als Notar in die Königskanzlei transferierte, wo sich sein Diktat bruchlos bis kurz nach Amalrichs Tod fortsetzte. Es ist dies der Königsnotar Radulf C. Wer also für die Fallkonstellation 2 optiert, muß in dem gräflichen Notar und Kanzler einen Mann namens Radulf sehen, der später in die Königskanzlei eingetreten wäre. In dieser wäre auf Radulf A (= Königskanzler Radulf) dann Radulf B (= Stephan von Lyon) und auf diesen Radulf C (= vormaliger Grafenkanzler Radulf) gefolgt. Das ist natür-

---

103) DD. RRH n° 303. 308. 324. 334. 356 von 1155 bis 1160. Radulf unterfertigte auch eine bisher unbekannte gräfliche Urkunde von 1158 für Helvis von Ramla; siehe Departementalarchiv Marseille 56 H 68 (Archivinventar von Manosque von 1531) fol. 287[r]. Das Stück ist nicht, wie man denken könnte, identisch mit D. RRH n° 331a. Den *Rainerius cancellarius*, der als Zeuge in dem auch von dem Kanzler Radulf unterfertigten D. RRH n° 356 erscheint, halte ich für einen Kanzler des Patriarchen von Jerusalem; siehe oben S. 49.

104) DD. RRH n° 321. 322 und die folgenden Diplome bis zum Tod des Kanzlers 1174.

105) Siehe oben S. 50 und MAYER, Varia Antiochena S. 92, 94.

lich möglich. Bewiesen wäre es erst, wenn demonstriert werden könnte, daß der Name des Königsnotars Radulf C (der ja hier nach seinem Königskanzler benannt ist) tatsächlich ebenfalls Radulf war. Sehr wahrscheinlich aber hieß der Notar Radulf C mit Namen Petrus (siehe unten S. 220 f.).

Schließlich 3.: Der Königskanzler Radulf und der Grafenkanzler Radulf sind identisch[106]. Unter diesem arbeitete, nachdem er sich aus dem Diktat zurückgezogen hatte, zuerst in der Königskanzlei Radulf B und in der Grafenkanzlei Radulf C, später nur noch Radulf C und dies nur noch in der Königskanzlei, weil die gräfliche 1163 mit der Erhebung Amalrichs zum König von Jerusalem erloschen war; die Doppelgrafschaft Jaffa-Askalon bildete wieder einen Teil der Krondomäne. Den endgültigen Beweis für die Identität der beiden Kanzler werde ich unten S. 125–127 erbringen. Gegen dieses Lösungsmodell spricht natürlich der Umstand, daß es 1156 und danach (DD. RRH n° 324. 331a [siehe oben S. 118] 334. 356) in der Grafenkanzlei beim einfachen Kanzlertitel ohne Zusatz blieb, als in der Königskanzlei dem Titel *cancellarius* in dem Moment das Wort *regis* zugefügt wurde, in dem der Königskanzler Radulf als Elekt und Bischof von Bethlehem genannt wurde. Dagegen hätte Radulf im Dienst des Grafen das geistliche Amt verschwiegen und hätte zu *cancellarius* weder *regis* noch *comitis* hinzugefügt.

Man muß zur Beurteilung nochmals die Entwicklung des Kanzlertitels in den eigentlichen Königsurkunden unter dem Kanzler Radulf Revue passieren lassen. Er eröffnete seine als Radulf A ja von ihm selbst verfaßten Unterfertigungen wegen der delikaten politischen Situation in der in Jerusalem obwaltenden Samtherrschaft mit *regius cancellarius*[107]. Radulf mußte dann die Kanzlei wegen der jetzt folgenden Reichskrise quittieren und war als Zeuge in D. RRH n° 258 von 1150 Elekt von Tyrus, aber nicht mehr

---

106) Daß der Königskanzler noch eine zweite Kanzlei in Askalon übernahm, ist bei jemand, der aus England kam, nicht schockierend, denn in England kontrollierte der Kanzler sogar noch den Exchequer; siehe CHAPLAIS, English Royal Documents S. 24, 46 und unten S. 149. Im übrigen war auch der französische Königskanzler Algrinus (1132 und 1137–1139) ein Doppelkanzler, ja ein Dreifachkanzler, denn 1124–1156/57 war er neben dem Kronamt Kanzler des Domkapitels von Paris und 1121–1160 Kanzler der Kathedrale von Orleans; DUFOUR, Recueil des actes de Louis VI 3, S. 40 f. und TESKE, Briefsammlungen S. 182 f.

107) DD. RRH n° 244. 240. 245 von 1146. Als er so D. RRH n° 245 unterfertigte, war er aber, wie ich meine, bereits Elekt von Tyrus (siehe oben S. 103–108), ohne dies – anders als später in D. RRH n° 321 seinen Status als Elekt, noch später als Bischof von Bethlehem – seiner Kanzleizeile hinzuzufügen. Das wäre dann dem askalonitanischen Usus (Kanzler des Grafen ohne Nennung als Bischof von Bethlehem) bei der Fallkonstellation 3 durchaus vergleichbar.

Kanzler. Als er nach dem Bürgerkrieg von 1152 und dem Sturz der Melisendis in die Kanzlei zurückkehrte, nannte er sich, noch immer im persönlichen Diktat und unter Weglassung des Wortes *regius*, das es offengelassen hatte, ob er nun der Kanzler des Königs oder der Königinmutter gewesen war, bis zum Juli 1155 (D. RRH n° 309) nur noch *cancellarius* ohne jeden Zusatz. Wie bei seinen Vorgängern, die es ebenso gehalten hatten, war es selbstverständlich, daß er in einer Königsurkunde der Kanzler des Königs war. An dieser Selbstverständlichkeit änderte sich für die eigentlichen Diplome nichts, wenn ab 1154 Radulf nicht nur der Kanzler des Königs, sondern auch des neu kreierten Grafen von Jaffa-Askalon war. Als Radulf zum Bischof von Bethlehem aufstieg, fügte er in den Königsurkunden dann den Bischofstitel hinzu, in den gräflichen hätte er es dagegen unterlassen. Man sieht, daß dies für ihn so ungewöhnlich nicht gewesen wäre, denn wenn ich die Dinge richtig deute, hatte er schon in der Kanzleizeile von D. RRH n° 245 etwas weggelassen, den Elektentitel in Tyrus.

Man kann sich gut vorstellen, daß in der Königskanzlei die Zufügung des bischöflichen Amtes gar nicht auf den Kanzler selbst zurückging, sondern ein Zeichen des Respekts des Radulf B für ihn war, denn dieser hat ihn gelegentlich ja auch mit dem *dominus*-Titel versehen, überall dort wo Radulf B (Stephan) als Vizedatar unterfertigte (DD. RRH n° 336. 341. 344. 355. 368. 397. 465; vgl. auch D. spur. RRH n° 276), außerdem noch in DD. RRH n° 366. 400. In jedem Fall erzwang die Einfügung des Bischofsamtes den weiteren Zusatz *regis*, denn sonst hätte die Kanzleizeile sehr unschön gelautet: *Dat. + Ort per manum Radulfi in Bethleem electi (Bethleemitae episcopi) cancellariique.* Schrieb man *Bethleem electi (Bethleemitae episcopi) regisque cancellarii*, so war dies nicht nur schöner, sondern vermied auch das bei der anderen Formulierung allenfalls mögliche Mißverständnis, der Bischof von Bethlehem sei auch sein eigener Kanzler gewesen und habe als Bischof und zugleich Bischofskanzler Diplome unterfertigt. Das ist zwar eine monströse Interpretation, aber Diplome waren wichtige Rechtsdokumente, in denen stets Präzision indiziert war.

Ebenso leicht ist es vorstellbar, daß Radulf C in der gräflichen Kanzlei in Askalon weniger respektvoll war als Radulf B in der königlichen, und ein *dominus*-Titel für den Kanzler kommt in Askalon denn auch nicht vor. Eine Qualifikation wie *cancellarius comitis* konnte man sich dort ersparen und bei der der Königskanzlei abgeschauten älteren Form der einfachen Kanzlernennung bleiben, da man den Bischofstitel nicht hinzufügte und somit kein Bedarf für *comitis* bestand. Radulf C mag auch mehr als Radulf B der alten Meinung angehangen haben, die ja erst ganz langsam im Verschwinden war (siehe unten S. 143), daß Bischofsamt und Kanzlerposten eigentlich unvereinbar waren. Schließlich dürfte bei der hier untersuchten Fallkonstellation

auch der Graf kein Interesse daran gehabt haben, daß es überhaupt aktenkundig wurde, daß der Königskanzler auch der seinige war. Das hat man
natürlich gewußt, aber der Graf brauchte nicht unbedingt etwas in seine
Urkunden hineinschreiben lassen, was auf eine besondere Abhängigkeit vom
König hinwies. Schrieb man ausdrücklich den Bischofstitel in Bethlehem
dazu, dann war es eben offen eingestanden, daß hier der Königskanzler als
gräflicher unterfertigte.

Starke Argumente zugunsten der Fallkonstellation 3 kommen aus der
Betrachtung des Diktats und der Zeugenlisten der gräflichen Urkunden. Der
Kanzler Radulf hatte als Notar Radulf A persönlich das Formular der
Königsurkunde von Jerusalem reformiert. Dieses insbesondere von der
Intitulatio, der Wendung *sigilli subpressione* und dem gespaltenen Datum
gekennzeichnete Formular prägte die Königsurkunde mit Ausnahme der
Siegelankündigung mehr oder minder bis zur Katastrophe von 1187, ging
aber nicht in die Privaturkunde über. Dort gibt es so gut wie keine gespaltenen Datierungen (siehe unten S. 769 f.), und die Intitulatio lautet in den
Privaturkunden ohnehin anders. Nun war es keineswegs vorherzusehen, daß
der Graf Amalrich von Askalon eines Tages König werden und sich seinem
askalonitanischen Notar Radulf C damit die Gelegenheit bieten würde, in
die Königskanzlei umzuziehen. Als Amalrich 1154 mit der Doppelgrafschaft
belehnt wurde, war sein Bruder, der König Balduin III., überhaupt noch
nicht verheiratet, und als er 1158 eine Ehe einging, ahnte vorderhand kein
Mensch, daß diese kinderlos bleiben werde. Hätte Balduin einen Thronfolger
produziert, so wäre Radulf C zeit seines Lebens ein Privaturkundenmann
geblieben. Er hatte also überhaupt keine Veranlassung, die Urkunden des
Grafen eng an das Formularmuster der königlichen Diplome anzulehnen,
wie er dies mit Ausnahme von *sigilli subpressione* tat. Wenn er dennoch so
handelte, so sehr wahrscheinlich deshalb, weil der Königskanzler Radulf sein
Kanzleichef war.

Die Zeugenlisten der gräflichen Urkunden deuten in dieselbe Richtung.
Der Graf Amalrich, der 1154 mit der Doppelgrafschaft belehnt wurde, war
für den König ein politischer Gegner, ja ein Rebell von gestern. In dem
jahrelangen Machtkampf zwischen seinem königlichen Bruder und ihrer
beider Mutter, der 1152 in einem Bürgerkrieg kulminierte, hatte er bis zum
Schluß auf der Seite der Mutter gestanden. Ihr verdankte er die Erhebung
zum Grafen von Jaffa (1151). Er hatte deshalb nach ihrem Sturz die Grafschaft zunächst verloren und erhielt sie erst 1154 zurück, vergrößert um das
1153 eroberte Askalon[108]. Aber der König traf seine Vorsichtsmaßnah-

---

108) Wilhelm von Tyrus, Chronicon XVII. 14, S. 779. MAYER, Queen Melisende
S. 162, 168, 175 f.

men. Askalon und sein Umland waren ja noch nie christlich gewesen; die Feudalstruktur mußte hier neu geschaffen werden, denn früher war nicht mehr entschieden worden, als daß Askalon, einmal erobert, mit Jaffa zusammengehören werde[109]. Der König vergab und verkaufte jetzt Lehen sowohl in der Stadt wie im Contado an seine Getreuen (*bene meritis*). Erst nachdem er den Südteil der künftigen Doppelgrafschaft dergestalt mit seinen Anhängern durchsetzt hatte, gab er Askalon mit Jaffa an seinen Bruder[110]. Aber der König ging noch weiter. Im Februar 1155 hatte der Graf eine Schicht von Funktionären, den Kanzler Radulf, den Vizegrafen Gerbert/ Gilbert von Askalon, den Vizegrafen Rainald von Jaffa und den Kastellan Guido von Askalon (D. RRH n° 303). Sie blieben überwiegend nicht lange im Amt. Der Kastellan Guido erscheint überhaupt nur hier, 1160 heißt ein Kastellan Gilbert[111]. Dieser Kastellan Gilbert könnte natürlich identisch sein mit dem nur im Februar und Juli 1155 bezeugten Vizegrafen Gerbert/ Gilbert von Askalon (DD. RRH n° 303. 308). Der soziale Abstieg darf dabei

---

109) MAYER, Bistümer S. 151–156.

110) Wilhelm von Tyrus, Chronicon XVII. 30, S. 804. TIBBLE, Monarchy S. 51, 87 mißversteht den Vorgang, denn er glaubt, daß die vom König an seine Getreuen ausgetanen Lehen Krondomäne geworden und geblieben wären. Natürlich waren sie Krondomäne, als sie vergeben wurden, weil ganz Askalon Krondomäne war. Aber als Amalrich mit Askalon belehnt wurde, wurden diese Kronvasallen zu gräflichen. Sonst hätte nämlich angesichts der Massenhaftigkeit des Vorganges die Gegend um Askalon ausgesehen wie ein Schweizer Käse, gräfliches Gut, das allenthalben mit kleinen und kleinsten Löchern von Krondomäne durchsetzt gewesen wäre. So etwas war für mittelalterliche Verhältnisse weder auf der königlichen noch auf der gräflichen Seite administrierbar. Selbst der mächtige Hugo von Ibelin, der mit seiner Mutter Helvis zusammen Ramla regierte, wurde 1154 aus einem Kronvasallen wieder zu einem gräflichen (RRH n° 301; MAYER, Origins of Ramla and Lydda S. 546; DERS., Siegelwesen S. 50), und 1161 bewies der König in Transjordanien, daß er genau den umgekehrten Weg ging: er löste restliche Kronlehen auf und gliederte sie der jetzt erweiterten Seigneurie Montréal ein, selbst wenn er mit dem Kunstgriff arbeiten mußte, beim Lehen des Johannes II. Gotman Mannschaft und Dienst zu trennen und sich selbst die Mannschaft vorzubehalten, den Dienst aber an den Herrn von Montréal zu vergeben (D. RRH n° 366). Wer will ernsthaft glauben, daß er in Askalon die Kleinvasallen 1154 dauerhaft in der Krondomäne belassen hätte oder auch nur hätte belassen können? Auch Joscelin von Samosata und Bartholomaeus von Soissons wurden 1155 aus Kronvasallen solche des Grafen von Askalon; siehe oben S. 116 f.

111) D. RRH n° 356. Vgl. das Diplom Balduins V. für St. Samuel bei MAYER, St. Samuel S. 69 und D. RRH n° 667. Danach war er sowohl bei Jaffa wie bei Blanchegarde begütert, so daß nicht erkennbar wird, ob er Kastellan von Jaffa oder von Askalon war.

nicht stören, denn mir scheint, daß er noch steiler war. Ich setze nämlich den Vizegrafen von Askalon von 1155 in eins mit einem einfachen gräflichen Vasallen namens Gerbert, der 1157–1160 erscheint[112], und zwar deshalb weil man beim Vizegrafen Rainald von Jaffa genau dieselbe Situation findet. Er erscheint im Februar und Juli 1155[113].

Die Folgerung ist unausweichlich: Dem neuen Grafen von Jaffa-Askalon und Rebellen von gestern durchsetzte der König nicht nur den Südteil der Grafschaft mit einer vasallitischen Klientel, deren Loyalität gegenüber der Krone feststand, sondern er ordnete dem Grafen auch Aufpasser bei, in Jaffa den Vizegrafen Rainald, in Askalon den Vizegrafen Gilbert und vielleicht den Kastellan Guido[114]. Der Graf entledigte sich ihrer bei der ersten Gelegenheit und drückte sie herab zu einfachen gräflichen Vasallen ohne Amt, obwohl er sich anscheinend nicht an die Ernennung neuer Vizegrafen wagte[115]. Er traf übrigens noch andere Gegenmaßnahmen gegen die königliche Kuratel, indem er Söldner anheuerte, von denen er 1158 vier als Zeugen heranzog (D. RRH n° 332).

Wenn der König 1155 in den zwei vizegräflichen Ämtern der Doppelgrafschaft Vorsorge traf, daß die Amtsinhaber ihm genehm waren, hätte er beim Leiter der gräflichen Kanzlei darauf verzichten sollen? Niemand wäre hier

---

112) DD. RRH n° 324. 332. 356. Mit dem oben erwähnten Kastellan Gilbert kann dieser nicht identisch sein, da sie in D. RRH n° 356 beide vorkommen.

113) DD. RRH n° 303. 308, danach finden wir einen einfachen gräflichen Vasallen Rainald von Jaffa 1157–1160 (DD. RRH n° 324. 356; vgl. den Rainald in RRH n° 393a). Ein Rainald von Jaffa steht auch in der Fälschung RRH n° 386). Die beiden Vizegrafen wurden sehr bald nach der Belehnung des Grafen Amalrich bestellt, waren aber nur kurz im Amt. Weitere Vizegrafen in der Doppelgrafschaft sind bis 1163, als das Gebiet wieder Krondomäne wurde, nicht bezeugt. Da wir aus dieser Zeit aber immerhin vier gräfliche Urkunden haben, nämlich DD. RRH n° 324. 332. 334. 356, ist es in der Tat nicht sehr wahrscheinlich, daß welche ernannt wurden. Von 1163 bis 1176 war die Doppelgrafschaft Krondomäne, und erst ab 1165 (D. RRH n° 413) ist wieder ein Vizegraf von Askalon bezeugt, der jetzt Wilhelm Rufus hieß und 1157–1160 noch einfacher gräflicher Vasall gewesen war (DD. RRH n° 324. 356). In Jaffa erscheint überhaupt erst 1194 (Osterstil) wieder ein Vizegraf (D. RRH n° 709).

114) Im Nordteil müssen auch die Ibelins von Ramla aus sich ähnlich verhalten haben. Zwar waren sie jetzt Vasallen des Grafen, können ihn aber nicht geliebt haben, da er dem Hugo von Ibelin die Frau weggenommen hatte; siehe MAYER, Beginnings S. 125–130.

115) Das erscheint prima vista angesichts der Bedeutung des Amtes im Gerichtswesen und in der Finanzverwaltung geradezu unmöglich, aber auch in Jerusalem war das Amt ab 1174 lange vakant, und seine Funktionen wurden ausgeübt vom Kastellan; siehe MAYER, Kreuzfahrerherrschaft Montréal S. 261 f.

als Wachhund geeigneter gewesen als der Königskanzler Radulf, der ab 1156
Bischof von Bethlehem war und schon deshalb massive Interessen in der
Doppelgrafschaft hatte, weil schon sein Vorgänger sofort nach der Erobe-
rung Askalons 1153 gegen die Gründung eines Bistums Askalon opponierte
und an der Kurie obsiegte, die die Bistümer Askalon und Bethlehem auf
Dauer zu einem Doppelbistum zusammenschweißte[116]. Einen Mann wie
den Königskanzler kriegte der Graf natürlich nicht mehr los. Radulf war als
Kanzler, später zusätzlich als Bischof, zu mächtig und vom dauerhaften
Vertrauen des Königs getragen. Er wird auch die These von der Unabsetzbarkeit des Kanzlers, die er für sich in der Königskanzlei mit Erfolg vertreten hatte, so daß man ihn dort 1152 wieder hatte nehmen müssen, gewiß
auch auf die gräfliche Kanzlei ausgedehnt haben. Er war andererseits ein
glatter Höfling, der schon in den schwierigen Jahren 1145–1146 bewiesen
hatte, daß er zwischen den Fronten zu lavieren verstand (siehe oben S. 81–83
und unten S. 716 f.), so daß er sich in dem Maße mit dem Grafen arran-
gieren konnte, wie die Ereignisse der Reichskrise um 1150 verblaßten und
vor allem der Graf allmählich in die Stellung des Thronfolgers hineinwuchs.
Ich halte es für gesichert, daß der Königskanzler Radulf und der für die
Jahre 1155 bis 1160 bezeugte gräfliche Kanzler Radulf, der aber wohl während der ganzen Grafenzeit Amalrichs 1154–1163 amtierte, ein und dieselbe
Person sind.

In der königlichen Kanzlei fiel die Bestellung des Notars in die Kompetenz des Königs, nicht des Kanzlers. Das wird in Askalon wohl anders
gewesen sein. Jedenfalls hätte es der anfänglichen Aufpasserfunktion Radulfs
in der Kanzlei der Doppelgrafschaft entsprochen, wenn er den gräflichen
Notar ernannt, mindestens präsentiert hätte. Dafür spricht auch sowohl die
getreue Folgsamkeit, die dieser Notar Radulf C gegenüber dem von dem
Kanzler Radulf selbst entwickelten Urkundenformular zeigte, wie auch der
Umstand, daß beide, der Kanzler und der Notar, aus England kamen (siehe
unten Bd. 2, S. 73–90). Im Laufe der Zeit muß sich dann aber ein Vertrau-
ensverhältnis zwischen dem Grafen und Radulf C ausgebildet haben, denn
das Diktat läßt keinen Zweifel daran, daß der Graf den Radulf C mitnahm
in die Königskanzlei, als er selbst 1163 König wurde, und hier kam auf jeden
Fall ihm allein das Ernennungsrecht zu, obwohl der weiteramtierende
Königskanzler Radulf von Bethlehem gegen diese Lösung bestimmt keine
Einwände hatte.

---

116) Wilhelm von Tyrus, Chronicon XVII. 30, S. 804. MAYER, Bistümer S. 112–171,
besonders S. 131–137.

Für die Diplome des Königs hatte der Kanzler ein Siegelmonopol. Wenn er es nicht ausdrücklich einem Vizedatar abtrat, der dann auch genannt wurde, zeigt seine Unterfertigung auch seine persönliche Anwesenheit bei der Beurkundung an (siehe unten S. 146 f.). Das scheint in der gräflichen Kanzlei in Askalon 1154–1163 im Prinzip nicht anders gewesen zu sein. Überwiegend kann man ja bei kleinen Kanzleien oder bei den Unterfertigungen jener zahlreichen sich als *cancellarius* bezeichnenden Urkundenschreiber davon ausgehen, daß es ein Auseinanderfallen von Handlung und Beurkundung jedenfalls nicht über das geringfügige Maß hinaus gibt, das man für die Herstellung eines Ingrossats benötigt. Daher darf man auch unbedenklich die Anwesenheit der unterfertigenden Urkundenschreiber sowohl bei der Handlung wie auch bei der Beurkundung unterstellen. Die Frage ist bei diesen Individuen, die keiner Kanzlei im diplomatischen Sinne angehörten, ohne Interesse. Aber der Graf von Askalon hatte eine wirkliche Kanzlei mit dem Notar Radulf C und dem Kanzler Radulf von Bethlehem, der sowohl die königliche wie die gräfliche Kanzlei leitete. Die Annahme liegt nahe, daß bei einer solchen Personalunion der Doppelkanzler sich schon aus Zeitgründen und Arbeitsökonomie bemühte, jeweils beim König zu sein, wenn geurkundet wurde, sich aber dieselbe Mühe beim Grafen von Askalon nicht machte, sondern die Dinge hier dem Notar Radulf C überließ. Aber das hätte wahrscheinlich Auswirkungen auf den Anteil des Kanzlers an den askalonitanischen Kanzleitaxen gehabt und hätte vor allem wenig gepaßt zu der Funktion eines Aufpassers auf den Grafen, die der König dem Radulf in der askalonitanischen Kanzlei zugewiesen hatte.

In der Tat gibt es Anzeichen dafür, daß der Kanzler Radulf nach Möglichkeit auch die Beglaubigung der gräflichen Urkunden in Person vorzunehmen trachtete. Schon die Ernennung eines Vizedatars in der königlichen Kanzlei 1156 (siehe unten S. 823–829) deutet darauf hin. Aber auch in den gräflichen Urkunden findet sich durchaus der Niederschlag diesbezüglicher Anstrengungen des Kanzlers. Er hat das Problem nach Möglichkeit so gelöst, daß er Aufenthalte des Grafen am Hofe dazu benutzte, gleich auch dessen Urkunden, deren Dictamina Radulf C entworfen hatte, mit seiner Unterfertigung zu versehen. Solche Aufenthalte waren ja nicht selten. Der Graf erscheint als Handlungszeuge in nicht weniger als acht echten Diplomen Balduins III. (DD. RRH n° spur. 276. 293. 309. 322. 352. 353. 354. 355. 368). Über andere Diplome muß es mindestens Kontakte mit ihm gegeben haben, weil er seinen Konsens gab (DD. RRH n° 306. 307. 321. 325. 366).

Ein bemerkenswerter Fall liegt uns schon vor im Januar 1155 in RRH n° 301. DD. RRH n° 300. 299. Der Diktatvergleich (siehe unten S. 744–747) enthüllt, daß dies die Reihenfolge ist, in der die drei Urkunden entstanden. Hugo von Ibelin, der bedeutendste Vasall des Grafen, nahm einen großen

Landverkauf an das Chorherrenstift vom Hl. Grab vor. Radulf C setzte hierüber eine Urkunde Hugos auf (RRH n° 301) und wohl sofort danach eine weitere des Grafen (D. RRH n° 300), der als Lehnsherr die Sache bestätigte. Als Oberlehnsherr gab schließlich der König Balduin III. in einem vom Kanzler-Notar Radulf A aufgesetzten eigenen Diplom seine Zustimmung (D. RRH n° 299). Unterfertigt wurden alle drei Stücke am 14. Januar wortgleich mit *Data Achon per manum Radulfi cancellarii XVIIII° kl. febr.* In Akkon wurden die drei Stücke aber nur beglaubigt. Die Handlung hatte dagegen schon früher in Jerusalem stattgefunden. Sieht man sich die fast ganz identischen Zeugenlisten an, so merkt man sogleich, daß unter den geistlichen Zeugen drei hauptstädtische Äbte und Prioren sind. Aber viel interessanter ist die Gruppe der Bourgeois. Sie steht hinter dem Vizegrafen Arnulf von Jerusalem und umfaßt nicht weniger als neun Namen. Davon sind acht in sonstigen Urkunden als jerusalemitanische Bourgeois zu identifizieren[117]. Nur ein einziger, Petrus Hugo, war ein akkonensischer Bourgeois, der später dortiger Vizegraf wurde (RRH n° 311. D. RRH n° 412). Bei ihm darf man vermuten, daß er zufällig bei der Handlung in Jerusalem zugegen war, bei den anderen ist klar, daß wir hier die Geschworenen der Cour des Bourgeois von Jerusalem mit ihrem vizegräflichen Vorsitzenden vor uns haben, auch wenn dies nicht ausdrücklich gesagt wird, und in der Tat begegnet man einer ganzen Reihe von ihnen später ausdrücklich als *iurati* von Jerusalem. Man wird ja nicht das ganze Gericht nach Akkon haben reisen lassen, um die Rechtshandlung zu bezeugen[118], sondern hier in Jerusalem hatte Hugo seinen Verkauf abgesprochen, hier hatten ihn der Graf und sein königlicher Bruder bestätigt, vielleicht weil sie zu Weihnachten 1154 und Epiphanias 1155 in Jerusalem gewesen waren. Hier hatte auch der gräfliche Notar Radulf C seine beiden Texte RRH n° 301. D. RRH n° 300 aufgesetzt, die Radulf A als VUU. für sein Diplom D. RRH n° 299 heranzog.

---

117) Unklar ist hierbei lediglich Andreas *filius Toseti*, der überhaupt nur in RRH n° 301 vorkommt und auch sonst nirgends bezeugt ist. Sein Vater Tosetus könnte ein Jerusalemitaner gewesen sein, wird aber in RRH n° 201 als Bewohner von Ramla bezeichnet.

118) Unter den 14 Urkunden über Rechtsgeschäfte, die vor der jerusalemitanischen Cour des Bourgeois verhandelt wurden, ist nur eine einzige, bei der wie hier die Handlung nach der Zeugenliste eindeutig in Jerusalem, die Beurkundung aber in Akkon stattfand (RRH n° 492. Siehe unten Bd. 2, S. 260 Anm. 14). Warum dies so war, ist nicht mehr zu klären, aber es wäre aberwitzig anzunehmen, daß das ganze Gericht und die zahlreichen anderen hauptstädtischen Zeugen nach Akkon gereist wären, um dort eine Sitzung abzuhalten.

Ob Radulf sein Dictamen noch in Jerusalem oder erst in Akkon entwarf, ist unsicher, weil ungewiß ist, ob er als Kanzler, der er ja auch war, an der Handlung teilnahm und dann mit oder ohne den König bald nach Akkon reiste oder ob man ihm die beiden Dictamina des Radulf C nach Akkon schickte zusammen mit einer königlichen Anweisung, ein entsprechendes Diplom aufzusetzen[119]. In jedem Fall hat er alle drei Stücke am 14. Januar 1155 in Akkon beglaubigt. Nichts beweist besser die Identität des Königskanzlers mit dem Grafenkanzler. Bestünde sie nicht, müßte man annehmen, daß die beiden namensgleichen Kanzler genau gleich gehandelt hätten: Entweder sie wären in Jerusalem bei der Handlung dabeigewesen, dann aber nach Akkon zur Beurkundung gereist. Oder aber sie wären beide bei der Handlung nicht dabeigewesen, hätten aber beide in Akkon auf die Anweisungen aus Jerusalem gewartet und dann auch noch am selben Tage beide ihre Dictamina beglaubigt. Das kann nicht sein. Der Vorgang beweist aber auch, daß der eine einzige Kanzler des Königs und des Grafen nicht nur das königliche Diplom, sondern auch die gräfliche Urkunde, ja ausnahmsweise sogar die Privaturkunde Hugos von Ibelin persönlich unterfertigte und besiegelte.

Anders ging es später im Jahre 1155 zu. In Vorbereitung auf die Auseinandersetzung des Patriarchen von Jerusalem und der Johanniter um die Trennung des ursprünglich gemeinsamen Besitzes ließ sich das Chorherrenstift vom Hl. Grab vom König drei Diplome ausstellen, die am 27. Juni in Jerusalem (DD. RRH n° 306. 307) und am 13. Juli in Akkon (D. RRH n° 309) ergingen. Dazwischen urkundete am 3. Juli in Jerusalem der Graf Amalrich für die dortigen Leprosen von St. Lazarus (D. RRH n° 308). Er bezeugte auch als Handlungszeuge das Diplom D. RRH n° 309. Den Zeugen ist hier sonst wenig abzugewinnen, aber es ist von der Sache her klar, daß die Handlung für alle vier Stücke in Jerusalem stattfand (siehe unten S. 710 f.), und eben hier urkundete anläßlich dieser Anwesenheit bei Hofe, die ihn nicht nur zu Peter und Paul, sondern vor allem zu dem jährlichen großen Fest von Jerusalem am 15. Juli[120] dorthin brachte, der Graf Amalrich. Der Kanzler Radulf hatte noch die Zeit gehabt, seine beiden kleineren Dictamina für den König (DD. RRH n° 306. 307) am 27. Juni in Jerusalem zu beglaubigen, ebenso auch die Urkunde des Grafen (D. RRH n° 308) am 3. Juli, aber dann hatte er nach Akkon abreisen müssen, ohne daß D. RRH n° 309 fertig gewesen wäre. Dies war eine lange allgemeine Besitzbestätigung

---

119) Vgl. den Beurkundungsbefehl *Volo ut fiat* in D. RRH n° 336 aus Akkon, über das der König im Antiochenischen gehandelt hatte; siehe unten S. 805 f.

120) Divisio apostolorum, Eroberung durch die Franken 1099 und Kirchweih der Grabeskirche; siehe dazu unten S. 712.

des Stifts, die erste in ihrer Art seit 1114, so daß keine VU. existierte, die man rasch hätte abschreiben können. Überdies wirkte daran bereits Radulf B mit (siehe unten Bd. 2, S. 1–6), und die Verzögerung mag darauf zurückzuführen sein. Jedenfalls wurde D. RRH n° 309 dann erst am 13. Juli in Akkon beglaubigt. Auch in diesem Fall hatte der Kanzler Radulf eine Anwesenheit des Grafen bei Hofe dazu benutzt, um gleich unter seiner persönlichen Mitwirkung gräfliche Geschäfte zu beurkunden in der Form eines Dictamens des Radulf C, das indessen er selbst als gräflicher Kanzler beglaubigte. Anders als im Januar zog sich jetzt der Vorgang der Beglaubigungen über mehr als zwei Wochen hin, aber es war ein und derselbe Kanzler, der unterfertigte, und zwar in eigener Person.

Wiederum anders verfuhr der Kanzler Radulf im Jahre 1160, und zwar weil er in der Königskanzlei jetzt in Stephan von Lyon einen Vizedatar hatte. Am 29. November 1160 schenkte der König den Johannitern mit einem in Jerusalem datierten Diplom 50 Zelte Beduinen (D. RRH n° 355). Die Handlung hatte schon vor dem 24. September stattgefunden (siehe unten S. 871). Der Kanzler war abwesend, denn unterfertigt hat der Vizedatar Stephan. Nur einen Tag später, am 30. November 1160, erging aber in Jaffa eine Urkunde des Grafen Amalrich für das Hl. Grab (D. RRH n° 356). Hier schenkte der Graf von Jaffa-Askalon einmal ein Casale, mit dem die Chorherren immer noch entschädigt werden sollten für die Ausgaben, die ihnen 1153 durch die Belagerung von Askalon entstanden waren. Zum anderen aber gab der Graf den Chorherren ein Casale im Tausch gegen die Grüne Moschee in Askalon, die die Chorherren dort seit 1153 gehabt hatten[121]. Hier fand die Handlung mit Sicherheit in Jerusalem statt. Der Tausch mit den Kanonikern wurde nämlich in der Grabeskirche (*in capitulo suo*) vorgenommen, aber beurkundet wurde die Sache in Jaffa. Für die gräfliche Kanzlei hatte der Kanzler Radulf eben keinen Vizedatar. Er mußte und wollte persönlich beglaubigen, war aber nicht in Jerusalem, so daß man ihm das Dictamen des Radulf C, der den Grafen ja wohl nach Jerusalem begleitet haben wird, nach Jaffa nachschicken mußte, es abschließend zu datieren und zu besiegeln. Es wäre für den Patriarchen oder das Chorherrenstift ein leichtes gewesen, für die Beurkundung die eigene Schreibstube anzubieten, auch wenn dann wohl die Form verunglückt wäre, aber es gab einen gräflichen Notar Radulf C und einen gräflichen Kanzler Radulf, die ja beide wahrscheinlich Sporteln aus ihrer Tätigkeit hatten, und es gab vor allem einen Kanzler, der auch hier beim Grafen das Siegelmonopol besaß und

---

121) Dahinter verbarg sich ein dorniges Problem der kirchlichen Gliederung Südwestpalästinas; siehe MAYER, Bistümer S. 164–171.

daher das gräfliche Siegel in Jaffa bei sich hatte. Eben weil der Königskanzler und der Grafenkanzler miteinander identisch waren und weil es diesem Kanzler unerträglich war, daß ohne seine persönliche Beteiligung eine Beglaubigung auf seinen Namen allein erging, konnte zwar das Diplom D. RRH n° 355 in Jerusalem ausgestellt und vom Vizedatar Stephan beglaubigt werden, nicht aber die Urkunde D. RRH n° 356 des Grafen, dessen Entscheidung dem Kanzler erst von Jerusalem nach Jaffa übermittelt werden mußte.

Nur eine einzige Urkunde des Grafen ist ohne Unterfertigung des Kanzlers Radulf ergangen, ja ohne Unterfertigung überhaupt[122]. Der Grund dafür dürfte gewesen sein, daß die VU. RRH n° 333 von dem an sich abgesetzten Bischof Absalon (von Askalon) bezeugt wurde, dessen Ansprüche vom Hl. Grab noch hochgehalten wurden. Das war ein heißes Eisen, mit dem weder der Graf noch sein Kanzler etwas zu tun haben wollten. So kam Absalon als Zeuge in der gräflichen Urkunde nicht in Betracht, aber der Graf ging angesichts der noch nicht endgültig entschiedenen kirchlichen Gliederung Südwestpalästinas noch weiter und zog lieber den zufällig anwesenden apulischen Bischof von Andria als Zeugen heran, was nichts präjudizierte. Ebenso wird er deshalb auch Wert darauf gelegt haben – oder der Kanzler tat dies selbst –, daß D. RRH n° 332 nicht von Radulf unterfertigt wurde, der ja auch Bischof von Bethlehem-Askalon war; auch der König wartete mit seiner Bestätigung anderthalb Jahre zu (D. RRH n° 352). Des Grafen nächstes Stück D. RRH n° 334 betraf nur den Nordteil der Doppelgrafschaft in Jaffa, so daß Radulf hier ruhig unterfertigen konnte, und das übernächste Stück D. RRH n° 356 betraf zwar den Südteil Askalon, beurkundet aber gerade die Verdrängung des Hl. Grabes aus Askalon und löst damit endgültig die askalonitanische Frage, so daß von nun an einer Unterfertigung des Kanzlers in askalonitanischen Dingen nichts mehr im Wege stand.

6. Radulf als Bischof von Bethlehem und Askalon 1156–1174

Am 13. Juli 1155 unterfertigte der Königskanzler Radulf noch ohne Nennung eines geistlichen Amtes ein Diplom Balduins III.[123]. Bei seiner nächsten Nennung als Königskanzler am 7. Juni 1156 war er Elekt von

---

122) D. RRH n° 332; siehe dazu MAYER, Bistümer S. 127–131.
123) D. RRH n° 309. Auch Wilhelm von Tyrus, Chronicon XVIII. 1, S. 809 nennt ihn zu 1153 oder 1154 nur *cancellarius* des Königs, gibt ihm aber kein geistliches Amt. Dagegen ebd. XVIII. 20, S. 841 zu 1157/1158 Bischof von Bethlehem.

Bethlehem, am 2. November des Jahres war er geweiht (DD. RRH n° 321. 322). Wilhelm von Tyrus[124] sagt, er habe das Bistum durch die Gunst seines englischen Landsmannes, des Papstes Hadrian IV., erhalten. Das mag tatsächlich so gewesen sein. Dieser war seit 1149 Kardinal, und Radulf mag ihn kennengelernt haben, als Eugen III. etwa 1150 gegen Radulf über das Erzbistum Tyrus entschied[125], denn die Entscheidung des Papstes erfolgte *presentibus partibus*[126], aber das kann natürlich auch heißen, daß Radulf sich durch einen Prokurator vertreten ließ. Aber eine solche Förderung des jerusalemitanischen Kanzlers wäre unter Hadrian IV. kein Ausnahmefall gewesen. Er neigte generell zur Begünstigung von Kanzlern, wahrscheinlich weil sie ihm in ihren Ländern bei seiner Politik behilflich waren. Den französischen Kanzler Hugo von Champfleuri überschüttete er geradezu mit Gunsterweisen, die Hugo seine zahlreichen Pfründenkumulationen ermöglichten[127].

Ich habe schon früher vermutet[128], daß die Erhebung Radulfs zum Bischof durch Hadrian IV. anläßlich der großen Gesandtschaft der Kirche des Ostens erfolgte, die im November und Dezember 1155 an der Kurie war[129]. Ich führe das jetzt näher aus. Wenn Wilhelm von Tyrus die Erhebung Radulfs zum Bischof dessen englischer Kumpanei mit dem englischen Papst Hadrian zuschreibt, so gibt er damit klar zu erkennen, daß der greise, aber kämpferische Patriarch Fulcher von Jerusalem jedenfalls dagegen war. Das braucht wenig zu erstaunen, war Fulcher doch schon heftig gegen den Versuch Radulfs gewesen, Erzbischof von Tyrus zu werden (siehe oben S. 101–112). Da Fulcher zu dieser Zeit und bis zu seinem Tode 1157 die Rechte des von ihm in Askalon kreierten Bischofs Absalon mindestens wachhielt und verdeckt unterstützte, mußte ihm in dem vakanten Bethlehem an einem Bischof gelegen sein, der nicht, in welcher Form auch immer, die Wiedereingliederung Askalons in Bethlehem betrieb. Für eine solche Abstinenz war Radulf sicherlich der falsche Mann, ja wir sehen ihn durchaus aktiv im Kampf um Askalon engagiert (siehe unten S. 137–139). Auch der schließlich von Rom anvisierte Kompromiß, Askalon mit Bethlehem als Doppelbistum in Personalunion zu vereinen, war für Fulcher nicht akzepta-

---

124) Wilhelm von Tyrus, Chronicon XVI. 17, S. 739.
125) Siehe oben S. 112.
126) Wilhelm von Tyrus, Chronicon XVI. 17, S. 739.
127) JL 10126. 10339. 10340. 10473. 10516. 10518. 10520. 10521. 10522. Zur Patronage Hugos durch Hadrian IV. siehe jetzt auch TESKE, Briefsammlungen S. 124–127.
128) MAYER, Bistümer S. 124, 170.
129) Zu der Gesandtschaft, insbesondere ihrer verwickelten Chronologie, siehe MAYER, Zur Geschichte der Johanniter S. 151–157.

bel, denn damit blieb es für ihn bei zwei Suffraganen, wo er drei gebraucht hätte, dem Bischof von Ramla und dem Bischof von Bethlehem-Askalon[130]. Der Patriarch Fulcher reiste 1155 mit nahezu seinem ganzen Episkopat an die Kurie, um dort die dornige Frage der Exemption oder Nichtexemption der Johanniter von der Diözesangewalt zu klären[131]. Im Jahre 1156, zwischen dem 24. Mai und dem 7. Juni, kehrte er zurück[132]. Obwohl der Kanzler Residenzpflicht am Hofe hatte (siehe unten S. 146 f.), ist er im Hl. Land in der Zeit der Abwesenheit der Gesandten nicht nachweisbar. Er erscheint 1155 am 14. Januar, am 11. Februar, am 27. Juni und am 3. und 13. Juli[133], dann erst wieder am 7. Juni 1156, als die Gesandtschaft gerade zurück war (D. RRH n° 321). Zwischendurch sind weder Diplome des Königs noch Urkunden des Grafen von Askalon erhalten, die er hätte unterfertigen können. Das ist leicht erklärt, wenn Radulf mit nach Europa reiste. Da es um eine Lücke von etwa einem Jahr ging, kann man an sich natürlich angesichts der trümmerhaften Überlieferungslage die Existenz solcher Urkunden unterstellen. Aber ebenso gut könnte die Beurkundungstätigkeit der Kanzlei ein Jahr lang geruht haben, wenn Radulf mit nach Europa ging, denn er allein konnte Diplome besiegeln (siehe unten S. 156). Jedenfalls finden wir eine Vertretung des Kanzlers bei Abwesenheit durch einen anderen erst ab März 1159 (D. RRH n° 336), auch wenn ich vermute, daß ein Vizedatar schon 1156 ernannt worden war (siehe unten S. 825 f.). Nur uns ist heute unvorstellbar, daß eine der wichtigsten Regierungsbehörden ein volles Jahr lang quasi geschlossen gewesen sein sollte, aber in Jerusalem wäre das nicht ohne Vorbild gewesen (siehe oben S. 66 f.). Daß Wilhelm von Tyrus den Kanzler unter den Begleitern des Patriarchen nicht erwähnt, hat nichts zu bedeuten, denn er zählt nur Erzbischöfe und Bischöfe auf und nennt den Kanzler auch 1171 bei der Reise des Königs nach Konstantinopel nicht, obwohl alles dafür spricht, daß er dabei war (siehe unten S. 155).

---

130) Zu diesen Fragen siehe MAYER, Bistümer S. 112–129.

131) Wilhelm von Tyrus, Chronicon XVIII. 6, S. 818.

132) Siehe unten S. 657. Siehe auch MAYER, Zur Geschichte der Johanniter S. 158.

133) DD. RRH n° 299. 300. RRH n° 301. DD. RRH n° 303. 306. 307. 308. 309. Ein weiteres Diplom, für das die Unterfertigung durch Radulf zu unterstellen ist, erging vielleicht am 2. oder 3. Februar 1155 (D. RRH n° 315a). Hier gibt ein Archivinventar von 1531 (Departementalarchiv Marseille 56 H 68 fol. 620ᵛ) den 2. Februar als Datum des Diploms, ein Inventar von 1742 (DELAVILLE LE ROULX, Inventaire S. 52 n° 52) den 3. Februar als Datum einer weit späteren Bestätigung. Der Text selbst ist verloren, nur die beiden Regesten liegen noch vor.

Ebenso spricht alles dafür, daß der Kanzler 1155 mit nach Europa reiste (siehe auch unten S. 155). Es ging um wichtige Dinge wie die Stellung des Johanniterordens und die kirchliche Gliederung von Süd- und Südwestpalästina. Der König kann diesen Dingen gegenüber nicht indifferent gewesen sein. Angesichts der starren Auffassungen des Patriarchen empfahl es sich, zur Wahrung der königlichen Interessen den Kanzler mitzuschicken, denn der Episkopat, von dem mindestens Friedrich von Akkon als königstreu gelten muß (siehe unten S. 656 f.), dürfte in diesen Fragen ganz hinter dem Patriarchen gestanden haben, da alle Bischöfe von der Exemption des Ordens nachteilig tangiert waren. An dieser aber war der König nicht uninteressiert, entzog sie doch die Kampfkraft des Ordens der Kontrolle des Patriarchen, und es scheint, daß die Intensivierung der Kampftätigkeit des Ordens durchaus in den päpstlichen Intentionen lag[134]. Schon der König Fulko hatte seinen Kanzler Elias 1140 zum Konzil von Antiochia geschickt; 1153 oder 1154 war Radulf zusammen mit dem Bischof Friedrich von Akkon in heikler Mission nach Antiochia gesandt worden (siehe unten S. 163).

Erst wenn man Radulfs Anwesenheit an der Kurie 1155 unterstellt, macht Wilhelms Bericht Sinn, daß der englische Papst dem aus England gekommenen Radulf das Bistum Bethlehem verschafft habe. Er konnte ihn sich ansehen. Daß Radulf noch am 13. Juli 1155 in Akkon war, spricht nicht dagegen, daß er mitreiste. Wilhelm von Tyrus, der damals ja beim Studium in Europa war, setzt die Abreise der Gesandtschaft mit Frühjahr 1155 mit Sicherheit zu früh an. Sie kann frühestens im Sommer, vielleicht sogar erst im Spätsommer/Herbst 1155 erfolgt sein[135]. Ich habe jedenfalls keinen Zweifel, daß der Kanzler die Gesandtschaft begleitete und die Kurie als der neben den Johannitern einzige Sieger verließ, nämlich als Bischof von Bethlehem. Er wird dann im Sommer 1156 zwischen dem 24. Mai (Himmelfahrt) und dem 7. Juni[136] mit den Gesandten zurückgekehrt sein. Als bald darauf der Patriarch bei einer Reichssynode sein großes Strafgericht über die Ölbergkanoniker abhielt, fungierte Radulf, der am 7. Juni 1156 in D. RRH n° 321 noch Elekt gewesen war, schon als *episcopus Bethleemita*, war also geweiht[137]. Er wird vermutlich gleich im Zusammenhang mit dieser in

134) Siehe HIESTAND, Anfänge S. 63–76; DERS., Vorarbeiten 2, S. 116.
135) MAYER, Zur Geschichte der Johanniter S. 151–157.
136) Siehe unten Bd. 2, Exkurs I, S. 862 und MAYER, Zur Geschichte der Johanniter S. 158.
137) RRH n° 323. Zum Datum siehe unten S. 657. Zum Fehlen der Bischöfe von Tripolis, Tortosa und Byblos siehe ANTWEILER, Bistum Tripolis S. 64. Radulfs nächste Nennung als geweihter Bischof erfolgte am 2. November 1156 in D. RRH n° 322.

Jerusalem abgehaltenen Reichssynode, die dem Bericht über die Gesandtschaft und der Umsetzung ihrer Resultate gedient haben muß, auch geweiht
worden sein. Bis zur Geburtskirche in Bethlehem waren es ja nur sechs
Kilometer.

Für Radulf scheint die päpstliche Entscheidung überraschend gekommen
zu sein. Noch am 13. Juli 1155 hatte er das von ihm selbst diktierte Diplom
D. RRH n° 309 unterfertigt, mittels dessen der König den Chorherren vom
Hl. Grab den Besitz bestätigte. Unter den hier insgeamt bestätigten elf VUU.
befand sich als letzte auch RRH n° 75 des Patriarchen Arnulf von 1114, mit
der die Regulierung des Stifts vollzogen worden war. Das hatte eine Aussonderung des Stiftsbesitzes aus dem Gesamtkirchenbesitz notwendig gemacht, die für den weltlichen Besitz mit D. RRH n° 74, für kirchliche
Einkünfte durch RRH n° 75 erfolgt war. Bei der Übernahme der Patriarchenurkunde unterlief Radulf ein Verständnisfehler, der beweist, daß sein
Augenmerk noch nicht auf Bethlehem gerichtet war:

RRH n° 75	D. RRH n° 309
Concessi etiam eis in Ioppen civitate	*Ecclesiam deinceps beati Petri in*
ecclesiam beati Petri cum suo honore	*Ioppe, quam patriarcha ... cum hono-*
et cum tota dignitate, quae pertinet	*re suo integro et cum tota, quae*
matri ecclesiae.	*sanctae matri pertinet ecclesiae,*
	plenaria dignitate ... confirmo.

Aus *matri ecclesiae* machte Radulf *sanctae matri ecclesiae.* Letzteres ist die
Mutter Kirche im allgemeinen, deren wenig konkrete generelle Würde hier
beschworen wird. Mit *matri ecclesiae* meinte die VU. aber etwas ganz anderes, nämlich die Würde einer bischöflichen Kathedralkirche, an der bei dem
speziellen Zehntsystem des lateinischen Ostens die gesamten kirchlichen
Zehnten der Grafschaft Jaffa hingen. Jaffa war damit eines der von mir so
genannten 'Stiftsbistümer', bei denen die bischöflichen Rechte einer Diözese
ohne Bischof an einem Stift und seinem Vorsteher hingen. Sobald Radulf
Bischof in Bethlehem geworden war, mußte er die Verhältnisse in Jaffa so
genau kennen, daß ihm der Lapsus in D. RRH n° 309 nicht passiert wäre.
Umgekehrt bedeutet dies, daß bei der Ausstellung von D. RRH n° 309 im
Juli 1155 das Bistum Bethlehem noch nicht in seinem Blickfeld lag.

Vor 1169 wurde die Geburtskirche von Bethlehem durch Bischof Radulf
im Hauptschiff und vereinzelt auch in den Nebenschiffen mit einer Reihe
von Fresken geschmückt, die Heiligenfiguren darstellten (siehe unten S. 139).
Darunter befinden sich zwei Heilige, deren Auftreten in Bethlehem schon
einiges Kopfschütteln hervorgerufen hat: König Knut der Heilige von Dänemark (1080–1086) und König Olav II. der Heilige von Norwegen

(1015–1030). An der Identifizierung lassen die beigegebenen Inschriften überhaupt keinen Zweifel[138]. Als letzter hat Kühnel[139] die Meinung vertreten, daß man sie hier angebracht haben könnte als eine Folge der skandinavischen Pilgerfahrten ins Hl. Land. Das ist so pauschal natürlich wenig überzeugend. Will man die beiden skandinavischen Heiligen überhaupt an einer skandinavischen Pilgerfahrt festmachen, so böte sich am ehesten diejenige des Erzbischofs Eskil von Lund an, die er während seines Exils (1161–1167) unternahm[140]. Aber man frägt sich, ob Radulf hier nicht eine Art von Danksagung an seinen Gönner Hadrian IV. vornahm, der ihm das Bistum verschafft hatte. Dieser hatte als Kardinal Nikolaus Break-spear 1152/1153 eine große Legation nach Skandinavien auszuführen gehabt, die bleibende Resultate hinterließ, vor allem die Abspaltung von Nidaros (Drontheim) vom Erzbistum Lund und Drontheims Errichtung als eigene Kirchenprovinz[141]. Zwar hatte nicht Olav II. Drontheim gegründet, das seit 1029 Bischofssitz war, sondern Olav I. Aber dieser lag da nicht begraben, weil er auf dem Meer umgekommen war. Das Heiligtum in Drontheim war das Grab Olavs II., über dem dann ab 1161 der St. Olav-Dom erbaut wurde. Nikolaus Breakspear war es gewesen, der den Norwegern ihr eigenes Erzbistum am Grabe des hochverehrten Martyrer-Königs verschafft hatte, und als Radulf Bischof wurde, lag diese Legation erst drei Jahre zurück. Außerdem war der Kardinal in Norwegen beteiligt gewesen an der Organisation der Kreuzfahrt des Jarl Rögnvaldr III., über die uns die Sagas Nachrichten überliefern[142]. Da der Jarl im Herbst 1152 mit einer erheblichen Flotte von 15 Dickschiffen und dazu noch kleineren Begleitbooten in den Osten aufbrach, kam er natürlich erst 1153 nach Akrsborg (Akkon); datiert wird nur der Besuch am Jordan am 10. August. Es ist eine wirklich nicht unbegründete Vermutung von Riant[143], daß die Flotte bei der Belagerung und Eroberung Askalons (Januar bis August 1153) mithalf, zumal Wilhelm von Tyrus plötzlich einer Kriegsflotte von ausgerechnet 15 Schiffen ebenso gedenkt wie der Tatsache, daß der König die Osterpilger einfach zwangsverpflichtete[144]. Als Radulf Bischof von Bethlehem–Askalon wurde, ver-

---

138) KÜHNEL, Wall Painting S. 112–125.
139) Ebd. S. 118–121.
140) Saxo Grammaticus, Gesta Danorum 1, S. 437.
141) Zu der Legation siehe BREYER, Legation, passim.
142) Siehe dazu RIANT, Expeditions S. 244–263.
143) Ebd. S. 258.
144) Wilhelm von Tyrus, Chronicon XVII. 23 f., S. 792 f.

dankte er nicht nur Bethlehem der Gunst Hadrians IV., sondern dieser war auch beteiligt gewesen an einem skandinavischen Kreuzzug, der allem Anschein nach bei der Eroberung jener Stadt half, in der Radulfs zweites Bistum seinen Sitz hatte. Ein Dankeszeichen an Hadrian und die Norweger war in der Tat angezeigt. Das betrifft aber nur das Fresko Olavs des Heiligen. Aber der Kardinallegat hatte auch in Dänemark gewirkt. Die Erhebung von Nidaros (Drontheim) zum Erzbistum war natürlich gegen den Willen des Erzbischofs Eskil von Lund erfolgt. Lund liegt heute in Schweden, war damals aber ein dänisches Erzbistum. Der Legat versöhnte den Lunder, indem er ihn zum Primas von Schweden erhob. Nikolaus Breakspear hat auf dieser Legation weitgehend die kirchliche Provinzeinteilung Skandinaviens festgelegt, wenn man absieht von seinem am Lunder Widerstand gescheiterten Plan, auch in Uppsala ein Erzbistum einzurichten, was dann erst Alexander III. 1164 vornahm. Die Legation war zweifellos der Höhepunkt in seinem Leben vor der Wahl zum Papst und war erfolgreicher als Hadrians Politik in Italien und gegenüber dem Reich.

Kaum war Radulf Bischof geworden, da wurde er natürlich eingespannt in die normalen Pflichten des Episkopats; das erste Zeichen dafür war die gerade erwähnte Beteiligung an der Bestrafung der aufmüpfigen Ölbergkanoniker, die während der Abwesenheit der Gesandtschaft gewagt hatten, dem Prior der Grabeskirche die herkömmliche Speisung zu Himmelfahrt zu verweigern[145]. Barfuß ließ der Patriarch die Kanoniker ins Hl. Grab laufen, um dort Abbitte zu tun.

Im November 1157 starb der Patriarch Fulcher. Aus seiner Regierungszeit ist nach dem Streit um Tyrus 1146–1150/1151 kein Streit mit der weltlichen Gewalt um freie kirchliche Wahlen mehr überliefert, obwohl es zu Bischofswahlen gekommen war. Radulf wurde in Bethlehem zwar von außen oktroyiert, aber vom Papst. Aber kaum war Fulcher tot, da brach der Konflikt erneut auf. Zu seinem Nachfolger wurde mit massiver Unterstützung des Hofes Amalrich von Nesle, der Prior der Grabeskirche, gewählt, der vor 1143 Hofkapellan gewesen war[146]. Der König befand sich damals mit dem Grafen von Flandern weit im Norden, wo man zuerst Šaizar im Orontestal

---

145) Siehe dazu MAYER, Zur Geschichte der Johanniter S. 154 f.

146) Er war im September 1158 noch ungeweiht und konnte deshalb bei der Hochzeit des Königs und der Salbung der Königin nicht amtieren; Wilhelm von Tyrus, Chronicon XVIII. 22, S. 843. Dem scheint zuerst das Datum von RRH n° 330 zu widersprechen, das auf Januar 1158 datiert worden ist, indessen aber auch aus anderen Erwägungen zum Januar 1159 gehört; siehe unten Bd. 2, Exkurs I, S. 864. Zu den Ereignissen bei und nach der Wahl Amalrichs von Nesle siehe auch unten S. 653 f.

belagerte, dann ab Weihnachten 1157 bis in den Februar 1158 hinein die Festung Hārim östlich von Antiochia[147]. *Contra iuris regulas* sei die Intervention des Hofes bei dieser Wahl gewesen, schreibt Wilhelm von Tyrus und offenbart damit den Kernpunkt des Streites. Der Erzbischof Ernesius von Caesarea und der Bischof Radulf von Bethlehem widersprachen der Wahl sofort und appellierten nach Rom. Ernesius war der Kanzler der Patriarchen Wilhelm und Fulcher gewesen und vertrat wohl die strenge kirchliche Linie. Radulf, der selbst mit Hilfe des Hofes einige Jahre als Intrusus in der Kirche von Tyrus zu herrschen versucht hatte, war in dieser Sache ein seltsamer Purist, so daß man davon ausgehen darf, daß er eher die Interessen des abwesenden Königs wahrte, denn nicht dieser hatte interveniert, sondern ein aristokratisches Damenkabinett, nämlich die an sich in den politischen Ruhestand verbannte Königinmutter Melisendis, ihre Schwester Hodierna von Tripolis und des Königs Halbschwester Sibylle von Flandern[148]. Amalrich vertraute seine Sache dem Bischof Friedrich von Akkon an, der aus Rom die Bestätigung Hadrians IV. und das Pallium für Amalrich zurückbrachte. Auch hier rügte Wilhelm das Verfahren und warf Friedrich aktive Bestechung vor; auch sei die römische Apellation erfolgt, ohne daß Amalrichs Gegner vertreten gewesen seien.

Über Radulfs Stellung im alexandrinischen Schisma ist nichts bekannt, aber er wird wohl anfangs dieselbe sehr vorsichtige Position vertreten haben wie sein König[149], die allerdings keinen Erfolg hatte. Im Jahre 1164 bezeugte er eine vom Vizedatar Stephan unterfertigte Schenkung des Königs an die Lazariter (D. RRH n° 397), und Stephan ordnete ihn als Kanzler und Bischof in der Zeugenliste regelwidrig sogar noch vor dem Erzbischof Friedrich von Tyrus ein. Zwei sehr wichtige Schenkungen des Königs für die Johanniter von 1168 und 1169 unterfertigte er nicht nur, sondern bezeugte sie auch (DD. RRH n° 452. 466). Natürlich war er auch mit involviert bei dem kirchlichen Neugliederungsplan von 1168, als er zwei damit in Zusammenhang stehende Urkunden des Patriarchen Amalrich von Jerusalem mit unterschrieb[150]. Im Jahr 1170 war er dabei, als der Prior Theobald von Crépy eine Urkunde des Bischofs Wilhelm von Akkon entgegennahm, in der den Cluniazensern die Erlaubnis erteilt wurde, in der Diözese Akkon ein Kloster zu gründen (RRH n° 476). Im selben oder folgenden Jahr war er

---

147) RÖHRICHT, Geschichte S. 292.
148) Wilhelm von Tyrus, Chronicon XVIII. 20, S. 840.
149) Ebd. XVIII. 29, S. 853 f.
150) RRH n° 455. 456. Zu dem Projekt MAYER, Bistümer S. 197–214.

an der Reform des Klosters Palmarea im Jordantal beteiligt[151]. Um dieselbe Zeit, jedenfalls vor dem 10. März 1171 wirkte er als Zeuge mit an einem
Tausch des Ölbergstifts mit den Johannitern[152]. Bald darauf (1171/1172)
war er verwickelt in die schwierigen Verhandlungen über den überraschenden Rücktritt, genauer gesagt die Serie von Rücktritten, des Johannitermeisters Gilbert von Assailly[153].

Radulf scheint gut für sein Bistum gesorgt zu haben, auch wenn nicht viel
darüber bekannt ist. Eine Urkunde von angeblich 1163, in der Radulf bei
der Kommune Marseille ein Darlehen von 1211 sarazenischen Byzantinern
aufnahm und dafür ein Casale und Häuser in Akkon zum Pfand gab, ist eine
Fälschung aus der Mitte des 13. Jahrhunderts[154], übrigens nach einer von
Radulf C verfaßten Vorlage, also mit einem untadeligen Rahmenformular
und ehemals mit einem echten Bleisiegel Radulfs versehen[155].

Ich habe schon oben S. 130 kurz die Schwierigkeiten erwähnt, die es seit
1153 um das Bistum Askalon gab. Der mit der Chronologie vielfach auf dem
Kriegsfuß stehende Wilhelm von Tyrus[156] berichtet zwar, der Papst habe
das Problem noch unter dem Bischof Gerald, Raldulfs Vorgänger, entschieden, aber wahrscheinlicher ist, daß die dornige Frage erst Ende 1155 an der
Kurie gelöst wurde, als der Patriarch mit seinem ganzen Episkopat anwesend
war und Radulf zum Bischof von Bethlehem erhoben wurde. Wenn der
Papst schon einen Bischof dort einsetzte, mußte er jedenfalls spätestens jetzt
das askalonitanische Problem lösen. Seit der Eroberung von Askalon 1153
war es strittig, wer die episkopalen Rechte in Askalon ausübte, das bald zum
südlichen Teil der Doppelgrafschaft Jaffa-Askalon wurde. Der Patriarch
Fulcher kreierte 1153 in Mißachtung einer päpstlichen Entscheidung von
1108, die das noch uneroberte Askalon als Pfarrei dem Bistum Bethlehem
inkorporiert hatte, einen seiner Chorherren namens Absalon zum Bischof.
Dies wurde zwar vom Papst später kassiert. Dabei wurde aber, wie es
scheint, das neue Bistum Askalon nicht förmlich aufgehoben, wohl aber der

---

151) RRH n° 484, gedruckt bei HIESTAND, Vorarbeiten 3, S. 267 n° 104. Zu Palmarea vgl. KEDAR, Palmarée, passim.

152) RRH n° 492; zum Datum MAYER, Zur Geschichte der Johanniter S. 150 Anm.
20.

153) RRH n° 480, am besten gedruckt bei HIESTAND, Vorarbeiten 2, S. 222 n° 19.

154) RRH spur. n° 386. MAYER, Marseilles Levantehandel S. 179 n° 3 (Druck) und
S. 35–38 und 137.

155) Beschreibung des Siegels ebd. S. 35. Außerdem ist ein identisches Siegel Radulfs
nachgezeichnet worden von Amico im Ms. Qq. H. 11 fol. 109^v der Stadtbibliothek zu
Palermo; schon beschrieben bei SCHLUMBERGER, Sigillographie S. 106 f. n° 91.

156) Wilhelm von Tyrus, Chronicon XVII. 30, S. 804.

Bischof Absalon abgesetzt und Askalon mit Bethlehem in einer dauerhaften Personalunion zu einem Doppelbistum gemacht. Es ist nachweisbar, daß sich der Patriarch und das Chorherrenstift vom Hl. Grab mit dieser Entscheidung nicht abfanden. Jedenfalls schwebte die Frage noch 1158 und war erst 1160 bereinigt[157].

Als Radulf Bischof von Bethlehem wurde, wurde er in diese Fragen natürlich sofort hineingestoßen, denn in seiner Eigenschaft auch als askalonitanischer Diözesan war er zuständig für den südlichen Teil der Doppelgrafschaft und stand damit in Konkurrenz zu den Chorherren vom Hl. Grab, die von der Peterskirche in Jaffa aus dasselbe für den nördlichen Teil taten[158], eine Konkurrenz, die um so lebhafter gewesen sein muß, als das Hl. Grab noch 1158 den abgesetzten Bischof Absalon in verklausulierter Form, nämlich ohne Nennung einer Diözese, anerkannte (RRH n° 333). Die Ruhe an dieser Front herbeizuführen, war zunächst das Verdienst des Grafen Amalrich von Askalon, der 1160 gegen eine gewisse Entschädigung die Chorherren vom Hl. Grab dazu bewog, ihre Kirche in Askalon preiszugeben, die ihnen einen Ansatzpunkt zu einer Wiederbelebung ihrer Ansprüche auf das Bistum hätte geben können (D. RRH n° 356). Aber noch gab es Rechte der Abtei Josaphat, die hinderlich sein konnten, und zwar ausgerechnet auf die alte Hauptmoschee der Stadt, die 1153 zur Pauluskathedrale geweiht worden war[159], die aber schon 1123 der Graf Hugo II. von Jaffa in einer rechtlichen dubiosen, aber politisch verständlichen Aktion an Josaphat geschenkt hatte, womit er wohl den Plan verfolgte, hier für den Fall der Eroberung Askalons, mit dessen Besitz Hugo dann rechnete, analog zu diversen anderen 'Stiftsbistümern' im Hl. Land de facto ein eigenes Bistum Askalon unter dem Abt von Josaphat zu schaffen[160]. Hier war es der Bischof Radulf, der die Sache bereinigte. Zwischen 1163 und 1168, eher aber erst 1167/1168, schloß er vor dem König Amalrich einen Vergleich mit dem Abt von Josaphat[161]. Der Abt verzichtete jetzt auf die Kirche, und damit hatte Radulf in Askalon endgültig tyrensische Verhältnisse vermieden, wo der Prachtbau des Bischofs Paulinus aus dem 4. Jahrhundert eine Kollegi-

---

157) Zu diesen Fragen MAYER, Bistümer S. 16 f., 58–60, 113–115, 119–132, Zusammenfassung S. 169–171.

158) Siehe dazu ebd. S. 119–131.

159) Später wurde sie zur Johanneskirche umgeweiht.

160) RRH n° 102a; dazu MAYER, Bistümer S. 136–160, 169.

161) RRH n° 393a, gedruckt unten Bd. 2, Exkurs II, S. 893 Nr. 5; zum Datum unten Bd. 2, Exkurs I, S. 867 f.; zur Sache MAYER, Bistümer S. 160–171.

atkirche des Hl. Grabes war, während sich der Erzbischof mit einer un-scheinbaren Kathedrale zufriedengeben mußte[162].

Kümmerte sich Radulf in Askalon um die rechtliche Position der dortigen Kathedrale, so erwies er sich in Bethlehem als kunstsinniger Mäzen der einzigartigen Geburtskirche. Unter ihm arbeiteten zwei Mosaizisten an der reichen Ausschmückung der Kirche, der Mönch Ephraim und der syrische Diakon Basilios. Letzterer war in einer kurzen zweisprachigen Inschrift (lateinisch und syrisch) verewigt, der erstere in einer langen zweisprachigen Inschrift (lateinisch und griechisch), von der beide Versionen seinen Namen und den Kaiser Manuel I. Komnenos, den König Amalrich von Jerusalem und den Bischof Radulf von Bethlehem nennen und die griechische Version mit 1169 auch datiert ist[163]. Als 1177 der griechische Reisende Johannes Phokas Bethlehem besuchte, sah er ein Bildnis des Kaisers Manuel I. Kom-nenos, das der Bischof dieser Kirche dort über der Geburtsgrotte angebracht hatte[164]. Man wird wohl annehmen dürfen, daß der 1174 verstorbene Bischof Radulf dies veranlaßt hatte, zumal nach seinem Tode in Bethlehem eine Vakanz bis 1175 oder 1176 eintrat (siehe unten S. 163). Kühnel ist der Meinung, daß die gesamte Ausschmückung der Geburtskirche, zu der neben den reichen Wandmosaiken ja noch die Serie von Heiligenfresken auf den Säulen des Hauptschiffes und auf einzelnen Säulen der Seitenschiffe gehört, im wesentlichen unter dem Bischof Radulf ausgeführt wurde und 1169 abgeschlossen war[165].

Es ist umstritten, ob Radulf 1169 in Geschäften seines Bistums nach Europa reiste. Im Frühjahr 1169 war die politische Lage bedrohlich, nach-

---

162) MAYER, Bistümer S. 98–111.
163) Lateinische Inschriften: DE SANDOLI, Corpus S. 197 n° 260, 203 n° 268. Griechi-sche Inschrift: Corpus inscriptionum Graecarum 4, S. 339 n° 8736 und jetzt vor allem aus Cod. 57 der Bibliothek des Griechischen Patriarchats Jerusalem CUTLER, Ephraim S. 179 mit Facs. S. 180. Die syrische Inschrift bei KÜHNEL, Ausschmückungsprogramm S. 148 f. und schon zuvor DERS., Neue Feldarbeiten S. 512. Siehe jetzt auch HUNT, Art and Colonialism S. 72–78. Kühnels ursprüngliche Annahme, Basilios habe aus einem Dorf Moschem in der jakobitischen Diözese Ḥabōrā gestammt, wurde von ihm später als Fehllesung preisgegeben (KÜHNEL, Ausschmückungsprogramm S. 148 f. Anm. 47) und hätte in jedem Falle der zusätzlichen Erhärtung bedurft, denn schon der im 12. Jh. mit Dārā vereinigte Bischofssitz Ḥabōrā wird in der Chronik Michaels des Syrers überhaupt nur zweimal erwähnt, und selbst dessen Lokalisierung in der türkisch-syrischen Grenzregion ist unsicher; siehe HONIGMANN, Couvent de Barsaumā S. 126 f.
164) Johannes Phokas, Compendiaria descriptio, RHC. Hist. Grecs 1, S. 554. Zum Datum seiner Reise, die früher verkehrt mit 1185 angesetzt wurde, siehe ebd. 1, S. X–XII.
165) KÜHNEL, Wall Painting S. 145 f.

dem im März Saladin Wesir von Ägypten geworden war. Da er mit Nūr ad-Dīn von Damaskus in Syrien zusammenarbeitete, sah sich das Königreich Jerusalem eingekreist. Man beschloß, eine Gesandtschaft mit Briefen um Hilfe nach Europa zu schicken und besetzte sie mit dem Bischof von Akkon, dem Erzbischof von Caesarea und sogar dem Patriarchen von Jerusalem außergewöhnlich hochrangig. Die Gesandten nahmen Briefe mit an den Kaiser, die Könige von Frankreich, England und Sizilien, die Grafen von Flandern, Champagne und Chartres. Aber gleich nach der Ausfahrt geriet ihr Schiff in einen derartigen Sturm, daß sie zurückkehren mußten. Nun schickte man den Erzbischof Friedrich von Tyrus und den Bischof von Baniyās; Ende Juli waren sie in Benevent beim Papst, später in Paris, wo Johannes von Baniyās starb[166], während Friedrich von Tyrus zwei volle Jahre in Europa verbrachte[167]. Riant hat angenommen, Radulf sei der Gesandtschaft nachgereist, um in Paris den verstorbenen Bischof von Baniyās zu ersetzen[168]. Jedenfalls berichten die Annalen von Cambrai, der Bischof von Bethlehem habe zur Gesandtschaft gehört[169], und William Fitz-Stephen sagt, er sei im Februar oder März 1170 in Pontoise gewesen[170]. Riant hat die Reise verknüpft mit der Schenkung von Clamecy im Nivernais an die Kirche von Bethlehem durch den Grafen Wilhelm IV. von Nevers. Dieser nahm 1167 das Kreuz und starb am 24. Oktober 1168 im Hl. Land und wurde in Bethlehem begraben[171]. Die Schenkung ist nicht zu bezweifeln; daß sie durch Testament erfolgte, ist immer schon behauptet worden und durchaus wahrscheinlich, und auch die Sepultur in Bethlehem ist durch das Nekrolog von Nevers[172] gesichert. Daß Radulf aber dann vom Bruder des Verstorbenen mit nach Frankreich genommen worden sei, um persönlich von Clamecy Besitz zu ergreifen, obwohl dessen Bedeutung für Bethlehem ja erst wesentlich später kam, ist eine Tradition, die erstmals im Jahre

---

166) Zum Tod und Begräbnis dieses Bischofs siehe auch das Nekrolog von St.-Victor in Paris bei MOLINIER, Obituaires 1, S. 592.

167) Wilhelm von Tyrus, Chronicon XX. 12, S. 926. RRH n° 464. JL 11637. 11638.

168) RIANT, Eclaircissements S. 144–150. Zurückhaltender DERS., Etudes sur Bethléem 1, S. 19 Anm. 9.

169) Annales Cameracenses, MGH SS 16, S. 551; zum Genauigkeitsgrad des Berichts siehe unten S. 660.

170) William FitzStephen, Vita s. Thomae S. 98.

171) Zum Datum siehe MAYER, Kreuzfahrerherrschaft Montréal, Exkurs XVIII, S. 281 f. SIBERRY, Crusading Counts S. 66 trägt nichts bei zu dem Problem.

172) BN Paris, Ms. lat. 11478 fol. 102ᵛ; ediert von RIANT, Eclaircissements S. 147 Anm. 4.

1601 greifbar wird[173] und überdies wenig präzis ist, da sie den Bischof, der seiner Diözese beraubt gewesen sei, gleich in Frankreich bleiben läßt. Ich habe früher eine Europareise Radulfs mit dem kirchlichen Neugliederungsversuch Südwestpalästinas verbunden, der in jenen Jahren lief[174], während Hiestand die Reise ganz bestritten hat und die zweimalige Erwähnung eines Bischofs von Bethlehem in Europa 1169 und 1170 für eine paläographisch leicht mögliche Verwechslung mit dem Bischof von Belinas (= Baniyās) hält[175].

Am 16. September 1169 fertigte Radulf noch in Akkon ein Diplom aus[176]. Aber bisher ist von niemandem beachtet worden, daß Radulf im Frühjahr 1170 im Königreich Jerusalem war, als er nämlich im Ostjordanland beim Heer war[177]. Die Reise ist nicht gesichert, aber unmöglich ist sie nicht. Auch Wilhelm von Tyrus, von dem wir nicht genau wissen, wann er damals nach Europa abreiste, war jedenfalls vom 15. Oktober bis 21. Dezember 1169 außer Landes und scheint im Frühjahr 1170 zurückgekehrt zu sein, als ihm der König die Erziehung seines Sohnes anvertraute[178]. Viel Zeit für seine Geschäfte hätte Radulf in Europa nicht gehabt, aber ein Kanzler konnte dem Reich nicht lange fernbleiben.

---

173) Brief des Karl von Gonzaga, Herzog von Nevers, Auszüge bei LAGENISSIÈRE, Eveché de Bethléem S. 212.

174) MAYER, Bistümer S. 201 f.

175) HIESTAND, Vorarbeiten 3, S. 52.

176) D. RRH n° 467. Sein nächstes Diplom stammt erst von 1171; D. RRH n° 487. Das kanzleifremde D. RRH n° 477 vom Sommer 1170 darbt der Unterfertigung, weil der König hier als Regent von Tripolis handelte, war allerdings besiegelt, so daß die Beteiligung des Kanzlers wahrscheinlich ist.

177) Wilhelm von Tyrus, Chronicon XX. 26, S. 950. Wilhelms Chronologie ist hier verworren. Er datiert den Feldzug überhaupt nicht genau, ordnet ihn aber nach dem Bericht über die Byzanzreise des Königs 1171 ein, ja sogar nach dem Mord an dem Bischof von Akkon am 29. Juni 1172; ebd. XX. 24 f., S. 946–948. Dennoch gehört der Feldzug nach einer Fülle arabischer Quellen zu Februar/März, März/April, April oder April/Mai 1170, am ehesten in den April 1170; siehe dazu MAYER, Kreuzfahrerherrschaft Montréal S. 219 Anm. 34. Radulf müßte also eine späte Abfahrt nach dem 16. September 1169 (D. RRH n° 467) genommen haben und mit einer frühen im März 1170 zurückgekehrt sein, denn schon die häufige Osterabfahrt aus Europa (5. April 1170) wäre für die erwähnte Präsenz im Heer zu spät gewesen.

178) Wilhelm von Tyrus, Chronicon XXI. 1, S. 961. Siehe auch unten S. 184.

7. Radulf als Kanzler des Königs

Radulf von Bethlehem war der erste Kanzler von Jerusalem, der Bischofswürde und Kanzleramt in seiner Hand vereinigte, was stets ein Meilenstein
in der Entwicklung eines Kanzleramtes war und deshalb eingehender Betrachtung bedarf. Er behielt beide Ämter bis zu seinem Tode. Im Vergleich
zu seinen europäischen Kollegen schneidet er in dieser Hinsicht gut ab.
Allein im Bereich von Reichsitalien, auch – aber weniger – von Deutschland,
war dies vorgebildet, ohne daß man hier an Einflüsse auf Jerusalem denken
dürfte (siehe unten S. 144 f.). Wichtiger sind die Verhältnisse in England,
von wo Radulf eingewandert war, und in Frankreich. In der kapetingischen
Kanzlei seit Robert II. waren die Kanzler lange im Amt, eben weil sie in der
Regel nicht in den Episkopat aufstiegen, anders als unter Hugo Capet und in
der Frühzeit Roberts II. Balduin dirigierte die Kanzlei unter drei Königen
nicht weniger als 49 Jahre (1018–1067), sein Nachfolger Petrus abdizierte, als
er Abt von St.-Germain-des-Prés wurde. Stephan von Garlande war Kanzler 1105–1127, dann erneut 1132–1137[179]. Für das ihm entgangene Bistum
Beauvais hielt er sich schadlos mit der Kumulation einer Fülle anderer
geistlicher Pfründen, ja selbst mit dem Skandal, daß er, obwohl Kleriker, mit
dem Amt des Kanzlers 1120 auch noch das des Seneschalls verband, was
Bernhard von Clairvaux mit Recht für indiskutabel hielt. Später wurde
Hugo von Champfleuri 22 Jahre lang Kanzler (1150–1172). Danach kam es
zur ersten großen Kanzleivakanz 1172–1179 und nach einem Zwischenspiel
eines oder zweier Kanzler namens Hugo begann dann in den Diplomen 1185
die schier endlose Vakanz des kapetingischen Kanzleramtes, die bis 1330
andauern sollte, obwohl in gewissen Briefen bereits seit 1318 wieder ein
Kanzler nachweisbar ist[180].

Nur zwei Kapetingerkanzler jener Epoche trugen auch die Mitra, und vor
Radulfs Wahl zum Bischof von Bethlehem nur einer, der Bischof Gottfried
von Paris (1061–1095), ein Onkel Gottfrieds von Bouillon, der 1075–1077,
dann erneut 1081–1092 der Kanzler Philipps I. war. Er war sich des An-
stößigen seiner Doppelposition so sehr bewußt, daß er sich von 1085 bis
1092 in Anknüpfung an das 1059 noch einmal ephemer wiederbelebte Erz-
kanzleramt der Erzbischöfe von Reims (D. Philipps I. n° 1), vielleicht auch
in Imitation der deutschen Erzkapelläne und Erzkanzler, die seit eh und je

---

179) PROU, Recueil des actes de Philippe Ier S. LXI–LXIV; DUFOUR, Recueil des
actes de Louis VI 3, S. 38–42; TESSIER, Diplomatique S. 133.
180) TESSIER, Diplomatique S. 133–137.

ja Erzbischöfe waren, als Erzkanzler titulierte. Aber anders als Radulf von Bethlehem war er bereits Bischof, als er Kanzler wurde.

Wenige Jahre nach Radulfs Wahl zum Bischof wurde der Kanzler Hugo von Champfleuri auch Bischof von Soissons. Hadrian IV. scheint gegen die Kumulation der beiden Ämter nichts gehabt zu haben, jedenfalls äußerte er sich dazu in JL 10553 nicht. Bereits früher hatte er Hugo, dessen Karriere er eifrig förderte (siehe oben S. 130), von einem Eid entbunden, den der Bischof von Arras von ihm verlangt hatte, als er Archidiakon von Arras wurde, daß er nämlich gegebenenfalls auf die Aufforderung des Bischofs hin die Kanzlei niederlegen werde (JL 10518). In dieser bischöflichen Forderung drückte sich die ältere Auffassung von der prinzipiellen Unvereinbarkeit eines höheren geistlichen Amtes mit dem Posten eines Königskanzlers aus. Nachdem Alexander III. im Schisma dieser Ämterkumulation noch zugesehen hatte, ordnete er 1171 an, Hugo habe die Kanzlei niederzulegen und sich auf sein bischöfliches Amt zu beschränken, *quoniam...cancellariae officium et pontificalis administrationis solicitudinem non potest simul et congrue exercere, cum utrumque officium totam non divisam desideret habere personam*[181]. Bei Radulf von Bethlehem hatte Alexander III. ähnliche Skrupel nicht.

In der englischen Kanzlei gaben alle Kanzler vor 1189 ihr Amt ab, wenn sie zum Episkopat aufstiegen. Herfast wurde 1070 Bischof von Elmham, Osbern 1072 Bischof von Exeter. Osmund wurde 1078 Bischof von Salisbury, scheint aber nach seiner Erhebung noch einige Zeit Kanzler geblieben zu sein[182]. Mauritius wurde 1085 Bischof von London, wurde aber erst am 20. August 1086 geweiht und blieb vielleicht bis dahin noch Kanzler. Robert Bloet wurde 1094 Bischof von Lincoln. Roger verlor die Kanzlei, als er 1102 oder 1103 Bischof von Salisbury wurde. Der Kanzler Waldric mußte aus der Kanzlei weichen, als er 1106 zum Bischof von Laon aufstieg. Geoffrey Rufus schied 1133 als Kanzler aus, um Bischof von Durham zu werden. Philipp d'Harcourt, Stephans Kanzler 1139–1140, gab die Kanzlei bereits ab, als er 1140 zum Bischof von Salisbury nominiert wurde, obgleich er sich dort nicht durchsetzen konnte; er wurde 1142 Bischof von Bayeux, ohne die Kanzlei wiedererlangt zu haben. Thomas Becket, Kanzler 1155–1162, schied binnen sieben Monaten aus dem Amt, als er Erzbischof von Canterbury wurde (siehe unten S. 235). Ohne Kanzlertitel wurde die Kanzlei danach

---

181) JL 12004. TESSIER, Diplomatique S. 130–134, 136 f. Zu Gottfried von Paris siehe auch Prou, Recueil des actes de Philippe Ier S. LXVII. JL 12004 gehört zu 1171, aber Hugo konnte sich noch bis 1172 im Kanzleramt halten; FALKENSTEIN, Pontificalis maturitas S. 86 f.; TESKE, Briefsammlungen S. 136 und ebd. S. 130–137 generell zu Hugos Entlassung.

182) Regesta regum Anglo-Normannorum 1 n° 188 von 1078–1083.

geleitet von Gaufridus Ridellus, der die Funktionen des Vizekanzlers niederlegte, als er 1173 Bischof von Ely wurde. Kanzler Radulf von Wanneville gab
sein Amt ab, als er 1182 zum Bischof von Lisieux aufstieg. Umgekehrt legte
Gottfried Plantagenet, der natürliche Sohn Heinrichs II. von England, der
von 1173 bis 1182 Elekt von Lincoln war, diese Charge in mehreren Stadien
während der Jahre 1181 und 1182 nieder, um 1181 Kanzler des Königs
werden zu können, was er bis zum Tode Heinrichs II. blieb. Danach wurde
er 1191 Erzbischof von York[183].

Der erste englische Königskanzler, dem es gelang, diesen Posten mit dem
eines Bischofs zu verbinden, war 1189 der übel beleumundete William
Longchamp, Bischof von Ely, und wir wissen auch, wie ihm dieses Kunststück gelang. Ungeachtet der Versicherung von William FitzStephen, daß das
englische Kanzleramt nicht käuflich sei (siehe unten S. 150), zahlte Longchamp jetzt 3000 Mark Silber dafür, daß er es nach der Bischofswahl behalten durfte, was ihm als dem langjährigen Vertrauten Richards I. aus Poitou
auch gelang, obwohl ihn ein Konkurrent um 1000 Mark überboten hatte[184]. Da er außerdem noch Justitiar und päpstlicher Legat war, hatte er
eine beispiellose Machtfülle, von der er ohne Zögern Gebrauch machte, was
1191 seinen Sturz herbeiführte. Obwohl es damals nicht gelang, ihm das
Kanzleramt formal zu nehmen und er nur *nominativo*[185] *cancellarius* war,
hatte man dennoch versucht, ihn des Amtes ganz zu entkleiden. Er habe sich
mit seinem Bistum zufriedenzugeben (*contentus eris episcipatu tuo*), hatte ihm
der anklagende Bischof von Coventry öffentlich gesagt, mit anderen Worten:
er solle das Kanzleramt niederlegen[186].

In der italienischen Kanzlei der Kaiser, bei den deutschen Kanzlern Salomon III. von Konstanz unter Ludwig dem Kind und Konrad I. und Gebhard

---

183) Regesta regum Anglo-Normannorum 1, S. XVI–XVIII; 2, S. IX f. ; 3, S. IX f.
DELISLE, Recueil des actes de Henri II. Introduction S. 89–106; DAVIS, Waldric S. 88 f.;
KNOWLES, Thomas Becket S. 52. In Schottland sieht es nicht anders aus. Der Kanzler
Walter de Bidun mußte sein Amt niederlegen, als er 1178 Bischof von Dunkeld wurde,
starb aber noch im selben Jahr, ohne die Weihe erlangt zu haben. Kanzler Roger schied
aus dem Amt, als er 1189 Bischof von St. Andrews wurde. Kanzler Hugo von Rox-
burgh wurde im März 1199 zum Bischof von Glasgow gewählt und behielt die Kanzlei
vorerst bei, starb aber ungeweiht im Juli 1199. Im September 1199 wurde Wilhelm
Malvoisin zum Kanzler ernannt, und als er im Oktober Bischof von Glasgow wurde,
behielt er die schottische Kanzlei als erster Bischof bei, wenigstens bis er 1203 nach
St. Andrews transferiert wurde. Siehe Regesta regum Scottorum 2, S. 29 f.
184) Richard von Devizes, Chronicle S. 4, 7.
185) Sic, nicht *nominative*. Zu der Form siehe BAXTER – JOHNSON, Medieval Latin
Word-List s. v. nomen.
186) Richard von Devizes, Chronicle S. 51, 53.

von Prag unter Heinrich IV. und im Falle des Bischofs Gottfried von Paris kam es vor dem Kanzler Radulf von Bethlehem zur Vereinigung von Bischofs- und Kanzleramt, aber in allen Fällen waren diese Kanzler im Zeitpunkt ihrer Ernennung bereits Bischof. Es bleiben die wenigen Ausnahmen deutscher Kanzler, die früher als Radulf von Bethlehem vom Hofamt zum Bischof aufstiegen und mindestens noch längere Zeit das Kanzleramt beibehielten: Hildibald von Worms unter Otto II. und III., Heribert von Köln unter Otto III., Eberhard von Bamberg unter Heinrich II., der die deutsche Kanzlei abgab, als er – bereits Bischof – 1009 italienischer Kanzler wurde, wo die Kumulation der beiden Würden mit Johannes von Piacenza und Kadaloh von Naumburg schon ein Vorbild hatte, und Adalbert von Mainz, der 1111 wenigstens formal die deutsche Kanzlei räumte, als er zum Erzbischof von Mainz und deutschem Erzkanzler aufstieg, aber faktisch noch bis Ende 1112 die Kanzleigeschäfte kontrollierte.

Das sind in der Reihe deutscher Reichskanzler verschwindend geringe Ausnahmen, die Verbindung beider Ämter wird auch im Reich erst seit 1195 fester Brauch. Aber vom Reich her dürfte ohnehin kein Einfluß auf Jerusalem ausgegangen sein[187]. Eher haben sich ein Hugo von Champfleuri und ein William Longchamp an dem jerusalemitanischen Beispiel ausgerichtet, denn dort wurde die Verbindung von Kanzlerposten und Bischofsamt seit Radulf von Bethlehem fast ausnahmslos. War man nicht schon Bischof oder Erzbischof, wenn man Kanzler wurde, so stieg man vom Kanzleramt zu einer bischöflichen oder erzbischöflichen Kathedra auf, ohne die Kanzlei jetzt noch zu verlieren, jedenfalls solange man ein Bistum innerhalb der Reichsgrenzen hatte. Die einzige Ausnahme ist Bandinus in der Gegenkanzlei Konrads von Montferrat. Auch er wurde wahrscheinlich Bischof, aber erst Jahre, nachdem sein Kanzleramt erloschen war. In der Entwicklung des europäischen Kanzleramtes, von dem die Kanzlei in Jerusalem ja nur ein Ableger auf asiatischem Boden war, kommt Radulf von Bethlehem daher eine besondere Bedeutung zu.

Auch wenn Radulf Kanzleichef nicht nur in Jerusalem, sondern seit 1154 auch in Askalon war, hatte er nach seiner Erhebung zum Bischof von Bethlehem dennoch mehr Zeit als früher für die oben S. 133–141 behandelten innerkirchlichen Aufgaben. Im selben Moment nämlich, wo er 1156 als Elekt von Bethlehem erscheint, tritt in der Kanzlei auch ein neuer Dikta-

---

187) Inwieweit die kardinalizischen Kanzler und Vizekanzler der päpstlichen Kurie des 12. Jahrhunderts hier ein Vorbild abgaben, stehe dahin, um so mehr als es zur Bestellung eines Kardinalbischofs zum Kanzler erst spät kam, wenn nicht die Forschung über Bresslau hinausgekommen ist: Martin von Tusculum 1170; siehe BRESSLAU, Urkundenlehre ²1, S. 241.

tor auf (D. RRH n° 321), Radulf B, der schon 1155 als Gehilfe an D. RRH
n° 309 beteiligt gewesen war. Da Radulf zuvor als Radulf A sein eigener
Diktator gewesen war, hatte er sich jetzt aus dem täglichen Urkundengeschäft und der Herstellung der Dictamina zurückgezogen. Die Kanzlei von
Jerusalem nahm damit dieselbe Entwicklung wie die europäischen Gegen-
stücke, aber für die Bedeutung Radulfs von Bethlehem ist es bezeichnend,
daß er es war, der in Jerusalem diesen Weg ging.

Das wirft die in jeder Kanzlei wichtige Frage nach der Residenzpflicht
des Kanzlers auf und danach, in welcher Weise ein solcher Kanzler, der sich
mehr in der Sphäre der hohen Politik bewegte, seine Kontrolle der Kanzlei
sicherstellte und in welcher Weise er am Urkundengeschäft noch beteiligt
war. Als 1156 mit Radulf B ein neuer Notar ernannt wurde, wurde dieser
zum eigentlichen Träger des Urkundenwesens. Der Kanzler war nur noch
Kanzleichef und wird sich auf die Besiegelung der Diplome beschränkt
haben, wie es zuvor schon der Kanzler Paganus getan hatte (siehe oben S. 66,
68). Die Siegelkontrolle freilich war wesentlich. Wie später der Kanzler
Wilhelm von Tyrus technisch aus dem Amt ferngehalten wurde, wissen wir
nicht, aber in Europa wurde in solchen Fällen dem Kanzler das Siegel
entzogen (siehe unten S. 151). Der offizielle Titel des neuen Notars war
Kanzleisekretär, aber darüber hinaus treffen wir ihn ab 1159 in der Funktion
eines Vizedatars, auch wenn er keinen Vizekanzlertitel hatte, sondern nur
angab, daß er *domni Radulfi Bethleemitae episcopi regisque cancellarii in
hoc officio vicefungentis* war (DD. RRH n° 336. 341. 344. 355. 368. 397. 465).
Die anderen Diplome sind von dem Kanzler Radulf selbst unterfertigt[188].
Dieses System, daß überwiegend der Kanzler, manchmal aber ein Vizedatar
unterfertigte, gibt nur einen Sinn, wenn man annimmt, daß die Unterfertigung des Kanzlers auch seine persönliche Anwesenheit dokumentiert. In
seiner Abwesenheit datierte der Notar in Vertretung des Kanzlers[189], ohne
daß dadurch die Stellung des Kanzlers irgendwie erschüttert worden wäre.

Dagegen wird man sofort D. RRH n° 397 anführen, das von Radulf B
unterfertigt wurde, in dem aber Radulf als Kanzler und Bischof als Zeuge
auftrat. Das braucht uns nicht zu stören, denn da wir immer wieder darauf
kommen, daß die Zeugen Handlungszeugen waren, nicht Beurkundungszeugen, heißt dies lediglich, daß Radulf bei der Rechtshandlung dabeigewesen
war, den Hof aber vor der Beurkundung verlassen hatte. Daß dem so ist,

---

188) Der Kanzler unterfertigte auch D. RRH n° 457a; Regest im Archivinventar von
1531 im Departementalarchiv Marseille 56 H 68 fol. 405ᵛ n° 43 0.
189) Dies wird generell auch in einem Formular von 1166 unterstellt; siehe unten
S. 201.

beweisen DD. RRH n° 452. 466. Beide sind vom Kanzler Radulf unterfertigt, der aber außerdem noch Zeuge ist. Als Beurkundungszeuge ergäbe seine Nennung keinen Sinn, da der unterfertigende Kanzleibeamte bei der Beurkundung natürlich zugegen war. Wohl aber macht die doppelte Nennung Sinn und Verstand, wenn Radulf einmal als Handlungszeuge genannt wurde, das andere Mal als Kanzler, der auch bei der Beurkundung zugegen war[190].

Daß der Datar persönlich anwesend zu sein hatte und dann natürlich auch irgendwie an der Beurkundung beteiligt war, gilt auch für andere Kanzleien der Zeit. Für das kapetingische Frankreich ist die Sache noch ungenügend aufgehellt. Für Philipp I. und Ludwig VI. wird indessen vermutet, daß der Kanzler für die Besiegelung verantwortlich, also auch präsent war[191]. Bei längeren Zügen des Königs hat man angenommen, daß ein Sonderkanzler bestellt wurde, so daß der eigentliche nicht mitzog[192]. Das war in Jerusalem gewiß nicht der Fall. Für die Normandie sei darauf verwiesen, daß in der ersten Hälfte des 12. Jahrhunderts der Kanzler der Kirche von Bayeux die Pflicht hatte, *et morari apud episcopum assidue cum clerico et cum tribus famulis equitibus et uno pedite, sumptu episcopi hominibus et equis necessariis*[193]. In der päpstlichen Kanzlei des 12. Jahrhunderts hatte der Datar in der Datumszeile eigenhändig seinen Namen oder doch wenigstens dessen Anfangsbuchstaben einzutragen[194].

Auch in Sizilien hatten sich die Kanzler aus dem täglichen Urkundengeschäft zurückgezogen[195]. Sollte der Kanzler als Datar genannt werden, so war seine Anwesenheit im Hoflager erforderlich[196]. Die persönliche Präsenz des Datars ist besonders deutlich zu erkennen unter dem letzten sizilischen Kanzler Walter von Palearia, denn in den Originalen der Jahre

---

190) Anders ist D. RRH n° 545/I zu bewerten, obwohl der Befund gleich ist. Aber zu dieser Zeit hatte der Kanzler Wilhelm von Tyrus dafür gesorgt, daß die Diplome auf seinen Namen unterfertigt wurden, gleichgültig ob er im Reich war oder nicht.

191) PROU, Recueil des actes de Philippe Ier S. LXXII; DUFOUR, Recueil des actes de Louis VI 3, S. 42.

192) LUCHAIRE, Etudes S. 208 n° 309 von 1154: Datar ist der Abt Roger von St.-Euverte. Otto von Freising, Gesta Friderici S. 180 erwähnt einen Magister Aldericus als Kanzler Ludwigs VII. zu 1157. Nach LUCHAIRE, Etudes S. 57 sind in diesen beiden Sonderkanzler zu sehen.

193) BOURIENNE, Cartularium ecclesiae Baiocensis 2, S. 218 n° 480.

194) BRESSLAU, Urkundenlehre ²1, S. 244.

195) KEHR, Urkunden S. 77 meinte noch, daß der Kanzler Robert von Selby selbst eine Urkunde für Montecassino mundiert habe, doch ist dieses Stück eine Fälschung; BRÜHL, Urkunden S. 169–172 = Diplomi S. 143–145.

196) KEHR, Urkunden S. 96 Anm. 3; BRÜHL, Urkunden S. 47 = Diplomi S. 38 f.

1200–1209 ist sein Name in der Datumszeile öfters von anderer Hand nachgetragen. Und als die Mönche von S. Maria zu Coraci 1211 vor dem Papst
Innocenz III. prozessierten, beriefen sie sich auf ein Diplom Friedrichs II.,
das aber verworfen wurde, weil es darin hieß: zu Palermo durch die Hand
Walters von Palearia. Dieser sei aber damals vom Ausstellort weit entfernt
gewesen, folglich sei das Stück unecht[197]. War der Kanzler abwesend, so
wurde entweder gar kein Datar genannt oder ein anderer bestellt, meist mit
der ausdrücklichen Versicherung *quia ipse cancellarius absens erat*[198]. Hugo
Falcandus formulierte für Sizilien geradezu als Grundsatz: *nec oportere cancellarium sine rege quopiam proficisci,* wenngleich auch in Sizilien davon zu
allen Zeiten Ausnahmen gemacht wurden[199]. Davon zeugen nicht nur die
Unterschriften der Stellvertreter in Abwesenheit des Kanzlers. Wir wissen
auch, daß der 1132 ernannte Kanzler Guarinus 1134 mit der Verwaltung des
Festlandes betraut wurde, was ihn auf zwei Jahre vom Hof fernhielt[200].
Der Kanzler Robert von Selby verteidigte 1137 Salerno gegen die Deutschen[201]. Auch der Kanzler Aschittinus war 1155/1156 ein ganzes Jahr
vom Hof abwesend[202].

In Aragón gab es eine Kanzlerwürde erst seit 1218, zuvor hatte es unter
Raimund IV. Berengar (1209–1245) zwar eine Kanzlei *(cancellaria seu scriba-
nia nostra),* aber noch keinen Kanzler gegeben. Dem Kanzler fielen dann ab
1218 folgende Aufgaben zu, die seine ständige Anwesenheit am Hof deutlich
beweisen: Vorsitz im königlichen Rat, Leitung der Kanzlei, Überwachung
der Urkundenherstellung und Unterschrift unter den Königsurkunden.
Unterschrieb der Kanzler nicht selbst, so mußte der Grund hierfür angegeben werden[203].

In der englischen Kanzlei übersehen wir die Dinge mit Klarheit erst unter
Richard Löwenherz[204]. Als er auf den Kreuzzug ging, blieb der Kanzler
William Longchamp bekanntlich in England zurück. Die Urkunden wurden

---

197) BF. 579. SCHEFFER-BOICHORST, Urkunden und Forschungen S. 92 und generell
SCHALLER, Kanzlei Friedrichs II. Teil 1, S. 212.
198) KEHR, Urkunden S. 96 Anm. 3; BRÜHL, Urkunden S. 47 = Diplomi S. 38 f.
199) Hugo Falcandus, Liber de regno Siciliae S. 156.
200) KEHR, Urkunden S. 74; BRÜHL, Urkunden S. 40 Anm. 50 = Diplomi S. 33
Anm. 50.
201) KEHR, Urkunden S. 76; BERNHARDI, Lothar S. 740.
202) KEHR, Urkunden S. 80.
203) TRENCHS – ARAGÓ, Cancillarias S. 17 f., 27. Von dem Kanzler Arnau Satorra
(1279–1283) werden folgende Vermerke zitiert: *Magister A. et noluit ipsam signari. Ista
est de crimine* und *F. de Minorisa. Magister A. non signavit, quia iam recesserat de villa.*
204) MAYER, Kanzlei Richards S. 25–27; LANDON, Itinerary S. 38–79.

deshalb auf dem Marsch nach Marseille unterfertigt vom Vizekanzler Johann von Alençon, Archidiakon von Lisieux, der nach Palästina nicht mitreiste, da seine Ankunft dort aus England erst zum Mai 1192 gemeldet wird. Seine Rolle übernahm in Marseille kurzfristig des Königs Kleriker William Fitz-Richard, der aber anscheinend auch nicht mit in den Osten reiste. Beim Aufenthalt in Messina finden wir dann einen neuen Vizekanzler, den Magister Roger Malus Catulus, der vor Zypern ertrank. Nun wurde seine Rolle übernommen von dem Kammerkleriker Magister Philipp von Poitiers. Nicht alle Urkunden, die während des Kreuzzuges ergingen, nennen ihn, aber es treten auch keine anderen Datare auf. Er blieb im Osten beim König, begleitete diesen auch auf der Heimreise und in die deutsche Gefangenschaft als sein Urkundenreferent. Kaum aber war im Juli 1193 der Kanzler Wilhelm von Longchamp in Worms eingetroffen, da nannte man ihn wieder als Datar[205].

Für das frühere 12. Jahrhundert ist die Sache schwer zu übersehen, aber sicherlich konnten vor Richard I. Exchequer Writs in Abwesenheit des Kanzlers, der den Exchequer ja noch leitete, nicht gesiegelt werden[206], und das dürfte auch für die Besiegelung von Chancery Writs in der Kanzlei gegolten haben. Die Besiegelung war in der Tat derjenige Teil des Beurkundungsvorganges, bei dem der Kanzler oder sein Vertreter beteiligt waren. Das Siegel war geradezu das Amtszeichen eines Kanzlers. Als Gottfried Plantagenet 1181 Kanzler seines Vaters Heinrich II. von England wurde (siehe oben S. 144), investierte ihn dieser dadurch mit dem Amt, daß er ihm das Siegel um den Hals hängte[207]. Als der Vizekanzler Roger Malus Catulus vor Zypern ertrank, trug er den Großsiegelstempel um den Hals. Nach der Anschwemmung der Leiche wurde der Stempel von einem Bauern gefunden und an einen englischen Soldaten verkauft, von dem Richard Löwenherz den Stempel zurückerwarb[208]. In England wurden Urkunden des Justitiars während des Kreuzzuges mit dem Exchequersiegel gesiegelt, was vermutlich auch galt für Exchequer Writs auf den Namen des Königs. Dieses war kleiner als das beim König befindliche Großsiegel, während es unter Heinrich II., wie wir aus dem Dialog über das Schatzamt erfahren, eine exakte Replik des eigentlichen Kanzleisiegels gewesen war. Das Exchequersiegel war schon damals ortsfest, während das Großsiegel mit dem König und

---

205) Erstmals LANDON, Itinerary n° 383 vom 14. August.

206) CHAPLAIS, English Royal Documents S. 46.

207) WALTER MAP, De nugis curialium S. 498. Hinsichtlich der involvierten Personen hat TOCK, Chancellerie épiscopale S. 92 f. die Stelle mißverstanden.

208) Roger von Hoveden, Chronica 3, S. 105 f.; Itinerarium peregrinorum ed. STUBBS S. 184; LANDON, Itinerary S. 48, 175.

seinem Urkundenreferenten reiste. Freilich blieb auch das Exchequersiegel unter der nominellen Kontrolle des Kanzlers, der es de facto aber durch den *clericus cancellarii* aufbewahren ließ[209]. Da wir diesen Stand der Dinge unter Heinrich II. (1154–1189) als normalen Zustand geschildert bekommen, war er vielleicht schon etwas älter und könnte Radulf von Bethlehem noch bekannt geworden sein, ehe er England verließ. Erst unter Johann ohne Land folgten Großsiegel und Kanzler dem König nicht mehr unbedingt[210].

William FitzStephen, der Autor einer zwischen 1175 und 1181 entstandenen Vita des hl. Thomas Becket, war unter diesem englischen Kanzler Kanzleinotar gewesen[211]. Er hat uns in einer berühmten Stelle[212] die Funktionen und den Einfluß eines englischen Kanzlers unter Heinrich II. geschildert. Das mag etwas hagiographisch verklärt sein und hing natürlich auch vom Durchsetzungsvermögen des Kanzlers ab[213], und nicht alles gilt für Radulf von Bethlehem, aber eben doch manches: *Cancellarii Angliae dignitas est, ut secundus a rege in regno habeatur; ut altera parte* (= die Rückseite) *sigilli regii, quod et ad eius pertinet custodiam, propria signet mandata; ut capella regis in ipsius sit dispositione et cura; ut vacantes archiepiscopatus episcopatus abbatias et baronias cadentes in manu regis ipse suscipiat et conservet; ut omnibus regis adsit consiliis et etiam non vocatus accedat; ut omnia sigilliferi regii clerici sui manu signentur; omnia cancellarii consilio disponantur; item ut, suffragantibus ei per dei gratiam vitae meritis, non moriatur nisi archiepiscopus aut episcopus, si voluerit. Inde est quod cancellaria emenda non est*[214]. Der Kanzler hatte also selbst dann ein Recht auf Präsenz im königlichen Rat, wenn der König ihn nicht zur Sitzung lud. Aber das setzt natürlich die Anwesenheit am Hofe unter Heinrich II. voraus. Hier übte er seinen Einfluß aus, außer über die ständige Präsenz im Rat des Königs auch mittels des

---

209) Richard FitzNigel, Dialogus de scaccario S. 62. Generell CHAPLAIS, English Royal Documents S. 46.

210) Ebd. S. 17 f. Gelegentlich war ein Kanzler überwiegend nicht bei Hofe, aber dies fiel auf. Radulf von Diceto (Opera 1, S. 367) berichtet, Radulf von Wanneville habe, als er 1173 Kanzler wurde, sein zurückgezogenes Leben nicht aufgeben wollen *malens Waltero de Constantiis* (= Coutances) *... vices in curia regis committere.*

211) William FitzStephen, Vita s. Thomae S. 1: *fui in cancellaria eius dictator, in capella eo celebrante subdiaconus.*

212) Ebd. S. 18.

213) Noch 1454 schrieb Enea Silvio Piccolomini, der es als ehemaliger Sekretär der kaiserlichen Kanzlei ja wissen mußte, lapidar: *Cancellarius tantus est quantus esse vult*; WEISS, Aeneas Sylvius Piccolomini S. 242 n° 109.

214) Bei Käuflichkeit wäre sonst ja das mittelbar dadurch erworbene bischöfliche Amt simonistisch gewesen.

Siegelmonopols und mittels seiner Leitungsfunktion in der englischen Hofka-pelle. Wie auch im Deutschen Reich waren die Beziehungen zwischen Kapelle und Kanzlei in England sehr eng. Die Kanzler der ersten anglo-normannischen Könige waren eine lange Serie königlicher Kapelläne[215]. Dagegen sind in Jerusalem kaum Beziehungen zwischen Kapelle und Kanzlei wahrnehmbar. Überwiegend hatten dort die Kapelläne kein Ur-kundentraining, obwohl sie die Briefe des Königs geschrieben haben werden, und wurden zum Urkundendienst nur dann herangezogen, wenn man bei einer legalen oder illegalen Vakanz auf dem Posten des Kanzlers der Form halber einen Datar brauchte oder aber bei einem Zusammenbruch der Kanzlei einen urkundenschreibenden Kapellan, und solche Urkunden waren echte diplomatische Kalamitäten. Der Kanzler Wilhelm von Tyrus mag auch die Leitung der Hofkapelle von Jerusalem innegehabt haben, aber schon für ihn ist das Beweismaterial dürftig, und von einem System, das sich auch auf andere Kanzler erstreckt hätte, ist schon gar nicht zu sprechen[216].

Aber die Präsenz im Rat des Königs, der Aufstieg der Kanzler in den Episkopat und sicher auch das Siegelmonopol gelten nicht nur für England, sondern auch für Jerusalem. Die Unterfertigung des Kanzlers bedeutete seine Verantwortlichkeit für den Text, auch wenn er ihn nicht diktiert hatte. Seine Beteiligung an der Beurkundung mußte deshalb ganz am Schluß stehen, wenn er den Text eines anderen kontrollieren konnte. Das war der Vorgang der Besiegelung. Wenn die Formel *Data per manum*, die natürlich im 12. Jahrhundert nicht die Aushändigung bedeutet, überhaupt einen konkreten Sinn hat und nicht nur rein formelhaft ist, dann bedeutet sie, daß der Genannte Hand anlegte bei der Besiegelung. Das ist im 13. Jahrhundert in England deutlich zu erkennen. Seit 1189 und bis 1238 wurden die engli-schen Königsurkunden unterfertigt mit *Dat. per manum apud Westmonaste-rium primo anno regni nostri, VI die Octobris, per manum Willelmi de Longo Campo Eliensis electi, cancellarii nostri*[217]. Genannt wurde also der Kanzler oder sein Vertreter. Aber in dem Moment, als 1238 dem Kanzler Ralph von Neville die Aufsicht über das Großsiegel entzogen wurde, ersetzte man die Worte *Dat. per manum N.* durch *Dat. per manum nostram*, nannte also von jetzt an den König[218].

215) KLEWITZ, Cancellaria S. 71; CHAPLAIS, English Royal Documents S. 3.
216) MAYER, Hofkapelle S. 501–505.
217) Beispiel von 1189 bei LEES, Inquest of 1185 S. 139 n° 3.
218) Dibben, Chancellor S. 49–51; CHAPLAIS, English Royal Documents S. 14. – Weil der Kanzler beim französischen König in Ungnade war, wurde Hugo von Champfleuri um 1163 das Siegel entzogen, damit war er für das Urkundenwesen außer Gefecht; TESKE, Briefsammlungen S. 131, gestützt auf Brief F 28 der Briefsammlung von

Mindestens gelegentlich wurde in Jerusalem unter Radulf die Tages– und Monatsangabe am Ende der Kanzleizeile nachgetragen. Das ist der Fall, wenn auch von gleicher Hand, in D. RRH n° 240, das aber von einem Empfängerschreiber mundiert wurde (siehe unten S. 794–799). In D. RRH n° 516 wurde das Inkarnationsjahr nachgetragen (siehe unten Bd. 2, S. 254 f.). Anders liegt der Fall bei dem Originalkonzept A^1 von D. RRH n° 466. Hier wurde der vom Empfänger gelieferte Entwurf von der Kanzlei durchkorrigiert. Man muß davon ausgehen, daß diese Korrekturen von dem Kanzleinotar Radulf C ausgeführt wurden. Die Kanzleizeile aber wurde von einer weiteren Hand am Ende ergänzt um X ^{o}III ^{o} kl. septembr. Da dies dann eben nicht die Schrift des Radulf C ist, könnte es die des Kanzlers sein, der eine Schlußkontrolle vorgenommen hätte, ehe das Ingrossat hergestellt wurde. Allerdings hat er A^1 nicht besiegelt, sondern natürlich nur das heute verlorene Ingrossat, bei dem indessen Paolis Druck das Siegel noch erwähnt. Das kann nicht der normale Gang der Dinge gewesen sein, aber in D. RRH n° 466 wurde zugunsten der Johanniter, wenn auch als Scheck auf die Zukunft, über ein kleines Königreich in Ägypten verfügt, nämlich über Land, aus dem sich die ungeheuerliche Summe von 150 000 Byzantinern jährlich herauswirtschaften ließ. Ähnliches hatten die Johanniter im Jahr zuvor mit D. RRH n° 452 bereits einmal probiert, aber das Stück blieb anscheinend unvollzogen[219]. Unter diesen Umständen wäre es verständ-

---

St.-Victor = Erzbischof Heinrich von Reims an den Abt Ernisius von St.-Victor = MIGNE, PL 196, Sp. 1575 n° 17. Auch in der Champagne siegelte der gräfliche Kanzler selbst. Der Erzbischof von Reims beurkundete 1182, daß der Graf bei seiner Pilgerfahrt 1179 in sarazenische Gefangenschaft geraten war und dort dem Kapitel von Langres 30 Pfund jährlich gelobt hatte. Nach seiner Rückkehr investierte er den Bischof von Langres mit dem Geld *et Haicio cancellario suo praecepit, ut cartam inde faceret et sigillo suo confirmaret,* was dieser dann aber nicht tat (MARTÈNE – DURAND, Thesaurus novus anecdotorum 1, Sp. 619).

219) Das Original in Malta, ein Empfängerprodukt, hat keinerlei Siegelspuren und kündigt nicht einmal ein Siegel an, so daß hier auch die Erklärung nicht verfängt, es könnten Siegelspuren wie bei D. RRH n° 293 unten weggeschnitten sein, um das Stück in Malta in den Band hineinzubringen, in dem es aufbewahrt wurde. Das Inventar des Johanniterarchivs von 1531 (Departementalarchiv Marseille 56 H 68) verzeichnet zwei Überlieferungen. Auf fol. 393^r wird bei der einen kein Siegel erwähnt, auf fol. 629^v heißt es dagegen bei der anderen *ensemble seau pendant.* Das würde dem Befund bei der NU. D. RRH n° 466 entsprechen, von der in Malta neben dem heute noch erhaltenen unbesiegelten Konzept im 18. Jahrhundert noch ein besiegeltes Original vorhanden war. Aber an dem Original von D. RRH n° 452 in Malta deutet nichts auf ein Konzept. Wenn es denn als solches gedacht war, so ist es vom König verworfen und von der Kanzlei daher nicht durchrevidiert worden, denn daß die Kanzlei ohne Korrektu-

lich gewesen, wenn der Kanzler in D. RRH n° 466 eine Endkontrolle vornahm, ehe die Reinschrift erfolgte. Unter dem Notar Radulf B = Vizedatar Stephan läßt sich beobachten, wie Stephan dann nachlässiger als sonst arbeitete, wenn er selbst in Vertretung des Kanzlers unterfertigte. Das bedeutet, daß er bei den anderen Stücken, wenn der Kanzler anwesend war, mit einer Schlußkontrolle mindestens rechnete oder daß sie tatsächlich stattfand (siehe unten S. 847 f.).

Der jeweilige Kanzleinotar reiste in Jerusalem natürlich mit dem König, mindestens wenn dieser sich innerhalb des Reiches aufhielt. Was aber tat der Kanzler? Soweit wir erkennen können, bemühte er sich, beim König zu sein[220]. Selbst wenn Radulf dies als Recht und Pflicht eines Kanzlers noch nicht geläufig gewesen wäre, so hätte er dieses Problem und andere Fachfragen 1168 mit dem gestürzten sizilischen Kanzler Stephan von Perche diskutieren können, als dieser ins Hl. Land kam, um dort zu sterben[221]. Vergnüglich war ein solches Dasein nicht, auch nicht in dem kleinen Reich

---

ren auf dem 'Konzept' das Stück in einem hier für die Diskussion einmal postulierten Ingrossat auf Kanzleiniveau gebracht hätte, ist unwahrscheinlich, insbesondere angesichts des andersartigen Vorgehens bei D. RRH n° 466. Auch müßte im Johanniterarchiv 1531 neben dem 'Konzept' (heute in Malta erhalten) noch ein heute verlorenes und besiegeltes Ingrossat existiert haben. Mit diesem wäre das fol. 629^v des Inventars erwähnte Stück zu identifizieren, das ohne Siegel erwähnte Stück auf fol. 393^r wäre dann das heute in Malta befindliche 'Konzept'. Aber das Inventar von 1531 konserviert ja den Bestand, wie er damals vor den Auslieferungen nach Malta in der Provence lag, und justament dort (Departementalarchiv Marseille 56 H 4054 n° 4) liegt heute noch eine – natürlich unbesiegelte – Kopie des 13. Jh., die nie nach Malta kam, und diese muß in Wahrheit mit dem Stück auf fol. 393^r identifiziert werden. Das läßt für fol. 629^v nur noch das gleichfalls unbesiegelte 'Konzept', das also in Wahrheit ein vom Empfänger hergestelltes, aber unvollzogen gebliebenes Original ist, das die Johanniter bei sich archivierten, um es bei D. RRH n° 466 als Formularbehelf für ihr Empfängerkonzept zu verwenden. Der Siegelvermerk auf fol. 629^v des Inventars von 1531 muß daher als einer der zahlreichen Fehler des Inventars angesehen werden. – Allenfalls D. dep. RRH n° 501a war von jemand anderem besiegelt als vom Kanzler, denn es erging am Heiligabend des Jahres 1173, als der Kanzler eigentlich in seiner Bischofskirche in Bethlehem zu offiziieren hatte. – D. RRH n° 477 war zwar besiegelt, zeigt aber keine Unterfertigung des Kanzlers. Dennoch darf daraus nicht geschlossen werden, daß ihm hier die Siegelkontrolle entglitten wäre. Vielmehr war eine Unterfertigung des Kanzlers von Jerusalem hier nicht statthaft, weil der König als Regent von Tripolis, also eines anderen Staates, handelte; siehe dazu unten Bd. 2, S. 52 f.

220) Zur Frage, inwieweit der Kanzler, die Kanzlei und die Bullenzange den König begleiteten, siehe MAYER, Antiochenische Regentschaft S. 561–563 und unten S. 709 f. sowie Bd. 2, S. 50–55.

221) Wilhelm von Tyrus, Chronicon XX. 3, S. 914 f.

von Jerusalem. Peter von Blois hat uns eine ausführliche und furchterregende Schilderung davon hinterlassen, wie beschwerlich das Leben an einem herumreisenden Hof war[222]. Im Jahre 1153 war der König wahrscheinlich vor Askalon, als der Kanzler nachweislich in Akkon war[223]. Ende 1158 und im Frühjahr 1159 könnte der Kanzler mit dem König nach Kilikien und Antiochia gegangen sein (siehe unten S. 805 f.). Im Jahre 1164 blieb er am Sammlungsort des Heeres in Askalon zurück, während der König zu einem Feldzug in Ägypten aufbrach (siehe unten S. 812). Dagegen befand sich Radulf im März 1167 mit dem König beim Heer in Ägypten, wurde schwer verwundet und verlor sein gesamtes Gepäck[224]. Ob er 1168 erneut mit dem König nach Ägypten zog, ist unsicher. Er unterfertigte noch in Askalon am 20. Oktober 1168 D. RRH n° 453, aber von dort brach das Heer erst einen oder zwei Tage später nach Ägypten auf (siehe unten Bd. 2, S. 62 Anm. 60), und das nächste vom Kanzler selbst unterfertigte Diplom ist erst von August 1169 (D. RRH n° 465).

Dagegen war er wieder beim König, als dieser im Dezember 1170 mit seinem Heer Askalon verließ, um Daron zu entsetzen[225]. Der König hatte das Heer rasch zusammengerafft und nicht mehr als 250 Ritter und 2000 Fußsoldaten aufbieten können. Es wird ausdrücklich berichtet, daß das Kontingent aus Magna Mahumeria bei Jerusalem erst mit Verspätung eintraf[226]. Beim König waren auch der Patriarch mit der Reliquie des hl. Kreuzes und der Bischof von Lydda. Da der Ausmarsch aus Askalon am 18. Dezember erfolgte, könnte man vermuten, daß sich Teile des Episkopats schon zum Weihnachtsfest beim König eingefunden hatten, aber das gilt sicher nicht für den Patriarchen, der mit der Reliquie kam, die nur zum Zweck der Kriegführung aus Jerusalem entfernt wurde. Wahrscheinlich hatte umgekehrt der König beabsichtigt, des Festes wegen nach Jerusalem oder Bethlehem zu gehen[227]. Für uns ist wichtig, daß sich Radulf von Bethle-

---

222) MIGNE, PL 207, Sp. 42 n° 14 (hier Spalte 47–49); vgl. ebd. Sp. 121 n° 41.
223) D. RRH n° 281. Siehe unten S. 709 f.
224) Wilhelm von Tyrus, Chronicon XIX. 25, S. 899. Was im Extremfall 'Gepäck eines Kanzlers' heißen konnte, davon hat uns William FitzStephen eine anschauliche Schilderung anläßlich einer Gesandtschaft des englischen Kanzlers Thomas Becket 1158 nach Paris hinterlassen, und aus diesem Bericht erfahren wir auch gleich, wie ein versierter Kanzler mit einem impulsiven König umsprang: Thomas verzögerte vorsätzlich die Übermittlung königlicher Writs nach Le Mans, um den König doch noch umzustimmen, was ihm auch gelang (William FitzStephen, Vita s. Thomae S. 28–33).
225) Wilhelm von Tyrus, Chronicon XX. 19, S. 936 f.
226) Ebd. XX. 20, S. 938.
227) Siehe MAYER, Pontifikale S. 230–232.

hem auch in dieser Situation, als man keineswegs das Eintreffen des ganzen
Aufgebots abwarten konnte, beim König befand. Freilich war er nicht nur
Bischof von Bethlehem, sondern gleichzeitig auch Bischof von Askalon, so
daß er ohnehin in eigenen Geschäften dort gewesen sein könnte. In den
Jahren 1170–1172 finden wir Radulf mehrfach beim König, einmal als der
Bischof von Akkon ein Cluniazenserkloster gründen wollte, das andere Mal
als der König und Radulf den Bericht über den Rücktritt des Johannitermeisters bezeugten (RRH n° 476. 480. Siehe oben S. 136 f.). Auf die wenigstens
äußerlich glanzvolle Reise des Königs nach Konstantinopel, zu der er im
März 1171 aufbrach, ging der Kanzler augenscheinlich mit, obgleich ihn
Wilhelm von Tyrus[228] unter der Entourage des Königs nicht nennt. Aber
auf der Reise an den Bosporus beglaubigte der Kanzler D. RRH n° 488, und
die Bullenzange – folglich auch der Kanzler, da es 1171 keinen Vizedatar gab
– reiste mit bis in die byzantinische Hauptstadt (siehe unten Bd. 2, S. 53 f.).
Natürlich war der Kanzler auch immer dann beim König, wenn er als Handlungszeuge in Diplomen genannt wird (DD. RRH n° 397. 452. 466. 545/I).

Am Heiligen Abend des Jahres 1173 erging in Akkon ein Diplom[229].
Das ist bemerkenswert, denn da es einen Vizedatar nicht mehr gab, dürfte
das verlorene Stück die Unterfertigung des Kanzlers Radulf getragen haben,
so daß er damals in Akkon war. Am 24. Dezember aber hatte ein Bischof
von Bethlehem in seiner Kathedrale zu sein. Man weiß natürlich, daß Talleyrand nach Autun reiste, um sich dort zum Bischof wählen zu lassen, die
Stadt dann aber fluchtartig verließ, weil Ostern herannahte und er von der
Osterliturgie nicht die mindeste Ahnung hatte, aber man möchte doch gern
annehmen, daß Radulf von Bethlehem gewissenhafter war. Es müssen zwingende Gründe gewesen sein, die ihn zu Weihnachten 1173 in Akkon gehalten haben, Kanzlergeschäfte, die wichtiger waren als seine bischöflichen
Pflichten.

Dagegen war Radulf zu Ende 1157 oder Anfang 1158 nicht beim König
im Antiochenischen, da er in Jerusalem der Wahl Amalrichs von Nesle zum
Patriarchen opponierte (siehe oben S. 135 f. und unten S. 653 f.). Im Frühjahr 1170 war er gleichfalls zu Hause geblieben, als der König nach Kilikien
vorgestoßen war[230], denn als plötzlich die Kunde kam, daß Nūr ad-Dīn
Kerak belagere, schickten die Barone in Abwesenheit des Königs das Heer

---

228) Wilhelm von Tyrus, Chronicon XX. 22, S. 942.

229) D. RRH n° 501a. Übrigens hat die Kanzlei auch am Ostersonntag und Ostermontag des Jahres 1179 geurkundet (DD. RRH n° 577. 579), und auch der staufische
Bailli Thomas von Acerra hat 1244 am Ostersonntag geurkundet (D. RRH n° 1118a).

230) Wilhelm von Tyrus, Chronicon. XX. 26, S. 950. Zum Datum siehe oben S. 141.

nach Transjordanien. Es wurde befehligt von dem Konstabler Humfred II. von Toron, während Radulf von Bethlehem das hl. Kreuz trug[231].

Alles in allem ergibt sich das Bild, daß sich der Kanzler nach Kräften bemühte, am Hofe anwesend zu sein, auch wenn dies bedeutete, daß er dem König ins Feldlager nach Ägypten folgte. So weit es ging, hatte er den begreiflichen Wunsch, im Zentrum des politischen Geschehens zu sein. Dem entspricht es, daß er seit 1159 Wert darauf legte, daß Diplome in seiner Abwesenheit nicht auf seinen Namen, sondern auf den eines Stellvertreters beglaubigt wurden. Das bedeutet natürlich umgekehrt, daß er an der Masse der in seiner Anwesenheit ausgestellten Diplome persönlich beteiligt war und damit die Kontrolle über die Kanzlei und ihr Personal behielt, was um so wichtiger war, als der Notar ja nicht von ihm, sondern vom König ernannt wurde. Da das Diplom von Jerusalem seit dem Aufhören der Unterschrift des Königs in der Anfangszeit Balduins II. (siehe oben S. 27) nur noch das Siegel als Beglaubigungsmittel hatte, muß angenommen werden, daß der Kanzler die Besiegelung in der eigenen Hand behielt und die Kontrolle über die Bullenzange dem Vizekanzler nur überließ, wenn er selbst abwesend war. Schon von dem Kanzler Paganus wissen wir, daß er weiterhin siegelte, als er die Herstellung der Diplome bereits dem Notar Hemelin überließ, und auch dieser siegelte als Vizekanzler in Abwesenheit des Kanzlers und auch als er selbst Kanzler geworden war[232]. Dagegen sind gerichtliche Funktionen der Kanzlei in Jerusalem unbekannt, anders als in Zypern[233].

Das Siegelmonopol des Kanzlers war um so gewichtiger, als es sich seit 1156 verband mit der Unabsetzbarkeit selbst eines Bischof gewordenen Kanzlers[234]. War einer erst einmal Kanzler, so wurde der König ihn nicht

---

231) Daß der Kanzler 1173 mit dem König beim Heer war (so RÖHRICHT, Geschichte S. 357 nach Wilhelm von Tyrus, Chronicon XX. 28, S. 951 f.), ist ein Irrtum. Wilhelm von Tyrus berichtet nichts davon.

232) Siehe oben S. 65 f., unten S. 476. Auch der 'Wanderkanzler' Radulf von Chartres in Edessa und Tripolis, der Sache nach ein einfacher Urkundenschreiber, aber ein sehr versierter, der auch in der Königskanzlei Ehre eingelegt hätte, siegelte selbst (RRH n° 206. 270. RICHARD, Porcellet S. 366 n° 1), und noch weiter unten auf der sozialen Leiter sieht man den Urkundenschreiber Peregrinus, der die von ihm geschriebene Privaturkunde RRH n° 161 auch besiegelte.

233) EDBURY, Cyprus S. 190. Auch in Frankreich hatte der Kanzler richterliche Funktionen, denn 1169 trafen Kanoniker aus Soissons auf den Kanzler Hugo von Champfleuri *regis placita tenentem*; BOUQUET, Recueil 16, S. 186 n° 110.

234) Auch der Vizedatar wurde jetzt anscheinend unabsetzbar. Jedenfalls mußte Stephan von Lyon = Radulf B als Notar 1163 gehen, blieb aber als Vizedatar – wenn auch kaum herangezogen – bis 1169; siehe unten S. 840 f. Es ist unhaltbar, wenn ANT-

mehr los, er konnte ihn lediglich, wie das Beispiel des Wilhelm von Tyrus zeigt, vorübergehend kaltstellen (siehe unten S. 214). Das barg Konfliktstoff, wenn der Kanzler auf die Idee kommen sollte, sich gegen die königliche Politik zu stellen, wenn er auch einen expliziten Beurkundungsbefehl des Königs kaum verweigern konnte. Das Siegelmonopol war also nicht gleichbedeutend mit einem auf ein Vetorecht hinauslaufenden Gegenzeichnungsrecht des Kanzlers, aber er konnte, wenn er wollte, Schwierigkeiten machen. Sowohl Paganus wie Elias hatten die Kanzlei niedergelegt, als sie in den Episkopat aufstiegen. In beiden Fällen sieht es nicht danach aus, daß man sie beförderte, um sie als Kanzler loszuwerden. Aber da ohnehin die Vereinigung von Bischofs- und Kanzleramt zu ihrer Zeit noch als anstößig galt (siehe oben S. 142–145), zeigte auch ein freiwilliger Abtritt des Kanzlers dem König, was er zu tun hatte, wenn er einen mißliebigen Kanzler partout loswerden wollte.

Die Kanzler mußten natürlich darauf bedacht sein, dieses Loch zu stopfen. Das ist im 12. Jahrhundert nicht nur in Jerusalem passiert. Sizilien ist ein instruktives Beispiel. Dort starben die Kanzler entweder im Amt (Guarinus, Robert von Selby) oder sie mußten gewaltsam gestürzt werden. Bei Majo versuchte man es 1154 mit der Beförderung zum Großadmiral. Das kostete ihn formal die Kanzlei, vergrößerte aber de facto seine Macht. Seinem Nachfolger Aschittinus wurde auf sein Betreiben der Prozeß gemacht, und er wurde eingekerkert, und nun übernahm Majo die Kanzlei in Personalunion mit dem Großadmiralat, auch wenn er die tatsächlichen Kanzleigeschäfte dem Matthaeus Ajello überließ. Majo wurde ermordet, und schon am folgenden Tage betraute der König Heinrich Aristipp ohne förmliche Ernennung mit der Wahrung beider Ämter[235]; Diplome sind von ihm nicht erhalten. Er starb wie Aschittinus im Kerker, und nach ihm leitete faktisch der Engländer Richard Palmer, Elekt von Syrakus und ein Freund des Thomas Becket, die nach Majos Tod vakant gehaltene Kanzlei. Seine Pläne, zum Erzbischof von Palermo aufzusteigen, scheiterten ebenso wie diejenigen des Matthaeus von Ajello, die Kanzlei zu ergattern, an der Berufung des Grafen Stephan von Perche in beide Ämter. Um den Franzosen loszuwerden, mußte er 1168 in einem Aufstand gestürzt werden und mußte froh sein, daß er nach Jerusalem ins Exil gehen konnte, wo er bald starb[236]. Nach seinem Sturz wurde die Kanzlei nicht neu besetzt, weil offenbar die Macht des Amtes zu groß und die Entfernung daraus schwierig

---

WEILER, Bistum Tripolis S. 88, 345 f. die Meinung vertreten hat, Herrscherwechsel hätten in Jerusalem jeweils auch Kanzlerwechsel initiiert.
235) Hugo Falcandus, Liber de regno Siciliae S. 44.
236) Wilhelm von Tyrus, Chronicon XX. 3, S. 914 f.

war. Vielmehr wurde Matthaeus von Ajello nur zum Vizekanzler ernannt, und ein Konsortium von Kanzleimännern teilte sich in die Arbeit des Datars. Erst als 1190 Tankred von Lecce an die Macht kam, gelang Matthaeus schließlich der Sprung ins Kanzleramt, dessen faktische Leitung er aber bereits 1191 für den Rest seines Lebens seinem Sohn Richard überließ. Der Kanzler Walter von Palearea schließlich fiel 1210 in Ungnade und wurde an den Kanzleigeschäften hinfort nicht mehr beteiligt, behielt aber die Würde und die Einkünfte des Kanzlers bei[237].

In England soll schon Thomas Becket die Kanzlei um viele 1000 Mark gekauft haben, jedenfalls warf ihm sein Erzfeind Gilbert Foliot dies in seinem berühmten Brief Nr. 170 in dürren Worten vor, und Dom David Knowles hat die Beschuldigung immerhin für möglicherweise zutreffend gehalten[238]. Der Käuflichkeit des Kanzleramtes standen die hohen Einnahmen gegenüber. Becket war als Kanzler ein reicher Mann. Außer seinem Anteil an den Taxen hatte er an amtsgebundenen Einnahmen die Propstei Beverley, Pfründen in Hastings, die Einnahmen des Tower of London, den er übrigens reparieren ließ, die Kastellanie von Eye und die Burg Berkhamstead. Überdies verwalteten die englischen Kanzler im Namen des Königs die bischöflichen Einkünfte während der Sedisvakanzen. Hatten sie noch kirchliche Pfründen, die nicht an das Kanzleramt gebunden waren, dann hatten sie diese Einkünfte noch nebenbei. So trug dem Thomas Becket das Archidiakonat von Canterbury, das er als Kanzler nicht niederlegte, im Jahr 100 Pfund Silber ein[239].

Später konnte William Longchamp, Bischof von Ely, 1191 von Graf Johann ohne Land zwar als Justitiar gestürzt werden, aber nicht als Kanzler (siehe oben S. 144). Begreiflicherweise klammerte er sich vor allem an diesem Amt fest, denn die ihm zustehenden Kanzleitaxen waren exorbitant, so exorbitant, daß König Johann ohne Land sie 1199 auf einen Bruchteil reduzierte, und dann waren für eine Urkunde, die eine Neubelehnung enthielt, immer noch insgesamt 12 Mark 5 Shilling zu zahlen, davon zehn Mark an den Kanzler, 1 Mark für den Vizekanzler, 1 Mark für den Protonotar und 5 Shilling für Wachs[240]. Im übrigen hatte Longchamp 3000 Mark Silber

---

237) BRESSLAU, Urkundenlehre ²1, S. 576 f.
238) Gilbert Foliot, Letters S. 229 n° 170 (S. 230). KNOWLES, Archbishop Thomas Becket S. 182; DERS., Thomas Becket S. 28.
239) William FitzStephen, Vita s. Thomae S. 17, 20.
240) RYMER, Foedera, Record Edition 1, 1, S. 75 f.; CHAPLAIS, English Royal Documents S. 22. – Der Kanzler der Champagne war so reich, daß sein Graf 1229 nicht weniger als 1200 Pfund Schulden bei ihm hatte; D'ARBOIS DE JUBAINVILLE, Histoire de Champagne 5, S. 283 n° 2012. Wegen erpresserischer Forderungen der Notare

für die Beibehaltung des Kanzleramtes bezahlt, als er Bischof von Ely wurde (siehe oben S. 144). Ungeachtet der gegenteiligen Versicherung von William FitzStephen (siehe oben S. 150) war das englische Kanzleramt käuflich; die englische Fachliteratur spricht zu Recht von der Verpachtung (*farming*) des Großsiegels. Diese hörte erst 1244 auf, denn seither wurden die Kanzleitaxen an die Krone bezahlt, die ab 1260 dem Kanzler ein festes Gehalt aussetzte, zuerst 400 Mark, dann 1265 500 Mark, bald danach 500 Pfund, und dabei blieb es dann bis ins frühe 19. Jahrhundert[241]. William FitzStephen hatte nur die Theorie dargelegt, die allgemein galt. In Appendix IV. 10-11 zu seiner *Summa de sacramentis* führte Petrus Cantor (1135-1197) aus: *Notarii, qui sunt in cancellaria prelatorum, non debent vendere calamum suum nec sua dictamina nec aliquod precium exigere vel pro scribendis vel dictandis vel sigillandis litteris. Cancellaria enim dignitas est, que non potest haberi sine officio notariorum. Ergo vendere vel emere cancellariam vel vendere calamum et cere impressionem symoniacum est.* Er erzählt dann von einem ungarischen Erzbischof, der beim Papst ein für seine Kirche dringend benötigtes Privileg erwirkte, dieses aber verbrannte, als er erfuhr, daß sein Gesandter in Rom

---

(*notariorum enormis rapacitas*) wurde in Sizilien 1167 die erste bekannte Kanzleitax-ordnung erlassen (Hugo Falcandus, Liber de regno Siciliae S. 114). In Deutschland verzichteten 1162/1163 die Holsten lieber ganz auf eine bereits mit dem Herzog Heinrich dem Löwen ausgehandelte Zehntregelung, als einer Forderung der herzog-lichen Notare nachzugeben, die *iuxta morem curiae* eine Kanzleitaxe von einer Mark Goldes forderten (Helmold von Bosau, Slavenchronik S. 181). Vor Akkon eximierte der französische König Philipp II. Augustus die Templer auf immer von allen Kanzlei-gebühren, was offenbar ein wertvolles Privileg war (DELABORDE, Recueil des actes de Philippe Auguste 1, S. 467 n° 378). In den Kanzleitaxen konnten neben den Anteilen des Kanzlers auch solche des Königs stecken, denn der König Jaime I. von Aragón setzte für die Rückzahlung einer Schuld von 2300 Goldmarabotinern ein *totum lucrum nostrum scribanie curie et domus nostre sive nostre cancellarie* (MIRET I SANS, Itinerari S. 313). Die jerusalemitanischen Urkunden enthalten meines Wissens keine Angaben über Kanzleitaxen, also über reine Beurkundungsgebühren, denn die hohen bis ex-orbitanten Taxen in RRH n° 649 aus Antiochia und D. RRH n° 812 sind natürlich keine Kanzleitaxen, sondern Gebühren für die herrscherliche Zustimmung zum Rechtsgeschäft. Sie gingen an den Herrscher, nicht an den Kanzler. Dasselbe gilt für die relativ geringen Gebühren, die im 13. Jahrhundert bei Immobilientransaktionen in der Cour des Bourgeois anfielen. Aber wir brauchen nicht zu zweifeln, daß es auch in Jerusalem die sonst allenthalben bekannten Beurkundungsgebühren gab, die sicherlich hoch waren.

241) DIBBEN, Chancellor S. 48; CHAPLAIS, English Royal Documents S. 23. Auch in Zypern scheint der Kanzler ein Gehalt erhalten zu haben. Im Jahre 1468 wies ihm der König seine Einkünfte für dieses Jahr an, die aus Getreide, Wein und Geld bestanden; RICHARD, Livre des Remembrances S. 9 n° 11.

dedisset notario tres solidos, ut acceleraret in scribendo. ... *Unde beatus Thomas Cantuariensis fecit iurare clericum, cui commisit sigillum suum, quod nunquam pro aliquo officio cancellarie sue precium aloquod exigeret vel aliquid accipe-ret*[242]. Das war die Hörsaalweisheit der Pariser Schulen. In die Realität der päpstlichen Kanzlei, die aber sicher nicht schlechter war als andere, führt uns dagegen der Satiriker Walter von Châtillon ein[243]:

> *Nunc rem sermo prosequatur*
> *hic Caribdis debachatur,*
> *id est cancellaria;*
> *ibi nemo gratus gratis*
> *neque datur absque datis*
> *Gratiani gratia.*
> *Plumbum, quod hic informatur,*
> *super aurum dominatur*
> *et massam argenteam.*

Es liegt auf der Hand, daß der König einen Kanzler, der ihm für das Amt viel Geld bezahlt hatte, nicht mehr einfach abberufen konnte[244], denn der Nachfolger hätte nur noch wenig bezahlt. Diese Käuflichkeit des Amtes war weder eine exklusiv englische Angelegenheit, noch kam sie erst am Ende des 12. Jahrhunderts auf. Bereits der Vater des englischen König Heinrich II., Graf Geoffroy le Bel von Anjou, hatte ab 1144 mit Richard von Bohun einen eigenen Kanzler für die von ihm verwaltete Normandie, der die Kanzlei gekauft hatte. Wir erfahren darüber aus einer Urkunde Eugens III. für den Erzbischof Hugo von Rouen[245]. Als der spätere Bischof von Coutances, Richard von Bohun, noch Dekan der Kirche von Bayeux war, hatte er die Einkünfte des Dekanats als Sicherheit für ein Darlehen benutzt, jedoch *pecuniam illam non pro ecclesie Baiocensis utilitate aut sui honesta necessitate suscepit, sed ut cancellariam sibi nobilis memorie Gaufridi quondam Andegauensis comitis compararet.* Das hatte zur Folge, daß Richard als Kanz-ler nicht mehr abgesetzt werden konnte, jedenfalls nicht von Geoffroy le Bel, und auch nicht von seinem Sohn Heinrich II. Sie umgingen ihn, indem sie de facto andere Kanzler einsetzten, der erste seinen Kanzler für Anjou, Thomas von Loches, auch in normannischen Angelegenheiten, der zweite den Kanzler seiner Mutter, der Kaiserin Mathilde. Allerdings wartete Hein-rich II. nach dem Tode seines Vaters nur vier Monate lang zu, dann katapul-

---

242) Pierre le Chantre, Summa III/2b, S. 654–658.
243) Walter von Châtillon, Moralisch-satirische Gedichte S. 23.
244) In England wurden übrigens sowohl 1205 Walter de Gray und 1227 Ralph von Neville ausdrücklich auf Lebenszeit zu Kanzlern berufen; DIBBEN, Chancellors S. 40 f.
245) RAMACKERS, Papsturkunden in Frankreich. NF. 2, S. 149 n° 70.

tierte er den Ungeliebten auf den Bischofsstuhl von Coutances und war ihn damit als Kanzler los[246]. Sogar Thomas Becket wurde beschuldigt, die englische Kanzlei gekauft zu haben, und Dom David Knowles war nicht geneigt, ihn von dem Vorwurf gänzlich freizusprechen[247]. In Frankreich wurde der Kanzler Stephan von Garlande 1127–1132 zwar abgesetzt, dann aber wieder eingesetzt (1132–1137). Dagegen entließ Ludwig VII. 1139 den Kanzler Algrinus von Etampes im Zusammenhang mit Streitigkeiten des Königs mit dem Grafen von Champagne, dessen Partei der Kanzler ergriffen hatte. Ebenso wurde Simon als Kanzler des Königs 1150 entlassen, denn er war ein Neffe Sugers von St.–Denis und geriet in den Strudel der Verfolgungen, mit denen der neue Abt Odo die Verwandten Sugers überzog, verlor die Kanzlei und wurde vom König des Landes verwiesen[248]. Auch Hugo von Champfleuri wurde 1171 oder 1172 als Kanzler Ludwigs VII. gestürzt (siehe oben S. 143). Er hatte vielleicht im Verdacht gestanden, seine Treuepflicht gegenüber dem König verletzt zu haben, obwohl ein angeblich auf dem Sterbebett geschriebener Brief Hugos an den König, auf den sich diese Meinung stützt, da er sich dort gegen den Vorwurf verwahrte, eher in die Zeit vor 1170 gehört[249]. Eine Hofintrige gegen ihn hatte es ganz sicher gegeben, aber nicht der König entließ ihn, sondern der Papst veranlaßte ihn zum Rücktritt[250]. Dann setzten zuerst auf sieben Jahre, ab 1185 auf sehr lange Zeit die berühmten Vakanzen im kapetingischen Kanzleramt ein, als die Diplome *vacante cancellaria* ergingen.

---

246) Regesta regum Anglo-Normannorum 3, S. XXXIII f.

247) KNOWLES, Becket S. 182. Der Vorwurf gründet auf einer Anschuldigung von Gilbert Foliot (Materials for the History of Thomas Becket 5, S. 523 f.: *Quis toto orbe nostro, quis ignorat, quis tam resupinus ut nesciat vos certa licitatione proposita cancellariam illam dignitatem multis marcarum millibus obtinuisse?*).

248) LUCHAIRE, Remarques S. 379–385; TESKE, Briefsammlungen S. 182–188; Johann von Salisbury, Historia pontificalis S. 87.

249) BOUQUET, Recueil 16, S. 161 n° 479: *Postquam veni in servitium vestrum, a vestra fidelitate scienter nunquam exorbitavi.* Siehe dazu TESKE, Briefsammlungen S. 139.

250) Instruktiv sind die von Pyke erhellten Verhältnisse bei den Kanzlern der Bischöfe von Tournai. Im Zeitraum 1146–1300, also in anderthalb Jahrhunderten, hatten 13 Bischöfe nur neun Kanzler. Nicht ein einziger Kanzler mußte bei einem Episkopatswechsel ausscheiden, sondern sie haben allesamt einen oder mehrere Wechsel auf dem Bischofsthron in ihrem Amt überlebt. In der Tat wissen wir bei zweien von ihnen ausdrücklich, daß sie ad vitam ernannt wurden, wenn auch der Bischof 1189 ein theoretisches Prinzip verteidigte, dem keine Realität innewohnte: *Licet officium cancellarie nostre possemus pro voluntate nostra dare vel auferre, minuere vel augere.* Gleichwohl übergab er in derselben Urkunde dem Empfänger *idem officium ... quoad vixerit possidendum*; PYKE, Chapitre S. 172–175.

Man sieht also, daß insgesamt die Dinge auf die Unabsetzbarkeit der Kanzler zuliefen, so auch in Jerusalem. Es sei hier nicht einmal vermutungsweise angedeutet, daß etwa auch Radulf die Kanzlei gekauft haben könnte. Als er im Osten ankam, war er mittellos und hatte auch keine Sicherheiten für Darlehen. Andererseits hatte er Fähigkeiten, die den König und seine Mutter gut beraten sein ließen, ihn auch ohne Zahlung zum Kanzler zu machen. Auch Wilhelm von Tyrus war als Archidiakon von Tyrus und Nazareth kein reicher Mann, als er Kanzler wurde. In der ganzen Geschichte der Kanzlei von Jerusalem findet sich überhaupt kein Anhaltspunkt dafür, daß das Amt jemals käuflich gewesen wäre. Aber Tatsache ist, daß der jerusalemitanische Kanzler Radulf 1146 die Kanzlei verlor, als er Intrusus in Tyrus wurde, aber in sie zurückkehren konnte, als er Tyrus hatte fahrenlassen müssen und ab 1152 Balduin III. allein regierte. Das mußte natürlich der Annahme Vorschub leisten, seine Entlassung 1146 sei illegal gewesen, obwohl sie dem bisher geltenden System entsprochen hatte, wonach Kanzleramt und Bischofswürde unvereinbar waren. Als Radulf beim Aufstieg zum Bischof von Bethlehem auch Kanzler blieb, siegte damit zugleich auch die Meinung von der Unentfernbarkeit des Kanzlers aus seinem einmal verliehenen Amt, so daß er auch mühelos den Herrscherwechsel von 1163 überdauerte, und zwar um volle elf Jahre. Im Jahre 1219 hielt Honorius III. es für normal, daß er dem Magister Prando, den der Patriarch von Antiochia zu seinem Kanzler ernannt hatte, dieses Kanzleramt auf ewig bestätigte[251].

Natürlich hatte ein Kanzler wie Radulf von Bethlehem politischen Einfluß, aber man kann nicht sagen, daß er die Reichspolitik auch nur entfernt so dirigiert hätte wie nach ihm Wilhelm von Tyrus. Radulf war eher ein Administrator, Wilhelm ein Politiker. Als es 1168 mit dem Basileus, der sich in Ochrida befand, einen Bündnisvertrag auszuhandeln galt, wurde schon damals Wilhelm von Tyrus geschickt, der erst Archidiakon war[252]; der Kanzler blieb zu Hause und unterfertigte Diplome. Auch sehen wir nicht, daß er wie der Kanzler Paganus bei Abwesenheiten des Königs an der Reichsregierung beteiligt gewesen wäre. Er mag Ende 1157 oder 1158 der Interessenwahrer des im Antiochenischen weilenden Königs gewesen sein, als er gegen die Wahl Amalrichs von Nesle zum Patriarchen von Jerusalem opponierte[253], aber das war primär eine kirchliche Angelegenheit, und der eigentliche Reichsregent war damals ein nicht sehr bedeutender Vasall Balduin von Lille[254]. Lediglich einmal sehen wir ihn in einer politisch-

251) PRESSUTTI, Regesta Honorii III n° 2305.
252) Wilhelm von Tyrus, Chronicon XX. 4, S. 916 f.
253) Ebd. XVIII. 20, S. 841.
254) Ebd. XVIII. 19, S. 838.

kirchlichen Mission des Königs zu einer Zeit, als er nur Kanzler und noch nicht Bischof war. Damals, 1153 oder 1154, wurde er zusammen mit dem Bischof Friedrich von Akkon mit Briefen des Königs in einer delikaten Angelegenheit nach Antiochia geschickt[255]. Der neue Fürst Rainald von Châtillon, ein gewalttätiger Mensch, hatte sich mit dem Patriarchen Aimerich überworfen. Er ließ ihn arretieren und in der Zitadelle einsperren, wo er ihm den Kopf kahlscheren und mit Honig bestreichen ließ; dann setzte er ihn einen ganzen Tag der Sommersonne und den Fliegen aus. Das schockierte alle Welt: Wilhelm von Tyrus, den byzantinischen Chronisten Johannes Kinnamos, den König Balduin III. von Jerusalem. Der Fürst sei übergeschnappt, einen Nachfolger des Apostelfürsten Petrus so zu behandeln, meinte Wilhelm von Tyrus und deutet an, daß auch die Briefe aus Jerusalem eine sehr drastische Sprache redeten. Mündlich stand die Gesandtschaft sicher nicht nach. Der Fürst lenkte sehr schnell ein, allerdings zog sich der Patriarch, der übrigens noch 40 Jahre lang überlebte, zunächst einmal auf einige Jahre nach Jerusalem zurück, wo er 1155 erscheint (D. RRH n° 313).

Am 18. April 1174 unterfertigte Radulf von Bethlehem letztmals ein Diplom als Kanzler. Im Juni erging ein Diplom ohne jede Kanzleibeglaubigung, im Juli unterfertigte ein Vizekanzler Petrus, im Dezember Wilhelm von Tyrus als neuer Kanzler[256]. Radulf war tot, im Frühjahr oder Frühsommer 1174 war er gestorben[257]. Begraben wurde er im Chor der Geburtskirche zu Bethlehem, also direkt über der Geburtsgrotte[258]. Er war der vorletzte der Kreuzfahrerbischöfe von Bethlehem, die in der Geburtskirche ihre letzte Ruhestätte fanden[259]. Nach Radulfs Tod kam es in Bethlehem zu einer sehr umstrittenen Bischofswahl, die für die Kirche sehr kostspielig war. Es dauerte bis ins zweite Jahr des Königs Balduin IV. (15. Juli 1175 - 14. Juli 1176), bis der Bischof Albert erhoben werden konnte, der im

---

255) Wilhelm von Tyrus, Chronicon XVIII. 1, S. 809. Johannes Kinnamos, Epitome, Bonner Corpus S. 181 f.

256) DD. RRH n° 514. 516. 517. 518; D. RRH n° 548 von angeblich 17. Oktober 1177, das noch von Radulf unterfertigt ist, ist eine Fälschung.

257) Wilhelm von Tyrus, Chronicon XX. 30, S. 955 f.: *Vere autem proxime subsequuto.* Ebd. XXI. 5, S. 967: *precedente estate.*

258) Ebd. XX. 30, S. 956: *in capitulo ecclesie sue*, was sicher eher den Chor als den Kapitelsaal bedeutet, obwohl die Stelle im 13. Jahrhundert so verstanden wurde in der altfranzösischen Übersetzung (RHC. Hist. occid. 1, S. 999: *fu enterrez au chapitre de s'iglise*). Einen Chor erwähnt in der Kreuzzugszeit schon Saewulf S. 71, dann auch Theodericus, Libellus S. 179.

259) Es hat nicht den Anschein, daß in den Jahren 1229-1244, als Bethlehem nochmals fränkisch war, dort noch einer der Bischöfe begraben worden wäre.

November 1177 beim Auszug des Heeres zur Schlacht bei Montgisard erstmals erscheint[260]. Er war am 21. Oktober 1186 tot, als Radulf II. als Bischof von Bethlehem erscheint[261].
Tabellarisch ergibt sich folgende Laufbahn des Kanzlers Radulf:

1137–1141	Kanzler der englischen Königin Mathilde(?)
(1141–1145)	Auswanderung ins Hl. Land
1145	Ernennung zum Kanzler des Königreichs Jerusalem
1145–1146	Erste Amtszeit als Kanzler von Jerusalem
1146	Wahl zum Erzbischof von Tyrus; Absetzung als Kanzler
1146–1150/1151	Erfolgloser Kampf um das Erzbistum Tyrus
1152	Rückkehr in das Amt des Kanzlers von Jerusalem
1152–1174	Zweite Amtszeit als Kanzler von Jerusalem
1154–1163	Kanzler des Grafen von Jaffa-Askalon
1156	Erhebung zum Bischof von Bethlehem-Askalon
1174 Frühjahr oder Frühsommer	Tod und Begräbnis in Bethlehem

Es hat nicht den Anschein, daß den Gebeinen des Kanzlers Radulf von Bethlehem eine lange Ruhe beschieden gewesen wäre. Zwar entging das Kirchengebäude, das ja noch heute steht, 1187 der Zerstörung. Schon der Magister Thietmar schildert 1217 den Bau als nach wie vor prächtig und berichtet, die Christen hätten mit Geldzahlungen die Zerstörung immer wieder abgewandt[262], und christlicher Gottesdienst fand dort schon seit 1192 wieder statt[263]. Aber Anfang September 1187 war Bethlehem von den Muslimen verheert worden[264], und es ist zweifelhaft, ob das Grab dies überstand, da lateinische Bischofsgräber später in den Pilgerberichten bis

---

260) Wilhelm von Tyrus, Chronicon XX. 30. XXI. 21(22), S. 956, 990. RRH n° 564. Im Jahre 1179 nahm Albert am Dritten Lateranum teil; ebd. XXI. 25 (26), S. 996.

261) DD. RRH n° 653. 654. 655, auch mit den Namensformen Randulf oder Pandulf. Die Bischofsliste von Bethlehem bei FEDALTO, Chiesa Latina 2, S. 58 ist hier sehr in Unordnung. Er verlängert die Lebenszeit des Kanzlers Radulf von Bethlehem bis zu DD. RRH n° 653. 705 von 1186 und 1192, aber das ist natürlich Radulf II. Ganz unsinnig ist das bei FEDALTO, Chiesa latina [2]1, S. 154 angegebene Todesjahr 1167. Ebd. [2]1, S. 151 steht richtig 1174.

262) Thietmar, Peregrinatio S. 28. Zum Schicksal der Geburtskirche nach 1187 siehe PRINGLE, Corpus 1, S. 139 f.

263) Ambroise, Estoire de la Guerre Sainte v. 12179 f.

264) Chronicon Terrae Sanctae, ed. PRUTZ S. 84.

ins 17. Jahrhundert nie mehr erwähnt werden und zu dieser Zeit der Chor über der Geburtsgrotte längst in den Händen der Griechen war, die dort natürlich keine lateinischen Bischofsgräber geduldet hätten. Im Jahre 1347 war im Chor der Kirche das Gestühl jedenfalls zerstört[265]. Aber 1335 und 1461, ja fragmentarisch sogar noch 1626 kündete von Bischof Radulf jene Inschrift in der Geburtskirche, die die während seines Pontifikats angebrachten Mosaiken des Ephraim (siehe oben S. 139) dokumentiert:

Presul vivebat hic ecclesiamque regebat
Pontificis dignus Radulphus honore benignus[266].

---

265) Niccolò da Poggibonsi, Libro d'Oltramare S. 60.
266) Jakob von Verona, Liber peregrinationis S. 220; Louis de Rochechouart, Voyage S. 260; Franciscus Quaresmius, Elucidatio Terrae Sanctae ed. I. 2, S. 627. Die drei Versionen unterscheiden sich geringfügig. Diejenige bei Quaresmius, der 1626 in Bethlehem war, ist stark entstellt. Rekonstruktion des ursprünglichen Textes bei VINCENT – ABEL, Bethléem S. 157, übernommen bei DE SANDOLI, Corpus S. 197 n° 260.

VII. Der Vizekanzler Petrus
(1174–1176)
(nachgewiesen bis 1175)
und der Kanzler Wilhelm von Tyrus
(1174–1184; † 1186)

1. Die Bedeutung Wilhelms von Tyrus als Kanzler

Am 18. April 1174 unterfertigte der Kanzler Radulf von Bethlehem letztmals ein Diplom des Königs (D. RRH n° 514), noch im Frühjahr, spätestens im Frühsommer 1174 ist er gestorben (siehe oben S. 163). Danach erging ohne Unterfertigung die Gerichtsurkunde D. RRH n° 516 (siehe unten Bd. 2, S. 252 –262), und es amtierte ein Vizekanzler Petrus[1]. Seit dem 13. Dezember 1174 amtierte ein neuer Kanzler namens Wilhelm (D. RRH n° 518), der als Datar freilich alsbald von Mitte 1176 bis längstens Mitte 1177 ersetzt wurde durch den Hofkapellan Lambert, der auch ansonsten als professioneller Urkundenschreiber in Jerusalem tätig war (siehe unten Bd. 2, S. 150–190). Danach setzen die Unterfertigungen Wilhelms wieder ein und reichen bis zum 19. März 1183 (DD. RRH n° 624. 625), aber nach einem Selbstzeugnis war er noch im Jahr 1184 Kanzler von Jerusalem[2]. Am 16. Mai 1185 amtierte sein Nachfolger Petrus, der Archidiakon von Lydda, als Kanzler (D. RRH n° 643).

Der Kanzler Wilhelm des Jahrzehnts 1174–1184 ist, wie allgemein bekannt, kein anderer als der Erzbischof Wilhelm II. von Tyrus (1175–1186), Prinzenerzieher, Kanzler, Erzbischof und vor allem Chronist, ohne dessen Chronik wir nur sehr schlecht über die Geschichte des Königreichs Jerusalem im 12. Jahrhundert unterrichtet wären. Wilhelm ist die dominierende

---

1) DD. RRH n° 517. 517b. 525; die Unterfertigung von D. RRH n° 517b nur in einem Regest von 1531 im Departementalarchiv Marseille 56 H 68 fol. 284ᵛ n° 28 N.

2) Wilhelm von Tyrus, Chronicon, Prolog, S. 100.

Figur im geistigen Leben der Kreuzfahrerstaaten, und als Chronist gehört er zu den ganz großen Figuren der mittelalterlichen Geschichtsschreibung. Diese bleibende Leistung seiner Chronik interessiert hier nicht, sie zu untersuchen und zu werten ist Sache der Literaturgeschichte. Hier interessiert der Mensch, der Kirchenmann, der Politiker und Kanzleichef.

Über Wilhelm ist so viel Tinte verschrieben worden[3], daß man sich für eine Kanzleigeschichte glaubt begnügen zu können mit einer trockenen Tabelle seines Cursus honorum und einem Verweis auf die Literatur. Dennoch ergibt die Betrachtung seiner Karriere unter dem Gesichtspunkt der Kanzleigeschichte Neues zu seiner Biographie. War Radulf von Bethlehem der bedeutendste Kanzler Jerusalems, so war Wilhelm von Tyrus der bekannteste, ja man würde auf die Frage, wer denn der bedeutendste Kanzler dieses Reichs gewesen sei, sicher in fast allen Fällen die Antwort erhalten, dies sei Wilhelm gewesen. Gerade dadurch, daß er der unmittelbare Nachfolger Radulfs von Bethlehem war, hat er dessen Leistung bleibend verdunkelt. Aber Radulf hatte in seinen ersten Jahren, als er als Notar Radulf A seine eigenen Dictamina entwarf, die er als Kanzler Radulf unterfertigte, dem Diplom von Jerusalem seine abschließende Form bis 1186 gegeben. Als Kanzleichef steht Wilhelm, der solche Leistungen nicht aufzuweisen hat, weit hinter Radulf zurück. Wilhelms Glanzrollen waren die des Literaten

---

3) Zu Wilhelm von Tyrus siehe in chronologischer Reihung die folgende Literatur: BONGARS, Gesta Dei per Francos 1, S. 21-31 der unpaginierten Einleitung. – PRUTZ, Studien S. 91-132. – LUNDGREEN, Wilhelm von Tyrus und der Templerorden. – MANITIUS, Geschichte der lateinischen Literatur 3, S. 430-439. – KREY, William of Tyre S. 149-166. – William of Tyre, A History of Deeds Done Beyond the Sea, hg. v. BABCOCK – KREY 1, S. 3-49. – MAYER, Zum Tode Wilhelms S. 182-201. – HUYGENS, Guillaume de Tyr étudiant S. 811-829. – HUYGENS, Tradition manuscrite S. 281-373. – HUYGENS, Pontigny S. 139-142. – LACROIX, Guillaume de Tyr S. 201-215. – KAZDAN – Zaborov, Girjom Tirskij S. 48-54. – VAN WERVEKE, Filips van de Elzas S. 3-36. – HAUZINSKI, Wilhelma z Tyru S. 243-253. – VESSEY, William of Tyre and the Art of Historiography S. 433-455. – DAVIS, William of Tyre S. 64-76. – SCHWINGES, Kreuzzugsideologie S. 367-385. – VESSEY, William of Tyre: Apology and Apocalypse S. 390-403. – SCHWINGES, Kreuzzugsideologie und Toleranz. Studien zu Wilhelm von Tyrus. – HIESTAND, Zum Leben und zur Laufbahn Wilhelms von Tyrus S. 345-380. – EDBURY – ROWE, Patriarchal Election of 1180 S. 1-25. – HUYGENS, Editing William of Tyre S. 461-473. – Guillaume de Tyr, Chronique, ed. HUYGENS, Einleitung S. 1-91. – DUNBABIN, William of Tyre S. 109-117. – EDBURY – ROWE, William of Tyre, Historian of the Latin East. – MAYER, Guillaume de Tyr à l'école S. 257-265. – RÖDIG, Politische Ideenwelt Wilhelms von Tyrus. – Literatur zur altfranzösischen Übersetzung der Chronik siehe HIESTAND, Wilhelm von Tyrus (siehe oben) S. 346 Anm. 4.

und Historiographen, des Diplomaten und Politikers. Um die Kanzlei hat er sich gekümmert, aber er hat sie nicht geprägt. Er hat mit den Empfängerausfertigungen aufgeräumt, die in der Spätzeit des Kanzlers Radulf unter dem Notar Radulf C eingerissen waren, aber er hat das durch Radulf stabilisierte Formular unangetastet gelassen.

Damit stand er in seiner Zeit nicht allein, die Ausnahme ist eher sein Vorgänger. Man weiß, wie wenig sich manche englische Kanzler um die Kanzlei kümmerten[4]. Für die mit Wilhelm von Tyrus ja gleichzeitige Reichskanzlei Friedrich Barbarossas hat Appelt die Rolle eines hochmittelalterlichen Kanzlers prägnant formuliert[5]: „Der Kanzler ist nicht so sehr der Chef einer Hofbehörde, als vielmehr ein politisch erfahrener, hochgebildeter Berater des Monarchen, der natürlich auch bei der Vorbereitung und Erledigung von Urkundengeschäften herangezogen werden kann. Das letztere war nicht seine eigentliche Aufgabe". Ein solcher, vorwiegend politisch, ja außenpolitisch tätiger Kanzler war auch Wilhelm von Tyrus, durch lange Studien bestens für das Amt vorgebildet. Der Fürst Boemund III. von Antiochia beschrieb den Typus 1187 in einer Enzyklika an den abendländischen Klerus (RRH n° 663), als er seinen auch als Dichter hervorgetretenen Kanzler Albert von Tarsus empfahl[6]: *Ad hoc venerabilem virum Tharsensem archiepiscopum, Antioceni principatus cancellarium, virum utique discretum et honestum in utriusque iuris apicibus, sed et in rebus ecclesiasticis sufficienter eruditum ad vestram mittimus universitatem.*

Solche Einschätzungen Wilhelms liegen uns nicht vor. Er dachte hoch von seinem Kanzleramt, aber daraus spricht nicht eine Hingabe an die Sache, sondern die kalte Bewunderung des Parvenu und Karrieristen für ein hohes Hofamt, das ihm Durchgangsstation war zum Patriarchat von Jerusalem. Hier fiel er 1180 in der Wahl durch, aber hätte er gewonnen, so hätte er die Kanzleileitung abgegeben, denn zwar konnten Bischöfe und Erzbischöfe gleichzeitig Kanzler sein, aber als der Bischof von Sidon und Kanzler Radulf von Merencourt 1215 Patriarch von Jerusalem wurde, mußte er die Kanzlei

---

4) Siehe oben S. 95. Ein weiteres krasses Beispiel ist Radulf von Wanneville, der 1173-1182 Kanzler des englischen Königs war, aber nicht die geringste Lust verspürte, das gewohnte Leben als Sakristan von Rouen und Thesaurar von York mit dem zugegebenermaßen ungewöhnlich hektischen Leben am Hofe Heinrichs II. zu vertauschen und einfach den Rouennaiser Kanoniker Walter von Coutances als Vizekanzler einsetzte (Radulf von Diceto, Opera historica 1, S. 367: *malens Waltero de Constanciis canonico Rothomagensi vices in curia regis committere*).

5) APPELT in: Die Urkunden Friedrichs I., Bd. 5, S. 16.

6) HIESTAND, Plange Syon S. 133–140 hat Albert als Verfasser einer Kreuzzugshymne erwiesen.

abgeben. Als Patriarch war er nicht mehr der Diener des Königs, sondern je nach Lage der Dinge sein Partner oder sein Widerpart. Im Jahre 1184 griff Wilhelm tief in die Leier und entschuldigte mit dem Topos der affektierten Bescheidenheit im voraus alle Schwächen seines Werkes, die dem Leser auffallen könnten, mit Arbeitsüberlastung, obgleich er Zeit seines Lebens nach Ämtern gejagt hatte. Dabei wird er im Ton larmoyant, spreizt sich aber gleichwohl wie ein Pfau mit seinem Kanzleramt[7]: *Quod si quis ad nostras occupationes respiciat, quarum multiplicitate fatigamur plurimum, tum circa egregiam et a deo custoditam Tyriorum metropolim, cui non de meriti electione sed sola domini pacientia presidemus, tum circa domini regis negocia, in cuius sacro palatio cancellarii fungimur dignitate, et circa regni necessitates alias, que solito maiores emergunt, ad indulgendum erit proclivior, si forte in opere presenti occurrerit unde iustius offendatur.* Kanzleichef zu sein, ist ihm mehr als ein Amt, es ist für ihn eine *dignitas*, ein Ausdruck, der wiederkehrt bei seinem Bericht über seine Ernennung, wo er schreibt, der König *nos ad predictum vocavit officium et cancellarii nobis tradidit dignitatem*[8]. Es ist gar ein Amt und eine Würde, die er *in sacro palatio regis* ausübt, ein übrigens häufiger Ausdruck in Wilhelms Chronik. Es ist bei dieser Betonung der Würde eines Königskanzlers nicht verwunderlich, daß Wilhelm vom Tode anderer Kanzler Notiz nahm, natürlich seines Vorgängers Radulf von Bethlehem (siehe oben S. 163), aber auch des gestürzten sizilischen Kanzlers Stephan von Perche und des vormaligen englischen Kanzlers Thomas Becket[9].

Es war eine Vertrauensstellung, Kanzler zu sein, auch dann, wenn der Herrscher wechselte und man als unabsetzbarer Kanzler vom neuen König nicht abgelöst werden konnte. Wilhelm wurde vom Regenten Raimund III. von Tripolis ernannt, diente aber kompetent und loyal nach 1176 auch dem leprösen König Balduin IV. und den wechselnden Regenten, die dieser seiner Krankheit wegen ernennen mußte, dies alles unter widrigen Umständen, als der König bis 1185 beherrscht wurde von seiner Mutter und deren mächtiger Kamarilla. Nötig war in dieser Situation mehr als eine Loyalität zum jeweiligen Herrscher, gebraucht wurde eine Loyalität zum Staat. Die hatte er, denn *natalis soli tractus dulcedine* schrieb er Geschichte und sagte von sich selbst, das Motto der Monumenta Germaniae Historica um Jahrhunderte vorwegnehmend: *Urgentissimus instat amor patriae, pro qua vir bene dispositus etiam, si id necessitatis articulus exigat, vitam tenetur impendere*[10].

---

7) Wilhelm von Tyrus, Chronicon Prolog S. 100.
8) Ebd. XXI. 5, S. 967.
9) Ebd. XX. 3. 21, S. 914 f., 940.
10) Beide Zitate aus Wilhelm von Tyrus, Chronicon, Prolog S. 99.

Das Vertrauen des Königs, ohne das er seine Politik nicht formulieren und betreiben konnte, hat er nicht für die Person des Kanzlers ausgedrückt, wohl aber für einen muslimischen Notar Firuz, von dem er sagt, er sei gewesen *vir potens plurimum et urbis domino multa familiaritate coniunctus, ita ut in eius palatio notarii fungeretur officio et plurima esset insignis dignitate*[11]. Es tut nichts zur Sache, daß dieses Notariat völlig legendär und überdies ein miserables Beispiel ist, denn er läßt ja gleich darauf die bekannte und auch anderweitig bezeugte Geschichte folgen, wie Firuz seinen Herrn und die Stadt Antiochia an Boemund von Tarent verriet. Aber er legt hier offen, was er für eine unabdingbare Voraussetzung des Urkundengeschäfts der Kanzleinotare wie der Beratung der königlichen Außenpolitik durch den Kanzler hielt: Vertrauen. Die *arcana regni* hat er sicher ebenso gut zu wahren gewußt wie jener Kanzler Petrus Folcodii, der wenige Monate vor dem Tod Wilhelms von Tyrus im März 1186 dem Grafen Raimund V. von Toulouse ein Zitat aus dem 140. Psalm unter eine Urkunde schrieb: *Ego Petrus Folcodii domini comitis cancellarius hanc cartam sigillavi et eidem subscripsi: Pone, domine, custodiam ori meo*, und bibelkundige Zeitgenossen kannten natürlich auch den Rest des Verses: *et ostium circumstantiae labiis meis*[12]. Unter dem doppelten Schutzschild seiner eigenen Unabsetzbarkeit als Kanzler und des königlichen Vertrauens hat er vom Moment seiner Berufung ins Kanzleramt seine Politik der Anlehnung an Byzanz, die er schon früher verfochten hatte, mit Hingabe weiterbetrieben, bis es nach dem Lateinermassaker in Byzanz 1182 gar nicht mehr ging.

Als er 1186 starb, hatte er ein erfülltes Leben gelebt, in dem sich gegen Ende der lange Erfolg und der relativ jähe Fall die Waage hielten. Der Rhythmus dieses ehrgeizigen Lebens hatte sich ständig beschleunigt. Nach 15 Jahren Kindheit und Jugend in Jerusalem hatte er 20 Jahre lang in zwei Ländern Europas studiert und nach Art mittelalterlicher Universitäten auf unterem Niveau sicher auch schon gelehrt, dann folgten 1166–1175 neun Jahre des stetigen Aufstiegs im Osten, bis er im Dezember 1174 Kanzler und im Juni 1175 Erzbischof von Tyrus wurde. Nun hatte er die Macht, die er sicher schon seit langem erstrebt hatte, aber er hatte sie nur fünf Jahre lang, bis er 1180 in der Patriarchenwahl unterlag und damit für seine zahlreichen Gegner gezeichnet war. Von jetzt an wurde er bis 1184 zunehmend aus der Macht verdrängt. Als damals erneut sein alter Gönner Raimund III. von Tripolis Regent wurde, diesmal gleich auf eine feste Amtszeit von zehn

---

11) Wilhelm von Tyrus, Chronicon V. 11, S. 286.
12) DELAVILLE LE ROULX, Cartulaire général des Hospitaliers de S. Jean 1, S. 490 n° 781; Ps. 140, 3.

Jahren, da hoffte er für das Reich, aber ganz sicher auch für sich selbst, auf ihn, dem er in seiner Chronik ein bleibendes, wenngleich wohl auch partiell geschöntes Denkmal gesetzt hat: *unica enim et singularis videbatur omnibus salutis via, si predicto comiti regiorum cura committeretur negociorum*[13]. Aber Raimund konnte oder wollte jetzt nichts mehr für ihn tun. So legte Wilhelm die Kanzlei nieder, obwohl Raimund noch Regent war, brach auch die Arbeit an seiner Chronik ab, die unvollendet geblieben ist, und schloß seine Tage als Erzbischof von Tyrus.

2. Wilhelms Herkunft und Ausbildung

Wilhelm von Tyrus wurde um 1130 in Jerusalem geboren[14]. Jedenfalls kommt man in die Nähe dieses Jahres, wenn man von seiner Rückkehr vom Studium 1166 die 20 Jahre Studium in Europa abzieht und ihn mit etwa 15 Jahren, in Jerusalem dem Alter der *venia aetatis*[15], nach Europa ziehen läßt. Die Tage seiner *adolescentia*, die nach mittelalterlichen Vorstellungen etwa um dieselbe Zeit begann und mit 30 endete[16], verbrachte er in Europa beim Studium, schreibt er selbst im autobiographischen Kapitel seiner Chronik, das erst vor etwas mehr als 30 Jahren ans Licht kam[17], und ebenso, daß er aus Jerusalem stammte (*in sancta et deo amabili Ierosolima initium ortus habens*). Damit stimmt überein, daß er in seiner Kindheit den 1140 abgesetzten und bald nach 1144 verstorbenen Patriarchen von Antiochia, Radulf von Domfront, selbst gesehen hatte[18].

Im Dezember 1175 stimmte Balduin vom Casale Saint-Gilles nördlich von Jerusalem einem Verkauf von Besitzungen in diesem Casale durch das Thaborkloster an das Kapitel vom Hl. Grab zu (RRH n° 531), und zwar vor der Cour des Bourgeois von Jerusalem unter dem Vorsitz des Kastellans der

---

13) Wilhelm von Tyrus, Chronicon XXIII. 1, S. 1064 und die Charakteristik ebd. XXI. 5, S. 965–967. Siehe auch HIESTAND, Wilhelm von Tyrus S. 372–375.

14) PRUTZ, Studien S. 94 f.

15) Livre de Jean d'Ibelin c. 169, RHC. Lois 1, S. 259.

16) HOFMEISTER, Puer, iuvenis, senex S. 287–316.

17) Wilhelm von Tyrus, Chronicon XIX. 12, S. 879–882, erstmals publiziert bei HUYGENS, Guillaume de Tyr étudiant S. 822–824. Alle Angaben zu Wilhelms Biographie bis 1166, soweit nachstehend nicht anderweitig dokumentiert, stammen aus diesem Kapitel.

18) Wilhelm von Tyrus, Chronicon XV. 17, S. 698: *nam nos ipsi in nostra puericia vidimus eum.*

Hauptstadt[19]. Unter den als Zeugen genannten Geschworenen, die nach *milites* und *burgenses* geschieden werden, steht in der Gruppe der Bourgeois *Radulfus frater domni W. Tyrensis archiepiscopi*. Sichtlich hatten die Erhebung Wilhelms zum Kanzler Ende 1174 und zum Erzbischof von Tyrus Anfang Juni 1175 ihre Rückwirkungen auf die Laufbahn seines Bruders Radulf gehabt, den der Erzbischof in seiner Chronik nie erwähnt. Für die Geschichte des Königreichs Jerusalem hatte Radulf keine Bedeutung, so überging er ihn und verschwieg sogar, daß er am 10. Juni 1179 in der von Wilhelm ausführlich geschilderten Schlacht bei Marǧ ʿUyūn (heute im südlichen Libanon) kämpfend fiel. Diese Nachricht verdanken wir vielmehr einem Brief von Saladins Kanzleichef (seit 1171 Direktor des Diwan al-inšāʾ), dem Kadi al-Fādil, nach Mekka[20], Wilhelm allein würde uns rätseln lassen, warum Radulfs Laufbahn als Geschworener so kurz war. Anscheinend kämpfte Radulf in einem jener Kontingente von nichtritterlichen Kriegern, wie sie unter anderem auch die Stadt Jerusalem und ihre kirchlichen Korporationen zu stellen hatten, *quand le grant besoin est en la terre dou reiaume de Jerusalem*[21].

Die Bedeutung der Geschworenenposition Radulfs für Wilhelms Biographie ist seit langem erkannt worden. Wilhelm war nichtritterlicher Abkunft und stammte aus der sozialen und politischen Schicht der Bourgeois, der freien, nichtadligen Franken. Die Vermutung Kreys, sein Vater sei Kaufmann oder Notar gewesen[22], entbehrt jeder Grundlage. Über seine Ahnen sagt Wilhelm nur, daß sie schon seit den Großeltern in Jerusalem ansässig waren (*in sancta ... Ierosolima initium ortus habens et a progenitoribus domicilium*). Als er 1166 ins Hl. Land zurückkehrte, war sein Vater tot, aber seine Mutter, die bei der späteren Niederschrift des autobiographischen Kapitels gleichfalls verstorben war, lebte noch (*ad propria remeans paternis*

---

19) HIESTAND in der Francia 16, S. 287 weist auf die verkehrte Indiktion 6 hin, die zu Dezember 1172 gehört, so daß auch dieses Jahr in Betracht käme, aber im Sommer 1174 tagte die Cour des Bourgeois noch unter dem Vizegrafen Arnulf, erst danach gingen die vizegräflichen Funktionen in Jerusalem auf lange Zeit auf den Kastellan über, auch der Vorsitz in der Cour des Bourgeois, wie unter anderem in RRH nº 531 sichtbar wird; MAYER, Kreuzfahrerherrschaft Montréal S. 261 f., wo allerdings RRH nº 503 falsch datiert ist. Es gehört zu 1178 (siehe Bd. 2, Exkurs I, S. 871 f.). Es muß für RRH nº 531 daher bei Dezember 1175 bleiben.

20) Überliefert bei Abū Šāma, Livre des deux jardins, RHC. Hist. or. 4, S. 202.

21) Livre de Jean d'Ibelin c. 272, RHC. Lois 1, S. 426. Wilhelm von Tyrus, Chronicon XXI. 27(28), S. 1000 schreibt, der König sei 1179 ins Feld gezogen, *convocatis suis, quoscumque colligere undecumque potuit*.

22) BABCOCK–KREY, William of Tyre, History of Deeds 1, S. 8.

laribus et pie matris, cuius anima sancta requie perfruatur, restitutus sum complexibus). Schon bald nach dem ersten Kreuzzug muß die Familie also eingewandert sein, vielleicht aus Italien, da die Worte *transalpinus, transmontanus, ultramontanus* oder *ultra montes* immer auf Frankreich weisen, so daß von Italien her gedacht wird[23]. Es ist sogar angedeutet worden, die Familie könne aus Rom gestammt haben, weil Wilhelm 1169 dorthin reiste, um Angriffe des Erzbischofs Friedrich von Tyrus auf seine Person abzuwehren, aber auch *familiaribus tractus negociis*[24], aber das heißt ja wohl nur, daß er dort seine Privatangelegenheiten, d. h. seine kirchliche Laufbahn betreiben wollte, nicht aber Familienangelegenheiten zu regeln hatte[25]. Im übrigen sagt er ja, er sei *ad ecclesiam Romanam* gereist, aber die Kurie war damals überhaupt nicht in Rom, sondern nach dem Itinerar im Regestenwerk von Jaffé – Löwenfeld im fraglichen Zeitraum[26] erst in Benevent, dann ab Mitte März 1170 in Veroli[27]. Wenn also die angeführte Stelle überhaupt auf die Herkunft der Familie deutet, dann war diese nicht römischen, sondern beneventanischen Ursprungs. Man muß es hinnehmen, Wilhelm will uns nicht sagen, woher seine Familie stammte, und so wissen wir es nicht. Es dürfte dem begeisterten Palästinenser auch gleichgültig gewesen sein.

Wilhelm besuchte natürlich die Domschule am Hl. Grab, da er ja in Jerusalem aufwuchs. Bereits seit 1102/1103 gab es hier einen Scholaster (RRH n° 40). Um lesen und schreiben zu lernen und die Grammatik des Donat zu studieren, hatte Wilhelm das Glück, einen sehr befähigten Lehrer zu haben, keinen geringeren als Johannes Pisanus[28], der 1146 Archidiakon von Tyrus war und im gleichen Jahr (siehe oben S. 103) der Wahl des Königskanzlers Radulf zum Erzbischof von Tyrus heftig opponierte[29].

---

23) BABCOCK – KREY, William of Tyre, History of Deeds 1, S. 7; gefolgt von DAVIS, William S. 64. Vorsichtiger HUYGENS in Wilhelm von Tyrus, Chronicon 1, S. 1. Unentschieden EDBURY – ROWE, William of Tyre S. 14 und HIESTAND, Wilhelm von Tyrus S. 347 Anm. 12.
24) Wilhelm von Tyrus, Chronicon XX. 17, S. 934.
25) HUYGENS in Wilhelm von Tyrus, Chronicon S. 1 Anm. 4 verweist auf ebd. VII. 9, S. 355, wo es heißt, Herzog Gottfried von Bouillon sei *familiaribus tractus negociis* nach Antiochia zurückgekehrt, kaum zur Regelung von Familienaffairen. Siehe im übrigen unten S. 182 f.
26) Wilhelm reiste ab im Sommer 1169 und kehrte zurück im Frühjahr 1170; siehe unten S. 660.
27) HIESTAND, Wilhelm von Tyrus S. 361 Anm. 72.
28) Zu ihm MAYER, Guillaume de Tyr, passim.
29) Wilhelm von Tyrus, Chronicon XVI. 17, S. 738 f. – KREY, William of Tyre S. 150 und KREY, History of Deeds 1, S. 9 f. meinte, der Prior „Peter von Barcelona"

Unter Eugen III. wurde Johannes als Kardinal an die Kurie berufen mit
SS. Silvestro e Martino als Titelkirche. Im Jahre 1155 gehörte er zu den
wenigen Kardinälen, die – erfolglos – die Sache des Patriarchen Fulcher von
Jerusalem gegen die Johanniter unterstützten. Seit Hadrian IV. war er einer
der Hauptexponenten der kaiserlichen Partei im Kardinalskolleg, und ohne
daß er es selbst zum Gegenpapst gebracht hätte, war er einer der Königs-
macher der Gegenpäpste Viktor IV. und Paschal III. Bald nach Paschals
Wahl von 1164 starb Johannes Pisanus durch einen Sturz vom Pferd, als er
aus Viterbo ausritt.

Gerhoch von Reichersberg schätzte des Johannes intellektuelle Interessen
hoch genug ein, um ihm einen Traktat gegen die Griechen zu widmen.
Ganz sicher war er ein Mann von Bildung, und deshalb hatte man ihn am
Hl. Grab zum Domscholaster gemacht, geraume Zeit, ehe er Archidiakon
von Tyrus wurde, denn im November 1136, als Wilhelm von Tyrus gerade
sechs Jahre alt war, wurde eine Urkunde des Hl. Grabs *scriptum per manum
Iohannis Pisani, qui eo tempore ad Sepulchrum clericulos docebat* (RRH
n° 166). Auch eine andere Urkunde des Hl. Grabs von März 1135 darf man
ihm zuschreiben, die mit ihrer Eingangsdatierung durchaus pisanischem
Gebrauch entspricht und ausgefertigt wurde von einem Subdiakon Johannes,
qui hanc cartam scripsit cum litteris rasis in quinta linea (RRH n° 154), und
möglicherweise schrieb er im selben Jahr 1135 eine nicht näher datierte
Urkunde des Hl. Grabs, in der er nicht genannt wird, die aber mit *Breve
recordationis conventionis et donationis, quae facta est...*ebenfalls konventionell
pisanisch anhebt (RRH n° 158). Es mag ja durchaus sein, daß Wilhelm von
Tyrus sich damals mehr für das Ballspiel interessierte als für die Herstellung
von Urkunden, aber bei dem späteren Kanzler des Königreichs Jerusalem
verdient es gleichwohl festgehalten zu werden, daß er schon in der Lateinschule einen urkundengewandten Lehrer hatte, bei dem er dieses Metier
lernen konnte, wenn er ihm über die Schulter schaute, zumal Johannes
Pisanus später um ein Haar Kanzler der römischen Kirche geworden wäre,
wie uns Arnulf von Lisieux versichert[30], wenn ihn nicht ein noch Qualifi-
zierterer geschlagen hätte, Roland Bandinelli, der spätere Alexander III.

---

habe Wilhelm als Lehrer in der Schule betreut. Hierfür gibt es aber keinerlei Anhaltspunkt, der Prior hatte andere Funktionen, und Krey kannte die Urkunde RRH n° 166
nicht, in der Johannes Pisanus 1136 als Domscholaster erscheint. Überdies gab es
keinen Prior Peter von Barcelona, obwohl Wilhelm von Tyrus (ebd. XVI. 17, S. 739)
dies versichert, sondern nur einen Prior Petrus und einen Subprior Peter von Barcelona. Siehe zu diesen Problemen MAYER, Guillaume de Tyr S. 264 Anm. 23 und DERS.,
Fontevrault S. 21 Anm. 26.
30) Arnulf of Lisieux, Letters S. 43 n° 29 (S. 45).

Eher 1146 als 1145 ging Wilhelm von Tyrus zum Studium nach Europa[31]. Die Literatur gibt hierfür meist 1145, doch muß das Aufbruchsjahr aus dem Rückkehrjahr errechnet werden, denn Wilhelm von Tyrus kehrte nach dem autobiographischen Kapitel zurück *eodem anno ... post vicesimum pene annum.* Entscheidend ist, was mit *eodem anno* gemeint ist. Im vorhergehenden Kapitel XIX. 11 werden zunächst Ereignisse von 1165 berichtet, die Freilassung Boemunds III. von Antiochia und die Eroberung der Höhlenfestung Cave de Tyron durch die Muslime. Danach wird berichtet, daß *eodem anno* der König Wilhelm I. von Sizilien starb, aber das war nicht mehr 1165, sondern am 7. Mai 1166. *Per idem quoque tempus,* geht es dann weiter, sei eine weitere Höhlenburg an die Muslime gefallen, und zwar *eo anno, qui erat regni domini Amalrici tercius* (= 18. Februar 1165–17. Februar 1166), so daß wir vom Tode Wilhelms I. an trotz *eodem anno* im Jahre 1166 stehen, und in der Tat hat die Literatur teilweise die Eroberung der zweiten Höhlenburg zu 1166 gestellt[32]. Dann aber kam auch Wilhelm von Tyrus nicht 1165 zurück, wie in der Literatur angegeben, sondern erst 1166. Er ist 20 Jahre zuvor 1146 abgereist und *post vicesimum pene annum* zurückgekommen, beispielsweise mit dem Herbstkonvoi 1146 nach Europa absegelnd und mit dem Sommerkonvoi 1166 zurückkehrend. Fast zwanzig Jahre lang studierte er in Frankreich und Italien die freien Künste, die Theologie und das kirchliche und weltliche Recht. Bei der Trennung des Coronandus Amalrich von Agnes von Courtenay im Februar 1163 war Wilhelm noch in Europa[33]. Nicht weniger als 16 akademische Lehrer erwähnt er in seinem autobiographischen Kapitel, denen er dort ein Denkmal warmer Anhänglichkeit gesetzt hat. Die Universitäten nennt er nicht, aber man kann sie aus den Namen der Lehrer erschließen. Ob er Hilarius von Orléans dort gehört hat oder anderswo, ist ungewiß. Aber ganz sicher hat er die freien Künste an der Schule von Chartres studiert, denn als seine drei wichtigsten Lehrer in diesen Fächern, die er, soweit es ihre Anwesenheit erlaubt habe, hauptsächlich und über zehn Jahre weg gehört habe, nennt er drei Schüler des Thierry von Chartres, nämlich Bernhard von Moelan, Petrus Elias und Ivo von Chartres, nicht den Bischof, sondern den gleichnamigen Dekan von Chartres, der 1148 auf dem Konzil von Reims Gilbert de la Porrée gegen die Angriffe seines offenbar völlig humorlosen Archidiakons Arnoldus Qui-non-ridet verteidigte und der

---

31) Als Manasses von Hierges bald nach November 1143 Konstabler des Reichs wurde, war Wilhelm noch im Hl. Land: Wilhelm von Tyrus, Chronicon XII. 1, S. 547: *quem nos postmodum, tempore Milissendis regine, regium vidimus constabularium.*

32) GROUSSET, Croisades 2, S. 477; RUNCIMAN, Crusades 2, S. 371 f.; RICHARD, Royaume latin S. 52; ELISSÉEFF, Nūr ad-Dīn 2, S. 600.

33) Wilhelm von Tyrus, Chronicon XIX. 4, S. 869.

der Kirche von St.-Jean-en-Vallée in Chartres 36 Handschriften hinterließ[34]. Er lehrte ganz bestimmt in Chartres. Was dort gelehrt wurde, zeigt
in reicher Weise der Heptateuchon des Thierry von Chartres, ein Handbuch
der Freien Künste. Mit einem schönen Fund hat Hiestand noch ein direktes
Zeugnis von Wilhelms Präsenz in Chartres beigebracht, nämlich einen
Eintrag Wilhelms im Nekrolog der dortigen Kollegiatkirche St.-Maurice, aus
dem sich ergibt, daß er dort eine an sich bescheidene Seelgerätstiftung zugunsten der Priester, Vikare und *matricularii* gemacht hatte[35], die ich unten
S. 194–200 behandle. Hiestand hat sie als Dank Wilhelms für seine Studienzeit in Chartres gedeutet.

Der Ruhm der Schule von Chartres begann damals bereits von Paris
überschattet zu werden. So darf man sich nicht wundern, daß Wilhelm von
Tyrus auch dort studierte, vermutlich nach seinem Aufenthalt in Chartres,
weil man ja mit den Freien Künsten begann, die er aber auch noch in Paris
studierte[36]. Ja die Mehrheit der von ihm genannten Lehrer lehrten in den
dortigen Schulen; er hörte sie *etsi non assidue, tamen sepius et maxime disputa-
tionis gratia*. In der Theologie hatte er einen der bedeutendsten Lehrer des
12. Jahrhunderts, Petrus Lombardus, dessen Vier Bücher Sentenzen zum
wichtigsten Lehrbuch der theologischen Universitätslehre wurde, seit Alexander von Hales statt der Heiligen Schrift um 1223 diese Sentenzen seiner
Pariser Lehre zugrunde legte. Im 12. Jahrhundert war Petrus nicht ohne
Gegner, auch an der eigenen Universität. Ein so maßloser Polemiker wie
Walter von St.-Victor griff ihn natürlich scharf an, aber dieses Schicksal traf
aus seiner Feder auch andere bedeutsame Theologen. Alexander III. stieß sich
an der Christologie des Lombarden, ein so konservativer Theologe wie
Gerhoch von Reichersberg war ihm nicht grün, aber ganz sicher war er für
einen Mann um 30, wie Wilhelm das damals war, außerordentlich anregend,
und Wilhelm verschweigt denn auch jede Kritik, sondern spricht von Petrus
als einem Mann, *cuius opera que extant prudentum chorus cum veneratione
amplectitur et colit cum reverentia*. Studiert hat er bei ihm und bei Mauritius
von Sully sechs Jahre lang und hat damit auch bei einem erklärten Gegner
des Lombarden gehört[37]. Spätestens 1160 war seine Pariser Studienzeit

---

34) Gallia christiana, ed. nova 8ª, Sp. 1200.

35) MOLINIER, Obituaires 2, S. 354; HIESTAND, Wilhelm von Tyrus S. 351 f.

36) Johann von Salisbury, der erst in Paris und dann in Chartres studierte, ist kein
Gegenargument, denn an beiden Orten studierte er die Freien Künste. Für das Theolo-
giestudium ging er wieder nach Paris zurück.

37) Johannes von Cornwall, Eulogium ad Alexandrum III, MIGNE, PL 199, Sp. 1055,
schreibt, er habe an Vorlesungen und Disputationen teilgenommen bei Robert von
Melun und Mauritius von Sully, *in quibus et de homine assumpto et de aliis quibusdam*

vorbei, denn er studierte bei Petrus, *qui postea fuit Parisiensis episcopus*, und bei Mauritius, *qui ei postmodum in eodem episcopatu successit*, d. h. bei Petrus vor 1159, als er kurzfristig Bischof von Paris wurde, und bei Mauritius, der ihm 1160 als Bischof nachfolgte.

Danach ging Wilhelm an die Universität Bologna, wo er beide Rechte bei dem berühmtesten Juristenkleeblatt der Zeit betrieb, bei Hugo von Porta Ravennata, Bulgarus, Martinus und Jacobus. Dort traf Wilhelm möglicherweise erstmals auf seinen späteren scharfen Rivalen Eraclius, der ihn 1180 in der Patriarchenwahl schlagen sollte und zu einer nicht genau bekannten Zeit, am ehesten zu Anfang der sechziger Jahre, gemeinsam mit Stephan von Tournai in Bologna studierte[38], dann in diesem Fall zur selben Zeit wie Wilhelm von Tyrus.

Im Jahre 1166 waren Wilhelms Studien beendet. Er war etwa 35 Jahre alt und ging zurück nach Palästina, um dieselbe Zeit muß auch Eraclius in den Osten gegangen sein, denn als *magister Eraclius* begegnet er 1168 als Zeuge in zwei Urkunden des Patriarchen von Jerusalem, 1169 war er Archidiakon von Jerusalem, 1176 wurde er Erzbischof von Caesarea[39].

3. Wilhelms Aufstieg zum Kanzleramt

Sogleich nach der Rückkehr Wilhelms von Tyrus sicherte man sich die Dienste des umfassend Gebildeten, als erster der Bischof Wilhelm von Akkon, der ihm 1166, *statim post ingressum nostrum*, ein Kanonikat in der Kathedrale von Akkon verlieh. Auch der König Amalrich, nur wenig jünger als Wilhelm von Tyrus[40], interessierte sich sofort für Wilhelm und wollte ihm geistliche Pfründen verleihen, für die ihm die Präsentation zustand, aber Wilhelm hatte schon damals Feinde, mindestens Neider, wie er selbst in seinem autobiographischen Kapitel schreibt, die dies verhinderten, was natürlich einfach war, denn Pfründenkumulation, über die Wilhelm auch später nicht erhaben war, war verboten. Der König begnügte sich deshalb

---

magistri Petri Lombardi doctrinam falsitatis arguebant, ne dicam erroris; HUYGENS, Guillaume de Tyr étudiant S. 828.

38) Etienne de Tournai, Lettres, S. 92 n° 78. Zum Zeitpunkt siehe Stephan von Tournai, Summa S. XXIII. KEDAR, Patriarch Eraclius S. 184–186.

39) RRH n° 455. 456. 469. 492. 528 und RRH n° 492a, zuletzt gedruckt bei HIESTAND, Vorarbeiten 2, S. 227 n° 20. Wilhelm von Tyrus, Chronicon XXI. 9 (10), S. 974. Zum Zeitpunkt der Wahl zum Erzbischof siehe unten S. 230.

40) Amalrich war Ende 1143 sieben Jahre alt, also 1136 geboren; Wilhelm von Tyrus, Chronicon XV. 27, S. 711.

für den Augenblick damit, sich beim Episkopat für Wilhelm zu verwenden, angeblich ohne Wilhelms Wissen, woran man füglich wird zweifeln dürfen. Dagegen gehörte Wilhelm damals nicht zum Kapitel der Kathedrale von Tyrus. Anderes hat Krey[41] ohne die Hilfe des autobiographischen Kapitels aufgrund von RRH n° 370. 385 vermutet, in denen 1161 und 1163 ein Kanoniker Wilhelm in Tyrus auftritt, ja er ist sogar noch weiter gegangen und hat jedes Studium der freien Künste und der Theologie in Frankreich in Abrede gestellt und lediglich einen Schnellkurs in der Juristerei von Frühjahr 1161 bis Herbst 1163 angenommen, obwohl er nun die Äußerung des altfranzösischen Übersetzers Wilhelms von Tyrus[42], Wilhelm *avoit esté en France à escole*, bestreiten mußte. Aber 1161–1163 war Wilhelm, wie wir heute wissen, noch immer in Europa.

Es ist erstaunlich, daß in den zahlreichen Arbeiten über Wilhelm von Tyrus eine andere Urkunde bisher keine Verwendung fand, nämlich das undatierte Stück RRH n° 435[43]. Ausgestellt wurde es von dem Bischof Wilhelm von Akkon, der dem Wilhelm von Tyrus 1166 ein Kanonikat in Akkon verliehen hatte. Röhricht hat die Urkunde in seinen Regesten datiert mit ca. 1167, und das kann sich sehen lassen. Wenn man nämlich die zahlreichen genannten Personen am Quellenmaterial des Hl. Landes durchprüft, so sind vier davon zur zeitlichen Eingrenzung brauchbar, zunächst der Aussteller, der 1164 Bischof von Akkon wurde und am 10. März 1171 das Hl. Land verließ, um nie mehr zurückzukehren, da er auf dem Balkan am 29. Juni 1172 von einem seiner eigenen Kanoniker, einem Priester Robert, erschlagen wurde[44]. Der Bischof hatte ihn persönlich zum Priester geweiht (*quem ipse ad sacerdotium proveherat*), aber RRH n° 435 unterschrieb er noch als Diakon, so daß die Urkunde nicht ganz am Ende der bischöflichen Wirksamkeit liegt. Als erster unterschreibt der Erzbischof Ernesius von Caesarea. Bereits Hiestand hat in seinem Druck darauf aufmerksam gemacht, daß Ernesius im August 1167 nach zweijähriger Abwesenheit ins Hl. Land zurückkehrte[45]. Er hat das Stück deshalb zu ca. 1168 gesetzt, was ebenso gut möglich ist wie Röhrichts zeitlicher Ansatz. Sodann werden an Laien Guido de Maneriis (Demeniers) und Manasses von Caesarea genannt, von denen ersterer bezeugt ist von 1160 bis 1171 (RRH n° 352. 353. 488), letzterer in RRH n° 435 und 1168 in RRH n° 453. Circa 1167 ist also eine durchaus akzeptable Datierung Röhrichts.

---

41) KREY, William of Tyre S. 151 f. und History of Deeds 1, S. 10 f.
42) RHC. Hist. occid. 1, S. 1004.
43) Zuletzt gedruckt bei Hiestand, Vorarbeiten 3, S. 255 n° 96.
44) Wilhelm von Tyrus, Chronicon XX. 22. 25, S. 942, 947 f.
45) Ebd. XX. 1, S. 913.

Der Bischof war von Alexander III. zum delegierten Richter in einem Zehntstreit zwischen dem Kapitel vom Hl. Grab und dem Kloster S. Maria Latina ernannt worden und sprach die Zehnten dem Hl. Grab zu. Von wem in seinem Kapitel, von dem zwölf Kanoniker die Urkunde bezeugten, hätte der Bischof ein solches Urteil aufsetzen lassen sollen, wenn nicht von seinem Kanoniker Wilhelm, der 1166 als *rara avis* aus Bologna zurückgekommen war und dort die bedeutendsten Rechtsgelehrten der Zeit gehört hatte. Es gibt im Urkundenmaterial des Hl. Landes natürlich noch mehr solcher Zehntentscheidungen, als Beispiele seien RRH n° 563. 631 von 1178 und 1183 zitiert, letzteres übrigens auch die Entscheidung eines delegierten Richters. Diese Urkunden sind unauffällig, sie referieren den Fall und das Urteil. In RRH n° 435 aber wird zusätzlich das Verfahren geschildert, ganz in der Sprache der Gerichte. Es gibt, jedenfalls im 12. Jahrhundert, keine Urkunde im Hl. Land, die eine auch nur annähernd so juristisch gefärbte Sprache schriebe. *Ego ... episcopus, a domini papa A. delegatus, fui cognitor cuiusdam cause* und *canonici vero e contrario asserentes* und *Die itaque experiendi utrique parti statuto, allegationibus hinc inde diligenter auditis et cognitis* und *presentibus quibusdam fratribus suis et non contradicentibus ...* Wer das schrieb, hatte das römische Prozeßrecht studiert, und das war im Kapitel von Akkon der Kanoniker Wilhelm von Tyrus. Nicht unerwartet unterschrieb deshalb als einer der zwölf genannten Kanoniker ein *Willelmus presbiter*, bei dem es sich bestimmt um Wilhelm von Tyrus handelt, der damals schon die Priesterweihe hatte, von der wir sonst in seiner Biographie nichts hören.

Während Wilhelm, der angeblich nichts ahnte, auf einen Erfolg der königlichen Bemühungen bei den Bischöfen wartete, die seine Laufbahn fördern sollten, hofierte er den König. Dieser habe sich an Gesprächen mit ihm erquickt. Auch schreibt er in diesem Zusammenhang, der König habe ihn gebeten, die Geschichte des Königreichs zu schreiben, was er gern akzeptiert habe, aber natürlich kann sich das auch auf einen späteren Zeitpunkt beziehen als 1166, bisher galt 1167 oder 1170 als Anfang der Arbeit[46], was nicht falsch sein mag. Mit einem Ansatz „ab ca. 1170" wird man wohl richtig liegen.

Die Neider konnten auf die Dauer die Karriere des hochbegabten und ambitionierten Klerikers nicht aufhalten, zumal der König ja hinter ihm stand. Erfolg hatten dessen Bitten schließlich bei dem Erzbischof Friedrich

---

46) BABCOCK – KREY, History of Deeds 1, S. 27 für 1167. EDBURY – ROWE, William of Tyre S. 26 für 1170. PRUTZ, Studien S. 115 trat für 1169 ein. – Parallel zu seiner Chronik schrieb er verlorene Gesta orientalium principum.

von Tyrus, einem alten Vertrauten von Amalrichs Mutter. *Presente et rogante domino rege* ernannte Friedrich den Wilhelm am 1. September 1167 zum Archidiakon von Tyrus[47]. Damit begann die lebenslängliche Verbindung zur Kirche von Tyrus. Im Jahre 1170, als ihm die Erziehung des Thronfolgers anvertraut wurde, war er noch immer Archidiakon von Tyrus[48], ebenso im Dezember 1174 (D. RRH n° 518), aber in dieser Urkunde ist er zugleich Archidiakon von Nazareth. Das war ein klarer Fall einer kirchenrechtlich unzulässigen Pfründenkumulation, die den Zeitgenossen natürlich bekannt war, so daß es sinnlos gewesen wäre, in dieser Urkunde etwa nur eines der beiden Archidiakonate anzuführen. In seiner Chronik dagegen hat Wilhelm dem Leser der Zukunft und in Europa jede Verbindung mit der Kirche von Nazareth unterschlagen, die Pfründenhäufung sollte nicht ruchbar werden. In derselben Urkunde ist er auch erstmals als Kanzler bezeugt, und aus seinen Pariser Jahren muß er einen der begabtesten Pfründenkumulatoren der Zeit gekannt haben, den französischen Kanzler Hugo von Champfleuri (1150–1172), auch er einst ein Lehrer an den Pariser Schulen[49]. Natürlich waren nach dem Ende des alexandrinischen Schismas die Zeiten härter geworden, als sie es unter Hadrian IV. gewesen waren, aber Wilhelm trieb es ja auch weniger dreist als Hugo, und so konnte er seit 1175 unangefochten erzbischöfliches Amt und Kanzleramt vereinen, obwohl ihm wenig Zeit für seine Erzdiözese mit ihren komplizierten Problemen blieb und Alexander III. in Hugos Fall die Vereinigung von bischöflichem Amt in Soissons und Kanzlerwürde am königlichen Hof ausdrücklich für unzulässig erklärt hatte, da jedes der beiden Ämter den ganzen Mann fordere. Aber Wilhelm war natürlich im Osten nicht der einzige, der Ämterhäufung betrieb. Der spätere Patriarch Monachus von Jerusalem war um 1167 Kanoniker von Akkon und 1175 immer noch (RRH n° 435. 532), aber seit 1171 war er gleichzeitig Kanzler des Patriarchen von Jerusalem (RRH n° 490. 492. 528. 543).

Der König spannte den neugebackenen Archidiakon von Tyrus sofort für die Reichspolitik ein und übertrug ihm eine heikle Mission an den Hof des byzantinischen Kaisers. Seit 1163 war Amalrich dreimal, 1163, 1164 und

---

47) Wilhelm von Tyrus, Chronicon XX. 1, S. 913.
48) Ebd. XXI. 1, S. 961.
49) Zu Hugos Pfründenhäufung siehe oben S. 130, 143. Schon Algrinus von Etampes, Kanzler 1132 unter Ludwig VI. und erneut 1137–1140 unter Ludwig VII., war 1124–1156/57 außerdem Kanzler und Kanoniker von Notre–Dame in Paris, ferner Archidiakon von Orleans und Kanzler der dortigen Kathedrale sowie außerdem Kanoniker von Etampes (TESKE, Briefsammlungen S. 182 f.; DUFOUR, Recueil des actes de Louis VI 3, S. 40 f.).

1167, in Ägypten eingefallen, weil die Neutralisierung des syrischen Nordens durch den byzantinischen Kaiser 1159 hier die einzige Expansionsmöglichkeit ließ, die desolaten inneren Verhältnisse Ägyptens zur Intervention einluden und das Land durch seinen Reichtum lockte. Die Kampagne von 1167 war sehr erfolgreich gewesen. Zwar hatte man Ägypten wieder geräumt, aber das Fatimidenreich war zu einem tributpflichtigen fränkischen Protektorat geworden, das jährlich 100 000 Dinare zu zahlen sich verpflichtete. Dabei hätte man es unbedingt belassen sollen, aber der König stärkte unmittelbar nach seiner Rückkehr von dem Feldzug seine politische Bindung an Byzanz, indem er Ende August in Tyrus, drei Tage vor Wilhelms Ernennung zum dortigen Archidiakon, Maria Komnene, eine Großnichte des byzantinischen Kaisers heiratete. Er begann nun den Kaiser mittels Gesandter und auch brieflich zu bestürmen, mit ihm gemeinsam Ägypten zu erobern und das Land dann zu teilen. Manuel I. Komnenos ging auf das Angebot ein, und im Sommer 1168 kamen seine Gesandten nach Tyrus, wo sie in Geheimverhandlungen mit dem König die Grundzüge einer Allianz ausarbeiteten und sich dann nach Tripolis zurückzogen. Wilhelm von Tyrus wurde nun vom König mit der Aufgabe betraut, mit den Byzantinern zum Kaiser zu reisen, um königliche Briefe mit einem förmlichen Vertragsangebot zu überbringen und den Allianzvertrag in eine endgültige Form zu gießen (*et pactis mediis quale a me exigeretur, sub certa tamen forma, robur imponerem*). Dafür bedurfte es natürlich eines fähigen Juristen. Wilhelm fand den Kaiser auf dem Balkan in Ochrida in Makedonien, der Vertrag wurde beschworen und dann in der üblichen Form einer Kaiserurkunde ausgefertigt, in die als sogenanntes Engraphon die Verpflichtung der jerusalemitanischen Seite inseriert worden war, und am 1. Oktober 1168 begann Wilhelm die Heimreise[50]. Wilhelm sollte der Politik der Anlehnung an Byzanz treu bleiben, so lange es irgend ging.

Als er mit dem Vertrag nach Hause kam, erwartete ihn eine Überraschung[51]. Eine Kriegspartei unter der Führung der Johanniter überredete den König dazu, allein loszuschlagen. Die Johanniter waren damals von enormen Schulden gepeinigt, zu deren Abdeckung sie dringend Einnahmen in einem eroberten und tunlichst ungeteilten Ägypten benötigten. Deshalb legten sie dem König mit dem Datum des 11. Oktober 1168 die Empfängerausfertigung eines Diploms vor, das ihnen Jahreseinkünfte von 100 000 Byzantinern in Ägypten versprach (D. RRH n° 452). Der König hat die

---

50) Wilhelm von Tyrus, Chronicon XX. 4, S. 915–917. Zur Vertragsform siehe auch DÖLGER – KARAYANNOPULOS, Urkundenlehre 1, S. 97 f.
51) Wilhelm von Tyrus, Chronicon XX. 5, S. 917 f.

Besiegelung allerdings verweigert, das Diplom blieb also unvollzogen (siehe unten Bd. 2, S. 153 f.). Ob Ägypten dabei war, sich von dem Vertrag von 1167 zu lösen und zu dem Syrer Nūr ad–Dīn überzugehen, so daß der König zu einem Präventivschlag genötigt war, stehe dahin. Es war das Argument der Kriegspartei, dem der Chronist Wilhelm von Tyrus sichtlich keinen Glauben schenkte, aber er war derjenige, der düpiert war.

Am 21. oder 22. Oktober 1168 brach der König in Askalon zu dem Feldzug auf (siehe unten Bd. 2, S. 62). Wilhelm, der ja erst am 1. Oktober Ochrida verlassen hatte, konnte noch nicht zurücksein. Die Kampagne war ein Fehlschlag und mußte am 2. Januar 1169 abgebrochen werden[52].

Wilhelm schluckte den unvermeidlichen Ärger. Als der König am 16. Oktober 1169[53], diesmal mit byzantinischer Hilfe, erneut in Ägypten einfiel, hatte er es mit Saladin zu tun, der von anderem Kaliber war als die vorangegangenen Wesire. Ob Wilhelm an der Vorbereitung dieser Kampagne beteiligt war, ist unbekannt. Während des Feldzuges selbst war er abwesend in Europa. Im Herbst 1169 muß er abgereist sein, denn als die byzantinische Flotte im September eintraf, scheint er sie noch gesehen zu haben. Nicht nur weiß er, daß sie Ende September in Tyrus eintraf, obwohl sie nicht von dort, sondern von Akkon aus politisch agierte, sondern er schreibt auch, in Akkon habe sie zwischen Flußmündung und Hafen an einem geschützten Ort der Reede gelegen[54]. Auch der Umstand, daß Wilhelm sich beim Papst gegen Angriffe seines Erzbischofs verteidigen wollte, deutet auf einen Abfahrtstermin im Herbst 1169, denn der Erzbischof war Ende Juli 1169 an der Kurie (JL 11637 f.), so daß Wilhelm von den Anschuldigungen erst erfahren mußte, ehe er nachfuhr. Andererseits sagt er selbst, daß er während des ganzen Ägyptenfeldzuges des Königs vom 16. Oktober bis 21. Dezember 1169 in Europa war, so daß er nach seiner Rückkehr die Einzelheiten beim König erfragen mußte[55].

Wilhelm reiste damals seinem Erzbischof Friedrich von Tyrus nach, der sich im Frühjahr 1169 im Auftrag des Königs nach Europa begeben hatte, dabei aber an der Kurie, die sich in Benevent bzw. Veroli befand, auch gegen seinen Archidiakon aktiv wurde, ohne daß wir genau wüßten, worum es ging. *Familiaribus tracti negociis et domini archiepiscopi nostri declinantes indignationem inmeritam*, habe er sich an den päpstlichen Hof begeben,

52) Wilhelm von Tyrus, Chronicon XX. 9, S. 923.
53) Ebd. XX. 14, S. 927 f. Zu dem Fehler Wilhelms in der Monatsberechnung siehe den Variantenapparat zu S. 928 Zeile 9.
54) Ebd. XX. 13, S. 927.
55) Ebd. XX. 17, S. 934.

schreibt Wilhelm[56]. Es ist schon angesichts von Wilhelms Wortwahl abstrus, wenn erwogen worden ist[57], daß Wilhelm dem Erzbischof bis nach Europa nachgereist sei, um seine Meinung bei einer wichtigen Angelegenheit des Erzbistums einzuholen, in der er allein nicht zu entscheiden wagte. Ebenso unstatthaft ist es, wenn die Stelle in der Literatur als Zeugnis für eine italienische Abstammung Wilhelms verwendet worden ist; siehe oben S. 173. Man sieht schlecht, was Wilhelm an wirklich privaten Affairen an die Kurie getrieben haben könnte, selbst wenn man hier an Europa insgesamt denken wollte. Die Studien in Frankreich und Italien waren abgeschlossen, die Familie war in der dritten Generation jerusalemitanisch, so daß man an Familienbande, die noch zu pflegen gewesen wären, nicht denken darf. *Familiaribus tracti negociis* heißt eben nicht mehr, als daß er nicht in Angelegenheiten des Reichs oder des Erzbistums Tyrus, sondern aus Gründen seiner eigenen Laufbahn und Person nach Europa reiste.

Es muß ein schwerwiegendes Zerwürfnis zwischen dem Erzbischof und Wilhelm gewesen sein, wenn Wilhelm deshalb bis zum Papst ging, und der Grund muß im kirchlichen Bereich gesucht werden. Man kann sich eigentlich nur vorstellen, daß der Erzbischof an der Kurie die Ablösung seines Archidiakons betrieb, der gerade erst zwei Jahre im Amt war. Einen Grund dafür könnte Wilhelms Pfründenkumulation geboten haben. Zwar ist er als Archidiakon von Tyrus und Nazareth erst im Dezember 1174 nachzuweisen, aber wahrscheinlich gehörte er schon 1169 auch der Kirche von Nazareth an und erledigte für den dortigen Erzbischof Geschäfte in Reims. Ich werde diese Angelegenheit unten S. 185–188 erörtern.

Über den Erfolg der Mission nach Reims ist nichts bekannt. In seiner eigenen Sache war Wilhelm dagegen offenbar erfolgreich, was immer es war. In jedem Falle, auch wenn der Erzbischof ihn anderer Dinge bezichtigt haben sollte, hatte dieser keine Chance mehr, nachdem sich Wilhelm entschlossen hatte, seine Sache an der Kurie selbst zu vertreten, denn natürlich wird er nicht mit leeren Händen gekommen sein, sondern mit einem Brief seines Königs. Auf dessen Betreiben schrieb er bereits seine Chronik. Nach seiner Rückkehr war er so wenig kompromittiert, daß ihm der König im gleichen Jahr seinen Sohn Balduin IV. zur Erziehung übergab[58]. Es ist klar, daß er ihn auch in der vorangegangenen Auseinandersetzung gestützt haben muß.

---

56) Wilhelm von Tyrus, Chronicon XX. 17, S. 934.
57) EDBURY – ROWE, William of Tyre S. 16 f.
58) Wilhelm von Tyrus, Chronicon, Prolog; XIX 12; XX. 17. 31; XXI. 1, S. 99, 882, 934, 957, 961.

Wilhelm muß den Winter 1169/70 in Europa verbracht haben, da er im Dezember 1169 noch dort war (siehe oben S. 182) und dann nicht mehr zurückkonnte. Im Frühjahr 1170 muß er zurückgefahren sein, da er ja noch in diesem Jahr zum Prinzenerzieher bestellt wurde und auch seine Schilderung des Erdbebens vom 29. Juni 1170 so lebhaft ist, daß er es selbst miterlebt haben muß[59].

Wie er seine nächsten Jahre verbracht hat, wissen wir nicht. Die Verwaltung der Erzdiözese Tyrus, die ihm als Archidiakon weitgehend zufiel, wird ihn beschäftigt haben, zumal bis Erzbischof Friedrich von Tyrus nach zweijähriger Abwesenheit endlich im Sommer 1171 zurückkam[60]. Als er zu unbekannter Zeit vor Ende 1174 auch noch Archidiakon von Nazareth wurde, hatte er auch dort noch administrative Pflichten. Nebenher lief bis zum Tode des Königs 1174 die Erziehung des Thronfolgers. Dies scheint sich ebenfalls in Tyrus und nicht am Hof in Jerusalem oder Akkon abgespielt zu haben, wo ja der König auch nicht immer war, denn Wilhelm von Tyrus schreibt bei seinem Bericht über den Ausbruch der Lepra bei dem Prinzen von dieser Zeit als Tutor: *Dumque apud nos esset* (scil. der Thronfolger), und auch die ältere Schwester des Prinzen wurde nicht bei Hofe erzogen, schon gar nicht bei der Mutter Agnes von Courtenay, die in Sidon bei ihrem Mann lebte, sondern im Lazaruskloster Bethanien bei Jerusalem bei ihrer Großtante, der Äbtissin Iveta[61]. Auch seine Chronik hat Wilhelm sicherlich beschäftigt. Der König war es zufrieden und wollte wohl auch im Moment nicht mehr für ihn tun, um die Erziehung seines Sohnes nicht durch Beförderungen Wilhelms zu gefährden. Jedenfalls war Wilhelm bei der berühmten mehrmonatigen Reise des Königs nach Konstantinopel 1171 anscheinend nicht dabei[62]. Der König ließ, wie wir sehen werden, sogar lieber den Kanzlerposten vakant, als seinen Günstling Wilhelm zu ernennen. Aber daß er nur einen Vizekanzler bestellte, könnte immerhin darauf hindeuten, daß er den Posten für Wilhelm vakant hielt, wenn Mitte 1176 mit der Volljährigkeit des Thronfolgers wohl auch der Privatunterricht in den Freien Künsten bei Wilhelm zu Ende gewesen wäre.

---

59) Wilhelm von Tyrus, Chronicon XX. 18, S. 934–936.
60) Ebd. XX. 25, S. 947.
61) Ebd. XXI. 1. 2, S. 961 f.
62) Ebd. XX. 22, S. 942.

4. Wilhelm von Tyrus als Kanoniker in Nazareth (?)
und in Saint-Maurice de Chartres

An materieller Versorgung Wilhelms haben wir bisher das Kanonikat im
Kapitel von Akkon kennengelernt, das er sogleich nach seiner Heimkehr
1166 bekam und 1167 oder 1168 noch innehatte, ferner das Archidiakonat
von Tyrus, das er 1167 erhielt und Ende 1174 noch ausübte, schließlich das
Archidiakonat in Nazareth, in dessen Besitz er im Dezember 1174 neben
dem Archidiakonat von Tyrus erscheint (siehe oben S. 177–180). Man darf
wohl annehmen, daß sich damit in Tyrus ein Kanonikat verband. Es war
zwar nicht zwangsläufig, daß der Archidiakon auch Mitglied des Kapitels
war, aber in säkular verfaßten Kathedralkapiteln in Europa überwiegend der
Fall. Jedenfalls war der Archidiakon Wilhelm von Tyrus – ein anderer, der
später Bischof von Akkon wurde (siehe unten S. 659) – 1163 Mitglied des
tyrensischen Kathedralkapitels, da er in einer Zeugenliste hinter dem Dekan
des Stifts erscheint[63]. Daß Wilhelm von Tyrus bestrebt war, Kanonikate zu
erhalten, nicht nur in Akkon, ergibt sich deutlich aus dem autobiographischen Kapitel seiner Chronik (siehe oben S. 177). Das läßt daran denken,
daß es durchaus ein Pfründenstreit gewesen sein könnte, der Wilhelm im
Herbst 1169 zu einer Reise an die Kurie trieb.

Aus einem undatierten und seltsamerweise in der Forschung zu Wilhelms
Biographie bisher nicht verwendeten Brief (RRH n° 481) ist möglicherweise
zu entnehmen, daß er nicht nur in eigenen Angelegenheiten nach Europa
ging, sondern auch in denen des Erzbistums von Nazareth. Auf dem Zweiten Kreuzzug war Enguerran II., Herr von Coucy in der Pikardie, gestorben[64]. Begraben wurde er in Nazareth, und 20 Jahre später, im Jahre 1168,
erneuerte sein Sohn Radulf I. in Noyon der Kirche von Nazareth eine
Schenkung von 10 Pfund von Provins jährlich aus seinen Einkünften in
Laon für das Seelenheil seines Vaters Enguerran, der in der Kirche von
Nazareth begraben liege[65]. Bezahlt werden sollte an die Templer, die offen-

---

63) RRH n° 385. Weitere Nennungen von tyrensischen Archidiakonen sind nicht
eindeutig, was gleichfalls gilt für alle Nennungen nazarenischer Archidiakone. Aber als
im Jahre 1251 neue Statuten für die Kirche von Nazareth beschlossen wurden, wurde
bestimmt, daß der Archidiakon ein Weltkleriker im Diakons- oder Priesterrang zu sein
habe, *sicut etiam antiquitus in eadem ecclesia scitur et recolitur institutus*; BERGER,
Registres d'Innocent IV n° 5538. Im Prinzip war also der Nazarener Archidiakon kein
Mitglied des dortigen Kapitels, denn Nazareth war ein reguliertes Stift. Aber wir
werden sehen, daß dies nur ein Prinzip war.
64) BARTHÉLEMY, Seigneurie banale S. 100.
65) TARDIF, Cartons des rois S. 308 n° 613.

bar das Geld in den Osten zu transferieren hatten. Der Bischof von Laon stimmte zu, der König von Frankreich und sein Bruder Heinrich, Erzbischof von Reims, unterschrieben als Zeugen. Radulf machte seine Schenkung *ex dono patris mei Ingeranni*, der sie offenbar formlos auf dem Totenbett als Seelgerätstiftung gemacht hatte. Dann haperte es offenkundig, wie so oft, mit der Realisierung, so daß man sich bei Radulf um eine Wiederholung bemühte, die jetzt auch verbrieft wurde. Trotzdem gab es neuerliche Schwierigkeiten, ob von der Seite Radulfs oder der Templer ist ungewiß. Jedenfalls schickte der Erzbischof Letardus von Nazareth einen seiner Kanoniker nach Frankreich mit dem Auftrag, sich um die Angelegenheit zu kümmern und gleichfalls in Chappes im Bistum Troyes (Dépt. Aube, arrond. Troyes, cant. Bar-sur-Seine) ein Haus wieder zu erlangen, das der Kirche von Nazareth dort gehörte, aber entfremdet oder gar nicht erst übertragen worden war.

Der Erzbischof schrieb deshalb an Heinrich von Frankreich, den Erzbischof von Reims (1162–1175), als den für Laon zuständigen Erzbischof und führenden Prälaten Frankreichs. Dieser Brief ist überliefert in der Reimser Briefsammlung[66]. Enguerran habe der Kirche von Nazareth 10 Pfund von Provins hinterlassen, die der Erzbischof allerdings an den Einkünften des Wegezolls (*passagium*) in Coucy beanspruchte, während Radulf von Coucy sie 1168 auf die Weinabgaben (*wionagium*) von Laon anwies. Dann aber seien die zehn Pfund nur zwei Jahre lang bezahlt worden. Jetzt bat er den Reimser, dem er nach Kräften schmeichelte, in den beiden Vermögensangelegenheiten der Kirche von Nazareth seinen Beistand und Rat zu leihen, und er empfahl auch den Überbringer als seinen Gesandten.

Die Editoren bei Bouquet haben den Brief zum Jahr 1171 gesetzt, Röhricht in seinen Regesten ohne Begründung zu etwa Oktober 1170[67]. Bei Bouquet wurde der Brief wegen JL 11952 zu 1171 datiert. Am 29. Juni 1170 erschütterte ein sehr schweres Erdbeben den ganzen Nahen Osten, aber die größten Schäden gab es in Tripolis und Antiochia, während Tyrus, Akkon und Jerusalem in Abstufungen wesentlich leichter betroffen waren[68]. Nazareth wird chronikalisch gar nicht erwähnt, urkundlich dagegen in JL 11952

---

66) BOUQUET, Recueil 16, S. 192 n° 156.

67) Die Nennung eines Clarembald von Chappes in dem Brief nach Reims gibt keinen Hinweis auf die Datierung, weil in dieser bedeutenden Familie im 12. und 13. Jh. vier oder fünf Clarembaldi großenteils unmittelbar hintereinander Herren von Chappes waren. Einer, der hier gemeint ist, war 1172 ligischer Vasall des Grafen von Champagne als Herr von Chappes und Vizegraf von Troyes; LONGNON, Documents 1, S. 69 n° 1886.

68) MAYER, Erdbeben von 1170, passim.

Alexanders III. vom 8. Dezember 1170 oder 1171[69]. Damals waren Kanoniker von Nazareth in Europa, wohl auch beim Papst, die klagten, ihre Kirche
sei vom Erdbeben mitgenommen, die Sarazenen hätten ihr ein großes Dorf
entrissen, und ganz allgemein sei die Kirche von Nazareth, die in Wahrheit
damals ein großes Bauprogramm durchführte, völlig verarmt und bedürfe
dringend der Spenden, zu denen der Papst aufrief. Aber JL 11952 wurde eher
ausgelöst durch einen Brief des Königs Amalrich von Jerusalem an den
König von Frankreich vom Juli oder August 1170, der auch den Papst
erreicht zu haben scheint[70], ganz sicher aber nicht von dem Brief des Erzbischofs von Nazareth, der das Erdbeben überhaupt nicht erwähnt, sondern
sich nur um die zwei Vermögensangelegenheiten in Nord- und Ostfrankreich kümmert. Viel eher könnte man den Brief vor 1168 ansetzen, weil
nämlich die Bestätigung der Rente von 10 Pfund durch Radulf von Coucy
aus diesem Jahr nicht erwähnt wird, sondern nur, daß Enguerran die Schenkung machte, seine Erben die Rente aber nur zwei Jahre lang (1148–1150)
zahlten. Dann wäre Radulfs Wiederholung von 1168 geradezu der Erfolg der
in dem erzbischöflichen Brief erwähnten Mission des Nazarener Kanonikers.
Aber das muß natürlich dann nicht sein, wenn die Wiederholung der Schenkung durch Radulf von Coucy so erfolglos blieb wie Enguerrans ursprüng-
liches Vermächtnis. Der eigentliche Zweck des Schreibens des Nazarener
Erzbischofs war ja nicht eine ausführliche Darlegung der Angelegenheit – das
vollständige Dossier würde der Gesandte in Reims präsentieren –, sondern
die Empfehlung des Gesandten an den Erzbischof von Reims.

Ein Ansatz zu vor 1168 ist aber auch aus einem anderen Grunde ganz
unwahrscheinlich. Der Erzbischof von Nazareth empfahl dem Reimser
Kollegen als seinen Gesandten *praesentium latorem Willelmum presbyterum,
dilectum filium et canonicum nostrum.* Ich sehe hierin keinen anderen als
Wilhelm von Tyrus[71]. Schon in der Urkunde RRH n° 435 von ca. 1167,
die er dem Bischof von Akkon diktierte, erscheint er als Kanoniker von
Akkon mit Priesterweihe. Er wäre mit seiner juristischen Ausbildung für
rechtliche Auseinandersetzungen um Besitz von Nazareth in Frankreich
bestens geeignet gewesen. Für eine Reise nach Europa vor 1168 ist aber bei
ihm kein Platz. Als er 1166 zurückkam, erhielt er sofort ein Kanonikat in
Akkon, sonst aber nichts, ja was er mit Hilfe des Königs anstrebte, wurde
von dritter Seite blockiert. Kanoniker in Nazareth war er damals also nicht.
Da Radulf von Coucy seine Wiederholung 1168 ausstellte, müßte Wilhelm

---

69) Gedruckt am besten bei HIESTAND, Vorarbeiten 3, S. 393 n° 198.
70) Gedruckt bei MAYER, Erdbeben von 1170 S. 484; vgl. auch ebd. S. 479–481.
71) Zwei Kanoniker namens Wilhelm, die 1161 in Nazareth waren, hatten Beinamen
und waren überdies 1174 nicht mehr im Kapitel; siehe unten S. 192.

entweder im Frühjahr 1168 nach Reims gereist sein oder im Herbst 1167. Aber im September 1167 war er in Tyrus und wurde zum Archidiakon von Tyrus bestellt, und im Sommer 1168 reiste er zum Basileus auf den Balkan und kam erst nach Mitte Oktober wieder nach Hause. Setzt man den Brief des Erzbischofs von Nazareth aber erst nach 1168 an, als es galt, die Neubewilligung der Rente durch Radulf von Coucy mit Leben zu erfüllen und das Haus in Chappes zurückzugewinnen, dann paßt er zeitlich natürlich sehr gut zum Herbst 1169, als Wilhelm, Archidiakon von Tyrus und Kanoniker in Nazareth, seinem Tyrenser Erzbischof nachweislich ins Abendland nachreiste. Dann wäre leicht erklärt, warum von dem Erdbeben in dem Brief noch nichts steht, und man hätte mit der Kumulation der beiden Funktionen in Tyrus und Nazareth ein Scandalon, mit dem der Tyrenser beim Papst gegen seinen Archidiakon agitieren konnte. Man muß sich auch klarmachen, worum es in dem Brief nach Reims ging: 10 Pfund von Provins jährlich und ein Haus in Chappes, das war alles. Dafür einen eigenen Gesandten des Erzbischofs von Nazareth nach Frankreich zu schicken, stand in keinem Verhältnis zu den anfallenden Kosten. Bischöfe mußten ganze Dörfer verpfänden, um die Reisekosten an die Kurie zahlen zu können[72]. Da aber Wilhelm von Tyrus im Herbst 1169 aus dem Hl. Land abreiste und den Winter über bis zur erstmöglichen Heimreisemöglichkeit genügend Zeit hatte, konnte man ihm den Auftrag nach Reims mitgeben – wenn er denn Kanoniker von Nazareth war.

Wenn wahr ist, daß Wilhelm von Tyrus Kanonikate in Akkon, Tyrus, aber auch in Nazareth hatte, dann war dies ein großer Skandal, und zwar über die Pfründenkumulation hinaus, und das ist prima vista ein Argument gegen meine Hypothese. Das Kathedralkapitel von Nazareth war seit spätestens 1127 ein reguliertes Chorherrenstift *ordinis sancti Augustini*[73] wie die Grabeskirche. Die Domkapitulare von Akkon und Tyrus waren dagegen Säkularkanoniker. Das ist zwar nicht positiv bezeugt, aber das gilt wegen des Verlustes der Archive für fast alle Domkapitel des Königreichs Jerusalem. Man kann es aber erschließen: Regulierte Chorherrenstifte an Kathedralen hatten im Hl. Land Prioren als Vorsteher, die bei anderen Kollegiatstiften regulierter Chorherren öfters auch zu Äbten aufstiegen. Domkapitel von Säkularkanonikern hatten einen Dekan, jedenfalls keinen Prior als Vorstand. Im 12. Jahrhundert hatten sowohl Tyrus wie Akkon Dekane[74].

---

72) ANTWEILER, Bistum Tripolis S. 82 Anm. 213 und S. 119.

73) HIESTAND, Vorarbeiten 3, S. 131 n° 25.

74) RRH n° 385. HIESTAND, Vorarbeiten 3, S. 370 n° 186. In Akkon erscheint 1247 auch ein Prior der Kathedrale, der aber nur eine nachgeordnete Funktion hatte, da er mitten in einer aufeinanderfolgenden Serie von Dekanen erscheint; RÖHRICHT, Syria

Es war zwar zulässig, daß ein Säkularkanoniker in ein reguliertes Chorherrenstift übertrat, denn dies war der stets erlaubte Weg zum strengeren
Lebenswandel, aber dann mußte er natürlich seine Säkularpfründe aufgeben,
wie es denn im Prinzip überhaupt unzulässig war, in zwei Domkapiteln
gleichzeitig Kanonikate zu haben, selbst wenn sie beide säkular oder beide
reguliert waren. Diese einfache Pfründenkumulation war aber überall sehr
häufig, alle Welt drückte hier Augen zu. Das andere war anstößiger, wenn
einer gleichzeitig am einen Ort Säkularkanoniker, am anderen Ort Regularkanoniker war. Gleichwohl kam es natürlich vor. Der Kanzler des Bischofs
von Arras Saswaldo ist nachgewiesen als Kanoniker des säkular organisierten
Domstifts von Arras 1111–1142, gleichzeitig aber 1122–1125/1131 als Kanoniker des regulierten Chorherrenstifts Mont-Saint-Eloi in der Nähe von
Arras, ja 1122 sogar als Dekan von Mont-Saint-Eloi, was er anscheinend
nicht halten konnte, da er 1122 und 1124 sowie 1125/1131 als einfacher
Kanoniker dortselbst erscheint. Schon angesichts des ausgefallenen Namens
ist an eine Aufspaltung Saswaldos in zwei Personen überhaupt nicht zu
denken, aber Tock hat auch mit weiteren Argumenten die Identität des
Säkularkanonikers und des regulierten Chorherren nachgewiesen[75]. Wohl-
gemerkt hatte Saswaldo sein Kanonikat in Arras nicht aufgegeben, als er in
Mont-St.-Eloi eintrat, denn er erscheint vorher und nachher als Kanoniker
von Arras.

Ein weiterer Fall war der Bischof Theobald von Akkon. Er erscheint 1174
als Tibaldus und war damals Kanoniker von Nazareth (RRH n° 515). Ein
Jahr später bezeugte er zwei gleichlautende Urkunden (RRH n° 529. 530) in
einer Gruppe de clericis Nazareth, aber als Kanoniker von Sidon, und anders
als Nazareth war Sidon säkular verfaßt. Es ist gut verständlich, daß man ihn
verschämt nur als „Kleriker" von Nazareth bezeichnete, 1192 erscheint er
unter dem Namen Theobald als Bischof von Akkon (D. RRH n° 701). Es ist
derselbe Mann, denn 1198 schrieb ihm der Papst Innocenz III. und erwähnte
dabei, daß Theobald sogar Prior des Kathedralstifts von Nazareth gewesen
war[76]. Theobald war also unter dem Erzbischof Letardus von Nazareth
dort und gleichzeitig in Sidon Regular- und Säkularkanoniker, und einen
weiteren Fall dieser Art aus Nazareth, auch unter Letardus, werden wir

---

sacra S. 21 f. Dort ist S. 21 der Beleg von 1242 bei dem Dekan Wilhelm zu streichen
und dem Dekan Nikolaus zuzuordnen.

75) TOCK, Chancellerie épiscopale S. 174–179. Zum Status des Kapitels von Arras
siehe ebd. S. 8, zu dem von Mont-St.-Eloi siehe TOCK, Chartes S. 7 n° 4 von 1097. Die
Nennung als Dekan ebd. S. 48 n° 33.

76) POTTHAST 502. HAGENEDER – HAIDACHER, Register Innocenz III. 1, 1, S. 751
n° 517.

sogleich kennenlernen (siehe unten S. 191). Wenn andere so wenig Skrupel hatten oder wenn umgekehrt Letardus so skrupellos war, wie dies nachweislich der Fall war, hätte Wilhelm von Tyrus dann Skrupel haben sollen? Jedenfalls läßt sich angesichts von zwei nazarenischen Parallelfällen unter Letardus mit der kirchenrechtlichen Unzulässigkeit gegen Wilhelm von Tyrus als nazarenischem Kanoniker und Gesandten in RRH n° 481 nicht argumentieren.

Diese Fälle scheinen sich im Stillen abgespielt zu haben, ein anderer machte einen großen öffentlichen Skandal, der die Spitzen der Welt involvierte[77]. Vor seinem Tode 1167 hatte der Bischof von Noyon einen Regularkanoniker namens Drogo zu seinem Kanzler gemacht. Da diese Bischofskanzler herkömmlicherweise Mitglieder des säkular verfaßten Kathedralkapitels von Noyon waren, war Drogo eines Tages plötzlich inmitten der Säkularkanoniker im Chor erschienen, aber gewandet wie ein Regularkanoniker. Damit beanspruchte er ein Säkularkanonikat, und zwar zusätzlich, denn er hatte den Regularhabit ja nicht abgelegt. Zwei der Domkapitulare legten die Sache dem Papst vor, und dieser urteilte 1167 trocken, Ochs und Esel könnten gemeinsam nicht pflügen, blieb also bei der Inkompatibilität von Säkularkanonikerexistenz und dem gemeinsamen Leben regulierter Chorherren und entschied damit gegen Drogo. Nun aber standen der König von Frankreich, der Erzbischof von Reims und der Graf von Flandern auf und verlangten vom Papst zugunsten Drogos eine Revision des Urteils, und der Erzbischof machte ihn zu seinem Familiaren. In einem Brief an den Papst verstieg er sich zu der monströsen Anschuldigung, der Papst, der gültiges Kirchenrecht zutreffend angewandt hatte, habe in diesem Falle Rechtsbeugung begangen. Am 9. März 1168 hielt der Papst an seiner Entscheidung gegen Drogo fest: *numquam tamen legimus vel a quoquam audivimus, quod de regulari canonico quisquam fuerit secularis effectus*[78]. Allerdings war es darum nicht gegangen, denn Drogo hatte ja nicht unter Preisgabe seines Chorherrenstatus ein säkulares Kanonikat, sondern – horrible dictu – beides gleichzeitig haben wollen, und schon die erste Fallkonstellation wäre schlimm genug gewesen. Aus dem Anfang des 12. Jahrhunderts enthält der Codex Udalrici ein ganzes Dossier über einen Säkularkanoniker von Utrecht, der sein Kanonikat dort niederlegte und in einem regulierten Chorherrenstift die Profeß ablegte. Später reute ihn das, er wollte austreten

---

77) Zu dieser Affaire siehe FALKENSTEIN, Analecta S. 52–55; DERS., Alexandre III et Henri de France S. 128–132.
78) JL 11485 und LOHRMANN, Papsturkunden in Frankreich N. F. 7, S. 394 n° 125, 396 n° 126, 397 n° 127; vgl. S. 394–395 zum Datum.

und seine alte Pfründe in Utrecht wiederhaben[79]. Die eingeholten Meinungen waren ganz überwiegend dafür, daß dies nicht angängig sei. Innocenz III. entschied einen ähnlich gelagerten Fall 1198 gegen den Bischof Theobald von Akkon. Dieser hatte, als er noch Prior von Nazareth war, gemeinsam mit dem Erzbischof Letardus von Nazareth einem todkranken Kleriker auf dessen Wunsch den Regularhabit gegeben und ihn die Profeß ablegen lassen. Er genas und dachte nun nicht mehr daran, sich ins Nazarener Stift zu begeben. Ja, 15 Jahre später nahm ihn Theobald, der inzwischen Bischof von Akkon war, in das dortige Säkularkanonikerkapitel auf, fragte allerdings vorsichtshalber beim Papst an, ob dies rechtens sei. Dieser entschied, der Betroffene sei dazu zu zwingen, den Regularhabit wieder zu nehmen, was automatisch seine Entfernung aus dem akkonensischen Kapitel bedeutet haben muß[80].

Drogos Fall in Noyon war 1168 abgeschlossen, wenn auch noch nicht für den Papst, dem Drogo, der sich zu Alexanders bête noire jener Jahre auswuchs, noch längere Zeit Schwierigkeiten machte, jetzt als Berater des Bischofs von Cambrai[81]. Noch Ende 1170 war Drogo dem Papst in denkbar unangenehmer Erinnerung (JL 11963. 11965. 12427). Aber Ende Juli 1169 war der Erzbischof Friedrich von Tyrus an der Kurie und bald danach auch in dem Noyon benachbarten Cambrai (siehe unten S. 660). Ob er dabei auch Noyon berührte, stehe dahin, aber es genügte ja, daß er im Sommer 1169 ad limina apostolorum kam. Es genügte, wenn ein Doppelkanonikat Wilhelms von Tyrus in dem säkular verfaßten Akkon und in dem regular verfaßten Nazareth – wenn er denn beides hatte – zur Sprache kam, um den Papst zu klarer Sprache zu bewegen. Wilhelm von Tyrus hatte dann allen Anlaß, um sofort nach Eintreffen der entsprechenden beunruhigenden Nachrichten seinem Erzbischof im Herbst 1169 nachzureisen nach Rom.

Auch ohne den Skandal von Noyon hätte Friedrich von Tyrus gegen eine Aufnahme Wilhelms von Tyrus in das regulierte Chorherrenstift von Nazareth sein müssen, denn er selbst war erst in Lüttich Mitglied des Säkularkanonikerstifts von St.-Lambert gewesen[82], dann im Hl. Land in das Stift

---

79) JAFFÉ, Codex Udalrici S. 366 n° 201–380 n° 208.

80) POTTHAST 502. HAGENEDER – HAIDACHER, Register Innocenz III. 1, 1, S. 751 n° 517.

81) FALKENSTEIN, Analecta S. 55–63, 77.

82) St.-Lambert blieb der Aachener Kanonikerregel von 816 treu. Obgleich die Individualpfründen erst 1204 gebildet wurden, war das gemeinsame Leben im 12. Jh. bereits fakultativ geworden. Wer wollte, konnte in seinem eigenen Haus leben, und es gab tägliche oder periodische Zuteilungen von Speise, Trank, Kleidung, aber auch von Geld an die einzelnen Kanoniker; KUPPER, Liège S. 312–314.

vom Templum Domini eingetreten, das schon lange reguliert war[83]. Dieser Gang war natürlich statthaft, aber Friedrich, der beide Lebensformen probiert hatte, muß die grundsätzliche Inkompatibilität zwischen ihnen klar gewesen sein. Man konnte nur Ochs oder Esel sein, nicht beides zur selben Zeit.

Nazareth scheint normalerweise im 12. Jahrhundert einen Prior und 12 Kanonikate gehabt zu haben[84]. Wir hätten dann 1161 mit 11 und 1174 mit 12 Chorherren jeweils eine fast vollständige oder vollständige Aufzählung des Kapitels von Nazareth in RRH n° 371 von 1161 und RRH n° 515 von 1174. In der Urkunde von 1161 kommen zwei Wilhelme mit den Beinamen de Buria und de Gibesward vor. Keiner davon ist unserer, denn 1161 war Wilhelm von Tyrus noch in Europa. Im Juni 1174 war überhaupt kein Wilhelm dabei, und insgesamt hatten die Kanoniker stark gewechselt. Im Dezember 1174 aber war Wilhelm Archidiakon von Tyrus und Nazareth (D. RRH n° 518). Er scheint also vor 1174 von außen ins Archidiakonat von Nazareth berufen worden zu sein. Das schließt aber nicht aus, daß Wilhelm zwischen 1165 und 1169 dem Chorherrenstift in Nazareth angehört hatte, dann aber auf päpstlichen Druck hin hatte verzichten müssen. Als Archidiakon von Nazareth hatte er natürlich ein mit diesem Amt verbundenes Einkommen[85]. Aber es ist nichts davon bekannt, daß er später als Archidiakon auch ein Kanonikat in Nazareth erhalten hätte, und wenn meine Hypothese von einem früheren Kanonikat dort zwischen 1165 und 1169 überhaupt trägt, dann wird er sich gehütet haben, dies später, als er in Nazareth Archidiakon geworden war, nochmals zu versuchen. Es wäre natürlich denkbar, daß Wilhelm sich in Rom gegen Friedrich nicht durchgesetzt hätte, wenn der Streit denn eine Doppelposition Wilhelms als Säkular- und Regularkanoniker betraf, denn hier konnte er nicht hoffen, den Papst umzustimmen. Um so mehr Anlaß hätte er gehabt, sich anderwärts um ein säkulares Kanonikat umzusehen, am besten in Europa, wo sein Erzbischof meist weit vom Schuß war.

Zur Erörterung dieses Problems werde ich gleich kommen (siehe unten S. 194–210). Zuvor muß lediglich noch gefragt werden, welches Interesse Wilhelm von Tyrus gehabt haben könnte, in Nazareth zusätzlich zu Akkon

---

83) Wilhelm von Tyrus, Chronicon XXI. 4, S. 965.

84) RRH n° 371. 515. Vgl. die Erörterung des Problems bei MAYER, Bistümer S. 117 Anm. 13.

85) 1251 wurde es pro Jahr wie folgt festgesetzt: je 50 Scheffel Weizen und Gerste, 50 sarazenische Byzantiner, ein Haus in Nazareth, tägliche Speisung auf Lebenszeit für den Archidiakon und zwei Diener sowie Futter und Stroh für zwei Reittiere; BERGER, Registres d'Innocent IV n° 5538.

und/oder Tyrus ein Kanonikat zu haben. Im Prinzip konnte er dort ja kein Einkommen haben, denn Individualpfründen gab es bei den regulierten Chorherren nicht, und bei der Einführung dieser Lebensform im 11. Jahrhundert hatten die Reformer sehr energisch den Gedanken der Armut in den Vordergrund gerückt. Nicht nur der einzelne Chorherr sollte arm sein, die Puristen forderten selbst die Armut der Gemeinschaft. Letzteres hatte gar keine Chance, ersteres nicht allzu lange. Wilhelm wäre ja ein abwesender Chorherr gewesen, aber Abwesenheit aus zureichendem Grunde vernichtete seinen Anspruch auf *victus et vestitus* natürlich nicht. Blieb ein Chorherr dem Stift mit Erlaubnis der Oberen und des Konvents fern, so mußte er logischerweise auch anderswo durch Geldzahlungen unterhalten werden. Die Quellen reden bei den regulierten Chorherren immer nur vom gemeinsamen Leben und vom Verbot des individuellen Eigentums, lassen es aber offen, in welcher Form die einzelnen Chorherren an der *massa communis* partizipierten. Aber gerade für Nazareth liegt uns hier eine Nachricht von 1251 vor, als man aus dem Vermögen der Gesamtkirche von Nazareth eine neue *mensa canonicalis* für den Prior und sechs Chorherren bildete[86]. Natürlich fiel die Administration dieses Vermögens dem Prior zu, das erforderte der Begriff der *vita communis*. Aber es wurde ausgedrückt in dem zum Unterhalt je eines Kanonikers notwendigen Mindesteinkommen (der sogenannten *portio congrua*), das dann multipliziert wurde mit 8 (nämlich für 6 Kanoniker zuzüglich des doppelten Betrages für den Prior). Es gab also eine Einkommensmasse, die auf den einzelnen Kanoniker bezogen war. Der Prior konnte sie mehren oder verschleudern, aber er konnte sie dem einzelnen Kanonikus schlecht vorenthalten.

Wenn man dies ins 12. Jahrhundert rückprojizieren darf, so muß man davon ausgehen, daß Wilhelm von Tyrus als abwesender Chorherr in Nazareth ein Einkommen gehabt hätte. Wenn an der Kurie 1169 eine Einigung über ein unzulässiges Doppelkanonikat Wilhelms in Akkon und/oder Tyrus einerseits und in Nazareth andererseits herbeigeführt worden sein sollte, könnte sie so ausgesehen haben, daß Wilhelm von Tyrus auf das nazarenische Kanonikat verzichtete, der Papst und der Erzbischof sich aber damit abfanden, daß er neben seinem Archidiakonat in Tyrus auch noch nächster Archidiakon von Nazareth werden würde, denn daß er dieses Amt erstrebt hat und daß er dafür die Unterstützung des 1154–1190 regierenden Erzbischofs Letardus von Nazareth hatte, liegt auf der Hand: im Dezember 1174 hatte Wilhelm das Amt (D. RRH n° 518). Zum Schaden der Kirche von Nazareth war dies angesichts von Wilhelms Qualitäten nicht, und den Papst

---

86) BERGER, Registres d'Innocent IV n° 5538.

scheint er 1169 beeindruckt zu haben, denn zehn Jahre später trug er dem nunmehr zum Erzbischof von Tyrus Avancierten auf, die Canones des Dritten Laterankonzils zu redigieren[87].

Man muß in dieser Sache sorgfältig trennen zwischen den gesicherten Fakten und dem, was sich möglicherweise unter Zuhilfenahme der nachzeichnenden Phantasie daraus machen läßt. Wilhelms Kanonikat in Nazareth ist und bleibt eine Hypothese, die damit steht und fällt, daß er es war, der 1169 im Auftrag des Erzbischofs von Nazareth nach Reims reiste, um dort nazarenische Vermögensangelegenheiten zu betreiben. Ist dies der Fall, dann ist das Kanonikat gesichert und auch die daran anknüpfende Vermutung, daß es bei dem Konflikt mit dem Erzbischof Friedrich von Tyrus um diese ganz und gar unzulässige, in jenen Jahren auch in Europa heiß debattierte Form der Pfründenkumulation ging. Sicher ist aus Parallelfällen, daß der Erzbischof Letardus von Nazareth hier keine Skrupel hatte, sondern nachgewiesenermaßen zwei andere Personen in sein Nazarener Stift aufnahm, die ihre weltlichen Pfründen nicht niederlegten. Ist es dagegen ein anderer Wilhelm, der in dem Brief des Nazarener Erzbischof nach Reims genannt wird, dann fällt die Hypothese in sich zusammen.

Auf sichererem Grund befindet man sich mit einem Kanonikat Wilhelms von Tyrus in Saint-Maurice de Chartres. Wilhelms Laufbahn im Osten, das ist klar, war 1169 in Gefahr gewesen, als er im Herbst an die Kurie reiste, um dort die Anschuldigungen seines Erzbischofs erfolgreich zu parieren. Es wäre durchaus begreiflich, wenn er sich gleich damals oder auch später eine Rückzugsposition in Europa, ein Einkommen dort geschaffen hätte, denn auch später sollte er bei nicht wenigen einflußreichen Leuten Animositäten wecken, und das muß er ja gewußt haben. Die Untersuchung muß deshalb nochmals zurücklenken zu dem oben S. 176 erwähnten Eintrag Wilhelms im Nekrolog von Saint-Maurice de Chartres, den Hiestand entdeckt hat. Wenn der Eintrag denn ein später Dank für sein Studium in Chartres war, dann bleibt es eine gewisse Merkwürdigkeit, daß Wilhelm nur hier eine solche Spur gelegt hat, nicht aber in Orléans, wenn er je dort die Hörsäle frequentierte, und nicht in Paris, wo die Nekrologe ja sehr vollständig ediert sind, was man von seiner späteren Universität Bologna nicht sagen kann. Dort wäre vielleicht ein unerwarteter Fund in dieser Richtung noch zu machen, sicher aber nicht in Paris. Auch deutet das Seelgerät von 5 Solidi jährlich nicht auf eine besondere Freigiebigkeit hin, ein 1276 verstorbener Bischof von Chartres, der freilich wesentlich reicher war als der Erzbischof von

---

87) Wilhelm von Tyrus, Chronicon XXI. 25 (26), S. 998.

Tyrus, hinterließ Saint-Maurice 100 Solidi im Jahr[88]. Das Nekrolog von Saint-Maurice enthält eine Fülle gleichartiger Einträge von Seelgeräten für die drei auch hier genannten Personengruppen der Priester, Vikare und *matricularii*. Die ausgesetzten Summen, soweit sie in Solidi ausgedrückt sind – es gibt auch Sachvermächtnisse oder Kapitalien, die in Pfund beziffert werden –, schwanken zwischen 2 und 5 Solidi, erreichen aber in Einzelfällen bei höhergestellten Persönlichkeiten bis zu 100 Solidi. Wenn das Seelgerät Wilhelms Dank für das Studium war, so war dieser jedenfalls nicht sehr überschwenglich, auch wenn wir die Höhe des Kapitals, aus dem das Jahreseinkommen von 5 Solidi zu erwirtschaften war, nicht kennen.

Schon die Editoren des Nekrologs haben das teilweise anfechtbare Latein des Dokuments beklagt[89]. Auch der Wilhelm von Tyrus betreffende Eintrag ist nicht ganz leicht verständlich. Hält man sich strikt an den Text, so hatte er das Kapital für das Seelgerät bei seinem Tode hinterlassen (*reliquit*). Allerdings werden *dedit* und *reliquit* in dem Nekrolog synonym gebraucht. Wir erfahren beispielsweise, daß Gaufridus Exhonerator 8 Pfund schenkte (*dedit*) für sein eigenes Jahresgedächtnis sowie das seiner beiden Ehefrauen, ja sogar für das des ersten Gemahls einer der beiden Damen. Als diese dann starb, wurde die Schenkung nochmals erwähnt: *de octo libris, quas idem Gaufridus reliquit huic ecclesie, prout prius continetur in commemoratione dicti Gaufridi*[90]. Ja mehrfach heißt das Verb praesentisch *relinquit*[91], so daß ganz klar ist, daß die Schenkung zu Lebzeiten erfolgte und nicht erst von Todes wegen. Das Kapital fiel sofort an, damit auch das Einkommen, die Leistung setzte mit dem Tod des Stifters ein.

Die Summe von 5 Solidi war im Falle Wilhelms von Tyrus eine ewige Jahresrente, für deren Zahlung an Saint-Maurice – zunächst – ein Priester Wilhelm, ein Kanoniker von St.-Maurice, verantwortlich war, und zwar aus einem Haus, das er von einem gewissen Martin Hobieu gekauft hatte (*V sol. pro anniversario suo annuatim faciendo, de quibus Guillelmus, presbiter Sancti Mauricii Carnotensis, tenetur solvere, super quandam domum, quam ipse Guillelmus acquisivit de Martino Hobieu*). Das war, wenn man das Nekrolog durchmustert, in St.-Maurice Standardpraxis. Das Stift sammelte Kapitalien, von denen es Häuser kaufte. Die Seelgerätstiftungen wurden dergestalt in einen solchen Kapitalstock eingebracht, daß man noch wußte, in welches Haus das für das Seelgerät ausgesetzte Kapital geflossen war. Aus den Er-

---

88) MOLINIER, Obituaires 2, S. 352, Eintrag vom 1. April.
89) Ebd. 2, S. 351.
90) Ebd. 2, S. 352 f.
91) Ebd. 2, S. 351, Einträge vom 14. und 17. Januar, und S. 353, Eintrag vom 3. April.

trägen des Hauses war dann von dem Nutzer Jahr um Jahr die vom Stifter bestimmte Jahresrente an das Kapitel abzuführen. Die Schenker hatten also ein Kapital geschenkt oder hinterlassen, die hausbesitzenden Säkularkanoniker hatten daraus entweder Einnahmen, aus denen sie ihre jährliche Verpflichtung aufbringen mußten, oder sie wohnten selbst darin, dann mußten sie den Jahresbetrag aus ihrer sonstigen Pfründe erwirtschaften.

Das ganze System deutet auf einen Konvent, der kein altes Vermögen hatte, sondern – jedenfalls zur Zeit Wilhelms von Tyrus – sich ein solches erst aufbaute, und genau so war es. Der vollständige Verlust des Archivs von St.-Maurice, den schon Hiestand beklagte[92], macht alle Aussagen über St.-Maurice schwierig. An sich war St.-Maurice eine alte Gründung, über der aber kein günstiger Stern waltete. Fest steht, daß St.-Maurice in Laienhand geriet, was natürlich den Konventsbesitz dezimierte. Wahrscheinlich handelte es sich bei diesen Laien um die Vidames von Chartres, denn zwei aus ihrem Hause werden 1119 als Vögte von St.-Maurice de Chartres genannt[93]. Im April 1168 oder 1169 bestätigte der Papst Alexander III. dem Bischof Wilhelm von Chartres den Besitz der Kirche von St.-Maurice in Chartres, *quod ... de laicorum manibus eripuisti* und die der Bischof jetzt ohne Widerspruch besagter Laien besaß[94].

An der notwendigen Fürsorge ließ es der Bischof freilich fehlen, sondern nutzte das Stift unter anderem auch zur Subventionierung Dritter. Die Pfründen wurde nach der Rechtslage an sich von den Bischöfen von Chartres vergabt und waren auch nicht sehr zahlreich, wir hören von neun oder zehn Pfründen[95]. Dabei kam es gelegentlich zu Meinungsverschiedenheiten

---

92) HIESTAND, Wilhelm von Tyrus S. 351.

93) MÉTAIS, Cartulaire de Josaphat 1, S. 2 n° 2.

94) JL 11522. Auszugsweise gedruckt bei LEPINOIS – MERLET, Cartulaire de Notre-Dame de Chartres 1, S. 178 n° 78.

95) RAMACKERS, Papsturkunden in Frankreich, N. F. 6, S. 33 Anm. 7 aus Chartres, Stadtbibliothek Ms. 1164 fol. 499, heute zerstört, wonach der Bischof Odo von Chartres (968–1004) das Kloster St.-Maurice in ein Stift von Säkularkanonikern umwandelte, deren Ernennung dem Papst zustand, was für diese Frühzeit ganz unwahrscheinlich ist. Lucius III. habe dann durch eine Urkunde von 1183 das Recht der Pfründenvergabe den Bischöfen von Chartres abgetreten, die es aber, wie wir gleich sehen werden, schon wesentlich früher hatten. Das Stift habe in seiner Frühzeit 10 Kanonikate besessen, von denen eines aber auf Betreiben des Bischofs Fulbert von Chartres (1006–1028) von dem Papst Benedikt VIII. (1012–1024) beseitigt worden sei. Halbwegs greifbar ist davon bestenfalls die Urkunde Benedikts VIII., deren Text aber auch nicht mehr vorhanden ist (JL 4015α, RAMACKERS S. 33 Anm. 7). Die Urkunde Lucius III. ist nicht zu fassen, und tatsächlich haben die Bischöfe von Chartres über die Pfründen von St.–Maurice verfügt.

mit dem Kloster Josaphat vor der Stadt, weil dieses von Bischof Gottfried 1117–1119 in der Pfarrei von St.-Maurice gegründet worden war, denn das Stift hatte immer auch die Pfarrei betrieben[96]. Im Jahre 1173 bewilligte der Erzbischof Wilhelm von Sens dem Kloster Josaphat von jeder freiwerdenden Pfründe in St.-Maurice de Chartres das Einkommen eines Jahres, was sich Josaphat noch im selben Jahr vom Papst bestätigen ließ[97]. Nicht als Metropolitan wurde Wilhelm hier tätig, sondern als Bischof von Chartres (1164–1176), denn horribile dictu hatte dieser Pluralist das Bistum Chartres behalten können, als er 1168 Erzbischof von Sens wurde[98]. Er war es gewesen, der St.-Maurice den Laien wieder entwand, aber er benutzte es, wie seine Urkunde von 1173 zeigt, als eine Verfügungsmasse, aus der er Pfründen oder Pfründenanteile vergab, wie es ihm richtig schien. Erst als er 1176 Erzbischof von Reims wurde, was er bis zu seinem Tode 1202 blieb, legte er sowohl Sens wie Chartres nieder und konnte jetzt in St.-Maurice de Chartres keine Pfründen mehr vergeben.

Man darf sich nicht wundern, daß er St.-Maurice wie einen persönlichen Besitz behandelte, denn er kam aus einer Familie, wo dieses üblich war. Es handelt sich nämlich um Wilhelm Weißhand, den Bruder jenes Grafen Heinrich I. von Champagne, der bekanntlich Pfründen um sich streute wie andere Leute das Salz ins Essen, freilich auch eine enorme Menge davon hatte, die zu seiner Verfügung standen (siehe unten Bd. 2, S. 604 f.). Was Josaphat von Wilhelm Weißhand in St.-Maurice an Pfründeneinkommen erhielt, war keineswegs alles, was vergabt wurde, sei es von Bischof Wilhelm, sei es von einem seiner Nachfolger. Wir müssen deshalb zurücklenken zu der ständigen Formel des Nekrologs von Chartres, dieses oder jenes Seelgerät sei bestimmt für die Priester, Vikare und *matricularii* des Stifts. Es handelt sich dabei um die drei Personengruppen, aus denen sich der Konvent zusammensetzte[99]. Hiestand hat die *matricularii* als Schüler ge-

---

96) DUFOUR, Recueil des actes de Louis VI n° 127. MÉTAIS, Cartulaire de Josaphat 1, S. 2 n° 2.

97) Urkunde des Erzbischofs ebd. 1, S. 304 n° 258. Erwähnung der päpstlichen Bestätigung ebd. 1, S. 295 und bei RAMACKERS, Papsturkunden in Frankreich, N. F. 6, S. 33 Anm. 6.

98) Zu ihm siehe generell MATHOREZ, Guillaume aux Blanches Mains S. 187–340.

99) Es kommen auch Schenkungen an die *presbiteri* und Vikare ohne die Matrikulare vor (S. 351, Eintrag vom 14. Januar; S. 354, Eintrag vom 16. August), an die Vikare allein in einem Nachtrag aus dem 14. Jh. (S. 351, Eintrag vom 3. Februar), auch an die Presbiter allein (S. 352, Eintrag vom 13. März), aber am häufigsten waren die Zuwendungen an alle drei Gruppen, während Stiftungen nur an die Matrikulare überhaupt nicht vorkommen.

deutet[100]. Diese Deutung liegt nahe, wenn man daran denkt, daß das Seelgerät Wilhelms von Tyrus ausgelöst wurde durch einen Studienaufenthalt in Chartres. Aber ich frage mich, ob ein kleines, nicht sehr reiches Stift wirklich eine proportional so namhafte Zahl von Studenten unterhielt, daß es sich lohnte, sie als eigene Gruppe der Stiftsangehörigen aufzuzählen. Eher, so will mir scheinen, sind es Arme, die vom Stift unterhalten wurden und dafür Dienste leisteten. Das ist jedenfalls die überwiegende Bedeutung von *matricularius* im Mittelalter. Sie hießen so, weil sie in einer Liste verzeichnet waren, mindestens ursprünglich[101]. Die in der Zweckbestimmung verzeichneten Presbyter waren natürlich die Säkularkanoniker selbst, und zwar die in Chartres residierenden, denn für unsere Zwecke bilden die *vicarii* die wichtigste Gruppe, unter denen man sich nichts anderes vorstellen kann als Vikare von Weltgeistlichen, die in eine Pfründe in Saint-Maurice eingewiesen worden waren, theoretisch dort also ein Kanonikat hatten, ohne indessen in Chartres zu residieren, wo ihre Pflichten von Vikaren erfüllt werden mußten, wie sie schon damals häufig waren. Es ist klar, daß diese, schon für die Zwecke der Stiftsleitung, von den residierenden Vollkanonikern zu unterscheiden waren, die sich von den Vikaren natürlich nicht hineinreden lassen wollten.

Es gab also in Saint-Maurice de Chartres eine Gruppe residierender Kanoniker mit Priesterweihe (*presbiteri*), wie sie notwendig waren zur Erfüllung der zweiten Rolle von St.-Maurice als Pfarrkirche. Es gab ferner eine Gruppe nicht residierender Kanoniker, die sich in Chartres durch Vikare vertreten lassen mußten, denen sie wohl aus ihrer Pfründe ein Salär schuldig waren; der Rest gehörte ihnen als Einkommen. Und es gab schließlich die *matricularii*, d.h. arme Laien, die vom Kapitel unterhalten wurden und diesem dafür Dienste leisteten wie Glocken läuten, Kerzen anzünden und ähnliches.

Nicht nur Individuen, sondern auch fremde Korporationen partizipierten an den Pfründen, das Kloster Josaphat vor Chartres aus der Schenkung des Erzbischofs von Sens an denen der ersten und zweiten Kategorie, denn in

---

100) HIESTAND, Wilhelm von Tyrus S. 352.

101) Im Nekrolog von St.-Maurice (S. 353) hinterließ ein Theobald, *sacerdos Sancti Mauricii*, dem Stift ein Haus mit der Maßgabe, daß daraus seinen beiden *compresbiteri* an seinem Todestage von seinem Nachfolger in der Pfründe 2 Solidi zu zahlen waren *et matriculario VI den. pro campanis pulsandis et candelis accendendis*. Das deutet darauf hin, daß dieser *matricularius* ein armer Lohndiener war. Allerdings waren weitere 6 Denare zu zahlen *pauperibus etiam clericis, qui eidem anniversario intererunt*. In dieser Gruppe sind eher Studenten zu sehen, aber sie kommt im Nekrolog nur hier vor. Auch ergibt sich aus dem Eintrag, daß von den neun oder zehn Pfründen lediglich drei von residierenden Kanonikern (*presbiteri*) besetzt waren.

beiderlei Pfründen konnte man faktisch erst einrücken, wenn Josaphat die Erträge des ersten Jahres erhalten hatte. Es gab vielleicht auch Kanonikate in St.-Maurice, die permanent im Besitz auswärtiger geistlicher Korporationen waren. Auch das müßte den Bischof Wilhelm von Chartres aus dem Hause der Grafen von Champagne heimatlich angemutet haben. Als Wilhelms Bruder, Graf Heinrich I. von Champagne, 1179 im Hl. Land war, gründete er ein Priorat der Kathedrale von Hebron in Troyes, das dort lange bestand (RRH n° 578). Der erste oder einer der ersten Vertreter Hebrons in Troyes war Kapellan der Gräfin Marie de France, der Gemahlin Heinrichs I., und hatte 1186 eine Pfründe in dem gräflichen Hausstift St.-Etienne de Troyes, die nach seinem Tode auf Dauer dem Kapitel von Hebron gehören sollte. Im gleichen Jahr hatten dort die Leprosen Des-deux-Eaux in Troyes als Korporation zwei Kanonikate inne, und die Gräfin mußte versprechen, dieses System nicht weiter auszubauen, denn natürlich erregte es Widerstand in St.-Etienne, das nicht nur Einkommen an andere Korporationen verlor, sondern auch mitansehen mußte, daß solche Pfründen bei eintretenden Vakanzen von außen besetzt wurden[102]. Vom Hl. Land aus wies der Graf Heinrich II. von Champagne 1196 dem Hôtel-Dieu in Provins die erste freiwerdende Pfründe in seiner Pfalzkapelle in Provins zu[103].

Das alles läßt die Frage zu, ob nicht auch der im Nekrolog von St.-Maurice de Chartres verewigte Erzbischof Wilhelm von Tyrus ein Kanonikat ohne Residenzpflicht in Saint-Maurice innehatte. Es wäre doch denkbar, daß Wilhelm von Champagne, Bischof von Chartres und Erzbischof von Sens (1164-1176), ihn in dieser Weise begünstigt hätte, da er nachweislich 1173 das Kloster Josaphat dort ausstattete. In dieser Zeit müßte auch Wilhelm von Tyrus ein solches Kanonikat verliehen worden sein, wenn es denn von Wilhelm Weißhand kam. Der Winter 1169/1170, als Wilhelm in Europa war und von seinem tyrensischen Erzbischof verfolgt wurde (siehe oben S. 182-184), wäre ein guter Zeitpunkt gewesen, da es jetzt, wo das Stift gerade den Vidames von Chartres entrissen worden war, am ehesten vakante Pfründen dort zu verleihen gab. Aber natürlich käme auch eine andere Europareise Wilhelms von Tyrus in Betracht, etwa 1175/1176, wo ich eine solche Reise für möglich halte, auch wenn sie nicht bezeugt ist (siehe unten S. 226-228), oder – wenn man die Pfründenverleihung erst nach 1176 ansetzen will, also einem der Nachfolger von Wilhelm Weißhand zuschreibt –

---

102) D'ARBOIS DE JUBAINVILLE, Histoire de Champagne 3, S. 386 n° 344 f. Eben wegen dieses Widerstandes besorgten sich die Leprosen für die Verleihung von 1186, die ja die letzte sein sollte, eine Bestätigung durch den Dekan von St.-Etienne; (HARMAND), Notice historique S. 532 f.
103) Ebd. 3, S. 403 n° 441.

1178/1179, als Wilhelm von Tyrus zum Dritten Laterankonzil reiste. Aber zu beiden Zeitpunkten war Wilhelm schon Erzbischof von Tyrus, und als solcher wird er sich kaum noch um ein Kanonikat in Chartres bemüht haben, jedenfalls dann nicht, wenn es nur ihm auf Lebenszeit und nicht auch seinen Nachfolgern dienen sollte. Es muß ja im übrigen eine solche Einweisung nicht unmittelbar wirksam geworden sein, es könnte sich auch um eine Expektanz gehandelt haben. Im Zusammenhang mit einer solchen Ernennung hätte Wilhelm von Tyrus dann seine Seelgerätstiftung gemacht.

Denkt man an 1169, so braucht man nicht einmal eine Reise Wilhelms von Tyrus nach Chartres oder Sens anzunehmen, obwohl sie natürlich gut möglich ist. Er traf nämlich den Erzbischof Wilhelm Weißhand von Sens auch an der Kurie des Papstes. Damals schwebten ja diffizile Verhandlungen zwischen Heinrich II. von England und Erzbischof Thomas Becket von Canterbury zur Beilegung des Konflikts zwischen den beiden. Unter anderen verhandelten darüber zwei päpstliche Nuntien Gratian und Vivian mit dem englischen König im August 1169 in Domfront[104]. Die Legaten blieben dem König ständig auf den Fersen, in Domfront, in Bayeux, in Bures und schließlich in Rouen, wo die Verhandlungen im September 1169 endgültig zusammenbrachen. Vivian verhandelte weiter, aber Gratian hatte genug und ging an die Kurie zurück, aber nicht allein, sondern mit ihm reiste Wilhelm Weißhand, der Erzbischof von Sens, ein steter Protektor Beckets[105]. Das wird zu einem Treffen Wilhelms von Tyrus, der im Herbst 1169 an die Kurie reiste, mit Weißhand beim Papst geführt haben, und wenn Wilhelm von Tyrus unrechtmäßigerweise Chorherr in Nazareth war, so könnte Weißhand hier mit der Offerte eines ersatzweisen Säkularkanonikats in St.-Maurice de Chartres, das seit 1168 zu seiner Disposition stand, mitvermittelt haben.

In dem Maße, in dem er sich eine Reputation als Chronist und Literat schuf, mußte das Interesse des Erzbischofs Wilhelm Weißhand von Sens an ihm wachsen, denn dieser war zeit seines Lebens einer der bedeutendsten Mäzene der Intellektuellen in Frankreich. Williams hat dies untersucht und eine lange Liste von Theologen, Dichtern und Kirchenrechtlern zusammen-

---

104) TILLMANN, Legaten S. 64–67; KNOWLES, Thomas Becket S. 123 f.; POLOCK, Magister Vivianus S. 267 f.

105) Wilhelm von Canterbury, Vita s. Thomae S. 76; Johann von Salisbury, Vita s. Thomae S. 315; Brief Beckets an Weißhand, Materials for the History of Thomas Becket 7, S. 161 n° 606. Weißhand war ja seit 1169 selbst Legat. Der ältere Peter von Blois schreibt, er sei mit päpstlichen Legaten von Rom nach Bologna zurückgereist; MIGNE, PL 207, Sp. 81. COHN, Manuscript Evidence S. 59 f. hat dies auf eine gemeinsame Reise Peters mit Weißhand bezogen, als dieser nach Frankreich zurückkehrte.

getragen, die von Weißhand gefördert wurden, in seiner Kurie dienten oder mit ihm korrespondierten[106]. Illustre Namen sind darunter: Walter von Châtillon, Peter von Poitiers, Peter Comestor, Stephan von Tournai, der nicht weniger als 50 seiner Briefe an Wilhelm Weißhand richtete, der pisanische Magister Melior, Magister Lombardus von Piacenza, Peter von Pavia, Johann von Salisbury, Gervasius von Tilbury, Herbert von Bosham, die beiden Peter von Blois, Peter von Celle, Peter Cantor und andere mehr. Überwiegend stammen die Kontakte aus seiner Zeit als Erzbischof von Reims, als er auch in der französischen Politik ein großmächtiger Mann war, Regent des Reichs während der Abwesenheit des Königs Philipp II. Augustus auf dem Kreuzzug, ständiger päpstlicher Legat seit 1169, Kardinalpriester von S. Sabina seit 1179, aber es sind auch genügend Beziehungen aus seiner Zeit als Erzbischof von Sens bezeugt. Eine Fördermaßnahme zugunsten von Wilhelm von Tyrus hätte gut zu Wilhelm Weißhand gepaßt und ihn gleichzeitig als einen Förderer der Kirche des Ostens erwiesen.

Ich will die Spekulation nicht weiter treiben, als ich ohnehin muß, muß aber der Vollständigkeit halber darauf aufmerksam machen, daß sich in der Hs. 549 der Stadtbibliothek Brügge, einer Sammlung von Dictamina, ein undeutlicher Hinweis darauf findet, daß Weißhand im April 1166 einen Kanzler namens Wilhelm hatte. Es findet sich dort fol. 25ʳ das Formular einer Schenkungsurkunde, von der Incipit und Explicit gedruckt worden sind[107]:

In nomine domini nostri Iesu Christi amen. Ego Reginaldus de Domno Martino ecclesie beate Marie Carnotensis ...

Actum est hoc anno incarnati verbi M ⁰C ⁰LX ⁰VI ⁰, A(lexandro) papa presidente, rege Lodoyco regnante, Guilelmi Carnotensis ecclesie cathedram insidente.

Subscripsi ego Willelmus cancellarius episcopi. Vel subscripsi ego Y ad vicem cancellarii, si non fuerit cancellarius.

Data Carnoto IIII ⁰ idus aprilis.

Es ist natürlich nicht sicher, aber doch immerhin möglich, daß das Formular nach einer echten Urkunde aufgesetzt wurde. Wer an die echte Vorlage glaubt, mag hier also eine Tätigkeit Wilhelms von Tyrus als Kanzler Bischof Weißhands von Chartres sehen, und zwar unmittelbar vor seiner Rückkehr ins Hl. Land. Ich persönlich glaube nicht daran, mir ist die Quelle zu unsicher, und selbst wenn echt, kann es sich natürlich um einen beliebigen Kanzler Wilhelm von Chartres gehandelt haben.

---

106) WILLIAMS, William of the White Hands, passim. MATHOREZ, Guillaume aux Blanches Mains S. 330–334.

107) LAUDE, Catalogue S. 494 n° 549.

Nun würde der Wilhelm von Tyrus betreffende Eintrag im Nekrolog von St.-Maurice, das Mäzenatentum des Wilhelm Weißhand sowie die durch die Urkunde von 1173 feststehende Tatsache, daß Weißhand das Vermögen von St.-Maurice de Chartres nach außen gab, hier an Josaphat, statt es zugunsten des Stifts zu mehren oder mindestens zusammenzuhalten, noch nicht genügen, um Wilhelm von Tyrus dort ein Kanonikat zuzuschreiben. Das alles zeigt lediglich, daß eine solche Vermutung nicht a priori abwegig ist. Aber 61 Jahre nach dem Tode Wilhelms von Tyrus hören wir nochmals von einem Kanonikat eines Erzbischofs von Tyrus in Saint-Maurice de Chartres. Damals, am 11. Juli 1247, schrieb der Papst Innocenz IV. dem Magister Alberich, dem Rektor der Kirche von Béville-le-Comte, Dept. Eure-et-Loire, arrond. Chartres, cant. Auneau, er habe schon vor langer Zeit dem Bischof von Chartres aufgetragen, dafür zu sorgen, daß Alberich ein Kanonikat in St.-Maurice de Chartres erhalte. Da der Bischof den Auftrag ignoriert habe, habe er die Sache durch einen Exekutor erledigt. Dieser habe Alberich ein Kanonikat in St.-Maurice übertragen (*tibi stallum in choro et locum in capitulo assignando ... et tandem vacantem tibi prebendam, quam venerabilis frater noster .. archiepiscopus Tyrensis in ecclesia ipsa obtinuit, que tibi debebatur de iure, ... assignavit ac te in ipsius possessionem induxit*). Weil es über der Sache zwischen Alberich und einigen ungenannten anderen zum Streit gekommen sei, bestätige er hiermit Alberichs Rechte[108].

Rudolf Hiestand macht mich darauf aufmerksam, daß diese Sache wahrscheinlich im Zusammenhang steht mit Auseinandersetzungen im Mai 1244 nach der Wahl des Archidiakons Heinrich von Blois zum Bischof von Chartres[109]. Die Wahl war umstritten. Der größte Teil des Kapitels verlangte durch zwei nach Rom geschickte Kanoniker die Bestätigung der Wahl, die der Papst jetzt auch vornahm. Aber zwei Leute opponierten, der Archidiakon Heinrich von Chartres und der Kathedralkanoniker Alberich. Sie verlangten, die Wahl zu kassieren. Einmal seien ihre Rechte bei der Wahl ignoriert worden[110]. Überdies seien der Elekt und mehrere Mitglieder des Kapitels wegen diverser rechtswidriger Pfründenentscheidungen zweimal von verschiedenen geistlichen Autoritäten exkommuniziert worden. Die Prokuratoren des Elekten trugen in Rom vor, die beiden Beschwerdeführer seien bei der Wahl keineswegs übergangen worden, sondern hätten, weil sie selbst exkommuniziert gewesen seien, daran überhaupt nicht teilnehmen dürfen. Auch seien die beiden erwähnten Exkommunikationssentenzen kein Wahl-

---

108) Reg. Vat. 21 fol. 440ᵛ; BERGER, Registres d'Innocent IV n° 3071.
109) Ebd. n° 703. 704. Ich danke Herrn Kollegen Hiestand auch hier für diesen Hinweis.
110) Soweit ich die Sache verstehe, waren sie überhaupt nicht beteiligt worden.

hindernis gewesen, weil hier nämlich Appellationen an den Heiligen Stuhl noch schwebten. Der Papst konnte den Archidiakon von Chartres dazu bewegen, auf die Einrede des falschen Wahlmodus zu verzichten, auch im Namen Alberichs. Er unterwarf sich ansonsten dem päpstlichen Schiedsspruch. Das machte den Weg für den Papst frei. Er hob die wechselseitigen Exkommunikationen auf, was die zweite Einrede beseitigte, und bestätigte die Wahl des Archidiakons Heinrich von Blois zum Bischof von Chartres.

Ein Hauptstreitpunkt war die zur Kirche von Chartres gehörende Propstei von Ingré, Dept. Loiret, arrond. Orléans, cant. Ingré gewesen sowie vier Pfründen an der Kathedrale von Chartres. Die Propstei hatte der Bischof Alberich von Chartres (1236–1243) eben jenem Kathedralkanoniker Alberich verliehen, der in Rom mit dem Archidiakon Heinrich gemeinsame Sache gegen die Wahl des neuen Bischofs Heinrich machte. Die vier strittigen Pfründen im Kathedralkapitel hatten einst einem Dekan von Chartres, einem Thesaurar von Sens, einem Magister Peter von Blois und einem Archidiakon von Mâcon gehört. Der Bischof Alberich hatte sie dann verliehen an die Magister Dionysius, Hugo und Wilhelm von Spallard und den Priester Petrus. Der Elekt Heinrich aber hatte die vier Pfründen zum Nachteil des genannten Quartetts anderen gegeben, deren Namen der Papst gar nicht erst aufführte. Dasselbe war mit der Propstei von Ingré geschehen. Alberich hatte sie entweder nicht bekommen oder sie war ihm entzogen worden.

Man sieht, daß es bei dem Protest gegen die Wahl Heinrichs zum Bischof von Chartres überhaupt nicht um die Idoneität des Gewählten ging oder um die Beachtung eines ordnungsgemäßen Wahlverfahrens, sondern ausschließlich um diesen und einen anderen, hier nicht interessierenden Pfründenstreit. Alberich war selbst 1244 in Rom nicht anwesend, sondern ließ sich durch den Archidiakon Heinrich von Chartres mitvertreten, und dieser muß die Stellung geräumt haben, nachdem der Papst ihm offenkundig Zusicherungen hinsichtlich dieses Streits gemacht hatte. Jedenfalls entschied ihn der Papst am selben Tage, als er den Elekten von Chartres in seinem Bischofsamt bestätigte, im Sinne der Beschwerdeführer. Die entgegen den Verleihungen des Bischofs Alberich vorgenommenen Pfründeneinweisungen durch den Elekten und das Kapitel wurden kassiert, und das Kapitel wurde angewiesen, die beiden Magister sowie Wilhelm und Petrus in die strittigen Kanonikate einzusetzen und ebenso Alberich mittels Korporalinvestitur in den Besitz der Propstei von Ingré einzuweisen, *amotis quibuslibet detentoribus.*

Der Archidiakon von Etampes wurde zum Exekutor des päpstlichen Pfründenurteils von 1244 ernannt. Er dürfte wenig Vergnügen an dem Auftrag gehabt haben, denn anscheinend erwies es sich in der üblichen Weise vor Ort als schwierig, die *detentores* aus ihren Pfründen zu verjagen, und von dem neuen Bischof Heinrich, den die Sache fast die Wahl gekostet hätte, war natürlich keine Hilfe zu erwarten. Wie es mit den vier Kanonikaten ging, steht hier nicht zur Diskussion. Im Falle der Propstei von Ingré scheint der Exekutor machtlos gewesen zu sein und außerstande, Alberich einzuweisen. Immerhin sieht es so aus, als habe er einen Kompromiß zuwege gebracht, der dem Alberich, der bereits unbestritten Kanoniker an der Kathedralkirche von Chartres war, zwar nicht die Propstei Ingré, wohl aber die Kirche von Béville-le-Comte brachte, als deren Rektor er 1247 erscheint. Da dies vermutlich weniger wert war als die Propstei, muß der Papst zusätzlich verfügt haben, Alberich ein (zweites) Kanonikat in St.-Maurice de Chartres zu geben. Ob es öfters zu solchen Pfründenkumulationen von Domkirche und St.-Maurice kam, stehe dahin, aber immerhin stifteten sich ausweislich des Nekrologs von St.-Maurice dort drei Kanoniker der Domkirche sowie deren Sakristan Jahresgedächtnisse[111].

Der Papst hatte auch hier später einen Exekutor eingesetzt, als Bischof Heinrich die Ausführung des päpstlichen Befehls ignorierte, und dieser gab, wie wir hörten, dem Alberich in St.-Maurice jenes Kanonikat, das der Erzbischof von Tyrus dort gehabt hatte. Der weitere Streit um diese Pfründe wird in dem Regest in der Registeredition von Berger nur erwähnt. Die Urkunde selbst (Reg. Vat. 21 fol. 440ᵛ) schildert ihn eingehender. Er betrifft die Zeit zwischen 1244 und 1247. Als Alberich von dem Exekutor die Pfründe des Erzbischofs von Tyrus erhalten hatte, stellte sich alsbald heraus, daß bereits ein anderer sie aufgrund einer päpstlichen Einweisung besaß, und zwar Erard, Kanoniker von Saint-Malo, ein Neffe des Kardinalpriesters Petrus von S. Marcello. Dieser war nicht etwa identisch mit dem bekannten Kreuzzugslegaten Peter Capuanus, der 1200–1214 diese kardinalizische Position bekleidet hatte, aber als Amalfitaner sicherlich keinen Neffen in Saint-Malo hatte, zumal ein Erard in seiner zahlreichen Verwandtschaft nicht bekannt ist[112]. Vielmehr handelt es sich um den Franzosen Petrus de Barro, der 1244–1252 Kardinalpriester von S. Marcello war, dann noch zum Kardinalbischof aufrückte, aber noch 1252 starb[113]. Da Innocenz IV. selbst die Einweisung des Erard vorgenommen hatte (*conferre mandavimus*), Alberich aber erst danach vom Exekutor dieselbe Pfründe zugesprochen erhielt, muß Erard zwischen Juni 1243 (Pontifikatsbeginn Innocenz IV.), eher nach Mai 1244 (Kreierung des Petrus de Barro zum Kardinalpriester von S. Marcello) und

---

111) MOLINIER, Obituaires 2, S. 351, 353, 355, Einträge vom 23. Januar, 24. Februar, 8. April und 18. November.
112) Siehe den Stammbaum der Familie bei MALECZEK, Petrus Capuanus, nach S. 318.
113) MAUBACH, Kardinäle S. 18 f.

Juli 1247 (Datum von BERGER, Registres d'Innocent IV n° 3071) die Pfründe des Erzbischofs von Tyrus erhalten haben.

Alberich hätte nunmehr Anspruch auf die nächste freiwerdende Pfründe in St.-Maurice de Chartres gehabt. Aber als eine solche durch den Tod eines anderweitig nicht nachweisbaren Magister Martinus Parisiensis vakant wurde, wies der Bischof nicht Alberich, sondern seinen Kleriker Petrus de Bonella ein. Der Exekutor entfernte Petrus und gab die Pfründe an Alberich. Petrus legte Berufung an den Papst ein, der die Sache delegierten Richtern übertrug, gegen deren Spruch wiederum Alberich Rekurs an die Kurie unternahm. In seiner Apellation ging Alberich auf die Pfründe des Petrus de Bonella gar nicht mehr ein, sondern verlangte gleich die des Erzbischofs von Tyrus, auf der aber Erard saß. Der Papst war in seinen eigenen widersprüchlichen Mandaten gefangen, wollte aber natürlich den Nepoten eines ihm treu ergebenen Kardinals nicht aus einer Pfründe jagen, die er ihm selbst verliehen hatte. So rettete er sich in die Entscheidung, Alberich eine Pfründe in St.-Maurice zuzuweisen, die dem Vernehmen nach erst nach der Einweisung des Erard in St.-Maurice vakant geworden war, ohne diese jedoch irgendwie zu definieren. Wir wissen also nicht einmal, ob es die Pfründe war, die durch den Tod des Martinus Parisiensis vakant geworden war, oder eine andere, ja ob in Saint-Maurice überhaupt eine disponible Pfründe für Alberich wirklich existierte oder diese nicht vielmehr ein lyonnaisisches Luftschloß eines in die Enge getriebenen Papstes war. Als Fazit bleibt für unsere Zwecke, daß ein Erzbischof von Tyrus 1244 unmittelbar vor Erard, dem Nepoten des Kardinalpriesters Petrus de Barro, eine Pfründe in St.-Maurice de Chartres hatte. Nicht besagt die Urkunde dagegen, daß er der erste Erzbischof von Tyrus war, der sie innehatte.

Soweit stehen die Fakten fest. Was aber bedeutet es, wenn der Erzbischof von Tyrus – ein Name wird nicht genannt – ein Kanonikat in St.-Maurice hatte? Drei Lösungen sind möglich. Die eine ist, daß ein bestimmtes Individuum, das später Erzbischof von Tyrus wurde, zuvor Kanoniker von St.-Maurice war, diese Pfründe aber dann vakant wurde, als ihr Inhaber zum Erzbischof erhoben wurde. Einen solchen analogen Fall kennen wir 1252 in Genua[114]. Hier hatte der damals amtierende *venerabilis frater noster . . archiepiscopus Tyrensis ante promotionem suam* in der Kirche S. Maria delle Vigne in Genua eine Pfründe gehabt. Es handelt sich um Nikolaus Leccirius oder Lercat, der ein Verwandter des ja auch aus Genua stammenden Papstes Innocenz IV. war[115]. Er begann seine Laufbahn als Kapellan des Kardinals

---

114) BERGER, Registres d'Innocent IV n° 5824.
115) Zu ihm siehe ANTWEILER, Bistum Tripolis S. 140, 211 f., 268, 355.

Sinibald Fieschi, später Papst Innocenz IV., 1243 war er bei Innocenz IV. Kämmerer und Propst von Genua. Schon 1235 war er Kanoniker in S. Maria delle Vigne[116] und behielt das Kanonikat bei, als er 1245 Kantor der Kirche von Tripolis wurde, ohne indessen anfänglich dort zu residieren. Erst als der Papst seinen Nepoten 1247/1250 zum Erzbischof von Tyrus erhob[117], gab er die Pfründe in Genua ab, um die es prompt zwischen drei Kanonikern von S. Maria delle Vigne zum Streit kam. Der zweite vom Papst mit der Erledigung der Sache Beauftragte erkannte die Pfründe dem Kanoniker Stephan zu. Zwar habe die Sache des Subdiakons Heinrich mehr das Recht für sich, aber es fehle ihm eben an der Priesterweihe. Dafür war er nämlich noch zu jung. Der Subdiakon appellierte an den Papst, er sei bereit, sich nach Erreichen der Altersgrenze zum Diakon und Priester weihen zu lassen. Der Papst entschied für ihn. Wenn er sich, sobald er das nötige Alter erreiche, zum Priester weihen lasse, sei ihm in S. Maria delle Vigne ein Kanonikat anzuweisen, wenn eines vakant sei oder sobald eines vakant werde.

Jedenfalls hat Nikolaus Lercat sein genuesisches Kanonikat aufgegeben, als er Erzbischof von Tyrus wurde, als der er 1253 starb[118]. Wendet man dies auf die Pfründe eines Erzbischofs von Tyrus in St.-Maurice de Chartres an, so müßte, weil sie zwischen 1244 und 1247 zur Disposition für Erard und Alberich, den Rektor von Béville-le-Comte, gestanden hatte, per analogiam der letzte vor diesem Zeitraum erhobene Erzbischof von Tyrus der Inhaber dieses Kanonikats gewesen sein. Das müßte entweder Peter von Sargines (1235–1244) oder Nikolaus Lercat (1247/1250–1253) gewesen sein. Aber die Ausdrucksweise ist in den beiden verglichenen Fällen durchaus verschieden. Bei dem Genuesen Nikolaus Lercat schrieb der Papst von *prebenda, quam venerabilis frater noster . . archiepiscopus Tyrensis ante promotionem suam ... habuerat*, bei dem Kanonikat in St.-Maurice de Chartres hieß es *praebendam, quam venerabilis frater noster . . archiepiscopus Tyrensis in ecclesia ipsa obtinuit*.

Man sieht auch überhaupt nicht, weshalb Nikolaus Lercat, der in Genua reichlich bepfründet war[119], sich um eine Kanonikerstelle in dem kleinen und nicht sehr reichen Stift von St.-Maurice in Chartres bemüht haben sollte, denn Innocenz IV. hätte ihn auch stärker in Genua versorgen können, wenn Nikolaus dies gewollt hätte. Überhaupt sieht man nicht, wie die Erzbi-

---

116) AUVRAY, Registres de Grégoire IX n° 2491.

117) BERGER, Registres d'Innocent IV n° 5390 von Oktober 1250 als Elekt. Vgl. aber ebd. n° 2803. Dazu unten S. 208 Anm. 123.

118) Estoire de Eracles S. 441.

119) Er war ab 1243 Propst von Genua bis 1246 und vor 1250 Domschulmeister daselbst, alles zusätzlich zu seiner Pfründe in S. Maria delle Vigne.

schöfe von Tyrus an eine Pfründe in Chartres gekommen sein sollten, außer eben bei dem großen Wilhelm von Tyrus, der immerhin dort studiert hatte und als Literat sehr wohl das Interesse von Wilhelm Weißhand wecken mochte.

Vor dem Erzbischof Friedrich (1164–1174) kommt keiner der Erzbischöfe für ein Kanonikat in St.-Maurice in Betracht, weil es erst 1168 oder 1169 den Laien wieder abgejagt wurde. Aber Erzbischof Friedrich war aus dem Domkapitel in Lüttich hervorgegangen, stammte also von weit nördlich von Chartres. Von den Nachfolgern des Erzbischofs Wilhelm war Joscius ein Percheron aus der Gegend von Le Mans, zu weit westlich von Chartres für ein Kanonikat daselbst. Allerdings glaubt Rudolf Hiestand, wie er mir mitteilt, daß Joscius der Inhaber des Kanonikats in St.-Maurice de Chartres gewesen sei, nicht Wilhelm, und zwar möglicherweise im Zusammenhang mit der langen Mission des Joscius zur Kreuzpredigt in Europa. Damit wäre man natürlich näher an 1247 als mit Wilhelm von Tyrus, aber auch nicht sehr dicht, denn Joscius starb 1202. Zudem war kirchlich seine Familie in Frankreich auf Le Mans ausgerichtet (siehe unten S. 343), nicht auf Chartres, wo wir nicht einmal einen Aufenthalt von ihm nachweisen können. Dort in Le Mans eher als in Chartres hätte sich Joscius wohl ein Kanonikat beschafft. War Joscius nach meiner Meinung zu weit im Westen gebürtig, so stammte sein Nachfolger Erzbischof Clarembald zu weit aus dem Osten, denn er kam aus der Champagne, und zwar aus Broyes im Département Marne bei Epernay. Der nächste Erzbischof, Simon von Maugastel, war erneut ein Percheron. Von dem nur kurzfristig amtierenden Erzbischof Hugo von Tyrus[120] ist meines Wissens keine Herkunft bekannt.

Mit Peter von Sargines folgte 1235–1244 auf Hugo ein Mann, der aus Sergines im Département Yonne, arrondissement Sens stammte, was erneut weit östlich von Chartres liegt. In Sens hat er keine Karriere gemacht, aber als er sich eine suchte, reiste er in heutigen Begriffen von Sens nur eine einzige Souspréfecture nach Norden, denn vor seiner Erhebung zum Erzbischof von Tyrus war er Abt des Regularkanonikerstiftes von St.-Jacques de Provins, und der Papst untersagte dort am 16. Dezember 1235 eine Neuwahl, weil dem Apostolischen Stuhl die Provision zustehe[121]. Auch bei Erzbischof Peter, der 1244 in der Schlacht bei Gaza ums Leben kam[122], ist also nicht zu sehen, wie und warum er zu einer Pfründe in St.-Maurice de Chartres gekommen sein sollte, zumal es ein Säkularkanonikerstift war, bei

---

120) 1231–1232. Wohl auch 1233 in RRH n° 1043.

121) AUVRAY, Registres de Grégoire IX n° 2871.

122) Estoire de Eracles S. 430.

seinem Nachfolger Nikolaus Lercat aus Genua[123] erst recht nicht. Ebenso
wenig kann es sich bei dem 1247 genannten und in St.-Maurice de Chartres
bepfründeten Erzbischof von Tyrus um jenen literarisch und auch sonst
bedeutenden Magister Philipp gehandelt haben, dessen Herkunft nicht
bekannt ist, dessen Karriere ab 1238 aber von Antweiler detailliert geschildert worden ist[124]. Ein reines Zwischenspiel in seiner Laufbahn blieb es,
als er nach dem Tod des Petrus von Sargines zum Erzbischof von Tyrus gewählt wurde. Er vertrat seine Sache beim Papst persönlich, aber nach jahrelang verschleppten Verhandlungen resignierte Philipp im Oktober 1250 als
Elekt von Tyrus, gab alle seine Pfründen auf mit Ausnahme seiner Kanonikate in Tyrus und Sidon und wurde vom Papst zum Trost zusätzlich in die
Kantorei von Tripolis eingewiesen[125], was dem Papst den Weg freimachte,
nunmehr seinen Nepoten Nikolaus Lercat mit dem Erzbistum Tyrus zu
versehen. Wäre 1247 in der Pfründenentscheidung betreffend das früher von
dem *archiepiscopus Tyriensis* innegehabte Kanonikat in St.-Maurice de Chartres der Magister Philipp gemeint gewesen, so hätte man an der Kurie unter
allen Umständen ihn Elekt von Tyrus, nicht Erzbischof genannt. Überdies
hat er seine Pfründen erst 1250 resigniert, nicht schon zwischen 1244 und
1247. Alle weiteren Erzbischöfe von Tyrus sind zu spät, um 1247 gemeint
sein zu können, weil sie erst danach ins Amt kamen.

Sofern also nicht gegen meinen Kenntnisstand für den Erzbischof Hugo
Beziehungen zu Chartres nachgewiesen werden können, sehe ich keinen
Erzbischof von Tyrus außer dem Chronisten und Kanzler Wilhelm
(1175–1186), der eine Pfründe in Chartres besessen haben könnte. Er hatte
dort studiert, kannte die Stadt und ihre Kirchen und deren Personal. Er
machte eine Stiftung für St.-Maurice de Chartres als Seelgerät und kam so zu
dem von Hiestand gefundenen Eintrag im Nekrolog von St.-Maurice. Er war
ein Literat, der das Interesse von Bischof und Erzbischof Wilhelm Weißhand
wecken mußte, wenn die Pfründenverleihung auf diesen zurückging.

Aber der Einwand liegt auf der Hand: Wenn Erzbischof Wilhelm eine
Pfründe in St.-Maurice ad personam erhielt, so wurde sie bei seinem Tode

---

123) 1247/1250–1253. Im Oktober 1250 erscheint er als Elekt von Tyrus (BERGER,
Registres d'Innocent IV n° 5390), muß aber schon der als Adressat von ebd. n° 2803
vom Juni 1247 genannte *archiepiscopus Tyrensis* sein, denn sein Gegenspieler Philipp
war 1247 in Europa (ANTWEILER, Bistum Tripolis S. 287–290) und kam daher für die
hier beschlossene Schlichtung eines Streites zwischen den Bischöfen von Beirut und
Sidon nicht in Betracht. In der Adresse des Registereintrages ist eine derartige Verkürzung des Adressaten von Elekt zu Erzbischof eher denkbar als im Context.
124) Ebd. S. 279–292.
125) BERGER, Registres d'Innocent IV n° 5390.

1186 vakant, und der Papst hätte von diesem Kanonikat kaum noch 61 Jahre später als von demjenigen gesprochen, das zuvor der Erzbischof von Tyrus besaß, denn längst wäre das Kanonikat in andere Hände übergegangen gewesen.

Anders liegt der Fall aber, wenn Wilhelm die Pfründe nicht an sich als Person, sondern an die Erzbischöfe von Tyrus schlechthin verleihen ließ. Dann war sie ihm möglicherweise erst nach 1175 verliehen worden, als er zum Erzbischof aufrückte, gehörte ihm auf Lebenszeit und nach ihm seinen Nachfolgern. Das hätte immerhin den Vorteil gehabt, daß er mit einer solchen – juristisch eleganten – Lösung das alte Verbot der Pfründenkumulation umschifft hätte, welches unter anderem auch in can. 13 des Lateranum III[126] festgehalten war, dessen Beschlüsse er 1179 selber redigierte. Nicht er hätte als tyrensischer Erzbischof noch eine Pfründe in Chartres gehabt, sondern die Kirche von Tyrus generell als dauernden Besitz und als Einkommen des jeweiligen Erzbischofs[127]. Mindestens dem Bischof und Erzbischof Wilhelm Weißhand aus dem Grafenhause der Champagne wäre es nicht merkwürdig vorgekommen, daß eine Korporation, nämlich die Kirche von Tyrus, als solche ein Kanonikat in St.-Maurice de Chartres besessen hätte, er war derlei aus der Champagne gewöhnt (siehe oben S. 199). Man mag auch erwägen, daß Wilhelm von Tyrus ein Kanonikat in Chartres vor 1175 ad personam erhielt, es nach seinem Aufstieg zum Erzbischof aber umwandeln ließ in eine Dauerpfründe aller tyrensischen Erzbischöfe.

Sensu stricto ist es nicht nachgewiesen, daß Wilhelm von Tyrus nichtresidierender Säkularkanoniker in St.-Maurice war. Rudolf Hiestand, mit dem ich ein sehr förderliches Gespräch über den Casus hatte, mag – stets vorsichtiger als ich – jedenfalls an ein institutionelles Kanonikat der Erzbischöfe von Tyrus in St.-Maurice nicht glauben und hat deshalb die Papsturkunde von 1247, die er schon wesentlich länger kennt als ich, nicht verwendet. Vielmehr glaubt er an ein persönliches Kanonikat des Erzbischofs Joscius von Tyrus. Mir scheint dagegen die Annahme eines Kanonikats Wilhelms von Tyrus, ad personam oder institutionell für ihn und seine

---

126) MANSI, Concilia 22, Sp. 225.

127) Ein mutatis mutandis vergleichbarer, freilich kirchenrechtlich einwandfreier Fall liegt vor in RRH n° 737, wo der König von Zypern dem Erzbischof Joscius von Tyrus ein Dorf auf Zypern verlieh, das nach seinem Tod an des Joscius Neffen Simon und nach dessen Tod an die Kirche von Tyrus fallen sollte. Da es sich hier nicht um eine kirchliche Pfründe handelte, war dagegen nichts einzuwenden, allerdings wurde die Kirche von Tyrus von Simon geprellt, als er – inzwischen selbst Erzbischof von Tyrus – das Casale an den Erzbischof von Nikosia verkaufte; RRH n° 944.

Nachfolger, besser als die Annahme, ein späterer Erzbischof von Tyrus als Wilhelm habe hier bis zu seiner Erhebung ein Kanonikat besessen, denn dann müßte man erklären, warum nicht dieser, sondern Wilhelm ein Seelgerät in St.-Maurice stiftete. Jedenfalls möchte ich an der Möglichkeit eines chartrensischen Kanonikats Wilhelms von Tyrus solange festhalten, bis man mir zwischen den Erzbischöfen Friedrich und Nikolaus Lercat noch für einen anderen Amtsinhaber Beziehungen zu Chartres nachweist. Ich habe mich um diesen Nachweis ohne Erfolg bemüht, was freilich nichts heißen will. In einer Biographie Wilhelms von Tyrus darf ich aber die Möglichkeit, daß er zeitweise Chorherr in Nazareth war und später Säkularkanoniker in St.-Maurice de Chartres, nicht übergehen. Mit den gemachten Vorbehalten stelle ich die Theorie vor die Leser hin und bitte lediglich um Nachsicht, daß angesichts der dürftigen Quellenlage so ausführliche Erörterungen nötig waren.

5. Wilhelm als Kanzler, die zweite Kanzleikrise von 1176–1177 und der Vizekanzler Petrus

Wilhelms große Stunde kam am Ende des Jahres 1174, nachdem der König im Juli der Ruhr erlegen war und im Oktober der selbsternannte Regent Milo von Plancy ermordet worden war, so daß man zu einer verfassungsmäßigen Regierung zurückkehren konnte, freilich jetzt mit einem neuen König Balduin IV., der die Lepra hatte. Da er noch minderjährig war, brauchte er bis zur Erreichung der Volljährigkeit mit 15 etwa Mitte 1176[128] einen Regenten. Nachdem ein erster Anlauf des Ende 1173 oder Anfang 1174 aus einem Jahrzehnt muslimischer Gefangenschaft freigekommenen Grafen Raimund III. von Tripolis, auch Fürst von Galilaea im Königreich Jerusalem, die Regentschaft zu erlangen, von Milo von Plancy vereitelt worden war, glückte die Sache nach Milos Tod im Dezember 1174[129]. Am 13. Dezember 1174 taucht Wilhelm von Tyrus nach einer Pause von etwas mehr als vier Jahren wieder auf in der Kanzleizeile von D. RRH

---

128) Im Juli 1174 war Balduin IV. *vix ... annorum tredecim*, wurde also Mitte 1176 fünfzehn Jahre alt, was in Jerusalem die venia aetatis für Männer bedeutete. Wilhelm von Tyrus, Chronicon XXI. 2, S. 962. Livre de Jean d'Ibelin c. 169, RHC. Lois 1, S. 259. Im August 1176 jedenfalls hatte Raimunds Regentschaft geendet, denn er war damals nicht im Reich, sondern stieß von der Grafschaft Tripolis aus kommend zum königlichen Heer; Wilhelm von Tyrus, Chronicon XXI. 10 (11), S. 975 f.
129) Wilhelm von Tyrus, Chronicon XXI. 3. 5, S. 963 f., 965 f. und unten Bd. 2, S. 203.

n° 518, als Kanzler des Königs und als Inhaber der beiden Archidiakonate von Tyrus und Nazareth. Diese gab er also bei der Ernennung zum Kanzler nicht auf, muß dort aber im folgenden Jahr abdiziert haben, als er auch noch Erzbischof von Tyrus wurde.

Er selbst berichtet uns seine Ernennung[130]: *Per idem tempus, quia precedente estate dominus Radulfus bone memorie Bethleemita episcopus, regni cancellarius, ex hac luce migraverat, ut esset qui regiarum epistolarum curam haberet, de consilio principum suorum nos ad predictum vocavit officium et cancellarii nobis tradidit dignitatem.* Auch wenn man den königlichen Formalakt nur aus dem Possessivpronomen *de consilio principum suorum* entnehmen kann, womit ja nicht etwa die Barone des Regenten Raimund gemeint sein können, ist doch klar, daß hier der König die Ernennung aussprach. Wer dabei aber wirklich die Fäden zog, ergibt sich unschwer aus dem Umstand, daß die Nachricht am Ende eines Kapitels angehängt wird, das ansonsten nur die große Beschreibung Raimunds enthält. Ohne Zweifel war der Kanzler Wilhelm der Kandidat Raimunds und de facto Raimunds Ernennung[131].

Hiestand hat eine Liste der Unterfertigungen der Diplome jener Zeit vorgelegt[132], aus denen man auf schwerwiegende Ereignisse in der Kanzlei schließen kann. Ich lasse sie hier nochmals folgen, beginnend etwas früher, nämlich mit dem letzten Diplom, das noch der Kanzler Radulf von Bethlehem unterfertigt hatte, und auch angereichert um Stücke, die in Hiestands Liste nicht enthalten waren[133].

---

130) Wilhelm von Tyrus, Chronicon XXI. 5, S. 967.

131) So auch HIESTAND, Wilhelm von Tyrus S. 355. EDBURY und ROWE, William of Tyre S. 18 mit Anm. 19 schreiben Raimund auch de iure die Ernennung zu: „Raymond 'with the advice of his *principes*' appointed William to the office of chancellor", aber das Richtige hat sicher Hiestand getroffen, der hier eine königliche Ernennung sieht, bei der die Zustimmung der *principes* in der Praxis auf diejenige eines einzigen, eben Raimunds, geschrumpft war.

132) HIESTAND, Wilhelm von Tyrus S. 356.

133) In der folgenden Liste bedeutet „Inv. Manosque" das Inventar des Johanniterarchivs aus dem Jahre 1531, als es in Manosque lagerte (Departementalarchiv Marseille 56 H 68). „Keine Angabe" bedeutet, daß von dem betreffenden Diplom nur ein Regest vorliegt, das zur Unterfertigung keinerlei Angaben macht, obwohl das verlorene Diplom wahrscheinlich eine hatte, denn nur in dem Sonderfall D. RRH n° 516 ist der Text, hier sogar das Original, zwar erhalten, weist aber keine Unterfertigung auf; siehe dazu unten Bd. 2, S. 257. Soweit sich der chronologische Ansatz aus den Stücken nicht von selbst ergibt, ist er unten im Exkurs I begründet. Nicht in die Liste habe ich aufgenommen zwei Stücke: D. RRH n° 539a gehört zu Mitte 1176 bis Dezember 1178 (siehe unten Bd. 2, Exkurs I, S. 874), so daß das Stück für die Untersuchung der

1174 April 18	D. RRH n° 514	Kanzler Radulf von Bethlehem
1174 Juni	D. RRH n° 516	keine Unterfertigung
(verhandelt,		(Gerichtsurkunde)
Beurkundung		
nach Juli 11)		
1174 Juli 3	D. RRH n° 517	Vizekanzler Petrus
1174	D. RRH n° 517a	keine Angabe
vor Juli 11		
1174 April 18 –	D. RRH n° 517b	Vizekanzler Petrus
Juli 11		(Inv. Manosque fol. 284^v)
1174 Dez. 13	D. RRH n° 518	Kanzler Wilhelm von Tyrus
1175 Juni 26	D. RRH n° 525	Vizekanzler Petrus
1175 Nov. 29 –	D. RRH n° 530c	keine Angabe
Dez. 24		
1175 Dez. 25 –	D. RRH n° 539c	keine Angabe
Mitte 1176,		
wahrscheinlich		
März 1176		
1175 Dez. 25 –	D. RRH n° 539d	keine Angabe
1176 Sept. 23		
1176 ind. 9	Inv. Manosque	keine Angabe
Jahresmitte –	fol. 690^r = Revue de	
Sept. 23	l'Orient latin 3,	
	S. 61 n° 114	
1176 ind. 9	D. RRH n° 537	Kapellan Lambert
Jahresmitte –		
Sept. 23		
1176 ind. 10	D. RRH n° 538	Königskapellan Lambert
Sept. 24 – Nov. 9		
1175 Dez. 25 –	D. RRH n° 539b	keine Angabe
1176 Dez. 24		
1176 Dez. 25 –	D. RRH n° 552	Königskapellan Lambert
1177 Juni 30		

Kanzleikrise 1176–1177 unbrauchbar ist, zumal keine Unterfertigung überliefert ist. Ebenso habe ich weggelassen ein Deperditum Balduins IV. für den Bruder Rohards von Cabor (Regest im Inv. Manosque fol. 405^r ohne Datierung), weil es wegen der Unterfertigung des Kanzlers Wilhelm von Tyrus zu 1174–1184 gesetzt werden muß, womit es wegen der langen Zeitspanne gleichfalls für die Kanzleikrise als Erkenntnisträger ausscheidet.

1176 Dez. 25 –	D. RRH n° 553a	Lambert
1177 Juli 31		(Inv. Manosque fol. 322ᵛ)
1176 Dez. 25 –	Inv. Manosque	keine Angabe
1177 August 1	fol. 411ʳ	
1176 Dez. 25 –	Inv. Manosque	keine Angabe
1177 Dez. 24	fol. 615ʳ	
1176 Dez. 25 –	Inv. Manosque	keine Angabe
1177 Dez. 24	fol. 682ᵛ	
1177 Sept. 24 –	D. RRH n° 545/I	Kanzler Wilhelm von Tyrus
Dez. 24		
1177 Dez. 31	D. RRH n° 562b	Kanzler Wilhelm von Tyrus
1178 April 1	D. RRH n° 556	Kanzler Wilhelm von Tyrus
1178 Juli 1	D. RRH n° 559a	keine Angabe

Stellt man eine Liste der Diktatoren dieser Diplome zusammen, soweit das Diktat sich ermitteln läßt, ergibt sich folgende Übersicht:

1174 April 18	D. RRH n° 514	Notar Radulf C
1174 Juni	D. RRH n° 516	Empfängerausfertigung
1174 Juli 3	D. RRH n° 517	Notar Radulf C
1174 April 18–	D. RRH n° 517b	Notar Radulf C
Juli 11		
1174 Dez. 13	D. RRH n° 518	Antiochenischer Hofkleriker Konstantin unter Aufsicht des Notars Radulf C
1175 Juni 26	D. RRH n° 525	Notar Radulf C
1176 ind. 9	D. RRH n° 537	Empfängerausfertigung
Jahresmitte –		
Sept. 23		
1176 ind. 10	D. RRH n° 538	Notar Wilhelm A
Sept. 24 – Nov. 9		
1176 Dez. 25 –	D. RRH n° 552	Notar Wilhelm A
1177 Juni 30		
1177 Sept. 24 –	D. RRH n° 545/I	Notar Wilhelm A
Dez. 24		
1178 April 1	D. RRH n° 556	Notar Wilhelm A

Man muß aus Hiestands Liste ebenso wie aus der hier etwas erweiterten Form den Schluß ziehen, daß es nach dem Tod des Königs Amalrich zu einer Kanzleikrise kam. Jedenfalls zeigen die zeitlich geordneten Unterfertigungen im Anschluß an den im Frühjahr oder Frühsommer 1174 gestorbenen Kanzler Radulf von Bethlehem eine ganz ungewohnte Fluktuation an: keine Unterfertigung, ein Vizekanzler Petrus, dann der neue Kanzler Wilhelm, erneut der Vizekanzler Petrus, dann mehrfach der Königskapellan Lambert und schließlich erneut und nunmehr dauerhaft der Kanzler Wilhelm. Hiestand hat daraus folgende Schlüsse gezogen[134]:

1. Der Kanzler Wilhelm von Tyrus, der im Dezember 1174 einmal amtiert hatte, wurde danach zwar nicht aus dem Amt entfernt, in dem er 1177 ohne neue Ernennung – über die er sicher berichtet hätte –, erneut erscheint, blieb also Kanzler, wurde aber kaltgestellt und durfte sein Kanzleramt nicht ausüben, so daß andere in der Kanzleizeile genannt werden mußten.

2. Der Einschnitt fällt in das Frühjahr 1175, als der Regent Raimund III. von Tripolis Wilhelm das Erzbistum Tyrus verschaffte. Wilhelm mußte die eigentliche Leitung der Kanzlei niederlegen, ohne daß ein neuer Kanzler ernannt worden wäre. Die Locumtenentes mußten sich mit bescheideneren Titeln zufriedengeben (Vizekanzler, Königskapellan) und wirkten – anders als der Vizedatar Stephan unter dem Bischof Radulf von Bethlehem – ohne einen Verweis auf den eigentlichen Kanzler.

3. Nach den urkundlichen Belegen kehrte Wilhelm 1177 an die Spitze der Kanzlei zurück, leitete aber schon im Frühsommer 1177 die Begräbnisfeierlichkeiten für den Schwager des Königs und führte im August und im September 1177 in Jerusalem politisch sehr heikle Verhandlungen mit dem Grafen von Flandern[135], war also wahrscheinlich um diese Zeit wieder amtierender Kanzler.

Das alles ist im Grundsatz sicher richtig gesehen und drängt sich aus der Liste auf. Allerdings scheint es mir sinnvoll, den Einschnitt etwas später zu legen, nicht wie Hiestand im Frühjahr 1175, sondern erst nach dem Ende der Regentschaft Raimunds III. Mitte 1176. Es ist nämlich nicht einzusehen, warum Raimund zuerst Ende 1174 Wilhelm zum Kanzler machte, dann aber im Frühjahr 1175 Wilhelms Entmachtung zusehen mußte, jedenfalls zusah. Hiestand hat vermutet, der Stein des Anstoßes könnte Wilhelms Erhebung zum Erzbischof von Tyrus gewesen sein, es könne Widerstände gegen die Vereinigung der beiden Ämter gegeben haben. Schließlich war in Frankreich gerade Hugo von Champfleuri über diese Frage gestürzt worden, andererseits gab es in Jerusalem den mächtigen Präzedenzfall Radulfs von Bethlehem, der 1156–1174 unangefochten das Amt des Kanzlers mit dem des Bischofs verbunden hatte. Auch blieb Wilhelm ja formal Kanzler, wie Hiestand richtig beobachtet hatte, wurde also nicht abgesetzt, sondern nur an der Ausübung des

---

134) HIESTAND, Wilhelm von Tyrus S. 356–358.
135) Wilhelm von Tyrus, Chronicon XXI. 12 (13) – 14 (15), S. 977–981.

Amtes gehindert. Man kann nicht einmal annehmen, daß Wilhelm etwa selbst im Lichte der Schwierigkeiten Hugos von Champfleuri (siehe oben S. 143), die im Osten ja sicher bekannt waren, nach der Erhebung zum Erzbischof Zurückhaltung geübt hätte, bis die Kurie die Genehmigung zur Verbindung beider Ämter erteilt hätte, denn erstens amtiert der Vizekanzler Petrus schon vor der Ernennung des Wilhelm zum Kanzler und Erzbischof, ja schon vor dem Tod des Königs Amalrich (DD. RRH n° 517. 517b), sondern es wäre auch die von Hiestand angenommene Zeit der Kanzleikrise von Frühjahr 1175 bis Sommer 1177 für eine solche Klärung viel zu lang gewesen. Bleibt man innerhalb des von Hiestand entwickelten Erklärungsmodells, dann muß sich die Diskussion zuspitzen auf die Frage, welche Bedeutung dem Vizekanzler Petrus (Juli 1174 – Juni 1175; DD. RRH n° 517. 517b. 525) zukam, denn daß der Kapellan Lambert nur ein Aushilfsdatar zur Überbrückung war, liegt auf der Hand.

Wilhelm von Tyrus folgte als Kanzler unmittelbar auf Radulf von Bethlehem, das schreibt er selbst[136], es war also zwischen ihnen kein anderer Kanzler, von dem wir nichts wüßten. Am 18. April 1174 hatte Radulf letztmals als Kanzler unterfertigt (D. RRH n° 514), im Frühjahr oder Frühsommer starb er[137], noch vor dem Tod des Königs Amalrich am 11. Juli. Nach meiner Rekonstruktion wurde im Juni 1174 in der Cour des Bourgeois in Jerusalem eine Einigung zwischen den Johannitern und einem hauptstädtischen Kloster über eine Straße verhandelt, die vom König beurkundet werden sollte, wozu es seines Todes wegen nicht mehr kam. Als dann der Siegelstempel nach seinem Tod bereits zerbrochen war, wählte man für die Beurkundung die Form der normalerweise siegellosen Gerichtsurkunde, die aber vom Empfänger hergestellt und im Namen des Königs ausgestellt und wegen seines inzwischen erfolgten Todes rückdatiert wurde auf den Verhandlungstermin im Monat Juni (D. RRH n° 516; siehe unten Bd. 2, S. 255, 261). Es wäre bei einer isolierten Betrachtung des Stückes an sich verlokkend, darin einen Notbehelf zu sehen für eine Beurkundung während der verfassungswidrigen Schattenherrschaft des Milo von Plancy von der Krönung Balduins IV. am 15. Juli bis zur Ermordung Milos im Oktober. Aber während durchaus berichtet wird, daß Milo den Baronen den Zugang zum König sperrte[138], verlautet nichts, daß er die Kanzlei „geschlossen"

---

136) Wilhelm von Tyrus, Chronicon XIX. 25, S. 899: *cui postmodum nos in eodem officio successimus.* Dasselbe ergibt sich auch aus dem Bericht über die Ernennung ebd. XXI. 5, S. 967.

137) Ebd. XX. 30, S. 955: *Vere autem proxime subsequuto.* Ebd. XXI. 5, S. 967: *Precedente estate.*

138) Wilhelm von Tyrus, Chronicon XXI. 3, S. 963.

hätte, so daß man davon ausgehen muß, daß sie auch während Milos Regime fungibel blieb, auch wenn die Urkundstätigkeit in der Frequenz dadurch im weltlichen Bereich stark abgesunken sein mag, daß die Barone, die beim König gar nicht erst vorgelassen wurden, dort natürlich auch keine Diplome zu impetrieren vermochten. Wie es im geistlichen Bereich stand, wissen wir nicht, denn tatsächlich sind – außer D. RRH n° 516 – aus der Zeit von Milos Regiment keine Diplome erhalten oder Deperdita bekannt. Das mag mit einem Rückgang der Beurkundungstätigkeit zusammengehangen haben, weil ja im Dezember 1174 offenbar ein Beurkundungsrückstau aufgearbeitet werden mußte, da die Kanzlei anders nicht den zufällig in Jerusalem anwesenden antiochenischen Hofkleriker Konstantin für das Diktat von D. RRH n° 518 herangezogen hätte. Trotzdem muß es aber ein Mindestmaß von königlicher Urkundstätigkeit auch während der Herrschaft Milos gegeben haben. Der neue König brauchte ein Siegel, was wäre er ohne dieses gewesen? Auch Milo mußte irgendwie ja Königsurkunden ausstellen lassen können, sei es auch nur um seine Parteigänger zu entlohnen. Schließlich und endlich gab es den Vizekanzler Petrus, der sowohl vor wie nach dem Ende von Milos Herrschaft amtierte, und dasselbe gilt für den Notar Radulf C. Die Kanzlei war also besetzt. Daran, daß D. RRH n° 516 eine Empfängerausfertigung ist, braucht man sich in dieser Zeit nicht zu stören, es gilt auch für DD. RRH n° 452. 466. 537. Milos Kräfte reichten aber nur zur Verhinderung eines neuen Kanzlers, nicht aber zur Bestellung eines neuen, denn erst nach seiner Ermordung wurde Wilhelm von Tyrus zum Kanzler ernannt.

Der Vizekanzler Petrus tritt erstmals auf am 3. Juli 1174 in der Unterfertigung von D. RRH n° 517, etwas früher mag die Unterfertigung von D. RRH n° 517b liegen, doch ist das Stück in den allein vorliegenden Regesten nur datiert mit dem Inkarnationsjahr 1174. Petrus war also noch zu Lebzeiten des Königs Amalrich ernannt worden. Eine andere Frage ist es, ob er auch noch zu Lebzeiten des Kanzlers Radulf von Bethlehem ernannt wurde. Das ist ganz unwahrscheinlich. Radulf hatte einmal einen Vizedatar Stephan (= Notar Radulf B) gehabt, der die Diplome in Vertretung des immer genannten Kanzlers Radulf unterfertigte, wenn der Kanzler abwesend war. Stephan hatte amtiert von 1159 bis 1164 und war dann 1169 als Vizedatar nochmals reaktiviert worden (siehe unten S. 823, 840 f.). Danach wurde ein neuer Vizedatar nicht ernannt, und Radulf hatte auch darauf geachtet, daß Stephan nicht den Vizekanzlertitel erhielt, sondern bei seinem Sekretärstitel (siehe unten S. 819) blieb und in der Kanzleizeile wenn überhaupt, dann titellos, jedoch in Vertretung (*ad vicem*) des Kanzlers auftrat. Hätte Radulf gegen Ende seines Lebens überhaupt einen neuen Vizekanzler bestellt, so gewiß nicht mit diesem Titel, den Petrus indessen führte, sondern erneut als bloßen Vizedatar. Schon der Titel des Petrus spricht also dafür, daß er zwar von dem König Amalrich, aber erst nach dem Tode des Kanzlers Radulf von Bethlehem ernannt wurde.

Natürlich konnte Petrus bis Ende 1174 nicht in Vertretung eines Kanzlers unterfertigen, wie dies Stephan getan hatte, denn es gab keinen Kanzler, nicht zwischen dem Tod Radulfs und dem des Königs Amalrich und nicht zwischen dem Tod des Königs und Dezember 1174. Aber im Juni 1175 unterfertigte Petrus erneut, ohne einen Kanzler zu nennen (D. RRH n° 525), und damals gab es einen, denn der neue Kanzler Wilhelm hatte bereits am 13. Dezember 1174 amtiert (D. RRH n° 518). Hier liegt eben der Unterschied zwischen einem Vizedatar wie Stephan und einem Vizekanzler wie Petrus. Der Vizedatar mußte den amtierenden Kanzler nennen, der Vizekanzler konnte selbständig handeln. Beim Vizekanzler Hemelin deutet sich das schon an. In D. RRH n° 137a von 1129 wurde der Kanzler nur im Besiegelungsbefehl genannt. Als letzter der Zeugen, trotz seines geistlichen Standes hinter den weltlichen Zeugen und damit deutlich in die Nähe der Unterfertigung geratend, nennt sich Hemelin ohne Bezugnahme auf den Kanzler: *Hemelinus vicecancellarius, qui haec scripsit.* Erst recht nannte er sich allein noch im selben Jahr in D. RRH n° 130, weil der Kanzlerposten vakant war (siehe oben S. 68 f., unten S. 475): *per manum Hemelini nostri vicecancellarii scribi praecepimus.* In Antiochia haben wir dieselbe Erscheinung wie in Jerusalem unter und nach dem Cancellariat Radulfs von Bethlehem: War der Kanzler abwesend vom Hofe, so nannte sich ein Hilfsdatar *sub N. cancellario* (RRH n° 605a. 633. 680 = 753). War die Kanzlei vakant, so konnte ein Vizekanzler unterfertigen[139]. Die Nennung eines Vize- oder Hilfsdatars in der Kanzleizeile zeigt also eine Abwesenheit des zu nennenden Kanzlers vom Hofe an. Die Unterfertigung eines Vizekanzlers ist dagegen mehrdeutig. Sie kann eine Vakanz des Kanzleramtes anzeigen, muß es aber nicht, denn auch wenn es einen Kanzler gab, konnte der Vizekanzler unterfertigen, ohne auf den Kanzleichef Bezug nehmen zu müssen.

Das wirft natürlich die Frage auf, warum der König Amalrich 1174 zwar einen Vizekanzler, nicht aber einen Kanzler bestellte. Zwei Erklärungen sind möglich. Die eine habe ich schon oben S. 184 vorgetragen. Es wäre denkbar, daß er den Posten des Kanzlers vakant hielt, weil er ihn reservieren wollte für seinen Günstling Wilhelm von Tyrus, der ihm bis zur Volljährigkeit seines Sohnes Mitte 1176 bevorzugt als Erzieher seines Sohnes dienen sollte. Sodann aber muß man auch an Gründe denken, die gar nicht in den Ver-

---

139) RRH n° 642a. Zu diesen Urkunden und ihren Aussagen für die antiochenische Kanzlei siehe MAYER, Varia Antiochena S. 79 f., 82 f.

hältnissen Jerusalems begründet liegen. Es kam nämlich in denselben Jahren auch anderwärts zu Vakanzen im Kanzleramt. Das herausragendste Beispiel ist die erste große Vakanz dieser Art bei den Kapetingern nach dem Sturz des Kanzlers Hugo von Champfleuri, die von 1172 bis 1179 währte[140]. Sie war nur das Vorspiel zu der viel längeren von 1185, die mit einer ganz geringen Unterbrechung bis 1330 andauerte und in den Diplomen als gewollt und langfristig mit der bekannten Formel *Data vacante cancellaria* angezeigt wurde. Aber auch in Antiochia kam es 1174/1175–1176 zu einer Vakanz des Amtes. Da mag auch der König von Jerusalem gezögert haben. Die Gründe für diese Vakanzen bleiben uns verborgen. Wenn sie sich schon für Frankreich nicht bestimmen lassen, kann man nicht hoffen, sie in Jerusalem zu ergründen. In Antiochia und in Jerusalem hatte es schon mehr Vakanzen gegeben, und man hatte sie verschieden behandelt. Unter Boemund III. von Antiochia gab es die gerade erwähnte Vakanz des Kanzleramtes 1174/1175–1176, es datierten als Hilfsdatare der Kanoniker Alexander und der Hofkleriker Konstantin (RRH nº 511. 523. 524), dann 1183, als das kanzleifremde RRH nº 632 ganz ohne Unterfertigung blieb, ferner 1186, als RRH nº 642a vom Vizekanzler unterschrieben wurde, schließlich 1201, als RRH nº 769 unterfertigt wurde *Datum per manum nostram* (scil. *principis*)[141].

In Jerusalem hatte man die kurzfristige Vakanz nach der Wahl des Kanzlers Paganus zum Erzbischof von Caesarea mit dem Vizekanzler Hemelin überbrückt, einem ehemaligen Kanzleinotar, der allerdings schon während des Cancellariats des Paganus zum Vizekanzler befördert worden war und 1130 selbst zum Kanzler aufrückte. Die nächste Vakanz im Amt des Kanzleichefs kam um 1144 und dauerte wohl von 1143 bis 1145, als der Interimsnotar (siehe unten S. 606–614) die Urkunden ohne Unterfertigung verfaßte. Dann kam die Vakanz im Kanzleramt nach dem Tod Radulfs von Bethlehem, also von Frühjahr bis Ende 1174, die durch die Ernennung des Vizekanzlers Petrus überbrückt wurde. Ob zwischen 1202 und 1206 eine Vakanz des Kanzleramtes bestand und wie sie gegebenenfalls überbrückt wurde, ist aus Mangel an Diplomen nicht festzustellen. Ganz sicher war der Kanzlerposten vakant von 1215 bis 1225, aber da mit der Ausnahme des von einem Kanzleinotar unterfertigten D. RRH nº 892 die Diplome dieses Zeitraumes überhaupt nicht unterfertigt waren, ist diese Vakanz für das hier erörterte Problem nicht einschlägig. Ungerechnet bleibt hier die durch die mörderischen Spannungen zwischen dem König Balduin III. und seiner Mutter bewirkte Vakanz des Amtes des Kanzlers 1146–1152, als die Kanzlei

---

140) TESSIER, Diplomatique S. 133 f.
141) MAYER, Varia Antiochena S. 76 f.

generell zu existieren aufhörte, als es keinen Kanzler und keinen Notar mehr gab, sondern sich beide Seiten behalfen mit Scriptorien, die mit urkundenschreibenden Kapellänen bemannt waren.

Was immer auch die Gründe für die Vakanz im Kanzleramt vom Frühjahr bis Ende 1174 waren, eindeutig ist, daß der König nach dem Tode seines langjährigen Kanzlers Radulf das Amt nicht neu besetzte, sondern statt dessen einen gewissen Petrus zum Vizekanzler ernannte, der die Kanzlei selbständig leitete, bis Ende 1174 Wilhelm von Tyrus auf Betreiben des Regenten Raimund III. von Tripolis Kanzler des Königs Balduin IV. wurde. Der Vizekanzler Petrus aber blieb im Amt bis nachweislich 26. Juni 1175 (D. RRH n° 525), während Wilhelm von Tyrus urkundlich zwischen dem 13. Dezember 1174 und dem Spätjahr 1177 (nach September 24) nicht bezeugt ist[142]. Da der König den Petrus vor seinem Tode ernannte, als es mit Sicherheit keine Kanzleikrise gab, kann auch nicht mit Hiestand (siehe oben S. 214) aus der Unterfertigung des Vizekanzlers Petrus im Juni 1175 in D. RRH n° 525 geschlossen werden, daß Petrus hier der Locumtenens für einen bereits zu dieser Zeit kaltgestellten Kanzler Wilhelm gewesen wäre. Petrus war vielmehr Wilhelms Vizekanzler, nur war er früher als der Kanzler ernannt worden. Dagegen ist Hiestands These für den Kapellan Lambert natürlich richtig. Er war ein interimistischer Kanzleileiter während der Kaltstellung des Kanzlers Wilhelm. Für die Kanzleikrise bedeutet dies, daß sie nicht schon mit Petrus im Frühjahr 1175 einsetzt, sondern erst mit Lambert um die Jahresmitte 1176.

Petrus war sehr wahrscheinlich nach dem Ende der Regentschaft Raimunds von Tripolis (Jahresmitte 1176) nicht mehr in der Kanzlei tätig, denn vom zweiten Halbjahr 1176 an wurde er als Datar ersetzt auf etwa ein Jahr durch den Königskapellan und Magister Lambert, der einst 1168 und 1169 den Johannitern die Empfängerausfertigungen DD. RRH n° 452. 466 diktiert hatte und sich in Jerusalem als berufsmäßiger Urkundenschreiber sein Geld verdiente (siehe unten Bd. 2, S. 162–172). Heinrich der Löwe, Herzog von Sachsen und Bayern, war 1172 einer seiner vornehmsten Klienten. Wie wir seinen Unterfertigungen entnehmen, hatte er außerdem noch eine Pfründe in der königlichen Kapelle. Er war aber ein reiner Hilfsdatar, der auch in der Kanzlei in dieser Zeit selbst nicht diktierte, denn die von ihm unterfertigten Königsurkunden (DD. RRH n° 537. 538. 552. 553a) zeigen nicht sein charakteristisches Diktat, sondern sind von D. RRH n° 538 an Produkte des Notars Wilhelm A. Lambert war nicht einmal Vizekanzler.

---

142) DD. RRH n° 518. 545/I. 545/II (nur Zeuge). 562b, letzteres sicher datiert mit 31. Dezember 1177.

Untersucht man zusätzlich zu den von Hiestand bereits ins Blickfeld
gerückten Unterfertigungen noch das Diktat, so ergibt sich folgendes Bild:
Radulf C, der letzte Kanzleinotar unter dem Kanzler Radulf von Bethlehem,
diktierte im April 1174 Radulfs letzte Urkunde D. RRH n° 514, hatte mit
der Empfängerausfertigung D. RRH n° 516 nichts zu tun, diktierte nach
dem Tod des Kanzlers Radulf und vor dem des Königs (11. Juli 1174)
DD. RRH n° 517. 517b, beaufsichtigte den Hofkleriker Konstantin, als
dieser im Dezember 1174 aushilfsweise D. RRH n° 518 diktierte, und entwarf schließlich letztmals am 26. Juni 1175 ein Diplom (D. RRH n° 525).
Danach, aber vor September 24, kam die Empfängerausfertigung D. RRH
n° 537, ohne daß dies angesichts der Vielzahl von Empfängerausfertigungen
der Johanniter notwendigerweise bedeuten würde, daß der nächste Notar
Wilhelm A noch nicht ernannt war. In jedem Fall war er schon wenige
Monate später in D. RRH n° 538 im Amt.

Für die Klärung der Zusammenhänge ist es wesentlich, daß der Notar
Radulf C im selben Moment verschwindet wie der Vizekanzler Petrus.
Dieser ist in der Literatur für personengleich gehalten worden mit dem
späteren Kanzler Petrus von Lydda, der 1185 Archidiakon von Lydda war
und damals zum Kanzler gemacht wurde[143]. Dann aber würde man in der
Kanzlei während eines ganzen Jahrzehnts nichts von ihm hören, auch wäre
er auf Anhieb und ohne vorangehende Kanzleipraxis Vizekanzler geworden.
Beides ist unwahrscheinlich, so daß man angesichts des ja sehr häufigen
Namens an der Personengleichheit, die sich durch einen Diktatvergleich
nicht abstützen läßt, nicht weiter festhalten sollte.

Dagegen ist es verlockend, den Vizekanzler Petrus zu identifizieren mit
dem Notar Radulf C[144]. Er hatte dem König Amalrich schon 1154–1163

---

143) D. RRH n° 643. DELABORDE, Chartes de Josaphat S. 15; ANTWEILER, Bistum
Tripolis S. 86 f.; HIESTAND in einem unveröffentlichten Manuskript bei ANTWEILER,
ebd. S. 89 Anm. 246. Ich selbst (Scripta Serbellonica S. 422) habe die beiden früher
auch identifiziert. Ich gebe diese Meinung jetzt preis.

144) Ganz sicher ist Radulf C nicht identisch mit dem *Rainerius cancellarius*, der
1160, als Radulf C askalonitanischer Kanzleinotar war, eine vom Kanzler Radulf
unterfertigte Urkunde des Grafen Amalrich von Jaffa-Askalon für das Hl. Grab
bezeugte (D. RRH n° 356), und zwar noch vor dem Archidiakon von Jerusalem. Daß
hier in einer Urkunde zwei *cancellarii* vorkommen, würde nicht unbedingt gegen eine
solche Identifizierung sprechen. Unterhalb der wirklichen Kanzlei oszillierten überall
die Titulaturen. Thomas von Loches ist ein Beispiel dafür. Er war der *cancellarius* von
Gottfried le Bel, dem Grafen von Anjou. Als dieser 1144 Herzog der Normandie
wurde, kaufte sich Richard de Bohun das normannische Kanzleramt, aber fünfmal trat
Thomas bei Urkunden, die in der Normandie ausgestellt wurden, gleichwohl als
cancellarius auf (Regesta regum Anglo-Normannorum 3 n° 283. 578. 595 f. 732). Als die

gedient (siehe unten Bd. 2, S. 67), als dieser noch Graf von Askalon gewesen war. Möglicherweise war er zuvor 1130/1131–1138 auch Mitglied der königlichen Kapelle (siehe unten Bd. 2, S. 67 f.). Als Amalrich 1163 die Krone Jerusalems erhielt, nahm er ihn als den Mann seines Vertrauens mit in die Königskanzlei, wo er durch die ganze Regierung Amalrichs der einzige Kanzleinotar war, auch wenn Radulf B als Datar – aber nur in dieser Funktion – 1169 für einen kurzen Auftritt reaktiviert wurde. Der König hätte mit Radulf C einen Mann seines absoluten Vertrauens und mit einer zwanzigjährigen Urkundenpraxis zum Vizekanzler und interimistischen Kanzleichef gemacht. Dann wäre auch erklärt, warum alle vom Vizekanzler Petrus unterfertigten Diplome (DD. RRH n° 517. 517b. 525) von Radulf C diktiert wurden und warum beide im selben Moment in D. RRH n° 525 letztmals feststellbar sind.

Man muß sich die Dinge dann so vorstellen: Nach dem Tod des Kanzlers Radulf von Bethlehem ernannte der König Amalrich, der aus welchen Gründen auch immer das Amt des Kanzlers vorerst vakant halten wollte, im Sommer 1174 seinen langjährigen Vertrauten und Kanzleinotar Petrus (= Radulf C) zum Vizekanzler und übertrug ihm die interimistische Leitung der Kanzlei (DD. RRH n° 517. 517b). Petrus/Radulf C rettete sich und die Kanzlei über das Regime Milos von Plancy hinweg bis zu dessen Ermordung

---

beiden einmal in Le Bec zusammen auftraten, war Richard *cancellarius*, Thomas nur *capellanus* (ebd. 3 n° 77), und so erscheint Thomas auch sonst, ebenso aber als *notarius* (Ebd. 3, S. XXXIII f.). Ganz ähnlich liegt der Fall des schottischen Königskanzlers Ingram. Er begann seine Laufbahn als Kapellan, wurde dann Kanzler von Earl Heinrich von Northumberland, war ab 1153 *clericus regis* bei König Malcolm IV., Heinrichs Sohn, und stieg dann zu dessen Kanzler auf. Er bezeugte 40 seiner Urkunden als Kanzler, drei als Kleriker und drei als Archidiakon von Glasgow. Aber er wurde schon als *cancellarius* bezeichnet, als Walter de Bidun noch *cancellarius regis* war. Erst 1162 wurde er der alleinige Kanzler des Königs und blieb es, bis er 1164 Bischof von Glasgow wurde (Regesta regum Scottorum 1, S. 28 f.). Einmal treten die beiden gemeinsam auf (ebd. n° 197), aber auf *testibus*... *Waltero cancellario* folgen erst drei weitere Zeugen, ehe *Ingerano cancellario* kommt. Aber vor allem vom Namen her ist es nicht möglich, Radulf C mit dem oben angeführten Rainer zu identifizieren, denn Radulf C war zweifellos ein Engländer, aber der Name Rainer ist in England derart selten, daß er im dritten Band der Regesta regum Anglo-Normannorum mit 1000 Urkunden nur ein einziges Mal vorkommt (A. a. O. n° 664: *Willelmus filius Raineri clericus meus*). Ich halte Rainer daher nach wie vor für einen Kanzler des Patriarchen (oben S. 49), allenfalls für einen Kanzler des Chorherrenstifts, wo im selben Jahr 1160 ein Kanoniker Rainer bezeugt ist (RRH n° 345. 346. 349. 350. 351; vgl. auch den Kanoniker Mainerius in RRH n° 315 von 1155). Allerdings ist ein eigenes Kanzleramt des Stifts sonst nie bezeugt.

im Oktober 1174. Er blieb aber auch danach unter dem Regenten Raimund III. von Tripolis im Amt (D. RRH n° 525), obwohl der Regent ihn
als Notar hätte entlassen oder mindestens kaltstellen können. Freilich war
Raimund gut beraten, wenn er ihn beibehielt. Er bekam damit für das
Notariat einen sehr erfahrenen Mann, er hielt dem minderjährigen König die
Hand frei für die Ernennung eines eigenen Vertrauensmanns in das Notariat,
wenn er erst volljährig würde, und Raimund brauchte seinen eigenen und
fähigen tripolitanischen Kanzler Matthaeus nicht für die Kanzlei von Jerusalem einzusetzen, sondern konnte ihn für die tripolitanischen Dinge reservieren, die nach Mitte 1176 ja weitergehen würden, wenn Raimunds Regentschaft in Jerusalem enden würde. Auch der Rat eines Mannes, der elf Jahre
lang Notar des Königs gewesen war, konnte dem Regenten in den Staats-
geschäften nur nützen. In das Amt des Kanzlers katapultierte Raimund einen
anderen Schützling des verstorbenen Königs, eben Wilhelm von Tyrus
(D. RRH n° 518). Damit hatte er an entscheidender Stelle ein erstklassiges
Team, nämlich einen altgedienten Notar und einen überragend gebildeten
und fähigen Juristen mit Verwaltungserfahrung aus dem Archidiakonat
zweier Erzdiözesen[145] und mit diplomatischer Erfahrung aus der Byzanz-
mission von 1168 als Kanzler und außenpolitischen Berater, einen Einheimischen voll Liebe zum Land, der 1169/1170 an der Kurie erfolgreich die
eigene Sache vertreten und mit dem Bruder des Königs von Frankreich über
Vermögensangelegenheiten der Kirche von Nazareth verhandelt hatte. Dem
personalpolitischen Geschick des Regenten stellt diese Doppelernennung das
schönste Zeugnis aus.
    Aber Raimund hatte mit Wilhelm noch mehr vor. Er nutzte seine kurze,
nur anderthalb Jahre während Regentschaft auch dazu, Wilhelm in den
Episkopat zu bugsieren. Dies war schwierig. Am 30. Oktober 1174 war der
Erzbischof Friedrich von Tyrus gestorben, nach einer Vakanz von sieben
Monaten und *regis quoque, ut moris est, conveniente assensu*, wurde Wilhelm
am 30. Mai 1175 zu seinem Nachfolger gewählt und am 8. Juni in der
Grabeskirche zu Jerusalem vom dortigen Patriarchen geweiht[146]. Sieben

---

145) Auch Thomas Becket stieg von der Position des Archidiakons von Canterbury
zum Kanzler des Königs von England auf. Die beiden Archidiakonate muß Wilhelm
jetzt natürlich niedergelegt haben, und in der Tat erscheint in Nazareth als sein
Nachfolger im Oktober 1175 der Archidiakon Gerald, während wir in Tyrus den
nächsten Archidiakon, erneut namens Wilhelm, erst 1190 feststellen können (RRH
n° 659. 692).
    146) Wilhelm von Tyrus, Chronicon XXI. 4. 8, S. 965, 973 f. – Die späten Gestes des
Chiprois § 31, RHC. Documents arméniens 2, S. 656 berichten von einem Kanoniker
von Tyrus, der der Erzieher Balduins IV. und Kanzler des Reiches war, also sichtlich

Monate Vakanz für den zweitwichtigsten Bischofsstuhl des Landes, dessen Inhaber den Patriarchen bei dessen Verhinderung zu vertreten hatte, ist eine lange Zeit, selbst wenn man in Rechnung stellt, daß der minderjährige König zwischen der Ermordung Milos von Plancy im Oktober und der Ernennung Raimunds von Tripolis zum Regenten im Dezember 1174 praktisch handlungsunfähig war. Man muß wohl annehmen, daß es im Kapitel von Tyrus aus der Zeit der Feindschaft zwischen Wilhelm und dem Erzbischof Friedrich 1169/1170 eine Partei gab, die sich lange gegen Wilhelms Wahl sperrte. Wie immer auch, am 8. Juni 1175 erreichte Wilhelm mit der Weihe zum Erzbischof von Tyrus den Zenith seiner kirchlichen Laufbahn, auch wenn sein Ehrgeiz noch nicht gestillt war. Den ausschlaggebenden königlichen Entscheid für Wilhelm, auf den er selbst anspielt, hatte natürlich sein Gönner, der Regent, gegeben.

Wir haben es dem Zeitpunkt von Wahl und Weihe zu verdanken, daß wir am 26. Juni 1175 in D. RRH n° 525 nochmals und letztmalig von dem Vizekanzler Petrus hören, denn noch immer zeigt die Unterfertigung des Vizekanzlers an, daß der Kanzler nicht bei Hofe war. D. RRH n° 525 wurde am 26. Juni in Nazareth ausgefertigt, 18 Tage zuvor wurde Wilhelm in Jerusalem geweiht. Er hätte natürlich bis zum 26. Juni in Nazareth zurücksein können, aber vielleicht mußte er sofort in den Norden, um in Tyrus von seinem Erzbistum Besitz zu ergreifen.

Es ist aber auch denkbar, wenn auch sensu stricto nicht nachweisbar, daß Wilhelm von Tyrus sofort nach seiner Erhebung auf Reisen gehen mußte und die Kanzlei dann weiterhin faktisch vom Vizekanzler Petrus geleitet wurde. Der Regent Raimund war kein Mann, der sich mit einer bloßen Reichsverwaltung zufriedengegeben hätte, er wollte politisch gestalten. Es gab eine Reihe von Dingen, die er gerade angesichts der absehbaren Kürze seiner Regentschaft von nur anderthalb Jahren sofort in Angriff nehmen mußte. Da der lepröse König nicht heiraten konnte, wurde seine Schwester Sibylle Thronfolgerin und mußte verheiratet werden. Raimund mußte ferner eine Entscheidung darüber treffen, ob man die Politik der Invasionen Ägyptens und damit der Anlehnung an Byzanz fortführen solle oder nicht. Schließlich mußte er sich um Hilfe aus dem Abendland bemühen, denn seit Saladin 1169 Wezir von Ägypten geworden war, 1171 die Fatimidendynastie in Ägypten beseitigt hatte und 1174 Damaskus mit Ägypten vereinigt hatte, war die Lage bedrohlich.

Wilhelm von Tyrus, fügen aber fälschlich hinzu, er sei später Bischof von Ramla-Lydda geworden. Es ist unsinnig, wenn Röhricht, Syria sacra S. 28 Anm. 3 erwägt, es könne sich hierbei um den Bischof Bernhard von Lydda handeln.

Mit der ihm eigenen Tatkraft packte Raimund alle drei Probleme an. Er muß die Ehe zwischen Sibylle und dem mit Staufern und Kapetingern verwandten[147] Markgrafen Wilhelm Langschwert von Montferrat ausgehandelt haben, denn dieser kam am 1. Oktober 1176 in den Osten, *vocatus a domino rege et universis regni principibus tam secularibus quam ecclesiasticis,* heiratete innerhalb von 40 Tagen die Schwester des Königs und stieg dafür zum Grafen von Jaffa-Askalon auf, *sicut prius pactis insertum fuerat*[148]. Es war also ein förmlicher Ehevertrag geschlossen worden, und in der Tat wußte Wilhelm ganz genau, was ihm im Osten zugesichert worden war, denn auf der Reise dorthin urkundete er in Genua am 23. August 1176 für die genuesische Kommune, der er in allem seine Hilfe zusicherte, ausgenommen die Grafschaft Jaffa und das, was der König den Genuesen vorenthielt[149]. Wilhelm von Tyrus sagt in seinem Bericht über die Ankunft des Marquis ausdrücklich, wann die Entscheidung im Osten getroffen worden war: *anno precedente, dum ad hoc specialiter citaretur,* also 1175.

In der ägyptischen Frage setzte der Regent auf die Fortführung der Eroberungspolitik des verstorbenen Königs und erneuerte den gegen Ägypten gerichteten Bündnisvertrag mit Byzanz. Im Spätsommer 1177 weilten byzantinische Gesandte in Jerusalem, die die Ausführung des antiägyptischen Vertrages verlangten, den der Kaiser Manuel mit dem König Amalrich geschlossen (1168, erneuert 1171) und mit dem König Balduin IV. erneuert hatte[150]. Man darf sich nicht dadurch täuschen lassen, daß Wilhelm von Tyrus von dieser Erneuerung 1177 berichtet. Damals verlangten die Byzantiner, die bereits mit einer respektablen Kriegsflotte von 70 Galeeren und weiteren Schiffen gekommen waren[151], die Ausführung, nicht den Abschluß des erneuerten Vertrages. In der Tat konnte damals das mit dem Goldsiegel des Kaisers gesiegelte Chrysobull in Jerusalem dem Grafen Philipp von Flandern im Original vorgelegt werden, um ihn zur Teilnahme an der Expedition zu bewegen[152]. Der Vertrag war also in Konstantinopel schon vor der Ankunft der Gesandten abgeschlossen worden. Dorthin hatte Raimund Gesandte geschickt und damit die Initiative zur Erneuerung der

---

147) Wilhelm von Tyrus, Chronicon XXI. 12 (13), S. 978.
148) Ebd. XXI. 12 (13), S. 977 f.
149) IMPERIALE DI SANT'ANGELO, Codice diplomatico di Genova 2, S. 234 n° 105.
150) Wilhelm von Tyrus, Chronicon XXI. 15(16), S. 982: *postmodum inter eundem dominum imperatorem et dominum Balduinum, qui in presenti regnat, non dissimilibus conditionibus fuerant innovata* (scil. *pacta*). Zu den Verträgen von 1168 und 1171 siehe ebd. XX. 4. 23, S. 915 f., 944.
151) Wilhelm von Tyrus, Chronicon XXI. 16 (17), S. 983.
152) Ebd. XXI. 15 (16), S. 982.

1169 in dem Fiasko vor Damiette vorerst gescheiterten Politik der Eroberung Ägyptens ergriffen, die trotz der Erneuerung des Vertrages durch den
König Amalrich 1171 bei seinem Besuch in der byzantinischen Herrschaft
faktisch nicht weitergeführt worden war.

Über die Ereignisse in Byzanz während des Jahres 1176 unterrichtet uns
die Chronik des Johannes Kinnamos[153]. Im Jahre 1175 hatte der Kaiser
unentschlossene Kampagnen in Kleinasien im Grenzgebiet geführt, dabei
aber die Festung Dorylaeum wiederaufgebaut. Dann war er in die Hauptstadt zurückgekehrt[154]. Er schrieb dann an den Papst, und Alexander III.
machte die kaiserlichen Pläne in einem Schreiben nach Frankreich am 29.
Januar 1176 bekannt (JL 12684). Manuel habe eine große Stadt wiederaufgebaut und den Lateinern und Griechen übergeben. Dadurch sei die *via sepulcri domini visitandi* wieder sicher. Der Kaiser werde nicht nachlassen, die
Feinde der Christenheit zu bekämpfen. Der Papst befahl seinem Legaten in
Frankreich, den Adel Frankreichs zum Heidenkampf zu animieren. Bereits
am Karfreitag 1175 hatte der mächtige Graf Philipp von Flandern das Kreuz
genommen. Er wollte zu Weihnachten 1176 abreisen, wurde aber vom
König von England daran gehindert. Erst kurz vor Pfingsten (12. Juni) 1177
schiffte er sich in Wissant ein, erreichte am 1. August 1177[155] *diu expecta-
tus* Akkon und blieb bis kurz nach Ostern 1178 im Hl. Land[156].

Was sich hier anbahnte, war ein Kreuzzug, für den die Unterstützung von
Byzanz entscheidend war. Der Kaiser plante die Vernichtung des Sultanats
von Ikonium (Frühjahr 1176). Er bot hierfür Truppen aus Ungarn und
Serbien nach Kleinasien auf, deren Ankunft sich aber so verzögerte, daß die
Kampagne erst im Sommer begann. Sie endete mit der verheerenden Niederlage des Kaisers bei Myriokephalon am 17. September 1176. Manuels seit
1159 sorgsam austariertes Gleichgewicht der Kräfte in Nordsyrien brach
zusammen, an einen Feldzug längs der *via sepulcri domini*, auf den im Januar
1176 Alexander III. noch gehofft hatte, war für Byzanz nicht mehr zu
denken. Aber die Flotte war unversehrt, und Manuel gedachte, sie jetzt in
Ägypten einzusetzen und dort seine Großmachtpolitik weiterzuführen, von
der er zum Schaden des Reichs nicht lassen konnte. Ehe er im Frühjahr 1176
Byzanz verließ, hatte er eine Flotte von 150 Schiffen nach Ägypten „ent-
sandt", schreibt Kinnamos. Unmittelbar danach bricht seine Chronik mitten
im Satz ab, dem Kaiser hätten, weil er selbst gegen Ikonium zog, genügend

---

153) Kinnamos, Epitome S. 294–300.
154) Ebd. S. 298; Niketas, Historia 1, S. 177.
155) Wilhelm von Tyrus, Chronicon XXI. 13 (14), S. 979.
156) Ebd. XXI. 24 (25), S. 996; RÖHRICHT, Die Deutschen im Hl. Lande S. 46 f.;
JOHNEN, Philipp von Elsaß S. 426 f., 433 f.

Truppen für die Kampagne gegen Ägypten gefehlt[157]. Ob die Flotte damals wirklich abfuhr, ist zweifelhaft, jedenfalls kam sie erst im Sommer 1177 in Akkon an in Gestalt der 70 Galeeren zuzüglich Hilfsschiffen bei Wilhelm von Tyrus.

Aber daß sie bereits im Frühjahr 1176 mindestens ausgerüstet wurde, beweist, daß der Vertrag zwischen Byzanz und Jerusalem zu diesem Zeitpunkt bereits erneuert war. Auch dies war also ein Entschluß des Regenten Raimund, er war es, der die Initiative dazu ergriffen hatte. Das bedeutet eine Gesandtschaft ans Goldene Horn, die dort spätestens in den ersten Monaten des Jahres 1176 verhandelte. Wen anders als Wilhelm von Tyrus hätte Raimund aber zum Basileus schicken sollen? Er war ein Mann seines Vertrauens, ein geschickter Diplomat, von der Dignität her als Erzbischof und Reichskanzler bestens ausgewiesen. Vor allem hatte er die Erfahrung, war er es doch gewesen, der 1168 den ursprünglichen Vertrag in Ochrida mit dem Kaiser ausgehandelt hatte. Der damalige voreilige Angriff des Königs von Jerusalem auf Ägypten ohne die Byzantiner konnte Wilhelm persönlich in Byzanz nicht diskreditieren, er konnte ja nichts dafür, daß der König losschlug, während Wilhelm mit dem Vertrag erst auf der Rückreise war. Auch der Basileus schickte ja, wenn auch mit unterschiedlicher Entourage, immer denselben Mann nach Jerusalem, den Grafen Alexander von Gravina. Dieser Apulier, den Manuel auch sonst auf Missionen in Deutschland und Sizilien verwendete und der einer seiner fähigsten Diplomaten war, war als Gesandter in Sachen der antiägyptischen Allianz 1168, 1169 und 1177 in Jerusalem[158]. Es verdient immerhin festgehalten zu werden, daß Wilhelm zwischen Juni 1175 und Juli 1176 nicht ein einziges Ereignis berichtet[159], was dadurch verdeckt worden ist, daß man – gerade wegen dieses totalen Mangels an Bericht – den Feldzug vom Juli 1176 in der Literatur in das Jahr 1175 datiert hat (siehe unten S. 230).

Wilhelm berichtet nichts von einer Reise nach Konstantinopel, während er uns informiert über seine Reisen dorthin 1168 und 1180. Aber 1168, als sowohl der Kaiser wie auch er durch den Präventivschlag des Königs Amalrich düpiert wurden, konnte er nichts dafür, wenn der Feldzug nach Ägypten zu nichts führte. Er war natürlich auch 1176/ 1177 nicht daran schuld, vielmehr war Manuels politische Bewegungsfreiheit seit Myriokephalon deutlich eingeschränkt, als die Erneuerung des Vertrages längst unter Dach und Fach war, und das Satyrspiel, mittels dessen der Graf Philipp von

---

157) Kinnamos, Epitome S. 300.
158) Wilhelm von Tyrus, Chronicon XX. 4. 13, S. 915, 927; XXI. 15 (16), S. 982.
159) Ebd. XXI. 8–10 (11), S. 974–976.

Flandern 1177 jeden Versuch torpedieren würde, eine Expedition nach Ägypten tatsächlich zustandezubringen, konnte er erst recht nicht voraussehen und hat sich nach Kräften bemüht, den Grafen zu einem gemeinsamen Feldzug zu überreden[160]. Es ist kein Zweifel, daß Wilhelm im Sommer 1177 zur Kriegspartei gehörte. Das war begreiflich. Schon die Schlacht bei Myriokephalon hatte Byzanz militärisch und politisch so schwer geschwächt, daß die von Wilhelm seit 1168 verfochtene Politik der Anlehnung an Byzanz zweifelhaft wurde. Vielleicht ließ sie sich noch retten, wenn Jerusalem und Byzanz in Ägypten zu gemeinsamen Erfolgen kamen. Als aber infolge der Querschüsse des Flandrers nichts daraus wurde, war Wilhelm als Politiker angeschlagen, denn Raimund von Tripolis und er hatten diese Politik aktiv verfolgt, aber Raimunds Regentschaft war zu Ende, während Wilhelm weiterhin Kanzler blieb. Ohne daß er daran schuld gewesen wäre, hatte er politisch auf das falsche Pferd gesetzt, seine Politik war diskreditiert. Hätte er es sagen sollen, wenn er es war, der hier zum zweiten Mal in Byzanz einen Vertrag aushandelte, der dann nicht ausgeführt wurde? Niederlagen, die jeder Zeitgenosse kannte, hat Wilhelm der Nachwelt gern verschwiegen. Wir wissen, daß er in der Patriarchenwahl von 1180 kandidierte und unterlag, aber wir wissen es nicht von ihm.

Viel weniger leicht, eigentlich überhaupt nicht, ist zu beurteilen, ob Wilhelm auch nach Italien geschickt wurde, um den Ehevertrag mit Wilhelm von Montferrat auszuhandeln, den wir Ende August 1176 nach Vertragsabschluß in Genua auf der Reise in den Osten sahen. Zu dieser Zeit war Wilhelm, wenn er denn weggewesen war, bereits wieder in der Heimat, denn am 2. Mai 1176 weihte er in Tyrus zwei Bischöfe seiner Erzdiözese, Odo von Sidon und Raimund von Beirut[161]. Wann Odos Vorgänger gestorben war, wissen wir nicht; er ist 1170 letztmals bezeugt (RRH n° 475). Aber Raimunds Vorgänger Meinard von Beirut starb in Tyrus am 25. April 1175[162]. Das bedeutet in Beirut eine Vakanz von einem vollen Jahr. Der Grund dafür ist leicht zu sehen. Angesichts der ja komplizierten Verhältnisse in der de facto zwischen den Patriarchaten von Jerusalem und Antiochia geteilten Kirchenprovinz Tyrus empfahl es sich, Bischofsweihen der südlichen Suffragane – die nördlichen bekannten sich zu Antiochia – durch den Tyrenser selbst vornehmen zu lassen und die Bischöfe nicht zu erzbischöflichen Kollegen zu schicken. Wilhelm war selbst am 8. Juni 1175 geweiht

---

160) Wilhelm von Tyrus, Chronicon XXI. 13 (14) – 18 (19), S. 979–987.
161) Ebd. XXI. 10 (11), S. 976.
162) Ebd. XXI. 8, S. 973.

worden, bedurfte aber erst des Palliums, ehe er Bischöfe weihen konnte. Es ist nicht gesagt, daß er selbst nach Rom reiste, um das Pallium entgegenzunehmen, denn dieses wurde oft genug vom Papst durch einen Boten in den Osten gebracht[163]. Freilich mußte im Lichte des Sturzes des französischen Kanzlers Hugo von Champfleuri 1172 mit massiver päpstlicher Beteiligung[164] für Wilhelm in Rom geklärt werden, ob er anders als Hugo die erzbischöfliche Würde mit dem Kanzleramt vereinigen dürfe. Prinzipiell machte das wohl keine sonderlichen Probleme, aber Hugos Sturz lag ja bei Wilhelms Erhebung erst drei Jahre zurück. Bei einer Abreise kurz nach der Weihe vom 8. Juni 1175 würde die Zeit gerade hingereicht haben, um an der Kurie in Ferentino (ab 19. Oktober 1175 in Anagni) das Pallium zu holen und die Kanzlerfrage zu klären, in Oberitalien den Ehevertrag mit Wilhelm von Montferrat auszuhandeln, danach in Byzanz den Allianzvertrag zu erneuern (oder aber die Reise andersherum zu machen), um am 2. Mai 1176 wieder zurück zu sein.

Durch eine Besitzergreifung in Tyrus und eine folgende Reise nach Europa wäre geklärt, warum am 26. Juni 1175 nicht Wilhelm D. RRH n° 525 unterfertigte, sondern der Vizekanzler Petrus. Dann aber verschwindet der Vizekanzler und es verschwindet der Notar Radulf C, mit dem ich ihn für identisch halte. Zwischen Mitte 1176 und dem 23. September desselben Jahres unterfertigte erstmals der Kapellan Lambert als Hilfsdatar in D. RRH n° 537, also erst nach dem Ende der Regentschaft Raimunds. Das muß genauer begründet werden, da die Datierung des Stücks mit 1176 ind. 9 ohne Tag und Monat an sich einen Ansatz zu 1175 Dezember 25–1176 September 23 zuläßt, und dann könnte das Diplom auch noch während der Regentschaft ergangen sein. Das ist kanzleigeschichtlich von solcher Bedeutung, daß ich die Erörterung hier ausführlich vornehmen muß.

Der Schlüssel zur Datierung von D. RRH n° 537 ist die Privaturkunde RRH n° 539, die zuerst datiert werden muß. Hier bestätigte Balduin von Ramla, daß sein Aftervasall Johannes Arrabit an Konstanze von St.-Gilles, die Schwester des Königs Ludwig VII. von Frankreich, das Casale Bethduras (Beit Daras, Palestine Grid 120/126, 14 km nordöstlich von Askalon) verkauft hatte, das entgegen einer Vermutung von Riley-Smith nicht zur Herr-

---

163) Die Erzbischöfe Wilhelm I. und Fulcher von Tyrus holten sich 1128 und 1137 das Pallium selbst in Rom, 1232 übersandte der Papst dem Erzbischof von Tyrus das Pallium, ohne eine Zwischeninstanz wie etwa den Patriarchen zu erwähnen, wie dies seit 1215 im Lateranum IV vorgesehen war. Im Jahr 1197 schickte der Papst dem Erzbischof von Nikosia das Pallium durch drei Bischöfe. HIESTAND, Vorarbeiten 3, S. 132 n° 26, 133 n° 27, 152 n° 40, 364 n° 181, 383 n° 191.

164) JL 12004; siehe oben S. 161.

schaft Ramla, sondern zur Grafschaft Jaffa-Askalon gehörte[165]. Balduin hatte dieses Dorf vom König zu Lehen und hatte es seinerseits an seinen Bruder Balian verlehnt, dieser wiederum an Johannes Arrabit. Die Zugehörigkeit zu Jaffa-Askalon ist wichtig für den terminus ad quem, denn die Urkunde, die mit der Zustimmung des Königs erging, gehört zu einer ganzen Reihe von Maßnahmen, mit denen Änderungen in der Doppelgrafschaft vorgenommen wurden, ehe diese aus der Krondomäne ausschied, in die sie 1163 zurückgekehrt war. Allein der König gab ja seinen Konsens, kein Graf von Askalon. Am 1. Oktober 1176 aber kam der Markgraf Wilhelm von Montferrat in den Osten, heiratete die Schwester des Königs und Thronfolgerin und erhielt aufgrund des schon 1175 geschlossenen Vertrages die Doppelgrafschaft Jaffa-Askalon[166]. Was der König oder andere dort noch vor dem Wechsel regeln wollten, mußte vor der im Oktober oder Anfang November (innerhalb von 40 Tagen nach der Ankunft) erfolgten Hochzeit des Markgrafen vorgenommen werden. Wegen der ind. 9 erging RRH n° 539 aber sogar schon vor dem 23. September.

Für den terminus a quo ist wesentlich, daß unter den Zeugen[167] genannt wird: *Princeps Renaudus, comes Ioscelinus.* Es handelt sich um Rainald von Châtillon, Ex-Fürst von Antiochia, und den Titulargrafen Joscelin III. von Edessa. Beide waren nach sehr langer muslimischer Gefangenschaft im Laufe des Jahres 1176 gleichzeitig freigekommen, und zwar Joscelin durch die Bemühungen seiner Schwester Agnes[168]. Agnes war die Mutter des Königs Balduin IV. und kehrte jetzt an den Hof zurück, von dem sie seit ihrer Scheidung von dem Coronandus Amalrich 1163 ferngehalten worden war. Hamilton betonte, Agnes habe während der Regentschaft Raimunds bei Hofe keinen Zugang gehabt[169]. Später hat er seine Meinung geän-

---

165) RILEY-SMITH, Lesser Officials S. 25. Zurückhaltender DERS., Feudal Nobility S. 57 f. Mit Recht anders BEYER, Kreuzfahrergebiete Südwestpalästinas S. 257, vor allem wegen RRH n° 1246. Aber die Zugehörigkeit zu Jaffa-Askalon ergibt sich auch aus den hier behandelten Vorgängen von 1176 und 1177.

166) Als 1177 erneut ein Rechtsgeschäft in Bethduras vorgenommen werden sollte, wurde der König erneut bemüht, aber diesmal nur als Oberlehnsherr, denn außer ihm mußte jetzt noch nach dem Tode des Markgrafen Wilhelm seine Witwe als Gräfin von Jaffa-Askalon zustimmen; D. RRH n° 545/I. RRH n° 545/II. 546.

167) Gemeint ist die Zeugenliste des eigentlichen Rechtsaktes Balduins von Ramla. Zwei im Druck bei DELAVILLE LE ROULX, Cartulaire général des Hospitaliers de S. Jean 1, S. 341 n° 495 erwähnte weitere Überlieferungen sind in Wahrheit eine andere Urkunde, wenn auch zum selben Sachverhalt, die vor ganz anderen Zeugen ergingen; siehe unten Bd. 2, Exkurs II, S. 896 Nr. 6.

168) Wilhelm von Tyrus, Chronicon XXI. 10 (11), S. 976.

169) HAMILTON, Queens of Jerusalem S. 164.

dert[170]. Agnes sei schon während der Regentschaft an den Hof zurückgekommen, denn sie habe dafür gesorgt, daß damals Eraclius, der im August 1175 noch Archidiakon von Jerusalem war, zum Erzbischof von Caesarea erhoben wurde[171]. Der Bericht des Wilhelm von Tyrus über die Erhebung des Eraclius zum Erzbischof wird allgemein zum Jahre 1175 gesetzt, und dann müßte Agnes tatsächlich schon während Raimunds Regentschaft wieder am Hofe gewesen sein. Aber die Nachricht kommt am Ende eines Berichts über einen Feldzug, den Lyons und Jackson gegen Grousset und übrigens auch die restliche Literatur überzeugend erstmals auf Juli 1176 datiert haben[172]. Das verlegt dann aber auch die Wahl des Eraclius in den Sommer 1176 (*per idem tempus*), freilich nicht notwendigerweise in die Zeit nach Juli, sondern eben nur irgendwann in den Sommer 1176. Erstmals tritt Eraclius in dem hier diskutierten RRH n° 539 als Erzbischof von Caesarea auf. Es muß also dabei bleiben, daß Agnes in der Regentschaft Raimunds nicht am Hofe war, sondern in Sidon bei ihrem Mann lebte. Erst nach ihrer Rückkehr an den Hof, als der Regent aus dem Amt geschieden war und sie als Mutter des Königs einen dominierenden Einfluß im Reich auszuüben begann, verfügte sie über die Möglichkeit, das enorme Lösegeld von 50 000 Dinar[173] für ihren Bruder aufzubringen. Nach 'Imād ad-Dīn[174] erfolgte die Freilassung während der Belagerung von A'zāz, die von Mitte Mai bis 21. Juni 1176 dauerte. Wenn dieser und der gleichzeitig entlassene Rainald von Châtillon RRH n° 539 bezeugten, liegt dieses also nach dem Ende von Raimunds Regentschaft Mitte 1176, aber vor dem Ende der 9. Indiktion am 23. September.

D. RRH n° 537, in dem erstmals der Kapellan Lambert eine Königsurkunde unterfertigte, ist wie RRH n° 539 datiert mit a. inc. 1176 ind. 9 und gehört wegen der Nennung Joscelins III. als Zeugen in denselben Zeitraum von Mitte 1176 bis 23. September, liegt aber nach RRH n° 539, da der dort noch ämterlose Joscelin hier zum königlichen Seneschall aufgerückt ist (siehe auch unten Bd. 2, Exkurs I, S. 873). Da schon RRH n° 539 nach dem Ende von Raimunds Regentschaft liegt, ist dies a fortiori der Fall in D. RRH n° 537.

---

170) HAMILTON, Agnes von Courtenay S. 200.

171) RRH n° 528; Wilhelm von Tyrus, Chronicon XXI. 9 (10), S. 974; Chronique d'Ernoul S. 82.

172) LYONS und JACKSON, Saladin S. 403 Anm. 61.

173) Michael der Syrer, Chronique 3, S. 365.

174) Bei Abū Šāma, Livre des deux jardins, RHC. Hist. or. 4, S. 182f; vgl. LYONS – JACKSON, Saladin S. 105 f.

Die kanzleigeschichtlichen Folgerungen liegen auf der Hand. Erst nach dem Ende von Raimunds Regentschaft, erst Mitte 1176 oder bald danach, wurde der Vizekanzler Petrus (= Notar Radulf C) als Datar durch den Hofkapellan Lambert abgelöst. Er war weder Kanzler, wofür Röhricht und La Monte ihn gehalten haben (siehe unten Bd. 2, S. 169 Anm. 44), noch auch nur Vizedatar wie Stephan, da dies einen wirklich amtierenden Kanzler vorausgesetzt hätte, was hier gerade nicht der Fall war. Lambert war vielmehr Hilfsdatar in der Zeit der Kaltstellung des eigentlichen Kanzlers Wilhelm von Tyrus. Selbst diktiert hat er nicht, obwohl er ein versierter Urkundenmann war. Hierfür wurde vielmehr spätestens zwischen dem 24. September und Anfang November 1176[175] der Notar Wilhelm A ernannt, vielleicht aber schon etwas früher. Es geht nämlich nach dem Ende von Raimunds Regentschaft D. RRH n° 537 voraus, das eine Empfängerausfertigung ist, aber das muß nicht unbedingt heißen, daß es Mitte 1176 bis September 23 in einer notarlosen Zeit erging, denn nachweislich ließen die Johanniter bei besetztem Kanzleinotariat DD. RRH n° 452. 466. 516 außerhalb der Kanzlei herstellen; D. RRH n° 537 mag als letztes Stück zu dieser Serie gehört haben.

Gleichzeitig mit der Ernennung Lamberts zum Aushilfsdatar wurde der Erzbischof und Kanzler Wilhelm von Tyrus in seinem Amt kaltgestellt und an seiner Ausübung gehindert, denn man kann unmöglich annehmen, daß ein unterfertigender Hofkapellan ohne Kanzleiamt, der auch den Kanzler nicht nannte, etwa wie Stephan und Petrus in Vertretung desselben unterfertigt hätte. Auch wäre in diesem Falle zu erwarten, daß wie bei Wilhelm und Petrus die Unterfertigungen der beiden durcheinander gegangen wären: Petrus – Wilhelm – Petrus, aber hier folgen sie blockweise nacheinander, erst Lambert, dann Wilhelm. Schließlich spricht gegen die Annahme, daß Lambert für den Kanzler mit dessen Einvernehmen handelte, der Umstand, daß Wilhelm nach seiner Rückkehr in die Kanzlei das System änderte. Bisher hatte der Vizekanzler oder Vizedatar unterfertigt, wenn der Kanzler nicht anwesend war. So hatten es Wilhelm und der Vizekanzler Petrus noch 1175 in D. RRH n° 525 gehalten. Nach 1177 aber finden sich nur noch Unterfertigungen Wilhelms, auch wenn dieser nachweislich langfristig aus dem Reich abwesend war[176]. Seit 1177 kann man sich nicht mehr darauf ver-

---

175) D. RRH n° 538; siehe unten Bd. 2, Exkurs I, S. 873 zum Datum.

176) Das markanteste Beispiel ist die Zeit der Abwesenheit Wilhelms in Rom und Konstantinopel von Oktober 1178 bis Juli 1180 (siehe unten S. 237, 243). In dieser Zeit ergingen DD. RRH n° 562. 577. 579. 582. 587. 588. 590a. 591. 593. 601, alle mit seiner Unterfertigung. – Von den bisher unterfertigungslos überlieferten Deperdita sind auch, in und außerhalb des oben erwähnten Zeitraumes, DD. RRH n° 562b. 590a. 622a und

lassen, daß die Unterfertigung des Kanzlers auch seine Präsenz am Hofe beweist[177]. Wilhelm von Tyrus wollte keine neuen Risiken eingehen und beharrte darauf, in jedem Falle als Kanzleichef genannt zu werden. Der Zusammenhang dieses drastischen Personalwechsels in der Kanzlei mit dem Ende der Regentschaft Raimunds III. von Tripolis liegt auf der Hand. Dieser hatte mit Petrus/Radulf C die bewährte Besetzung der Kanzlei des Königs Amalrich übernommen, und so kommt es, daß als scheinbare Ausnahme (siehe unten Bd. 2, S. 71) der Kanzleinotar Radulf C einmal über den Tod des Königs hinaus noch zwei Jahre amtiert bis zum Ende von Raimunds Regentschaft Mitte 1176 (nachweisbar bis Mitte 1175). Zum Kanzleichef machte er sofort nach Beginn seiner Regentschaft Wilhelm von Tyrus und bewog den König dazu, diese formal ihm zustehende Ernennung auszusprechen. Mitte 1176 war es dann soweit, wie es schon in der Bibel steht (Exod. 1, 8): Da kam ein anderer Pharao, der wußte nichts von Joseph. Aber diesmal war der Einschnitt schwerwiegender als sonst bei Thronwechseln. Nicht nur der Notar wurde ausgewechselt, womit auch der mit ihm identisch gewesene Vizekanzler stürzte, sondern die neuen Machthaber suchten auch den Kanzler zu stürzen. Der galt zwar so sehr als unabsetzbar, daß es zu einem offenen Sturz nicht kam. Aber faktisch wurde ihm die Leitung der Kanzlei entzogen und einem Hofkapellan mit langjähriger Urkundenerfahrung, eben Lambert, übertragen, der wohl zum Zwecke der Versorgung, weil er vermutlich seine Tätigkeit als berufsmäßiger Urkundenschreiber vorübergehend aufgab, jetzt in die Hofkapelle aufgenommen wurde. Außerdem wurde mit Wilhelm A ein neuer Notar ernannt.

Der geschilderte Einschnitt markiert einen tiefen Umbruch in den politischen Verhältnissen. Die unter dem König Amalrich geschaffenen Kanzleiverhältnisse hatten sich noch zwei Jahre über seinen Tod hinaus als stabil

---

eine undatierte, bei Röhricht nicht regestierte Urkunde Balduins IV. von Wilhelm von Tyrus unterfertigt; Regesten von 1531 im Departementalarchiv Marseille 56 H 68 fol. 405[v], 467[v], 488[r], 619[v]. Schon HIESTAND, Wilhelm von Tyrus S. 358 hat auf den Wechsel in den Unterfertigungsgewohnheiten aufmerksam gemacht.

177) Chronikalisch ist für die Frage der Präsenz Wilhelms beim König auch aus seiner eigenen Chronik weniger zu gewinnen als bei Radulf von Bethlehem (siehe oben S. 153–156). Immerhin scheint er aber im November 1177 bei der Schlacht bei Montgisard mit dem König beim Heer gewesen zu sein, denn er schreibt zum Vorabend der Schlacht: *Nocte ergo illa opinati sumus, quod ante urbem castra locarent sua*; Wilhelm von Tyrus, Chronicon XXI. 20 (21), S. 988. Schon im Sommer 1177 hatte er am Hofe in Jerusalem die schwierigen Verhandlungen mit dem Grafen von Flandern geführt; ebd. XXI. 13 (14), S. 980. Zu einem Zusammentreffen mit dem König 1180 in Beirut und zu Weihnachten 1182 in Tyrus siehe unten S. 241, 243.

erwiesen, denn wenn Wilhelm von Tyrus auch vom Regenten zum Kanzler gemacht wurde, so war er doch der alte Günstling Amalrichs. Als aber der Regent gegangen war, übernahmen neue Kräfte das Ruder am Hofe. Der neue König war erst 15 Jahre alt. Er war trotz seiner schweren Lepra nicht ohne Energie, jedenfalls im militärischen Bereich, denn er ist 1176 ja ins Feld gezogen[178]. Aber in rebus politicis mangelte es ihm natürlich an Erfahrung, er stand hier zeit seines Lebens sehr stark unter dem Einfluß seiner Mutter Agnes von Courtenay. Sie machte 1176 Eraclius zum Erzbischof von Caesarea und 1181 Aimerich von Lusignan zum Konstabler des Reichs, sie entschied 1180 die Patriarchenwahl zugunsten des Eraclius, sie scheint die Hand im Spiel gehabt zu haben bei der Verheiratung der Thronfolgerin Sibylle mit Guido von Lusignan, sie heckte 1183 den Vorschlag zur Erhebung Balduins V. zum Mitkönig aus (*suggerente hoc et ad id penitus hortante regis matre*)[179]. Vor allem aber bereicherte sie sich mit ihrem Bruder in bisher nicht dagewesener Weise am Staat. Davon zeugen nicht nur die zahlreichen Diplome, mittels derer der König seinem Onkel ein Besitzkonglomerat in der Krondomäne von Akkon verschaffte, das dann den Rang einer eigenen Seigneurie erhielt[180], sondern auch Wilhelm von Tyrus, dem Agnes ja 1180 den Weg zum Patriarchat verbaute, wird überaus deutlich und nennt sie eine *mulier plane deo odibilis et in extorquendo importuna*[181]; sie vor allem sei mit ihrem Bruder auf die Ausschaltung des Grafen Raimund III. von Tripolis bedacht gewesen, um selbst die Geschäfte des Reichs nach ihrem Willen zu lenken und aus der Krankheit des Königs ihren Vorteil zu schlagen[182].

Es ist also klar, daß es Agnes war, die hinter der Ausschaltung Wilhelms als Kanzler stand. Die Verfassung war ihr ja immer egal, denn sie ging mit ihrem Bruder 1182 so weit, den König dazu zu überreden, dem Grafen von Tripolis die Einreise ins Reich zu verbieten, was deshalb unerhört war, weil

---

178) Wilhelm von Tyrus, Chronicon XXI. 9 (10), S. 974.

179) MORGAN, Continuation de Guillaume de Tyr S. 49–51, aber es ist wohl unrichtig, wenn dort berichtet wird, sie habe Eraclius schon zum Archidiakon von Jerusalem gemacht, weil er dieses Amt schon 1169 bekleidete; RRH n° 469. Chronique d'Ernoul S. 59 f., 82, 84. Wilhelm von Tyrus, Chronicon XXII. 30 (29), S. 1058.

180) DD. RRH n° 579. 587. 588. 608. 614. 624. 625 und von Balduin V. D. RRH n° 644. LA MONTE, Rise and Decline, passim. MAYER, Seigneurie de Joscelin, passim.

181) Wilhelm von Tyrus, Chronicon XXII. 10 (9), S. 1019, in der altfranzösischen Übersetzung, RHC. Hist. occid. 1, 1078 noch verschärft: *estoit mout angoisseuse de prendre deniers et amoit trop la seignorie.*

182) Ebd.

er als Fürst von Galilaea ja auch Reichsvasall war[183]. Hier allerdings hatten sich die beiden übernommen, die alten Familien, die sich bedroht fühlten, erreichten eine Rücknahme der skandalösen Maßnahme. Der Sturz des Vizekanzlers und Notars Petrus/Radulf C war das Werk der Agnes, die Kaltstellung des Kanzlers und die Erhebung des Eraclius zum Erzbischof sind die ersten deutlichen Fanale für die partielle Machtübernahme im Reich durch Agnes und ihre Kamarilla. Wilhelm und Agnes waren von nun an Gegner, und ebenso Wilhelm und Eraclius, denn als Erzbischöfe waren sie jetzt beide patriarchabel, und Amalrich von Nesle würde nicht mehr langfristig weiteramtieren können, da er bereits 1157 zum Patriarchen von Jerusalem gewählt worden war.

Dagegen dürfte der Notar Wilhelm A eine Ernennung des Königs gewesen sein, wenn vielleicht auch nicht ohne Beteiligung der Agnes. Dies zu tun, war sein Prärogativ, nicht das des Kanzlers. Nirgends zeigt sich dies klarer als hier, denn der neue Notar wurde ja ernannt, als Kanzler und Kanzlei voneinander getrennt waren. Auch ist klar, daß Wilhelm A das Vertrauen des Königs auf Dauer hatte, denn er diente ihm bis zu seinem Tode und darüber hinaus, und vor allem: Der Kanzler Wilhelm von Tyrus wurde ihn nicht los, als er 1177 wieder in die Kanzlei zurückkehrte.

Wie die Fernhaltung Wilhelms von Tyrus vom Amt technisch bewirkt wurde, wissen wir nicht, aber vermutlich wurde ihm das Siegel entzogen, wie man aus ähnlichen europäischen Fällen weiß (siehe oben S. 151). Möglicherweise erhielt er weiterhin die Kanzleitaxen und nicht Lambert, jedenfalls behielt Walter von Palearia 1210 in Sizilien bei seiner Kaltstellung die Einkünfte des Kanzleramtes[184]. Welches die Rechtsgründe waren, die man gegen Wilhelm ins Feld führte, denn einem so begabten Juristen wie ihm mußte man natürlich mit solchen kommen, wissen wir nicht. Am leichtesten wäre es gewesen, die Opportunität der Vereinigung von erzbischöflichem und Kanzleramt zu bestreiten[185] unter Berufung auf die Entscheidung Alexanders III. von 1172, Hugo von Champfleuri dürfe nicht gleichzeitig Kanzler von Frankreich und Bischof von Soissons sein (JL 12004). Auf das Beispiel des Thomas Becket konnte man sich weniger stützen. Zwar gab er wie alle englischen Kanzler vor William Longchamp Ende des Jahrhunderts das Kanzleramt auf, als er zum Episkopat aufstieg, aber zweifellos hatte der König Heinrich II. doch auf die Verbindung der beiden Ämter gehofft, als er die Wahl Beckets zum Erzbischof von Canterbury betrieb, und es darf

---

183) Wilhelm von Tyrus, Chronicon XXII. 10 (9), S. 1019.
184) SCHALLER, Kanzlei Friedrichs II., Teil 1, S. 214, 220, 222.
185) So schon HIESTAND, Wilhelm von Tyrus S. 357.

nicht übersehen werden, daß er im Mai 1162 Erzbischof wurde, aber erst am Jahresende das Großsiegel zurückgab und sich als Kanzler entpflichten ließ[186]. Aber es ist natürlich fraglich, ob diese zeitliche Überlappung von wenigen Monaten in Jerusalem überhaupt irgendjemandem bekannt war.

Da wir über die Rechtsgründe nur spekulieren können, wissen wir auch nicht, wie Wilhelm von Tyrus sich wehrte, juristisch natürlich, nur dessen kann man sicher sein. Ob an der Kurie etwa jetzt eine Klärung der Kompatibilität der beiden Ämter herbeigeführt wurde, entzieht sich unserer Kenntnis, jedenfalls deutet nichts darauf hin, daß Wilhelm jetzt in Europa gewesen wäre. Es war ja auch das Hl. Land für die Kurie stets eine mit anderen Maßstäben zu messende Sache als Frankreich. Innocenz III., nicht gerade ein Mann, der das Kirchenrecht mit Füßen treten ließ, fand sich *propter malitiam temporis et persecutionem urgentem* mit der Bigamie eines Herrschers des Königreichs Jerusalem ab (POTTHAST 716).

Wie immer auch argumentiert und intrigiert wurde, am Ende setzte sich Wilhelm von Tyrus durch. Nachdem Lambert letztmals vor August 1177 unterfertigt hatte (DD. RRH n° 552. 553a), zeigt die Kanzleizeile mit Wilhelms Nennung als Kanzler in D. RRH n° 545/I aus dem letzten Drittel des Jahres 1177 an, daß er im Kanzleramt wieder aktiv war. Aber Hiestand hat schon darauf aufmerksam gemacht, daß Wilhelm im August und September 1177 die delikaten Verhandlungen des Reichs mit dem in den Osten gekommenen Grafen von Flandern über die Verheiratung der Königsschwester und Thronfolgerin und über die Invasion in Ägypten führte, also Funktionen ausübte, wie sie einem Kanzler auch zukamen[187]. Anfang August 1177, als der Graf landete, war Wilhelm wieder Kanzler. Ob dies auch gilt für die von Hiestand ins Feld geführte Beerdigung des Markgrafen Wilhelm von Montferrat im Juni 1177, der im Kalkül des Regenten Raimund und sicher auch seines Vertrauten Wilhelm von Tyrus der nächste König hatte werden sollen, dann aber von Krankheit dahingerafft worden war, ist durchaus möglich, aber nicht sicher. Wilhelm hielt ihm das Totenoffizium[188], aber dies tat er als Priester, nicht als Kanzler. Es ist denkbar, daß der Patriarch Amalrich von Nesle durch Krankheit verhindert war, das Begräbnis vorzunehmen, denn er war nun seit 20 Jahren Patriarch, reiste im Oktober 1178 nicht zum dritten Laterankonzil, sondern überließ die Leitung der Delegation Wilhelm von Tyrus; der mitreisende Prior des Hl. Grabes war vielleicht

---

186) Radulf de Diceto, Opera historica 1, S. 307. Es fand eine förmliche Entpflichtung statt: *auctoritate quoque regia ab omnibus curiae nexibus absolutus* (Herbert von Bosham, Vita s. Thomae S. 185). FOREVILLE, L'Eglise S. 112 Anm. 6.

187) HIESTAND, Wilhelm von Tyrus S. 357.

188) Wilhelm von Tyrus, Chronicon XXI. 12 (13), S. 978.

der persönliche Vertreter des Patriarchen[189]. Im Oktober 1180 ist er gestorben[190]. War der Patriarch verhindert, so wurde er – jedenfalls bei der
Krönung – vom Erzbischof von Tyrus als dem zweithöchsten Hierarchen
des Landes vertreten[191]. Nun gehörten Begräbnisse von Königen anscheinend in die Kompetenz des Patriarchen[192], aber es ist unsicher, ob dies
auch für eingeheiratete Mitglieder des Königshauses galt. Ich habe deshalb
schon früher die Vermutung geäußert, es könne Wilhelm die Exequien des
Marquis deshalb geleitet haben, weil er als Kanzler möglicherweise der Leiter
der Hofkapelle war[193]. Wenn diese Lösung zutrifft, dann übte Wilhelm
auch wieder das Kanzleramt aus.

Jedenfalls fällt Wilhelms Rückkehr in die Kanzlei mindestens einigermaßen mit dem Tod des Markgrafen zusammen. Keinesfalls kehrte er vorher in
die Kanzlei zurück, denn Lamberts Zeit als Hilfsdatar kann bis zum Ableben
des Marquis gedauert haben. Wilhelm von Montferrat war durch seine
Heirat mit der Thronfolgerin Sibylle de facto der nächste König, auch wenn
er selbst die Krone nicht erben würde. Sicard von Cremona schreibt über
ihn: *et cum rex infirmus nomine Balduinus ei coronam vellet imponere, Wilel-
minus comes coronam renuit, sed in custodia regnum tenuit universum*[194].
Das läuft auf eine Regentschaft hinaus, de facto oder de iure, woran man
wohl glauben mag, denn kaum war Wilhelm ein oder zwei Monate unter
der Erde, da bot man die Regentschaft ohne Erfolg dem Grafen von Flandern an, kaum daß er angekommen war, und ernannte nach seiner Ableh-
nung Rainald von Châtillon, und Rainalds Ernennung war schon vor der
Ankunft des Flandrers beschlossen worden[195]. Wilhelms Rückkehr in die
Kanzlei fällt zusammen mit dem Tod dieses Regenten Wilhelm von Montferrat, den er nicht unfreundlich, aber wahrhaftig auch nicht freundlich schildert, jedenfalls als unbedarft und damit als Regent ungeeignet. Dem Essen
und Trinken sei er zu sehr ergeben gewesen, auch wenn das nie die Hand-
lungsfähigkeit beeinträchtigt habe. Mutig sei er gewesen, auch großzügig,

---

189) Wilhelm von Tyrus, Chronicon XXI. 25 (26), S. 996.
190) Ebd. XXII. 4, S. 1011.
191) Livre de Jean d'Ibelin c. 6, RHC. Lois 1, S. 29. Im Jahre 1158 wurde die Königin
Theodora allerdings nicht vom Erzbischof von Tyrus gekrönt, sondern vom Patriarchen von Antiochia als einem noch ranghöheren, weil er als Exilant im Reich weilte
und der Patriarch von Jerusalem noch ungeweiht war; Wilhelm von Tyrus, Chronicon
XVIII. 22, S. 843.
192) Ebd. XV. 27, S. 711.
193) MAYER, Hofkapelle S. 502 f.
194) Sicard von Cremona, Cronica, MGH SS 31, S. 173.
195) Wilhelm von Tyrus, Chronicon XXI. 13 (14), S. 979 f.

aber auch über die Maßen jähzornig (*iracundus ita ut modum excederet*). In der Tat weckte er schon bald nach seiner Ankunft Animositäten bei einem Teil derer, die einst dafür eingetreten waren, ihn ins Land zu holen und mit Sibylle zu verheiraten[196]. Schon vor seiner Ankunft war Lambert zum Hilfsdatar ernannt und daher Wilhelm kaltgestellt worden (D. RRH n° 537). Das war das Werk der Agnes von Courtenay. Aber wäre es nicht denkbar, daß der jähzornige Wilhelm von Montferrat, verheiratet mit der Tochter der Agnes, sich auf deren Seite geschlagen haben und Wilhelm weiterhin aus dem Amt ausgesperrt haben könnte? Dann wäre erklärt, warum Wilhelm bis zum Ableben des Marquis warten mußte, ehe er sein Amt wieder ausüben konnte. Allein hatte Agnes die Bataillone nicht.

Zu Ende war natürlich die Karriere des Hilfsdatars Lambert, der wieder in sein eigentliches Metier des berufsmäßigen Urkundenschreibers zurückkehrte, in dem er noch bis 1179 feststellbar ist (RRH n° 590). Vermutlich mußte er auch aus der Kapelle ausscheiden, jedenfalls begegnet er nicht mehr als Hofkapellan. Obwohl es im Königreich Jerusalem keine Verflechtung von Kanzlei und Kapelle gab, gibt es doch schwache Indizien dafür, daß der Kanzler zugleich Leiter der Hofkapelle war[197]. So war es jedenfalls in Sizilien und Frankreich, ebenso in England[198]. Wenn dem so war, dürfte Wilhelm dafür gesorgt haben, daß Lambert die Kapelle verlassen mußte.

6. Wilhelm als Erzbischof von Tyrus

Drei Jahre bis 1180 blieb Wilhelms Leben jetzt ungestört, wenn auch nicht ruhig, dann begann der Abstieg. Erzbischof von Tyrus ist er natürlich geblieben bis zu seinem Tode 1186. Auch für die Reichskirche, ja für die Weltkirche hat er sich Verdienste erworben. Im Oktober 1178 verließ er erneut das Hl. Land und reiste als Haupt der Delegation der jerusalemitanischen Kirche nach Rom zur Teilnahme am Dritten Laterankonzil im März 1179. Das taten viele, aber er wurde von den Konzilsteilnehmern dazu auserwählt, die Statuten und die offizielle Teilnehmerliste zu redigieren[199]. Den Auftrag verdankte er natürlich seiner Reputation als Jurist. Bei dieser Gelegenheit läßt er uns wissen, daß er diese Statuten im Archiv der Kirche von Tyrus deponiert habe, wo man sie nachlesen könne. Sie würden dort

---

196) Wilhelm von Tyrus, Chronicon XXI. 12 (13), S. 978.
197) MAYER, Hofkapelle S. 502 f.
198) Hierzu siehe oben S. 150.
199) MANSI, Concilia 22, Sp. 209–233; Wilhelm von Tyrus, Chronicon XXI. 25 (26), S. 996–998.

aufbewahrt unter den anderen Büchern, die er in den sechs Jahren seines Pontifikats – er schrieb diese Stelle also 1181 – dort zusammengetragen habe. Er hatte in Tyrus also eine Bibliothek gegründet, auf die er offenbar auch stolz sein konnte, wenn er sie erwähnte. Auf dem Laterankonzil wirkte er mit an der endgültigen Regelung des Verhältnisses der Ritterorden zum Episkopat, an der Festlegung der Zweidrittelmehrheit für die Papstwahl und des Mindestalters von 30 Jahren für Bischöfe, am Anathem gegen die Katharer und den ersten Maßnahmen gegen die Waldenser. Etwas sauer mag ihm die Redaktion von Canon 13 geworden sein, der wieder einmal die Pfründenkumulation untersagte, wovon Wilhelm früher nicht frei gewesen war.

Spätestens beim Konzil von 1179, vielleicht aber schon früher, auf jeden Fall zwischen 1175 und 1179, mußte sich Wilhelm als erster Erzbischof von Tyrus mit exorbitanten Zehntforderungen der Venezianer befassen, die aufgrund des Pactum Warmundi (D. RRH n° 102) mittels einer weittragenden Interpretation ein Drittel aller Zehnten der Stadt Tyrus und ihres Contado forderten. Wilhelm brachte die Sache vor das päpstliche Gericht, aber zwei zur Erledigung der Sache delegierte Kardinäle hörten nur die Argumente der Parteien, ohne eine Entscheidung zu treffen, so daß sich der Streit später endlos hinschleppen sollte[200].

Wo und womit Wilhelm den Winter bis zum Konzilsbeginn verbrachte, wissen wir nicht. Man hatte natürlich die Reise der Bischöfe dazu benutzt, ihnen auch andere Aufträge mitzugeben. So wurde der Bischof von Akkon damit beauftragt, dem Herzog von Burgund die Hand der verwitweten Königsschwester zu denselben Bedingungen anzutragen, zu denen sie mit dem Markgrafen von Montferrat verheiratet gewesen war[201]. Der Herzog sagte zwar zu, kam dann aber später nicht in den Osten. Wir wissen auch nicht, wie und wo Wilhelm die Zeit nach dem Konzil verbrachte, denn er hatte für die Heimreise einen Auftrag nach Konstantinopel, wohin er aber erst im Herbst 1179 kam (siehe unten S. 242).

Für seine eigene tyrensische Kirche sorgte er nicht nur durch den Aufbau einer Bibliothek, er kümmerte sich auch um ihren Besitz. In der einzigen erhaltenen Papsturkunde Gregors IX. für einen Erzbischof von Tyrus vom 16. Februar 1232[202] bestätigte der Papst zwar den Besitz der Kirche in Tyrus, aber nur pauschal und ohne Besitzliste. Jedoch sorgte Wilhelm dafür, daß der König ihm und seinen Nachfolgern und der Kirche von Tyrus in Toron 1182 die Zehnten der dreimal jährlich zu leistenden gewohnheits-

---

200) HIESTAND, Wilhelm von Tyrus S. 366 f.; FAVREAU-LILIE, Italienische Kirchen S. 50–52.
201) Wilhelm von Tyrus, Chronicon XXI. 25 (26), S. 996 f.
202) HIESTAND, Vorarbeiten 3, S. 383 n° 191.

rechtlichen Abgaben an den König an Hühnern, Eiern, Käsen, Holz und *ectulis* schenkte[203]. Außerdem legte der König fest, daß die von seinen Vorgängern[204] für Toron an die Kirche von Tyrus gezahlten allgemeinen Zehnten im erzbischöflichen Haus in Toron abzuliefern seien. Toron war seit 1180 Krondomäne, wurde aber 1183 verlehnt an Wilhelms Erzfeindin Agnes von Courtenay, so daß zweifelhaft ist, wie es mit der Realisierung des Privilegs aussah[205]. Kanzleigeschichtlich ist das D. RRH n° 615 interessanter als vom Sachinhalt her. Als Empfänger ist der Erzbischof Wilhelm von Tyrus genannt, unterfertigt ist es von demselben Erzbischof Wilhelm als königlichem Kanzler, und angekündigt wird nur das Königssiegel. Das wäre in England unzulässig gewesen, denn dort wurden Königsurkunden, die den Kanzler betrafen oder den Justitiar, nicht nur mit dem ja vom Kanzler selbst geführten Großsiegel gesiegelt, sondern auch mit dem 'privy seal' des Königs[206]. Das verhinderte die Ausstellung formal echter Königsurkunden mit gefälschtem Inhalt, mittels derer sich der Kanzler, der ja das Großsiegel kontrollierte, selbst begünstigte, denn das privy seal führte der König persönlich. In gleicher Weise wurden im 14. Jahrhundert französische Königsurkunden für den Kanzler mit dem Großsiegel und dem Sekretsiegel ausgestellt[207]. Fälschungen wie die virtuosen des Reichsvizekanzlers Kaspar Schlick, auf die selbst Theodor Sickel hineinfiel, waren in England und Frankreich also nicht möglich, während man in Jerusalem dagegen keine Vorsorge getroffen hat, mindestens nicht zur Zeit Wilhelms, denn eine andere Königsurkunde für einen Kanzler haben wir weder in Jerusalem noch auf Zypern[208]. Damit

---

203) D. RRH n° 615, wohl verschrieben für *edulis* = *haedulis* = Jungziegen. Siehe den Bericht des Marsilio Zorzi, ed. BERGGÖTZ S. 153: *redditus personales pro carruca*, dreimal im Jahr je eine Henne, 10 Eier, eine halbe *rotula* (à 2,3 Kilo) Frischkäse und 12 Denare anstelle des Holzes sowie pro Casale *unum edum*. Dieselben Abgaben ohne den Geißbock in Zorzi S. 153 unten, 154, 155, 156, außerdem in RRH n° 1260 = STREHLKE, Tabulae S. 93. Im Antiochenischen vgl. RRH n° 708. Zu *exenia* in Sizilien siehe GIRGENSOHN – KAMP, Urkunden und Inquisitionen S. 86 f. Anm. 2.

204) Hier sind die Herren von Toron gemeint, denn man müßte bis in die Zeit des Königs Balduin I. zurückgehen, um Toron im Besitz königlicher Amtsvorgänger zu finden.

205) Wilhelm von Tyrus, Chronicon XXII. 5, S. 1012; MAYER, Legitimität S. 70–72.

206) CHAPLAIS, English Royal Documents S. 24.

207) TESSIER, Diplomatique S. 204 Anm. 4. Für das 13. Jh. stellt sich das Problem nicht wegen der Vakanz im kapetingischen Kanzleramt.

208) Auch RRH n° 737 kommt hier nicht in Betracht, denn zwar ist das Stück für den Kanzler von Jerusalem ausgestellt, aber vom König von Zypern über zyprischen Besitz und vom zyprischen Kanzler unterfertigt.

soll natürlich nicht gesagt sein, daß D. RRH n° 615 eine Kanzleifälschung ist, dafür war es vom Umfang her viel zu unbedeutend. Auch soll nicht gesagt sein, daß Wilhelm von Tyrus anderweitig sich mittels Kanzleifälschungen bereichert hätte. Aber er hätte es tun können. Das kirchliche Kardinalproblem, dem sich im 12. Jahrhundert jeder Erzbischof von Tyrus gegenübersah, war die faktische Teilung der Kirchenprovinz zwischen die Patriarchate von Antiochia, wohin ursprünglich die ganze Provinz gehört hatte, und Jerusalem. Hiestand hat gezeigt, daß Wilhelm von Tyrus hier sehr dezidierte Auffassungen hatte. Wenn sich die Einheit der Kirchenprovinz, sei es unter dem einen oder dem anderen Patriarchen, nicht herstellen ließ, dann favorisierte er die Herauslösung der ganzen Provinz aus beiden Patriarchaten und ihre direkte Unterstellung unter Rom, wie sie Innocenz II. 1139 oder 1140 in JL 7943[209] androhte. Aber auch Wilhelm mußte sich wie seine Vorgänger mit der faktischen Teilung seiner Kirchenprovinz abfinden. Latent schwebte über ihm immer die Gefahr, er könne von den ihm verbliebenen südlichen Suffraganen Sidon, Beirut, Baniyās und Akkon noch mehr verlieren, Baniyās war ja in der Tat seit 1164 muslimisch, der letzte uns bekannte Titular des 12. Jahrhunderts starb 1169 in Paris (siehe oben S. 140), danach erscheint ein Bischof von Baniyās erst wieder Mitte des 13. Jahrhunderts[210], so daß anscheinend kein neuer Bischof ernannt wurde, auch von Wilhelm nicht. Beirut und Sidon waren bereits von Eugen III. dem Patriarchen von Antiochia unterstellt worden, ohne daß dieser Entscheid ausgeführt worden wäre, aber seine Exekution wurde von Antiochia aus betrieben, denn als der Patriarch Eraclius von Jerusalem 1184 an der Kurie war, wurde er mit Klagen über dieses Problem konfrontiert, die Hiestand mit Recht dem Patriarchen Aimerich von Antiochia zuschreibt[211]. Tatsächlich wurde der Streit nie endgültig entschieden.

In Beirut und Sidon hatte Wilhelm von Tyrus ja schon 1176 Bischöfe geweiht (oben S. 227). Einen für 1187–1191 postulierten Odo II. von Sidon hat er dagegen nicht geweiht, denn er ist personengleich mit Odo I.[212]. In

---

209) Überliefert bei Wilhelm von Tyrus, Chronicon XIV. 11, S. 644 f. Das Stück ist bei Wilhelm von Tyrus verkürzt, was der Chronist im Interesse seiner Kirche schon mit Briefen Honorius II. in dieser Frage gemacht hatte, aus denen er öfter die entscheidenden Passagen strich. Zur Sache siehe HIESTAND, Päpstliche Legaten, maschinenschriftliche Fassung S. 172–182, resümiert bei MAYER, Bistümer S. 98–104.

210) FEDALTO, Chiesa latina 2, S. 186.

211) POTTHAST 556. HIESTAND, Wilhelm von Tyrus S. 377–379.

212) Der angeblich zwischen Odo I. und Odo II. amtierende Bischof Rainald von Sidon aus D. RRH n° 603 in den beiden Drucken von DELAVILLE LE ROULX ist zu

Beirut aber sorgte er nach dem Tod des Bischofs Raimund am 13. September 1181 dafür, daß sein eigener tyrensischer Archidiakon, der *litteratus magister* Odo zum Bischof gewählt wurde. Er hat ihn im Quatember vor Weihnachten (16.–19. Dezember) 1181 erst zum Priester, dann zum Bischof geweiht[213]. Ein Jahr später zelebrierte Wilhelm in seiner eigenen, eher unscheinbaren Kathedrale die Weihnachtsliturgie für seinen alten Zögling, den leprakranken König Balduin IV., wohin sich dieser von einem Feldzug begeben hatte[214].

Zu dieser Zeit lag ein wichtiges kirchenhistorisches Ereignis bereits kurz zurück, über das Wilhelm uns relativ ausführlich berichtet und das seine Kirchenprovinz sehr tangierte: die Integration der libanesischen Maroniten in die römische Kirche[215]. Sie wurden 1181/1182 vom Patriarchen von Antiochia in die römische Kirche integriert, aber ihre Siedlungsgebiete umfaßten mehr als das von Wilhelm von Tyrus angegebene Siedlungsgebiet zwischen Tripolis und Byblos, was alles im Patriarchat Antiochia lag. Sie waren auch vertreten im Bistum Beirut, das wie der ganze südliche Teil der Provinz Tyrus zum Patriarchat Jerusalem gehörte. Wilhelm von Tyrus verschweigt dies, weil hier von dem Antiochener die kirchenrechtlich unzulässige Situation geschaffen worden war, daß die Maroniten auch in Beirut über ihren separaten Episkopat dem Antiochener in einer Personalhierarchie gehorchten, während die lateinischen Christen Beiruts nach dem Territorialprinzip über den Ortsbischof und den Erzbischof von Tyrus dem Patriarchen von Jerusalem verbunden waren. Damit griff der Patriarch von Antiochia tief in die Rechte Wilhelms als Erzbischof ein, und man darf ziemlich sicher sein, daß hinter den erfolgreichen Bemühungen des Beiruter Bischofs Odo, Wilhelms altem Archidiakon, sich die Maroniten in Beirut zu unterstellen[216], auch Wilhelm stand.

---

streichen, denn er hat das Stück je zweimal gedruckt, und in den anderen beiden Drucken (D. RRH n° 604) hat er aus dem heute noch erhaltenen Original richtig gedruckt *Reinaldus Sidoniensis domnus*. Damit verlängert sich die Amtszeit des Bischofs Odo von Sidon von 1176–1181 auf 1176–1191.

213) Wilhelm von Tyrus, Chronicon XXII. 7, S. 1017.
214) Ebd. XXII. 23 (22), S. 1043.
215) Ebd. XXII. 9 (8), S. 1018 f.; HIESTAND, Maroniten, passim.
216) Feierliches Privileg Lucius III. vom 5. September 1184 für den Bischof von Beirut bei HIESTAND, Vorarbeiten 3, S. 303 n° 127.

7. Wilhelms Abstieg und Ende

Als Erzbischof führte Wilhelm also die normale Existenz eines Titulars in einer Kirchenprovinz mit schwierigen Problemen, und in der Frage der Maroniten konnten 1184 die Expansionsgelüste des Patriarchen von Antiochia zurückgedrängt werden. Als Autor seiner Chronik webte Wilhelm in diesen Jahren an seiner Unsterblichkeit, aber als Politiker waren seine späten Jahre von Mißerfolg und Tragik begleitet. Bis 1180 war er der außenpolitische Hauptberater des Königs. Für die Frage seiner Präsenz bei Hofe haben wir viel weniger Indizien als bei Radulf von Bethlehem, denn anders als bei diesem zeigen Wilhelms Unterfertigungen als Kanzler[217] nicht an, daß er bei Hofe war. Für die Präsenz sind daher nur Zeugennennungen aussagekräftig, die bei Wilhelm extrem selten sind. Ich kenne nur D. RRH n° 545/I und RRH n° 545/II. 619 aus den Jahren 1177 und 1182.

Zunächst aber hatte Wilhelm die Genugtuung, die Bischöfe des Königreichs Jerusalem beim Laterankonzil von 1179 anzuführen. Das verlieh natürlich auch politisches Prestige. Nach dem Konzil reiste er über Brindisi[218] nach Konstantinopel zum Basileus. Im September langte er dort an, denn als er am 23. April 1180 abreiste, hatte er sieben Monate am Goldenen Horn verbracht[219]. Er selbst wäre wohl früher weitergereist, denn er mußte den Kaiser öfters bitten, ihm die Erlaubnis hierzu zu erteilen. Allerdings spielte auch das für die Seereise ungünstige Winterwetter eine Rolle. Um was es hier ging, sagt er nicht, jedenfalls nicht genau. Mit *moram nobis et ecclesie nostre perutilem fecissemus* müssen wir uns begnügen. Nützlich für „unsere Kirche", also für Tyrus, ohne daß man wüßte, was er dem Kaiser abrang. Von königlichen Aufträgen verlautet nichts, aber päpstliche hat er vielleicht im Gepäck gehabt. Anfang 1178 hatte nämlich der Papst Alexander III. in einem scharfen Schreiben dazu aufgefordert, Boemund III. von Antiochia mit allen Mitteln daran zu hindern, die antiochenische Kirche der konstantinopolitanischen zu unterstellen[220]. Es wäre denkbar, daß Wilhelm diese Gefahr an der Quelle beseitigen sollte. Immerhin nahm er Aufträge des Kaisers an den Fürsten und den Patriarchen von Antiochia mit, als er nach Hause fuhr, und reiste auch in Gesellschaft kaiserlicher Gesandter, von denen nicht gesagt wird, ob sie nach Antiochia oder nach Jerusalem unterwegs waren. Am 23. April 1180 reiste er in Byzanz ab, am 12. Mai landete er in St. Simeonshafen bei Antiochia, entledigte sich dort seiner

---

217) Zu den Unterfertigungen von Deperdita siehe oben S. 231 Anm. 176.
218) Wilhelm von Tyrus, Chronicon XXI. 29 (30), S. 1003.
219) Ebd. XXII. 4, S. 1009–1011.
220) JL 13020, zuletzt gedruckt bei HIESTAND, Vorarbeiten 3, S. 278 n° 111.

Aufträge und fuhr dann weiter nach Beirut, wo er mit seinem König zusammentraf. Am 6. Juli 1180 traf er nach einer Abwesenheit von einem Jahr und zehn Monaten wieder in Tyrus ein.

Wilhelm kam in ein anderes Königreich Jerusalem zurück. In der Karwoche hatte der König seine Schwester, die Thronfolgerin Sibylle, panikartig verheiratet mit dem Poitevin Guido von Lusignan, weil er fürchtete, die im Anmarsch befindlichen nördlichen Kreuzfahrerfürsten Boemund III. von Antiochia und Raimund III. von Tripolis wollten ihn absetzen[221]. Das war ein wesentlicher Erfolg der Kamarilla um Sibylles Mutter Agnes von Courtenay, denn Guido, der ihr überzeugter Parteigänger war, wurde jetzt Graf von Jaffa-Askalon, und zwischen ihm und dem Thron stand nur der 1177 geborene Sohn Sibylles aus erster Ehe, Balduin V.

Einen weiteren Erfolg errang Agnes im Oktober 1180. Am 6. des Monats starb der Patriarch von Jerusalem, Amalrich von Nesle, der 23 Jahre lang Patriarch gewesen war, *vir simplex nimium et pene inutilis*, wie Wilhelm von Tyrus ungeniert von seinem eigenen Consecrator schreibt. Bereits am 16. Oktober 1180 wurde Eraclius, Erzbischof von Caesarea, zum Patriarchen erhoben[222]. Fünf Druckzeilen umfaßt Wilhelms Bericht in dieser Sache in der Ausgabe von Huygens. Er verschweigt, daß er selbst kandidierte und unterlag, weil Agnes dem König einflüsterte, nicht seinen alten Lehrer, sondern Eraclius zu nehmen[223]. Spätere Chroniken haben Eraclius in den allerschwärzesten Farben gemalt, ein wahrer Frankenstein auf dem Patriarchenthron. Ein Giftmörder sei er gewesen, eine verheiratete Maitresse habe er gehabt, in eine Ratsversammlung beim König habe man ihm die Nachricht überbracht, daß sie ihm ein Kind geschenkt habe[224]. Als chronique scandaleuse liest sich das ja anregend, aber Kedar hat gleichwohl unlängst die längst fällige Ehrenrettung vorgenommen[225]. Wie Wilhelm von Tyrus hatte er in Bologna studiert, hatte den Magister erworben und hatte als Archdiakon von Jerusalem und Erzbischof von Caesarea reiche Erfahrungen sammeln können. Intellektuell konnte er freilich an Wilhelm nicht heranreichen, aber wie Guido von Lusignan war er ein überzeugter Anhänger der Agnes von Courtenay, die seit 1176 seinen Aufstieg gelenkt hatte. Immerhin hat er aber auch andere wenig vorteilhaft beeindruckt. Radulf Niger

221) Wilhelm von Tyrus, Chronicon XX. 1, S. 1007.
222) Ebd. XXII. 4, S. 1011 f.
223) MORGAN, Continuation de Guillaume de Tyr S. 49 f.; Chronique d'Ernoul S. 82–84.
224) MORGAN, Continuation de Guillaume de Tyr S. 50–52; Chronique d'Ernoul S. 84–87.
225) KEDAR, Patriarch Eraclius, passim.

sah ihn 1184/1185 auf seiner Mission nach Europa und klagte bewegt über seinen Luxus bei der Kleidung, die von Gold und Silber entnervend bimmelte; sein Parfum verwirrte Radulf den Geist[226].

Politik besteht natürlich nicht nur in der Stärkung der eigenen Partei, sondern auch in der Schwächung der Gegenseite. Dies war die Aufgabe, die Eraclius jetzt in Bezug auf Wilhelm von Tyrus zufiel. Er und Agnes ekartierten ihn aus der Kirchen- und Reichspolitik. Wilhelm durfte keine große Mission mehr ausführen. Dazu trug natürlich bei, daß sein alter Gönner Raimund III. von Tripolis sich von Ostern 1180 an zwei Jahre vom Reich fernhielt[227]. Ebenso trug dazu bei, daß im September 1180 Kaiser Manuel Komnenos starb, mit dem er gut zusammengearbeitet hatte. Damit endete die Großmachtpolitik von Byzanz, die die Kraftreserven des Reiches ohnehin überstrapaziert hatte. Anfangs mochte man in Jerusalem noch auf eine Stabilisierung der Verhältnisse unter der latinophilen Kaiserinwitwe Maria von Antiochia hoffen, aber der Haß der byzantinischen Bevölkerung entlud sich im Mai 1182 in einem furchtbaren Lateinermassaker, die die von Wilhelm seit 1168 verfochtene Politik der Anlehnung an Byzanz in Jerusalem endgültig diskreditierte. Im Jahre 1181 war noch einmal eine Gesandtschaft nach Byzanz gegangen, aber nicht Wilhelm leitete sie, sondern der Bruder der Agnes, Joscelin III. von Courtenay[228]. Im selben Jahr reiste wegen des Ehestreits des Fürsten Boemund III. von Antiochia eine hochrangige Delegation aus Jerusalem unter der Führung des Patriarchen in den Norden, aber natürlich ließ sich Eraclius nicht von Wilhelm von Tyrus begleiten, sondern aus dem Episkopat vom Erzbischof von Caesarea und vom Bischof von Bethlehem[229].

Im Februar 1183 wurde Wilhelm auf einer Reichsversammlung in Jerusalem zu einem der Kollektoren der großen Sondersteuer für die Reichsverteidigung ernannt. Zusammen mit dem ungeliebten Joscelin III. und vier Bürgern von Akkon war er verantwortlich für das Steueraufkommen im nördlichen Reichsteil[230]. Es ist außerhalb der Kanzlei die letzte öffentliche Funktion im Reich, die wir von ihm kennen. Aber sehr bald danach, am 19. März 1183 unterfertigte er letztmals als Kanzler (DD. RRH n° 624. 625), obwohl man sagen muß, daß danach bis zum 16. Mai 1185 keine Königs-

---

226) Radulf Niger, De re militari S. 193 f.

227) Wilhelm von Tyrus, Chronicon XXII. 1. 10 (9), S. 1007, 1019. Im April 1182 war er wieder da und bezeugte D. RRH n° 615, das der König für Wilhelm von Tyrus ausstellte.

228) Wilhelm von Tyrus, Chronicon XXII. 5, S. 1013.

229) Ebd. XXII. 7, S. 1015 f.

230) Ebd. XXII. 24 (23), S. 1043–1046.

urkunden erhalten sind, als erstmals der Kanzler Petrus von Lydda amtierte (D. RRH n° 643).

Da die Unterfertigung des Kanzlers seine Anwesenheit nicht mehr beweist, ist nicht mehr bekannt, wer in seiner Vertretung eigentlich die Diplome siegelte, während er 1178–1180 fast zwei Jahre in Europa war, ob der Notar Wilhelm A oder ein eigener Siegelbewahrer, wie ihn etwa der englische Kanzler in Gestalt des Vizekanzlers als Siegelbewahrer und des Spigurnel als des eigentlichen Besiegelers hatte.

Diktiert hat Wilhelm von Tyrus natürlich nicht mehr. Diese Evidenz sage ich nur deshalb, weil es in seiner Chronik eine Stelle gibt, die dennoch so interpretiert werden könnte. Im Oktober 1180 verlobte der König seine Halbschwester Isabella mit Humfred IV. von Toron, der im Jahr zuvor die Herrschaft Toron vom Großvater geerbt hatte. Er war außerdem der Erbe Transjordaniens. Bei dieser Gelegenheit erwarb der König im Tausch von Humfred sein Patrimonium Toron, Châteauneuf und den Anspruch auf Baniyās *certis conditionibus, quarum tenor in archivis regiis nobis dictantibus per officium nostrum continetur introductus*[231]. Die Stelle ist kanzleigeschichtlich von hohem Interesse. Sie ist der einzige Nachweis für ein königliches Archiv, das aber nicht nur den Einlauf enthielt, sondern mindestens auch wichtigen Auslauf. Die Assisen, d. h. die Gesetze, wurden dagegen nicht beim König archiviert, sondern am Hl. Grab, und sie hießen deshalb *Letres dou Sepulcre*[232]. Da es Chirographen unter den Königsurkunden von Jerusalem so gut wie nicht gibt (siehe unten S. 644), muß es sich bei dem Schriftstück, das Wilhelm im Archiv des Königs deponieren ließ, entweder um eine in der Kanzlei hergestellte Kopie oder aber um das Konzept gehandelt haben. Jedenfalls beweist die Stelle, daß es keine Kanzleiregister gab, denn wenn die Registrierung gewohnheitsmäßig geübt worden wäre, hätte Wilhelm das hier geübte Verfahren nicht so besonders betont, wie er dies tut. Wo dieses Archiv sich befand, ob es ortsfest an sicherer Stelle war oder mit der Kanzlei reiste, wissen wir nicht. Wenn es nicht ortsfest war und, wie das Beispiel hier zeigt, Auslauf in Auswahl enthielt, so könnten solche Archivalien als Formularbehelf gedient haben, wie man ihn bisweilen aus den noch erhaltenen Diplomen erschließen kann[233].

Nobis dictantibus, so wird die Tätigkeit des Kanzlers in diesem Fall von ihm selbst beschrieben. Soll das heißen, daß er dieses nicht mehr erhaltene Stück selbst diktierte, etwa weil es von besonderer Bedeutung war? Um den

---

231) Wilhelm von Tyrus, Chronicon XXII. 5, S. 1012.
232) Livre de Jean d'Ibelin c. 4, RHC. Lois 1, S. 25 f.
233) Siehe unten S. 635, 787–793.

Sprachgebrauch der Zeit zu ermitteln, habe ich in Paris die Sammlungen des Cabinet Ducange durchgesehen. Soweit *dictare* in Verbindung mit Personen gebraucht wird, heißt es im formaldiplomatischen Sinne 'diktieren'[234]. Ganz überwiegend aber wird das Wort in Verbindung mit Abstracta gebraucht und meint dann 'befehlen': *dictante iustitia, divina gratia mihi dictante, spiritu sancto dictante, prout ratio sibi dictaverit* und ähnliches. Und genau so, nie als 'diktieren' wird das Wort bei Wilhelm von Tyrus benutzt[235]. Wilhelm hat also nicht etwa das Diplom über den Tausch mit Humfred IV. von Toron selbst diktiert, sondern er hat angeordnet, einen Text davon im Kronarchiv zu archivieren.

Seit der für ihn gescheiterten Patriarchenwahl von Oktober 1180 war Wilhelm von Tyrus ein Gezeichneter, angefeindet vom Patriarchen, von Agnes und ihrer Klientel, vom König nicht länger gestützt. Im März 1183 unterfertigte er noch Diplome (DD. RRH n° 624. 625), im Sommer verschlechterte sich mit der Position der alten Familien auch die seinige, als der König seinen Schwager Guido von Lusignan, den Schwiegersohn der Agnes, zum Regenten bestellte. Im Herbst 1183 besann er sich eines anderen und übernahm die Regierung wieder selbst[236]. Von nun an verfolgte der König den Lusignan und sogar dessen Frau, seine Schwester. Das war im Prinzip eine erhebliche Verbesserung der politischen Partei, der Wilhelm von Tyrus zuneigte, denn es gab an sich jetzt keine Alternative mehr zu einer neuerlichen Regentschaft seines alten Gönners Raimund III. von Tripolis, wenn man denn überhaupt eine Regentschaft einsetzte. Aber Hamilton hat gezeigt, daß Agnes mit großer Geistesgegenwart just dies verhinderte, indem sie einen Kompromißvorschlag präsentierte, der dann angenommen wurde[237]. Des Königs Neffe Balduin, erst 1177 geboren, wurde im November 1183 als Balduin V. zum Mitkönig gekrönt[238]. Das verhinderte zwar die direkte Nachfolge von Guido und Sibylle nach dem absehbaren Tod Balduins IV., schien aber die Herrschaft der Agnes und ihrer Parteigänger noch auf fast ein Jahrzehnt zu zementieren, denn Balduin V. würde erst 1192 volljährig werden. Bis dahin aber stand die Regentschaft der Mutter Sibylle zu, und das

---

234) Beispiel: *Jonas scolasticus, quia hanc cartam dictavit, et Andreas monachus, qui eam scripsit*; DE KERSERS, Cartulaire A de St.-Sulpice de Bourges n° 67.

235) Wilhelm von Tyrus, Chronicon X. 28 (29), S. 488: *Romanorum dictator Crassus*; XI. 14, S. 518: *crimen confessus, principibus in eum dictantibus sententiam, suspendio vitam finivit*; XVI. 17, S. 739: *dictante domino Eugenio* (= Papst Eugen III.); XX. 30, S. 955: *alia a spiritu superbie dictata*.

236) Ebd. XXII. 26 (25). 30 (29), S. 1048 f., 1057–1059.

237) HAMILTON, Queens of Jerusalem S. 169.

238) Wilhelm von Tyrus, Chronicon XXII. 30 (29), S. 1058 f.

Regime der Großmutter Agnes konnte weitergehen. Als es dann im Frühjahr 1184 so weit war, daß Balduin IV. einen Regenten ernennen mußte, brauchte er sich um Guido und Sibylle nicht zu kümmern, denn mit geschickten Manövern hatte er die beiden in die offene Rebellion getrieben und ihre gräfliche Stadt Jaffa konfisziert. Er ernannte Raimund III. von Tripolis.

Man sollte annehmen, daß Wilhelm über diese Ernennung glücklich gewesen wäre. Generell aber hatte sich seiner ein abgrundtiefer Pessimismus bemächtigt, von dem schon Buch XXI c. 7 seiner Chronik, erst recht aber der Prolog zu Buch XXIII Zeugnis ablegen; er war an sich willens, seine Chronik mit Buch XXII, das bis Ende 1183 reicht, unvollendet zu lassen, ließ sich dann aber doch dazu überreden, das Werk fortzusetzen. Buch XXIII brachte es dann doch nur auf ein Kapitel nach dem Prolog und endet zu Anfang oder im Frühjahr 1184 mit der zweiten Ernennung Raimunds III. von Tripolis zum Regenten in einem Ton des gedämpften Optimismus: *unica enim et singularis videbatur omnibus salutis via, si predicto comiti regiorum cura committeretur negociorum.* Das war genau die Haltung, die man von ihm erwartet. Daß aber dieses Ende nicht vollständig ist, fühlten im 13. Jahrhundert schon die Redaktoren der Handschriften BW, die einen kleinen Schluß anfügten, der bis zur Nachfolge Balduins V. als Alleinherrscher 1185 reicht[239]. Huygens hat hier an einen mechanischen Textverlust eines einst weiter reichenden Buches XXIII gedacht[240]. Aber befriedigender ist die Theorie von Hiestand, daß Buch XXIII nie weiter reichte, weil Wilhelm dann doch unüberwindliche Hemmungen hatte, seinen eigenen Sturz als Kanzler zu berichten[241]. Die Chronik reicht bis Anfang 1184. Im Prolog zu Buch I wird das Jahr 1184 genannt, doch hat Hiestand gezeigt, daß er im Winter 1183/1184 überarbeitet wurde. Zu dieser Zeit war Wilhelm noch Kanzler des Königs (*domini regis negocia, in cuius sacro palatio cancellarii fungimur dignitate*).

Früher konnte man sich in die Hypothese zurückziehen, Wilhelm sei eben bald nach den zuletzt geschilderten Ereignissen verstorben oder aber wegen Krankheit vom Kanzleramt zurückgetreten, so daß im Mai 1185 ein neuer Kanzler erscheint (D. RRH n° 643). Seit aber Hiestand den 29. September 1186 als den Todestag erwiesen hat und da feststeht, daß Wilhelm bis unmittelbar vor seinem Tode als Erzbischof päpstliche Aufträge erledigen konnte (unten S. 251), gehen beide Vermutungen nicht mehr. Ganz ohne

---

239) Wilhelm von Tyrus, Chronicon XXIII. 1, S. 1064.
240) HUYGENS, Tradition manuscrite S. 314 und Wilhelm von Tyrus, Chronicon S. 34 Anm. 64.
241) HIESTAND, Wilhelm von Tyrus S. 368–377.

Zweifel schied Wilhelm von Tyrus zu Lebzeiten aus dem Kanzleramt aus. Hiestand hat an einen politischen Sturz gedacht, vielleicht nur an einen zeitweiligen, weil Wilhelm in Abwesenheit des Patriarchen Eraclius, der im Frühjahr oder Sommer 1184 auf eine große, bis Sommer 1185 während diplomatische Mission nach Europa geschickt wurde, diesen habe vertreten müssen, aber nie ein Patriarch gleichzeitig Kanzler gewesen sei[242]. Daß man aus diesen Gründen auch den Patriarchenvertreter wenigstens zeitweise aus dem Kanzleramt verdrängt habe, ist an sich eine ansprechende Vermutung, aber die Theorie übersieht, daß nicht Wilhelm, dem dies als Erzbischof von Tyrus gewohnheitsrechtlich zustand, sondern der Bischof Bernhard von Lydda den Patriarchen vertrat (*consilio domini Liddensis episcopi, qui tunc domini patriarchae Hierosolymitani vicem gerebat*), wie wir aus RRI I n° 637a vom August 1184 erfahren. Es ist dies ein bisher unerkannter, weiterer Schlag für Wilhelm gewesen.

Wilhelm war als Kanzler an sich ebenso unabsetzbar wie als Erzbischof, und zwar auch über den absehbaren Tod Balduins IV. hinaus. Wenn er nach dem Ende seiner Chronik und der Abfassung des Prologs zu Buch I (Anfang, spätestens Frühjahr 1184)[243] und vor Mai 1185 aus dem Amt schied, muß man daher primär an den freiwilligen Rücktritt eines Degoutierten denken. Der König stützte ihn nicht, die führenden Mitglieder der Hofpartei, Agnes und Joscelin III. von Courtenay, die beiden Lusignans, die Königsschwester Sibylle, der Patriarch von Jerusalem waren mit ihm verfeindet. Es blieb ihm nur, der letzte Satz seiner Chronik beweist es deutlich, die Hoffnung auf den Regenten Raimund III. Aber entweder konnte dieser sich gegen die Hofpartei nicht durchsetzen oder er wollte es nicht, weil er Wilhelm jetzt fallen ließ. Er spielte jetzt mit Joscelin III. von Courtenay zusammen (siehe unten Bd. 2, S. 347). Er hat es jedenfalls nicht verhindern können, daß in der langen Abwesenheit des Patriarchen die Leitung der Kirche von Jerusalem in die Hand des eher unwichtigen Titulars von Lydda gelegt wurde, ein Affront für den Tyrenser. Was immer auch die Motive des Regenten, was immer auch die Erfolgsaussichten der von ihm betriebenen Reichspolitik der Pazifizierung Saladins, für Wilhelm von Tyrus brachte die Regentschaft Raimunds ganz offensichtlich keine Verbesserung seiner Position als Politiker. Hätte er

---

242) HIESTAND, Wilhelm von Tyrus S. 376 f.

243) Im Prolog zur Chronik Zeile 110 f. der Ausgabe von Huygens ist Wilhelm noch Kanzler. Unmittelbar danach schreibt er (Zeile 119), sein Werk sei eingeteilt in 23 Bücher. Das bedeutet, daß der Prolog 1184 geschrieben wurde, denn Buch XXIII, das nur einen zweiten Prolog und ein Kapitel enthält, schildert Ereignisse von Anfang oder Frühjahr 1184. Zu dieser Zeit war Wilhelm also nachweislich noch Kanzler, auch wenn seine letzten Unterfertigungen von März 1183 stammen.

da die Chronik fortsetzen sollen, die so, wie sie ist, mit einer Hoffnung auf Raimunds Regentschaft für das Reich, aber natürlich auch für den Chronisten endet? Wenn Raimund zu schwach war, ihn zu fördern, oder nicht willens, hatte es keinen Sinn mehr, länger Kanzler zu bleiben.

Ich glaube daher an einen freiwilligen Rücktritt im Frühjahr oder Sommer 1184[244], denn den Ausschlag mußte geben, als der Regent es zuließ, daß als Vertreter des Patriarchen ihm der Bischof von Lydda vorgezogen wurde[245]. Die Chronik blieb nun unvollendet liegen. Wilhelm wollte

---

244) ANTWEILER, Bistum Tripolis S. 344–346 argumentiert gegen HIESTAND, Wilhelm von Tyrus S. 377, der für Frühjahr 1184 eingetreten war, für 1185, weil er das Ausscheiden Wilhelms aus dem Kanzleramt in Zusammenhang bringt mit dem faktischen Wechsel auf dem Thron nach dem Tod Balduins IV. Die Theorie übersieht nicht nur, daß die Regentschaft Raimunds III. von Tripolis beim Tod des leprösen Königs andauerte, sondern vor allem übersieht sie die Unabsetzbarkeit des Kanzlers. Ganz abwegig ist die Meinung ANTWEILERS, Bistum Tripolis S. 347, ab 1184 habe die Kanzlerschaft Wilhelms quasi automatisch geruht, ohne beendet zu sein, weil er der Kanzler des Königs Balduin IV., nicht aber des Reichs gewesen sei und Balduin die Führung der Geschäfte jetzt an den Regenten Raimund III. von Tripolis habe abgeben müssen. Cancellarius regis und cancellarius regius in der Kanzleizeile meint insoweit aber dasselbe, die Kanzler waren stets Kanzler sowohl des Königs wie des Reichs, eine Distinktion zwischen beidem machte ja das Zeitalter nicht. Cancellarius regius wurde lediglich dann verwendet, wenn es wie anfänglich unter Melisendis und Balduin III. oder angesichts der herrscherlichen Rechte der Königinnen unter Guido von Lusignan oder Heinrich von Champagne oder Aimerich nicht einen, sondern mehrere Herrscher gab. Hätte Antweiler recht, so könnte man wirklich nicht sehen, warum nach dem Tode Balduins IV. 1185, als die Regentschaft Raimunds III. fortdauerte, nach Antweiler die Kanzlerschaft Wilhelms nicht mehr länger geruht, sondern man ihn entlassen und mit Petrus von Lydda einen neuen Kanzler bestellt hätte.

245) Es mag dabei sein, daß sich der Patriarch des Mittels einer ungerechtfertigten Exkommunikation Wilhelms bedient hatte, um ihn für die Vertretung quasi amtsunfähig zu machen, und auch ein exkommunizierter Kanzler wäre keine Zierde für das Reich gewesen. Die altfranzösischen Fortsetzungen des Wilhelm von Tyrus beschuldigen den Patriarchen, Wilhelm gleich nach der Wahl von 1180 exkommuniziert zu haben, wogegen Wilhelm persönlich an der Kurie vorgegangen sei. Dort habe ihn Eraclius durch einen gedungenen Arzt vergiften lassen (MORGAN, Continuation de Guillaume de Tyr S. 51 f.; Chronique d'Ernoul S. 84–86, hier ohne Exkommunikation, aber Verweigerung des Obödienzeides durch Wilhelm und Appellation gegen die Wahl an die Kurie). An diesen Bericht glaubt heutzutage fast niemand mehr, aber EDBURY ROWE, Patriarchal Election S. 9–11 und DIES., William of Tyre S. 20 f. glauben an die Exkommunikation, jedoch am Gründonnerstag 1183, doch schalten sie Gründonnerstag 1184 nur deshalb aus, weil damals Raimund III. Wilhelm geschützt haben würde. Gerade das aber ist unzutreffend, wie die Ernennung Bernhards von Lydda zum Vertreter des Eraclius zeigt. Wenn es zu einer Exkommunikation kam, so ist sie später

nicht mehr berichten, wie er als Kanzler zurücktreten mußte, wie ihm die Vertretung des Patriarchen vorenthalten wurde, wie sehr der Regent, den er mit Hoffnung begrüßt hatte, sich gegenüber den Courtenays und Lusignans und ihrem Anhang nicht durchzusetzen vermochte. Antweiler hat den Wechsel im Kanzleramt erst ins Frühjahr 1185 gesetzt, als Balduin IV. starb und die Alleinherrschaft Balduins V. unter dem Regenten Raimund begann[246]. Antweiler spricht von „Ausscheiden" Wilhelms aus der Kanzlei und äußert sich nicht deutlich, ob er an Entlassung oder Rücktritt denkt, aber der Zusammenhang ergibt dann doch, daß es das erstere ist. Auf Einflüsterungen der Hofpartei habe Balduin V. einen neuen Kanzler ernannt (und damit natürlich Wilhelm aus dem Amt entlassen). Für dieses Manöver habe man sich des Umstands bedient, daß Joscelin III. von Courtenay, der Großonkel Balduins V., sein Vormund gewesen sei, der für den Kanzlerwechsel gesorgt habe. Aber nicht Joscelin war Regent, sondern Raimund III. von Tripolis, Joscelin war lediglich Vormund. Es ist nicht einzusehen, warum nicht Raimund die neue Kanzlerernennung hätte vornehmen sollen, er hatte ja als Regent auch 1174 hinter der Ernennung des Kanzlers Wilhelm von Tyrus gesteckt. Es ist gewiß richtig, daß die Courtenays und die Lusignans Wilhelm als Kanzler zu Fall bringen wollten, wenn sie konnten. Es ist auch richtig, daß der Regent nicht länger seine Hand über Wilhelm hielt oder halten konnte. Aber die Ernennung eines neuen Kanzlers, wenn es dazu kam, war für ihn lebenswichtig, hier konnte er nicht nachgeben. Vor allem aber übersieht Antweiler bei seiner Theorie die 1152 und 1177 demonstrierte Unabsetzbarkeit des Kanzlers, der eben nicht auf die Amtszeit des ernennenden Königs, sondern auf seine eigene Lebenszeit ernannt wurde. Es ist nicht zu sehen, wie man Wilhelm zum Rücktritt vom Kanzleramt hätte zwingen können. Man konnte ihm nur das Leben sauer machen, mehr und mehr jenes *taedium vitae* in ihm erwecken, von dem der Prolog zu Buch XXIII seiner Chronik so deutlich spricht, bis er von selbst sein Amt hinwarf – das, glaube ich, ist geschehen, aber schon im Frühjahr 1184.

---

aufgehoben worden, weil Wilhelm noch 1186 als päpstlicher delegierter Richter amtierte, dies auch noch in Gegenwart des Patriarchen (Regest von 1742 in DELAVILLE LE ROULX, Inventaire S. 69 n° 162; RRH n° 652a [Nummer fehlt versehentlich]). Es wäre also von hierher kein Grund gewesen, im Mai 1185 bereits in D. RRH n° 643 einen neuen Kanzler zu ernennen. Wenn Wilhelms Rücktritt durch eine Exkommunikation erzwungen wurde, dann schon 1184, als er auch aus der Kirchenleitung ferngehalten wurde.

246) ANTWEILER, Bistum Tripolis S. 89, 344–348. Auch ich habe 1959/1960 den Rücktritt Wilhelms noch ins Jahr 1185 verlegt; MAYER, Tod Wilhelms von Tyrus S. 197.

Der Papst Urban III. (25. November 1185 – 20. Oktober 1187) ernannte Wilhelm und den Bischof von Beirut zu delegierten Richtern in einem Streit zwischen den Johannitern und dem Bischof von Valania[247]. Die beiden fällten in der Anwesenheit des Patriarchen Eraclius, der Erzbischöfe von Nazareth und Caesarea sowie des Bischofs von Ramla-Lydda das Urteil, die Sache vier Rittern aus Margat zu übertragen. Beurkundet wurde dies am 17. Oktober 1186, im ersten Jahr des Königs Guido (von Lusignan), der nach dem Tode Balduins V. im Spätsommer/Frühherbst 1186 durch einen Staatsstreich auf den Thron gekommen war. Seine ersten Urkunden stammen vom 21. Oktober 1186 (DD. RRH n° 653. 654. 655). Zum Zeitpunkt der Beurkundung von RRH n° 652a aber lebte Wilhelm von Tyrus nicht mehr, denn am 21. Oktober 1186 war als Erzbischof von Tyrus sein Nachfolger Joscius gewählt, geweiht und im Amt (DD. RRH n° 653. 654. 655), was nicht innerhalb von vier Tagen passiert sein kann. Das Datum von RRH n° 652a ist das der Beurkundung, nicht der Rechtshandlung, die etwas früher lag, denn vor April oder Mai 1186 kann eine Ernennung Urbans III. nicht in den Osten gekommen sein. Im Nekrolog von St.-Maurice in Chartres, wo Wilhelm einst studiert hatte, hat Hiestand seinen Todestag mit dem 29. September eingetragen gefunden[248]. So hat er den Staatsstreich, mittels dessen unmittelbar nach dem Tode Balduins V. als neuer König Guido von Lusignan auf den Thron kam, wohl gerade noch miterlebt, denn Vogtherr hat den 13. September als den wahrscheinlichen Todestag Balduins V. ermittelt[249].

Am 29. September 1186 also ist Wilhelm von Tyrus gestorben, sicher voller Resignation, aber aktiv bis in die letzten Wochen oder gar Tage. Seine alte Gegnerin Agnes von Courtenay war ihm im Tode vorausgegangen, sie starb Anfang 1185[250]. Aber das nützte ihm nichts mehr, denn sein ebenso entschlossener Gegner Guido von Lusignan herrschte jetzt als König. Am 21. Oktober 1186 war Wilhelms Nachfolger Joscius der Erzbischof von Tyrus (DD. RRH n° 653. 654. 655). Ob Wilhelm von einer Krankheit dahingerafft wurde oder aus Kummer über den Staatsstreich vom August/ September 1186 starb, bleibt im Dunkeln. In der Geschichte der Kanzlei und der jerusalemitanischen Königsurkunden hat Wilhelm von Tyrus nicht sonderlich viel geleistet, jedenfalls wenn man ihn mißt an seinem Vorgänger Radulf von Bethlehem. Er war als Kanzler ein Mann der Tagespolitik, aber die bedeutendste Person im geistigen Leben des Reichs. In der Chronik des

---

247) RRH n° 652a; siehe oben Anm. 245.
248) MOLINIER, Obituaires 2, S. 354. HIESTAND, Wilhelm von Tyrus S. 351.
249) VOGTHERR, Regierungsdaten S. 67.
250) MAYER, Legitimität S. 88 f.

Ernoul heißt es von ihm: *Li archevesques de Sur ot à non Guillaumes, et fu nés en Jherusalem, et ne savoit on en Crestiienté mellour clerc de lui, à son tans*[251].

Es ergibt sich für Wilhelm von Tyrus dann folgender tabellarischer Lebenslauf:

um 1130	Geburt in Jerusalem
vor 1145	Besuch der Domschule in Jerusalem
1146	Reise nach Europa zum Studium in Chartres, Paris und Bologna
1166	Rückkehr ins Hl. Land. Kanonikat in Akkon
1167 September 1	Archidiakon von Tyrus
1168 Sommer	Gesandtschaft zum Basileus in Ochrida
vor 1169 Herbst	Kanonikat in Nazareth
1169 Herbst– 1170 Frühjahr	Reise an die päpstliche Kurie und zum Erzbischof von Reims; damals (?) Kanonikat in St.-Maurice de Chartres
1170–1174	Erzieher des Thronfolgers Balduin IV.
ca. 1170	Beginn der Arbeit an der bis Anfang oder Frühjahr 1184 reichenden Chronik
vor 1174 Dezember	Archidiakon von Nazareth. Daneben weiterhin Archidiakon von Tyrus
1174 Frühjahr oder Frühsommer	Tod des Kanzlers Radulf von Bethlehem. Ernennung des Notars Radulf C (Petrus) zum Vizekanzler
1174 Juli 11	Tod des Königs Amalrich. Das Kanzleipersonal bleibt im Amt
1174 Dezember	Wilhelm wird Kanzler des Königreichs Jerusalem. Radulf C / Petrus bleibt im Amt
1175 Juni 8	Wilhelm wird Erzbischof von Tyrus. Danach Reise nach Konstantinopel und Italien (?)
1176 Mai 2	Wilhelm weiht Bischöfe in Sidon und Beirut
1176 Mitte	Wilhelm wird als Kanzler bei formaler Fortdauer des Amtes entmachtet. Radulf C / Petrus wird abgelöst. Interimistisch wird die Kanzlei geleitet von dem Hofkapellan Lambert. Zum Notar wird Wilhelm A ernannt
1177 Mitte	Wilhelm übernimmt wieder die Leitung der Kanzlei.

---

251) Chronique d'Ernoul S. 82.

	Lambert wird in der Kanzlei entlassen. Der Notar Wilhelm A bleibt im Amt bis 1186
1178 Oktober –	Reise Wilhelms nach Europa.
1180 Juli	Teilnahme am Dritten Laterankonzil mit Redaktion von dessen Akten. Gesandtschaft nach Konstantinopel
1180 Oktober	Niederlage bei der Wahl zum Patriarchen von Jerusalem
1181	nicht Wilhelm, sondern Joscelin III. von Courtenay leitet eine Gesandtschaft nach Konstantinopel
1183 Februar	Wilhelm wird einer der Kollektoren der Sondersteuer für die Reichsverteidigung
1183 März 19	letzte Unterfertigungen als Kanzler
1184 Sommer – 1185 Sommer	während einer Europareise des Patriarchen wird dieser nicht von Wilhelm von Tyrus als dem zweithöchsten Hierarchen des Landes vertreten, sondern von dem Bischof Bernhard von Lydda
1184 Frühjahr oder Sommer	Wilhelm tritt als Kanzler zurück
1186 vor Ende September	Wilhelm wirkt als delegierter Richter in einem innerkirchlichen Streit (beurkundet Oktober 17)
1186 September 29	Tod Wilhelms

VIII. Der Magister, Kapellan und Hilfsdatar Lambert (1164–1179)
(in der Kanzlei während der zweiten Kanzleikrise 1176–1177)

Während der Kanzleikrise von Mitte 1176 bis Mitte 1177, als der Kanzler Wilhelm von Tyrus zwar nicht entlassen, wohl aber von der Ausübung des Kanzleramtes ferngehalten wurde, sprang ein berufsmäßiger Urkundenschreiber mit sehr charakteristischem Diktat namens Magister Lambert als Hilfsdatar und faktischer Kanzleileiter in die Bresche, der DD. RRH n° 537. 538. 552. 553a unterfertigte, ohne sie indessen zu diktieren. Er scheint für diesen Zweck in der Hofkapelle des Königs versorgt worden zu sein (DD. RRH n° 538. 552; vgl. D. RRH n° 537), aus der er wohl wieder ausscheiden mußte, als Mitte 1177 Wilhelm von Tyrus in die Kanzlei zurückkehrte. Vor seinem Eintritt in die Kanzlei schrieb Lambert 1168 und 1169 den Johannitern die kanzleifremden Ausfertigungen DD. RRH n° 452. 466. Deshalb muß sein Diktat unten Bd. 2, S. 150–190 bei den Notaren abgehandelt werden. Seine Wirksamkeit als Hilfsdatar wird daher auch dort und oben S. 230–237 untersucht.

IX. Der Kanzler Petrus von Lydda
(Petrus von Angoulême)
(1184–1192)
(nachgewiesen ab 1185; † 1208)

1. Ernennung und Herkunft des Petrus; seine Laufbahn bis 1185

Nachdem der Kanzler Wilhelm von Tyrus, wohl im Sommer 1184, die
Leitung der Kanzlei niedergelegt hatte (siehe oben S. 248 f.), wurde Petrus,
der Archidiakon von Lydda, zum Kanzler bestellt und tritt in dieser Eigenschaft erstmals am 16. Mai 1185 (D. RRH n° 643) auf. Er wurde bei einer
Ernennung im Jahre 1184 also noch unter Balduin IV. ernannt, natürlich de
facto von dem Regenten Raimund III., der zu Beginn oder im Frühjahr des
Jahres 1184 die Regentschaft ein zweites Mal übernommen hatte. Des Petrus
erstes von ihm unterfertigtes Diplom, das erhalten ist, nennt allerdings
bereits Balduin V. als alleinigen Herrscher. War Petrus, wie ganz wahrscheinlich ist, bereits vorher ernannt worden, so wirkte nicht nur die Unabsetzbarkeit der Kanzler von Jerusalem darauf hin, daß er auch Balduin V.
als Kanzler diente, sondern auch der Umstand, daß die Regentschaft Raimunds III. fortdauerte, wie ja auch Balduin V. bereits seit Ende November
1183 Mitherrscher war, als sogar noch Wilhelm von Tyrus Kanzler war. Die
Ernennung des Petrus von Lydda zum Kanzler war also in jedem Falle auch
im Namen Balduins V. erfolgt, so daß auch von dorther kein Raum war für
eine Ablösung des Kanzlers beim Tode Balduins IV.

Petrus überlebte als Kanzler aber auch den Staatsstreich vom Spätsommer
oder Herbst 1186, als Sibylle von Askalon, die Schwester des Königs Balduin IV., und ihr Gemahl Guido von Lusignan nach dem Tode Balduins V.
auf den Thron kamen. Es ist dies der stärkste Hinweis auf die seit Radulf
von Bethlehem eingetretene Unabsetzbarkeit der Kanzler von Jerusalem.
Petrus blieb Kanzler von Jerusalem, bis Guido von Lusignan, der sich formal
weiterhin als König von Jerusalem betrachtete[1], 1192 nach Zypern weichen
mußte und in Jerusalem die Herrschaft an den Markgrafen Konrad von

---

1) Siehe seine Urkunde von 1194 bei RICHARD, Abbaye de Jubin S. 69 f.

Montferrat überging. In diesem Fall gelang die Ablösung des für Konrad von Montferrat inakzeptablen Kanzlers. Konrad hatte ja bereits seit 1187 seine eigene Kanzlei, eine Gegenkanzlei zu der offiziellen Reichskanzlei unter Petrus von Lydda. Seit dieser Zeit herrschte auch eine mörderische Rivalität zwischen Guido und Konrad, und die alte Reichsverfassung aus der Zeit vor dem Zusammenbruch des Reiches 1187 war ohnehin nichts mehr wert. Es war jetzt nicht schwierig, einen inakzeptablen Kanzler zu stürzen. Der Rechtsgrund ließ sich leicht finden. Petrus war zwischen September 1190 und Juli 1191 zum Bischof von Tripolis avanciert, wo er bereits seit spätestens 1189 Archidiakon war (siehe unten S. 264 f.). Nun war weder die Würde eines Archidiakons noch die eines Bischofs ein Hindernis für einen Cancellariat, jedenfalls nicht seit 1156, aber einen 'ausländischen' Bischof als Kanzler hatte es bisher noch nicht gegeben, denn Tripolis gehörte nicht zum Reich. Einen Bischof, der nicht zum Reichsepiskopat, sondern de iure und de facto zum Patriarchat von Antiochia gehörte, brauchte Konrad von Montferrat als Kanzler nicht zu akzeptieren.

Mit Petrus von Lydda hat sich wegen dessen späterer Stellung als Bischof von Tripolis bereits ausführlich Antweiler befaßt[2]. Petrus kam aus Angoulême, er wird mehrfach so bezeichnet[3]. Angoulême liegt südlich von Poitiers im Département Charente, ebenso liegt es südlich von Lusignan, wo die gleichnamige Familie des Königs Guido von Jerusalem herstammte. Da der Name „von Angoulême" an Petrus hängen blieb, dürfte er aus der aquitanischen Stadt gebürtig gewesen sein. Sollte sich dies anders verhalten haben, so würde der Name mindestens bedeuten, daß Petrus Kleriker an diesem aquitanischen Bischofssitz gewesen war, natürlich kann auch beides zugetroffen haben. Er selbst ließ sich später unter Celestin III. (1191–1198) zusätzlich zu seiner Würde im Osten ein Kanonikat in Angoulême geben und sorgte dafür, daß auch einer seiner Neffen dort eines bekam (siehe unten S. 269 Anm. 48).

Wir wissen nicht, wann Petrus Angoulême verließ, um ins Hl. Land zu gehen. Antweiler hat vermutet, er könne 1163 mit dem Bruder des Grafen von Angoulême und Hugo le Brun von Lusignan gekommen sein[4], wenn

---

2) ANTWEILER, Bistum Tripolis S. 86–100, 102, 113 f., 274, 344–352.

3) MORGAN, Continuation de Guillaume de Tyr S. 137; Gestes des Chiprois S. 662 § 54; Annales de Terre Sainte S. 434.

4) Wilhelm von Tyrus, Chronicon XIX. 8, S. 873. Die Lusignans waren geradezu verbissene Kreuzfahrer. Hugo VI. kämpfte 1102 bei Ramla. Hugo VIII. le Brun kam 1163 ins Hl. Land, wurde 1164 von den Muslimen gefangen, wo er umkam. Hugo IX. war 1168 im Osten (RRH n° 458a; das Jahr steht auf dem Rücken); 1171 war er wieder in Poitou. Aimerich und Guido von Lusignan kamen 1174 und 1180, Gottfried von

nicht gar erst mit Guido von Lusignan, der im Osten in zweifelsfreien Urkunden erstmals 1181 erscheint[5], chronikalisch 1180[6]. Antweilers Hypothese beruht auf zwei Voraussetzungen: 1. Petrus sei ein enger Vertrauter Guidos gewesen; 2. Petrus sei identisch mit dem Vizekanzler Petrus der Jahre 1174–1176 (siehe oben S. 220–222, 228–231 und unten Bd. 2, S. 70 f.). Das erstere ist zwar richtig, ändert aber nichts daran, daß Petrus nicht als der Vertraute Guidos ins Kanzleramt kam[7], sondern noch unter Balduin IV. und Balduin V. als Ernennung des Regenten Raimund III. von Tripolis.

Die Identität des Vizekanzlers Petrus mit dem Kanzler Petrus von Lydda ist schon vor Antweiler behauptet worden, ist aber unwahrscheinlich (siehe oben S. 220), weil Petrus dann auf Anhieb Vizekanzler geworden[8] und 1175 auf ein volles Jahrzehnt spurlos verschwunden wäre, um 1185 als Kanzler und Archidiakon von Lydda wieder aufzutauchen. Viel plausibler ist die Annahme, daß der Notar Radulf C, ein ganz enger Vertrauter des Königs Amalrich schon seit 1154, nach dem Tode des Kanzlers Radulf von Bethlehem 1174, als vorübergehend kein neuer Kanzler ernannt wurde, zum Vizekanzler aufrückte und bis Ende 1174 die Kanzlei leitete, als Wilhelm von Tyrus Kanzler wurde, danach nachweislich noch bis Juni 1175 diktierte (D. RRH n° 525), aber Mitte 1176 abgelöst wurde, als die erste Regentschaft

---

Lusignan vorübergehend bald nach 1187. Bei Damiette 1219, in Ägypten 1250 und in Tunis 1270 kamen weitere Lusignans um; siehe PAINTER, Lords of Lusignan S. 27–47 und FARCINET, Ancienne famille S. 12–20.

5) D. RRH n° 601; in Spuria DD. RRH n° 496. 548. In dem verfälschten JL 13333 von 1179, zuletzt gedruckt bei HIESTAND, Vorarbeiten 3, S. 280 n° 113, wird Guido nach den älteren Drucken auch genannt, aber Hiestand liest statt Wi(do) besser, weil möglich, Wi(llelmus) = Wilhelm Langschwert von Montferrat, Graf von Jaffa und Askalon. Entsprechend korrigiert werden muß daher MAYER, Bistümer S. 234.

6) Wilhelm von Tyrus, Chronicon XXII. 1, S. 1007; Chronique d'Ernoul S. 59 f. Sein Bruder Aimerich war um diese Zeit auch schon im Hl. Land, sein Bruder Gottfried kam erst nach 1187. ANTWEILER, Bistum Tripolis S. 86 f.

7) Antweiler betont mehrfach (siehe unten S. 260 Anm. 18), daß Lydda, wo Petrus Archidiakon gewesen sei, zum Machtbereich Guidos als Graf von Jaffa gehört habe. Das ist jedoch unrichtig, denn das Bistum Ramla-Lydda war eine eigene, geistliche Seigneurie, gehörte also nicht zur Grafschaft Jaffa.

8) Auch wenn Petrus von Lydda später Bischof von Tripolis wurde, kann er keinesfalls mit dem Kanzler Petrus des Grafen von Tripolis 1142–1145 (zu ihm unten Bd. 2, S. 195 f.) identisch sein und aus dieser Zeit Beziehungen nach Tripolis gehabt haben, obgleich ihm das für seine spätere Tätigkeit als Kanzler von Jerusalem Berufserfahrung gegeben hätte. Aber da Petrus von Lydda erst 1208 starb (unten S. 271), hätte er – nach der Einwanderung – noch eine Karriere von 66 Jahren gehabt, was manifest unmöglich ist. Aus demselben Grund ist Petrus auch nicht identisch mit dem 1130/1131–1138 auftretenden Königskapellan dieses Namens; siehe zu ihm MAYER, Hofkapelle S. 496.

Raimunds III. von Tripolis endete; jedenfalls verschwinden der Vizekanzler Petrus und der Notar Radulf C zeitgleich (siehe oben S. 220–222, 228–231). Petrus von Lydda kann also wesentlich später als 1164 ins Hl. Land gekommen sein, weil eigentlich nichts dazu animiert, ihn mit dem Vizekanzler Petrus von 1174–1176 in eins zu setzen. Dennoch ist Antweilers Ansatz zu 1164 als des Jahrs der Einwanderung begründbar, obwohl er selbst daran denkt, daß Petrus identisch gewesen sein könnte schon mit dem Kapellan Petrus des Hugo von Ibelin in den Jahren 1158 und 1160[9], was mit seinem Ansatz einer Ankunft 1164 unvereinbar ist. Einer Anregung Hiestands folgend hat Antweiler weiterhin erwogen, er, den er mit dem Vizekanzler Petrus identifiziert, sei etwa 1180 oder kurz davor Kanoniker in Lydda geworden und sei deshalb vorübergehend aus der königlichen Kanzlei ausgeschieden, in der der Vizekanzler Petrus ja im Juni 1175 (D. RRH n° 525) letztmals nachweisbar ist[10]. In der Tat ist zu 1180 ein Kanoniker Petrus von Lydda bezeugt (RRH n° 594). Die Theorie hat für Antweiler den Vorzug, daß die lange Frist eines ganzen Dezenniums, während dessen man sonst nichts von Petrus wüßte, in der Mitte unterbrochen ist. Aber man sieht nicht, warum Petrus aus der Kanzlei hätte ausscheiden sollen, weil er ein Kanonikat übernahm, während fünf Jahre später das Kanzleramt des Königs sogar mit der eigentlich Präsenz in Lydda verlangenden Funktion des dortigen Archidiakons vereinbar war. Es ist mit Antweiler schon denkbar, daß der Kanoniker von 1180 identisch ist mit dem späteren Archidiakon und Kanzler. Nur ist es schlecht denkbar, daß er auch identisch gewesen sein soll mit dem früheren Vizekanzler Petrus und daß ein lyddensischer Kanoniker nicht gleichzeitig eine Funktion in der Königskanzlei hätte ausüben können.

Man muß die Sache wohl anders angehen. Es war zwar nicht zwangsläufig, aber gleichwohl sehr häufig, daß ein Bischof seinen Archidiakon aus seinem eigenen Kapitel nahm. Da er seine Kanoniker kannte, würde er hier am wenigsten eine falsche Personalentscheidung treffen. Man darf also durchaus dem Archidiakon und Kanzler Petrus von Lydda eine bereits längere Laufbahn im Kapitel von Lydda zuschreiben. Jedenfalls ist das ganz sicher wahrscheinlicher, als daß er identisch gewesen sein sollte mit dem gleichnamigen Kapellan Hugos von Ibelin 1158 und 1160, zumal er im Jahre 1158 noch eine Lebenszeit von 50 Jahren vor sich gehabt hätte, denn Petrus von Lydda starb erst 1208.

---

9) RRH n° 335. 360. ANTWEILER, Bistum Tripolis S. 86 Anm. 230.
10) Ebd. S. 89 mit Anm. 246.

Aber ein anderer, elf Jahre später auftretender Kapellan Petrus kommt für eine Identifizierung in Betracht, der 1169 zum Kapitel von Lydda gehörte[11]. Zwei Jahre später hatte er es zum Priester und zum Praezeptor des Kapitels von Lydda gebracht[12]. Dies war eine Position, die man wohl im Verwaltungsbereich des Kapitels wird ansiedeln müssen[13]. Bekannt ist die Funktion vor allem aus der Ämterhierarchie der Ritterorden, insbesondere bei den jedermann geläufigen Großpräzeptoren. Ich führe nachstehend einige Beispiele aus dem Hl. Land auf einer untereren Ebene vor, beschränke mich bei den Ritterorden fast ganz auf die Templer und bin natürlich weit von jeder Vollständigkeit: 1163 erscheint ein Templerpräzeptor in Tripolis[14], 1271 und im Templerprozeß werden Nachfolger von ihm genannt[15], 1177 begegnet *Aldebertus pincerna, tunc temporis preceptor domus mee* (scil. des Patriarchen von Jerusalem) (RRH n° 543), 1180 haben die Lazariter einen Präzeptor (RRH n° 591a), 1182 heißt der Vorsteher des Johanniterhauses in Tripolis Präzeptor (RRH n° 620), 1184 führt der Vorsteher des Templerhauses in Jerusalem diesen Titel[16], 1187 der des Templerhauses in Tyrus (RRH n° 665. 666. 667. 668), 1204 der des Templerhauses in Akkon (RRH n° 797a), 1214 und 1249 der des Johanniter- und des Templerhauses in Antiochia (RRH n° 870. 1176), 1253 begegnet ein Kanoniker und Präzeptor des Hl. Grabes (RRH n° 1203. 1207). Die Funktion als Präzeptor konnte Petrus anscheinend nicht halten, da im April 1180 im Kapitel von Lydda ein funktionsloser Kanoniker Petrus genannt wird (RRH n° 594). Dennoch hatte er aus seinem Präzeptorenamt Verwaltungserfahrung, als er Archidiakon von Lydda wurde, und konnte als solcher noch mehr sammeln. Das qualifizierte ihn wie schon Wilhelm von Tyrus zum Kanzler.

2. Petrus als Kanzler und Archidiakon von Lydda und Tripolis

Im Mai 1185 war Petrus Archidiakon von Lydda und Kanzler des Königs (D. RRH n° 643). Kanzler dürfte er 1184 geworden sein, als Wilhelm von

---

11) RRH n° 472. Antweiler hat ihn überhaupt nicht verwendet.

12) RRH n° 490. Das ist nicht etwa verschrieben für *praecentor*, denn voraus geht der Kantor Gilbert von Lydda.

13) Vgl. auch die Bedeutungen bei NIERMEYER, Lexicon s. v. und bei DUCANGE, Glossarium s. v.

14) Wilhelm von Tyrus, Chronicon XIX. 8, S. 874.

15) RRH n° 1378. MICHELET, Procès des Templiers 2, S. 16.

16) BULST-THIELE, Templi magistri S. 360 n° 1.

Tyrus abdizierte (siehe oben S. 248 f.)[17]. Einzelheiten seines Lebens als Kanzler oder Archidiakon sind kaum bekannt, es macht sich eben sehr bemerkbar, daß im Frühjahr 1184 die bedeutende Chronik des Wilhelm von Tyrus endet. Wir wissen nicht einmal, wann er Archidiakon von Lydda wurde, da vor ihm der letzte Archidiakon schon 1160 begegnet (RRH n° 358). Jedenfalls war es nach April 1180, wenn ich ihn mit Hiestand und Antweiler zu Recht identifiziert habe mit dem damals auftretenden lyddensischen Kanoniker Peter (RRH n° 594). Den Staatsstreich von 1186 überdauerte er im Amt und wurde zum Vertrauten des neuen Königs Guido. Daß dies eine Folge einer schon langjährigen Vertrautheit mit Guido von Lusignan schon zu dessen Zeit als Graf von Jaffa gewesen sei, wie Antweiler meint[18], ist möglich, aber nicht bewiesen, weil nichts darüber bekannt ist, daß Guido bei der Amtsbelassung seine Hand im Spiel gehabt hätte. Eher wirkte hier mit, daß die Kanzler eben unabsetzbar waren. Freilich wird die Herkunft aus der Charente Petrus von Lydda dem neuen König empfohlen haben, jedenfalls ernannten eingewanderte Könige in aller Regel wenigstens ihren Notar aus ihrer Heimat, Fulko den Elias, den er auch zum Kanzler machte, Heinrich von Champagne Joscius A und Joscius B, Johann von Brienne den Johann von Vendeuvre-sur-Barse.

Wir wissen nahezu nichts über die Tätigkeit des Petrus als Kanzler. Antweiler hat bereits darauf aufmerksam gemacht, daß zur Zeit des Kanzlers Petrus die Bezeichnung des Kanzlers in der Unterfertigung der Diplome sehr sorgfältig gehandhabt wird[19]. Er hat die Veränderungen auch völlig einleuchtend erklärt. Die Kanzleizeile setzt zunächst herkömmlich ein mit *per manum Petri domni regis cancellarii Lyddensisque archidiaconi* (DD. RRH n° 653. 654. 655 von Oktober 1186). Guido herrschte nicht aus eigenem Recht, sondern nur als Gemahl von Sibylle, der Tochter des Königs Amalrich aus dessen erster Ehe mit Agnes von Courtenay. In dem lusignanschen Familienvertrag D. RRH n° 655 hatte Sibylle nichts zu suchen und kommt demzufolge auch nicht vor. Hier wurde eine Ehe zwischen einer Tochter Joscelins III. von Courtenay und einem Bruder des Königs Guido verabredet und gleichzeitig festgelegt, mit welchen Lehen Joscelin diesen Bruder nach seiner Ankunft ausstatten werde aus seinem eigenen Besitz an Kronlehen. Noch aber war dieser Königsbruder gar nicht im Lande. Würde er kommen und heiraten und Joscelins Vasall werden, dann erst war Sibylle als Königin möglicherweise mitgefordert, denn mindestens von einem gewissen Volumen

---

17) Es ist verkehrt, wenn HAMILTON, Latin Church S. 214 seine Ernennung zum Kanzler erst zu 1189 ansetzt.

18) ANTWEILER, Bistum Tripolis S. 86 f., 90, 345, 348.

19) Ebd. S. 348–351.

an war die Ausstattung von Aftervasallen mit anteiligen Kronlehen eines direkten Kronvasallen ein durch den König genehmigungspflichtiger Vorgang. Anders verhielt es sich mit DD. RRH n° 653. 654. Diese beiden Stücke waren keine lusignanschen Familienurkunden, sondern hoheitsrechtliche Akte des Königs. Er hielt deshalb die Zustimmung Sibylles in den Texten ausdrücklich fest, beurkundete die Dinge aber allein (*ego Guido ... dono* [fehlt D. RRH n° 654] *concedo et confirmo*).

Es entzieht sich unserer Kenntnis, warum Guido sich in Affairen des Königreichs anfänglich so verhielt. Freiwillig oder unter Druck hat er dies jedenfalls geändert. In DD. RRH n° 683. 684 von November 1189 urkundete er für die Pisaner gemeinsam mit Sibylle (*ego Guido ... et domna Sibilla ... donamus concedimus et confirmamus*). Bei einer solchen Gestaltung der Aussteller war für *cancellarius regis* in der Unterfertigung kein Platz mehr, sondern diese lautete jetzt *per manum* (folgt *domni* D. RRH n° 684) *Petri regii cancellarii et Tripolitanae ecclesiae archidiaconi*. Hierbei blieb es auch in den folgenden vier Diplomen[20].

Im Spätsommer oder Herbst, wohl im September, jedenfalls vor dem 21. Oktober 1190 starb die Königin Sibylle[21]. Theoretisch brach damit Guidos Königtum rechtlich zusammen, das Konrad von Montferrat schon 1188 bestritten hatte, als er ihn als *quondam rex* bezeichnete[22]. Natürlich sah Guido dies anders, und bis zum Kompromiß vom 28. Juli 1191, der Guido auf Lebenszeit das Königtum beließ, ihm aber Konrad von Montferrat zum Nachfolger gab[23], ruhte sein Königtum in der Tat auf den Spitzen der englischen Lanzen. Folglich war auch seine Kanzlei unbeeindruckt. Nur nahm sie natürlich Notiz vom Tode der Königin. Von nun an wurden die Urkunden selbstverständlich allein in Guidos Namen ausgestellt (DD. RRH n° 698. 701. 702). Die Kanzleizeile von D. RRH n° 702 vom Oktober 1191 ist hier unbrauchbar, weil das Diplom nicht vom Kanzler, sondern vom Hofkapellan Gerhard unterfertigt wurde. In den beiden Diplomen DD. RRH n° 698. 701 vom Januar und Februar 1192 wurde *cancellarius regius* aufgegeben, es war nicht mehr nötig. Antweiler hat schon darauf hingewiesen, daß in der Kanzleizeile jetzt aber nicht wieder der *cancellarius regis* auftauchte, sondern diese jetzt lautete *per manum Petri cancellarii nostri*

20) DD. RRH n° 690. 693. 696. 697, alle aus dem Jahr 1190. Bei Röhricht finden sich Fehler in der Regestierung. In D. RRH n° 690 hat er Sibylles Mitausstellung zu einem Konsens abgeschwächt, in D. RRH n° 697 hat er Sibylles Mitwirkung gar ganz unterschlagen und überdies *regis* statt *regii cancellarii* geschrieben.

21) VOGTHERR, Regierungsdaten S. 68 f.

22) RRH n° 676; zum Datum siehe unten Bd. 2, S. 451 f.

23) Roger von Hoveden, Chronica 3, S. 124; Ambroise, Estoire vv. 5050–5063.

(obwohl singularisch mit *ego Guido ... dono* ausgestellt wurde) *et ecclesiae Tripolitanae venerabilis episcopi* (DD. RRH n° 698. 701). Antweiler hat unterstellt, daß diese letzte Änderung auf einen Wechsel des Diktators zurückgehen könnte, der in der Tat erfolgte[24]. Gleichwohl sah natürlich auch er, daß die Neufassung der Änderung in den politischen Verhältnissen Rechnung trug.

Das sagt aber noch nichts darüber aus, wem bei gleichbleibendem Diktator der Wechsel in der Kanzleizeile zwischen 1186 und 1189 zuzuschreiben ist. Antweiler hat dies dem Kanzler Petrus selbst zugewiesen[25]. An sich aber ist so etwas natürlich eine Sache des Diktators, und so fassen es Antweiler wie ich ja auch für die nächste Änderung Anfang 1192 auf. Aber bei der Kanzleizeile ist es durchaus möglich, ja sogar wahrscheinlich, daß der Kanzler in Form einer Generalanweisung die hier zu benutzende Formulierung festlegte, um der jeweiligen staatsrechtlichen Situation Rechnung zu tragen.

Man wird Antweiler also durchaus zustimmen können, daß bei der Ausformung der Kanzleizeile der Kanzler Petrus selbst am Werk war. Das führt aber zu einer kanzleigeschichtlich viel bedeutsameren Frage, der sich Antweiler nicht widmen konnte, weil er nur nach Unterfertigung und Kanzlern arbeitete, aber keine Diktatgruppen bildete. Man muß sich nämlich fragen, ob der Kanzler Petrus generell selbst diktierte und damit identisch ist mit dem Notar Petrus A. An sich diktierten ja die Kanzler zu dieser Zeit nicht mehr. Radulf von Bethlehem hatte dies nur zu Beginn getan, aber nicht mehr diktiert, seit er Bischof von Bethlehem war. Wilhelm von Tyrus hatte als Kanzler überhaupt nicht selbst diktiert, nicht einmal in der einen Urkunde, die er noch als Archidiakon von Tyrus und Nazareth unterfertigte, die aber von Radulf C/Vizekanzler Petrus diktiert wurde (D. RRH n° 525), erst recht nicht später, als er Erzbischof von Tyrus war. Nicht einmal der Hilfsdatar und Königskapellan Lambert hatte selber diktiert, als er als Datar den kaltgestellten Kanzler Wilhelm von Tyrus von Mitte 1176 bis Mitte 1177 ersetzte, sondern das Diktat hatte der Notar Wilhelm A erledigt. Die bischöflichen Kanzler widmeten sich neben einer allgemeinen Kanzleiauf-

---

24) ANTWEILER, Bistum Tripolis S. 351. Allerdings schreibt er das Diktat schon von D. RRH n° 702, dann aber auch von DD. RRH n° 698. 701 allein aufgrund des *noster* in der Kanzleizeile dem Königskapellan Gerhard zu, der D. RRH n° 702 unterfertigte, aber nur als Hilfsdatar. D. RRH n° 702 ist noch Diktat des Petrus A, DD. RRH n° 698. 701 wurden diktiert von Petrus B, der mit Gerhard nicht identisch ist. Ein gemeinsames *cancellarius noster* in der Kanzleizeile reicht für die Etablierung einer Diktatgruppe natürlich nicht aus; siehe dazu unten S. 272 f.

25) Ebd. S. 348 f.

sicht mehr den Fragen der Politik. Das war in Europa ja auch nicht anders, und wir werden den Kanzler Petrus später, als er zum Bischof von Tripolis aufgestiegen war (siehe unten S. 264), auch noch mit einer solchen Frage befaßt sehen, nämlich mit der Vermittlung enormer Kredite an seinen König, um die Herrschaft über Zypern anzukaufen (siehe unten S. 267).

Aber das schließt nicht aus, daß Petrus vor seiner Erhebung zum Bischof, als er zunächst Archidiakon von Lydda, später Archidiakon von Tripolis war, selbst diktiert haben könnte. Petrus von Lydda war noch unter Balduin IV. 1184, spätestens unter Balduin V. 1185 Kanzler geworden, damals aber diktierte der Notar Wilhelm A die Königsurkunden DD. RRH n° 643. 644 und diejenige Balduins V. für St. Samuel, ja noch D. RRH n° 657 (siehe unten Bd. 2, S. 342–349). Der Notar Petrus A tritt beim König in D. RRH n° 653–655 vom Oktober 1186 auf und diktiert dann ununterbrochen bis zu D. RRH n° 702 vom Oktober 1191 einschließlich. Zu dieser Zeit war Petrus bereits Bischof von Tripolis und als Kanzler weiterhin im Amt, denn im Januar und Februar 1192 (DD. RRH n° 698. 701) unterfertigte er erneut, diesmal als Bischof von Tripolis. Zugleich aber trat klar erkennbar ein neuer Notar auf (Petrus B). Danach endete im April 1192 das Königtum Guidos, der Cancellariat des Petrus und – vorerst jedenfalls; siehe unten Bd. 2, S. 521 – das Notariat des Petrus B.

Unter dem Aspekt eines hypothetisch vermuteten Eigendiktats des Kanzlers Petrus würde dies bedeuten: Als der Archidiakon Petrus von Lydda 1184 zum Kanzler ernannt wurde, diktierte er ebenso wenig selbst wie sein Vorgänger Wilhelm von Tyrus, weil mit Wilhelm A ein wohltrainierter Notar zur Verfügung stand. Dessen Notariat endete mit dem Staatsstreich von 1186, der Guido von Lusignan auf den Thron brachte. Unterstellt man dann ein anschließendes Eigendiktat des Kanzlers Petrus von Lydda, der dann identisch wäre mit dem Notar Petrus A, so hätte dieser diktiert bis zu seiner Erhebung zum Bischof von Tripolis und darüber hinaus bis in das Spätjahr 1191 (D. RRH n° 702), hätte sich dann aber als Bischof aus dem Alltagsgeschäft der Kanzlei zurückgezogen und die Dictamina einem neuen Notar Petrus B überlassen.

Aber die Hypothese scheitert an D. RRH n° 702 vom 26. Oktober 1191. Das Stück ist nämlich im Heer vor Jaffa unterfertigt nicht von dem Kanzler Petrus, sondern von dem Hofkapellan Gerhard (hierzu unten S. 274). Diktiert aber ist es von Petrus A. Es ist denkbar, daß der Kanzler im Oktober 1191 nach Tripolis in sein Bistum hatte reisen müssen, oder aber er könnte in Akkon zurückgeblieben sein[26], als König Guido mit dem englischen

---

26) Die Belege unten Bd. 2, S. 406 f.

König im September 1191 nach Jaffa gezogen war. Jedenfalls war der Kanzler Petrus beim Heer in Jaffa nicht anwesend, wohl aber der diktierende Notar Petrus A. Die beiden sind daher nicht identisch, und auch der Kanzler Petrus hat nicht selbst diktiert, weder als Archidiakon von Lydda und Tripolis noch als Bischof von Tripolis.

Durch die Katastrophe des Königreichs Jerusalem 1187 war der Kanzler Petrus seiner Pfründe als Archidiakon von Lydda verlustig gegangen. Lydda wurde sogleich nach der Schlacht bei Ḥaṭṭīn von Saladin erobert, im September 1191 zerstörte er sogar die dortige Kathedrale[27]. Lydda blieb dann muslimisch bis nach 1200. Petrus mußte sich nach einer anderen kirchlichen Versorgung umsehen. Dabei setzte er nicht auf den König Guido, der freilich in seinem fast auf Null geschrumpften Reich nichts mehr zu vergeben hatte. Peter ging nach Tripolis, das sich ja aus dem Krieg hatte heraushalten können. Dort wurde er jetzt Archidiakon und begegnet in dieser Würde im November 1189 in den Unterfertigungen zweier Diplome seines im Sommer 1188 aus der Gefangenschaft Saladins entlassenen Königs (DD. RRH n° 683. 684). Archidiakon von Tripolis war er noch Mitte September 1190[28].

3. Petrus als Bischof von Tripolis

Nachdem Akkon am 12. Juli 1191 zurückerobert worden war, gehörte Petrus, jetzt als Bischof von Tripolis, zu denjenigen, die am 16. Juli die Kirchen der Stadt neu weihten[29]. Antweiler hat schon die wenigen Infor-

---

27) ʿImād ad-Dīn bei Abū Šāma, Livre des deux jardins, RHC. Hist. or. 5, S. 44. Bei ʿImād ad-Dīn selbst (übersetzt von MASSÉ S. 347) ist von der Kirche nicht direkt die Rede, sondern nur von Lydda, aber mit der Stadt wurde natürlich auch die Kirche zerstört. So ausdrücklich Ibn al-Atīr, Kamel-Altevarikh, RHC. Hist. or. 2a, S. 52. Im November 1191 suchte das Heer Schutz in Lydda (St. Georg) und Ramla vor der Kälte und den peitschenden Winterregen, und zwar soll König Guido sich nach Lydda begeben haben (Itinerarium peregrinorum, ed. STUBBS S. 298, was aber hinsichtlich der Person Guidos durch die Vorlage nicht gedeckt wird; Ambroise, Estoire v. 7474 f.). Da es eher unwahrscheinlich ist, daß der Kanzler beim Heer war, weil er Ende Oktober bei der Ausstellung von D. RRH n° 702 jedenfalls nicht dort gewesen war, ist auch nicht sicher, ob Petrus bei dieser Gelegenheit in das zerstörte Lydda, wo er Archidiakon gewesen war, zurückkehrte.

28) D. RRH n° 696; D. RRH n° 697 gehört zum 24. April 1190; siehe MAYER, Marseilles Levantehandel S. 183 n° 5.

29) Roger von Hoveden, Chronica 3, S. 122; Gesta Henrici secundi 2, S. 180 f. Es wird nur die Funktion genannt, nicht der Name, aber ANTWEILER, Bistum Tripolis S. 91 f. Anm. 253 hat sicher recht, wenn er darin Peter sieht und nicht seinen

mationen aufgearbeitet, die wir über die Tätigkeit des Petrus als Bischof von Tripolis haben[30]. Zunächst hatte er zu kämpfen um die den Bischöfen zustehenden Zolleinnahmen in Tripolis, die offenbar einen wesentlichen Teil der bischöflichen Einkünfte darstellten. Bereits aus RRH n° 118, einer Urkunde des Grafen Pontius von Tripolis für die Johanniter von 1127, ergibt sich, daß die Zölle in Tripolis in unspezifizierter Weise zwischen dem Grafen und dem Bischof geteilt waren. Später wird dieser bischöfliche Zollanteil mit einem Drittel der Gesamteinnahmen angegeben (RRH n° 718). Bereits im Januar 1141 mußte eine Urkunde mit Zollbefreiungen in Tripolis, die das Hl. Grab im Dezember 1140 erhalten hatte, neu beurkundet werden, da der ersten Fassung die Zustimmung des Bischofs fehlte, während er die zweite bezeugte[31]. Im August 1187 griff Raimund III. von Tripolis tief in die Rechte seines Bischofs ein, als er in seiner letzten Urkunde und als einen Versuch, die pisanische Flottenpräsenz im Osten nutzbar zu machen, den Pisanern totale Abgabenfreiheit in Tripolis bewilligte (RRH n° 662). Damit schädigte er den Bischof von Tripolis, damals mit Namen Aimerich. Mindestens anfänglich erhob Aimerich keinen Protest, weil er gar nicht im Lande war, denn im Mai 1187 hatte er sich durch die Verpfändung eines Casales Geld für eine Reise an die päpstliche Kurie verschafft[32]. Aimerichs Nachfolger, der Bischof Petrus, verklagte dagegen die Pisaner bei dem neuen Grafen von Tripolis, Boemund IV. von Antiochia, und dieser bestätigte den Pisanern ihre Abgabenbefreiung[33].

Außerdem war der Bischof Petrus involviert in eine Auseinandersetzung mit den Johannitern, die die Zehnten der Kirche von Nephin unweit von Tripolis sowie drei Casalien dieser Kirche okkupiert hatten (POTTHAST 520 = RRH n° 745 von 1198). Der Streit, der sich ein Jahr später mit POTTHAST 932 fortsetzte, dessen Ausgang aber nicht bekannt ist, war ausgebro-

---

Vorgänger Aimerich; so schon RÖHRICHT, Geschichte S. 566 und HOTZELT, Kirchengeschichte S. 168. Urkundlich ist Petrus als Bischof von Tripolis erstmals im Januar 1192 in D. RRH n° 698 bezeugt.
30) ANTWEILER, Bistum Tripolis S. 94–97.
31) RRH n° 198. 193. ANTWEILER, Bistum Tripolis S. 51 f. Zum umstrittenen Datum der beiden Urkunden zuletzt MAYER, Varia Antiochena S. 21–25.
32) RRH n° 657e; die entscheidende Textstelle erstmals bei ANTWEILER, Bistum Tripolis S. 82 Anm. 213.
33) RRH n° 718. Das Datum ist umstritten. ANTWEILER, Bistum Tripolis S. 95 f. tritt für 1194 ein gegen FAVREAU-LILIE, Cacciata dei Pisani, passim, die mit den besseren Gründen für 1198 eintritt, denn der angegebene Wochentag stimmt nicht zu 1194, und vor allem tritt als Zeuge bereits der im Exil befindliche Radulf von Tiberias auf. Im Exil aber war er wegen eines Anschlags auf das Leben des Königs Aimerich, der erst nach dem Tode Heinrichs von Champagne (September 1197) König wurde.

chen unter dem Papst Celestin III. (30. März 1191 – 8. Januar 1198), so daß er zu Beginn sehr wahrscheinlich den Bischof Petrus betraf. Ab April 1192 hatte Petrus Zeit, sich ganz seinem Bistum zu widmen. Letztmals unterfertigte er im Februar 1192 als Kanzler (D. RRH n° 701). Im April 1192 erhielt der König Richard I. von England, der bisher den König Guido von Lusignan protegiert hatte, Nachrichten aus England, die seine Rückkehr dorthin erforderlich machten. Noch im Monat April legte er den Baronen Jerusalems die Frage vor, wer von den beiden Rivalen künftig König sein solle. Die Barone entschieden sich für den Markgrafen Konrad von Montferrat, der seit 1187 in schärfster Konkurrenz zu Guido im Hl. Land war[34]. Richard ließ Guido jetzt fallen. Das endete faktisch Guidos Königtum auf dem Festland, denn auch die Ermordung Konrads von Montferrat am Vorabend seiner Krönung am 28. April 1192 änderte an Guidos Sturz nichts mehr, da sofort der Graf Heinrich von Champagne zur Herrschaft im Königreich Jerusalem berufen wurde.

Das war auch das Ende der Kanzlerschaft des Bischofs Petrus von Tripolis[35]. Die Unabsetzbarkeit des Kanzlers nützte jetzt nichts mehr, da sich an Guido von Lusignan zeigt, daß in den Wirren des Dritten Kreuzzuges nicht einmal mehr der König unabsetzbar war. Guido hat zwar den Königstitel von Jerusalem weitergeführt, wie sich an seiner einzigen Urkunde als Herr von Zypern vom August 1194 zeigt[36]. Faktisch änderte das nichts, Guidos Königtum auf dem Festland war zu Ende und mit ihm die Kanzlerschaft des Bischofs Petrus von Tripolis. Konrad von Montferrat hatte schon zuvor einen anderen Kanzler gehabt, Heinrich von Champagne ernannte seinerseits einen neuen, wofür ein Rechtsgrund schnell zu finden war in dem Umstand, daß der Kanzler Petrus kein Reichsbischof war, sondern Bischof des außerhalb des Reiches gelegenen Tripolis, das überdies dem Patriarchen von Antiochia gehorchte.

Petrus hätte Guido natürlich nach Zypern folgen können[37], womit der einstige König von Richard von England entschädigt wurde. Das Haus

---

34) Ambroise, Estoire vv. 8580–8644. Itinerarium peregrinorum, ed. STUBBS S. 334–336.

35) ANTWEILER, Bistum Tripolis S. 254 erwägt, ob nach dem Tode des Patriarchen Radulf von Jerusalem (zu ihm siehe RÖHRICHT, Geschichte S. 637 Anm. 3), der im Sommer 1192 in sarazenische Gefangenschaft geriet und dort starb, versucht haben könne, Patriarch von Jerusalem zu werden. Darüber ist in den Quellen nichts bezeugt; wenn Petrus es versucht hat, so ist er gescheitert.

36) RICHARD, Abbaye de Jubin S. 69.

37) LA MONTE, Feudal Monarchy S. 257 hat dies irrtümlich vermutet und Petrus zum Kanzler von Zypern gemacht, der er nie war.

Lusignan hatte dort eine große Zukunft, aber vorerst war Guido lediglich Herr von Zypern, erst sein Bruder und Nachfolger Aimerich brachte es dort zum König. Es ist zweifelhaft, ob eine Stellung als Kanzler des Herrn von Zypern für Petrus überhaupt hätte interessant sein können. Immerhin befand sich Zypern im April 1192 im Aufstand gegen die Templer, die dort vor Guido ein kurzes Zwischenspiel gaben[38]. Etwas anderes kam hinzu. Schon vom Feldlager vor Akkon oder der rückeroberten Stadt Akkon aus muß Petrus Schwierigkeiten gehabt haben, seinem Bistum Tripolis gerecht zu werden. Ganz unmöglich wäre dies aber gewesen, wenn er als Kanzler Guidos in Zypern gewesen wäre, vor allem wenn im Winter die Schiffahrt aufhörte.

Guido bekam Zypern aber nicht umsonst. Richard von England hatte es auf dem Weg ins Hl. Land erobert, dann aber an die Templer gegeben, die jetzt entschädigt werden wollten, und zwar mit der hohen Summe von insgesamt 100 000 Byzantinern. Davon wurden 60 000 binnen zwei Monaten fällig. Diese besorgte der Bischof Petrus von Tripolis als Darlehen bei wohlhabenden tripolitanischen Bürgern, eine erhebliche Leistung und des Bischofs letzter Dienst für Guido[39].

4. Petrus als Patriarch von Antiochia

Die Laufbahn des Petrus war mit dem Bischofsamt in Tripolis noch nicht beendet. Er wurde Patriarch von Antiochia, am wahrscheinlichsten im Jahre 1196, aber das Jahr ist umstritten. Michael der Syrer berichtet, der antiochenische Patriarch Aimerich von Limoges sei 1193 gestorben, ihm sei ein gewisser Radulf nachgefolgt[40]. Diese Nachricht hat den Vorzug, daß sie absolut gleichzeitig ist, denn Michael starb 1199 und war als jakobitischer Patriarch von Antiochia natürlich auch vorzüglich informiert. In einer gleichfalls zeitgenössischen muslimischen Chronik wird zu 1193 ohne Namensnennung gleichfalls ein Wechsel auf dem antiochenischen Patriarchenstuhl erzählt[41]. Allenfalls kommt statt 1193 noch 1194 in Betracht, was

---

38) RÖHRICHT, Geschichte S. 619.
39) MORGAN, Continuation de Guillaume de Tyr S. 136–139. Zum Übergang von Zypern an Guido siehe FAVREAU-LILIE, Italiener S. 304–306.
40) Michael der Syrer, Chronique 3, S. 412; da die Chronik gleich danach endet, erhält man hier keine Auskunft mehr über den Nachfolger dieses Radulf.
41) Bustān al-Ǧāmi zum Jahr A. H. 593, ed. CAHEN im Bulletin d'études orientales de l'Institut français de Damas 7/8 (1938) S. 151 f.

Chabot verfochten und Pelliot nachprüfend übernommen hat[42]. Dagegen liest man in den späten Gestes des Chiprois, im Jahre 1196 sei der Patriarch Aimerich gestorben, ihm sei der Bischof von Tripolis namens Petrus von Angoulême nachgefolgt, und so ist auch der Bericht der Annales de Terre Sainte[43]. Dazu kommt, daß in der altfranzösischen Fortsetzung des Wilhelm von Tyrus zu den Jahren 1193 und 1194 noch der Patriarch Aimerich als lebend erwähnt wird[44]. Alles in allem ist also 1196 viel besser begründbar als 1193[45].

Über keinen Abschnitt des Lebens des Petrus sind wir besser unterrichtet als über den stürmischen auf dem Patriarchenstuhl von Antiochia, doch hat er uns hier nicht mehr zu interessieren, weil Petrus zu dieser Zeit kein Kanzler mehr war[46]. Nur punktuell muß ich mich hier noch mit ihm befassen, denn jetzt erhalten wir auch Hinweise auf seine Persönlichkeit. Gleich zu Beginn seines Patriarchats handelte er sich am 17. März 1198 eine teilweise Suspension vom Amt (Verbot, Bischöfe in ihrem Amt zu bestätigen) durch den Papst ein, weil er unmittelbar nach seiner Wahl zum Patriarchen seinen alten Bischofsstuhl in Tripolis durch die Translation des Titularelekten von Apamea nach Tripolis neu besetzt hatte[47]. Der Papst beanspruchte entgegen bisheriger Praxis die Translationen jetzt als Reservatrecht des Heiligen Stuhls. Erschwerend schien dem Papst, daß hier ein Erzbischof auf ein Bistum versetzt worden war. In den von Petrus dem Papst übersandten Rechtfertigungsschreiben, die dann schließlich zusammen mit dem Einfluß des Legaten Konrad von Mainz am 31. Dezember 1198 zur Aufhebung der Suspension führte, erwies sich Petrus als ein fundierter

---

42) PELLIOT, Mélanges S. 22 f. Anm. 1.

43) Gestes des Chiprois S. 662 § 54; Annales de Terre Sainte S. 434.

44) MORGAN, Continuation de Guillaume de Tyr S. 169, 171. Die Urkunden helfen nicht weiter. Das Datum von D. RRH n° 718 ist umstritten, siehe oben S. 265 Anm. 33.

45) Zu der Frage am ausführlichsten CAHEN, Syrie du Nord S. 508, der annimmt, tatsächlich sei 1193 der Patriarch Radulf erhoben worden, der dann 1196 gestorben sei, wobei er in den altfranzösischen Quellen mit Aimerich von Limoges verwechselt worden sei. HAMILTON, Latin Church S. 213 f. Ganz unverständlich ist, warum ANTWEILER, Bistum Tripolis S. 97 f. Anm. 276 vermutet, es liege bei Michael dem Syrer eine Verwechslung mit einem 1192 oder 1193 verstorbenen Patriarchen Radulf von Jerusalem vor.

46) Zum antiochenischen Patriarchat Peters siehe CAHEN, Syrie du Nord S. 507 f., 592, 611–613, 655; HAMILTON, Latin Church S. 213–220, 222 f., 313 f.; ANTWEILER, Bistum Tripolis S. 97–106.

47) POTTHAST 52. 53. 108. 511. 512 = HAGENEDER – HAIDACHER, Register Innocenz' III. 1, S. 77 n° 50, 78 n° 51, 175 n° 117, 729 n° 502, 732 n° 503.

Kenner nicht nur der Kirchengeschichte, sondern auch des Kirchenrechts, denn er rang dem als Rechtsgelehrten ja gleichfalls beschlagenen Papst das Eingeständnis ab, die Translation eines Elekten sei anders zu beurteilen als die eines bereits geweihten Bischofs und sei eine im Kirchenrecht bisher ungeklärte Rechtsfrage.

Die Patriarchen von Antiochia galten als wohlhabend. In seinen Auseinandersetzungen mit Boemund IV. von Antiochia, gegen den er auf päpstliche Weisungen die armenische Partei im antiochenischen Sukzessionskrieg zu unterstützen hatte, weil der Papst die Union mit den Armeniern nicht gefährdet sehen wollte, blieben dem Patriarchen im lateinischen Klerus eigentlich nur die Johanniter als Verbündete, und diesen vertraute er die Preziosen der Kathedrale von Antiochia an. Im Oktober 1209 wurden sie an seinen Nachfolger wieder ausgehändigt und dabei einzeln aufgezählt (RRH n° 840), ein erstaunliches Verzeichnis, das den Eindruck einer guten finanziellen Position des Patriarchen durchaus bestätigt.

Es war deshalb nicht erstaunlich, daß sich Peters Familie um ihn scharte, um von diesem Reichtum zu profitieren. Peter seinerseits war dem Nepotismus durchaus zugetan[48]. Zum Archidiakon von Antiochia machte der Patriarch 1205 oder 1206 einen Neffen, nachdem der Vorgänger auf See ertrunken war[49]. Hierüber geriet er mit dem Legaten Petrus Capuanus aneinander. Dieser providierte einen Magister Johannes aus Palermo und bei dieser Gelegenheit gleich noch zwei Kanoniker im Kapitel von Antiochia, deren Vorgänger gleichfalls ertrunken waren. Als es nicht zu einer Einigung mit dem Patriarchen Petrus kam, exkommunizierte ihn der Legat, was dann allerdings schon deshalb bald wieder rückgängig gemacht werden mußte, weil die unter starkem griechischem Einfluß stehende Kommune von Antiochia mit Konnivenz Boemunds IV. 1206 mit Simeon II. einen orthodoxen Patriarchen in Antiochia installierte, zu dessen Abwehr man unbedingt eines handlungsfähigen lateinischen Patriarchen bedurfte. Die von dem Legaten in die Ämter gedrückten Kandidaten waren augenscheinlich unwürdig. Der Magister Johannes war möglicherweise ein entlaufener Zisterzienser, und

---

48) Nach ANTWEILER, Bistum Tripolis S. 203 sei 1198 ein Neffe des Patriarchen gleichzeitig als Kanoniker von Antiochia und Angoulême bezeugt. Ich kann ihn in der Quelle = HAGENEDER – HAIDACHER, Register Innocenz III. 1, S. 303 n° 214 auf S. 305 nur als Kanoniker von Angoulême feststellen, übrigens auch seinen Onkel, den hier behandelten Patriarchen von Antiochia Petrus von Angoulême. Die Sache spielt unter Celestin III. (1191–1198), so daß sich Petrus dieses Kanonikat möglicherweise vor seiner Erhebung zum Patriarchen geben ließ. Ein Neffe im Kapitel von Antiochia ist erst 1212 festzustellen (unten Anm. 50).
49) Neueste Darstellung des Konflikts bei MALECZEK, Petrus Capuanus S. 205 f.

sein Verhalten gab Anlaß zu Kritik. Einer der beiden Kanoniker entpuppte sich als notorischer Konkubinarier. Gleichwohl bleibt das Unbefriedigende, daß der Patriarch einen seiner Neffen zu versorgen getrachtet hatte, dem es für das Archidiakonat offensichtlich an der notwendigen Erfahrung gebrach, weil er sofort nach Rom geschickt werden mußte, um sich beim Papst einen Dispens zu holen, da er das vorgeschriebene Alter noch nicht hatte.

Im Jahre 1212 hören wir nach dem Tode des Patriarchen von zwei Neffen, von denen einer Iterius hieß und von denen wir nicht wissen, ob einer von ihnen mit dem ehemaligen Archidiakon identisch war. Damals beauftragte der Papst den Patriarchen Petrus II. von Antiochia, gewisse Klagen des antiochenischen Kanonikers Iterius und seines Bruders zu untersuchen (POTTHAST 4604). Beide waren sie Neffen des Patriarchen Petrus von Angoulême, und dieser hatte ihnen mannigfache Wohltaten erwiesen, allerdings war es auch zu Auseinandersetzungen gekommen, die hier abschließend geregelt werden sollten. Nicht nur hatte der Patriarch seinen Neffen Iterius natürlich in das Kapitel von Antiochia gebracht[50], er hatte ihm und seinem Bruder auch 1000 Byzantiner eines Stipendiums *in studiis scholasticis expendendos* zugesprochen, das er anwies auf Einkünfte, die er bei den Johannitern hatte. Petrus II. hatte aber die Auszahlung verweigert, nachdem er, nicht Iterius das Geld von den Johannitern erhalten hatte. Er hatte überdies den Besitz weggenommen, den Iterius von seinem Onkel zur Vermehrung seines Kanonikats erhalten hatte. Schließlich hatte Petrus I., der auch seinen Bruder in den Osten nachgezogen hatte, angeordnet, daß gewisse Einkünfte, die er und sein Bruder gehabt hatten, nun auf seine beiden Neffen übergehen sollten, aber auch diese hatte Petrus II. hintangehalten. Der Patriarch Petrus II., ein Zisterzienser und ehemaliger Bischof von Ivrea mit einem Hang zum Eremitentum, war offenbar überhaupt nicht angetan gewesen von der massiven Begünstigung, die Petrus I. seinen beiden Neffen hatte angedeihen lassen.

Das Ende des Petrus war schlimm. Im Spätjahr 1207 zettelte er eine dilettantische Erhebung gegen den Fürsten Boemund IV. von Antiochia an. Nun warf ihn der Fürst samt seinen beiden Neffen ins Gefängnis, was dem Papst bereits im Februar 1208 bekannt war (POTTHAST 3296. RRH n° 827b). Zum Einlenken konnte er den obstinaten Kirchenfürsten damit nicht bewegen, deshalb entzog er ihm das Trinkwasser. Als der Patriarch

---

50) POTTHAST 4604. Iterius war übrigens auch Kanoniker in Tripolis, wo er 1204 als Thesaurar auftritt und bis 1212 bezeugt ist; ANTWEILER, Bistum Tripolis S. 203 f. Als Kanoniker von Antiochia ist er noch 1222 belegt; PRESSUTTI, Regesta Honorii III n° 3688. Auch dabei könnte natürlich der Patriarch als ehemaliger Bischof von Tripolis die Hand im Spiel gehabt haben.

den Durst nicht mehr ertragen konnte, trank er das Öl seiner Lampe und starb daran im Kerker[51].

Es ergibt sich dann für Petrus folgender tabellarischer Lebenslauf:

Vor 1169	Einwanderung aus Angoulême
1169	Kapellan und Kanoniker in Lydda
1171	Priester und Praezeptor im Kapitel von Lydda
1184/1185–1192	Kanzler der Könige Balduin IV. (?), Balduin V., Guido von Lusignan
1185–1186/1187	Archidiakon von Lydda
1189–1190/1191	Archidiakon von Tripolis
1191–1196 (?)	Bischof von Tripolis
1196 (?) – 1208	Patriarch von Antiochia
Frühjahr 1208	Tod im Kerker

---

51) Frühjahr 1208, denn im Juli hatte der Papst davon gehört. POTTHAST 3455. RRH n° 827c. Estoire de Eracles S. 313 f.

X. Der Hilfsdatar und Königskapellan Gerhard (Oktober 1191)

Das letzte erhaltene Diplom, das von dem Notar Petrus A diktiert wurde (D. RRH n° 702 vom 26. Oktober 1191), ist ausnahmsweise nicht vom Kanzler Petrus unterfertigt, sondern *in exercitu Ioppensi per manum Girardi capellani nostri*. Von diesem Hofkapellan wissen wir sonst nichts, es sei denn, er sei identisch mit dem Kapellan des Patriarchen von Jerusalem namens Gerhard 1175 und 1177 (RRH n° 528. 543). Er tritt außer hier im Hofdienst nicht auf, weder als Kapellan des Königs Guido von Lusignan noch als Datar. Er war lediglich Hilfsdatar, denn die Kanzlei war nicht vakant, da der Kanzler Petrus, der zuvor letztmals Mitte September 1190 in D. RRH n° 696 unterfertigt hatte, noch im Januar und Februar 1192 in der Kanzleizeile von Diplomen genannt wird, die allerdings jetzt von Petrus B diktiert wurden (DD. RRH n° 698. 701). Auch hat Gerhard nicht diktiert wie der Vizekanzler Hemelin, der Vizedatar Stephan von Lyon = Notar Radulf B und der Vizekanzler Petrus = Notar Radulf C und in der Zeit der Kanzleikrise Mitte des 12. Jahrhunderts die Kapelläne und Hofkleriker Daniel, Friedrich und Guido. Gerhard ist eher vergleichbar dem Hilfsdatar und Königskapellan Lambert, aber auch nicht ganz, denn Lambert hatte faktisch die Kanzleileitung, ohne zu diktieren, in der Zeit, als der Kanzler Wilhelm von Tyrus kaltgestellt war und von der Ausübung seines Kanzleramtes ferngehalten wurde. Selbst von einer solchen De-facto-Vakanz des Kanzleramtes kann bei Gerhard nicht die Rede sein, anders als Lambert sprang er nicht in die Bresche, weil der Kanzler nicht amtieren durfte. Nur in der Enthaltsamkeit von Kanzleidictamina ist er Lambert vergleichbar[1], denn diktiert wurde D. RRH n° 702 klar von Petrus A. Gerhard war also ein reiner Hilfsdatar, der in einer Kanzleizeile, die den Kanzler nicht nannte, die Verantwortung für dieses Diplom übernahm.

Wenn ich Antweiler beim Wort nehme und richtig verstehe[2], hat er allerdings vermutet, daß Gerhard D. RRH n° 702, aber auch DD. RRH n° 698. 701 diktierte, und zwar deshalb, weil es in diesen drei Diplomen in der Kanzleizeile statt *cancellarius regis* (*regius*) heißt *cancellarius* (*capellanus*) *noster*. Das kann nicht unwidersprochen bleiben. Das eine einzige Wort *noster* genügt natürlich nicht, um darauf die Vermutung der Diktateinheit zu

---

1) DD. RRH n° 452. 466, diktiert von Lambert, sind ja keine Kanzleidictamina, sondern Empfängerausfertigungen.
2) ANTWEILER, Bistum Tripolis S. 351.

gründen. Die Diktatunterschiede zwischen D. RRH n° 702 einerseits und DD. RRH n° 698. 701 andererseits sind evident. Es genügt, auf die verschiedene Ausgestaltung der Datierung hinzuweisen, in D. RRH n° 702 zweigeteilt, wobei mit der Kanzleizeile nur die Tages- und Monatsangabe verbunden wird und *anno ab incarnatione domini* steht, während in DD. RRH n° 698. 701 sich ein einteiliges Datum findet, bei dem alle Elemente mit der Kanzleizeile verbunden werden und überdies die kapetingische Formel *anno verbi incarnati* verwendet wird, so daß nicht unerwartet auch Osterstil statt des bisher in Jerusalem üblichen Weihnachtsstils verwendet ist. Ebenso auffällig ist die Zeugenformel: *Huius rei testes sunt* in D. RRH n° 702, aber *quorum nomina sunt haec* in DD. RRH n° 698. 701. Das sind mit Sicherheit zwei verschiedene Diktatoren.

Als Diktator nur von DD. RRH n° 698. 701 kommt Gerhard gleichfalls nicht in Betracht, denn genannt wird er nicht dort, sondern in dem mit Sicherheit von einem anderen stammenden D. RRH n° 702. Die beiden DD. RRH n° 698. 701 stammen vielmehr von dem Notar Petrus B, der mit Gerhard deshalb nicht identisch sein kann, weil er Wilhelm hieß (siehe unten Bd. 2, S. 516–518).

Allenfalls könnte Gerhard identisch sein mit dem Notar Petrus A, der dann am Ende seiner Laufbahn D. RRH n° 702 nicht nur diktiert, sondern auch unterfertigt hätte. Aber dagegen spricht, daß wir Gerhard anders als die unterfertigenden Notare Hemelin, Radulf B und Radulf C in der Unterfertigung nur dieses eine Mal fassen können. Auch trugen diese Kanzleinotare, wenn sie unterfertigten, ausdrücklich den Vizedatar- oder Vizekanzlertitel, den Gerhard nicht hat, während die Kapelläne Daniel, Friedrich und Guido zwar diktierten und beglaubigten, dies aber in einer Zeit der Kanzleikrise, als es überhaupt keine Kanzlei, keinen Kanzler und keinen Notar, sondern nur rivalisierende Scriptorien des Königs und der Königinmutter gab.

Es bleibt also so gut wie kein Raum für eine Identifizierung Gerhards mit dem Notar Petrus A. Versuche, Gerhard mit anderen Klerikern der Zeit im Hl. Land zusammenzubringen, bleiben müßige Spekulation, denn in einer Zeit, als die alten Domkapitel von Saladin zerschlagen wurden, wurden die alten Pfründenbesitzer zwangsläufig durcheinandergewirbelt und blieben nur sehr zum Teil, d. h. soweit sie keine besseren Pfründen erhalten konnten, in ihren alten Korporationen und Ämtern, die zahlungsunfähig geworden waren. Der Archidiakon von Lydda und Königskanzler Petrus, der nach 1187 erst Archidiakon, dann Bischof von Tripolis wurde, ist ein beredtes Beispiel. Immerhin mag aber auf einen Funktionär des Domkapitels von Nazareth hingewiesen werden. Dort tritt 1161 ein Kanoniker Gerhard auf[3]. Er kehrt wieder 1174, hier schon als erster nach dem Prior und dem Kantor[4]. Ein Jahr später war er zum Archidiakon von Nazareth aufgerückt und blieb es bis 1180[5]. Am ehesten ein solcher Verwaltungsfunktionär hätte die Chance gehabt, nach 1187, als auch Nazareth verloren ging, eine neue Versorgung in der königlichen Kapelle zu finden und gelegentlich als Hilfsdatar herangezogen zu werden, aber auch der 1175 und 1177 in RRH n° 528. 543 bezeugte Gerhard, ein Kapellan des Patriarchen von Jerusalem, braucht nicht ganz auszuscheiden.

Der Hofkapellan Gerhard übernahm nur aushilfsweise wegen einer temporären Abwesenheit des Kanzlers die Unterfertigung von D. RRH n° 702. Der Kanzler mag entweder in seinem neuen Bistum Tripolis abwesend gewesen sein, als dessen Bischof er erstmals ein Vierteljahr vor D. RRH n° 702 erscheint (siehe oben S. 264), oder aber er war von Akkon aus dem König ins Feldlager bei Jaffa nicht gefolgt, wohin dieser im September 1191 aufgebrochen war (siehe unten Bd. 2, S. 406). Der Kanzler hatte einfach das System wieder eingeführt, das Wilhelm von Tyrus vor seiner zeitweiligen Ausschaltung praktiziert hatte, als in seiner Abwesenheit der Vizekanzler Petrus ohne Bezugnahme auf den Kanzler – also anders als bei dem Vizedatar Stephan zur Zeit des Kanzlers Radulf von Bethlehem – unterfertigt hatte. Da Gerhard Ende Oktober 1191 mit dem König beim Heer war, dürfte er ihn auch im November in das Winterquartier in das zerstörte Lydda begleitet haben, wo man Schutz suchte vor der Unbill der Witterung, und danach am 20. Dezember 1191 wieder zurück nach Akkon (siehe oben S. 264 und unten Bd. 2, S. 406 f.). Was danach aus Gerhard geworden ist, weiß man nicht[6].

---

3) RRH n° 371; in diesem Stück auch ein Nazarener Kanoniker Gerhard von Cana.
4) RRH n° 515; in diesem Stück auch ein Nazarener Kanoniker Gerhard Passerel.
5) RRH n° 529. 530. 594. Wegen der Länge des Zeitraumes kann er nicht identisch sein mit dem Diakon Gerhard der Kirche von Nazareth in der Zeugenliste von RRH n° 56a, das in dieser Fassung in die Jahre 1120–1125 gehört; siehe dazu MAYER, Bistümer S. 84–86.
6) Ein tabellarischer Lebenslauf wie in den anderen Kapiteln verlohnt hier nicht.

XI. Der italienische Gegenkanzler Bandinus (1188–1191)
(lebte vermutlich bis nach 1215)

Nach dem Reichszerfall, der der verheerenden Niederlage bei Ḥaṭṭīn am 3./4. Juli 1187 folgte und der in der Kapitulation Jerusalems am 2. Oktober 1187 kulminierte, wurde in der Zeit der Gefangenschaft des Königs Guido von Lusignan der kurz nach der Schlacht von Ḥaṭṭīn ins Land gekommene Markgraf Konrad von Montferrat zum Retter von Tyrus gegen muslimische Belagerungen, vor allem an der Jahreswende 1187/1188. Damit blieb den Christen wenigstens ein Haupthafen.

Sehr früh schon, wenn nicht von allem Anfang an richtete sich Konrads Ehrgeiz auf die Krone, zumal als durch den Tod der Königin Sibylle (Spätsommer 1190) die rechtliche Position Guidos von Lusignan schwer beeinträchtigt wurde. Von Anfang an, seit Oktober 1187 für uns erkennbar, urkundete Konrad königsgleich, sowohl in der Form wie mit den Stücken, die nicht Tyrus, sondern Akkon und Jaffa betrafen, auch in der Sache. Hierzu baute er sogleich eine Gegenkanzlei zu der des Königs auf, in der der Italiener Magister Bandinus zuerst allein, später neben dem Italiener Magister Oddo wirkte. Bandinus begann seine Laufbahn als Schreiber (*scriba*) Konrads, wurde von Konrad aber zum Kanzler aufgewertet (RRH n° 676 vom 20. September 1188), als er ihn zur Beförderung der Kreuzzugssache vom Herbst 1188 wohl bis zum Sommer 1190 nach England schickte, auch zum Kaiser nach Eger und möglicherweise auch nach Frankreich und Sizilien.

Nach Konrads Ermordung am 28. April 1192, am Vorabend seiner Krönung zum König von Jerusalem, war es mit der Kanzlerschaft des Bandinus vorbei, ja mit jeglicher Kanzleitätigkeit. Weder bei dem nach Zypern ausweichenden Guido von Lusignan noch bei Heinrich von Champagne als dem neuen Herrscher des Königreichs Jerusalem noch irgendwo sonst im Osten konnte Bandinus seine Kanzleitätigkeit fortsetzen. Möglicherweise war er auch gar nicht mehr da, wenn richtig ist, daß er identisch ist mit einem pisanischen Kanoniker Magister Bandinus, der im September 1191 in Pisa erscheint. Bandinus hätte dann seine Kanzlertätigkeit, in der er letztmals im Mai 1191 (D. RRH n° 705) nachweisbar ist, bald danach beendet. Der pisanische Kanoniker wurde im August 1196 zum Erzbischof von Torres auf Sardinien gewählt, aber nie geweiht. Er unternahm 1221 einen neuerlichen Anlauf auf Sardinien und ließ sich zum Bischof von Sulcis weihen, wurde aber postwendend suspendiert. Allerdings könnte der Kanzler Bandinus auch im Osten geblieben sein und personengleich sein mit dem Bischof Bandinus von Tortosa in der Grafschaft Tripolis, der von Oktober 1200 bis zum vierten Laterankonzil 1215 nachgewiesen ist und vor 1221 starb.

Da Bandinus auch selbst diktierte und mundierte, nicht nur während seiner Zeit als *scriba*, sondern auch später als Kanzler, ist er als Diktator ungleich wichtiger denn als Kanzler. Ich handle ihn deshalb im Detail einschließlich seiner Kanzlerschaft unten Bd. 2, S. 434–462, 477–491 ab.

XII. Der Percheron und Kanzler Joscius von Tyrus (1192–1202)

1. Die Ernennung und die Person des Joscius

Im Frühjahr 1192 regelte der englische König Richard Löwenherz mit Zustimmung der Barone von Jerusalem die politischen Verhältnisse des Restkönigreichs Jerusalem, um die Hand freizubekommen für den Abschluß eines Waffenstillstandes mit Saladin und die immer unerläßlicher werdende Heimkehr nach England. Der bisherige König Guido von Lusignan ging seines Reichs und seiner Würde verlustig und wurde mit Zypern entschädigt. Neuer Herrscher von Jerusalem sollte der Markgraf Konrad von Montferrat werden, der der Herr von Tyrus und seit 1187 im Lande war. Seit November 1190 war er verheiratet mit Isabella I., der jüngeren Tochter des Königs Amalrich von Jerusalem und der Halbschwester Sibylles, die als die ältere Tochter aus des Königs erster Ehe Guido von Lusignan den Thron gebracht hatte, aber seit Herbst 1190 mitsamt den aus der Ehe hervorgegangenen Kindern tot war[1]. Konrad hatte daher jetzt dynastisch den besseren Anspruch.

Guidos Übergang nach Zypern bedeutete automatisch auch das Ende der Kanzlerschaft des Petrus von Lydda, denn der neue Herrscher konnte sich trotz der prinzipiellen Unabsetzbarkeit des Kanzlers sehr wohl weigern, einen Kanzler zu übernehmen, der Bischof eines Bistums außerhalb des Reiches war, in diesem Falle Tripolis. Auch aus politischen Erwägungen heraus hätte überhaupt keine Chance bestanden, daß Konrad von Montferrat den Petrus von Lydda als Kanzler hätte haben wollen, denn Guido und Konrad waren Todfeinde gewesen, und Konrad hatte mit Bandinus bereits seit 1188 seinen eigenen Kanzler, mit dem er zweifellos auch die Königskanzlei besetzt hätte, wenn er nur überhaupt je zum König gekrönt worden wäre. Tatsächlich wurde er am Vorabend seiner Krönung von zwei Assassinen ermordet (28. April 1192). Isabella wurde sehr rasch erneut verheiratet mit dem Grafen Heinrich II. von Champagne (5. Mai 1192), der

---

1) VOGTHERR, Regierungsdaten S. 68 f.

damit zum neuen Herrscher des Königreichs Jerusalem aufstieg, ohne jemals gekrönt zu werden. Auch er übernahm den Kanzler Petrus von Lydda nicht, sondern ernannte mit dem Erzbischof Joscius von Tyrus seinen eigenen Kanzler, den wir im Jahr 1192 im Amt finden[2]. Joscius war seit langem im Lande und war ein erfahrener Kirchenfürst[3]. Er war stets kampfeslustig und ein rigoroser Vertreter bischöflicher Rechte, insbesondere der bischöflichen Pfarrechte, die im lateinischen Osten wegen der unterentwickelten Zahl ländlicher Pfarreien besonders wichtig waren. Er begegnet uns erstmals am 23. November 1172, als er zum Bischof von Akkon gewählt wurde[4]. Nach dem Zeugnis des Chronisten war er damals Subdiakon und Kanoniker von Akkon, also auch schon einige Zeit im Lande[5]. Bezeugt ist er urkundlich als Kanoniker von Akkon nicht, 1168 wird er in einer Urkunde des Bischofs Wilhelm von Akkon unter den dortigen Kanonikern nicht genannt (RRH n° 435; zum Datum siehe oben S. 178). Er wird wohl nicht lange vor 1172 in Akkon eingetreten sein, da er als Subdiakon zum Bischof gewählt wurde, also noch nicht die Priesterweihe hatte, ja noch nicht einmal Diakon war. Im Kapitel von Akkon konnte er damals wertvolle Kontakte für später knüpfen, denn seit 1166 war dort auch der spätere Kanzler Wilhelm von Tyrus Mitglied, der Joscius auf dem Erz-

---

2) D. RRH n° 707, das im Osterstil allerdings noch bis 1193 März 27 ergangen sein kann. D. RRH n° 713 von 1192 Mai 1–5 hat keine Unterfertigung, weil Joscius noch nicht zum Kanzler ernannt war, denn formalrechtlich war Heinrich noch nicht einmal Herrscher von Jerusalem, da seine Hochzeit mit Isabella I. noch ausstand. Zum Datum von D. RRH n° 713 siehe unten Bd. 2, S. 560 f.

3) Die wenigen Bemerkungen zu seiner Biographie bei DUCANGE – REY, Familles S. 636 und bei CHANDON DE BRIAILLES, Bulles S. 293 sind völlig ungenügend. Der Hinweis bei Chandon de Briailles, Joscius werde 1186 als *presbiter regis* erwähnt, bezieht sich auf das Spurium D. RRH n° 650, und selbst dort steht nicht *presbiter*, sondern *sacerdos*. – Die Biographie des Joscius beim Emir Maurice Chéhab, Tyr 2, 2, S. 612–622 bleibt trotz ihrer Länge ganz an der Oberfläche.

4) Wilhelm von Tyrus, Chronicon XX. 25, S. 948. Es ist deshalb unrichtig, wenn Röhricht in RRH n° 484 den ohne Namen erwähnten Bischof von Akkon als Joscius identifiziert, denn nach den Erwägungen von HIESTAND, Vorarbeiten 3, S. 267 n° 104 gehört das Stück zu 1170 oder 1171.

5) Die freie Fälschung D. spur. RRH n° 650 auf den Namen des Königs Guido von Lusignan, aber von angeblich März 1186, als Guido noch gar nicht König war, ist unterfertigt von *dominus Iocius sacerdos regis*. Angesichts des seltenen Namens kann der Fälscher nur an unseren Joscius gedacht haben und wird sich den Namen aus einer Unterfertigung des Kanzlers Joscius unter einem Diplom Heinrichs von Champagne oder des Königs Aimerich geholt haben, aber es kann überhaupt keine Rede davon sein, daß Joscius als Mitglied der königlichen Hofkapelle bezeugt sei. Siehe zu der Unterfertigung MAYER, Marseilles Levantehandel S. 149 und DERS., Hofkapelle S. 497.

stuhl von Tyrus vorausging, und ebenso war dort Haymarus Monachus Kanoniker, der später aufstieg zum Patriarchen von Jerusalem[6]. Wer seine Wahl betrieb, weiß man nicht. Hamilton, der Joscius damals als einen „relatively obscure candidate" bezeichnet, meint, daß der Metropolitan Friedrich von Tyrus sich für ihn eingesetzt habe, aber dieser scheint seit seiner gescheiterten Europamission 1169–1170 eher in königlicher Ungnade gestanden zu haben (siehe unten S. 659–661), und der König war bei Bischofserhebungen damals noch entscheidend.

Joscius könnte natürlich im Lande geboren worden sein, aber berichtet wird das nicht, und angesichts der dünnen Personaldecke ist es bei Leuten, die es zum Episkopat brachten, auch nicht wahrscheinlich. Die Bildung, die man als Bischof brauchte, konnte man im Hl. Land nicht erwerben. Für eine Einwanderung spricht aber auch eine andere Erwägung. Die Literatur hat bisher übersehen, daß Joscius einer französischen Adelsfamilie Maugastel oder Maugasteau angehörte oder mit ihr verschwägert war, deren Vertreter im Osten sich noch unter Kaiser Friedrich II. nach ihrem Herkunftsort nannten. Soweit ich erkennen kann, handelt es sich dabei um einen Ort im Perche, nämlich entweder um Maugasteau, commune Ceton, Dept. Orne, arrond. Mortagne-au-Perche, canton Le Theil, südöstlich von Alençon, oder um Maugâteau, commune St.-Cosme-en-Vairais und St.-Pierre-des-Ormes, Dept. Sarthe, arrond. und canton Mamers, ebenfalls südöstlich von Alençon, aber nur halb so weit entfernt wie Le Theil[7].

Der letzte Kanzler von Jerusalem und Erzbischof von Tyrus, Simon von Maugastel, dessen Familiennamen gut bezeugt ist[8], war ein Neffe des Joscius, der schon frühzeitig ein Auge auf seine Entwicklung hatte. Am 22. November 1197 schenkte der König Aimerich von Zypern dem Erzbischof Joscius von Tyrus auf Lebenszeit das Casale Levadi auf Zypern (RRH n° 737). Es war eine Schenkung in das persönliche Eigentum des Erzbischofs, nicht an seine Kirche, weshalb auch die Rede ist von *ad opus tuum et domus tuae*. Der König versprach, er werde nach dem Ableben des Joscius das Casale zu denselben Bedingungen und ebenfalls auf Lebenszeit an Simon *nepoti tuo* geben. Erst nach dem Ableben des Simon sollte das Casale dann letztendlich an die Kirche von Tyrus fallen. So weit kam es aber gar nicht, denn bereits im Mai 1222 verkaufte der Erzbischof Simon von Tyrus *casale nomine Livadi, quod ipse Tirensis archiepiscopus in ecclesia sua habebat ... in*

---

6) Siehe oben S. 178 f., 180. RRH n° 435. 532.

7) VALLÉE – LATOUCHE, Dictionnaire topographique du Département de la Sarthe S. 587. Historische Formen sind de Malo Gastello, de Malo Gastillione (1078–85), Maugastel 1414, Mongâteau 1651.

8) Estoire de Eracles S. 323, 358.

Cipro ... ex donatione clare memorie regis Aimerici um 2 200 Byzantiner[9]. Joscius von Tyrus war also ganz unbezweifelbar der Onkel des Simon von Maugastel, der dem Onkel nach dem Zwischenspiel des Erzbischofs Clarembald auf dem Erzstuhl von Tyrus folgte. Das heißt nichts anderes, als daß auch Joscius aus der Familie Maugastel (zu ihr siehe unten S. 342–345) stammte, auch wenn er sich so nie nennt.

2. Joscius als Bischof von Akkon

Nach seiner Wahl zum Bischof erfüllte Joscius die normalen Pflichten eines solchen Amtes. Im Jahre 1175 verglich er sich mit dem Johannitermeister über die gegenseitigen kirchlichen Rechte in Akkon (RRH n° 532) und sah besonders darauf, daß die Tendenz der Johanniter, ihre Sepultur mit testamentarischen Schenkungen an den Orden zu verknüpfen, nicht ausuferte. Testamente von Pfarrkindern, die unter solchen Bedingungen errichtet wurden, sollten nur mit der Genehmigung des Bischofs Bestand haben. Auch erfahren wir aus dem Dokument, daß sowohl der Bischof wie die Johanniter in Akkon eine Schule unterhielten, denn der Bischof verpflichtete sich, *pueros in domo Hospitalis doceri cupientes* nicht zu behindern, was ja überhaupt nur Sinn machte, wenn auch der Bischof eine Schule hatte. Insgesamt war der Vergleich ein Erfolg für Joscius, denn die Ordensrechte in der Stadt wurden deutlich limitiert[10]. Ein Jahr später bezeugte Joscius mit anderen Bischöfen eine Urkunde des Herrn von Ramla, mit der dieser den Verkauf eines Casales im Südwesten an die Gräfin Konstanze von St.-Gilles bestätigte (RRH n° 539). Im Jahre 1178 schlichtete er gemeinsam mit dem zuständigen Metropolitan von Nazareth einen Streit zwischen dem Bischof von Tiberias und dem Kloster Josaphat um die geistlichen Rechte der dem Kloster gehörenden Georgskirche bei Tiberias, wo die Abtei versucht hatte, der Kathedrale Pfarrkinder abspenstig zu machen[11]. Im wesentlichen ging der Schiedsspruch zugunsten des Bischofs von Tiberias aus.

Ein erster Höhepunkt im Leben des Joscius kam 1179. Er gehörte zu den Vertretern des Hl. Landes auf dem Dritten Laterankonzil vom März 1179 und verließ hierfür im Oktober 1178 das Hl. Land zusammen mit den Erzbischöfen von Tyrus und Caesarea und den Bischöfen von Bethlehem, Sebaste und Tripolis sowie dem Prior der Grabeskirche und dem Abt des

---

9) RRH n° 944. Zum Datum siehe LA MONTE, Register S. 452 n° 21 Anm. 4; vgl. auch ebd. S. 453 n° 22.

10) HAMILTON, Latin Church S. 107.

11) RRH n° 563. MAYER, Bistümer S. 93–95; HAMILTON, Latin Church S. 100.

Zionsberges[12]. Im Anschluß an das Konzil reiste Joscius weiter mit einem delikaten Auftrag, der zeigt, daß er das volle Vertrauen des Königs hatte. Der König war leprös und würde nicht heiraten können. Thronerbin war somit seine Schwester Sibylle, deren Verheiratung damit staatspolitische Bedeutung hatte. Sie war 1176 mit Wilhelm Langschwert von Montferrat verheiratet worden, aber dieser war im folgenden Jahr gestorben. Joscius war jetzt beauftragt, ihre Hand zu denselben Konditionen (Thronfolge und Grafschaft Jaffa-Askalon) dem Herzog von Burgund anzubieten. Im Prinzip war Joscius erfolgreich, denn er konnte den Herzog überzeugen, und dieser beschwor die Sache auch, kam aber später nicht in den Osten[13]. Bei dieser Gelegenheit dürfte Joscius auch seine Heimat besucht haben, denn er reiste noch darüber hinaus. Der Zeitgenosse Gervasius von Canterbury berichtet nämlich, daß im Oktober 1179 der Bischof von Akkon nach Canterbury pilgerte zum Grab des Thomas Becket[14]. Einem Percheron, dessen Heimat an die Normandie grenzte, stand eine solche Pilgerreise über den Ärmelkanal natürlich gut zu Gesicht.

Wir wissen nicht, wann Joscius wieder zurück im Osten war, denn wir hören erst 1186 wieder von ihm. Aber vor dem Frühjahr 1180 kann er nicht zurückgekommen sein, da er im Oktober 1179 noch in England war und danach die Schiffahrt im Mittelmeer aufhörte bis zum kommenden Frühjahr. Am 29. September 1186 starb der Erzbischof Wilhelm von Tyrus (siehe oben S. 251). Bereits am 20. Oktober war sein Nachfolger Joscius gewählt und geweiht (DD. RRH nº 653. 654. 655). Es waren die ersten erhaltenen Urkunden des Königs Guido von Lusignan, der kurz zuvor in einem Staatsstreich, der den Reichsregenten Graf Raimund III. von Tripolis entmachtete, auf den Thron gekommen war. Joscius hatte auch das Vertrauen des neuen Königs, denn dieser schickte ihn Ende April 1187 mit den beiden Ordensmeistern und zwei führenden Baronen nach Tiberias zu Raimund, um mit diesem zu einem Ausgleich zu kommen, was angesichts des unterwegs verlustreich ausgetragenen Gefechts bei Saffūria auch gelang[15].

---

12) Wilhelm von Tyrus, Chronicon XXI. 25 (26), S. 996; MANSI, Concilia 22, Sp. 215.

13) Wilhelm von Tyrus, Chronicon XXI. 25 (26), S. 996 f.

14) Gervasius von Canterbury, Opera historica 1, S. 293.

15) MORGAN, Continuation de Guillaume de Tyr S. 37 f., 41 f.; Chronicon Terrae Sanctae S. 61 (verdruckt zu 5), 65.

3. Joscius als Kreuzzugsprediger

Zwei Monate später ging das Reich unter in der Schlacht bei Haṭṭīn. Joscius gehörte nicht zu den Bischöfen, die an der Schlacht teilnahmen, denn nur wenig später war er in Tyrus präsent (D. RRH n° 659). Es kam jetzt der wichtigste Abschnitt im Leben des Joscius. Die Handvoll der Schlacht entronnener Barone, die sich in Tyrus um den Neuankömmling Konrad von Montferrat scharten, beauftragten nicht etwa den Patriarchen von Jerusalem, der sich freilich erst an die Küste hätte durchschlagen müssen und der überdies 1184 bei seiner Gesandtschaft nach Europa dort einen schlechten Eindruck hinterlassen hatte[16], sondern den Erzbischof Joscius von Tyrus damit, die Nachricht von der Katastrophe nach Europa zu bringen, wo sich Joscius wie kaum ein anderer Verdienste um das Zustandekommen des Dritten Kreuzzuges erwarb[17].

Im Sommer 1187 bei der Ausstellung von D. RRH n° 659 war Joscius noch im Osten, zusammen mit den dort gleichfalls genannten Erzbischöfen von Nazareth und Caesarea. Von diesem Trio waren in den in Tyrus ausgestellten Urkunden Konrads vom Oktober (DD. RRH n° 665. 666. 667. 668) nur der Nazarener und der Caesarenser übriggeblieben. Joscius war also abgereist, denn sonst wäre er bestimmt genannt worden. Auch mußte er im Herbst spätestens reisen, wenn ab September die Ostwinde bliesen und ehe im Winter die Schiffahrt ganz eingestellt wurde. Außerordentlich dramatisch reiste er in einem Schiff mit schwarzen Trauersegeln. Über Sizilien ging er an die Kurie, die sich im Norden Italiens befand, von dort aus mit dem Kardinalbischof Heinrich von Albano über die Alpen. Da sich Heinrich

---

16) Radulf Niger, De re militari S. 186, 193 f.

17) Die Quellen für diese Gesandtschaft sind zahlreich. Aus dem Osten MORGAN, Continuation de Guillaume de Tyr S. 82–84; vgl. S. 55. Estoire de Eracles S. 111–115; Chronique d'Ernoul S. 244–248; Chronicon Terrae Sanctae S. 93; Itinerarium peregrinorum, ed. MAYER S. 276; PRUTZ, Zeitgenössisches Gedicht vv. 463–478. Aus dem Westen: Ambroise, Estoire vv. 129–138; Roger von Hoveden, Chronica 2, S. 334 f.; Gesta regis Henrici II 2, S. 29 f.; Radulf von Diceto, Opera historica 2, S. 51; Wilhelm von Newburgh, Historia rerum Anglicarum 1, S. 272; Robert von Auxerre, Chronicon, MGH SS 26, S. 251; Wilhelm von Andres, Chronica, MGH SS 24, S. 719; Roger von Wendower, Flores historiarum 1, S. 144; Kölner Königschronik S. 138; Alberich von Troisfontaines, Chronica, MGH SS 23, S. 861; Matthaeus Parisiensis, Chronica maiora 2, S. 330. Öfters wird der Erzbischof in den Quellen irrtümlich Wilhelm genannt, der aber schon 1186 gestorben war; siehe oben S. 251. Literatur: CARTELLIERI, Philipp II. August 2, S. 48 f.; CONGAR, Henri de Marcy S. 43–55 zur Legation Heinrichs von Albano.

noch am 11. November 1187 an der Kurie in Ferrara aufgehalten hat[18], muß man annehmen, daß Joscius es war, der die Nachricht vom Fall Jerusalems (2. Oktober 1187) erst nach Sizilien und dann an die Kurie brachte. Diese Unglücksbotschaft traf dort möglicherweise am Martinstag, jedenfalls aber vor Ende November 1187 ein[19].

Im Dezember 1187 war Joscius bei der Zusammenkunft Friedrich Barbarossas mit dem französischen König zwischen Mouzon und Ypsch (Yvois, heute Carignan, Dept. Ardennes, Arrond. Sedan) dabei[20]. Von dort aus reiste er nach Frankreich und war am 21. Januar bei dem Treffen Philipps II. Augustus mit Heinrich II. von England in der Normandie bei Gisors (Dépt. Eure, Arrond. Les Andelys) dabei, wo Joscius das Kreuz predigte und die Kreuznahme der beiden Könige bewirkte, was für das Zustandekommen des Dritten Kreuzzuges eine unerläßliche Voraussetzung war[21]. Die Wege Heinrichs und Joscius trennen sich hier, Heinrich war schon in Gisors nicht mehr dabei, sondern reiste nach Flandern, wo er in Arras am 1. Januar 1189 starb. Da vor allem seine Legation dokumentiert ist, werden die Nachrichten über Joscius nach Gisors dürftig. Im März 1188 war er in Paris bei einer französischen Reichsversammlung, wo Beschlüsse über den Saladinszehnten

---

18) Er unterschreibt dort bis 11. November; JL 2, S. 528. Der 21. November bei SCHEFFER-BOICHORST, Letzter Streit S. 212 ist ein Druckfehler, der übergegangen ist in FRIEDLÄNDER, Legaten S. 38 Anm. 16. Am 21. Februar 1188 war Heinrich in Mons, am 2. März in Lüttich; Giselbert von Mons, Chronicon Hanoniense S. 204. Lambertus Parvus, Annales, MGH SS 16, S. 649.

19) CARTELLIERI, Philipp II. August 2, S. 268–273. Der Fall Jerusalems wird vom Papst erstmals erwähnt in JL 16073 von ca. 26.–29. November. JL 16013 vom 24. Oktober 1187 ist gefälscht. In RRH n° 663 ist die Nachricht von der Eroberung Jerusalems in die zweite, nach dem 2. Oktober ausgestellte Version nachgetragen. In der ersten Version vom September, die kürzlich HIESTAND, Antiochia S. 115 n° 1 erstmals ediert hat, fehlt sie noch (siehe unten Bd. 2, S. 213).

20) Alberich von Troisfontaines, Chronica, MGH SS 23, S. 861; Giselbert von Mons, Chronicon Hanoniense S. 201; CARTELLIERI, Philipp II. August 1, S. 263 f.; CONGAR, Henri de Marcy S. 47.

21) Chronicon Terrae Sanctae S. 93; PRUTZ, Zeitgenössisches Gedicht vv. 463–478; Ambroise, Estoire vv. 112–154; SALLOCH, Lateinische Fortsetzung des Wilhelm von Tyrus S. 92; Roger von Hoveden, Chronica 2, S. 335; Gesta regis Henrici II 2, S. 29 f., 59; Radulf von Diceto, Opera historica 2, S. 51; Wilhelm von Newburgh, Historia rerum Anglicarum 1, S. 272. Roger von Wendower, Flores historiarum 1, S. 143 f. Matthaeus Parisiensis, Chronica maiora 2, S. 330; CARTELLIERI, Philipp II. August 1, S. 269 Anm. 2; CONGAR, Henri de Marcy S. 47. RÖHRICHT, Rüstungen S. 7 nennt statt Joscius von Tyrus irrtümlich Bartholomaeus von Tours, hat diese Meinung aber später fallen lassen; RÖHRICHT Geschichte S. 391 Anm. 5. Bei SETTON, History of the Crusades 2, S. 47 ist das Treffen irrtümlich zu Januar 1189 datiert.

und die Schulden der Kreuzfahrer gefaßt wurden[22]. Hiestand hält es für möglich, daß Joscius – vielleicht im Zusammenhang mit seiner Gesandtschaft – jenes Kanonikat in St.-Maurice de Chartres erhielt, das ich seinem Vorgänger Wilhelm von Tyrus zuschreiben möchte (siehe oben S. 202–210, besonders S. 209).

Wie Joscius ins Hl. Land zurückgereist ist, wissen wir nicht. Auch wann dies war, wissen wir nicht genau. Im Mai 1188, als Konrad von Montferrat im Osten für die pisanische Gesellschaft der Roten urkundete (DD. RRH n° 674. 675), war Joscius anscheinend noch nicht zurück, denn an dem in Tyrus ausgestellten D. RRH n° 675 über Besitz in Tyrus waren vier hohe Funktionäre der Ritterorden beteiligt, so daß man annehmen muß, daß auch der Erzbischof von Tyrus genannt worden wäre, wenn er anwesend gewesen wäre[23]. Das verhielt sich am 11. April 1190 in D. RRH n° 691 genauso, wo die Geistlichkeit allerdings überhaupt nicht mitwirkte. Und jetzt war Joscius nachweislich zurück, denn während Konrad am 11. April die Genuesen im weltlichen Bereich privilegierte, verlieh ihnen am 14. April 1190 der Erzbischof Joscius von Tyrus auf Konrads Bitten das Recht, in der Stadt eine Kapelle zu bauen, und regelte deren Rechtsstellung, wobei er erneut stark darauf achtete, eine Minderung der erzbischöflichen Pfarrechte zu vermeiden (RRH n° 692). Aber sicher ist Joscius nicht so lange in Europa geblieben. Man darf wohl davon ausgehen, daß er im Spätsommer 1188 zurückkehrte, möglicherweise erst ein Jahr später, denn ein anderer Gesandter Albert von Tarsus war auch so lange in Europa (siehe unten Bd. 2, S. 214).

Die Dinge in Europa liefen ja eigentlich gut genug, so daß Joscius schon 1188 hätte zurückkehren können, doch gilt dies natürlich auch für Albert von Tarsus. Im Januar 1188 hatten die Könige von Frankreich und England das Kreuz genommen, seit dem Frühjahr 1188 operierte eine sizilische Flotte von nicht weniger als 50 Schiffen in den levantinischen Gewässern[24], im ersten Halbjahr 1188 kündigte Heinrich II. von England an, er werde ge-

---

22) Jedenfalls ist so der Schluß von CONGAR, Henri de Marcy S. 47 Anm. 163 aus dem Umstand, daß Wilhelm von Andres, Chronica, MGH SS 24, S. 719 berichtet, daß Heinrich von Albano dort anwesend war, was unrichtig sein muß, da Heinrich auf der Curia Iesu Christi (27. März 1188) in Mainz war, wo er seinen größten Triumph feierte, da der Kaiser das Kreuz nahm. Vgl. auch CARTELLIERI, Philipp II. August 2, S. 63 Anm. 4.

23) An D. RRH n° 674 wirkten die Genannten nicht mit, sondern nur Personen aus Konrads Entourage, weil sich das Stück mit Besitz in Akkon beschäftigte und daher die Rechte des noch immer gefangenen Königs Guido verletzte.

24) Itinerarium peregrinorum, ed. MAYER S. 271.

meinsam mit seinem Sohn auf den Kreuzzug gehen[25], der Erzbischof Ubaldus von Pisa brach Mitte September 1188 mit einer pisanischen Flotte von 50 Schiffen in den Osten auf[26], England und Genua führten Kreuzzugsverhandlungen, wohl über genuesischen Schiffsraum[27], von der Annäherung zwischen Saladin und Byzanz wußte man noch nichts[28], schon im Dezember 1187 hatte Heinrich von Albano vom Kaiser die Zusage eines Reichstages, der im März 1188 in Mainz stattfand, die berühmte curia Iesu Christi, auf der der Kaiser das Kreuz nahm und den Aufbruchstermin für April 1189 festlegte. Der Mainzer Tag war propagandistisch so groß aufgezogen, daß das politische Prestige des Kaisers auf dem Spiel stand. Er hat tatsächlich den vorgesehenen Aufbruchstermin nur um wenige Wochen überschritten.

Der Erzbischof von Tyrus konnte beruhigt nach Hause reisen. Eine längere Anwesenheit in Europa schien nicht notwendig. Zwar dürfte Joscius den Ausbruch der neuen Feindseligkeiten zwischen England und Frankreich im Sommer 1188 noch erfahren haben, aber dies war nicht unbedingt ein Grund, in Europa zu bleiben, denn daß der Krieg sich bis 1190 hinziehen werde, war nicht vorherzusehen, um so weniger als ausgerechnet Gottfried von Lusignan, der Bruder des Königs von Jerusalem, durch eine Rebellion gegen Richard Löwenherz in Poitou den Anlaß gab[29].

4. Joscius als Erzbischof von Tyrus

Im Mai 1191 gab Joscius seinen Konsens, als Konrad von Montferrat den Venezianern das Pactum Warmundi bestätigte (D. RRH n° 705). Wegen der durch das Pactum begründeten außerordentlichen Stellung Venedigs in Tyrus mit einem ganzen Drittel der Stadt und des Contado war die Zustimmung des Erzbischofs unerläßlich. Nun regelte aber das Pactum Warmundi nur weltliche Verhältnisse Venedigs in Tyrus, sagte jedoch nichts über die Stellung einer dort einzurichtenden Markuskirche Venedigs, die seit 1157 nach-

---

25) RRH n° 673, dort zu Anfang 1188. CARTELLIERI, Philipp II. August 2, S. 75 datiert überzeugender zu Juni.

26) Fragmentum aliud bei UGHELLI, Italia Sacra 10[b], Sp. 120.

27) Annali Genovesi 2, S. 29.

28) Der Bericht französischer Gesandter, den die Gesta regis Henrici 2, S. 51 zu 1188, Radulf von Diceto, Opera historica 2, S. 58 aber zu 1189 einreihen und der von dieser Annäherung schon weiß, gehört zu 1189; MÖHRING, Saladin S. 82–84.

29) CARTELLIERI, Philipp II. August 1, S. 271–276.

gewiesen ist[30]. Es konnte bei einem so auf bischöfliche Pfarrechte kapri-
zierten Mann wie Joscius deshalb nicht ausbleiben, daß es zum Streit zwischen ihm und dem venezianischen Pleban um die Rechte der Markuskirche
in Tyrus kam. Ja, der Streit reichte weiter zurück bis in die Zeit des Erzbischofs Wilhelm II. von Tyrus (1175–1186) und er war auch härter als anderswo, weil nicht nur um Pfarrechte gestritten, sondern um mehr gepokert
wurde[31]. Die Venezianer interpretierten nämlich ihren Besitz eines Drittels
von Tyrus dahin, daß ihrer Markuskirche hier auch die kirchlichen Zehnten
zuständen, was kein Erzbischof zulassen konnte, denn im Osten hatten ja
die Diözesane, nicht die Pfarrkirchen das Recht auf die Zehnten. Schon
unter Alexander III. hatte das leidige Problem die Kurie beschäftigt. Unter
Clemens III. brachte es der Erzbischof Joscius erneut dorthin und schikanier-
te den venezianischen Pleban in Tyrus, exkommunizierte ihn sogar, so daß
Clemens III. im August 1190 delegierte Richter ernannte, um die Sache vor
Ort zu untersuchen[32]. Habe Joscius wirklich die Venezianer während einer
ordnungsgemäß eingelegten Berufung an den Papst exkommuniziert, so solle
dies rückgängig gemacht werden. Im übrigen spielte der Papst auf Zeit, denn
erst nach der Rückeroberung des Hl. Landes sollten die Richter Zeugenaussagen sammeln und nach Rom weiterleiten. Joscius ließ die Sache nicht
ruhen. Er erwirkte päpstliche Anweisungen an die Erzbischöfe von Nazareth
und Caesarea sowie den Prior der Grabeskirche gegen den venezianischen
Pleban, der daraufhin selbst an die Kurie reiste, um zu klagen, und im
August 1196 vor Celestin III. auch partiell obsiegte. Der Papst befahl jetzt,
den Status quo ante wiederherzustellen und die Sache weiterhin bis zur
völligen Wiedergewinnung des Hl. Landes ruhen zu lassen[33].

Auch Innocenz III. bekam die Sache von Joscius wieder auf seinen
Schreibtisch gelegt[34]. Die Parteien unternahmen vor den neuerlich delegierten Richtern die üblichen prozeßverzögernden Schritte, aber schließlich
obsiegte doch der Erzbischof, nur sollte er sich seines Sieges nicht lang
erfreuen, denn der Pleban appellierte die Sache erneut an die Kurie und
erklärte zwei der drei Richter für befangen, weil sie Suffragane von Tyrus
seien, was Innocenz III. einräumen mußte, so daß er den Richterspruch

---

30) MOROZZO DELLA ROCCA – LOMBARDO, Documenti 1, S. 126 n° 126.
31) Zu dem Streit siehe FAVREAU-LILIE, Italienische Kirchen S. 48–75; HIESTAND,
Wilhelm von Tyrus S. 366 f. PRUTZ, Aus Phönizien S. 347–350 und RÖHRICHT, Syria
sacra S. 19 f. sind dadurch überholt.
32) JL 16520 = HIESTAND, Vorarbeiten 3, S. 337 n° 161.
33) JL 17419 = HIESTAND, Vorarbeiten 3, S. 355 n° 175.
34) POTTHAST 1001 von April 1200 und der Bericht der venezianischen Seite vom
Februar 1200 bei BARACCHI, Carte S. 325 n° 130.

kassierte. Inzwischen hatte aber Joscius im Osten den Pleban niedergerungen, dieser hatte sich ohne Absprache mit der heimischen Regierung mitsamt seiner Kirche den Ansprüchen Joscius' gebeugt und diesem sogar das Archiv der venezianischen Markuskirche ausgeliefert. In das Appellationsverfahren vor dem Papst griff nun der Doge selbst ein und schickte zwei Bevollmächtigte aus Venedig, die die Sache der Venezianer vertreten sollten. Der Papst entschied jetzt gegen den Erzbischof. Dieser habe das Archiv zurückzugeben und auch die Besitzungen der Markuskirche, die er an sich gerissen hatte. Ihrer Pfarrechte solle sich die Markuskirche weiterhin erfreuen dürfen. Das war der letzte Stand zu Lebzeiten des Joscius, aber die Auseinandersetzung ging auch nach seinem Tode unvermindert weiter, mindestens bis 1255, vielleicht aber darüber hinaus bis 1291. Dieses Stadium des Streites ist hier nicht von Interesse. Die von Joscius mit großer Hartnäckigkeit lancierten Angriffe auf die venezianische Position in Tyrus scheiterten jedenfalls. Im übrigen scheint unter Joscius, vielleicht im Zusammenhang mit den von den Venezianern beanspruchten Zehnten, eine tyrensische Finanzkrise eingetreten zu sein, denn gleich zu Beginn des Pontifikats des nächsten Erzbischofs von Tyrus wandte sich der Papst an den König Aimerich von Jerusalem und Zypern mit der Bitte, der tyrensischen Kirche in ihrer Finanznot beizustehen, vor allem durch ordnungsgemäße Zahlung der Zehnten (POTTHAST 1984).

Im Sommer 1191 nach der Rückeroberung von Akkon war Joscius unter den Bischöfen, die die Kirchen der Stadt neu weihten[35]. Zusätzlich zur erzbischöflichen Würde in Tyrus übernahm er das Amt des Reichskanzlers noch im Jahr 1192 (D. RRH n° 707), also wohl unmittelbar nach dem Regierungsantritt Heinrichs von Champagne. Durchgehend wurde er als *regni cancellarius* bezeichnet, weil der alte Titel *cancellarius regis* wegen der fehlenden Krönung Heinrichs nicht ging. Kanzler des Reichs blieb er auch nach dem Tod Heinrichs unter dem nächsten König Aimerich, denn in normalen Zeiten waren die Kanzler ja unabsetzbar geworden. Jetzt blieb er erst recht *regni cancellarius*, denn *regis* wäre hier schon gar nicht mehr gegangen, weil Aimerich zwei Königreiche, Jerusalem und Zypern, hatte, die nur in Personalunion verbunden, deren Kanzleien aber strikt getrennt waren. Eben dieser Eindruck hätte verwischt werden können, wenn man Joscius als *regis cancellarius* bezeichnet hätte. Letztmals ist er als Kanzler nachgewiesen im Oktober 1200 (D. RRH n° 776), blieb es also sicher bis zu seinem Tode 1202 (siehe unten S. 292), in den ihm der König Aimerich 1205

---

35) Roger von Hoveden, Chronica 3, S. 122. Gesta regis Henrici II 2, S. 181: *Tironensis archiepiscopus.*

nachfolgte. Wegen der verfassungsmäßigen Trennung der Königreiche Jerusalem und Zypern war Joscius nur Kanzler für Jerusalem, während in Zypern Alanus von Lydda bis nach 1201 als Kanzler amtierte (siehe unten Bd. 2, S. 288). Dem entsprach auch eine Trennung der Kanzleinotariate beider Königreiche (siehe unten Bd. 2, S. 683 f.). Allein DD. RRH n° 713. 735, auch das erst um die Mitte des 13. Jahrhunderts entstandene D. spur. RRH n° 747 darben in dieser Zeit der Unterfertigung des Joscius, von denen allerdings DD. RRH n° 713. 735 pisanische Empfängerausfertigungen sind. D. RRH n° 713 erging, ehe der Kanzler ernannt wurde. Warum D. RRH n° 735 ohne Unterfertigung blieb – denn eine Empfängerausfertigung ist ja meist doch unterfertigt –, ist nicht mehr zu ermitteln. Da es eine Vakanz im Kanzleramt nicht gab, dürfte eine Abwesenheit des Kanzlers vom Hofe das Fehlen der Unterfertigung verursacht haben. Ob und inwieweit Joscius sich um das Kanzleigeschäft noch gekümmert hat, ist unbekannt. Aber wenn Unterfertigungen in seiner Abwesenheit unterblieben, so deutet dies darauf hin, daß er in seiner Anwesenheit mit der Unterfertigung dem Herrscher gegenüber auch eine gewisse Verantwortung übernahm. Der große Wahrer bischöflicher Rechte wäre auch nicht der Mann gewesen, in der Kanzlei einfach alles schleifen zu lassen.

Als zweithöchster Hierarch des Landes und gleichzeitig als Kanzler des Reichs war Joscius wie kein anderer als Vermittler geeignet, als es zu einem schweren Konflikt wegen der Patriarchenwahlen kam. Es war kanonisch zwar nicht zulässig, aber herkömmliche Übung, daß man dem König zwei Kandidaten präsentierte, aus denen er einen auswählen oder beide zurückweisen konnte. Die Kanoniker des Hl. Grabes wählten 1194 den Dekan von Paris, Michael von Corbeil, den aber zu gleicher Zeit ein Ruf auf das Erzbistum Sens erreichte, was er vorzog. Nun wählte man in Jerusalem den Erzbischof von Caesarea Haymarus Monachus, unterließ aber die Präsentation bei Heinrich von Champagne, wofür man einen Grund in dem Umstand gefunden haben mag, daß Heinrich ja immer noch der Krönung ermangelte. Heinrich war über diesen schwerwiegenden Eingriff in die hergebrachten Rechte der Krone außer sich. Er arretierte die in Akkon residierenden Kanoniker, warf sie ins Gefängnis, ja er soll gedroht haben, sie ins Meer zu werfen[36]. Es war der Kanzler-Erzbischof Joscius, der den Grafen zur Vernunft brachte, Heinrich ließ die Kanoniker frei und arrangierte sich mit dem Gewählten, der von Papst Celestin das Pallium erhielt. Herkömmlicherweise werden diese Ereignisse unter dem Jahr 1194 angesetzt, und die Quelle

---

36) MORGAN, Continuation de Guillaume de Tyr S. 161, vgl. den Text von Florenz ebd. S. 160.

ordnet sie nach einem ausdrücklich zu 1194 datierten anderen Ereignis ein. Doch mag Hamilton Recht haben mit der Annahme, daß die ganze Angelegenheit sich über mehrere Jahre hinzog[37]. Die Quelle verknüpft nämlich die Ereignisse mit der Dekretale *Cum terra, quae funiculus haereditatis*[38], mit der Celestin III. das alte Wahlverfahren unterband und es auf ein bloßes Bestätigungsverfahren des Königs reduzierte. Die Dekretale ist aber eher zum Jahr 1191 zu setzen als zu 1194/1195.

In Zusammenhang mit der Erhebung Aimerichs von Zypern auch zum König von Jerusalem steht die letzte bekannte politische Tätigkeit des Joscius von Tyrus. Im September 1197 fiel Heinrich von Champagne aus dem Fenster und brach sich das Genick. Unter deutschem Druck wurde der König von Zypern mit Heinrichs Witwe Isabella I. verheiratet, womit der dynastische Anspruch auf den Thron nunmehr auf ihn überging. Aimerich wurde mit Isabella vermählt und zum König von Jerusalem gekrönt[39]. Hierbei spielte Joscius eine wichtige Rolle. Gegen ein Verbot, mindestens aber ohne die Erlaubnis des Patriarchen von Jerusalem, der gegen Aimerichs Nachfolge in Jerusalem war, reiste Joscius nach Zypern und verhandelte dort mit Aimerich über die Ehe, die der Patriarch zunächst wegen Blutsverwandtschaft untersagte. Später aber, nachdem die Ehe geschlossen worden war, gab er nach und krönte Aimerich und Isabella. Wegen dieses Hin und Her handelte sich der Patriarch eine scharfe Reprimande des Papstes ein, aus der hervorgeht, daß er Joscius in einer Weise beim Papst angeschwärzt hatte (*litteras illas, quas in derogationem fame venerabilis fratris nostri . . Tyrensis archiepiscopi edere ac in quibus personam ipsius turpiter depingere voluisti*), daß dem Papst keine andere Wahl mehr blieb, als massiv zu werden (*super quibus ... contra te non poterimus non moveri*)[40]. Am 22. November 1197 stattete König Aimerich den Joscius mit dem Casale Livadi auf Zypern auf Lebenszeit aus, und Edbury hat darin mit Recht die Belohnung Aimerichs gesehen für den Anteil, den Joscius an seinem Aufstieg zum König von Jerusalem hatte[41]. Es war kein Wunder, daß der als Kanzler ohnehin unabsetzbare Joscius unter Aimerich in diesem Amt verblieb.

---

37) HAMILTON, Latin Church S. 244.
38) JL 17656. Bester Druck bei HIESTAND, Vorarbeiten 3, S. 348 n° 171.
39) MORGAN, Continuation de Guillaume de Tyr S. 199; Estoire de Eracles S. 222 f.; Chronique d'Ernoul S. 309 f.
40) POTTHAST 501 von Dezember 1198. HAGENEDER – HAIDACHER, Register Innocenz III. 1, S. 753 n° 518.
41) RRH n° 737; siehe dazu oben S. 279 f.; EDBURY, Cyprus S. 33, 76.

Im März 1198 war Joscius von Tyrus mit dabei, als das Deutsche Spital in Akkon zum Deutschen Ritterorden erhoben wurde[42]. Später im Jahr wurde er gemeinsam mit dem Bischof von Sidon beauftragt, eine päpstliche Entscheidung zu exekutieren, wonach die zwischen dem Bistum Tripolis und den Johannitern strittige Kirche von Nephin in der Grafschaft Tripolis nebst drei Dörfern der Kirche von Tripolis zurückzuerstatten sei[43]. Hier scheint Joscius weniger erfolgreich gewesen zu sein als sonst, denn um die Jahreswende 1199/1200 ordnete der Papst eine erneute Prüfung der Eigentumsverhältnisse an, die er erneut Joscius und seinem sidonensischen Suffragan auftrug[44].

Im Dezember 1199 beauftragte der Papst den Patriarchen, den Erzbischof von Tyrus und dessen Suffragan von Akkon, die Exkommunikation aufzuheben, die der Bischof von Sidon über die Templer verhängt habe und den Bischof zu bestrafen und vorerst vom Amte zu suspendieren. Der Bischof war beauftragt gewesen, die Zahlung einer Geldschuld der Templer bei der Kirche von Tiberias zu bewirken und hatte diesen unzumutbare Termine gesetzt: Dienstags hatte er sie für donnerstags geladen und ihnen dann eine Frist bis Sonntag gesetzt, um das Geld zu zahlen, andernfalls er alle Templer beiderseits des Meeres exkommunizieren werde, was er dann auch getan hatte – wahrhaftig ein Verfahren von roher Gewalttätigkeit. Wie die Sache ausging, ist so wenig bekannt wie beim Streit um die Kirche von Nephin, aber man weiß ja, daß die Templer noch bis 1311 sehr gut überlebten, der Sidonenser hatte keine Chance.

Auf seine alten Tage wurde Joscius immer kampfeslustiger. Den Waffengang mit dem venezianischen Pleban in Tyrus verlor er. Ob er direkt an einer Auseinandersetzung zwischen den Patriarchaten von Antiochia und Jerusalem beteiligt war, wissen wir nicht, aber er wird sich schon gerührt haben, denn er war der Betroffene. Jedenfalls wurde die alte Frage an der Kurie wieder rechtshängig, ob die Kirchenprovinz Tyrus zum Patriarchat Antiochia (wie seit alters) oder zum Patriarchat Jerusalem gehören sollte. Die Frage war schier unlösbar, denn die Zufälligkeiten der Landnahme der Kreuzfahrer hatten die Provinz in der Mitte durchgeschnitten. Zwar lagen

---

42) Narratio de primordiis ordinis Theutonici S. 160. Zur Kritik des Berichts siehe FAVREAU, Studien S. 64–71.

43) RRH n° 745. HAGENEDER – HAIDACHER, Register Innocenz' III. 1, S. 108 n° 73. Hieraus lernen wir auch gleich, daß Joscius in Sidon, nach seiner teilweisen Rückkehr in die Hand der Franken, einen neuen Bischof geweiht hatte, und ebenso verfuhr er in dem damals ganz ins Reich heimgekehrten Beirut; ebd. 1, S. 750 n° 516.

44) POTTHAST 932. HAGENEDER – HAIDACHER, Register Innocenz III. 1, S. 503 n° 261 (273), dort datiert auf Ende Dezember 1199 – Anfang Januar 1200.

Tyrus selbst und die drei südlichen Suffraganbistümer Akkon, Sidon und Beirut im Königreich Jerusalem, aber die drei nördlichen Suffragane von Tripolis, Tortosa und Byblos residierten in der Grafschaft Tripolis. In der Praxis gehorchten sie dem Patriarchen von Antiochia, die südlichen mit dem Metropolitan dem von Jerusalem. Der Papst setzte am 3. Januar 1199 dem Patriarchen von Jerusalem einen Termin zum 1. November 1200, zur Erörterung des Problems an der Kurie zu erscheinen[45]. Die dornige Frage wurde auch jetzt nicht gelöst, denn die beiden Kontrahenten einigten sich vor Ablauf der Frist, den Status quo bis zum Tode eines von beiden festzuschreiben. Deshalb nahm der Papst die Angelegenheit erst 1206 wieder auf, bestimmte jetzt aber einen Termin von drei Jahren für die römische Verhandlung (POTTHAST 2755), hatte also sichtlich keine große Lust, die Sache zu entscheiden, und entschieden wurde sie ja auch jetzt nicht.

In kirchenrechtlichen Fragen war Joscius aktiv und legte verschiedentlich Rechtsprobleme dem Papst zur Belehrung vor, so 1198 und 1199 über Zeugenaussagen in Prozessen über die Frage, ob eine nach jüdischem oder heidnischem Brauch geschlossene Ehe nach der Konversion der Partner zum Christentum Bestand haben solle, wenn kirchenrechtlich die Ehe wegen zu naher Verwandtschaft nicht hätte geschlossen werden dürfen, was der Papst unter Berufung auf Matth. 19,6 und Marc. 10,9 billigte[46].

Die zugrunde liegenden Prozesse, die wir nicht kennen, müssen für den Erzbischof schwerwiegend gewesen sein, wenn er über so weite Distanz eine päpstliche Expertise einholte statt aus eigener Autorität zu entscheiden. Mit dem Patriarchen lag er ohnehin im Streit über seine episkopale Jurisdiktionsgewalt, denn der Patriarch hatte versucht, Kleriker der Kirche von Tyrus unmittelbar und nicht erst nach einer Berufung in das patriarchale Gericht in Akkon zu zwingen. Auch hier wurde Joscius massiv und führte eine päpstliche Entscheidung herbei, die dem Patriarchen dies rundheraus untersagte, es sei denn, daß eine Berufung gegen ein Urteil des Erzbischofs ordnungsgemäß vor dem Patriarchen lande[47].

Als der Kardinallegat Soffred im Sommer oder Herbst 1202 in den Osten kam, fand er den Patriarchen Haymarus Monachus im Sterben liegend[48].

---

45) POTTHAST 556. HAGENEDER – HAIDACHER, Register Innocenz III. 1, S. 736 n° 505.

46) POTTHAST 554. 507. HAGENEDER – HAIDACHER, Register Innocenz III. 1, S. 748 n° 513; 749 n° 514.

47) POTTHAST 562. HAGENEDER – HAIDACHER, Register Innocenz III. 1, S. 749 n° 515.

48) Gesta Innocentii c. 88, MIGNE, PL 214, Sp. CXL. Soffred ging von Akkon nach Tripolis, wo er am 11. November eintraf; Brief der Legaten Soffred und Petrus an den

Aus RRH n° 791 erfahren wir, daß Joscius von Tyrus noch vor dem Patriarchen verstorben war. RRH n° 791 ist also zu Unrecht zu 30. Mai 1203 gesetzt worden, es gehört zu 1202 und ist auch so datiert: *3 kal. iun. pontificatus nostri* (scil. Innocenz III.) *anno quinto.* Vor dem 30. Mai 1202 war Joscius tot[49], und zwar sicherlich nicht im Mai, sondern zuvor im März oder April, denn RRH n° 791 ist ein Papstbrief aus dem Lateran, wo Innocenz III. die Nachricht vom Tode des Joscius ja erst erfahren mußte. Joscius hat also das verheerende Erdbeben vom 20. Mai 1202, das Tyrus stark verwüstete[50], nicht mehr miterlebt, es sei denn, die Datierung der islamischen Chroniken auf Mai 1201 sei richtiger.

Es ergibt sich für Joscius von Tyrus folgender tabellarischer Lebenslauf:

1172 November	Wahl zum Bischof von Akkon
1178 Oktober – 1180 Frühjahr	Reise nach Europa. Teilnahme am Dritten Laterankonzil. Mission nach Burgund
1179 Oktober	Pilgerfahrt nach Canterbury
1186 Oktober	Wahl und Weihe zum Erzbischof von Tyrus
1187 Sommer – 1188/1189	Mission nach Italien und Frankreich zur Propagierung des Dritten Kreuzzuges
1188 Januar	Bewegt in Gisors die Könige von Frankreich und England zur Kreuznahme
1188 März	Teilnahme an einer Reichsversammlung in Paris (?)
1190–1200	Streit mit dem venezianischen Pleban in Tyrus um die Rechte der dortigen Markuskirche
1192 nach Mai 5 – 1200 (1202)	Kanzler des Königreichs Jerusalem
ca. 1194	Vermittler im Streit Heinrichs von Champagne mit den Kanonikern der Grabeskirche

---

Papst ebd. c. 118, MIGNE PL 214, Sp. CLI = RRH n° 794. Haymarus Monachus starb also vor dem 11. November 1202.

49) Die Zweifel von CHANDON DE BRIAILLES, Bulle S. 85 an diesem Datum sind gegenstandslos, wenn man RRH n° 791 kennt. Bei BUSSON – LEDRU, Nécrologeobituaire du Mans S. 77 ist am 3. April der Tod eines *magister Jocius, huius ecclesiae canonicus* verzeichnet. Das würde zeitlich passen, erst recht örtlich, weil seine Familie kirchlich auf Le Mans hin orientiert war (siehe unten S. 343), aber bei einer Personeneinheit des Kanonikers mit unserem Joscius sollte man doch wohl erwarten, daß seines Aufstiegs zum Erzbischof gedacht worden wäre.

50) MAYER, Earthquake of 1202 S. 307, 309; Robert von Auxerre, Chronicon, MGH SS. 26, S. 261.

Ende 1197	Reise nach Zypern zur Regelung der Nachfolge auf dem Thron von Jerusalem
1202 vor Mai 30	Joscius stirbt

XIII. Der Champenois, Magister und Kanzler Radulf von Merencourt (1206–1215; † 1224)

1. Die Ernennung und der Aufstieg Radulfs

Als Heinrich II. von Champagne am 10. September 1197 durch einen Fenstersturz starb und Aimerich von Lusignan, seit kurzem König von Zypern, ihm noch im gleichen Jahr oder zu Beginn des Jahres 1198 nachfolgte, blieb der Erzbischof Joscius von Tyrus Kanzler des Königreichs Jerusalem auch unter dem neuen König. Das dürfte nicht nur mit der Unabsetzbarkeit der Kanzler zusammengehangen haben, sondern Joscius hatte auch einen erheblichen Anteil daran, den Widerstand des Patriarchen von Jerusalem gegen Aimerichs Aufstieg zum Königtum zu überwinden (siehe oben S. 289). Letztmals unterfertigte Joscius im Oktober 1200 ein Diplom Aimerichs (D. RRH n° 776). Dann aber existiert aus Aimerichs Regierungszeit bis zu seinem Tode am 1. April 1205[1] nur noch ein zyprisches Diplom Aimerichs (RRH n° 780 vom März 1201 oder 1202), aber kein jerusalemitanisches mehr, das Joscius zu Lebzeiten noch hätte unterfertigen können[2]. In Zypern hatte Joscius keine Kompetenzen, dort gab es eine eigene Kanzlei mit einem eigenen Kanzler (bis vor 1205 Alanus von Lydda, Erzbischof von Nikosia) und einem eigenen Notar (Petrus B). Es ist zu unterstellen, daß Joscius bis zu seinem Tode 1202 vor Mai 30 Kanzler blieb.

Wir wissen nicht, ob der König Aimerich danach sogleich den Kanzler Radulf von Merencourt ernannte oder ob er eine Vakanz im Kanzleramt eintreten ließ oder ob er gar einen anderen als Radulf zum Kanzler machte, dessen Name uns auch sonst nirgends überliefert wäre. Tatsache ist, daß nach dem Tode des Joscius bis über den Tod des Königs Aimerich hinaus kein Kanzler von Jerusalem bezeugt ist. Die zyprischen Verhältnisse in Aimerichs zweitem Reich sind keine Hilfe per analogiam, weil hier eine noch längere Lücke in der Abfolge der Diplome klafft. RRH n° 780 vom

---

1) VOGTHERR, Regierungsdaten S. 76.
2) Auch Deperdita mit gesichertem Datum gibt es von Aimerich für Jerusalem nur aus der Zeit vor 1200.

März 1201 oder 1202 war noch unterfertigt vom Kanzler Alanus. Danach kommen drei Diplome vom September und November 1210, ausgestellt schon vom König Hugo I. von Zypern[3], und damals jedenfalls war das zyprische Kanzleramt vakant, da keines der drei Stücke unterfertigt ist. Erst RRH n° 900 Hugos I. vom September 1217 hat wieder eine Kanzleizeile, die als Kanzler den Archdiakon Radulf von Nikosia nennt, der mit dem hier behandelten Radulf von Merencourt nichts zu tun hat (siehe unten Bd. 2, S. 606 Anm. 134). Immerhin waren Vakanzen im Kanzleramt damals in aller Welt mondän (siehe unten S. 318 f.). Es ist aber nicht wahrscheinlich, daß der König Aimerich schon die Ernennung Radulfs zum Kanzler getätigt haben sollte, denn ich halte den Kanzler Radulf für personengleich mit dem Notar Radulf (Joscius A), den Aimerich aber sofort abgelöst hatte, als er in Jerusalem die Nachfolge Heinrichs von Champagne antrat (siehe unten Bd. 2, S. 678).

Als der König Aimerich im April 1205 starb, erbte den Thron von Jerusalem Maria la Marquise, die Tochter der Königin Isabella I. von Jerusalem, aber nicht aus ihrer vierten Ehe mit Aimerich, sondern aus ihrer zweiten mit dem Markgrafen Konrad von Montferrat, daher der Beiname la Marquise. Die erste Ehe mit Humfred IV. von Toron war ja kinderlos geblieben, so ruhten die Ansprüche auf dem einzigen, 1192 geborenen Kind aus der zweiten Ehe, zumal ein Sohn aus der vierten Ehe, den man möglicherweise einer Tochter aus zweiter hätte vorziehen können, bereits im Februar 1205 verstarb (RRH n° 803), und Isabella, deren Ansprüche noch vor denen der Maria la Marquise rangierten, sehr bald nach dem Tode Aimerichs gleichfalls vom Tod dahingerafft wurde[4]. Da Maria 1205 erst sieben Jahre alt war, benötigte sie einen Regenten. Ernannt wurde Johann von Ibelin, besser bekannt als der Alte Herr von Beirut, der später die Seele des palästinensischen Widerstandes gegen den Kaiser Friedrich II. werden sollte.

Wir müssen uns mit der Feststellung bescheiden, daß in einer von ihm ausgestellten Regentenurkunde vom 1. Mai 1206, also vier Jahre nach dem Tode des Kanzlers Joscius von Tyrus, für uns wieder ein Kanzler von Jerusalem greifbar wird, und zwar Radulf, der Dekan des Domkapitels von Akkon[5]. Am 1. Mai 1206 war Radulf im Amt. Wann er zwischen Mai 1202

---

3) RRH n° 844. EDBURY, Cartulaire de Manosque S. 175. RRH n° 846.

4) Estoire de Eracles S. 305. Daß sie erst 1208 gestorben sei, wie DUCANGE – REY, Familles d'Outremer S. 32 meinte, hat in den Quellen keine Grundlage und ist mit Sicherheit viel zu spät, denn schon im Mai 1205 war Maria la Marquise die Trägerin der Thronrechte (RRH n° 803), was den Tod ihrer Mutter voraussetzt.

5) D. RRH n° 812. Wenn ihn RÖHRICHT, Syria sacra S. 21 Anm. 39 bei dieser Gelegenheit als cancellarius Cypri bezeichnet, so ist dies ein manifester lapsus calami.

und April 1206 ernannt worden war und von wem, ob doch schon von dem König Aimerich oder erst von dem Regenten Johann von Ibelin, wissen wir nicht.

Radulf mag als Kirchenfürst bedeutsamer gewesen sein denn als Kanzler des Königreichs Jerusalem, aber er war auf alle Fälle dort der letzte Kanzler, der noch politischen Einfluß ausübte, denn der einzige Nachfolger, den er nach einer längeren Vakanz des Kanzleramts noch haben sollte, der Erzbischof Simon von Maugastel in Tyrus, war nur noch eine formale Ernennung des Kaisers Friedrich II. Simon führte die kaiserlichen Befehle aus, aber Einfluß auf die kaiserliche Politik nahm er nicht mehr. Bei Radulf von Merencourt war dies noch anders.

Ob und inwieweit er sich bei der Leitung der Kanzlei engagiert hat, steht dahin, es ist nichts darüber bekannt. Aber er hätte es tun können, wenn er gewollt hätte, war er doch vom Fach. Ich sehe in ihm niemanden anderen als Radulf (Joscius A), den früheren Notar des Grafen Heinrich II. von Champagne in Frankreich und Jerusalem, und den späteren Patriarchen von Jerusalem. Für diese Identifizierung spricht folgendes:

1. Man darf sicherlich zu Recht davon ausgehen, daß der Kanzler Radulf, der 1206 Dekan des Domkapitels von Akkon war (D. RRH n° 812), identisch ist mit dem Kanzler Radulf, der am 1. März 1213 (Osterstil) als Bischof von Sidon D. RRH n° 857 unterfertigte, zumal die beiden den Magistergrad hatten[6].

2. Es ist gewißlich bezeugt, daß der Bischof Radulf von Sidon identisch ist mit dem Patriarchen Radulf von Jerusalem (1214/1215–1224), denn beide hießen sie Radulf von Merencourt[7], und der Übergang vom einen zum anderen Amt ist auch sonst gut bezeugt[8].

3. Merencourt liegt in der Champagne unweit von Troyes. Der Kanzler Radulf von Sidon war also ein Champenois.

4. Auch der Notar Radulf (Joscius A) war ein Champenois, der mit Heinrich II. von Champagne zusammen aus Frankreich gekommen war. Es liegt daher nahe, ihn zu identifizieren mit dem Kanzler Radulf ab 1206, der erst Dekan des Kapitels von Akkon, später Bischof von Sidon war und das Kanzleramt niederlegte, als er Patriarch wurde.

Radulfs Karriere als Notar Heinrichs II. von Champagne wird unten Bd. 2, S. 586–608 nachgezeichnet. Er ist nach dem Diktat ab 1187 in der Kanzlei

---

6) RRH n° 771 noch als Kanoniker von Akkon im Jahre 1200. Alberich von Troisfontaines, Chronica, MGH SS 23, S. 899, 916.

7) Estoire de Eracles S. 311, 323, 358.

8) Gestes des Chiprois S. 664 § 71; Annales de Terre Sainte S. 436; Alberich von Troisfontaines, Chronica, MGH SS 23, S. 899.

des Grafen Heinrich II. von Champagne als junger Kanzleigehilfe festzustellen und schrieb diesem bis 1190 gräfliche Urkunden, die aber noch von erfahrenen Notaren überwacht wurden. Im Sommer 1190 war er einer von mehreren Notaren, die den Grafen auf den Kreuzzug begleiteten. Neben ihm reisten der altgediente Notar Wilhelm mit und der Notar Johannes. Wilhelm starb bald nach der Ankunft im Hl. Land. Radulf (Joscius A) und Johannes (Joscius B) teilten sich Heinrichs Urkundengeschäft im Osten als Graf von Champagne wie ab 1192 als Herrscher über Jerusalem bis zu Heinrichs Tod im September 1197. Soweit unser beschränktes Material Aussagen zuläßt, trug dabei Radulf die Hauptlast. Ihn mochte der neue Herrscher Aimerich nicht übernehmen, während Joscius B auch unter ihm noch diktierte.

Radulf machte statt dessen eine kirchliche Laufbahn. Im Jahr 1200 ist er, der Magister Radulf, nachgewiesen als Kanoniker in Akkon und gleichzeitig als Thesaurar des Kapitels von Tyrus[9], war aber in diese Pfründen wohl schon von Heinrich von Champagne eingewiesen worden, da Heinrich auch in der Champagne sein Kanzleipersonal so versorgte, was in Tyrus um so leichter möglich war, als der Erzbischof Joscius (1186–1202) der Kanzler Heinrichs im Osten war. Möglicherweise, ja wahrscheinlich war Radulf 1204 Archidiakon von Tyrus (siehe unten S. 301). Im Jahre 1206 war er in Akkon aufgestiegen zum Dekan des Kapitels und zum Kanzler des Königreichs Jerusalem (D. RRH n° 812). Als ehemaliger Kanzleinotar war er für den Kanzlerposten natürlich bestens vorgebildet. Vor ihm waren der Kanzler Hemelin in der Kanzlei und der Kanzler Bandinus in der Gegenkanzlei Konrads von Montferrat aus dem Notariat zum Kanzleramt aufgestiegen[10].

Vielleicht war Radulf als Dekan von Akkon der Nachfolger eines sein Amt höchst lässig ausübenden Dekans namens Wilhelm, der gleichzeitig Archidiakon von Le Mans war. Im Jahre 1190 bezeugte ein W. *Acconensis decanus et Cenomanensis archidiaconus* im Osten eine Urkunde des Erzbi-

---

9) RRH n° 771. 775. Es ist dagegen ein Fehler bei RÖHRICHT, Syria sacra S. 22 Anm. 23, Radulf außerdem noch zu identifizieren mit dem Kantor (so korrigiert Röhricht gegen die Überlieferung im Staatsarchiv Pisa [Archivio diplomatico, Atti pubblici, 1200 ottobre 12 lunga] das Wort *preceptor* und schlägt vor, *praecentor* zu lesen, was wahrscheinlich richtig ist, weil er in RRH n° 771 als *cantor* erscheint) Radulf von Akkon in RRH n° 775, da auch der Thesaurar in beiden Urkunden vorkommt, so daß es sich notwendigerweise um zwei namensgleiche, aber verschiedene Personen handeln muß. Dabei liegt auf der Hand, daß nicht der Kantor, sondern der studierte und rechtskundige Magister und Thesaurar die Laufbahn zum Dekan und Kanzler machte.

10) Die Fälle der Kanzler Paganus und Radulf von Bethlehem sind anders gelagert. Sie stiegen nicht vom Notar zum Kanzler auf, sondern waren Kanzler, die anfangs selbst diktierten, sich dann aber aus dem Alltagsgeschäft der Kanzlei zurückzogen.

schofs Joscius von Tyrus[11]. Dann aber war er eilends wieder nach Frankreich zurückgegangen. Dort erscheint er von 1176 (?) bis 1206 als Archidiakon von Le Mans[12]. Sein Aufenthalt im Hl. Land, wo er sich faute de mieux als Dekan von Akkon betätigte, erfolgte wahrscheinlich notgedrungen als Bußakt, denn 1186 hatte sich der Papst damit zu befassen gehabt, daß der Bischof von Le Mans seinen Archidiakon Wilhelm beschuldigte, eine Frau ermordet zu haben (JL 15511) – ein feiner Herr! Im Jahre 1191 war er wieder in Amt und Würden in Le Mans[13].

Als der Bischof von Akkon beim Papst darüber klagte, daß sein Dekan seit nunmehr mehr als 10 Jahren in Frankreich weile, entschied Celestin III. (1191–1198), er solle ihn auffordern, sein akkonensisches Amt auszuüben. Erscheine er trotz Ladung nicht, solle er einen neuen Dekan wählen lassen[14]. Dieses Verfahren ging natürlich nicht von heute auf morgen, jedenfalls gibt es noch im April und Oktober 1200 in Zeugenlisten des akkonensischen Kapitels keinen Dekan (RRH n° 771. 775). Der Bischof von Akkon kam im Jahr darauf ums Leben (RRH n° 787), und damit war die Sache vermutlich erneut vertagt. Ob seine Nachfolge sofort geregelt wurde, ist unbekannt, jedenfalls erscheint der nächste Bischof von Akkon, der Elekt Johannes, erst, als er am Vierten Kreuzzug teilnahm. Im Mai 1204 war er einer der Wähler des ersten Lateinischen Kaisers von Konstantinopel[15]. Geweiht worden sein mag er, als 1204 sein Metropolit Clarembald von Tyrus kurzerhand in Tyrus den Bischof von Halberstadt in seinem Palast als Vikar installierte und nach Konstantinopel eilte[16], 1208 hatte er in Bischof Walter einen Nachfolger[17], so daß der Bischof Johannes es gewesen sein könnte, der mit der Wahl Radulfs von Merencourt die leidige Angelegenheit des endlos vakant gewesenen Dekanats von Akkon bereinigte.

---

11) RRH n° 692. Die Zeugenliste am besten gedruckt bei HIESTAND, Vorarbeiten 3, S. 341 n° 164.

12) CHÉDEVILLE, Liber controversiarum S. 124 n° 61, 319 n° 302; Cartulaire de St.-Pierre de la Couture S. 107 n° 128. Sein Nachfolger Cantorius ist 1208 im Amt, und 1210 wird Wilhelm als tot bezeichnet; CHÉDEVILLE, Liber controversiarum S. 174 n° 120, 238 n° 195, 239 n° 196, 350 n° 342. Seine Erwähnung ohne Zusatz zu 1209 (ebd. S. 157 n° 99) muß sich deshalb dennoch auf ihn als verstorben beziehen, oder die Initiale G. ist verschrieben aus C. = Cantorius, wofür immerhin der Offizialstitel spricht, den Wilhelm sonst nicht hatte, wohl aber immer Cantoriu∩.

13) Cartulaire de St.-Pierre de la Couture S. 132 n° 163–164.

14) HIESTAND, Vorarbeiten 3, S. 370 n° 186. Ohne Datierung.

15) Alberich von Troisfontaines, Chronica, MGH SS 23, S. 880, 884. Zu dem Elekten Johannes von Akkon siehe auch unten Bd. 2, S. 661 Anm. 9.

16) Gesta episcoporum Halberstadensium, MGH SS 23, S. 119.

17) Estoire de Eracles S. 306.

Einmal noch im Jahre 1208 bekommen wir einen wertvollen Einblick in Radulfs Leben und zugleich in die nach dem Dritten Kreuzzug ärmlich gewordenen Verhältnisse im Königreich Jerusalem, wo sich in der neuen Hauptstadt Akkon nicht nur die Kaufleute drängten, sondern auch der Klerus der verarmten Kirche und Klöster. Anders als weiter landeinwärts gelegene geistliche Korporationen hatte das Kapitel von Akkon aus früheren Zeiten natürlich noch innerstädtischen Besitz und Ländereien im Weichbild, dennoch war die Vermögenssituation selbst hier so angespannt, daß sich der Kanzler Radulf von Merencourt als Lohnschreiber und Lohndiktator für Dritte verdingen mußte, denn im September 1208 diktierte und schrieb er eine Urkunde, mit der der Graf Otto von Henneberg-Botenlauben aus dem Besitz seiner Frau Beatrix von Courtenay eine Schenkung von Land bei Akkon an den Deutschen Orden machte (RRH n° 828). Sie ist zwar ohne Unterfertigung, aber von der Schrift und dem Diktat her ist das Stück eindeutig der Gruppe des Notars Joscius A (Radulf von Merencourt) zuzuweisen, der inzwischen zum Kanzler aufgestiegen war (siehe unten Bd. 2, S. 610 f., 637–654). Der Notar Robert hatte auch für den Patriarchen von Jerusalem gearbeitet, ehe 1115 in Jerusalem eine Kanzlei überhaupt eingerichtet wurde, auch von dem Patriarchennotar Elias A sind Diplome überkommen, die er in der Kanzlei aber nur als Aushilfsspezialist für feierliche Stücke anfertigte, der Kanzleischreiber II hatte sich nach seiner Entlassung mit der Herstellung von Privaturkunden durchbringen müssen, dem Notar Joscius D (Balduin) sollte es später ebenso gehen und zusätzlich hatte er zu Beginn seiner Laufbahn eine Privaturkunde diktiert, die frühen Kanzler hatten Diplome noch selbst diktiert, aber daß ein Kanzler, natürlich um Geld zu verdienen, Privaturkunden aufsetzte und sogar manu propria schrieb, das hatte es bisher noch nicht gegeben, wenn man absieht vom Kanzler Elias, der RRH n° 215 diktierte, aber wohl als Gefälligkeit für einen Kanzlerkollegen[18]. Da der Kanzler Radulf von Merencourt als Nachfolger nur noch den reinen Titularkanzler Simon von Maugastel hatte, sollte später ein solcher Fehltritt auch nicht mehr vorkommen.

---

18) Der Fall des Kapellans Lambert hatte anders gelegen. Er war ein berufsmäßiger Privaturkundenschreiber, der während der Kaltstellung des Kanzlers Wilhelm von Tyrus Aushilfsdatar in der Kanzlei gewesen war, aber formal war in seiner Amtszeit der Kanzlerposten besetzt, und überdies sind aus dieser Zeit auch keine Privaturkunden Lamberts bekannt, obwohl es sie gegeben haben mag.

2. Radulf als Bischof von Sidon

Die Ernennung zum Kanzler öffnete Radulf den Weg in den Episkopat, der den einfachen Kanzleinotaren versperrt war. Er wurde Bischof von Sidon und wird als solcher mit Namen erstmals als anwesend bei der Krönung des Königs Johann von Brienne in Tyrus im Oktober 1210 erwähnt[19]. Der Bischof von Sidon, der angeblich im Juli erwähnt wird, ist zu streichen, da es sich bei diesem *episcopus Sidoniensis* um den Bischof von Zeitun in Griechenland handelt; siehe unten S. 303 Anm. 30. Der Elekt von Sidon, den der Bischof von Halberstadt Konrad von Krosigk als Verwalter des Erzbistums Tyrus 1205 in einem zum Priester und Bischof weihte, war dagegen nicht Radulf, sondern sein Vorgänger Terricus, der im Dezember 1204 urkundlich als Elekt bezeugt ist[20].

Bischof von Sidon klang besser, als es war. Von Sidon war im Waffenstillstand von 1192 nur die Hälfte wieder christlich geworden, 1204 gewann man auch den Rest[21]. Aber 1197 war es von den Deutschen und den Muslimen völlig zerstört worden, und 1211, als Radulf dort schon Bischof war, lag es noch immer ganz darnieder und war überdies muslimisch[22]. Radulf konnte in seiner Domstadt, die erst Kaiser Friedrich II. im Vertrag von Jaffa 1229 den Christen wieder auf Dauer gewann, zweifellos nicht residieren. Im August 1216 setzte der Papst Honorius III. gar den Erzbischof von Tyrus als Verwalter der Diözese Sidon ein, weil die Stadt in den Händen der Muslime sei, und diese Situation war 1218 unverändert[23].

Warum die Wahl als Bischof von Sidon auf ihn fiel, ist nicht überliefert, aber man kann es sich denken. Als Magister, vormaliger Kanzleinotar und jetziger Kanzler verfügte er über die Rechtskenntnisse, ohne die sich ein Bischofsamt nur noch schlecht ausüben ließ. Aber auch damals wurden Karrieren begünstigt durch frühere Kontakte und Seilschaften, die sehr oft landsmannschaftlich verliefen. Solche werden hier leicht erkennbar. Als der Kanzler-Erzbischof Joscius von Tyrus 1202 starb (siehe oben S. 292), wurde Clarembald von Broyes sehr bald sein Nachfolger. Im August 1203 war er

---

19) Estoire de Eracles S. 311 f.
20) RRH n° 800. Gesta episcoporum Halberstadensium, MGH SS 23, S. 119.
21) Estoire de Eracles S. 199; Chronique d'Ernoul S. 293. Vielleicht handelt es sich überhaupt nur um die Einkünfte. Ibn al-Aṯīr, Kamel-Altevarykh, RHC. Hist. or. 2a, S. 96.
22) Ebd. S. 86, 96. Arnold von Lübeck, Cronica Slavorum S. 200; Abū Šāma, Livre des deux jardins, RHC. Hist. or. 5, S. 116; Wilbrand von Oldenburg, Peregrinatio S. 165.
23) PRESSUTTI, Regesta Honorii III n° 18. 1094.

im Amt[24]. Er stammte aus Broyes im Département Marne, arrond. Epernay, cant. Sézanne[25]. Bereits 1172 gehörte er als Kleriker zum Hofstaat des
Grafen Heinrich I. von Champagne, wurde Kanoniker in dem gräflichen
Hausstift St.-Etienne in Troyes und war 1186 dort Leiter der Stiftsschule;
außerdem war er Kanoniker an der Kathedrale von Meaux[26]. Danach verschwindet er aus den Urkunden der Champagne. Erzbischof von Tyrus blieb
er bis mindestens 1213. Als Kanoniker von St.-Etienne muß er den
gräflichen Notar Radulf schon in der Champagne gekannt haben. Als Erzbischof von Tyrus war er der für Sidon zuständige Metropolit, so daß ihm bei
der Besetzung des Bischofsstuhles eine wichtige Rolle zukam. Man darf als
sicher unterstellen, daß Radulf sein Bischofamt in Sidon zumindest auch der
Förderung durch den Erzbischof Clarembald von Tyrus verdankte.

Man muß hieran um so mehr denken, als es denkbar ist, daß Clarembald
als Erzbischof die Karriere Radulfs bereits in anderer Weise gefördert hatte.
Im Juli 1204 trat in Akkon als Zeuge auf: † *Ego Radulfus Tyrensis archidiaconus huic insinuationi interfui* (RRH n° 797a). Da Radulf schon im Jahr 1200
Mitglied und Thesaurar des Kapitels von Tyrus gewesen war (siehe oben
S. 297), ist es durchaus wahrscheinlich, daß es sich bei dem Archidiakon um
den ehemaligen Notar Heinrichs von Champagne handelt, sei es, daß noch
der Erzbischof Joscius ihn nach 1200 ernannt hatte oder erst der Erzbischof
Clarembald gleich nach seiner Erhebung 1202. Beiden hätte sich ein ehemaliger Kanzleinotar des Herrschers durch seine Verwaltungspraxis empfohlen,
bei Clarembald kamen die landsmannschaftlichen Bindungen hinzu. Lang
kann er ein solches Archidiakonat kaum gehabt haben, denn er nennt 1206
in seiner ersten Kanzleizeile nur die Würde als Dekan des Kapitels von
Akkon, obwohl man beides im Prinzip vereinigen konnte, denn 1258 war
der Magister Wilhelm sowohl Dekan von Akkon wie Archidiakon von

---

24) POTTHAST 1983. Er war kurz nach dem Kardinallegaten Soffred ins Hl. Land
gekommen, der seinerseits im Herbst 1202 anlangte und Clarembalds Kandidatur sofort
verfocht: *cum in terram nativitatis dominicae tanquam peregrinus et advena navigasses*
(scil. Clarembald), ... *S. tituli s. Praxedis presbyter cardinalis ... apud ... Tyrenses canonicos,
quantum permittebat honestas, interposuit partes suas, ut te sibi eligerent in pastorem*
(POTTHAST 1983). Über die weiteren Schwierigkeiten, die Clarembald anfangs hatte,
siehe MALECZEK, Petrus Capuanus S. 175–177 und HIESTAND – MAYER, Nachfolge
S. 118–122. Clarembalds Laufbahn ist untersucht worden von Comte CHANDON DE
BRIAILLES, Bulle de Clérembaut, passim.

25) Im Jahre 1210 nahm an der Krönung des Königs Johann von Brienne teil *Cle-
rembaut arcevesque de Sur qui estoit de Broies*; Estoire de Eracles S. 311.

26) LALORE, Cartulaire de Montiéramey S. 87 n° 60, 90 n° 63; (HARMAND), Notice
historique S. 533; BOUTILLIER DU RETAIL, Obituaires 4, S. 77 D, 465 B.

Tyrus (RRH n° 1269). Spätestens natürlich wäre ein tyrensisches Archidiakonat mit der Wahl zum Bischof von Sidon erloschen.

Radulf von Merencourt, Bischof von Sidon, wird unser Mann 1210 genannt[27]. Soweit ich sehe, kommt für diesen Ort nur das heutige St.-Benoît-
sur-Vanne, Département Aube, arrond. Troyes, cant. Aux-en-Othe in
Betracht. Der Ort hieß 1075, als er vom Bischof von Troyes an die Abtei
St.-Benoît-sur-Loire geschenkt wurde, noch *Curtis Marini*[28], was umgangssprachlich leicht über Marencourt zu Merencourt werden kann. Wegen des
neuen Eigentümers schob sich allmählich der neue Name St.-Benoît an die
Stelle des alten, aber noch 1222 erscheint der Ort als *Comorinum*[29]. Der
Bischof Radulf von Sidon stammte also aus der Champagne wie der gleichna-
mige Notar Heinrichs von Champagne, und ohne Zweifel sind sie identisch.

---

27) Estoire de Eracles S. 311.

28) PROU, Chartes de St.-Benoît-sur-Loire 1, S. 219 n° 84.

29) BOUTIOT – SOCCARD, Dictionnaire topographique de l'Aube S. 141. Dagegen ist
Mericourt im Département Pas-de-Calais mittelalterlich *Menricurt* oder *Merlicurt*,
kommt also nicht in Betracht, und das gilt wohl auch für die vier Mericourt in den
Départements Somme und Yvelines, wo der Dictionnaire topographique de la France
noch nicht vorliegt. Allenfalls könnte es sich noch handeln um Méraucourt, Gemeinde
Bezonvaux (bei den Kämpfen um Verdun im Krieg zerstört und nicht wieder aufgebaut), Dépt. Meuse, arrond. Verdun, cant. Charny-sur-Meuse, das 1262 Meraucort hieß;
LIÉNARD, Dictionnaire topographique du Département de la Meuse S. 148. Dann
hätten wir es bei Radulf von Merencourt mit einem Lothringer zu tun, allerdings von
hart an der Grenze zu der Champagne. Aber dafür daß Radulf aus der Champagne
kam und nicht aus Lothringen, spricht auch etwas anderes. Sein Zuname de Merencourt wird uns nur in der altfranzösischen Fortsetzung des Wilhelm von Tyrus verraten, die ja auch den Herkunftsnamen de Broies für den Erzbischof Clarembald von
Tyrus kennt. Der Fortsetzung ist die auch im 13. Jahrhundert angefertigte altfranzösische Übersetzung der Chronik Wilhelms vorangestellt, und hierin wird dem lateinischen Text zweimal der Dekan Eustach von Charmentray, Dépt. Seine-et-Marne,
arrond. Meaux, cant. Mitry-Mory zugefügt; Wilhelm von Tyrus, Chronicon XX. 12,
XXII. 7, RHC. Hist. occid. 1, S. 961, 1074 unterm Strich. Der Übersetzer war nicht
sonderlich gut informiert über diesen längst verstorbenen „Dekan", denn zunächst läßt
er ihn 1169 in Paris sterben und in St.-Victor begraben sein, dann läßt er ihn wieder-
auferstehen und 1181 den Patriarchen von Jerusalem auf eine delikate Mission nach
Antiochia begleiten. Auch war Charmentray kein Dekanat, sondern gehörte als Pfarrei
im 14. Jahrhundert zum Dekanat Dammartin-en-Goele, 1789 zum Dekanat Claye. Aber
immerhin kennt der Übersetzer diesen Mann aus einem Dorf, das heute nur 190
Einwohner hat. Generell war der Übersetzer also über Verhältnisse in der Champagne
gut informiert und dürfte hierdurch auch Radulfs Herkunftsnamen von Merencourt
gekannt haben.

Über die Tätigkeit Radulfs als Bischof von Sidon ist nicht gerade viel überliefert, allerdings ging sein dortiger Pontifikat schon 1214 zu Ende. Seine erste namentliche Nennung als Bischof von Sidon ist im Oktober 1210 bei der Krönung des Königs Johann von Brienne[30]. Der Papst beauftragte am 17. Mai 1211 den Patriarchen von Antiochia, den Erzbischof von Tyrus und die Bischöfe von Sidon, Tripolis, Tortosa, Limassol und Famagusta, die Exkommunikationssentenz gegen den König Leon von Kleinarmenien zu veröffentlichen, der den Templern erst ihren armenischen Besitz genommen und dann ihren antiochenischen zerstört hatte, wofür ihn der Patriarch von Jerusalem exkommuniziert hatte[31]. Im März 1213, nachdem es zu einem Friedensschluß zwischen Armenien und den Templern gekommen war, schrieb der Papst dem Patriarchen von Jerusalem, er solle die Exkommunikation aufheben[32]. Radulf wurde als Bischof von Sidon also mit den normalen Geschäften eines Bischofs befaßt, so auch als ihn der Papst am 28. September 1212 beauftragte, zusammen mit dem Bischof und dem Thesaurar von Akkon seine Entscheidung zu überwachen, daß die auf 18 erhöhte Zahl der Kanonikate des Kapitels von Tripolis wieder auf die hergebrachten 12 herabgesetzt werde (POTTHAST 4600. 4601). Dieser Papstbrief kann den Bischof im Osten nicht mehr angetroffen haben (siehe unten S. 304). Im Januar 1214 wurde er mit anderen damit betraut, dafür zu sorgen, daß der Diakon I. in eine Kanonikerpfründe im Kapitel von Antiochia eingewiesen werde[33]. Es ist sicher nur eine Folge der trümmerhaften Überlieferung, daß wir ihn nur in ausländischen Angelegenheiten (Armenien, Tripolis, Antiochia) tätig werden sehen, nicht aber in innerkirchlichen Affairen des Königreichs Jerusalem.

Besser steht es um seine Rolle als Kanzler. In dieser unkündbaren Stellung überdauerte er den Regimewechsel von der Regentschaft Johanns von Ibelin

---

30) Estoire de Eracles S. 311 f. – Wenigstens von 1208–1214, möglicherweise aber noch etwas länger, spielt in den Urkunden Innocenz' III. für die lateinische Kirche im fränkischen Griechenland ein *episcopus Sidoniensis* eine nicht ganz unwichtige Rolle (POTTHAST 3513. 3925. 3970. 4050. 4053. 4089. 4121. 4128. 4468–4471. 4490. 4794). Er könnte leicht für den Bischof von Sidon gehalten und dann mit Radulf von Merencourt identifiziert werden, und in der Tat hat mich nur die Umsicht meines Assistenten Thomas Eck, M. A., vor diesem massiven Fehler bewahrt. Es handelt sich aber in Wahrheit um den *episcopus Cithoniensis* (*Zithoniensis, Sidoniensis*), d. h. den Bischof von Zeitun oder Zitunion, heute Lamia in Südost-Thessalien, dessen Name nicht überliefert ist, der aber zwangsläufig personenverschieden ist von Radulf von Merencourt.

31) POTTHAST 4247; vgl. POTTHAST 4248.

32) RRH n° 863. POTTHAST 4685.

33) POTTHAST 4894 = MIGNE, PL 216, Sp. 962.

1210 zum Königtum Johanns von Brienne, ja sollte ihn schon der König Aimerich nach dem Tode seines Kanzlers Joscius zum Kanzler gemacht haben, so hätte Radulf auch den Herrschaftswechsel nach Aimerichs Tod 1205 zur Regentschaftsregierung im Amt überlebt. Aber in besonderer Weise war er der Kanzler des Königs Johann von Brienne, und sicherlich blieb er auch Kanzler bis zu dem Moment, als er 1215 Patriarch von Jerusalem wurde. Er war anwesend, als Johann im Oktober 1210 zum König gekrönt wurde[34]. Schon 1208 hatte man eine Gesandtschaft nach Frankreich geschickt, um für die Thronerbin Maria la Marquise einen Gemahl zu suchen, nachdem ein 1206 betriebenes Projekt, sie mit dem König von Aragón zu verheiraten, gescheitert war[35]. Als Resultat dieser Verhandlungen kam dann der Graf Johann von Brienne in den Osten und übernahm nach seiner Hochzeit mit Maria la Marquise die Herrschaft. Wie Radulf von Merencourt war Johann von Brienne ein Champenois, was der Zusammenarbeit der beiden Männer natürlich förderlich war.

Im März 1213 erfahren wir en passant, daß der Bischof von Sidon nach Rom abgereist war, denn der König von Armenien hatte nach seiner Abreise um die Absolution gebeten (RRH n° 863). Aber schon im Januar 1213 erwähnte der Papst, daß der Bischof von Sidon an die Kurie gekommen war (POTTHAST 4643). Kirchliche Geschäfte hatte ein Bischof aus dem Osten an der Kurie immer, aber vordringlich wurde die Reise veranlaßt durch politische Erwägungen. Es gab gegen Johann von Brienne eine politische Opposition, die die rechtlichen Grundlagen seiner Herrschaft anzweifelte. Er herrschte ja als Gemahl von Maria la Marquise, selbst hatte er keine Ansprüche. Maria war das älteste Kind der Königin Isabella I., einer Tochter des Königs Amalrich von Jerusalem. Aber sie entstammte einer Ehe Isabellas mit dem Markgrafen Konrad von Montferrat, die nicht hätte geschlossen werden dürfen, weil Konrad anderweitig verheiratet und Isabella in rechtlich unzulässigen Formen von ihrem ersten Mann Humfred IV. von Toron geschieden worden, ihre Scheidung also ungültig war.

Immerhin herrschte Johann unangefochten, solange Maria lebte. Aber im Sommer oder Herbst 1212 starb sie[36]. Sie hinterließ eine Tochter Isabella II. Ihr Vater übernahm für Isabella die Regentschaft[37]. Natürlich legte

---

34) Estoire de Eracles S. 311.

35) Ebd. S. 306. Zu dem Projekt von 1206 siehe unten Bd. 2, S. 701.

36) Am 15. April 1212 wird sie in D. RRH n° 858a letztmals lebend erwähnt, am 9. Januar 1213 schrieb der Papst dem König Johann, um ihm zu kondolieren, so daß er im Herbst 1212 von ihrem Ableben erfahren hatte, ehe die Schiffahrt aufhörte, und zwar vom Kanzler des Königs; POTTHAST 4643.

37) Estoire de Eracles S. 320: *Li rois Johan demora en la seignorie por le baillage de sa fille, apres la mort de sa feme la roine Marie.*

Johann seinen Königstitel 1212 nicht ab, aber es erging ihm genau wie später dem Kaiser Friedrich II., der Isabella II. heiratete: Als sie 1228 im Kindbett starb, war Friedrich rechtlich im Osten hinfort nur noch Regent für das Kind Konrad IV., als Regent anerkannt, als König nicht. Aber natürlich führte auch er den Königstitel weiter[38].

Die Rechtsbücher von Jerusalem sprachen die Regentschaft in einem solchen Fall zuerst einem überlebenden Elternteil zu[39]. Tatsächlich war 1143 beim Tode des Königs Fulko seine Witwe Melisendis Regentin für beider Sohn Balduin III. geworden, auch wenn diese rechtliche Position dadurch etwas verschleiert wurde, daß Melisendis außerdem noch Samtherrscherin mit einem eigenen Anteil am Reich war. Aber 1174 lebte Agnes von Courtenay, die Mutter des minderjährigen Königs Balduin IV. noch, dennoch ging die Regentschaft an den Grafen Raimund III. von Tripolis, der seine Ansprüche unter anderem darauf stützte, er sei der nächste Verwandte des Königs[40]. Die Ansprüche der Königsschwester Sibylle wurden übergangen, wohl weniger deshalb weil sie noch unverheiratet war[41], sondern weil man nicht die Tochter nehmen konnte, wenn man die Mutter ausschloß. Stützte man sich auf die Theorie, die Regentschaft gebühre dem nächsten Verwandten der thronfolgeberechtigten Seite, bei Isabella II. also dem nächsten Verwandten mütterlicherseits, dann war dies Isabellas II. Tante Alice aus der dritten Ehe ihrer Großmutter Isabella I. mit Heinrich von Champagne. Die Dramatik der Situation für Johann von Brienne und das Königreich Jerusalem hat bisher fast allein Edbury erkannt[42], allerdings ohne Bezugnahme auf die Rolle des Bischofs von Sidon.

Alice, die auch in der Sukzessionsfrage in der Champagne eine nicht zu unterschätzende Position hatte, war verheiratet mit dem König Hugo I. von

---

38) BÖHM, Johann von Brienne S. 33 hat gemeint, daß Johann auf die Rechtslage überhaupt keine Rücksicht genommen habe, denn er habe den Konsens Isabellas II. nach dem Tode von Maria la Marquise nicht in seine Urkunden aufgenommen. Das ist nicht zu halten, denn im März 1222 (Osterstil) taucht Isabellas Konsens doch auf (D. RRH n° 940), so daß man auch erwägen muß, ob Isabella, von deren Mutter angenommen wird, daß sie 1212 im Kindbett starb, jetzt ein konsensfähiges Alter erreicht hatte, als sie annähernd 10 Jahre alt war. Siehe zu diesem Problem MAYER, Queen Melisende S. 111 Anm. 35.
39) Livre au roi c. 6, RHC. Lois 1, S. 610; Documents relatifs à la successibilité au trône et a la régence, RHC. Lois 2, S. 397 f.
40) Wilhelm von Tyrus, Chronicon XXI. 3, S. 963.
41) So eine Vermutung von RILEY-SMITH, Feudal Nobility S. 186.
42) EDBURY, Cyprus S. 41–48. Weniger ergiebig ist BÖHM, Johann von Brienne S. 33 f.

Zypern. Die Ehe war 1197 als Teil eines größeren Projekts verabredet worden zwischen den Vätern Heinrich II. von Champagne und Aimerich von Zypern. Im Jahre 1207 hatten der Regent von Jerusalem Johann von Ibelin und sein Bruder Philipp, beides Onkel der Alice, gegenüber Blanche von Navarra, der Regentin von Champagne, den Kontrakt von 1197 aufrechterhalten (RRH n° 823). Dabei wurde vereinbart, daß im Falle eines vorzeitigen Todes der Alice ihre Schwester Philippa den König von Zypern heiraten solle. Man werde deshalb Philippa ab Ostern 1208 auf zwei Jahre im Osten festhalten. Blanche verpflichtete sich, den beiden Onkeln sofort nach dem Zustandekommen einer Ehe Hugos von Zypern sei es mit Alice, sei es mit Philippa, die große Summe von 150 Mark Gold à 56 Byzantiner zu zahlen. Es war, wie Edbury richtig erkannt hat, ein Bestechungsversuch von Blanche, damit die Ibelin-Brüder die Töchter Heinrichs von Champagne an der Rückkehr nach Frankreich hindern und sie dauerhaft im Osten verheiraten sollten, um ihre Ansprüche auf die Champagne gar nicht erst virulent werden zu lassen. Im Jahre 1210 eskortierten die ibelinschen Onkel Alice von Champagne nach Zypern, wo sie den König Hugo heiratete[43].

Bis zur Geburt Isabellas II. war Alice als Halbschwester von Maria la Marquise die Thronerbin von Jerusalem. Als Maria 1212 starb, war sie die nächste Verwandte Isabellas II. mütterlicherseits und dann die beste Kandidatin für die Regentschaft für Isabella II., wenn man den Anspruch des Vaters Johann von Brienne nicht anerkannte. Es ist ganz offenkundig, daß sofort nach dem Tod von Maria la Marquise die Rechte Johanns, konkret also sein Anspruch auf die Regentschaft, bestritten wurden, und Edbury hat klar herausgearbeitet, wer hinter dieser Opposition steckte. Einmal war es der König Hugo I. von Zypern, der zur faktischen Herrschaft über das Königreich Jerusalem gekommen wäre, wenn er seine Frau Alice als Regentin hätte etablieren können. De facto hätte dies auf einige Zeit die Personalunion der beiden Reiche wiederhergestellt, wie sie unter Hugos Vater Aimerich bestanden hatte. Seine Beziehungen zu König Johann von Brienne waren seit 1210 sehr strapaziert. Hugo war nämlich erst 1210 volljährig geworden und hatte zuvor in Zypern einen Regenten namens Walter von Montbéliard. Als Walters Regentschaft endete, beschuldigte ihn Hugo, er habe während seiner Amtszeit 200 000 Byzantiner unterschlagen. Walter floh nach Akkon, angeblich mit dem gesamten Geld, und wurde dort von König Johann, der ein Verwandter von ihm gewesen sein soll, aufgenommen und gegen Hugo geschützt, was bis 1217 die Beziehungen zwischen Zypern und Jerusalem auf den Gefrierpunkt brachte. Mit Hugo im Bunde dürften zum

---

43) Estoire de Eracles S. 308 f. Zum Datum siehe EDBURY, Cyprus S. 43 Anm. 18.

anderen die beiden Ibelins gewesen sein, die seit 1210 auf die Gunst des Königs Johann hatten verzichten müssen, nachdem sie vorher infolge der Regentschaft Johanns von Ibelin in Jerusalem 1205–1210 die Geschicke des Reichs weitgehend bestimmt hatten. Johann von Ibelin kommt niemals als Zeuge in einer Urkunde des Königs Johann von Brienne vor, sein Bruder Philipp nur einmal 1211[44]. Mit anderen Worten waren sie vom Hofdienst ausgeschlossen und dürften sich in Zypern aufgehalten haben[45].

Im März 1213 schrieb der Papst an den Patriarchen von Jerusalem, der Bischof von Sidon habe das Hl. Land bereits verlassen gehabt, um nach Rom zu reisen, als der König von Kleinarmenien um Absolution nachgesucht habe (RRH n° 863. POTTHAST 4685). Da der Bischof natürlich im Winter nicht reiste, weil es keine Schiffahrt gab, fällt seine Reise deutlich in das Jahr 1212. In der Tat war er schon vor Anfang Januar 1213 an die Kurie gekommen (POTTHAST 4643). Offenkundig hatte der König Johann von Brienne seinen Kanzler Radulf von Sidon nach Rom geschickt, um die Versuche der Opposition zu konterkarieren. Und Radulf hatte Erfolg bei dieser typischen Tätigkeit eines hochmittelalterlichen Kanzlers, die Politik seines Herrn zu erklären und nach außen durchzusetzen. Vom 7. bis 9. Januar 1213 ließ der Papst die Briefe ausfertigen, die Radulf nach Syrien zurückgenommen haben dürfte und die für Johann und Isabella II. und gegen die Opposition Stellung nahmen. Innocenz schrieb dem König von Zypern und befahl ihm, die rebellischen Vasallen Johanns von Brienne nicht länger gegen ihn zu unterstützen, wie er dies bisher getan habe, und Johanns Verwandten O.[46] und andere hohe Vasallen Johanns, die es nach Zypern verschlagen hatte, freizulassen, da Hugo sie in Zypern inhaftiert hatte (POTTHAST 4638). Den Templern schrieb er, den König Johann gegen die Rebellen zu unterstützen, und gleichlautende Anweisungen gingen an die Johanniter, den Patriarchen von Jerusalem und den Grafen von Tripolis (POTTHAST 4639). Dem Patriarchen von Jerusalem und seinen Suffraganen schrieb er gesondert, sie sollten auf Verlangen des Königs Johann mit kirchlichem Zwang gegen die Rebellen vorgehen und alle Untertanen des Königs dazu aufrufen, in Treue beim König und seiner Tochter zu verharren (POTTHAST 4642), dem König Johann selbst schickte er ein Kondolenzschreiben anläßlich von Marias Tod, von dem er durch den Bischof von Sidon erfahren habe, und ermahnte ihn, an den Zielen festzuhalten, um derentwillen er in den Osten gegangen sei

---

44) D. RRH n° 853. D. spur. RRH n° 855 ist eine Fälschung.

45) RRH n° 900. 903. 912. 929. 938; Johann ab 1221 in Beirut, siehe RRH n° 950. 951. 957. 963. 965.

46) Vermutlich Odo von Montbéliard, einen Neffen Walters von Montbéliard; siehe EDBURY, Cyprus S. 46 Anm. 28.

(POTTHAST 4643). Innocenz III. hatte damit sein ganzes Gewicht als Papst hinter Johann geworfen, was die Rebellion offenbar erstickte. Bewirkt hatte diesen Erfolg für Johann der Kanzler Radulf von Sidon.

Schon am 1. März 1213 war der Bischof wieder im Hl. Land, denn er unterfertigte damals als Kanzler D. RRH n° 857. Das Stück ist original überliefert und datiert mit a. inc. 1212 *kl. marcii*. Bei Osterstil, wie er damals in der Kanzlei gebräuchlich war, bedeutet dies 1. März 1213. Das kann auch nicht anders sein, denn es fehlt der Konsens der Königin Maria, den Johann von Brienne sonst bis zu ihrem Tode im Herbst 1212 hatte, letztmals noch im April 1212 (DD. RRH n° 853. spur. 855. 858a). Am 1. März 1212 hätte D. RRH n° 857 unweigerlich noch den Konsens oder die Mitausstellung Marias gehabt. Am Datum ist also kein Zweifel, auch gibt es kein Indiz dafür, daß etwa wie bei dem Kanzler Wilhelm von Tyrus trotz Abwesenheit des Kanzlers aus dem Königreich die Diplome dennoch auf seinen Namen unterfertigt worden wären, denn DD. RRH n° 853. spur. 855 hatten keine Unterfertigung eines Kanzlers, obwohl das Amt nachweislich besetzt war.

Das bedeutet, und es unterstreicht die Dramatik der Situation, daß der Kanzler-Bischof für die Rückreise die Winterfahrt wagte. Natürlich war er am 9. Januar 1213, als POTTHAST 4643 erging, noch an der Kurie, er konnte ja nicht ohne die Papstbriefe zurückreisen, zu deren Erlangung er in einer brisanten politischen Situation nach Rom gereist war. Danach wird er den Papst allerdings sofort verlassen haben, denn es galt ja, in Akkon mit Hilfe der Papstbriefe eine Rebellion gegen den König zu ersticken. Es wäre wirklich nicht sinnvoll gewesen, damit noch zu warten, bis Ende März die Schiffahrt wieder anfing[47], im Verzuge war Gefahr.

Radulf von Merencourt hatte für die Heimreise also genau sieben Wochen. Das war kurz, aber nicht zu kurz, es gab eine Expressroute von Marseille nach Akkon, die 15 Tage und Nächte *ad bonum ventum* oder etwas mehr in Anspruch nahm[48]. Nicht die Länge der Reise war ein Pro-

---

47) PRYOR, Geography S. 3.

48) Roger von Hoveden, Chronica 3, S. 51. Adam von Bremen, Hamburgische Kirchengeschichte S. 229: 4 Tage und Nächte Marseille – Messina, 14 Tage und Nächte Messina – Akkon. Continuatio Claustroneoburgensis secunda, MGH SS 9, S. 622: Der Herzog von Österreich benötigte für die Schiffsreise von Split nach Akkon im Herbst 1217 sechzehn Tage, *quod antea valde inauditum erat*. Die Expressrouten setzten natürlich voraus, daß man *per sidera* navigieren konnte, also die Fahrt nachts nicht unterbrach. Roger von Wendower, Flores historiarum 2, S. 262: Philipp von Aubigny schiffte sich 1221 am 15. August in Marseille ein und landete in Damiette am 6. September. BULST-THIELE, Templi magistri S. 238 Anm. 26: Schreiben aus Akkon vom 4. März 1260 werden 15 Wochen später am 16. Juni in London empfangen. HIESTAND,

blem, wenn es pressierte, sondern im Winter einen wagemutigen Kapitän zu finden.

Wahrscheinlich wußte Radulf von Merencourt bei seiner Abreise aus Rom bereits von der Absicht des Papstes, für November 1215 das Vierte Laterankonzil zu berufen, denn die Einladungen ergingen am 19. April 1213 (POTTHAST 4706). Auf jeden Fall mußte er 1215 erneut zum Konzil nach Rom reisen, aber zu dieser Zeit war sein Bischofsamt in Sidon bereits erloschen.

3. Radulf als Patriarch von Jerusalem

Im Jahre 1214 war der Patriarch Albert von Jerusalem, der einzige unter den Kreuzfahrerpatriarchen von Jerusalem, der es als Heiliger zur Ehre der Altäre brachte, bei einer Prozession in der Kathedrale von Akkon von einem Kleriker erstochen worden, ein Skandal nicht ohne Vorbild, da bereits

---

Templerzentralarchiv S. 30 f.: Eine Urkunde aus Akkon vom 31. Mai 1262 wurde sieben Wochen später am 21. Juli vom Papst in Viterbo bestätigt. MAYER, Ibelin vs. Ibelin S. 31: Nach dem Tode Heinrichs I. von Zypern am 18. Januar 1253 sah Johann von Jaffa die von Hugo zu unbekanntem Zeitpunkt getätigte Verleihung der Grafschaft Jaffa an Johann gefährdet und bemühte sich sofort um eine päpstliche Bestätigung. Diese erfolgte schon nach sieben Wochen am 26. März 1253 in Perugia (POTTHAST 14927. Zweifel an der Blitzreise hat EDBURY, John of Ibelin S. 116, 129. Dagegen MAYER, John of Jaffa S. 140 f.). Aber in einer genau geschilderten Reise, die schon durch schlechtes Wetter führte, weil sie sehr spät angetreten wurde, schiffte sich Ibn Jubair am 6. Oktober in Akkon ein, wartete auf Wind bis 18. Oktober, als das Schiff endlich abfuhr. Nach fünf Tagen wurde die Navigation schwierig, der Kapitän mußte kreuzen, am 27. Oktober hatte man einen Sturm mit Mastbruch, danach kamen 5 Tage Flaute, am 17. und 18. November hatte man erneut schwere Stürme. Trotzdem war man am 8. Dezember in Messina, also nach sieben Wochen; Ibn Jobair, Voyages S. 364–375. Als Ende September 1197 durch den Tod des Kaisers Heinrich VI. im Deutschen Reich die Welt zusammenbrach, wagte von den bereits in Akkon anwesenden deutschen Fürsten allein der Markgraf von Meissen die Winterfahrt, die anderen waren noch Anfang März 1198 im Osten; Chronicon Montis Sereni, MGH SS 23, S. 167, TÖPPEN in Scriptores rerum Prussicarum 1, S. 224 Anm. 9, RRH n° 740. Die Kreuzzugsflotte des Kaisers Friedrich II., die natürlich langsamer vorankam als ein einzelner Schnellsegler, verließ am 28. Juni 1228 Brindisi und erreichte am 21. Juli Limassol, benötigte also dreieinhalb Wochen, obwohl man, wenn ich richtig gezählt habe, 12 Übernachtungen einschaltete und 5 Ruhetage einlegte; BF 1732a–p. Sofort weiterfahrend hätte sie zwei Tage später in Akkon sein können. Wegen der Windverhältnisse dauerte die Fahrt nach Osten in aller Regel kürzer als die nach Westen; PRYOR, Geography S. 36, 51–53.

der Bischof Wilhelm von Akkon 1172 so ums Leben gekommen war[49]. Wann genau Albert starb, wissen wir nicht. Durchgehend behauptet zwar die Literatur auch der kritischsten Autoren, die Untat sei am Fest der Kreuzerhöhung (14. September) geschehen, aber das ist eine Fehlinterpretation der entscheidenden Quellenstelle *A MCCXIIII de Crist le patriarche Abert de Jerusalem fu ossis, si com il estoit en la precesion le dimanche à Saint Crus, mere yglise d'Acre*[50]. Zwar fiel das Fest der Kreuzerhöhung 1214 auf einen Sonntag, aber nicht am Sonntag des Hl. Kreuzes (so die communis opinio der Literatur), sondern an einem beliebigen Sonntag des Jahres 1214 in der Hl. Kreuzkirche, der Kathedrale von Akkon, wurde Albert ermordet[51]. Aber Radulf von Merencourt reiste zum Konzil nicht mehr als Bischof von Sidon, sondern als Elekt von Jerusalem, denn auf dem Konzil selbst, im November 1215, wurde er zum Patriarchen von Jerusalem geweiht[52]. Ihm war geglückt, woran Wilhelm von Tyrus gescheitert war. Sein Bistum Sidon, ohnehin in partibus infidelium gelegen, blieb jetzt vakant und wurde der

---

49) Wilhelm von Tyrus, Chronicon XX. 25, S. 947 f.

50) Gestes des Chiprois S. 664 § 71. Klarer Annales de Terre Sainte S. 436: *fu ocis le patriarche Aubert en la procession en l'eglise Sainte Crois d'Acre.* Zum Hl. Kreuzpatrozinium der Kathedrale von Akkon siehe RRH n° 155. 532. 1212.

51) Am 16. Dezember 1213 schrieb ihm noch der Papst Innocenz III., am 20. Februar 1215 erst erwähnt er ihn als tot; POTTHAST 4858. 4954. Sehr wahrscheinlich zu früh ist die Annahme von Januar 1214 bei D'ARBOIS DE JUBAINVILLE, Histoire de Champagne 4, S. 115, die auf der Annahme beruht, der Tod des Patriarchen sei bereits am 20. Februar 1214 bekannt gewesen. Dies beruht auf dem falschen Ansatz von POTTHAST 4954 vom 20. Februar 1215 bei D'ARBOIS DE JUBAINVILLE, a. a. O. 5, S. 78 n° 850 zu 20. Februar 1214. Aber trotz 20. Febr. a. pont. 17 gehört das Stück zu 1215 Februar 20, denn das a. pont wechselte am 22. Februar als dem Krönungstag, nicht am 8. Januar als dem Wahltag. Am 20. Februar 1214 war der Patriarch von Jerusalem, an den sich POTTHAST 4954 wendet, noch gar nicht im Amt. Eine früher zu Dezember 1214 gestellte Urkunde des Erzbischofs Siegfried II. von Mainz für den Patriarchen R. von Jerusalem (Wirtembergisches Urkundenbuch 3, S. 14 n° 564) löst das Problem nur scheinbar, denn mit dem Ausstellort Rom paßt sie nur zu Dezember 1215, als Aussteller und Empfänger im Anschluß an das Vierte Laterankonzil in Rom waren; siehe BÖHMER, Regesten zur Geschichte der Mainzer Erzbischöfe 2, S. 163 n° 258.

52) Estoire de Eracles S. 319. Gewählt war er schon im Februar 1215, da der Papst ihm einen Brief als Patriarch von Jerusalem adressierte (POTTHAST 4954). Vgl. zur Nachfolge allgemein Gestes des Chiprois S. 664 § 71; Annales de Terre Sainte S. 436; Alberich von Troisfontaines, Chronica, MGH SS 23, S. 899. Im Anschluß an das Konzil befahl der Papst dem König von Jerusalem, den Patriarchen zur Heimreise in den Osten mit einer Flotte abzuholen, die gleichzeitig dem Treiben muslimischer Seeräuber Einhalt gebieten sollte (POTTHAST 5178). Der Brief überschätzte die Möglichkeiten des Königs.

Verwaltung des Erzbischofs von Tyrus wenigstens bis 1218 unterstellt, erst 1221 begegnet wieder ein Bischof von Sidon[53].

Als Patriarch braucht uns Radulf von Merencourt hier im Grundsatz nicht zu interessieren, denn selbstverständlich erlosch sein Kanzleramt mit der Weihe ins höchste geistliche Amt des Landes, in die Position des *seigneur esperituel* des Königreichs Jerusalem[54]. Bischöfe und Erzbischöfe konnten Kanzler sein, aber das Kanzleramt war offenkundig inkompatibel mit dem Patriarchenstuhl, denn es gibt unter allen Patriarchen von Jerusalem und Antiochia nicht einen, der gleichzeitig Kanzler von irgendjemand gewesen wäre, die Unabhängigkeit des geistlichen Amtes hätte darunter gelitten. Man braucht hier nicht an zwingende Rechtsvorschriften zu denken, die normative Kraft des Faktischen war stark genug. Es wäre interessant zu wissen, wie ein solcher Konflikt ausgegangen wäre, wenn also ein Patriarch gewordener Kanzler sich auf die Unabsetzbarkeit der Kanzler berufen hätte. Radulf hat einen solchen Konflikt gar nicht gewagt[55]. Er sorgte vielmehr auf andere Weise und diskret dafür, daß sein alter Einfluß als Kanzler nicht schwand. Mit diesem Aspekt seines Patriarchats, der sein Verhältnis zu dem König Johann von Brienne betrifft, werde ich mich im folgenden Kapitel beschäftigen müssen.

Radulf war früher viel gereist, und auch nach dem Aufstieg zum Patriarchen hielt es ihn nie lange in Akkon. Im Jahre 1218 zog er mit dem Kreuzheer des Fünften Kreuzzuges nach Ägypten und blieb den größten Teil der Kampagne dort. Am 15. Mai 1222 war er wieder zurück[56]. Abgereist aus Ägypten war er im Herbst 1220 (siehe unten S. 329). Im Juni 1222 nahm er

---

53) PRESSUTTI, Regesta Honorii III n° 18. 1094. 3498.

54) Livre de Jean d'Ibelin c. 260, RHC. Lois 1, S. 415.

55) Der Fall des Kanzlers Petrus von Lydda liegt anders, weil dieser sein Kanzleramt von Jerusalem schon bald nach der Ernennung zum Bischof von Tripolis niederlegte, sei es, weil das Bistum außerhalb des Reiches lag, sei es, weil er bei dem tiefen politischen Umbruch von dem König Guido von Lusignan zu der Herrschaft Heinrichs von Champagne ausnahmsweise einmal trotz Unabsetzbarkeit nicht bleiben konnte.

56) RRH n° 944, ausgestellt in Akkon. Das Stück ist datiert vom 15. Mai 1221, doch war der ausstellende Kardinallegat Pelagius im Mai 1221 in Damiette in Ägypten; RRH n° 945 und LA MONTE, Register S. 451 n° 15. Dagegen war Pelagius im Oktober 1221, vor allem aber am 29. Mai 1222 in Akkon, im Juni 1222 in Tyrus; RRH n° 949. 955 und LA MONTE, Register S. 453 n° 22. In dem letztgenannten Stück bestätigte der Legat Pelagius die Transaktion, die er am 15. Mai in RRH n° 944 lediglich beurkundet hatte. Siehe zum Datum auch LA MONTE, Register S. 452 n° 21. Im Januar 1219 war Radulf noch in Ägypten, denn nicht er, sondern der Erzbischof Simon von Tyrus war der Vertreter des Legaten Pelagius im Königreich Jerusalem (RRH n° 920 in der Edition von FAVREAU-LILIE, Italienische Kirchen S. 92 n° 5)

in Tyrus teil an einem Ausgleichsversuch zwischen Genuesen und Pisanern, die sich in Akkon blutig in die Haare geraten waren[57]. Im August 1222 befand er sich weiter in der Umgebung des Kardinallegaten (RRH n° 958a), wahrscheinlich noch immer in Tyrus, da über tyrensischen Besitz entschieden wurde. Im folgenden Monat nahm er mit dem Legaten und dem König teil an der schicksalhaften Schiffsreise von Akkon nach Brindisi, die den König Johann auf immer aus seinem Königreich entfernte[58]. Im Februar 1223 finden wir ihn in Capua am kaiserlichen Hof, wo er gemeinsam mit dem König von Jerusalem BF 1440 bezeugte.

Im März 1223 nahm er mit dem Papst, dem Kaiser, König Johann von Jerusalem und König Demetrius von Thessalonike, dem Bischof von Bethlehem, den Meistern der Johanniter und Deutschherren und zahlreichen, überwiegend geistlichen Großen aus Italien und Deutschland am Kongreß von Ferentino teil, wo der Kreuzzug des Kaisers beschlossen und die Ehe des Kaisers mit Isabella II. von Jerusalem verabredet wurde. Auf jerusalemitanischer Seite betrieb der Patriarch Radulf besonders nachdrücklich dieses Projekt, der Papst meldete dem König von Frankreich, der Kaiser habe diese Heirat *ad instantiam patriarche* versprochen[59]. Auf kaiserlicher Seite trat vor allem der Deutschordensmeister Hermann von Salza energisch dafür ein[60].

Der Patriarch Radulf, der in dieser Frage natürlich nicht gegen die Interessen des Königs Johann handelte, dem die Absicht des Kaisers, ihn mittels der Heirat vom Thron zu verdrängen, noch unbekannt war, wird die politischen, militärischen und finanziellen Möglichkeiten Friedrichs II. im Auge gehabt haben, mit denen der Kaiser dem Hl. Land helfen konnte, wenn er wollte. Schon auf den Gang des Fünften Kreuzzuges hatte Friedrich von der Ferne aus einen erheblichen Einfluß ausgeübt. Die Armut des Reichs von Jerusalem und seines Königs war besonders drängend. Schon bei den schwie-

---

57) RRH n° 955. Daß es sich hier um ein Provinzialkonzil handelte (so RRH n° 955), ist möglich, aber nicht erwiesen. Die Annahme beruht auf der Textstelle *habito consci-lio cum reverendis patribus patriarcha Ierosolimitano* (folgen weitere Hierarchen), aber *conscilio* steht hier natürlich für *consilio* = Ratschlag. Zu den inneritalienischen Querelen von 1222 siehe FAVREAU-LILIE, Friedenssicherung, passim.

58) Oliver von Paderborn, Historia Damiatina S. 280; Gestes des Chiprois S. 665 § 80, 671 § 104; Annales de Terre Sainte S. 437. In der Estoire de Eracles S. 355 wird der Patriarch als Teilnehmer bei der Reise nicht genannt, doch war er bald darauf in Capua.

59) POTTHAST 6969, vgl. POTTHAST 7035. MGH Epistolae saec. XIII 1, S. 152 n° 225.

60) Estoire de Eracles S. 358: *Hermant ... qui avoit porchacé le mariage.*

rigen zwölftägigen Verhandlungen zwischen Papst und Kaiser in Veroli im April 1222, als man die Teilnahme des Königs Johann bei einem Hoftag in Verona erörterte, wies der Papst darauf hin, daß Johann die Reise möglicherweise nicht bezahlen könne, worauf Friedrich II. sich zur Übernahme der Kosten bereit erklärte, und in der Tat reisten im September der König, der Patriarch und die restliche Delegation auf vier Galeeren, die der Kaiser hierzu in den Osten geschickt hatte[61]. Nach den Worten der Estoire de Eracles ordnete der König Johann vor der Abreise aus Akkon seine Angelegenheiten *le meauz que il pot, selonc la povreté, en quoi ele* (scil. la terre) *estoit*[62]. Dem französischen König hatte der hohe Klerus Jerusalems schon im Oktober 1220 gemeldet, daß der König *ita iam se consumpsit in tenendis militibus et servientibus in custodia Tyri et Accon, quod ad tantam redactus est paupertatem, quod non habet, unde possit de cetero sustentari* (RRH n° 937), und Philipp von Aubigny, dessen Gebeine noch heute direkt vor dem Eingang zur Grabeskirche ruhen, schrieb 1222 dem Earl of Chester, wenn der König Johann demnächst nach Europa komme, möge er mehr für ihn tun als versprochen, denn seine Armut lasse sich kaum beschreiben[63]. Es ist sattsam bekannt, daß Kapetingertestamente finanziell so gut wie wertlos waren, aber das Testament, das Philipp II. Augustus im September 1222 in St.-Germain-en-Laye errichtete, zeigt doch, was man glaubte, dem verarmten Reich von Jerusalem schuldig zu sein. Philipp hinterließ dem König von Jerusalem 3 000 Mark Silber und ihm gemeinsam mit den Templern und Johannitern 150 000 Mark Silber zur Ausrüstung von 300 Rittern auf drei Jahre[64]. Es wurde weniger daraus, als man gehofft hatte, und ein französisches Regiment in Akkon gab es erst seit Ludwig dem Heiligen[65], aber immerhin waren im Dezember 1223 bereits 10 000 Mark ausgezahlt (POTT-HAST 7118).

Bald nach dem Ende des Kongresses von Ferentino, im Mai 1223, ernannte der Papst Radulf von Merencourt zu seinem Legaten für das Patriarchat Jerusalem, eine Ehre, die ihm nicht zum ersten Mal zuteil wurde[66]. Im

---

61) PRESSUTTI, Regesta Honorii III n° 3931; MGH Epist. saec. XIII 1, S. 137 n° 196; Estoire de Eracles S. 355.

62) Ebd. S. 355.

63) Roger von Wendower, Flores historiarum 2, S. 263.

64) NORTIER, Recueil des actes de Philippe Auguste 4, S. 468 n° 1796.

65) MARSHALL, Warfare S. 77–83.

66) PRESSUTTI, Regesta Honorii III n° 4341. 4350; MGH Epistolae saec. XIII 1, S. 157 n° 228. Dieses Beglaubigungsschreiben erwähnt nichts von der in der vorangegangenen Bestallung enthaltenen Einschränkung: Die Legation solle ruhen, wenn ein Legat a latere komme. Vgl. POTTHAST 5176 f.

selben Jahr noch kehrte Radulf ins Hl. Land zurück[67], während der König durch Westeuropa reiste, um Hilfe aufzutreiben, ohne viel zu kriegen[68]. Im Dezember 1223 teilte Johann dem Kaiser seinen Entschluß mit, in den Osten zurückzugehen, nahm aber auf kaiserliche Bitten davon Abstand[69]. Wie man weiß, wurde jetzt und auch später nichts mehr daraus, denn im November 1225 verdrängte der Kaiser nach seiner Heirat mit Isabella II. Johann von Brienne vom Thron, übrigens zu Recht, und da nützte es auch nichts, wenn Johann den Königstitel nicht ablegte.

Als dies in Brindisi geschah, war der Patriarch Radulf von Merencourt nicht mehr unter den Lebenden. Zwar meldet die Literatur seinen Tod mehrfach erst zu 1225, und dafür gibt es in den Quellen nicht nur die lakonische Notiz bei Alberich von Troisfontaines, sondern vor allem die Nachricht in der altfranzösischen Fortsetzung des Wilhelm von Tyrus, der namentlich genannte Radulf von Merencourt habe Isabella II. in Tyrus zur Königin von Jerusalem gekrönt, nachdem sie in Akkon gegenüber dem Erzbischof von Capua den notwendigen Konsens zur Eheschließung gegeben hatte[70]. Diese Krönung wird allgemein auf den Herbst 1225 gesetzt, als der Kaiser im August Galeeren nach Syrien geschickt hatte, um die Braut zur endgültigen Hochzeit nach Italien zu holen, wofür die Krönung Isabellas natürlich die Voraussetzung war, denn der Kaiser wollte nicht die Frau, sondern die Krone[71].

Ein anderes Todesjahr, nämlich 1224, vermelden die Gestes des Chiprois[72]. In diesem Falle wäre die Krönung natürlich nicht mehr von Radulf

---

67) Gestes des Chiprois S. 671 § 107.

68) Der Kaiser war allerdings davon ausgegangen, der König Johann von Brienne werde im August 1223 nach Syrien zurückfahren; BF 1484. MGH Constitutiones 2, S. 549 n° 418.

69) Friedrich II. an Honorius III. vom 5. März 1224. BF 1516; WINKELMANN, Acta imperii inedita 1, S. 238 n° 261.

70) Alberich von Troisfontaines, Chronica, MGH SS 23, S. 916; Estoire de Eracles S. 357. Für 1225 als Todesjahr treten u. a. ein RÖHRICHT, Syria sacra S. 9 Anm. 1; DERS., Geschichte S. 761 Anm. 2; HOTZELT, Kirchengeschichte S. 189; FEDALTO, Chiesa latina 2, S. 134, verdruckt zu 1255. Richtig tritt für 1224 nur ein HAMILTON, Latin Church S. 256.

71) Zu der Entsendung der Galeeren siehe Breve chronicon de rebus Siculis S. 896 f. und Estoire de Eracles S. 357 f. Daß dort der Erzbischof von Capua als Ferntrauer genannt wird, ist richtig und falsch zugleich. Es war der Bischof Jakob von Patti, der indessen am 25. September 1225, also in seiner Abwesenheit, Erzbischof von Capua wurde.

72) S. 671 f. § 109: Konsenszeremonie vor dem Bischof von Patti und Tod des Patriarchen Radulf. Die Krönung Isabellas in Tyrus wird ebd. S. 674 § 116 losgelöst

von Merencourt vorgenommen worden, sondern vom Erzbischof von Tyrus Simon von Maugastel, der bei solchen Gelegenheiten zu offiziieren hatte, wenn es keinen Patriarchen gab[73]. Fest steht lediglich in vielfältiger Weise, daß die eigentliche Trauung Isabellas mit dem Kaiser, die Friedrichs Rechte auf den Thron von Jerusalem begründete, sogleich nach der Ankunft Isabellas in Italien stattfand, also im Herbst 1225, auch wenn der 9. November als Hochzeitstag nur in den Annalen von Schäftlarn[74] überliefert ist.

Politisch macht es schon einen gewissen Sinn, die Konsenshandlung und die Krönung unmittelbar vor Isabellas Abreise nach Europa vorzunehmen, aber sicher ist es nicht, daß eines oder gar beides erst 1225 stattfand. Bereits am 1. März 1224 teilte nämlich der Papst dem Patriarchen Radulf mit, der Kaiser werde eine Gesandtschaft in den Osten schicken, um das Verlöbnis mit Isabella vorzunehmen[75]. Vier Tage später schrieb der Kaiser an den Papst, er werde mit dem nächsten Passagium den Bischof Jakob von Patti zur Herbeiführung des Verlöbnisses in den Osten schicken[76]. Konsenshandlung und Krönung könnten also auch 1224 stattgefunden haben, wie wenigstens für die Konsenshandlung in den Gestes des Chiprois berichtet wird.

Im Rahmen dieses Kapitels betrifft dies aber nur die Frage, ob Radulf von Merencourt noch die Krönung Isabellas vornahm, was geht, wenn sie 1224 gekrönt wurde, aber nicht, wenn dies erst 1225 stattfand. Es gibt nämlich andere Gründe, warum Radulf nicht bis 1225 gelebt haben kann. Ob er am 1. März 1224 noch lebte, als der Papst BF 6566 expedierte, wissen wir nicht, sondern nur, daß dies der Kenntnisstand der Kurie war, die ja aber seit dem Herbst des Vorjahres aus dem Osten keine Nachrichten mehr erhalten hatte. Aber als derselbe Papst am 15. Dezember 1224 an den Templermeister schrieb, hatte er inzwischen andere Nachrichten erhalten, denn er bezeichnete den Patriarchen als *beate memorie*, er war also tot[77]. Selbst wenn es sich hier nicht um Radulf, sondern um einen seiner Amtsvorgänger gehandelt haben sollte, wäre eine Ausdehnung des Lebens Radulfs bis zu einer Krönung Isabellas II. im Herbst 1225 dennoch unmöglich. Nach dem Tod des Patriarchen postulierte das Kapitel des Hl. Grabes nämlich als Nachfolger den bekannten Kurienkardinal Thomas von Capua. Begreiflicherweise

---

vom Tod des Patriarchen Radulf gemeldet. Die Annales de Terre Sainte S. 438 schreiben lediglich die Gestes des Chiprois aus.

73) Livre de Jean d'Ibelin c. 6, RHC. Lois 1, S. 29.
74) MGH SS 17, S. 338.
75) BF 6566. PRESSUTTI, Regesta Honorii III n° 4831.
76) BF 1516. WINKELMANN, Acta imperii inedita 1, S. 237 n° 261.
77) PRESSUTTI, Regesta Honorii III n° 5219.

ließ ihn der Papst nicht gehen, gewährte aber den an die Kurie gekommenen Mitgliedern des Kapitels ihre zweite Postulation, den Bischof Gerald von Valence, der schon am Kongreß von Ferentino teilgenommen hatte. So ist jedenfalls die Darstellung der Nachfolgeregelung, die Gregor IX. 1227 gab[78].

Bereits am 10. Mai 1225 aber war Gerold Patriarch. Der Papst untersagte damals dem Kapitel von Valence, ohne die Zustimmung des Patriarchen von Jerusalem, *qui eorum ecclesie laudabiliter prefuit*, zur Wahl eines neuen Bischofs zu schreiten, er schrieb dem Patriarchen, er solle gemeinsam mit dem Kapitel für einen würdigen Bischof in Valence sorgen und bestätigte ihm den Besitz eines Priorats, das er erhalten hatte, als er Bischof von Valence geworden war[79]. Anscheinend hat Röhricht die Literatur nach ihm verwirrt, als er zweimal alle drei Vorgänge vom Mai 1225 auf Radulf statt auf Gerold bezog, obwohl klar genug gesagt wird, daß der Patriarch vom Mai 1225 einst Bischof von Valence gewesen war[80]. Dieser Ablauf der Ereignisse ist so gut wie unmöglich, wenn die Gesandten des Hl. Grabes mit der Nachricht vom Tode Radulfs und der Postulation des Thomas von Capua erst mit der ersten Abfahrt aus Akkon im Frühjahr 1225 eintrafen, weil Radulf erst 1225 gestorben war. Man muß bei 1224 bleiben. Am 1. März 1224 glaubte der Papst noch, daß Radulf am Leben sei, am 15. Dezember 1224 wußte er, daß er tot war[81]. Im Laufe des Jahres 1224 und nicht 1225 ist der Patriarch Radulf von Jerusalem gestorben. Ob er Isabella II. noch gekrönt hat, wissen wir nicht. Wurde sie erst 1225 gekrönt, so war er bereits tot.

---

78) AUVRAY, Registres de Grégoire IX n° 56.

79) PRESSUTTI, Regesta Honorii III n° 5472–5474. Der Patriarch wird dort unbegreiflicherweise Matthaeus genannt, aber das ist eine fehlerhafte Ergänzung des Herausgebers, die bereits im Index zu Band 2, S. 641 korrigiert wurde.

80) RÖHRICHT, Syria sacra S. 9 Anm. 1 und noch viel emphatischer DERS., Geschichte S. 761 Anm. 2.

81) Im Rituale der Grabeskirche in Barletta (KOHLER, Rituel S. 396) steht für den 3. November ein Obituareintrag für einen Patriarchen Radulf von Jerusalem, der aber *de ordine Praedicatorum* war. Das ist nicht Radulf von Merencourt, der ja nie Dominikaner war, sondern Radulf von Grandeville, der auf Geheiß Celestins V. 1294 in Paris vom Erzbischof von Rouen zum Patriarchen von Jerusalem konsekriert, dann aber in Rom von Papst Bonifaz VIII. abgesetzt wurde, der ihn im April 1295 gleichwohl wieder einsetzte; Wilhelm von Nangis, Chronicon bei BOUQUET, Recueil 20, S. 576 (vgl. auch ebd. S. 661); DIGARD u. a., Registres de Boniface VIII n° 113. Wohl infolge eines Schreibfehlers heißt er dort Landulf und ist daher so auch eingegangen in Eubels Hierarchia catholica. Siehe zu Radulf/Landulf MAS LATRIE, Patriarches latins S. 27.

Unter Einbeziehung seiner Tätigkeit als Notar Heinrichs II. von Champagne (siehe unten Bd. 2, S. 607 f.) ergibt sich dann als wahre Bilderbuchkarriere folgender tabellarischer Lebenslauf:

1187–1190	Kanzleigehilfe in der Kanzlei Heinrichs II. von Champagne
1190 Sommer	Reise mit Heinrich II. von Champagne ins Hl. Land
1190 Sommer – 1192 Mai 4	Notar Heinrichs II. von Champagne im Hl. Land
1192 Mai 5 – 1197 Sept. 10	Notar Heinrichs II. von Champagne als Herrscher von Jerusalem sowie für Angelegenheiten der Champagne
ab 1200	als Kanoniker in Akkon und Thesaurar von Tyrus nachgewiesen, aber wohl schon unter Heinrich II. von Champagne ernannt
1204 Juli	wahrscheinlich Archidiakon von Tyrus
1206	Dekan des Kapitels von Akkon
1206–1215	Kanzler des Königreichs Jerusalem (möglicherweise schon ab 1202)
1208 September	diktiert in Akkon eine Privaturkunde
ca. 1210–1214	Bischof von Sidon
1212 Herbst – 1213 Januar	Reise an die Kurie in Geschäften für den König
1214	Wahl zum Patriarchen von Jerusalem
1215 November	Teilnahme am Vierten Laterankonzil und dort Weihe zum Patriarchen von Jerusalem. Rücktritt vom Kanzleramt
1218 Mai – 1221 Herbst	in Ägypten Teilnahme am Fünften Kreuzzug
1222	Reise mit dem König nach Brindisi
1223 Februar	am kaiserlichen Hoflager in Capua
1223 März	Teilnahme am Kongreß von Ferentino
1223	Rückkehr ins Hl. Land
1224	möglicherweise Krönung Isabellas II. von Jerusalem durch den Patriarchen, falls die Krönung schon 1224 stattfand
1224	Tod Radulfs von Merencourt

XIV. Die Vakanz im Kanzleramt 1215–1225 und der italienische Leibarzt Magister Konstantin († 1250)

Ich gehe davon aus, daß der Kanzler Radulf von Merencourt, Bischof von Sidon, das Kanzleramt noch über seine zu unbestimmtem Zeitpunkt im Jahre 1214 erfolgte Wahl zum Nachfolger des ermordeten Patriarchen Albert von Jerusalem beibehielt, bis er mit der Weihe, die im November 1215 auf dem Vierten Laterankonzil erfolgte[1], des Patriarchenamtes sicher sein konnte. Danach legte er das Amt natürlich nieder, weil es sich mit der Unabhängigkeit eines obersten Hierarchen eines Reiches nicht vertrug. Auch Thomas Becket war aus dem Kanzleramt in England ausgeschieden, als er Erzbischof von Canterbury wurde. Danach ernannte der König Johann von Brienne keinen Kanzler mehr. Von seinen Diplomen nach 1215 ist nur eines noch unterfertigt, D. RRH n° 892 von Januar 1218 (Osterstil), aber nicht von einem Kanzler, sondern von Johanns Notar Johann von Vendeuvre.

Es war nichts Unvorstellbares, was hier geschah. Eine Vakanz im Kanzleramt hatte durchaus auch Vorteile für den König. Der Kanzler sollte sein politischer Hauptberater sein, aber wenn er sich mit ihm überwarf, erwies er sich als unabsetzbar. Bei den Kapetingern geht Bautier schon für die erste Kanzleivakanz von 1172 davon aus, daß Kanzler wie Etienne de Garlande und Hugo von Champfleuri für den Geschmack des Königs zu viel Macht in ihrer Hand gebündelt hatten[2]. Ohne einen Kanzler hatte der König auch direktere Einwirkungsmöglichkeiten auf den ja von ihm ernannten Kanzleinotar, und es flossen ohne Kanzler auch die sehr erheblichen Kanzleigebühren in die Tasche des Königs, was für einen so verarmten König wie Johann von Brienne natürlich eine Rolle spielte (siehe dazu oben S. 313). Auch anderen Ortes ging man diesen Weg. In England blieb das Kanzleramt zwar dauerhaft besetzt, aber nach dem Tod des Kanzlers Ralph de Neville, der noch auf Lebenszeit ernannt worden war, flossen ab 1244 die enormen Kanzleitaxen (siehe oben S. 158) an die Krone, der Kanzler wurde mit einem jährlichen Fixum entlohnt. Kanzlervakanzen waren um diese Zeit geradezu mondän. In der Papstkanzlei verschwanden 1216 die Kardinalkanzler, und es gab hinfort nur noch Vizekanzler[3]. Erst unter Bonifaz VIII. (1294–1303) gab es wieder Kardinäle als Kanzleichefs. In der Reichskanzlei ließ Heinrich VI.

---

1) Estoire de Eracles S. 319.
2) BAUTIER in Lexikon des Mittelalters s. v. chancellerie.
3) BRESSLAU, Urkundenlehre ²1, S. 248 f.; HERDE, Beiträge, 2. Aufl., S. 1.

das Kanzleramt praktisch von 1191 bis 1195 vakant[4], aber er ernannte mit Walter von Palearia 1195 einen eigenen Kanzler für Sizilien, wo das Kanzleramt im 12. Jh., mindestens formal, oft genug vakant gewesen war. Walter wurde 1210 erstmals gestürzt, aber formal im Amt mit seinen Einkünften belassen, nur wurde ihm die Leitung der Kanzlei entzogen wie einst Wilhelm von Tyrus in Jerusalem. Im Jahre 1212 hatte er nochmals eine politische Renaissance, mußte aber 1221 ins römische Exil gehen, nun auch nicht mehr im Kanzleramt; um 1230 ist er in Rom gestorben[5]. Ein neuer Kanzler für Sizilien wurde dann von Friedrich II. nicht mehr ernannt. In Zypern liegen zwischen dem noch von Alanus unterfertigten RRH n° 780 von 1201 oder 1202 und dem von Radulf von Nikosia beglaubigten RRH n° 900 von 1217 drei Diplome von 1210, die alle jeder Kanzleizeile entbehren[6]. Später war in Zypern der Kanzler Heinrich von Byblos von 1308–1313 an der Kurie, ohne daß dies die Geschäfte der zyprischen Kanzlei gestört hätte. Und als sich der zyprische Kanzler Philipp von Mézières nach der Ermordung seines Königs 1369 ins Abendland zurückzog, wo er sich noch bis zu seinem Tode 1405 Kanzler von Zypern nannte, dauerte es volle 20 Jahre, bis 1389 mit Odo Benedict ein *sacrae maiestatis Ierusalem et Cypri regie cancellarius* erschien, und er war von Haus aus ein vom Kaiser ernannter öffentlicher Notar, und als Notariatsinstrument ist die von ihm aufgesetzte Königsurkunde auch strukturiert[7], so daß es sich hier mehr um eine hochtrabende Titulatur für einen öffentlichen Notar im Krondienst handelt als um eine wirkliche Besetzung des Kanzlerpostens. Ein wirklicher Kanzler taucht erst 1463 wieder auf[8]. In der Champagne ergingen die gräflichen Urkunden 1207–1210 entweder ganz ohne Unterfertigung oder mit dem Vermerk *vacante cancellaria* (siehe unten Bd. 2, S. 593). Die berühmteste und zugleich längste dieser Kanzleramtsvakanzen ist diejenige bei den Kapetingern, die ab 1185 bis ins frühe 14. Jahrhundert hinein ihre Urkunden *vacante cancellaria* ergehen ließen, nur einmal 1223–1227 unterbrochen durch den Cancellariat des Bischofs Guérin von Senlis[9]. Beide Vakanzen, die beim Grafen der Champagne und die beim König von Frankreich, waren dem König Johann aus seiner Zeit als Graf von Brienne natürlich bekannt, und das Beispiel wird seine Rolle bei Johanns Entscheidung schon gespielt haben.

---

4) BRESSLAU, Urkundenlehre [2]1, S. 511; CSENDES, Kanzlei S. 30–33. Zwei innerhalb dieses Zeitraumes ernannte Kanzler amtierten ohne Bedeutung rein formal.

5) SCHALLER, Kanzlei Friedrichs II., Teil 1, S. 214, 220, 222.

6) RRH n° 844. 846. EDBURY, Cartulaire de Manosque S. 175.

7) MAS LATRIE, Histoire de Chypre 2, S. 416–418.

8) EDBURY, Cyprus S. 189 f. RICHARD, Diplomatique S. 77–79.

9) TESSIER, Diplomatique S. 134–137.

Nun gibt es aber jene vertrackten Fälle, in denen ein Herrscher einen Kanzler hatte, obwohl seine Diplome *vacante cancellaria* ergingen. Justament aus diesem Grunde ist das Ende der kapetingischen Kanzleivakanz so schwer festzustellen. An die Stelle des Kanzlers schob sich der Garde du sceau, und der Großsiegelbewahrer Philipps IV., Wilhelm von Nogaret, konnte von sich selbst schreiben *Nec ego sum cancellarius, sed sigillum regis custodio, sicut ei placet*[10]. In den Diplomen begegnet erst 1330 wieder ein Kanzler in Gestalt von Wilhelm von Sainte-Maure, aber der Großsiegelbewahrer Pierre de Chappes (1316–1320) unterschrieb schon gewisse Königsbriefe als *cancellarius*, obwohl die Diplome, bei deren Expedierung er ja zugegen war, in aller Regel nach wie vor *Data vacante cancellaria* ergingen. Hierfür hat Tessier aus den Jahren 1318 und 1319 acht Originale Philipps V. beigebracht[11].

Es ist für unsere Zwecke hier gleichgültig, daß man für den seltsamen Befund in Frankreich gemutmaßt hat, daß alle Welt dem Garde du sceau aus reiner Höflichkeit so lange den Kanzlertitel gab, bis dieser selbst ihn zu brauchen anfing. Hier kommt es vielmehr nur darauf an, ob wir auch für das Königreich Jerusalem bei formaler Kanzleivakanz einen kanzlergleichen Funktionär vermuten können. Das lenkt den Blick auf Konstantin, den Leibarzt des Königs Johann von Brienne, der 1250 starb. Im Nekrolog der Kathedrale von Chartres aus dem 12. Jh., aber mit zahlreichen Nachträgen aus dem 12.–15. Jahrhundert, hat er einen ganz ungewöhnlich langen Eintrag mit einer veritablen Biographie erhalten, die statt der üblichen halben Zeile in der Edition von Molinier fast anderthalb Druckseiten füllt. Am 25. August 1250, so wird dort vermeldet, starb der Magister Konstantin, Kanzler der Kirche von Chartres, *vir utique providus, venerabilis et discretus, fidelitate conspicuus, modestus, abstemius id est abstinens a temto id est vino, affabilis et benignus, utriusque iuris habens peritiam et in arte phisica peritus plurimum et expertus*[12]. Er war ein Italiener, der aus Scala in der Terra di Lavoro bei Salerno stammte. *Per artem phisicam, qua precellebat*, habe er die *familiaritas* und die Freundschaft des Herrn Johann von Brienne, des Königs von Jerusalem und nachmaligen Kaisers von Konstantinopel, gewonnen. Mit diesem habe sich Konstantin lange in den *partibus transmarinis* aufgehalten. Auf das Bitten und Drängen dieses Königs (*eiusdem regis*) habe er von dem Papst

---

10) TESSIER, Diplomatique S. 135.

11) Ebd. S. 136.

12) MOLINIER, Obituaires 2, S. 84–86. Andere Nekrologe melden seinen Tod zum 26. August. Ebd. 2, S. 194, 255, 346 (mit dem Zusatz *vir fidelissimus, in utroque iure peritus, artis medicine plenissime eruditus*), 459. CLERVAL, Ecoles S. 329 f. hat den Nekrologeintrag ausgewertet, dagegen findet sich nichts über Konstantin bei HAURÉAU, Mémoire, weil der Autor bereits 1215 aufhört.

Honorius III. (1216–1227) eine Pfründe in Chartres erhalten und sei von dem Papst zu seinem Subdiakon ernannt worden. Mit Hugo von Ferté, der damals Dekan der Kirche von Chartres gewesen sei[13], habe er eine so enge Freundschaft gepflogen, daß dieser ihn, nachdem er Bischof von Chartres geworden war (Dezember 1234), zum Kanzler der Kirche von Chartres machte, was er über 15 Jahre lang blieb, also bis zum Tode, bei dem er seiner Kirche außer 40 Pfund von Tours zur Feier seines Jahresgedächtnisses eine Goldkrone und einen Goldring mit Smaragd sowie seine juristischen Handschriften hinterließ, *videlicet Decreta pulcherrima et totum Corpus Iuris in quinque voluminibus et Decretales antiquas.* Begraben wurde er in St.-Jean-en-Vallée.

Der Bericht ist für meine Zwecke außerordentlich schwer zu interpretieren. Johann von Brienne wurde wohl zwischen 1169 und 1174 geboren und starb 1237 in Konstantinopel. Er war 1206–1221 Graf von Brienne, wenn auch nur als Platzhalter seines Neffen Walter IV., bis dieser mit 21 volljährig wurde[14]. Aber schon 1201 hatte ihm sein Bruder Graf Walter seine Länder zwischen Seine und Aube verpfändet, was Johann de facto zu einem Teilgrafen in Brienne machte, zumal Walter auf päpstliche Bitten hin in Unteritalien intervenierte[15]. Von 1210–1212 war er König, von 1212–1225 Regent (mit Königstitel) von Jerusalem, aber ab Herbst 1222 nicht mehr im

---

13) Hugo de la Ferté ist, soweit ich es erkennen kann, als Dekan des Kapitels von Chartres nachgewiesen von 1224 bis 1231; MÉTAIS, Cartulaire de Josaphat 2, S. 49 n° 402, 63 n° 416 (von 1226) und GUÉRARD, Cartulaire de St.-Père de Chartres 2, S. 687 n° 105. Ein Dekan Hugo von 1203 (MÉTAIS, a. a. O. 1, S. 359 n° 315) muß ein anderer sein, da zwischen beiden ein Dekan Wilhelm amtierte; MERLET, Cartulaire de St.-Jean-en-Vallée 1, S. 76 n° 155, 370 n° 327. Vor 1222 kann Hugo nicht Dekan geworden sein, denn 1219 hatte ihn ein Teil des Kapitels sogar zweimal zum Bischof von Chartres gewählt, doch kassierte Honorius III. die Wahl wegen mangelhafter theologischer Bildung des Gewählten (*indignus ob defectum literaturae*) und nahm den Wählern das Wahlrecht, das er ihnen allerdings wenige Tage später zurückgab. Am 18. Februar 1222 schrieb er *Hugoni de Feritate canonico Carnotensi*, da er inzwischen ständig dem Studium der Theologie oblegen und darin lobenswerte Fortschritte gemacht habe, gestatte er ihm die Annahme kirchlicher Ämter; PRESSUTTI, Regesta Honorii III n° 1793. 1800. 3800. Der Begnadigte ließ sich daraufhin offenbar gleich zum Dekan wählen.

14) Im Jahre 1221 übergab er ihm daher die Grafschaft; D'ARBOIS DE JUBAINVILLE, Catalogue S. 170 n° 148; RRH n° 943; TEULET, Layettes 1, S. 516 n° 1446. Zu der für das Mitelalter extrem hohen venia aetatis von 21 Jahren siehe das D. Philipps II. Augustus n° 1088 von 1209. Siehe auch D'ARBOIS DE JUBAINVILLE, Histoire de Champagne 4, S. 1 Anm. a.

15) BÖHM, Johann von Brienne S. 17–19.

Hl. Land, sondern 1223 in Italien, danach bis 1225 auf Reisen in ganz Europa, ab Ende 1225, seines jerusalemitanischen Thrones durch den Kaiser beraubt, im Dienste des Papstes gegen Friedrich II. in Italien beschäftigt bis 1229, in diesem Jahr zum Regenten von Konstantinopel gewählt und seit 1231, als er zum Lateinischen Kaiser gekrönt wurde, am Bosporus lebend. Es ist unwahrscheinlich, daß er den begabten Temperenzler Konstantin schon in Frankreich kennenlernte, andererseits ist es auch nicht gerade wahrscheinlich, daß er ihn erst in den Jahren 1223–1229 kennenlernte, als er in die italienischen Wirren verstrickt war und sich teils im unteritalienischen Reich Friedrichs II. aufhielt, teils in päpstlichem Auftrag darin Krieg führte. Die Kontakte werden auch kaum hergestellt worden sein über Johanns Bruder Walter, der 1201–1205 in Unteritalien war, auch wenn dieser dort unter anderem in der Terra di Lavoro Krieg führte, denn Konstantin starb ja erst 1250 und hätte also ein Berufsleben von wenigstens 45 Jahren gehabt, wenn er Johann über Walter von Brienne kennengelernt hätte.

Konstantin, so sagt das Nekrolog, sei der Leibarzt gewesen *illustris et christianissimi regis Ierosolimitani domini Iohannis de Brenna, postmodum imperatoris Constantinopolitani.* Damit entfällt eigentlich die Möglichkeit, an eine proleptische Verwendung des jerusalemitanischen Königstitels zu denken, daß Johann mit Konstantin schon in Frankreich vor 1210 in Berührung hätte kommen können, denn in diesem Fall hätte man eher geschrieben *domini Iohannis de Brenna, postmodum regis Ierusalem et imperatoris Constantinopolitani.* Ebenso wenig kann dann die Bekanntschaft erst nach 1227 begonnen haben, denn in diesem Jahr erfolgte spätestens bereits die Trennung der beiden Männer, da es ja der 1227 gestorbene Papst Honorius III. war, der Konstantin auf Drängen Johanns mit einer Pfründe in Chartres providierte.

Nimmt man hinzu, daß die beiden sich *in partibus transmarinis diutius* aufhielten, worunter das Fränkische Griechenland ja nicht zu verstehen ist, das Romania hieß, dann muß man auf dem Wege des Ausschlusses anderer Möglichkeiten zu dem Schluß kommen, daß sich Johann und Konstantin erst kennenlernten, nachdem Johann 1210 König von Jerusalem geworden war, wobei offenbleiben muß, wann dies war und wie Konstantin aus Unteritalien ins Hl. Land gekommen war. Dann würde auch Zeit bleiben für ein offenbar ausgedehntes Studium beider Rechte und der Medizin, was ja ein vorangegangenes Studium der Freien Künste voraussetzte.

Ob er die Theologie auch studiert hatte, wird nirgends berichtet, auch seine Vita gibt dafür keinen Anhaltspunkt. Aber da der Papst Honorius III. ihn auf Betreiben seines Gönners König Johann zum päpstlichen Subdiakon weihte und damit zum Mitglied seiner Kapelle machte, ist zu vermuten, daß er nach Art solcher päpstlicher Subdiakone im 13. Jahrhundert über die

Subdiakonatsweihe nicht hinauskam, da der Papst sich bei Mitgliedern seiner Kapelle die Erteilung der höheren Weihen vorbehielt und diese nur höchst selten durchführte[16]. Die Annahme liegt nahe, daß der König Johann, verarmt wie er war, seinen Leibarzt versorgte, wie dies Heinrich von Champagne mit seinem Kanzleipersonal auch gehalten hatte (siehe unten Bd. 2, S. 604–606). Aber einen Nachweis dafür haben wir nicht, denn der im Mai 1221 in Damiette als Zeuge auftretende Dekan von Akkon namens Constantius war ein anderer, da sein Bischof Jakob von Vitry 1218 von ihm schrieb, er stamme aus Douai[17].

Gewiß ist Konstantin im Herbst 1222 mit dem König nach Italien gegangen. Solange beide im Orient waren, konnte Konstantin neben dem König ja auch dessen Tochter Isabella versorgen, aber im Januar 1226 hatte diese als Kaiserin einen eigenen Leibarzt, den Magister Petrus, den sie aus dem Osten mitgebracht hatte, da die Zeugen ihrer Urkunde D. RRH n° 975, unter denen Petrus als *medicus noster* erscheint, ausnahmslos *fideles regni nostri Ierosolimitani* waren. Im Herbst 1221 hatte er offenbar noch nicht in königlichen Diensten gestanden, weil Konstantin noch am Hofe war, denn der Arzt und Magister Petrus kümmerte sich damals zusammen mit zwei anderen Ärzten um den schwerkranken Grafen Heinrich von Rodez, dessen Testament er in Akkon ebenso bezeugte wie das Kodizill wenige Tage später[18]. Ob er derselbe ist wie der Magister Petrus, der im Mai 1219 auf einem Schiff im Hafen von Akkon eine Schenkung des Grafen Hugo von Ampurias bezeugte (RRH n° 922), sei ebenso dahingestellt wie ob er ins Hl. Land zurückwanderte und in eins zu setzen ist mit Petrus, dem Meister und Rektor des Hl. Geistspitals der Kreuzherren in Akkon (RRH n° 982). Da Petrus als Leibarzt Isabellas, der er im Januar 1226 war, aus Jerusalem gekommen war, ist es wahrscheinlich, daß die Abreise Konstantins mit dem König eine Lücke in der ärztlichen Versorgung der Thronfolgerin gerissen hatte, die Petrus zu füllen vermochte.

Daß Ärzte auch zum Cancellariat vordrangen, war in der Zeit nicht selten. So war der Kanzler Wilhelm des Grafen Heinrich I. von Champagne ursprünglich Arzt (siehe unten Bd. 2, S. 587). In Zypern, wo der König schon 1195 seinen eigenen Arzt mit Magistertitel hatte (RRH n° 723), ernannte der König Peter I. (1359–1369) gleich nach seiner Regierungsüber-

---

16) ELZE, Kapelle S. 155.
17) RRH n° 945; Jakob von Vitry, Lettres S. 110.
18) RRH n° 949a. 959. RRH n° 959a ist identisch mit RRH n° 959. Das erste Stück hat für Oktober eine um I zu niedrige Indiktion, die aber im Kodizill im selben Monat richtig ist. Im August 1221 war er in Tyrus, wo er als *Petrus medicus* eine Urkunde bezeugte; FAVREAU-LILIE, Italienische Kirchen S. 93 n° 6.

nahme seinen Leibarzt Uomobuono von Mantua zu seinem Kanzler, sein anderer Arzt Guido da Bagnolo war ihm nützlich als Rat und Diplomat[19]. Die Beispiele ließen sich vermehren. Vielleicht hatten diese Männer das, was uns für Konstantin ausdrücklich bezeugt ist, nämlich Rechtskenntnis neben der medizinischen. Als *peritus* in beiderlei Recht, den Innocenz IV. 1244 anwies, die ihm und anderen übertragene Untersuchung der Wahl des Bischofs von Langres nicht länger zu verschleppen, sondern binnen drei Monaten vor den Apostolischen Stuhl zu bringen[20], wäre Konstantin für den Kanzlerposten sehr gut qualifiziert gewesen, sein Medizinstudium hätte ihm dabei nicht im Weg gestanden, und nachweislich hat er 15 Jahre lang das Urkundenwesen der Kirche von Chartres als Kanzler geleitet, wo er sich offenbar durch sein Wesen und sein energisches Eintreten für die Rechte der Kathedralkirche Freunde machte, denn sein Vermächtnis rechtfertigte den exorbitant langen Eintrag im Nekrolog nicht, und nicht einmal die Sepultur hat er in der Kathedrale erwählt, sondern in St.-Jean-en-Vallée. Höchstwahrscheinlich hatte Konstantin als Kanzler der Kirche von Chartres auch Funktionen im Schulwesen, wie dies in Chartres seit langem traditionell war[21].

Freilich ist uns nichts über eine Kanzleitätigkeit Konstantins für den König Johann von Brienne bezeugt, offiziell gab es keinen Kanzler mehr, und eine inoffizielle Tätigkeit, wie sie sich in der Kapetingerkanzlei darstellen läßt, aber auch dort nur mit Mühe und nur auf acht Originalen beruhend, die *vacante cancellaria* ergingen, obwohl es einen Kanzler gab, ist bei Konstantin nicht zu erkennen und kann wohl ohnehin angesichts der sehr beschränkten Gesamtzahl von nur sieben Diplomen aus dem Zeitraum 1215–1222, also im Jahresdurchschnitt nur einem, nicht zutagetreten, wenn Konstantin eine solche inoffizielle Tätigkeit überhaupt ausübte. Ich bin sicher, daß der König Konstantins Dienste nicht nur im medizinischen Bereich genutzt hat, er war eben auch Volljurist im Kirchen- und Zivilrecht, und Konstantin dürfte den König 1222 nach Europa begleitet haben, denn einen Leibarzt nimmt man mit auf Reisen, und der Nekrologeintrag wirkt doch so, als habe Johann nicht schriftlich, sondern persönlich beim Papst zugunsten Konstantins interveniert. Die Zeit ab 1226, als Johann sich eingestehen mußte, daß er ins Hl. Land, wohin er noch Ende 1223 hatte zurückkehren wollen (siehe oben S. 314), nicht mehr kommen würde, wäre wohl

---

19) EDBURY, Cyprus S. 189, 191.

20) BERGER, Registres d'Innocent IV n° 674.

21) CLERVAL, Ecoles, passim. HAURÉAU, Mémoire S. 63. DELHAYE, Organisation S. 247. Schon im 11. Jahrhundert übertrug der Bischof Fulbert von Chartres einer Person beide Ämter: *Scolarum ferulam et cancellarii tabulas tibi servo.* Siehe auch unten S. 390 f. zu ähnlichen Verhältnissen anderswo.

der geeignetste Zeitpunkt gewesen, um einen alten Anhänger und Familiaren zu versorgen. Immerhin muß bei einer Kanzleivakanz der Frage nachgegangen werden, ob es einen inoffiziellen Kanzleichef gab, wenn ein so geeigneter Kandidat wie Konstantin zur Verfügung steht, auch wenn das Ergebnis negativ bleibt.

Man sollte aber die Vakanz im jerusalemitanischen Kanzleramt 1215–1225 nicht nur von der Interessenlage des Königs her betrachten, sondern auch aus der des Kanzlers Radulf von Merencourt, der 1215 das Kanzleramt niederlegen mußte, als er zum Patriarchen von Jerusalem geweiht wurde. Eben deshalb interessiert hier im Grundsatz seine Zeit als Patriarch nicht mehr – mit Ausnahme eines Aspektes. Um 1265 schrieb der Graf Johann von Jaffa in seinem Rechtsbuch: *Il y a ou reiaume de Jerusalem deus chiefs seignors, l'un esperituel, et l'autre temporel: le patriarche de Jerusalem est le seignor esperituel, et le rei dou reiaume de Jerusalem le seignor temporel doudit reiaume*, und Sylvia Schein hat diese Konstruktion im Zusammenhang behandelt[22]. Sie hat dabei vor allem auf jene Zeiten hingewiesen, als der Patriarch und ständige Legat notgedrungen mehr und mehr öffentliche Aufgaben erfüllen mußte, die primär dem König zugekommen wären, weil die landfremden Herrscher und Regenten aus den Häusern der Staufer, der Lusignan und Anjou überhaupt nicht mehr im Lande präsent waren, sondern sich von Locumtenentes vertreten ließen, die großenteils dem einheimischen Adel entstammten und denen das Klasseninteresse mehr galt als das nationale.

Aber Johann von Brienne residierte und regierte als König im Lande. Trotzdem hat in seiner Regierung der Patriarch Radulf von Merencourt einen Einfluß gehabt wie keiner seiner Vorgänger seit dem Patriarchen Wilhelm von Jerusalem (1130–1145), von dem man sagen kann, daß er gemeinsam mit dem König Fulko von Anjou das Land regierte[23]. Unter Radulf war dies ähnlich. Die gemeinsame Herkunft aus der Champagne und die Erinnerung des Königs daran, wie ihn der Kanzler aus der politischen Krise von 1212 gezogen hatte (siehe oben S. 304–308), mögen dies befördert haben. Wenn kein neuer Kanzler ernannt wurde, so verlor Radulf von Merencourt zwar die Kanzleitaxen, die ihm zuvor zugestanden hatten, aber es konnte kein anderer als Kanzler jenen politischen Einfluß wahrnehmen, den Radulf in dieser Stellung gehabt hatte. Wenn kein Kanzler ernannt wurde, so perpetuierte der Patriarch seine Einwirkungsmöglichkeiten auf die königliche Politik, die ihm als Kanzler zugewachsen waren.

---

22) Livre de Jean d'Ibelin c. 260, RHC. Lois 1, S. 415. SCHEIN, Patriarchs, passim.
23) MAYER, Angevins S. 5; DERS., Fontevrault S. 20–24.

Der Patriarch war es, der eine Aufgabe übernahm, für die das Kanzleipersonal prädestiniert war. Er handelte 1223 in Ferentino mit Hermann von Salza die Ehe zwischen Kaiser Friedrich II. und Johanns Tochter Isabella II. aus (siehe oben S. 312). Dabei erreichte er für seinen König die Zusicherung, daß dieser auf Lebenszeit auch nach der Hochzeit König bleiben dürfe, ehe es zu einer Herrschaft des Kaisers komme, wie immer nominell Johanns Regierung schon zuvor gewesen wäre[24]. Dies entsprach nicht dem geltenden Recht. Schon seit 1212 war Johann von Brienne nur mehr Regent für seine Tochter Isabella. War sie volljährig, verheiratet und gekrönt, wie dies alles im Herbst 1225 der Fall war, so war sie die Königin, für die ihr Gemahl herrschte. Johann von Brienne hatte dann alles verloren und war, rechtlich gesehen, nur noch Privatmann.

Das hat er natürlich gewußt, denn dasselbe passierte ihm ja daheim in der Grafschaft Brienne, wo er 1205–1221 nur Statthalter seines Neffen Walter IV. war. Als dieser volljährig war, machte Johann keine Schwierigkeiten, sondern schrieb der Regentin Blanche von Navarra und ihrem Sohn Theobald IV. von Champagne im April 1221 und erneut im Mai 1222, sie sollten Walter mit der Grafschaft investieren und sein Homagium empfangen[25]. Allerdings hatte er 1221/1222 noch unangefochten sein jerusalemitanisches Königreich, die Ehe seiner Tochter mit dem Kaiser war noch nicht geplant, und generell war ihm bei seinem Zugriff auf die Grafschaft Brienne das sehr hohe Volljährigkeitsalter in der Champagne von 21 Jahren zugute gekommen, während Frauen im Königreich Jerusalem schon mit 12 Jahren in ihre Lehen einrücken konnten[26], was bei Isabella II. spätestens 1224 der Fall war. Johann und der Patriarch als sein Unterhändler mußten also auf einer solchen Zusicherung Hermanns von Salza bestehen, auch wenn man sie nicht schriftlich fixiert haben wird. Johann jedenfalls baute darauf und war, wie gut bezeugt ist, über alle Maßen erbittert, als der Kaiser unmittelbar nach der Hochzeit vom November 1225 sofort verlangte und erreichte, daß Johann ihn mit dem Königreich Jerusalem investiere. Das Homagium der

---

24) Estoire de Eracles S. 358: *Hermant li maistres del Ospitau des Alemans ... li avoit fait entendant que li empereres li lairoit tenir le roiaume de Jerusalem tote sa vie.* Zu der Diskussion in der Forschung hierüber siehe KLUGER, Hermann von Salza S. 37 Anm. 8.

25) RRH n° 943. Allerdings behielt er auf Lebenszeit und vorbehaltlich der Geburt eigener Kinder noch persönliche Lehen in der Grafschaft, über die er im September 1230 gewisse Regelungen traf; D'ARBOIS DE JUBAINVILLE, Catalogue des actes des comtes de Brienne S. 172 n° 162.

26) Livre de Jean d'Ibelin c. 171, RHC. Lois 1, S. 263 f.

Vasallen, das sie stellvertretend dem Bischof von Melfi leisteten, folgte in Akkon alsbald[27].

So war in Ferentino natürlich politisch nicht gewettet worden, wie der Kaiser jetzt rechtlich durchsetzte. Wahrscheinlich hatte der Papst Honorius III., der in die Details der Abmachungen von Ferentino natürlich eingeweiht war, gute Gründe, noch im Januar 1227 einen Versöhnungsversuch von Kaiser und König zu unternehmen, was freilich vergeblich blieb[28]. Aber in Ferentino war Johann in der stärkeren Position gewesen, denn damals konnte er seine Tochter dem Kaiser verloben oder einem anderen, und für Friedrich bedeutete Isabella die für seine Mittelmeerpolitik und seine End- kaiserträume wichtige Herrschaft über das Königreich Jerusalem. Ohne eine entsprechende, wie immer weich auch formulierte Zusicherung Hermanns von Salza hätte der Patriarch Radulf für König Johann bestimmt nicht kontrahiert. Und man soll ihn nicht für so töricht halten, daß er sich von Hermann einfach hätte übertölpeln lassen. Es gab ja immerhin einen gewich- tigen Präzedenzfall für das Abkommen von Ferentino, auch wenn dieser später nicht eingehalten worden war. Im Juni 1191 hatte man nämlich beschlossen, daß Guido von Lusignan auf Lebenszeit König von Jerusalem bleiben, ihm aber Konrad von Montferrat nachfolgen solle, obwohl zu dieser Zeit die herrschaftsbegründende Ehe Guidos mit der Thronerbin Sibylle von Jaffa-Askalon durch deren Tod bereits erloschen und Konrad von Montferrat mit der neuen Thronerbin Isabella I. verheiratet war[29]. Das hatte man damals auch nicht für rechtswidrig gehalten, zwei europäische Könige hatten das Arrangement gestützt. Radulf und Johann konnten darauf bauen, daß der Kaiser in die von ihnen gewünschte Richtung einer lebenslangen Herr- schaft Johanns im Osten verpflichtet werden konnte, und Radulf selbst, 1224 gestorben, hat dieses Debakel seiner Politik nicht mehr erleben müssen.

Das ist aber nur ein besonders eindrucksvolles Beispiel dafür, daß der König den Patriarchen selbst mit Verhandlungen über Fragen betraute, die die höchstpersönlichen Interessen des Königs betrafen. Auch sonst arbeiteten die beiden eng zusammen, und wie Dioskuren waren sie nicht eben oft getrennt, nur wenn die Wohlfahrt des Reiches getrennte Wege erforderte. Begreiflicherweise tritt diese Zusammenarbeit besonders hervor während des Fünften Kreuzzuges nach Damiette. Im Oktober 1217 nahmen der Patriarch und der König an dem großen Kriegsrat in Akkon teil, wo die kriegerischen Unternehmungen in Galilaea beschlossen wurden, mit denen man vorerst die

---

27) Estoire de Eracles S. 358 f.
28) PRESSUTTI, Regesta Honorii III n° 6202; MGH Epp. saec. XIII 1, S. 256 n° 338.
29) RÖHRICHT, Geschichte S. 568.

gerade eingetroffenen deutschen und ungarischen Kreuzfahrer beschäftigte, die ja große Heere mitgebracht hatten[30]. Im Dezember 1217 nahmen sie beide an der dann gescheiterten Belagerung des Berges Thabor und seiner Festung teil[31]. Im Januar und Anfang Februar 1218 befestigten sie beide die Burg von Caesarea neu. Behilflich waren dabei die Johanniter und Herzog Leopold von Österreich und der Bischof von Akkon, während die Templer und Deutschritter die große Burg Château Pélerin am Karmel bauten[32]. Nach der Abreise der Könige von Ungarn und Zypern hielten die restlichen Führer des Kreuzzugsheeres – genannt werden der König, der Patriarch, der Herzog von Österreich und die Meister der Templer und Johanniter – im Mai 1218 nochmals einen Kriegsrat in Akkon ab, auf dem entschieden wurde, jetzt den Beschluß des Vierten Laterankonzils zum Angriff auf Ägypten in die Tat umzusetzen[33], und noch im selben Monat verließen sie gemeinsam mit dem Heer Akkon, um mit dem Kreuzheer nach Ägypten zu ziehen[34]. Von dort aus erließen sie in beider Namen redigierte Lageberichte und Hilfersuchen[35]. Im September 1219 schickte der Papst seinem Legaten Geld für den Kreuzzug, für dessen Verausgabung er aber an die Zustimmung des Patriarchen, des Königs und der drei Ordensmeister gebunden war[36].

Im September 1219 sehen wir die beiden zum einzigen Mal uneins. Der Sultan hatte, um das belagerte Damiette zu retten, ein außergewöhnlich großzügiges Angebot gemacht. Er war willens, mit Ausnahme der großen transjordanischen Festungen, die für die Verbindung zu den syrischen Teilen des Ayyubidenreiches unerläßlich waren, das gesamte Königreich Jerusalem in den Grenzen von 1187 und auch die Reliquie des Hl. Kreuzes zurückzugeben. Der König Johann, die Franzosen, die Deutschen und der Earl of Chester setzten sich für die Annahme ein, der Kardinallegat Pelagius, der Patriarch Radulf von Merencourt, alle drei Ritterorden und die Italiener

---

30) RRH n° 901; vgl. auch RRH n° 902: *provisum fuit a domino patriarcha et rege et peregrinis et fratribus et nobis.*
31) RÖHRICHT, Geschichte S. 725.
32) Oliver von Paderborn, Historia Damiatina S. 168 f.; Jakob von Vitry, Lettres S. 99; Estoire de Eracles S. 325 f.; Chronique d'Ernoul S. 421 f.; Gestes des Chiprois S. 665 § 75 = Annales de Terre Sainte S. 437: *et le roy Johan de Breine et le patriarche firent fermer le chasteau de Sezaire.*
33) Gesta obsidionis Damiate S. 73.
34) RÖHRICHT, Geschichte S. 731.
35) RRH n° 911. 925; PRESSUTTI, Regesta Honorii III n° 1634. 1716.
36) Ebd. n° 2195.

waren dagegen und setzten sich durch[37]. Im November 1219 fiel Damiette in die Hand der Kreuzfahrer, im Februar 1220 gratulierte der Papst in einem Schreiben, das er adressierte an den Patriarchen, den König und die drei Ritterorden[38].

Wegen eines dringlichen armenischen Eheprojektes verließ der König Johann im März 1220 Ägypten und kehrte erst im Juli 1221 wieder zurück[39]. Im Herbst folgte ihm der Patriarch Radulf[40]. Man hört dann von Radulf in Ägypten nichts mehr. Der Papst jedenfalls wähnte ihn im Dezember 1221 und Januar 1222 nicht mehr in Ägypten, sondern in Akkon, da er ihn sonst nicht mit der Intervention in zyprischen Affairen betraut hätte[41]. Als der König im Sommer 1221 nach Ägypten zurückkehrte, blieb Radulf anscheinend in Palästina. Im August 1221 hatten sich die Christen in eine so heillose Lage hineinmanövriert, daß sie einen Waffenstillstand schließen mußten, der sie im September zur Auslieferung von Damiette und zum Abzug zwang. Dabei hört man vom König viel, vom Patriarchen aber nichts. Am 15. Mai 1222 treffen wir ihn in Akkon[42], aber schon im März 1222 wähnte ihn der Papst dort, da er ihn anwies, er solle Betrügereien der Kaufleute an der Catena in Akkon inhibieren, die den König betrögen, indem sie entweder ungerechtfertigterweise Abgabenprivilegien beanspruchten oder, soweit sie solche zu Recht besaßen, ihren eigenen Waren solche fremder und nicht begünstigter Kaufleute beimischten[43].

Anfang September 1222 reisten der König und der Patriarch gemeinsam nach Europa, um angesichts des gescheiterten Kreuzzuges mit dem Papst und dem Kaiser über die Zukunft des Hl. Landes und insbesondere über die Ehe zwischen dem Kaiser und Isabella II. zu verhandeln[44]. Beide waren gemein-

---

37) RÖHRICHT, Geschichte S. 738.

38) PRESSUTTI, Regesta Honorii III n° 2338. Schon früher hatte der Papst Briefe an den König und den Patriarchen und genannte Dritte gemeinsam gerichtet; ebd. n° 672 und 1580 von Juli 1217 und August 1218.

39) RÖHRICHT, Geschichte S. 742, 747.

40) Jakob von Vitry, Lettres S. 135; RÖHRICHT, Geschichte S. 745 mit Anm. 1. Im Oktober 1220 war Radulf noch nicht in Akkon, da er in dem Brief des Klerus des Hl. Landes an den französischen König als Mitabsender nicht genannt wird; RRH n° 937.

41) PRESSUTTI, Regesta Honorii III n° 3663. 3687. 3688. 3689. 3750.

42) RRH n° 944; zum Datum siehe oben S. 311 Anm. 56.

43) PRESSUTTI, Regesta Honorii III n° 3826.

44) RÖHRICHT, Geschichte S. 755. KNEBEL, Friedrich II. S. 78 meint, die beiden seien getrennt gereist, zuerst der König, dann der Patriarch, doch gibt es in den Quellen hierfür kein positives Indiz, sondern Knebel folgert nur aus dem Umstand, daß manche Quellen den Patriarchen als Teilnehmer von Johanns Überfahrt nennen, andere aber nicht. Siehe dazu WINKELMANN, Friedrich II. 1, S. 195 Anm. 1.

sam vom Papst im April 1222 eingeladen worden[45]. Im Herbst aber hatte man dort den anberaumten Hoftag von Verona inzwischen preisgegeben. Der König und der Patriarch waren gemeinsam im Februar 1223 am kaiserlichen Hoflager in Capua (siehe oben S. 312) und nahmen dann im März gemeinsam an dem für Jerusalem schicksalhaften Kongreß von Ferentino teil, wo die Ehe des Kaisers mit Isabella II. verabredet wurde. Dann allerdings trennten sich ihre Wege. Johann von Brienne bereiste ganz Europa, um Hilfe für das Hl. Land aufzutreiben, und ging 1225 seines Throns verlustig, der Patriarch Radulf von Merencourt fuhr 1223 nach Akkon zurück und starb 1224.

Betrachtet man das Gesamtbild dieser engen Zusammenarbeit zwischen dem König und dem Patriarchen, so hatte der letztere sicherlich nichts dagegen, wenn es keinen Kanzler mehr gab und dadurch er selbst als höchster Hierarch des Königreichs Jerusalem und als erfahrener vormaliger Kanzler auch weiterhin in die Pflichten eines Kanzlers als politischen Ratgebers und Diplomaten eintreten konnte. Auch der König schlug mit dieser Lösung mehrere Fliegen mit einer Klappe: Er brauchte keinen Kanzler mehr, weil ihm der landsmannschaftlich und freundschaftlich verbundene Patriarch an politischer Erfahrung, fundiertem Rat und loyalem Einsatz das Gleiche bot wie ein Kanzler. Nur einen Kanzleichef verlor er, der sich um das Urkundenwesen zu kümmern und den oder die Notare zu überwachen gehabt hätte. Aber welcher der Kanzler nach Wilhelm von Tyrus hatte sich hierum noch wirklich gekümmert? Wir haben dafür jedenfalls keine Hinweise. Im übrigen stand dem Wegfall des Kanzleichefs der Profit des Königs gegenüber, der von nun an die Kanzleitaxen selbst erhielt, die er zuvor dem Kanzler hatte überlassen müssen.

Es ist gut denkbar, daß beide gemeinsam, der künftige Patriarch und der König, sich nach der Ermordung des Patriarchen Albert auf diese Lösung verständigten, die für beide handfeste Vorteile bot. Denn man wird ja davon ausgehen dürfen, daß der König an der Wahl Radulfs von Merencourt zum Patriarchen nicht unbeteiligt war. Sein Interesse daran war vital. Zwar ist es richtig, daß Celestin III. mit seiner Dekretale *Cum terra que*[46] die einst ausschlaggebende Rolle des Königs von Jerusalem bei den Bischofswahlen zu einem bloßen Bestätigungsrecht zurückgestutzt hatte, aber in Zypern hatte das jedenfalls wenig Eindruck gemacht. Im Jahre 1211 war in Nikosia der Thesaurar des Kapitels zum neuen Erzbischof gewählt worden in einem Wahlverfahren, das sich später als rechtswidrig herausstellte, wahrscheinlich

---

45) POTTHAST 6816; MGH Epp. saec. XIII 1, S. 138 n° 196/3.
46) HIESTAND, Vorarbeiten 3, S. 348 n° 171.

weil der junge König Hugo das alte Wahlverfahren hatte praktizieren lassen, bei dem ihm das Kapitel zwei Kandidaten zur Auswahl vorschlug. Der Patriarch Albert von Jerusalem kassierte als delegierter Richter die Wahl. So wurde eine neue notwendig, aber aus überaus deutlichen Papstbriefen an den König und an das Kapitel von Nikosia ergibt sich, daß beide auch für die Neuwahl auf das alte Verfahren zusteuerten, was der Papst 1213 in groben Worten untersagte (POTTHAST 4350. 4646. 4649. 4650). Man konnte dies nicht ein Jahr später in Jerusalem erneut probieren, es hatte keine Aussicht auf Erfolg mehr. Aber das hieß ja nicht, daß der König keinen Einfluß mehr hatte, und so war die Dekretale Celestins III. ja auch nicht gemeint gewesen.

In jedem Fall war die gefundene Lösung, mittels einer Vakanz im Kanzleramt den Einfluß des Patriarchen Radulf von Merencourt auf die Reichspolitik aufrechtzuerhalten, für das Königreich eine vorteilhafte. Daß die 1223 von Radulf ausgehandelte Ehe zwischen dem Kaiser und Isabella II., die prinzipiell ja dem Königreich die politische Allianz mit Sizilien und dem Kaiserreich brachte, also von Vorteil war, in Wahrheit trotz unter der Hand gemachter Zusagen den König Johann den Thron kosten werde, war ja nicht vorauszusehen, wenngleich Radulf offenkundig die Vertragstreue des Kaisers über-, seine Intransigenz unterschätzt hat.

XV. Das Ende der Kanzlei von Jerusalem (1225)

And what if she had seen those glories fade,
Those titles vanish, and that strength decay;
Yet shall some tribute of regret be paid
When her long life hath reached its final day:
Men are we, and must grieve when even the
shade
Of that which was once great, is passed away.
William Wordsworth
„On the Extinction of the Venetian Republic"

In einem Zeitalter, in dem ein Geschäftsmann mit dem Überschallflugzeug morgens von London zu einer Besprechung nach New York fliegen und abends wieder daheim sein kann, kann nur derjenige die Aura der Endgültigkeit einer Schiffsabfahrt ermessen, der sie für lange Seereisen noch erlebt hat. Im März 1223 war auf dem Kongreß von Ferentino die Ehe zwischen dem Kaiser Friedrich II. und Isabella II. von Jerusalem, der Tochter des Königs Johann von Brienne, verabredet worden. Im Oktober 1225 ging man an die Ausführung, als der Kaiser ein Geschwader von 14 Galeeren unter dem bekannten Grafen Heinrich von Malta in den Osten schickte, um die schon zur Königin gekrönte junge Braut, die 13 oder 14 Jahre alt war, zur Hochzeit heimzuholen. Noch im Oktober 1225 erreichte die Flotte Brindisi, am 9. November erfolgte dort die Trauung[1], danach zwang der Kaiser den König Johann von Brienne trotz entgegenstehender Abreden dazu, ihn als Gemahl der Thronerbin mit dem Königreich Jerusalem zu investieren, ließ sich von den Baronen, die Isabella begleitet hatten, das Homagium leisten und schickte den Bischof von Melfi nach Akkon, um dort auch die Huldigung der anderen Kronvasallen zu empfangen, wobei es anscheinend zu keinen Protesten kam, da im Prinzip der Kaiser im Recht war[2]. Brienne war entthront, die Ära der landfremden Könige Jerusalems hatte begonnen, Isabella II. wurde 1228 Mutter und starb an der Geburt.

Als sie bei der Abfahrt nach Brindisi die Mauern und Türme von Akkon am Horizont verschwinden sah, soll sie eine Ahnung von Endgültigkeit,

---

1) Der Ort in der Estoire de Eracles S. 358. Der Tag nur in den Annalen von Schäftlarn, MGH SS 17, S. 338.
2) Estoire de Eracles S. 358 f.

Ende und Abschied gehabt haben. Die Gestes des Chiprois legen ihr die folgenden Worte in den Mund: *Et au partir que la dite dame fist, ele regarda la terre et dist: „Dieu vos comans, douce Surie, que jamais plus ne vous verray!"* *Et elle profetiza, car ensy fu*[3].
Nun hatte ja Isabella allen Anlaß zu der Annahme, daß sie als römische Kaiserin das Hl. Land tatsächlich nicht mehr sehen würde. Ihre Kindheit war unwiderruflich vorbei. Aber der Einschnitt, den diese Schiffsreise und die nachfolgende Hochzeit vom 9. November 1225 in der Geschichte des Kreuzfahrerkönigreichs Jerusalem bildet, ging tiefer. Als im September 1222 Isaellas Vater, der König Johann, mit einer hochrangigen Delegation nach Brindisi gesegelt war, da wollte er im Abendland gemeinsam mit dem mitreisenden Patriarchen von Jerusalem Radulf von Merencourt, einst Kanzler des Königreichs, die Interessen seines Reiches wahren und fördern. Es galt, den Mißerfolg des Kreuzzuges gegen Damiette zu erklären, an dem der Papst und Kaiser ja ein lebhaftes Interesse genommen hatten. Man wollte mit dem Projekt einer Ehe zwischen dem seit dem 23. Juni 1222 verwitweten Kaiser und der Erbin von Jerusalem Isabella II. die Allianz mit Sizilien und dem Kaiserreich begründen, man wollte den Kreuzzug des Kaisers befördern, den dieser schon 1215 gelobt, bisher aber nicht durchgeführt hatte. Alles war zukunftsorientiert, und der König Johann ahnte auf seinem Schiff nicht, daß er Syrien nie wieder sehen werde. Noch im Dezember 1223 wollte er ins Hl. Land zurück, ließ sich aber vom Kaiser umstimmen (siehe oben S. 314). Er ahnte nicht, daß er 1225 entthront würde und zur Bestreitung seines Lebensunterhaltes (*pro vite sue sustentatione*) nicht nur als Vikar in den Tibergrafschaften und im tuszischen Patrimonium in päpstliche Dienste würde treten[4], sondern sich gar noch in Perugia 1228 als Podestà würde verdingen müssen[5], er, der einst als König von Jerusalem geherrscht hatte[6]. Nun wurde 1225 auch die gekrönte Königin Isabella aus dem Land entfernt, auch sie auf Dauer. An die Stelle einer mehr oder minder starken Königs-

---

3) Gestes des Chiprois S. 668 § 91.
4) Richard von San Germano, Chronica S. 141 fälschlich zu 1226 statt richtig 1227. PRESSUTTI, Regesta Honorii III n° 6202–6204. 6209. AUVRAY, Registres de Grégoire IX n° 34. 45.
5) MARIOTTI, Memorie 1, 2, S. 200.
6) Wenn der Kaiser 1237 an den Deutschordensmeister schrieb, er habe beabsichtigt, seinen Schwiegervater Johann von Brienne zu sich zu nehmen, um besser für ihn zu sorgen (BF 2249), so war dies natürlich nur propagandistisch motiviert, denn Johann, der gerade in Konstantinopel als Kaiser gestorben war, hatte zu Lebzeiten keinen Anlaß und sicher auch keine Lust gehabt, an Friedrichs Hof zu leben, und nach Johanns Tod kostete Friedrich die Versicherung nichts.

herrschaft schob sich, wenn es gut ging, ein allemal schwaches Regime von Regenten für landfremde Könige, deren erster, Odo von Mömpelgard (Montbéliard bei Besançon) vom König bei seiner Abreise eingesetzt und 1225 oder 1226 vom Kaiser bestätigt wurde[7].

Zuende war es jetzt auch mit der Kanzlei des Reichs. Johann von Brienne hat natürlich weitergeurkundet, auch als König von Jerusalem[8], aber das waren dann doch nur die Urkunden eines Privatmannes, die sich nicht mehr an Empfänger im Hl. Land richteten. Ob der König, der im Osten letztmals im April 1222 geurkundet hatte (D. RRH n° 953), 1222 einen Notar aus dem Morgenland mitbrachte, als er nach Brindisi reiste, ist nicht bekannt, hätte aber den üblichen Usancen entsprochen. Aber wenn er einen mitbrachte, so hat dieser ihn, als er gänzlich verarmte, verlassen, denn als Johann 1229 wieder urkundete im Zusammenhang mit seiner Wahl zum lateinischen Kaiser von Konstantinopel (siehe unten Anm. 8), da war es kein jerusalemitanischer Notar mehr, der ihm diente, wie sich schon an der Devotionsformel *divina permissione* in der Urkunde von 1229 enthüllt, und die beiden letzten Stücke von 1231 waren verfaßt und geschrieben von einem öffentlichen venezianischen Notar und folgten den einschlägigen formalen Regeln. Die Kanzlei hatte sich aufgelöst.

Der Kaiser versuchte, diesen Eindruck zu verwischen, denn er, der in Sizilien seit 1221 keinen Kanzler mehr hatte, hatte nach der Hochzeit nichts Eiligeres zu tun, als in Jerusalem die Vakanz im Kanzleramt zu beenden. Er ernannte mit Simon von Maugastel, Erzbischof von Tyrus, der mit Isabella aus Syrien gekommen war, einen neuen Kanzler für Jerusalem, wo es seit einem Jahrzehnt keinen mehr gegeben hatte. Im Januar 1226 finden wir Simon im Amt (DD. RRH n° 974. 975). Aber Simon war ein Titularkanzler ohne Kanzlei. Jetzt rächte es sich doch, daß man das Kanzleramt 1215–1225 vakant gelassen hatte und die Kanzlei optisch nicht mehr ins Blickfeld der Öffentlichkeit getreten war, obwohl der König mittels einer Beurkundungsstelle urkundete. Jetzt war es umgekehrt, und die Öffentlichkeit im Osten war durch die lange Vakanz im Kanzleramt darauf vorbereitet worden. Jetzt gab es bis 1229 einen Kanzler von Jerusalem, aber keine Beurkundungsstelle mehr, denn alle Urkunden schon Friedrichs II. für das Hl. Land sind von Notaren seiner kaiserlichen Kanzlei verfaßt. So verhielt es sich später auch

---

7) Estoire de Eracles S. 355, 359.

8) TAFEL – THOMAS, Urkunden 2, S. 266–270, 282 von 1229 und 1231, dann ebd. 2, S. 290 n° 279, 298 n° 280 von 1231 als König von Jerusalem und erwählter Kaiser von Konstantinopel. Am 30. Mai 1230 urkundete er nur als *Iherusalem rex* gemeinsam mit anderen für Hugo X. von Lusignan, den Grafen von La Marche und Angoulême (D. RRH n° 943/3).

unter Konrad IV., bei Konradin, der wenigstens 1268 in seinem Diplom für die Sienesen diesen Rechte in Akkon verlieh (RRH n° 1360), bei Hugo III. von Zypern und Karl I. von Anjou sowie bei Heinrich II. von Zypern, soweit diese nicht sogar sich ohne jede Einschaltung der eigenen Kanzlei öffentlicher Notare bedienten, wie dies der Fall war, als Heinrich II. von Zypern 1286 zur Krönung nach Akkon kam und dort das französische Regiment, das zu Karl II. von Anjou hielt, aus der Zitadelle vertrieb[9]. Man sieht, daß die Könige im Ausland eine eigene Beurkundungsstelle für Jerusalem überhaupt nicht mehr benötigten. Die Kosten konnte man sich sparen, und nur ein finanziell so potenter Herrscher wie Kaiser Friedrich II. konnte sich mit Simon von Maugastel, der ja irgendwie bezahlt worden sein muß, noch einen eigenen Kanzler für Jerusalem leisten, um der Welt und vor allem den palästinensischen Baronen zu zeigen, daß es eine weitere *unio regni ad imperium* nicht geben werde, mochte man dem nun trauen oder nicht, und besser enthielt man sich hier jedes Vertrauens. Als Simons Kanzlerschaft 1229 auf natürliche Weise endete, weil er lateinischer Patriarch von Konstantinopel wurde und ans Goldene Horn umzog, ernannte selbst Friedrich II. keinen Kanzler für Jerusalem mehr, so wie er ja schon 1227 den noch von Johann von Brienne bestellten Odo von Mömpelgard als seinen Bailli abgelöst hatte durch seinen Vertrauten Thomas von Acerra[10]. Erst recht ließ er die Maske fallen, als er 1231 Richard Filangieri nicht nur zum Bailli des Königreichs Jerusalem ernannte, sondern gleich auch noch zum Reichslegaten für Syrien, womit er das Königreich Jerusalem als einen Reichsteil behandelte. Hieran stieß sich sofort der Papst und empfahl dringend, wenngleich erfolglos, den Titel von Reichslegat zu Legat des Kaisers umzuändern (BF 6865).

Diese Baillis, deren es im 13. Jahrhundert eine lange Reihe gab, hätten damals allenfalls, wenn überhaupt jemand von der Zentralgewalt, einer Urkundenschreibstube bedurft, wenn auch sicherlich keines Reichskanzlers. Aber mit einer Ausnahme hatten sie keine. Jedenfalls wissen wir nichts darüber, wer Thomas von Acerra während seiner ersten Amtszeit als Bailli 1227–1228 die Urkunden schrieb, denn es sind keine mehr erhalten. Während seiner zweiten Amtszeit 1244–1248 konnte er anscheinend sowieso nicht im Königreich Jerusalem residieren, sondern mußte in Tripolis Schutz suchen[11]. Von dem Bailli Balian von Sidon gibt es eine Urkunde (RRH n° 1027), deren Original eine italienische Schrift zeigt, die der kaiserlichen

---

9) DD. RRH n° 1465. 1466.

10) Siehe unten S. 340 f. mit Anm. 6.

11) D. RRH n° 1118a mit tripolitanischen Zeugen; POTTHAST 12941; BF 8010; MGH Epist. saec. XIII 2, S. 399 n° 564.

Kanzleischrift aus der Zeit des Kreuzzuges recht ähnlich ist, ohne daß sich sagen ließe, ob sich Balian eines kaiserlichen Schreibers erfreuen durfte, was eher unwahrscheinlich ist.

Die Baillis entwickelten im übrigen eine Urkundenform, bei der nicht sie alleine urkundeten, sondern ausgewählte Vasallen als Repräsentanten der Haute Cour als des jetzt höchsten Organs des Reiches, darunter die Baillis, und gelegentlich beschränkte sich ihre Urkundtätigkeit überhaupt darauf, mit anderen Kronfunktionären oder Kronvasallen Privaturkunden einfach zu bezeugen. Die dabei gewählte Urkundenform war meist das mediterrane Notariatsinstrument

Seit der Einrichtung eines eigenen Schreibers der akkonensischen Cour des Bourgeois 1251 stand in Aliotto Uguccio auf lange Zeit ein fähiger öffentlicher Notar zur Verfügung, der nicht nur die Gerichtsurkunden schrieb, sondern bis 1266 auch der Urkundenschreiber der Johanniter war und auch für weitere Auftraggeber instrumentierte[12]. Wir haben von seiner Hand keine wie immer auch geartete Urkunden mit Baillisbeteiligung außer RRH n° 1220[13], aber natürlich hätte er den Baillis alles konzipiert und geschrieben, was sie gewollt und bezahlt hätten, stets als Notariatsinstrument, denn eine andere Urkundenform kannte er nicht.

Nur einer der Baillis hatte noch einmal nachweislich einen eigenen Notar, der mit der längsten Amtszeit, nämlich der Reichsmarschall Richard Filangieri, der 1231–1242 Bailli Friedrichs war, wenngleich nur in Tyrus und Umgebung anerkannt. Er brauchte auch einen eigenen Notar, den er sich aus der kaiserlichen Kanzlei besorgt hatte, denn jeder andere hätte ihm den immerhin rechtmäßigen Titel eines Bailli des Königreichs Jerusalem natürlich auch in seine Urkunden hineingeschrieben, aber er hätte kaum einen gefunden, der dies auch mit dem unrechtmäßigen eines Reichslegaten

---

12) Als Gerichtsschreiber RRH n° 1209. 1212. 1291. Für die Johanniter kopierte er RRH n° 39. D. RRH n° 51. RRH n° 233. 908 (geschrieben 1266 als sein spätestes Stück). Von vornherein setzte er den Johannitern RRH n° 1234. 1220. 1237. 1282 auf. Außerdem kopierte bzw. schrieb er für andere RRH n° 211. 1282. Er war von Friedrich II. zum Notar ernannt worden und hatte den Johannitern das Original oder eine Kopie davon eingereicht, denn im Archivinventar des Johanniterarchivs von Manosque von 1531 (Departementalarchiv Marseille 56 H 68 fol. 533r) ist das heute verlorene Stück noch verzeichnet. Zur Einrichtung des Schreiberamtes in der Cour des Bourgeois in Akkon siehe MAYER, Ibelin vs. Ibelin S. 33–37. Zu Aliotto Uguccio siehe DERS., Siegelwesen S. 70.

13) Streng genommen tritt dort kein Bailli auf, sondern der Konstabler des Reichs, Kronvasallen und Philipp Chamberlain *existens ista die loco signorie*, kurz: die Haute Cour.

für Syrien getan hätte, denn dieser Titel hatte sogar den Zorn der Kurie erregt (siehe oben S. 335). Daß Filangieri noch einmal eine eigene Schreibstube der Zentralgewalt in dem von ihm beherrschten Reichsteil aufzog, ist bisher unerkannt und birgt eine personelle Überraschung, mit der ich mich, quasi als Abgesang, unten Band 2, S. 763–781 beschäftigen werde. Aber parallel zu Richards Urkundstätigkeit im Osten lief die der kaiserlichen Kanzlei, die die eigentlichen Herrscherurkunden für das Hl. Land ausstellte, und Richards Schreibstube in Tyrus war lediglich eine Außenstelle davon.

Auch angesichts des Notars Richard Filangieris muß es dabei bleiben, daß im Herbst 1225 die Kanzlei der Könige von Jerusalem im Sinne einer wie immer auch gearteten Beurkundungsstelle der Kreuzfahrerkönige[14] nach einer Existenz von etwas mehr als 126 Jahren erlosch, obwohl das Reich noch ein prekäres Dasein von 66 Jahren vor sich hatte. Einer der Kanzler war Patriarch von Jerusalem geworden (Radulf von Merencourt), ein anderer erlangte als Chronist bleibenden Weltruhm (Wilhelm von Tyrus), ein dritter stabilisierte als Kanzler-Notar, der anfänglich noch selbst diktierte, nach einem halben Jahrhundert königlicher Urkundstätigkeit das Formular des Diploms der Könige von Jerusalem, dem er Einheitlichkeit, Schliff, Schönheit, Prägnanz und Unverwechselbarkeit gab (Radulf von Bethlehem). Von der Urkunde der Kaiser und Päpste, auch der englischen Könige, wurde es übertroffen, aber mit dem Kapetingerdiplom konnte es durchaus konkurrieren. Bis zu der Katastrophe von 1187 konnten die Notare dieses Formular unverändert und danach bis 1225 mit nur relativ geringfügigen Modifikationen, die dem Zeitgeschmack entsprachen, verwenden. Keiner hat die Kanzlei mehr ins Rampenlicht gerückt als Wilhelm von Tyrus, aber keiner hat mehr für sie getan als Radulf von Bethlehem. Seine Leistung bei der Entwicklung eines eigenständigen jerusalemitanischen Diplomformulars ist um so größer, als die Kanzlei auf der unteren Ebene der Notare von bunter Internationalität war. Normannen, Lothringer, Engländer, Flamen, ein Angevin, ein Lyonnaiser und eine ganze Reihe von Champenois tummelten sich in ihr und trugen alle bei zu einem Urkundencorpus, das unter verwaltungsgeschichtlichem Aspekt, als Instrument zur Durchsetzung der Königsherrschaft wenigstens in der Domäne, zur Herstellung von Rechtssicherheit und innerer Stabilität Achtung verdient, aber auch als geistige Leistung.

---

14) Bis 1115 urkundeten sie mit Hilfe eines Schreibers des Hl. Grabs ohne eigenen Kanzler oder ließen Empfängerausfertigungen zu.

XVI. Der Percheron und Titularkanzler Simon von Maugastel (1225–1227/1228 [?]; † 1233) und spätere Titularkanzler und Titularvizekanzler von Jerusalem

1. Simons Ernennung zum Kanzler

Als im Oktober 1225 der Graf Heinrich von Malta und der Bischof Jakob von Patti auf einer kaiserlichen Flotte Isabella II. von Jerusalem, die mit dem Einverständnis, ja auf Geheiß ihres Vaters bereits zur Königin von Jerusalem gekrönte Tochter des Königs Johann von Jerusalem, nach Brindisi brachten, wo die Ehe mit dem Kaiser am 9. November 1225 eingesegnet wurde, waren auch der Erzbischof von Tyrus Simon von Maugastel als Vertreter der Kirche und Balian von Sidon als Vertreter der Barone des Königreiches Jerusalem an Bord. Beide waren schon zuvor bei der Krönung dabeigewesen, ja wahrscheinlich hatte Simon als zweithöchster Hierarch des Landes Isabella gekrönt, da der Patriarch von Jerusalem Radulf von Merencourt 1224 gestorben war und sein Nachfolger Gerold von Valence erst im Spätherbst 1227 nach Akkon kam, es sei denn die Krönung habe schon 1224 noch zu Lebzeiten des Patriarchen Radulf stattgefunden[1].

---

[1] Estoire de Eracles S. 357–359, 363–364; Gestes des Chiprois S. 667 f. § 88–94, 671 f. § 109, 674 § 116; Annales de Terre Sainte S. 437 f. Zum Bischof von Patti siehe oben S. 314, zur Hochzeit Isabellas mit dem Kaiser oben S. 332, zur Möglichkeit einer Krönung Isabellas schon 1224 oben S. 314 f., zum Tod des Patriarchen Radulf oben S. 314–316. Gerold von Valence war zum Patriarchen gewählt worden 1225 vor Mai 10 (oben S. 316). Bis September 1227 hielt er sich häufig beim Kaiser auf; BF 1620a. 1624. 1629. 1643. 1645. 1650. 1651. 1661. 1668. 1710. 10970b. Seinen Aufbruch in den Osten kündigte Gregor IX. am 28. April 1227 an; AUVRAY, Registres de Grégoire IX n° 56. Im September 1227 war Gerold aber noch in Otranto beim Kaiser (So dieser selbst in seinem Rechtfertigungsbericht vom 6. Dezember 1227 in BF 1715 = HUILLARD-BRÉHOLLES, Historia diplomatica Friderici secundi 3, S. 44). BF 1730 des Kaisers aus

Nach der Hochzeit nahm der Kaiser sofort den Titel eines Königs von Jerusalem an, den er seinem sizilischen Königstitel voranstellte, aber natürlich hinter dem Kaisertitel führte, BF 1588 vom Dezember 1225 ist der erste Nachweis dafür. Auch in den Siegelstempel wurde der neue Titel eingefügt[2]. Das Resultat war ein schwerer Konflikt und ein dauerndes Zerwürfnis mit seinem Schwiegervater, dem König Johann von Jerusalem, der gehofft hatte, auf Lebenszeit König bleiben zu können (siehe oben S. 326), aber nach dem jerusalemitanischen Recht war Friedrichs Position rechtens – vorausgesetzt man ignorierte inoffizielle Zusicherungen hinsichtlich der künftigen Position des Königs Johann, die Hermann von Salza 1223 wohl gemacht hatte. Politisch hatte der König Johann gegenüber dem Kaiser kein Gewicht mehr. Zwar gab er formal nicht nach und führte den Königstitel von Jerusalem weiter, aber das blieb politisch ohne Bedeutung. Soweit es im Osten angesichts der schon damals desolaten Verhältnisse überhaupt etwas zu regieren gab, regierte der Kaiser namens seiner Gemahlin Isabella als König, nach deren Tod 1228 im Namen von beider Sohn Konrad IV. nach Landesrecht nur als Regent. Als mehr haben ihn die Barone und auch der Patriarch Gerold von Jerusalem nach 1228 nie anerkannt, und deshalb mußte die Krönungszeremonie 1229 in der Grabeskirche, die ja ohne die vorgeschriebene Beteiligung des Patriarchen erfolgte, besonders provokant wirken. Hier usurpierte ein Regent das Königtum, was man zwar manchem Regenten schon als Absicht nachgesagt hatte, was aber noch keiner gewagt hatte. Lieber hatte man eine Situation ertragen, in der man zwei Könige hatte, von denen der eine todkrank, der andere ein Kleinkind war (1183). Der Kaiser aber blieb 1228 in seinem Selbstverständnis ungerührt König von Jerusalem.

Seinen Sohn Konrad IV. beschränkte er auf die Position eines Erben des Königreichs Jerusalem. Es gibt nur zwei Versuche Konrads, sich hierüber hinauszuheben, aber beide Male hat der Kaiser sie rasch unterbunden. Im Jahre 1236 führte Konrad kurzfristig den vollen Königstitel von Jerusalem in

---

Brindisi vom Juni 1228 ist zwar auf Bitten des Patriarchen Gerold ausgestellt, aber die Bitte muß schriftlich eingelaufen sein, denn Gerold war inzwischen in den Osten gefahren; Estoire de Eracles S. 363 f. und WINKELMANN, Friedrich II. 1, S. 331. Urkundlich ist er im Hl. Land erst im Oktober 1228 in RRH n° 993 bezeugt, allerdings gehört ein undatierter Brief von ihm an den Papst (POTTHAST 8090; RRH n° 984) wohl zu Oktober 1227. Wenn der Erzbischof Simon von Tyrus nicht der Coronator gewesen sein sollte, so war er bei der Krönung mindestens anwesend; Estoire de Eracles S. 358.

2) PHILIPPI, Reichskanzlei S. 65; POSSE, Siegel 5, S. 28 n° 11.

zwei Urkunden für den Deutschen Orden in Nürnberg[3]. Im März 1244 hat Konrad dann – und nur dieses eine Mal – den Titel eines *heres et domnus regni Ierusalem* geführt[4], womit er nach der Art der Zeit (siehe unten Bd. 2, S. 585) ausdrücken wollte, daß er der rechtmäßige, wenngleich noch ungekrönte Herrscher Jerusalems war. Das war eine Reaktion darauf, daß die Barone Palästinas die Regentschaft des Kaisers für erloschen erklärt hatten, nachdem Konrad IV. 1242 oder 1243 volljährig geworden war. Aber auch dieses hat der Kaiser schnell abgestellt. Erst nach Friedrichs Tod hat Konrad IV. ab BF 4534 vom Februar 1251 den Königstitel von Jerusalem geführt.

Aber der Kaiser kümmerte sich im November 1225 nicht nur um Titelfragen und verfassungsrechtliche Probleme. Er nahm auch die Regierung des Landes in die eigene Hand. Von den mit Isabella nach Apulien gekommenen palästinensischen Magnaten erwirkte er die Huldigung und schickte, wenn auch wohl nicht vor dem Frühjahr 1226, den Bischof Richer von Melfi in den Osten, um dort stellvertretend das Homagium der Kronvasallen von Jerusalem an den Kaiser entgegenzunehmen[5]. Mit einem Gefolge von 300 Rittern verlieh er der Aufforderung einen unübersehbaren Nachdruck.

Im übrigen war der Kaiser bemüht, Kontinuität des Regimes zu demonstrieren. Er beließ den Regenten Odo von Mömpelgard, den noch der König Johann 1222 eingesetzt hatte, im Amt und schickte erst im Juli 1227 Thomas

---

3) BF 4384. 4385. Entgegen der Vermutung von RILEY-SMITH, Feudal Nobility S. 302 Anm. 107 sind dies keineswegs Fälschungen, ebensowenig wie BF 4557. 4558, die wegen des Königstitels, der zu dem angegebenen Jahr 1249 nicht paßt, richtig zu 1251 eingereiht werden müssen und vielleicht Neuausfertigungen sind, bei denen nur der Titel, nicht aber das Jahr geändert wurde.

4) HIESTAND, Zwei unbekannte Diplome S. 55.

5) Estoire de Eracles S. 358 f. Der Bischof war noch im März 1227 im Orient; RRH n° 980. Diese von ihm ausgestellte Urkunde enthüllt nicht nur, daß er bereits jetzt auch anderweitige Geschäfte des Kaisers wahrnahm, die eigentlich in die Kompetenz des Bailli Odo von Mömpelgard gefallen wären, sondern auch daß der Kaiser seinen Anspruch auf das Reich von Jerusalem extensiv auslegte und die Grafschaft Tripolis darin mit einbegriff, denn es heißt: *quod cum essemus in regno Ierosolimitano apud civitatem Tripolitanam, de mandato domini nostri Frederici gloriosi Romanorum imperatoris semper augusti, Ierosolime et Sicilie regis, pro imperialibus negociis exercendis personaliter constituti.* Man muß schon sehr weit zurückgehen, bis man zur historischen Begründung für diesen Einschluß kommt. Aber man weiß ja, daß Friedrich 1228 in Zypern das homagium auch von Boemund IV. von Antiochia-Tripolis verlangte, der sich in seiner Schläue diesem Ansinnen durch die Flucht entzog, nachdem er zuvor den Wahnsinnigen gemimt hatte, der nur noch lallen, aber nicht schwören konnte; Gestes des Chiprois S. 682 § 134.

von Aquin, den Grafen von Acerra, als neuen Bailli nach Akkon[6]. Er verwendete sich beim Papst für die Lösung des Grafen von Tripolis vom Bann[7]. Solche Interventionen hatte er schon vorgenommen, als seine Ehe mit Isabella schon verabredet, aber noch nicht geschlossen war, wenn auch im zurückhaltenden Ton von Empfehlungen, die ihm natürlich als Kaiser zustanden. So hatte er im März 1224 dem Volk von Akkon geschrieben, sie sollten die Kaufleute von Genua gut behandeln, wenn diese den Schiffsverkehr nach Akkon, den sie wegen Auseinandersetzungen mit Pisa eingestellt hatten, auf seine Veranlassung wieder aufnähmen[8].

Über Dinge des Hl. Landes hat er vorerst noch in vorsichtigen Formen geurkundet, die Rücksicht nahmen auf die Rechtslage und auf die Empfindlichkeiten der palästinensischen Barone. Im Januar 1226 bestätigte er dem Deutschen Orden diverse Privilegien Heinrichs von Champagne und Johanns von Brienne, zweier Vorgänger als König von Jerusalem, darunter vor allem den wichtigen Ankauf der Seigneurie de Joscelin bei Akkon von 1220. Schon vom Inhalt her betonte dies die Kontinuität. Aber der Kaiser gab sich auch rechtsbewußt, als er den Handel außerdem noch von der Kaiserin Isabella in einer gesonderten Urkunde bestätigen ließ (DD. RRH n° 974. 975). Die Zeugen waren ausnahmslos Jerusalemitaner, und die beiden Urkunden enthüllen, daß der Kaiser – erstmals seit 1215 – wieder einen Kanzler für das Königreich Jerusalem ernannt hatte, denn beide Stücke sind unterfertigt von dem Erzbischof Simon von Tyrus mit dem Titel eines Kanzlers des Königreichs Jerusalem.

Winkelmann ist im Irrtum, wenn er meint, Simon sei als Kanzler damals im Amt geblieben[9]. Es gibt keinerlei Hinweise für seine Meinung, daß Simon bereits bei Isabellas Überfahrt im Oktober 1225, als er auf dem Schiff war, Kanzler des Reichs und also noch von dem König Johann von Brienne ernannt worden war. Da Johann seit 1215 keinen Kanzler mehr bestellt hatte und damit gut etablierten Beispielen in Frankreich und anderswo folgte (siehe oben S. 318 f.), ist nicht anzunehmen, daß er eine solche Ernennung 1224 nach dem Tode des Patriarchen Radulf von Merencourt noch schriftlich aus Europa getätigt hätte, zumal er für eine Kanzlerernennung die

---

6) Estoire de Eracles S. 355, 359, 364; Gestes des Chiprois S. 674 § 118 = Annales de Terre Sainte S. 438 fälschlich zu 1226. Das richtige Datum gibt Richard von San Germano, Chronica S. 146.

7) PRESSUTTI, Regesta Honorii III n° 5799. 5808.

8) BF 1526; WINKELMANN, Acta imperii inedita 1, S. 241 n° 263.

9) WINKELMANN, Friedrich II. 1, S. 243, 247. Ihm folgt RÖHRICHT, Geschichte S. 764.

Zustimmung seiner Barone brauchte[10]. Und vor Radulfs Tod hatte er es ganz sicher nicht getan, da er wahrscheinlich auch aus Rücksicht auf Radulf die Stelle vakant gelassen hatte, als dieser Patriarch wurde und das zuvor innegehabte Kanzleramt niederlegte (siehe oben S. 325–330). Simon erscheint erstmals weniger als drei Monate nach des Kaisers Hochzeit als Kanzler von Jerusalem, er muß des Kaisers Ernennung gewesen sein.

Aber er war ein Kanzler ohne Kanzlei, eine Ernennung des guten Willens, dazu bestimmt, die Gemüter im Osten zu beruhigen. Die Laufbahn Simons als Datar war deshalb nur kurz, im Juli 1226 war er noch Datar von des Kaisers D. RRH n° 978, und auch hier gab es nur jerusalemitanische Zeugen[11]. Danach aber darben die Diplome Friedrichs II. für das Hl. Land, mochten sie nun im Westen oder im Osten ergehen, jeder Unterfertigung. Allerdings wären dafür allenfalls DD. RRH n° 994. 995 aus Akkon vom Oktober 1228 in Betracht gekommen, denn als der Kaiser im April 1229 im Osten eine ganze Serie von Urkunden ausstellte, war Simon gar nicht im Lande, was wahrscheinlich schon für Oktober 1228 gilt, und spätestens im Juli 1229 erhielt er ein neues Amt außerhalb des Königreichs Jerusalem (siehe unten S. 360), was das Ende seiner Kanzlerschaft bewirkte, so daß er spätere Diplome des Kaisers nicht mehr unterfertigen konnte. Vor allem aber hatte Simon als Kanzler keinen Kanzleinotar, denn DD. RRH n° 974. 975. 978 sind typische Dictamina der kaiserlichen Kanzlei, und dies gilt erst recht für die späteren Diplome Friedrichs II. für Empfänger in seinem östlichen Reich.

2. Simons Herkunft

Wie bei Radulf von Merencourt verrät uns die Estoire de Eracles den Familiennamen Simons. Er hieß de Maugastel[12]. Das erlaubt uns die Bestimmung seiner Herkunft, die Santifaller in der einzigen brauchbaren Biographie Simons noch nicht gelang[13]. Er war ein Percheron, stammte also aus dem Perche, sei es aus Maugastel, Gemeinde Ceton, Dept. Orne,

---

10) Wilhelm von Tyrus, Chronicon XXI. 5, S. 967.

11) Im November 1226 war er noch im Amt, danach ist er als Kanzler nicht mehr nachweisbar, wird es aber bis 1227 oder 1228 geblieben sein (siehe unten S. 356, 359).

12) Estoire de Eracles S. 323, 358. Ich habe dies (MAYER, Siegelwesen S. 57) trotz der entgegenstehenden Behauptung bei DUCANGE – REY, Familles S. 547 früher verkannt.

13) SANTIFALLER, Beiträge S. 36 f. Auch WOLFF, Politics S. 283, 288 konnte sie nicht lösen. – Die Biographie Simons beim Emir Maurice CHÉHAB, Tyr 2, 2, S. 624–627 ist weitgehend nutzlos.

arrond. Mortagne-au-Perche, cant. Le Theil, sei es aus Mongasteau, Gemeinde St.-Pierre-des-Ormes, Dept. Sarthe, arrond. und cant. Mamers. Der Dictionnaire topographique de la France für Orne ist noch nicht erschienen, aber der Ort im Departement Sarthe hieß 1414 Maugastel und 1651 Mongâteau[14]. Beide Orte liegen im Grenzgebiet zwischen Maine und der Normandie, aber die Familie war eindeutig auf Le Mans hin orientiert.

Aus dem Ende des 11. Jahrhunderts (ca. 1070–1100) gibt es im Chartular von St.-Vincent du Mans eine ganze Reihe von Urkunden, in denen Maugastels vorkommen[15]. In n° 196, bezeugt von einem Normannus de Malo Gastello, geht es um Besitz in Ceton im Perche. In n° 492 ist Besitz in Beaumont-le-Vicomte, heute Beaumont-sur-Sarthe im Arrondissement Mamers betroffen, so daß der Zeuge Robertus de Malo Castillione wohl aus Mongasteau im Canton Mamers kam. In n° 596 aus derselben Zeit tritt er ebenfalls auf in einem Zehntverkauf, in dem es heißt: *Apud Castrum quoque Pireti* (Peray im Arrondissement Mamers) *hanc venditionem annuit Robertus de Malo Castello, de cuius casamento erat.* N° 840 ist ausgestellt in Montmirail im Arrondissement Mamers, so daß der Zeuge Petrus de Maugastel wohl auch aus Mongasteau, Gemeinde St.-Pierre-des-Ormes, kam, obwohl der Index der Edition ihn dem anderen Maugastel, Gemeinde Ceton, zuordnet. Da die Entfernung zwischen beiden Orten in der Luftlinie nur etwa 25 km beträgt, ist es eigentlich gleichgültig, denn es dürfte sich um ein und dieselbe Familie handeln, die in derselben Region an zwei Orten begütert war. Es ist deshalb auch nicht auszumachen, ob der Zeuge Wilhelm de Malo Castello in n° 252 dem einen oder dem anderen Ort zuzurechnen ist. In den südlichen Maine kommen wir mit einer Urkunde von 1186 im Chartular des Kapitels von Le Mans, die bezeugt ist von einem Wilhelm de Maugastel und einem Hugo de Maugastel und ausgestellt in Nogent-sur-Loir, Dept. Sarthe, arrond. Le Mans, cant. Château-du-Loir[16]. Und schließlich finden wir im Nekrolog der Kathedrale von Le Mans zum 21. Januar noch ein in den Osten gegangenes Mitglied der Familie, und zwar Gervasius de Malgastel, *huius ecclesie canonicus et Achonensis archidiaconus*, der in der zweiten Funktion auftritt von 1200 bis 1214[17].

Im Osten waren die Familienmitglieder so zahlreich wie im Westen, aber erfolgreicher. Zwei von ihnen, Joscius (1186–1202) und Simon, brachten es zu Erzbischöfen von Tyrus, und Simon endete seine Tage als lateinischer

---

14) VALLÉE – LATOUCHE, Dictionnaire topographique de la Sarthe S. 587.

15) CHARLES – D'ELBENNE, Cartulaire de St.-Vincent du Mans Spalte 122 n° 196, 153 n° 252, 285 n° 492, 342 n° 596, 474 n° 840.

16) LOTTIN, Cartularium ecclesiae Cenomannensis S. 333 n° 535.

17) BUSSON – LEDRU, Nécrologe-obituaire du Mans S. 18; RRH n° 775. 824. 872.

Patriarch von Konstantinopel. Ein Herkunftsname Maugastel ist für Joscius zwar nicht bezeugt, aber er war Simons Onkel (siehe oben S. 279). Fraglos wird der Onkel Simons Karriere im Osten gefördert haben, denn als er sich 1197 Besitz auf Zypern schenken ließ, sorgte er gleich dafür, daß dieser nach seinem Ableben nicht sofort an die Kirche von Tyrus, sondern zuerst auf Lebenszeit an Simon fallen werde (RRH n° 737). Auch auf die Laufbahn des akkonensischen Archidiakons Gervasius von Maugastel dürfte Joscius noch ein Auge gehabt haben.

Ein weiterer Maugastel, auch er Gervasius mit Namen, brachte es 1245 zum Vizegrafen von Akkon, nachdem er bereits seit 1226 feststellbar ist (DD. RRH n° 974. 975 [dort verderbt zu de Emau Castello]. 1056. 1073. 1100. 1135). Aber die Tradition des Krondienstes ging in der Familie länger zurück. Der erste Laie aus der Familie, dem wir im Osten begegnen, ist Thomas von Maugastel, der im Februar 1207 oder 1208 (Osterstil) Vasall der Herrin von Caesarea und 1211 Kronvasall war (RRH n° 818. 819. D. RRH n° 853). Ein Jahr später war er königlicher Kastellan in Tyrus (D. RRH n° 857). Er war entweder ein Bruder oder ein Vetter des Erzbischofs Simon von Tyrus, denn wie Simon war er ein *nepos archiepiscopi Tyrensis* (scil. des Joscius) und erscheint 1201 als Lehnsmann des Herrn von Haifa, der vor der Herrin von Caesarea und dem König sein erster Herr im Osten war (RRH n° 784). Schon die Ernennung des Erzbischofs Simon von Maugastel zum Kanzler von Jerusalem 1225 zeigt, daß der Chef des Hauses im Osten durchaus auf die staufische Karte setzte, wie damals übrigens auch der neue Patriarch Gerold von Jerusalem und der berühmte Bischof von Akkon, Jakob von Vitry, die bis zu dem gescheiterten Versuch einer Kreuzfahrt des Kaisers im September 1227 häufig in seiner Umgebung waren und erst dann ins Hl. Land fuhren.

Aber der allerentschlossenste Stauferpartisan unter den Maugastels war Philipp, der Sohn des Thomas. Der Kaiser hielt viel von ihm, denn er versuchte 1233 erfolglos, ihn zu seinem Bailli für den Reichsteil um Akkon zu machen, während weiter nördlich in Tyrus der kaiserliche Reichsmarschall Richard Filangieri weiteramtieren sollte[18]. Wahrscheinlich hatte Richard ihn dem Kaiser empfohlen. Dieser verlangte als Gegenleistung, daß die palästinensischen Barone das Regime Richards in Tyrus anerkennen sollten. Einer der ihren wäre den Baronen als Bailli schon recht gewesen, aber nicht dieser. Das Projekt mußte aufgegeben werden, als es in Akkon darum in einer Reichsversammlung fast Mord und Totschlag gegeben hatte,

---

18) Gestes des Chiprois S. 721 f. § 205; Documents relatifs à la successibilité au trône et à la regence, RHC. Lois 2, S. 399.

Philipp war nicht durchzusetzen. Der Literat und große Jurist Philipp von Novara von der antistaufischen Partei hängte Philipp von Maugastel in seinem antistaufischen Affekt ein homosexuelles Verhältnis mit Filangieri an[19]. Daran ist sicher richtig, daß er politisch und wohl auch persönlich mit den Filangieris befreundet war[20]. Aber darüber wird es nicht hinausgegangen sein, denn immerhin belegt RRH n° 1073 für Philipp eine Ehefrau, RRH n° 1104 einen Sohn Thomas[21], und die Lignages d'Outremer, die den Maugastel ein eigenes Kapitel widmen, lassen ihn außerdem noch vier Töchter haben[22].

3. Simons Aufstieg zum Erzbischof von Tyrus

Wir wissen, woher Simon in Frankreich stammte, aber wir wissen nichts über die Vorbildung, die er dort erhielt, oder die Laufbahn, die er dort möglicherweise schon hatte. Wir wissen auch nicht, wann er von dort einwanderte, außer daß es vor November 1197 war, als er als Neffe des Erzbischofs Joscius in RRH n° 737 erwähnt wird[23]. Da Joscius nachweislich sein Protektor war, ist natürlich die Annahme berechtigt, daß er in seiner Amtszeit einwanderte. Aber Joscius, der ab 1186 Erzbischof von Tyrus war, war zuvor seit 1172 Bischof von Akkon und könnte Simon schon damals protegiert haben. Wir wissen es nicht. Jedenfalls kann er nicht identisch sein mit dem Kanzler des Erzbischofs von Nazareth, Magister Simon, der 1180 erscheint (RRH n° 594), denn Simon von Maugastel starb erst 1233[24], und eine Lebensarbeitszeit von mindestens 53 Jahren anzunehmen ist unrea-

---

19) Mémoires de Philippe de Novare, in: Gestes des Chiprois S. 722 § 205: *et disoit l'on qu'il afaitoit sa chiere come une feme, et mout estoit privé dou baill de Sur.*

20) RRH n° 1058. 1059. 1086; vgl. Philipps Urkunde RRH n° 1104, wo Lothar Filangieri Zeuge ist.

21) Dieser Thomas ist letztmals im Juni 1246 bezeugt; PREDELLI, Reliquie S. 1431 n° 38.

22) Lignages d'Outremer c. 31. 36, RHC. Lois 2, S. 466, 469.

23) Sensu stricto sagt auch das nichts darüber aus, daß er schon im Hl. Land war. Joscius könnte für ihn vorgesorgt und ihn erst dann aus Europa gerufen haben. Aber da er nicht wußte, ob er dann kommen werde wegen eines Dorfes auf Zypern, ist es so gut wie sicher, daß Simon damals schon im Osten war.

24) Erst recht ist er nicht identisch mit dem Archidiakon Simon von Valania 1193 in RRH 708, obwohl dieser zeitlich besser passen würde, denn der Archidiakon nannte sich nach Tortosa in Syrien: *Canonici Simon Antaradensis, archidiaconus Valaniensis, Bernardus, Petrus Ascalonitanus et Pascalis.* Die Auflösung *Ber = Beritensis* im Druck von DELAVILLE LE ROULX ist verkehrt, Röhricht hat in RRH n° 708 richtig Bern[ardus].

listisch. Simon könnte freilich auch beim Dritten Kreuzzug eingewandert sein, an dem der Graf Rotrou von Perche teilnahm[25].

Eubel hat zu Recht vermutet, wenn auch mit ungenügenden Argumenten, Simon sei schon vor August 1216 Erzbischof von Tyrus gewesen[26]. Dem liegt zugrunde, daß Honorius III. am 11. August 1216 das Bistum Sidon dem ungenannten Erzbischof von Tyrus zur Verwaltung übertrug, weil die Stadt Sidon in den Händen der Ungläubigen sei, bis durch einen Legaten a latere vor Ort eine andere Entscheidung getroffen werde[27], und dieser Metropolitan war nach allgemeiner Auffassung Simon von Maugastel. Aber nicht weil ein Bischof Simon von Sidon zum Erzbischof von Tyrus aufgestiegen wäre (so Eubel), wurde Sidon vakant, das Simon nun als Verwalter neuerlich erhalten hätte, sondern weil der Bischof Radulf von Sidon Patriarch von Jerusalem geworden war (siehe oben S. 310).

Der Beweis für Eubels Vermutung ist schwieriger. Wir wären möglicherweise besser informiert, wenn die päpstlichen Register für den Zeitraum 22. Februar 1214–16. Juli 1216 (= Tod Innocenz III.) nicht verloren wären. Clarembald von Broyes, Simons Vorgänger als Erzbischof von Tyrus, war mit Sicherheit im Januar 1213 noch im Amt (POTTHAST 4663), dann wohl auch Mitte Dezember 1213 (POTTHAST 4858), vielleicht auch noch am 20. Februar 1215, wo allerdings nur die Funktion genannt und auch nicht klar wird, ob er als lebend oder tot gedacht werden muß[28]. Es ist unrichtig, wenn Hamilton meinte, es habe kein Erzbischof von Tyrus im November 1215 am Vierten Laterankonzil teilgenommen. In der besten Edition der Teilnehmerliste erscheint er, wenn auch ohne Namensnennung[29]. Hamiltons Folgerung einer Sedisvakanz in Tyrus im November 1215 ist also nicht haltbar, aber wir wissen prima vista nicht, ob noch Clarembald oder schon Simon das Konzil besuchte. Wenn Simon im August 1216 im Amt gewesen sein sollte, so hätte gleichwohl Clarembald noch der tyrensische Vertreter beim Konzil sein können, wenn er nur vor der Aufnahme der Schiffahrt im März starb, denn von März – August 1216 konnte man beim guten Willen aller Beteiligten die Nachricht in den Osten bringen, dort wählen und dann den Gewählten wieder an die Kurie reisen lassen, wo er bestätigt werden mußte.

---

25) Ambroise, Estoire v. 4543.

26) EUBEL, Hierarchia catholica 1, S. 505 Anm. 1.

27) PRESSUTTI, Regesta Honorii III nᵒ 18.

28) POTTHAST 4954. Ist dies richtig, so war Clarembald auch noch der in RRH nᵒ 872 vom 16. Dezember 1214 genannte Erzbischof von Tyrus.

29) WERNER, Nachlese S. 586; LUCHAIRE, Document retrouvé S. 562; HAMILTON, Latin Church S. 253 Anm. 2.

Greven hat vermutet, daß Simon im August 1216 an der Kurie war, so interpretiert er jedenfalls stillschweigend den Umstand, daß der neue Papst Honorius III. am 10. und 11. August 1216 für einen ungenannten Erzbischof von Tyrus urkundete[30]. Am 10. August bestätigte er in einem seit langem schwelenden Streit zwischen dem Erzbischof und den Venezianern um die venezianische Markuskirche in Tyrus (siehe oben S. 285–287) ein noch unter Innocenz III. ergangenes Urteil zugunsten des Erzbischofs. Das ist verständlich, wenn dieser an der Kurie war. Am 11. August übertrug er ihm die Verwaltung des vakanten Bistums Sidon, was gleichfalls verständlich ist, wenn Simon ihm persönlich in den Ohren lag, denn das bedeutete für Simon ja Einnahmen, wenn sich die Regelung ausdehnen ließ, bis Sidon wieder christlich wurde. Im Februar 1218 war die Maßnahme noch immer in Kraft, denn Honorius III. wies damals das Kapitel von Sidon an, die bischöflichen Einkünfte, die bis zum Eintreffen eines Legaten anfielen, an den Erzbischof von Tyrus als Verwalter abzuführen[31]. Im folgenden Monat bestätigte er Simon mit der üblichen Begründung auch den Besitz von Pfründen, die er vom Patriarchen von Antiochia und vom Bischof von Tripolis erhalten hatte, *attendentes ipsius ecclesie* (scil. von Tyrus) *paupertatem*, bis die Burg Toron den Sarazenen wieder entrissen sei. Dort hatten die Erzbischöfe von Tyrus nicht unbeträchtliche Einkünfte gehabt, von denen uns nur noch ein Teil in D. RRH n° 615 von 1182 entgegentritt. Simon war also ein talentierter Pfründenkumulator[32].

Es wäre somit gut möglich, daß Simon tatsächlich, wie Greven meint, im August 1216 im erzbischöflichen Amt und an der Kurie war. Ausschlaggebend für die Frage der Präsenz ist, was Greven nicht bemerkte, daß der Papst am 22. August 1216 das den Erzbischof begünstigende Urteil Innocenz' III. wegen der tyrensischen Markuskirche erneut bestätigte und den Patriarchen von Jerusalem sowie die Erzbischöfe von Caesarea und Nazareth beauftragte, es durchzuführen, wobei ausdrücklich von Vikaren der Parteien die Rede ist, die sich in Tyrus aufhalten, so daß der Erzbischof also außer Landes war, wenn er einen Vikar brauchte[33].

---

30) PRESSUTTI, Regesta Honorii III n° 16. 18; GREVEN, Frankreich S. 37. Die Literatur hält diesen allgemein für Simon, auch PRESSUTTI im Index zu seinen Regesta Honorii III. Ferner SANTIFALLER, Beiträge S. 36; FEDALTO, Chiesa Latina 2, S. 234; HAMILTON, Latin Church S. 253 Anm. 2. Das ist zwar jeweils richtig, wird aber nirgends begründet.
31) PRESSUTTI, Regesta Honorii III n° 1094.
32) Zu den Schwierigkeiten, die so gelagerte Fälle in der Kirche von Tripolis und anderswo hervorriefen, siehe ANTWEILER, Bistum Tripolis S. 318–324.
33) PRESSUTTI, Regesta Honorii III n° 23.

Dazu paßt, daß Simon am 5. Dezember 1216 im Amt und an der Kurie war. Damals ernannte ihn der Papst Honorius III. zum Prediger des Fünften Kreuzzuges in Frankreich[34], nachdem die Legation des auch damit beauftragten Robert Courçon so glorios am Widerstand der französischen Kirche gescheitert war, daß Roberts Nachruhm vor allem in den frühesten Statuten der Sorbonne liegt, die er erließ. Simons Namen wird auch hier nicht genannt, sondern es ist nur von einem Erzbischof von Tyrus die Rede, aber im Januar oder Februar 1217 war Simon bereits in Frankreich angekommen (siehe unten S. 349), und diesmal wissen wir, daß es sich um Simon handelte, der also vom Papst kam und nicht aus dem Hl. Land, da er sonst nicht vor der Wiederaufnahme der Schiffahrt im Frühjahr nach Frankreich gekommen wäre[35]. Man hat den Eindruck, daß er bis dahin nach seiner Wahl zum Erzbischof überhaupt noch nicht im Osten gewesen war.

Es gibt für den Beginn des Pontifikats des Simon von Maugastel in Tyrus aber noch ein anderes, bisher nicht beachtetes Zeugnis. Am 6. März 1216 wies Innocenz III. den Patriarchen Radulf von Jerusalem, den Erzbischof von Caesarea und den Abt des Thaborklosters an, den Erzbischof von Tyrus in den Besitz der venezianischen Markuskirche einzuweisen[36]. Aus der Darlegung der prozessualen Vorgeschichte ergibt sich, daß ein *bone memorie Tyrensis archiepiscopus* bei Innocenz III. in dieser Sache Klage geführt hatte, und zwar in der Amtszeit des Patriarchen A(lbert) von Jerusalem (1205–1214). Das heißt, daß es sich bei dem Erzbischof um Clarembald von Broyes handelt, der 1203 ins Amt gekommen war und im Januar 1213 noch lebte (siehe oben S. 301, 346). Der Patriarch Albert hatte noch Zeugenbeweis erhoben, *sicut venerabilis frater noster successor ipsius archiepiscopi nostris auribus intimavit*, hatte aber die restlichen Aufträge des Papstes wegen seines Todes nicht mehr erfüllen können. Weiter wird ausgeführt, der Papst habe *eiusdem archiepiscopi successor* auf eine venezianische Einrede hin angewiesen, die Venezianer *usque ad generale concilium tunc in proximo celebrandum* nicht weiter zu belästigen. Es geht dabei natürlich um das Vierte Laterankonzil vom November 1215. Der Papst führte aus, es habe auf dem Konzil

---

34) PRESSUTTI, Regsta Honorii III n° 151. Text bei MGH Epp. saec. XIII 1, S. 7 n° 9. ZIMMERMANN, Päpstliche Legation S. 87 f. Rechtlich gesehen war Simon kein Legat.

35) Der Papstbrief PRESSUTTI, Regesta Honorii III n° 405 vom 8. März 1217, ein Zwischenbescheid in dem endlosen Prozeß um San Marco in Tyrus, bestätigt dies, denn der Papst teilte den Venezianern mit, im Moment könne er gar nichts tun, weil der Erzbischof von Tyrus *pro causa necessaria* abwesend sei; der Papst hielt damals also die Kurie für Simons gewöhnlichen Aufenthalt.

36) POTTHAST 5224; RRH n° 881; erstmals ediert bei FAVREAU-LILIE, Italienische Kirchen S. 87 n° 2.

vor ihm über die leidige Affaire verhandelt werden sollen, aber die venezianische Seite sei nicht erschienen und habe weder von Venedig noch von Tyrus aus die geladenen Prozeßbevollmächtigten geschickt. Deshalb sei die venezianische Partei jetzt in Kontumaz, und der Erzbischof sei in die tyrensische Markuskirche einzuweisen. Hieraus ergibt sich, daß Simon von Maugastel nicht nur am 6. März 1216 im Amt war, sondern daß er bereits vor dem Vierten Laterankonzil, also vor November 1215, Erzbischof von Tyrus war und demgemäß der Vertreter von Tyrus beim Konzil, zu dem er ja auch des Prozesses wegen geladen worden war.

4. Simon als Kreuzzugsprediger

Gleich nach der Ankunft in Frankreich nahm Simon teil an einer Synode und Reichsversammlung in Melun, über die der Abt Gervasius von Prémontré in einem Brief an den Papst berichtet[37], und er nennt den Namen: *Misistis nuper in Franciam reverendum in Christo patrem S. Tyrensem archiepiscopum.* Mansi hat die Synode zu April 1216 datiert, was um so näher liegt, als der Brief adressiert ist an Innocenz III († 16. Juli 1216)[38]. Greven hat den Brief des Gervasius genau interpretiert und die Anachronismen aufgezeigt, die entstehen, wenn man an Innocenz III. und 1216 festhält[39]. Der Brief selbst ist undatiert, der Name des Adressaten Innocenz III. könnte in den Drucken konjiziert sein, man müßte dies an der Überlieferung prüfen. Nun gibt es im April 1216 eine Reichsversammlung des französischen Königs in Melun, mit der die Forschung, gestützt auf die große Autorität von Alexander Cartellieri, den Brief des Gervasius und die Präsenz Simons verbunden hat[40].

Cartellieri hielt es für einen Fehler, wenn in der Fortsetzung der Chronik des Roger von Howden von einer Meluner Synode von 1217 die Rede ist, die von päpstlichen Gesandten abgehalten wurde[41]. Greven hat aber in seiner Erörterung des Briefes des Gervasius gezeigt, daß damit nicht die Versammlung vom April 1216 gemeint sein kann, sondern eine andere, die in die Zeit Januar oder Februar 1217, also gleich nach der Ankunft Simons

---

37) HUGO, Monumenta 1, S. 3. Auch bei BOUQUET, Recueil 19, S. 604.

38) MANSI, Amplissima collectio 22, Sp. 1087–1090. So gelegentlich auch noch in neuester Literatur, z. B. VAN CLEVE in: SETTON, Crusades 2, S. 381, da er die Synode vor Simons Ernennung zum Kreuzprediger vom Dezember 1216 stattfinden läßt.

39) GREVEN, Frankreich S. 50–52.

40) CARTELLIERI, Philipp II. August 4, 2, S. 518–523.

41) Fortsetzung des Roger von Hoveden 2, S. 235.

in Frankreich, fällt, während der Brief des Gervasius auf März bis Juni 1217 zu datieren ist, so daß er sich an Honorius III. gerichtet haben muß. Grevens Argumentation hat für sich, daß man dadurch nicht nur zu einem in der Sache voll plausiblen Brief des Gervasius kommt, sondern auch zu einem vernünftigen chronologischen Ablauf, denn anders wäre Simon von Maugastel schon im April 1216 mit dem Kreuzzug befaßt gewesen, mit dessen Organisation er unzweifelhaft erst im Dezember 1216 betraut wurde (siehe oben S. 348).

In Melun wurde Simon mit Anträgen bestürmt, den auf dem Konzil von 1215 beschlossenen Aufbruchstermin vom Papst hinausschieben zu lassen, beschied dies aber ablehnend mit der Auskunft, der Papst habe die Konzilsbeschlüsse nicht geändert. Ob man denn dann wirklich im laufenden Jahr aufbrechen müsse, fragte man weiter, worauf Simon erklärte, er habe keinerlei Vollmacht, den Termin abzuändern, noch habe sonst jemand eine derartige Vollmacht vom Papst erhalten. Gervasius berichtet weiter, daß die Magister der Universität Paris die Situation noch anheizten, als sie erklärten, alle, die nicht im laufenden Jahr aufbrächen, sündigten tödlich und verwirkten das Kreuzfahrerprivileg und den Ablaß, selbst wenn sie später doch noch reisten. Die Magnaten, die großenteils nicht aufbrechen wollten, kümmerten sich darum nicht weiter, aber das kleine Volk war schwer getroffen, weil die Barone und die Städte sofort erklärten, die Bleibenden würden, wenn sie nicht aufbrächen, vom Aufbruchstermin an sofort wieder besteuert wie vor der Kreuznahme, aber ohne die Führung durch die Magnaten konnten sie allein ja nicht ziehen. Bald nach dem Konzil, so schreibt Gervasius dem Papst, habe der Erzbischof von Tyrus mit dem französischen König über den Kreuzzug verhandelt und darüber dem Papst schriftlich berichtet. Solche Verhandlungen, bei denen Simon den päpstlichen Standpunkt vertreten hatte, erwähnte auch der Papst in einem Brief vom 21. April 1217[42].

Später im Jahre 1217 schrieb Simon dem Abt Gervasius einen sehr barschen und unfairen Brief[43]. Bei seiner Rückkehr aus Flandern habe er von den Kanonikern von Noyon und Châlons viele Klagen über Gervasius gehört, weil dieser die ihm übertragene Aufgabe, den Kreuzzug in dieser Gegend zu befördern, weder selbst noch durch Vikare erledigt habe. Auch wenn er krank sei, habe er binnen eines Monats seine Arbeit dort zu beginnen. Das war deshalb so unfair, weil kaum ein anderer in Frankreich sich so für den Kreuzzug eingesetzt hat wie der Abt von Prémontré. Aus dem

---

42) PRESSUTTI, Regesta Honorii III nº 524.
43) RRH nº 905/I mit ganz verkehrt regestiertem Inhalt. HUGO, Monumenta 1, S. 34 nº 33.

Antwortschreiben des Gervasius[44] erfahren wir, daß die übertragene Arbeit Gervasius unmöglich behagen konnte. Er sollte nämlich gegen Geld für die Kreuzzugssache Kleriker und Frauen von ihrem Gelübde dispensieren. Er tat dies offenbar so widerwillig, daß Simon ihn ablösen mußte, wofür Gervasius herzlich dankte, denn die Lösung von Gelübden war die Sache dieses Aktivisten nicht. Jetzt teilte er Simon mit, wo er das pflichtgemäß vor seiner Ablösung kassierte Geld in den Diözesen Noyon und Châlons deponiert habe. Er selbst werde jetzt nach Deutschland gehen, aber wenn möglich nach seiner Rückkehr etwa Mitte Oktober 1217 (*circa octavam b. Dionisii*) Simon berichten, *antequam recederetis a partibus Gallicanis.*

5. Simon als Erzbischof von Tyrus

Trotz all dieser Bemühungen kam der größte Teil der französischen Kreuzfahrer erst im Herbst 1218 in Damiette an. Simon war nicht bei ihnen und auch nicht mehr in Europa, und Gervasius kann ihn nicht mehr gesprochen haben, denn im Sommer oder Herbst 1217 ist er ins Hl. Land zurückgekehrt. Ende Oktober 1217 nahm er an dem großen Kriegsrat in Akkon teil, der nach dem Eintreffen der Könige von Ungarn und Zypern und des Herzogs von Österreich über den Fortgang des Fünften Kreuzzuges verhandelte und beschloß, den Lateranbeschluß von 1215 über den Angriff auf Ägypten jetzt in die Tat umzusetzen. Dabei wird der Erzbischof von Tyrus mit seinem vollen Namen Simon von Maugastel genannt[45]. Es verlautet nichts davon, daß Simon wie der Patriarch Radulf von Jerusalem mit nach Ägypten gezogen wäre. Vielmehr blieb er zurück in Tyrus.

Im Februar 1218 setzt eine Serie von Papstbriefen ein, die – jedenfalls in ihrer Gesamtheit – voraussetzen, daß Simon im Osten war (Pressutti, Regesta Honorii III n° 1094. 1141. 1294. 1298). Zwei davon betreffen die persönlichen Einkünfte Simons (PRESSUTTI n° 1094. 1141), um die er sich vom Abendland aus nicht kümmern konnte, die aber wichtig wurden für ihn, wenn er im Osten lebte. Zwei andere haben zu tun mit dem in voller Schärfe wieder entbrannten Streit um die tyrensische Markuskirche (PRESSUTTI n° 1294. 1298 vom Mai 1218), der ja geruht hatte, solange Simon *pro causa necessaria* in Frankreich das Kreuz predigte (siehe oben S. 348 Anm. 35), jetzt aber wieder in Gang kam, und auch außerhalb der Papst-

---

44) RRH n° 905/II. HUGO, Monumenta 1, S. 34 n° 34.
45) Estoire de Eracles S. 322 f.

register Wellen schlug[46]. Im Mai 1218 war der in Ägypten weilende Legat Pelagius vom Papst aufgefordert worden, für ein Urteil in der dornigen Frage zu sorgen, im November übertrug er die Urteilsfindung dem Abt des Zionsberges und dem damals in Akkon weilenden Bischof Heinrich von Mantua (PRESSUTTI n° 1298. RRH n° 916). Der Mantuaner lud in einem undatierten Schreiben Simon mit einer Frist von 10 Tagen vor, und die Ladung wurde am 8. Januar 1219 zugestellt (RRH n° 919. 920), so daß Simon damals im Osten war. Aus dieser Zustellung erfahren wir auch, daß Simon im Königreich Jerusalem der Vertreter des Legaten Pelagius war.

In den Papstbriefen, die sich mit Simon von Maugastel befassen, klafft von nun an eine Lücke bis Dezember 1221 (PRESSUTTI n° 3663). In den Briefen der Kreuzfahrer vom Nildelta vom Juni 1218 und vom November 1219 fehlt Simon als Mitabsender (RRH n° 911. 925), eben weil er in Akkon oder Tyrus war. Umgekehrt muß man dann schließen, daß er nicht in Palästina war, als am 1. Oktober 1220 der hohe Klerus des Königreichs Jerusalem, aber ohne Simon, den König von Frankreich über die bedrohliche Lage des Reiches unterrichtete (RRH n° 937). Simon könnte erneut nach Europa gegangen sein, obwohl er dort nicht nachgewiesen ist, etwa wegen des Streits um die venezianische Markuskirche in Tyrus, der seit spätestens 1175 noch jeden Erzbischof von Tyrus in Atem gehalten hatte, weil es, wie Favreau-Lilie richtig ermittelt hat, hier um wesentlich mehr ging als um die üblichen Auseinandersetzungen zwischen den Diözesanen und den italienischen Nationalkirchen in ihren exemten Quartieren. Nicht nur die Pfarrrechte von San Marco waren involviert, sondern der venezianische Pleban forderte für San Marco ein volles Drittel der bischöflichen Zehnten innerhalb und außerhalb von Tyrus, was um so mehr war, als im Orient ja üblicherweise nicht an eine Pfarrei, sondern zentral an den Bischof gezehntet wurde. Die Begründung dafür war, daß 1124 im Pactum Warmundi die Reichsregenten den Venezianern ein Drittel der Stadt und ihres Contado geschenkt hatten, was der König Balduin II. ein Jahr später bestätigt hatte (DD. RRH n° 102. 105), und Venedig hatte dies stets extensiv ausgelegt[47]. Es stand für die Erzbischöfe von Tyrus so viel auf dem Spiel, daß man es nicht von der Hand weisen darf, daß Simon der Sache wegen nach Europa reiste, sei es nach Rom, sei es nach Venedig, denn nachweislich versprach er 1221, notfalls, wenn man im Osten nicht zu einer Einigung komme, persön-

---

46) RRH n° 916–920 von 1218 November 25–1219 Januar 8. RRH n° 918–920 erstmals ediert bei FAVREAU-LILIE, Italienische Kirchen S. 91 n° 4, 92 n° 5. Außerdem die Prozeßvollmacht des Prokurators von San Marco in Venedig für den venezianischen Pleban in Tyrus von 1218 September 1, ebd. S. 90 n° 3.

47) Ebd. S. 51.

lich zum Dogen zu reisen, um den Konflikt zu beenden[48]. Diese Vereinbarung schloß er am 18. August 1221 in Tyrus, so daß er von einer eventuellen Europareise zwischen 1219 und Mitte 1221 damals jedenfalls wieder zurück war.

Nach der langen Pause von Anfang 1219 bis Mitte 1221 treffen wir Simon von Maugastel wieder öfters, bis Herbst 1225 stets im Hl. Land. Im Dezember 1221 erhielt er zusammen mit dem Patriarchen Radulf von Jerusalem und dem Erzbischof von Caesarea päpstliche Aufträge in Zypern, die mit der Stellung der orthodoxen Bischöfe zu tun hatten, was sich am 3. Januar 1222 wiederholte[49]. Im August 1224 kassierte der Papst eine frühere Entscheidung in einem Rechtsstreit zwischen einem zyprischen Adligen und der tripolitanischen Zisterze Belmont und beauftragte delegierte Richter aus dem Kapitel von Nikosia, gemäß noch früheren Anweisungen an den Erzbischof von Tyrus und die Bischöfe von Tripolis und Valania zu verfahren, die damals beauftragt worden waren, für die Beachtung des erstinstanzlichen Urteils zu sorgen, das der Erzbischof von Nikosia gefällt hatte[50]. Den Erzbischof von Nikosia hatte der Kardinallegat Pelagius (1218–1222) zum Richter bestellt, so daß sein Urteil innerhalb dieses Zeitraums erging, was aber für die Tätigkeit des Erzbischofs von Tyrus zeitlich nichts aussagt, zumal darauf erst eine Berufung des Adligen an den Papst erfolgt war.

Ein anderer wunder Punkt, vielleicht der wundeste, war für die Erzbischöfe von Tyrus seit der Landnahme der Kreuzfahrer und der Wiedererrichtung des lateinischen Erzbistums Tyrus der Umstand, daß ihnen die Kontrolle über die nördlichen Suffragane der Kirchenprovinz, die Bischöfe von Byblos, Tripolis und Tortosa, entzogen war, die dem Patriarchen von Antiochia gehorchten, während der Tyrenser faktisch als Suffragane nur Akkon, Baniyās, Sidon und Beirut hatte, die im Königreich und im Patriarchat Jerusalem lagen. Die Kurie wandte auch hier das Prinzip an, daß kirchliche Grenzen à la longue den politischen zu folgen hatten, was auf eine Teilung der Kirchenprovinz Tyrus in der beschriebenen Weise hinauslief, aber mit klaren Entscheidungen haben die Päpste in dem nicht endenwollenden Streit zwischen Jerusalem und Antiochia um die Zugehörigkeit der Kirchenprovinz Tyrus den gordischen Knoten nie durchschlagen, sondern sich immer aufs neue gewunden und einmal den Antiochener, einmal den Jerusalemitaner oder Tyrenser begünstigt, so daß die Sache zur Ruhe nicht kommen konnte, weil jede der Parteien dem Papst, wenn ihr eine ergangene

48) FAVREAU-LILIE, Italienische Kirchen S. 93 n° 6.
49) PRESSUTTI, Regesta Honorii III n° 3663. 3687.
50) Ebd. n° 5108.

Entscheidung nicht behagte, wieder eine Aufweichung des gerade gefällten Urteils abringen konnte. Auch Simon von Maugastel hatte sich natürlich damit auseinanderzusetzen. Am 19. Juli 1222 entschied der Papst, daß in dem Rechtsstreit des Patriarchen von Antiochia mit den Kirchen von Jerusalem und Tyrus um die Zuordnung der Bistümer Beirut und Sidon – Akkon wird nicht genannt – die Verjährung unterbrochen sei, und im folgenden Jahr am 18. April 1223, daß der Antiochener in dieser Sache solange keine Einreden gegen die Kirche von Tyrus machen dürfe, wie das Hl. Land in der Hand der Heiden sei[51].

Am 15. Mai 1222 verkaufte Simon von Maugastel das von seinem Onkel und Vorvorgänger Joscius ererbte Casale Livadi auf Zypern um 2200 Byzantiner an den Erzbischof von Nikosia, so daß die Klausel von 1197, das Dorf solle nach Simons Tod an die Kirche von Tyrus fallen, nicht mehr wirksam werden konnte[52]. Im Juni 1222 bemühte er sich mit dem Kardinallegaten Pelagius, dem Patriarchen Radulf von Merencourt und anderen Prälaten in Tyrus um die Wiederherstellung des Friedens zwischen Genuesen und Pisanern in Akkon (RRH n° 955). Im August 1222 vermittelte er erneut mit dem Legaten und dem Patriarchen, diesmal in einem Streit zwischen dem Kapitel vom Hl. Grab und den Johannitern um tyrischen Besitz (RRH n° 958a).

Noch im selben Herbst reiste der Legat nach Italien ab, mit ihm der König Johann von Brienne und der Patriarch Radulf von Jerusalem (siehe oben S. 312). Als zweithöchster Hierarch dürfte Simon den Patriarchen jetzt bis zu seiner Rückkehr 1223 vertreten haben. Im Dezember 1225 mußte diese Frage anders geregelt werden, denn damals war auch Simon in Europa, der Patriarch Radulf war tot, sein bereits bestellter Nachfolger Gerold sollte erst im Herbst 1227 in den Osten kommen. An sich war der Erzbischof von Caesarea der nächsthöchste Hierarch und auch im Lande[53], aber am 24. Dezember 1225 taucht der Magister Petrus, Prior der Grabeskirche, *tunc vicarius domini patriarche*, auf (RRH n° 973). Da Simon am kaiserlichen Hof blieb, vertrat der Prior der Grabeskirche den Patriarchen noch im Mai 1227 (RRH n° 981).

Auch der leidige Streit um die venezianische Markuskirche in Tyrus flammte wieder auf. Auch diese Phase hat Favreau-Lilie dargestellt[54]. Der venezianische Bailli in Syrien hatte dem Erzbischof Schreiben des Papstes

---

51) PRESSUTTI, Regesta Honorii III n° 4091. 4320.

52) RRH n° 944. Zum Datum siehe oben S. 311. Die Urkunde von 1197: RRH n° 737.

53) PRESSUTTI, Regesta Honorii III n° 5568. 5572. 5808.

54) FAVREAU-LILIE, Italienische Kirchen S. 63–65. Die Hauptquelle ebd. S. 93 n° 6.

und des Legaten Pelagius vorgelegt, deren Inhalt nicht bekannt ist. Simon spielte auf Zeit. Zunächst verlangte er Zeit, um sich mit seinem Klerus zu beraten. Als aber der Bailli auf einer Antwort bestand, erklärte der Erzbischof, er werde dem Papst und dem Legaten direkt schriftlich antworten, werde aber bis spätestens 8. September 1221 nach Akkon kommen, um über den Casus zu verhandeln. Sollte es dabei zu keiner Einigung kommen, werde er selbst im Frühjahr des folgenden Jahres nach Venedig zum Dogen reisen oder, falls er aus triftigen Gründen verhindert sei, einen Bevollmächtigten nach Venedig schicken. Der Bailli ließ diese Zusagen in Tyrus am 18. August 1221 beurkunden.

Ob die Verhandlungen in Akkon oder gar die Reise nach Venedig stattfand, ist unbekannt, auch wenn dem Schriftstück vom August 1221 zu entnehmen ist, daß der Erzbischof erstmals prinzipiell zum Einlenken bereit war, weil offenbar der päpstliche Druck zu stark wurde. Aber als im Herbst 1222 der Legat heimreiste, war Rom wieder weit. Jedenfalls war Simon von August 1221 bis August 1222 nachweislich im Hl. Land und blieb auch dort, als Legat, Patriarch und König im Herbst 1222 nach Italien fuhren (siehe oben S. 312). Im Frühjahr 1222 wie versprochen ist er persönlich also sicher nicht nach Venedig gereist.

Die Angelegenheit verband sich jetzt aber prozeßtaktisch mit den Vorbereitungen der Eheschließung zwischen dem Kaiser Friedrich II. und der jerusalemitanischen Thronerbin Isabella II., die im März 1223 in Ferentino verabredet wurde. Ein Jahr darauf erhielten nämlich der 1223 in den Osten zurückgekehrte Patriarch von Jerusalem, die Erzbischöfe von Tyrus und Nazareth und der Bischof von Akkon ein Schreiben des Papstes vom 1. März 1224, in dem er ankündigte, daß der Kaiser einen Gesandten nach Akkon schicken werde, um seinen Konsens zu der geplanten Eheschließung abzugeben und denjenigen Isabellas einzuholen[55]. Dieser Nuntius kam dann im Sommer 1225 in Gestalt des Bischofs Jakob von Patti, der im Oktober 1225 die Braut nach Italien geleitete, nachdem sie in Tyrus gekrönt worden war, wahrscheinlich vom Erzbischof Simon von Tyrus, da der Patriarch Radulf schon tot war (siehe oben S. 314–316), es sei denn, daß die Krönung bereits 1224 stattgefunden haben sollte.

Da der Erzbischof Simon von Tyrus im Oktober 1225 nachweislich mit Isabella nach Apulien mitreiste[56], liegt es auf der Hand, daß er im Gepäck auch alle Dossiers mitführte, die an der päpstlichen Kurie zu behandeln waren, und dazu gehörte natürlich die Auseinandersetzung um die Mar-

---

55) Pressutti, Regesta Honorii III n° 4831.
56) Estoire de Eracles S. 358.

kuskirche in Tyrus. Daß Simon mitreisen würde, war im Sommer 1225 in Venedig noch nicht bekannt, denn man fertigte damals dort Stephan Faletrus als Gesandten nach Akkon ab, um die venezianischen Forderungen dort zu vertreten, und gab ihm ein Dossier von elf einschlägigen Urkunden mit, wie sich aus dem venezianischen Liber comunis (plegiorum) ergibt[57]. Als Stephan in den Osten kam, konnte er offenkundig nichts erreichen, weil der Erzbischof im Herbst abreiste. Man mußte sich nun auch in Venedig auf einen kurialen Prozeß einstellen und schickte im Frühjahr 1226 den M. Storlatus als Gesandten an die Kurie und gab diesem nun sogar ein Dossier von nicht weniger als 27 Urkunden mit, aber man erreichte bei Honorius III. nicht mehr, als daß dieser den Gesandten anhörte, die Angelegenheit dann aber vertagte (*ut in tempus magis opportunum illud differatur*)[58]. Da Honorius III. 1227 starb, ruhte die Sache zunächst sehr lange, bis Innocenz IV. im Mai 1246 einem venezianischen Antrag stattgab, die tyrensische Markuskirche direkt dem Hl. Stuhl zu unterstellen[59], womit aber der Streit, der sich noch bis 1255 hinschleppte, noch nicht ausgestanden war[60].

6. Simon im Dienst des Kaisers

Im Zuge der Regierungsübernahme des Kaisers im Königreich Jerusalem im Anschluß an seine Hochzeit mit Isabella II. vom 9. November 1225 wurde Simon von Maugastel zum Kanzler des Königreichs Jerusalem ernannt, er blieb nicht etwa in einem Amt, das ihm schon der König Johann von Brienne verliehen hätte (siehe oben S. 341). In dieser Eigenschaft hat er im Januar 1226 DD. RRH n° 974. 975 des Kaisers und der Kaiserin unterfertigt, die ohne Ausstellort ergingen. Im Juli 1226 unterfertigte er als Kanzler noch Friedrichs D. RRH n° 978, ausgestellt in San Miniato in der Toskana. In BF 1684 vom 17. November 1226 nennt Friedrich II. den Simon noch *regni Hierosolymitani cancellarius*[61]. Weitere Tätigkeiten als Kanzler von Jerusalem sind nicht nachgewiesen, allerdings sind die nächsten erhaltenen Urkunden Friedrichs II. für Empfänger im Königreich Jerusalem erst vom Oktober

---

57) CESSI, Deliberazioni del Maggior Consiglio 1, S. 86–88.

58) PRESSUTTI, Regesta Honorii III n° 5962 vom 30. Mai 1226. CESSI, Deliberazioni del Maggior Consiglio 1, S. 97.

59) BERGER, Registres d'Innocent IV n° 3030 von 1247. Die ursprüngliche Urkunde des Papstes vom Mai 1246 ist im Archiv in Venedig verschollen und auch nicht gedruckt; FAVREAU-LILIE, Italienische Kirchen S. 66 Anm. 114.

60) Ebd. S. 65 f.

61) HUILLARD-BRÉHOLLES, Historia diplomatica Friderici secundi 2, S. 691.

1228 (DD. RRH n° 994. 995), als er bereits im Hl. Land auf dem Kreuzzug war, wohin Simon ihn nicht begleitete. Auch diese Tätigkeit war natürlich nur formal, er mag Taxen erhalten haben für Diplome, die seine Unterfertigung trugen, aber persönlich war er in die Beurkundung kaiserlicher Diplome für den Osten ganz sicher nicht involviert. Philippi hat behauptet, Simon sei an D. RRH n° 974 persönlich beteiligt gewesen, denn der Kanzlername sei nachgetragen[62], aber davon kann in beiden venezianischen Originalen[63] nicht einmal entfernt die Rede sein. Der Kanzlername ist jeweils von derselben Hand und in derselben Tinte ausgeführt und ist auch nicht gedrängt in einer Lücke nachgetragen.

Das Kanzleramt war eine Sinekure, denn natürlich hat der Kaiser den Kanzler-Erzbischof Simon, den wir verschiedentlich am kaiserlichen Hofe finden, unterhalten müssen. Er hat ihn deshalb auch zu Dienstleistungen herangezogen, die aber mit dem Hl. Land nichts zu tun hatten. Er hielt auch andere Bischöfe aus dem Osten an seinem Hof und spannte sie für seine Zwecke ein, nämlich den neuen Patriarchen von Jerusalem, Gerold von Valence, und den berühmten Bischof von Akkon, Jakob von Vitry. Diese beiden, insbesondere Gerold, tauchen in den Quellen öfter am kaiserlichen Hofe auf als Simon[64]. Sie mühten sich, die Sache des Kreuzzuges zu fördern, den der Kaiser 1225 im Vertrag von San Germano nun endgültig für August 1227 gelobt hatte. Auch Simon wird sich daran beteiligt haben, aber es ist nicht bezeugt.

Die Wiederbelebung der lombardischen Liga im März 1226 zwang den Kaiser zu einem Zuge nach Reichsitalien. Noch im Monat März stellte er in Rimini die berühmte Goldene Bulle für den Deutschen Orden aus, mittels deren er den Deutschordensstaat in Preußen begründete (BF 1598). Wegen seiner schon damals manifesten Bedeutung hatte das Diplom sehr viele Zeugen, darunter auch den Erzbischof von Tyrus[65]. Als am 10. Juni 1226 in Parma die Bischöfe mehrerer Länder, darunter auch der Patriarch von Jerusalem und der Bischof von Akkon, in einem Gutachten dem mit dem

---

62) PHILIPPI, Reichskanzlei S. 36 f.
63) Staatsarchiv Venedig, S. Maria dei Teutonici, busta 1 n° 23; busta 2 n° 24.
64) Zu Gerold siehe oben S. 338 Anm. 1.
65) In BF 1598 wird erwogen, daß die Zeugenliste vielleicht erst in Ravenna angereichert wurde, wenn die Urkunde dort ausgefertigt worden sein sollte, denn BF 1597 aus Rimini hat wesentlich weniger Zeugen. In Ravenna war der Kaiser ab 2. April; BF 1598a. Die Zweifel von WINKELMANN, Friedrich II. 1, S. 283 Anm. 6 an der Zeugenliste der Goldenen Bulle von Rimini, auch an der Nennung des Erzbischofs von Tyrus, sind nicht berechtigt, denn es wird sich sogleich zeigen, daß Simon entgegen der Annahme Winkelmanns bei dem kaiserlichen Zug nach Oberitalien doch dabei war.

Kreuzfahrerschutz beauftragten Bischof Konrad von Hildesheim zustimmend die Frage beantworteten, ob er die päpstlicherseits angedrohten Strafen für die Nichtbeachtung des Kreuzfahrerschutzes, der dem Kaiser zustand, gegen die Lombarden einsetzen müsse, wird der Erzbischof von Tyrus nicht genannt (BF. 1624). Aber er war wohl nur kurzfristig abwesend. Ende Juni 1226 wurde nämlich in Mercaria ein letzter Einigungsversuch mit den Lombarden unternommen, und der Kaiser selbst nannte im August den Erzbischof von Tyrus als einen seiner Vermittler[66].

Der Versuch blieb erfolglos. Konrad von Hildesheim verhängte über die Liga den Kirchenbann, der Kaiser die Reichsacht, aber es gebrach ihm an den Machtmitteln, die Acht auch zu vollstrecken. Friedrichs Intervention in der Lombardei war gescheitert. Die Reichsacht wurde am 11. Juli 1226 feierlich in der Hauptkirche von Borgo San Donino verkündet (BF 1658), und Simon von Maugastel war sicherlich dabei, denn noch im Juli 1226 vidimierte er zusammen mit dem Patriarchen Gerold von Jerusalem und dem Bischof Jakob von Akkon, *cum essemus ... in Ytalia apud Burgum sancti Domnini in presentia domni imperatoris personaliter constituti*, eine Urkunde, die der Kaiser etwas früher dem Bischof Konrad von Hildesheim ausgestellt hatte[67]. Als der Kaiser in der zweiten Julihälfte die Lombardei verließ, zog das Trio Gerold, Simon und Jakob mit ihm und erscheint in der Toskana in San Miniato noch im Juli 1226 in D. RRH n° 978. Simon von Maugastel blieb mit der lombardischen Sache weiter befaßt. Am 17. November 1226 bestellte der Kaiser ihn und den Erzbischof von Reggio sowie den Deutschordensmeister Hermann von Salza zu seinen Bevollmächtigten in einem päpstlichen Schiedsgerichtsverfahren über den Streit zwischen dem Kaiser und der Liga. Noch im Dezember wurde man sich einig, und am 5. Januar 1227 verkündete der Papst seinen Schiedsspruch[68].

Man weiß, daß der ernsthafte Versuch des Kaisers, im September 1227 vertragsgemäß den Kreuzzug anzutreten, an einer schweren Erkrankung scheiterte, die ihn zwang, sich in die Bäder von Pozzuoli zurückzuziehen, und man weiß auch, welche verheerenden politischen Folgen für den Kaiser daraus erwuchsen. Aber selbst der Patriarch Gerold und der Bischof von Akkon, die an einer im September 1227 in Otranto abgehaltenen Ratsversammlung über die Frage teilnahmen, hatten ihm nicht angeraten, trotz seiner Krankheit die beschwerliche Schiffsreise auf sich zu nehmen[69]. Si-

---

66) BF 1674; HUILLARD-BRÉHOLLES, Historia diplomatica Friderici secundi 2, S. 676.
67) BF 1617. 1661. RRH n° 977a.
68) BF 1684; Richard von San Germano, Chronica S. 139; MGH Epp. saec. XIII 1, S. 246 n° 327.
69) Bericht des Kaisers vom 6. Dezember 1227; BF 1715: *tam principes quam alias*

mon wird bei diesen Verhandlungen nicht genannt und war auch sicher nicht dabei, denn mit dem trotz des Kaisers Krankheit in den Osten fahrenden Heer – ein anderer Teil war schon vorausgesegelt – fuhr jetzt nur der Patriarch Gerold ins Hl. Land, dem der Kaiser 50 Galeeren zur Verfügung stellte, von denen er nur 20 benötigte[70]. Jakob von Vitry, der Bischof von Akkon, blieb im Abendland. Er hat sein Bistum Akkon nach 1225 nicht mehr gesehen und gab es 1228 auf[71]. Er begab sich unter die Fittiche des Papstes und wurde 1229 Kardinal. Hamilton hat mit Recht darauf hingewiesen, daß es bei Simon keinerlei Anzeichen dafür gibt, daß auch er im Herbst 1227 in den Orient zurückgekehrt sei[72]. Beide, Jakob und Simon, fehlen als Absender in dem Bericht, den der Patriarch Gerold zusammen mit den Erzbischöfen von Caesarea, Nazareth und Narbonne und den Bischöfen von Winchester und Exeter nach Gerolds Ankunft in Akkon an den Papst schrieb[73]. Simon war ja schon in Otranto nicht mehr dabeigewesen, und als Friedrich II. am 29. September 1227 exkommuniziert wurde, hatte er auch einen Anlaß, sich vom Kaiser zu absentieren. Jedenfalls muß er irgendwann in diesen Jahren auf die päpstliche Seite übergegangen sein, da er als Kaisertreuer die Karriere, die ihm noch bevorstand, nicht gemacht hätte. Auch darf man nicht außer Acht lassen, daß sich des Kaisers verfassungsrechtliche Stellung im Hl. Land mit dem Tode Isabellas II. Anfang Mai 1228 verschlechterte. Er war in palästinensischer Sicht nur noch Regent, betrachtete sich selbst aber weiterhin als König. Man kann sich schwer vorstellen, daß Simon sich als Kanzler in diesen Zwiespalt hätte hineinziehen lassen, so daß eine Abdankung als Kanzler 1227 oder 1228 nicht unwahrscheinlich ist, auch wenn sie nicht bezeugt ist.

---

illustres personas orientalium partium, que presentes nobiscum aderant super nostro transfretationis proposito consulentes, qui viso et inspecto statu persone nostre ... consulendum de transitu non viderunt. Der Patriarch und der Bischof von Akkon bezeugten um diese Zeit in Otranto BF 1710.

70) Bericht des Kaisers vom 6. Dezember 1227; BF 1715; HUILLARD-BRÉHOLLES, Historia diplomatica Friderici secundi 3, S. 44; Estoire de Eracles S. 364.

71) FUNK, Jakob von Vitry S. 55–57.

72) HAMILTON, Latin Church S. 257.

73) RRH n° 984, inseriert in einem Papstbrief vom 23. Dezember 1227 = POTTHAST 8090.

7. Simon als lateinischer Patriarch von Konstantinopel

Die Krönung der Laufbahn Simons von Maugastel kam erst jetzt, als der Papst Simon zum lateinischen Patriarchen von Konstantinopel ernannte. Das Jahr ist umstritten. Santifaller tritt ein für 1227, da von einem Wahlakt nichts verlautet und nach dem Tod des Patriarchen Matthaeus 1226 wegen der Uneinigkeit des Wahlkörpers die Neubesetzung in päpstliche Hände kam. Der Papst ernannte im Dezember 1226 den Erzbischof von Besançon, Johannes Halgrin, der die Übernahme des Amtes aber verweigerte, dennoch nicht in Ungnade fiel, jedenfalls nicht beim neuen Papst Gregor IX., der ihn im September 1227 zum Kardinal ernannte[74]. Gregor IX. brauchte also keine neue Wahl anzuordnen, sondern konnte eine neue Ernennung vornehmen, und seine Wahl fiel auf den Erzbischof Simon von Tyrus. In den Papstregistern begegnet er als Patriarch erst am 20. Juli 1229[75]. Hier bekommt er Rechte, die nach Wolff einem Patriarchen üblicherweise gleich nach der Ernennung verliehen wurden, nämlich die Zahl der Bistümer zu reduzieren, was angesichts der Verarmung der Kirchen der Romania eine bittere und ständig akute Notwendigkeit war[76]. Deshalb hat Wolff Simons Erhebung zum Patriarchen auch erst in die Mitte des Jahres 1229 verlegt[77], aber nicht nur erklärt dieser späte Ansatz nicht, warum der Papst, in dessen Hand die Ernennung ja allein lag, so lange gezögert hat, sondern Wolff übersieht hier auch, was er zwei Seiten später (S. 285) weiß, daß schon im April 1229, als in Perugia der Vertrag zwischen den Vertretern des lateinischen Kaiserreiches und dem entmachteten König von Jerusalem, Johann von Brienne, über Johanns Wahl zum Mitkaiser von Konstantinopel geschlossen wurde, Simon bereits Patriarch von Konstantinopel und in Perugia anwesend war[78]. Auch kann man nicht davon sprechen, daß alle Patriarchen von Konstantinopel das Recht, die Zahl der Bistümer zu verkleinern, sogleich nach ihrer Erhebung erhalten hätten, denn die Urkunde Auvray n° 328 ist die älteste erhaltene dieser Art. Zwar beruft sie sich auf einen oder mehrere Vorgänge unter Innocenz III., aber es ist nicht bekannt, zu welchem

---

74) PRESSUTTI, Regesta Honorii III n° 6123, gedruckt bei SANTIFALLER, Beiträge S. 201-203. Alberich von Troisfontaines, Chronica, MGH SS 23, S. 919. SANTIFALLER, Beiträge S. 35 f.
75) AUVRAY, Registres de Grégoire IX n° 328.
76) WOLFF, Organization S. 44-60.
77) WOLFF, Politics S. 283; WOLFF, Organization S. 46.
78) AUVRAY, Registres de Grégoire IX n° 290. TAFEL - THOMAS, Urkunden 2, S. 265 n° 273: *in nostra et fratrum nostrorum nec non et venerabilis fratris nostri patriarche Constantinopolitani presentia* (S. 265).

Zeitpunkt in einem Patriarchalpontifikat Innocenz jeweils dieses Privileg gewährt hatte. Der Papstbrief Auvray n° 328 vom Juli 1229 ist also nicht ausgelöst worden durch die Erhebung Simons zum Patriarchen. Es kommt noch etwas anderes hinzu. Am 10. Oktober 1231 wies der Papst den Erzbischof von Patras und die Bischöfe von Coron und Argos an, den vom Papst bereits bestätigten Elekten von Korinth zum Bischof zu weihen[79]. Der Elekt habe sich nämlich seit über drei Jahren nicht zum Patriarchen von Konstantinopel und päpstlichen Legaten begeben können, um die Weihe zu erhalten, und zwar wegen der Entfernung, wegen des Krieges und der Gefahr auf den Straßen. Der Korinther wurde also 1228 gewählt, als ein Patriarch von Konstantinopel im Amt war, der auch päpstlicher Legat war. Das ist Simon, denn vor ihm hatte kein lateinischer Patriarch von Konstantinopel zugleich eine päpstliche Legation (siehe unten S. 363). Mitte 1229 als Wahltermin für Simon ist also ausgeschlossen, er muß Ende 1227 oder 1228 erhoben worden sein.

Über Simons Amtsführung am Goldenen Horn ist nichts bekannt über die wenigen Papstschreiben Gregors IX. hinaus, die sich mit ihm befassen. Im Mai 1231 saß Simon am Bosporus, denn der Papst kündigte ihm für August die Ankunft Johanns von Brienne in Konstantinopel an, wo Simon ihn zum Kaiser krönte[80]. Im September 1232 bewilligte ihm der Papst, falls er als Pilger nach Syrien reise, dürfe er dort an denselben Tagen das Pallium gebrauchen wie der Patriarch von Jerusalem und die dortigen Erzbischöfe[81]. Was Simon dort noch wollte, ob er dort noch Privatvermögen hatte, um das es sich zu kümmern galt, ob er Verwandte besuchen wollte oder ob er gar in die Auseinandersetzungen zwischen dem Kaiser und den palästinensischen Baronen eingreifen wollte, wissen wir nicht. Jedenfalls wird er kaum echte Pilgergelüste gehabt haben, denn die Pilgerstätten des noch christlichen Vorderen Orients muß er ja schon als Erzbischof von Tyrus besucht haben.

Es hatte auch gleich Streit gegeben zwischen dem Patriarchen und seinem Kapitel. Er hatte sieben seiner Kanoniker exkommuniziert, dies dann aufgehoben, ihnen aber ihre Pfründen vorenthalten. Der Papst wies ihn und andere am 13. Oktober 1232 an, die in ihren Rechten verletzten Kanoniker wieder in ihre Benefizien einzusetzen oder aber selbst nach Rom zu reisen, um darzulegen, warum die Pfründen nicht restituiert werden sollten. In der Zwischenzeit waren bis zu einer endgültigen Entscheidung jedem der sieben

---

79) AUVRAY, Registres de Grégoire IX n° 729.
80) Ebd. n° 656; LONGNON, Empire S. 171.
81) AUVRAY, Registres de Grégoire IX n° 862.

Kanoniker pro Monat vier Hyperpern auszuzahlen, obwohl über ihre alten Pfründen anderweitig verfügt worden war, dieses Einkommen für die Monatsgehälter also nicht zur Verfügung stand[82].

Wohl im Jahre 1232 wurde Simon mit einem delikaten Eheprozeß befaßt. Es klagte eine Isabella von Clairmont, sie sei ihrem rechtmäßigen Gatten weggenommen und einem anderen zwangsweise anvermählt worden, der die Ehe mit ihr auch konsumiert und sie *ad ignotas et barbaras nationes* verbracht habe. Erst nach fünf Jahren sei sie wieder in die Hauptstadt gekommen, befürchtete allerdings, sie müsse wieder in die Barbarei, wenn sie ihren Peinigern nicht zu Willen sei. Deshalb beeidete sie vor dem Patriarchen Simon, sie habe der Zweitehe zugestimmt. Danach befreite sie sich irgendwie (*reddita libertati*), widerrief nun ihren Eid und begehrte vom Patriarchen, ihrem ersten Mann zurückgegeben zu werden, da die Zweitehe durch Gewalt und Erzeugung von Furcht erzwungen worden sei. Der Patriarch wollte in der Sache aber nicht urteilen, weil Isabella ja vor ihm ihre Zustimmung zu der Zweitehe beeidet hatte. Am 20. Februar 1233 setzte der Papst drei delegierte Richter ein, die die Angelegenheit, von der wir den Ausgang nicht kennen, bereinigen sollten[83].

Am 14. März 1233 setzte Gregor IX. eine Anordnung Honorius' III. außer Kraft, der dem lateinischen Kaiser ein Ernennungsrecht für die Vorsteher von 32 hauptstädtischen Propsteien zugebilligt hatte. Dies verletzte die Rechte des Patriarchen, der angewiesen wurde, die so ins Amt Gekommenen aus ihren Ämtern zu entfernen und diese mit geeigneten Personen zu besetzen[84]. Die Frage hatte eine erhebliche Bedeutung. Schon seit dem 1204 gleich nach der Eroberung auf den Thron gekommenen Kaiser Balduin I. beanspruchten die Kaiser für diese Kirchen das Recht auf die Ernennung der *praepositi*, und zwar aus gutem Grunde. Vor der Eroberung Konstantinopels hatte man im Märzvertrag von 1204 festgelegt, diejenige Partei, die bei der Kaiserwahl unterliege, solle die Kanonikate des Kapitels der Hagia Sophia besetzen. Da nun die französische Partei sich mit der Wahl des Flandrers Balduin I. durchgesetzt hatte, ja selbst die sechs venezianischen Wähler für ihn gestimmt hatten, um die Wahl von Bonifaz aus dem traditionell mit Genua verbündeten Haus der Markgrafen von Montferrat zu verhindern, kam Venedig beim Kapitel zum Zuge. Die Absicht war natürlich, mittels eines venezianisch dominierten Domkapitels eine Abfolge venezianischer

---

82) AUVRAY, Registres de Grégoire IX n° 944. 945.
83) Ebd. n° 1138; Wolff, Politics S. 287.
84) AUVRAY, Registres de Grégoire n° 1184.

Patriarchen sicherzustellen, und der erste, Thomas Morosini, war ja auch ein Venezianer.

Die Regelung war in jeder Hinsicht unkanonisch, und die Rechnung konnte bei Innocenz III. nicht aufgehen. Er legte fest, daß an der Patriarchenwahl neben dem Domkapitel auch die Vorsteher der 32 Propsteien zu beteiligen seien[85]. Das begründete natürlich ein vitales Interesse der Kaiser an der Ernennung der *praepositi*, denn nun ernannten sie ausschließlich Franzosen, um die Venezianer im Wahlkörper lahmzulegen. Wem das Recht zur Ernennung der *praepositi* zustehe, war fortan heiß umkämpft und beanspruchte die Aufmerksamkeit der Päpste und ihrer Legaten. Das venezianische Monopol auf dem Patriarchenstuhl bröckelte denn auch. Gervasius, der zweite Patriarch, war ein Venezianer, aber der Kandidat der französischen Partei. Wegen Uneinigkeit des Wahlkörpers wurde er vom Papst providiert. Dies gilt auch für den dritten Patriarchen Matthaeus, der gleichfalls ein Venezianer war und 1226 starb. Als nächsten ernannte der Papst Johannes Halgrin, einen Pikarden, der die Wahl aber ablehnte[86].

Überdies regierten die Päpste mittels Laterallegaten von großer Energie (Petrus Capuanus, Benedikt von S. Susanna, Pelagius von Albano, Johannes Colonna) über den Kopf der Patriarchen hinweg direkt in die Angelegenheiten der konstantinopolitanischen Kirche hinein. Erst unter Simon änderte sich das, denn er erhielt als erster lateinischer Patriarch eine ständige Legation, mit der er seit dem Papstbrief vom 8. Mai 1231[87] in allen Papstbriefen bis zu seinem Tode erscheint. Wahrscheinlich war er aber bereits seit seiner Wahl päpstlicher Legat (siehe oben S. 361), auch wenn er in dem Papstbrief vom 20. Juli 1229[88] so nicht bezeichnet wird. Jedenfalls erhielt sein Nachfolger Nikolaus von Castro Arquato seine Legation 1234 August 12[89], was zugleich der erste Nachweis für Nikolaus als Patriarch ist. Bei dem Percheron Simon von Maugastel konnte sich der Papst auch darauf verlassen, daß er keine Venezianer ernennen werde, wenn er ihm die Ver-

---

85) POTTHAST 2508. Voller Text in der Bestätigung Honorius' III. vom März 1218; PRESSUTTI, Regesta Honorii III n° 1174. Edition bei WOLFF, Politics S. 297. Zur Frage der Propsteien siehe ebd. S. 229, 244–246, 287 f., 297.

86) Nach Simon von Maugastel, der statt des Johannes Halgrin kam, wurde dann mit Nikolaus von Castro Arquato ein Piacentino Patriarch, und erst der letzte Lateiner auf dem Patriarchenstuhl, Pantaleon Giustiniani, war wieder ein Venezianer und der Kandidat des Dogen.

87) AUVRAY, Registres de Grégoire IX n° 656.

88) Ebd. n° 328.

89) Ebd. n° 2049.

fügung über die Vorsteher der 32 Propsteien in die Hände spielte, was eben ein kanonischeres Verfahren war als die Präsentation durch den Kaiser[90].

Die päpstliche Entscheidung hätte im Prinzip dem Patriarchen Simon die Möglichkeit eröffnet, sich eine starke Klientel im Klerus von Konstantinopel zu bilden, aber dazu kam es nicht mehr, denn Simon starb noch in der ersten Hälfte des Jahres 1233[91]. Zugleich entschied der Papst, daß der konstantinopolitanische Kanoniker Johannes dictus Ferro in seine dortige Pfründe wieder einzusetzen sei, die ihm Simon wie den erwähnten sieben anderen (siehe oben S. 361) entzogen hatte[92]. Johannes hatte sich nach Venedig zurückgezogen, woher er stammte. Dank des Entgegenkommens des Bischofs von Castello hatte er sich als dessen Erzpriester und später als Prior eines ungenannten Priorats durchgeschlagen, beiden Würden aber entsagt. Der Papst hatte wegen seiner und seiner Leidensgenossen Angelegenheit den Patriarchen Simon vor sein Gericht geladen, wo es aber zu keiner Verhandlung mehr kam, eben weil Simon starb. Der Patriarch, dem schon in Tyrus die Venezianer das Leben sauer gemacht hatten, war auch in Konstantinopel dem langen Schatten Venedigs nicht entgangen.

Es ergibt sich abschließend für Simon von Maugastel folgender tabellarischer Lebenslauf:

vor 1197 November 22	Einwanderung ins Hl. Land
1215 vor November	Erhebung zum Erzbischof von Tyrus
1215 November	beim Vierten Laterankonzil
1216 August – nach 1218 Februar	Verwalter des Bistums Sidon
1216 Dezember 5	an der Kurie. Ernennung zum Kreuzzugsprediger in Frankreich
1217 Januar/Februar – 1217 Sommer/Herbst	Kreuzzugspredigt und Kreuzzugsorganisation in Frankreich und Flandern. Dann Reise ins Hl. Land
1217 Ende Oktober	Teilnahme am Kriegsrat in Akkon

---

90) WOLFF, Politics S. 283, 288, der ebenso wenig wie Santifaller die Frage der Herkunft Simons von Maugastel lösen konnte, hat den Papstbrief AUVRAY, Registres de Grégoire IX n° 1184 als Hinweis benutzt, daß Simon kein Venezianer war.

91) Alberich von Troisfontaines, Chronica, MGH SS 23, S. 933. SANTIFALLER, Beiträge S. 37 Anm. 4 hat das in der älteren Literatur, auch in den Bischofslisten von Gams und Eubel, genannte Todesjahr 1232 widerlegt. Auch WOLFF, Politics S. 289 ist für „early 1233". Am 13. April 1234 bezeichnete Gregor IX. den Patriarchen Simon als verstorben; AUVRAY, Registres de Grégoire IX n° 1893.

92) Ebd. n° 1893 vom 13. April 1234.

1218 März	Inhaber von Pfründen in den Kirchen von Antiochia und Tripolis
zwischen Frühjahr 1219 und Mitte 1221	möglicherweise Reise nach Europa
Mitte 1221 – Herbst 1225	im Hl. Land
1225 Oktober	Reise nach Brindisi zum Kaiser
1225 November	Ernennung zum Kanzler des Königreichs Jerusalem
1226	diplomatische Tätigkeit für den Kaiser in der Lombardenfrage
1227/1228 (?)	Abdankung als Kanzler von Jerusalem (?)
1227 (1228)	Ernennung zum lateinischen Patriarchen von Konstantinopel
1231 vor Mai 8 (1228 ?)	Ernennung zum ständigen päpstlichen Legaten
1233 erste Hälfte	Tod Simons von Maugastel

8. Weitere Titularkanzler und Titularvizekanzler von Jerusalem

Nun war schon Simon von Maugastel ein Kanzler ohne Kanzlei. Dennoch sollte er als Kanzler von Jerusalem noch Nachfolger haben, deren Würde aber noch fiktiver war als die seine, denn anders als er kamen sie nie ins Hl. Land und unterfertigten auch nie Urkunden als Kanzler von Jerusalem[93]. Den ersten in dieser Liste später Kanzler muß man allerdings ganz streichen, Ducange setzte ihn im 17. Jahrhundert in die Welt, und La Monte hielt 1932 an ihm fest, aber ein Kanzler von Jerusalem war er nie. Im Jahre 1234 erscheint als Prokurator des Johannitermeisters ein gewisser Robertus Pisanus *iudex, filius quondam Maregnani cancellarii*, und aus dem Vater haben Ducange und La Monte einen Kanzler von Jerusalem gemacht[94]. Das Richtige hat Hiestand erkannt, wenn auch ohne Kenntnis der jerusalemitanischen Putativkanzlerschaft: Marignanus war Kanzler der Kommune von Pisa, und zwar ein durchaus gut bekannter, den Garzella für 1164–1185 als pisanischen iudex und Notar nachgewiesen hat und der 1179 Kanzler von Pisa wur-

---

93) Ich habe es bei diesen Titularkanzlern auf Vollständigkeit nicht abgesehen und gehe auch über das 14. Jahrhundert nicht hinaus – falls der bloße Titel eines Kanzlers von Jerusalem wie der eines dortigen Königs noch länger durch die Jahrhunderte hindurch existiert haben sollte.

94) RRH n° 1057; DUCANGE – REY, Familles S. 636; LA MONTE, Feudal Monarchy S. 256.

de[95]. Den Diplomen von Jerusalem kam er nie näher als mit seiner Unterschrift, mit der er zusammen mit anderen pisanischen Notaren Einzelkopien zweier Urkunden der Könige Balduin III. und Amalrich beglaubigte[96].

Der nächste aus diesem Schattenreich war wenigstens wirklich Titularkanzler von Jerusalem. In der Briefsammlung des Petrus de Vinea aus dem 13. Jahrhundert, und zwar schon in ihrer wahrscheinlich ältesten Form, der sogenannten Kleinen Fünfteiligen Sammlung, findet sich eine auch anderweitig in ungeordneten Sammlungen des Petrus de Vinea und im Formelbuch des Notars Henricus Italicus aus dem Anfang des 14. Jahrhunderts überlieferte undatierte Urkunde, die auch des Ausstellers ermangelt[97]. Aber es wird in ihr ein *G. de Ocra dilectus et fidelis noster* zum *cancellarius hereditarii regni nostri Ierosolimitani* bestellt *cum omnibus iuribus et pertinenciis* wie sie mit dem Amt im Königreich Sizilien verbunden sind. Es ist die einzige erhaltene Ernennungsurkunde eines Kanzlers des Königreichs Jerusalem, wobei freilich dahinsteht, ob die Vorgänger dieses Kanzlers ähnliche Urkunden überhaupt erhielten. Es kann sich bei dem Aussteller nur um den Staufer Konrad IV. handeln, über dessen Kanzler Walter von Ocra Hartmann eingehend gehandelt hat[98]. Er stammte aus dem Hause der Abruzzengrafen von Alba und Ocra. Seit 1251 war er Konrads Kanzler im Königreich Sizilien. Er hatte den Magistertitel und diente als Notar schon dem Kaiser Friedrich II., für den er 1236 in England diffizile Verhandlungen führte, wohin der Kaiser ihn auch in den folgenden Jahren bis 1248 öfter schickte. Daneben erscheint er schon 1238 einmal in der Umgebung Konrads IV. als

---

95) HIESTAND, Iudex S. 79 f.; GARZELLA, Marignani, in: ROSSETTI, Pisa S. 74, 113–115, Stammbaum nach S. 70.

96) DD. RRH n° 322. 467. In den Drucken bei Müller ist die monogrammartige, aber deutlich lesbare Unterschrift im ersten Fall zu Hibignanus verlesen, im zweiten Fall gar nicht entziffert.

97) BF 4628; Petrus de Vinea, Epistolarum libri VI hg. v. ISELIUS 2, S. 171 (statt richtig 161) als Brief lib. VI epist. 4. Der Name steht richtig in der Hs. Bayerische Staatsbibliothek, München clm 14439 fol. 71ʳ von 1317. In den anderen mir bekannt gewordenen Hss. ist der Name in verschiedener Weise, jeweils aber völlig verderbt. Von der Sache her ist aber auch dort ein Zweifel am Empfänger nicht möglich. Wie mir Prof. Hans Martin Schaller (München) mitteilt, sind ihm noch weitere Hss. bekannt, in denen der Name richtig und ausgeschrieben steht. Herrn Schaller bin ich auch sonst für vielfache Auskünfte über das Stück und die Sammlung zu Dank verpflichtet.

98) HARTMANN, Urkunden Konrads IV. S. 135–146. Siehe auch (ROSSI), Memoriale, passim. Ferner SCHALLER, Hofkapelle S. 497 f. n° 21; DERS., Kanzlei Friedrichs II., Teil I, S. 262 n° 13. RÖHRICHT, Geschichte S. 874 Anm. 5 und, ihm folgend, RICHARD, Royaume latin S. 272 nennen ihn fälschlich Wilhelm von Ocra.

imperialis curie notarius et capellanus (BF 4389), 1243 war er in Frankreich, zwei Jahre später als kaiserlicher Vertreter beim Konzil von Lyon, 1247 in Savoyen. Als Elekt in Capua hat er sich 1247 wegen des päpstlichen Widerstandes nicht durchsetzen können.

Kaum war Friedrich II. gestorben, da ernannte Konrad IV. den Walter von Ocra zu seinem Kanzler für Sizilien (ab BF 4564 von November 1251). Auch Konrad diente er als Diplomat. Gegen Ende der Regierung des am 21. Mai 1254 verstorbenen Konrad IV. muß dann die Ernennung zum Kanzler von Jerusalem erfolgt sein, denn im Januar 1254 ist sein Titel allein der eines Kanzlers von Sizilien (BF 4624), aber im Januar 1255 führt er unter dem König Manfred und bis zum Juli 1259 den Titel *regnorum Ierusalem et Sicilie cancellarius*[99]. Seine diplomatische Tätigkeit dauerte auch jetzt unter Manfred an. Im März 1259 legte Walter den Titel eines Kanzlers von Jerusalem ab oder erhielt ihn entzogen, ohne daß man über den Vorgang Genaueres wüßte. Er hat dann von März 1259 bis März 1263, als er vermutlich starb, nur noch den Titel eines Kanzlers von Sizilien geführt[100], anfangs allerdings schwankt die Titulatur, wohl wegen alter Gewohnheit der Schreiber, wie Hartmann vermutete[101]. Aber natürlich war der jerusalemitanische Kanzlertitel des Walter von Ocra ein „presque rien" und diente nur der fürstlichen Selbstdarstellung, unter Manfred noch mehr als unter Konrad IV.

Karl von Anjou ernannte zwar keinen Kanzler mehr für Jerusalem, nachdem er 1277 die Rechte auf das Königreich angekauft hatte, wohl aber einen Vizekanzler, denn als im Januar 1278 vor Karl über die Mitgift der künftigen Gemahlin Boemunds VII. von Antiochia-Tripolis verhandelt und geurkundet wurde, war unter den Zeugen auch der Magister *Guillelmus de Fa ...*, *prepositus ecclesie sancti Amati Duacensis, regnorum Ierosolymitani et Sicilie vicecancellarius* (RRH n° 1422). Es handelt sich um den Magister Wilhelm von Faronville (Gemeinde Outarville, Dept. Loiret, arrond. Pithiviers), der zuerst Dekan von St.-Pierre-aux-Hommes in Orléans, später nach 1275 Dekan von St.-Amé in Douai war. Der letzte Kanzler von Sizilien unter Karl war Simon von Paris gewesen, der sein Amt 1273 abgab, aber damals ernannte Karl keinen Kanzler mehr, sondern einen Vizekanzler Jean de Mesnil, der nunmehr Kanzleichef wurde, aber schon nach drei Monaten im Juni 1273 zum Erzbischof von Palermo gewählt wurde. Sein Nachfolger war Wilhelm von Faronville, der im November 1273 ernannt wurde. Er war

---

99) BF 4650. 4703; weitere Nachweise bei HARTMANN, Urkunden Konrads IV. S. 144 Anm. 3.

100) März 1259: ZINSMAIER, Regesta imperii 5, 4, S. 91 n° 626. Danach BF 4704. 4742.

101) BF 4699. 4702. 4703. 4705. 4706; ARNDT, Studien S. 83, 190.

ein Rat und Familiar Karls von Anjou, der ihn 1269 auf eine diplomatische Mission nach Ägypten geschickt hatte. Minieri Riccio läßt ihn 1278 sterben, aber er überlebte in Wirklichkeit seinen Herrn, dem er 1284 in Paris noch zur Hand gegangen war, und genoß noch im März 1290 in Narbonne das Vertrauen auch Karls II. von Anjou. Immerhin hat Minieri Riccio insoweit recht, als Wilhelm von Faronville nach Juni 1278 nicht mehr in Sizilien, sondern nur noch auf Mission für Karl I. und Karl II. gewesen zu sein scheint, jedenfalls in Karls Königreich bis zur Sizilischen Vesper 1282 nicht mehr erscheint. Am 6. Juni 1278 hatte er noch zu den Schatzmeistern des Castello dell'Uovo vor Neapel gehört, am 18. Juni 1278 wird er unter diesen Funktionären nicht mehr genannt[102].

Als Karl I. von Anjou 1285 starb, fuhr sein Sohn Karl II. natürlich damit fort, sich als König von Jerusalem zu titulieren und zu fühlen. Aber im Osten gingen die Anhänger der Anjous jetzt zu den zyprischen Lusignans über, und 1286 wurde der zyprische König Heinrich II. auch zum König von Jerusalem gekrönt. Als er nach einer langen und in Zypern dramatischen Regierung 1324 starb, kam es auch bei den Lusignans zu einem jerusalemitanischen Titularkönigtum. Bis 1372 ließen sie sich, nach der Krönung in Nikosia zum König von Zypern, in Famagusta zum König von Jerusalem krönen, was dann bei Jakob I. nicht mehr ging, weil er 1383 als Preis für seine Freilassung aus genuesischer Gefangenschaft, damit er sein Königtum überhaupt übernehmen konnte, Famagusta bis 1464 an Genua auslieferte.

Die lusignanschen Titularkönige ernannten auch Titularfunktionäre für die traditionellen jerusalemitanischen Hofämter, aber seltsamerweise keine Kanzler[103]. Das wäre um so leichter möglich gewesen, als selbst die zyprischen Kanzler des 14. Jahrhunderts reine Titularkanzler waren, die man für das Urkundengeschäft nicht mehr benötigte, allen voran Philippe de Mézières, der von 1369 bis 1405 mit dem zyprischen Kanzlertitel in Europa lebte, aber er war nicht der erste zyprische Kanzler mit jahrelanger Abwesenheit von der Insel (siehe oben S. 319). Irgendwann hat man ihn in Zypern natürlich vergessen, und so braucht es uns nicht zu wundern, daß 1389, nachdem Philipp bereits seit 20 Jahren weg war, mit Odo Benedict ein *sacre maiestatis Ierusalem et Cypri regie cancellarius* auftaucht[104], der aber nicht einmal ein wirklicher zyprischer Kanzler gewesen zu sein scheint,

---

102) DURRIEU, Archives 1, S. 234–236; MINIERI RICCIO, Cenni storici S. 191. Die Urkunde vom März 1290, ausgestellt in Narbonne, bei DURRIEU, a. a. O. S. 209 Anm. 3.

103) HILL, Cyprus 2, S. 285, 308 f., 380 mit Anm. 3; EDBURY, Cyprus S. 108, 141, 148, 199.

104) MAS LATRIE, Chypre 2, S. 416–418.

sondern sich hier offenbar für seine Unterfertigung eines Vertrags zwischen dem König von Zypern und Venedig einen hochtrabenden Titel zulegte, denn von Haus aus, so verrät uns seine Unterfertigungsformel, war dieser Kleriker aus dem Bistum Laon ein vom Kaiser bestellter öffentlicher Notar, der denn diesen Vertrag auch als Notariatsinstrument aufsetzte. Es gab noch andere zyprische Kanzler dieser Art im 14. Jh., aber nur Odo Benedict nannte sich auch Kanzler von Jerusalem[105].

Kanzleigeschichtlich sind alle jerusalemitanischen Kanzler und Vizekanzler schon seit Simon von Maugastel, erst recht aber nach ihm, ohne Bedeutung, leere Titel, denen keine Kanzleileitung mehr entsprach, denn auch die von Simon unterfertigten drei Stücke DD. RRH n° 974. 975. 978 von 1226 spiegeln eine Kanzleileitung durch Simon nur vor. Vielmehr kamen sie aus der kaiserlichen Kanzlei, über deren Leitung seit der 1221 eingetretenen Vakanz des Kanzleramtes bis 1243 wenig bekannt ist[106], in der aber Simon von Maugastel natürlich keine Funktion hatte. Die Geschichte des Kanzleramtes von Jerusalem endete in Wahrheit in dem Moment, als der Kanzler Radulf von Merencourt, Bischof von Sidon, dann Elekt von Jerusalem, beim Vierten Laterankonzil im November 1215 zum Patriarchen von Jerusalem geweiht wurde, was mit dem Kanzleramt imkompatibel war. Wenn dieses Amt jetzt starb, so starb es wenigstens an vornehmem Ort und in illustrer Umgebung.

---

105) EDBURY, Cyprus S. 189 f.; RICHARD, Diplomatique S. 77–79.
106) SCHALLER, Kanzlei Friedrichs II., Teil I, S. 240 f.

D.

Die Vizekanzler, Notare und Schreiber der Kanzlei von Jerusalem

(einschließlich der kanzleifremden Dictamina)

I. Der lothringische Priester Robert (1099 [1100 ?] – 1115)

(nachgewiesen 1100/1101–1114)

1. Der Urkundenbestand

Dem ersten Urkundenkonzipienten der Könige von Jerusalem, den man fassen kann, schreibe ich das Diktat folgender Urkunden zu[1]:

	RRH n° 36		1101 (1100 November 11 – 1101 März 24)
	RRH n° 40		1103 (1102 Anfang Oktober – 1103 März 24)
Or.	D. RRH n° 51		1107 (1106 März 25 – September 23)
	D. RRH n° 59		1110 (1109/1110 Winter)
Or.	RRH n° 69		1112 (1111 September 24 – ca. November 10)
	RRH n° 63		(1112 vor März 25 oder April 6)
	RRH n° 64	Jerusalem	1112 April 26
	RRH n° 68		1112 (Juni 20)
Nach-	D. RRH n° 68a		1112 Juni 20
zeichnung			

---

1) Zur Begründung der Daten, soweit diese nicht aus sich heraus verständlich sind, siehe unten Bd. 2, Exkurs I. Ein vorgesetztes Or. bezeichnet erhaltene Originalurkunden. Entgegen der Behauptung im Druck von RRH n° 68 bei DELAVILLE LE ROULX, Cartulaire général des Hospitaliers de S. Jean 1, S. 25 n° 25, der implizit auch GABARETTA und MIZZI, Catalogue 1, S. 15 zustimmen, ist die Überlieferung Malta, Arch. 1 n° 8 kein Original, sondern eine Kopie des 13. Jahrhunderts. Die Kreuze der Zeugenunterschriften sind nicht eigenhändig, und ein Siegel wird zwar angekündigt, doch gibt es keine Siegellöcher. Die bei Delaville Le Roulx angeblich auch noch benutzte Überlieferung Arch. 1 n° 7 ist überhaupt keine Kopie von RRH n° 68, sondern von RRH n° 69. Da ausweislich des folgenden Kapitels Roberts Dictamina einhergingen mit einer nicht geringen Zahl von Empfängerausfertigungen, läßt sich von keinem Deperditum vor 1115 sagen, es könne Robert zugeschrieben werden.

Or. RRH n° 67   1112 (März 25 oder April 6 – Dezember 24)

D. RRH n° 74   1114 (März 25 oder April 6 – September 23)

RRH n° 75   1114 (März 25 oder April 6 – September 23)

Da nur ein Stück (nicht des Königs, sondern des Patriarchen) mit einem Ausstellort versehen ist, sind Rückschlüsse auf das Königsitinerar nicht möglich, auch wenn vermutet werden darf, daß auch RRH n° 68. DD. RRH n° 68a. 74. RRH n° 75 in Jerusalem ergingen, jedenfalls wird dies durch den darin beurkundeten Sachverhalt nahegelegt. Ebenso mag RRH n° 36 in Haifa ausgestellt worden sein (siehe unten S. 384). Erst recht sind keine Rückschlüsse möglich auf das Festtagsitinerar des Königs, für das nur chronikalische Nachrichten zur Verfügung stehen[2]. RRH n° 64 von 1112 April 26 ist wenige Tage nach Ostern (21. April) in Jerusalem ausgestellt, ist aber kein Diplom, sondern ein Brief des Patriarchen. Bei RRH n° 68. D. RRH n° 68a liegt ein Auseinanderfallen von Handlung und Beurkundung vor, die Handlung erfolgte am Tage der Weihe des Patriarchen Arnulf, den wir nicht kennen, für den aber der 21. April vermutet werden darf[3], die Beurkundung erfolgte am 20. Juni. Die Literatur hat daraus zu Unrecht geschlossen, daß Arnulf am 20. Juni geweiht worden sei, ein einfacher Donnerstag, denn Corpus Christi, das später in Jahren mit dem Ostertermin 21. April auf den 20. Juni fiel, wurde im 12. Jahrhundert ja noch nicht gefeiert.

2. Die Person des Urkundenkonzipienten

In dieser Gruppe nennt sich ein einziges Mal in 14 Jahren ein Schreiber, und zwar in D. RRH n° 68a für die Johanniter von 1112: *Signum Roberti sacerdotis, qui hanc cartam scripsit.* Ich nenne deshalb den ersten Urkundenreferenten der jerusalemitanischen Könige Robert[4], aber ich tue dies nicht ohne

---

2) MAYER, Pontifikale S. 230–232.

3) MAYER, Zur Geschichte der Johanniter S. 141 f. Anm. 3.

4) In einem Zusatz zur Chronik des Raimund von Aguilers in der aus der Zeit um 1200 stammenden Hs. Paris, Bibliothèque de l'Arsenal 1102 (früher 103 H) wird der Chronist Fulcher von Chartres erwähnt als *Fulcherius eiusdem regis Balduini notarius* (RHC Hist. occid. 3, S. 309), doch gebricht es dafür an jedem positiven Hinweis aus Fulchers Zeit. Insbesondere gibt es keinerlei diktatmäßige Berührungen zwischen Fulchers Chronik und den frühen Königsurkunden von Jerusalem.

eine gewisse Malaise. Es ist eine alte Streitfrage der Diplomatik, ob *scripsi* oder *scripsit* lediglich den Schreiber meint, der die Urkunde mundiert hat, oder aber den Konzipienten, auf den es hier ankommt. Das Problem ist letztlich ungelöst und wohl auch unlösbar, da es Beispiele gibt, in denen das eine oder das andere zwingende Schlußfolgerungen sind. Man wird es stets von Fall zu Fall entscheiden müssen, und selbst dann werden als Mehrzahl diejenigen Fälle zurückbleiben, in denen es nicht entschieden werden kann[5]. Freilich neigt die Mehrzahl der Diplomatiker – instinktiv, wie man ein-räumen muß – der Auffassung zu, daß *scripsit* meist auf das Diktat, weniger auf das Ingrossat zielt, wobei sich bei Privaturkunden häufig das eine mit dem anderen in einer Person verband. Auch in Diplomen war dies nicht ausgeschlossen. Wirklich präzise Quellenaussagen bekommt man jedenfalls nur in den Fällen, wo in ein und derselben Urkunde beides angegeben wurde, so in RRH n° 191: *Signum Iotranni cancellarii, qui hanc cartam dictavi ... Ego Guarinus scriba de Bethleem hanc cartam iussu scripsi.* Nur macht das die Terminologie in denjenigen Urkunden, wo nur der eine oder der andere Ausdruck vorkommt, nicht präziser.

Wie auch anderswo wird die Beantwortung der Frage nach der Bedeutung von *scripsi* erschwert durch die *Data per manum*-Formel, weil die mit ihr verbundene Nennung des Kanzleichefs die Schreiberzeile mit ihrer Angabe des Konzipienten und/oder Schreibers verdrängte. Wir finden *Data per manum* mit der Nennung des Kanzlers in Jerusalem seit dem Notar Hemelin (DD. RRH n° 102. 105. 134), nahezu durchgehend seit dem Notar Elias (D. RRH n° 149 von 1134). Selbst Aushilfspersonal verwendete jetzt diese Formel[6]. Dementsprechend ist die Zahl unserer Belege für *scribere* in den Diplomen verschwindend gering. Außer D. RRH n° 68a kann ich nur DD. RRH n° 137a. 130. 137. 258. 691 und die Patriarchenurkunde D. RRH n° 201 anführen. Noch geringer ist die Ausbeute für *dictare: Ego autem Helias cancellarius regis hoc privilegium dictavi* in D. RRH n° 179. D. RRH n° 90 mit *Brando regis predicti clericus et cancellarii consanguineus fecit* mag diesem einen *dictavi* noch an die Seite gerückt werden. Wo überhaupt scheint also bei den Kanzlisten *scribere* das beliebtere Wort für ihre Tätigkeit zu sein.

---

5) Zur Vielfalt des einschlägigen Vokabulars in Frankreich siehe FOURNIER, Vicaire général S. 47 f.

6) Der Kapellan Friedrich und der Kleriker Guido bei der Königin Melisendis in DD. RRH n° 262. 313. 359, der Kapellan Lambert in DD. RRH n° 537. 538. 552 und der Kapellan Gerhard in D. RRH n° 702. Die beiden letztgenannten waren allerdings reine Hilfsdatare, die nicht diktierten, jedenfalls keine Diplome.

Dasselbe Resultat zeigt sich auch in einem einigermaßen gut erhaltenen Archivkörper, dem Chartular des Chorherrenstifts vom Hl. Grab, das für die statistische Häufigkeit des Vorkommens des einen oder des anderen Ausdrucks repräsentativer ist als die Diplome der Könige: Arnold, der Subdiakon Johannes = Johannes Pisanus, Peregrinus, der spanische Presbyter Nikolaus, Elias und Wilhelm benutzten *scribere*, der Diakon Giraldus dagegen durchgehend *composuit* (siehe oben S. 51). Die Tätigkeit dieser Männer wird aber dieselbe gewesen sein und ist mit *componere* präziser bezeichnet, auch wenn sich die Ausfertigung des Ingrossats damit verbunden haben wird. Wir werden aber sehen, daß die etwa aus England oder aus Sizilien gewohnte Gleichung Diktator = Mundant in Jerusalem nur manchmal aufgeht, denn oft sind in den Gruppen eines Diktators schriftverschiedene Originale anzutreffen, soweit sich überhaupt Originale finden. Wenn aber die Kanzlisten nicht alle ihre Ingrossate selbst schrieben, sondern sie überwiegend oder ganz an spezielle Schreiber gaben, dann deutet das Vorherrschen von *scribere* über *dictare* in der Frühzeit darauf hin, daß ersteres überwiegend das Aufsetzen des Textes meinte. Besonders instruktiv ist der Fall Hemelins. Schon als Vizekanzler muß er ja Dictamina entworfen haben, auch wenn er daneben vielleicht mundierte. Aber in DD. RRH n° 137a. 130 wird seine Tätigkeit mit *scribere* umschrieben, ja so auch noch in D. RRH n° 137, als er zum Kanzler aufgerückt war.

Soweit sich zeigen wird, daß in der Kanzlei Schreiber tätig waren, die von den Notaren personenverschieden waren, gelangen wir zu einer Dreistufigkeit des Kanzleipersonals: An der Spitze der Kanzler, darunter der Notar, unter diesem der Schreiber – sofern es ein hauptamtlicher Kanzleischreiber war. Da die Kanzler sich im Laufe der Zeit aus dem Urkundengeschäft zurückzogen, bestand nach diesem Zeitpunkt in Wahrheit nur eine Zweistufigkeit von Notar und Schreiber, zuvor übrigens auch, weil in dieser Zeit der Kanzler überwiegend noch selbst diktierte, so daß meist das später zentrale Mittelglied des Notars entfiel.

Die Vermutung einer solchen Mehrstufigkeit wird an Wahrscheinlichkeit gewinnen, wenn wir sie auch anderswo im Heiligen Land feststellen können. Als besonders ergiebig erweist sich für unser Problem die tripolitanische Grafenurkunde[7]. Dort gibt es einen Kanzler, der „schreiben läßt", also einen Schreiber hat, dem er das wohl von ihm verfaßte Konzept gab (RRH n° 108). Es gibt dort weiterhin fünf Fälle, in denen Kanzlisten „diktieren"

---

7) Überhaupt nicht eindeutig und daher auszuscheiden ist der Fall des Vizegrafen von Jericho in RRH n° 104, der eine Urkunde „diktieren und schreiben" ließ, ohne daß sicher wäre, von wievielen Leuten.

(*dictare* oder *componere*): RRH n° 193. 198. 212. 217. 236 von zwei verschiedenen Kanzlisten. Dies ist vergleichbar dem oben zitierten D. RRH
n° 179, wo der Kanzler Elias „diktierte". Man wird davon ausgehen dürfen,
daß in diesen Fällen ein anderer schrieb. Expressis verbis, wiederum bei den
Grafen von Tripolis, ist die Zweistufigkeit bezeugt in RRH n° 118. 191,
wobei im ersteren Fall der Diktator nicht einmal der gräfliche Kanzler war,
sondern ein Subdiakon des Bischofs von Tripolis.

Schließlich haben wir noch zwei Fälle, in denen ein und dieselbe Person
beide Funktionen ausübte, einmal in Transjordanien[8], das andere Mal im
Testament des Clarembald von Noyers von 1190[9]. Diese letzte Belegstelle
ist deshalb instruktiv, weil sie zeigt, daß im Sprachgebrauch der Zeit der
Scriptor zwar schrieb, aber ebenso auch diktierte (*composui*). Ich komme
daher zu dem Resultat, daß die Tätigkeit eines Diktators mit *componere* oder
dictare präzise ausgedrückt wird und daß dann daneben ein anderer Schreiber
anzunehmen ist, es sei denn, es sei ausdrücklich gesagt, daß der Diktator
auch schrieb, daß es aber auch durchaus üblich war, die Arbeit des Diktators
unter *scribere* mit zu subsumieren[10]. Der 'Wanderkanzler' Radulf von
Chartres, der erst dem Grafen von Edessa, danach dem von Tripolis diente[11], benutzte das Verb *annotari* und gab außerdem an, daß er siegelte.
Aber man wird ihn, den der Graf von Tripolis seiner Erfahrung wegen
anwarb, doch nicht als Schreiber oder Siegelbewahrer angestellt haben. Dazu
brauchte man keinen Einwanderer. Vielmehr muß es seine Fähigkeit gewesen sein, Urkunden aufzusetzen, die ihn empfahl. Das brauchte nicht auszuschließen, daß Radulf auch mundierte. In der Tat sind von seinen Urkunden
RRH n° 270 und RICHARD, Porcellet S. 366 n° 1, sowie auch das anfänglich
anders wirkende RRH n° 206 schriftgleich. Ich sehe einen solchen Fall auch
gegeben bei Robert, dem Kanzler der Fürstinwitwe Alice von Antiochia. Er

---

8) RRH n° 279: *Hanc cartam scripsit et dictavit Reinardus capellanus.*

9) RRH n° 697a: *Ego Baldonus ..., domus Hospitalis Tyri scriptor, presentem paginam
composui et manibus meis scripsi.*

10) Ich gebe hierfür ein sehr instruktives Beispiel aus dem ungedruckten Chartular
s. XII von Fontevrault, Nationalbibliothek Paris, Ms. nouv. acq. lat. 2414. Hier finden
sich fol. 66ʳ, 67ᵛ und 68ᵛ drei Urkunden für Fontevrault aus der Zeit der Äbtissin
Petronilla (1115–1149). Sie sind alle drei geschrieben von einem Empfängerschreiber
namens Robert von Gre und im einzelnen wie folgt unterfertigt: 1. *Hanc cartam scripsit
Rotbertus de Gre*; 2. *Rotbertus de Gre scripsit*; 3. *Ro de Gre scripsit sed non dictavit.* Das
mußte eigens gesagt werden. In den beiden ersten Fällen war es offenkundig in *scripsit*
mit inbegriffen.

11) RRH n° 206. RICHARD, Porcellet S. 366 n° 1. RRH n° 270. RILEY-SMITH, Castle
of Tortosa S. 288.

schrieb und siegelte in ihrem Auftrag eine Urkunde des antiochenischen Konstablers Walter von Sourdeval (RRH n° 150): *precepto domne principisse per manum Roberti sui cancellarii hoc privilegium inde scriptum ... et principali sigillo corroboratum.* Das Original dieser Urkunde ist in der Tat schriftgleich mit einem nur fragmentarisch erhaltenen Original der Fürstin selbst vom selben Jahr[12]. Die beiden Stücke sind aber auch diktatgleich, so daß der Kanzler Robert, der in RRH n° 148 ungenannt bleibt, sowohl diktierte wie schrieb und siegelte, aber die ersten beiden Tätigkeiten als *scribere* zusammenfaßte.

Unglücklicherweise ist uns D. RRH n° 68a nicht als Original, sondern nur als Nachzeichnung überkommen. Wir haben aber in der Gruppe drei Originale (D. RRH n° 51. RRH n° 69. 67), zu denen aus dem fraglichen Zeitraum noch D. RRH n° 57 mit anderem Diktat tritt. Alle vier Stücke haben eine deutlich voneinander verschiedene Handschrift, allerdings sind zwei davon Privaturkunden für den Thabor und für Josaphat. Für einen Schriftvergleich, der auf einen „Schreiber" Robert führen könnte, fehlt es also an der Basis. Die beiden Diplome sind schriftverschieden, aber eben auch diktatverschieden. Das einzige, was sie eint, ist, daß sie in reinen Buchschriften gehalten sind. Bei dem geringen Material sind alle Aussagen gefährlich, aber vielleicht darf man unterstellen, daß der Urkundenreferent des Königs oft mit Gelegenheitsschreibern arbeitete, insbesondere dann wenn er außerhalb seiner königlichen Aufgaben für die Patriarchen von Jerusalem schrieb. Daß in beiden Fällen diese Gelegenheitsschreiber von den Empfängern gestellt wurden, ist nicht ausgeschlossen, zumal diese mitunter selbst das Diktat liefern durften. Der Priester Robert könnte einer dieser Gelegenheitsschreiber gewesen sein[13].

---

12) RRH n° 148; die Ausstellerin ergibt sich nur aus dem Dorsualvermerk. Allerdings ist von dem Stück viel mehr erhalten, als DELAVILLE LE ROULX in seinem Johanniterchartular gedruckt hat. Siehe daher jetzt die Neuausgabe bei MAYER, Varia Antiochena S. 110 n° 1.

13) Allerdings geht der Versuch fehl, bei den Johannitern eine besondere Tendenz zur Schreibernennung festzustellen, die erklärlich wäre, wenn man dort auf Empfängerschreibern bestanden hätte. Mustert man die Johanniterurkunden im Osten bis 1130 durch, so ergibt sich zwar wenigstens eine Verteilung von fünf Urkunden ohne Unterfertigung (D. RRH n° 57. RRH n° 68. D. RRH n° 90a, wo aber der Kanzler als Zeuge genannt ist. RRH n° 100. 112, allerdings ist RRH n° 100 eine Fälschung; vgl. MAYER, Carving Up Crusaders S. 110–114) und sieben Urkunden mit Unterfertigung (D. RRH n° 68a. RRH n° 65. 86. 106. 108. 118. D. RRH n° 130), aber dabei sind zwei Diplome, eine antiochenische Fürsten- und zwei tripolitanische Grafenurkunden (RRH n° 86. 108. 118), und in ihnen allen war von der Ausstellerseite her eine Unterfertigung normal. Es bleiben daher lediglich RRH n° 65. 106 des Erzbischofs von Caesarea und

Dagegen hat die Nachzeichnung D. RRH n° 68a ein urkundenmäßiges Aussehen. Sie imitiert Elemente einer Urkundenschrift des 12. Jahrhunderts mit langen Ober- und Unterschäften, einer hochgezogenen st-Ligatur, Zierschleifen an den Oberschäften, einer Auseinanderziehung der letzten Contextzeile, wenngleich dies zur Zeilenfüllung nicht hinreichte, sowie einer eigenen Zeile für die eigenhändige Unterschrift des Königs und einer gesonderten Schreiberzeile in verlängerter Schrift. Es kommt hinzu, daß sich der Priester Robert mit dieser Schreiberzeile nicht begnügte, sondern in ihr auch das Tagesdatum nach dem römischen Kalender, vermehrt um Wochentag und Mondalter, unterbrachte, obwohl er dies mühelos auch beim Inkarnationsjahr am Ende des Contexts hätte tun können. Nimmt man hinzu, daß in der Parallelurkunde des Patriarchen RRH n° 68 für denselben Empfänger und sichtlich vom selben Tag nur die Jahresangaben gemacht werden und kein Schreiber genannt wird, dann hat man den Eindruck, daß hier zwei Schreiber am Werk waren, die die beiden weitgehend diktatgleichen Urkunden mundierten. Dann war aber der Priester Robert der Königsschreiber, nicht derjenige von RRH n° 68. Bei der Kleinheit der Verhältnisse einer königlichen Verwaltung, die noch ohne eigenen Kanzler auskam, vermute ich, daß in diesem Falle der Urkundenreferent des Königs zwar das Diktat beider Urkunden entwarf, aber nur eine davon einem Gelegenheitsschreiber anvertraute und bei der anderen, vielleicht weil sie gleichzeitig an den Empfänger kommen sollten und sich ja auch inhaltlich ergänzen, selbst in die Bresche sprang[14].

Ich sehe also in dem Priester Robert, wenn auch nicht ohne einige Vorbehalte, den ersten Urkundenreferenten der Könige von Jerusalem. Das ist wenigstens nicht ausgeschlossen. Robert war kein Urkundenmann, er war eher ein Literat. In seiner langen Tätigkeit als Urkundenreferent des Königs und auch der Patriarchen verbesserte er zwar seine Qualitäten als Kanzlist, aber das dürre, dafür aber gleichförmige Diktat geübter Urkundenschreiber blieb ihm letztlich suspekt. Seine ganz charakteristische Sanctio positiva (siehe unten S. 411) zeigt deutlich, wie er im Laufe der Jahre in der Formel

des Bischofs von Nazareth, geschrieben vom Akolyth Richard und vom Diakon Sancho. Hier haben wir in der Tat Empfängerdiktat, denn der Empfänger lieferte beiden Schreibern als Vorurkunde just D. RRH n° 68a des Priesters Robert, so daß die Schreiberernennung hier – zumal mit der Angabe des Weihegrades –, mochte es sich nun um Aussteller- oder Empfängerschreiber handeln, nicht auf einen Wunsch der Johanniter, sondern auf das Vorbild der Vorurkunde zurückging.

14) Ein sachlich vergleichbarer Fall liegt allerdings vor in D. RRH n° 74. RRH n° 75, ohne daß dies in der einen der beiden Urkunden zu einer Unterfertigung geführt hätte und in der anderen nicht.

von einem mehr literarischen zu einem stärker urkundenartigen Stil kam. Fehlerfrei war er nicht, jedenfalls nicht am Anfang. Seine Sanctio negativa in RRH n° 36[15] ergibt meiner Meinung nach nur dann einen Sinn, wenn man die beiden Verben am Ende vertauscht. Es ist bezeichnend, daß er neben den Urkunden auch Briefe für seine Auftraggeber schrieb, während sich in der späteren Korrespondenz der Könige von Jerusalem das Diktat ihrer Notare nahezu nicht mehr findet. Auch verfaßte er mit RRH n° 36. 40 noch Notitiae, wo die Zeit längst Cartae verlangte. Robert ist mit diesen Stärken und Schwächen kein Einzelfall. In den kleinen Verhältnissen der Pionierjahre des Königreichs Jerusalem war jeder Lateinkundige gefragt. Den literarisch Ambitionierten vertraute man ohne Bedenken auch die Herstellung von Urkunden an, wenn ein geeigneter Urkundenspezialist nicht zur Hand war, was häufig genug der Fall gewesen sein muß. Noch 1119 haben wir mit dem galiläischen Kanzler Rorgo Fretellus, der besser bekannt ist als der Verfasser einer Beschreibung des Hl. Landes, einen vergleichbaren Fall. Er schrieb in die eine von ihm erhaltene Urkunde Formeln hinein, die ihn auf den ersten Blick als Außenseiter verraten – wenn er das Stück denn überhaupt selbst verfaßte[16].

Schon in seiner ersten Urkunde von wahrscheinlich 1101 (RRH n° 36; siehe unten S. 383 f.) zeigt sich diese mangelnde Vertrautheit mit dem Urkundenstil mit Ausdrücken wie *anno sempiterni principis* und *totius Orientis serenissimus princeps* und *regnum Asye*, aber auch in der Narratio, wenngleich hier noch eher zurückhaltend. In RRH n° 40 haben wir mit *regnum Babiloniae et Asiae* Ähnliches. Einen ersten Höhepunkt erreichen die literarischen Klänge mit der rauschenden Narratio (aber auch mit Ausdrücken wie *id legationis*) von D. RRH n° 59 vom Winter 1109/1110, als der Bischof von Bethlehem mit Besitz ausgestattet wurde. Danach wird es vorübergehend ruhiger, aber in den beiden Stücken RRH n° 68. D. RRH n° 68a von 1112 zieht Robert ein anderes Register, diesmal das der Bibelzitate, die er trotz gleichen Ausstelltages in den beiden Stücken variiert und die in den Urkunden des Hl. Landes eine Rarität waren. Zum Schluß holt er in RRH n° 75 noch einmal zu tönendem Pathos aus mit einer Narratio, an der er sich selbst offenbar so berauschte, daß dem Stück die eindeutige Empfänger-

---

15) In den Drucken: *Si quis ... diminuere temptaverit, ... poena militandus* (*multandus* im Druck von PAOLI) *aeterna maledictionis aeternae sententiam, quae hic et in aeternum subibit, fiat* (So auch die Überlieferung Departementalarchiv Marseille 56 H 4019 n° 121).

16) Rorgo Fretellus, Description S. IX. Zu Rorgo jetzt vor allem HIESTAND, Centre intellectuel S. 19–35. MAYER, Bistümer S. 330 zu seinen Schwächen als Kanzlist, siehe aber unten S. 436.

nennung des Chorherrenstifts des Hl. Grabes fehlt. Man muß den Empfänger erschließen aus der Überlieferung im Stiftschartular und der Tatsache, daß die Rede ist *de renovatione ecclesiae Sancti Sepulcri* und von den *Christi famuli*, die der ausstellende Patriarch am Hl. Grab teils eingesetzt, teils vertrieben habe. Auch in RRH n° 75 finden sich mehrere biblische Anklänge, so *vasa irae – vasa misericordiae* (Rom. 9, 22–23) und *leo rugiens* (Prov. 28, 15; Ezech. 22, 25).

Robert kam mit dem Ersten Kreuzzug. Das wissen wir nicht nur, weil er bereits spätestens im Frühjahr 1101 mit RRH n° 36 seine erste erhaltene Urkunde schrieb. Wir wissen es auch, weil die Eroberung Jerusalems und seine Befreiung von den Heiden 1099 für ihn ganz offensichtlich das große, sein Leben beherrschende Ereignis war, auf das er in seinen Urkunden immer wieder zu sprechen kam. *Cum gloriosus Francorum exercitus sanctam Ierusalem Sarracenorum diu prophanis conculcatam ritibus et elimitatam* (so die Überlieferung; Paoli hat *eliminata*) *omni spurcitia cultibus iterum instaurasset divinis* (RRH n° 36). In D. RRH n° 59 rückt er dies ganz an die Spitze und opfert dafür selbst die Intitulatio, die in der Edition von Huygens erst 46 Druckzeilen später kommt: *Divina inspirante gratia gens Francorum admonita Ierusalem civitatem sanctam diu diuque oppressione paganorum fatigatam, ubi mors, quae primo praevaricante parente genus humanum invaserat, morte salvatoris est destructa, a spurcitia praedicta liberavit.* Das verbindet er mit der richtigen Angabe, die Stadt sei seit dem siebten Tag vor den Iden des Juni belagert und an den Iden des Juli erobert worden. In abgeschwächter Form läßt sich dieses Leitmotiv auch in RRH n° 67 erkennen, in überhöhter Manier dagegen in RRH n° 75 von 1114, mittels dessen der Patriarch Arnulf das Kapitel des Hl. Grabes regulierte. Drei von 12 Stücken (RRH n° 64. 68. D. RRH n° 68a) hat er unter anderem mit der Angabe des Jahres seit der Eroberung Jerusalems datiert. Das ist selten, ich finde es sonst nur noch in vier Urkunden von 1138 und 1168 (D. RRH n° 181. RRH n° 455–457; vgl. auch RRH n° 323). Sonst ist eher die Belagerung oder Eroberung Antiochias die verwendete Zäsur[17].

---

17) DD. RRH n° 174 = 226. 262. Balduin V. für St. Samuel bei MAYER, St. Samuel S. 61 f. Vgl. auch D. RRH n° 157. RRH n° 199, die aber beide Vorgänge in Antiochia betreffen, wo die Zäsur selbstverständlich war. Gerhard von Nazareth, De conversatione virorum dei in Terra Sancta morantium c. 39 (KEDAR, Gerard of Nazareth S. 74) berichtet von einem Einsiedler am Thabor: *Respondit ille Christianum se esse et horrida incolere nemora ab eo tempore, quo Latini cepissent Antiochiam, conspectumque hominum fugere.* Vgl. auch Wilhelm von Tyrus, Chronicon XI. 27, S. 536: *Ab introitu siquidem Latinorum in Syriam, maxime autem postquam Antiochia capta versus Ierosolimam tendere cepit exercitus.* Im Jahre 1251 ließ König Heinrich III. von England

Das Hl. Land muß Robert betreten haben im Gefolge des Lothringers Gottfried von Bouillon. Schon die Betrachtung seines Formelgutes (siehe oben S. 22–35, besonders S. 30–35) führte mich zu der Vermutung, daß er ein Lothringer war. Gottfrieds Todestag kannte er genau (RRH n° 59). Bis um 1110 verkündete er beständig die Legitimität der Herrschaft Balduins I. (siehe oben S. 30). Er ist ein Mann, der Epitheta im Superlativ liebte, aber niemandem streute er sie freigiebiger als den ersten beiden lothringischen Herrschern von Jerusalem. Der normannische Kreuzzugsführer Tankred ist ein *vir nobilis, armis strenuus, sed non minus morum honestate ac religione perspicuus et circa ecclesiae dei earumque ministros devotus* und ein *vir deo plenus* (RRH n° 36), Patriarch Gibelin ein *vir sapientiae radiis coruscus omnique morum honestate fulgidus* (D. RRH n° 59) und ein *pater pastorque patriarcha noster, vir piissimus* (RRH n° 64). Das ist schon viel, aber Gottfried von Bouillon ist *totius Orientis serenissimus princeps* (RRH n° 36) und *piissimus et misericordissimus dux, karissimus frater meus* und *vir deo dignus* (RRH n° 59), Balduin I. ist *gloriosissimus et christianissimus rex* (RRH n° 36), *rex inclitus et christianissimus* (RRH n° 40), *gloriossimus rex* (RRH n° 69. 75), *rex invictissimus* (RRH n° 64. 68. D. RRH n° 68a), *praeclarus rex* (RRH n° 67). Und D. RRH n° 59 enthält eine eingehende Darlegung der Entstehung des Königreichs Jerusalem aus der Sicht der lothringischen Dynastie, die in der bisherigen Diskussion dieses Problems noch unbenutzt geblieben ist. Die tiefgreifenden Auseinandersetzungen um die Person von Patriarch und Herrscher und um den Primat der geistlichen oder weltlichen Gewalt werden unterschlagen. Als habe die schönste Einheit geherrscht, wird nach der Eroberung Jerusalems Gottfried von Bouillon von den anderen Kreuzzugsführern und vom Heer zum Herrscher gewählt, und Robert weiß auch als was: als *sanctae civitatis gubernator*, der einen Prinzipat hat. Ansprüche der Kirche schien es nicht gegeben zu haben, denn wie im alten Rom machte das Heer (*universa Francorum multitudo*), dem ja schon in RRH n° 36 die entscheidende Rolle zugewiesen worden war, den Herrscher. Nach Gottfrieds Tod wurde sein Bruder Balduin von Klerus, Fürsten und Volk zum König gewählt, und in der Geburtskirche von Bethlehem *primum venerabiliter caput meum diademate ornatum effulserat*. Auch hier herrscht eitel Einigkeit und ist keine Rede von dem harten Widerstand, den der

---

Gemächer in mehreren Palästen mit Malereien ausschmücken, die nicht etwa die Eroberung Jerusalems, sondern die vorangegangene Antiochias zeigten; LLOYD, English Society S. 199 f. und TYERMAN, England S. 117. Eine Inschrift im Templum Domini in Jerusalem, von der nur die Datierung überliefert ist, nannte neben der Eroberung Jerusalems doch auch diejenige Antiochias; Theodericus, Libellus S. 161: *ab Antiochia capta anni LXIIII, Iherusalem LXII.*

Patriarch und der Normanne Tankred Balduins Königtum entgegensetzten. Robert ist damit der Herold der lothringischen Erobererdynastie geworden, und man mag sich fragen, ob er nicht identisch ist mit jenem Kapellan Rotbertus, der 1096 eine auch von Gottfried besiegelte Urkunde von Gottfrieds Mutter Ida von Boulogne für die Abtei Afflighem bezeugte; auch Despy hat in diesem Robert einen herzoglichen Kapellan vermutet, nicht einen der Gräfin von Boulogne[18].

Welche Laufbahn wartete auf Robert im Osten? Betrachtet man die Reihe der von ihm geschriebenen Urkunden, so fällt auf, daß er außer für den König und mehrere Patriarchen von Jerusalem zweimal auch für das Erlöserkloster auf dem Thabor tätig war, in einer Notiz über eine Schenkung Tankreds und der Urkunde eines Legaten über die Schlichtung eines Streits zwischen dem Abt und dem Bischof von Nazareth (RRH n° 36. 69). Selbst in JL 5948 für den Thabor finden wir Diktatspuren Roberts, ohne daß er indessen Unterlagen für diese Papsturkunde selbst geliefert hätte (siehe unten S. 417). Es wäre jedoch falsch, daraus zu schließen, daß er Mönch im Thaborkloster war. Schon die Unterfertigung von D. RRH n° 68a mit *Signum Roberti sacerdotis* spricht dagegen. Aber selbst wenn dieser Robert wirklich nur der Schreiber und nicht der Konzipient gewesen sein sollte, so wäre letzterer dennoch kein Thabormönch gewesen. Schon Roberts Latein ist viel zu glatt für den Thabor. In wie holpriger Weise man dort Urkunden redigierte, zeigt anschaulich ein kürzlich von mir edierter Pachtvertrag von 1119/1120[19].

Aber auch die beiden Urkunden Roberts für den Thabor sprechen gegen ihn als dortigen Mönch. RRH n° 36, der Sache nach eine Schenkung Tankreds an das Kloster, ist datiert mit a. inc. 1101[20], ind. 8, was nicht zusammenpaßt. Schon Kühn hat dies zu Recht als *calculus Pisanus* gedeutet und auf 25. März bis 31. August 1100 datiert[21]. Dabei hat er aber übersehen, daß bereits die Nachfolge Balduins I. im Reich berichtet wird. Da Herzog Gottfried am 18. Juli 1100 gestorben war, müßte Tankreds Urkunde tatsächlich in die Zeit vom 18. Juli bis 31. August[22] 1100 fallen. Damals stand aber die

---

18) DE MARNEFFE, Cartulaire d'Afflighem S. 13 n° 6; DESPY, Actes S. 76 n° 4 und S. 127 Anm. 30.

19) MAYER, Scripta Serbellonica S. 455.

20) Der Druck von DELAVILLE LE ROULX hat *MCL*. Die Überlieferung im Departementalarchiv Marseille 56 H 4019 n° 121, ein Insert in einer Urkunde Alexanders IV. von 1256, hat *MCL* korr. aus *MCI*.

21) KÜHN, Lateinische Patriarchen S. 69.

22) Beziehungsweise 23. September. Kühn ging von einem Indiktionswechsel am 1. September aus.

Nachfolge Balduins I., auch wenn sie von den Lothringern und von Arnulf von Chocques dringend gewünscht wurde, noch keineswegs fest. Erst um den 11. November 1100 trat Balduin in Jerusalem die Nachfolge an und wurde an Weihnachten 1100 in Bethlehem zum König gekrönt. Gerade Tankred gehörte mit dem in RRH n° 36 auch genannten Patriarchen Daimbert zu den schärfsten Gegnern von Balduins Sukzession. Es ist nicht vorstellbar, daß ein für Tankred arbeitender Urkundenschreiber des Klosters es gewagt hätte, die Dinge derart zu verharmlosen, ja zu verschleiern, denn Tankreds Herrschaft in Galilaea wird hier aus einer Einsetzung durch den in ehrfurchtsvollster Weise bezeichneten Gottfried hergeleitet, und ebenso wird in den Ausdrücken größter Hochachtung von Balduin gesprochen, dem Tankred in Wahrheit glatt die Huldigung für Galilaea verweigerte, bis es im Märzvertrag von 1101 zu einer Einigung kam, derzufolge Tankred noch im selben Monat nach Antiochia ging, um die ihm dort angebotene Regentschaft zu übernehmen, und seine galilaeischen Lehen mit der Maßgabe an Balduin zurückgab, daß er sie bei einer Rückkehr binnen 15 Monaten ins Reich wieder beanspruchen dürfe[23].

Die politische Stellungnahme in RRH n° 36 ist mit einem zeitlichen Ansatz zum Sommer 1100 unvereinbar. Wir müssen daher einen Fehler in der Berechnung der Indiktion annehmen, die richtig 9 zu lauten hätte. Dann gehört das Stück bei *stilus Pisanus* in die Zeit zwischen dem 11. November 1100 (Regierungsantritt Balduins I.) und dem 24. März 1101, ja wegen der offenkundigen Anerkennung Gottfrieds und Balduins als Herrscher durch Tankred in die Zeit nach dem Vertrag von Anfang März 1101. Es stellt somit ein Abschiedsgeschenk Tankreds an das Erlöserkloster vor seinem Weggang nach Antiochia dar. Ich vermute daher, daß es im März 1101 in Haifa ausgestellt wurde, als Tankred sich mit Balduin I. über die offenen Fragen einigte und Balduin aus den von Tankred zurückgegebenen Lehen Waldemar Carpinel mit Haifa und Hugo von Falkenberg mit Galilaea belehnte[24]. In späterer Zeit fanden solche Belehnungen auch urkundlichen Niederschlag, wofür das Archiv der *Seigneurie de Joscelin* im Deutschordenschartular eine ganze Reihe von Beispielen bietet. Der König muß in Haifa auf jeden Fall über einen Urkundenschreiber verfügt haben, war er doch hingekommen, um mit Tankred einen Vertrag zu machen. Ich sehe keinen Grund, warum derselbe nicht gleich RRH n° 36 für den Thabor diktiert haben sollte.

---

23) Albert von Aachen, Historia Hierosolymitana S. 538.
24) Ebd. S. 538.

Auch RRH n° 69 kann nicht die Annahme begründen, daß Robert ein Thabormönch war, schon deshalb nicht, weil er zwischen RRH n° 36 und RRH n° 69 ja in Jerusalem RRH n° 40 und wohl dort oder in Bethlehem, aber ganz sicher nicht auf dem Thabor, RRH n° 59 für den Bischof von Bethlehem schrieb. Wenn RRH n° 69 überhaupt auf dem Thabor erging, dürfte der ausstellende Legat den Urkundenmann Robert ebenso mitgebracht haben wie der König ihn 1101 nach Haifa mitgenommen haben dürfte. Aber ich vermute nicht einmal, daß RRH n° 69 überhaupt auf dem Thabor ausgestellt wurde, denn es ist bezeugt vom König, vom Archdiakon von Jerusalem, vom Erzbischof von Caesarea, den Bischöfen von Ramla und Nazareth und dem Elekten von Beirut. Es dürfte also bei einer Synode ausgestellt worden sein. Wenn es natürlich auch nicht auszuschließen ist, daß König und Legat eine Synode auf dem Thabor hielten, so kennen wir doch in den Quellen keine solche, und in der Regel fanden Synoden in verkehrsmäßig günstiger gelegenen Orten und in geistlichen Zentren des Reichs statt. Nazareth wäre plausibel, der Thabor ist es nicht. Daß der Legat bei dieser Gelegenheit Robert für das Urkundengeschäft heranzog, ist nach den schmeichelhaften Worten, die Robert für ihn in D. RRH n° 59 gefunden hatte (siehe oben S. 382), nicht verwunderlich.

Robert schrieb Urkunden für den König und für mehrere Patriarchen. Ich habe aber schon gezeigt (siehe oben S. 47–53), daß er nicht etwa der Urkundenreferent der Patriarchen war, der gelegentlich auch für den König schrieb, sondern umgekehrt der Urkundenmann des Königs, der von Fall zu Fall auch den Patriarchen zur Verfügung stand. Man wird Robert bei dieser Konstellation deshalb kaum unter den Haushaltsklerikern der *familia* der Patriarchen suchen, zu der gerade auch ihre Kanzler und Urkundenschreiber gehörten[25]. Für den König wäre eine Versorgung Roberts in dieser Form wegen der materiellen Abhängigkeit einer solchen Position von den Patriarchen keine sehr empfehlenswerte Lösung gewesen, wenngleich sie ab 1112 unter dem die längste Zeit eng mit dem König zusammenarbeitenden Patriarchen Arnulf nicht ausgeschlossen zu werden braucht. Aber als Arnulf Patriarch wurde, hatte Robert nur noch zwei bis drei Jahre als Urkundenmann des Königs vor sich, denn er amtierte gewiß bis 1115, als ein Kanzler ernannt wurde, der hinfort diktierte.

Dagegen könnte man sich Robert gut vorstellen mit einer Pfründe im Kapitel des Hl. Grabes. Auch dorthin reichte übrigens der Einfluß Arnulfs, und zwar schon als Archidiakon von Jerusalem, denn wie wir aus RRH

---

25) RRH n° 182. 215. 543; weitere Haushaltskleriker in RRH n° 528, aber ohne Urkundenpersonal.

n° 40 erfahren, hatte er dort einen geistlichen Privatangestellten, den Subdekan[26]. Allerdings sind aus der Zeit vor 1115, in die Roberts Wirken als Urkundenkonzipient fällt, kaum Urkunden des Kapitels der Säkularkanoniker des Hl. Grabes erhalten. Sie müssen in dem verlorengegangenen Patriarchalarchiv gelegen haben, während das Chartular des seit 1114 existierenden regulierten Chorherrenstiftes aus dieser Zeit nur ganze sechs Stücke enthält, die zum Teil nicht einmal das Kapitel, sondern allgemein kirchenpolitische Dinge betreffen. Das bedeutet, daß wir von der personellen Zusammensetzung des alten Kapitels außer den Namen in RRH n° 68. D. RRH n° 68a nahezu keine Vorstellung haben, jedenfalls ist aus dieser Zeit kein anderer Robert bekannt. Das Unglück will es aber, daß uns auch nach der Reform von 1114 noch lange das prosopographische Material abgeht, weil es keine Urkunden gibt, die die Regularkanoniker hätten bezeugen sollen. Erst ab 1130 finden wir Namenslisten (RRH n° 133. 141; vgl. auch RRH n° 129 von 1129), und erstmals 1134 in RRH n° 152 ist ein Robert darunter. Umgekehrt können wir uns danach vor Roberten kaum retten. Wir haben einen Magister Robert 1134 und 1135 (RRH n° 152. 158), einen oder mehrere Kanoniker in den Jahren 1136–1141[27], 1136 einen Robert von Artah (im Antiochenischen; RRH n° 167), den Archdiakon Robert von Jerusalem von 1137 bis 1138 (RRH n° 170. 172–174. 179. 190, darunter zweimal ausdrücklich als Kapitelmitglied), einen Robert von Akkon in den Jahren 1137–1144 (RRH n° 170. D. RRH n° 226. RRH n° 229) und schließlich den Kellermeister Robert 1145 (RRH n° 234).

Robert von Artah und Robert von Akkon können wir sofort ausschalten. Wenn wir unseren Robert mit einem der anderen identifizieren wollen, bietet sich am ehesten der Magister Robert von 1134/1135 an. Für einen akademischen Magister ist das außerordentlich früh. Die ältere Auffassung, daß der Magistertitel stets ein Universitätsstudium anzeige, ist auf dem Internationalen Historikerkongreß in Stuttgart 1985 am Beispiel der unteritalienischen Notare und Magister ins Gerede gekommen[28].

---

26) Dieses Amt begegnet später am Hl. Grab nicht mehr. Es ist anzunehmen, daß es bei der Reform des Kapitels im Jahre 1114 mit dem Verschwinden des Dekansamtes in dem mehrfach bezeugten Amt des Subpriors aufging.

27) RRH n° 167. D. RRH n° 174. RRH n° 180. 199. 204. Die Kanonikerliste in RRH n° 180 hat RÖHRICHT, Syria sacra S. 21 f. für eine akkonensische gehalten, ebenso im Index zu seinen Regesta regni Hierosolymitani, doch erweist das Namensmaterial die Liste als eine jerusalemitanische.

28) Die ältere Auffassung etwa bei BALDWIN, Studium et regnum S. 201: Jeder Kleriker mit Magistertitel, von begründeten Ausnahmen wie Ordensmeister etc. abgesehen, hatte eine förmliche Ausbildung durchlaufen. SCHALLER, Kanzlei und

Die Betrachtung der Verhältnisse im Hl. Land zeigt, daß *magister* dort wie in Europa ziemlich viel bedeuten kann, etwa auch einen Krankenhausvorsteher (RRH n° 636), einen Aufseher der Klientel des Hl. Grabes (RRH n° 166), einen Chef einer Finanzverwaltung (RRH n° 194. 195), einen Subkastellan[29] oder einen Münzmeister (D. RRH n° 705a). Dies waren alles Unstudierte. Betrachten wir einen Vergleich zwischen dem Fürsten von Antiochia und den Johannitern von 1241 (RRH n° 1102), so haben wir darin nicht weniger als acht Magister. Zwei *maistres chapelleins* der Johanniter können wir als „Oberkapläne" ausschalten. Von den restlichen sechs könnten Magister Geoffroi, Elekt von Tiberias und Kanzler von Antiochia, sowie Magister Hubert, Archidiakon von Tripolis und Kanonikus von Antiochia, wohl studiert haben, bei den restlichen vier, Kanoniker von Antiochia und von Tripolis, ist das zweifelhaft. Noch instruktiver ist RRH n° 1302 von 1261. Hier werden uns vier Magister als Vasallen des Herrn von Arsuf zugemutet; sie können unmöglich alle studiert haben.

Unter den geistlichen Magistern, die keine zusätzliche Funktion nennen, gibt es natürlich solche, die mit Sicherheit studiert hatten, so der Magister Eraclius in RRH n° 455. 456 und der Magister Monachus in RRH n° 435. 490. 532, die beide später zu Patriarchen von Jerusalem aufstiegen[30]. Unter den Laien finden wir im 13. Jahrhundert eine ganze Reihe von Magistern, die Juristen waren, also studiert hatten (RRH n° 958. 1074. 1291. 1444). Dasselbe Bild bietet sich seit dem ausgehenden 12. Jahrhundert bei den Ärzten (RRH n° 723. 775. 824. 959). Eine Reihe von Magistern, bei denen ungeklärt bleiben muß, warum sie den Titel besaßen, führe ich nur auf und beschränke mich hier auf die Zeit vor 1200 (RRH n° 192. 193. 226. 243.

Kultur S. 121–123; KÖLZER, Kanzlei und Kultur S. 36 f. Zur Vorsicht mahnt auch FRIED, Juristenstand S. 10 f. Anders noch RENARDY, Le terme magister au XIIᵉ siècle, in: DERS., Le monde des maîtres universitaires S. 80–90. Siehe auch DE HEMPTINNE – VERHULST, Oorkonden 2, 1, S. XXXVI Anm. 5 und TOCK, Chancellerie épiscopale S. 189 f. Für Deutschland hat GROTEN, Magistertitel, passim, die Auffassung vertreten, deutsche Magister seien sporadisch ab 1150, zunehmend ab 1170 Graduierte, die in Paris studiert hätten. Akademische Magister in den Kreuzfahrerstaaten hat BRUNDAGE, Latin Jurists zusammengestellt, was allerdings sehr der Ergänzung bedarf.

29) D. RRH n° 303. RRH n° 329a. DD. RRH n° 359. 450. RRH n° 455. 534. Siehe dazu MAYER, Kreuzfahrerherrschaft Montréal S. 65.

30) Siehe KEDAR, Eraclius S. 184–186 und Haymarus Monachus, De expugnata Accone S. XXVIII. Zu Monachus siehe oben S. 180. Auch der Magister Johannes *legis peritus* in RRH n° 513 war ein studierter Magister, der später zum Archidiakon und Kanzler von Antiochia aufstieg; MAYER, Varia Antiochena, S. 81 f. Beim Kanzleipersonal der Könige von Jerusalem werden wir einer ganzen Reihe von Magistri begegnen, die auf diesem Niveau wohl in der Regel studierte Juristen waren.

265a. 277 [Georg]. 292. 302. 379 [Paganus]. 395. 435 [Roger]. 504. 513 [Bartholomaeus]. 521. 532. 551. 559. 568. 590b. 628. 636 [Hugo] 645. 723. 771 [Alberich]).

Aber mit Aufmerksamkeit muß man diejenigen Magistri betrachten, die in Domkapiteln dienten, jedenfalls dann wenn sie die einzigen waren. Am Hl. Grab begegnet uns 1160 ein Kanoniker namens Achilles (RRH n° 345. 346. 349–351), der eine ziemlich feststehende Position innerhalb der Folgeordnung der bezeugenden Chorherren innehat und nur in RRH n° 351 dadurch einer Spitzengruppe zugewiesen wird, daß er noch vor dem sonst selten erscheinenden Kantor Bernhard aufgezählt wird. Er erscheint auch in einer undatierten Urkunde aus derselben Zeit (RRH n° 362 von ca. 1158–1159). Ein einziges Mal erhält er in RRH n° 358, gleichfalls aus dem Jahre 1160, den Magistertitel. Da er nicht plötzlich innerhalb eines Jahres in Europa einen akademischen Grad erworben haben kann, zeigt sein Titel eine Funktion innerhalb des Kapitels an, wozu hier Anlaß war, weil in derselben Sache das Kapitel von Ramla unter anderem durch seinen Kantor Giselbert und seinen Magister Anschetinus vertreten wurde, dem das Hl. Grab den Kantor Bernhard und den Magister Achilles entgegenstellte (RRH n° 358. 360). Ich gehe also davon aus, daß Achilles und Anschetinus in ihren Kapiteln dieselben Funktionen ausübten, und stelle ihnen in anderen Domkapiteln den Magister Wilhelm von Sidon (RRH n° 277 von 1152), den Magister Girardus von Tyrus (RRH n° 370 von 1161) und den Magister Hugo in dem im Aufstieg zum Bistum begriffenen Priorat St. Abraham (Hebron) (RRH n° 379 von 1163) an die Seite.

Sucht man nach einer Aufgabe, die innerhalb eines Kathedralkapitels einem Magister zufallen konnte, so bietet sich am ehesten die Leitung der Domschule an, und ich sehe in Wilhelm von Sidon, Achilles vom Hl. Grab, Anschetinus von Ramla, Girardus von Tyrus und Hugo von St. Abraham tatsächlich die Leiter der dortigen Domschulen. Erstmals ist diese Funktion in Jerusalem 1102/1103 bezeugt als die eines mit 300 Byzantinern doppelt so hoch wie ein normales Kanonikat besoldeten *primicerius hoc est magister scolasticus*[31]. In Antiochia hieß das später *magister scolarum*[32].

Daß man der Kindererziehung Aufmerksamkeit schenkte, ist aktenkundig, denn 1158/1159 verkaufte ein gewisser Ainardus Cavallom in Magna Mahu-

---

31) RRH n° 40; zu *primicerius* als Schulvorstand siehe NIERMEYER, Lexicon s. v. und RENARDY, Le monde des maîtres universitaires S. 81 f.

32) RRH n° 636. 840. 1043. 1224a von 1184–1255. In RRH n° 1043 steht original sogar *magistri scolarum*, so daß diese Urkunde mindestens von zwei Domschulmeistern bezeugt wurde, die in den in der Urkunde genannten Diözesen von Antiochia, Tyrus, Tripolis, Sidon und Beirut gesucht werden müssen.

meria nördlich von Jerusalem einen Weinberg *nimia paupertate compulsus nec habens unde uxorem suam et liberos sustentare et educare posset* (RRH n° 340). Aber nicht nur in Jerusalem und Antiochia sind uns Domschulen bezeugt. In Beirut begegnet 1133 ein *Berutensis ecclesiae clericorum doctor*; 1156 hatte er es dort zum Bischof gebracht (RRH n° 144. 323. 354). In Akkon hatten die Johanniter 1175 eine eigene Schule, denn der Bischof sicherte ihnen zu, *pueros in domo Hospitalis doceri cupientes ... non prohibebit* (RRH n° 532), woraus sich zugleich ergibt, daß der Bischof gleichfalls eine Schule hatte und daß der Unterhalt einer solchen ein einkommensträchtiges Recht des Diözesans war. Grenzfälle, die wohl schon in das Gebiet der höheren Studien übergehen, waren der Lektor in der Theologie, der unter Bischof Jakob von Vitry an der Kathedrale von Akkon wirkte, und die zu 1255 bezeugte Bibeldozentur im Franziskanerkonvent in Akkon[33].

Bei dieser unerwarteten Vielzahl von Belegen für Kathedralschulen und für ausdrücklich so genannte „Schulmeister" trage ich keine Bedenken, in dem Magister Robert von 1134/1135 den Leiter der Jerusalemer Domschule zu sehen[34]. Es wäre eine angemessene Position gewesen für jemanden, der wie er gern literarischer schrieb, als dies Urkundentexte erforderten. Wir hätten dann in dieser schon 1102/1103 bezeugten Funktion 1134/1135 den Magister Robert, 1136 den Lateinlehrer Wilhelms von Tyrus Johannes Pianus, *qui eo tempore ad Sepulchrum clericulos docebat*, der später das Kardinalat erreichen sollte[35], und schließlich 1160 den Magister Achilles (RRH n° 358).

---

33) MAYER, Crusades [2]S. 193, 270. Zu Domschulen siehe RILEY-SMITH, Feudal Nobility S. 129 f. Das Normale war allerdings noch immer das höhere Studium in Europa. Ein päpstlicher Legat beklagte 1249, daß die Entfernung den zyprischen Klerus am Hochschulstudium in Europa hinderte; KEDAR, Ecclesiastical Legislation S. 230 Anm. 19 und HILL, Cyprus 3, S. 1067. Aber die Entfernung war nicht immer das einzige Hindernis. Patriarch Peter I. von Antiochia, der ehemalige Kanzler des Königs Guido von Jerusalem, bestimmte seinem Neffen Iterius und dessen Bruder die hohe Summe von 1000 Byzantinern *in studiis scholasticis expendendos*, und die Höhe der Summe läßt an Europa denken. Freilich mußte Iterius, der ein Kanonikat in Antiochia hatte, den nächsten Patriarchen beim Papst auf Zahlung verklagen (RRH n° 859a).

34) Auch BRESC-BAUTIER, Cartulaire du St.-Sépulcre Index S. 399 sieht wohl wegen des Magistertitels in ihm den Scholaster von Jerusalem, identifiziert ihn aber zusätzlich mit Robert von Artah aus RRH n° 167, wofür es keinen Grund gibt.

35) RRH n° 166. Vgl. MAYER, Guillaume de Tyr S. 262 f., wo die Identifizierung dieses Johannes mit dem gleichnamigen Subdiakon 1135 in RRH n° 154 jetzt noch verstärkt wird durch die Erwägung, daß Johannes sich hier nicht als Schulmeister bezeichnete, weil Robert diese Charge noch innehatte.

Stößt man sich nicht an dem langen Hiatus von 1114 bis 1134, in dem Robert bei dieser Rekonstruktion seiner Karriere nicht bezeugt wäre, als Kanoniker allerdings auch kaum bezeugt sein kann (siehe oben S. 386), dann könnte er nach dem Ende seiner Urkundentätigkeit gleich oder später die Domschule von Jerusalem übernommen haben. Das wäre nicht ungewöhnlich, denn beides war öfters in einer Person anzutreffen. So schrieb der Domschulmeister Johannes von Pisa Urkunden für das Hl. Grab und bemühte sich später, wenn auch erfolglos, um die Stelle des päpstlichen Kanzlers[36].

Auch in Roberts Heimat Lothringen und im lothringisch-flandrischen Grenzbereich war dies häufig. Ein bekanntes Beispiel ist der berühmte Wenrich von Trier. Als *archiscolasticus et bibliothecarius* unterfertigte er 1075 eine Urkunde des Erzbischofs von Trier[37]. Die bischöflichen Kanzler von Cambrai und Lüttich, die die bischöflichen Urkunden redigierten, waren häufig die dortigen Schulmeister[38]. Für Nordfrankreich hat Brunel die zeitweise Beteiligung von Scholastern am Urkundenwesen oder den Aufstieg von Scholastern zum Kanzleramt im 11. Jahrhundert beeindruckend nachgewiesen für Reims, Cambrai und vor allem für Soissons[39]. In Arras wurde die bischöfliche Kanzlei 1163–1186 nacheinander von zwei Scholastern des Kathedralkapitels geleitet[40]. Haicius von Plancy, später der Kanzler des Grafen Heinrich II. von Champagne und noch später Bischof von Troyes, war vor seinem Cancellariat Scholaster in dem gräflichen Hausstift St.-Etienne in Troyes, wo er in dieser Funktion 1163 eine Urkunde unter-

36) RRH n° 154. 166. MAYER, Guillaume de Tyr S. 263.

37) BEYER, Mittelrheinisches Urkundenbuch 1, S. 432 n° 375. Zu Wenrich siehe zuletzt ERKENS, Vuenricus cancellarius, passim.

38) REUSSENS, Chancelleries inférieures S. 167–171, 180–182; VERCAUTEREN, Actes S. LVIII. Allerdings waren es entgegen der Annahme Reussens in Lüttich nicht immer nur die Domschulmeister, sondern die Scholaster aller Lütticher Kapitel waren beteiligt. In Cambrai heißt es in einer Urkunde von 1244 (Original im Departementalarchiv Lille 4 G 51 n° 678, hier zitiert nach TOCK, Chancellerie épiscopale S. 4 Anm. 6): *idem scolasticus dicebat se esse cancellarium ipsius episcopi, cum eo quod erat scolasticus.* Im 13. Jahrhundert hat man auch in Tongern und Lüttich bei der Definition der Aufgaben der Scholaster das Urkundenwesen ausdrücklich mit einbezogen: *debet etiam dictare et scribere litteras et cartas ecclesie per se vel per alium, quotienscumque necesse et requisitus fuerit,* oder *incumbit ex officio litteras missibiles omnes, quando requiritur, scribere et ordinare.* Siehe zu diesen Problemen PONCELET, Sceaux et chancelleries S. 84–86; KUPPER, Liège S. 250 Anm. 222; PAQUAY, Cartulaire de Tongres 1, S. 245 n° 128 und S. 275.

39) BRUNEL, Chartes S. 241 f.

40) TOCK, Chancellerie épiscopale S. 182.

fertigte[41]. Im 12. Jahrhundert finden wir in St. Paul's in London den Magister Radulf von Hauterive als Domscholaster, der aber einmal auch als Kanzler der Domkirche erscheint[42]. Für die zweite Hälfte des 12. Jahrhunderts hat Herkenrath in beeindruckender Weise wahrscheinlich gemacht, daß sowohl in der Reichskanzlei wie generell im Reich die Scholaster häufig Verwendung als Kanzleinotare fanden[43].

Auch die Verbindung von Magistertitel und Urkundstätigkeit ist öfters belegt. Der Magister Guarinus, ein Kapellan Rogers II. von Sizilien, schrieb für diesen Urkunden (D. Ro. II. 7). Von den neun Kanzlern der Kirche von Tournai im Zeitraum 1149–1309 hatten nur die ersten beiden keinen Magistertitel[44]. In Jerusalem treten als Personal der Königskanzlei eine ganze Reihe von Magistern auf, nämlich in zeitlicher Reihenfolge Lambert, Matthaeus, Bandinus und Oddo, Joscius D (Balduin), Radulf von Merencourt, Johannes von Bourbonne, dazu der Priester Robert, wenn er denn mit dem Magister Robert von 1134/1135 identisch war. Dazu kommen im Osten außerhalb der Königskanzlei noch der Magister Morellus und ein Magister Georg, die mit dem Urkundenwesen der Herren von Margat zu tun hatten[45], der Magister Simon, der 1180 Kanzler des Erzbischofs von Nazareth war (RRH n° 594), der Magister Haymarus Monachus, der kurz zuvor Kanzler des Patriarchen von Jerusalem wurde (siehe oben S. 49). Auch eine ganze Reihe von Kanzlern der Fürsten von Antiochia waren Magister. Zu ihnen ist wohl schon der Johannes *legis peritus* zu rechnen, der kurz vor 1177 zum Fürstenkanzler aufstieg[46], dann 1187–1191 der Erzbischof Albert von Tarsos[47], und 1241 der Magister Geoffroi (RRH n° 1102).

Wer sich aber auf Urkunden verstand, hatte auch Chancen in der kirchlichen Administration, und man darf daher vielleicht annehmen, daß der zuletzt 1135 bezeugte Magister Robert, der 1136 als Schulmeister durch Johannes Pisanus ersetzt war, auch identisch ist mit dem 1137–1138 bezeugten Archidiakon Robert von Jerusalem, dessen Nachfolger 1143 in RRH n° 213 erscheint[48]. Auch Johannes Pisanus brachte es in Tyrus zum Ar-

---

41) LALORE, Cartulaire de St.-Loup S. 62 n° 36.

42) Gilbert Foliot, Letters S. 486 n° 457. MOREY und BROOKE, Gilbert Foliot and his Letters S. 275 f.

43) HERKENRATH, Magistertitel, passim.

44) PYCKE, Chapitre S. 170. Zu den Verhältnissen in diversen anderen Kanzleien siehe DE HEMPTINNE – VERHULST, Oorkonden 2, 1, S. XXXVI Anm. 5.

45) Siehe unten Bd. 2, S. 389 f.

46) MAYER, Varia Antiochena S. 81 f.

47) RRH n° 689. HIESTAND, Plange Syon S. 140 f.

48) Siehe oben S. 386. Auch der galilaeische Kanzler Rorgo Fretellus von 1119 war

chidiakon[49]. Wollen wir in unserem Robert schon einen Kapellan Gottfrieds von Bouillon von 1096 sehen (siehe oben S. 383) und geben wir ihm
zu diesem Zeitpunkt 21 Jahre, so war er 1075 geboren worden und wäre
zwischen 1139 und 1143 im Alter von zwischen 64 und 68 Jahren gestorben,
denn eine weitere Karriere hat der Archidiakon Robert nicht mehr gemacht,
da er keinesfalls gleichgesetzt werden kann mit dem Erzbischof Robert von
Nazareth (1138–1153), mit dem zusammen er in D. RRH n° 174 auftritt[50].

Es muß nochmals ernsthaft darauf hingewiesen werden, daß diese Rekonstruktion von Roberts Karriere nicht mehr ist als eine Hypothese, die auf
mehreren Annahmen beruht: daß nämlich der Priester Robert in D. RRH
n° 68a nicht ein Gelegenheitsschreiber war, sondern der Diktator, und daß
der Konzipient im Hl. Grab versorgt wurde und dort zum Scholaster aufstieg. Andere Möglichkeiten, etwa daß Robert bald nach 1114 starb, sind
nicht besser und nicht schlechter. Ziemlich sicher ist freilich, daß er ein
Lothringer war.

Tabellarisch ergibt sich dann folgender, partiell allerdings hypothetischer
Lebenslauf Roberts:

1099	Einwanderung aus Lothringen mit dem Ersten Kreuzzug
1099 (1100?) – 1114/1115	Urkundenreferent Gottfrieds von Bouillon (?) und Balduins I. von Jerusalem. Daneben Diktat

---

später Archidiakon von Antiochia (RRH n° 87. Rorgo Fretellus, Description S. X f.,
wo zu Unrecht gegen den handschriftlichen Befund vermutet wird, Rorgo sei Archidiakon in Nazareth gewesen). Zu Rorgo siehe vor allem jetzt die grundlegende Arbeit
von HIESTAND, Centre intellectuel S. 19–35.

49) Wilhelm von Tyrus, Chronicon XVI. 17, S. 738.

50) Erst recht war unser Robert nicht identisch mit dem Abt Robert von S. Maria im
Tal Josaphat, der 1135–1137 in RRH n° 160. 167. 172 bezeugt ist. Allenfalls könnte
man Robert, der sich 1112 in D. RRH n° 68a *sacerdos* nannte, in eins setzen mit dem
Rodbertus ... et canonicus sancti Sepulcri in einer Urkunde des Patriarchen Wilhelm von
Jerusalem vom 29. August 1141 (DE LA FUENTE, España sagrada 50, S. 396 n° 12). Hier
ist ein Wort ausgefallen, und zwar *sacerdos*, denn die Kanonikerliste ist streng hierarchisch geordnet, und Robert steht unter den *sacerdotes*. Freilich müßte man dann die
Verbindung *sacerdos* Robert von 1112 mit dem Archidiakon von 1137–1138 wohl
aufgeben, denn es ist unwahrscheinlich, daß der Archidiakon zur Position eines
einfachen Kanonikers zurückgekehrt wäre. – BRUNDAGE, Latin Jurists S. 21 Anm. 11
hat erwogen, daß der Magister Robert am Hl. Grab von 1134/1135 derselbe ist wie der
dortige Kanoniker und Magister Robert 1178 in RRH n° 569, was aber ausgeschlossen
ist, da dazwischen 43 Jahre liegen, vor denen Robert sein Jurastudium schon abgeschlossen hatte. Der Robert von 1178 ist klar ein anderer.

	von Urkunden und Briefen für die Patriarchen
	von Jerusalem. Versorgung wohl mit einer Pfrün-
	de an der Grabeskirche
1134–1135	Scholaster an der Grabeskirche (?)
1137–1138	Archidiakon von Jerusalem (?)
1139–1143 (?)	Tod

3. Schrift und Fehleranalyse

Ich werde unten S. 397–413 eine Diktateinheit der Gruppe aufzeigen. Anders steht es allerdings mit der Schrift, die wir zuerst betrachten wollen. Während Notare, die des Diktats fähig waren, anscheinend eine Mangelware bildeten, gab es an Schreibern genügend. Nicht zwei der – zugegebenermaßen wenigen – Originale aus Roberts Diktatgruppe sind von derselben Hand geschrieben, und nur eine dieser Hände läßt sich in den sonstigen erhaltenen Originalen nochmals nachweisen. Der König hatte einen Urkundenkonzipienten, aber er hatte keinen hauptamtlichen Schreiber. Vielmehr hat man ganz offensichtlich die Mundierung der Diplome Gelegenheitsschreibern anvertraut. Die Anforderungen an das Äußere eines Diploms waren demzufolge minimal. Das führt zu dem schon erwähnten Befund (oben S. 53), daß manche Diplome besiegelt waren, andere – zumal die Empfängerausfertigungen – nicht, daß manche mit der königlichen Unterschrift beglaubigt waren, andere nicht.

Nur einem einzigen Erfordernis mußte anscheinend ein Diplom schon in der Frühzeit genügen: es mußte Hochformat haben, d.h. als *charta transversa* parallel zur kürzeren Seite beschrieben sein. Das war später eine Kanzleiregel. Daß wir davon unter Robert keine Ausnahme haben, wäre bei der geringen Zahl von Originalen nicht aussagekräftig, wenn nicht Roberts Urkunden, die für nichtkönigliche Aussteller geschrieben wurden, auch in dieser kleinen Zahl alle Querformat hätten[51]. Das Querformat war also prinzipiell durchaus gebräuchlich und zulässig, nur für Diplome des Königs nicht. Hochformat haben DD. RRH n° 51. 68a (Nachzeichnung) und unter den folgenden Diktatoren auch DD. RRH n° 80. 90, von den Empfängerausfertigungen außerdem D. RRH n° 57. Das Querformat beobachten wir bei der Empfängerausfertigung D. RRH n° 79, und das allein schon genügt,

---

51) Dies sollte sich später unter Heinrich von Champagne wiederholen: Die Diplome für Empfänger im Osten hatten Hochformat, die Grafenurkunden für Empfänger in der Champagne hatten Querformat.

um die Entstehung außerhalb der Kanzlei zu erweisen. Sowohl die Legatenurkunde RRH n° 69 wie die Patriarchenurkunde RRH n° 67, beide von
Robert diktiert, haben Querformat.

' Die verlängerte Schrift der Invocatio und die symbolische Invocatio mit
dem Kreuz sind noch selten. Die Empfängerausfertigung D. RRH n° 79 ist
das früheste Diplom mit einem Kreuz. Voraus gehen die Privaturkunden
RRH n° 69. 67, die beide auch verlängerte Schrift für die Invocatio haben.
Diese tritt in den Diplomen erstmals kopial in nachgeahmter Form in
D. RRH n° 74 von 1114 auf, original ein Jahr später in D. RRH n° 80, das
auch als erste Kanzleiausfertigung das Kreuz hat. D. RRH n° 68a hat aber
Majuskeln für die Unterfertigung des Priesters Robert. D. RRH n° 68a ist
auch das erste Diplom, dessen Schreiber sich um eine Urkundenminuskel
bemüht zu haben scheint. Die Schrift macht einen eleganten Eindruck mit
dünnem, sehr ebenmäßigem Duktus. Sie läuft eng im Verhältnis zu ihrer
Höhe. Wir finden hochgezogene Ober- und tiefgezogene Unterlängen bei *b,
d, f, h, l, p, r* und langem *s*. In den ersten beiden Zeilen sind Elemente einer
päpstlichen Urkundenminuskel nachgeahmt mit der Verschleifung der
Oberschäfte von *f* und langem *s*, deren Schleife oben umkehrt und dann im
Linkslauf den Schaft durchschneidet, sowie mit einem *g*, dessen Schlinge
durch Durchschneidung des Federstriches unten einen geschlossenen Kreis
bildet, der in eine kleine Zunge ausläuft. Diese Erscheinungen werden dann
nicht durchgehalten, sondern nehmen ab, bis sie in Zeile 10 endigen. Die
Zwischenräume zwischen den Worten sind gering, so daß über distinkte
oder indistinkte Schreibung von Präpositionen nicht zu entscheiden ist. Es
findet sich die *st*-Ligatur, nicht jedoch die von *ct*. Der von einem gewandten
Schreiber ausgeführten Nachzeichnung ist anzusehen, daß das Original eine
gewisse würdige Eleganz hatte. Denn um eine Nachzeichnung handelt es
sich, da das Stück trotz des angekündigten Siegels keinerlei Spuren einer
Besiegelung aufweist und ein Dorsualvermerk des 13. Jahrhunderts lautet
Transcriptum Balduini regis Iherusalem primi. Eine heute nicht mehr erhaltene Überlieferung wurde 1742 aus der Provence nach Malta ausgeliefert[52].
Dies mag das Original gewesen sein.

Ansonsten aber haben wir es bei den Diplomen überwiegend mit Buchschriften zu tun. Diejenige von D. RRH n° 51 ist klar und sorgfältig ausgeführt, aber mit dicker Feder geschrieben und von klobigem Zuschnitt. Rein
vom paläographischen Eindruck her könnte man sie auch noch dem
11. Jahrhundert zuschreiben, allerdings begegnen bereits *i*-Striche auf
Doppel-*i*. Auch haben wir *d* mit nach links gebogenem Schaft neben dem

---

überwiegend verwendeten *d* mit geradem Schaft. Das *r* ist manchmal mit einer diskreten Unterlänge versehen, aber überwiegend endet es auf der Zeile. Als Buchschrift hätte der Schreiber mit seiner Schrift Ehre einlegen können, aber von einer diplomatischen Minuskel war er weit entfernt[53].

Der Schreiber der Legatenurkunde RRH n° 69 ahmte, was nicht verwundert, eine päpstliche Urkundenminuskel nach, nur ist es ihm nicht geglückt. Die Schrift ist um Welten von jener zierlichen und eleganten Schrift entfernt, die an der Kurie gepflegt wurde. Aber wir finden aus ihr die den Schaft durchschneidenden Zierschleifen an den Oberlängen, hier von *b*, *d*, *f*, *h*, *l* und langem *s*, wir finden das diplomatische Kürzungszeichen, aber alles macht einen klobigen Eindruck, mit stumpfer Feder geschrieben. Der Schreiber hat Zierschleifen auch am Schaft des *a* angebracht, wo sie nicht hingehören, hat auch Schluß-*e* gelegentlich mit solchen Schleifen enden lassen, wo sie gleichfalls nicht hingehören. Sein *r* reicht nach unten nicht unter die Zeile. Er hat seine *g*-Schlinge unten offen gehalten, hat *ct* zwar ligiert, ohne aber die Buchstaben auseinanderzuziehen, hat gerades *d* benutzt, das er am Schaft verzieren konnte, statt sich des *d* mit nach links geneigtem Schaft zu bedienen, kurzum eine wenig geglückte Imitation, auch bei der Elongata.

Ein anderes Schriftmodell hatte der Schreiber der Patriarchenurkunde RRH n° 67, nur hatte er mehr Talent für das, was er versuchte. Freilich hat auch er nur gerades *d* und die Verschleifung seiner Oberschäfte ist übertrieben, denn statt beim Abstrich den Schaft mehrfach anzuschneiden, dadurch aber die Breite des sehr hohen Buchstabens nicht zu vergrößern, zog er die Feder weit nach links vom Schaft und kehrte dort in einer erneuten Schleife nach oben. Das machte den oberen Teil der Schrift unruhig, besonders dort, wo zwei Konsonanten mit Oberlänge aufeinander folgten. Elf Jahre später finden wir ihn wieder, als er RRH n° 101 für den Patriarchen von Jerusalem schrieb. Wahrscheinlich war er identisch mit dem Kanoniker Arnold vom Templum Domini, der RRH n° 101 mit seinem Namen und *rogatus scripsit* unterfertigte und der auch sonst für Josaphat im Urkundengeschäft war (siehe unten S. 505 f.). Natürlich hatten sich manche Buchstabenformen nach mehr als einem Jahrzehnt geändert, und man tut überhaupt gut daran, sich Bresslaus grundlegende Erkenntnis in Erinnerung zu rufen, daß mittelalterliche Schreiber für ein und denselben Buchstaben über mehrere Formen verfügten[54]. Er hatte jetzt gelegentlich auch das nach links geneigte *d*, so im eigenen Namen, das dann kaum noch verziert

---

53) Über weitere Buchschriften in den Diplomen siehe unten S. 453, 506, 899.
54) BRESSLAU, Urkundenlehre [2]2, S. 538 f.

war, aber sehr schwungvoll weit nach links auslud. Er zog den Schaft seines
r jetzt etwas unter die Zeile. Aber zu erkennen ist er an den Zierschleifen
der Oberschäfte, die er jetzt fast bis ins Absurde gesteigert hatte. Nicht mehr
zufrieden mit einer zweiten Schleife links vom Schaft kehrte er mit der
Feder zurück und brachte rechts davon eine weitere an. In Worten wie
possessionibus ergibt dies ein geradezu komisches Schriftbild. Man sieht
deutlich, daß er seine Vorliebe elf Jahre lang gepflegt hatte, wobei er eine
Schrift entwickelte, die häßlich, aber unverkennbar die seine war und die
ihm Kunden eingetragen haben mag, die nicht auf Schönheit achteten,
sondern von dem hier zutage tretenden Manierismus beeindruckt waren.
Gerade dieser Manierismus der übertriebenen Zierschleifen enthüllt aber die
Schriftheimat des Schreibers, der aus einer Gegend kam, die in der Forschung voreilig als Lütticher Schriftprovinz bezeichnet wurde[55]. Stiennon
hat uns gelehrt, dies großräumiger zu sehen. Zierschleifen dieser Art, von
Schubert wenig treffend als Schlangenlinien bezeichnet, waren ein Kennzeichen einer Schriftregion, die die Bourgogne, die Champagne, Oberlothringen, den Cambrésis, Flandern, aber vor allem Niederlothringen und das
Rheinland umfaßte. Zwar fehlt der hier untersuchten Schrift das sogenannte
'gezopfte' *g* derselben Schriftregion, bei dem der Unterschaft die Form eines
Zopfes oder ineinander verschlungener Paragraphenzeichen hat, aber die
Vorform ist vorhanden, bei der der *g*-Schaft weit nach links auslud und dort
in einer vollen Schleife endete, die erneut nach links oder nach unten weiter-
führte.

Bei dieser Häufung von Gelegenheitsschreibern fallen Schreibfehler in den
Originalen nicht dem Diktator zur Last. In D. RRH n° 51 ist *rex* in der
Intitulatio über der Zeile nachgetragen, statt *institutionis* steht durch Ausfall
eines Kürzungsstriches *istitutionis*, und *existenti* steht statt richtig *existente*. In
RRH n° 69 steht ein längerer Passus (*ad victum monachorum illic deo servientium*) auf Rasur, danach fehlt ein Verb in Analogie zu dem voranstehenden
possidere, auch liest man *nundum* statt *nondum*. Dagegen hat Delaborde in
seinem Druck von RRH n° 67 hinter *dignum et rationabile* zu Unrecht
censeo ergänzt. Sein Palermitaner Kopist des 19. Jahrhunderts hatte hier ein
Wort weggelassen, und zwar *duximus*, das im Original steht und einen
besseren Text ergibt als *censeo*. Bei den Kopien lohnt sich die Verzeichnung
von Schreibfehlern nur in Ausnahmefällen, weil sie meist der Überlieferung
zur Last fallen. Dies ist bei RRH n° 63 in besonders krasser Weise der Fall,
denn infolge einer falschen Auflösung von *G. patriarcha* schreiben beide

---

55) SCHUBERT, Lütticher Schriftprovinz, passim; STIENNON, Ecriture diplomatique,
passim, vor allem S. 153.

Chartulare des Hl. Grabes das Stück dem Patriarchen Wilhelm statt dem Patriarchen Gibelin zu. Auch *sanacte* statt *sancte* in der Invocatio in einer Kopie von RRH n° 68, die Delaville Le Roulx in seiner Edition fälschlich für ein Original hielt, ist natürlich überlieferungsbedingt und der Fehler des Kopisten, denn jeder halbwegs vernünftige Abschreiber hätte ja *sanacte* im verlorenen Original stillschweigend zu *sancte* verbessert, wie dies auch die modernen Editoren von RRH n° 68 taten.

4. Das Diktat der Gruppe

Sind wir auf Mutmaßungen angewiesen, wenn wir Roberts Laufbahn nachzeichnen wollen, und bringt die Schrift der Originale uns keine gruppenbildende Einsicht, so gewinnen wir mit dem Diktatvergleich sicheren Boden. Die oben S. 373 f. aufgelistete Gruppe von Urkunden und Briefen stammt zweifellos von ein und demselben Diktator.

Robert eröffnete seine Produkte überwiegend mit der Allerweltsinvocatio *In nomine sanctae et individuae trinitatis* ohne *amen* (RRH n° 36. 40. 67. D. RRH n° 74. RRH n° 75), soweit er überhaupt Invocationes hatte. Der Formularteil fehlt in DD. RRH n° 51. 59. RRH n° 63. 64. D. RRH n° 68a[56]. In D. RRH n° 59 mag ihr Fehlen in der Überlieferung begründet liegen, RRH n° 63. 64 sind Briefe, denen die Invocatio ja fremd war. Roberts Invocatio war nicht nur die Formel der Kaiserurkunden und der kapetingischen Diplome, sondern überwiegend auch die der Herzogsurkunde in Lothringen[57]. Aber es war nicht die Formel, die in Jerusalem Zukunft hatte. Dort setzte sich vielmehr die um die Aufzählung ihrer Glieder erweiterte Trinitätsanrufung mit *amen* durch (*In nomine sanctae et individuae trinitatis, patris et filii et spiritus sancti, amen*), wie sie sehr bald nach dem Ende von Roberts Tätigkeit innerhalb kurzer Zeit die Urkunden des lateinischen Ostens dominierte, denn schon die zweithäufigste Invocatio *In nomine patris et filii et spiritus sancti, amen* fiel zahlenmäßig dagegen sehr ab. Auch

---

56) Die Invocatio fehlt auch sonst häufig in dieser Zeit, in den Urkunden des Chorherrenstifts vom Hl. Grab vor 1150 außerhalb von Roberts Gruppe in RRH n° 58. 110. 111. 129. 146. 156. 158. 160. 166. 169. 183. 234. 255. 265.

57) DESPY, Actes S. 118. Siehe zu Lothringen auch unten S. 678 f., 684 f. Bei Philipp I. von Frankreich ist *In nomine sanctae et individuae trinitatis* die übliche Form der Invocatio; *amen* tritt nur gelegentlich hinzu; PROU, Recueil des actes de Philippe I S. XC f. Natürlich war Roberts Invocatio auch die Formel der Urkunden der apulischen Herzöge, aber hier befasse ich mich für Robert nicht mehr mit der Erörterung einer süditalienischen Herkunft.

Robert ist die erweiterte Formel nicht fremd, er hat sie zweimal in RRH
n° 68. 69, das eine Mal freilich ohne *et individuae*, was diktatrelevant erst im
ausgehenden 12. Jahrhundert bei Petrus B wird (siehe unten Bd. 2, S. 531 f.).
Eine klassische Eingangsdatierung, die am Hl. Grab freilich keine Seltenheit war (siehe oben S. 37), hat er gleich nach der Invocatio nur in seinen
beiden Notitiae RRH n° 36. 40, aber weit am Anfang, nach der Promulgatio
oder der Arenga, steht das Datum auch in DD. RRH n° 51. 74. RRH n° 75,
dagegen steht es am Ende in D. RRH n° 59. RRH n° 69. 64. 68. 67, während es ganz fehlt in RRH n° 63. Eine ganz frühe Rarität ist das gespaltene
Datum in D. RRH n° 68a, bei dem die Jahresangaben, eingeleitet mit *Actum
est autem hoc*, durch die Zeugenliste – in diesem Falle auch durch die Corroboratio – von der Schreiberzeile mit dem Tagesdatum nach dem römischen
Kalender getrennt waren. Das sollte von der Mitte des Jahrhunderts an als
große Leistung des Notars Radulf A die klassische Form der Datierung des
jerusalemitanischen Diploms werden (siehe unten S. 764–777). Das Inkarnationsjahr wird teils ablativisch dargeboten (*anno ab incarnatione* RRH n° 36.
40. DD. RRH n° 51. 59. RRH n° 67. D. RRH n° 74), teils genitivisch (*anno
incarnationis* RRH n° 69. 64. 68. D. RRH n° 68a. RRH n° 75).
    Danach aber geht es bunt zu. Damit meine ich nicht so sehr den Wechsel
zwischen *domini* (DD. RRH n° 51. 59. 74), *dominicae* (RRH n° 69. 64. 68.
D. RRH n° 68a. RRH n° 75) und *dominica* (RRH n° 67), denn das läßt sich
bei vielen Diktatoren beobachten. Aber zu Beginn seiner Laufbahn hat
Robert Formen, die ihn als Anfänger ausweisen, der ein Formular erst
entwickeln mußte: *anno ab incarnatione sempiterni principis* (RRH n° 36),
anno ab incarnatione Ihesu filii dei summi (RRH n° 40), *anno ab incarnatione
domini M°C°VII° existenti* (D. RRH n° 51; statt richtig *existente*), auch einfaches *anno domini* in der Narratio von D. RRH n° 59. Über das Wort
Diktatkontinuität hätte Robert gewiß nur den Kopf geschüttelt. Umso mehr
fallen die einigenden Glieder in seinem Diktat auf. Nahezu immer hat er,
wo er ein Datum hat, die Indiktion, dagegen kein Tagesdatum. Erstere fehlt
bei den datierten Stücken nur in RRH n° 67, letzteres ist nur in RRH n° 64.
D. RRH n° 68a vorhanden. Zwar handelt es sich bei RRH n° 64 der Form
nach um einen Brief nach Fruttuaria, aber der Sache nach um eine Rechtsverfügung, die eine Datierung durchaus vertrug. Das generelle Fehlen des
Tagesdatums weist Robert als einen Mann aus, der sich stark am Bild der
Privaturkunde ausrichtete, wo dies ja üblich war, obgleich gerade das Kapetingerdiplom der Zeit hierfür auch genügend Beispiele bot.
    Zur Privaturkunde gehört auch die Angabe der Epakte, die sich allerdings
nur in D. RRH n° 74. RRH n° 75 findet, ebenso wie die Ferialrechnung
und das Mondalter in D. RRH n° 68a. In den beiden sichtlich vom selben
Tage stammenden Urkunden D. RRH n° 74. RRH n° 75 ist es für die

Variationsfreudigkeit Roberts und damit für seine Freude am Literarischen bezeichnend, daß er auch in einem solchen Fall das Datum nicht notwendigerweise gleich baut. Hat er im einen Stück *anno igitur ab incarnatione domini*, so hat er im anderen *anno incarnationis dominicae*. Die Angabe des regierenden Königs oder Patriarchen, auch einmal des Papstes (D. RRH n° 59; vgl. RRH n° 190), ist fast durchgehend und fehlt nur in D. RRH n° 51. Sie verbindet sich ab 1111 meist mit der Angabe des Regierungsjahres des Königs (Ausnahme RRH n° 67), auch des Patriarchen und entfernt sich damit wenigstens etwas aus der Tradition der Privaturkunden, in der solche Angaben meist ohne das Regierungsjahr stehen. Die Jahreszählung nach der Eroberung Jerusalems ist eine Schwäche Roberts, auf die ich schon verwiesen habe (siehe oben S. 381). Dagegen war die Datierung nach pisanischem Stil in RRH n° 36. 40. D. RRH n° 51. 59. RRH n° 69 keine robertinische Marotte, sondern offensichtlich die Übernahme eines von Patriarch Daimbert am Hl. Grab eingeführten Jahreswechsels, die Robert von dem Moment an unterließ, als Daimberts alter Gegner Arnulf von Chocques 1112 Patriarch wurde (siehe oben S. 35). Ist der pisanische Stil im Datum als Diktatkriterium nicht recht brauchbar, weil er auf eine Anordnung von oben zurückgegangen sein mag und daher nicht auf Robert beschränkt gewesen zu sein braucht, so werden RRH n° 64. 68. D. RRH n° 68a diktatmäßig verklammert durch die Datierung nach der Eroberung Jerusalems und RRH n° 68. D. RRH n° 68a durch ihre identische lange Datierung, ebenso wie diese in D. RRH n° 74. RRH n° 75 weitgehend identisch ist.

Roberts Intitulatio wird, wo sie vorhanden ist[58], eingeleitet nach Art der Privaturkunden mit *Ego*, und zwar meist ohne Promulgatio (siehe unten S. 407). Selbst in den beiden Fällen, in denen Robert eine Promulgatio hatte (D. RRH n° 51. RRH n° 75), steht sie hinter der mit *Ego* eingeleiteten Intitulatio. Dieser harte Auftakt ziemt Königsurkunden eigentlich nicht, es gab dies weder bei den Karolingern noch im Reich oder in England, erst recht nicht bei den Päpsten. Lediglich im kapetingischen Diplom war unter Heinrich I. die Einleitung mit *Ego N. rex* die Regel, aber die Zeit Heinrichs I. ist für die Kapetingerurkunde die Zeit des großen Niedergangs, als sie sich von Privaturkunden kaum unterschied. Es blieb bei dem einleitenden *Ego* zwar auch unter Philipp I. und Ludwig VI., aber wohl als eine Folge des Beharrungsvermögens, das mittelalterliche Kanzleien überhaupt auszeichnet. Erst die Kanzlei Ludwigs VII. rückte entschlossen davon ab. Bei Robert dürfte bei dem harten Auftakt die Privaturkunde Pate gestanden haben.

---

58) Sie fehlt in den Notizen RRH n° 36. 40, das *Ego* nur in den Briefen RRH n° 63. 64.

Einleitendes *Ego* ohne oder vor der Promulgatio konnte sich auch in Jerusalem nicht halten, später wurde *Notum sit omnibus tam praesentibus quam futuris, quod ego N. rex* dort zur Standardformel.

Es fällt auf, daß der Diktator, als komme es nicht darauf an, zwischen der ersten Person Singular und der ersten Person Plural nach Belieben hin- und herspringt. Dabei verlohnt nicht nur die Betrachtung der Verben, sondern auch der Possessivpronomina. Natürlich ist nicht jedes *noster* geeignet, mit einem *ego* oder *meus* zu kollidieren, etwa bei *nostris temporibus*, aber wenn sich der Patriarch selbst in RRH n° 75 teils als *ego* oder *meus*, teils als *noster* bezeichnet, dann ist der stilistische Konflikt offenkundig, obwohl er gerade in diesem Stück leicht unentdeckt bleiben kann, weil nämlich die Verben, die von der Tätigkeit des Ausstellers Rechenschaft geben, ausnahmslos im Singular gehalten sind, so daß man über *noster*, das nicht eben selten vorkommt, dennoch leicht hinweglesen kann. In RRH n° 64 erledigt sich das Problem von selbst, denn dieser Brief, in dem nur die erste Person Plural verwendet wird, ist im Namen sowohl des Patriarchen wie des Kapitels des Hl. Grabes geschrieben. Ganz oder fast ganz reinlich durchgehalten wird der Singular nur in RRH n° 63. D. RRH n° 74. In allen anderen Stücken Roberts finden sich einschlägige Verstöße, besonders auffallend in D. RRH n° 51, wo der Konzipient bald nach der Intitulatio mit *Ego*, gefolgt von *notum facio quoniam concessi*, mit *excerpsimus, praediximus* und *ignoramus* in den Plural springt, an *ignoramus* sofort eine zweite Intitulatio mit *ego* anhängt, diesem Singular einen Satz lang treu bleibt, um dann in der Sanctio *Huius autem nostrae institutionis seriem* zu schreiben.

Die Devotionsformel in der Intitulatio lautet überwiegend *dei gratia*[59], aber *gratia dei* in D. RRH n° 51 (*dono dei* dort in der zweiten Intitulatio), *dispositione dei* in D. RRH n° 74 und *dei nutu* nicht für den Aussteller, wohl aber für den König in RRH n° 75 (vgl. neben *dei gratia* auch *nutu divino* in D. RRH n° 59). Daß die Devotionsformel in RRH n° 69. 63 fehlt, hängt mit der spezifischen Form der Intitulatio in diesen beiden Stücken zusammen, auf die ich sogleich zu sprechen kommen werde.

Die eigentlichen Intitulationes sind oft farblos. *Rex Ierosolimitanus, rex Ierusalem* und *regnum Ierosolimitanum obtinens* (DD. RRH n° 51. 68a. 74; vgl. *patriarchalem obtinente sedem* in RRH n° 40) sind ebenso unauffällig wie *Ierosolimitanus patriarcha* (RRH n° 64. 68) und *sanctae Ierosolimitanae ecclesiae patriarcha* (RRH n° 67). Aber daneben finden sich Intitulationes, die von

---

59) RRH n° 36. 40, in diesen beiden Stücken aber im Datum, weil sie als Notitiae der Intitulatio zwangsläufig entbehren. Ferner D. RRH n° 59. RRH n° 68. D. RRH n° 68a. RRH n° 67. 75.

der Sache oder vom Diktat her interessant sind. In D. RRH n° 51 steht noch
eine zweite Intitulatio: *rex Ierosolimis dono dei impositus, immo si placeat ei
dei servus*. Das ist nicht nur ein Beispiel für Roberts literarischen Stil, sondern auch stilistisch zu vergleichen mit dem Wort *servus* in der Intitulatio
von Gibelin von Arles und Arnulf von Chocques in RRH n° 63. 75. Diese
zwei sind sachlich bemerkenswert. Robert näherte Gibelins Titel schon in
RRH n° 69, der Urkunde eines päpstlichen Legaten (!), mit der lapidaren
Formel *episcopus* ohne Devotionsformel verstohlen der päpstlichen Titulatur
an, denn Gibelin, der ausdrücklich als Legat bezeichnet wird, war zu dieser
Zeit nicht nur bereits zum Patriarchen von Jerusalem gewählt und auch
geweiht[60], womit die Legation eigentlich erlosch[61], sondern, selbst wenn
man von dieser Wahl absehen wollte, zuvor Erzbischof von Arles gewesen,
und sein Siegel in dieser Funktion hängte er auch an RRH n° 69. Doch
braucht der *episcopus*-Titel uns weniger zu stören, als Hiestand meinte, denn
als *Hierosolymitanus episcopus* bezeichnete sich Gibelin auch in einem Brief
nach Arles von 1110[62]. In einer weiteren Angleichung an die päpstliche
Titulatur benutzte Robert für Gibelin, als dieser auf dem Totenbett lag, die
Intitulatio *Ierosolimitanae ecclesiae servus*, erneut ohne Devotionsformel
(RRH n° 63).

Bei der Legation muß Gibelin eine Fortdauer über die Patriarchenwahl
hinaus mindestens beansprucht haben[63]. Das mag damit zusammenhängen,
daß er mit RRH n° 69 im Hinblick auf die archiepiskopale Würde des
Thaborabtes ein ihn als Patriarchen von Jerusalem beeinträchtigendes Privileg Paschals II. stillschweigend außer Kraft setzte[64], was dann auch die
eindringliche Bestätigung von RRH n° 69 durch das Königssiegel erklärt. Die
Botschaft Roberts, wohl kaum ohne Gibelins Konnivenz oder gar Order
zustandegekommen, war klar. Hier beanspruchte ein Patriarch Ranggleich-
heit mit dem Papst, freilich nicht mehr, denn an der prinzipiellen Romtreue
Gibelins ist kein Zweifel möglich. Als 1112 Arnulf von Chocques, der ja
eine bewegte Vergangenheit aufzuweisen hatte, als Patriarch auf Gibelin
folgte, verfolgte Robert diese Linie zunächst nicht weiter, sondern Arnulf
war von Gottes Gnaden Patriarch von Jerusalem (RRH n° 64). Das war
freilich in anderer Weise anstößig (siehe unten S. 404 f.). Als Arnulf aber
1114 das Kapitel vom Hl. Grabe reformierte, da griff Robert sein Thema

---

60) JL. 6298; HIESTAND, Vorarbeiten 3, S. 108 n° 10.
61) Ebd. 3, S. 110; MAYER, Bistümer S. 45 f.
62) Gallia christiana novissima. Arles S. 190 n° 471.
63) HAMILTON, Latin Church S. 58.
64) JL 5948; HIESTAND, Vorarbeiten 3, S. 92 n° 5. Dort und bei MAYER, Bistümer
S. 91 zuletzt zur Echtheit, zur Sache KÜHN, Lateinische Patriarchen S. 49.

nochmals zugleich deutlicher und zurückhaltender auf als unter Gibelin: *dei gratia patriarcha Ierosolimitanus, servus servorum eiusdem divinitatis minimus* (RRH n° 75). Das war für Rom gerade noch akzeptabel.

Mit etwas anderem aber sollte Robert Kanzleigeschichte, ja Urkundengeschichte der Terra Sancta machen. Ich meine die Intitulatio in D. RRH n° 59 *rex Ierusalem Latinorum primus*. Der voll ausgebildete Titel der Könige von Jerusalem lautete: *ego Balduinus per dei gratiam in sancta civitate Ierusalem Latinorum rex sextus* als ein Beispiel aus den Diplomen Balduins IV. (D. RRH n° 591). In D. RRH n° 59 finden wir bereits die drei wesentlichen Elemente dieser Titulatur, die Hauptstadt Jerusalem, die Lateiner als Staatsvolk und die Durchzählung der Könige von Balduin I. an[65].

Die Nennung Jerusalems im Titel entsprach mutatis mutandis dem *rex Romanorum* im deutschen Kaiserdiplom. Dieser Titel hob in der Realität nicht auf ein Staatsvolk ab, das ja in dem riesigen Reich winzig gewesen wäre, sondern auf die Romidee. In gleicher Weise betonte der jerusalemitanische Titel die Heiligkeit eines Königtums, das an dieser heiligen Stätte die Wacht gegen die Ungläubigen hielt. Was die Lateiner betraf, so ist es zwar richtig, daß alle polititschen Rechte bei diesen lagen, sie also tatsächlich das Staatsvolk waren. Die Könige von Jerusalem waren primär ihre Könige, aber doch nicht ausschließlich. Es verhielt sich ja im Osten anders als bei den Untertanen des *rex Francorum*, der in seinem Reich kaum andere Einwohner hatte als *Franci*. Proklamiert wurde hier das Recht der Herrschaft der lateinischen Christen über alle anderen Reichsbewohner, seien es nun Ostchristen oder Muslime.

In D. RRH n° 59 ist in der eigentlichen Intitulatio von *Latini* die Rede. Aber in der Narratio steht *primus rex Francorum*. Dieses Wort hätte für die Titulatur der Könige von Jerusalem eigentlich nahegelegen, denn entgegen den Mutmaßungen von Riley-Smith, der darin nur die Franzosen sehen wollte, kann kein vernünftiger Zweifel daran obwalten, daß auf dem ersten Kreuzzug das Wort *Franci* die Gesamtheit des Heeres bezeichnete[66]. Das ist noch die Position Roberts, der vom ersten Kreuzzug geprägt war (siehe oben S. 381–383). Urkundlich finden wir *Franci* in der Bedeutung aller Lateiner in RRH n° 102. 105. 144 mit einem einmaligen Nachklappern 1178

---

65) Wilhelm von Tyrus, Chronicon Prolog S. 100: *usque ad regnum domini Balduini quarti, qui in ordine regum, computato domino duce Godefrido, qui primus regnum obtinuit, locum habuit septimum.*

66) RILEY-SMITH, First Crusade S. 25, 111 f., 147 f. Dagegen MAYER, in: DA 43, S. 276 f. nach KNOCH, Albert von Aachen S. 91–107. Schon der in der Kreuzzugschronistik gern verwandte Ps. 85, 9, der Jerusalem zum Ziel aller Völker macht, spricht gegen Riley-Smith.

in D. RRH n° 562 (vgl. *lex Francorum* RRH n° 859). Der *rex Francorum* war etwas zählebiger. Allerdings wurde dieser Titel von der Kanzlei außer bei Robert nie verwendet. Auch dieser hat ihn nur in der Narratio von D. RRH n° 59, nicht in der Intitulatio. In letzterer kommt er in allen Diplomen nur ein einziges Mal vor, 1174 in D. RRH n° 516, einer Empfängerausfertigung der Johanniter. Hier, also außerhalb der Kanzlei, begegnen wir ihm öfters, und zwar in zwei deutlich getrennten Blöcken. Zunächst erscheint der *rex Francorum* als Bezeichnung des Königs von Jerusalem in Urkunden von 1135–1137, die am Hl. Grab geschrieben wurden (RRH n° 154. 156. 158. 165. 170; zu D. RRH n° 142 siehe unten S. 513 f.), sodann in Johanniterurkunden der Jahre 1146 und 1168–1177 (RRH n° 243. 457. 501. 540)[67].

Man begreift leicht, warum die Kanzlei den *rex Francorum* vermied. Er mußte ja fast zwangsläufig zu diplomatischen Schwierigkeiten mit Frankreich führen. Auch eine Durchzählung als *primus* und *secundus rex Francorum* hätte hier keine durchgreifende Abhilfe geschaffen, weil auf der anderen Seite die Könige von Frankreich in ihren Diplomen sich ja nicht zählten. Die Durchzählung muß also andere Gründe haben. Wenn Robert in D. RRH n° 59 einmal vom *ab exultante clero, principibus et populo primus rex Francorum nutu divino electus atque statutus* spricht und dies in einer Urkunde, in der er generell die Legitimität der lothringischen Dynastie untermauert, so unterliegen der Zählung natürlich Gründe der Staatsraison. Robert hat in seinen anderen Produkten die Durchzählung nur noch einmal verwendet, und zwar für den Patriarchen Daimbert, von dem er in RRH n° 36 sagt: *Latinorum primus sanctam eandem rexit ecclesiam*. Hiestand hat schon erkannt, daß die Zählung als erster Patriarch nicht zufällig ist. Die Formulierung betone, daß die Lateiner nun das zuvor griechische Patriarchat in die Hand bekommen hätten[68]. Das wird sicher mitgespielt haben, und wohl erst recht gilt es für Antiochia, wo sich Patriarch Bernhard mindestens gegen Ende seiner Amtszeit als *Antiochenae ecclesiae primus patriarcha Latinus* bezeichnete[69]. Dort war im Jahr 1100 der griechische Patriarch Johannes aus der Stadt gewichen, was er als eine Vertreibung, die Lateiner hingegen als eine Abdankung ansahen. Da das griechische Element in Antiochia stets eine sehr wichtige Rolle spielte und das orthodoxe Patriarchat im Exil weitergeführt wurde, sehen wir auch Bernhards Nachfolger Radulf sich als zweiten Patriarchen der Lateiner in Antiochia bezeichnen (RRH n° 162a), obwohl

---

67) Dementsprechend ist KNOCH, Albert von Aachen S. 100 mit Anm. 41 zu korrigieren.

68) HIESTAND, Legaten S. 95 des Manuskripts.

69) RHH n° 34a. 151b. Walter der Kanzler, Bella Antiochena S. 63, 79. Wilhelm von Tyrus, Chronicon VII. 8; XIV. 10, S. 353, 641.

die Zählung bei den Bischöfen im Hl. Land meist über die Betonung des *primus* nicht hinausging[70].

Aber nicht immer ist diese Erklärung hinreichend, und schon bei Daimbert werden andere Gründe mitgespielt haben. Nach der Eroberung Jerusalems 1099 hatte man Arnulf zum Leiter der Kirche von Jerusalem bestellt, was immer ein so schillernder Titel bezeichnen mochte. Noch ehe das Jahr zuende war, hatte Daimbert als päpstlicher Legat diese Ernennung kassiert und seine eigene Erhebung zum Patriarchen bewirkt. Wenn er im Frühjahr 1101 von Robert als erster Patriarch der Lateiner bezeichnet wurde, so lag darin diskret die Auffassung begründet, daß Arnulfs erstes Amt im Osten jedenfalls kein Patriarchat gewesen war. Arnulf sah das natürlich ganz anders, und nicht nur er. Auch einige Chronisten haben Arnulfs Wirksamkeit 1099 als Patriarchat angesehen[71]. Im Jahre 1107 beschuldigte der Patriarch Ebremar von Jerusaelm Arnulf beim Papst, er habe sich nach dem Tode des Patriarchen Daimbert (1106) *in patrem et episcopum* geriert[72], ohne daß er geweiht war. Es sollte noch bis 1112 dauern, bis Arnulf nach dem Tod des Patriarchen Gibelin selbst das Amt antrat. Am 20. Juni 1112 war er geweiht (D. RRH n° 68a). Am 26. April 1112, nur wenige Wochen nach Gibelins Tod (25. März oder 6. April 1112), teilte Arnulf dieses Ereignis dem Abt von Fruttuaria mit (RRH n° 64) mit dem Titel eines *dei gratia Ierosolimitanus patriarcha*, ohne den Zusatz *electus*. Hiestand hat dies vorsichtig dahingehend interpretiert, daß Arnulf gewählt, aber vielleicht noch nicht geweiht war[73]. Ich meine dagegen, daß die Stelle aussagt, daß er bereits geweiht war, so daß für die Weihe der 21. April (Ostersonntag) in Frage kommt[74]. Da mag von Arnulfs Seite her 1099 mehr im Spiel gewesen

---

70) Wir finden eine solche Zählung 1121–1146 in Nazareth (RRH n° 92. 93. 239), 1133 in Sidon (RRH n° 144) und 1167 in Petra (RRH n° 458b). Aus der Chronistik Wilhelm von Tyrus, Chronicon XIX. 2, S. 864: *Amalrico Latinorum patriarcha nono* (Jerusalem) ... *Aimerico Latinorum in eadem civitate patriarcha tercio* (Antiochia) ... *Petro Latinorum in eadem civitate ... archiepiscopo tercio* (Tyrus).

71) Gesta Francorum S. 93; Raimund von Aguilers, Liber S. 153 f.; Guibert von Nogent, Gesta Dei per Francos S. 233; Wilhelm von Tyrus, Chronicon IX. 4 S. 425. Dagegen Fulcher von Chartres, Historia Hierosolymitana S. 308 = Bartolf von Nangis, Gesta Francorum Iherusalem expugnantium S. 516; Albert von Aachen, Historia Hierosolymitana S. 489.

72) JL 6175; HIESTAND, Vorarbeiten 3, S. 104, n° 8.

73) HIESTAND, Legaten S. 157 des Manuskripts.

74) Es ist eine Ungenauigkeit der Literatur, basierend auf Röhrichts Regesten von RRH n° 68. D. RRH n° 68a, daß die Weihe auf den 20. Juni 1112 gefallen wäre; RILEY-SMITH, Knights of St. John S. 39; HIESTAND, Legaten S. 157 des Manuskripts. Meine eigene Datierung habe ich näher begründet bei MAYER, Zur Geschichte der

sein, als man bisher annahm, etwa ein Weiheakt, der zwar im April 1112 wiederholt werden mußte, weil er ungültig war, der aber Arnulf erlaubte, sich 1107 wie ein Patriarch zu gerieren. Um so verständlicher ist dann die Bezeichnung Daimberts als erster Patriarch der Lateiner in RRH n° 36.

Die Durchzählung blieb bei den Patriarchen von Jerusalem nicht erhalten. Wir finden sie nur noch ein einziges Mal beim Patriarchen Wilhelm, der sich in RRH n° 205 als sechster Patriarch der Lateiner in Jerusalem bezeichnete. Arnulfs erste Amtsperiode zählte er dabei natürlich nicht mit, ebensowenig den abgesetzten Patriarchen Ebremar[75]. Im Umkreis des Patriarchen finden wir die Durchzählung auch noch bei Hugo *primus abbas* des Klosters Josaphat (RRH n° 79) und bei Wilhelm *prior tertius* der Grabeskirche[76]. In Tyrus nannte sich Erzbischof Wilhelm I. *archiepiscopus Latinorum secundus* (RRH n° 127), um klarzustellen, daß der noch vor der Eroberung von Tyrus verstorbene Erzbischof Odo vollgültiger Metropolit war, und Wilhelm II. von Tyrus nannte in seiner Chronik konsequenterweise Erzbischof Fulcher *in praedecessorum numero tertius*[77]. Am weitesten ging Bischof Johann von Akkon, der sich in RRH n° 155 *primus Latinorum Tholomaidae civitatis episcopus* nannte, aber die Bezeichnung *primus episcopus* sogar im Siegel führte[78].

Von Roberts einmaliger Verwendung des *primus rex Francorum* bzw. *Ierusalem Latinorum* in D. RRH n° 59 war es noch ein erheblicher Weg, bis die Durchzählung bei den Königen feststand, denn gerade Balduin I. sah in seinen anderen Diplomen dafür keine Notwendigkeit. Aber sowohl im weltlichen wie im geistlichen Bereich ist Robert der erste, der die Durchzählung kennt und der damit den Weg für die Zukunft wies, den man in der Kanzlei mit Konsequenz ging, während es im geistlichen Bereich bei einer eher erratischen Verwendung blieb. Bei Balduin II. war der Zählungsge-

---

Johanniter S. 141 Anm. 3. DERS., Bistümer S. 266 f. HAMILTON, Latin Church S. 61 f. mit weiterer Verwirrung: Ernennung Arnulfs unmittelbar nach Gibelins Tod, damit er über die Osterfeierlichkeiten (21. April) präsidieren könne, Ausstellung von RRH n° 68 am Tage seiner „Wahl" (statt richtig am Tage der Weihe), was nicht berücksichtigt, daß RRH n° 68 sichtlich vom gleichen 20. Juni ist wie D. RRH n° 68a.

75) Daimbert war zwar auch abgesetzt, dann aber vom Papst wieder eingesetzt worden, starb freilich, ehe er das Patriarchat wieder übernehmen konnte.

76) RRH n° 128; vgl. RRH n° 126 mit *Willelmo secundo priore* = Wilhelm II., Prior und identisch mit dem *tertius prior* Wilhelm; vgl. dazu MAYER, Bistümer S. 99 f.

77) Wilhelm von Tyrus, Chronicon XVI. 17 S. 738

78) SCHLUMBERGER, Sigillographie S. 101 n° 77; auch seine Nachfolger zählten sich durch (RRH n° 243a. 372). Auch der erste Bischof von Hebron wurde vom Grafen von Champagne durchgezählt (RRH n° 578).

brauch noch schwankend, bald war er *Balduinus secundus* (D. RRH n° 91), bald und überwiegend (DD. RRH n° 100a. 102. 105. 109. 121. 125. 137a. 130. 134. 137) der *secundus rex*, was man aber selbst in diesen Fällen als Balduin II. mißverstehen konnte. Erst bei seinem Nachfolger Fulko (1131–1143) war es klar, er war *tertius rex*. Von nun an war diese Art der Durchzählung in der Kanzlei unverzichtbar. Ohne daß Robert hiermit etwas zu tun gehabt hätte, wurde die Verfestigung der Durchzählung natürlich von dem Umstand begünstigt, daß die beiden ersten Könige namensgleich waren. Wir haben hierfür ein krasses Beispiel aus dem normannischen Apulien, wo es im 12. Jahrhundert vier im wesentlichen aufeinander folgende Bischöfe von Troia namens Wilhelm gab[79], die sich nun zwangsläufig durchzählen mußten[80]. Die Normannenkönige Siziliens haben sich nicht durchgezählt, obwohl auch dort zwei Wilhelme aufeinander folgten, die beide ohne jede Ordnungszahl urkundeten. Ein Ansatz zu einer Durchzählung ist unter dem Notar Wido in der Intitulatio Rogers II.: *Rogerii primi comitis heres et filius*[81].

Diktatmäßig ist die in dieser Frühzeit noch bemerkenswerte zweimalige Verwendung der Durchzählung, einmal in einer Privaturkunde, einmal in einem Diplom, von Interesse. Bindet dies RRH n° 36. D. RRH n° 59 zusammen, so wird ersteres mit RRH n° 69 durch die identische Legatenformel geeint: *a deo* (fehlt RRH n° 69) *per apostolicam sedem in Orientales regiones* (*ad Orientales ecclesias ab apostolica sede* RRH n° 69) *directus*[82]. Erwähnenswert ist auch die Arenga, nicht so sehr wegen ihres traditionellen, also nicht weiter auffälligen Inhalts, der bei Diplomen ohnehin ein anderer ist als bei Privaturkunden, sondern wegen ihres Vorkommens überhaupt. Die Arenga ist nämlich im jerusalemitanischen Diplom ein recht selten vorkommender Formularteil, der nie häufig war und kurz nach der Jahrhundertmitte aus-

---

79) Siehe die Bischofsliste bei MARTIN, Chartes de Troia 1, S. 445. Das ist zwar ungewöhnlich, aber nicht ohne Parallelen, so schon im 9. Jahrhundert in Konstanz mit Salomon I. bis Salomon III., bei denen freilich eine die Namensgleichheit begünstigende Verwandtschaft vorlag, und bei drei aufeinanderfolgenden Bischöfen Wilhelm in Tortosa in Syrien im 13. Jahrhundert

80) MARTIN, Chartes de Troia 1, S. 172 n° 45; BRÜHL, Rogerii II diplomata, Appendix II n° 1; BRESC-BAUTIER, Cartulaire du St.-Sépulcre S. 303–305 n° 154 f., 319 n° 167. Durchzählung finden wir auch bei den Bischöfen von Messina und Troina; siehe MÉNAGER, Actes latins S. 43 n° 1 von 1103 und S. 63 n° 4 von 1122/1123.

81) Siehe BRÜHL, Urkunden S. 81 = Diplomi S. 67.

82) Schon HIESTAND, Legaten S. 96 des Manuskripts hat hieraus auf ein und dieselbe Schreibstube geschlossen; vgl. *direxit* für die Aussendung eines Legaten in D. RRH n° 59.

klang (D. RRH n° 291) mit einem einmaligen Nachklappern in D. RRH
n° 477 und einer gewissen Renaissance unter Konrad von Montferrat und
Heinrich von Champagne (DD. RRH n° 691. 704. 724. 735). Es verdient
also schon Beachtung, wenn Robert in drei (RRH n° 68. D. RRH n° 68a.
74) von zwölf Stücken eine Arenga hat, die teils nach, teils vor der Intitulatio steht.

Noch rarer als die Arenga ist bei Robert die Promulgatio. Daran zeigt
sich, daß er kein Urkundenmann war. Im Grunde lag ihm der Brief mehr als
die Urkunde. Seine beiden Briefe RRH n° 63. 64 haben eine Adresse, wie sie
sich für Briefe gehört, verbunden mit einer Grußformel, die auf *salus* und
fraternitas aufbaut (*in domino Ihesu salutem totiusque fraternitatis dilectionem*
RRH n° 63; *salutem et continuae benedictionis fraternitatem* RRH n° 64).
Von den Urkunden aber hatten nur zwei eine Promulgatio, und diese beiden
– beide hinter der Intitulatio – gehören nicht gerade zum Standardrepertoire
der Königsurkunden, sondern in den Bereich der ja häufig viel volltönende-
ren Privaturkunden: *Notum facio cunctis, in quorum manibus scriptura ista
apparuerit, tam praesentibus quam futuris* D. RRH n° 51 und *cunctis per
orbem Christum colentibus notifico privilegium* RRH n° 75. Meist aber bleibt
die Promulgatio einfach weg[83]. Die Promulgatio war Robert so ungewohnt, daß er sie, wo er sie nicht einfach wegließ, lieber durch eine Adresse
ersetzte, auch wenn er Urkunden schrieb: *universis cultoribus fidei catholicae
pacis et salutis prosperitate gaudere* RRH n° 68[84] und *omnibus sanctae matris
ecclesiae fidelibus tam futuris quam praesentibus fideliter coronari in caelestibus*
D. RRH n° 68a.

Etwas generöser als mit der Promulgatio ist Robert mit der Narratio.
Fehlt sie auch in RRH n° 40. D. RRH n° 51. RRH n° 68. DD. RRH
n° 68a. 74 und – der Natur der Sache nach – in den Briefen RRH n° 63. 64,
so ist sie nicht nur dreimal klar vorhanden (RRH n° 36. D. RRH n° 59.
RRH n° 75), sondern ist in D. RRH n° 59 und RRH n° 75 auch von exzes-
siver Länge. Dabei kommt es trotz eines Abstands von vier bis fünf Jahren
noch zu Parallelformulierungen wie *ab exultante clero principibus et populo
primus rex Francorum nutu divino electus atque statutus* (D. RRH n° 59) und
a rege clero et populo in pastorem electus et patriarchali honore sublimatus
(RRH n° 75)[85]. Eine Gedenkformel mit der Nennung der Vorfahren und

---

83) RRH n° 36. 40, die sich als Notizen nicht dafür eignen, aber auch in D. RRH
n° 59. RRH n° 69. 67. D. RRH n° 74.

84) Weit verbreitet; vgl. z. B. RRH n° 10. 29.

85) Sonderfälle sind RRH n° 69. 67, die beide eine knappe Darlegung der Intentionen
enthalten, die der Aussteller mit seiner Urkunde verfolgt. Man kann dies formal für
eine Arenga halten, für eine Narratio oder für keines von beiden.

Anverwandten hat Robert in zwei seiner vier Diplome[86]. Solche Gedenkformeln gab es überall, aber bei den Italo-Normannen waren sie besonders beliebt. Eine Quote von 50 % ist jedenfalls viel eher lothringisch als normannisch.

Auch die Betrachtung der dispositiven Verben zeigt, wie fremd Robert das Urkundengeschäft eigentlich war. Es gibt Leitverben, aber es sind ihrer viele: *concedere, statuere, dare,* aber daneben stehen eher selten verwendete Verben wie *placuit*[87] und *contradere* (D. RRH n° 68a), eine so preziöse Formulierung wie *laetus obnixe firmavi* oder eine so umständliche wie *tenere ac possidere praecepi, dedi atque concessi* (beide D. RRH n° 59), und die Wort- und Formenvielfalt ist damit noch keineswegs erschöpft. Zu einer festgefügten Vorstellung, welches Verb man für Schenkungen und welches man für Bestätigungen benutzte, konnte es bei dieser Vielfalt nicht kommen, was später ganz anders werden sollte. Für den Diktatvergleich ist mit einem solchen Mangel an Konstanz nichts anzufangen, auch wenn es auffällt, daß überwiegend perfektivische Formen benutzt werden, präsentische nur in RRH n° 64. 68. D. RRH n° 74.

Üblicherweise geht der Dispositio die Empfängernennung voraus. Sie ist ihrer Natur nach in einer Urkunde unverzichtbar. Auch da, wo eine Urkunde stilwidrig eine Adresse hat, muß ein Empfänger genannt werden, da er ja von dem Adressaten, zu dessen Kenntnis die Verfügung gebracht wird, verschieden sein kann. So finden sich Empfängernennungen in RRH n° 36. 40. D. RRH n° 51. RRH n° 69. 68. D. RRH n° 68a. RRH n° 67. D. RRH n° 74, darunter auch in den beiden mit Adressen versehenen Urkunden RRH n° 68. D. RRH n° 68a. Daß in den Briefen RRH n° 63. 64 der Adressat zugleich auch der Empfänger ist, versteht sich von selbst. Aber in so wichtigen Stücken wie D. RRH n° 59. RRH n° 75 fehlt der Empfänger. Es wird schon klar, daß es in RRH n° 75 um die Reform des Kapitels des Hl. Grabs zu einem Stift regulierter Chorherren geht, aber nur weil in der Narratio die Rede ist von *de renovatione ecclesiae Sancti Sepulcri.* Genannt wird das empfangende Stift an keiner Stelle.

Ebenso klar ist in D. RRH n° 59, daß es um die Kirche von Bethlehem geht, aber während die ältere Literatur in dem Diplom die Gründungsurkunde des Bistums sah, bedurfte es einer erheblichen Anstrengung, um nachzuweisen, daß es sich in Wahrheit um die materielle Ausstattung des Bischofs des bereits früher gegründeten Bistums handelt[88], denn die versteckt tat-

---

86) DD. RRH n° 59. 68a. In seinen Patriarchenurkunden war dafür natürlich eo ipso kein Raum.

87) Viermal RRH n° 40, zweimal D. RRH n° 59; vgl. *placeat* D. RRH n° 51.

88) MAYER, Bistümer S. 64–68.

sächlich vorhandene Empfängernennung *episcopo* (ohne gleichzeitige Nennung der Diözese!) *eiusque successoribus* war in der rauschend dahinfließenden Suada über die Gründung des Reichs und die Erhebung Bethlehems zum Bistum natürlich untergegangen und zwar verständlicherweise. Das zeigt, daß die Empfängernennung völlig ungenügend ist.

Noch schlimmer steht es mit der Empfängernennung in RRH n° 68. Sie ist mit *Hohpitali* (sic) *fratrum pauperum* vorhanden, sie steht auch an der richtigen Stelle, man hat sie in der Literatur auch nie mißverstanden, aber es fehlt ihr eine entscheidende Komponente, die in dem gleichzeitigen Diplom RRH n° 68a vorhanden ist: *Hospitali fratrum pauperum, quod est Ierusalem.* Nur hier ist klar, daß es sich um das Armenspital in Jerusalem, also um die Johanniter handelte. In RRH n° 68 muß man es aus der Archivprovenienz erschließen, und darauf darf sich ein Urkundenreferent natürlich nicht verlassen. Der Befund bei der Empfängernennung zeigt nicht nur, daß Robert kein Urkundenspezialist war und es auch bis zum Schluß nicht wurde, wiewohl er dazulernte, sondern ist natürlich auch diktatmäßig relevant.

Daß zu einer Urkunde, erst recht zu einem Diplom, eine Corroboratio gehörte, machte sich Robert erst in seiner Spätzeit zu eigen. Sie ist vorhanden nur in RRH n° 68. DD. RRH n° 68a (dort formularwidrig nach dem Datum). 74. Das führte in D. RRH n° 51 zu einer unangekündigten Besiegelung. Obwohl die Corroboratio zu den dankbarsten Formularteilen für den Diktatvergleich gehört, ist mit diesen drei nichts anzufangen. Sie sind zu verschieden voneinander, was freilich erneut ein Hinweis darauf ist, daß hier ein „Literat" am Werk war. An die Stelle der Corroboratio trat bei Robert von allem Anfang an die Sanctio mit der Androhung geistlicher Strafen für die Rechtsverletzer. Konsequenterweise ist sie deshalb auch dort vorhanden, wo Robert eine Corroboratio hat. Sie fehlt überhaupt nur in D. RRH n° 59, wo sie durch eine weltliche Poen der Verbannung aus dem Reich ersetzt ist[89], und in dem Brief RRH n° 63[90].

---

89) Die nächste weltliche Poen, in der vertrauten Form der Geldstrafe, haben wir erst wieder in D. RRH n° 100a; vgl. auch RRH n° 154 und in Tripolis RRH n° 191. Die Poen ist insgesamt in den jerusalemitanischen Diplomen noch seltener als die Sanctio. Die Strafandrohung der Verbannung in D. RRH n° 59 ist drastisch und wird mit dem Ausdruck *gravius iudicetur* auch so empfunden. In der Praxis sehen wir diese Strafe nur in Fällen schwerster Konflikte zwischen König und Adel angewandt, so beim Sturz des Grafen von Jaffa 1134 und bei der Auseinandersetzung zwischen König Aimerich und Radulf von Tiberias 1198.

90) Sie ist dagegen vorhanden in dem Brief RRH n° 64, weil dieser der Sache nach eine Rechtsverfügung ist.

Solche Sanctiones waren natürlich jedem Urkundenschreiber aus den päpstlichen Privilegien bekannt[91]. Diese Herkunft wird deutlich sichtbar etwa in der Sanctio negativa von RRH n° 68: *Si quis autem contra hanc confirmationem nostram ire voluerit et aliquo modo infringere temptaverit, a perceptione corporis domini nostri Iesu Christi alienus fiat, donec resipiscat et ad satisfactionem veniat.* Damit vergleiche man die zeitgenössische Sanctio aus der Schutzverleihung Paschals II. für S. Maria Latina[92]: *Si qua igitur ecclesiastica saecularisve persona hanc nostrae constitutionis paginam sciens contra eam temere venire temptaverit, secundo tertiove commonita, si non satisfactione congrua emendaverit, potestatis honorisque sui dignitate careat reamque se divino iudicio existere de perpetrata iniquitate cognoscat et a sacratissimo corpore ac sanguine dei et domini nostri Iesu Christi aliena fiat atque in extremo examine districti ultioni subiaceat.* Die Übernahme aus Papsturkunden mag nicht bewußt gewesen sein, denn Roberts Sanctio in RRH n° 68, die derjenigen in RRH n° 69. D. RRH n° 68a ähnlich ist, folgt einem alten Muster der Privaturkunden, was auch für seine Sanctio in RRH n° 36 gilt, die den Übeltäter mit den Strafen von Korach, Dathan und Abyron bedroht. Schon zwei Jahrhunderte zuvor hatte die Gründungsurkunde von Cluny dies drastisch ausgemalt.

Für das Diktat ist zunächst entscheidend, daß Robert bei einer erheblichen Variationsbreite im einzelnen praktisch durchgehend eine Sanctio hat. Das ist nicht nur in sich ein Diktatmerkmal, sondern vor allem deshalb, weil die Sanctio insgesamt in den jerusalemitanischen Diplomen relativ selten ist. Mit DD. RRH n° 174 von 1138 hört sie überhaupt auf[93]. Zuvor ist sie den Diktatoren nicht unbekannt, insbesondere Hemelin und Elias A, wird von ihnen aber nur sporadisch verwendet. Nur bei Robert ist die Sanctio ein durchgehend vorhandener Formularbestandteil, freilich auch in den Empfängerausfertigungen seiner Zeit (DD. RRH n° 52. 57. 76a. 79).

In den Papsturkunden verbindet sich die Sanctio negativa mit der Sanctio positiva, die Strafandrohung für den Rechtsverletzer mit der Lohnverheißung für denjenigen, der die Urkunde einhalten wird[94]. Ich zitiere sie wie-

---

91) Sie sind deshalb auch relativ häufig. Ich zitiere aus der Zeit bis 1140 außerhalb von Roberts Urkunden noch RRH n° 58. DD. RRH n° 80. 90. RRH n° 101. 120. 126. 139. 144. 150. 151. 154. 155. 165. D. RRH n° 174. RRH n° 182. 201. Über die hier in Betracht kommende Sanctio negativa und positiva in den feierlichen Papstprivilegien siehe SANTIFALLER, Kontextschlußformeln S. 240–242.

92) HIESTAND, Vorarbeiten 3, S. 112 n° 12; JL –.

93) DD. RRH n° 276. 747 sind Spuria; ein Nachklang findet sich noch in D. RRH n° 262.

94) Siehe dazu SANTIFALLER, Kontextschlußformeln S. 241 f.

der aus dem päpstlichen Schutzprivileg für S. Maria Latina von 1112: *Cunctis autem eidem loco iusta servantibus sit pax domini nostri Iesu Christi, quatinus et hic fructum bonae actionis percipiant et apud districtum iudicem praemia aeternae pacis inveniant.* Eine solche positive Sanctio hat Robert in fünf Stücken seiner zwölf. Scheiden wir die Briefe RRH nᵒ 63. 64 aus, so sind es fünf von zehn Urkunden. Dabei ist die Lohnverheißung in der Legatenurkunde RRH nᵒ 69 relativ zurückhaltend: *Qui vero observaverint, sit eis pax perpetua et salus continua in saecula*, aber schon dies ist, wenn wir recht sehen, Roberts eigene Schöpfung. Das läßt sich zwar von seiner sonstigen Sanctio positiva beim besten Willen nicht behaupten, andererseits ist mir diese Formel im Osten sonst nirgendwo in Urkunden begegnet, außer einmal ganz ähnlich in U. 94 Heinrichs des Löwen, geschrieben in Jerusalem⁹⁵. Robert hat nämlich in RRH nᵒ 36. 40. D. RRH nᵒ 74. RRH nᵒ 75, also ganz zu Beginn und ganz zu Ende seiner Laufbahn, die bekannte Grußformel der paulinischen Briefe, hier in der Sonderform von 1. Tim. 1, 2 und 2. Tim. 1, 2, als seine Sanctio positiva gebraucht. Diese schwungvolle Formel hat er mit Ausnahme des ohnehin kargen D. RRH nᵒ 51 überall da angewandt, wo er Eingangsdatierung hatte und deshalb am Ende, wie es seinem Stilempfinden entsprach, zu hoher Form auflaufen konnte. So lesen wir denn in RRH nᵒ 36. 40. D. RRH nᵒ 74. RRH nᵒ 75: *Gratia autem* (fehlt RRH nᵒ 36. 40) *et* (fehlt RRH nᵒ 36) *pax* (folgt *et misericordia* RRH nᵒ 36) *a deo patre et* (fehlt RRH nᵒ 36) *domino nostro Iesu Christo omni sanctae huic ecclesiae haec iura conscripta tuenti* (sic RRH nᵒ 36; *omnibus haec huius sanctae ecclesiae iura tuentibus canonicis eidem servitoribus* RRH nᵒ 40; *omnibus sanctae ecclesiae iura tuentibus, canonicis quoque eidem ecclesiae servientibus* D. RRH nᵒ 74; *sit ista custodienti et sanctae ecclesiae iura tuenti* RRH nᵒ 75). Hierbei ist die Entwicklung ganz unverkennbar. Wenn nicht einiges der Überlieferung zur Last fällt, so ist die Formel in RRH nᵒ 36 noch wenig geglückt. Da fehlt nicht nur ein *et*, sondern was da am Ende steht, gibt zwar einen Sinn („jedem, der dieser heiligen Kirche diese zusammengeschriebenen Rechte schützt"), aber man kann nicht sagen, daß dies besonders schön wäre. In RRH nᵒ 40 ist die Formel bereits verbessert, mehr als ein Jahrzehnt später in D. RRH nᵒ 74 abgemagert im Sinne klassischer Urkundensprache zu *omnibus sanctae ecclesiae iura tuentibus.*

Das ist Diktatvergleich für Anfänger: eine Sanctio positiva, die der Sache nach aus der Papsturkunde, dem Wortlaut nach aus den Briefen des Apostels Paulus stammt, als Urkundenformel aber Roberts eigene, seinem literari-

---

95) RRH nᵒ 469 wiederholt lediglich aus Roberts RRH nᵒ 75 die robertinische Sanctio positiva.

schen Geschmack entsprechende Schöpfung ist. Das Fehlen einer Corroboratio, das Vorhandensein einer Sanctio negativa und die spezifische Form der
Sanctio positiva schweißen RRH n° 36. 40. D. RRH n° 51. RRH n° 69. 64.
68. D. RRH n° 68a. RRH n° 67. D. RRH n° 74. RRH n° 75 zu einer
Diktatgruppe zusammen, ohne daß dies alles wäre, was sie zusammenhält.
Von diesen Kriterien werden D. RRH n° 59 und RRH n° 63 nicht erfaßt.
Letzteres entzieht sich als ein reiner Brief in mancher Hinsicht dem Vergleich mit Urkunden, wird aber durch die Intitulatio mit RRH n° 69, durch
die Adresse mit RRH n° 64 verklammert, während in D. RRH n° 59 die
ganze Narratio den gleichen Geist atmet wie diejenige in RRH n° 36. 75 und
wir in D. RRH n° 36. 59 die Durchzählung von Amtsträgern finden und
auch die bei Roberts Diktatgruppe wichtigen Epitheta ornantia D. RRH
n° 59 mit der Gruppe verklammern (siehe unten S. 414 f.). Eine robertinische Sanctio positiva kommt am Hl. Grab nach ihm nur noch einmal vor
(RRH n° 469 von 1169), aber da nur als NU. zu Roberts RRH n° 75, dann
auch in U. 94 Heinrichs des Löwen, die 1172 in Jerusalem geschrieben
wurde[96].

Von Zeugen hielt Robert nicht viel. Eine wirkliche Zeugenliste hat nur
D. RRH n° 59. In RRH n° 69. 68. D. RRH n° 68a finden wir dagegen
Unterschriftslisten (wenn auch nicht notwendigerweise eigenhändig). Dabei
handelt es sich freilich der Sache nach um Zeugenlisten, denn sie werden in
RRH n° 68. D. RRH n° 68a mit Zeugenformeln eingeführt. Diese Zeugenformeln sind aufschlußreich, weil sie vom normalen trockenen Urkundenformular abweichen: *Sunt ergo istius assertionis testes* (D. RRH n° 59), *Illi
vero, qui huius rei testes sunt, subscripti permanent in eternum* (RRH n° 68),
atque subsignatis testibus idoneis, clericis et laicis, confirmari D. RRH n° 68a,
was noch das Normalste, aber in die Corroboratio verschoben ist. Die
Weitschweifigkeit dieser drei Formeln kontrastiert mit den trockenen und
herkömmlichen Zeugenformeln in den Empfängerausfertigungen DD. RRH
n° 52. 57. 76a. 79, und das ist mit ein Grund dafür, sie von der Diktatgruppe
Roberts abzutrennen. In allen restlichen Stücken Roberts fehlen die Zeugen,
und das ist nur in den Briefen RRH n° 63. 64 selbstverständlich.

Die königliche Unterschrift und die Besiegelung habe ich schon besprochen (siehe oben S. 26–29, 53). Beides ist für den Diktatvergleich nicht
aussagekräftig, und ebenso steht es mit der Apprecatio, die sich als einfaches
Amen im Anschluß an das Datum (RRH n° 67) oder an die Sanctio positiva

---

96) Andere Sanctiones positivae am Hl. Grab in RRH n° 172 von 1138 und in RRH
n° 455. 456 von 1168 sind direkt der Papsturkunde entnommen; vgl. etwa JL 11385
von 1168; HIESTAND, Vorarbeiten 3, S. S. 250 n° 95.

findet (D. RRH n° 74. RRH n° 75), letzteres natürlich aus der Papsturkunde. Die Siegelformel in D. RRH n° 68a (*proprii sigilli mei munimine
roboravi*) ist ein Ausrutscher, der zeigt, daß Robert von der Privaturkunde
herkam, denn die Formel betonte, daß einer sein eigenes Siegel hatte und
nicht wie andere sich eines fremden Siegels bedienen mußte, aber beim
König war dies selbstverständlich, weshalb das Wort *proprius* in diesem
Zuammenhang dem Diplom an sich fremd ist.

5. Roberts Sprachschatz

Eben weil Robert kein Urkundenmann war, muß man bei ihm mehr als bei
anderen Notaren auf einzelne Vorlieben achten, die mit dem Formular
nichts zu tun haben. Sein literarisches Pathos, vor allem in D. RRH n° 59
und RRH n° 75, habe ich schon erwähnt, desgleichen seine Fähigkeit zu
Bibelzitaten (oben S. 380 f.). Ich gebe hier noch ein instruktives Beispiel,
indem ich die Empfängernennung des Thaborklosters in Roberts dürrstem
Stück D. RRH n° 51 derjenigen seiner ersten Urkunde RRH n° 36 gegen-
überstelle.

D. RRH n° 51	RRH n° 36
deo sanctoque Salvatori invocato atque nominato in monte sancto, qui dicitur Thabor	*Quarum* (scil. *ecclesiarum*) *primam et singularis attestatione miraculi ab ipso Salvatore decoratam, eam scilicet in qua in monte Thabor dominus transfiguratus, eius in qua resurrecturi sumus gloriae glorificatione, sui corporis nobis veritatem ostendit, vir idem* (scil. Tankred) *deo plenus propensius exaltare et honorare intendens ...*

Isoliert betrachtet würde man aus diesen beiden Beispielen natürlich den
Schluß ziehen, daß sie von verschiedenen Diktatoren stammen. Aber selbst
in dem kargen Diplom RRH n° 51 finden wir, obwohl die gebräuchliche
Wendung *remota omni occasione* vorausgegangen ist, noch folgendes literarisch Angehauchtes: *omni circumvenientia, ut praediximus, propulsa omnique
circumlocutione, ut deus benedicatur in omnibus.* Auch *invocato atque nomi-
nato* ist literarisch, denn mit *nominare* = 'nennen' kommt man hier nicht
weiter, sondern muß übersetzen: „der Erlöser, der auf dem Berge Thabor
angerufen und gerühmt wird". Noch deutlicher literarisch ist *quaecumque*

inveniri queant (statt *possint*) *ubi et ubi* (vgl. *diu diuque* D. RRH n° 59) *ad res monasterii pertinentia* und sofort danach *Unum autem excerpsimus determinatione adhibita*.

RRH n° 36. 40 werden verklammert unter anderem durch die Bezeichnung *regnum Asiae* bzw. *regnum Babyloniae atque Asiae* zur Bezeichnung dessen, was Balduin I. beherrschte. Die Beifügung von Babylon = Kairo dürfte auf Expansionspläne nach Ägypten deuten[97]. Die Asia stammt aus einer Zeit, als die Päpste noch nicht wissen konnten, wie die politische und kirchliche Ordnung aussehen würde, die durch den Ersten Kreuzzug im Erfolgsfalle geschaffen werden würde. Sie bezeichneten daher den Osten häufig als Asia, und das wirkte noch nach bis 1110[98], und Robert übernahm anfangs diese Terminologie. Als freilich der Papst 1110 immer noch von den „asianischen Kirchen" sprach, hatte sich Robert, wie sein D. RRH n° 59 auf das deutlichste zeigt, hiervon längst gelöst[99].

Besonders vielfältig waren Roberts Ausdrücke für Urkunde. Hier zeigt sich seine ganze Variationsbreite. Die herkömmlichen Begriffe *praeceptio* (D. RRH n° 74), *pagina* (RRH n° 36. 69. 68), *carta* (RRH n° 67. D. RRH n° 68a), *privilegium* (RRH n° 40. D. RRH n° 74. RRH n° 75) waren ihm nicht fremd, aber daneben finden wir alle möglichen Formen, die auf *scriptum* aufbauen: *scriptum* (RRH n° 64), *scriptura* (D. RRH n° 51), *scriptio* (D. RRH n° 74), *descriptio* (RRH n° 68), *inscriptio* (D. RRH n° 59), sodann *decretum*[100], *institutum* (RRH n° 36), *institutio*[101], *assertio* (D. RRH n° 59), *designatio* (D. RRH n° 59), wobei die Begriffe teilweise verbunden werden wie in *inscriptio rerumque gestarum designatio* oder *scriptionis decretum* und *descriptionis pagina*.

Die Epitheta ornantia mit ihrer Vorliebe für den Superlativ sind nicht nur von Wichtigkeit für die Ermittlung der Herkunft Roberts (siehe oben S. 30–34), sie haben auch ihre Bedeutung für den Diktatvergleich: *serenis-*

---

97) MAYER, Bistümer S. 32–34.

98) JL 5703. 5812. 5835. 6298. KEHR, Papsturkunden in Spanien 1, S. 287 n° 23.

99) Ebenso wirkte die Nomenklatur des Ersten Kreuzzuges noch nach in Roberts anfänglicher Verwendung des Wortes *Franci* für die Kreuzfahrer (*Francorum exercitus* RRH n° 36, *gens Francorum*, *Francorum multitudo* und *rex Francorum* alle in D. RRH n° 59).

100) RRH n° 36. 67. D. RRH n° 74. Wir finden das Wort auch im lothringischen Bereich (DESPY, Actes S. 68 n° 5), ebenso auch 1096 in Soissons (BRUNEL, Chartes S. 232), freilich auch in der zeitgenössischen Papsturkunde (JL 6215 für Gorze und 6298 für den Patriarchen von Jerusalem).

101) D. RRH n° 51. Auch dieses Wort 1098 in Soissons (BRUNEL, Chartes S. 232), *scriptum* in ganz Nordfrankreich natürlich allenthalben (ebd. S. 230, 232).

simus (RRH n° 36), *gloriosus* (RRH n° 69. 63. 68. 67), *gloriosissimus* (RRH n° 36. 69. 75), *christianissimus* (RRH n° 36. 40), *inclitus* (RRH n° 40. 75), *illustris* (D. RRH n° 59), *piissimus* (D. RRH n° 59. RRH n° 64), *misericordissimus* (zweimal in D. RRH n° 59), *clarissimus* (D. RRH n° 59), *invictissimus* (RRH n° 64. 68. D. RRH n° 68a), *praeclarus* (RRH n° 67), *humillimus* (RRH n° 75)[102]. Dabei muß sich der Betrachter lösen von den ihm vertrauteren Vorstellungen europäischer Königsurkunden, in denen die Epitheta zum Standardformular gehören. Das jerusalemitanische ist wie die jerusalemitanische Urkunde überhaupt schmucklos-ökonomisch und kennt Epitheta in aller Regel nicht. Einmal *victoriosissimus* (RRH n° 81a), ein ganz gelegentliches *gloriosus*[103] oder *illustris rex* für den König Amalrich und später für die Königin Isabella I., hin und wieder *inclitus*, *venerabilis* natürlich im geistlichen Bereich und als Attribut der ältesten Tochter Amalrichs, der Königin Sibylle, einmal auch *venerabilissimus rex* für denselben König (RRH n° 423), ein gelegentliches *illustrissimus*[104], dann auch einmal *sanctissimus imperator* für Manuel I. Komnenos (RRH n° 502) – das ist in Jerusalem schon alles. Will man eine wenigstens annähernd ähnliche Häufung von Epitheta finden, so muß man nach Tripolis gehen zu dem langjährigen Kanzler Matthaeus in der zweiten Hälfte des 12. Jh., der auch sonst ähnlich schwülstig ist wie Robert. Dabei kamen *gloriosus* und *illustris* aus der Papsturkunde, so daß die Übernahme nahelag[105]. Vor diesem spartanischen Hintergrund wird sowohl die Fülle der von Robert verwendeten Epitheta wie auch die Bevorzugung des Superlativs zu einem Diktatkriterium erster Ordnung. Robert steht damit allein in den jerusalemitanischen Diplomen; schon der auf ihn folgende Diktator hat damit gebrochen, und Matthaeus schrieb ja nur ein einziges Diplom mit tripolitanischem Betreff (D. RRH n° 477), hatte sonst aber mit der jerusalemitanischen Kanzlei nichts zu tun. Im Sinne der Urkundensprache war Robert eben ein Mann der Übertreibung.

---

102) Siehe außerhalb der eigentlichen Epitheta ornantia in Roberts Urkunden noch *carissimus frater* in D. RRH n° 59 (vgl. auch RRH n° 63), *misericordissimus* allein ebenda, noch immer in demselben Stück *absolutissimam reddidi* und *nefandissima cupiditate*, *pretiosissimus sanguis* und *gloriosissima resurrectio* sowie *servus minimus* in RRH n° 75.

103) DD. RRH n° 79. 91; vgl. *gloriosus rex* in den Privaturkunden RRH n° 101. 457; relativ häufig dagegen *gloriosum* (*gloriosissimum*) *Sepulcrum*.

104) Siehe hierzu und zu *venerabilis* unten S. 877 f. und Bd. 2, S. 244–247.

105) In der Korrespondenz der Päpste mit den Kreuzfahrerstaaten bis 1145 finden wir *gloriosus rex* in JL 5948. 6297. 6298, *illustris rex* in JL 6344. 6922. 7314. 8481, verbunden zu *illustris et gloriosus rex* in JL 8690.

Ich habe oben noch nicht einmal alle schmückenden Beiworte vorgeführt. Weitere lernen wir kennen bei der Betrachtung des Wortes *vir*. Robert kennt natürlich das häufiger verwendete Wort *domnus*; außer in DD. RRH n° 51. 74 kommt es bei ihm überall vor. Aber daneben liebt er *vir: vir nobilis* und *vir deo plenus* (RRH n° 36), *vir religiosus, vir deo dignus, vir clarissimus, vir ... fulgidus, vir illustris* (alle in D. RRH n° 59), *vir piissimus* (RRH n° 64), und wer eine erneute Probe von Roberts literarischem Stil will, höre sich an, wie er in RRH n° 36 den Normannenfürsten Tankred tituliert: *vir nobilis, armis strenuus, sed non minus*[106] *morum honestate ac religione perspicuus et circa ecclesias dei earumque ministros devotus.* Hier haben wir zugleich ein anderes Lieblingswort Roberts vernommen: *morum honestate* (RRH n° 36. D. RRH n° 59), *honestum consilium* (D. RRH n° 59), *honeste agere* (RRH n° 69). Zunächst weniger auffallend ist *aeternus* und *aeternaliter*[107]. Es wird erst aussagekräftig, wenn man es mit dem völligen Fehlen von *perpetuus* zusammenhält. Schließlich ist noch eine gewisse Zuneigung zu den Worten *grex* und *committere* zu erkennen[108]. Die Verwendung von *optimates, primates* und *proceres* habe ich schon oben S. 34 f. behandelt.

6. Roberts Einfluß auf andere Diktatoren

Es kann füglich nicht bezweifelt werden, daß wir es bei den oben S. 373 f. zusammengestellten Stücken mit einer einzigen Diktatgruppe zu tun haben, die auch angesichts der immer wieder zu konstatierenden Ausbrüche des Diktators aus dem schlichten Urkundenstil eine erstaunliche Homogenität aufweist. Im Umkreis dieser Gruppe finden sich freilich Urkunden, in denen man das eine oder andere Diktatelement Roberts entdeckt, ohne daß mir dies ausreichend schiene, diese Urkunden oder Briefe auch dem Diktat Roberts zuzuschreiben. Wir sind in einer Zeit, in der das Bildungsreservoir im Königreich Jerusalem sehr dünn gewesen sein muß. Eben diesem Umstand schreibe ich es ja zu, daß man einen so literarisch angehauchten Mann wie Robert zum Urkundenreferenten bestellte. Aber wenn er es einmal war,

---

106) So schon der Druck von PAOLI. Die Überlieferung von 1256 hat fälschlich *nimis*.

107) Dreimal in RRH n° 36, zweimal in RRH n° 40, je einmal in RRH n° 68. D. RRH n° 74. RRH n° 75.

108) RRH n° 64: *ecclesiam Sancto Sepulchro commissam*; RRH n° 68: *pro statu nostrae civitatis Ierusalem, pro me ipso, pro grege mihi commisso*; RRH n° 67: *grex ibidem deo serviens* und *pro statu nostro regisque gloriosi Balduini filii nostri dilecti* (sic!; respektvoller *fratri carissimo* in RRH n° 63) *totiusque gregis mihi sibique diversi modo commissi.*

so darf man aus demselben Grunde erwarten, daß er wenigstens eine Zeit-
lang seine Zeitgenossen in seinem engeren Umkreis, die ähnliche Aufgaben
hatten, beeinflußte. Man muß dann mit dem rechnen, was wir tatsächlich
vorfinden, nämlich die Verwendung einzelner robertinischer Floskeln, aber
nicht mehr. Eine andere Art des Einflusses war die Verwendung von
Roberts RRH n° 68 als wörtlich übernommenen Formularbehelfs durch den
Akolyth Richard in RRH n° 65 und den Diakon Sancho in RRH n° 106.

In anderer Weise machte sich Roberts Einfluß in Paschals II. JL 5948 von
1103 für das Erlöserkloster auf dem Thabor bemerkbar. Aber auch wenn
Robert mit RRH n° 36 bereits eine Urkunde für den Thabor geschrieben
hatte und später mit D. RRH n° 51 eine weitere schreiben sollte, glaube ich
doch nicht, daß er etwa einen Entwurf für JL 5948 verfaßt haben könnte,
den man dann nach Rom geschickt hätte. Daß ein solcher Entwurf dort
vorlag, kann nicht bezweifelt werden. Er schimmert in dem päpstlichen
Privileg noch deutlich genug durch. Die Bezeichnung Gottfrieds als *gloriosus
princeps* (freilich auch Balduins I.!) ist abgedeckt durch RRH n° 36, ebenso
die zweimalige Erwähnung des Siegs der Kreuzfahrer über die Türken, die
in besonderer Weise robertinisch ist. Mit RRH n° 36 hat JL. 5948 den
Versuch gemein, das Problem der vorerst an christliche Ritter verliehenen
Klosterländereien und deren Zehnten zu regeln. Dem *archiepiscopatus totius
Galileae et Tiberiadis* in JL. 5948 (vgl. dort auch *in archiepiscopatu Galileae*)
entspricht in RRH n° 36 die Umschreibung von Tankreds weltlicher Herrschaft in Galilaea als *Tiberias cum tota Galilea eiusque pertinentiis*. Um die
erzbischöfliche Würde über ganz Galilaea ging es ja in JL 5948 vor allem, so
daß man sich nicht zu wundern braucht, daß vorübergehend der Archidiakon des Konkurrenten Nazareth den Titel *Tiberiadensium et totius Galileae
archidiaconus* führte (RRH n° 97. 106). Die Formulierung in JL 5948 muß
vom Thabor gekommen sein, natürlich auch die weitgehend mit RRH n° 36
identische Besitzliste. Aber Robert arbeitete nicht selbst auf dem Thabor
(siehe oben S. 383–385). Ich glaube daher, daß der Entwurf von einem
unbekannten Thabormönch verfaßt wurde, der aber Roberts Urkunde RRH
n° 36 benutzte, so daß in JL 5948 lediglich indirekt robertinischer Einfluß
durchklang. Bereits Hiestand hat auf die formalen Holprigkeiten in JL 5948
hingewiesen und sie zutreffend damit erklärt, daß die Kanzlei hier eigentlich
Unvereinbares formularmäßig zu vereinen hatte, nämlich eine Schutzverleihung für ein Kloster und eine Palliumsverleihung für einen Erzbischof[109]. Die Kanzlei mag sich deshalb etwas enger an den eingereichten
Entwurf gehalten haben, als sie dies normalerweise tat. Einen wesentlich

---

109) HIESTAND, Vorarbeiten 3, S. 94.

krasseren, freilich auch weit früheren Fall einer Papsturkunde, in der sich zur Hälfte Empfängerentwurf und Kanzleidiktat mischten, hat jüngst Theodor Schieffer vorgeführt[110].

Auch für RRH n° 56a in erster Fassung, eine Urkunde des Bischofs von Nazareth von 1109, schließe ich robertinisches Diktat aus und erkenne lediglich robertinische Einflüsse. Die Invocatio könnte von Robert stammen, ist aber eine Allerweltsformel. Verdächtig sind die Ausdrücke *multa veneratione dignus* für den Bischof und *regnante memorato inclito rege Balduino*, denen ich *vir deo dignus* in D. RRH n° 59 und das Epitheton *inclitus* in RRH n° 40. 75 zur Seite stelle. Aber die Promulgatio ist bei Robert völlig anders, und RRH n° 56a hat eine Gedenkformel für die Eltern des Bischofs, die Robert ganz fremd ist, aber in einer anderen bischöflichen Urkunde (RRH n° 81a) wiederkehrt, die Sanctio ist anders als bei Robert, und es fehlt in RRH n° 56a die Robert vertraute Indiktion.

Schwieriger zu beurteilen ist RRH n° 48 von 1106. Es handelt sich um die Bestätigung von Schenkungen durch Raimund I. von Tripolis und seinen Neffen Wilhelm-Jordan an das Priorat des Hl. Grabes auf dem Pilgerberg vor Tripolis durch Graf Raimund II. von Tripolis. Dabei wird eine Urkunde Wilhelm-Jordans inkorporiert, in der die Schenkung Raimunds I., die selbst nicht überliefert ist, zitiert wird. Hier haben wir nun bei einer flüchtigen Lektüre scheinbar robertinische Elemente. Am stärksten fallen die hochtrabenden Titel mit ihren Epitheta ins Auge. Raimund I. wird genannt *comes atque christianae militiae excellentissimus princeps in partibus Syriae*, was Anlaß gegeben hat zu einer Neubewertung seiner Bedeutung[111]. Wilhelm-Jordan erscheint als *christianae militiae ductor* und als *Christi servus atque christianae militiae comes*. Aber es ist nicht zu übersehen, daß diese Titulatur eine Verlegenheitslösung war. Zwar hatte sich Raimund I. 1103 einmal urkundlich als *comes Tholosanus vel gratia dei Tripolitanus* bezeichnet[112] und mag dies sogar öfters getan haben, aber es blieb proleptisch, weil Tripolis erst 1109 erobert wurde. So nennt er sich in seiner letzten Urkunde RRH n° 44 von 1105 auf dem Totenbett *Sancti Egidii comes* und in RRH n° 38 von 1103 für Saint-Victor in Marseille *gratia dei Sancti Egidii comes et Provintiae marchio, princeps autem deo auxiliante militiae Christianae in Ierosolimitano itinere*, was RRH n° 48 ziemlich nahekommt. Was wir dort vor uns haben, ist nichts als eine geringfügige Fortführung dieser Titulatur, und somit ist sie nicht robertinisch, denn davon ist in RRH n° 38 nichts zu

---

110) SCHIEFFER, Adnotationes S. 528–533.
111) J. H. und L. L. HILL, Justification, passim.
112) RICHARD, Chartrier S. 609 n° 1.

entdecken. Ebenso verhielt es sich mit Wilhelm-Jordan, Graf von Cerdagne. Auch für ihn mußte man umständliche Umschreibungen wählen, weil er Graf von Tripolis 1106 noch nicht war und die Sukzession Raimunds I. überdies strittig war. Albert von Aachen kannte ihn überhaupt nur als Herrn von Homs[113].

Sowohl Raimund I. wie Wilhelm-Jordan werden in RRH n° 48 als *inclitus* bezeichnet, was sich auch in RRH n° 40. 75 bei Robert findet. Aber ein Blick in RRH n° 58 von 1110 lehrt uns, daß *inclitus* damals zur Titulatur der Grafen von Tripolis gehörte. Mit dem einmaligen *praeceptionis decretum* für Urkunde ist nichts anzufangen, weil ihm isoliert keine Diktatbedeutung zukommt und es nicht nur bei Robert, sondern auch in der Papsturkunde erscheint (siehe oben S. 414). Von Wilhelm-Jordan erhielt das Priorat die *villa Bivora*. *Villa* ist im Hl. Land sehr selten (siehe oben S. 41–44), kommt aber einmal bei Robert in D. RRH n° 59 vor. Dennoch läßt sich zeigen, daß es eine gewisse Vorliebe dafür gerade in der frühen Grafenurkunde von Tripolis gab (siehe oben S. 44). Am ehesten noch robertinisch ist die relativ lange Narratio von RRH n° 48, in der es von der auf dem Pilgerberg geschenkten Moschee heißt: *domum quandam in Monte Peregrino, quae domus antiquo tempore immundis paganorum superstitionibus dedita fuerat, quatinus omni gentilitatis nefario ritu inde profugato, iam nunc deo dignum fieret perpetuum habitaculum. Cuius domus christiana religione in Christi ecclesiam salubriter translatae cultoribus ... concessit comes Raimundus.* Aber nicht nur läßt sich praktisch darauf allein keine Diktatverwandtschaft gründen, sondern man sieht auch nicht, wie Robert 1106 nach Tripolis gekommen sein sollte, denn dort ist die Urkunde Wilhelm-Jordans ausgestellt worden, als man die Kirche des Priorats des Hl. Grabes auf dem Pilgerberg weihte. Das wäre an sich schon ein Anlaß gewesen, daß ein Vertreter des Chorherrenstiftes aus Jerusalem gekommen wäre, aber es ist fraglich, ob der König ausgerechnet seinen Urkundenmann hätte reisen lassen, und es sieht überhaupt so aus, als sei aus Jerusalem niemand gekommen, denn die Zeugen sind ausnahmslos tripolitanisch-tolosanische Gefolgsleute. Es ist nicht ganz ohne Verführungskraft, RRH n° 48 Robert zuzuschreiben, aber bei nüchterner Abwägung aller Umstände muß man dies verwerfen.

Das gilt erst recht für RRH n° 58 des Grafen Bertrand von Tripolis für das Hl. Grab von 1110. Hier haben wir zwar wenigstens Eingangsdatierung und eine lange, schwungvolle Sanctio negativa, die aber mit der Bezugnahme auf Judas, Dathan und Abyron einem uralten Muster folgt und keine Sanctio zeilezeilezeile

---

113) Albert von Aachen, Historia Hierosolymitana S. 623.

positiva im Gefolge hat. Auch hier kann das Resultat nur negativ sein. Dasselbe gilt trotz der kurios gespreizten Epitheta im Superlativ für RRH n° 102a von 1123, das vielmehr mit RRH n° 112. 113 zu einer joppensischen Diktatgruppe zusammengehört[114].

Es bleiben noch die Briefe der Patriarchen von Jerusalem. RRH n° 63. 64 gehören, wie ich gezeigt habe, zu Roberts Diktatgruppe, RRH n° 32. 42 aber bestimmt nicht. Dagegen wäre es denkbar, daß ein Brief des Patriarchen Gibelin von 1110[115], in dem er seinen bisherigen Suffraganen seine Wahl mitteilt, damit sie einen Nachfolger bestellen können, von Robert stammt. Es sind auch hier eher Diktatfetzen, aber doch mehr, als wir bisher entdecken konnten. Identisch ist die Titulatur des Patriarchen nur als *episcopus* (RRH n° 69. 63), und recht ähnlich mit RRH n° 36. 69 ist die Legatenformel *a Roma ecclesia ad Orientales ecclesias fui missus*. Der Brief ist mit Bibelzitaten durchsetzt, und schließlich haben wir mit *ego inclinavi aurem meam* eine Wendung, die zwar mittelalterlich häufig und überdies biblisch (Ecclus. 51, 21) ist, die aber Robert nicht fremd war (*aures pietatis inclinantes* RRH n° 67; vgl. *ad aures Arnulfi usque perduxi* D. RRH n° 59 und *aurem clementiae suae non avertere* D. RRH n° 74). Es reicht nicht hin, um diesen Brief mit Sicherheit Robert zuzuschreiben, aber er könnte von ihm stammen.

Ein weiteres Schriftzeugnis ist noch zu betrachten, Genuas angebliche goldene Inschrift in der Grabeskirche[116]. Sie ist nach dem *calculus Pisanus* datiert wie die frühen Urkunden Roberts. Ich stelle ferner folgende Passagen einander gegenüber:

Inschrift	Robert
praesidente Ierosolimitanae ecclesiae domino Daiberto patriarcha	*praesidente in Ierosolymis domno dei gratia patriarcha Daiberto* RRH n° 36
in primo exercitu Francorum	*gloriosus Francorum exercitus* RRH n° 36
Balduinus rex invictissimus	*invictissimus rex Balduinus* RRH n° 64. 68 D. RRH n° 68a

---

114) MAYER, Bistümer S. 137–139.
115) Gallia christiana novissima. Band Arles S. 190 n° 471.
116) Als Fälschung erwiesen von MAYER und FAVREAU, Goldene Inschrift, passim. Dagegen KEDAR, Golden Inscription, passim, doch siehe MAYER, in: DA 44, S. 331 f.

Das scheint zunächst eine beträchtliche Häufung von sprachlichen Berührungen zu sein, aber das erste Beispiel ist eine Allerweltsformel, die Verwendung von *Franci* ist zwar ein Diktatmerkmal für Robert, aber wir haben gesehen (oben S. 402 f.), daß *Franci* in jener Zeit keinswegs selten war, und zum letzten Beispiel ist zu sagen, daß *invictissimus* als Herrscherepitheton auch in Antiochia zeitgenössisch vorkam (siehe oben S. 33) und überhaupt jedem vertraut war, der eine deutsche Kaiserurkunde kannte. Auch der *calculus Pisanus* hilft nicht weiter, weil er nicht Roberts Marotte, sondern Daimberts Anordnung war (siehe oben S. 35). Das reicht nicht entfernt hin, um die Inschrift Robert zuzuschreiben und sie damit für echt zu erklären, zumal man wirklich nicht erkennen kann, daß ein königlicher Urkundenmann eine Inschrift fabriziert haben sollte, die in geschichtsverfälschender Weise praktisch den Genuesen das Verdienst zuschrieb, das Roberts König zukam, nämlich die Unterwerfung des Hl. Landes.

II. Empfängerausfertigungen der Jahre 1108–1115

1. Der Urkundenbestand

Während Roberts Wirksamkeit für den König kam es auch zur Herstellung von Diplomen als Empfängerdiktat. Zu dieser Kategorie zähle ich die folgenden Diplome[1]:

Für die Johanniter:		
Or.	D. RRH n° 57	1110 September 28
Für S. Maria im Tal Josaphat:		
	D. RRH n° 52	1108
	D. RRH n° 76a	(ca. 1114)
Or.	D. RRH n° 79	1115 (1114 Dezember 25 – 1115 September 23)

Es wäre theoretisch natürlich denkbar, daß es sich auch um Dictamina anderer Notare handeln könnte, die neben Robert für den König Urkunden geschrieben hätten. Da aber D. RRH n° 57 diktatmäßig nicht mit DD. RRH n° 52. 76a, auch nicht mit D. RRH n° 79 zusammengehört, müßte man außer Robert noch drei weitere königliche Urkundenschreiber annehmen. Bedenkt man, daß die Kanzlei in späterer Zeit trotz vermutlich vermehrten Arbeitsanfalles fast immer jeweils nur einen Notar hatte, so verbietet sich diese Hypothese freilich. Auch mit der Annahme eines Aushilfsschreibers ist nicht weiterzukommen. Sie könnte allenfalls für D. RRH n° 57 zutreffen, nicht aber für die anderen drei Urkunden, die alle für die Abtei am Mariengrab im Tal Josaphat ausgestellt sind.

Ein Wort der terminologischen Klärung ist hier noch erforderlich. Mit Empfängerausfertigung meine ich in diesem Buch durchgehend in aller Regel ein Empfängerdictamen, nur selten eine Empfängerschrift. Begrifflich schär-

---

1) Zur Begründung der Daten, soweit diese nicht aus sich heraus verständlich sind, siehe unten Bd. 2, Exkurs I. Soweit wir von Deperdita vor 1115 Kenntnis haben, läßt sich nicht sagen, ob sie Empfängerausfertigungen waren oder von dem bis 1115 arbeitenden Notar Robert stammten.

fer, weil eine Ausfertigung an sich natürlich die Reinschrift ist, hat jüngst Appelt als Empfängerausfertigung nur diejenigen Stücke anerkannt, bei denen das Ingrossat durch einen Empfängerschreiber hergestellt wurde[2], hat es aber für nötig gehalten, dies ausdrücklich zu sagen. Man lese aber bei Harry Bresslau nach, daß er in einer zugegebenermaßen locker angewandten Terminologie unter Empfängerausfertigung sowohl Empfängerdictamina wie Empfängeringrossate verstand[3]. Ihm kam es dabei darauf an, daß der Empfänger an der Herstellung der Urkunde beteiligt war, sei es am Diktat oder sei es als Mundant. In diesem älteren Sinne findet sich das Wort Empfängerausfertigung auch bei mir verwendet, zumal die Zahl der Originale bei den jerusalemitanischen Königsurkunden viel geringer ist als in europäischen Herrscherkanzleien und überdies die Basis für eine wirkliche Ermittlung von Empfängerschreibern meist fehlt, nämlich die originale Gesamtüberlieferung bei den weitaus meisten Empfängern, bei denen allenfalls die Johanniter in diesem Punkt eine Ausnahme bilden.

2. D. RRH n° 57

Mit D. RRH n° 57 können wir uns kurz fassen. Wir können von diesem Stück diktatmäßig weder eine Brücke zu Roberts Produkten noch zu den sonstigen Johanniterurkunden schlagen, mit der einzigen Ausnahme von RRH n° 86, was uns aber kaum weiterbringt. D. RRH n° 57 von 1110 und RRH n° 86 von 1118, Bestätigungen des Johanniterbesitzes im Königreich Jerusalem und im Fürstentum Antiochia, sind nahezu textgleich. Was hier passiert ist, liegt auf der Hand. Als man im Juli 1118 Fürst Roger von Antiochia um eine Bestätigung der Besitzungen in seinem Fürstentum bat, legte man ihm einen fertig formulierten Text vor, den man zuvor im Johanniterarchiv in Jerusalem mit Hilfe des acht Jahre älteren D. RRH n° 57 angefertigt hatte, das als Formularbehelf diente. So sklavisch ist die Übernahme, daß aus *in omni regno meo* in D. RRH n° 57 bei Roger wurde *in omni regno* (sic) *Antiocheno*. Auch der Fehler *ut deus misereatur mihi et animae ... omnium parentorum* (sic) *meorum* wurde in RRH n° 86 wiederholt. Diesem Entwurf fügte der Schreiber, ein Subdiakon Petrus, Vermerke über die Signa des Fürsten und zweier Zeugen hinzu sowie eine Schreiberzeile. In den freigelassenen Raum vor den Signa wurde in dunklerer Tinte, also wohl eigenhändig, je ein Kreuz eingetragen, und das ganze wurde schließlich

---

2) APPELT, [Einleitung, in:] Die Urkunden Friedrichs I., Teil 5, S. 75.
3) BRESSLAU, Urkundenlehre [2]1, S. 460-462.

besiegelt und mit diesen beiden Akten vollzogen. Die Schreiberzeile, für die
D. RRH n° 57 mit seiner Königsunterschrift kein Vorbild bot, mag sich
Petrus geholt haben aus RRH n° 65 von 1112:

RRH n° 65	RRH n° 86
Signum Ricardi acoliti, qui hanc cartam scripsit cum V litteris rasis et suprascriptis in decima linea die et anno quo supra.	*Signum Petri subdiaconi, qui hanc cartam confirmationis scripsit die et anno quo supra.*

Nun stammte aber RRH n° 65 in gleicher Weise aus RRH n° 68 als
Formularbehelf wie RRH n° 86 aus D. RRH n° 57, und 1125 fand RRH
n° 68 nochmals Verwendung als Formularbehelf in RRH n° 106. Brauchten
die Johanniter eine Besitzbestätigung durch einen regierenden Fürsten, so
nahmen sie D. RRH n° 57 als Textmodell, wollten sie eine bischöfliche
Zehntschenkung, so zogen sie RRH n° 68 heran, jedenfalls dann wenn man
sie ließ, denn die Herstellung der summarischen Besitzbestätigung D. RRH
n° 68a hat ihnen der König nicht überlassen. Das könnte an sich auch für
D. RRH n° 57 gelten. Aber angesichts der nachweislichen Empfängerausfertigungen bei den Johanniterurkunden RRH n° 65. 86. 106 sowie angesichts
des Umstandes, daß die Johanniter auch später zu Empfängerausfertigungen
neigten (DD. RRH n° 452. 466. 516. 537), wird man D. RRH n° 57 unbedenklich auch als solche einstufen dürfen.

Ein Schrift- oder Diktatnachweis ist dafür allerdings nicht möglich. Beiden
sind Grenzen gesetzt, weil D. RRH n° 57 die älteste Johanniterurkunde im
Osten ist[4]. Scheidet man Roberts Urkunden aus, so können wir bis 1120
D. RRH n° 57 im Johanniterarchiv nur vergleichen mit RRH n° 34a.
D. RRH n° 90a. RRH n° 98, da RRH n° 65. 86 mit der Robert-Urkunde
RRH n° 68 und eben mit dem hier diskutierten D. RRH n° 57 textgleich
sind, während RRH n° 85a nur als Regest erhalten ist. Textberührungen mit
den drei genannten Stücken sind nicht erkennbar. Auch von der Schrift des
original erhaltenen D. RRH n° 57 mit seiner reinen Buchschrift führt kein
Weg zu anderen Urkunden, seien es königliche oder nichtkönigliche. Original überliefert sind RRH n° 68. 65. 86, D. RRH n° 68a liegt wenigstens als
Nachzeichnung vor, aber die Schriften zeigen in allen Fällen keinerlei Ähnlichkeit.

---

4) RRH n° 34a des Patriarchen Bernhard von Antiochia ist undatiert und wird im
allgemeinen eher an das Ende seiner Amtszeit (1134) gerückt.

Ebenso wenig führen Diktatmerkmale von D. RRH nᵒ 57 zu dem Ergebnis, daß es Robert zuzurechnen sei. Es gibt zwar gewisse Ähnlichkeiten, und zwar mit D. RRH nᵒ 51. Dazu gehört vor allem die Intitulatio *gratia dei* (statt sonst *dei gratia*) *rex Ierosolimitanus* und die in D. RRH nᵒ 51 vorhandene, wenn auch anders lautende, bei Robert sonst ganz überwiegend fehlende Promulgatio *Notum sit omnibus hominibus* (D. RRH nᵒ 57), die in D. RRH nᵒ 51 heißt *Notum facio cunctis, in quorum manibus scriptura ista apparuerit, tam praesentibus quam futuris.* Auch fehlt die Corroboratio in D. RRH nᵒ 57 wie meist auch bei Robert und ist durch eine Sanctio ersetzt, die bei Robert freilich so nie vorkommt und vor allem seiner Doxologie in der Sanctio positiva entbehrt. Im Datum wird D. RRH nᵒ 57 an D. RRH nᵒ 51 angenähert dadurch, daß beiden das Königsjahr fehlt, freilich hatte D. RRH nᵒ 51 robertinisch wenigstens die Indiktion, die in Roberts Gruppe nur einmal in RRH nᵒ 67 fehlte. Auch hat D. RRH nᵒ 57 vor der eigenhändigen Unterschrift des Königs, die es mit D. RRH nᵒ 68a teilt, im Gegensatz zu D. RRH nᵒ 51 noch Zeugen.

Vor allem die Sanctio spricht gegen eine Diktatzuweisung an Robert, weil sie einen für ihn uncharakteristischen Fehler enthält. Das Original von D. RRH nᵒ 57 ist ja keine Glanzleistung, sondern enthält Schludrigkeiten. Dahin gehört *parentorum* statt *parentum.* Das mag ein reiner Schreibfehler sein und ging unbeanstandet in RRH nᵒ 86 über. Aber die Sanctio lautet *Si quis vero auferre vel diminuere conatus fuerit, flagellis suis cingat illum deus, donec ad penitentiam revertatur.* Schon für das Mittelglied findet sich kein Vorbild bei Robert, aber vor allem fehlt dem Konditionalsatz das Objekt. Drei spätere Abschriften von D. RRH nᵒ 57 haben es eingefügt: *Si quis vero ea auferre ...* [5]. Das könnte man ja allenfalls auch noch als Flüchtigkeitsfehler betrachten, nur ist es mit der Einfügung von *ea* ja nicht getan, wenn man die Sanctio in Ordnung bringen will. *Si quis vero confirmationis nostri aliquid auferre* müßte es schon mindestens heißen (vgl. Roberts Sanctio in D. RRH nᵒ 68a). Mit anderen Worten: die Auslassung im Original von D. RRH nᵒ 57 geht nicht auf das Konto des Schreibers, sondern bei einem derartigen Umfang auf das des Konzipienten, und das wäre Robert nicht passiert. Es kann daher nicht überraschen, daß wir in D. RRH nᵒ 57 nichts von den hervorstechendsten Diktatmerkmalen Roberts finden, keine lange Narratio mit einer Erwähnung der Eroberung Jerusalems oder der darauf folgenden Ereignisse, kein Bibelzitat, keinen seiner Lieblingsausdrücke wie *gloriosus, Franci, domnus* oder *vir* (nur einmal, wo das Wort hingehört, in der Zeugenliste) oder *honestus,* kein Epitheton, schon gar keines im Superlativ und auch

---

5) Auch der Subdiakon Petrus hat das *ea* in RRH nᵒ 86 übernommen.

keines für Herzog Gottfried von Bouillon (siehe oben S. 382). Robertinisch ist D. RRH n° 57 also nicht. Es bestätigt aber unter anderem *meumque etiam donum de duobus casalibus.* Ich vermute, daß dieses vor 1110 ergangene und verlorene Diplom Balduins I. von Robert geschrieben worden war, Diktatverwandtschaft mit D. RRH n° 51 zeigte und bei der Herstellung von D. RRH n° 57 auch formularmäßig geringfügig verwendet wurde, so in der Devotionsformel und der Intitulatio. Ansonsten aber ist D. RRH n° 57 eine Empfängerausfertigung der Johanniter. Daß sie unbesiegelt blieb, kann dieses Urteil nur bestärken.

3. DD. RRH n° 52. 76a

Dagegen sind DD. RRH n° 52. 76a. leicht als Empfängerausfertigungen der Abtei S. Maria im Tal Josaphat zu erkennen[6]. Bei diesem Empfänger muß man gleich dazu sagen: für eine Fälschung gibt es hier kein Indiz. Auch muß man mit dem Ausdruck Empfängerausfertigung hier etwas vorsichtig sein, denn noch 1123 und 1126 zog man in der Abtei Josaphat einen Kanoniker des Templum Domini als Urkundenmann heran (RRH n° 101. 114d), während um 1143 unter den Mönchen von Josaphat ein Iohannes scriptor war (RRH n° 213). DD. RRH n° 52. 76a sind in Teilen ihres Formulars so deckungsgleich, daß man durchaus daran wird denken müssen, daß D. RRH n° 52 von 1108 bei der Herstellung von D. RRH n° 76a von ca. 1114 als Formularbehelf herangezogen wurde, wie wir dies auch bei den Johannitern gesehen haben. Das würde die Möglichkeit offenlassen, daß wenigstens D. RRH n° 52 vom Aussteller konzipiert wurde. Aber das ist schon des Datums wegen unwahrscheinlich, denn das Diplom ist lediglich mit dem Inkarnationsjahr datiert und hat nicht einmal die Indiktion. Diese fehlte bei Robert zwar einmal in RRH n° 67, aber dafür gab er dann wenigstens an, welcher Patriarch und welcher König regierte, ein relativer Luxus angesichts des Umstandes, daß der Patriarch selbst der Aussteller von RRH n° 67 war. Ein so karges Datum wäre dem offiziellen Urkundenschreiber Robert nicht untergekommen, erst recht nicht die Herstellung eines Diploms wie D. RRH n° 76a, das überhaupt ganz undatiert ist[7].

---

6) Bei oberflächlicher Betrachtung könnte man daran denken, auch RRH n° 76b dieser Gruppe zuzuordnen, jedenfalls von der Invocatio bis zur Intitulatio des Königs, aber in Wahrheit gehört RRH n° 76b zu einem anderen Diktator, den ich unten S. 505–512 abhandeln werde.

7) Das undatierte RRH n° 63 ist als Brief natürlich für das Gegenteil nicht beweiskräftig.

Schon die Invocatio scheidet die beiden Stücke von Robert. D. RRH n° 52 hat die um die Aufzählung ihrer Glieder erweiterte Anrufung der heiligen und unteilbaren Dreifaltigkeit mit *amen*, die Robert einmal in der Legatenurkunde RRH n° 69 gehabt hatte (auch in der Patriarchenurkunde RRH n° 68, aber dort verkürzt um *et individue*). D. RRH n° 76a hat *In nomine patris et filii et spiritus sancti, amen*, aber Roberts Standardinvocatio hatte gelautet *In nomine sanctae et individuae trinitatis*. Den Auftakt mit *Ego* teilen beide Diplome mit Robert. Auf die Devotionsformel *dei gratia* ist kein Wert zu legen, weil sie viel zu häufig ist, ebensowenig auf das Fehlen der Promulgatio, das auch bei Robert überwog. Die Intitulatio lautete in beiden DD. *rex Ierosolimorum*, was es bisher nur einmal in RRH n° 75 für das Hl. Grab gegeben hatte. Eine kurze Zeit lang sollte dies auch die Königskanzlei beeinflussen (DD. RRH n° 90a. 100a. 179. 244. 258; vgl. außerhalb der Kanzlei auch RRH n° 76b. 114b. D. RRH n° 120). Dann erstarrte es in der Zeit des Kanzleiniedergangs zum Markenzeichen des Scriptoriums der Königin Melisendis (DD. RRH n° 256. 262. 268. 269. 278. 313. 338. 359).

Nahezu identisch ist in DD. RRH n° 52. 76a die Gedenkformel *pro salute animae patris meae et matris meae et fratrum* (statt *patris* bis *fratrum: meae et parentum* D. RRH n° 76a) *meorum et pro redemptione peccatorum meorum, quibus me impeditum esse recognosco*, und ganz identisch ist die Klausel, daß die Schenkung erfolge *iure haereditario et per omnia saecula duraturo*. In der Empfängernennung ist es auffällig, daß D. RRH n° 76a von 1115 noch immer an eine *ecclesia* im Tal Josaphat geht, obgleich das dortige Stift zu dieser Zeit bereits in ein Kloster verwandelt worden war. Das hatte mir früher[8] noch Schwierigkeiten bereitet, die sich jetzt unschwer so erklären, daß das Wort *ecclesiae* aus D. RRH n° 52 übernommen wurde, wo es noch richtig gewesen war. Bedingt dadurch, daß D. RRH n° 76a eine ausführliche Zweckbindungsklausel hat, ist der Wortlaut der Sanctiones in den beiden DD. etwas verschieden, aber in beiden findet sich die freilich sehr geläufige Formel *iram dei (omnipotentis) incurrat et in perpetuum anathema sit*. Dagegen lassen sich die Datierungen nicht vergleichen, da D. RRH n° 76a keine solche hat.

Die Diktatzusammengehörigkeit von DD. RRH n° 52. 76a wird auch dadurch gesichert, daß hier in den Diplomen Jerusalems erstmals der in ihnen später sehr häufige und wichtige Begriff der *divisio* im Sinne von Grenze oder Grenzfestlegung auftritt (siehe oben S. 15).

Die minimalen Anklänge an Roberts Diktat, noch dazu in gängigen Wendungen, reichen natürlich nicht hin, ihm etwa auch D. RRH n° 52 zuzu-

---

8) MAYER, Bistümer S. 277.

schreiben. Die Kärglichkeit des Datums dieses Diploms, noch mehr das fehlende Datum in D. RRH n° 76a ebenso wie der Umstand, daß keines der beiden DD. besiegelt, ja überhaupt irgendwie beglaubigt war, bewegen mich dazu, hier Empfängerausfertigungen der Abtei Josaphat zu sehen, wobei die ältere Urkunde als Formularbehelf für die jüngere diente, dies alles um so mehr, als wir bei der Betrachtung von D. RRH n° 120 (unten S. 505–512) sehen werden, daß man sich in Josaphat gern seine eigenen Urkunden schrieb.

D. RRH n° 52 hatte als erstes Diplom eine Zeugenliste, die zu den steten Beglaubigungsmitteln der Königsurkunde von Jerusalem gehörte. D. RRH n° 51 hatte ohne Zeugen ergehen können, weil es den Besitz des Thaborklosters lediglich bestätigte. D. RRH n° 52 war aber nach außen hin als eine Schenkung des Königs stilisiert, auch wenn de facto nur eine Schenkung des Grafen Werner von Grez bestätigt wurde[9].

Riley-Smith hat darauf hingewiesen, daß nach der aus dem Ende des 12. Jahrhunderts stammenden Rechtskodifikation des *Livre au roi* Diplome nur dann Geltung haben sollten, wenn sie von den Vasallen bezeugt waren[10]. Das führt natürlich sofort zu der in der deutschen Diplomatik viel diskutierten Frage, ob die Zeugen Handlungszeugen oder Beurkundungszeugen waren. Das zu meiner Kenntnis gekommene Beweismaterial deutet wie schon die Stelle im *Livre au roi* fast ausschließlich auf Handlungszeugen hin[11], deren Namen nachher im Diplom festgehalten wurden, denn schwerlich hätten die Vasallen einer Beurkundung ihr Zeugnis verweigern können, wenn der König durch die Handlung bereits im Wort war. Wenn etwas verhindert werden sollte, so mußte dies bei der Handlung passieren. In England heißt *teste* oder *testibus*, daß das Konzept vor den genannten Personen verlesen wurde[12].

Die Debatte setzt natürlich voraus, daß Handlung und Beurkundung nicht selten auseinanderfielen. Hierfür haben wir in Jerusalem ein gutes Beispiel in D. RRH n° 90. Hier wird ausdrücklich festgehalten, daß die Handlung auf der Reichsversammlung von Nablus erfolgte (16. Januar 1120), aber das Diplom wurde am 31. Januar 1120 in Akkon ausgestellt. Ferner gibt es Diplome, bei denen die Indiktion scheinbar um I zu niedrig ist. Aber die Indiktion steht in klassischer jerusalemitanischer Zeit mit dem Inkarnations-

---

9) MAYER, Bistümer S. 344–347.

10) Livre au roi c. 2 S. 608. RILEY-SMITH, Feudal Nobility S. 143.

11) Die große Ausnahme ist der tripolitanische Kanzler Matthaeus (siehe unten Bd. 2, S. 236 f.), aber das ist eben Tripolis und nicht Jerusalem.

12) CHAPLAIS, English Royal Documents S. 16–18.

jahr im Actum, das Tagesdatum steht davon getrennt in der Kanzleizeile. Fand die Handlung vor dem 24. September, die Beurkundung dagegen danach statt, dann kam es zu den oben geschilderten Fällen, denn man behielt die Indiktion im Actum natürlich bei, da sie auf die Handlung zielte. *Ut res reique testes in carta scribantur* sei von alters her ein Rechtsgebot, so liest man in RRH n° 365, also Handlungszeugen.

Nur wenn es sich um Handlungszeugen handelte, gab es eine Rechtfertigung dafür, daß die Kanzlei gelegentlich aus einer VU. eine uralte Zeugenliste kopierte mit längst verstorbenen Zeugen[13]. Der Unterschied zwischen der einen und der anderen Kategorie von Zeugen war auch den Zeitgenossen klar. Schon 1121 hieß es in zwei galilaeischen Urkunden (RRH n° 92. 93): *Huius doni et cartae testes sunt.* Aufschlußreich sind die vom Notar und Kanzler Hemelin diktierten DD. RRH n° 100a. 109. 121. 137. Sie enthalten alle einen Beurkundungs- oder Besiegelungsbefehl, und die Zeugenliste bezieht sich ausnahmslos auf diesen. *Coram testibus* befahl der König, seine Entscheidung zu beurkunden und zu besiegeln. Das erfolgte natürlich gleichzeitig mit der Handlung, und es war daher bei dieser, daß die Präsenz der Zeugen nötig war. Auch die von Elias verwendete angiovinische Zeugenformel *audientibus et videntibus* (siehe unten S. 521) deutet auf Handlungszeugen hin.

Vom 25. Juli 1160 haben wir zwei Diplome, die aus dem Episkopat bezeugt sind vom Erzbischof von Nazareth und vom Bischof von Andria. Nur einen Tag später erging ein weiteres Diplom, das bezeugt ist von den Erzbischöfen von Tyrus, Caesarea und Nazareth sowie den Bischöfen von Ramla, Sebaste, Tiberias, Akkon, Baniyās, Sidon und Beirut, während der Bischof von Andria nicht mehr von der Partie ist[14]. Das ist nur verständlich, wenn die Handlungen weit länger als nur einen Tag auseinanderlagen und die Zeugen die Handlung bezeugten. In D. RRH n° 397 war der Kanzler Zeuge, als Datar fungierte der Vizedatar Stephan von Lyon. Das bedeutet, daß der Kanzler bei der Handlung noch zugegen war, bei der Beurkundung den Hof aber bereits verlassen hatte (siehe oben S. 146). Wenn der Magister Lambert in seinen kanzleifremden DD. RRH n° 452. 466 den Kanzler sowohl als Zeugen wie als Datar aufführte, so war er an der ersten Stelle klarerweise ein Handlungszeuge, denn daß er bei der Beurkundung anwesend war, ergab sich aus der Kanzleizeile. Derselbe Diktator schrieb in

---

13) RRH n° 201. D. RRH n° 244, auch D. RRH n° 465, dazu MAYER, Deperditum Balduins III. S. 558–566. Das gab es auch anderswo, siehe BRESSLAU, Urkundenlehre ²2, S. 299.

14) DD. RRH n° 352. 353. 354. Siehe zu dem Fall auch unten S. 658, 773, 808.

RRH n° 503 im Context: *coram subscriptis testibus in eodem capitulo do et trado*, was er mit der Zeugenformel *Huius rei testes sunt* verband, erneut ein klarer Fall von Handlungszeugen. In einer Urkunde des Herrn von Caesarea (RRH n° 426) wurden die Zeugen eingeführt mit der gebräuchlichsten aller Zeugenformeln: *Huius rei vero testes sunt*, die ja an sich schon gegen Beurkundungszeugen spricht. Am Ende der Zeugenliste heißt es: *et plures alii et dominus Iohannes Costi, qui postea primo absens testis interfuit.* Er allein war hier Beurkundungszeuge, und das mußte eigens vermerkt werden; die anderen waren Handlungszeugen. Im März 1171, als sich der König auf der Reise nach Konstantinopel in Tripolis befand, stellte er D. RRH n° 488 für das Hl. Grab aus, das von 17 weltlichen Zeugen bezeugt wurde. Aus Wilhelm von Tyrus[15] erfahren wir aber die Namen seiner sechs Hauptbegleiter. Gerade ein einziger Name kommt in beiden Listen vor, so daß es sich in D. RRH n° 488 klar um Handlungszeugen handelt[16]. In der Frühzeit gab es durchaus auch Beurkundungszeugen, auch in der Kanzlei: DD. RRH n° 57 (*testes scripturae*). 59 (*assertionis testes*). 80. 90 (in beiden *privilegii testes*), aber das unterblieb bald.

In der Regel ist der Unterschied für die historische Erkenntnis gering, denn es verging ja meist nur wenig Zeit zwischen Handlung und Beurkundung. Gelegentlich wird dies expressis verbis gesagt, so in RRH n° 133: *Facta est autem cartae huius institutio et rei istius concessio* oder in RRH n° 680: *Huius quoque rei et donationis sunt testes.* Auch die Zuverlässigkeit der Zeugenlisten dürfte in den Diplomen im allgemeinen hoch sein, wenn nicht gerade aus einer VU. eine obsolet gewordene Liste kopiert wurde. Es widersprach den Anschauungen der Zeit und hätte Einsprüche zur Folge gehabt, wenn man willkürlich Zeugen angeführt hätte, die gar nicht dabei waren. Der Patriarch von Jerusalem hatte just dies gemacht, handelte sich dafür aber vom Papst 1170 oder 1171 eine scharfe Reprimande ein, *quia talia munimenta irrita sunt et falsa*[17].

4. D. RRH n° 79

Ein weiteres Diplom für Josaphat mit der bedeutenden, wenn auch kaum lange realisierten Schenkung von Jerash östlich des Jordan ist D. RRH n° 79. Unter allen Urkunden der Könige von Jerusalem ist diese diktatmäßig am schwersten zu bestimmen, jedenfalls wenn man sich um den – erfolglosen –

---

15) Wilhelm von Tyrus, Chronicon XX. 22, S. 942.
16) Siehe zu dem vertrackten Fall unten Bd. 2, S. 62.
17) HIESTAND, Vorarbeiten 3, S. 265 n° 103.

Nachweis einer Entstehung in der Kanzlei bemüht, weil die benachbarten Diktatgruppen des Paganus und Brandos im Umfang so gering sind. Für eine Empfängerausfertigung spricht zunächst die Schrift. Es ist eine zwar klare, aber auch ungelenke Schrift aus dem frühen 12. Jahrhundert mit nur wenigen Kürzungen und mit indistinkten Schreibweisen. Schreibfehler kommen vor, sind aber korrigiert. Der Schreiber hat sich also Mühe gegeben, aber er war kein Schreibkünstler. In einer für Urkundenschreiber ganz uncharakteristischen Weise kürzte er in Invocatio und im Datum *d.* (*dn̄i* im Datum) *N.I.X.* für *domini nostri Iesu Christi.* Wilelmus und Wilelmi schrieb er je zweimal. Dabei reichten seine *l* von kerzengeraden Gebilden ohne jede Verdickung oder Neigung des Schaftes bis zu zittrig ausgefallenen Buchstaben. Einmal geriet sein *e* fast so hoch wie sein *l,* vermutlich weil er im Begriffe stand, *Willelmus* zu schreiben und das fast fertige zweite *l* zu einem *e* umwandelte. Das *i* machte er zwar immer genau so hoch wie den letzten Aufstrich seines *W,* aber dessen Höhe differierte so sehr, daß das höchste *i* doppelt so hoch war wie das kleinste.

Insgesamt macht die Schrift einen bemüht nachgeahmten Eindruck ohne Könnerschaft. Das Vorbild ist klar genug, es ist die Schrift der päpstlichen Privilegien, der hier gefolgt wird. Hierfür lagen Vorbilder im Abteiarchiv von Josaphat, etwa JL 6336 von 1113. Die Kanzlei von Jerusalem hat später eine an der päpstlichen Urkundenschrift geschulte diplomatische Minuskel geschrieben, aber gekonnt, nicht als verunglückte Imitation.

Auch im Diktat zeigt manches auf Empfängerarbeit, schon im äußeren Befund. Das Diplom ist parallel zur längeren Seite beschrieben. Das finden wir in Privaturkunden der Zeit (RRH n° 69. 67 bei Robert, in der Frühzeit auch bei RRH n° 101), aber die Diplome sind von Anfang an als *chartae transversae* angelegt, d. h. parallel zur kürzeren Seite beschrieben (DD. RRH n° 51. 52. 57. 68a). Zunächst meint man, D. RRH n° 79 sei auf jeden Fall mit RRH n° 76b, einer Urkunde des Bischofs von Ramla für Josaphat, zusammenzuordnen, denn beide verbinden fälschlich das Inkarnationsjahr 1115 und die Indiktion 8 mit der Epakte 28. Aber ich werde zeigen, daß RRH n° 76b einer anderen Diktatgruppe, der des Kanonikers Arnold vom Templum Domini, zugehört (unten S. 505–512), die diktatmäßig mit D. RRH n° 79 nicht das geringste zu tun hat. Weder hat D. RRH n° 79 die charakteristische Zeugenformel Arnolds *sub testimonio virorum subscriptorum,* noch kommt die Schenkungsformel *laudo et confirmo* jemals bei Arnold vor, dessen Dispositio *dono et concedo* lautet, allenfalls *concedo* allein. Ganz eindeutig sind RRH n° 76b und D. RRH n° 79 von verschiedenen Diktatoren verfaßt worden. Aber die beiden waren – mindestens hier – Kollegen, die im selben Jahr für dasselbe Kloster tätig waren. Da nun die Epaktenberechnung ohne die Hilfe unserer modernen chronologischen

Tabellen einigermaßen schwierig ist, weil es ja gilt, das Mondalter des 22. März festzustellen, wäre es ganz natürlich, daß nur einer der beiden die komplizierte Rechnung anstellte und dem anderen das Resultat zur Verfügung stellte – einschließlich aller Fehler, die er dabei gemacht haben mochte.

Läßt sich D. RRH n° 79 nicht mit einer anderen Empfängerausfertigung für Josaphat und auch nicht mit Roberts Diplomen zusammenordnen, so muß man prüfen, ob es mit den folgenden Diktatgruppen des Paganus (D. RRH n° 80) und Brando (DD. RRH n° 90a. 90) vergleichbar ist. Nichts Seriöses erlaubt, D. RRH n° 80 dem Diktator von D. RRH n° 79 zuzuschreiben. Die Invocationes der beiden Stücke sind ganz verschieden, eine Promulgatio hat nur D. RRH n° 79, die Intitulationes weichen erheblich voneinander ab, die Empfängernennung ist in D. RRH n° 79 sehr knapp, in D. RRH n° 80 dagegen sehr breit, eine Gedenkformel für Anverwandte steht nur in D. RRH n° 80, das auch als einziges der beiden Stücke eine Corroboratio hat. Die Sanctiones sind unterschiedlich, beide ohne Roberts Doxologie, aber in D. RRH n° 79 ganz knapp und kaum noch verkürzbar, in D. RRH n° 80 dagegen in epischer Breite, erstmals unter Aufzählung der Hierarchie, die gegebenenfalls die Exkommunikation auszusprechen hatte. Auch die Zeugenformel ist hier und dort ganz anders, die alte Kurzformel *Huius rei testes sunt* in D. RRH n° 79, in D. RRH n° 80 dagegen ein Reim: *Qui autem subscripti sunt, huius privilegii testes sunt.*

Gänzlich verschieden sind die Datierungen beider Stücke in Wortlaut wie Berechnung: *Actum est igitur et confirmatum hoc donum* in D. RRH n° 79, aber *Factum autem hoc privilegium* in D. RRH n° 80, ein Ausstellort steht nur in dem letzteren Diplom, welches *anno incarnationis dominicae* hat gegenüber *anno ab incarnatione domini nostri Iesu Christi* in D. RRH n° 79. Für die Zahlen des Datums stehen in D. RRH n° 79 Ziffern, in D. RRH n° 80 sind sie ausgeschrieben. Für ein und dasselbe Inkarnationsjahr 1115 hat D. RRH n° 79 richtig die Indiktion 8 und falsch die Epakte 28 sowie das Königsjahr 15. Dagegen entbehrt D. RRH n° 80 des Königsjahres und hat falsch die Epakte 22, aber ebenso falsch die Indiktion 7. Die Datierung ist hier derartig in Unordnung, daß überhaupt nur Beobachtungen am Text eine Entscheidung bringen können[18]. Daß die beiden Originale von verschiedenen Händen geschrieben sind, sei hier nur noch am Rande erwähnt.

Dagegen kann man wenigstens etwas finden, das D. RRH n° 79 mit der ephemeren Wirksamkeit des Hofkapellans Brando in der Kanzlei (DD. RRH n° 90a. 90) verbindet, und das ist die Angabe des Königsjahres. Robert hatte

---

18) MAYER, Kreuzfahrerherrschaft Montréal S. 265.

dies gehabt in RRH n° 69. 64. 68. DD. RRH n° 68a. 74. RRH n° 75, in den frühen Empfängerausfertigungen von Diplomen kommt es sonst nicht vor, dagegen steht es in beiden DD. Brandos[19], aber ehe die Erscheinung aufhört, kommt sie noch vor in der Signumzeile von Hemelins D. RRH n° 91. DD. RRH n° 79. 90a. 90 folgen also lediglich einem noch anhaltenden Trend, wenn sie das Regierungsjahr angeben, eine Diktatverwandtschaft der beiden letzteren mit ersterem ist daraus nicht abzuleiten. Es ist auch kein Indiz für eine Diktatverwandtschaft, wenn DD. RRH n° 79. 90a. 90 keine Gedenkformel aufweisen, denn in DD. RRH n° 90a. 90 dürfte sie aus politischen Erwägungen fehlen (siehe unten S. 449 f.).

Des weiteren ist auf das in DD. RRH n° 79. 90 vorkommende Wort *baro* oder *barones* zu achten. Es gehört in dieser Zeit eigentlich nicht in den nordfranzösischen Sprachschatz[20], den wir in den jerusalemitanischen Diplomen, aber auch in den Empfängerausfertigungen von Josaphat als des Hausklosters der lothringischen Dynastie erwarten können. Man findet dort eher *proceres, optimates* und *primates,* und das war überwiegend auch Roberts Sprachschatz (siehe oben S. 34). In echten Diplomen Philipps I. von Frankreich findet sich *baro* überhaupt nicht, sondern nur in den zwei Spuria n° 176. 177, die bezeichnenderweise beide dem normannischen Bereich zuzurechnen sind. Denn die *barones,* abgesetzt von den einfachen *milites,* sind entschieden eine normannische Angelegenheit[21]. Es ist daher nicht unerwartet, daß das Wort im lateinischen Osten zuerst im normannischen Antiochia auftritt (RRH n° 53. 76. 194. 253. 263). Freilich folgt sehr rasch Roberts einmalige Verwendung des Wortes in D. RRH n° 68a von Juni 1112 aus Jerusalem. Dort hatte man natürlich ständige Kontakte mit Antiochia, aber vermutlich weist das Wort *barones* in D. RRH n° 68a direkt nach Unteritalien, denn im Jahre 1112 wurde dort intensiv über die Ehe der

---

19) DD. RRH n° 90a. 90, in letzterem versteckt zu Beginn und formularwidrig gleich hinter der Empfängernennung.

20) Eine Ausnahme ist Flandern, wo das Wort in den gräflichen Urkunden seit 1038 vorkommt; NIERMEYER, Lexicon s. v. und VERCAUTEREN, Actes S. 123 n° 47, 126 n° 50, 130 n° 52, 146 n° 61, 159 n° 68 aus den Jahren 1110–1115, was sich durch Berührungen mit dem normannischen England erklären mag. Dorther stammt das Wort jedenfalls in dem 1103 in Dover abgeschlossenen Bündnisvertrag zwischen Heinrich I. von England und Graf Robert II. von Flandern (ebd. S. 88 n° 30).

21) In der Normandie im späten 10. und im 11. Jahrhundert vor 1066: FAUROUX, Recueil S. 74 n° 5, 192 n° 64, 264 n° 106, 301 n° 129, 321 n° 142, 377 n° 195, 390 n° 203, 421 n° 222, 446 n° 232. DD. Ro. II. 2. 3 von 1110 bis 1112 (Regentschaft der Adalasia), aber aus Rogers selbständiger Grafen- und Herzogszeit auch DD. Ro. II. 4–7. 9.

Gräfin Adalasia von Sizilien mit Balduin I. von Jerusalem verhandelt und auch der Ehekontrakt für die 1113 zustandegekommene Ehe geschlossen[22]. Adalasia kam dann 1113 mit stattlichem Gefolge. Dabei können wir auf die Schilderung ihres kleopatrahaften Einzugs bei Albert von Aachen ruhig verzichten[23]. Aussagekräftiger ist eine sizilische Urkunde von 1124, wonach die 1117 aus Jerusalem verstoßene Gräfin von dort *cum nobilibus baronibus* zurückkehrte[24]. Diese hatten vier Jahre lang Gelegenheit gehabt, in Jerusalem ihre Standesbezeichnung zu führen, und das mußte abfärben. So finden wir *baro* ab 1115 in D. RRH n° 79, bei Paganus in DD. RRH n° 80. 89, bei Brando in D. RRH n° 90, bei Hemelin in DD. RRH n° 102. 105, und von nun an war das Wort ein jerusalemitanisches[25].

Wenn man dann aber die Formularteile durchgeht, so wird D. RRH n° 79 von D. RRH n° 90 durch die Invocatio geschieden, die aber in D. RRH n° 79 mit *In nomine domini nostri Iesu Christi* a priori nicht kanzleimäßig ist. Auch sind die Intitulationes ganz verschieden. Ausschlaggebend ist aber die Promulgatio, die in Brandos Notiz D. RRH n° 90a wiederum fehlt. Sie ist in D. RRH n° 79 wenig auffallend, steht an der rechten Stelle und folgt einem alten Muster, das wir im Osten in den Urkunden des Hl. Grabes (RRH n° 129. 135. 199. 204. 209) finden: *Notum sit omnibus fidelibus*. In D. RRH n° 90 steht sie dagegen formularwidrig erst nach Invocatio, Intitulatio, Arenga, Empfängernennung und Dispositio, ist noch formularwidriger in einem Satz mit einer total verrutschten Corroboratio verbunden und lautet weit umständlicher, wenngleich ebenfalls einem alten Muster folgend: *Ut ... idque et memoriae praesentium et notitiae futurorum clarius innotesceret*. Das wird derselbe Mann schwerlich geschrieben haben. Auch die Kürzung *d. n. I. X.* sowohl in der Invocatio wie im Datum ist den Diplomen völlig fremd. Das betrifft die eigentliche Formel und erst recht die Kürzung. Die Invocatio *In nomine domini nostri Iesu Christi* finden wir sonst

---

22) Wilhelm von Tyrus, Chronicon XI. 21, S. 525 f. Adalasias Regentschaft für Roger II. ging im Juni 1112 zu Ende, denn Roger war damals *iam miles, iam comes Siciliae et Calabriae*; vgl. D. Ro. II. 3.

23) Albert von Aachen, Historia Hierosolymitana S. 696 f.

24) DELABORDE, Chartes de Josaphat S. 38 n° 13.

25) Ohne Anspruch auf Vollständigkeit DD. RRH n° 164. 226. 240. 244. 259. 299. 300. 352–354. 466. 477. 665–667. 684. 743, in Privaturkunden RRH n° 115. 116. 127. 190. 201. 301. 492. 572. 656, *barones* der Magnaten RRH n° 112. 113/114. 139. 263. 420. Belege aus Tripolis, wo das Wort vielleicht einen eigenen provenzalischen Ursprung hatte, RRH n° 118. 191. 193. 198. 211. 212. 217. 270; vgl. auch RICHARD, Fonds de Porcellet S. 366 n° 1. Um die Aufhellung der Bedeutung des Wortes im Osten hat sich RILEY-SMITH, Feudal Nobility S. 16–19 verdient gemacht.

in den Diplomen überhaupt nicht. In den Privaturkunden finden wir sie ab 1121 in Jerusalem bei den Johannitern und am Hl. Grab, allerdings auch nicht sehr häufig (RRH n° 98. 104. 133. 531). Die Herkunft ist ungewiß. Die Formel kommt verbreitet vor bei den italischen Normannen[26], aber die häufigste Normanneninvocatio war es nicht. Eine Durchsicht des ersten Bandes des Johanniterchartulars von Delaville Le Roulx mit seinem gesamteuropäischen Einzugsgebiet zeigt, daß diese Invocatio auch im Tolosanischen häufig war. Gleichwohl finden wir sie in Tripolis nur außergewöhnlich selten (RRH n° 233). So werden wir hier doch an einen am Hl. Grab beheimateten Schreiber zu denken haben, zumal die Promulgatio *Notum sit omnibus fidelibus* genau in dieselbe Richtung weist (siehe oben S. 434). Wiederum auf das Hl. Grab und auf das Bistum Ramla und ebenso auf die Privaturkunde zeigt die Apprecatio *Amen amen. Fiat fiat*. Ihr Vorkommen im Abendland ist natürlich Legion. Im Osten aber ist die Formel nicht häufig. In den Diplomen kommt sie eigentlich nur hier vor, denn es ist ungewiß, ob Robert in RRH n° 36 daran dachte, als er in seiner Sanctio schrieb: *maledictionis aeternae sententiam, quae hic et in aeternum subibit, fiat*, was überhaupt nur dann einen Sinn ergibt, wenn man *subibit* und *fiat* in der Reihenfolge vertauscht. Dagegen finden wir den Ausdruck in RRH n° 145. 165. 190, also in Ramla und am Hl. Grab in den dreißiger Jahren. Das früheste Vorkommen ist allerdings neben D. RRH n° 79 eine aus demselben Jahr 1115 stammende Urkunde des Bischofs von Nazareth (RRH n° 81a), die indessen mit D. RRH n° 79 keinerlei Diktatverwandtschaft zeigt.

Auf die Formulierung des Datums mit *anno ab incarnatione domini nostri Iesu Christi* gehe ich nicht näher ein, denn das findet sich in den Diplomen immerhin auch in DD. RRH n° 52. 164. 244, in Privaturkunden finden wir es in RRH n° 48. 97. 114b. 114c. 139. 167. 190. 201. 237. 329. Eher als bei der Invocatio könnte man hier an normannisches Vorbild denken[27]. Mit hoher Wahrscheinlichkeit deutet auch der Umstand, daß die Zeugen der in D. RRH n° 79 bestätigten Urkunde des Fürsten Joscelin von Galilaea in

---

26) MÉNAGER, Recueil S. 62 n° 14, 124 n° 40 (I), 125 n° 40 (II); BRÜHL, Urkunden S. 78 f. = Diplomi S. 65; DELAVILLE LE ROULX, Cartulaire général des Hospitaliers de S. Jean 1, S. 41 n° 49. D. Ro. II. 49. 55; BRESC-BAUTIER, Cartulaire du St.-Sépulcre S. 319 n° 167, nicht ein einziges Mal dagegen in den normannischen Herzogsurkunden aus Frankreich vor 1066, die FAUROUX herausgegeben hat.

27) Vgl. MÉNAGER, Recueil S. 65 n° 15, 68 n° 16, 76 n° 18, 91 n° 26, 101 n° 31, 171 n° 47, 173 n° 48; D. Ro. II. 3 (Gräfin Adalasia). D. Ro. II. Appendix II/1, aber auch die frühen Fürstenurkunden des normannischen Antiochia RRH n° 12. 35. Im übrigen ist die Formel später ein Markenzeichen des tripolitanischen Kanzlers Matthaeus; siehe unten Bd. 2, S. 235.

einer separaten Liste nochmals aufgeführt werden, auf Entstehung außerhalb der Kanzlei hin. Der einzige Fall, wo das bei einer Kanzleiausfertigung vorkommt, ist D. RRH 130 (siehe unten S. 484), denn D. RRH n° 256 ist eine außerhalb der Kanzlei entstandene Urkunde der Königin Melisendis, und D. RRH n° 308 eine Urkunde des Grafen von Askalon. Wenn die Kanzlei ein solches Problem zu bewältigen hatte, bei dem es aus irgendwelchen Gründen darauf ankam, die Zeugen der Vorurkunde zu nennen, so ging man lieber einen anderen Weg, indem man einfach die Zeugenliste der VU. reproduzierte, ohne dieser eigene Zeugen hinzuzufügen[28].

Noch ein letztes ist zu besprechen. In D. RRH n° 79 lesen wir *anno ab incarnatione ... M CVX ..., regni ... VX*. Wir finden diese sogenannte antistrophische Schreibung auch noch in RRH n° 87[29]. Dabei handelt es sich um eine Urkunde des galilaeischen Kanzlers Rorgo Fretellus von Februar 1119, die *anno ab incarnatione ... M ᵐᵒ C ᵐᵒ XIX ᵐᵒ* (so A, nicht wie bei Delaborde ausgeschrieben gedruckt *millesimo centesimo decimo nono*), *VIX ᵐᵒ kalendas marcii* hat. Soweit ich das erkennen kann, kommt die Schreibung im normannischen Bereich vor. K. A. Kehr hat zwar erklärt, die antistrophische Schreibung von Zahlen finde sich in den normannischen Königsurkunden nie[30], aber so eindeutig ist das nicht zu halten, denn in einem Diplom Friedrichs II. für Sant'Andrea de Piazza von 1210 steht *a. reg. III ᵒX ᵒ*, und schon 1182 datierte der Bischof von Troia eine Urkunde *a. reg. VII ᵒX ᵒ*[31]. Allerdings sind dies keine Originale, auf die es natürlich vor allem ankommt, sondern die beiden Stücke sind kopial im Chartular des Hl. Grabes überliefert, aber man wird davon ausgehen dürfen, daß die Schreibung der Vorlagen hier getreu reproduziert wurde, da man sonst diese Eigenart in den 185 Stücken des Chartulars öfters erwarten sollte.

Rorgo Fretellus[32] blieb nicht lang im Amt, denn zwei Jahre später war er abgelöst durch einen gewissen Kanzler Serlo (RRH n° 92. 93). Nun war Rorgo aber kein Italo-Normanne, sondern stammte nach Hiestands neuen Erkenntnissen aus der Pikardie, präziser gesagt aus der Grafschaft Ponthieu. Dennoch hat RRH n° 87 mit seiner Eingangsdatierung, der Gedenkformel und der antistrophischen Schreibung VIX einen normannischen Anstrich. Es ist daher durchaus möglich, daß Rorgo nur der Datar war und das Dictamen von Serlo stammte, der RRH n° 92. 93 bezeugte und auch diktiert haben

---

28) DD. RRH n° 201. 244; vgl. auch D. RRH n° 465, dazu oben S. 429.

29) Ähnlich in D. RRH n° 90: *octava X ᵃ*; zu der ganzen Erscheinung siehe CAP-PELLI, Dizionario S. LIV und S. 416.

30) KEHR, Urkunden S. 174 Anm. 4.

31) BRESC-BAUTIER, Cartulaire du St-Sépulcre S. 334 n° 177; 319 n° 167.

32) Zu ihm siehe HIESTAND, Centre intellectuel S. 19–35.

dürfte, und Serlo war gewiß ein Normanne, das verrät schon sein Namen, wie auch RRH n° 92. 93 normannisch wirken.

D. RRH n° 79 bestätigte zwar eine Schenkung Wilhelms von Buris an Josaphat. Er war in Galilaea der mächtigste Mann nach Fürst Joscelin. Aber nicht Wilhelms Urkunde lag dem Konzipienten von D. RRH n° 79 vor, sondern eine Bestätigung durch Joscelin, die in dem Diplom erwähnt wird und aus der vor allem ausdrücklich die Zeugenliste wiederholt wird. Ob diese Urkunde von Rorgo datiert und von Serlo diktiert war? Soweit sich die Sprachkünste Rorgos, der uns vor allem als Verfasser einer Beschreibung des Hl. Landes bekannt ist, oder Serlos nach RRH n° 87 beurteilen lassen, hätte der Konzipient von D. RRH n° 79 seine Vorlage allerdings verbessert.

Ich sehe in D. RRH n° 79 also eine von der Kanzlei besiegelte Empfängerausfertigung Josaphats, diktiert von einem wahrscheinlich dem Hl. Grab angehörenden Kleriker unter Benutzung einer verlorenen Vorurkunde Joscelins von Galilaea, die möglicherweise ein Produkt des späteren galilaeischen Kanzlers Serlo war.

Die normannischen Kanzlisten
Paganus, Brando, Hemelin
(1115–1131)

III. Der normannische Kanzler Paganus als Notar
(1115–1120)

1. Der Urkundenbestand

Ich schreibe dem Kanzler Paganus, dessen Biographie ich schon oben S. 59–71 behandelt habe, das Diktat folgender Stücke zu[1]:

| Or. | D. RRH n° 80 | Jerusalem | 1115 (Herbst bis Weihnachten) |
| | D. RRH n° 89 | (Nablus) | (1120 Januar 16) |

2. Der Diktator der Gruppe

Es ist nicht positiv bezeugt, daß der Kanzler Paganus persönlich die beiden Stücke diktierte, es könnte theoretisch auch ein Notar gewesen sein, dessen Namen wir nicht kennen. Aber sehr viel spricht für die Vermutung, daß es Paganus war. Noch sind wir nicht in der Zeit, in der mittelalterliche Kanzler sich üblicherweise aus dem Urkundengeschäft zurückgezogen hatten. Wir werden sehen, daß Hemelin, des Paganus Nachfolger als Kanzler, als Notar begann und über das Vizekanzleramt zum Kanzler aufrückte, ohne daß das Diktat sich geändert hätte, so daß auch er ganz zweifellos als Kanzler seine eigenen Dictamina entwarf (unten S. 474, 485–493). Wir werden weiterhin sehen, daß noch unter dem Kanzler Radulf von Bethlehem der Kanzler (= Notar Radulf A) anfangs selbst diktierte. Als freilich Radulf 1156 das Bischofsamt erreichte, trat sofort ein neuer Notar (Radulf B) auf, und es war

---

1) Zur Begründung der Daten, soweit diese nicht aus sich selbst heraus verständlich sind, siehe unten Bd. 2, Exkurs I.

von nun an endgültig vorbei mit der Beteiligung der Kanzler am Tagesgeschäft der Kanzlei (siehe unten S. 717 f., 800).

Wir müssen weiter konstatieren, daß Paganus im selben Jahr Kanzler
wurde, in dem sich ein neues Kanzleidiktat feststellen läßt. Das Diktat dieses
Mannes ist klar erkennbar verschieden nicht nur von Roberts Diktat, sondern auch von dem des folgenden Diktators, der sich nennt: Brando, ein
Blutsverwandter des Kanzlers Paganus (D. RRH n° 90). Brando war allerdings nur ein Aushilfsdiktator, der 1119/1120 zur Bewältigung eines besonders hohen Arbeitsanfalles eingesetzt wurde. Hätte Paganus damals schon
einen dauernden Kanzleinotar gehabt, wie er ihn später mit Hemelin hatte,
so hätte er 1119 selbst zur Feder gegriffen, anstatt einen Gehilfen zu beschäftigen. Diktierte er normalerweise selbst, so brauchte er dagegen eine Hilfe.

Man muß auch bedenken, daß D. RRH n° 89, in dem wir Diktatspuren
von D. RRH n° 80 finden, ein Dokument von allererster politischer Bedeutung war, bei dessen Redaktion am besten der Kanzler selbst die Feder
führte. Damit meine ich weniger den Katalog von strafrechtlichen Bestimmungen dieses 'Konzils' von Nablus. Ich meine vielmehr die ersten drei
Canones, die sich schon dadurch von den anderen abheben, daß sie – ohne
Diplome zu sein – dennoch subjektiv stilisiert sind (*ego ... rex ... reddo*), und
die Konkordats-Charakter haben, weil sie den Investiturstreit für das Königreich Jerusalem beendeten, indem der König auf die bisher geübte strikte
Kontrolle der kirchlichen Einkünfte verzichtete[2]. Das war eine so sensible
Materie, daß man sich nicht vorstellen kann, daß Paganus, der ausweislich
von D. RRH n° 102 durchaus daran interessiert war, an Staatsaktionen
mitzuwirken, die Formulierung anderen anvertraut hätte, zumal er nach
Ausweis von Vat. lat. 1345 fol. 1^v und Wilhelm von Tyrus, Chronicon XII.
13, S. 563 f. selbst anwesend war. Das ist um so mehr der Fall, als der
Aushilfsnotar Brando bereits 1119 als Notar amtierte (D. RRH n° 90a), aber
diktatmäßig mit D. RRH n° 89 von 1120 nicht in Verbindung gebracht
werden kann.

Auch mag es schließlich Beachtung finden, daß Paganus in D. RRH n° 80
nicht genannt ist, während er in der Empfängerausfertigung D. RRH n° 79
ebenso wie in Brandos DD. RRH n° 90a. 90 und in fast allen Diplomen
Hemelins (außer in D. RRH n° 130) irgendwie genannt ist, sei es als Zeuge,
sei es im Beurkundungsbefehl, sei es in einer Kanzleizeile wie in DD. RRH
n° 102. 105. Paganus muß also angeordnet haben, daß er in den unter seiner
Kanzlerschaft ergangenen Diplomen genannt werde. Eine Ausnahme bilden
nur das ohnehin unvollständige D. RRH n° 125, das auch des Datums

---

2) MAYER, Concordat of Nablus, passim.

entbehrt, sodann D. RRH n° 130, das auch andere nicht kanzleimäßige Merkmale zeigt wie die Wiederholung der Zeugenlisten der VUU., und eben D. RRH n° 80, in dem solche anderen Unregelmäßigkeiten fehlen. Es drängt sich die Erklärung auf, daß Paganus der Meinung war, ein Kanzler sei dann kein Zeuge, sondern ein Beteiligter, wenn er das Dictamen selbst entwerfe, dagegen sei er ein Zeuge, wenn das Dictamen unter seinen Augen von einem anderen entworfen werde. Im letzteren Fall sei er zu nennen als Zeuge oder im Beurkundungsbefehl oder in einer Kanzleizeile. Auch im ersteren Falle hätte er in einer Kanzleizeile genannt werden können, aber diese waren damals noch außerordentlich rar und erscheinen nur in DD. RRH n° 102. 105. Wo das Diplom also kanzleimäßig war wie D. RRH n° 80, aber keine Kanzleizeile hatte, blieb für die Nennung des Kanzlers bei einer solchen Rekonstruktion der Dinge kein Raum mehr, wenn er das Dictamen selbst konzipierte.

Die Zuschreibung von DD. RRH n° 80. 89 an den Kanzler selbst ist nicht ohne kanzleigeschichtliche Konsequenzen. Die beiden Diplome sind fünf Jahre auseinander; dazwischen liegt ein Wechsel des Königs. Nun haben in Jerusalem zwar die Kanzler die Thronwechsel im Amt überdauert, aber soweit man erkennen kann, ist dies bis in die Zeit der Könige Aimerich und Johann von Brienne (Joscius D) keinem Notar längere Zeit geglückt. DD. RRH n° 80. 89 wären die einzigen früheren Ausnahmen, während eine Diktatkontinuität über den Herrscherwechsel hinweg dann unproblematisch ist, wenn sie vom Kanzler selbst herrührte, denn es wird sich im Laufe der Untersuchung zeigen, daß ein Kanzler unabsetzbar war, es sei denn, daß man ihn in ein Bischofsamt beförderte, und seit 1156 war selbst dieses Loch vermauert.

3. Das Diktat der Gruppe

Ich befasse mich nicht hier, sondern erst im folgenden Kapitel, das dem Aushilfsnotar Brando gewidmet ist, mit der Schrift von D. RRH n° 80, denn er hat es mundiert.

Dem Diktatvergleich sind natürlich dadurch enge Grenzen gezogen, daß D. RRH n° 89 kein Diplom ist, sondern zwei Beschlüsse einer Reichsversammlung festhält. Es ist nicht anzunehmen, daß diese Beschlüsse die einzige schriftliche Fixierung der hier vorgenommenen wichtigen Regelungen waren, schon deshalb nicht, weil wir in den Canones 3–25 keinerlei Spuren unseres Diktators mehr erkennen können. Can. 4–25 enthält das Strafrecht, can. 3 ist ein wie can. 1 und 2 subjektiv formulierter Kanon, in welchem der Patriarch die in can. 1–2 ausgesprochene Zehntrestitution annahm und die vorangegangene Usurpation kirchlicher Einkünfte kirchenrechtlich für erledigt erklärte. Man wird sich die Sache so vorzustellen haben, daß in Nablus ein Diplom des Königs an den Patriarchen erging, in dem die Regelungen der can. 1–2 enthalten waren[3], und eine Urkunde des Patriarchen an den König, die inhaltlich can. 3 entsprach. Schon hierfür war der Kanzler nicht mehr zuständig, erst recht nicht für die Formulierung der can. 4–25. Wir haben also in can. 1–2 ein fragmentarisch erhaltenes Diplom vor uns. Das Volldiplom lag dem Redaktor der Konzilsbeschlüsse vor und wurde von ihm für die Herstellung seiner Sammlung verwendet.

Es ist noch so viel an erkennbarem Diplomtext vorhanden, daß man besser nicht von einem Deperditum sprechen sollte, sondern von einem verstümmelten Diplom. Dabei mag die Einleitung von can. 1: *Quoniam quae a deo incipiunt, per ipsum et in ipsum finire necesse est, ut hoc sacrum concilium a deo incipiat et in deum finem habeat* durchaus die Arenga des Diploms gebildet haben, denn auch D. n° 80 hat eine solche: *futurae beatitudinis particeps fieri cupiens idque per intercessionem beatissimae dei genitricis Mariae fieri posse non ambigens, ut possim regnum a deo mihi traditum gubernare et cum eo in aeternum regnare.*

Aber viel stärker werden DD. RRH n° 80. 89 verklammert durch die Intitulatio: *Ego Balduinus dei gratia* (fehlt D. RRH n° 89) *Latinitatis Ierosolimorum rex.* Die Lateiner hatte bislang nur Robert ein einziges Mal in der Intitulatio erwähnt (D. RRH n° 59). Hier kommen sie wieder, um darauf wieder bis zu D. RRH n° 105 von 1125 zu verschwinden[4], und *Latinitas* finden wir gar nur in unseren beiden Stücken benutzt. Die Dispositio *dono* (*reddo* D. RRH n° 89) *et concedo* ist mutatis mutandis gleich. Des weiteren vergleiche man in D. RRH n° 80 die Konsensklausel *favente domno Arnulfo patriarcha et regni mei baronibus* mit der von can. 2 in D. RRH n° 89: *viris huius sacri concilii videntibus et faventibus personis* (wahrscheinlich Schreibfehler für *praelatibus*) *et baronibus meis.* Beide bauen sie auf *favente* auf, was Robert fremd gewesen war, und beide arbeiten sie in dieser Zeit der Königin

---

3) Wilhelm von Tyrus, Chronicon XII. 13, S. 563 sagt, die Beschlüsse inhaltlich wiederzugeben, könne er sich sparen, da sie in den Archiven vieler Kirchen lägen. In der Tat hatte die Kirche von Sidon nicht ein Diplom des Königs oder dessen Kopie, sondern die Sammlung der Konzilsbeschlüsse in Vat. lat. 1345 fol. 1^r–1^v, denn die Handschrift stammt nach einem Besitzvermerk aus der Bibliothek der dortigen Kirche. Aber irgendwie muß die Konzession des Königs ja verbrieft worden sein, und dann natürlich in einer Urkunde an den Patriarchen, mit dessen Archiv sie verloren ging.

4) D. RRH n° 90 muß hier außer Betracht bleiben, weil hier nur die VU. D. RRH n° 80 wiederholt wird, und in D. RRH n° 91 finden sich die *Latini* nur in der Signumzeile.

Adalasia aus Sizilien mit dem Begriff der *barones* (siehe oben S. 433 f.). Für weitere Gegenüberstellungen fehlt es am Material, aber die Intitulatio mit *Latinitas* ist tatsächlich genug für die Diktateinheit. Zuvor waren die Intitulationes ja uncharakteristisch gewesen, weil sie lediglich auf *Ierosolimitanus* oder *Ierosolimorum* aufbauten. Aber mit *Latinitas* gleitet das Diplom von Jerusalem in jene dem Diplomatiker vertrauten Bereiche, in denen die Intitulatio ein Diktatkriterium erster Güte ist.

D. RRH n° 80, das einzige erhaltene Volldiplom des Paganus, ist für uns um so wichtiger, als wir sonst aus viereinhalb Jahren bis zu D. RRH n° 89 kein einziges Diplom haben, nicht einmal eine Empfängerausfertigung. Das ist bedauerlich, weil Paganus, wie wir an D. RRH n° 80 sehen, manches von dem schuf, was die jerusalemitanische Königsurkunde kennzeichnen sollte. Mit ihm tritt erstmals in einer Kanzleiausfertigung die Invocatio *In nomine sanctae et individuae trinitatis, patris et filii et spiritus sancti, amen* auf, die dann nach einigen Oszillationen unter Hemelin vom Kanzler Elias an fast Gesetz werden sollte (siehe unten S. 485). Die Eingangsdatierung verschwand und rückte ans Ende. Die Empfängernennung erhielt eine vorher nicht dagewesene Präzision: *deo et praedictae eius genitrici ecclesiaeque ad ipsius honorem in valle Iosaphat constitutae et viro honesto Hugoni eiusdem coenobii abbati religioso et successoribus eius caeterisque fratribus tam futuris quam praesentibus ibidem deo et sanctae Mariae servientibus.* In den normannischen Herzogsurkunden Süditaliens vor 1087 war dies bei den Urkunden für Cava, einmal auch für S. Lorenzo di Aversa, nicht jedoch bei denen für Montecassino üblich: *monasterio sanctae Trinitatis de Cava Salernitana, quod constructum est in loco Mitilliano, ubi nunc domnus Petrus venerabilis abbas praeest*[5]. Es wurde von jetzt an eine Corroboratio für nötig erachtet, in der das Beglaubigungsmittel des Siegels angekündigt wurde. Freilich hielt Paganus daneben noch immer an der aus der Privaturkunde stammenden geistlichen Sanctio fest, ebenso wie auch sein Datum mit der Epakte noch ein daher stammendes Element enthielt. Zukunftweisend war dagegen die Angabe eines Ausstellortes, was bisher nur in dem Brief RRH n° 64 vorgekommen war. Auch wenn sein Diplom optisch kaum aussah wie ein Diplom klassischen Zuschnitts, so liest es sich doch auf weite Strecken wie ein solches. Mit Paganus setzte, und dies gleich in beeindruckendem Umfang, die Emanzipation des jerusalemitanischen Diploms von der Privaturkunde ein.

---

5) MÉNAGER, Recueil S. 181 n° 52. Ähnlich S. 95 n° 27, 105 n° 33, 122 n° 39, 136 n° 43, 178 n° 51, 183 n° 53, 187 n° 55, 198 n° 58. Vgl. ebd. S. 124 n° 40 (I–III): *monasterio sancti Laurentii Aversano et abbati eiusdem loci Roberto et aliis secundum sancti Benedicti regulam eidem praedicte ecclesiae iuste succedentibus.*

IV. Der normannische Hofkleriker und Hilfsnotar Brando

(= Kanzleischreiber I)

(1115–1120)

1. Der Urkundenbestand

Ich schreibe dem Hofkleriker Brando das Diktat der folgenden Urkunden zu[1]:

D. RRH n° 90a		1119 Dezember 30
D. RRH n° 90	Akkon	1120 Januar 31

Wenn der König am 31. Januar in Akkon war, so dürfte er dort auch das Fest Mariae Lichtmeß (2. Februar) verbracht haben. Im übrigen liegt ein Auseinanderfallen von Handlung und Beurkundung vor, denn, wie der Text ausführt, erfolgte die Handlung auf der Reichsversammlung von Nablus (16. Januar 1120), die Beurkundung in Akkon.

2. Die Überlieferung von DD. RRH n° 90a. 90

Mit den Überlieferungen dieser beiden Diplome habe ich mich bereits ausführlich befaßt[2]. Meine dortigen Resultate seien hier kurz rekapituliert. D. RRH n° 90a ist ein Bestätigungsvermerk Balduins II. auf einem heute verlorenen Exemplar von D. RRH n° 68a Balduins I., der sich aber noch auf einer Kopie von D. RRH n° 68a aus dem 13. Jahrhundert findet, während er auf der Nachzeichnung fehlt. Trotzdem ist kein Zweifel zulässig an der Echtheit von D. RRH n° 90a, und dies nicht nur weil sich solche könig-

---

1) Zur Begründung der Daten, soweit diese nicht aus sich selbst heraus verständlich sind, siehe unten Bd. 2, Exkurs I.

2) MAYER, Zur Geschichte der Johanniter S. 139–148.

lichen Bestätigungsvermerke vereinzelt auch sonst finden (DD. RRH n° 120. 142. 572). Im Falle von D. RRH n° 90a müssen die Johanniter eine heute verlorene Kopie von D. RRH n° 68a angefertigt haben, die der graphischen Anordnung des verlorenen Originals folgte, da diese grosso modo in der Nachzeichnung und der Kopie des 13. Jahrhunderts dieselbe ist, und sie ist nicht alltäglich. Dabei wurde die in der Nachzeichnung noch erhaltene eigenhändige Unterschrift des Königs Balduin I. weggelassen, die in der Kopie des 13. Jahrhunderts fehlt, weil diese Unterschrift ein Beglaubigungsmittel gewesen war. Der so beschaffenen, heute verlorenen, aber rekonstruierbaren Kopie von D. RRH n° 68a fügte die Kanzlei im Dezember 1119 den Bestätigungsvermerk des Königs Balduin II. hinzu mit neuem Datum und neuer Zeugenliste. Die verlorene Kopie von D. RRH n° 68a wurde so zusammen mit dem Bestätigungsvermerk zum Original von D. RRH n° 90a, das überhaupt nur zusammen mit dem Text von D. RRH n° 68a denkbar ist, weil in dem Vermerk mit *praesenti privilegio* auf das unmittelbar voranstehende D. RRH n° 68a verwiesen wird.

Natürlich hat nicht die Kanzlei ein so umständliches Verfahren gewählt, denn es wäre zeitsparender gewesen, gleich ein neues Diplom Balduins II. auszustellen. Wohl aber sparte die Kanzlei Zeit, wenn sie dem Empfänger, d. h. den Johannitern, die Herstellung der Abschrift von D. RRH n° 68a überließ und selbst nur den Bestätigungsvermerk eintrug, wozu die Konnivenz des Kanzlers wohl vorhanden war, da er als Zeuge genannt wird. Der Grund dafür war, daß die Kanzlei ab Dezember 1119 zunächst einmal mit Arbeit überlastet gewesen sein muß, denn nach dem Tode Balduins I. 1118 war es ja zu einer tiefgreifenden Thronfolgekrise gekommen, da ein nicht unbeträchtlicher Teil der Vasallen den geblütsrechtlich vorrangigen Erben Eustach III. von Boulogne aus Europa zu holen versuchte, der immerhin bis Apulien kam, ehe er umkehrte, als er erfuhr, daß Balduin II. in Jerusalem inzwischen vollendete Tatsachen geschaffen hatte, so daß im Endergebnis dem verstorbenen kinderlosen König nicht der Bruder, sondern der Vetter folgte.

Erst Ende 1119 war die Lage so weit konsolidiert, daß Balduin II. die Krönung in Bethlehem vornehmen lassen konnte. Bis dahin dürften die meisten potentiellen Empfänger zugewartet haben, bis sie den neuen Herrscher um Bestätigungen und dergleichen baten. Jedenfalls haben sich die Johanniter so verhalten, deren Besitzbestätigung D. RRH n° 90a vom 30. Dezember 1119 stammt, als die Krönung noch nicht einmal eine Woche zurücklag, und dasselbe gilt von D. RRH n° 90, das der Abtei Josaphat am 31. Januar 1120 den Besitz bestätigte. Im Falle der Johanniter hätte man eigentlich erwarten sollen, daß sie schon im Spätherbst 1118 um ein solches Diplom eingekommen wären, da sich zeigen läßt, daß sie sich anläßlich jeder neuen Patriarchenwahl in Jerusalem – und im August/September 1118 wurde dort der Patriarch Warmund erhoben – eine neue königliche Besitzbestätigung holten als Schutz gegen die Patriarchen, die ja lange Zeit die Oberherrschaft über das Johanniterspital beanspruchten. Statt dessen warteten die Johanniter zu bis Ende 1119, bis sie D. RRH n° 90a erwirkten, denn ein kostenpflichtiges Diplom Balduins II. hätte ihnen nichts genützt, wenn sich in einem Bürgerkrieg Eustach III. durchgesetzt hätte.

Auch D. RRH n° 90, eine lange und detaillierte Besitzbestätigung für die Abtei Josaphat, die einen Monat nach D. RRH n° 90a erging, deutet auf eine erhöhte Tätigkeit der Kanzlei. Hiervon existiert neben dem Original noch eine ehemals besiegelte Kopie in Buchschrift, die so zeitgenössisch ist, daß bei ihrer Anfertigung dem Original noch ein Ortsname fehlte, der deshalb nicht nur dort, sondern auch in der Kopie nachgetragen ist, wo der Kopist ursprünglich notgedrungen eine Lücke hatte lassen müssen. Die Schrift der Kopie ist eine andere als die des Originals, das von Brando diktiert und mundiert wurde. Den Kanzler Paganus kann man aber nicht als den Schreiber der Kopie postulieren, da er bereits das von ihm diktierte D. RRH n° 80 von Brando hatte mundieren lassen (siehe unten S. 452–454). Als nun die Abtei Josaphat Ende Januar 1120 aus Sicherheitsgründen von dem wertvollen Bestätigungsdiplom ein zweites Exemplar haben wollte, hat man wohl dem Empfänger die Erlaubnis gegeben, das bis auf den fehlenden Ortsnamen fertige, wenn auch wohl noch unbesiegelte Original zu kopieren. Als dann in beiden Exemplaren der betreffende Ortsnamen nachgetragen worden war, hat man sie beide besiegelt, denn sie haben beide Siegellöcher, und die ursprüngliche Kopie war jetzt ein zweites Original. Die einzige Alternative zu dieser Theorie wäre die Annahme, daß es neben Brando noch einen zweiten hauptamtlichen Kanzleischreiber gegeben hätte, was abwegig ist, denn das hat es nie gegeben.

3. Die Person und die Herkunft Brandos

Brando hatte in der Kanzlei als Diktator nur eine ephemere Tätigkeit, von der wir nur einen einzigen Monat fassen können. Er nennt sich einmal 1120 in der Unterfertigung von D. RRH n° 90: *Brando regis clericus et cancellarii consanguineus fecit.* Ferner tritt er in D. RRH n° 91 von 1120 (April 14 – Juni 30) als letzter der geistlichen Zeugen auf, ohne daß ihm bei dieser Gelegenheit irgendeine Funktion beigefügt würde. Seine Wirksamkeit in der Kanzlei war also wohl schon zu Ende, denn das Diplom selbst wurde bereits von einem neuen Notar diktiert (siehe unten S. 458 f.), und mehr als einen Notar zur Zeit hatte die Kanzlei nur in ihrer Spätzeit.

Weitere Belege für Brando haben wir nicht. Ob er weiterhin in der königlichen Kapelle diente, ob er starb oder in die Heimat zurückwanderte, entzieht sich unserer Kenntnis. Man soll jedoch aus dem Fehlen einer Amtsbezeichnung für Brando in D. RRH n° 91 nicht unbedingt folgern, daß er die Kapelle verlassen hatte, denn auch bei dem Zeugen Peter von Barcelona steht nicht dabei, daß er Kanoniker an der Grabeskirche war[3].

Brando ist einer der ersten Hofkapelläne, die wir in Jerusalem kennen. Vor ihm finden wir nur den Chronisten Fulcher von Chartres und Arnulf von Chocques in seiner Eigenschaft als Reliquienkustos der königlichen Kapelle – es sei denn, wir müßten auch den Priester und Urkundenmann Robert als einen Kapellan des Herzogs Gottfried von Niederlothringen dazurechnen[4]. Da Brando, wie wir sehen werden, auch und vor allem Kanzleischreiber war, der Diplome mit wenigen Ausnahmen nur mundierte, aber nicht diktierte, verdient er den Hinweis, daß er, soweit wir wissen, der einzige Urkunden s c h r e i b e r war, der aus der Kapelle kam. Seine sonstige Tätigkeit in der Kanzlei entsprach aber dem, was wir von anderen Hofkapellänen wissen. Eine Seite ihrer Tätigkeit für den König war es nämlich, in der Kanzlei gelegentlich als Hilfsdiktatoren zu dienen[5].

Ich habe oben S. 443–445 gezeigt, daß die Kanzlei Ende 1119/Anfang 1120 einen umständehalber stark erhöhten Arbeitsanfall zu bewältigen hatte, zu der die große Reichsversammlung von Nablus vom 16. Januar 1120 mit ihren wichtigen Beschlüssen natürlich noch beitrug. Der Kanzler, der um diese Zeit noch selbst diktierte, zog deshalb für die kurze Zeit eines Monats seinen Verwandten, den Hofkleriker Brando, als Aushilfsnotar heran, der zuvor nur als Ingrossator beschäftigt gewesen war (siehe unten S. 452–454), jetzt aber DD. RRH n° 90a. 90 diktierte und mindestens ein Exemplar des letzteren auch mundierte. Außerdem stimmte Paganus für diese Übergangszeit einem vereinfachten Verfahren zu, bei dem die Empfänger teilweise selbst schreiben durften und die Kanzlei sich mit einem Bestätigungsvermerk zufrieden gab, den sie selbst redigierte und anbrachte. Auch durften die Empfänger Sicherheitskopien herstellen, die dann als Zweitausfertigung von der Kanzlei besiegelt wurden. Die Kanzleikontrolle war jedenfalls sichergestellt. Deshalb ist auch gar nicht anzunehmen, daß D. RRH n° 90a so unbeglaubigt war, wie es heute den Anschein hat. Weder Siegel noch Unterschrift wurden angekündigt, aber mindestens für eines davon war Platz. Die Zeit von gänzlich unbeglaubigten Empfängerausfertigungen, denen man

---

3) Siehe zu ihm MAYER, Fontevrault S. 21 Anm. 26.
4) MAYER, Hofkapelle S. 493–495. Oben S. 58, 383.
5) MAYER, Hofkapelle S. 501.

nicht mehr anzusehen vermochte, daß sie der Kanzlei vorgelegen hatten, war mit der Ernennung des Paganus zum Kanzler vorbei, wie sich an D. RRH n° 79 zeigt[6].

Da Brando, wie er selbst angibt, ein Blutsverwandter des Kanzlers Paganus war (D. RRH n° 90) und für diesen arbeitete, und zwar schon seit 1115, da er D. RRH n° 80 mundierte (siehe unten S. 452–454), ist klar, daß er ein Protégé des Paganus war. Das sagt aber nichts darüber aus, wann er einwanderte, auch wenn es kaum vor 1113 gewesen sein dürfte, da wohl Paganus selbst erst um diese Zeit ins Land kam. Jedenfalls war Brando da, als im Spätjahr 1115 D. RRH n° 80 ausgestellt wurde.

Ich halte Brando für einen süditalischen Normannen – normannisch hier nicht im ethnischen Sinne gemeint, sondern rein als Kürzel für eine Herkunft aus dem italischen Normannenreich, in dem um diese Zeit ja noch genügend Langobarden lebten. Nun ist sein Name bei den italienischen Normannen nicht gerade häufig. Theo Kölzer (Bonn), dem ich für seine Bemühungen herzlich danke, hat in einer Vielzahl von süditalischen Urkundenpublikationen viermal Prando oder Prandus ausfindig gemacht[7]. Weiter verbreitet ist der Name allerdings bei den Langobarden, wo Bruckner achtmal Prando und dreimal Prandulus nachgewiesen hat[8]. Wiederum deutet es auf langobardisches Namensgut, daß der Name im Codice diplomatico della repubblica di Genova und in den genuesischen Annalen mit ihrem reichen Namensmaterial überhaupt nicht vorkommt, wohl aber im östlichen Oberitalien[9]. Der Name Brando kann also langobardisch sein, und dann wäre die Herkunft aus den langobardischen Einzugsgebieten in Ober-, Mittel- und Unteritalien gesichert. Aber Ober- und Mittelitalien wird man in dieser Zeit der sizilischen Allianz wohl ausschalten dürfen. Dagegen kommt Unteritalien gut in Betracht. Nun würde uns der Name allein nicht berechtigen, eine Herkunft des Paganus und des Brando aus dem italischen Normannen-

---

6) Ein ähnlicher Fall wie D. RRH n° 90a liegt vor in D. RRH n° 120; siehe unten S. 512.

7) PETRUCCI, Codice diplomatico di S. Maria di Tremiti S. 291 n° 105 von 1151; Codice diplomatico Barese 3, S. 27 n° 16 (1074), hierzu siehe den Index des Bandes s. v. Prando: „è senza dubbio nome personale"; 5, S. 3 n° 1 (1075); 10, S. 70 n° 48 (1206); als Ausbeute aus 15 durchgesehenen Bänden des Codice ist das natürlich kümmerlich.

8) BRUCKNER, Sprache S. 238. Auch für diesen Hinweis danke ich Herrn Kölzer vielmals.

9) GLORIA, Codice diplomatico padovano dal secolo sesto a tutto l'undecimo S. 125 n° 94, 246 n° 217, 274 n° 248 von 1013–1078; Gloria, Codice diplomatico padovano dall'anno 1101 alla Pace di Costanza 1, S. 26 n° 32, 280 n° 367, 365 n° 494; 2, S. 48 n° 725, 97 n° 807, 182 n° 952, 373 n° 1298, 438 n° 1403 von 1107–1181.

reich zu unterstellen. Wir müssen schon auch diplomatische Indizien hierfür finden. Sie sind am schwächsten bei Paganus selbst, stärker aber bei seinem Kanzleipersonal Brando und Hemelin. Bei Paganus finden wir lediglich die Ausschreibung der Zahlen im Datum von D. RRH nº 80, das er selbst diktierte[10], sowie die Verwendung des Wortes *barones*, das aber unter sizilischem Einfluß damals auch von anderen gebraucht wurde[11], schließlich noch die jedenfalls möglicherweise normannische Siegelankündigung mit *sigillo auctoritatis meae* (siehe unten S. 451).

Das wäre natürlich immer noch zu wenig, um eine normannische Herkunft zu erweisen. Aber bei Brando finden wir mehr. Schon daß er sich als Notar nennt (D. RRH nº 90), entsprach normannisch-süditalischen Gepflogenheiten. D. RRH nº 90, das er nicht nur verfaßte, sondern dessen Original er auch schrieb, hat den Aspekt einer apulischen Herzogsurkunde der Zeit: Elongata in der fast zeilenfüllenden Invocatio, natürlich auch das Kreuz davor, Majuskeln für die Unterfertigung Brandos, und vor allem das sogenannte „vergrößerte Komma".

Die Invocatio füllte die erste Zeile nicht ganz. Brando brachte deshalb nach dem Amen ein epigraphisches Kürzungszeichen (das nichts kürzt) in Gestalt eines flachgedrückten großen griechischen Omega an, das zwischen zwei vergrößerten Kommata (;,) steht. Er schloß mit diesem Zeichen auch das Datum in der vorletzten Zeile und die Unterfertigungszeile ab, in der er das Wort *fecit* bereits zeilenfüllend auseinandergezogen hatte. Das vergrößerte Komma zeigt natürlich an, daß die nicht gefüllte Zeile bereits hier zu Ende ist. Ein späterer Nachtrag an dieser Stelle wäre unecht. Aber sicherheitshalber füllte Brando die Zeilen noch auf, oben mit dem Omega, unten mit kettenartigen Schleifen.

Das vergrößerte Komma ist ein Charakteristikum schon der apulischen Herzogsurkunde unter Roger I.[12], dann auch der normannischen Königsurkunde unter Roger II.[13]. Im lateinischen Osten war das vergrößerte

---

10) Vgl. auch die Urkunden RRH nº 12. 35. 53 aus dem normannischen Antiochia.

11) D. RRH nº 79; siehe oben S. 433 f.

12) CHALANDON, Diplomatique S. 162 f.; KEHR, Urkunden S. 157 Anm. 3. MÉNAGER, Recueil S. 175 nº 49 (päpstliche Form), aber auch anderswo in der zierlicheren Form, ohne mitgedruckt zu sein: Ebd. S. 68 nº 16, 127 nº 40 [III], 212 nº 60, 215 nº 61; siehe jeweils die Tafel am Ende des Bandes.

13) BRÜHL, Urkunden S. 65 = DIPLOMI S. 54. In seiner Edition hat Brühl das Zeichen manchmal mitgedruckt, so in D. Ro. II. 14. 16, auch in D. Ro. II. spur. 26, aber keineswegs immer, vor allem nicht bei den Originalen des Notars Wido. Das Zeichen erscheint auch in einer Urkunde des Erzbischofs Hugo von Messina von 1131 bei BRÜHL, Urkunden Taf. IX, war also nicht auf die Kanzlei des Herrschers

Komma außerordentlich selten[14], und in keinem Stück tritt es mehr als einmal auf, während Brando es in D. RRH n° 90 dreimal hineinschrieb und auch auffällig groß hielt.

Dagegen vermag es nichts auszurichten, daß in den beiden DD. Brandos RRH n° 90a. 90 die Gedenkformel fehlt, die bei den Normannen durchgängig üblich und bisher auch in den Diplomen von Jerusalem gelegentlich verwendet worden war (DD. RRH n° 57. 59. 68a. 80). Dort hatte sie dem Seelenheil der Eltern und der Brüder des Königs gegolten, vor allem dem Bruder par excellence, Gottfried von Bouillon. Die Umstellung dieses Passus auf die Eltern und Brüder Balduins II. empfahl sich nicht, denn einmal war unter den Brüdern ein schwarzes Schaf, Gervasius, der vergeblich sich des Erzbistums Reims zu bemächtigen versucht und anschließend die Kirche verlassen und geheiratet hatte[15], zum anderen war die Familie der Grafen von Rethel nicht so illuster wie die der Grafen von Boulogne, da Gottfried und Balduin I. von beiden Seiten her direkt von Karl dem Großen abstammten[16].

Auch war die Gedenkformel ja keine reine Privatsache, sondern eine Staatsaffaire. Wenn Roger II. von Sizilien seinen Vater, Graf Roger I., und

---

beschränkt. BRÜHL, Urkunden S. 65 Anm. 102 = Diplomi S. 54 Anm. 102 hat sicher recht gegen Kehr, daß das vergrößerte Komma nicht aus dem kurze Zeit in den Urkunden des Papstes Leo IX. zu beobachtenden ähnlichen, aber größeren Zeichen herstammt, das PFLUGK-HARTTUNG, Komma, S. 434–440 untersucht hat und das unter Gregor VII. ausläuft. – Wie mir Herr Kollege Jean Dufour von der Ecole pratique des Hautes Etudes mitteilt, findet sich das vergrößerte Komma in den von ihm bearbeiteten Urkunden Ludwigs VI. von Frankreich nur ein einziges Mal im Jahre 1133 (DUFOUR, Recueil des actes de Louis VI 2, S. 219 n° 342), während es bei Philipp I. gar nicht vorkommt. Kapetingisch-französisch ist diese Erscheinung also nicht. Ich danke Herrn Kollegen Dufour auch hier herzlich für seine Recherchen.

14) Ich finde es in den Originalen der Diplome und Privaturkunden des Hl. Landes, obwohl an Schlußzeichen aller Art kein Mangel ist (meist in Gestalt eines überdimensionierten Zeichens in Gestalt unseres heutigen Semikolons), nur achtzehnmal, allerdings nie so auffallend groß wie im D. RRH n° 90 Brandos: RRH n° 67. 101 (beide geschrieben vom Kanoniker Arnold). 87. D. RRH n° 90. RRH n° 147. DD. RRH n° 413. 416. 422a. RRH n° 475. DD. RRH n° 514. 518. RRH n° 522. D. RRH n° 525. RRH n° 529. 561. 738. 757 (die letzten beiden aus Antiochia). D. RRH n° 857, ferner – und wen würde das wundern? – zusätzlich in den kaiserlichen DD. RRH n° 1010. 1011. 1016. 1034, die von Funktionären der sizilischen Kanzlei des Kaisers stammen.

15) Wilhelm von Tyrus, Chronicon XII. 2, S. 547.

16) Dafür war die Familie Rethel aber machtbewußt, denn sie stellte zur selben Zeit den König von Jerusalem, den Abt von Josaphat (D. RRH n° 90), den Patriarchen von Jerusalem (Wilhelm von Tyrus, Chronicon XIII. 25, S. 619) und den Papst (Calixt II. bezeichnet sich in JL 6922 als *consanguineus* Balduins II.).

seine Mutter, die Königin Adalasia, nannte, so sollte natürlich dasselbe angezeigt werden wie mit der *filius et haeres*-Klausel, daß nämlich Roger II. der legitim geborene und legitim an die Macht gekommene Herrscher war. Das ließ sich mit einer Gedenkformel zugunsten der Eltern Balduins II. nicht ausdrücken. Die Formel mußte umgestellt werden auf König Balduin I. als Vorgänger, und da tat man sich 1119/1120 noch schwer. Balduin II. war, woran Wilhelm von Tyrus[17] keinen Zweifel läßt, nun einmal nicht legitim auf den Thron gekommen; das Geblütsrecht favorisierte Eustach III. von Boulogne, und es fehlte nicht an Bemühungen, ihn für den Thron zu gewinnen. Gerade ihn schloß aber die Gedenkformel des Paganus in Balduins I. D. RRH n° 80 (*pro salute ... fratrum meorum*) mit ein, und diese Formulierung war fünf Jahre später für Brando in der NU. D. RRH n° 90 Balduins II. auf alle Fälle inakzeptabel.

Brando betonte daher in Aufnahme einer Anregung des Paganus aus D. RRH n° 80, der sich dabei kaum etwas gedacht haben wird, die Legitimation des Königtums Balduins II. durch eine höhere Instanz: *in omni terra, quam deus mihi concessit* und *in terra Siriae suoque* (scil. *dei*) *regno nobis commisso* in D. RRH n° 90a und *et per ipsum, per quem reges regnant* (Prov. 8, 15), *quod mihi tradidit regnum gubernare* in D. RRH n° 90. Es kam noch dazu, daß Brando als Hofkleriker vielleicht Rücksicht auf kirchliche Bedenken nahm. Balduin I. war ja seit 1117 moralisch kompromittiert, als er in einem öffentlichen Konzil gezwungen wurde, wegen manifester Bigamie Adalasia von Sizilien zu verstoßen. Dahinter stand Rom, und das machte den Skandal weltweit[18]. Die Strafrechtsbestimmungen des Konzils von Nablus vom Januar 1120 belegten gerade das mit Sanktionen, was man den Hauptakteuren Balduin I. und Patriarch Arnulf vorgeworfen hatte[19]. Brando wich aus in unstreitige Eigenschaften, denn er nannte Balduin I. in D. RRH n° 90 einen *rex mirae curialitatis et ineffabilis probitatis*. Eine Gedenkformel war eine andere Sache, denn sie stellte ja stets ein Angebot an die Heiligen und die Gottheit dar, etwas für die Seelen der Genannten zu tun. Das mochte vorübergehend als unziemlich empfunden werden. Brando war hier der Vorsichtigere; sein Nachfolger Hemelin führte noch im selben Jahr 1120 die Gedenkformel wieder ein (D. RRH n° 91). Seine Normannica werde ich unten S. 464–472 behandeln. Sie sind dort in solcher Fülle vorhanden, daß sie bei der Hypothese einer normannischen Epoche der Kanzlei auch rückwirken auf Paganus und Brando, bei denen wegen der geringen

---

17) Wilhelm von Tyrus, Chronicon XII. 3, S. 550.
18) MAYER, Mélanges S. 65.
19) MAYER, Crusades, second ed., S. 75.

Zahl der von ihnen erhaltenen Diplome das normannische Element weniger ausgeprägt sichtbar wird.

Bei den Normannica muß noch eine weitere Erscheinung diskutiert werden. In den Kanzleiprodukten steht in der Siegelankündigung in DD. RRH n° 80 (Paganus) = 90 (Brando). 105. 130. 134 (Hemelin) jeweils *sigillo auctoritatis meae corroboravi* (oder ein anderes Verb; in D. RRH n° 134 in der ersten der beiden Siegelankündigungen). Das ist ungewöhnlich, denn das übliche, etwa im Kapetingerreich, ist *auctoritate sigilli mei*. In der Kanzlei kommt die zweite Formel erstmals vor in D. RRH n° 164 von 1136, bleibt in den Diplomen aber selten und verschwindet dort endgültig 1159 (DD. RRH n° 293. 313. 338. 359). Ein Diktatkriterium von Konstanz ist sie nur bei Guido (siehe unten S. 701 f.). An die Stelle von *auctoritas* treten nach 1136 *sigilli munimine* oder Hinweise auf die Anbringungsart (*sigilli appositione, subpressione, impressione*), bis die Siegelankündigung schließlich in ein weitgehend monotones *sigillo meo (nostro)* mündet.

Es ist auffallend, daß die ältere Formel *sigillo auctoritatis meae*[20] nur bei den drei Kanzlisten vorkommt, die ich aus anderen Gründen als normannisch anspreche. Die Formel ist auch ganz normal und üblich in der frühen antiochenischen Fürstenurkunde (RRH n° 119. 197. 253. 282). Eine Übergangsform ist die Umdrehung *sigilli principalis auctoritate* in RRH n° 228. Hier bereitet sich dann gleichzeitig die klassische Siegelankündigung der antiochenischen Fürstenurkunde vor, die in RRH n° 292 mit *sigilli principalis impressione* voll ausgebildet ist.

Da in Jerusalem nur die normannischen Kanzlisten *sigillo auctoritatis meae* schrieben, die frühe Fürstenurkunde in dem normannisch dominierten Antiochia aber dasselbe hatte, deutet der Befund darauf hin, daß hier diverse Diktatoren aus dem Normannenreich eine von dort mitgebrachte Formel benutzten. Aber im Normannenreich habe ich der Formel kaum habhaft werden können. Nur in der Fälschung D. Ro. II. 13 (Zeile 15 f.) aus dem Ende des 12. Jahrhunderts tritt sie einmal auf, aber das reicht natürlich nicht für einen Herkunftsnachweis. Bei den Herrschern regiert die Floskel mit *typarium* (siehe oben S. 14), die Privaturkunden waren überwiegend nicht mit einem Siegel beglaubigt. Ich habe auch in der Normandie und in England nichts Brauchbares gefunden, und kann deshalb hier nur auf den

---

20) Man könnte erwägen, ob *sigillum* hier nicht überhaupt mit 'Urkunde' zu übersetzen wäre, wie dies im normannischen Bereich außerordentlich häufig war, aber bei Hemelin steht an entsprechender Stelle in seinen anderen Diplomen eine Formel, bei der nicht zweifelhaft sein kann, daß ein Siegel angekündigt wird, so daß ich dies auch bei *sigillo auctoritatis meae* unterstelle.

Befund hinweisen. Andere Lösungen wie etwa eine Diktateinheit von
DD. RRH n° 80. 90. 105. 130. 134 scheiden bestimmt aus.
Es ergibt sich dann folgende tabellarische Übersicht über diesen Abschnitt
von Brandos Leben:

vor 1115	Einwanderung aus dem normannischen Süditalien
1115–1120	Tätigkeit in der Kanzlei als Kanzleischreiber I bei gleichzeitiger Versorgung in der königlichen Kapelle
1119 Dezember –	Tätigkeit als Hilfsnotar in der Kanzlei
1120 Januar	
1120 (April–Juni)	Letzte Erwähnung im Osten

4. Brando als Kanzleischreiber I

War Paganus auch sein eigener Diktator, so mundierte er die Diplome nicht
selbst. Ich werde unten S. 454–456 zeigen, daß er um die Jahreswende
1119/1120 wegen vermehrten Arbeitsanfalles seinen Verwandten, den Hofkleriker Brando, als Hilfsdiktator heranzog und ihm DD. RRH n° 90a. 90
anvertraute. Das letztere ist als Original erhalten und ist vom selben Mann
geschrieben wie das von Paganus verfaßte Original von D. RRH n° 80 von
1115. Wäre dies die Hand des Paganus selbst, so hätte er fünf Jahre später
zwar das Diktat von D. RRH n° 90 dem Brando überlassen, weil er selbst zu
viel zu tun hatte, hätte aber trotz dieser Arbeitsüberlastung nach wie vor
selbst mundiert. Das ergibt keinen Sinn. Vielmehr muß er schon die Herstellung des Ingrossats von D. RRH n° 80 einem anderen anvertraut haben,
der dann auch Brandos D. RRH n° 90 schrieb. Es ist wahrscheinlich, daß
dies Brando war, der dann nicht erst 1119 mit dem von ihm verfaßten
D. RRH n° 90a in unser Blickfeld tritt, sondern bereits 1115.
Das läßt zunächst unerklärt, warum das vergrößerte Komma (siehe oben
S. 448 f.) nur in D. RRH n° 90, aber nicht in D. RRH n° 80 erscheint. Nun
wird aber die Diktatuntersuchung zeigen, daß Brando ein Mann war, dem
die diplomatischen Formeln bekannt waren, ohne daß er sie an der richtigen
Stelle oder in der richtigen Weise einzusetzen gewußt hätte. Man muß sich
nur ansehen, was er in D. RRH n° 90 mit der Corroboratio gemacht hat.
Bei jemand, der so ungeniert mit Formularteilen umsprang, und zwar gegen
das Modell seiner Vorurkunde, bräuchte es einen nicht zu wundern, daß er
das vergrößerte Komma einmal einsetzt, das andere Mal nicht.
Beide DD. haben Hochformat. Daß die Elongata und das Kreuz in beiden
DD. gleich sind, wäre noch kein Beweis für Schriftgleichheit auch der
Contextschrift; die Elongata könnte von anderer (und dann gleicher) Hand

stammen. Andererseits kann man sich schlecht vorstellen, daß die Kanzlei damals neben einem Kanzleischreiber auch noch einen Spezialisten für die Zierschrift gehabt haben sollte. Überhaupt wiegt es schwer, daß sich in DD. RRH n° 80. 90 das sog. 'lothringische' Kreuz mit dem doppelten Querbalken, das natürlich nicht spezifisch lothringisch war, erstmals im lateinischen Orient findet. Es steht auch in dem antiochenischen RRH n° 86 von 1118. Danach aber kommt in dieser Hinsicht eine beträchtliche Pause (siehe unten Bd. 2, S. 631 f.).

Im Context handelt es sich um eine reine Buchschrift niedrigen und gedrängten Aussehens ohne irgendwelche Verzierungen aus der Urkundenminuskel. Diese galt noch immer nicht als Erfordernis für jerusalemitanische Kanzleiprodukte. Es ist eine Schrift der Zeit[21] mit keulenförmig verdickten Oberlängen bei b, d, h und l. Auch f und langes s sind gleich, ebenso das g, von den Großbuchstaben B und E, während W verschieden ist. In beiden DD. findet sich gelegentlich hochgestelltes rundes Schluß-s[22]. Die Schrift ist im Laufe der fünf Jahre bei gleichbleibender Klarheit feiner und ganz sicher auch schneller geworden. Darauf deutet u. a., daß der Schreiber in D. RRH n° 90 alle Präpositionen und manche Konjunktionen indistinkt mit dem folgenden Wort verbunden hat, was in D. RRH n° 80 nirgends vorkommt, auch wenn er damit der Schriftentwicklung der Zeit sich entgegenstemmte. Die Fehler im Text waren geblieben, denn mit der Schlußkontrolle hat es offenbar gehapert. In D. RRH n° 80 steht *matrs* statt *matris* und *B* statt *E* (für Erzbischof Ebremar von Caesarea). In D. RRH n° 90 finden wir *sigilo* und *teritorio*, wo an anderer Stelle des Diploms richtig *territorio* stand, und auch *Bearnardus* statt *Bernardus* für den Bischof von Nazareth in der Zeugenliste. Dort steht auch der *prior Sepulchri*, das *Sancti* fehlt. Es müssen arbeitsvolle Tage gewesen sein damals nach dem Konzil von Nablus. Stellt man in Rechnung, daß zwischen den beiden Diplomen fünf Jahre liegen, so ist an der Identität der Hände ein vernünftiger Zweifel nicht möglich. Ich glaube, daß man hier die Hand Brandos vor sich hat, der sich ja in der

---

21) Sehr ähnliche Schriften finden sich in süditalisch-normannischen Herzogsurkunden des Jahres 1082 (MÉNAGER, Recueil, Tafel n° 40 [II] und [III] und Tafel n° 41). Bei den beiden Exemplaren von n° 40 finden sich auch äußerliche Ähnlichkeiten: das Kreuz als symbolische Invocatio, die nicht zeilenfüllende Invocatio in verlängerter Schrift, an die sich sogleich in der ersten Zeile der Context anschließt, allerdings haben die beiden Stücke Querformat. Auch bei den französischen Normannen finden wir ganz ähnliche Schriften, so zum Beispiel zwei Urkunden Wilhelms des Eroberers von vor 1066 (FAUROUX, Recueil S. 409 n° 218) und von 1085, von denen Faksimiles vorliegen bei CHEVREUX und VERNIER, Archives de Normandie, Tafel V und VIII.

22) D. RRH n° 80: *boni*[s] in Zeile 6; D. RRH n° 90: *Sydoni*[s] in Zeile 15.

Unterfertigung von D. RRH n° 90 nennt und sagt, daß er das Diplom *fecit*. Sollte er je nicht der Schreiber gewesen sein, so ist die mindeste Konsequenz aus dem Befund, daß Paganus für die Einstellung eines hauptamtlichen Kanzleischreibers gesorgt hatte, von dessen Hand die beiden einzigen, deutlich von zwei verschiedenen Männern diktierten Originale der Jahre 1115–1120 stammen.

5. Brandos Diktat

Auch hier sind dem Diktatvergleich enge Grenzen gesetzt, nicht nur weil zwei Diplome in der Regel kaum eine wirkliche Diktatgruppe sind. Hier kommt aber hinzu, daß D. RRH n° 90 der VU. D. RRH n° 80 folgt und D. RRH n° 90a kein Volldiplom, sondern lediglich ein Bestätigungsvermerk ist. Besser als die Zusammengehörigkeit der beiden Stücke läßt sich mittels des Diktatvergleichs zeigen, daß trotz der Identität der beiden Schriften D. RRH n° 90 von einem anderen Diktator stammt als die VU. D. RRH n° 80.

In der Intitulatio griff Brando in D RRH n° 90a auf eine ältere Formel zurück, die zuletzt in D. RRH n° 76a begegnet war: *dei gratia Ierosolimorum rex*. Sie unterschied sich erheblich von der Intitulatio des Paganus, die Brando in D. RRH n° 90 aus der von Paganus stammenden VU. entnahm. Dafür nannte er Balduin I. in D. RRH n° 90a *domnus et praedecessor atque consanguineus meus* (scil. Balduins II.). Dieses Wort *consanguineus* bedeutete ihm viel, denn er selbst war der *consanguineus* des Kanzlers, wie er in seiner Unterfertigung von D. RRH n° 90 eigens festhielt, und im selben Diplom versäumte er nicht mitzuteilen, daß der erwählte Abt von Josaphat der *consanguineus* des Königs war.

Die Dispositio des Paganus *dono et concedo* wandelte er in D. RRH n° 90 ab zu *concessi et confirmavi*, was in der VU. erst in der Corroboratio gestanden hatte, wo es Brando wiederholte; in D. RRH n° 90a schrieb er präsentisch *concedo et confirmo*. Hier zeigt sich aber erstmals, daß *concedo* allein eigentlich nichts hieß. Robert (siehe oben S. 408) hatte eine derartige Vielfalt dispositiver Verben gehabt, daß es nicht zur Ausbildung bestimmter Verben für bestimmte Sachinhalte gekommen war. Das wurde sicherlich auch dadurch erleichtert, daß Balduin I. überwiegend Schenkungen zu beurkunden hatte und viel weniger Bestätigungen, auch wenn begreiflicherweise mehr Bestätigungsurkunden als Schenkungen erhalten sind, weil man die ersteren besonders sorgfältig aufbewahrte. Es lag in der Natur der Sache, daß sich dies von Balduin II. an änderte und die Zahl der Schenkungen prozentual zurückging, weil jetzt auch die Rechtshandlungen Balduins I. zu bestätigen waren, in Einzelfällen wohl auch solche Gottfrieds von Bouillon, der freilich nur ein Jahr regiert hatte. Von Brando sind nur Bestätigungen erhalten, die er beide mit *concedo et confirmo* formulierte, und bezeichnenderweise verschmähte er in D. RRH n° 90 das *dono et concedo* der VU. D. RRH n° 80 und schrieb statt dessen *concessi et confirmavi*, obwohl schon die VU. ein Bestätigungsdiplom gewesen war. Mehr und mehr gehörte die Zukunft einer Entwicklung, in der *dono et concedo* für Schenkungen und *concedo et confirmo* für Bestätigungen verwendet wurde, so daß man mit *concedo* allein rechtliche Präzision nicht mehr erreichen konnte.

Die Gedenkformel aus D. RRH n° 80 ließ er, wohl aus politischen Erwägungen (siehe oben S. 449 f.) in der von ihm verfaßten NU. weg. Durch das Datum werden DD. RRH n° 90a. 90 eng verbunden, denn beide geben das Regierungsjahr des Königs an sowie ein historisches Ereignis, die Schlacht bei Tell Danīt in D. RRH n° 90a, das Konzil von Nablus in D. RRH n° 90, wofür die VU. kein Vorbild bot.

Brando war ein anständiger Lateiner, aber ein Urkundenmann war er nicht. Man muß sich ansehen, wie er über das bereits Notierte hinaus mit seiner VU. D. RRH n° 80 umgegangen ist, um beides zu erkennen, und zwar um so mehr als DD. RRH n° 80. 90 von derselben Hand mundiert wurden, was normalerweise dazu führen würde, auch denselben Diktator zu vermuten. Gleich zu Anfang bläht er die Arenga auf um *ut ipsius patrocinio ad dei servitium, cui servire regnare est*[23], *possim accedere et per ipsum, per quem reges regnant* (Prov. 8, 15), *quod* mihi tradidit regnum gubernare et cum ipso in aeterna valeam beatitudine regnare. Aus *constitutae* macht er schöner *consecratae*, aus *et viro honesto* schöner *viroque honesto*. An die Stelle des Gedenkpassus schiebt er *confirmavi elemosinas oblationes et munera, quae regni mei barones deo et praedictae ecclesiae in vita sua dederant aut mortis tempore dereliquerant.* Nun läßt er eine Promulgatio folgen, die an sich durchaus elegant ist, aber nach der Dispositio natürlich an der falschen Stelle steht.

Als sei das nicht schon schlimm genug, verbindet er die Promulgatio sofort mit einer Corroboratio (vor der Besitzliste!), die er der VU. entnommen und leicht abgewandelt hat, ja im Grunde dient ihm die Promulgatio als erstes Glied der falsch formulierten und an falscher Stelle stehenden Corroboratio. Das Formularmonstrum liest sich dann so: *Ut autem et ipsorum largitio et mea confirmatio in perpetuum rata permaneret idque et memoriae praesentium et notitiae futurorum clarius innotesceret, tam datorum quam munerum, id est casalium et caeterarum possessionum, nomina litterarum apicibus ... commendavi et auctoritatis meae sigillo corroboravi.* Wo Paganus in

---

23) Liturgisches Zitat; siehe PFLIEGER, Concordantia Bd. 1 s. v. servio.

der Besitzliste ein stetes *dedit* verwendet hatte, mühte sich Brando um Variation: *dedit, praebuit, donavit, largitus est, tribuit,* bis auch ihm die Worte ausgingen. Von der alten Corroboratio des Paganus übernahm Brando nur noch die Einleitung *Haec siquidem omnia dona.* In dem schwülstigen Satz, der nun folgt, erinnert nur noch die Ankündigung der Zeugen an eine Corroboratio, die Brando ohne Vorbild notgedrungen dort anbrachte, weil er ja das Siegel bereits vor der Besitzliste angekündigt hatte: *Haec siquidem omnia dona, quorum partem antecessor et aequivocus meus Balduinus, rex mirae curialitatis et ineffabilis probitatis, deo et praenominatae ecclesiae dederat, partem vero concesserat, ego antelatis cognitus rex Balduinus deo et praetitulatae virgini et ecclesiae de valle Iosaphat favente patriarcha Warmundo et regni mei baronibus in Neapolitano concilio, ut praedictum est, concessi et confirmavi et confirmationi meae legitimos testes adhibui.* Hier spricht deutlich der Hofkleriker, nicht der Kanzlist. In die Sanctio schob er noch *diabolica suggestione compunctus* ein.

Nur an einer Stelle machte er seine VU. diplomartiger, als er nämlich die Datierung hinter die Zeugenliste stellte und ihr in einer eigenen Zeile seine Unterfertigung folgen ließ. Ob er sich dabei etwas gedacht hat, ist unsicher, denn es gab ja noch keineswegs einen feststehenden Gebrauch. Brando behielt aus der VU. zwar die Angabe der Epakte bei, fügte ihr gar noch das Mondalter hinzu und verharrte damit auf dem Niveau der Privaturkunde. Aber er behielt die Angabe eines Ausstellortes aus der VU. bei und brachte auch das Tagesdatum nach dem römischen Kalender in die Datierung (so auch in D. RRH nᵒ 90a), das bei Robert nur zweimal vorgekommen war (siehe oben S. 398) und in den Empfängerausfertigungen nur in D. RRH nᵒ 57 gestanden hatte. Insgesamt ergibt das mit der erwähnten Umstellung der Datierung ein Bild, das sich an den feierlichen Privilegien der Päpste mit ihrer großen Datierung nach den Kardinalsunterschriften geschult haben mag.

Jedenfalls ist eindeutig, daß in D. RRH nᵒ 90 ein anderer Diktator am Werke war als in der VU. D. RRH nᵒ 80. Vor diesem Hintergrunde erhalten auch die aus den erwähnten Gründen spärlichen Diktatelemente, die DD. RRH nᵒ 90a. 90 zusammenbinden, ein etwas größeres Gewicht.

V. Der normannische(?) Notar, Vizekanzler und Kanzler Hemelin (1120–1131; † nach 1143 [?])

1. Der Urkundenbestand
(siehe unten S. 458)

Als der Kanzler Paganus, der sein eigener Diktator gewesen war, einmal kurz unterstützt von seinem Verwandten Brando, ab 1120, dem Jahr der großen Reichsversammlung von Nablus, mehr und mehr zum politischen Berater des Königs aufstieg (siehe oben S. 65), zog er sich in der Kanzlei auf die Besiegelung der Diplome zurück und überließ deren Diktat dem neu eingestellten ersten hauptamtlichen Notar in der Kanzlei von Jerusalem[1], Hemelin, der später Vizekanzler und Kanzler von Jerusalem werden sollte.

Den Titel eines Notars hat Hemelin allerdings nicht geführt. Dieser kommt für das Kanzleipersonal des Königs überhaupt erst ganz spät vor, nämlich bei den Notaren Balduin unter dem König Aimerich (RRH n° 824) und Johann von Vendeuvre unter dem König Johann von Brienne (D. RRH n° 892), wenn man absieht von dem Zwischenspiel des Notars Oddo in der Gegenkanzlei Konrads von Montferrat[2]. Auch sonst sind im Osten die Belege für dieses Wort rar, wenn man absieht von den öffentlichen Notaren des späten 12. und des 13. Jahrhunderts. Für weitere Notare in dem Sinne eines Urkundenreferenten finde ich nur die folgenden wenigen Belege: Schon der Patriarch Daimbert von Jerusalem hatte in der Frühzeit einen Notar Morellus (siehe unten S. 524), der Vizegraf Pisellus von Jerusalem beschäftigte ca. 1114 einen Notar namens Sassis[3]. Es ist bezeichnend für die Bedeutung des Vizegrafen in der königlichen Administration, daß er von Anfang an einen Notar brauchte. Im Jahre 1140 begegnen wir in antiochenischen Fürstenurkunden einem Notar Theodor (RRH n° 194. 195. 199), von dem

---

1) Zu Roberts Zeiten hatte es streng genommen noch keine Königskanzlei gegeben.
2) DD. RRH n° 691. 704. Zu dem angeblichen Notar Fulcher siehe oben S. 374.
3) D. RRH n° 76a. Fattis ist eine Falschlesung in den Exzerpten von Kohler.

wir später erfahren, daß er der Notar des *dux* von Antiochia war, der die
städtische Gerichtsbarkeit zu leiten hatte[4]. Ein Notar Wilhelm schrieb 1150
eine Urkunde Roberts vom Casale Saint-Gilles (RRH n° 257); wahrscheinlich war er ein Urkundenmann des Empfängers. Der Templermeister hatte
1157 einen Notar[5]. Im Jahre 1162 treffen wir auf einen Kardinallegaten mit
eigenem Notar, dessen Unterhalt zu den hohen finanziellen Lasten gehört
haben mag, die dieser Legat der Kirche des Hl. Landes auferlegte[6]. Daß die
Äbtissin von S. Maria Grandis im ausgehenden 12. Jahrhundert ihren eigenen Notar hatte (RRH n° 623a), ist ein beredtes Zeugnis des Reichtums
dieses Klosters. Der Herr von Margat beschäftigte 1183 einen eigenen
Notar[7]. Einen Notar des Vizegrafen von Akkon von 1232 hat Antweiler
behandelt[8]. Ob der *magister Stephanus notarius*, der 1234 eine Urkunde des
Herrn von Haifa bezeugte (RRH n° 1050), ein Notar dieses Barons war oder
ein öffentlicher Notar der Genuesen, für die die Urkunde ausgestellt ist,
bleibt unsicher.

Mehr habe ich an Belegen nicht gefunden, einer von 1178 (unten Bd. 2,
S. 161) ist unsicher. Ich benutze das Wort Notar aber als einen terminus
technicus der Urkundenlehre für die Urkundendiktatoren der Kanzlei von
Jerusalem, auch wenn sie selbst sich nicht so nennen. Lediglich bei Robert,
dem ersten Urkundenkonzipienten, habe ich dies vermieden, weil die Notare
Kanzleipersonal sind, die begrifflich eigentlich nur postuliert werden können, wenn es überhaupt eine Kanzlei gibt, die aber zu Roberts Zeit noch
nicht eingerichtet war. Auch bei dem Kanzler Paganus, der als Kanzler-
Notar anfänglich seine eigenen Dictamina entwarf, habe ich den Ausdruck
noch vermieden, jedoch ist er von nun an, da Kanzleimänner unter Kanzlern
arbeiten, angebracht.

Ich schreibe Hemelin – als Notar, als Vizekanzler und als Kanzler – das
Diktat folgender Urkunden zu[9]:

	D. RRH n° 91	1120 (April 14 – Juni 30)
	D. RRH n° 100a	1122 (August 1 – Dezember 24)
Nach- zeich- nung	D. RRH n° 102 Akkon	1123 (1124 Januar 20 – Februar 15)

4) RRH n° 424. 550; zum *dux* siehe CAHEN, Syrie du Nord S. 457–459.
5) RILEY-SMITH, Castle of Tortosa S. 288.
6) RRH n° 370c; Wilhelm von Tyrus, Chronicon XVIII. 29, S. 854.
7) RRH n° 630. Zu ihm siehe unten Bd. 2, S. 390.
8) ANTWEILER, Bistum Tripolis S. 133 Anm. 414.
9) Zur Begründung der Daten, soweit diese nicht aus sich selbst heraus verständlich
sind, siehe unten Bd. 2, Exkurs I.

	D. RRH n° 105	Akkon	1125 Mai 2
	D. RRH n° 109	Tyrus	1125 (1124 Dezember 25 – 1125 September 23)
	D. RRH n° 121	Akkon	1128 (1129) März (1 – 31)
	D. RRH n° 125		(1128 Juli 27 – 1129 Mai 31)
	D. RRH n° 137a		(1129 März 1 – September 23)
	D. RRH n° 130	Jerusalem	1129 (März 1 – September 23)
Or.	D. RRH n° 134	Jerusalem	1130 (1129 Dezember 25 – 1130 Juni 12)
	D. RRH n° 137		(1130 September 27 – 1131 August 21)

Für das Festtagsitinerar des Königs gibt diese Liste nichts her, denn wenn der König am 2. Mai 1125 in Akkon war, sagt das bei den geringen Entfernungen im Reich nichts darüber auf, ob er an Himmelfahrt (7. Mai) noch immer dort war. Das ist nicht einmal wahrscheinlich, denn er hielt sich in Akkon auf dem Wege nach Antiochia auf, wohin ihn schlechte Nachrichten gebieterisch riefen[10]; in Jerusalem war er also zu Himmelfahrt ganz gewiß nicht. Ebenso muß es ungewiß bleiben, ob der König am Palmsonntag und zu Ostern 1128 (15. und 22. April) in Jerusalem war, am 8. April jedenfalls war er auf einer Kampagne im Gebiet von Askalon (RRH n° 121a)[11]. Auch für die Frage der Residenzen des Königs ergeben sich aus der Liste keine Erkenntnisse. Es fällt zwar auf, daß der König nach dem März 1129 weder in Akkon noch in Tyrus mehr geurkundet hat, was er zuvor durchaus getan hatte. Beide Städte waren im Mai 1129 an Fulko von Anjou gekommen[12]. Das wird damit zusammenhängen, daß die beiden Städte mit der Verleihung an Fulko aus der Domäne ausgeschieden und Seigneurie geworden waren, und der König die Seigneurien tunlichst nicht betrat[13].

---

10) MAYER, Antiochenische Regentschaft S. 563, 565 f.

11) Röhricht hat dies als eine Bestätigungsurkunde des Königs regestiert, aber der Aussteller war ein Vasall, so daß unter *en présence du roy Baudouin et de son armée, qui confirme cette donation, dans le temps qu'il faisoit le dégât de la campagne d'Ascalon* in dem überliefernden Regest von 1742 wohl nicht mehr zu verstehen ist als die Erwähnung einer nicht eigens beurkundeten Zustimmung des Königs, mithin ein Konsens, andernfalls müßte man folgern, daß die Kanzlei mit ins Feld zog. Das ältere Parallelregest im Archivinventar von Manosque von 1531 im Departementalarchiv Marseille 56 H 68 fol. 148ᵛ n° 16 V erwähnt trotz großer Ausführlichkeit von einer irgendwie gearteten Beteiligung des Königs und auch von seinem Feldzug überhaupt nichts.

12) Wilhelm von Tyrus, Chronicon XIV. 2, S. 633.

13) MAYER, Herrschaft und Verwaltung S. 718–722.

D. RRH n° 91 könnte wegen seiner Bedeutung für die Bevölkerung der Hauptstadt auch dort ausgestellt sein, aber sicher ist es nicht. Dagegen zeigt die Zeugenliste von D. RRH n° 100a deutlich, daß das Stück im Antiochenischen verhandelt und sicher auch beurkundet wurde, denn nichts deutet darauf hin, daß man schon damals Rechtshandlungen des Königs in Antiochia schriftlich ins Königreich Jerusalem zu einer dort vorzunehmenden Beurkundung mitgeteilt hätte[14].

2. Herkunft und Laufbahn Hemelins

Hemelin war ein Mann, der mehr als seine Vorgänger das Urkundengeschäft beherrschte oder mindestens in der Kanzlei von der Pike auf erlernte und eine klassische Kanzleikarriere vom anonymen Notar über den namentlich genannten Vizekanzler bis zum Kanzler durchlief. Er war ein karrierebewußter Mann, der in seinen Produkten die Stellung erst seines Kanzlers Paganus, dann aber auch die seinige planmäßig aufwertete. Als süditalischer Normanne, für den ich ihn halte, schwankte er zwischen dem seit alters in der apulischen Herzogsurkunde feststellbaren Schreib- und Besiegelungsbefehl in der Corroboratio[15] (dort für den Notar, hier für den Kanzler) und einer eigenen Kanzleizeile des Kanzlers. Eine solche Kanzleizeile führte in Sizilien der Notar Wido nach der Königskrönung Rogers II. ein, erstmals in D. Ro. II. 19 von 1132. Sein Vorbild war die Papsturkunde. Hemelin ist Wido damit um neun Jahre voraus (D. RRH n° 102), aber das Vorbild dürfte dasselbe sein.

Hemelin tritt 1120 als ein Mann in unser Blickfeld, der damals zwar nicht ohne Urkundenerfahrung war, dessen Diktat aber noch nicht fertig ausgeformt war. Er war damals also eher jünger als älter und vorerst noch ein kleiner Kanzleinotar, der erst später zum Kanzler aufsteigen sollte. Ich mag daher nicht daran glauben, daß er 1131, als er verschwindet, schon im Sterbealter war. Anders als sein Vorgänger Paganus hat er aber vom Kanzleramt aus den Sprung in den Episkopat nicht geschafft, obwohl es ihm an Ambition sicherlich nicht fehlte. Wenn nun das Ende seiner Tätigkeit zeitlich zusammenfällt mit dem Ende der Herrschaft des Königs Balduin II.,

---

14) Zu einem solchen Fall später siehe unten S. 806.

15) MÉNAGER, Recueil S. 47 n° 12, S. 63 n° 14, S. 68 n° 16, S. 77 n° 18, S. 91 n° 26, S. 95 n° 27, S. 97 n° 28, S. 101 n° 31, S. 105 n° 33, S. 108 n° 34, S. 110 n° 35, S. 113 n° 36, S. 116 n° 37, S. 120 n° 38, S. 122 n° 39, S. 127 n° 40 (III), S. 129 n° 41, S. 133 n° 42, S. 136 n° 43, S. 142 n° 44, S. 146 n° 45, S. 169 n° 46, S. 171 n° 47, S. 173 n° 48, S. 175 n° 49, S. 177 n° 50, S. 178 n° 51, S. 181 n° 52, S. 183 n° 53, S. 185 n° 54, S. 187 n° 55, S. 191 n° 56, S. 203 n° 59, S. 212 n° 60, S. 213 n° 61 aus den Jahren 1063–1087.

wenn der neue König Fulko von Anjou alsbald nach seinem Regierungs-
antritt mit Elias einen neuen Notar beschäftigte, dann wird man zu dem
Schluß gedrängt, daß Hemelin aus dem Amt scheiden mußte, weil der neue
König die Kanzlei mit einer Person seines Vertrauens zu besetzen wünschte.
Mit einer solchen Politik wäre Fulko der erste, aber keineswegs der letzte
König von Jerusalem gewesen, der so handelte. In der Tat räumte Fulko bei
Beginn seiner Herrschaft generell mit den Normannen in der Verwaltung
auf, wo sie seit 1115 dominierten. Nicht nur Hemelin mußte weichen, auch
der normannische *dux* von Antiochia und der normannische Vizegraf von
Jerusalem (siehe oben S. 75 f.) mußten gehen. Von nun an sollten fast alle
Könige sofort oder alsbald nach ihrem Regierungsantritt einen neuen Notar
einstellen, mit Ausnahme nur des Königs Johann von Brienne.

Das gilt im Grunde schon für Balduin II. Hemelins erstes erhaltenes
Diplom ist von Frühjahr/Frühsommer 1120, während bei der Reichsversammlung von Nablus im Januar 1120 noch Brando diktiert hatte. Hemelin
nahm seine Tätigkeit in der Kanzlei also erst kurz nach Beginn des dritten
Regierungsjahres Balduins II. auf. Aber anfänglich ruhte die Herrschaft
Balduins II. wegen des Thronstreits mit Eustach III. von Boulogne auf
schwachen Füßen, und erst im Sommer 1119 konnte Balduins Position als
gesichert gelten[16]. Da aber war er in Antiochia und kehrte erst zum Jahresende zu seiner Krönung in Bethlehem am 25. Dezember 1119 zurück. Seine
letzten Schulden bei seinen Königsmachern beglich er auf der Reichsversammlung von Nablus im Januar 1120, als er die geistlichen Zehnten aus der
königlichen Kontrolle befreite. Bis dahin, mindestens aber bis Sommer 1119,
empfahl es sich, an den bestehenden Verhältnisse nicht zu rühren[17], wenn
sie irgend tragbar waren. Und in der Kanzlei waren sie tragbar, da der
Kanzler Paganus seine Loyalität vom alten auf den neuen König ohne
Schwierigkeiten übertrug. Wir sehen also auch bei Balduin II. einen Notars-
wechsel in dem Moment, in dem er volle politische Handlungsfreiheit hatte.
Wenn ich dennoch den Beginn dieses Systems des Notarswechsels bei einem
Königswechsel erst mit Fulko 1131 ansetze, so deshalb weil ich glaube, daß
Hemelin ganz im Gegensatz zum späteren System überhaupt nicht vom
König ernannt wurde, allenfalls rein formal, sondern der Kandidat des
Kanzlers Paganus war (siehe unten S. 463 f.). Der Grund für das System ist
klar zu erkennen. Die Notare, mehr als die Kanzler, waren in der Kanzlei
und im Urkundenwesen die entscheidenden Männer, auf die es ankam und

---

16) MAYER, Mélanges S. 72–84, besonders S. 82.

17) Auch seine bereits seit August/September 1118 fällige Besitzbestätigung D. RRH
nº 90a für die Johanniter haben diese erst im Dezember 1119 erbeten; siehe oben
S. 443 f.

die daher das Vertrauen des Königs haben mußten, jedenfalls seit die Kanzler nicht mehr selbst diktierten. Anders als bei den Kanzlern hat sich daher bei den Notaren nie die Vorstellung einer Unabsetzbarkeit gebildet; sie dienten, solange es dem Herrscher gefiel.

Nun war Hemelin aber Kanzler, als seine Tätigkeit in der Kanzlei endete. Dennoch scheint er nicht unabsetzbar gewesen zu sein, eben weil er, wie Paganus in seiner Frühzeit, Kanzler-Notar war, dem Titel nach Kanzler, aber in Wahrheit Notar in einer Kanzlei, in der er alles machte. Wenn sich der Kanzler-Notar Paganus über den Herrscherwechsel von Balduin I. zu Balduin II. hinübergerettet hatte, so wird dies einer außergewöhnlichen Beweglichkeit und Anpassungsfähigkeit zu danken gewesen sein. Es hing bei den Kanzler-Notaren wahrscheinlich von der Person ab, ob sie auch einem neuen König dienen konnten. Auch mußte sich die Vorstellung von der Unabsetzbarkeit der Kanzler erst einspielen. Als sich seit dem Kanzler Radulf von Bethlehem der Usus durchsetzte, daß ein zum Bischof erhobener Kanzler die Kanzlei behalten konnte, war für die Unabsetzbarkeit der Kanzler das letzte Hindernis gefallen, während sie zuvor die Kanzlei hatten abgeben müssen, wenn sie Bischof wurden. Das hatte kurz vor dem Tode Balduins II. auch Paganus getroffen, als er Erzbischof von Caesarea wurde, und in den letzten Monaten des Königs Fulko traf es den Kanzler Elias, als er, wie ich glaube, zum Bischof von Tiberias aufstieg. Nach Radulfs Weihe zum Bischof von Bethlehem konnte man aber einen Kanzler nicht einmal mehr dadurch loswerden, daß man ihn in den Episkopat katapultierte.

Bei den Notaren aber bestand man auf der Auswechselbarkeit, und das mußte bei den Kanzler-Notaren zu diversen Ausformungen der Prinzipien führen. Hatte ein solcher Amtsträger das Format eines hochmittelalterlichen Kanzlers, dann konnte er wie Paganus einen Königswechsel überdauern. Hatte er wie Hemelin mehr das Format des Notars, dann mußte er gehen, wenn ein neuer König kam. Das stärkere Prinzip, an dem die Könige viel mehr interessiert waren als an der Frage, ob der Kanzler absetzbar war, scheint die Absetzbarkeit der Notare gewesen zu sein, denn daß Paganus 1118 im Amt blieb, hat Ausnahmecharakter, daß Hemelin 1131 aus dem Amt schied, entsprach der Norm. Aber endgültig geklärt werden konnte das Problem natürlich erst, als die Funktionen von Kanzler und Notar dauerhaft getrennt waren.

Es wäre bei dieser Rekonstruktion der Dinge natürlich schön, wir wüßten, was aus Hemelin geworden ist, wenn er nicht starb. Aber das wäre mit Sicherheit nur machbar, wenn wir ihn im Episkopat nachweisen könnten, was nicht der Fall ist. Da er als Kanzler gewiß kein Mönch war und auch später kaum einer geworden sein dürfte, wird man ihn nicht mit Amelius[18], Abt von S. Maria Latina 1155–1158, identifizieren können[19]. Etwas besser steht es mit einem Haushaltspriester Amelius des Patriarchen von Jerusalem, der 1137 erscheint (RRH n° 170). Er war sicherlich identisch mit dem Diakon Amelius des Patriarchen, dem wir erstmals in RRH n° 183 begegnen, das zu 1130–1133 anzusetzen ist[20].

Wir können diesen Mann verfolgen bis 1143 (D. RRH n° 174. RRH n° 182. 183. 190. 204. 215). Angeblich hatte er es in RRH n° 213, das zu 1141–1143 zu setzen ist, zum Archdiakon von Jerusalem gebracht; so jedenfalls füllte Delabordes Kopist das Loch in dem Original in Palermo. Zu lesen ist noch *nos* und *diaconi*. Der Platz dazwischen würde an sich ausreichen für die Ergänzung *nostri archidiaconi*, aber nicht nur ist die Oberlänge des *h* nicht zu sehen, die trotz des Loches erkennbar sein müßte, sondern der Kopist hat übersehen, daß der Raum des Loches durch eine weit ausladende *st*-Ligatur von *nostri*, von der noch der gesamte Querstrich zu sehen ist, verbraucht wurde. Auch hier stand also nur *Amelii nostri diaconi*. Will man den Kanzler-Notar Hemelin mit ihm identifizieren, so ist ein nahtloser Anschluß beim Herrscherwechsel von 1131 möglich, vorausgesetzt daß RRH n° 183 nicht gerade zu 1130 gehört. Man wird natürlich zögern, einen Abstieg vom Kanzler zum Haushaltspriester des Patriarchen im Diakonsrang anzunehmen. Aber was einen bei der Verwerfung dieser Theorie dann doch einhalten läßt, ist der Umstand, daß der Diakon Amelius fast immer unmittelbar vor oder nach dem Patriarchenkanzler Balduin genannt wird[21], so daß man durchaus an eine berufliche Nachbarschaft glauben kann.

Besser steht es mit Hemelins Herkunft. Er wurde zum Notar ernannt unter dem Kanzler Paganus. Ich habe schon oben S. 71 darauf hingewiesen, daß Paganus unter den Kanzlern von Jerusalem einer der mächtigsten, wenn nicht der mächtigste war, da er anders als seine Nachfolger das nachgeord-

---

18) Hemelinus oder Amelinus ist die zugehörige Verkleinerungsform.

19) D. RRH n° 299. RRH n° 323. 331. 435. Von RRH n° 331 gibt es zwei Originale (HIESTAND, Vorarbeiten 3, S. 218 n° 79). A ist das gute, A[1] ist ein fehlerhaft ingrossiertes Exemplar, das sofort durch A berichtigt wurde. A[1] hat die Namensform Amelinus, A hat Amelius. In der nur in einer einzigen Hs. überlieferten Urkunde RRH n° 435 lesen die Drucke den Namen verschieden. ROZIÈRE, Cartulaire du Saint-Sépulcre S. 260 n° 143 liest Amelinus, BRESC-BAUTIER, Cartulaire du Saint-Sépulcre S. 274 n° 141 liest Amelius. Richtig ist Amelius.

20) Zum Datum vgl. ebd. S. 215 Anm. 1; schon HIESTAND, Zwei unbekannte Diplome S. 16 Anm. 38 hatte die Urkunde zu „vor 1135" angesetzt.

21) D. RRH n° 174. RRH n° 182. 190. 204. 213, auch RRH n° 215, dort allerdings dicht bei dem Patriarchenkanzler Ernesius; allein nur in RRH n° 183.

nete Kanzleipersonal entweder selbst ernannte (seinen Verwandten Brando) oder doch wenigstens zur Ernennung empfahl. Diesen Mindestfall sehe ich bei Hemelin gegeben, den Paganus entweder vorgeschlagen oder direkt ernannt haben muß. Das ist später anders, denn wenn wir immer wieder sehen, wie bei einem Herrscherwechsel die Kanzler bleiben, die Notare aber gehen, wenn wir weiter sehen, wie die landfremden Könige sich ihre Notare aus ihrer Heimat mitbringen, so ist deutlich, daß der König ernannte, nicht der Kanzler. Wenn aber unter dem Normannen Paganus der Normanne Hemelin ernannt wurde, so ist klar, daß der Kanzler hier sein Wort mitgeredet hatte.

In der Tat halte ich Hemelin für einen süditalischen Normannen. Der Name ist sicher nicht ausgesprochen normannisch und weist eher auf Frankreich. Aber er ist dem Normannenreich auch nicht ganz fremd. Ich verweise etwa auf Amelinus Gastinel, der zwei Urkunden aus der Zeit Rogers II. von Sizilien bezeugte[22]. Aber es finden sich in Hemelins Diktat Normannica in Fülle, weit mehr als bei Paganus und Brando, von denen wir freilich jeweils nur zwei Diplome haben, also weitaus weniger als von Hemelin.

Das beginnt nicht notwendigerweise mit dem in der Invocatio bei Hemelin häufig fehlenden *amen*. Im Osten ist dies nicht ganz ohne Vorbild, in den eigentlichen Kanzleidiplomen kommt es aber zuvor nur in D. RRH n° 74 vor[23]. Bei Hemelin ist das *amen* nur vorhanden in DD. RRH n° 105. 121 = 137. 130, fehlt dagegen in DD. RRH n° 91. 100a. 102. 109. 125. 137a. 134. Bei den Herzögen von Apulien fehlt es bis 1087 nahezu immer[24]. Bei Roger II. von Sizilien findet sich *amen* nach der Intitulatio in echten Diplomen nie, in gefälschten gerade viermal[25]. Auch in den normannischen Fürstenurkunden Antiochias fehlt *amen* vor RRH n° 119. Aber natürlich war dies keine ausschließlich normannische Erscheinung, sondern *amen* fehlte der Invocatio auch durchgängig in der deutschen Kaiserurkunde, und abhängig hiervon fehlte es sehr oft der lothringischen oder flandrischen

---

22) D. Ro. II. 48 und ebd. Appendix II/3; vgl. zu ihm MÉNAGER, Inventaire S. 362. Auch in der Normandie findet sich in Matun im Dépt. Calvados, arrond. Caen, cant. Douvres-la-Délivrande, ein Hamelinus; siehe FAUROUX, Recueil S. 325 n° 145 von 1046–1060. Im Codice diplomatico Barese/Pugliese habe ich für das 12. Jahrhundert keine Belege gefunden, allerdings sind die Namensregister sehr selektiv.

23) Außerdem in RRH n° 36. 40. 67. 75 desselben Diktators, ferner in den Empfängerausfertigungen DD. RRH n° 57. 79.

24) Vorhanden ist es bei MÉNAGER, Recueil nur zweimal (S. 104 n° 32, S. 197 n° 57 aus den Jahren 1080–1086), sonst fehlt es durchgehend.

25) DD. Ro II. 11. 61. 62. 76; zur weiteren Entwicklung in Sizilien siehe auch unten S. 680 Anm. 91.

Dynastenurkunde (siehe unten S. 680–682). Fehlendes *amen* bei Hemelin kann normannisch sein, muß es aber nicht. Das Phänomen ist für eine normannische Herkunft Hemelins also nur dann verwendbar, wenn andere Normannica in diese Richtung weisen.

Eingangsdatierung, ein altes Charakteristikum der apulischen Herzogsurkunde[26], kommt einmal vor (D. RRH n° 100a). Kennzeichnend schon für die apulische Herzogsurkunde nach Robert Guiskard, dann auch für die sizilische Königsurkunde ist die *haeres-et-filius* Klausel, mit der die legitime Deszendenz und damit das Recht auf die Herrschaft betont werden[27]. Sie steht in dieser ausgeprägt normannischen Form bei Hemelin zwar nirgends, aber in DD. RRH n° 91. 100a. 105. 109. 121. 130. 137 findet sich an verschiedenen Stellen des Formulars ein jeweils gleichlautender Hinweis auf die *haeredes aut (et, seu, vel) successores*, der – auch wenn er nicht wie bei den Normannen und einmal auch bei Gottfried von Bouillon in Lothringen (siehe oben S. 30) auf den Aussteller, sondern auf dessen Nachfolger ging – aus einer normannischen *haeres-et-filius*-Klausel entstanden sein könnte und der nur fehlt in DD. RRH n° 102. 125. 137a. 134 (hier nach der VU. D. RRH n° 90). Um so mehr muß man hier normannische Tradition vermuten, als die Königstochter Melisendis in DD. RRH n° 121 = 137 als *filia regis*, in D. RRH n° 137a gar als *filia regis et regni Ierosolimitani haeres* bezeichnet wird. Daran hat die neuere Forschung weitreichende Folgerungen geknüpft[28]. Bei diesen sachlichen Folgerungen aus der Titulatur muß es natürlich bleiben, denn hier stehen ja keine Leerformeln, aber man muß sich darüber klar sein, wo das Vorbild zu suchen ist. Schon die dauernden Hinweise auf die *haeredes et successores*, erst recht aber die Titulatur der Melisendis ab 1129 sind natürlich ein starker Hinweis auf die normannische Herkunft Hemelins.

Auch die den Normannen so teure Gedenkformel, die Brando aus politischen Rücksichten kurzfristig unterdrückt hatte (siehe oben S. 449 f.), führte Hemelin sofort wieder ein[29]. Hatte die normannische Gedenkformel die Verwandten im Auge, so kreiste Hemelins Diktat um den Vorgänger Balduin I., dem er gelegentlich die Nachfolger, gelegentlich Balduin II. oder

26) MÉNAGER, Recueil S. 20 n° 1, S. 34 n° 8, S. 36 n° 9, S. 65 n° 15, S. 68 n° 16, S. 77 n° 18, S. 80 n° 20, S. 85 n° 22, S. 91 n° 26, S. 124 n° 40, S. 136 n° 43, S. 142 n° 44, S. 146 n° 45, S. 187 n° 55, S. 198 n° 58 aus den Jahren 1053–1087.

27) BRÜHL, Urkunden S. 80 = Diplomi S. 67 f. mit der älteren Literatur.

28) HIESTAND, Zwei unbekannte Diplome S. 27; MAYER, Queen Melisende S. 99; DERS., Succession to Baldwin II S. 143 f.; DERS., The Crusades, 2nd edition, S. 82.

29) DD. RRH n° 91. 100a. 109. 121. 125. 137a. 130. 137; fehlt nur in DD. RRH 102. 105 und, analog zur VU., in D. RRH n° 134.

dessen Verwandte und viermal auch die Königin hinzufügte, aber anders als bei den Normannen nur die tote Königin, nie die lebende. Es nimmt nicht wunder, daß wir bei Hemelin einmal auch einer weltlichen Poen begegnen (1000 Byzantiner in D. RRH n° 100a), wie sie bei den Normannen gang und gäbe, im Hl. Land aber außerordentlich selten war (zuvor nur D. RRH n° 59; siehe oben S. 409). Weniger deutlich normannisch ist die Formel *nostrae regiae potestati reus subiaceat* in der Sanctio (DD. RRH n° 121 = 137). Sie findet sich – mindestens ähnlich – in der Normandie und in Sizilien[30], aber ebenso bei Philipp I. von Frankreich (DD. n° 40. 64. 67. 78. 94. 104. 109. 110. 112) und vor allem in den päpstlichen Privilegien, wo es ständig heißt *reamque* (bezogen auf *persona*) *se divino iudicio existere de perpetrata iniquitate cognoscat*, und hierher wird das Wort *reus* letztlich überall stammen, bei den Normannen, bei den Kapetingern, bei Hemelin.

Mit dem Schreib- und Besiegelungsbefehl mit Nennung eines Kanzleiverantwortlichen (in Apulien und Sizilien des Notars, bei Hemelin des Kanzlers oder Vizekanzlers) werde ich mich unten S. 474 f. befassen. Dabei fehlt dem Befehl in D. RRH n° 121 in normannischer Manier sogar das Subjekt zu *scribi*[31]: *Ad huius itaque mei doni corroborationem Pagano meo cancellario scribi* (scil. *hoc privilegium* o. ä.) *et plumbeo regali sigillo confirmari praecepi*. Das war ein Rückfall in alte Gewohnheiten, denn im Hl. Land wurde dies als so stilwidrig empfunden, daß Hemelin selbst den Passus in der NU. D. RRH n° 137 so umformte, daß er ein Subjekt hatte.

In D. RRH n° 91 kündigte Hemelin das königliche Siegel wie folgt an: *et sigilli mei impressione signavi*, in D. RRH n° 100a hieß es: *et meo sigillo plumbeae formulae impresso subsignari praecepi*. Danach verschwindet das Wort *impressio* oder *impressus* aus Hemelins Siegelankündigung. Es kommt zwar später, vor allem bei Konrad von Montferrat, sporadisch in den Diplomen wieder vor (DD. RRH n° spur. 163. 413. 570. 665–668. 691. 698. 701. 703 sowie in der Empfängerausfertigung D. RRH n° 120), aber ganz erdrückend heißt es, wo die Anbringungsart beschrieben wird, *appositio* oder *suppressio sigilli*. Hemelin hat das anfänglich benutzte Wort *impressio* fallenlassen, als ihm aufging, daß man zwar ein Wachssiegel aufdrücken konnte, nicht aber eine Bleibulle. Aber im süditalischen Normannenreich, wo er herkam, hieß eine übliche Siegelformel *et plumbea bulla regio typario impressa insigniri*[32]. Hier war es die Bulle selbst, die mit dem Typar geprägt wurde,

---

30) FAUROUX, Recueil S. 446 n° 232. D. Ro. II. n° 7. 48.

31) KEHR, Urkunden S. 290; BRÜHL, Urkunden S. 87 = Diplomi S. 72.

32) DD. Ro. II, Index diplomaticus S. 408 f. Bei Robert Guiskard vgl. MÉNAGER, Recueil S. 47 n° 12: *ducis solito typario impresso bulla plumbea roboravi*, und ebd. S. 87 n° 23: *nostrique sigilli impressione signavimus*. Bei Herzog Roger Borsa von Apulien

und das ging natürlich. Hemelin scheint seine Vorstellung von der *impressio sigilli* in seinen ersten beiden Diplomen an dieser Formel, wenn auch falsch, geschult zu haben. Jedenfalls ist *sigillum plumbeae formulae* ganz bestimmt nicht französisch, denn in den Sammlungen des Cabinet Ducange in Paris habe ich *formula* in diesem Sinne überhaupt nicht nachgewiesen gefunden. Eine andere Siegelankündigung findet sich in DD. RRH n° 105. 130. 134, und zwar diejenige mit *sigillo auctoritatis meae*. Sie kommt auch schon bei Paganus und Brando in DD. RRH n° 80. 90 vor, ebenso in einigen Fürstenurkunden aus dem normannischen Antiochia, und könnte normannischen Ursprungs sein, auch wenn mir der Nachweis dafür nicht gelungen ist (siehe oben S. 451).

Der Normanne verrät sich auch in der wiederholten ausdrücklichen Ankündigung eines Bleisiegels (DD. RRH n° 100a. 109. 121. 137a. 137), was es in Jerusalem zuvor nicht gegeben hatte und was der nächste Notar Elias sofort fallen ließ. Bei den italischen Normannen ist in den Privilegien die Angabe des Siegelstoffes Blei durchgehend üblich, weil daneben an den Privilegien ja auch Goldbullen und an Mandaten und Placita Wachssiegel der Könige vorkamen[33]. In Jerusalem aber gab es von Anfang an nur die königliche Bleibulle, bis unter den Staufern auch hier Gold und Wachs erschienen. Die Betonung, das Siegel sei aus Blei, war also überflüssig und aus Unteritalien mitgebracht. Wir müssen im wesentlichen warten bis zum Ende des 12. Jh., bis ein ungekrönter Herrscher sein königsgleiches Bleisiegel betonte (Konrad von Montferrat DD. RRH n° 665–668. 674. 675. 682. 691. 703–705). Im 13. Jahrhundert wurde eine solche formularwidrige Ankündigung geradezu zum Signet eines Fälscherateliers in Akkon[34]. Das läßt nach Hemelin und bei Ausschaltung der Kanzlei Konrads von Montferrat ganze zwei echte Fälle in fast einem Jahrhundert übrig: DD. RRH n° 366. 892.

Verbunden mit der Siegelankündigung hat D. RRH n° 91 eine Signumzeile des Königs: *Ego Balduinus dei gratia secundus Latinorum rex Ierosolimitanus subscripsi*. Dies ist die letzte Unterschrift eines Königs von Jerusalem, die wir haben, wenn auch leider nicht als Original, aber es ist nicht die einfache Unterschrift Balduins I. in DD. RRH n° 57. 68a *Balduinus dei gratia rex* zwischen zwei Kreuzen. Die Form mit *subscripsi* entspricht vielmehr der

---

siehe VON HEINEMANN, Normannische Herzogs- und Königsurkunden S. 18 n° 9: *et tiparii nostri iussimus impressione signari.*

33) BRÜHL, Urkunden S. 75 = Diplomi S. 63 f.; KEHR, Urkunden S. 193; ENZENSBERGER, Beiträge S. 89.

34) DD. spur. RRH n° 276. 496. 548. 650. 733. 747. 855; vgl. MAYER, Marseilles Levantehandel, passim.

Unterschrift in der apulischen Herzogsurkunde[35], wenngleich dort meist *Ego N. dux me subscripsi* stand. Aber manchmal blieb *me* weg, manchmal sogar *subscripsi*, aber bei Roger II. ist letzteres wieder da: *Ego comes R subscripsi*[36]. Hemelins in den jerusalemitanischen Diplomen einzigartige Signumzeile ist ihrer Form nach normannisch, ebenso die Unterschrift des ersten Zeugen in D. RRH n° 91: *Ego Guarmundus dei gratia patriarcha Ierusalem subscripsi*, dem eine lange Liste weiterer Zeugen folgt, bei denen indessen das Wort *subscripsi* fehlt. Ein Blick in die Urkunden Rogers II. vor seiner Erhebung zum König zeigt, daß die mit *subscripsi* verbundene Zeugenunterschrift dort das Normale war, und diesen Brauch wendete Hemelin zusammen mit der Signumzeile einmal an, in seinem ersten Diplom. Das zeigt uns, daß er, als er 1120 seine Tätigkeit in der Kanzlei aufnahm, erst kürzlich zugewandert war.

Ich behandle abschließend noch zwei auffällige Einzelausdrücke. In D. RRH n° 102. 105 heißt es: *insuper si Veneticus ordinatus vel inordinatus, quod nos sine lingua dicimus, obierit* ... Das gibt es im Osten sonst nirgends. Wir begegnen dem Ausdruck *sine lingua mori* für „intestat versterben" aber wenigstens einmal in D. Ro. II. 67 von 1144, so daß Hemelin die Floskel aus dem italischen Normannenreich mitgebracht haben könnte.

Ebenfalls in D. RRH n° 102, einer Regentenurkunde, finden wir zweimal das auffällige Wort *inquam* zur Wiederaufnahme des Gedankens nach einer langen Periode. Literarisch ist *inquam* natürlich Legion, aber dem Stilideal der nüchternen, trockenen Urkundensprache entspricht es nicht. Urkundlich kommt es deshalb weit weniger vor als literarisch. Ich hatte nicht gedacht, daß es in den deutschen Kaiserurkunden überhaupt vorkäme, aber man findet es in DH. III. 51 = DDH. IV. 160. 408 (alle für Stablo), ferner in DDH. IV. 129. 134. 302, das letztere stilistisch überarbeitet. Mehr geben die Indices der Diplomatabände der ostfränkischen und deutschen Karolinger und der deutschen Kaiser bis Friedrich Barbarossa nicht her, wobei man allerdings sagen muß, daß das Wort in die frühen Indices der Reihe auch bei Vorkommen keine Aufnahme gefunden hätte. Das Grundprinzip hieß dort: Aufgenommen wird, was nicht im Handwörterbuch von Georges steht.

---

35) ENZENSBERGER, Beiträge S. 86; CHALANDON, Diplomatique S. 179.

36) D. Ro. II. 6 von 1124; vgl. die Eingangsunterschrift in D. Ro. II. 4 von 1116: *Ego comes Rogerius praescripsi*. Für die vorangehende Zeit zitiere ich: *Ego N. dux me subscripsi*: MÉNAGER, Recueil S. 33 n° 8, S. 35 n° 9, S. 127 n° 40 [III], S. 181 n° 52, S. 183 n° 53, S. 185 n° 54, S. 212 n° 60 aus den Jahren 1060–1087; *Ego N. dux* ebd. S. 47 n° 12, S. 68 n° 16, S. 173 n° 48 aus den Jahren 1063–1086; *Ego N. dux subscripsi* ebd. S. 87 n° 23, S. 171 n° 47, S. 175 n° 49, S. 178 n° 51, S. 191 n° 56, S. 198 n° 58, S. 204 n° 59, S. 215 n° 61 aus den Jahren 1076–1087.

Aber es scheint doch eine Spezialität der Kanzlei Heinrichs IV. zu sein, und selbst dort ist es nicht häufig. Geradezu trostlos sind die urkundlichen Belege in den Sammlungen des Mittellateinischen Wörterbuches in München, wo das Wort gerade ganze viermal verzettelt ist vom 11. bis 13. Jahrhundert[37]. Ich finde es überdies 1151 einmal in Brabant[38] und um dieselbe Zeit einmal am Rande des Reichs in einer böhmischen Königsurkunde[39].

Auch in der Papsturkunde dürfte es selten sein, wenngleich es dort gewiß häufiger vorkommt als in meinem einen Beleg von 1191[40]. In den ca. 1000 Königsurkunden des dritten Bandes der Regesta regum Anglo-Normannorum habe ich es bei der Durchsicht gerade zweimal gefunden (n° 60. 1002), mag es aber hier oder dort übersehen haben, denn einen Index hatte ich nicht zur Verfügung. Bezeichnend aber ist, daß es sich in beiden Fällen nicht um englische Königsurkunden handelt, sondern um Urkunden von Gottfried Plantagenet, dem Herzog der Normandie und Grafen von Anjou, für französische Empfänger. Das Wort findet sich bei Gottfried Plantagenet auch schon vor seiner Erhebung zum Herzog der Normandie[41]. In England ist *inquam* urkundensprachlich also wirklich eine quantité négligéable.

Im sizilischen Königreich finde ich es dagegen gleich viermal in Diplomen, die der bedeutende Notar Wido für den König Roger II. schrieb (DD. Ro. II. 29. 32. 36. 37 von 1133–1134)[42]. Was das nördlichere Italien betrifft, so würde man natürlich zuerst nach Venedig schauen, weil D. RRH n° 102 venezianische Einflüsse zeigt (siehe unten S. 498–504). Ich habe im Laufe der Jahre Hunderte von Urkunden aller Art aus den Seestädten Venedig, Pisa und Genua gelesen und oft immer wieder gelesen. *Inquam* hätte ich mir sofort notiert, wenn es vorgekommen wäre. Ich habe also keinerlei Indizien dafür, daß *inquam* in D. RRH n° 102 auf Empfängereinfluß zurückgehen könnte, auch wenn derselbe Diktator es in der NU. D. RRH n° 105 vermied.

In Frankreich kommt es dagegen öfters vor. Bei Philipp I. findet es sich in D. 17 für St.-Bertin. Ich habe vor Jahren schon versucht, es für Lud-

---

37) BITTERAUF, Traditionen des Hochstifts Freising 2, S. 457 n° 1613; WACKERNAGEL – THOMMEN, Urkundenbuch der Stadt Basel 2, S. 134 n° 234; THIERFELDER, Rostocker Stadtbuch S. 142 n° 447; ACHT, Mainzer Urkundenbuch 2, 2, S. 719 n° 447.

38) MIRAEUS – FOPPENS, Opera diplomatica ²1, S. 393.

39) DELAVILLE LE ROULX, Cartulaire général des Hospitaliers de S. Jean 1, S. 208 n° 278.

40) Ebd. 1, S. 577 n° 911.

41) CHARTROU, Anjou S. 377 n° 46.

42) Ich weiß, ich hätte die 31 Bände des Codice diplomatico Barese (pugliese) durchsehen sollen, aber ohne Wortindices schreckte ich vor dieser Sisyphusarbeit zurück.

wig VI. einmal festzustellen und habe die damals zur Verfügung stehenden beiden großen Serien seiner Urkunden bei Pardessus, Ordonnances (Supplément) sowie bei Tardif, Cartons des rois durchgesehen. Die schöne neue Ausgabe von Dufour in den Chartes et diplômes stand mir damals noch nicht zur Verfügung. Da der dritte Band mit den Indices noch fehlt, bleibe ich jetzt bei meinen damaligen Feststellungen, wonach es immerhin in acht Diplomen vorkommt[43]. Das hatte natürlich Auswirkungen auf die Privaturkunden, und so findet sich in Frankreich *inquam* im 12. Jahrhundert im Norden, im Westen, im Osten und im Süden bis ins Rhônetal[44]. Es mag sein, daß außer dem kapetingischen Diplom hier auch befruchtend wirkte, daß man in französischen Privaturkunden des 11. Jahrhunderts nicht selten die direkte Rede (Es erschien X vor dem Bischof und sagte: ...) mit *inquit* kenntlich machte. Von hier war es nur ein Schritt zu einem *inquam*, das mit einer direkten Rede nicht mehr verbunden war und nur in klassischem Sinne einen Gedanken wiederaufnahm.

Noch habe ich nicht das Vorkommen im lateinischen Osten vorgeführt. Dort habe ich mehr Belege als anderswo, aber das darf nicht täuschen. Ich kenne eben das Material dort beser, und dieses Material ist überdies überschaubar, was man von Frankreich bei der uferlosen Masse französischer Urkundenbücher ja nicht sagen kann. Erstmals finde ich das Wort in einem Dokument in dem Brief des Patriarchen Daimbert an Boemund I. von Antiochia von 1100[45], der aber der Form nach als Fälschung gilt und nur dem Inhalt nach als echt. Zudem ist er keine Urkunde, und literarisch ist das

---

43) PARDESSUS, Ordonnances (Supplément) S. 167 f., 173, 184, 225; TARDIF, Cartons des rois S. 200 n° 347, S. 205 n° 358, S. 206 n° 360, S. 222 n° 398.

44) Ich habe natürlich die Sammlungen des Cabinet Ducange in Paris eingesehen, ansonsten aber nicht systematisch gesucht, sondern en passant über die Jahre hinweg notiert, was mir zu Gesicht kam. Ich verzeichne aus dem Norden einschließlich von Paris: VERCAUTEREN, Actes des comtes de Flandre S. 65 n° 22, S. 172 n° 76, S. 284 n° 123, ferner DEPOIN, Recueil de chartes de St.-Martin-des-Champs 1, S. 265 n° 166, S. 267 n° 167. Auch das oben zitierte D. 17 Philipps I. für St.-Bertin mag angesichts der damals häufigen Empfängerausfertigungen hierher gehören. Im Westen: COURSON, Cartulaire de Redon S. 346 n° 389, S. 389 n° 67, ferner MORICE, Mémoires de Bretagne 1, Sp. 573 f.; MUSSET, Grâce-Dieu S. 134 n° 1 (aber ausgestellt vom Bischof von Chartres). An der Loire: Urkunde des Erzbischofs von Tours in der Historia de Fontanis Albis S. 282. Im Osten: D'ARBOIS DE JUBAINVILLE, Histoire de Champagne 1, S. 508 n° 69; 3, S. 407 n° 75. Im Lyonnais: BERNARD, Cartulaire de Savigny 1, S. 503 n° 937. Die Sammlungen im Cabinet Ducange belegen urkundensprachlich nur aus BERNARD – BRUEL, Recueil des chartes de Cluny 1, S. 313 n° 320 das Partizip Praesens *inquiens*.

45) Wilhelm von Tyrus, Chronicon X. 4, S. 457.

Wort *inquam* ja ungemein häufig. Urkundlich ist das früheste Vorkommen Hemelins D. RRH n° 102, und eben deshalb muß ich mich um die Herkunft abmühen. Er war sich selbst nicht sicher, ob es das angemessene Wort war, denn in der NU. D. RRH n° 105 ließ er es weg und verwendete an anderer Stelle im gleichen Sinne *dico*, was in der Sache dasselbe ist und sofort in den untereinander diktat- und sachverwandten joppensischen Privaturkunden RRH n° 112. 113 wiederkehren sollte, während *ut ita dicam* in RRH n° 158 natürlich einen anderen Sinn hat.

Inquam geht also im Königreich Jerusalem zunächst wieder verloren, ist dagegen ab 1139 nicht selten weiter im Norden in der Grafschaft Tripolis zu finden, ist dort aber bei genauer Betrachtung die Sache von lediglich drei Diktatoren[46]. Vereinzelt tritt *inquam* auch im Fürstentum Antiochia auf[47].

Im Jahre 1146 taucht das Wort erneut im Königreich Jerusalem auf, und zwar beim Herrn von Caesarea (RRH n° 243). In den Diplomen von Jerusalem findet man es wieder 1155 bei dem Engländer Radulf C, der damals als Notar des Grafen von Askalon dessen Hauptvasallen Hugo von Ibelin die Urkunde RRH n° 301 aufsetzte. Dadurch kam es in die gräfliche NU. D. RRH n° 300, ja sogar in die königliche NU. D. RRH n° 299, obwohl diese an sich ein Dictamen des Kanzler-Notars Radulf von Bethlehem (Radulf A) war, der sonst, wenn sich die Anknüpfung an ein Substantiv machen ließ, für Rückweise einen anderen Ausdruck benutzte, nämlich *de quo (qua, quibus) agitur* (siehe unten S. 783). Aber einmal in die Kanzleisprache eingeführt, blieb *inquam* dort noch kurze Zeit, denn es steht im selben Jahr 1155 auch in D. RRH n° 309, einem Dictamen des Radulf A, der es hier also nochmals verwendete, obwohl er in demselben langen Bestäti-

---

46) RRH n° 191 und RICHARD, Fonds de Porcellet S. 366 n° 1 sowie RRH n° 206, das zwar nicht in Tripolis, sondern vom Grafen von Edessa ausgestellt ist, aber vom selben Diktator, dem Wanderkanzler Radulf von Chartres (zu ihm siehe unten Bd. 2, Exkurs V, S. 929), stammt wie die vorangehend zitierte Urkunde. Ob Radulf von Chartres das Wort aus Frankreich mitgebracht oder von dem aus Bethlehem stammenden Schreiber Guarinus übernahm, der das tripolitanische RRH n° 191 schrieb, läßt sich nicht sagen, in RRH n° 191 jedenfalls ist es in besonderer Weise maniert, da es dort ganz überflüssig war, denn derselbe Gedanke wurde doppelt ausgedrückt: *Hoc, inquam, casale, ut praefati sumus, confirmamus et restauramus* ... Nach langem Hiatus tritt das Wort dann wieder beim tripolitanischen Kanzler Matthaeus auf in RRH n° 549. 595. 602. 637, der sich in RRH n° 519 sogar zu *ab illa, inquio, portione absolvo* verstieg und in dessen generell schwülstigen Stil es gut paßte; siehe unten Bd. 2, S. 238.

47) RRH n° 194 und – vom selben Mann diktiert – im Bericht über das Konzil von Antiochia von 1140 (HIESTAND, Vorarbeiten 3, S. 160 n° 46, hier S. 163; vgl. MAYER, Varia Antiochena S. 28).

gungsdiplom auch *de quo agitur* hatte. Es ist bezeichnend, daß der aus Lyon stammende Notar Radulf B das *inquam* an derselben Stelle in der NU. D. RRH n° 354 wegließ, so daß es an dieser Stelle erst wieder unter Radulf C, der inzwischen in die Königskanzlei gewechselt hatte, in der nächsten NU. D. RRH n° 400 von 1164 auftaucht, sei es, daß er dafür direkt auf D. RRH n° 309 zurückging, sei es, daß er es wie in RRH n° 301 aus eigenem Antrieb verwendete. Aus letzterem ging es über in RRH n° 333, das nicht von Radulf C stammt, wohl aber mit Hilfe von dessen RRH n° 301, das als Formularbehelf diente, am Hl. Grab für Hugo von Ibelin konzipiert wurde (siehe unten Bd. 2, S. 110–112). In den Diplomen von Jerusalem kommt es nach 1164 gar nicht mehr vor, privaturkundlich nur noch vereinzelt[48].

Im Königreich Jerusalem ist *inquam* also nach dem isolierten Vorkommen bei Hemelin in D. RRH n° 102 privaturkundlich selten und in den Diplomen fast ausschließlich eine Angelegenheit des Notars Radulf C. Ob dieser, der in Askalon dem Grafen nachweislich seit Anfang 1155 diente, wohl tatsächlich aber schon seit 1154, bei diesem Wort von dem Wanderkanzler Radulf von Chartres beeinflußt wurde, der es im Norden verwendete und 1157 in Tripolis noch im Amt war (siehe unten Bd. 2, Exkurs V, S. 930 f.), weiß man nicht. Möglich wäre es, denn der Graf von Tripolis muß mindestens gelegentlich ins Reich gekommen sein.

Für das früheste Vorkommen in Hemelins D. RRH n° 102 gibt uns der Befund im Osten keine Hilfe an die Hand. Sieht man sich die geschilderte Verteilung in Europa an, so müßte man bei Hemelin eigentlich eher auf einen Franzosen als auf einen Normannen schließen. Aber das würde Hemelins andere Normannica außer acht lassen. Bei einem Non liquet muß man es im Hinblick auf die Frage, woher er *inquam* hatte, belassen, aber wenigstens schließt der Befund nicht aus, daß er Normanne war und das damals im Osten höchst auffällige Wort von Italien mitbrachte.

Es soll nicht verschwiegen werden, daß es bei Hemelin auch gewisse leichte Anklänge an den englischen Urkundenbrauch gibt, und der Name Hemelin ist zwar in England nicht häufig, aber es gibt ihn immerhin. Ich erinnere an den Abt Hamelin von Gloucester (1148–1179)[49]. Auffällig ist die „movent-clause" in Hemelins D. RRH n° 91, in der es heißt: *pro mea successorumque meorum incolumitate.* Solche Formeln mit *incolumitas* waren

---

48) RRH n° 448 beim Fürst von Galilaea, RRH n° 619 beim Herrn von Caesarea, RRH n° 824 beim Patriarchen von Jerusalem.

49) Dagegen war der Earl Hamelin von Warenne, obwohl in England lebend, von der Herkunft her wohl Franzose, denn er war ein illegitimer Sohn von Gottfried Plantagenet mit einer uns unbekannten Frau.

im normannischen England anfangs häufig, unter Stephan gingen sie bereits zurück, aber Formeln mit *pro incolumitate mea* waren in England ohnehin selten[50], die kanzleimäßige Formel war eher *pro (statu et) incolumitate regni mei*[51]. Im übrigen kam die Formel auch bei den Normannen vor, auch wenn sie in England ungleich häufiger war[52].

Beim Gerichtsprivileg der Venezianer kommt in DD. RRH n° 102. 105 *clamorem facere* vor, wohl zur Abwechslung, nachdem zuvor *placitum*, *litigatio* und *querela* gebraucht wurden. Nun weiß man ja, wie häufig die düstere Drohung *Et ne super hoc inde (amplius) clamorem audiam* in englischen Königsurkunden ist. *Clamor* ist dort ein häufig verwendetes Wort. Aber hier ist eine andere Formel involviert, und *clamor* begegnet uns gerade auch im normannisch beeinflußten Antiochia (RRH n° 35. 194. 471). Erzenglisch ist *mihi quietos clamaverunt* in Hemelins D. RRH n° 121 und der auch von ihm stammenden NU. D. RRH n° 137 (vgl. *quieti erunt* in D. RRH n° 125) sowie das in Jerusalem seltene, bei Hemelin aber häufige *apud* beim Ausstellort (DD. RRH n° 102. 105. 109. 121), das in der Spätzeit Hemelins dann verschwindet. Quitclaim und ein „placedate" mit *apud* ist in England so häufig, daß es keiner Belege bedarf. Ich hätte nicht gedacht, daß das eine oder andere in normannischen Herrscherurkunden überhaupt vorkäme, aber in einer 1129 in Troia vor dem Herzog Roger ausgestellten Schlichtungsurkunde steht *quietum clamavi*[53], und in D. Ro. II. 54 – bezeichnenderweise einem Mandat, in dem der Ausstellort ja überall gern mit *apud* verbunden wurde – liest man *Data apud Arianum*. Im übrigen kommt *apud* auch in Diplomen vor, nur nicht in der Datierung, sondern in der spezifisch normannischen *Residentibus*-Formel, etwa *Cum apud N. curiam teneremus nobiscum residentibus N. et N.* oder ähnlich (DD. Ro. II. 53. 59). Ich meine, daß dies alles nicht hinreicht, um eine englische Herkunft Hemelins zu erweisen, aber ich mag mich täuschen und setze deshalb hinter „normannisch" in der Kapitelüberschrift ein Fragezeichen.

Hemelins Aufstieg innerhalb der Kanzlei ist wegen der Beurkundungsbefehle in seiner Diktatgruppe deutlich zu verfolgen. Damit verbindet sich die Frage nach der Art der Beteiligung des Kanzleipersonals am Urkundengeschäft. Daß mit D. RRH n° 91 eine neue Diktatgruppe beginnt, ist trotz der Anklänge dieses Diploms an Roberts Urkundensprache evident. Diese Gruppe setzt sich fort über das Ende der Kanzlerschaft des Paganus hinaus

---

50) Regesta regum Anglo-Normannorum 3 n° 74. 921.

51) Ebd. 2 n° 1713. 1764. 1892; 3 n° 341. 598. 818. 945. 946. 947. 949.

52) D. Ro. II. 79. Daß es sich dabei um eine Fälschung handelt, tut nichts zur Sache, denn auch der Fälscher arbeitete im Normannenreich.

53) Brühl, Rogerii II regis diplomata latina S. 260.

und umfaßt auch die Zeit des Hemelin als Vizekanzler und als Kanzler. Der Kanzler hat sich also nach 1120 am Urkundendiktat nicht mehr beteiligt, außer bei wichtigen Anlässen (siehe oben S. 65, 439). Das galt auch für die Abwesenheit des Königs auf antiochenischen Kampagnen, soweit dort überhaupt geurkundet wurde. In dem in dem nördlichen Fürstentum ausgestellten D. RRH n° 100a[54] wird der Kanzler als Zeuge genannt, war also mit von der Partie, aber dies gilt ebenso für seinen Notar, der die Urkunde diktierte. Selbst in dieser Situation, die freilich unter Balduin II. nicht eben außergewöhnlich war, diktierte der Kanzler Paganus nicht mehr selbst. Der Kanzler Elias und in seiner Anfangszeit auch der Kanzler Radulf von Bethlehem (= Radulf A) diktierten allerdings dann wieder selber.

Auch wenn sich des Paganus Notar in seinen Urkunden in dieser Funktion nicht nennt, so läßt sich doch aus der Fortdauer seines Diktats in der Vizekanzlerschaft und Kanzlerschaft des Hemelin schließen, daß er mit diesem identisch war. Nicht von ungefähr gebrauchte er in D. RRH n° 137a für seine Tätigkeit als Vizekanzler das Verb *scribere*.

Daß er sich entgegen normannischem Gebrauch als Notar nicht nannte, sondern erst als Vizekanzler und Kanzler, dürfte daran gelegen haben, daß Paganus dies nicht zuließ. Hemelins Nennung als Vizekanzler markiert also nicht nur die „Beförderung", sondern auch die von Paganus geduldete Emanzipation des Notars vom Kanzler. Der Notar übernahm jetzt das Urkundengeschäft mehr selbständig und ohne große Aufsicht, leitete er doch faktisch, wie der Vizekanzlertitel anzeigt, die Kanzlei. Bis zu diesem Zeitpunkt sehen wir Hemelin mit der Art und Weise, in der er Paganus in den Diplomen behandelte, an dem Stuhl zimmern, auf den er sich später selbst setzen konnte. Er begann mit der Kanzlernennung, die sich unter Paganus seit 1115 eingespielt hatte. Er nannte Paganus in DD. RRH n° 91. 100a als Zeugen, im ersteren auch den Aushilfsnotar Brando. In D. RRH n° 102 und seiner NU. D. RRH n° 105 erschien der Kanzler dagegen in einer klassischen Kanzleizeile, eingeleitet mit *Data per manum (manus)*. Im Anschluß an D. RRH n° 105 verschwand die Kanzleizeile zunächst wieder. Sie taucht erst 1130 in D. RRH n° 134 wieder auf und gehörte vom folgenden Kanzler an zum Standardformular des jerusalemitanischen Diploms.

Zunächst stellte Hemelin an die Stelle der 1124 und 1125 verwendeten Kanzleizeile in DD. RRH n° 121. 137a. 130. 137 nach normannischer Art einen Schreib- oder Besiegelungsbefehl (oder aber beides) mit der Nennung von Kanzleipersonal. In D. RRH n° 109 hatte er noch lediglich eine Corroboratio, in der die Herstellung des Diploms und die Besiegelung angeordnet

---

54) Siehe dazu MAYER, Antiochenische Regentschaft S. 561–563.

wurden, ohne daß aber die damit befaßten Personen genannt worden wären; der Kanzler Paganus wurde nach wie vor als Zeuge genannt. Aber in D. RRH n° 121 erhielt Paganus einen Schreib- und Besiegelungsbefehl: *Pagano meo cancellario scribi et plumbeo regali sigillo confirmari praecepi.* Dabei hieß *scribi* nach üblicher Manier nicht mehr, als daß der Kanzler die Urkunde schreiben lasse, und das hieß üblicherweise auch diktieren lasse (siehe oben S. 374–378). Daß Paganus nicht mehr selbst am Diktat beteiligt war, ergibt sich klar aus D. RRH n° 137a von 1129, wo der Kanzler nur noch einen Besiegelungsbefehl erhielt: *meo plumbeo sigillo corroborari per manum Pagani nostri cancellarii praecepi.* Als letzter der Zeugen trat hier erstmals Hemelin selbst in Erscheinung: *Hemelinus vicecancellarius, qui haec scripsit,* d.h. diktierte und eventuell auch schrieb.

Die Art der Tätigkeit Hemelins hatte sich also gegenüber der eines Notars nicht geändert, aber er nannte seinen Namen in dem Moment, in dem er zum Vizekanzler aufgerückt war. Er war der erste der sehr wenigen Vizekanzler oder Vizedatare des lateinischen Ostens. Wir haben in dieser Stellung in der Königskanzlei von Jerusalem später nur noch Stephan von Lyon (Vizedatar) und Petrus (siehe unten S. 823, Bd. 2 S. 71), und in Antiochia 1185 den Vizekanzler Wilhelm (RRH n° 642a). Schließlich gab es noch auf Zypern königliche Vizekanzler, aber erst im 14. und 15. Jahrhundert[55]. Natürlich ist die Ernennung eines Vizekanzlers anders als beim Vizedatar ein ganz sicheres Zeichen, daß sich der Kanzler aus dem Urkundengeschäft weitgehend zurückgezogen hat; Paganus behielt nur die Besiegelung in der Hand. Aus diesem Grunde verschwindet ja auch der Vizekanzlertitel nach Hemelin zunächst einmal wieder, denn Elias, der übernächste Kanzler, entwarf auch als Kanzler seine Dictamina wieder selbst.

D. RRH n° 125 darbt jeder Corroboratio und überhaupt eines Eschatokolls. Da ein solcher Schluß eines Diploms den Kanzleibräuchen nicht mehr entsprach, glaube ich ernsthaft an eine unvollständige Überlieferung in den Kopialbüchern des Hl. Grabes, denn Hemelins Diktat ist unverkennbar. In D. RRH n° 130 von 1129 hatte Paganus die Kanzlei bereits abgegeben, um ins Erzbistum Caesarea überzuwechseln. Konsequenterweise richtete sich der Schreibbefehl jetzt, da die Kanzlei vakant war, an den Vizekanzler: *per manum Hemelini nostri vicecancellarii scribi praecepimus.* Das Diplom war besiegelt, aber Hemelin erhielt keinen ausdrücklichen Besiegelungsbefehl. Dennoch müssen wir annehmen, daß er als faktischer Kanzleichef während dieser Vakanz des Kanzlerpostens siegelte, denn es ist nicht zu sehen, wer es sonst getan haben könnte.

---

55) EDBURY, Cyprus S. 189; RICHARD, Diplomatique S. 78.

Im Jahr 1130 war dann Hemelin selbst zum Kanzler ernannt worden und unterfertigte D. RRH n° 134 mit einer eigenen Kanzleizeile, wie er sie schon sechs Jahre zuvor für Paganus kreiert hatte. In seinem letzten Diplom D. RRH n° 137 von 1130/1131 kehrte er nochmals von der päpstlichen Form einer Kanzleizeile zurück zum normannischen Gebrauch und schrieb sich einen an die eigene Person als Kanzler gerichteten Schreib- und Besiegelungsbefehl in die Urkunde hinein: *Amelino meo cancellario scribere et plumbeo regali sigillo confirmare praecepi.* Auch in seinen beiden Diplomen aus der Zeit seiner Kanzlerschaft diktierte er nach wie vor selbst, doch hatte er nun das Siegel in seine dauerhafte Obhut übernommen. Die Besiegelung war also, wie man sowohl bei Paganus als auch bei Hemelin sehen kann, die eigentliche Tätigkeit des Kanzlers und das Instrument geworden, mittels dessen ein Kanzler sicherstellte, daß er die Kanzlei auch dann kontrollierte, wenn ein Notar den Rest der Geschäfte abwickelte. Dabei verdient festgehalten zu werden, daß Hemelin als Vizekanzler prinzipiell siegelfähig war, wie D. RRH n° 130 erweist. Nur wenn es einen Kanzler gab, dann siegelte der Vizekanzler Hemelin nicht (D. RRH n° 137a). Wir wissen nicht, wie der Fall geregelt wurde, wenn Paganus zu der Zeit, als Hemelin bereits Vizekanzler war, verhindert oder abwesend war. Siegelte dann auch Hemelin oder mußte bis zur Rückkehr des Kanzlers gewartet werden? Wahrscheinlich war es doch Hemelin, der siegelte, eben weil er es theoretisch durfte. Die Monopolisierung des Siegels durch den Kanzler war nur dann sinnvoll, wenn das Siegel als das unentbehrliche und damit praktisch als das alleinige Beglaubigungsmittel galt. Von dem Moment an, in dem wir in D. RRH n° 137a diese Siegelbewahrerfunktion des Kanzlers erstmals wahrnehmen, war der anfangs durch die Konkurrenz der königlichen Unterschrift nicht eindeutige Charakter des jerusalemitanischen Diploms als einer Siegelurkunde fast unerschütterlich geworden. Unter Hemelin sind nur D. RRH n° 102 aus politischen Rücksichten und das verkürzt überlieferte D. RRH n° 125 ungesiegelt, unter dem nächsten Notar Elias nur DD. RRH n° 157. 179. 210.

Mit D. RRH n° 137, dem letzten Diplom des Königs Balduin II., war, soweit wir wissen, auch das Ende von Hemelins Kanzlerschaft und seiner Tätigkeit als Diktator erreicht. Zwar hat D. RRH n° 142, eine Schenkung des Fürsten von Galilaea an das Hl. Grab von 1132, einen subjektiv stilisierten Bestätigungsvermerk des nächsten Königs Fulko: *Ego Fulco per dei gratiam rex Iherusalem sigillo meo supra dicta dona confirmo,* aber ich glaube nicht, daß dieser Vermerk überhaupt in der Kanzlei formuliert wurde, auch wenn diese natürlich siegelte (siehe unten S. 513 f.). Die Titulatur ist weder Hemelins Formular noch das seines Nachfolgers Elias, und dasselbe gilt von *sigillo meo,* dem wir nur *nostro sigillo* einmal bei Hemelin und einmal bei Elias zur Seite stellen können (DD. RRH n° 134. 149), während sonst die

Siegelformeln der beiden etwas aufwendiger sind. Der Konzipient von D. RRH n° 142 hat das Siegel des Ausstellers angekündigt als: *sigillo meo praesentem cartam confirmo.* Er hat also wohl mit dem Bestätigungsvermerk des Königs gleich weitergemacht und dabei *sigillo meo* erneut verwendet.

Tabellarisch ergibt sich dann folgende Laufbahn Hemelins im Osten:

1120 Frühjahr/Frühsommer – 1128/1129	Kanzleinotar des Königs Balduin II.
1129 vor September 23	Vizekanzler Balduins II. (mindestens teilweise während einer Vakanz des Kanzleramtes)
1130 vor Juni 12 – wohl 1131 August 21	Kanzler des Königs Balduin II.
1137–1143	Haushaltspriester Amelius des Patriarchen von Jerusalem (?)

3. Schrift und Fehleranalyse bei DD. RRH n° 102. 134

Ob Hemelin, mindestens solange er nur Notar war, auch selber die Ingrossate anfertigte, ob er dies gar noch als Vizekanzler und Kanzler tat oder ob unter ihm ein Kanzleischreiber waltete oder Gelegenheitsschreiber herangezogen wurden, wissen wir alles nicht, denn wir besitzen nur ein einziges Original aus seiner Zeit[56]. Weder in D. RRH n° 134 noch in der Nachzeichnung D. RRH n° 102 finden wir verlängerte Schrift am Anfang, doch könnte diese verwendet worden sein in DD. RRH n° 100a. 105. 109. 130, wenn man in den Kopien nachgeahmte verlängerte Schrift für die Invocatio oder eine eigene, nicht zeilenfüllende oder aber zeilenfüllende Zeile dafür als ein Indiz von Elongata in den verlorenen Originalen gelten lassen will. Das einleitende Kreuz, das in Hemelins nur kopial überlieferten Diplomen

---

56) D. RRH n° 134. D. RRH n° 102 ist eine Nachzeichnung, auch wenn es häufig für ein Original gehalten worden ist; siehe unten S. 479–483. Die Überlieferung von D. RRH n° 130 im Johanniterarchiv in Malta ist im Druck von DELAVILLE LE ROULX für ein Original gehalten worden. Es handelt sich aber um eine Kopie des 13. Jh., die auch im Querformat angelegt war. Die Invocatio ist zeilenfüllend auseinandergezogen, wobei zwischen den Worten breite Spatien gelassen wurden, weil das verlorene Original, nach dem der Kopist arbeitete, zwar eine zeilenfüllende Invocatio hatte, aber in einer parallel zur kürzeren Seite beschriebenen *charta transversa*, so daß im Original weniger Raum verbraucht wurde.

manchmal steht und manchmal fehlt, ist in dem Original D. RRH n° 134 zwar weitgehend ausgerissen, aber in Resten noch erkennbar.

Ein Schriftvergleich innerhalb der Diktatgruppe ist ausgeschlossen, es führen von D. RRH n° 134 auch keine Verbindungen zur Schrift Brandos oder zu der Empfängerausfertigung D. RRH n° 120 oder zu D. RRH n° 164 aus der Zeit des Kanzlers Elias. Ich habe diese Schrift überhaupt nicht im Hl. Land gefunden, ja nicht einmal eine auch nur annähernd vergleichbare. Die Schrift ist eine Urkundenschrift und gleichmäßig mit feiner Feder geschrieben. Sie bleibt in sich konsequent und vermeidet Erscheinungen wie Majuskeln im Wortinnern oder ganze Namen in Majuskelbuchstaben. Die Buchstabenformen sind gleichmäßig und verraten einen erfahrenen Schreiber. Die Zeilenabstände sind groß, um Raum zu schaffen für die enormen Oberlängen, denen keine auch nur annähernd vergleichbaren Unterlängen gegenüberstehen; diese sind vielmehr auffallend kurz. Dadurch bekommt die Schrift einen unausgewogenen Eindruck. Die Oberlängen von *f* und langem *s* sind oben verschleift. Sie und die oben nicht mit einer Schleife versehenen Schäfte von *b, d, h* und *l* werden im Schaft mehrfach von feinen Federstrichen durchkreuzt. Leicht abgewandelt findet sich wenigstens diese Erscheinung zwanzig Jahre später bei dem Wanderkanzler Radulf von Chartres in seiner tripolitanischen Zeit[57]. Eine Identität der Schrift Radulfs mit derjenigen in D. RRH n° 134 besteht aber nicht. Die *st*-Ligatur ist in D. RRH n° 134 ausgeprägt, die *ct*-Ligatur dagegen nicht, weil die erste Ligatur eine Oberlänge hatte, die zweite nicht. Für *ae* steht durchgehend *e caudata*.

Ist die Schrift auch klar, so gibt es zahlreiche Schreibfehler. Manche sind korrigiert worden, am auffallendsten ist in der Zeugenliste das übergeschriebene *arch* über *episcopus Tiri*. Aber es bleibt genügend Unkorrigiertes. Daß dreimal *donus* statt *domnus* steht, würde einen nicht stören, wenn wenigstens *donnus* mit zwei *n* dastünde, aber ein *n* ist etwas wenig, und es war auch keine Schreibereigenheit, da er durchaus auch *domnus* zu schreiben wußte. Weit schlimmer ist allerdings *donos* statt *domos*, zumal sich auch die richtige Form *domos* findet. Statt *terram* oder *terras* finden wir einmal *terra*, des weiteren findet sich *calupnia* ohne Kürzungsstrich für das *m, nomine* steht im Zeilenbruch doppelt, statt *mare Tyberiadis* finden wir wegen des Ausfalls eines Kürzungszeichens *mare Tybiadis*, aus demselben Grunde steht *Waltius* statt *Walterius*, und ohne Lücke fehlt in der Zeugenliste der Name des Abtes von S. Maria Latina, von dem nur die Funktion angegeben ist. Für ein

---

57) RRH n° 270; RICHARD, Fonds de Porcellet S. 366 n° 1. Dagegen fehlt das Phänomen in der edessenischen Zeit in RRH n° 206, obwohl das Stück von derselben Hand geschrieben ist.

Kanzleiprodukt ist das schlimm. Es gab zwar ähnliche Erscheinungen auch bei Brando (siehe oben S. 453), aber es war dort viel weniger als hier, und wenigstens D. RRH n° 90 wurde unter Zeitdruck geschrieben.

Die Schreibfehler in D. RRH n° 134 können ein Indiz für einen Gelegenheitsschreiber sein. Zu diesen gehören natürlich in erster Linie die Empfängerschreiber. Nun ist D. RRH n° 134 ganz gewiß keine Empfängerausfertigung, sondern zeigt reines Kanzleidiktat Hemelins. Aber wir werden sehen (unten S. 497 f.), daß man hier einen Empfängereinfluß annehmen muß, der über eine eingereichte Wunschliste hinausging, zumal hier in unredlicher Weise gewisse Dinge erschlichen werden sollten. Auch wenn das Konzept sicher in der Kanzlei hergestellt wurde, hätte es die Abtei schon wegen dieser unziemlichen Absichten sicher gerne ingrossiert. Ich glaube, daß dies tatsächlich passierte und hier ein Empfängerschreiber am Werk war, dem die Kanzlei nur eine laxe Schlußkontrolle angedeihen ließ, so daß die vielen Flüchtigkeitsfehler, die ich aufgezählt habe, stehenblieben.

Umständlicher gestaltet sich die Untersuchung der äußeren Merkmale von D. RRH n° 102. Die beste Überlieferung des Pactum Warmundi (D. RRH n° 102) in Venedig, Biblioteca Nazionale Marciana, Lat. class. XIV cod. 71 (2803), documento n° 3 (= B^1), könnte als Original gelten, da hier drei verschiedene Schreiberhände zu erkennen sind (Text, Bestätigungsunterschriften und Kanzleizeile). Pozza bezeichnet es als Kopie des ausgehenden 12. Jahrhunderts[58]. Die Schrift ist zweifellos älter und etwa zeitgenössisch mit dem Ausstellungsjahr 1124, aber es handelt sich nicht um ein Original. Um die Mitte des 13. Jahrhunderts war das Original der Bestätigungsurkunde des Königs (D. RRH n° 105) noch im Osten, denn damals vidimierten vier geistliche Würdenträger eine Kopie davon, die dann nach Venedig geschickt wurde. Dort wurde im Mai 1258 am Rialto eine notarielle Kopie davon angefertigt[59]. Der vidimierende Erzbischof von Nazareth erklärte darin, daß ihm das mit einem bleiernen Hängesiegel des Königs versehene Original vorgelegen habe. Was für D. RRH n° 105 gilt, nämlich die Aufbewahrung des Originals im Osten um 1250, dürfte auch für die VU. D. RRH n° 102 gegolten haben. Da nun das Original von D. RRH n° 105 verloren ging, wahrscheinlich doch bei dem Fall des Hl. Landes 1291, wird dies auch für D. RRH n° 102 anzunehmen sein. Schon die Überlieferung deutet also darauf hin, daß B^1 kein Original ist.

Aber auch die Lesarten sprechen eindeutig gegen ein Original. Bekanntlich ist ja D. RRH n° 102 auch in die Chronik des Wilhelm von Tyrus

---

58) POZZA, Venezia S. 373 n° 1.
59) Staatsarchiv Venedig, Miscellanea ducali ed atti diplomatici, busta 4.

aufgenommen worden[60]. Wilhelm muß seinen Text aus dem venezianischen Archiv in Tyrus bezogen haben, wo das Original nach obigen Darlegungen damals gelegen haben dürfte. Wenn wir nun in einiger Häufung
Lesarten finden, die bei Wilhelm sinnvoll sind, in B^1 aber sinnlos, so spricht
die Wahrscheinlichkeit dafür, daß Wilhelm uns nicht in allen Fällen Emen-
dationen überliefert, sondern eben den Text des Originals, der in B^1 bereits
korrumpiert war. Solche Lesarten sind: HUYGENS, Zeile 35: *in omnibus
scilicet supra dicti regis eiusque* (so Wilhelm von Tyrus; *eiusdem* B^1) *successorum ... civitatibus*; HUYGENS, Zeile 46: *Sed ... mensuris* (so Wilhelm von
Tyrus; *mensuras* B^1) *hoc modo uti liceat*; HUYGENS, Zeile 61: *trecentos in
unoquoque anno* (so sämtliche Überlieferungen von D. RRH n° 102 außer
B^1, wo *anno* fehlt; *anno* auch in der NU. D. RRH n° 105) *bizantios*;
HUYGENS, Zeile 80: *in totius* (so Wilhelm von Tyrus; *totis* B^1) *terre regis*;
HUYGENS, Zeile 100: *tertiam partem terrarum omnium sibi pertinentium a
die sancti Petri Sarracenis tantum servientium* (so Wilhelm von Tyrus; *servi-
tium* B^1); HUYGENS, Zeile 101: *utramque* (richtig Wilhelm von Tyrus; *utra-
rumque* B^1); HUYGENS, Zeile 115: *vobis* (richtig Wilhelm von Tyrus; *nobis*
B^1); HUYGENS, Zeile 117: *in Antiocheno principatu* (so Wilhelm von Tyrus;
principatum B^1); HUYGENS, Zeile 131: *Liddensis Sancti Georgii* (so Wilhelm
von Tyrus; *Gregorii* B^1) *episcopus*; HUYGENS, Zeile 136: *Aicardus* (so
Wilhelm von Tyrus außer V, das *Acardus* liest; *Dicardus* B^1) *prior Templi
Domini*.

Nun gibt es auch umgekehrt Lesungen, in denen der Text von B^1 besser
ist als bei Wilhelm von Tyrus, aber in den meisten Fällen wird B^1 dann
gestützt von den anderen nichtchronikalischen Überlieferungen, so daß bei
Wilhelm sich hier Kopistenfehler eingeschlichen haben. Ich zähle auf:
HUYGENS, Zeile 70: *quam rex Balduinus Ierusalem primitus* (so Wilhelm von
Tyrus; *primus* B^1, eine weitere Kopie derselben Hs., documento n° 4 [= B^2]
und die Libri Pactorum [= C$^{1.2}$]; *primitus* gibt natürlich einen Sinn, aber
allein *primus* ist angesichts der Durchzählung der Könige von Jerusalem
richtig) *beato Marco ... in Sydonis acquisitione dedit*; HUYGENS, Zeile 78:
usque domum Guiberti de Ioppen generis Lande (so Wilhelm von Tyrus, d. h.
„aus dem Geschlecht"; *generi Lande*, d. h. „des Schwiegersohns" B$^{1.2}$C$^{1.2}$; dies
wird als richtige Lesart des Originals gestützt von der NU. D. RRH n° 105);
HUYGENS, Zeile 124: *quod ... papa inde subscripserit bona fide totum adim-
plere et hec omnia superiora ad honorem Veneticorum* (folgt *facere* allein B^1,
was geringfügig besser ist als alle anderen Überlieferungen, doch halte ich

---

60) Wilhelm von Tyrus, Chronicon XII. 25, S. 577.

dies lediglich für einen verdeutlichenden Zusatz des Schreibers, da der Text auch ohne *facere* in Ordnung ist) *promittimus.*

Entscheidend scheinen mir zwei Stellen zu sein:

1. HUYGENS, Zeile 65 ff.:	*Preterea illam eiusdem*
$B^{1.2}$:	*ruge (rugeque B^2) Achon platee partem,*
$C^{1.2}D$:	*plathee partem rugeque Achon,*
Wilhelm von Tyrus:	*platee rugeque Accon partem,*
D. RRH n° 105:	*platee ruge Achon partem,*
	unum caput in mansione Petri Zanni, aliud vero in Sancti Dimitrii monasterio firmantem, et eiusdem ruge aliam partem unam machomariam et duas lapideas mansiones habentes (so alle, auch die NU. D. RRH n° 105), *que quondam*
$B^{1.2}$; Wilhelm von Tyrus, Hs. V:	*casule de cannis*
$C^{1.2}D$:	*casule decanus*
Wilhelm von Tyrus, Hs. C:	*casulende cannis*
Wilhelm von Tyrus, Hss. MP:	*casulem de cannis*
Wilhelm von Tyrus, Hs. N:	*casulāē de cannis*
D. RRH n° 105:	*casule de cannis*
	esse solebant, ... beato Marco ... confirmamus.

Hier hatte das Original: *rugeque Accon platee partem,* also einen Interlinearnachtrag[61]. Dieser wurde allein im Text Wilhelms von Tyrus an die richtige Stelle gebracht. Nur seine Lesung wird durch die NU. D. RRH n° 105 gestützt. In den Libri Pactorum ($C^{1.2}$) wurde er hinter *partem* eingeschoben, was den Satz sehr hart macht. In $B^{1.2}$ wurde er gar vor *platee* eingeschoben, was den Satz veränderte, denn nun wurde *Achon platee* aufgefaßt als Genitivobjekt zu *eiusdem ruge*. Das bewirkte in B^1 den Ausfall des *que*, das in B^2 überflüssig ist. Es ist ganz eindeutig, daß B^1 bei dieser Lesung kein Original ist. Dieses ist vielmehr verloren. Es hatte eindeutig den Schreibfehler *habentes* statt *habentem*, der in sämtliche Überlieferungen

---

61) So auch BERGGÖTZ, Bericht des Marsilio Zorzi S. 20 f.

übergegangen ist. Das Original hatte weiterhin *casule de cannis*, was offenbar schwer verständlich war, denn es wurde nicht nur in den Libri Pactorum (C$^{1.2}$) absurd verschrieben, sondern auch im Hyparchetyp der Chronik Wilhelms von Tyrus, so daß neben B$^{1.2}$ von allen Handschriften Wilhelms allein V die richtige Lesung bewahrt.

2. HUYGENS, Zeile 115 ff.: *De causa vero Antiochena, quam vobis (nobis falsch B^1) regem Balduinum secundum sub eadem constitutionis depactione promisse (so C$^{1.2}$ und alle Wilhelm von Tyrus Hss.; promisisse allein B^1) bene scimus in Antiocheno principatu (principatum falsch B^1) se vobis Veneticis daturum ...*

Hier hat allein B^1 den richtigen Text mit zwei aufeinander folgenden Accusativi cum Infinitivis abhängig einmal von *bene scimus*, das andere Mal von *promisisse*. Da B^1 aber falsch *vobis* und *principatum* hat, hat der Schreiber anscheinend den Satz ebensowenig verstanden wie die anderen Überlieferungen, bei denen *promisse* zu *constitutionis* gehört (*sub eadem constitutionis depactione promissae*). Ich nehme daher an, daß der Fehler schon auf das Original zurückgeht und in B^1 entweder zufällig oder mit einem Rest von Satzverständnis korrigiert wurde, aber auch hier ist klar, daß B^1 kein Original ist.

In der außergewöhnlich reichhaltigen Überlieferung von D. RRH n° 102 werden einmal im 16. Jahrhundert Siegel erwähnt, aber nicht das des Königs, sondern die des Patriarchen Warmund und der *proceres*, und dies auch nur im Vorspann zu der Abschrift, nicht als Teil dieser selbst[62]. Da wir außerhalb der Chronik Wilhelms von Tyrus nirgendwo einen besseren Text haben als in B^1, das aber ganz bestimmt kein besiegeltes Original war und nicht einmal Siegellöcher aufweist, ist nicht anzunehmen, daß Diplovataccio eine verlorene besiegelte Überlieferung sah. Er hat seine Nachricht von den Siegeln aus Andrea Dandolos Chronik[63], und bei ihm dürfte nicht mehr zugrunde liegen als patriotische Begeisterung, da diese Siegel sonst nicht mehr erwähnt werden.

Das Fazit ist, daß das in reiner Buchschrift der Zeit gehaltene B^1 kein Original ist, sondern eine Abschrift. Es ist allerdings auch keine reine Kopie,

---

62) Tommaso Diplovataccio, De potentissima Venetiarum urbe deque etiam civitatibus, insulis et locis illustrissimo domino duci aliquando subiectis, Venedig, Biblioteca Nazionale Marciana Lat. class. XIV. cod. 75 (4529) fol. 67^r.

63) Andreae Danduli Chronica S. 233 über D. RRH n° 102: *Hec in scriptis sigilis et iuramento prelatorum et baronum confirmata sunt.*

wie Pozza glaubte, sondern eine Nachzeichnung, die gewisse Elemente des Originals nachahmte, so die Unterschriften in drei Kolumnen und vielleicht auch die Zahl der Schreiberhände des Originals.

4. Der Umfang der Diktatgruppe

Gesonderte Betrachtung erfordern Hemelins Diplome DD. RRH n° 91. 102. 105. 125. 130. 134, weil sich hierin Elemente finden, die Zweifel an der Zuweisung erwecken könnten. Ich beziehe freilich alle sechs in den Diktatvergleich mit ein, behandle aber an dieser Stelle nur D. RRH n° 91. 125. 130 und unten S. 496–504 die drei anderen Diplome gesondert, soweit dies erforderlich ist. Als Hemelin seine Tätigkeit 1120 mit D. RRH n° 91 begann, brachte er zwar eine solide Kenntnis des normannischen Urkundenwesens aus Süditalien mit, bedurfte aber natürlich auch gewisser Vorbilder aus dem Hl. Land selbst, um so mehr als es zu dieser Zeit eine normannische Königsurkunde noch nicht gab. Nun waren die Wirksamkeit des Paganus und Brandos in der Kanzlei nur relativ kurz gewesen, und so wundert es uns nicht, daß Hemelin zunächst noch Anleihen bei Robert machte. Wenn dieser wirklich nach dem Ende seiner Urkundentätigkeit am Hl. Grab lebte (siehe oben S. 391 f.), konnte Hemelin mit ihm dort verkehren, aber in jedem Falle bekam er natürlich die Urkunden zu Gesicht, die Robert 1100–1115 geschrieben hatte. Robertinisches Diktatgut (vgl. dazu oben S. 34 f., 415) in D. RRH n° 91 ist vielleicht *sancta civitas Ierusalem* (RRH n° 36. DD. RRH n° 59. 74. RRH n° 75), *pater noster* für den Patriarchen (RRH n° 64: *pater pastorque patriarcha noster*), *assentientibus optimatibus* statt des jetzt schon üblichen *baronibus* (siehe oben S. 433 f.), *gloriosus rex*, auch das in den Urkunden des Hl. Landes ganz seltene *absolvo* (D. RRH n° 59: *a calumpnia absolutissimam reddere*). Zu *obsecro igitur et contestor* und *deprecor* vergleiche man *contestans* in RRH n° 63 und in der Empfängerausfertigung D. RRH n° 76a, ferner *precor* gleichfalls in RRH n° 63 sowie *deprecor* in dem möglicherweise von Robert stammenden Brief des Patriarchen Gibelin nach Arles[64].

Nun ist D. RRH n° 91 kein alltägliches Diplom, ebensowenig wie D. RRH n° 125, und Abweichungen vom normalen Diktat mochten auch von der Sache her bedingt sein. In D. RRH n° 91 gewährte der König die berühmte Zollbefreiung für die Einwohner Jerusalems für die Einfuhr von Grundnahrungsmitteln in die Stadt. Als Empfänger wurden alle diejenigen,

---

64) Gallia christiana novissima, Bd. Arles, S. 190 n° 471.

insbesondere die Pilger und Einwohner, genannt, die solche Nahrungsmittel einführen wollten, auch Sarazenen. Aber nach der Überlieferung wurde das Stück ausgehändigt an das Hl. Grab, in dessen Chartularen es sich findet, jedoch konnten Patriarch und Klerus von Jerusalem nicht als Empfänger genannt werden, weil die Zollbefreiung ja allen zugute kommen sollte, so daß sie nur als Petenten auftraten.

Ebenso verhält es sich mit D. RRH n° 125, das den Pilgern gewisse Abgaben im Hafen von Akkon erließ und das erst recht nicht den Begünstigten ins Archiv gegeben werden konnte, sondern wiederum dem Hl. Grab, dessen Patriarch erneut als Petent genannt wird. Der Diktatvergleich gestaltet sich bei diesem Diplom nicht einfach, denn es beginnt zwar mit herkömmlichen Formularteilen, endet aber abrupt mit dem Ende des Contextes, ja noch vor dessen Ende, wenn man Corroboratio oder Sanctio noch dazurechnen will, was bekanntlich verschieden gehandhabt wird. Es fehlt die Ankündigung der Beglaubigungsmittel, es fehlt der Beurkundungsbefehl, es fehlen die Zeugen, es fehlt das Datum, kurzum wir haben es mit einem Torso zu tun. Dennoch wird dieser durch die Intitulatio und die Gedenkformel fest mit Hemelins Diktatgruppe verbunden. So wie das Stück uns überliefert ist, könnte es bestenfalls ein erster Kanzleientwurf sein, dem noch das ganze Ende fehlte, der also noch vor der Rechtshandlung entstand. Da man nicht annehmen kann, daß die Kanzlei einen solchen Entwurf ausgehändigt hätte, wenn überhaupt keine Handlung stattgefunden hätte (oder auch nach einer solchen), vermute ich ernsthaft, auch wenn ich die Gründe dafür nicht erklären kann, daß das Stück ursprünglich sehr wohl ein kanzleimäßiges Ende hatte, aber nur verkürzt in die Kopialbücher des Hl. Grabes aufgenommen wurde.

D. RRH n° 130 weist eine Besonderheit auf, die es mit Privaturkunden teilt und die in den Diplomen letztmals in der Empfängerausfertigung D. RRH n° 79 vorkam. Es handelt sich um eine Besitzbestätigung für die Johanniter. Während die in der Zeit vor Balduin II. geschenkten Besitzungen pauschal bestätigt wurden, wurden die unter diesem König neu hinzugekommenen Güter einzeln aufgeführt, aber öfters vermehrt um die aus der Vorurkunde übernommene Zeugenliste. Das ist kanzleiwidrig und kommt in den jerusalemitanischen Diplomen nur äußerst selten vor (siehe oben S. 435 f.). D. RRH n° 130 ist die einzige Kanzleiausfertigung, wo sich das Phänomen findet. Das deutet natürlich auf eine vom Empfänger eingereichte Besitzliste hin, die zu bestätigen war. Daß dabei im Diplom auch die Zeugen der Vorurkunden stehen blieben, war vermutlich reine Schludrigkeit der Kanzlei, denn schon in der NU. D. RRH n° 293 wurden diese Zeugen als derartige Fremdkörper für ein Diplom empfunden, daß die Kanzlei sie wegließ. Es war nur konsequent, wenn D. RRH n° 130 nicht mehr bezeugt

war, weil man den Zeugenbeweis mit den Zeugen der Vorurkunden führen
konnte. An der Kanzleimäßigkeit von D. RRH n° 130 ist jedoch trotz dieses
Stilfehlers kein Zweifel möglich, weil Hemelins Diktat eindeutig ist. Für
DD. RRH n° 102. 105. 134 nehme ich hier das unten S. 496–504 erarbeitete
Resultat vorweg. Es sind Kanzleiausfertigungen, die Hemelins Diktat deutlich genug zeigen, die aber mehr oder minder starken Empfängereinfluß auf
das Diktat aufweisen, massiv vor allem bei DD. RRH n° 102. 105.

5. Hemelins Diktat

Hemelins Diktat ist unverkennbar und seine Gruppe weitgehend homogen.
Diktatmäßig wird sie verklammert vor allem durch die Zeugenformel, die
Gedenkformel, den Beurkundungsbefehl, die Siegelankündigung, weniger,
aber auch, durch die Intitulatio.

In der Invocatio erlaubte sich Hemelin eine gewisse Variationsbreite. Die
spätere Standardinvocatio von Jerusalem *In nomine sanctae et individuae
trinitatis, patris et filii et spiritus sancti, amen* verwendete er nur dreimal
(DD. RRH n° 105. 130. 137). In D. RRH n° 121 treffen wir dieselbe Formel, aber in der einen Überlieferung mit *amen*, in der anderen ohne[65].
Ohne *amen* steht die Formel in DD. RRH n° 91. 102. 109. 137a. 134. Die
verkürzte Trinitätsformel ohne die Aufzählung der Glieder – in Europa die
Allerweltsinvokation – kommt nur in D. RRH n° 100a vor, auch hier ohne
amen. Dieses fehlt auch ganz hemelinisch in D. RRH n° 125, das ansonsten
In nomine patris et filii et spiritus sancti hat. Das war eine uralte, von Karl
dem Großen her vertraute Formel, die in den Kaiserurkunden indessen
schon seit Ludwig dem Frommen durch andere Formeln verdrängt worden
war. In der Privaturkunde hielt sie sich. In den jerusalemitanischen Diplomen ist sie an sich gar nicht selten. Unter Heinrich von Champagne und
Johann von Brienne kann sie als kanzleimäßig gelten (DD. RRH n° 709.
710. 721. 722a. 812. 853. spur. 855. 934).

Zuvor ist diese Invocatio aber in erdrückender Fülle eine Angelegenheit
der Diplome für die Leprosen von St. Lazarus (DD. RRH n° 210. 227. 259.
258. 269. 308. 367. 397. 487). Das ist ein erstaunlicher Befund, denn er deutet
natürlich an sich darauf hin, daß die Lazariter ihre eigenen Dictamina
entwarfen. Doch kann davon nicht die Rede sein, denn die meisten der hier

---

65) Fehlendes *amen* in der Invocatio ist an sich ein normannisches Diktatmerkmal
Hemelins (siehe oben S. 464), dennoch muß man das *amen* in D. RRH n° 121 halten,
weil es auch in der NU. D. RRH n° 137 steht. Im übrigen fehlte das *amen* auch schon
bei Robert; siehe oben S. 397.

aufgezählten Stücke zeigen reines Kanzleidiktat. Ich glaube an etwas anderes. Die Urkunden für die Lazariter sind nur über ein Chartular überliefert. Chartularschreibern waren Invocationes ein Greuel, denn sie kosteten Zeit und Platz, ohne in der Sache etwas zu bringen. Ein Blick in Strehlkes Edition des Deutschordenskopialbuches oder in die Editionen des Chartulars des Chorherrenstifts vom Hl. Grabe zeigt sofort, daß die Invocationes dort häufig ganz weggelassen wurden. Im Fall der Lazariter scheint der Schreiber des Kopialbuches überwiegend gerafft und aus *In nomine sancte et individue trinitatis, patris et filii et spiritus sancti, amen* gemacht zu haben *In nomine patris et filii et spiritus sancti, amen*, auch wenn in seiner Vorlage die vollere Form stand. In den insgesamt 40 Urkunden des Lazariterchartulars in der Edition von de Marsy fehlt die Invocatio in sieben ganz (n° 1. 6. 34. 35. 37. 38. 40), einmal lautet sie *In honore sancte et individue trinitatis* (n° 5), einmal *In nomine sancte et individue trinitatis* (n° 12, ein Diplom Ludwigs VII. von Frankreich), einmal *In nomine domini nostri Ihesu Christi* (n° 13), einmal *In nomine domini* (n° 39), nur viermal stand die längste aller Invocationes, wo die Verkürzung offenbar unterblieb: *In nomine sancte et individue trinitatis, patris et filii et spiritus sancti, amen*[66], zweimal wurde sie durch Suspension verkürzt zu *In nomine sancte et individue trinitatis, etc.* (n° 21) und zu *In nomine sancte, etc.* (n° 30), aber vierzehnmal liest man die durch Kontraktion verkürzte Form *In nomine patris et filii et spiritus sancti, amen* (n° 2. 4. 7. 8. 10. 11. 14. 18. 19. 20. 22. 26. 27. 31) und neunmal eine noch weiter gekürzte Form *In nomine patris, etc.* (n° 3. 9. 17. 23. 24. 29. 32. 33. 36). Nur „ungewöhnliche" Invocationes hatten beim Chartularschreiber also eine Chance, die Standardinvocatio verfiel dreiundzwanzigmal der Kürzung, und wahrscheinlich sind hier noch die sieben Fälle hinzuzurechnen, in denen die Invocatio gänzlich fehlt.

Das läßt nur eine Handvoll Diplome übrig, in denen wir diese Invocatio außerhalb des Lazariterchartulars sonst noch finden: DD. RRH n° 76a. 125. 355. Amalrich für die Templer (gedruckt Revue de l'Orient latin 11, S. 183 n° 2). 537. 570. 597. 598a. spur. 747. 1200, insgesamt also nur zehn Stücke, von denen eines eine Fälschung ist, DD. RRH n° 76a. 537 Empfängerausfertigungen und DD. RRH n° 570. 597 Privaturkunden sind, die in das Corpus der jerusalemitanischen Königsurkunden nur aufgenommen werden, weil formal Mitglieder des Königshauses miturkundeten, während D. RRH n° 1200 aus einer Zeit stammt, als es keine Kanzlei gab. D. RRH n° 598a ist kein feierliches Privileg, sondern ein einfaches, das auch sonst vom üblichen Typ

---

66) N° 15. 16. 25. 28. *In nomine domini* ... in n° 15 ist ein Lesefehler in der Edition von DE MARSY, die Handschrift hat *In nomine sanctae* ...

des feierlichen Privilegs abweicht. Das läßt an feierlichen Privilegien nur DD. RRH n° 125. 355 und das Diplom Amalrichs für die Templer übrig, bei denen diese Invocatio ohne allen Zweifel kanzleimäßig ist, wahrlich eine ausgesuchte Rarität, wenngleich man vielleicht DD. RRH n° 367. 397 mit hinzurechnen muß, die zwar im Lazariterchartular überliefert sind, aber vom selben Diktator stammen, der in D. RRH n° 355 einmal *In nomine patris et filii et spiritus sancti, amen* schrieb.

Eine richtige Arenga findet sich nur in D. RRH n° 134 vor der Intitulatio, aber wohl nach dem Vorbild von D. RRH n° 90, kürzer und nach der Intitulatio in DD. RRH n° 121 = 137. Von einer Promulgatio, wie sie freilich auch unter seinen Vorgängern kaum vorgekommen war (siehe oben S. 407 und die Empfängerausfertigungen DD. RRH n° 57. 79), hielt Hemelin fast nichts. Nur in einem Nachtrag zu D. RRH n° 137a verwendete er mit *Scire praeterea omnes volo* eine promulgationsartige Formel, so daß auch dieses Stück wie Hemelins andere Produkte hart und privaturkundenartig mit *Ego* einsetzte. In der Devotionsformel hielt er sich in der Regel an das bisherige *dei gratia (gratia dei)* (DD. RRH n° 91. 102 (für den Patriarchen). 121. 125. 137a. 130. 134. 137), führte aber das später vorherrschende *per dei gratiam* in DD. RRH n° 100a. 105. 109 erstmals ein, ohne daß es sich schon hätte durchsetzen können. Auch die Intitulatio war noch nicht feststehend. Hemelin ließ das schwerfällige *Latinitatis Ierosolimorum rex* des Paganus sein und kehrte zunächst zu Formeln Roberts und Brandos zurück, jetzt natürlich mit dem Zusatz *secundus*. In DD. RRH n° 91. 102 hatte er *rex Ierusalem* wie Robert in D. RRH n° 68a, in D. RRH n° 100a schrieb er einmal *Hierosolimorum rex* wie die Empfängerausfertigungen DD. RRH n° 52. 76a und Brando in D. RRH n° 90a. Vor allem aber tat es Hemelin die Wendung *rex Ierusalem Latinorum secundus* an (DD. RRH n° 91 [in der Signumzeile: *secundus Latinorum rex Ierosolimitanus*]. 105. 109. 121. 125. 137a. 130. 134. 137), wie sie Robert einmal in D. RRH n° 59 mit *rex Ierusalem Latinorum primus* benutzt hatte. Die relative Konstanz, mit der Hemelin diese Intitulatio benutzte, sollte sich unter seinem Nachfolger Elias nicht halten (siehe unten S. 551).

Besonders typisch für Hemelin ist die Gedenkformel. Sie fehlt selbstverständlich in der Regentenurkunde D. RRH n° 102 und daher auch in der königlichen NU. D. RRH n° 105, sonst nur in D. RRH n° 134, wo sie auch in dem für die Herstellung benutzten D. RRH n° 90 gefehlt hatte. Ihr unveränderliches Kennzeichen ist die Erinnerung an den Vorgänger Balduin I., und sie steht vor der Dispositio in DD. RRH n° 100a. 109. 121. 130. 137, danach in DD. RRH n° 91. 125. 137a. Sie ist ebenso normannischer Herkunft wie die Formel von den *haeredes et successores* (siehe oben S. 465). Eine Narratio hatte Hemelin nur noch in ganz kurzer Form in D. RRH n° 125, während ich die lange Narratio in D. RRH n° 102 für eine Zutat des Empfängers halte. Charakteristisch ist auch Hemelins Bittpassus, der zwar nur in etwa der Hälfte seiner Diplome steht, aber nach dem *precibus* in D. RRH n° 91 mit *rogatu (et ammonitu)* in DD. 125. 137a. 134. 137 zu großer Konstanz findet. Die Präzision der Empfängernennung, wie sie Paganus eingeführt hatte (siehe oben S. 442), vervollständigte Hemelin noch um die Floskel *inibi regulari vita (tramite) deo servientibus (militantibus)* (DD. RRH n° 109. 121. 137), allerdings nur für das Hl. Grab, während bei den anderen geistlichen Empfängern (Josaphat, Johanniter) die Empfängernennung eher kurz ist, freilich bei Josaphat in DD. RRH n° 137a. 134 wenigstens mit Nennung des Abtes (nicht in D. RRH n° 100a). Epitheta spielen bei Hemelin im Gegensatz zu Robert nur eine untergeordnete Rolle: *gloriosus rex* (D. RRH n° 91) und *venerabilis* sowohl für den Patriarchen (DD. RRH n° 125. 130. 134. 137) wie für den Abt von Josaphat (DD. RRH n° 137a. 134), das ist schon alles. Selbst dieses an sich farblose Epitheton wird ohne Konstanz angewandt, denn der Patriarch erhält es nicht in DD. RRH n° 91. 105, der Prior vom Hl. Grab nicht in DD. RRH n° 121. 137, und auch der Doge von Venedig wird in DD. RRH n° 102. 105 keines Epithetons für wert gehalten.

In der Dispositio ließ Hemelin bunte Vielfalt walten. Bei Schenkungen arbeitete er meist mit *dono et concedo* (DD. RRH n° 100a. 109. 137a), *donavi et concessi* (D. RRH n° 137), auch mit einfachem *dono* (D. RRH n° 121). Bestätigungen, die man später mit *concedo et confirmo* bewältigte, erforderten bei Hemelin das Verb *corroborare* (D. RRH n° 105: *concedo et confirmo ... et corroboro*, D. RRH n° 130: *concedo et corroboro*, D. RRH n° 134: *praecepi corroborari*). In D. RRH n° 134 verband er die Dispositio formularwidrig mit einer nach vorn gezogenen Corroboratio, aber das hatte ein Vorbild in dem für den Text herangezogenen D. RRH n° 90, und der erfahrene Notar verrät sich daran, wie er Brandos Formularmonstrum (siehe oben S. 485) hier so aufpolierte, daß wenigstens nicht länger auch noch eine Promulgatio in den Satz verwoben war. Auch gab er seinem Diplom noch eine zweite Corroboratio an der richtigen Stelle.

Auffällig ist das möglicherweise, freilich nicht sicher normannisch bedingte einigermaßen jähe Auftreten von Klauseln mit *liber* oder negativ *sine omni calumpnia*, die darlegen, in welcher Form der Empfänger sein Gut innehaben soll. Da solche Formeln, die um *libere et quiete* kreisen, im 12. Jahrhundert insbesondere in englischen Urkunden bis zum Überdruß vorkommen, behandele ich die Formel generell bei dem aus England gekommenen Notar Radulf A (siehe unten S. 729–734). Hier ist aber das Phänomen, das sich vor Hemelin nur in D. RRH n° 59 findet, als Diktatkriterium zu betrachten. Man findet in D. RRH n° 100a: *solidum et quietum et ab omni servitio liberum sine omni calumpnia vel requisitione mea habeat et possideat iure perpetuo*; D. RRH n° 105: *habeant iure haereditario possidenda, ab omni exactione libera*; D. RRH n° 109: *sine omni calumpnia mea ... habeat et possideat illud iure perpetuae haereditatis*; D. RRH n° 121 = D. RRH n° 137: *habeant et possideant iure perpetuo sine omni calumpnia*; D. RRH n° 137a: *sine omni calumnia ... habeat et possideat iure perpetuo*; D. RRH n° 130: *habeat et possideat iure perpetuo absque omni calumpnia vel molestia*; D. RRH n° 134: *omni calumpnia remota.*

Zur Zeit der corroborationslosen Diplome und Privaturkunden der Frühzeit hatte man gern die Urkunden, mindestens aber deren Context mit einer geistlichen Sanctio enden lassen. Das machte den frühen Kanzlisten Schwierigkeiten beim Einbau einer Corroboratio, die man an allen möglichen Stellen unterbrachte. So steht sie in D. RRH n° 68a hinter dem Datum, in DD. RRH n° 74. 80 vor der Sanctio und in D. RRH n° 90 (und nach diesem Muster in Hemelins D. RRH n° 134) gar weit vorn, noch vor der Besitzliste.

Hemelin war die Sanctio nicht mehr so wichtig. Sie fehlt – bei diesen Schlußteilen immer abgesehen von dem am Ende unvollständigen D. RRH n° 125 – in DD. RRH n° 102. 105. 109. 137a. 130. 134, steht dagegen in DD. RRH n° 91. 100a. 121=137, und ist in DD. RRH n° 100a. 121=137 angesichts ihres weitgehend gleichen Wortlauts bei erheblicher Länge auch ein erstklassiges Diktatmerkmal.

D. RRH n° 100a

Si quis igitur nequitiae veneno imbutus temerario ausu aliquo modo hanc nostram concessionem impugnare vel cassare tentaverit, primo anathematis percussus sententia (vgl. Malach. 4, 6) *in curia mea et successorum meorum mille pro hac praesumptione persolvat bisancios*

DD. RRH n° 121=137

Si quis vero nequitiae commotus stimulis temerario ausu hoc meum legale donum ullo modo impugnare aut cassare temptaverit, a deo, nisi resipuerit, anathematis sententia percussus (vgl. Malach. 4, 6) *nostrae regiae potestati reus subiaceat*

Die Corroboratio fehlt dagegen außer in D. RRH n° 125 nur in D. RRH n° 91. Letzteres war also noch ein Diplom alter Art, mit Sanctio, aber ohne Corroboratio. Für Hemelin war später deutlich die Corroboratio wichtig, weniger die Sanctio. Wo sie fehlt, steht statt dessen immer eine Corroboratio, und wo sie vorhanden ist, findet sich ab 1122 zusätzlich noch eine Corroboratio. Dabei war Hemelin der erste, der das Problem meisterte, sie hinter die Sanctio zu setzen (DD. RRH n° 100a. 121 = 137). In dem Maße, in dem sich das Diplom von der Privaturkunde emanzipierte, mußte die

Sanctio der Kanzlei weniger wichtig erscheinen, ja ein starkes Königtum schwächte ja seine Position, wenn zur Einhaltung der Diplome Kirchenstrafen angedroht werden mußten. Hemelin verband denn auch gelegentlich nach normannischer Manier die Sanctio mit einer saftigen Geldstrafe oder der Androhung, daß der Rechtsverletzer im Königsgericht bestraft werden würde (siehe oben S. 466). Für das Verhältnis von Sanctio und Corroboratio war Hemelins Wirken eine Übergangszeit. Mit D. RRH n° 121 und seiner NU. D. RRH n° 137 hören die Sanctiones im Diplom von Jerusalem im wesentlichen auf; nur D. RRH n° 174. 262 (und die Spuria DD. RRH n° 276. 747. LISCIANDRELLI, Trattati n° 156) klappern noch einmal nach, sind dort aber im Grunde schon Erscheinungen der Privaturkunde (siehe unten S. 592, 675).

Die Corroboratio selbst war bei Hemelin zwar verschieden ausgestaltet, schon dadurch, daß sie sich im Laufe der Zeit mit einem Beurkundungsbefehl verband, aber sie kreiste außer in DD. RRH n° 102. 105 fast immer um die Worte *itaque* am Anfang (fehlt D. RRH n° 137a) und *praecepi* (in D. RRH n° 134 in Corroboratio I; *itaque* in Corroboratio II). Ab D. RRH n° 121 und mit Ausnahme von D. RRH n° 134 enthielt die Corroboratio einen je nach Lage der Dinge in der Kanzlei verschieden ausgestalteten Beurkundungsbefehl (siehe oben S. 466, 474 f.). Drei seiner Corrorationes waren grammatisch unvollständig. In D. RRH n° 121 fehlt das Subjekt zu *scribi*. In RRH n° 105. 137a, wo der Finalsatz der Corroboratio nachgestellt ist und mit *quatinus* eingeleitet wird, findet sich ein ähnlicher Fehler, denn in beiden Fällen fehlt dem Finalsatz mit *illud* oder ähnlich (bezogen auf *privilegium* oder *donum*) das Subjekt. In gewisser Weise ist dies ein Diktatmerkmal, aber Hemelin steht damit nicht allein (siehe unten S. 866, Bd. 2, S. 104), und den Fehler in D. RRH n° 121 teilte er beispielsweise mit Wido, dem fähigsten Notar Rogers II. von Sizilien[67].

Von Anfang an kündigte Hemelin ein Siegel an, selbst in D. RRH n° 91, das keine Corroboratio hat, so daß er das Siegel in der Signumzeile erwähnte, die auch in normannischer Manier noch eine königliche Unterschrift vorsah (siehe oben S. 467). Die Siegelankündigung fehlt nur in D. RRH n° 102, das als Regentenurkunde unbesiegelt blieb[68], und in dem verkürzt überlieferten D. RRH n° 125. Wurde in D. RRH n° 91. 134 (II) einfach ein Siegel angekündigt, so schrieb Hemelin in die Mehrzahl seiner anderen Diplome nach normannischem Muster – weil dort auch in Wachs gesiegelt

---

67) KEHR, Urkunden S. 292; BRÜHL, Urkunden S. 87 = Diplomi S. 72.

68) Zu einem angeblichen Patriarchensiegel an dieser Urkunde, das wohl legendär ist, siehe oben S. 482.

wurde – ausdrücklich die Ankündigung eines Bleisiegels hinein (DD. RRH n° 100a. 109. 121. 137a. 137), obwohl dies in Jerusalem selbstverständlich war, und dies unterblieb nur da, wo er von *meae* (*nostrae, regiae*) *auctoritatis sigillo* sprach (DD. RRH n° 105. 130. 134 [I]) (siehe auch oben S. 467).

Noch stärker als durch all dieses werden Hemelins Diplome zusammengebunden durch die Zeugenformel. Sie fehlt natürlich in D. RRH n° 125 und auch in D. RRH n° 130, wo sie ersetzt wurde durch die Zeugenlisten der VUU. Sie fehlt aber auch in D. RRH n° 105, weil dort keine Liste von bloßen Zeugennamen steht, sondern eine Subskriptionsliste nach venezianischem Muster. Eine solche findet sich auch in der VU. D. RRH n° 102, weshalb die Zeugenformel *barones, quorum nomina subscripta sunt* weit vorn in der Dispositio untergebracht wurde, die auch schon die Corroboratio enthielt. Aber ganz charakteristisch ist es für Hemelin, in die Zeugenankündigung einen Relativsatz einzubauen. Meist hängte er ihn an die Corroboratio an: (*his*) *coram* (*aliis*) *testibus, quorum nomina subscripta* (*infra scripta*) *leguntur* (DD. RRH n° 100a. 109. 121 = 137), aber wir finden ihn auch sonst als *quorum subscripta sunt nomina* (*nomina subscripta sunt; hic nomina scripta*) (DD. RRH n° 91. 102. 137a). Aus dem Rahmen fällt nur D. RRH n° 134 mit *Huius regiae confirmationis isti sunt legitimi testes*, denn hier fehlt der Relativsatz, aber diese Zeugenformel wird in ihrem ersten Teil zusammengebunden mit D. RRH n° 137a: *huius vero nostrae concessionis et donationis isti sunt legitimi testes, quorum hic nomina scripta*. In der Zeugenformel wird der Diktatzusammenhang der Gruppe evident.

Mit der Datierung hatte Hemelin formularmäßig seine Schwierigkeiten. Von der Fülle robertinischer Datierungselemente ist nichts mehr zu spüren. Hemelin gab das Inkarnationsjahr und die Indiktion an, in D. RRH n° 100a nicht einmal die letztere. Das Königsjahr in der Signumzeile von D. RRH n° 91 ist ungewöhnlich. Zweimal fügte er noch die Angabe hinzu, welcher Patriarch bzw. welcher König amtierte (DD. RRH n° 130. 134). Sein Datum steht einmal noch nach normannischer Art am Anfang (D. RRH n° 100a), sonst zwar am Schluß, aber zweimal vor der Zeugenliste (DD. RRH n° 91. 134), viermal danach (DD. RRH n° 102. 105. 109. 121). Seine Formel für das Inkarnationsjahr ist fast unabänderlich genitivisch *anno incarnationis dominicae*; das einfache *anno* in DD. RRH n° 102 = 105 ist in den jerusalemitanischen Königsurkunden ein frappierendes Unicum[69]. Ein Tagesdatum nach dem römischen Kalender kommt nur einmal in D. RRH n° 105 vor, D. RRH n° 121 nennt wenigstens noch den Monat. Das alles braucht uns

---

69) Siehe unten S. 500; vgl. lediglich privaturkundlich RRH n° 182 des Elias A, unten S. 572 Anm. 18.

nicht zu wundern bei einem Kanzleimann, der DD. 125. 137a. 137 ganz ohne Datum ließ. Das Schlußdatum leitete Hemelin zunächst ein mit *Factum est hoc* (D. RRH n° 91), was schon bei Hemelins Vorgängern üblich gewesen war. Nun hielt aber mit DD. RRH n° 102. 105 nach dem Vorbild der päpstlichen Privilegien[70] die Kanzleizeile mit *Data per manum (manus)* ihren Einzug in das jerusalemitanische Diplom. Sie bezeichnete natürlich auch im Orient nicht etwa die Aushändigung, sondern nannte den für die Urkunde verantwortlichen Kanzleibeamten (siehe auch unten S. 777). Man wollte davon so schnell nicht wieder lassen. So leitete Hemelin sein Datum in D. RRH n° 109 ein mit *Data est*, aber ohne *per manus*, und verband in DD. RRH n° 121. 130 (hier nicht für das Datum, sondern für die Ortsangabe). 134 *Factum est et datum*. Der zweite Teil der päpstlichen Formel, nämlich *per manum*, wurde in DD. RRH n° 137a. 130 im Beurkundungsbefehl quasi geparkt und rutschte erst in D. RRH n° 134 wieder ins Datum.

Die Ortsangabe im Datum hatte Paganus in das jerusalemitanische Diplom eingeführt. Sie entsprach normannischem Gebrauch, fand sich dort allerdings häufig nicht im Datum, sondern in der *Residentibus*-Formel[71]. Eine einfache Form aus der Zeit Hemelins ist D. Ro. II. 6 von 1124: *Cum ego Rogerius ... comes ... essem apud Montem Caveosum*, eine aufwendigere steht in D. Ro. II. 23 von 1133: *Dum in nostro Messanensi regali palatio consisteremus*. Bei Hemelin finden wir Ortsangaben in DD. RRH n° 102. 105. 109. 121. 130. 134. Zusätzlich aber finden wir genauere Angaben des Gebäudes: *in ecclesia Dominici Sepulchri* (D. RRH n° 91), *in ecclesia Sanctae Crucis* (D. RRH n° 102), *in palatio regis (regali palatio)* (DD. RRH n° 109. 121. 130. 134). Da dies in DD. RRH n° 109. 121. 130. 134 verbunden wird mit einer *(Factum et) datum*-Klausel, ist klar, daß die Kanzlei dort, wo es königliche Pfalzen gab (Jerusalem, Akkon, Tyrus), ihr Geschäft in der Pfalz betrieb, denn *factum* geht auf die Rechtshandlung, *datum* aber auf die Beurkundung. Die Gebäudeangabe wurde von Hemelins Nachfolger zunächst beibehalten (DD. RRH n° 149. spur. 163), verschwand dann aber wieder aus dem Kanzleibrauch. Die Präposition bei der Ortsangabe lautete im Gegensatz zu dem *in* des Paganus und dem präpositionslosen Lokativ Brandos in DD. RRH n° 80. 90 bei Hemelin meist *apud* (DD. RRH n° 102. 105. 109. 121; siehe dazu oben S. 473), erst in D. RRH n° 130 kehrte er zu *in* zurück und in D. RRH n° 134 zum Lokativ.

---

70) Ein normannisches Vorbild ist hier nicht anzunehmen, da das Vorkommen in Jerusalem früher liegt als in Sizilien.

71) BRÜHL, Rogerii II diplomata, S. 404, Index diplomaticus.

Soweit wir erkennen können, schrieb Hemelin im Gegensatz zu Robert keine Privaturkunden für nichtkönigliche Aussteller mehr. Unter dem Einfluß seines Kanzlers Paganus ließ er auch Empfängerausfertigungen nur ausnahmsweise bei hohem Arbeitsanfall zu[72]. Empfängereinfluß gibt es dagegen öfter. Die Empfänger durften also gelegentlich mithelfen, aber immer wurden ihre Entwürfe von Hemelin in die äußere Form eines Diploms gebracht. Hemelins Tüchtigkeit als Notar und seine Einschränkung auf die eigentliche Kanzleiarbeit bewirkten, daß er mehr noch als Paganus, der dafür nur erste Ansätze geliefert hatte, dafür sorgte, daß sich das Diplom von Jerusalem von der Privaturkunde emanzipierte und formularmäßig zur Herrscherurkunde wurde. Der Königstitel wurde einheitlicher gehandhabt als zuvor, *Latini* oder *Latinus* wurde zum festen Titelbestandteil. Die Sanctio wurde seltener, auch wenn sie erst unter Elias A auslaufen sollte (siehe unten S. 592). Statt dessen entwickelte Hemelin die Corroboratio und brachte sie auch an die rechte Stelle. Er verzichtete auf die Weiterführung der königlichen Unterschrift und machte, auch wenn das zunächst nicht ganz gehalten werden konnte, das Diplom der Könige von Jerusalem zur Siegelurkunde. Er war es, der in DD. RRH n° 102. 105 die Kanzleizeile schuf und *Data per manum* erstmals verwendete, womit er den Typus der Kanzleiunterfertigung geschaffen hatte, der seit 1130 die jerusalemitanische Königsurkunde beherrschte. Manches von Hemelins reformerischen Leistungen hatte anfangs keinen Bestand. Elias, sein Nachfolger, etwa dachte sich nichts dabei, ungesiegelte Diplome ergehen zu lassen. Formularteile wie die Intitulatio konnten ihre unter Hemelin gewonnene Konstanz zunächst nicht halten, das Formular sollte generell noch schwankend bleiben. Die Verlangsamung des von Hemelin mit so viel Geschick betriebenen Prozesses wurde natürlich befördert durch den Zerfall des Reiches und seiner Verwaltung 1147–1152, der ein Erlöschen der Kanzlei mit sich brachte. Aber als sich danach der Kanzler Radulf von Bethlehem an die Stabilisierung des Formulars machte, da hatte er als Vorbild seine eigenen Produkte aus seiner Zeit als Notar vor 1147 und die im Umlauf befindlichen Stücke Hemelins, die er zu sehen bekam. Hemelin war wahrscheinlich schon tot, als unter dem übernächsten König und dem überübernächsten Kanzler die große Stunde seiner Wirksamkeit kam.

---

72) D. RRH n° 120; siehe unten S. 510–512.

6. Hemelins Dictamina als Formularbehelf

Hemelins Diplome geben uns einen kleinen Einblick in das Problem der Formularbehelfe, einmal außerhalb der Kanzlei, einmal in ihr. Das wichtigste Instrument für die Herstellung von Diplomen war die eingereichte Vorurkunde, das läßt sich durchgehend in der Geschichte dieser Kanzlei beobachten. Hemelin selbst gab dafür ein eindrucksvolles Beispiel, als er in D. RRH n° 137 sein eigenes D. RRH n° 121 als VU. heranzog. Daneben aber muß das Studium der umlaufenden Diplome der Vorgänger gestanden haben, die die Kanzlei zu sehen bekam, wenn in den Verhandlungen die Petenten sachlich einschlägige Stücke vorlegten, ohne daß diese gleich zu wiederholen waren. Wer außerhalb der Kanzlei ein Modell suchte, hatte überhaupt nur solche umlaufenden Stücke zu seiner Verfügung aus der eigenen Zeit oder aus früheren. In der Kanzlei aber wurden mindestens später mindestens wichtige Urkunden des Königs archiviert, wohl in der Form der Konzepte (siehe oben S. 245). Hier konnte das Kanzleipersonal Formularstudien betreiben und sich Anregungen holen.

Ich gebe für beides ein Beispiel. Zweifellos die bedeutendste Urkunde, die Hemelin verfaßte, war das Pactum Warmundi mit den Venezianern (D. RRH n° 102, bestätigt vom König in D. RRH n° 105). In beiden Stücken ließen sich die Venezianer 1124/1125 unter anderem *stateram modios et buzas ad vinum oleum vel mel mensurandum*, also das Recht auf eigene Waagen und Hohlmaße für Getreide und Flüssigkeiten verleihen. *Buza* (besser: *buttis*) ist zwar ein sehr altes Wort. Im Capitulare de villis c. 68[73] ist es die zur Aufbewahrung von Wein gedachte Tierhaut, in den Formulae Senonenses hat es die Bedeutung von Faß[74]. Auch italo-normannisch ist es bezeugt[75]. Aber ganz überwiegend ist es ein venezianisches Wort. Dort hieß es *botte* (vgl. französisch botte, englisch butt und rheinländisch Bütt). Die berühmte venezianische *botte* war ursprünglich ein Hohlmaß, das überwiegend im Weinhandel Verwendung fand und je nach Zusatzbezeichnung zwischen 300 und 750 Liter faßte. Seit dem 14. Jahrhundert wurde es in Venedig als Wasserverdrängungsmaß zur Angabe der Schiffstonnage verwendet[76]. Man kann kaum annehmen, daß das Wort im Hl. Land weit verbreitet war, denn in DD. RRH n° 102. 105 drang es natürlich unter venezianischem Einfluß ein. Im Jahr 1126 aber machte Graf Hugo von Jaffa den Johannitern eine Schenkung (RRH n° 113), der er hinzufügte *omnes usus*

---

73) MGH Capitularia regum Francorum 1, 1, S. 89.
74) MGH Formulae S. 223, Zeile 36.
75) D. Ro. II. 64, S. 185, Zeile 21; vgl. ebd. S. 195, Zeile 12.
76) Zuletzt TUCCI, Botte veneziana S. 213–217.

et consuetudines, modii scilicet et bucce portus ceterarumque rerum. Hugo hatte als Zeuge an D. RRH n° 105 mitgewirkt. Er oder die Johanniter oder beide müssen die beiden Diplome Hemelins für Venedig aufmerksam gelesen haben (siehe auch oben S. 471), denn es liegt auf der Hand, daß hierher Hugos *bucce portus* stammen, mit denen Röhricht in seinem Regest nichts anzufangen wußte.

Das andere Beispiel ist Hemelins D. RRH n° 100a für Josaphat. Es kann kein Zweifel sein, daß dieses Stück als Formularmuster für Hemelins D. RRH n° 109 für das Hl. Grab diente, wenn man nicht noch weitergehen und vermuten will, daß Hemelin Formularmuster entworfen hatte, in diesem Fall für die Schenkung eines Casales an einen geistlichen Empfänger, nach denen er in der Kanzlei seine Dictamina entwarf. Ein Zweispaltendruck von Auszügen wird dies sofort zeigen.

D. RRH n° 100a	D. RRH n° 109
Ego Balduinus per dei gratiam Hierosolimorum rex secundus pro meae animae salute et praedecessoris mei dignae memoriae regis Balduini parentumque meorum dono et concedo ... casale quoddam cum omnibus suis pertinentiis in territorio Neapoli nomine Betori, quatinus praefata ecclesia illud solidum et quietum et ab omni servitio liberum sine omni calumnia vel requisitione mea meorumque haeredum seu successorum habeat et possideat iure perpetuo ...	*Ego Balduinus per dei gratiam rex Iherusalem Latinorum secundus pro animae antecessoris mei dignae memoriae regis Balduini salute nec non remissione peccatorum meorum ... dono et concedo ... casale quoddam nomine Derina ... cum omni suo territorio et pertinentia ..., quatinus praedicta ecclesia sine omni calumnia mea meorumque haeredum vel sucessorum habeat et possideat illud iure perpetuae haereditatis.*
Pro huius itaque mei doni firmitate et securitate hoc privilegium fieri et meo sigillo plumbeae formulae impresso subsignari praecepi his coram testibus, quorum nomina infra scripta leguntur ...	*Pro huius itaque mei doni securitate et confirmatione hoc privilegium fieri et meo plumbeo sigillo corroborari praecepi his coram testibus, quorum nomina subscripta leguntur ...*

Ein Detail zum Geschäftsgang ergibt sich aus dem Nachtrag in D. RRH n° 137a noch nach der Zeugenliste, in dem der Empfänger, der Abt Gelduin von Josaphat, darum bat, in dem seiner Abtei geschenkten Casale dem

Sionsstift zwei *carrucae* Landes zuzuweisen. Ich habe schon an anderer Stelle[77] dies damit erklärt, daß der Prior des Sionsstifts Protest anmeldete und Besitzrechte in dem Casale geltend machte, die mit den zwei *carrucae* abgegolten wurden. Das setzt für den kanzleimäßigen Ablauf voraus, daß an einer bestimmten Stelle des Beurkundungsvorganges öffentliche Kenntnis von dem beabsichtigten Diplom gegeben wurde. Aus D. RRH n° 164 erfahren wir, daß eine öffentliche Verlesung vor dem König stattfand. Bei der Gelegenheit wurde das Diplom dann aber auch ausgehändigt. Wenn in diesem Stadium ein Einspruch kam, der Erfolg hatte, dann gab es nur zwei Möglichkeiten. Entweder mußte ein revidiertes Ingrossat des Diploms angefertigt werden, das den Einspruch berücksichtigte, oder aber es kam, wenn das Original genügend Platz ließ, zu einem Nachtrag wie in D. RRH n° 137a.

7. Empfängereinflüsse in Hemelins Diplomen

Wir müssen noch DD. RRH n° 102. 105. 134 betrachten. Das Kanzleidiktat steht bei allen dreien außer Frage, aber man muß im Diktat mehr oder minder großen Empfängereinfluß feststellen. Ich habe schon oben S. 479 der Vermutung Raum gegeben, daß das Original von D. RRH n° 134 vom Empfänger mundiert wurde. Im Diktat finden wir zunächst erhebliche Einflüsse von D. RRH n° 90 Brandos, weil dies die letzte große Besitzbestätigung für Josaphat vor D. RRH n° 134 war, ohne zur VU. im strengen Sinne zu werden. Brandos Produkt wurde also der Kanzlei vorgelegt. Daneben finden sich Anklänge besonders an D. RRH n° 130 für einen anderen Empfänger, was natürlich den Befund der Kanzleimäßigkeit erhärtet. Aus D. RRH n° 90 stammte die Idee, wenn auch nicht der Wortlaut einer Arenga, in der sich aber doch Entlehnungen aus D. RRH n° 90 finden, so bei *nisi per apicum annotationem nota fierent, idcirco congruum duximus, quae nobis sunt praesentia, posteris nostris litterarum exaratione memoriter retinenda contradere* D. RRH n° 134 (vgl. *nomina litterarum apicibus ... commendavi* D. RRH n° 90). Der Anklang an Seneca in der Arenga von D. RRH n° 134 *ob labilem hominum memoriam*[78] stammt allerdings nicht aus D. RRH n° 90. Die ganz nach vorn vor die Besitzliste gezogene Corroboratio I mit der Siegelankündigung ist nicht dem Wortlaut, aber der Stellung im Text

---

77) MAYER, Bistümer S. 363 f.
78) Vgl. neben der NU D. RRH n° 291 auch D. RRH n° 259 und zur Sache ELZE, Seneca-Zitat, passim.

nach aus D. RRH n° 90 entnommen, und von dorther könnte auch der Text der Siegelankündigung I mit *regiae (meae) auctoritatis sigillo corroborari (corroboravi)* stammen, aber ebensogut kann dieser Text aus D. RRH n° 130 stammen.

Auch bei D. RRH n° 130 handelt es sich um eine Besitzbestätigung, und aus dem kurzen Stück zwischen der Empfängernennung und dem Beginn der Besitzliste finden wir in D. RRH n° 130 *tam in terris quam in domibus et quibuslibet aliis possessionibus meo tempore concessa sunt, sicut inferius nominatim exprimuntur*, was zu vergleichen ist mit *possessiones tam terrarum quam domuum, quae ab antecessoribus meis vel aliis quibuslibet hominibus tempore eorum* (vgl. auch *tempore eiusdem praenominati antecessoris mei* an anderer Stelle in D. RRH n° 130) *vel meo tempore ... concessa sunt, sicut in sequentibus scriptis scripta videntur* in D. RRH n° 134. An die nach vorn gezogene wörtlich gleiche Siegelankündigung schließt sich in beiden Stücken *quatinus deinceps* als Übergang zur nächsten Formel an. Auch im Eschatokoll hat D. RRH n° 134 deutliche Anklänge an D. RRH n° 130 mit *Factum est et datum*, der Nennung des Königspalastes in Jerusalem als Ausstellort und der Angabe des regierenden Patriarchen.

Daneben stehen aber in D. RRH n° 134 Abweichungen vom Hemelindiktat. Vor allem fehlt die sonst mit großer Konstanz auftretende Gedenkformel für den Vorgänger und für die verstorbene Königin. Die Zeugenankündigung, die im wesentlichen mit der von D. RRH n° 137a übereinstimmt, entbehrt des dort noch vorhandenen Relativsatzes *quorum hic nomina scripta*, der für Hemelin ungemein charakteristisch ist. Das sind zwar nur zwei Abweichungen vom Kanzleidiktat, aber sie sind gravierend. Ich meine, den Befund so erklären zu sollen, daß der Empfänger hier nicht nur eine Besitzliste, sondern einen vollständigen Entwurf einreichte, der von der Kanzlei durchrevidiert wurde. Sachlich ist mit dem Diplom nicht alles in Ordnung. Ich habe mich damit bereits ausführlich an anderer Stelle befaßt[79]. Ich habe damals an der Echtheit des Diploms festgehalten und tue dies heute aufgrund des Diktatvergleichs mit gestärkter Überzeugung. Das Diktat ist erstklassig. Aber ich habe seinerzeit der Vermutung Raum gegeben, daß sich die Abtei Josaphat in diesem Stück Dinge erschlich, die ihr nicht zustanden, und zwar unter Ausnutzung des Umstandes, daß der Abt mit dem König verwandt war. So taucht hier erstmals die falsche Tradition von der Klostergründung durch Gottfried von Bouillon auf, ebenso wird ein Handelsprivileg Balduins I. für Josaphat bestätigt, das bei Abwägung aller Umstände nur als unecht gelten kann, und auch sonst scheint die eine oder

---

79) MAYER, Bistümer S. 311–340.

andere Bestätigung ohne Rechtsgrundlage in das Diplom hineingekommen zu sein. Für die Masse der Besitzungen boten die Formulierungen in DD. RRH n° 80. 90, den beiden vorangegangenen Generalbestätigungen des Klosterbesitzes, natürlich eine Formulierungshilfe. Schon von hierher brauchte man die Hilfe der Abtei bei der Herstellung von D. RRH n° 134. Da nun aber Falsches in den Text geschmuggelt werden sollte, hätte es sich empfohlen, der Kanzlei, die getäuscht werden sollte, so viel Hilfe wie möglich anzubieten. Ich glaube also, daß das Kloster einen weitgehend fertigen Entwurf vorlegte, den der König positiv beschied, daß dann Hemelin diesen Entwurf in Kanzleiform brachte und daß schließlich die Abtei danach ein Ingrossat anfertigte, um Nachprüfungen in letzter Minute zu vermeiden, denn angesichts der Fülle von Schreibfehlern im Original (oben S. 478 f.) muß man vermuten, daß in der Kanzlei offenbar keine Endkontrolle mehr stattfand. Ich glaube also hier an einen Empfängerentwurf, ein Kanzleikonzept und ein Empfängeringrossat.

Viel massiver ist der Empfängereinfluß in den DD. RRH n° 102. 105 für Venedig. Aber auch diese Stücke haben die Kanzlei durchlaufen. Da der Doge bei der Ausstellung von D. RRH n° 102 im Osten präsent war, müssen die venezianischen Empfängereinflüsse in den sogenannten Ducali maggiori, den älteren feierlichen Dogenprivilegien, gesucht werden[80]. Hier ist die Quelle für das, was in DD. RRH n° 102. 105 an die Stelle der Zeugenliste getreten ist, nämlich die Reihe von Namen geistlicher und weltlicher Würdenträger, die die beiden Diplome mit ihrer Unterschrift nicht bezeugen, sondern bestätigen, wie dies in der Formel *Ego N similiter confirmo (affirmo)* zum Ausdruck kommt. Vereinzelt waren die Ducali maggiori auch einmal von *testes* unterschrieben, aber überwiegend fanden sich Subskriptionslisten, deren Wortlaut allerdings deshalb abweichend war, weil in Venedig die Unterschriften ja überwiegend eigenhändig waren: *Ego N manu mea subscripsi* mit einem gelegentlichen *Signum manus N, qui haec rogavit fieri*, was ebensowohl Schreibunkundigkeit anzeigen kann wie Abwesenheit. Da man in DD. RRH n° 102. 105 keine Zeugen im eigentlichen Sinne hatte, ließ man konsequenterweise in D. RRH n° 105 die Zeugenformel ganz weg, während in D. RRH n° 102 ihr für Hemelin besonders charakteristischer zweiter Teil *quorum nomina subscripta sunt* nach vorn gezogen wurde zur Nennung der Barone, die das Privileg auf die Evangelien beschworen hatten.

Auch die Anordnung der Unterfertigungen in drei Kolumnen[81] ist für

---

80) Siehe dazu LAZZARINI, Originali S. 199–229; MONTICOLO, Costituzione S. 97–100.
81) So in der Nachzeichnung von D. RRH n° 102. In den beiden Einzelkopien von D. RRH n° 105 stehen die Unterfertigungen in zwei Kolumnen. Davon könnte

die venezianischen Ducali Maggiori typisch, denn dort ist die Dreizahl häufig, obwohl auch eine, zwei oder vier Kolumnen vorkommen[82]. Wieviele Kolumnen man nimmt, hängt ja auch von der Zahl der Genannten ab, die in Venedig außerordentlich stark schwankte, nämlich – immer außer dem Dogen und den Iudices – zwischen null und 159. Je mehr Kolumnen man für die kurzen und stark gekürzten Einträge machte, desto mehr Namen konnte man unterbringen, ohne mehr Pergament zu benötigen. In D. RRH n° 102 hat man aber in einer Art und Weise die Unterschriften geordnet, die die venezianische Urkunde nicht kannte. Links steht der Episkopat, in der Mitte die Äbte und Prioren, rechts die einzige weltliche Unterschrift. Diese hierarchische Gliederung der drei Kolumnen dürfte aus den drei Ordines der Kardinalsunterschriften der feierlichen Papstprivilegien gewonnen worden sein. Das eine wie das andere war der jerusalemitanischen Königsurkunde völlig fremd, dort gab es weder Bestätigungsunterschriften noch Kolumnenanordnung, sondern nur Listen mit *fortlaufend* hierarchisch gereihten Zeugen. Da es sich bei den beiden Ausnahmen DD. RRH n° 102. 105 um ein Entgegenkommen an den Empfänger handelt, wiegt das Vorbild der Ducali Maggiori natürlich stärker als das der Papsturkunden. Was man getan hat, war die hierarchische Reihung der jerusalemitanischen Zeugenliste zu verbinden mit der Kolumnenanordnung der venezianischen Unterschriften, indem man die Kolumnen ohne Rücksicht auf den benötigten Platz auch hierarchisch reihte.

Zur venezianischen Privaturkunde ebenso wie zur Dogenurkunde gehörte unweigerlich die Kompletion mit der Rogationsformel am Schluß, die den Schreiber nannte: *Ego N notarius complevi et roboravi.* Das ließ sich natürlich nicht auf eine Königsurkunde übertragen, aber man kam den Venezianern

---

allenfalls eine die Anordnung des Originals widerspiegeln, denn hier steht an erster Stelle der linken Kolumne der Patriarch ohne eine parallele Unterfertigung in der rechten Kolumne. Dann folgen links vier Erzbischöfe und Bischöfe, rechts vier Äbte und Prioren. Insoweit hat man eine symmetrische und hierarchische Reihung. Danach aber wird es schwierig, denn die mit Abstand wichtigeren Zeugen stehen in der rechten Kolumne, die weniger wichtigen links, also umgekehrt als man erwarten würde. Dazu steht der Johannitermeister zwar richtig zwischen geistlichen und weltlichen Unterschriften, aber der Templermeister durch fünf weltliche Unterschriften von ihm getrennt. Schon hier mag also eine ursprünglich andere Anordnung durcheinander gekommen sein. Erst recht ist dies der Fall in der anderen Einzelkopie, in der man den letzten weltlichen Zeugen der linken Kolumne der früheren Kopie an die erste Stelle der rechten Kolumne hinüberzog, womit er vor den Äbten und Prioren stand.

82) Vgl. hierzu die Abbildungen von Dogenurkunden in der Storia di Venezia 2, S. 356 Abb. 78, S. 367 Abb. 80, S. 426 Abb. 91, S. 429 Abb. 92, S. 432 Abb. 93, S. 439 Abb. 95, S. 450 Abb. 97.

immerhin so weit entgegen, daß man ihnen in beiden DD. eine klassische Kanzleizeile nach päpstlichem Muster ans Ende setzte, die die Feierlichkeit der beiden Diplome natürlich erhöhte, bisher aber in Jerusalem nicht üblich gewesen war. Sie enthielt entsprechend dem Vorbild auch die Datierung, die bei den Venezianern stets am Anfang stand. Trotzdem ist die Kanzleizeile ein Entgegenkommen an die an eine Unterfertigung gewohnten Venezianer, nicht nur weil die Kanzleizeile in Jerusalem dann auf fünf Jahre aus den Diplomen verschwindet, sondern auch weil in D. RRH n° 102 das Datum *more Veneto* berechnet ist, nicht nach dem in Jerusalem damals herrschenden Weihnachtsstil (siehe unten Bd. 2, Exkurs I, S. 852). Allerdings ließ man den in Venedig stets ohne Tagesangabe aufgeführten Monat in D. RRH n° 102 weg, in D. RRH n° 105 setzte man dafür beides, den Monat und den Tag.

Aber bei der Formulierung des Inkarnationsjahres hat man fast den Eindruck, daß hier um die Formulierung gerungen wurde. Man kam jedenfalls zu einem Resultat, das weder venezianisch noch jerusalemitanisch war. In Venedig lautete die Jahresangabe in der Privaturkunde seit dem 11. Jh., in der Dogenurkunde, wenn ich nicht irre, seit dem Beginn des 12. Jahrhunderts überwiegend *anno domini*, neben dem (dann ausnahmslos ablativisch gestalteten) *anno ab incarnatione eiusdem* (bezogen auf die der Anfangsdatierung vorangehende Invocatio, in der Christus genannt wurde) *redemptoris*. Bei Hemelin war *anno incarnationis dominicae* üblich, in DD. RRH n° 102. 105 aber finden wir ein einfaches *anno*. Das war eigentlich nicht brauchbar, weil ja im Abendland nebeneinander so viele Jahreszählungen existierten, von der griechischen Weltära bis zu den Herrscherjahren, daß man die Zeitrechnung, in der man sich bewegte, an sich unbedingt angeben mußte. Einfaches *anno* kommt normannisch vor, sogar original[83], aber es ist selten, weil ja gerade hier auch die griechische Weltära verwendet wurde. Auch in Flandern tritt es auf, aber auch dort nur vereinzelt (siehe unten S. 572 Anm. 18). Dieses nackte *anno* wurde schon bald in Venedig als anstößig empfunden. Schon im ersten Viertel des 13. Jahrhunderts änderte der Schreiber des venezianischen Liber Pactorum I (und danach der Liber Pactorum II und der Liber Albus) dies bei D. RRH n° 105 um zu *anno domini*, und dieselbe Korrektur finden wir für D. RRH n° 102 in einer Abschrift des 16. Jahrhunderts in der British Library (King's 148, fol. 120ʳ).

---

83) MÉNAGER, Recueil S. 104 n° 32, S. 129 n° 41 von 1080–1082. Nicht brauchbar sind S. 28 n° 4, S. 33 n° 8, S. 35 n° 9, S. 60 n° 13, S. 80 n° 20, S. 85 n° 22, S. 90 n° 25, S. 197 n° 57, S. 219 n° 62, denn hier handelt es sich ausnahmslos um Urkunden für S. Trinità di Venosa, so daß die Verkürzung auf einfaches *anno* hier überlieferungsbedingt ist.

Auch sonst finden sich in den beiden Stücken venezianische Einflüsse, mehr freilich in D. RRH n° 102 der Regenten als in D. RRH n° 105 des Königs. Prinzipiell ist der Dogentitel in der venezianischen Form der Zeit gehalten, d. h. ohne den früher (noch 1108) üblichen Protosebastostitel und mit der Bezeichnung als Herrscher von Venedig, Dalmatien und Kroatien, wobei die beiden letzteren formulargerecht verbunden werden durch *atque*. Dieser Titel tritt in den Ducali Maggiori seit 1094 auf. Allerdings ist er in D. RRH n° 105 verkürzt zu *Venetiae (Venetus) dux*, während er in D. RRH n° 102 von der jerusalemitanischen Kanzlei formularwidrig erhöht wurde zu *Venetiae dux, Dalmatiae atque Croatiae regni princeps*, was kein venezianischer Notar jemals geschrieben hätte, auch wenn es vielleicht Musik in den Ohren des Dogen war, zumal die Bezeichnung des venezianischen Staatswesens als *regnum* zwar offiziell nie verwendet, aber in Oberitalien, speziell in Padua, von Venedig durchaus geduldet wurde[84].

Die Überleitung von der Narratio zur Ausstellernennung in D. RRH n° 102 ist mit *propterea nos quidem* den venezianischen Formeln der Ducali Maggiori *Igitur (quapropter* oder *quia) nos quidem* nachempfunden. Hier kommt der Empfängerkonzipient unmittelbar zum Vorschein. Auch die mehrfache Erwähnung der *successores* des Dogen und von Dogen und Volk (oder Venezianern) in beiden Diplomen stammt von der venezianischen Seite. Zwar hatte Hemelin dies auch gelegentlich für seinen König (siehe oben S. 465). Aber die Formel ist auch vertraut aus den Ducali Maggiori, wo Vitale Falier 1090 sogar noch von *nostris successoribus et haeredibus* gesprochen hatte[85], als seien die Zeiten des erblichen Dogats nicht schon vorbei gewesen. Wenn D. RRH n° 102 dem in der Empfängerformel genannten Dogen noch die *gens Veneticorum*, D. RRH n° 105 einmal die *barones*, ein anderes Mal die *Venetici* folgen lassen, so ist damit jener Teil des venezianischen Staatswesens gemeint, der in der Ausstellerformel der Ducali Maggiori durch die *boni homines* nach dem Dogen und den Iudices repräsentiert wurde, das Volk[86], und einmal werden sie als *nobiles principes nostri et populus Venetiae* genannt[87], vergleichbar den *barones* in D. RRH n° 105.

---

84) GLORIA, Codice diplomatico padovano 1, S. 76 n° 93, S. 143 n° 178, S. 158 n° 200, S. 176 n° 224, S. 370 n° 503, S. 402 n° 554, S. 425 n° 590, S. 430 n° 597, S. 450 n° 631; 2, S. 30 n° 692, S. 31 n° 694, S. 92 n° 797, S. 283 n° 1124, S. 314 n° 1186, S. 390 n° 1326 aus den Jahren 1117–1179.

85) LAZZARINI, Originali antichissimi S. 216 n° 1; auch noch 1145 bei TAFEL – THOMAS, Urkunden 1, S. 103 n° 47.

86) LENEL, Vorherrschaft Venedigs S. 112 f.

87) ROMANIN, Storia 1, S. 392 n° 19.

In der Besitzliste finden sich Italianismen: *platea, statera*[88], *buza, placitum*. Auch die *bizantii sarracenati* sind venezianischen Ursprungs. Für die Franken, die beim Durchzug durch das byzantinische Reich die Hyperperoi als Goldmünzen kennengelernt hatten und sie Byzantiner nannten, waren später Byzantiner Goldmünzen schlechthin, also im Hl. Land die dort umlaufenden fatimidischen Golddinare[89]. Die in Byzanz und in der Levante Handel treibenden Venezianer bedurften dagegen einer Unterscheidung zwischen den byzantinischen Hyperpern und den fatimidischen Dinaren. So begegnet – für das letztere natürlich – der Ausdruck *bizantius sarracenatus* erstmals in DD. RRH n° 102. 105 für Venedig, um dann erst ab 1163 wieder im Hl. Land aufzutauchen, erst in Tripolis (RRH n° 389), dann in Antiochia (RRH n° 424), dann im Königreich Jerusalem (RRH n° 447)[90]. Sehr rasch verbreitete sich die Bezeichnung dann weiter, und in den venezianischen Handelsurkunden für den Osten begegnet sie auch früher als im Hl. Land, DD. RRH n° 102. 105 immer ausgenommen[91]. In Venedig unterschied man zwischen *bisancii (auri) boni perperi*[92] und *bisancii auri saracenati boni*[93]. Dazu kam bei Geldverschlechterung noch die Unterscheidung zwischen alten und neuen Byzantinern[94].

Den Mangel eines Siegels in D. RRH n° 102 führe ich weniger auf venezianischen Einfluß zurück, obwohl die Dogenurkunde damals noch unbesiegelt war, denn vor Pietro Polani (1130–1148) ist keine dogale Bulle bekannt, und gewiß darf man Cechetti nicht dabei folgen, die Dogenurkunden seit dem Beginn des 9. Jahrhunderts bulliert zu sehen[95]. Ich glaube eher, daß der Kanzler während der Gefangenschaft des Königs in der Besiegelung beschränkt war, daß notfalls zwar geurkundet, aber nicht gesiegelt werden konnte, so daß – wie dies in D. RRH n° 102 ausdrücklich vorgesehen wird –

---

88) Vgl. dazu die Urkunde des Dogen Ordelafo Falier von 1107 bei Tafel – Thomas, Urkunden 1, S. 67 n° 32.

89) Vgl. Fulcher von Chartres, Historia Hierosolymitana S. 302, 403 f. Siehe aus derselben Zeit wie D. RRH n° 102 auch D. RRH n° 100a, wo nur von *bizantii* die Rede ist.

90) DD. spur. RRH n° 163. 276. RRH n° 386. DD. RRH n° 733. 747 sind Fälschungen aus der Mitte des 13. Jh., als der Ausdruck in der Levante längst universelle Geltung hatte.

91) Morozzo della Rocca – Lombardo, Documenti 1, S. 55 n° 53, S. 65 n° 62, S. 77 n° 74, S. 78 n° 75, S. 84 n° 81, S. 91 n° 90, S. 158 n° 161, S. 169 n° 171 von 1129 bis 1166.

92) So erstmals ebd. 1, S. 43 n° 41 von 1119.

93) So erstmals ebd. 1, S. 55 n° 53 von 1129, ausgestellt in Akkon.

94) DD. RRH n° 452. 466. Ebd. 1, S. 77 n° 74, S. 164 n° 167.

95) Cechetti, Bolle dei dogi di Venezia, ed. II, S. 5 f.

der König nach seiner Freilassung zu bestätigen hatte (siehe oben S. 71). Damit war die Möglichkeit gegeben, ein während der Gefangenschaft siegellos ergangenes Diplom zwar nicht gerade zu verwerfen, wohl aber abzuändern. In der Tat enthält D. RRH n° 105, wie Favreau-Lilie erkannt hat[96], gravierende Einschränkungen des Pactum Warmundi (D. RRH n° 102). Man hat stets auf dieses als Beschreibung der venezianischen Rechtsstellung geschaut und hat D. RRH n° 105 für eine mehr oder minder gleich umfangreiche Bestätigung gehalten, aber ein genauer Vergleich zeigt, daß dem nicht so ist. Rechtliche Wirksamkeit hatte das Pactum Warmundi nur, soweit es durch D. RRH n° 105 gedeckt war. Die Venezianer haben sich damit abgefunden, denn als sie 1226 an der römischen Kurie prozessierten und eine umfangreiche Urkundendokumentation vorlegten, da gaben sie dem Gesandten das Privileg des Königs mit, nicht dasjenige der Regenten[97].

Gegen diese venezianischen Diktateinflüsse steht aber Unvenezianisches. Schon die Invocatio mit der erweiterten Trinitätsanrufung ist jerusalemitanisch, denn in Venedig gebrauchte man mit ungemeiner Regelmäßigkeit *In nomine domini dei et salvatoris nostri Iesu Christi*, die alte Formel Ludwigs des Frommen. Auch wiesen die Ducali Maggiori vor der Intitulatio regelmäßig eine Arenga auf, die in unseren beiden Diplomen fehlt. Die in den Ducali Maggiori übliche Poenformel ließ man weg, und auch die dort unveränderliche Corroboratio *et haec ... cartula in sua semper maneat firmitate* hat man nicht übernommen.

Nimmt man dazu, daß der Diktatvergleich ergeben hat, daß auch DD. RRH n° 102. 105 Hemelindiktat zeigen, so ergibt sich als Fazit, daß in D. RRH n° 102 die Venezianer nicht nur ihre Forderungen in der Sache vorgetragen haben, sondern auch den Text, ja mit den drei Kolumnen für die Bestätigungsunterschriften selbst das Aussehen des Pactum Warmundi stark bestimmt haben, ohne daß das jerusalemitanische Kanzleidiktat verschwunden wäre. Dieses ist immerhin so deutlich erkennbar, daß man sicher sein kann, daß das Stück in der Kanzlei nach einem venezianischen Entwurf

---

96) FAVREAU-LILIE, Italiener S. 148 f., 465–468.

97) Liber plegiorum ed. CESSI, Deliberazioni del Maggior Consiglio 1, S. 97 n° 169. Allein des Königs Privileg, nicht die Urkunde der Regenten, ist erwähnt in RRH n° 402 und JL 11189 aus den Jahren 1164–1165. Es ist also nicht sicher, daß Wilhelm von Tyrus das Pactum Warmundi deshalb in seine Chronik aufnahm, weil er es in einem Prozeß vor Alexander III. als Beweismittel vorgelegt habe (so HIESTAND, Wilhelm von Tyrus S. 366 f.). Wenn es aber sein Beweisstück war, so sagt das noch nicht aus, daß sich auch Venedig darauf stützte. Für eine Verwendung von D. RRH n° 102 findet sich nur ein klarer Beleg in D. RRH n° 705, als es 1191 Konrad von Montferrat vorgelegt wurde.

konzipiert wurde. Aber der ungemein weitgehenden Privilegierung im Sachinhalt entspricht in D. RRH n° 102 eine sehr starke Angleichung des Diploms an das Vorbild der venezianischen Ducali Maggiori. Das zeigt die Stärke der venezianischen Stellung in den Verhandlungen um das Privileg und das Gewicht ihrer Pressionen. Es spricht umgekehrt für den Kanzler Paganus und seinen Notar Hemelin, daß sie zwar Empfängereinfluß in verschiedenem Umfang zuließen (DD. RRH n° 102. 130. 134), dabei auch in der Schlußkontrolle nachlässig sein konnten[98], aber eine vollständige Empfängerausfertigung nie zugestanden, die Kontrolle über das Urkundengeschäft letztlich also immer in der Hand behielten.

---

98) Bei D. RRH n° 134 hat wohl überhaupt keine Endkontrolle stattgefunden; siehe oben S. 479, 498. Zu Schreibfehlern und einem Nachtrag über der Zeile schon im verlorenen Original von D. RRH n° 102 siehe oben S. 481 f. Aus D. RRH n° 105 zitiere ich: *secundum prolocutiones litterarum et nuntiorum suorum ... eis destinatae* (alle statt *destinatas*) ..., *postmodum a ... patriarcha ... secundum suum ordinem concessae* (alle außer Libri Pactorum und dem davon abhängigen Liber Albus, wo bereits emendiert *concessas* steht) *atque a baronibus sacramentali manu confirmatae* (alle außer Libri Pactorum und Liber Albus, wo bereits emendiert *confirmatas* steht) und *coquere molere balneari* (alle außer Liber Albus, wo bereits emendiert *balneare* steht) *et mensurare*. Auch diese Fehler müssen sich bereits im Original befunden haben.

VI. Die Empfängerausfertigung D. RRH n° 120 des Kanonikers Arnold vom Templum Domini (tätig 1112–1127)

1. Der Urkundenbestand
(siehe unten S. 506)

Im Jahre 1127 schenkte Barisan der Alte, Konstabler von Jaffa und Ahnherr des Hauses Ibelin, hier bescheiden als *miles* bezeichnet, ein Casale an die Abtei Josaphat (D. RRH n° 120). Es handelt sich um eine reine Privaturkunde, die aber in die Edition der Urkunden der Könige von Jerusalem aufgenommen werden muß, weil sich darin am Ende ein subjektiv stilisierter Bestätigungsvermerk des Königs Balduin II. findet. Schon von der Sache her handelt es sich hier nicht um ein Kanzleiprodukt; dies gilt nicht einmal für die königliche Bestätigung. Die Urkunde wurde aber auch nicht vom Aussteller konzipiert, sondern ist eine Empfängerausfertigung Josaphats, die freilich nicht von einem Klosterschreiber hergestellt wurde, sondern vom Kanoniker Arnold vom Stift des Templum Domini (Felsendom) in Jerusalem, den Josaphat auch sonst für sein Urkundenwesen heranzog, über dessen Person wir sonst aber nichts wissen. In RRH n° 101. 114d nennt er sich selbst:

RRH n° 101:   *Arnaldus Dominici Templi canonicus rogatus scripsit.*

RRH n° 114d: *sub testimonio ... Arnaldi Dominici Templi canonici, qui hoc rogatus scripsit domino opitulante, amen.*

Ich schreibe Arnold insgesamt die folgenden Urkunden zu, die allesamt Josaphat als Empfänger haben, als Aussteller dagegen den Bischof von Ramla (RRH n° 76b), den Patriarchen von Jerusalem (RRH n° 101), die Herrin von Tarsos, Witwe des Fürsten Roger von Antiochia und Schwester des Königs Balduin II. von Jerusalem (RRH n° 114c), den Erzbischof von Caesarea (RRH n° 114d) und den Konstabler Barisan den Alten (D. RRH n° 120), also ein buntes Florileg illustrer Aussteller und ein deutliches Indiz dafür, wie rar noch in den zwanziger Jahren tüchtige Urkundenschreiber waren[1]:

	RRH n° 76b	1115 (Herbst – Weihnachten)
Or.	RRH n° 101	1123 (August/September – Dezember 24)
	RRH n° 114c	1126 (1125 Dezember 25 – 1126 Dezember 24)
	(unten Bd. 2, Exkurs II, S. 889 Nr. 2)	
	RRH n° 114d	1126 (1125 Dezember 25 – 1126 Dezember 24)
	(unten Bd. 2, Exkurs II, S. 890 Nr. 3)	
Or. D.	RRH n° 120	1127 (1126 Dezember 25 – 1127 Dezember 24)

2. Die Schrift von RRH n° 67. 101. D. RRH n° 120

Die oben aufgezählten Urkunden sind von Arnold diktiert. In einem Vortrag vor der Commission internationale de diplomatique in Innsbruck im September 1993, dessen Manuskript er mir freundlicherweise vor der Drucklegung zur Verfügung stellte, hat Rudolf Hiestand die Diktateinheit von RRH n° 101. 114c. 114d. D. RRH n° 120 bereits erkannt. Arnold scheint sich vom Ingrossator zum Diktator emporgearbeitet zu haben, denn er mundierte meiner Meinung nach bereits RRH n° 67 von 1112, das indessen von Robert diktiert worden war. Jedenfalls meine ich, daß es sich bei den Schreibern von RRH n° 67. 101 um ein und dieselbe Person handelt, wenn man in Rechnung stellt, daß zwischen beiden Urkunden elf Jahre liegen (siehe oben S. 395 f.). Wenn dem so ist, dann schrieb Arnold in seiner eigenen Diktatgruppe zwar RRH n° 101, aber nicht D. RRH n° 120. Dieses hat zunächst Hochformat im Gegensatz zu RRH n° 67. 101, die Querformat zeigen. Es handelt sich bei D. RRH n° 120 des weiteren um eine reine Buchschrift, während Arnold eine Urkundenschrift nach Art der lothringisch-flandrisch-rheinischen Schriftregion schrieb (oben S. 396). Es ist Arnolds letzte Urkunde, und er war seit 15 Jahren im Geschäft. Es darf also nicht verwundern, wenn er jetzt darauf bestand, daß er nur noch das Diktat lieferte, aber ein anderer mundierte. Ich sehe daher in dem Schreiber von

---

1) Zur Begründung der Daten, soweit diese nicht aus sich heraus verständlich sind, siehe unten Bd. 2, Exkurs I.

D. RRH n° 120 einen Empfängerschreiber, was ich – beim gleichen Empfänger – auch für D. RRH n° 134 unterstellt habe (siehe oben S. 477–479). Allerdings waren die beiden nicht identisch[2].

3. Das Diktat Arnolds

Arnold war ein Professional, der seine Kollegen kannte. Er kannte vielleicht den Empfängerdiktator von D. RRH n° 79, ebenfalls für Josaphat, mindestens aber dessen Produkt, denn er scheint sein Datum in RRH n° 76b dem geringfügig früheren D. RRH n° 79 entnommen zu haben. So kam es, daß er denselben Rechenfehler bei der Epakte hatte (28 statt 23) und die in D. RRH n° 79 noch richtige Indiktion 8 nicht umsetzte, obwohl er selbst erst nach dem 23. September schrieb[3]. Arnold war wirklich kein komputistischer Rechenkünstler, denn allein hier, wo er kopieren konnte, ohne nachzurechnen, hat er überhaupt Epakte und Indiktion. Später hat er das immer weggelassen, und als er sich in RRH n° 101 einmal an der Berechnung von Amtsjahren versuchte, ging es prompt daneben (siehe unten Bd. 2, Exkurs I, S. 852). Er kannte auch den gerade neu ernannten Kanzler Paganus, denn in RRH n° 76b führt er ihn als Zeugen an. Er wird dann auch den Urkundenkonzipienten Robert gekannt haben, dessen Tätigkeit 1115 endete, als Arnold RRH n° 76b schrieb. Jedenfalls finden wir dort Anleihen bei Roberts Diktat. Wir werden sehen, daß er auch den Kanzler Hemelin gekannt haben mag.

Aus Roberts Diplomen stammt das Epitheton *gloriosissimus rex* in der Zeugenliste von RRH n° 76b (siehe oben S. 31, 415). Arnold bezeichnete den König aber nicht nur mit diesem Lieblingsepitheton Roberts, sondern führte auch das neue des *illustrissimus rex* ein (RRH n° 76b). Es hatte keine große Zukunft, weil die Zeit der Epitheta mit Robert generell zu Ende war. *Illustrissimus* finden wir in der Frühzeit überhaupt nur hier und in RRH n° 102a, das aber mit RRH n° 112. 113 zu einer anderen Diktatgruppe gehört[4]. Danach aber müssen wir warten bis zu D. RRH n° 278 von 1152, bis wir dem Wort erneut begegnen. Immerhin ist der Superlativ noch robertinisch, aber in dieser Hinsicht setzt die Emanzipation Arnolds bereits mit

---

2) Nimmt man noch D. RRH n° 79 hinzu, so ergibt sich, daß Josaphat von 1115 bis 1130 über drei eigene Schreiber zuzüglich Arnold verfügte. Ich weise darauf hin, daß ca. 1143 Josaphat einen eigenen Scriptor hatte (RRH n° 213; siehe unten S. 795–799). Das mag eine schon ältere Einrichtung sein.

3) MAYER, Kreuzfahrerherrschaft Montréal S. 264 f.

4) MAYER, Bistümer S. 138 f.

RRH n° 101 ein. Dort steht nur noch *gloriosus rex*, das dann ganz verschwindet und das zwar bei Robert vorkommt, aber aus der Papsturkunde jedermann greifbar war (siehe oben S. 415). Auch bei *illustrissimus* verschwindet der Superlativ. In den Zeugenformeln von RRH n° 101. 114c. 120 finden wir nur noch *illustris*.

Im übrigen kann der Diktatvergleich hier so aus dem Vollen schöpfen, daß ich mich auf wenige Formularteile beschränken kann, die eine fast eisern zu nennende Einheitlichkeit in der Phraseologie aufweisen, so daß demgegenüber ein Mangel an Diktatkonstanz, wie er sich etwa in der Invocatio zeigt[5], keine Bedeutung hat. Vielmehr äußert sich in dieser Variationsfreude der Professionalismus Arnolds, denn im wesentlichen bot er hier jedem Auftraggeber, was bei ihm üblich war. So hat er das *amen* in RRH n° 76b des Bischofs von Ramla angebracht, wie dies dort üblich war (RRH n° 165. 190. 246). In RRH n° 114c (siehe unten Bd. 2, Exkurs II, S. 889 n° 2), einer Urkunde der Herrin Caecilie von Tarsos, zwar einer Schwester des lothringischen Königs Balduin II., jedoch der Witwe des normannischen Fürsten Roger von Antiochia, ließ er die Invocatio ganz weg und begann stattdessen mit einer normannischen Eingangsdatierung *Anno incarnationis domini nostri Iesu Christi*, wie sie freilich auch am Hl. Grab mit seinem pisanischen Einfluß damals öfters vorkam (siehe oben S. 37), und endete mit einer üppigen Sanctio. Beim Erzbischof von Caesarea ließ Arnold nach dem Vorbild von dessen Urkunden (RRH n° 65. 114e. 126) in RRH n° 114d (siehe unten Bd. 2, Exkurs II, S. 890 n° 3) das *amen* weg. D. RRH n° 120, eine Urkunde des Konstablers Barisan des Alten von Jaffa, behandelte er genau wie die Urkunde der Herrin von Tarsos[6].

In seiner Spätzeit hatte Arnold Kurzformeln, die die göttliche Motivation des Ausstellers betonen und somit statt einer Arenga stehen: *divino afflata spiritu* (*ammonitus instinctu*) (RRH n° 114c. 114d. D. RRH n° 120). *Rogatus* ist gewiß ein Allerweltswort, das auch bei Robert vorgekommen war (*rogavi* und *rogo* D. RRH n° 59. RRH n° 63), aber bei Arnold finden wir es in den Bittpassus eingesetzt (*rogatu* RRH n° 76b. D. RRH n° 120), und in RRH n° 101. 114d steht es in der Unterfertigung (*rogatus scripsit*), so daß es nur in RRH n° 114c fehlt. Die Schenkungsformel setzte ein mit *dono et concedo*,

---

5) RRH n° 76b: *In nomine patris et filii et spiritus sancti, amen*; RRH n° 101. 114d: *In nomine sanctae et individuae trinitatis, patris et filii et spiritus sancti*; fehlt ganz wegen der Eingangsdatierung in RRH n° 114c. D. RRH n° 120.

6) Das *amen* blieb auch in RRH n° 101 weg, ohne daß man die Gründe dafür erkennen könnte. Doch mag immerhin darauf hingewiesen werden, daß dies durchgängig der Brauch war im weiten flandrisch-lothringisch-rheinischen Raum, dem auch Arnulfs Schrift zuzuweisen ist.

dem erst in einigem Abstand *in perpetuum possidenda* folgte (RRH n° 76b). Sie entwickelte sich in RRH n° 101 weiter zu *concedo ... iure perpetuo* und erreichte ihre abschließende Form mit der Kombination beider Formeln: *dono et concedo iure perpetuo* (RRH n° 114c. 114d. D. RRH n° 120). Das war sicher keine sehr auffällige und von der Norm abweichende Formel, aber sie wurde mit bemerkenswerter Konstanz eingesetzt. Neben den dispositiven Verben *dono et concedo*, die er für Schenkungen normalerweise hat (RRH n° 76b. 114c. 114d. D. RRH n° 120), steht in RRH n° 101 einfaches *concedo*. Die dort angeschlossene Bestätigung drückt er mit *confirmo*, im Bestätigungsvermerk des Königs in D. RRH n° 120 mit *laudavi et concessi* aus. Damit ist Arnold einheitlicher als sein Zeitgenosse, der Kanzler Hemelin (siehe oben S. 488), wenngleich das einfache *concedo* in RRH n° 101 etwas aus der Rolle fällt.

Arnold liebte lange Sanctiones, deren Wortlaut er nur einmal auswechselte und die sich in der Frühzeit deutlich an die Papsturkunde anlehnten.

RRH n° 76b	RRH n° 101
Si quis vero huius nostrae constitutionis paginam vel donum nostrum violare temptaverit, iram dei omnipotentis incurrat et excommunicationi subiacens alienus a dominici corporis et sanguinis perceptione existat, donec abbati et fratribus ... digne satisfaciat.	*Si quis vero huius nostrae paginae constitutionem violare temptaverit,* *alienus a perceptione dominici corporis et sanguinis existat divinaeque ultioni subiaceat, donec resipiscens[7] deo et eidem ecclesiae satisfaciat.*

In der Spätzeit lautete Arnolds an obige Formulierung anknüpfende Sanctio (RRH n° 114c. 114d. D. RRH n° 120): *Si quis vero contra hanc donationis paginam* (*hanc paginam nostrae donationis* [*dationis* RRH n° 114d] *ac concessionis* RRH n° 114c. 114d) *insurgere vel aliquo modo eam* (*eam aliquo temerario ausu* RRH n° 114c) *infringere aut* (*vel etiam* RRH n° 114c) *inquietare* (*vel aliquo ... inquietare* fehlt RRH n° 114d) *temptaverit* (*voluerit* RRH n° 114c), *deleatur de libro viventium et cum iustis non scribatur* (folgt *insuper etiam cum Iuda proditore in inferno portione perfruatur* RRH n° 114c). Ebenso einheitlich ist die Zeugenformel: *sub testimonio virorum illustrium* (fehlt RRH n° 76b. 114d) *subscriptorum* (fehlt nur RRH n° 101) lautet sie.

---

7) *Recipiscens* im Druck von DELABORDE ist zwar ein existierendes, wenngleich seltenes Wort, hier aber eine Falschlesung.

Daß D. RRH n° 120 außerhalb der Kanzlei von dem Kanoniker Arnold verfaßt wurde, kann nach all dem nicht zweifelhaft sein. Hemelin hätte beim Empfänger den Abt Gelduin genannt, er hätte statt *divino ammonitus instinctu* geschrieben *nequitiae veneno imbutus* (*commotus stimulis*) (DD. RRH n° 100a. 121), und er hätte eine andere Zeugenformel gehabt.

4. Die Empfängerausfertigung D. RRH n° 120

Der Bestätigungsvermerk des Königs in D. RRH n° 120 lautet: *Ego Balduinus dei gratia Ierosolimorum rex secundus rogatu praedicti Hugonis et eiusdem Baliani hoc donum laudavi et concessi et sigilli mei impressione signavi.* Während man bei einem ähnlichen Bestätigungsvermerk in D. RRH n° 142 trotz der subjektiven Stilisierung keinen Einfluß der Kanzlei feststellen kann (siehe oben S. 476), könnten sich hier Berührungen mit dem Diktat Hemelins finden, in dessen Amtszeit D. RRH n° 120 ja fällt, und zwar mit der Signumzeile in D. RRH n° 91. Dort ist zwar die Intitulatio anders, aber wir finden dort *sigilli mei impressione signavi*, wobei freilich *sigillo signare* in Europa damals durchaus nicht selten ist, nach Ausweis des Materials im Pariser Cabinet Ducange jedenfalls nicht in Frankreich[8]. Es ist nicht anzunehmen, daß die Kanzlei den Bestätigungsvermerk selbst formulierte. War er im Prinzip abgesprochen, konnte das ein Empfängerschreiber tatsächlich auch selbst machen. Hemelin hätte wahrscheinlich die Intitulatio anders formuliert. Sie lautete bei ihm zu dieser Zeit *rex Ierusalem Latinorum secundus*, und nur einmal (D. RRH n° 100a) hatte er dieselbe Intitulatio wie Arnold hier. Arnold machte anfangs Anleihen bei Robert, und er schrieb ein Datum mit allen Fehlern in D. RRH n° 79 ab. So könnte er hier Hemelin über die Schulter geschaut und sich an seinen Diplomen ausgerichtet haben, aber sicher ist es nicht.

Empfängereinfluß gab es unter Hemelin öfter und in ganz verschiedenem Ausmaß (DD. RRH n° 102. 105. 130. 134), aber D. RRH n° 120 ist die einzige wirklich vollständige Empfängerausfertigung im Cancellariat Hemelins, und man muß sich fragen, warum die Kanzlei dies überhaupt zuließ. Nun war es ja so, daß D. RRH n° 120 im Jahre 1127 längst überfällig war, denn der hier von Barisan dem Alten aus dem Lehen, das er von Hugo von Jaffa hatte, an Josaphat geschenkte Besitz, war von Hugo der Abtei als eine

---

8) Dabei hat beispielsweise in den Lütticher Bischofsurkunden das Wort *signare* schon im 11. Jahrhundert lediglich die Bedeutung von *confirmare*, und das könnte auch für DD. RRH n° 91. 120 zutreffen; siehe PONCELET, Sceaux et chancelleries S. 88 f.

Schenkung Barisans bereits vier Jahre zuvor bestätigt worden, und zwar damals schon mit dem Konsens des Königs (RRH n° 102a). Ja, Barisans Schenkung erfolgte sogar schon vor 1115, als sie bereits in D. RRH n° 80 (wiederholt 1120 in D. RRH n° 90) bestätigt wurde: *Barianus constabularius Iope dedi ... terram et vineas in territorio Ierosolimitano.* Zwar wird hier der Name des Dorfes nicht genannt, aber daß es sich wie in D. RRH n° 120 um *Dargerboan* handelte, ergibt sich aus D. RRH n° 134, der nächsten General-bestätigung für Josaphat von 1130, wo nur eine einzige Schenkung Barisans erwähnt ist, diese allerdings wegen des inzwischen ausgestellten D. RRH n° 120 als eine Schenkung aus der Regierungszeit Balduins II.: *Barisanus quoque constabularius ... donavit casale unum nomine Dargeboam in terra Ierusalem domno suo Hugone concedente et meo concessu favente.* Meine Er-klärung[9], daß Barisan das Casale zuerst formlos schenkte und eine Schen-kungsurkunde wünschbar schien, als Josaphat ab 1127 den Besitz wirklich nutzte, wofür es Anzeichen gibt, kann grosso modo bestehen bleiben. Man sollte sie aber präzisieren. Um 1127 kam man um eine Schenkungsurkunde nicht mehr herum, aber sie war zuvor nicht leicht zu erhalten, wenn man darin einen Bestätigungsvermerk des Königs haben wollte und wenn man das königliche Siegel an der Urkunde erbat. Das ersetzte ja ein eigenes königli-ches Diplom[10]. Ich habe (oben S. 67) schon in anderem Zusammenhang auf die ständige Abwesenheit des Königs aus dem Reich aufmerksam ge-macht. Von April 1122 bis April 1125 war der König im Norden und dabei ab April 1123 fast anderthalb Jahre in Gefangenschaft. In dieser Zeit war es so gut wie unmöglich, von ihm eine Urkunde zu bekommen. D. RRH n° 100a von 1122 ist das einzige Diplom des Königs aus dem Norden. Kaum nach Jerusalem zurückgekehrt, brach der König noch im selben Monat 1125 erneut nach Antiochia auf und kehrte erst im Laufe des Juni 1125 zurück. Er ging dann im April 1126 wieder nach Antiochia, von wo er erst im Dezember 1126 zurückkehrte. Aber in dem Zeitraum Juni 1125 bis April 1126 war er auch nicht dauernd im Reich. Im Oktober 1125 finden wir ihn zwar in Beirut, aber im November/Dezember 1125 führte er wieder im

---

9) MAYER, Bistümer S. 140–142.

10) Es muß darauf aufmerksam gemacht werden, daß es sich bei D. RRH n° 120 um ein Original handelt. Der Bestätigungsvermerk des Königs und sein Siegel wurden also *uno actu* bei der Ausstellung von D. RRH n° 120 angebracht, und das Stück ist in einem Zuge von einer einzigen Hand geschrieben. Der Fall liegt damit anders, als etwa die Schenkung, die John Marshall in England 1155/56 den Templern mittels einer damals in Oxford ausgestellten Urkunde machte, die erst 1158/59 in Westminster im Exchequer – der König war im Ausland – besiegelt wurde, als man ein Königssiegel haben wollte; LEES, Inquest of 1185 S. 206 n° 1.

Ausland Krieg, diesmal im Damaszenischen, ebenso im Januar 1126. Ende März stand er vor Rafanīya, einer Grenzfestung im Tripolitanischen, die er jetzt den Muslimen entwand. Anschließend ging er nach Jerusalem, wo er wohl das Osterfest (11. April 1126) verbrachte. Bald darauf reiste er in den Norden und stand im Juli 1126 tief im muslimischen Gebiet zwischen Antiochia und Aleppo bei Aṯārib, ging etwa im August 1126 nach Antiochia und von dort zu Weihnachten 1126 nach Jerusalem[11]. Wenn Barisan oder Josaphat nach der Bestätigung von Barisans formloser Schenkung durch Hugo von Jaffa 1123 (RRH n° 102a) eine Bestätigung des Königs wollten, so hatten sie nicht viel Gelegenheit, allenfalls 1125 von Juni bis Oktober und wenige Tage zu Weihnachten 1125 und Ostern 1126. Das bedeutet, daß im Reich nahezu keine Regierung mehr stattfand. Erst nach Weihnachten 1126 (für die Kanzlei bereits 1127) konnte man ernsthaft an eine königliche Bestätigung denken. Jetzt war auch damit zu rechnen, daß der König dauernd im Reich bleiben werde, da seine seit 1119 andauernde Regentschaft in Antiochia zu Ende war. Anderen Bittstellern muß es natürlich ähnlich gegangen sein, so daß man – wenn auch aus anderen Gründen – damals mit einem ähnlich hohen Arbeitsanfall in der Kanzlei rechnen muß wie schon zu Anfang 1120 während und nach dem Konzil von Nablus (siehe oben S. 444 f.). Wenn D. RRH n° 120 aus der Anfangszeit des Jahres 1127 stammt, so wäre leicht erklärt, warum der Kanzler Paganus und der Notar Hemelin einem vereinfachten Verfahren zustimmten, bei dem der Empfänger schrieb und statt eines königlichen Diploms nur ein Bestätigungsvermerk erging. Der Fall ist also vergleichbar Brandos D. RRH n° 90a.

---

11) Fulcher von Chartres, Historia Hierosolymitana S. 771, 772, 786, 799, 800, 802.

VII. Die Fürstenurkunde D. RRH n° 142 von 1132

Mit Zustimmung seiner Neffen (und Erben RRH n° 417) Radulf von Issy und Simon und mit Zustimmung des Königs Fulko von Jerusalem machte Wilhelm von Buris, Fürst von Galilaea, im Jahre 1132, genauer gesagt wegen der Indiktion zwischen dem 25. Dezember 1131 und dem 23. September 1132, dem Chorherrenstift vom Hl. Grab eine Schenkung zweier Casalien im Jordantal südlich des Sees Genezareth sowie wichtiger Fischereirechte auf dem See (D. RRH n° 142). Der König bezeugte das Stück, dem außerdem am Ende noch ein subjektiv stilisierter Bestätigungsvermerk hinzugefügt wurde: *Ego Fulco per dei gratiam rex Ierusalem sigillo meo supra dicta dona confirmo.* Um dieses Vermerks willen muß die Urkunde in das Corpus der jerusalemitanischen Königsurkunden aufgenommen werden.

Ich werde unten (S. 518 f.) erörtern, warum man möglicherweise statt eines eigenen königlichen Diploms den einfachen Bestätigungsvermerk gewählt hat. Hier ist lediglich kurz auf das Diktat einzugehen. Der Vergleich ergibt, daß D. RRH n° 142 überhaupt keine Berührungen mit dem zeitgenössischen Kanzleidiktat des Elias zeigt, also kein Produkt der Königskanzlei war. Auch mit Elias A finden sich keine Berührungen. Schon die Eingangsdatierung hatte Elias nicht, Elias A lediglich einmal. Dasselbe gilt für die Bezeichnung des Königs Fulko als *rex Francorum* im Datum (siehe unten S. 572). Eine so lange Grenzumschreibung, wie wir sie in D. RRH n° 142 finden, war Elias fremd, er hatte überhaupt nur eine einzige Grenzumschreibung (D. RRH n° 210), und die war kurz. Elias A hatte überhaupt keine. Dagegen kann es auch nichts bewirken, daß die Zeugenformel *Huius itaque donationis testes sunt* einer der Formeln des Elias gleicht (siehe unten S. 556, 591), denn die ganze Zeugenliste steht ganz unorganisch vor einer Corroboratio, die mit denjenigen des Elias und des Elias A nichts gemein hat. Beide waren zu manchem fähig, aber nicht dazu, die Zeugenliste vor der Corroboratio unterzubringen. Auch der Bestätigungsvermerk zeigt mit der lapidaren Intitulatio *rex Ierusalem* eine ältere Form, wie sie Robert und Hemelin gelegentlich benutzt hatten. Daß Elias diese Form nicht kennt, wiegt um so schwerer, als gerade die Intitulatio bei ihm von enormer Variationsbreite war.

Auch an eine Empfängerausfertigung mag man nicht glauben, denn es finden sich hier so gut wie keine Parallelen zu den nicht von Elias A konzipierten Urkunden des Stifts und des Patriarchen aus der Zeit des Patriarchen Wilhelm (1130-1145), obwohl diese zahlreich sind. Lediglich der *rex Francorum* im Datum könnte in diese Richtung deuten, setzt dort aber erst später 1135 ein (siehe oben S. 403), während es im gleichen Jahr 1132 in einer Urkunde des Hl. Grabs noch heißt *rege Fulcone Ierosolimitano regnante* (RRH n° 141)[1].

Dagegen finden sich doch wenigstens gewisse Diktatberührungen mit der zeitlich am nächsten stehenden Urkunde des Fürsten Wilhelm (RRH n° 131 von 1129). Zwar hat das eine Stück Schlußdatierung, das andere Eingangsdatierung, zwar hat RRH n° 131 aus diesem Grunde eine Promulgatio, D. RRH n° 142 nicht, zwar hat RRH n° 131 aus erneut demselben Grunde eine Invocatio, D. RRH n° 142 nicht, zwar hat RRH n° 131 neben dem Inkarnationsjahr die Epakte, D. RRH n° 142 aber die Indiktion, aber beide geben sie im Datum die Namen des herrschenden Patriarchen und des herrschenden Königs an, D. RRH n° 131 zusätzlich noch den des amtierenden Erzbischofs von Nazareth. Und in beiden Stücken ist die Ausstellerbezeichnung mit dem lapidaren *Willelmus de Buris* ohne jeden Titel gleich knapp. Nur das in D. RRH n° 142 angekündigte Siegel, das in RRH n° 131 aber fehlt, hätte den Betrachter des Originals informiert, daß hier der Fürst von Galilaea eine Schenkung machte, der in seinen früheren Urkunden diesen Titel oder den eines Herrn von Tiberias geführt hatte. Die Schenkungsformel ist mit *dono et concedo* bzw. *do atque perenniter tenere concedo* einigermaßen gleich. Und die Zeugenformeln sind bei beiden Urkunden exakt gleich.

Es ist also denkbar, wenn auch nicht sicher, daß wir in D. RRH n° 142 ein Erzeugnis eines ungenannt bleibenden fürstlichen Urkundenschreibers vor uns haben, der drei Jahre zuvor auch RRH n° 131 schrieb. Das ist jedenfalls leichter zu begründen als eine Empfängerausfertigung des Hl. Grabs. Ein Kanzleiprodukt aber ist D. RRH n° 142 ganz bestimmt nicht, weder im Haupttext noch im königlichen Bestätigungsvermerk, der aus derselben Feder stammt (siehe oben S. 476 f.).

---

1) Die Eingangsdatierung rechne ich nicht zu solchen Phänomenen des Hl. Grabs, obwohl sie dort anfangs nicht selten ist. Sie kann aber stets auch normannisch oder überhaupt italienisch sein, und man darf nicht vergessen, daß die Fürsten von Galilaea einen frühen Kanzler mit dem normannischen Namen Serlo hatten, der wohl schon unter dem pikardischen Vorgänger mit normannischem Diktatgut arbeitete.

VIII. Der angiovinische Notar und Kanzler Elias
(1131/1134–1143)
(† zwischen 1145 und 1154)

1. Urkundenbestand und Ausstellorte

Mit dem Wechsel des Königs von Balduin II. zu Fulko von Anjou verband sich auch ein Personalschub in der Kanzlei. Zusammen mit anderen Normannen in der Verwaltung Jerusalems und Antiochias, wo Fulko Regent war, mußte der normannische Kanzler Hemelin weichen (siehe oben S. 75 f.). Er wurde ersetzt durch den Kanzler Franco (1134–1136). In Hemelin verlor die Kanzlei aber auch ihren Notar, so daß ein neuer eingestellt werden mußte. Dies war der aus Anjou stammende Elias, der zunächst als Notar unter Franco Diplome schrieb und dann zum Kanzler aufrückte, dabei aber sein eigener Diktator blieb[1].

Ich schreibe dem Diktat des Elias folgende Urkunden zu, von denen eine bei Röhricht nicht regestiert ist[2]:

König Fulko für das Spital in Nablus (HIESTAND, Zwei Diplome aus Lucca S. 54)		(1131 September 14 – 1134 März April)
D. RRH n° 149	Antiochia	1134 (1133 Dezember 25 – 1134 September 23)

---

1) RÖHRICHT wirft im Index zu seinen Regesta regni Hierosolymitani S. 404 einen Königskanzler Balduin unter König Fulko aus. Dies bezieht sich auf den Zeugen *Balduinus cancellarius* in D. RRH n° 179. Da das Stück aber vom Kanzler Elias unterfertigt ist, hätte Röhricht auffallen müssen, daß der König dann zwei Kanzler gleichzeitig gehabt hätte. Balduin ist natürlich der auch sonst auftretende Kanzler des Patriarchen von Jerusalem (siehe oben S. 48).

2) Zur Begründung der Daten, soweit diese nicht aus sich selbst heraus verständlich sind, siehe unten Band 2, Exkurs I. Unter dem König Fulko finden sich erstmals Hinweise auf Mandate. Mit diesem Problem werde ich mich unten Bd. 2, S. 782–791 befassen.

	D. RRH n° 157	Antiochia	1135 August 2
Ur-schrift	D. spur. RRH n° 163	Nablus	1136 April 13
Or.	D. RRH n° 164 (nur Unterfertigung des Kanzlers)	Nablus	1136 (September 24 – Dezember 24)
	D. RRH n° 174 (nur Unterfertigung des Kanzlers)	Jerusalem	1138 Februar 5
	D. RRH n° 181	Nablus	1138 (1137 Dezember 25 – 1138 Juli 14)
	D. RRH n° 179	Akkon	1138 Dezember 4
	D. RRH n° 210		1142 (1141 Dezember 25 – 1142 Dezember 24)
Or.	RRH n° 215		1143 (1142 Dezember 25 – 1143 September 23)

Für das Festtagsitinerar des Königs ergibt sich aus dieser Liste eine Mahnung zur Vorsicht. Man würde nämlich prima vista annehmen, daß der König Lichtmeß (2. Februar) des Jahres 1138 in Jerusalem verbrachte, weil er dort am 5. Februar urkundete. Aber am 2. Februar war er in Bethgibelin, wie wir aus einem schon am 10. Februar 1138 verfassten Kolophon einer syrischen Handschrift wissen[3]. Er konnte von dort aus zu Pferd ohne weiteres am 5. September in der Hauptstadt sein, aber sensu stricto ist dieser Tag nur das Datum der Beurkundung von D. RRH n° 174, die Rechtshandlung kann früher stattgefunden haben. Es fällt auf, daß von fünf mit Ausstellorten innerhalb des Reiches versehenen Diplomen drei in Nablus ausgestellt sind. Noch haben wir, anders als unter dem Kanzler Radulf von Bethlehem (siehe unten S. 803), keine Hinweise darauf, daß das Siegel und die Kanzlei nicht ständig dem König gefolgt wären. Selbst wenn Handlung und Beurkundung auseinanderfallen wie in D. RRH n° 164, wo die Handlung sehr wahrscheinlich im Südwesten des Reichs bei Bethgibelin erfolgte, die Beurkundung aber in Nablus, beides in Gegenwart des Königs (siehe unten S. 526 f.), gibt es kein Indiz für eine Trennung des Königs von Kanzlei und Siegel. Zwar konnte der König nicht urkunden, wenn sein Kanzler nicht da war (siehe unten S. 528), aber das beweist natürlich nicht, daß der Kanzler etwa das königliche Siegel mit nach Antiochia genommen hatte, wo er Ende 1140

---

3) MARTIN, Premiers princes S. 67 f.

hingereist war. Es war wohl im Reich geblieben, aber ohne den Kanzler konnte der König es nicht einsetzen. Was nun das Königsitinerar angeht, so ist das erhaltene Material natürlich zu fragmentarisch, um hieraus allein eine Bevorzugung der Residenz in Nablus zu folgern. Wenn ich dies dennoch tue, so deshalb, weil der Patriarch, als er den König zu vertreten hatte, da dieser wegen der erwähnten Abwesenheit des Kanzlers nicht urkunden konnte, diese Vertretung nach Ausweis von D. RRH n° 201 auch in der *regia domus* in Nablus ausübte, nicht etwa in Jerusalem.

2. Die Person und die Herkunft des Elias

Mit Ausnahme der Unterfertigungen des Kanzlers stammen DD. RRH n° 164. 174 nicht von Elias, sondern von Elias A, einem Urkundenschreiber des Patriarchen von Jerusalem, der in der Königskanzlei nur aushilfsweise beschäftigt war. Der Diktatvergleich wird ergeben, daß schon die ersten, noch vom Kanzler Franco unterfertigten Diplome des Königs Fulko von einem Notar stammen, der auch die Mehrzahl von Fulkos späteren Diplomen schrieb. Es handelte sich also um einen Notar, der durch die gesamte Herrschaft Fulkos hindurch in der Kanzlei tätig war und dessen Tätigkeit dort kurz vor dem Tode des Königs und mit dem Ende der Kanzlerschaft des Elias endete. Dies allein bewegt schon zu der Annahme, daß dieser Notar mit Elias identisch war, und dies wird noch erhärtet, wenn Elias in D. RRH n° 179 seine Tätigkeit wie folgt beschreibt: *Ego autem Helias cancellarius regis hoc privilegium dictavi.*

Elias wurde zu Beginn von Fulkos Regierung ernannt, als der König die alten Mitarbeiter Balduins II. hinauswarf und durch seine eigenen Leute aus Anjou ersetzte, was zu einer erst kürzlich erkannten weitreichenden Unzufriedenheit führte, die sich bis zu Ordericus Vitalis in die Normandie herumsprach (siehe oben S. 75 f.). Und diesmal ernannte ganz sicher der König, nicht mehr der Kanzler, da ein Mann aus Anjou Notar wurde. Nicht nur damit, daß überhaupt bei Regierungsantritt ein neuer Notar ernannt wurde, wurde Fulko präzedenzbildend, sondern auch damit, daß die 'importierten' Könige (Fulko von Anjou, Konrad von Montferrat, Heinrich von Champagne, Johann von Brienne) sich ihren eigenen Urkundenreferenten aus der Heimat besorgten[4].

---

4) Wo Petrus A, der Notar des Poitevin König Guido von Lusignan, herstammte, wissen wir nicht, aber Guidos Kanzler Petrus von Lydda kam aus Angoulême südlich von Poitiers, war allerdings schon vor Guidos Übernahme der Herrschaft im Amt und deshalb ohnehin unabsetzbar.

Es war im übrigen keine vereinzelte Erscheinung, daß man im Hl. Land bei Regierungsbeginn einen neuen Urkundenmann bestellte, und die Analogie wiegt natürlich auch. Der Fürst Joscelin von Galilaea (1113 – Sommer 1119) hatte am 14. Februar 1119 einen Kanzler Rorgo Fretellus (RRH n° 87), sein Nachfolger Wilhelm von Buris dagegen am 1. Februar 1121 einen Kanzler Serlo (RRH n° 92. 93). Im Fürstentum Antiochia haben wir nicht einen einzigen Fall, in dem sich ein Kanzler oder Urkundenschreiber in den folgenden Prinzipat retten konnte, in Tripolis gelang dies nur dem Wanderkanzler Radulf von Chartres und später dem Kanzler Johannes unter Boemund V. und VI., aber in der einen Urkunde, in der Radulf als Kanzler noch unter Graf Raimund III. erscheint, ist er nur noch Zeuge, es schreibt ein Kapellan der Partei[5].

Es ist im übrigen möglich, daß die Könige nicht nur Wert darauf legten, die Ernennung des Kanzleinotars und – wenn vorhanden – des Kanzleischreibers nicht in die Hand des Kanzlers abgleiten, sondern auch das einmal ernannte Kanzleipersonal während seiner Tätigkeit nicht durch andere Hofbeamte kontrollieren zu lassen, auch wenn eine Weisungsbefugnis des Kanzlers für das Tagesgeschäft natürlich unterstellt werden muß. Alle *escrivains dou rei* unterstanden nämlich nach dem Rechtsbuch des Johann von Ibelin dem Seneschall: *sauf ciaus de l'ostel le rei*.[6] In einem noch ziemlich undifferenzierten königlichen Haushalt könnte hierzu auch das Kanzleipersonal gehört haben.[7]

Nun war die Wachablösung in der Verwaltung des Königs Fulko kein Vorgang, der sich *uno actu* quasi gleich nach dem Krönungsmahl abgespielt hätte, sondern er zog sich einige Zeit hin, ja wurde überhaupt erst nach einiger Zeit eingeleitet. Der Vizegraf Osmund von Antiochia fiel Anfang 1133 oder Anfang 1134, eher zum ersteren Datum (siehe unten Bd. 2, Exkurs I, S. 855 zu D. RRH n° 149). Der Vizegraf Anschetin von Jerusalem mußte zwischen Juni 1132 und August 1134 gehen (siehe oben S. 76). Der Kanzler Franco und der Notar Elias sind zweifelsfrei erstmals im ersten Halbjahr 1134 (vor September 24) nachweisbar (D. RRH n° 149), das Diktat des Elias wahrscheinlich schon zuvor 1131–1134 in dem fragmentarischen Diplom für das Spital in Nablus. Sie könnten also auch erst um 1133/1134

---

5) Zu Antiochia siehe MAYER, Varia Antiochena S. 75 f., 85 f. Zu Radulf von Chartres siehe unten Bd. 2, Exkurs V, S. 929–931. Der tripolitanische Kanzler Johannes erscheint in RRH n° 1110. 1229. 1317.

6) Livre de Jean d'Ibelin c. 256 S. 407 f.

7) Bei dem von RILEY-SMITH postulierten Fall eines Schreibers der dem Seneschall unterstellten Secrète, der in der Kanzlei gearbeitet haben soll, handelt es sich um ein Mißverständnis; siehe unten S. 819.

ins Amt gekommen sein. Man könnte sich dafür immerhin auf D. RRH n° 142 berufen. Es handelt sich um eine Schenkung des Fürsten von Galilaea von 1132 vor September 24 an das Hl. Grab. Da Teile des Kronlehens involviert waren, mußte der König zustimmen. Aus irgendwelchen Gründen wollte man sich aber mit einem bloßen Konsens nicht zufriedengeben. Dann war an sich ein eigenes Bestätigungsdiplom fällig. Aber in diesem Fall ließ der König die fürstliche Urkunde besiegeln, worüber ein subjektiv stilisierter Bestätigungsvermerk angebracht wurde: *Ego Fulco per dei gratiam rex Ierusalem sigillo meo supra dicta dona confirmo.* Weder der Bestätigungsvermerk noch die Urkunde selbst stammen aus der Kanzlei (siehe oben S. 513 f.). Solche Vermerke waren nicht außergewöhnlich. Wir haben sie in DD. RRH n° 90a. 120 bereits kennengelernt, aber in beiden Fällen gibt es gute Gründe für die Annahme, daß dies ein vereinfachtes Verfahren in einem Moment der Kanzleiüberlastung war. Derselbe Grund könnte wegen der antiochenischen Regentschaft des Königs auch hier zutreffen, aber es könnte auch sein, daß sich Fulko in einer Zeit, in der er weder Kanzler noch Notar hatte, mit solchen Bestätigungsvermerken behalf, mit denen freilich eine originäre königliche Schenkung nicht zu bewältigen war. Es hätte allerdings dem wohlverstandenen Interesse des Königs widersprochen, die Kanzlei und das Notariat lange unbesetzt zu halten. Ich gebe diese Möglichkeit also lediglich zu bedenken, ohne selbst an sie zu glauben.

Das erste sicher datierte Diplom des Elias stammt von 1134 (D. RRH n° 149). Schon in seinem ersten Königsjahr (1131/1132) hatte Fulko nach Antiochia gemußt, um dort die Regentschaft für die unmündige Thronerbin Konstanze zu übernehmen, deren Vater Boemund II. 1130 in Kilikien gefallen war. Beim dritten Aufenthalt Fulkos in Antiochia 1134 (siehe unten Bd. 2, Exkurs I, S. 855 zu D. RRH n° 149) war Elias mit dabei, ebenso sein Kanzler Franco.

Wie Hemelin vor ihm war Elias ein Einwanderer, der durch sein heimatliches Urkundenwesen geprägt war und gewisse Eigenheiten desselben mit in den Orient brachte. Ob Fulko ihn schon 1129 mit ins Hl. Land gebracht hatte oder ob er erst zwischen 1129 und 1131 eingewandert war, wissen wir nicht, aber ganz zweifellos stammte Elias aus Anjou, wobei wir unter Anjou natürlich den gesamten Herrschaftsbereich des Grafen Fulko V. von Anjou verstehen, also Anjou, Maine und die Touraine. Darauf deutet nicht nur der ärgerliche Vermerk des Ordericus Vitalis, daß Fulko bei Beginn seiner Herrschaft seine Angioviner in Spitzenstellungen manövrierte[8]. Elias ist vielmehr auch in ganz entscheidender Weise durch das Urkundenwesen von

---

8) Ordericus Vitalis, Historia ecclesiastica 6, S. 390.

Anjou geprägt. Der Name Elias war – obwohl alttestamentlich – weit verbreitet, widerspricht aber der These von einem angiovinischen Ursprung des Kanzlers Elias nicht. Man findet ihn im engeren und weiteren Umkreis von Anjou. Unter den Bischöfen von Orléans war ein Elias (1137–1146). Ein Elias, der 1207 im Königreich Jerusalem auftritt, war der Sohn eines Paganus aus Poitou (RRH n° 821). Vor allem aber findet sich der Name in Fulkos eigener Familie. Sein erster Schwiegervater und zugleich der letzte unabhängige Graf von Maine war Elias de la Flèche († 1110), und dieses liegt auf halbem Wege zwischen Angers und Le Mans. Nach ihm hieß einer von Fulkos Söhnen aus seiner ersten Ehe mit Eremburg von Maine († 1126)[9]. Es war klar, daß sich Namen der gräflichen Familie auch in den beiden Grafschaften verbreiten mußten[10].

Aufschlußreich für die angiovinische Herkunft des Elias ist die Beglaubigung der Urkunden[11]. Im 11. Jahrhundert hatten sich die Grafen in Anjou gern des Handzeichens des Kreuzes bedient, was bis 1144 vorhielt[12]. Es war mindestens teilweise eigenhändig: *et nos propriis manibus signum crucis cartae praesenti imposuimus*[13]. Ein Grafensiegel gab es seit 1060, spätestens

---

9) Wilhelm von Tyrus, Chronicon XIV. 1, S. 632.

10) Aus einer Auswahl von Chartularen der Region, die keinen Anspruch auf Vollständigkeit erhebt, gebe ich folgende Beispiele für den Namen Elias: URSEAU, Cartulaire noir de la cathédrale d'Angers S. 43 n° 17 (von 892), S. 206 n° 121 (1084–1086), S. 222 n° 133 (1136–1148); PLANCHENAULT, Cartulaire de St.-Laud d'Angers S. 43 n° 29, S. 51 n° 37, S. 73 n° 54 (alle 12. Jahrhundert); BROUSSILLON, Cartulaire de St.-Aubin d'Angers 2, S. 50 n° 443, S. 80 und 81, S. 124 n° 635, S. 281 n° 802, S. 389 n° 915 (von 1045, die anderen aus dem 12. Jahrhundert); MARCHEGAY, Cartulaire de Ronceray (in einer Vorstadt von Angers) S. 46 n° 56, S. 168 n° 267, S. 233 n° 382 (alle 12. Jahrhundert); CHARLES – D'ELBENNE, Cartulaire de St.-Vincent du Mans S. 126 n° 201, S. 202 n° 337, S. 262 n° 453, S. 430 n° 757 (alle aus dem Ende des 11. Jahrhunderts); MÉTAIS, Cartulaire de la Trinité de Vendôme 1, S. 222 n° 123; 2, S. 130 n° 383, S. 342 n° 514, S. 473 n° 599 (alle aus dem 11. und 12. Jahrhundert); CHEVALIER, Cartulaire de Noyers S. 507 n° 476 (1131). Auch wenn man in Rechnung stellt, daß ein und dieselbe Person mehrfach auftreten kann, wird doch hinreichend klar, daß Elias in Anjou kein seltener Name war.

11) Für meine Darlegungen über das Urkundenwesen Fulkos als Graf von Anjou stütze ich mich vor allem auf CHARTROU, Anjou. Sie hat in den „pièces justificatives" die umfangreichste Zusammenstellung gedruckter Urkunden des Grafen Fulko V. geliefert. Sie verzeichnet insgesamt 98 Urkunden, von denen sie fast die Hälfte (45 Stücke) druckt. Von Fall zu Fall ziehe ich daneben noch anderwärts gedruckte Urkunden des Grafen heran.

12) Ebd. S. 247 f.

13) Ebd. S. 343 n° 18; vgl. S. 359 n° 33.

seit 1085[14]. Die Besiegelung der gräflichen Urkunden blieb aber eine Zufallssache, schon wegen des Überwucherns der Empfängerausfertigungen. Ich habe bei Chartrou aus der Zeit 1102–1129 nur sieben Siegelankündigungen gefunden[15].

Nicht „fort souvent", sondern ganz überwiegend dienten die Zeugen als das Hauptbeglaubigungsmittel der Urkunden der Grafen von Anjou[16]. Diese Zeugen waren Handlungszeugen, deren Funktion es – mindestens in der Theorie – war, die Rechtshandlung zu verteidigen, bis hin zum gerichtlichen Zweikampf. Es kam deshalb darauf an zu betonen, daß die Zeugen die Rechtshandlung gesehen und gehört hatten. Das ist an sich eine alte Formel, die natürlich auch außerhalb von Anjou vorkommt[17], aber sie zieht sich

---

14) HALPHEN, Comté d'Anjou S. 240 f.; 282 n° 130bis; ROMAN, Manuel de sigillographie française S. 289; GUILLOT, Comte d'Anjou 2, S. 216 n° 347b zum Siegel von 1085. Ebd. 2, S. 11 Anm. 31 hält Guillot das Siegel von 1060 für nachträglich angebracht, ebenso wie die Siegel von 977 und 1047. Er stellt überdies acht besiegelte, aber gefälschte Grafenurkunden vor 1085 zusammen. Zum Siegel Fulko Nerras von 1014–1027 siehe HALPHEN, Comté d'Anjou S. 242, 256 n° 39.

15) CHARTROU, Anjou S. 337 n° 12, S. 343 n° 18, S. 350 n° 23, S. 367 n° 38, S. 372 n° 40, S. 375 n° 42, S. 376 n° 45. Die Behauptung ebd. S. 247, die gräflichen Urkunden seien überwiegend mit Handzeichen oder Siegel beglaubigt gewesen, ist also nicht zutreffend. Schon für das späte 11. und frühe 12. Jahrhundert hat GUILLOT, Comte d'Anjou 2, S. 12 Anm. 32 festgestellt, daß manchmal gesiegelt wird (1085–1093, dann wieder 1103–1106), dazwischen aber nicht. Die Erklärung, dies habe zusammengehangen mit der Anwesenheit oder Abwesenheit der Gemahlin des Grafen, der berühmten Bertrada von Montfort, die teils das Bett des Grafen, teils das des Königs von Frankreich teilte, wird ohne sonderliche Überzeugung vorgetragen und ist auch nicht plausibel.

16) CHARTROU, Anjou S. 247; GUILLOT, Comte d'Anjou 2, S. 13–20 zur Entwicklung und zur rechtlichen Bedeutung des Zeugenwesens in Anjou; S. 14 zur üblichen („habituellement") Bezeugung der Grafenurkunden durch die gräfliche Entourage.

17) Zum Vergleich habe ich dies überprüft in den Urkunden der Grafen von Flandern 1071–1128, dort aber nur zwei Beispiele in 130 Urkunden gefunden (VERCAUTEREN, Actes S. 107 n° 40 von 1110: *astantibus et videntibus*; S. 286 n° 124 von ca. 1120: *videntibus*), so daß in Flandern die Formel von großer Seltenheit war. In den deutschen Kaiserurkunden kommt die Formel vereinzelt unter Heinrich V. vor; siehe BRESSLAU, Urkundenlehre [2]2, S. 217 Anm. 1. Von den dort genannten Stücken ist St. 3031 eine Empfängerausfertigung, St. 3032 eine Fälschung des 12. Jahrhunderts, während die Diplome St. 3083. 3086. 3087 echte Dictamina des Notars Adalbert B sind (freundliche Auskunft von Dr. Alfred Gawlik von den Monumenta Germaniae Historica). Auch D. F. I. 779 von 1179 ist die Arbeit eines Empfängerkonzipienten. Die Art der Anführung der Zeugen mit der hier behandelten Zeugenformel entspricht den Gewohnheiten der Konstanzer Bischofsurkunde; siehe FICKER, Beiträge zur Urkundenlehre 1, S. 292.

wie ein roter Faden durch die dortigen gräflichen Urkunden, was um so bemerkenswerter ist, als es ja eine gräfliche Kanzlei nicht gab. Es ist geradezu *die* Zeugenformel der angiovinischen Grafenurkunde, ja der angiovinischen Urkunde überhaupt, und sie leitet in der Regel die Zeugenliste ohne weitere Zusätze ein. Bei CHARTROU, Anjou finden sich folgende Formulierungen: *qui (isti) (hoc) viderunt et audierunt* (S. 321 n° 2, S. 346 n° 21, S. 350 n° 23, S. 357 n° 29, S. 359 n° 33, S. 363 n° 36, S. 374 n° 42), *videntibus (istis) et audientibus* (S. 324 n° 4, S. 326 n° 6, S. 327 n° 6bis, S. 337 n° 12, S. 372 n° 40, S. 373 n° 41), *videntibus et praesentibus istis* (S. 325 n° 5), *istis (monachis) videntibus* (S. 323 n° 3, S. 357 n° 30), *in praesentia et audientia* (S. 362 n° 35), *in istorum virorum audientia* (S. 332 n° 9)[18].

Diese Formel war in Jerusalem keineswegs ganz ungebräuchlich, aber vor Elias selten. Man findet sie 1106 in einer tripolitanischen Urkunde (*sub evidentia et audientia*)[19], sodann 1110 in der Zeugenliste der Empfängerausfertigung D. RRH n° 57 (*qui viderunt et audierunt*), in Roberts RRH n° 68 von 1112 als Konsens zur Verlesung der Urkunde (*canonicis audientibus et assentientibus feci recitari*), in Hemelins D. RRH n° 105 von 1125 (*auditis et visis conventionibus*), das heißt ganze viermal in den 32 Jahren bis zum Tod Balduins II., und davon nur zweimal als Zeugenformel. Dann aber erscheint sie plötzlich dreimal in den acht Jahren, in denen Elias seine nur sechs erhaltenen Diplome schrieb: *videntibus subscriptis baronibus* (D. RRH n° 149), *nec non et praetaxatis personis praesentibus et audientibus coram rege Neapolim recitatum* (D. RRH n° 164), *videntibus et audientibus istis* (D. RRH n° 179). Als offensichtliche Fernwirkung der Zeit des Elias finden wir sie in zwei Diplomen des anonymen Notars der Königin Melisendis von 1149 und

---

18) Außerhalb des Buches von CHARTROU findet sich die Formel in folgenden gräflichen Urkunden: URSEAU, Cartulaire noir de la cathédrale d'Angers S. 174 n° 94, S. 245 n° 153, S. 255 n° 163; LE PELLETIER, Rerum s. Nicolai Andegavensis epitome S. 56; MARCHEGAY, Cartulaire de Ronceray S. 170 n° 269; MÉTAIS, Cartulaire de la Trinité de Vendôme 2, S. 193 n° 424, S. 197 n° 427. In den nichtgräflichen Urkunden der Region finde ich die angiovinische Zeugenformel sehr häufig im Chartular der Kathedrale von Angers und in derselben Stadt in den Chartularen von St.-Laud und St.-Aubin sowie im Chartular von Ronceray, ferner im Chartular von St.-Vincent in Le Mans sowie im Chartular von La Trinité de Vendôme, also in Anjou und Maine und in der Gegend von Blois. Dagegen ist die Formel selten in der Touraine und in der Gegend von Chartres (DENIS, Chartes de St.-Julien de Tours; CHEVALIER, Cartulaire de Noyers; BOURASSÉ, Cartulaire de Cormery; MERLET, Cartulaire de Tiron; LÉPINOIS – MERLET, Cartulaire de Notre-Dame de Chartres; GUÉRARD, Cartulaire de St.-Père de Chartres; MERLET, Cartulaire de St.-Jean-en-Vallée de Chartres).

19) RRH n° 48, aber anscheinend um 1143 – also noch zu Zeiten des Kanzlers Elias – neu geschrieben.

1151: *visus et auditus* (D. RRH n° 256) und *qui commutationem viderunt et concesserunt* (D. RRH n° 268), beide Male außerhalb der eigentlichen Zeugenformel, aber wenigstens in der Corroboratio. Aus den Diplomen geht der Ausdruck über in einige Privaturkunden der Zeit Fulkos: *astante et vidente* (RRH n° 144 von 1133), *auditu visuque* RRH n° 165 von 1136) und *testes suprascripti audierunt et viderunt*[20].

Danach finden wir den Ausdruck noch in Johanniterurkunden der zweiten Hälfte des 12. Jahrhunderts: RRH n° 311. 316. 318 (zwei gleichlautende Briefe). 327. D. RRH n° 591. RRH n° 594, offenbar als Eigenheit der Johanniter. Daneben bleibt nur wenig: RRH n° 274 von 1152 sowie RRH n° 339. 389. 395 von 1159–1164. Die angiovinische Zeugenformel war also in Jerusalem vor dem Notar Elias eine ausgesprochene Rarität, unter ihm war sie häufig, taucht aber neben ihm bei Elias A nicht auf. Danach klingt sie als eine Fernwirkung der Diplome des Elias bis 1180 mit weiteren zwölf Belegen (davon zehn zwischen 1149 und 1164) in drei Dezennien aus, um im 13. Jahrhundert gar nicht mehr vorzukommen. Die Massierung unter Elias erhärtet über allen Zweifel die angiovinische Herkunft dieses Notars.

Aber es gibt noch mehr an Angiovinischem: D. spur. RRH n° 163, dessen Rahmen aber echt ist, hat eine Kanzleizeile, die in Jerusalems Diplomen einzigartig ist: *Data Neapolim per manum Franconis cancellarii in aula regia idus aprilis*. Das Wort *aula* habe ich außer hier in den Urkunden des Hl. Landes nur noch fünfmal gefunden: die *aula reginae* (RRH n° 912 von 1218), die *aula principalis Antiochiae* (RRH n° 921 von 1219), die *aula quondam reginae veteris* (RRH n° 923 von 1219), die des Herrn von Haifa (RRH n° 1050 von 1234), und schließlich 1329 in einer Urkunde des Königs Hugo IV. von Zypern[21]: *in aula regia in camera dicti domini regis*. Im 12. Jahrhundert dagegen ist das Wort in dem Spurium D. RRH n° 163 ein Unikat. Aber den Grafenurkunden Fulkos aus Anjou ist es nicht fremd, wie man in angiovinischen Urkunden der Zeit überhaupt gern die Angaben des Gebäudes oder gar des Zimmers (*camera*) der Beurkundung findet. Wir finden 1116 *Andecavis in aula consulari* und 1117/1118 *Cenomannis in aula nostra* und *apud Castrum Fixe ... in aula nostra* und 1135 *iuxta principalem Andegavis aulam in camera, quae vulgo appellatur Estima*[22].

---

20) RRH n° 169. Die Datierung bei BRESC-BAUTIER, Cartulaire du Saint-Sépulcre S. 232 n° 112 zu 1149–1152 ist unhaltbar, da sie das Rechtsgeschäft nicht verstanden hat. Vgl. dazu MAYER, Hebron S. 70 f. Hugo von St. Abraham ist bezeugt für 1136–1144 (ebd. S. 69), so daß wir mit dem Datum in die Regierungszeit Fulkos kommen, wenn RRH n° 169 nicht gerade von 1144 stammt.

21) MAS LATRIE, Chypre 2, S. 157.

22) CHARTROU, Anjou S. 337 n° 12, S. 343 n° 18, S. 379 n° 47.

Auch dieses Wort lokalisiert Elias also deutlich, ebenso wie die *secretarii* in D. RRH n° 157. Es war den Chartularschreibern des Hl. Grabes ungewohnt, denn beide Kopialbücher schreiben hier zunächst *quod nos diligenter perscrutantes comperimus per secretas et fideles testes domni scilicet Antiocheni et patriarchae*. Ich habe dies emendiert zu *per secretarios et fideles testes*, weil *secretas* keinen Sinn macht und es weiter unten heißt *sicut inventum est a secretariis nostris*. *Secretarii* waren in Jerusalem relativ selten, aber durchaus häufiger, als Riley-Smith annimmt.[23] Schon der Patriarch Daimbert hatte einen *notarius et secretarius* namens Morellus[24]. Ihm vertraute er im Jahre 1100 seinen berühmten Brief an Boemund I. von Antiochia an. Aber auch Balduin I. hatte Sekretäre[25]. Es folgen Fulkos Sekretäre aus D. RRH n° 157 und der *magister secretae* des antiochenischen Fürsten von 1140 (RRH n° 194. 195), vom Titel her streng genommen kein Sekretär. Im Jahre 1160 treffen wir auf einen *regiae cancellariae secretarius* (DD. RRH n° 352. 353), mit dem ich mich unten S. 819–823 ausführlich befassen werde. Im Jahre 1188 empfahl der Thronprätendent Konrad von Montferrat dem Erzbischof von Canterbury seinen Gesandten, den *cancellarius et secretarius* Bandinus, der zuvor sein Notar gewesen war (RRH n° 676). Der Fürst von Antiochia hatte als Folge armenischer Einflüsse 1216 Sekretäre, die Fiskalbeamte waren[26]. Fast nie waren also die Sekretäre im Hl. Land mit Finanzdingen befaßt, wie man bei dem Ausdruck zunächst vermuten möchte. Nachweisbar ist dies nur für Antiochia und auch da nur in armenischer Zeit, als von Kleinarmenien der ganze Dīwān sizilischer Art mitsamt den Sekretären als Institution übernommen wurde (siehe unten S. 820). Öfter sind sie als Urkundsbeamte belegt, so im Falle des Morellus, in der Königskanzlei 1160 und in der Gegenkanzlei Konrads von Montferrat.

In D. RRH n° 157 des Königs Fulko kommen *secretarii nostri* des Königs und Regenten vor und vor ihnen *secretarii et fideles testes* des Fürsten und des Patriarchen, die eine gerichtliche Inquisition über gewisse Besitzungen des Hl. Grabes in Antiochia vorgenommen hatten. Sieht man sich an, wie das

---

23) RILEY-SMITH, Feudal Nobility S. 58 Anm. 159.

24) Albert von Aachen, Historia Hierosolymitana S. 538; vgl. S. 524.

25) Ebd. S. 634: *secretariis suis et consciis accitis* hält der König Kriegsrat; es handelt sich also bestimmt nicht um Finanzbeamte. Ebensowenig war dies der Fall bei Gerhard, Balduins *privatus et secretarius* in Edessa; er war vielmehr ein ritterlicher Kampfgenosse Balduins. Siehe zu ihm ebd. S. 445 f.

26) RRH no 886. Dagegen ist es unrichtig, wenn RRH n° 1364 einen Sekretär der Cour des Bourgeois in Akkon zu 1269 ausweist. Der altfranzösische Text hat *escrivain*, während *secrétaire* lediglich die neufranzösische Übersetzung ist, die PAOLI seinem Druck beigegeben hat.

Verfahren lief, so wurde die Inquisition von den *secretarii nostri* durchgeführt; ihren Bericht goß man in ein Urteil. Sie hatten sich aber des Zeugenbeweises bedient und hierfür Zeugen von den Höfen des verstorbenen Fürsten und des Patriarchen herangezogen. Die Sekretäre, die in einem Atemzug mit diesen *fideles testes* genannt werden, sind also nicht, wie man bei flüchtiger Lektüre vermuten könnte, die des Fürsten, sondern die des Regenten Fulko. Zur gräflichen Verwaltung in Anjou hatten aber auch Sekretäre gehört. Sie treten dort – und nur dort – in Verbindung mit den Forsten auf, werden aber von den *forestarii*[27] durchaus geschieden, so daß man, zumal vom Amtstitel kein sprachlicher Weg zur Forstverwaltung führt, in ihnen wohl nicht Oberförster zu sehen hat, sondern gräfliche Funktionäre dieses Titels – übrigens aus dem Adel–, die auch (aber nicht ausschließlich) in den Forsten tätig wurden. Einer von ihnen, der Sekretär Johannes, sagte 1120 aus, als der Graf einen Wald verschenkte, daß hier schon seit langer Zeit das eremitische Leben blühte, doch mußte 1128 die Schenkung wiederholt werden, weil die *forestarii* des Grafen die Eremiten nicht in Ruhe gelassen hatten[28]. Ich halte dafür, daß Fulkos Sekretäre in

---

27) Ein *Petrus foresterius* begegnet in den DD. RRH n° 352. 353 Balduins III. Zum Vorkommen von Wäldern in Antiochia und im Königreich Jerusalem siehe FAVREAU-LILIE, Italiener S. 2–17.

28) CHARTROU, Anjou S. 367 n° 38; zum Datum siehe MAYER, Succession to Baldwin II S. 417. Zwei *secretarii bosci* begegnen 1061 und 1063 in einem Chartular von Marmoutier (METAIS, Marmoutier. Cartulaire blésois S. 51 n° 40: *cepit et ille Wicherius, quia esset eiusdem bosci avito iure secretarius, callumpniari*; S. 55 n° 42, *Rainaldus castri Guntherii et castri Rainaldi in pago Turonico dominus tanquam secretarius bosci Blimartii ... varia iura pretendebat*). Und zwischen 1032 und 1060 versammelte Gottfried Martell, Graf von Anjou und Vendôme, *universos naturales maioresque natu de Vindocinio, praecipueque secretarios et forestarios*, um sie einen Wald aufteilen zu lassen (METAIS, Cartulaire de la Trinité de Vendôme 1, S. 18 n° 20). Vgl. zum Jahr 1291 die Gesta Guillelmi Maioris c. 29 S. 180: *Intuentes Stephanum segrearium dicti comitis, qui nuper nobis denuntiaverat, quod si nos in bosco nostro de Boucheto ... venaremur, ibidem venantes caperet.* Einen *secretarius* ohne erkennbaren Bezug auf die Wälder finden wir 1120 in den Diensten des Bischofs von Angers (DU BROSSAY, Cartulaire d'Azé et du Genétail S. 63 n° 10: *Videntibus et audientibus venerabilibus personis: ... De laicis: ... Rainaldo de Sartrino et Pictavino secretario, famulis nostris*). Wenn freilich in einer Urkunde Fulkos von 1113 unter den Zeugen angeblich ein *Guarnerius secretarius* auftritt, so ist dies ein Irrtum, denn der Text hat *Warnerius sacristarius*; siehe BROUSSILLON, Cartulaire de Saint-Aubin 1, S. 99 n° 84 und das Faksimile ebd. Bd. 3. In dieser hier nicht in Frage kommenden Bedeutung von Sakristan, auch als Reliquienkustos einer Kirche, ist das Wort ausweislich der Sammlungen des Cabinet Ducange in Paris in französischen Urkunden häufig. Auch Ludwig VI. von Frankreich scheint einen Sekretär gehabt zu haben. DUFOUR, Recueil des actes de Louis VI 2, S. 312 n° 387:

Antiochia Funktionäre waren, für deren Titel sich Elias sein Vorbild in Anjou und Maine geholt hatte, auch wenn sie im Osten mit Wäldern sicher nichts zu schaffen hatten.

Besonders aufschlußreich für Elias, sowohl für seine Herkunft wie für seine Arbeitsweise, ist D. RRH n° 164. Hier erfahren wir mehr als in irgendeinem anderen Diplom über die Stadien, die zur Beurkundung führten. Der Text stammt überwiegend von der Hand des Elias A. Das Original hat aber nach dem Datum von anderer Hand (siehe unten S. 540 f.) und Tinte noch folgenden Eintrag: *Confirmatum est autem iterum hoc privilegium a supra dicto rege Fulcone et approbatum nec non et praetaxatis personis praesentibus et audientibus coram rege Neapolim recitatum et per manum Heliae cancellarii datum*[29]. Es handelt sich um ein bedeutendes Diplom. Der König bestätigte 1136 die Übergabe von Bethgibelin nebst neun Casalien aus einer Schenkung Hugos von St. Abraham an die Johanniter und fügte seinerseits vier Casalien hinzu. Dies war die erste Burg, die der Johanniterorden übernahm, und selbst den Zeitgenossen muß klar gewesen sein, daß dies die Militarisierung einer Institution einleitete, die bisher eine rein karitative Zielsetzung gehabt hatte. Wilhelm von Tyrus berichtet den Bau der dortigen Burg durch den König als einen Teil der Zernierungsmaßnahmen gegen Askalon, das König Fulko mit einem Kranz von Burgen umgab[30]. Er berichtet auch die Übergabe an die Johanniter, ohne daß jedoch Hugos von St. Abraham gedacht würde. Dieser scheinbare Widerspruch ist aber ohne Bedeutung. Hugo, der Kastellan von Hebron[31], schenkte ja nicht die Burg, von der in D. RRH n° 164 überhaupt nicht die Rede ist, sondern den Ort und die neun Dörfer, die in der unmittelbaren Nachbarschaft oder in Richtung Hebron lagen. Der König fügte stärker exponierte, weil näher an Askalon gelegene Dörfer hinzu. Man kann den Text bei Wilhelm von Tyrus nicht anders verstehen, als daß der König die Übergabe der Burg sogleich nach Beendigung des Baus an Ort und Stelle bewilligte, also im Philisterlande. Dabei muß man natürlich auch die Besitzverhältnisse der Umgebung geregelt haben. Aber das war nur vorläufig, auch wenn bereits jetzt ein Diplom aufgesetzt wurde, denn zu einem geringfügig späteren Zeitpunkt nahm der König seine Rechtshandlung in Nablus in Samaria nochmals vor, wobei die bereits aufgesetzte Urkunde öffentlich verlesen und vom Kanzler Elias 'datiert' wurde. Als allerletztes

---

Algrinus a secretis nostris. Es handelt sich um den Vizekanzler Algrin, Kanoniker in Etampes, Paris und Orléans.

29) Etwas Ähnliches scheint auch vorzuliegen in D. RRH n° 268: *interfui et postmodum ... collaudatam audivi*.

30) Wilhelm von Tyrus, Chronicon XIV. 22, S. 659–661.

31) MAYER, Hebron S. 69 f.

erfolgte hier in Nablus die Besiegelung, da die Siegellöcher beweisen, daß die Bulle erst angebracht wurde, als der Nachtrag geschrieben war, denn sonst hätte man die Plica höher nach oben geschlagen oder das Stück unten beschnitten.

Ein solches Auseinanderfallen von Handlung und Beurkundung ist natürlich nichts Seltenes. Es wird einem jedoch nicht oft im Detail vorgeführt. In den gräflichen Urkunden von Anjou begegnet dies aber mehrfach. Ich werde unten S. 547 Anm. 73 einen Fall von 1085 vorführen, aber es kam auch unter Fulko V. vor. Von 1117/1118 haben wir ein sehr instruktives Beispiel[32]. Es heißt dort zunächst: *Donum autem istud factum fuit Cenomannis in aula nostra* mit dem Datum (11. November 1117). Dann folgt in der Urkunde eine Notiz über eine in La Flèche, *ubi carta sigillata fuit et donum confirmatum*, am 13. Januar 1118 vorgenommene Investitur durch den Grafen. Nicht die Aufspaltung des Vorganges selbst ist in unserem Zusammenhang von Interesse, sondern der Umstand, daß es uns mitgeteilt wird.

Zugleich beweist der Nachtrag, daß Elias als Kanzler, der er seit 1136 war, die Kanzlei strikt kontrollierte. Auch wenn er die Aufsetzung des Textes dem Elias A überließ, von dem D. RRH n° 164 stammt, behielt er sich selbst die Unterfertigung vor. *Praetaxatis personis praesentibus et audientibus*, das Wort *privilegium* und die *Data per manum*-Formel gehören nicht zum Diktat des Elias A, sondern sind Kennzeichen des Elias. Er diktierte den Nachtrag, schrieb ihn aber auch, da er von anderer Hand ist als der Rest des Originals (siehe unten S. 540 f.). D. RRH n° 174 ist als Original nicht mehr erhalten, aber auch hier ist die Kanzleiunterfertigung des Elias mit der *Data per manum*-Formel nicht Diktat des Elias A, der den eigentlichen Text des Diploms herstellte, auch wenn Elias A für Patriarchenurkunden, in denen er die feierlichen Papstprivilegien imitierte, eine *Data per manum*-Formel hatte[33]. Die Unterfertigung mag sich in D. RRH n° 174 noch mehr als in D. RRH n° 164 vom restlichen Diplom abgehoben haben, denn der Schreiber des älteren der beiden Chartulare des Hl. Grabes (Vat. lat. 4947) war so sehr der Meinung, das Stück sei mit der vorangehenden Sanctio nebst dem abschließenden *amen* zu Ende, daß er die Kanzleizeile gar nicht erst mitkopierte. Daß es sich hier um einen Nachtrag handelte, kann nicht bezweifelt werden. Das bedeutet, daß Elias A zwar selbständig den Text der ihm zur Herstellung übertragenen Diplome entwerfen durfte, daß er sich aber der Unterfertigung zu enthalten hatte. Diese wurde in jedem Fall vom Kanzler selbst diktiert und auch geschrieben, da anders der Unterschied der

32) CHARTROU, Anjou S. 343 no 18.
33) So RRH n° 234. 251. Zur Diktatunterscheidung siehe unten S. 592 f.

Hände in D. RRH n° 164 sinnlos wäre. Elias A war, wie wir im nächsten Kapitel sehen werden, hauptberuflich kein Kanzleifunktionär, sondern ein Urkundenschreiber des Patriarchen, der allem Anschein nach nur fallweise für die Königskanzlei arbeitete – mehr als ein reiner, vom Zufall hergespülter Gelegenheitsschreiber, aber weniger als ein hauptberuflicher Kanzleinotar. Um so mehr bedurften seine Arbeit der Aufsicht und seine Produkte der Schlußkontrolle, die sich der Kanzler selbst vorbehielt. Wenn er dies schon tat und die Kanzleiunterfertigung selbst eintrug, dann muß man davon ausgehen, daß er sich auch die Besiegelung vorbehielt, die ausweislich des Originals von D. RRH n° 164 als allerletztes erfolgte. Der Kanzler Elias war also jederzeit in die Lage versetzt, ein Produkt, das nicht er, sondern sein Gehilfe Elias A hergestellt hatte, aus formalen oder sachlichen Gründen zurückzuweisen. Es verdient in diesem Zusammenhang Beachtung, daß der König, wenn sein Kanzler Elias nicht da war, überhaupt nicht urkunden konnte, wahrscheinlich weil der Kanzler ein Siegelmonopol hatte, denn im Februar 1141, als Elias noch auf der Rückreise vom Konzil von Antiochia war (siehe unten S. 529), mußte der König einen Beurkundungsvorgang, der in seine königliche Kompetenz fiel, dem Patriarchen Wilhelm von Jerusalem überlassen (D. RRH n° 201).

Seit Anfang 1138 bezeichnete sich Elias ausdrücklich als *regius cancellarius* (DD. RRH n° 174. 181; *cancellarius regis (mei)* DD. RRH n° 179. 210; vgl. auch RRH n° 198), nachdem er sich zuvor (D. RRH n° 164) wie Franco und Hemelin nur als Kanzler bezeichnet hatte[34]. Dahinter wird nicht mehr stecken, als daß Elias Wert darauf legte, sich vom Patriarchenkanzler Balduin abzuheben, der kurz vor 1134 ernannt worden war (siehe oben S. 48) und in DD. RRH n° 174. 179 in der Zeugenliste steht.

Von Ende 1138 bis ins Jahr 1142, also drei bis vier Jahre lang, ist uns nicht ein einziges Diplom Fulkos überliefert. Aber der Königsdienst des Elias lief weiter, nicht nur in der Kanzlei. Im Dezember 1140 erstickte ein päpstlicher Legat auf einem Konzil in Antiochia die letzten Autonomiebestrebungen des dortigen Patriarchats; der Patriarch Radulf wurde abgesetzt[35]. Wilhelm von Tyrus berichtet, daß außer dem Klerus von Antiochia auch der Patriarch von Jerusalem, die Erzbischöfe von Caesarea und Tyrus und die Bischöfe von Bethlehem, Sidon und Beirut aus dem Süden teilnahmen. Als der Patriarch von Jerusalem mit seinem Episkopat zurückkehrte, machte er in Tripolis Station. Im Januar 1141 erging eine Urkunde

---

34) Anders Paganus, der wenigstens gelegentlich als Kanzler des Königs genannt wurde: DD. RRH n° 76b. 90. 102. 105. 109.

35) Wilhelm von Tyrus, Chronicon XV. 15–17, S. 695–699, zu ergänzen um den wichtigen Bericht bei HIESTAND, Vorarbeiten 3, S. 160 n° 46.

des Grafen Raimund II. von Tripolis für das Hl. Grab auf Bitten *domni Willelmi divina gratia Ierosolimorum patriarchae ab Antiochia revertentis* sowie auf Bitten der Erzbischöfe von Tyrus und Nazareth und des Bischofs von Sidon[36]. In derselben Sache aber hatte der Graf bereits im Dezember 1140 geurkundet. Der Patriarch war einer der Empfänger, dürfte also anwesend gewesen sein. Die Zeugenliste nennt die Erzbischöfe von Nazareth und Tyrus, die Bischöfe von Sidon und Beirut sowie *Helias cancellarius regis, Balduinus cancellarius patriarchae Ierusalem* (RRH n° 198).

Daß der Patriarch seinen Kanzler mit nach Antiochia genommen hatte, ist wenig erstaunlich. Dagegen ist es überraschend, daß auch der Königskanzler Elias in den Norden mitgereist war. Das wäre nur dann plausibel, wenn auch König Fulko an dem Konzil teilgenommen hätte. Aber in der sehr guten Dokumentation findet sich darauf kein Hinweis. Wohl aber waren kurz vor dem Konzil der König, der Legat und der Patriarch von Jerusalem sowie der Erzbischof von Tyrus vor Baniyās und in Jerusalem zusammengetroffen[37]. Hier muß der König seinen Kanzler als seinen Vertreter auf dem Konzil bestimmt haben, denn Elias hatte keinen geistlichen Rang in der Hierarchie, der seine Teilnahme selbstverständlich gemacht hätte. Wohl aber muß er geistlichen Standes gewesen sein, wenn der König ihn zum Konzil schickte. Auch hatte er offensichtlich das volle Vertrauen des Königs. Die Mission des Elias ist die erste bekannte Verwendung eines Kanzlers von Jerusalem in politisch-diplomatischer Mission, denn es ging ja um die wichtige kirchenpolitische Frage der Unterordnung der östlichen lateinischen Patriarchate unter Rom[38]. Die Reise war für Elias auch beruflich interessant, denn in Antiochia müssen er und der Patriarchenkanzler zusammengetroffen sein mit Odo, dem Kanzler des Fürsten von Antiochia. Müssen wir diese Zusammenkunft erschließen, so ist uns für Dezember 1140 in RRH n° 198 ein anderes Dreikanzlertreffen bezeugt, nämlich das des Elias und des Patriarchenkanzlers Balduin mit Otrannus, dem Kanzler des Grafen von Tripolis, *qui hanc cartam dictavit*.

Im Jahre 1142 verfaßte Elias ein Diplom des Königs für die Leprosen von St. Lazarus (D. RRH n° 210). Es ist das letzte uns überlieferte Stück auf den Namen des im November 1143 verstorbenen Königs Fulko. Aber im Jahre 1143 vor September 24, also kurz vor Fulkos Tod, urkundete der Patriarch Wilhelm von Jerusalem für die Johanniter (RRH n° 215). Ich schreibe das

---

36) RRH n° 193; zum Datum siehe zuletzt unter Resümierung der vorangegangenen Diskussion MAYER, Varia Antiochena S. 21–25.
37) Wilhelm von Tyrus, Chronicon XV. 11, S. 688–691.
38) Die nächste diplomatische Mission ist dann diejenige des Kanzlers Radulf nach Antiochia 1153/1154; siehe oben S. 163.

Diktat auch dieser Urkunde dem Elias zu und verweise hierfür auf den unten folgenden Diktatvergleich, der für dieses Stück nicht einfach ist. Bezeugt ist die Urkunde von Ernesius, dem Neffen und Kanzler des Patriarchen, und fünf Haushaltsklerikern des Patriarchen, darunter *Helias scriptor huius privilegii*. Wir müssen in diesem Elias den Königskanzler sehen. Dafür sprechen neben dem Diktatvergleich noch folgende Erwägungen. Ein Urkundenschreiber am Hl. Grab namens Elias kommt nur hier vor, ja auch sonst kennen wir keinen Kleriker des Patriarchen dieses Namens oder auch nur einen Kanoniker des Chorherrenstiftes der Grabeskirche, obwohl in dessen Chartular ein reiches Namensmaterial vorliegt. Auch brauchte man diesen Elias nicht unbedingt, um am Hl. Grab Urkunden schreiben zu lassen. Der Diakon Gerald, der in den dreißiger Jahren diese Funktion ausübte (siehe oben S. 51), war immer noch Kanoniker. Der Johannes Pisanus von 1136 war jetzt wohl schon Archidiakon von Tyrus[39]. Aber der spanische Presbyter Nikolaus, der dem Patriarchen 1141 RRH n° 201 schrieb, ist doch wohl identisch mit dem danach über Jahre hinaus belegten Kanoniker Nikolaus, der ab 1160 noch auf einige Jahre Prior der Grabeskirche war[40]. Ganz sicher aber konnte man zurückgreifen auf Donatus, *diaconus et scriba Sepulcri Domini*, der im April 1143 für den Prior der Grabeskirche RRH n° 223 schrieb[41]. Wenn wir einen Königskanzler haben, der nach 1142 plötzlich verschwindet, wenn wir 1143 einen gleichnamigen, sonst nie belegbaren Scriptor am Hl. Grab (mit erkennbar gleichem Diktat!) und, wie wir sehen werden, 1144 einen gleichnamigen Bischof haben, dann darf man die drei unbedenklich in eins setzen.

Soll man aus RRH n° 215 folgern, daß Elias die Kanzlei verloren hatte? Es fehlen uns aus Fulkos letztem Regierungsjahr leider Diplome, die eine eindeutige Antwort ermöglichten, wir müssen schon froh sein, daß wir RRH n° 215 haben. Ich meine dennoch, daß Elias im Jahre 1143 noch Kanzler war, daß er aber diesen Titel in der von ihm geschriebenen Privaturkunde des Patriarchen vermied, um diese nicht als Kanzleiprodukt erscheinen zu lassen. Eine Karriere Kanzler – Scriptor – Bischof ist schlecht vorstellbar, dagegen gut eine Laufbahn Kanzler – (Kanzler und) Scriptor – Bischof. Die Urkunden des Patriarchen Wilhelm von Jerusalem sind zahlreich erhalten (RRH n° 135. 136. 145. 152. 156. 162. 167. 170. 172. 201. 204. 205. 213. 215. 234. 235); nur diese eine zeigt das Diktat des Elias, das auch in

---

39) MAYER, Guillaume de Tyr S. 263.

40) Siehe zu ihm unten S. 600.

41) Das a. inc. wird im Druck von ROZIÈRE als 1144, in dem von BRESC-BAUTIER als 1143 gelesen und wäre an den Handschriften nachzukontrollieren. Die ind. 6 deutet auf 1143.

den anderen Urkunden des Hl. Grabes aus der Amtszeit des Patriarchen Wilhelm (1130–1145) nicht vorkommt.

Warum schrieb Elias ausgerechnet diese eine Urkunde? Es ist schon ein Grund zu erkennen, wenn man Gefälligkeiten unter Kollegen für einen solchen halten will. Der Patriarch schenkte dem Johanniterspital eine Kirche mit dem Pilgerfriedhof Acheldemach vor Jerusalem[42], was für die an den Einnahmen aus der Sepultur zu allen Zeiten interessierten Johanniter eine sehr wertvolle Schenkung war, zumal ja genügend Pilger in ihrem großen Spital in der Stadt starben. Nach dem Ordensmeister Raimund wurde als nächster Zeuge genannt *Petrus Willelmi clericus, qui praedictam incepit ecclesiam.* Er war schon 1126 der Kanzler des Ordensmeisters (RRH n° 113), und aus RRH n° 457 erfahren wir, daß er in einer Urkunde vorgekommen war, die der Johannitermeister Raimund († zwischen 1158 und 1160) den Einwohnern von Bethgibelin ausgestellt hatte, natürlich nach der Übernahme der Burg durch den Orden 1136, und zwar ziemlich bald nach 1136, weil Raimunds Urkunde das gesamte Siedlungsprojekt der Johanniter in Bethgibelin regelte und weil Petrus Wilhelm über 1144 hinaus nicht als lebend bezeugt ist (D. RRH n° 226). Seine Wirksamkeit als Kanzler des Johannitermeisters fällt also mindestens teilweise, wahrscheinlich aber gänzlich mit der Amtszeit des Elias zusammen, auch wenn Petrus früher anfing. Ist die Vermutung zu weit hergeholt, daß Petrus Wilhelm, als der Patriarch den Friedhof schenkte, auf dem Petrus bereits einen Kirchenbau begonnen hatte, seinen Kollegen Elias bat, die Urkunde darüber aufzusetzen[43]?

Wenn meine These richtig ist, dann können wir einen wertvollen Blick in die Art und Weise werfen, in der Fulko sein Kanzleipersonal versorgte. Natürlich hatte der Kanzler Einnahmen aus Kanzleitaxen[44], aber Elias hatte außerdem eine Pfründe im Haushalt des Patriarchen, bezeichnenderweise nicht in der königlichen Kapelle, von der aus es fast keine personellen Beziehungen zur Kanzlei gab[45]. In ähnlicher, freilich besserer Weise hatte Fulko schon in Anjou seinen Notar und Kapellan Thomas von Loches versorgt, den er zum Prior der Kollegiatkirche von Notre-Dame de Loches

---

42) VINCENT – ABEL, Jérusalem 2, S. 864–866.
43) Ein ähnlicher Fall liegt vor in RRH n° 871; siehe unten Bd. 2, S. 705.
44) Diese Taxen waren teilweise enorm. Im Jahre 1138 mußten die Jakobiten für einen vom König besiegelten Vergleich, der in seinem Gericht zustandegekommen war, 200 Dinare, also Goldmünzen bezahlen, wobei allerdings die Gerichtsgebühren mit darin enthalten waren. Siehe dazu MARTIN, Premiers princes S. 77.
45) Vgl. dazu MAYER, Hofkapelle S. 504 f.

machte und der unter seinem Sohn Gottfried Plantagenet weiterhin Notar und manchmal Kanzler war[46].

Im Jahre 1144 vor September 24 wiederholte der König Balduin III. den Gütertausch, der 1138 die Gründung von Bethanien eingeleitet hatte (DD. RRH n° 174. 226). Die Kanzlei war vakant, denn dem Stück fehlt jede Unterfertigung, ebenso wie im selben Jahr D. RRH n° 227. Auch hatte die Kanzlei einen neuen Notar, denn obwohl D. RRH n° 226 weitgehend der VU. D. RRH n° 174 folgt, weist es Eigenheiten auf, die Elias, aber auch Elias A als Diktator ausschließen. Dafür stoßen wir in der Zeugenliste auf einen Bischof Elias von Tiberias, den ersten Titular dieses Bistums. Im selben oder im folgenden Jahr (aber wegen des Wechsels im Kelleramt der Grabeskirche in RRH n° 234 nicht nach August 14; vgl. RRH n° 229) wirkte der Bischof Elias von Tiberias an einem Urteil mit, in dem nicht weniger als zwei Erzbischöfe und vier Bischöfe dem Chorherrenstift vom Hl. Grab einen ihm vorenthaltenen Weinberg wieder verschafften, den eine Bewohnerin von Mahumeria (= al-Bīra nördlich von Jerusalem) dem Konvent einst geschenkt hatte (RRH n° 229). Am 14. August 1145, zu einer Jahreszeit, da es in Tiberias außerordentlich unwirtlich ist, bezeugte Elias von Tiberias in Jerusalem eine Urkunde des Patriarchen Wilhelm von Jerusalem (RRH n° 234). Es sieht so aus, als habe er – un autre Talleyrand! – nicht in seinem Bistum, sondern dort residiert, wo er herkam: am Hofe und am Hl. Grab, denn ich glaube, daß dieser Bischof von Tiberias kein anderer ist als Fulkos Kanzler.

Auch eine Romreise kann man diesem Bischof wahrscheinlich zuschreiben. Aus RRH n° 515 von 1174 erfahren wir, daß der Abt des Thaborklosters vor Papst Lucius II. (12. März 1144 – 15. Februar 1145) einen Vergleich über die kirchlichen Zehnten zweier Casalien schloß. Der Vertragspartner des Thabor wird nicht genannt, aber 1174, als diese Zehnten erneut strittig wurden, einigte sich der Thaborabt mit dem Bischof Gerald von Tiberias, so daß ganz klar ist, wer 1144/1145 die Vertragspartner in Rom waren: der Thaborabt und der Bischof von Tiberias[47]. Die kirchlichenZehnten der Diözese Tiberias waren schon lange strittig. Der Legat Gibelin von Arles hatte 1111 dem Thabor davon ein Drittel zugesprochen, die anderen beiden hatte Nazareth erhalten, mit dem damals das Bistum Tiberias in Personalunion geführt wurde[48]. Als für Tiberias ein eigener Titular ernannt wurde, mußte der Nazarener ihm die zwei Drittel der

---

46) CHARTROU, Anjou S. 111 f.
47) HIESTAND, Vorarbeiten 3, S. 179 n° 57; MAYER, Bistümer S. 93.
48) Ebd. S. 81–97.

Diözesanzehnten geben, die er 1111 dem Thabor abgejagt hatte. Der neue Bischof in Tiberias mußte natürlich trachten, vom Thaborabt auch das restliche Drittel zu erhalten. Es lag auf der Hand, daß der Abt dieses nicht freiwillig abtrat.

Weitere Belege haben wir für Bischof Elias von Tiberias nicht mehr. Sein Nachfolger Herbert (Osbert) ist allerdings erst 1154 im Amt nachweisbar, ein Jahr später begleitete er den Patriarchen von Jerusalem nach Italien[49]. Dieser Herbert hatte als Archidiakon das Bistum Tiberias 1138 bei der Einleitung der Gründung des Doppelklosters Bethanien vertreten, da er D. RRH n° 174 bezeugte. Man darf aber aus der Existenz eines Archidiakons von Tiberias nicht auch auf die eines Bischofs schließen. Einen Archidiakon von Tiberias und ganz Galilaea gab es schon 1121, allerdings war es damals der Archidiakon von Nazareth, der sich so bezeichnete[50]. Das Bistum Tiberias gab es ja, nur hatte es keinen Titular, sondern wurde von Nazareth mitverwaltet. Aber mit der Einrichtung eines eigenen Archidiakonats in Tiberias vor 1138 kündigte sich wohl schon an, daß hier à la longue ein Bischof ernannt werden würde; noch 1132 hatte es hier nur einen Kapellan gegeben (D. RRH n° 142).

Gerade daß der Archidiakon hier die Diözese Tiberias vertrat, deutet darauf hin, daß ein Bischof noch nicht ernannt war[51]. Die Gründung eines Doppelklosters muß Fulko am Herzen gelegen haben, denn in Anjou hatte er dasjenige von Fontevrault über viele Jahre hinweg verschwenderisch bedacht. Auch bemühte man für die Klostergründung eigens den Papst (JL 8481), obwohl die Kompetenzen des Königspaares und des Patriarchen von Jerusalem als Diözesan durchaus hinreichend waren. Der langen Zeugenliste

---

49) D. RRH n° 293. RRH n° 297. Wilhelm von Tyrus, Chronicon XVIII. 6, S. 818.

50) RRH n° 97; MAYER, Bistümer S. 84.

51) Als es galt, unweit von Tiberias zur Zeit des Königs Fulko einen Abt Elias († 1140) des Klosters Palmarea zu ordinieren (zu ihm unten S. 535 Anm. 56), tat dies statt eines zuständigen Diözesans in Tiberias der Erzbischof von Nazareth, so daß es in Tiberias noch keinen Bischof gab (Gerhard von Nazareth, Vita abbatis Eliae, bei KEDAR, Gerard of Nazareth S. 75). Diese Abtsweihe erfolgte nach dem Regierungsantritt Fulkos am 14. September 1131 und vor D. RRH n° 174 vom 5. Februar 1138, wo dieser Abt Elias bei der Gründung Bethaniens bereits als Zeuge auftritt. Nach seiner Weihe war noch einige Jahre der Nazarener für ihn zuständig, denn Elias verließ seinen Abtsposten und brachte einige Jahre in Jerusalem zu und kehrte erst dann auf Betreiben des Erzbischofs in Nazareth nach Palmarea zurück. Wenn der Abt Elias für die Gründung Bethaniens nicht eigens aus Palmarea angereist, sondern schon in Jerusalem war, als 1138 D. RRH n° 174 erging, so würde dieses in die Zeit fallen, als sein geistlicher Oberer noch der Erzbischof von Nazareth war, Tiberias mithin noch keinen Bischof hatte.

von D. RRH n° 174 ist anzusehen, daß man für den wichtigen Akt der
Einleitung der Gründung den ganzen Episkopat geladen hatte. Natürlich war
der Patriarch dabei. Außerdem aber bezeugten – von Vertretern der Klöster
und Stifte abgesehen – die Erzbischöfe von Caesarea und Nazareth und die
Bischöfe von Ramla, Bethlehem, Sebaste, Sidon und der Archidiakon von
Tiberias. Sieht man sich an, wer vom Episkopat fehlt, so ist es der Erzbischof von Tyrus und fast alle seine südlichen, erst recht aber die nördlichen
(antiochenischen) Suffragane; allein der Sidonenser hatte die Jerusalemreise
gewagt. Beirut und Akkon im Süden, Tortosa, Tripolis und Byblos im
Norden hielten sich ebenso fern wie der Tyrenser selbst[52].

Es ist klar, warum der Norden sich fernhielt. Vor Juli 1137 verweigerte
der neu kreierte Erzbischof von Tyrus dem Patriarchen von Jerusalem
vorerst den Gehorsamseid; die Sache schwelte weiter im März und Juli 1138
und war erst Ende 1139/Anfang 1140 fürs erste erledigt[53]. Bei dieser Sachlage empfahl es sich für den nördlichen Episkopat nicht, im Februar 1138 an
der Gründung Bethaniens mitzuwirken, denn der Patriarch hätte dort ja
sofort die Obödienzfrage aufgeworfen. Man muß den Mut des Sidonensers
bewundern, in die Höhle des Löwen zu reisen, aber vielleicht kündigte sich
hier das Zerbröckeln der Partei des Erzbischofs von Tyrus an, denn im
Dezember 1138 war auch der Bischof von Akkon mit dem Patriarchen
zusammen (D. RRH n° 179), und beim Konzil von Antiochia im Dezember
1140 waren neben dem Patriarchen auch der Erzbischof von Tyrus und die
Bischöfe von Sidon und Beirut präsent[54]. Geladen waren die Bischöfe 1138
sicher, nur kamen sie nicht. Aus Tyrus hatte wenigstens das Kapitel einen
Kanoniker als Vertreter geschickt, ebenso dasjenige von Akkon den Kanoniker Adam, der freilich schamhaft verschweigen ließ, daß er dort nicht nur
Kanoniker, sondern auch Archidiakon war[55], um ja nicht als Vertreter des
Bischofs zu gelten. Wenn aber der Episkopat eigentlich vollständig erscheinen sollte, dann muß die Vertretung von Tiberias durch den Archidiakon so
interpretiert werden, daß es einen Bischof dort nicht gab, der nach Jerusalem
hätte reisen können – zumal der verwaltende Erzbischof von Nazareth zwar

---

52) Das Bistum Baniyās wurde erst 1140 eingerichtet und als Teil der Erzdiözese
Tyrus beansprucht; Wilhelm von Tyrus, Chronicon XV. 11, S. 690. Sein erster Bischof
erscheint in D. RRH n° 174 noch als Mitglied des akkonensischen Domkapitels. Selbst
wenn es in Baniyās 1138 also einen Bischof gegeben hätte, so wäre er wahrscheinlich
ebensowenig erschienen wie seine Amtsbrüder von Akkon und Beirut.

53) JL 7847. 7875. 7908. 7940–7943; zum Datum dieser Stücke HIESTAND, Vorarbeiten 3, S. 153 n° 41.

54) Wilhelm von Tyrus, Chronicon XV. 16, S. 696. RRH n° 193. 198.

55) RRH n° 180. Wilhelm von Tyrus, Chronicon XV. 11, S. 690.

anwesend, aber nur Elekt war–, denn die triftigen Gründe, die für ein Fernbleiben des Nordens bestanden, galten für Tiberias nicht[56].

Man muß sich überlegen, wann der Bischof an der römischen Kurie gewesen sein könnte. Wir wissen natürlich nicht mit letzter Sicherheit, ob der Bischof die Zehntangelegenheit selber vertrat. Aber es nimmt einen wunder, daß man die Zehnten zweier Casalien überhaupt bis an die Kurie durchklagte. Im Grunde lohnte dies kaum den Aufwand einer Reise nach Rom. Das kann also nur als Akzidenz hinzugekommen sein: weil man ohnehin an der Kurie war, erledigte man dort auch dieses Geschäft. Nun können wir Ende 1143/Anfang 1144 eine massierte Beurkundungstätigkeit der päpstlichen Kanzlei für den Osten feststellen, die auf eine Mehrzahl von anwesenden Parteivertretern hinweist. Positiv bezeugt ist die Anwesenheit zweier Kanoniker des Hl. Grabes, denen Celestin II. am 12. Januar 1144 für ihr Stift eine Kirche in Rom bewilligte, und zwar aufgrund von Bitten, die man schriftlich noch an Innocenz II. († 24. September 1143) gerichtet hatte (JL 8482); zwei Tage zuvor hatten sie auch ein Schutzprivileg mit Besitzbestätigung erwirkt sowie eine päpstliche Bestätigung von D. RRH n° 174 (JL 8479. 8481). Anwesend waren aber auch die Johanniter, die am 9. Dezember 1143 zwei Papsturkunden erwirkt hatten, die ihnen das Deutsche

---

56) In D. RRH n° 174 tritt auch ein Abt Elias von Palmarea auf, einem Benediktinerkloster unweit von Tiberias. Er kann natürlich nicht identisch sein mit dem gleichzeitig auftretenden Kanzler Elias. Ebensowenig kann er aufgerückt sein zum späteren Bischof von Tiberias, da der Abt bereits 1140 starb (Gerhard von Nazareth, Vita abbatis Eliae bei KEDAR, Gerard of Nazareth S. 75). Daß KEDAR, Palmarée S. 264 den Tod des Elias bis um 1170 hinausgeschoben habe (so HIESTAND, Palmarea S. 175 Anm. 9), ist unrichtig, Kedar bleibt auch hier bei 1140, was Hiestand für einen Zusatz der Magdeburger Zenturiatoren hält, die uns allein Auszüge aus der Vita des Elias von Gerhard von Nazareth überliefern. Aber dafür gebricht es an positiven Indizien. Elias war im übrigen eine bizarre Persönlichkeit, die man vom Bischofsthron mit aller Energie hätte fernhalten müssen, ganz abgesehen von der Abneigung, im 12. Jahrhundert monastische Bischöfe zu kreieren (siehe dazu HAMILTON, Latin Church S. 122 f., zu vermehren um Balduin I. von Caesarea; MAYER, Bistümer S. 274 f.). Elias von Palmarea war ein Grammatiklehrer aus der Gallia Narbonnensis, der unter Fulko eingewandert war und nach Zwischenspielen als Eremit und im Kloster Josaphat die Position des Abts von Palmarea übernommen hatte, die er aber zeitweilig verließ. Von seinen nächtlichen Bußübungen war er so ermattet, daß er häufig bei Tisch einschlief, ehe er zu Ende gekaut hatte. *Pecuniam oblatam respuit ... Egenis liberaliter dedit, ita ut sinistra manus nesciret, quid faceret dextra.* Wahrlich kein Typ für einen Bischof, und es nimmt nicht wunder, daß Alexander III. zwischen 1171 und 1174 das Kloster den Cluniazensern übergab, weil ein Abt das Klostervermögen verschwendet habe, das auch von seinem Nachfolger nicht gemehrt worden sei (HIESTAND, Vorarbeiten 3, S. 274 n° 108).

Spital in Jerusalem inkorporierten[57]. Anwesend müssen aber auch die Vertreter des Thabor und von Tiberias gewesen sein, um nach dem Tode Celestins II. (8. März 1144) vor Lucius II. (12. März 1144 – 15. Februar 1145) den Zehntvergleich zu schließen. Auch waren die Geschäfte der Parteien im wesentlichen abgewickelt, denn schon am 10. Januar 1144 empfahl der Papst die beiden Vertreter des Hl. Grabes ihren Mitbrüdern. Sie standen also vor der Abreise, mußten freilich noch auf den Beginn der Schiffahrt warten, die im März oder April wiederaufgenommen wurde. Ich habe schon an anderer Stelle begründet, warum ich glaube, daß sie das Hl. Land im Herbst 1143 verlassen hatten und mit dem Frühjahrspassagium 1144 zurückkehrten[58]. Wie wir aus JL 8481 erfahren, hatten sie eine Supplik des Patriarchen und der Erzbischöfe und Bischöfe mitgebracht, die Lazaruskirche in Bethanien zu einem Doppelkloster zu erheben (obwohl das bereits eine seit kurzem vollendete Tatsache war). Vom Tod des Königs Fulko (November 1143) hatten sie noch nicht gewußt, da der Papst in JL 8481 ihn sichtlich als noch lebend behandelt[59]. Als sie zurückreisten, hatten sie mit JL 8481 eine zustimmende Antwort des Papstes im Gepäck, und als 1144 nach März 8, aber vor September 24 König Balduin III. in der Sache Bethaniens nochmals urkundete, war ihm der Tod Celestins II. bereits bekannt (D. RRH n° 226); er muß ihn von den beiden Kanonikern erfahren haben. Ihre Abreise war also, wie auch die Schiffahrtssaison nahelegt, erst nach dem 8. März 1144 erfolgt.

Nun wird sich der König ja nicht nur auf zwei Chorherren des Hl. Grabes verlassen haben, um die Sache Bethaniens in Rom zu vertreten, wenn in dieser Sache eine Supplik des Patriarchen und des ganzen Episkopats an den Papst gerichtet wurde, und schon D. RRH n° 174 zeigt, daß man bemüht war, die Gründung als vom ganzen Episkopat des Landes getragen zu wissen. Andererseits mußten Vertreter des Chorherrenstifts mit zu der Delegation nach Rom gehören, die bezeugen konnten, daß das Stift tatsächlich die Lazaruskirche in Bethanien gegen Entschädigung aufgegeben hatte, damit das neue Kloster ausgestattet werden könne. Aber die Gründung Bethaniens war eine Sache, die aus verschiedenen Gründen dem König und seiner Gemahlin Melisendis so sehr am Herzen lag, daß man nicht einfach einem zufällig reisenden Kurier einen Brief an den Papst mitgab, sondern wenigstens einen Bischof in der Gesandtschaft brauchte. Das könnte gut der

---

57) JL 8472α und HIESTAND, Vorarbeiten 3, S. 171 n° 51.

58) MAYER, Bistümer S. 387–392.

59) So auch in JL 8479 vom selben Tage, da er unter den verstorbenen Königen von Jerusalem nicht aufgezählt wird; anders Lucius II. in JL 8652 vom 14. September 1144 und JL 8690 von 1144–1145.

Bischof von Tiberias gewesen sein. Wer hätte nachdrücklicher des Königs Sache vertreten können als sein alter Kanzler? Bei der Gelegenheit konnte man auch gleich den Zehntdisput mit dem Thabor abwickeln, der dann von Lucius II. nach dem 12. März 1144 beurkundet wurde. Es wäre jedenfalls wesentlich schwieriger, die Reise des Bischofs von Tiberias später ins Jahr 1144 zu verlegen, da er noch 1144 und dann wieder 1145 im Osten nachweisbar ist (siehe oben S. 532).

Man darf über dieser Rekonstruktion die gesicherten Fakten nicht aus den Augen verlieren. Daß es in Rom 1144 oder 1145 zu einem Vergleich zwischen dem Bistum Tiberias und dem Thabor kam, ist sicher. Ob der Bischof dafür selbst nach Rom reiste oder einen Vertreter schickte, ist ungewiß. Reiste er aber selber, so ist es zwar höchst wahrscheinlich, aber nicht gesichert, daß er geschickt wurde, um die Sache Bethaniens an der Kurie zu vertreten. Wenn aber Elias diesen Auftrag hatte, dann war er noch vor Fulkos Tod zum Bischof von Tiberias ernannt worden, weil die Gesandtschaft kurz vor des Königs Tod abreiste, und das ist für die Kanzleigeschichte von erheblicher Bedeutung. Eine Erhebung unmittelbar nach Fulkos Tod, was die Alternative ist, wäre interpretierbar als eine Verdrängung des Elias aus der Kanzlei mittels einer Beförderung in ein bischöfliches Amt[60]. Eine Ernennung zum Bischof noch durch Fulko, zumal wenn verbunden mit einer Mission nach Rom in Sachen Bethaniens, wäre dagegen ein Vertrauensbeweis des Königs gewesen, da Fulkos letzte Jahre so ruhig waren, daß ein akuter Anlaß, sich des Kanzlers zu entledigen, nicht zu erkennen ist. Freilich darf man nicht übersehen, daß auch der König Fulko den Elias so aus der Kanzlei hätte hinausbefördern können, denn im Gegensatz zu späteren Kanzlern, aber wie Paganus vor ihm, mußte der Bischof Elias die Kanzlei abgeben. In dem Moment, in dem er erstmals als Bischof auftritt, ist die Kanzlei vakant (D. RRH n° 226). Auch das wäre natürlich vereinbar mit der Annahme, daß Elias erst nach Fulkos Tod zum Bischof von Tiberias erhoben wurde. Aber der Kanzler Elias war sein eigener Notar gewesen, so daß ein neuer ernannt werden mußte, als er Bischof wurde. Der neue Notar gab aber nur ein kurzes Zwischenspiel in der Kanzlei, so daß ich ihn als Interimsnotar bezeichne. Bei ihm spricht alles dafür, daß er nicht von dem König Balduin III. oder der Königinmutter Melisendis, sondern noch von König Fulko ernannt wurde, aber weichen mußte, als er den neuen Macht-

---

60) So hatte ich dies 1972 noch gesehen; vgl. MAYER, Queen Melisende S. 116 f. Ich halte daran nicht mehr länger fest – auch wenn das für die Kanzleigeschichte einiges erleichtern würde –, denn es würde voraussetzen, daß Elias erst nach Fulkos Tod zum Bischof ernannt wurde, was nicht geht, wenn er in Rom war.

habern nicht genehm war (siehe unten S. 606 f.). Das wirkt dann zurück auf das Ende der Kanzleikarriere des Elias.

Ich glaube, daß Elias noch von König Fulko zum Bischof von Tiberias erhoben und alsbald damit betraut wurde, die Gründung Bethaniens an der Kurie zu vertreten. Das kann erst kurz vor Fulkos Tod passiert sein, weil dieser im November 1143 starb, Elias aber im selben Jahr vor September 24 als einfacher Skriptor RRH n° 215 für den Patriarchen von Jerusalem diktierte, damals also noch kein Bischof war. Ich rekonstruiere daher die Laufbahn des Elias wie folgt: Er stammte aus Anjou und wanderte ins Hl. Land aus, wo ihn der König Fulko von Anjou in seine Dienste nahm. Als Teil des von Ordericus Vitalis bezeugten Personalrevirements nach Fulkos Thronbesteigung wurde Elias entweder gleich oder aber zwischen 1132 (wegen D. RRH n° 142) und 1134 zum Notar in der Königskanzlei ernannt und rückte 1136 in Nachfolge des Kanzlers Franco in das Kanzleramt ein. Versorgt wurde er mit einer Pfründe im Haushalt des Patriarchen von Jerusalem, wo er gelegentlich Urkunden schrieb. Er behielt die Kanzlei bei bis kurz vor Fulkos unerwartetem Tod im November 1143, als er Bischof von Tiberias wurde. Gestorben ist er zwischen 1145 und 1154, als der nächste Bischof von Tiberias im Amt war, eher näher an 1145.

Es ergibt sich dann folgender tabellarischer Lebenslauf im Osten für Elias:

1131/1134 – 1143	Notar des Königs Fulko
1134	mit dem König in Antiochia
1135 August	erneut mit dem König in Antiochia
1136–1143	Kanzler des Königs Fulko
1140 Dezember	für den König beim Konzil von Antiochia
1143	Haushaltskleriker des Patriarchen von Jerusalem, für den er auch als Scriptor tätig ist
1143 Herbst – vor 1154	Bischof von Tiberias (?)
1144 oder 1145 (wohl 1144)	an der Kurie in Rom (?)
zwischen 1145 und 1154	Tod als Bischof von Tiberias (?)

3. Schrift und Fehleranalyse

Der Schriftvergleich bringt hier etwas bessere Resultate als bei Hemelin, denn es läßt sich wahrscheinlich machen, daß Elias persönlich mundierte.

Aber wegen des Mangels an Originalen ist der Schriftvergleich auch bei diesem Notar kein sonderlich ertragreiches Arbeitsmittel. Wir haben lediglich die Urschrift der Fälschung D. spur. RRH n° 163, ein Kanzleioriginal (D. RRH n° 164) sowie das Original der von Elias diktierten Patriarchenurkunde RRH n° 215. Mit der Fälschung brauchen wir uns nicht lange aufzuhalten. Es handelt sich um eine Schrift des 13. Jahrhunderts, wie sich an der fortgeschrittenen Brechung der Buchstaben, an der Ligierung runder Buchstaben (co) und an der Schlinge des g zeigt[61]. Es ist im übrigen dieselbe Hand wie die des zeitlich angeblich nächsten Produkts desselben Fälscherateliers (D. spur. RRH n° 276). Aber es werden Schriftelemente der diplomatischen Minuskel des 12. Jahrhunderts nachgeahmt, so die weit nach oben reichenden Oberlängen von b, d, f, h, l und s. Sie reichen trotz großzügig bemessenen Zeilenabstandes bis an die Grundlinie der darüber liegenden Zeilen und sind bei f und s in einer für die Urkundenschrift des 12. Jahrhunderts charakteristischen Weise verschleift. Die einzelnen Worte der in nachgeahmter Elongata gehaltenen Invocatio, die in kanzleimäßiger Manier die erste Zeile füllt, sind voneinander getrennt durch vertikale Wellenlinien, die wahrscheinlich die normale Trennung mittels übereinander stehender Punkte imitieren. Das lateinische Kreuz davor sieht fast vorschriftsmäßig aus und ist gut imitiert, wenn man es vergleicht mit den entsprechenden Kreuzen in D. RRH n° 164. RRH n° 215. Die letzten beiden Zeilen sind am Ende zeilenfüllend auseinandergezogen, teils mit Punkten (in einer Zeile sieben, in der anderen vier), teils mit Wellenlinien. Möglicherweise war hier ein Kanzleioriginal das Vorbild, was ja die Schrift auch sonst nahelegt und was vom Diktat der Eingangs- und Schlußteile her ganz sicher ist. In D. RRH n° 164 endet nämlich im Nachtrag des Elias die letzte Zeile, die nur etwa zur Hälfte gefüllt ist, mit drei horizontal angeordneten Punkten.

D. RRH n° 164 ist ein sorgfältig geschriebenes Stück. Es weist eine zeilenfüllende Invocatio in einer Zierschrift auf, die im Grunde nichts anderes ist als eine in die Länge gezogene Contextschrift, deren Ober- und Unterlängen man so nach der Mitte hin zusammengedrückt hat, daß der Eindruck einer Schrift entsteht, die in ein Zweizeilenschema paßt. Die Contextschrift hat kaum Korrekturen und auch keine stehengebliebenen Schreibfehler. Es ist geschrieben mit spitzer Feder in einer sehr geraden und aufrechten diplomatischen Minuskel, wenn auch noch nicht der, die dann vom Kanzler Radulf von Bethlehem an für die Kanzlei von Jerusalem cha-

---

61) Ich habe diese Schrift näher charakterisiert bei MAYER, Marseilles Levantehandel S. 14.

rakteristisch werden sollte und die sich um diese Zeit schon am Hl. Grab anbahnte (RRH n° 170. 204; siehe unten S. 574). Auch hier sind alle Oberschäfte hoch und berühren die Grundlinie der darüber verlaufenden Zeile. Das *d* hat überwiegend einen geraden Schaft; wo er rund ist, ist er so klein, daß er unauffällig bleibt. Insbesondere wird bei der Kombination *ld* kein runder Schaft für das *d* verwendet. An den Oberschäften von *f* und langem *s* finden sich keine Zierschleifen. Die *g*-Schlinge ist geschlossen und ebenfalls ohne Zierschleife, das *r* bleibt auf der Zeile. Die Ligaturen *st* und *ct* sind vorhanden, aber unauffällig ohne Zierrat gestaltet. Der Kürzungen sind relativ wenige außer in der letzten Zeile vor dem Nachtrag. Es ist im ganzen eine klar lesbare und schöne, wenn auch nicht gerade kalligraphische Schrift, ohne auffällige Elemente. Eigenwillig und ins Auge springend ist lediglich das *V*, das bei *videlicet* zweimal mitten im Satz als Majuskel gebildet ist, und die *et*-Ligatur mit einem weit nach oben gezogenen, ziemlich senkrechten gestürzten *t*. Bei nur flüchtigem Hinsehen könnte man die Schrift für gleich halten mit der von RRH n° 133 von 1130, einer Urkunde des Priors der Grabeskirche für die Abtei Josaphat. Aber bei genauerer Analyse verbietet sich diese Annahme dann doch. In RRH n° 133 hat das *f* keine Oberlänge, ebensowenig das lange *s*, nur *b*, *d*, *h* und *l* haben hier Oberlängen. Rundes *s* ist häufiger als in D. RRH n° 164 und als Schluß-*s* durchgehend. Von den Großbuchstaben ist *B*, *R* und vor allem *W* in RRH n° 133 ganz anders, und die *et*-Ligatur zeigt hier kein gestürztes *t*, dafür ist die *e caudata* wesentlich häufiger als in D. RRH n° 164. Schließlich schreibt der Schreiber von RRH n° 133 für den Vizegrafen von Nablus *Holricus*, der von D. RRH n° 164 aber *Olricus*. Es sind also zwei Hände.

Zwei Händen begegnen wir aber auch in D. RRH n° 164 selbst. Nach dem Datum findet sich dort noch in weiteren anderthalb Zeilen der schon oben S. 526 zitierte Nachtrag. Nicht nur sachlich ist dies ein Postskript, sondern es ist auch von anderer Hand und Tinte als der Haupttext. Dessen Schrift ist im wesentlichen kerzengerade. Neigen sich die Oberschäfte überhaupt, so neigen sie sich leicht nach links. Im Nachtrag tun sie dies dagegen nach rechts, jedenfalls in der zweiten Hälfte der Zeile, vor allem das *b*, aber auch das *l* von *Fulcone*. Die Oberlängen des Nachtrags sind hoch, reichen aber deutlich weniger hoch als die des Haupttextes; die darüber verlaufende Grundlinie berühren sie nie und nehmen im Zeilenverlauf an Höhe ständig ab, was im Haupttext nirgends vorgekommen war. An ihrem oberen Ende sind die Oberschäfte im Nachtrag keulenförmig verdickt, im Haupttext nicht. Die dort rund gestaltete *g*-Schlinge biegt im Nachtrag an ihrem linken Ende spitz nach oben. Die *st*-Ligatur ist annähernd gleich, die *ct*-Ligatur dagegen nicht, da sie im Haupttext in einem geschlossenen Bogen verläuft, im Nachtrag dagegen hoch über dem *c* mit einem kleinen Bogen neu ansetzt.

Die *et*-Ligatur mit dem gestürzten *t* findet sich dreimal auch im Nachtrag, reicht aber dort nie so weit nach oben wie im Haupttext. Auch ist der nach oben reichende Schaft des *t* spürbar stärker geneigt. Da in dieser Ligatur der Querbalken des jetzt auf dem Kopfe stehenden *T* schräg verlaufen muß, kann der Schaft nicht kerzengrad sein, weil er ja – als Majuskel gedacht – in einem Winkel von 90 Grad am Querbalken sitzt. Er verläuft deshalb auch in der ansonsten nahezu bolzengeraden Schrift des Haupttextes mit einer Rechtsneigung, aber sie ist deutlich geringer als im Nachtrag. Schließlich sind auch die Kürzungszeichen verschieden, im Haupttext ist es ein allenfalls leicht verzierter waagrechter Strich, im Nachtrag finden wir das klassische diplomatische Kürzungszeichen, das auch viel höher über der Schrift sitzt als im Haupttext. Daß hier zwei Schreiber am Werk waren, ist zweifelsfrei, auch wenn beide Schriften im Prinzip die relativ rare *et*-Ligatur haben und sich auch in der Zierlichkeit und manchen Buchstabenformen ähnlich sind. Man könnte sagen, daß sich der Schreiber des Nachtrags darum bemühte, die Schrift des Haupttextes in einigen Dingen zu imitieren, um dem Diplom einen einheitlichen Anstrich zu geben, aber fraglos ist es eine andere Hand.

Der Nachtrag beschäftigt sich nur mit dem Beurkundungsvorgang und erwähnt die Beteiligung des Kanzlers Elias, der danach das Diplom auch besiegelte, da das Siegel erst angebracht wurde, nachdem der Nachtrag geschrieben war. Wenn der Kanzler also selbst etwas schrieb, dann war es nicht der Haupttext, sondern der Nachtrag. Ich gehe daher davon aus, daß der Nachtrag von der Hand des Elias selber stammt. Und es scheint mir, daß er auch ganze Diplome mundierte, und zwar diejenigen, die reinlich nur sein Diktat zeigen. Eine Ausnahme mag D. RRH n° 179 gewesen sein, in dem er seine Tätigkeit mit *ego Helias ... dictavi* beschrieb. Geht man aber von D. RRH n° 164 und dem nur kopial überlieferten D. RRH n° 174 aus, so wird man zu der Vermutung gedrängt, daß, wenn der Kanzler die Unterfertigung selbst eintrug, der Rest der beiden Diplome dann von der Hand einer anderen Person war, der aufgegeben gewesen wäre, diese beiden Diplome zu ingrossieren. Gerade weil die Schlußkontrolle des Elias bei DD. RRH n° 164. 174 so strikt war, konnte man das Ingrossat ruhig einem anderen überlassen, der wohl außerhalb der Kanzlei arbeitete[62]. Einen hauptberuflichen Kanzleischreiber hätte man dagegen wohl auch die Kanzleiunterfertigung eintragen lassen, wie dies in anderen Kanzleien gang und gäbe war und wie der Kanzler Hemelin dies in D. RRH n° 134 sogar einem Empfängerschreiber überlassen hatte (siehe oben S. 478 f.).

---

62) Elias A war dies nicht, weil ich ihm die Schrift von RRH n° 170 zuschreibe, die von verschiedener Hand ist; siehe unten S. 573–575.

Da der Kanzler Elias sein eigener Diktator war, wird er normalerweise auch sein eigener Schreiber gewesen sein. Auch die Untersuchung der Fehler führt auf dieses Resultat. DD. RRH n° 164. 174 sind fehlerlos, denn auch in dem nur kopial überlieferten D. RRH n° 174 finden sich nur Fehler von der Art, wie sie der Überlieferung ständig zur Last fallen, und dies nur in jeweils einem der beiden Kopialbücher. Das wird teilweise auch gelten für die Fehler in den Produkten des Elias, aber eben nur teilweise. Wir finden in dem Diplom für Nablus den Erzbischof von Caesarea nur als Bischof bezeichnet, dazu noch steht er an der falschen Stelle hinter dem Ölbergprior, in D. RRH n° 149 ist in einer der beiden Überlieferungen das Datum verschrieben, aber in der anderen ist es richtig. Im selben Diplom ist die Corroboratio verunglückt (siehe unten S. 554 f.). In D. RRH n° 157 steht *secretas*, wo es wahrscheinlich *secretarios* heißen muß. Mit dem Spurium D. RRH n° 163 brauche ich mich in diesem Zusammenhang natürlich nicht aufzuhalten. In D. RRH n° 210 steht *elemosina* statt *elemosinam*. Das mag vom Chartularschreiber stammen. Aber dort steht auch *Uxor ... eius ... dedit ... spontanea in vita sua*. Das geht zur Not, ist aber wahrhaftig unschön und muß formulargerecht natürlich heißen *dedit spontanea voluntate in vita sua*. Ebenso unschön, ja im Sinne eines Kanzleidiktats unzulässig ist *Et ut huius rei datio et concessio rata foret et firma* statt kanzleimäßig *rata sit* oder wenigstens *fiat*. Auch hier kann man *foret = futura esset* zur Not stehenlassen, aber schon der Herausgeber des Chartulars edierte hier zu *fieret*, was den Satz freilich kaum besser macht.

Die Schlußkontrolle der Kanzlei war also bei diesen Stücken ganz ohne Zweifel wesentlich laxer als bei DD. RRH 164. 174. Das wäre am ehesten mit der neuerlichen Annahme erklärt, daß der Kanzler Elias in den anderen Diplomen selbst schrieb und daher gar nicht mehr kontrollierte. Nun fällt das völlige Fehlen auch geringfügiger Verschreibungen, wie man sie bei einer Endkontrolle hätte stehen lassen können, in D. RRH n° 164 auf. Man könnte daher den vorgeführten Befund auch so erklären, daß eine Schlußkontrolle überhaupt nicht stattfand, sondern der Schreiber von D. RRH n° 164 eben ein besonders exakter Ingrossator war. Dem widersprechen aber nicht nur die auf eine solche Kontrolle hinweisenden Nachträge des Kanzlers in D. RRH n° 164. 174. Ebenso spricht dagegen, was wir über die Arbeitsweise der damaligen benachbarten Patriarchenkanzlei von Jerusalem aus RRH n° 204 entnehmen können. Diese Urkunde ist in zwei Fassungen überliefert (Johanniterarchiv La Valletta, Arch. 1 n° 37 und 38). Beide sind sie von derselben Hand geschrieben und unterscheiden sich im Text um kein Jota. Aber n° 38 ist fünf Zeilen länger als n° 37, hat im Gegensatz zu n° 37 Elongata für die Invocatio und erheblich mehr Elemente einer diplomatischen Minuskel, vor allem bei der Verzierung der Oberlängen. Außerdem

war n° 38 besiegelt, n° 37 nicht. Wir werden nicht fehlgehen in der Annahme, daß n° 37 das (bereits fehlerfreie) Konzept war, nach dem dann
n° 38 als Ingrossat angefertigt und besiegelt wurde. Der Empfänger nahm
dann allerdings beide Fassungen mit und hatte damit zwei 'Originale' der
eher belanglosen Angelegenheit (Tausch eines Gartens gegen zwei Läden).
Da am Konzept nicht mehr geändert worden war, konnte die Patriarchenkanzlei dessen Aushändigung ruhig zustimmen. Sie selbst hätte allenfalls als
Formularbehelf dafür Verwendung gehabt.

Wenn auch der Schreiber von DD. RRH n° 164. 174 erst Konzepte
anfertigte, dann wäre die Sorgfalt seiner beiden Diplome erklärt. Ich gehe
also davon aus, daß er seine Ingrossate nach Konzepten anfertigte, die natürlich bereits dem Kanzler vorgelegt wurden, so daß ihm am Ende nur selten
ein Fehler stehenblieb, ohne daß er darum ein wesentlich besserer Schreiber
gewesen wäre als Elias. Dagegen verblieben dem Kanzler Elias seine Fehler,
wenn er ohne Konzepte arbeitete oder mit solchen keine Endkontrolle
vornahm oder von einem anderen vornehmen ließ, was vermutlich für die
Latinität besser gewesen wäre. Auch die Fehleranalyse führt uns deshalb
wieder zu dem bereits erarbeiteten Resultat: In der Kanzlei war damals kein
hauptamtlicher Kanzleischreiber beschäftigt, der nur Ingrossate, aber keine
Dictamina angefertigt hätte. Vielmehr mundierte neben dem Kanzler Elias
ein Gelegenheitsschreiber, wohl nach Konzepten, während der Kanzler Elias
zusätzlich aber noch die Kanzleiunterfertigungen unter den Diplomen des
Elias A schrieb, dessen Dictamina bis zum Ende des Contexts von dem
Gelegenheitsschreiber mundiert worden waren[63].

Dagegen könnten wir in RRH n° 215 die Schrift des Elias vor uns haben,
ohne daß sich wegen Materialmangels Sicheres sagen ließe. Dort steht unter
den Zeugen *Helias scriptor huius privilegii*. Zwar ist der Unterschied zu dem
Nachtrag von anderthalb Zeilen in D. RRH n° 164 evident, aber wir sahen
schon, daß Elias dort einen bewußten Versuch unternahm, um der Einheitlichkeit des äußeren Bildes dieses Diploms willen die Kontextschrift des
Elias A möglichst genau nachzuahmen. Deshalb ist die Schrift auch sehr klar
geschrieben, d. h. langsam. Die Schrift von RRH n° 215 wirkt kursiver und
dadurch unruhiger; sie verrät einen Mann, der berufsmäßig viel zu schreiben
hatte und bei dem deshalb innerhalb der einen Urkunde RRH n° 215 die
Formen für einen einzelnen Buchstaben auch durchaus verschieden ausfielen;
das *g* und das *h* sind Beispiele dafür. Die Geschwindigkeit der Schrift zeigt

---

63) Ein Empfängerschreiber ist auszuschließen, weil D. RRH n° 164 für die Johanniter ausgestellt ist, bei denen wir noch am reichlichsten mit Originalen versorgt sind,
ohne daß wir aber bei ihnen derselben Hand nochmals begegneten.

sich auch daran, daß sie sich von der Zeilenmitte an regelmäßig nach rechts zu neigen beginnt, was sie übrigens mit dem Nachtrag von D. RRH n° 164 gemein hat (siehe oben S. 540).

4. Das Spurium D. RRH n° 163

Etwa ab der Mitte des 13. Jahrhunderts wirkte in Akkon ein professioneller Fälscher, der ungeachtet seiner mangelnden Fähigkeiten regen Zulauf hatte und Fälschungen herstellte für den Deutschen Orden, für Genua, vor allem aber für Marseille, von dessen sechs für die provenzalische Metropole ausgestellten Diplomen des Königs nicht weniger als vier (DD. spur. RRH. n° 163. 276. 747. 855) auf sein Konto gehen. Ich habe 1972 alle Produkte dieses Falsarius, von denen D. spur. RRH n° 163 das angeblich früheste ist, im Zusammenhang untersucht[64]. Bei zwei dieser Falsifikate für Marseille (DD. spur. RRH n° 163. 747) wissen wir die Entstehungszeit ganz genau, denn im Stadtarchiv Marseille lagern noch 19 weitgehend gleichlautende Schuldscheine, mittels derer der marseillaisische Konsul in Akkon Isarn de St.-Jacques im Februar und März 1248 bei marseillaisischen Kaufleuten Darlehen aufnahm, die gegen die Präsentation der Schuldscheine bei der heimischen Kommune zurückgezahlt werden sollten und offenkundig auch zurückgezahlt wurden[65]. Die Darlehen, so wird in den Schuldscheinen ausgeführt, dienten dazu, je ein Privileg der Könige Fulko und Aimerich für eine Gesamtsumme von 1072 sarazenischen Byzantinern zu kaufen, wobei der Konsul ungeniert behauptete, daß diese Privilegien *longo tempore a quibusdam fraudulenter detenti fuerant*, obwohl er natürlich genau wissen mußte, daß er Fälschungen erwarb. Das Falsifikat auf den Namen Balduins III. (D. spur. RRH n° 276) wurde um dieselbe Zeit hergestellt, denn es wurde am 18. November 1248 in Lyon vom Papst bestätigt[66].

In den drei Fälschungen auf die Namen Fulkos, Balduins III. und Aimerich (DD. spur. RRH n° 163. 276. 747) geht es um den Versuch, im marseillaisischen Osthandel die völlige Abgabenfreiheit für die Königreiche Jerusalem und Zypern zu erlangen und damit den Handel auf marseillaisischen Schiffen auch für Montpellier wieder interessant zu machen, das seit alters seinen Handel mit der marseillaisischen Flotte trieb, aber in jüngster Zeit sich von dem marseillaisischen Flaggenprotektionismus zu emanzipieren

---

64) MAYER, Marseilles Levantehandel, passim.
65) Ein Specimen dieser denkwürdigen Dokumente habe ich ediert ebd. S. 195 n° 11.
66) Ebd. S. 196 n° 12.

gesucht hatte. Landgewinnung und Besitzarrondierung waren demgegenüber nur ein sekundärer Zweck der Fälschungen. Nur eine weitere, die in Marseille auch schon am 3. November 1248 abgeschrieben wurde und die auf den Namen des Bischofs Radulf von Bethlehem lautete, ist allein damit motivierbar[67]. Dagegen entstand die Fälschung auf den Namen des Königs Johann von Brienne (D. spur. RRH n° 855) gesondert, aber wenig später und nicht nach dem Ende der Schiffahrt im Herbst 1249, denn im Wortlaut bestätigte Innozenz IV. in Lyon auch dieses Stück im März 1250[68]. Hier ging es vor allem um das marseillaisische Quartier in Akkon, das von König Guido 1190 durch das echte D. RRH n° 697 begründet worden war und das anscheinend verloren gegangen oder mindestens akut gefährdet war, nachdem der marseillaisische Konsul im Februar und März 1248 dort noch seine Schuldscheine ausgestellt hatte (*in vico Provinciali*) [69].

Es ist erstaunlich, daß die Fälschungen die längste Zeit als echt galten[70], denn sie sind in einem schier unglaublichen Latein gehalten, das pausenlos die Grammatik vergewaltigt. Daran stieß sich schon 1250 gerade bei D. spur. RRH n° 163 die päpstliche Kanzlei: *tenorem ipsius privilegii, quamquam in eo sit incongrua latinitas, de verbo ad verbum inseri presentibus facientes.* Aber sie haben alle einen echten Rahmen, den dieser Falsarius so nicht fertiggebracht hätte. Er benutzte sicherlich echte Vorlagen der Aussteller, auf deren Namen er fälschte, manchmal sogar mehr als eine. Beim Sachinhalt war er dann auf seine eigenen Lateinkünste angewiesen, auch dort, wo sein Rahmen versagte, etwa wenn er in seiner echten Vorlage gar kein Datum oder kein Tagesdatum vorfand. So endete er sein Falsum auf den Namen des Bischofs von Bethlehem mit *quarto sexto nonas* ohne Monatsnamen, und da er dieses Monstrum offenbar für richtig hielt, verwendete er es wörtlich wieder in einer Fälschung auf den Namen Heinrichs von Champagne, wo er in der Vorlage nach dem Inkarnationsjahr wohl einen Monatsnamen hatte vorfinden müssen, aber keine Tageszählung.

Auch das urschriftlich erhaltene D. spur. RRH n° 163 zeigt die unverwechselbare Handschrift des Fälschers[71]. Als Kostprobe seiner *incongrua*

---

67) RRH spur. n° 386. MAYER, Marseilles Levantehandel S. 179 n° 3.

68) Ebd. S. 203 n° 19.

69) Zur genetischen Erklärung der Falsifikate siehe ebd. S. 73–77, 85–88, 93–98, 103–112, zu Johanns angeblichem Privileg ebd. S. 112–115.

70) So noch 1961 bei ZARB, Histoire S. 99 f., obwohl seit 1849 gegen das eine oder andere Stück gravierende Bedenken vorgebracht worden waren: MAS LATRIE, Critique S. 346–349; DERS, Histoire 2, S. 25–32; BOURILLY, Essai S. 32 f.; Histoire du commerce de Marseille 1, S. 138 f.

71) Siehe dazu MAYER, Marseilles Levantehandel S. 13–24.

latinitas zitiere ich nur die Sanctio: *Et quia* (vielleicht statt *quare*) *ego Fulco et Melisende regine fecimus in Mote* (statt *Monte*) *Syon super altare sancti spiritus hoc conventiones con dicta gens de dicto comuni Marcelie coram stante* (wohl statt *stantes coram*) *domno priore Arnaldi cum quibusdam aliis eiusdem ecclesie fratribus*. Das ist wirklich eine Zumutung.

Das Stück war ehemals besiegelt, ob mit einem echten oder einem gefälschten Siegel bleibt ungewiß[72]. Zur Schrift habe ich mich schon oben S. 539 geäußert.

Der dispositive Kern der Fälschung ist für den Diktatvergleich natürlich unbrauchbar, aber der Rahmen des Stücks stammt ersichtlich aus einer echten Vorlage, der die Invocatio, die Promulgatio, die Intitulatio des Königs mit der Devotionsformel und wohl auch die Gedenkformel entnommen sind. Die davor stehende Nennung der Königin Melisendis als Mitausstellerin ist dagegen problematisch (siehe unten S. 552) und wahrscheinlich aus einem Konsens der Königin entstanden. Schon die krause Latinität verrät an dieser Stelle den Fälscher: *ego Fulco rex ... rex Latinus et Melisende uxore mea*. Die Depositio super altare nach der Dispositio ist ganz gewiß immer noch eine freie Zutat des Fälschers. Die Corroboratio ist mindestens teilweise anfechtbar. Dagegen ist die Zeugenformel in Ordnung, mindestens der größere Teil der Zeugenliste, ferner die Kanzleizeile, insbesondere mit dem falschen, vom Notar aber sonst auch verwendeten Lokativ *Neapolim* statt *Neapoli*, und mit Ausnahme der Indiktion auch die Datierung, da die Zeugen mit wenigen Ausnahmen in D. RRH n° 164 vom selben Jahr vorkommen. In diesem Umfang greift man in D. spur. RRH n° 163 ein echtes Diplom des Königs Fulko, das von Elias verfaßt und insoweit in den Diktatvergleich einzubeziehen ist.

5. Das Diktat des Elias

Es ist bei Kanzleien mit hohen Überlieferungsverlusten gefährlich, sich beim Diktatvergleich auf einen Durchgang zu verlassen. Ich habe ihn für alle Diktatgruppen dreimal gemacht, 1975/1976, 1983/1984 und 1987/1988, für

---

72) Meine Ausführungen ebd. S. 13 sind verkehrt. Mir stand damals nur eine unten unvollständige Photographie zur Verfügung. Eine Autopsie 1991 ergab, daß in normaler Weise oberhalb und unterhalb der Bugfalte der Plica je zwei Siegellöcher symmetrisch angeordnet sind. Ein weiteres Loch rechts oberhalb der beiden oberen Siegellöcher hat mit der Siegelbefestigung nichts zu tun, mag aber anfänglich als Siegelloch gebohrt und dann nicht benutzt worden sein, weil seine Verwendung nicht eine mittige, sondern eine exzentrische Besiegelung ergeben hätte.

die Zeit des Kanzleizusammenbruchs 1147–1152 sogar schon einmal 1972. Bei den Diplomen des Königs Fulko hielt ich noch 1984, wenn auch nur mit erheblichen Vorbehalten, an der Einheit des Diktats für alle Urkunden dieses Königs fest und nahm in Kauf, daß in dieser Zeit, um von anderem zu schweigen, ganz knappe Dictamina (DD. RRH n° 149. 179. 210) abwechseln mit seitenlangen, rhetorisch aufgeputzten Produkten, die sich teilweise durch geradezu ungeheuerlich aufgeschwemmte Zeugenlisten auszeichnen (DD. RRH n° 164. 174). Es waren zwei Gründe, die mich lange veranlaßten, zusammenzuhalten, was getrennt werden muß. Zum einen wurde ich in die Irre geführt durch die hybride Natur von Fulkos Diplomen: DD. RRH n° 164. 174 stammen von Elias A, haben aber Nachträge von Elias (siehe oben S. 527 f. und unten S. 593). D. RRH n° 181 zeigt durchaus Anklänge an das Diktat des Elias A, stammt aber gleichwohl von Elias, und in noch stärkerem Maße gilt das für RRH n° 215. Hat man erst die Verschiedenheit der beiden Diktate erkannt, die von den Privaturkunden des Elias A aus erarbeitet wurde, dann ist es nur natürlich, daß bei einem derartigen Nebeneinander der beiden Männer, von denen Elias der eigentliche Kanzler-Notar des Königs war, aber zugleich Haushaltskleriker des Patriarchen, dem er RRH n° 215 schrieb, während der andere vorwiegend in der Patriarchenkanzlei arbeitete, aber hin und wieder für die Königskanzlei diktierte und schrieb, diktatmäßige Berührungen der beiden nicht ganz ausbleiben können. Aber das verwischt natürlich quasi die Diktatspur.

Zum andern hat der Unterschied von 'langen' und 'kurzen' Urkunden seine Entsprechung in der angiovinischen Heimat des Elias. Die Grafen von Anjou hatten unter Fulko V. noch keine organisierte Kanzlei; diese wurde vielmehr erst von Fulkos Sohn Gottfried Plantagenet eingerichtet, der mit der Normandie auch deren Verwaltungssystem übernahm. Fulko ließ in seiner Heimat noch vorwiegend die Empfänger schreiben oder bediente sich fallweise seiner Kapelläne[73]. Es herrschte hier also ein ungeordnetes gräfli-

---

73) CHARTROU, Anjou S. 108–111. Ein Musterbeispiel dafür, wenn auch aus früherer Zeit als Fulko V., ist die Schenkung eines Waldes durch Graf Fulko IV. an Marmoutier von 1085 (GUILLOT, Comte d'Anjou 2, S. 216 n° 347a und 347b). Der Graf machte zunächst die Schenkung. Danach wurde die Urkunde aufgesetzt, und zwar in Marmoutier, denn dort wurde sie am 14. März 1085 besiegelt. Da der Graf krank war, schickte er hierfür seinen Kapellan Robert mit dem Siegel sowie mit Vasallen als Zeugen nach Marmoutier: *Robertus capellanus meus, per quem misi et sigillum, quo carta signaretur et donum, quod pridie idus Martii datum est fratribus in capitulo congregatis praesentibus nostris, qui cum ipso Rotberto, sicut praeceperam, testes donationis nostrae et corroboratores venerant.* Die Herstellung der Urkunde und natürlich auch die Formulierung waren dem Empfänger überlassen worden. – Auch der Kanzler Guibert, Kanoniker von Saint-

ches Urkundenwesen mit einer großen Formenvielfalt. In Fontevrault beispielsweise liebte man lange Arengen, in St.-Maur de Glanfeuil kaprizierte man sich auf ausführliche Sanctiones. Dagegen zeichnen sich die Urkunden für Ste.-Trinité de Vendôme oder für St.-Victeur in Le Mans durch eine konzise Knappheit aus, die mit *Notum sit* sofort zur Sache kommt[74].

Dazu kommt noch, daß von neun Diplomen Fulkos dasjenige für das Spital in Nablus nur als Fragment vorliegt, während D. spur. RRH n° 163 eine Fälschung ist[75]. Es bestanden also genügend Gründe, um lange in die Irre zu gehen. Die Diplome, die nach dieser Revision dem Elias noch zuzuschreiben sind, entsprechen dem, was wir bei einem eingewanderten Angioviner erwarten müssen. Es sind knappe Dictamina von einer nüchternen Schmucklosigkeit, die nicht verleugnen können, daß ihr Urheber von Haus aus der Privaturkunde verhaftet war.

Ganz ohne Frage war in der Eliasgruppe ein anderer Notar tätig als Hemelin. Dessen Charakteristika sind weitestgehend verschwunden. Eine in die Corroboratio hinein verwobene Zeugenformel findet sich nur noch am Ende der Tätigkeit des Elias in DD. RRH n° 181. 210, aber der für Hemelin charakteristische Relativsatz (siehe oben S. 491) steht nur noch in D. RRH n° 181 und entbehrt dort des Wortes *subscripta*. Ansonsten gibt es zur Einleitung der Zeugenliste wieder einen eigenen Satz. Ganz verschwunden ist *itaque* zur Einleitung der Corroboratio und bis auf eine Ausnahme (D. spur. RRH n° 163) fehlt auch *praecepi* als Leitwort dieses Formularteils (siehe oben S. 490). Der Hemelin so teure Beurkundungsbefehl fehlt jetzt, da statt des Normannen ein Angioviner waltete, denn *placuit per manum Eliae cancellarii mei hoc privilegium fieri* in D. RRH n° 210, was man allenfalls damit vergleichen könnte, ist natürlich schon wegen des Wortes *placuit* kein Befehl. Vielmehr ersetzt die Formel in dem generell einfachen Lazariterdiplom eine Kanzleizeile, wie sie Elias sonst hatte. Die bei Hemelin gebräuchlich gewesene Ankündigung eines Bleisiegels (siehe oben S. 467) ließ Elias sofort entfallen.

Gehen wir das Formular der Reihe nach durch, so ist bei Elias die Invocatio mit der um die Aufzählung ihrer Glieder erweiterten Trinitätsformel die Regel, und sie endet immer mit dem bei Hemelin seltenen Wort *amen*. Nur in D. RRH n° 210 steht *In nomine patris et filii et spiritus sancti, amen*, aber

---

Laud in Angers, *qui et hoc scriptum fecit*, der eine Urkunde Fulkos V. unterfertigte (CHARTROU, Anjou S. 337 n° 12), ist natürlich nur ein Urkundenschreiber, wie sie sich oft als Kanzler titulierten.

74) Ebd. S. 108 Anm. 1.

75) Vgl. MAYER, Marseilles Levantehandel S. 13–24.

das mag hier auf die Überlieferung zu schieben sein (siehe oben S. 485 f.)[76]. Arengen hat er nur in D. RRH n° 181. RRH n° 215, aber diejenige in D. RRH n° 181 ist verkümmert, während diejenige von RRH n° 215 wie ein Kaleidoskop aus Elementen der Arengen des Elias A zusammengesetzt ist. Im Fehlen der Arenga offenbart sich ein Stück von Elias. Er war ein Mann mit einem Gefühl für die Macht, der seine Kanzlei strikt kontrollierte und andere nicht hochkommen ließ, aber er war kein Rhetor. Jede Weitschweifigkeit war ihm fremd, seine Dictamina waren kurz, seine Latinität nicht überragend, wie insbesondere D. RRH n° 210 ausweist. Rauschende Arengen hätten ihn überfordert. Wenn ein feierliches Diplom für eine wichtige Sache indiziert war, brauchte er Hilfe. Und so hat er sich für die Herstellung der beiden wirklich wichtigen Diplome Fulkos über die Übergabe von Bethgibelin an die Johanniter und die Gründung Bethaniens (DD. RRH n° 164. 174) des Elias A bedient. Dieser war es, der in der Königskanzlei der Spezialist für das lange, feierliche Diplom mit Pathos war. Und auch deshalb, nicht nur weil er überwiegend Urkunden für den Patriarchen schrieb, war Elias A eben kein zweiter wirklicher Diktator in der Kanzlei, kein Notar neben dem Kanzler-Notar, sondern ein fallweise für feierliche Privilegien beschäftigter Aushilfsdiktator, der die Unterfertigung seiner Diplome nach Diktat und Schrift dem Kanzler überlassen mußte.

Eine Promulgatio hatte Elias in DD. RRH n° 157. spur. 163. 181. 210. RRH n° 215, während sie in DD. RRH n° 149. 179 und dem Diplom für Nablus fehlt. Damit steht Elias besser da als Hemelin, der diesen Formularteil völlig vernachlässigt hatte, ja er kann als derjenige gelten, der diesen Formularteil erstmals häufiger in den Diplomen von Jerusalem verwendet hat, aber angesichts der Monotonie späterer Promulgationes in praktisch allen Diplomen seiner Nachfolger ab ca. 1150 wird man sagen dürfen, daß die Promulgatio dem Elias noch immer nicht viel bedeutete. Er baute sie auf teils auf *notum esse volo* (D. RRH n° 157), teils auf *notum sit* (D. spur. RRH n° 163), teils auf dem passivisch konstruierten *notum et ratum fieri decrevi* oder *notum certumque volo fieri* (DD. RRH n° 181. 210). Die Adressaten werden dann allerdings stereotyp als (*omnibus*) *tam praesentibus quam futuris* genannt, und angesichts dieser Eintönigkeit halte ich die Abweichung *omnibus praesentibus atque futuris* in D. spur. RRH n° 163 bereits für verfälscht, obwohl es mit der Intitulatio noch echt weitergeht und obwohl man just dieser Formel auch in einer Urkunde Fulkos als Graf von Anjou begeg-

---

76) Im Diplom für Nablus ist die Invocatio mit *In nomine etc.* derartig verkürzt, daß sich ihre ursprüngliche Form nicht mehr herstellen läßt.

net[77]. Auffällig ist das häufige Fehlen von *omnibus* in diesem Formularteil, das nur in D. spur. RRH n° 163 und RRH n° 215 steht[78]. Die Vielfalt alltäglicher Grundformeln der Promulgatio entsprach dem Urkundenwesen der Heimat des Elias, obwohl dort *notum sit* deutlich bevorzugt wurde – soweit die Urkunden überhaupt eine Promulgatio hatten. Stattdessen gingen sie häufig mit *Ego Fulco comes dono et concedo* oder allenfalls mit einer kurzen vorgeschalteten Motivationsangabe mit Wendungen wie *Hac igitur prophetica auctoritate commonitus* (nach einer knappen Arenga) *ego Fulco Andegavensium comes dono*[79] schnurstracks aufs Ziel der Dispositio zu. Dieser jähe Auftakt mit *Ego* ist natürlich ein Merkmal der Privaturkunde, von der Elias herkam[80]. Er ist die Regel bei ihm, gleichgültig ob das Stück eine Arenga hat oder nicht. Das wird dadurch erleichtert, daß sich die Promulgatio immer hinter der Intitulatio findet, außer in D. spur. RRH n° 163, so daß nur dort der Übergang zur Intitulatio *quod ego* lautet. Dieser harte Anfang mit *Ego* muß bei Elias aber nicht unbedingt aus Anjou stammen, denn im Osten fand er das gleichartige Vorbild Hemelins und seiner Vorgänger vor, das er als Angioviner aber leicht weiterführen konnte. Die große Stunde der Promulgatio sollte dem Diplom von Jerusalem erst unter dem Kanzler Radulf von Bethlehem schlagen (siehe unten S. 756). Aber schon unmittelbar vor dem Kanzler Radulf schrieb der Interimsnotar *Proinde ego* und *Notum sit ..., quod ego* (DD. RRH n° 226. 227). Elias war also der letzte Kanzleinotar in Jerusalem, der noch den unvermittelten harten Anfang mit *Ego* hatte. Erst am Ende des 12. Jahrhunderts trat das Phänomen in der Gegenkanzlei Konrads von Montferrat erneut auf[81]. Wir haben hier also ein gutes Abgrenzungsmerkmal des Elias vom Interimsnotar.

In Anjou hatte Fulko in der Regel ohne jegliche Devotionsformel geurkundet; wo sie verwendet wurde, lautete sie *dei gratia*[82]. Elias hielt sich deshalb zwar überwiegend an das in Jerusalem ohnehin gebräuchliche *dei gratia* (DD. RRH n° 149. 157. spur. 163. RRH n° 215 sowie das Diplom für

---

77) CHARTROU, Anjou S. 363 n° 35.

78) Vgl. zu der üblichen Formel mit *omnibus* etwa unten S. 756.

79) CHARTROU, Anjou S. 335 n° 10.

80) Er kommt auch im Kapetingerdiplom vor, aber in der Zeit seines Niedergangs, als es sich einer Seigneursurkunde annähert, und danach in der Periode des Wiederaufstiegs. Das beginnt unter Robert dem Frommen, wird zur Regel von Heinrich I. bis zu Ludwig VI., verliert sich aber, weil es als unköniglich empfunden wird, zu Beginn der Regierung Ludwigs VII., also parallel zu Fulkos Regierung in Jerusalem; siehe TESSIER, Diplomatique S. 216.

81) Zu den Ausnahmen der Zeit dazwischen siehe unten Bd. 2, S. 478 Anm. 111.

82) CHARTROU, Anjou S. 352 n° 25, S. 355 n° 28, S. 359 n° 33.

Nablus), verschmähte aber auch das von Hemelin erstmals gebrauchte *per dei gratiam* nicht (DD. RRH n° 181. 179. 210).

In der Intitulatio blieb Elias bei der Durchzählung Fulkos als des dritten Königs. War dies bei Balduin II. wegen der Namensgleichheit mit dem ersten König noch eine gewisse praktische Notwendigkeit gewesen, so wird es bei Elias zum eindeutigen Titulaturmerkmal. Im Titel ließ er neben das *Latinorum* Hemelins noch *Latinus* treten. *Latinorum* heißt es in dem Diplom für Nablus und in D. RRH n° 181, *Latinus* wird gelesen in DD. RRH n° 157. spur. 163. 210, und so löse ich auch *Latiñ* in D. RRH n° 149 auf. Es ist auffällig, daß in D. RRH n° 179 beides fehlt (so zuletzt in Hemelins D. RRH n° 100a), doch wird das Diplom durch den falschen Lokativ *Neapolim* (auch D. spur. RRH n° 163 und Nachtrag zu D. RRH n° 164) eindeutig dem Elias zugewiesen. In RRH n° 215 gebrauchte er die Formel des Elias A mit *dei gratia sanctae Ierusalem patriarcha*.

Ansonsten aber herrscht in der Intitulatio nicht nur bunte Vielfalt, sondern hinsichtlich der Wortfolge geradezu das Maximum an möglichen Kombinationen: *rex Latinus Ierusalem* (DD. RRH n° 149. 210), *rex Ierusalem Latinus* (D. RRH n° 157), *Ierusalem rex Latinus* (D. spur. RRH n° 163), *rex Ierusalem Latinorum* (Diplom für Nablus), *rex Latinorum Ierusalem* (D. RRH n° 181), *rex Ierosolimorum* (D. RRH n° 179). Man glaubt sich versetzt in eine Aufführung von Molières „Bürger als Edelmann": „Belle Marquise, vos beaux yeux me font mourir d'amour ..." (II. 4). Elias hat offenbar nie begriffen, welchen kanzleimäßigen Wert eine unverrückbare Konstanz der Königstitulatur hatte. Die relative Konstanz Hemelins (siehe oben S. 487) gab er preis. Für ihn genügte, daß die Elemente des Titels kaum Schwankungen unterlagen, die Reihenfolge aber variierte er beliebig. Auch hier mag er sich an heimische Verhältnisse in Anjou erinnert haben, wo alles andere als kanzleimäßige Strenge waltete[83]. Auch der Titel als Regent von Antiochia

---

83) *Andegavensis*: CHARTROU, Anjou S. 321 n° 2, S. 323 n° 3, S. 325 n° 5, S. 330 n° 8, S. 331 n° 8bis, S. 334 n° 9bis, S. 344 n° 19, S. 346 n° 21, S. 363 n° 36, S. 372 n° 40, S. 373 n° 41, S. 374 n° 42. – *Andegavensium*: ebd. S. 321 n° 1, S. 327 n° 6bis, S. 328 n° 7, S. 331 n° 8bis, S. 332 n° 9, S. 335 n° 10 und 11, S. 348 n° 22, S. 351 n° 24, S. 353 n° 27, S. 358 n° 32, S. 362 n° 35, S. 364 n° 37. – *Andegavorum*: ebd. S. 337 n° 12, S. 340 n° 16, S. 350 n° 23, S. 352 n° 25, S. 357 n° 30, S. 359 n° 33, S. 369 n° 39, S. 376 n° 45. – *Andegavis et tunc Cenomannis*: ebd. S. 324 n° 4. – *Andegavie et Cenomannis*: MARCHEGAY, Cartulaire de Ronceray S. 279 n° 445. – *Andegavensium atque Cenomanensium*: CHARTROU, Anjou S. 355 n° 28. – *Andegavensium Turonensiumque*: LE PELLETIER, Rerum s. Nicolai Andegavensis epitome S. 51. – *Andegavensis, Cenomanensis et Turonensis*: CHARTROU, Anjou S. 343 n° 18. – *Andegavorum et Cenomannorum nec non et Turonorum*: ebd. S. 357 n° 29. – *Andegavorum et*

war nicht unverrückbar, denn er lautete in DD. RRH n° 149. 157 *nec non et rector ac baiulus* (*baiulus et tutor* D. RRH n° 157) *Antiocheni principatus filiaeque Boamundi iunioris* (*filiaeque* bis *iunioris* fehlt D. RRH n° 157, wodurch *tutor* in der Luft hängt). Zweimal hatte Elias eine zweite, erneut mit *ego* einsetzende Intitulatio (DD. RRH n° spur. 163. 181), aber das mag er bei seinem Gehilfen Elias A abgesehen haben, bei dem dies häufiger vorkam (DD. RRH n° 164. 174 und RRH n° 173. BRESC-BAUTIER n° 72). In den Diplomen anderer Diktatoren war es unüblich, nur bei Brando hatte es das in D. RRH n° 90 gegeben.

Der Bittpassus, wie ihn Hemelin gern verwendet hatte (siehe oben S. 488), ist verschwunden. Stattdessen spielt für Elias der Konsens eine große Rolle. Der Konsens der Königin Melisendis findet sich in DD. RRH n° 181. 179. 210 mit der Formel (*una*) *cum assensu*, in D. spur. RRH n° 163 ist sie Mitausstellerin. Der Konsens des Thronfolgers steht in DD. RRH n° 181. 179. 210, also von 1138 an in allen Diplomen. Schon in Frankreich hatte Graf Fulko durchaus nicht selten den Konsens der Gemahlin Eremburg von Maine und der Söhne Gottfried und Elias gebraucht, ja gemeinsam mit ihnen geurkundet[84]. Aber in Jerusalem liegen natürlich politische und staatsrechtliche Erwägungen zugrunde. Nach dem anfänglichen tiefen Zerwürfnis zwischen Fulko und Melisendis, als Fulko sich an einer Alleinherrschaft versuchte, lenkte der König zurück zu der von Balduin II. 1129 und 1131 eingerichteten Samtherrschaft von Tochter und Schwiegersohn und Enkel[85]. Deshalb ist Melisendis ab 1136 in irgendeiner Form an den Urkunden beteiligt und deshalb ist auch der Konsens Balduins III. von seinem achten Lebensjahr an durchgehend vorhanden. Konsequenterweise fehlt der Konsens der Melisendis in den beiden antiochenischen Regentendiplomen DD. RRH n° 149. 157, weil sie hier keine Rechte hatte.

Elias hat also sehr genau auf diese Dinge geachtet, und deshalb halte ich die Mitausstellerin Melisendis in D. spur. RRH n° 163 für problematisch, zumal dem Fälscher bereits hier die Grammatik aus dem Ruder läuft: *Ego Fulco ... et Melisende uxore mea donamus.* Elias war als Angioviner der Mann Fulkos, von dem er auch abhing, nicht der Notar der Melisendis. Es scheint, daß er aus eigenem Antrieb oder auf Anweisung des Königs den Konsens der Königin vermerkte, daß dies aber das äußerste war, was die Kanzlei zur Wahrung der Rechte der Melisendis tat. Ich glaube für D. spur. RRH n° 163

Cenomannensium atque Turonensium: MÉTAIS, Cartulaire de la Trinité de Vendôme 2, S. 208 n° 434.

84) CHARTROU, Anjou S. 343 n° 18, S. 357 n° 29. 30, S. 358 n° 31.

85) MAYER, Crusades, 2nd edition, S. 82 mit Anm. 43 mit weiterführenden Literaturangaben.

an einen Konsens in der echten Vorlage, den der Fälscher, dessen grammatische Monstrositäten just an dieser Stelle einsetzen, zu einer Mitausstellung umformte. Elias hat auch bei seinem Gehilfen dafür gesorgt, daß der Form Genüge getan wurde. Der Konsens der Königin findet sich deshalb auch bei Elias A in D. RRH n° 164 von 1136. Aber zwei Jahre später ging Elias A, der von der Patriarchenkanzlei herkam und daher mehr zwischen den Parteien gestanden haben dürfte als der Kanzler Elias, etwas weiter als Elias, freilich in einer Sache, die auch der Königin ganz außerordentlich am Herzen lag, nämlich der Gründung Bethaniens[86]. D. RRH n° 174 von 1138 ist ausgestellt von *ego Fulco ... aspirante ad hoc Milisendi regina uxore mea.* Daran konnte sich der Kanzler nicht stoßen. Aber gegen das Ende zu mogelte Elias A etwas anderes in das Diplom: *ego Fulco rex ... et ego Milesendis regina ... annuente filio nostro Balduino ... damus,* so daß hier aus dem Konsens der Königin die Mitausstellung wurde.

Bei dem fragmentarisch überlieferten Diplom für Nablus läßt sich nicht sagen, ob ein solcher Konsens der Überlieferung zum Opfer gefallen ist oder ob das Diplom nie einen hatte[87]. Das hängt auch an der Datierung, deren Spannweite von 1131 bis 1134 reicht. Je früher das Stück anzusetzen ist, desto eher dürfte der Konsens der Königin gefehlt haben. Das Diplom betont eindringlich, daß Balduin II. Fulko zum Erben des Reichs eingesetzt hatte (*qui me Ierosolimitani regni fecit haeredem*). Man könnte daraus ableiten, daß er hier noch als Alleinherrscher auftrat, zumal neben dem Konsens der Königin auch ein Hinweis darauf fehlt, daß Balduin II. sie ebenfalls zur Erbin eingesetzt hatte. Man braucht eine solche Deutung jedenfalls nicht auszuschließen, aber hier könnten wir auch auf die Urkundensprache Anjous stoßen; wir stehen ja in jedem Falle noch am Anfang der Wirksamkeit des Elias. In Fulkos gräflichen Urkunden ist der Hinweis überaus häufig, daß er der Sohn (und damit der Erbe) des Grafen Fulko IV. war. Und in einer Notiz über eine Einigung Fulkos V. mit St.-Florent de Saumur über das gräfliche Gastungsrecht steht sogar *Fulco iunior tam nominis quam honoris heres loyalis ei* (scil. Fulko IV.) *hereditario iure successit*[88]. Es ist also auch ein einmaliger angiovinischer Ausrutscher des Elias denkbar, der nach der Revolte des Grafen von Jaffa, die Fulkos Alleinherrschaftswünschen ein Ende setzte, ebenso unterblieben wäre wie weitere Hinweise auf die Stellung der Melisendis als *haeres regni* (siehe oben S. 465), selbst in ihren eigenen späteren Urkunden.

---

86) Wilhelm von Tyrus, Chronicon XV. 26, S. 709 f.

87) HIESTAND, Zwei unbekannte Diplome S. 12 meint, das Diplom habe ursprünglich den Konsens der Melisendis gehabt.

88) CHARTROU, Anjou S. 348 n° 22 von 1119–1122.

In der dispositiven Formel steht *concedo et confirmo* (DD. RRH n° 149. 181) neben einfachem *concedo* (DD. RRH n° 181. 210 und das Diplom für Nablus) und *concessi et hoc privilegio (ac privilegii mei munimine) confirmavi* (D. RRH n° 179. RRH n° 215), während *donamus in perpetuam* (sic) in D. spur. RRH n° 163 dem Fälscher zugehört, so daß ich dieses Stück jetzt aus dem Diktatvergleich ausschalte bis zur Corroboratio. Während für Schenkungen neben *donare* auch das wenig eindeutige *concedere* allein verwendet wird (DD. RRH n° spur. 163. 181), bei dem man normalerweise zur Bezeichnung einer Schenkung noch ein zweites, den Vorgang verdeutlichendes Verbum hinzusetzte wie *dono et concedo* oder ähnlich, steht in der Restitution D. RRH n° 157 *reddidimus*, und *concedere et confirmare* heißt es mehrheitlich in den Bestätigungen (DD. RRH n° 149. 179. RRH n° 215). Daß *concedere* allein nicht eindeutig ist, ergibt sich am besten aus D. RRH n° 210, wo es eine Bestätigung kennzeichnen soll.

Die Gedenkformel ist eher selten; sie fehlt in dem Diplom für Nablus sowie in DD. RRH n° 149. 179 und aus sachlichen Gründen auch in der Patriarchenurkunde RRH n° 215, und mag in D. RRH n° 179 weggeblieben sein, weil sich dort aus der VU. eine Gedenkformel des ursprünglichen Schenkers Lambert Hals findet[89]. Die Gedenkformeln des Elias enthielten hin und wieder überraschende Wendungen, die ihn sowohl von Hemelin wie von Elias A deutlich absetzen, so in D. RRH n° 157 *ob honorem et reverentiam sanctae crucis, quam tunc pro deliberatione christianitatis Antiochiam nobiscum detuleramus* und nach der Erwähnung Boemunds I. und II. am Ende *et aliorum orthodoxorum* und in D. RRH n° 181 nach der Angabe der Vorgänger und Verwandten *sive etiam omnium fidelium defunctorum et maxime illorum, qui sanguinem suum vel sudorem suum pro adquisitione Sanctae Terrae dederunt*. Es ist der einzige Formularteil, in dem sich Elias Geschwätzigkeit erlaubt, und zugleich einer, der in Fulkos gräflichen Urkunden fast überhaupt keine Rolle spielt.

Erstmals in den Diplomen von Jerusalem hatte Elias in D. RRH n° 181 eine salvatorische Klausel (*salva iustitia regali*), die er von seinem Gehilfen Elias A übernahm, die aber extrem selten blieb (siehe unten S. 589 f.). Mit der Sanctio hatte Elias noch weniger im Sinn als Hemelin (siehe oben S. 489). In den Diplomen hat er überhaupt keine, denn was sich in D. RRH n° 149 wie der Anfang einer Sanctio liest: *Quod si quis eam aliquando qualicumque causa auferre vel detrahere ab eis voluerit*, das schlägt dann in eine

---

89) Übrigens findet sich eine – sprachlich fast korrekte – Gedenkformel auch in dem Spurium D. RRH n° 163, ohne daß sich mit Sicherheit sagen ließe, ob sie zum echten Rahmen oder zum gefälschten Kern des Diploms gehört.

verunglückte Corroboratio um: *sciat hanc cartam sigillo nostro munitam* (zu ergänzen: *esse*) *in memoriale aeternum.* Dagegen hat Elias seine eine Privaturkunde RRH n° 215 mit einer Sanctio versehen, wie sie bei den Patriarchenurkunden der Zeit üblich war. Diese hat er direkt wahrscheinlich bei Elias A entlehnt und damit indirekt aus der Papsturkunde (*et donec resipuerit a corpore et sanguine domini alienetur*).

Die Grafenurkunden in Anjou wiesen, soweit sie nicht als objektive Notizen stilisiert sind, zumeist eine wenn auch einfache Corroboratio auf. In Jerusalem mühte sich Elias um aufwendigere Formen, obwohl die einfacheren im diplomatischen Sinne besser gewesen wären als der gerade vorgeführte erste ungelenke Versuch in D. RRH n° 149. Auch daß die Zeugen als eines der Beglaubigungsmittel nicht an dieser Stelle erwähnt wurden, zeigt, daß Elias als Königskanzlist noch am Anfang stand. In DD. RRH n° 157. 179. RRH n° 215 ließ er die Corroboratio ganz weg, in D. RRH n° 210 ist sie kurz und bündig. In dem Diplom für Nablus wird sie den Kürzungen Paolis zum Opfer gefallen sein, jedenfalls ist sie in dem Fragment nicht enthalten. Der erste Teil der Corroboratio gibt für den Diktatvergleich wenig her, denn *ratum et inconclusum* in D. spur. RRH n° 163 ist manifest verkehrt, aber man weiß nicht, wie man es verbessern soll: zu *inconcussum* oder aber – die Formel des Elias A – zu *inconvulsum.* Dies findet sich als Entlehnung von Elias A in D. RRH n° 181 (*firma et inconvulsa*), so daß uns noch *rata foret et firma* in D. RRH n° 210 bleibt. Ergiebiger ist der zweite Teil mit dem Hauptsatz. Hemelins Leitwort *praecipere* kehrt nur noch einmal wieder in D. spur. RRH n° 163, *corroborare* in D. RRH n° 181 ist eine Anleihe bei Elias A, doch wird D. RRH n° 181 mit D. RRH n° 210 durch das relativ seltene *placuit* zusammengebunden. Aber zusammengehalten werden die Corroborationes des Elias durch *munire*[90], das bei Hemelin nie vorgekommen war. Zur Bezeichnung des eigenen Produkts steht in D. spur. RRH n° 163 *pagina*, sei es von Elias oder vom Fälscher, in DD. RRH n° 149. 181 steht *carta* respektive *cartula.* Dagegen heißt es in D. RRH n° 210 *hoc privilegium fieri*, und *privilegium* kehrt außerhalb der Corroboratio wieder im Nachtrag zu D. RRH n° 164, in den Kanzleizeilen von DD. RRH n° 181. 179 und in der Dispositio von RRH n° 215. Es ist natürlich kein rares Wort, aber bei Elias A fehlt es gänzlich, und das macht es als Unterscheidungsmerkmal wichtig.

In der Zeugenformel finden wir zunächst die schon besprochene (siehe oben S. 521 f.) angiovinische Formel *videntibus* (*et audientibus*) *subscriptis*

---

90) DD. RRH n° 149. spur. 163. 181; fehlt D. RRH n° 210, wo stattdessen *fieri* steht. Vgl. auch *privilegii mei munimine confirmavi* in der Dispositio von RRH n° 215.

baronibus (istis) (DD. RRH n° 149. 179) und *praetaxatis personis praesentibus et audientibus* (Nachtrag zu D. RRH n° 164). Häufiger ist das landesübliche *Huius* (folgt *vero* D. spur. RRH n° 163; *autem* RRH n° 215; *itaque* Diplom für Nablus) *nostrae* (*meae* Nablus; fehlt D. spur. RRH n° 163. RRH n° 215) *concessionis* (*rei* D. spur. RRH n° 163) *testes sunt* ([*isti*] sunt testes Nablus. RRH n° 215) (DD. RRH n° 157. spur. 163. RRH n° 215 und das Diplom für Nablus). DD. RRH n° 181. 210 haben dagegen Zeugenformeln, die an diejenige Hemelins erinnern, aber mit Modifikationen (siehe oben S. 548).

D. RRH n° 157 ist, wie schon Graf Beugnot[91] erkannte, dadurch bemerkenswert, daß es als erstes Diplom der Könige von Jerusalem eine politische Intervention der Bourgeoisie enthält: *habito consilio ... episcoporum et baronum simulque burgensium.* Entsprechend ist die Zeugenliste nach dem Klerus gegliedert in *de baronibus* und *de burgensibus.* Das Stück betrifft zwar Antiochia, aber sogleich begegnen wir in D. RRH n° 164 des Elias A dem Ausdruck *totius regni tam cleri quam populi hortatu* und derselben Gliederung der Zeugenliste[92]. Der Ausdruck und die Tatsache der politischen Intervention entsprach der Entwicklung in der Heimat des Elias und des Elias A. Seit 1007 treten die *burgenses* in Zentralfrankreich, insbesondere in Anjou und der Touraine auf, verbreiten sich dann in Windeseile in alle anderen Gegenden Frankreichs und auch nach Flandern, der Heimat des Elias A; seit 1100 wurde der Ausdruck immer häufiger[93]. Die Notare hatten den Begriff aus der Heimat mitgebracht und wandten ihn jetzt im Osten auf die ja vorhandene Bourgeoisie an, und Fulko, der an *burgenses* aus Anjou gewöhnt

---

91) RHC Lois 2, S. 492 Anm. b.

92) Das geht weiter als D. RRH n° 59, wo die *burgenses* zwar als eine vorhandene Bevölkerungsschicht vorkommen, ohne aber politisch handelnd zu sein. Es wiederholt sich später in DD. RRH n° 299. 300. 301 von 1155, dagegen ist RRH n° 492, das RILEY-SMITH, Assise sur la Ligece S. 199 Anm. 101 in denselben Zusammenhang gestellt hat, ein anderer Fall, da hier nicht die Bourgeois als Klasse intervenieren, sondern die Geschworenen der Cour des Bourgeois, was es freilich *expressis verbis* schon seit 1149 gab, *de facto* schon seit 1125 (RRH n° 110. 255. Vgl. dazu PRAWER, Crusader Institutions S. 263–272). Wenn Riley-Smith aus diesen Urkunden auf gemeinsame Sitzungen der Haute Cour und der Cour des Bourgeois im 12. Jahrhundert schloß, so geht dies natürlich viel zu weit, da ihre Beteiligung selbst im 13. Jahrhundert eher zurückhaltend beurteilt werden muß (RILEY-SMITH, Feudal Nobility S. 196–198, anders PRAWER, Crusader Institutions S. 79–82, JACOBY, Collapse S. 100). Eines der zweifelsfreien Beispiele für eine gemeinsame Sitzung ist RRH n° 774 (aus dem Regest nicht erkennbar).

93) CHÉDEVILLE, Essor urbain S. 103–105. In den Urkunden der Grafen von Flandern 1071–1128 bei VERCAUTEREN, Actes S. 130 n° 52, S. 177 n° 79, S. 205 n° 91 und mehrfach S. 293 n° 127 aus den Jahren 1111–1127.

war, hatte keinen Anlaß, sich dem entgegenzustemmen. Größere politische oder verfassungsrechtliche Folgerungen wird man daraus nicht zu ziehen brauchen, aber kanzleigeschichtlich ist es interessant.

Das Datum fehlt gänzlich in dem fragmentarisch überlieferten Diplom für Nablus. Angeblich fehlte es schon immer, denn ein Regest von 1531 im Inventar von Manosque (Departementalarchiv Marseille 56 H 68, fol. 640^r) sagt *ny an ny jour*[94]. Das wäre aber für Elias ganz singulär, sein Datum konnte zur Schwundstufe verkümmern, aber es war immer da. Nun sind Vermerke dieser Art in dem Inventar häufig und gelegentlich fehlerhaft, denn dieselbe Bemerkung findet sich in einem Regest von JL 8472α auf fol. 409, obwohl das Stück tadellos datiert ist und ein Regest des 18. Jahrhunderts das Datum auch richtig vermerkt[95]. Es ist also nicht auszuschließen, daß auch das Diplom für Nablus datiert war.

Bei der Kanzleiunterfertigung bewegen wir uns in einem Formularteil, der auch in DD. RRH n° 164. 174 von Elias stammt, allerdings hatte Elias A in D. RRH n° 164 das Datum bereits zuvor eingetragen. Der von der Privaturkunde herkommende Elias hatte mit der Unterfertigung seine liebe Not. Er hatte sie zwar überall, nur im Diplom für Nablus ist sie nicht überliefert, und in RRH n° 215 gehörte sie nicht hinein, dafür hatte dieses Stück eine Schreibernennung unter den Zeugen. Aber mit dem Datum verband Elias die Kanzleizeile nur in DD. RRH n° 157. spur. 163 (nur Tag und Monat). 174, vom Datum getrennt war sie dagegen in DD. RRH n° 149. 164. 181. 179 und wurde in D. RRH n° 210 mit der Corroboratio verbunden, hier im Gegensatz zu den anderen Stücken ohne *Data per manum*-Formel. Demzufolge wurde nur in DD. RRH n° 157. spur. 163. 174 die Datierung mit *Data* eingeleitet, sonst meist mit *Facta est autem* (DD. RRH n° 164. 181. 179. RRH n° 215). Gar keine Einleitung des Datums haben DD. RRH n° 149. 210, wo das Datum unvermittelt mit *anno* einsetzt. In dem letzteren Stück ist das absolute Minimum erreicht: *anno ab incarnatione domini 1142*, aber es ist ein Diplom für die Lazariter, und wir werden dieser Schwundstufe im nächsten Lazariterdiplom wieder begegnen (D. RRH n° 227). In D. RRH n° 149 steht wenigstens noch zusätzlich die Indiktion und die Epakte. Die Erscheinung des einleitungslosen Datums, das sofort mit *anno* einsetzt, ist im Lazariterchartular nicht eben selten (DD. RRH n° 210. 227. 259. 269. RRH n° 284. D. RRH n° 338. RRH n° 348. 395. 479), doch fehlt die Indiktion bei diesen Stücken nur in DD. RRH n° 210. 227 und RRH n° 348. Es ist also nicht ausgeschlossen, daß es sich um eine Verkürzung seitens des Chartu-

---

94) Vgl. HIESTAND, Zwei unbekannte Diplome S. 13.
95) HIESTAND, Vorarbeiten 3, S. 169 n° 50.

larschreibers handeln könnte, auch wenn dies beim Datum viel weniger sicher ist als bei der Invocatio (siehe oben S. 486). Das Inkarnationsjahr fehlt außer in dem Diplom für Nablus nirgends, es wird überwiegend ablativisch angegeben mit *anno ab incarnatione domini* (DD. RRH n° 149. 181. 179. 210. RRH n° 215), dreimal genitivisch mit *anno incarnationis dominicae (dominicae incarnationis)* (DD. RRH n° 157. spur. 163. 174). Das für Elias A charakteristische, damals noch ganz seltene *anno domini* hat Elias nicht ein einziges Mal. Einmal zählte Elias zusätzlich die Jahre nach der Eroberung Jerusalems (D. RRH n° 181), was es seit Robert nicht mehr gegeben hatte (siehe oben S. 381). Die Epaktenrechnung hatte er in DD. RRH n° 149. 157, in letzterem zusätzlich noch die Konkurrenten, die Indiktion fehlte nur in DD. RRH n° 179. 210. Sie ist in dem Spurium D. RRH n° 163 um 3 zu niedrig. Da sie ansonsten richtig berechnet ist[96], dürfte der Fehler vom Fälscher stammen. Den Zusatz des regierenden Patriarchen oder Königs hat Elias nie. Ein Tagesdatum hat er nur in DD. RRH n° 157. spur. 163. 174. 179, dann stets nach dem römischen Kalender.

Die Richtigkeit der Indiktionsberechnung erlaubt uns auch anhand von D. RRH n° 174 vom 5. Februar 1138 die Feststellung, daß Elias den Weihnachtsstil benutzte, weil alle Frühjahrsstile hier nicht gehen. Das ist deshalb wesentlich, weil in Anjou überwiegend der Osteranfang galt, freilich nicht ausschließlich, es gibt auch vereinzelt Beispiele für Weihnachtsstil[97]. Man hätte bei Elias eher Osterstil erwarten sollen. Wenn er ihn nicht hat, so ist dies ein Zeichen, daß in der Tat, wie bisher nur vermutet, aber nicht bewiesen, in der Kanzlei von Jerusalem im frühen 12. Jahrhundert der Weihnachtsstil galt.

Einer Ortsangabe darben allein D. RRH n° 210. RRH n° 215, das Diplom für Nablus natürlich auch. Hemelins Brauch einer Angabe des Ausstellortes führte Elias also fast bis zum Ende weiter, einen anderen, nämlich die Angabe des Gebäudes, in dem geurkundet wurde, nur anfänglich (*in palatio Antiocheno* ganz hemelinisch in D. RRH n° 149, *Neapolim ... in aula regia* in D. spur. RRH n° 163; siehe oben S. 523). Da in beiden Fällen diese Angabe mit *Data* eingeleitet wird, ist es wie bei Hemelin (oben S. 492) ein Hinweis darauf, wo am Hofe der Notar sein Handwerk ausübte. Die Ortsangaben sind in DD. RRH n° 157. 174 mit *Antiochiae* und *Ierosolimis* grammatisch richtig, aber der falsche Lokativ *Neapolim* in DD. RRH n° spur.

---

96) In D. RRH n° 149 ist dies nur wahrscheinlich der Fall; siehe unten Bd. 2, Exkurs I, S. 855.

97) CHARTROU, Anjou S. 245–247. Wenn sie vom Circumcisionsstil des 1. Januar spricht, so meint sie natürlich den Weihnachtsstil, denn der andere spielte praktisch überhaupt keine Rolle.

163. 164 ist ein erstklassiges Diktatkriterium, zumal er außerhalb der Datierung in D. RRH n° 179 wiederkehrt, und sichert die Zuweisung des Formularrahmens des Spuriums D. RRH n° 163 an Elias. Es wundert fast, daß in D. RRH n° 181 richtig *Neapoli* steht, denn auch der Spanier Nikolaus schrieb in RRH n° 201 zweimal verkehrt *Neapolis*, als handle es sich wie bei *Ierosolimis* um einen Plural[98].

Unbesiegelt blieben als Rückfall in angiovinische Gewohnheiten (siehe oben S. 520 f.) DD. RRH n° 179. 210, während die Frage bei dem Diplom für Nablus nicht zu entscheiden ist. Auch D. RRH n° 157 aus Antiochia hat keine Siegelankündigung, während das erste antiochenische D. RRH n° 149 *sigillo nostro* gesiegelt war. Damals war das eigentlich notwendige *sigillum principale* des Fürstentums in der Hand der Fürstenwitwe Alice in Latakia, so daß Fulko nichts anderes übrig blieb, als das Stück mit seinem jerusalemitanischen Königssiegel zu siegeln. Aber dies mochte Unwillen erregt haben, und vielleicht hat deshalb die Kanzlei ein Jahr später lieber ganz auf das Siegel verzichtet[99]. Auch RRH n° 215 kündigt kein Siegel an, aber an dem Original finden sich noch die Siegellöcher. Alle anderen Produkte des Elias kündigen ein Siegel an, auch der echte Rahmen des Spuriums D. RRH n° 163[100].

6. Einflüsse des Elias A im Diktat des Elias

Einer kurzen gesonderten Betrachtung bedürfen D. RRH n° 181. RRH n° 215. Da in der Kanzlei neben dem Kanzler Elias noch Elias A als Aushilfsnotar für feierliche Diplome arbeitete, da umgekehrt aber der Kanzler Elias mindestens einmal eine Urkunde des Patriarchen diktierte und bei diesem eine Pfründe hatte, konnte es nicht ausbleiben, daß es zu wechselseitigen Beeinflussungen kam. Dabei liegt es in der Natur der Sache, daß vor

---

98) So jedenfalls druckt DELAVILLE LE ROULX. Die Überlieferung, eine Kopie des 13. Jahrhunderts (Johanniterarchiv La Valletta, Arch. 1 n° 39) hat an der ersten Stelle *Neapol* mit einem Kürzungsstrich über dem *l*, was zwar auch zu *Neapoli* aufgelöst werden kann, doch hat dann die Kürzung praktisch keinen Sinn mehr. An der zweiten Stelle wird *Neapolis* ausgeschrieben, kann zur Not allerdings als Genitiv *Neapolis regia domo* aufgefaßt werden. Aber solche Genitive waren unüblich. Das Normale war vielmehr „zu Nablus, im königlichen Palast". – Dagegen ist *Neapolim faciet deportari* in dem Diplom für Nablus natürlich richtig.

99) Siehe dazu MAYER, Siegelwesen S. 22.

100) Zu DD. RRH n° 164. 174, die von Elias nur unterfertigt sind, vgl. unten S. 598 f.

allem der Schwächere beim Stärkeren Anleihen machte. Und der Stärkere war Elias A. Er konnte dem Patriarchen einfache Urkunden und dem König feierliche Diplome aufsetzen. Er konnte aber den Patriarchen urkundenmäßig auch auf papstähnliche Höhen führen. So ist es wenig verwunderlich, daß er in Einzelheiten nicht nur von Elias gelegentlich kopiert wurde, sondern wir finden Diktatfetzen von ihm auch in anderen Privaturkunden (RRH n° 190. 201. 243; siehe unten S. 595 f.). Dieses Kräfteverhältnis führte dazu, daß Elias A für seine eigenen Produkte ein derart feststehendes Diktatgut hatte, daß er umgekehrt Anleihen bei seinen Kollegen nicht nötig hatte.

Bei Elias finden wir Diktatelemente des Elias A zunächst in D. RRH n° 181. Dazu gehört, daß es eine Arenga hat. Im Context gemahnt an Elias A *solo intuitu pietatis* (D. RRH n° 174. RRH n° 180) und der Ausdruck *intra* (statt *infra*) *muros Ierusalem*. Er stammt aus der Papsturkunde, dem großen Vorbild des Elias A[101], und wird von Elias A in RRH n° 172 (*intra patriarchatus nostri terminos* neben *infra patriarchatus nostri metas*) gebraucht. Die salvatorische Klausel war damals zwar nicht dem Elias A allein vorbehalten, aber er benutzte sie, während der Kanzler Elias sie außer in D. RRH n° 181 sonst vermied. Die Corroboratio hat mit *firma et inconvulsa* und noch mehr mit *subscriptorum testium veridico testimonio corroborare* (vgl. D. RRH n° 174) ganz deutliche Elemente des Elias A. Trotzdem kann man diesem das Diktat nicht zuschreiben und auch nicht eine Lösung wie in DD. RRH n° 164. 174 erwägen, bei der Elias A alles außer der Kanzleiunterfertigung und dem Datum geschrieben hätte. Denn schon in der Intitulatio verrät sich Elias mit *per dei gratiam*, noch viel deutlicher aber damit, daß nach der Arenga der eigentliche Text ohne den geringsten Übergang mit *ego* einsetzt. Die Konsensformel *una cum assensu* ist diejenige des Kanzlers, und ihm ist der Hinweis auf das Blut derer zuzurechnen, die das Hl. Land erobert hatten. Sein Diktatgut sind *cartula*, *placuit* und *munire* in der Corroboratio. Erst recht ist ihm trotz des darin vorkommenden *sanctae civitatis Ierusalem* das Datum zuzurechnen, das eingeleitet wird mit *Facta est autem haec concessio Neapoli*, was bei Elias A unweigerlich geheißen hätte *Facta est autem praesens inscriptio* ohne Ortsangabe. In der Unterfertigung des Kanzlers schließlich verrät sich dieser mit dem Wort *privilegium* (siehe oben S. 555). Es handelt sich also bei D. RRH n° 181 fraglos um ein Dictamen des Kanzlers Elias, das insbesondere D. RRH n° 210 nahesteht, aber Diktatgut

---

101) JL 5948. HIESTAND, Vorarbeiten 3, S. 112 n° 12. Wie wenig der Ausdruck einer weltlichen Urkunde vertraut war, zeigt sich daran, daß *intra muros* aus D. RRH n° 181 in den NUU. DD. RRH n° 309. 354 zu *infra saepta*, in der NU. D. RRH n° 400 zu *in civitate* wurde. Dagegen hielt es sich dort, wo der Kontakt zur Papsturkunde eng war, so in RRH n° 821 des Patriarchen von Jerusalem 1207 (*intra saepta domorum*).

des Elias A enthält, sei es als bewußte Anleihe, sei es aus einer der verlorenen VUU.[102]

Ähnlich verhält es sich mit RRH n° 215, nur gab es hier von der Sache her keine VU., so daß die Imitation eine bewußte gewesen sein muß, ausgelöst vielleicht durch den Umstand, daß Elias hier eine Urkunde für den Patriarchen von Jerusalem schrieb und dabei dessen geschicktesten Urkundenschreiber kopierte. Die Arenga, diesmal länger als in D. RRH n° 181, ist mosaikartig aus dem Diktat des Elias A zusammengesetzt:

RRH n° 215	Elias A
Ne de his, quae tam prudentum consilio quam discreta religiosorum providentia determinata fuerint, aliquis controversiae scrupulus oriatur aut dubietas aliqua sequacibus relinquatur	*antiquorum provida discretio* (D. RRH n° 164) *totius controversiae scrupulus auferatur* (RRH n° 182) *securae posteritati relinquamus* (Corroboratio von D. RRH n° 174)

Elias übernahm in RRH n° 215 von Elias A die von diesem durchgesetzte Intitulatio des Patriarchen *dei gratia sanctae Ierusalem patriarcha* mit *sancta* im Titel. Auch *sinistra vexatione* stammt von Elias A (*sinistra interpretatione* D. RRH n° 164; *sinistra perturbatione* RRH n° 213). In der Zeugenliste hat er das Vorbild geliefert für den Zusatz *et alii quamplures* und im Datum für *Facta est autem praesens inscriptio*. Beides müßte an sich dazu führen, das Stück dem Elias A zuzuschreiben, würde sich Elias nicht so deutlich in vielem verraten, so im harten und übergangslosen Übergang von der Arenga zur Intitulatio mit einfachem *ego*, dadurch bewirkt, daß die Arenga als Finalsatz konstruiert und die Promulgatio wie in D. RRH n° 181 hinter die Intitulatio gestellt wird, wobei Elias in Kauf nahm, daß nun mit doppeltem *ego* in der Urkunde zu stehen kam *Ne ... relinquatur, ego Willelmus ... patriarcha ... notum facio, quod ego ...* Von Elias rührt auch das im Osten ungemein selten verwendete Wort *ager* her, das in RRH n° 215 gleich zweimal vorkommt, aber bei Elias auch in D. RRH n° 179. Außerdem steht es – vielleicht unter deutschem Einfluß – in der in Jerusalem geschriebenen Schenkung der Kirche von Denkendorf in Württemberg an das Hl. Grab

---

102) Der König bestätigte dem Chorherrenstift hier den Besitz von 10 Häusern, die sämtlich verschiedene Vorbesitzer gehabt hatten. Es muß daher eine nicht unbeträchtliche Zahl von VUU. gegeben haben.

von 1142 (RRH n° 209). Danach finde ich es erst wieder in RRH n° 316. 340. 456; vgl. auch RRH n° 1260. Bei Elias A steht das Wort dagegen nicht einmal in RRH n° 180, obwohl dies grosso modo denselben Vorgang betraf wie D. RRH n° 179, nämlich Schenkungen eines Lambert Hals an das Hl. Grab, womit wir, wenn wir nach dem Namen Hals gehen, wieder bei deutschem Einfluß sind. Zweimal steht in RRH n° 215 das Wort *privilegium*, das Elias A weitestgehend vermied (siehe oben S. 555). Davon steht es einmal in der Dispositio, die aber stilisiert ist ähnlich einer Corroboratio: *ac privilegii mei munimine confirmavi*, und gerade in der Corroboratio hat Elias A *privilegium* vermieden und Elias *munire* gebraucht. *Habendam in perpetuum* ist eine Formel des Elias. Nicht die alltägliche Formel ist interessant, sondern die auch in D. RRH n° 181 begegnende Vorziehung von *habendam*. Elias A drehte um: *libere ac quiete possidendam* RRH n° 170, *libere in perpetuum possidenda* RRH n° 172, *libere et quiete possideantur* RRH n° 173, *in perpetuum possidendam libere et quiete* RRH n° 180. Auch die Zeugenformel *Huius autem concessionis sunt testes* ist die des Elias, wo dieser nicht die angiovinische Zeugenformel mit *viderunt et audierunt* verwendete (siehe oben S. 555 f.). Auch RRH n° 215 stammt also von Elias.

IX. Der flandrische Aushilfsnotar Elias A (Ernesius) aus der Patriarchenkanzlei
(nachgewiesen 1135–1148; in der Königskanzlei 1136–1138)

1. Der Urkundenbestand
(unten S. 564)

Für besonders feierliche Diplome, an die er sich selbst nicht heranwagte, zog der Kanzler-Notar Elias als Aushilfsnotar einen Notar der Kanzlei des Patriarchen Wilhelm von Jerusalem heran, der aber deutlich unter ihm zu arbeiten hatte, weil er die Unterfertigung seiner Diplome dem Kanzler überlassen mußte, der diesen Diplomteil diktierte und auch selbst schrieb. Wir können diesen Mann getrost als Elias A bezeichnen, obgleich er kein hauptamtlicher Notar in der Königskanzlei war. Dies war er vielmehr in der Patriarchenkanzlei. Und doch war er mehr als ein Gelegenheitsschreiber, denn wenn er herangezogen wurde, so war er, wie sich an der Kanzleiunter-fertigung, aber auch an der Behandlung der Königin Melisendis in den Diplomen (siehe dazu oben S. 552) zeigt, weisungsgebunden und quasi *pro tempore* in die Kanzlei eingegliedert. Auch hatte er dort ein fest umrissenes Arbeitsgebiet, nämlich das feierliche Diplom, während ein Gelegenheits-schreiber bearbeitet hätte, was gerade anfiel und von der Kanzlei aus irgend-welchen Gründen nicht erledigt werden konnte. Wir können Elias A in der Königskanzlei 1136 und 1138 fassen (DD. RRH n° 164. 174), aber da von König Fulko nur acht echte Diplome und ein Spurium nach teilweise echter Vorlage erhalten sind, sich die nachweisliche Tätigkeit des Elias A aber bei Einrechnung seiner sonstigen Tätigkeit über die Jahre 1135–1148 erstreckt, darf man durchaus annehmen, daß er auch nach 1138 noch feierliche Privile-gien des Königs Fulko geschrieben hat.

Ich schreibe dem Diktat des Elias A folgende Urkunden zu, von denen eine bei Röhricht nicht regestiert ist[1]:

---

1) Zur Begründung der Daten, soweit diese nicht aus sich selbst heraus verständlich sind, siehe unten Bd. 2, Exkurs I. Zu dem Brief RRH n° 235 siehe unten S. 595. Die Orte der Handlung von RRH n° 170. 173. 180 sind nach den Zeugen erschlossen. An

	D. RRH n° 160 Prior Petrus vom Hl. Grab für die Ungarin Petronilla		1135 (März 15 – September 23)
Or.	D. RRH n° 164 (außer Unterfertigung des Kanzlers) König Fulko für die Johanniter	Nablus	1136 (September 24 – Dezember 24)
Or.	RRH n° 170 Der Patriarch für Walter de Lucia und Robertus Medicus	(Jerusalem)	1137 Juli 12
	RRH n° 172 Der Patriarch für das Stift vom Hl. Grab		1137 (September 24 – Dezember 23)
Or.	RRH n° 173 (D'ALBON, Cart. du Temple S. 99 n° 141) Wilhelm und Osto von St.-Omer für die Templer	(Jerusalem)	1137 (September 24 – Dezember 24)
	D. RRH n° 174 (außer Unterfertigung des Kanzlers) König Fulko für das Stift vom Hl. Grab	Jerusalem	1138 Februar 5
	BRESC-BAUTIER, Cart. du St.-Sépulcre S. 170 n° 72 Graf Rodrigo von Traba für das Stift vom Hl. Grab	(Jerusalem)	1138 (1137 Dezember 25 – 1138 September 23)
	RRH n° 180 Der Bischof von Akkon für das Stift vom Hl. Grab	(Jerusalem)	1138 (1137 Dezember 25 – 1138 September 23)
	RRH n° 182 Der Kapellan Riso für das Stift vom Hl. Grab		1138 (1137 Dezember 25 – 1138 September 23)

der bei Röhricht nicht regestierten Patriarchenurkunde vom 29. August 1141, mit der der Patriarch auf ein Drittel des Königreichs Aragon verzichtete (DE LA FUENTE, España sagrada 50, S. 396 n° 12) war Elias A nicht erkennbar beteiligt. Ganz überwiegend diente ein Dictamen der Kanzlei der Grafen von Barcelona, das der Johannitermeister aus Spanien mitgebracht hatte (RRH n° 197a vom 16. September 1140), als VU. Zu Diktatsplittern des Elias A in anderen Urkunden siehe unten S. 595 f.

Or. RRH n° 213   (1141–1143 vor September 24)
     Der Patriarch für die Abtei
     Josaphat und das Ölbergstift
     RRH n° 234   Jerusalem   1145 August 14
     Der Patriarch für das
     Thaborkloster
     RRH n° 136   (1135–1145 September 27)
     Der Patriarch für die
     Lazariter
     RRH n° 251   Jerusalem   1148 (1147 Dezember 25 – 1148
     Der Patriarch für die   September 23)
     Lazariter

2. Die Person und die Herkunft des Elias A

Die Übersicht zeigt bereits, daß der Schwerpunkt der Tätigkeit des Elias A
am Hl. Grab lag. Deshalb ergeben sich zu der Frage der Residenzen und des
Festtagsitinerars des Königs auch keine Erkenntnisse, die über das hinaus-
gingen, was bereits oben S. 516 f. gesagt wurde. Elias A schrieb Urkunden
für den Patriarchen von Jerusalem und den König, und zwar für durchaus
verschiedene Empfänger (Johanniter und Hl. Grab beim König, Walter de
Lucia und Robertus Medicus, dann das Chorherrenstift vom Hl. Grab, die
Abtei Josaphat und das Ölbergstift, sodann das Thaborkloster und schließlich die Leprosen von St. Lazarus beim Patriarchen), daneben für den spanischen Grafen von Traba, den Bischof von Akkon und den antiochenischen
Fürstenkapellan Riso, die aber alle für das Hl. Grab urkundeten, sowie
schließlich für Wilhelm und Osto von St.-Omer in einer Schenkung an die
Templer. Diese Urkunde und D. RRH n° 164 sind die einzigen, die nicht
unmittelbar etwas zu tun haben mit dem Hl. Grab, wenn man absieht von
den Bindungen, die beide Ritterorden noch immer an den Patriarchen von
Jerusalem als den Diözesan des jeweiligen Haupthauses hatten. Von 13
Urkunden sind sechs vom Patriarchen von Jerusalem ausgestellt, nur eine
vom dortigen Chorherrenstift des Hl. Grabes, wohl aber vier von fremden
Ausstellern für eben dieses Stift. Allein schon die Statistik macht deutlich,
daß Elias A am Hl. Grab weit engere Beziehungen zum Patriarchen als zu
den Chorherren hatte. Damit soll jedoch keineswegs eine gesonderte Urkundenschreibstube für das Stift postuliert werden, man wird sich sicher
gegenseitige Amtshilfe geleistet haben, so daß ich grosso modo von einer
Kanzlei des Patriarchen ausgehe, in der Haushaltskleriker und Chorherren
arbeiteten und die die anfallenden Arbeiten für beide erledigte.

Von den Urkunden des Elias A haben zwei eine Unterfertigung: *Data (Datum)* ... *per manum Ernesii cancellarii* (RRH n° 234. 251 von 1145 und 1148); in RRH n° 215. 240. D. RRH n° 259 von 1143–1150 tritt er als Zeuge auf. Es ist wahrscheinlich, daß Ernesius mit Elias A identisch ist. Dafür spricht zunächst, daß zwei der insgesamt elf Privaturkunden des Elias A von ihm unterfertigt sind und die anderen überhaupt keine Unterfertigung haben[2]. Das kann man natürlich umdrehen: Wenn er in zwei unterschrieb, warum in den anderen nicht? Hierfür ist die Erklärung einfach. Elias A hat seine beiden Urkunden RRH n° 234. 251 nach dem Muster feierlicher Papstprivilegien gebaut mit *in perpetuum* als Schluß der Adresse. Das Formular der feierlichen Privilegien erforderte zwingend auch die Nennung des datierenden Kanzleimannes[3]. Wo sich Elias A am feierlichen Privileg Innocenz' II. und seiner Nachfolger orientierte, brachte er die Unterschrift des Patriarchenkanzlers Ernesius, wo er sich lediglich an der päpstlichen Littera oder überhaupt nicht an Papsturkunden orientierte, ließ er sie weg.

Man kann aber einen anderen Einwand machen. Der Vorgänger des Ernesius als Patriarchenkanzler war Balduin (1134–1141/43). Wir haben keine Urkunde, die von ihm unterfertigt wäre, sondern finden ihn urkundlich lediglich als Zeugen (siehe oben S. 48). Wir können daher auch keine Diktatgruppe bilden, die ihm zugeschrieben werden könnte, weil es am Ansatzpunkt fehlt. Es ist auch unwahrscheinlich, daß er selbst diktierte, weil er mit Gerald, Johannes Pisanus und Elias A über fähige Notare verfügte, die teils nebeneinander, teils nacheinander die Urkunden des Patriarchen und des Stifts schrieben. Das läßt offen, was Balduin eigentlich tat, denn er war natürlich nicht immer auf Gesandtschaften, wie wir es für 1134 einmal wissen. Er wird die Kanzlei des Patriarchen geleitet haben, was immer das auch heißen mochte. Solange Gerald und Johannes Seite an Seite wirkten, bedeutete es natürlich die Verteilung der Arbeit und die Beaufsichtigung des Personals. Es wird weiterhin die Obhut des Patriarchensiegels und die Besiegelung der Urkunden bedeutet haben. Schließlich bedeutete es das, was man heute als Personalbewirtschaftung bezeichnen würde. Ergaben sich Reibereien zwischen Gerald und Johannes, so mußte Balduin schlichten, notfalls entscheiden. Als Elias A die Patriarchenkanzlei weitgehend allein betrieb, fiel von dieser Aufgabe natürlich viel weg.

Wenn sich Balduin der Herstellung von Dictamina enthalten haben sollte, so muß dies nicht bedeuten, daß es sein Nachfolger Ernesius genauso hielt.

---

2) Die beiden DD. RRH n° 164. 174 mit der Unterfertigung des Kanzlers Elias sind hier natürlich nicht mitzuzählen.

3) BRESSLAU, Urkundenlehre ²1, S. 80.

Man hatte ja unmittelbar benachbart das Vorbild der Königskanzlei, in der Elias wie sein Vorgänger Hemelin und wie nach ihm noch der Kanzler Radulf von Bethlehem selbst Königsurkunden entwarfen. Wenn Ernesius aber selbst schrieb, dann am ehesten die Urkundengruppe des Elias A, die teilweise seine Unterschrift hat und die wir diktatmäßig keinem anderen der damals am Hl. Grab bekannten Urkundenmänner (Gerald, Johannes Pisanus, Nikolaus, Skriptor Elias = Kanzler Elias, Donatus, W. [*ego W. scripsi* in RRH n° 169, was aber wahrscheinlich gar nicht am Hl. Grab geschrieben wurde]) zuweisen können.

Ernesius ist uns kein Unbekannter. Aus RRH n° 215 erfahren wir nicht nur erstmals, daß er der Kanzler des Patriarchen Wilhelm von Jerusalem, sondern auch, daß er sein Neffe war. Wilhelm hatte eine derart enge Zusammenarbeit mit dem König (siehe unten S. 597–600), daß es durchaus verständlich ist, wenn sich der Kanzler Elias einen Mann just aus der Patriarchenkanzlei holte, und zwar gerade den Neffen des Patriarchen, wenn er für feierliche Diplome einen Aushilfsnotar brauchte. Für seine Nepoten sorgte der Patriarch gut. Einer, ein Laie mit Namen Wilhelm, bezeugte im Februar 1138 D. RRH n° 174 und im Oktober 1138 RRH n° 190 des Bischofs von Ramla. Was aus ihm geworden ist, wissen wir nicht. Ernesius tritt als Neffe des Patriarchen und als dessen Kanzler erstmals 1143 in unser Blickfeld und hatte das Kanzleramt noch 1150 inne (RRH n° 215. D. RRH n° 259), also auch noch unter dem Patriarchen Fulcher (1146–1157). Im Streit zwischen der Königinmutter Melisendis und ihrem Sohn Balduin III. bezog er Position auf der Seite der Mutter (Zeugenliste von D. RRH n° 259). Wahrscheinlich blieb er Patriarchenkanzler, bis er Erzbischof von Caesarea wurde. Als solcher erscheint er urkundlich erstmals 1160 (D. RRH n° 354), war aber schon zwischen 1156 und 1157 gewählt worden[4]. Gestorben ist er 1175 im Amt[5]. Er muß also relativ alt geworden sein, zumal er ja nicht erst 1143 in

---

4) Wilhelm von Tyrus, Chronicon XVIII. 6. 20, S. 818, 841. Ende Mai/Anfang Juni 1156 war noch sein Vorgänger Balduin im Amt; RRH no 323, zu dessen Datum unten S. 657 Anm. 37. Im Januar 1160 erfuhr der Bischof von Gurk aus Salzburg, Alexander III. habe den Patriarchen (Amalrich) von Jerusalem und den Erzbischof (Ernesius) von Caesarea geweiht (Admonter Briefsammlung hg. von HÖDL und CLASSEN S. 87 n° 43. Zum Datum siehe HÖDL, Admonter Briefsammlung S. 434 f.), also zwischen September 1159 und Januar 1160. Aber im September 1158 war Amalrich noch ungeweiht, im Januar 1159 eher als 1158 hatte er den Elektenstatus schon hinter sich gelassen (siehe unten S. 653 Anm. 27; RRH n° 330, siehe dazu unten Bd. 2, Exkurs I, S. 864 bei D. RRH n° 332). Dies läßt keinen Raum für eine Weihe Amalrichs durch den Papst, was dann wohl auch für Ernesius gilt.

5) Wilhelm von Tyrus, Chronicon XXI. 9 (10), S. 974.

die Kanzlei seines Onkels eingetreten war, sondern – wenn er mit Elias A identisch ist – dort bereits 1135 RRH n° 160 diktiert hatte. War er damals 20 Jahre alt, so starb er mit 60 Jahren. Viel früher als ca. 1135 dürfte er also nicht in den Osten gekommen sein, und das Diktat des Elias A ist früher auch nicht nachweisbar. Auch empfahl es sich für einen strebsamen jungen Mann, eher früher als später zum Onkel Patriarch zu reisen, denn dessen Patronage muß ein ausschlaggebendes Moment im Leben des Ernesius gewesen sein, und daß der Onkel trotz der damaligen geringen Lebenserwartung 15 Jahre lang amtieren werde, war durchaus nicht gewährleistet. Auch vom Lebensalter her steht der Identifizierung von Elias A mit Ernesius nichts entgegen. Kein anderer Diktator der Königskanzlei hat es zu episkopalen Würden gebracht, ohne zuvor Königskanzler gewesen zu sein, aber Ernesius war eben beim König nur ein Hilfsnotar.

Von 1130–1134 hatte am Hl. Grab der Diakon Gerald Urkunden geschrieben[6]. Daneben schrieb 1133–1135 Johannes Pisanus[7]. Während Johannes nach 1137 bald als Archidiakon nach Tyrus überwechselte[8], blieb Gerald noch lange Mitglied des Kapitels, schrieb aber keine Urkunden mehr[9]. Stattdessen finden wir 1135–1148 Elias A/Ernesius und neben ihm 1141 den Spanier Nikolaus (D. RRH n° 201), der für den Patriarchen diktierte, sowie 1143 einerseits den Skriptor Elias (= Königskanzler Elias), der damals für den Patriarchen tätig war (RRH n° 215), und andererseits den Diakon Donatus, der für das Stift arbeitete (RRH n° 223). Man hat den Eindruck, daß die gemeinsame Schreibstube des Patriarchen und des Stifts vom Hl. Grabe unter dem Patriarchenkanzler Balduin (1134–1143) zunächst aus Gerald und Johannes Pisanus bestand, daß dann 1135 Elias A in sie eintrat und Gerald bald an die Wand spielte; Johannes ging ja ohnehin. Danach bewältigte Elias A das Urkundengeschäft von Patriarch und Stift überwiegend allein, gelegentlich ergänzt um Männer wie Nikolaus, Elias und Donatus und andere, die namenlos bleiben und auch keine Diktatgruppen

---

6) RRH n° 146. 152. 183; zum Datum letzterer Urkunde vgl. BRESC-BAUTIER, Cartulaire du St.-Sépulcre S. 215 Anm. 1. Möglicherweise ist Gerald auch RRH n° 141 zuzurechnen.

7) RRH no 154. 166, aber ich rechne ihm auch zu RRH n° 145. 156 (beide mit Eingangsdatierung nach italienischer Art). 158 (italienischer Auftakt mit *Breve recordationis*).

8) MAYER, Guillaume de Tyr S. 263.

9) Ob er es noch war, der 1156 das jerusalemitanische Chorherrenstift in Spanien bei der Gründung der Dependance in Calatayud vertrat? Siehe DE LA FUENTE, España sagrada 49, S. 368 n° 28. Aber in der oben S. 563 Anm. 1 zitierten Patriarchenurkunde vom August 1141 gab es im Jerusalemer Kapitel zwei Geralde.

hinterlassen haben. Nach 1148 haben wir keine Diktatspuren mehr von Elias A. Daneben half er fallweise in der Kanzlei des Königs aus, wenn es galt, feierliche Diplome zu schreiben. Auch für die Templer hat er in dieser Zeit eine Urkunde geschrieben (RRH n° 173). Versorgt war er mit einer Pfründe im Haushalt seines Onkels. Auch das erfahren wir aus RRH n° 215, wo er die Zeugenliste anführt. Nach ihm kommen fünf weitere Namen, sodann *omnes isti sunt domini patriarchae clerici.* Zwischen 1141 und 1143 rückte er in Nachfolge des zum Erzbischof von Caesarea avancierten Balduin zum Kanzler des Patriarchen auf, und nun nannte er sich auch gelegentlich mit Namen, nachdem er zuvor anonym geblieben war.

Da der Patriarch ein Flandrer war, war es auch sein Neffe Ernesius. Aber ganz deutlich war auch Elias A aus Flandern, und das macht es nahezu sicher, daß er mit dem Patriarchenkanzler Ernesius identisch ist. Die Urkunden der Grafen von Flandern liegen jetzt in den schönen Editionen von Vercauteren einerseits und de Hemptinne und Verhulst andererseits von 1071 bis 1168 ediert vor, auch wenn für die Zeit 1128–1168 die diplomatische Einleitung noch fehlt. Da die gräfliche Kanzlei, obwohl sie dem Namen nach schon seit längerem bestand, mit Sicherheit erst ab 1157, möglicherweise aber schon seit 1136 selbst gräfliche Urkunden herstellte (siehe oben S. 17), bietet das bis jetzt edierte Urkundenmaterial wenigstens für die ersten 65 Jahre einen repräsentativen Querschnitt flandrischer Urkundengebräuche und Urkundensprache, da in dieser Zeit die Empfängerausfertigungen vorherrschten, während die Urkunden der folgenden 32 Jahre für unsere Untersuchung den Vorteil der größeren Zeitnähe haben und die gräfliche Kanzlei in dieser Periode natürlich auch nicht losgelöst vom allgemeinen flandrischen Urkundenwesen arbeitete. Die flandrischen Specifica bei Elias A sind um so auffallender, als sein großes Stilvorbild nicht die flandrische Privaturkunde, sondern die Papsturkunde war. Hierher stammt natürlich *in perpetuum* in der Adresse von DD. RRH n° 234. 251, aber aus derselben Quelle finden wir es auch in den Urkunden der Grafen von Flandern Karl des Guten und Dietrich vom Elsaß[10].

---

10) VERCAUTEREN, Actes S. 4 n° 2 , S. 217 n° 97, S. 225 n° 99, S. 236 n° 105, S. 247 n° 108, S. 253 n° 110, S. 284 n° 123. DE HEMPTINNE – VERHULST, Oorkonden S. 19 n° 4, S. 37 n° 14, S. 40 n° 16, S. 51 n° 25, S. 54 n° 26, S. 153 n° 93, S. 164 n° 101, S. 166 n° 102, S. 174 n° 109, S. 190 n° 116bis, S. 192 n° 117, S. 193 n° 118, S. 195 n° 120, S. 217 n° spur. 134, S. 240 n° 151, S. 262 n° 164, S. 265 n° 166, S. 269 n° 169, S. 281 n° 178, S. 319 n° 207, S. 327 n° 210, S. 337 n° 217, S. 339 n° 218, S. 340 n° 219, S. 342 n° 220, S. 349 n° 224, S. 357 n° 229, S. 374 n° 236, S. 378 n° 239, S. 384 n° 241, S. 385 n° 242, S. 387 n° 243, S. 391 n° 245, S. 394 n° 247, S. 396 n° 249, S. 399 n° 252, S. 411 n° 259, S. 414 n° 262, S. 431 n° 273, S. 432 n° 274, S. 435 n° 276.

Weniger aussagekräftig ist die um *affuerunt* und *interfuerunt* kreisende Zeugenformel des Elias A (siehe unten S. 591 f.). Es ist keine außergewöhnliche Formel, aber wenn man flandrisches Diktatgut zusammenstellt, muß man sie mit erwähnen[11]. Wesentlich aussagekräftiger ist die Corroboratio von D. RRH n° 164 mit der in den Diplomen von Jerusalem einmaligen Bezeugung durch den König: *ex utroque veritatis me testem constituo*[12]. Der Diplomatiker denkt natürlich sofort an die zahllosen writs englischer Könige mit der lapidaren Formel *teste me ipso*, aber dies kommt erst unter Heinrich II. auf, und da nur sporadisch[13]. Bei den Grafen von Flandern war es dagegen schon früh häufig, daß der Graf als Zeuge seiner eigenen Urkunden fungierte[14]. Gleichfalls in der Zeugenliste ist eine Allerweltsformel dennoch eines der zuverlässigsten Diktatmerkmale des Elias A, nämlich ein Zusatz am Ende wie *et alii quamplures* oder ähnlich (siehe unten S. 592). Dies habe ich bei Vercauteren nicht weniger als vierundzwanzigmal in 130

---

11) VERCAUTEREN, Actes S. 58 n° 18, S. 85 n° 29 (Falsum), S. 147 n° 62, S. 150 n° 64, S. 163 n° 70, S. 190 n° 85, S. 194 n° 87, S. 211 n° 94, S. 225 n° 99. DE HEMPTINNE – VERHULST, Oorkonden S. 19 n° 4, S. 26 n° 8, S. 39 n° 15, S. 43 n° 19, S. 50 n° 24, S. 54 n° 26, S. 82 n° 46, S. 87 n° 50, S. 92 n° 53, S. 117 n° 70, S. 182 n° 112, S. 187 n° spur. 116, S. 217 n° spur. 134, S. 218 n° 135, S. 229 n° 143, S. 231 n° 145, S. 239 n° 150, S. 240 n° 151, S. 245 n° 152, S. 265 n° 166, S. 271 n° 171, S. 274 n° 173, S. 279 n° 177, S. 286 n° 182, S. 296 n° 190, S. 300 n° 193, S. 317 n° 205, S. 319 n° 207, S. 328 n° 211, S. 335 n° 215, S. 337 n° 217, S. 351 n° 225, S. 353 n° 226, S. 384 n° 241, S. 385 n° 242, S. 390 n° spur. 244bis, S. 394 n° 247, S. 396 n° 249, S. 424 n° 269, S. 444 n° 284, S. 445 n° 285.

12) Anders zu beurteilen sind natürlich die reinen Signumzeilen in DD. RRH n° 68a. 91. 120 und der Bestätigungsvermerk in D. RRH n° 142. In den Privaturkunden ist die Erscheinung nicht ganz so selten, aber überwiegend ein Phänomen der Priorenurkunde des Hl. Grabes in der zweiten Hälfte des 12. Jahrhunderts, nicht dagegen in der ersten. Ich finde die Erscheinung in RRH n° 155. 173. 295. 343. 345. 346. 349. 350. 362. 563. Hiervon ist RRH n° 173 wie D. RRH n° 164 ein Produkt des Elias A.

13) VAN CAENEGEM, Writs S. 163; CHAPLAIS, English Royal Documents S. 15–18; PRESCOTT, Teste me ipso, passim.

14) VERCAUTEREN, Actes S. 4 n° 2, S. 11 n° 5, S. 16 n° 6, S. 52 n° 16, S. 60 n° 19, S. 65 n° 22, S. 83 n° 28, S. 85 n° 29 (Falsum), S. 96 n° 32, S. 97 n° 33, S. 99 n° 34, S. 190 n° 85, S. 217 n° 97, S. 272 n° 119. Diese 14 Fälle sind noch nicht einmal alles, denn VERCAUTEREN, Actes S. LXXIX zählt – ohne Einzelnachweis – 19 Beispiele. DE HEMPTINNE – VERHULST, Oorkonden S. 14 n° 2, S. 26 n° 8, S. 29 n° 10, S. 43 n° 19, S. 50 n° 24, S. 51 n° 25, S. 55 n° 27, S. 57 n° 28, S. 61 n° 30, S. 105 n° 62, S. 118 n° 71, S. 146 n° 87, S. 166 n° 102, S. 168 n° 104, S. 195 n° 120, S. 197 n° 121, S. 210 n° 129, S. 240 n° 151, S. 245 n° 152, S. 265 n° 166, S. 286 n° 182, S. 308 n° 197, S. 309 n° 198, S. 337 n° 217, S. 339 n° 218, S. 340 n° 219, S. 402 n° 254, S. 409 n° 258, S. 413 n° 261, S. 432 n° 274.

Urkunden gezählt und bei DE HEMPTINNE – VERHULST siebenunddreißig-
mal in 289 Urkunden[15].

Am allercharakteristischsten für die Herkunft des Elias A ist seine im
Hl. Land der damaligen Zeit ganz und gar seltene Datierungsformel *anno
domini*[16], für die ich deshalb auch die Vergleichsbasis erweitert habe. Kape-
tingisch ist sie mit Sicherheit nicht. Sie findet sich bei Philipp I. überhaupt
nicht, so gut wie nicht bei Ludwig VI. und ebenfalls nicht bei Ludwig VII.[17]. Erst seit dem Ende des 12. Jahrhunderts dringt sie unter Philipp II. Augustus massiv in die kapetingische Königsurkunde ein und mag
dort aus Flandern gekommen sein. Bei den Grafen von Flandern ist sie
dagegen außerordentlich häufig. Vercauteren zählte in seinen 130 Urkunden
anno domini 38mal, *anno dominicae incarnationis* 31mal, die kapetingische
Formel *anno incarnati verbi* neunmal. Wenn ich in der Edition der Urkunden des Grafen Dietrich von de Hemptinne und Verhulst richtig gezählt
habe, so steht dort in 289 Urkunden 96mal *anno dominicae incarnationis* (*ab
incarnatione domini* oder *Christi*), und noch immer 62mal *anno domini*,
sowie 35mal *anno verbi incarnati* und je einmal *anno ab incarnato dei filio*
(S. 18 n° 3), *anno a passione domini* (S. 49 n° 23) und *anno gratiae* (S. 413
n° 261)[18].

---

15) VERCAUTEREN, Actes S. 38 n° 12, S. 68 n° 23, S. 105 n° 38, S. 107 n° 40, S. 122
n° 46, S. 125 n° 49, S. 146 n° 61, S. 149 n° 63, S. 150 n° 64, S. 155 n° 66, S. 161 n° 69,
S. 163 n° 70, S. 164 n° 71, S. 168 n° 73, S. 169 n° 74, S. 171 n° 75, S. 172 n° 76, S. 187
n° 83, S. 259 n° 113, S. 266 n° 116, S. 267 n° 117, S. 286 n° 124, S. 299 n° 128, S. 302
n° 129. DE HEMPTINNE – VERHULST, Oorkonden S. 13 n° 1, S. 28 n° 9, S. 41 n° 17,
S. 43 n° 19, S. 59 n° 29, S. 65 n° 32, S. 66 n° 33, S. 74 n° 39, S. 90 n° 52, S. 96 n° 56,
S. 116 n° 69, S. 117 n° 70, S. 147 n° 88, S. 149 n° 89, S. 154 n° 94, S. 157 n° 96, S. 168
n° 104, S. 203 n° 125, S. 205 n° 126, S. 212 n° 130, S. 230 n° 144, S. 276 n° 174, S. 278
n° 176, S. 290 n° 185, S. 294 n° 189, S. 301 n° 194, S. 310 n° 199, S. 359 n° 230, S. 395
n° 248, S. 399 n° 252, S. 401 n° 253, S. 417 n° 264, S. 421 n° 267, S. 427 n° 270, S. 432
n° 274, S. 434 n° 275, S. 449 n° 288.

16) Siehe unten S. 594. Ich finde sie in jener Zeit sonst nur noch in RRH n° 161. 243,
wohl als Ausstrahlungen der Tätigkeit des Elias A.

17) PROU, Recueil des actes de Philippe Ier, S. CLXI; LUCHAIRE, Etudes S. 19.
DUFOUR, Recueil des actes de Louis VI 3, S. 176 hat überhaupt kein Vorkommen
unter Ludwig VI. verzeichnet, aber einmal finde ich es dort doch (ebd. 1, S. 253
n° 123), freilich unter 457 Urkunden.

18) Einzelbelege für *anno domini* sind bei VERAUTEREN, Actes S. 4 n° 2, S. 6 n° 4,
S. 35 n° 11 (Falsum), S. 64 n° 21 (*anno domini Christi*), S. 95 n° 31, S. 99 n° 34 (*anno
domini Christi*), S. 101 n° 35, S. 102 n° 36, S. 103 n° 37, S. 105 n° 38, S. 106 n° 39,
S. 116 n° 42, S. 120 n° 45, S. 122 n° 46, S. 123 n° 47, S. 126 n° 50, S. 134 n° 54, S. 139
n° 56, S. 144 n° 60, S. 149 n° 63, S. 163 n° 70, S. 164 n° 71, S. 168 n° 73, S. 175 n° 78,
S. 187 n° 83, S. 188 n° 84, S. 190 n° 85, S. 209 n° 93, S. 216 n° 96, S. 217 n° 97, S. 228

Einmal hat Elias A im Datum *regnante in Ierusalem Fulchone Francorum rege III°* (RRH n° 170). Das ist insgesamt im Hl. Land selten, denn der König war ganz überwiegend der *rex Latinorum* (siehe oben S. 402 f.). Aber es ist für den kapetingischen König häufig in den Urkunden der Grafen von Flandern: *regnante N. rege Francorum*[19] und mag von Elias A einfach mit-

---

n° 100, S. 231 n° 101, S. 232 n° 102, S. 234 n° 103, S. 235 n° 104, S. 253 n° 110, S. 257 n° 112, S. 259 n° 113 und bei DE HEMPTINNE – VERHULST, Oorkonden S. 24 n° 7, S. 42 n° 18 (*anno domini nostri Iesu Christi*), S. 54 n° 26, S. 65 n° 32, S. 68 n° 34, S. 68 n° 35, S. 70 n° 36 (*anno domini Christi*), S. 82 n° 46, S. 92 n° 53, S. 105 n° 62, S. 106 n° 63, S. 118 n° 71, S. 135 n° 82, S. 137 n° 83, S. 142 n° 85, S. 149 n° 89, S. 186 n° 115, S. 187 n° spur. 116, S. 193 n° 118, S. 194 n° 119, S. 197 n° 121, S. 199 n° 122, S. 202 n° 124, S. 205 n° 126, S. 208 n° 127, S. 215 n° 132, S. 216 n° 133, S. 217 n° spur. 134, S. 218 n° 135, S. 225 n° 140, S. 227 n° 141, S. 239 n° 150 (*anno domini Christi*), S. 240 n° 151, S. 245 n° 152, S. 251 n° 155, S. 268 n° 168, S. 269 n° 169, S. 273 n° 172, S. 276 n° 174, S. 277 n° 175, S. 278 n° 176, S. 287 n° 183, S. 294 n° 189, S. 300 n° 193, S. 313 n° 201, S. 316 n° 204, S. 317 n° 205, S. 325 n° 209, S. 330 n° 212, S. 348 n° 223, S. 359 n° 230, S. 363 n° 232, S. 374 n° 236, S. 377 n° 238, S. 390 n° spur. 244bis, S. 392 n° 246, S. 402 n° 254, S. 404 n° 255, S. 412 n° 260, S. 418 n° 265, S. 427 n° 270, S. 434 n° 275. Später wird die Herrschaft von *anno domini* noch ausschließlicher. In den Grafenurkunden von 1191–1206 begegnet es in den kanzleimäßigen Urkunden 79mal gegen 32mal *anno dominicae incarnationis*, was am zweithäufigsten ist, während in den kanzleifremden Ausfertigungen das Verhältnis 42 : 7 lautet (PREVENIER, Oorkonden S. 382, 584). Ich habe auch einige führende Chartulare aus Flandern bis 1150 durchgesehen und habe *anno domini* sowohl in Saint-Bertin wie – massiert um 1149 – in Saint-Martin de Tournai sowie in Thérouanne gefunden: HAIGNERÉ, Chartes de Saint-Bertin 1, S. 38 n° 96, S. 66 n° 166, S. 78 n° 189, S. 89 n° 203 von 1096–1147; GUÉRARD, Cartulaire de Saint-Bertin S. 244 n° 32, S. 247 n° 36 von 1096–1110; D'HERBOMEZ, Chartes de Saint-Martin de Tournai 1, S. 11 n° 9, S. 22 n° 24, S. 39 n° 38, S. 54 n° 51 (Graf Dietrich von Flandern), S. 70 n° 65, S. 71 n° 66, S. 72 n° 67, S. 73 n° 68, S. 74 n° 69, S. 92 n° 91 von 1105–1162; DUCHET – GIRY, Cartulaire de Thérouanne S. 13 n° 14, S. 16 n° 19, S. 18 n° 21, S. 24 n° 28 (Graf Dietrich von Flandern), S. 25 n° 29 von 1133–1153. Im benachbarten Lothringen habe ich die Gegenprobe gemacht in den Chartularen von Saint-Lambert de Liège, der Abtei Gorze und von Saint-Mihiel und bin dabei vor 1150 nicht in einem einzigen Fall fündig geworden, so daß es sich wirklich um ein flandrisches Specificum handelt. Wenn *anno domini* bei Elias A in RRH n° 182 einmal sogar schrumpft zu einfachem *anno*, so ist auch das nicht ohne Vorbild in Flandern (VERCAUTEREN, Actes S. 60 n° 19, S. 82 n° 27, S. 161 n° 69, S. 178 n° 80; DE HEMPTINNE – VERHULST, Oorkonden S. 35 n° 12, S. 96 n° 56, S. 98 n° 57, S. 120 n° 72, S. 161 n° 98, S. 174 n° 109, S. 212 n° 130, S. 220 n° 136, S. 221 n° 137, S. 372 n° 235, S. 395 n° 248, S. 398 n° 251, S. 407 n° 256, S. 417 n° 264; HAIGNERÉ, Chartes de Saint-Bertin 1, S. 76 n° 184, S. 89 n° 204; GUÉRARD, Cartulaire de Saint-Bertin S. 248 n° 37, S. 257 n° 46.

19) VERCAUTEREN, Actes S. XCIII, der 28 Beispiele zählt.

gebracht worden sein. Natürlich könnte die Formel auch von dem Angioviner Elias importiert worden sein, der auch an den kapetingischen *rex Francorum* gewöhnt war. Die Formel kommt ja auch bei anderen Diktatoren am
Hl. Grab vor, aber bezeichnenderweise nicht vor dem Eintritt des Elias A in
die Kanzlei des Patriarchen (RRH n° 154. 156. 158. 165). An der Herkunft
des Elias A aus Flandern kann nach all dem überhaupt kein Zweifel sein.
Tabellarisch ergibt sich für Elias A folgender Lebenslauf:

kurz vor 1135	Einwanderung aus Flandern
1135–1148	Diktator in der Patriarchenkanzlei. Pfründe im Haushalt des Patriarchen
1136–1138 (aber eher länger)	Aushilfsnotar in der Königskanzlei
1141/1143–1156/1157	Kanzler des Patriarchen
1156/1157	Erhebung zum Erzbischof von Caesarea
1175	Tod im Amt

3. Schrift und Fehleranalyse

Vier Urkunden des Elias A sind als Originale überkommen (D. RRH
n° 164. RRH n° 170. 173. 213). Dabei handelt es sich um vier verschiedene
Hände. Elias A war also vor allem ein Diktator, mundieren ließ er andere.
Ob er wenigstens eine der vier Urkunden ins Reine geschrieben hat, ist
ungewiß, aber dafür besteht bei RRH n° 170 eine gewisse Wahrscheinlich-
keit, wenn Elias A mit Ernesius identisch war. Ob Empfängerschreiber tätig
waren, läßt sich nicht überall sagen, aber bei der Schenkung Wilhelms und
Ostos von St.-Omer an den Templerorden ist es durchaus im Bereich der
Möglichkeit, weil diese Urkunde weder mit dem Tätigkeitsbereich des Elias
A in der Patriarchenkanzlei noch mit seiner gelegentlichen Arbeit für die
Königskanzlei etwas zu tun hatte. RRH n° 213 ist ausgestellt für die Abtei
Josaphat, die früher mit Empfängerausfertigungen hervorgetreten war,
zuletzt in D. RRH n° 134 mit einem Empfängerschreiber, der einen von der
Kanzlei durchrevidierten und mehr oder minder in Hemelins Diktat ge-
brachten Empfängerentwurf ins Reine schrieb (siehe oben S. 478 f., 496–498).
Und in der Tat ist auch RRH n° 213 von einem Empfängerschreiber herge-
stellt worden, von dem Scriptor und Josaphater Mönch Johannes, der auch
D. RRH n° 240 mundierte (siehe unten S. 794–799).
Mit D. RRH n° 164, in dem der Kanzler Elias der ansonsten fertigen
Reinschrift den Nachtrag mit der Kanzleiunterfertigung hinzufügte, habe ich
mich schon oben S. 539–541 befaßt. RRH n° 170 ist eine Charta transversa,

die in der ersten Zeile ein lateinisches Kreuz und verlängerte Schrift hat, was ein Merkmal aller Originalurkunden des Elias A ist. Überwiegend steht hier die Invocatio, nur in RRH n° 213, das als Brief konzipiert ist, stehen stattdessen der Aussteller und die Adresse mit der Salutatio. Vielleicht aus diesem Grund fehlt allein hier das Kreuz (siehe aber auch unten S. 795). RRH n° 170 ist sorgfältig geschrieben, und hier bahnt sich die diplomatische Minuskel an, die bald auch für die Diplome der Königskanzlei von Jerusalem maßgeblich werden sollte. Sieht man von den mißglückten Imitationen der päpstlichen Urkundenschrift in der Frühzeit ab (RRH n° 67. D. RRH n° 79), so finden wir außerhalb der Königskanzlei Anflüge dazu in RRH n° 133. 159 von 1130–1135 (beide noch ohne st- und ct-Ligatur, aber mit ausgeprägten Oberlängen), und damit sind wir in der Anfangszeit des Patriarchen Wilhelm von Jerusalem. In der Königskanzlei ist D. RRH n° 164 von 1136 die erste wirkliche Annäherung an die diplomatische Minuskel, die aber weit in den Schatten gestellt wird von RRH n° 170 von 1137. Hier ist sie fast fertig ausgebildet. Auch wenn die st- und die ct-Ligatur noch unauffällig bleiben, weist die Schrift doch schon die ganze Zierlichkeit auf, die die Papsturkunde der Zeit kennzeichneten und für die ich aus dem Archiv von Josaphat JL 8223 anführe. Die Schrift ahmt auch die Auszeichnung gewisser Personen- und Ortsnamen durch Kapitälchen nach, die wir mutatis mutandis auch in der Papsturkunde der Zeit finden (so in JL 8095, gleichfalls für Josaphat). Damit wurde RRH n° 170 auch für die Königskanzlei richtungweisend, wo dieser Brauch unter dem Kanzleischreiber II feststehend wurde. In RRH n° 204 von 1141 (siehe dazu oben S. 542 f.) finden wir am Hl. Grab nun eine immer schöner werdende diplomatische Minuskel, die jetzt auch die Ligaturen ct und st betont, ohne sie jedoch schon weit auseinanderzuziehen. Ähnlich hält es noch Elias in RRH n° 215 von 1143, während in RRH n° 213 die Auseinanderziehung voll entwickelt vorhanden ist. Eine schöne diplomatische Minuskel von derselben Hand wie RRH 213 liegt dann in der Königskanzlei mit D. RRH n° 240 von 1146 vor, dem ersten Original des Kanzlers Radulf von Bethlehem. Das ist allerdings das letzte Kanzleiprodukt, in dem man diese Sperrung der beiden Ligaturen noch findet, nur in den kanzleifremden DD. RRH n° 262. 359 kommt sie noch einmal vor, während in der Kanzlei mit D. RRH n° 291 von 1152 mit der diplomatischen Minuskel des Kanzleischreibers II, die von der päpstlichen Schrift nur noch die Verzierung der Oberschäfte beibehält, im ästhetischen Sinn der Höhepunkt der Schriftentwicklung in der Königskanzlei von Jerusalem erreicht wird. Halten wir aber fest, weil es uns weiter unten (S. 578–581) erneut beschäftigen wird, daß die Zeit des Elias A in der Kanzlei der Patriarchen von Jerusalem, aber auch in der Königskanzlei gekennzeichnet ist durch Anleihen bei der Papsturkunde.

In RRH n° 170 finden sich einige Schriftelemente, die an D. RRH n° 164 gemahnen. Dazu gehört zweimal die Kürzung für -orum mit einem Strich nach oben, der die Höhe einer ganzen Oberlänge hat. Dies findet sich auch in D. RRH n° 164 zweimal, und ebenso hat RRH n° 170 einmal (Zeile 3 von unten) dieselbe Ligatur des et mit dem enorm hohen gestürzten t wie D. RRH n° 164 (siehe oben S. 540). Unter die Zeile gezogenes r hat RRH n° 170 (Zeile 6 und 8 v. u.), auch im Wortinnern, und es steht auch in D. RRH n° 164 mehrfach, aber nur am Wortende. Aber das Kreuz und die Elongata sind in beiden Urkunden verschieden, der Duktus ist in RRH n° 170 viel zierlicher, und das g ist bei beiden durchaus verschieden. Der Abstrich zur Schlinge hin ist im Bereich des Bauchs in D. RRH n° 164 zwar nach links eingebogen, aber nicht sehr stark. Das geht bis zu einem geraden Abstrich (*Hugonis* in Zeile 14). Die Schlinge selbst ist rund und geschlossen. In RRH n° 170 ist der Abstrich zur g-Schlinge hin im Bereich des Bauchs stark nach links eingewölbt, dadurch verläuft die Schlinge im rechten Teil mehr gebrochen als rund; sie ist geschlossen, hat aber keine runde Form. An eine Identität der Hände darf man also nicht denken. Am auffallendsten sind in RRH n° 170 die Verzierungen der Oberschäfte von langem s und f, aber auch eines langen Aufsatzes auf rundem s. Der Schaft biegt oben nach rechts um, die Spitze bildet eine Schleife und durchschneidet den Schaft linkslaufend und malt dort zwei untereinanderstehende geschlossene Schleifen, etwa von der Gestalt einer 8 oder eines Violinschlüssels. Verzierungen dieser Art, wenn auch ungeschickter gezeichnet, waren letztmals vorgekommen in RRH n° 101 des Kanonikers Arnold (siehe oben S. 396). Schon dort habe ich dies als der Schriftregion Niederlothringen-Flandern zugehörig charakterisiert, und tue dies jetzt aufs neue. Das würde sich bestens vertragen mit der Identifizierung von Elias A mit dem Patriarchenneffen Ernesius, wenn RRH n° 170 von Elias A selbst geschrieben worden ist. Denn wenn der Onkel aus Flandern stammte, so auch der Neffe.

RRH n° 213 ist als Schriftprodukt ausführlich behandelt unten S. 794–797. Über RRH n° 173 ist hier wenig zu sagen, denn weder stellt sich dabei die Frage, ob eine Gleichheit der Schreiberhand mit einer anderen Urkunde der Gruppe besteht, noch ob wir etwa hier die Hand des Elias A vor uns haben. RRH n° 173 zeigt eine Elongata für die Invocatio, die man nur als ungelenk bezeichnen kann. Der Rest aber ist in einer bildschönen, sehr gleichmäßigen, der Buchschrift verwandten diplomatischen Minuskel nordfranzösischen Zuschnitts gehalten. Doch finden sich Fehler, die indessen auf den Diktator zurückgehen dürften (siehe unten S. 576).

Man darf sich bei Elias A von den langen und verschachtelten Perioden in D. RRH n° 174 und von der noch darzustellenden Imitation päpstlicher Urkunden nicht täuschen lassen. Er war nicht ohne Geschick und konnte auf manchem Klavier spielen, aber es fehlte ihm an jener Präzision, die für eine Königskanzlei nun einmal nötig ist. Elias A machte Fehler, ohne sich etwas dabei zu denken, und sie unterliefen ihm vor allem dann, wenn er sich seine Anregungen aus zwei verschiedenen Vorlagen gleichzeitig holte. Die Corroboratio von D. RRH n° 174 war so weitschweifig, daß der folgende Notar sie in der NU. D. RRH n° 226 zusammenstutzte, und zwar gerade an jenen Stellen, an denen sie auch unschön war (siehe unten S. 607 f.). In D. RRH n° 164 leitete Elias A die Besitzliste mit den Worten ein *Quae ab antiquis his fuisse et esse nuncupata nominibus posteritas tradit*. Hier floß ihm mit *posteritas* ein Lieblingsbegriff in die Feder (siehe unten S. 584), aber er war hier falsch angewandt. Da man nicht annehmen kann, daß mit *posteritas* „das Folgende", d. h. die folgende Besitzliste gemeint ist, dürfte es sich um einen Flüchtigkeitsfehler handeln, und gemeint sein dürfte *antiquitas* oder ähnlich. Unschön bleibt der Satz allemal. Als Elias A RRH n° 173 konzipierte, hatte er zwei verschiedene Vorlagen. Die eine hatte *Notum sit omnibus tam praesentibus et futuris* und die andere hatte *Omnibus sanctae matris ecclesiae filiis notum sit*. Elias A verband, wie das Original ausweist, beides zu folgender Formel, in der *omnibus* zweimal steht: *Notum sit omnibus tam praesentibus quam futuris omnibus sanctae matris ecclesiae filiis*. In BRESC-BAUTIER, Cartulaire du St.-Sépulcre n° 72 steht ein sinnloses *prophetarum sibi*, wo es wahrscheinlich *prophetarum verbo* heißen muß. In RRH n° 234 heißt es *ac unitatem spiritus easdem ... reformare*. Die bisherigen Drucke emendieren zu *ac unitatem spiritus inter easdem reformare*, aber besser ist *ac in unitatem spiritus easdem reformare*[20]. Man könnte das natürlich als Schreiberversehen schon im verlorenen Original oder in der kopialen Überlieferung abtun, aber in derselben Urkunde fehlt der Corroboratio auch das Objekt des Hauptsatzes: *Ut haec vobis ... firma et illibata in perpetuum conserventur, per praesentem paginam sigilli nostri appositione munitam confirmare decernimus*. Nicht das *per* ist zu viel, denn seine Beseitigung allein repariert den Satz ja nicht; es müßte außerdem noch *munitam* gestrichen werden, oder aber es müßte, wenn beides beibehalten werden soll, ein Akkusativobjekt wie etwa *haec omnia praedicta* in den Satz eingefügt werden. Ein geübter Kanzlist hätte den Satz unter Weglassung von *per* passivisch konstruiert: *praesentem paginam sigilli nostri appositione munitam confirmari decernimus*.

Nicht grammatisch, wohl aber formularmäßig geht es schlimm zu in RRH n° 182. Hier hatte Elias A zwei Muster, zum einen sein eigenes, an der

---

20) Vgl. RRH n° 213 vom selben Diktator *eosdem filios nostros in fraternae dilectionis unitatem ... reformavimus*; siehe auch unten S. 583.

Papsturkunde geschultes Diktatschema, zum anderen eine verlorene, aber erwähnte VU. Boemunds II. von Antiochia. Statt daraus ein organisches Ganzes zu machen, setzte er Fetzen aus beiden hintereinander und lieferte dem Empfänger ein Monstrum ab, das zwei Promulgationes, zwei Corroborationes und gar zwei Daten enthielt:

Notum sit omnibus tam praesentibus quam futuris sanctae matris ecclesiae filiis	*Notum sit omnibus*
ut eadem libertate, qua mihi a praedicto Boamundo datae et concessae sunt, in earum possessione fruantur, ... praesentis paginae inscriptione hoc donum meum inviolabile et ratum decerno	*Et ut haec, quae praescripta sunt, rata et illibata permaneant, ad eorum corroborationem et certitudinem demonstrandam ... praesentem paginam de huius doni mei veritate conscriptam sigillo domni Willelmi patriarchae corroborari humiliter postulavi*
Factum est autem hoc donum et eius inscriptio anno domini M °C °XXX °VIII °	*Facta est praesens inscriptio anno M °C °XXXVIII ° indictione I ª*

4. Das Diktat des Elias A

Wenn Elias A Patriarchenurkunden schrieb, so war die Papsturkunde sein großes Vorbild, während ihr Einfluß in den Diplomen, die von ihm stammen, nur gering ist. Damit steht er natürlich nicht allein. Die Rolle der in alle Welt gehenden päpstlichen Urkunden bei der Prägung regionalen Diktatguts kann kaum überschätzt werden, ist aber fast unerforscht. Aber man sieht, wenn man französische Bischofsurkunden des 12. Jahrhunderts liest, oft Formularfetzen aus päpstlichen Urkunden[21]. Natürlich hat auch der Kapetinger Ludwig VII. in Frankreich dazu beigetragen, indirekt päpstliches Diktatgut zu verbreiten, da sich zu seiner Zeit die kapetingische Kanzlei erheblichen päpstlichen Einflüssen öffnete. In der Schrift mancher seiner Diplome begegnet die Auseinanderziehung der *ct*- und der *st*-Ligatur, andere haben *omnibus in perpetuum* in der Adresse, und mit der *Data per manum-*

---

21) Nach GUYOTJEANNIN, Influence pontificale, passim, war der päpstliche Einfluß auf die Bistumsurkunden in den Provinzen Reims, Sens und Rouen eher mäßig, aber das ist schon dort nicht zu generalisieren.

Formel war ihm Ludwig VI. seit 1112 schon vorausgegangen[22]. Als Beispiel gebe ich ein Diplom Ludwigs VII. für die Kirche von Maguelonne[23], wo wir aus der Papsturkunde finden: *in perpetuum*, ferner *tuis iustis postulationibus gratum impertientes assensum*, dann *sub protectionis nostrae munimine suscipimus et praesentis scripti privilegio communimus statuentes, ut quascumque possessiones, quecumque bona eadem ecclesia in praesentiarum praedecessorum nostrorum largitione sive alio iusto titulo iuste et canonice possidet aut in futurum concessione pontificum, largitione regum vel principum, oblatione fidelium seu aliis iustis modis deo propitio poterit adipisci firma vobis et per vos eidem ecclesiae illibata permaneant. In quibus haec propriis duximus exprimenda vocabulis* ... Als ein Beispiel einer Privaturkunde wähle ich eine unedierte Originalurkunde des Bischofs von Noyon für die Abtei Prémontré von 1138, weil sie in die Zeit des Elias A gehört und aus der Pikardie kommt, also nicht weit von Flandern, wo ich die Heimat des Elias A (Ernesius) vermute[24]. Wir finden in dem Stück: *abbati Praemonstratensi eiusque successoribus canonice substituendis in perpetuum* und *Hoc igitur donum, Hugo frater in Christo carissime, tibi et ecclesiae tuae coenobii et ut ratum permaneat scriptum et auctoritate mea confirmatum, sigilli mei impressione subsignavi. Si qua igitur ecclesiastica saecularisve persona hanc decreti nostri paginam sciens temerario ausu irritare temptaverit, secundo tertiove commonita, si non emendaverit, anathemati subiaceat (sabiaceat A), donec et de turbatione ecclesiae et contemptu auctoritatis nostrae condigne satisfecerit.* Es ist eindeutig, wo dies herkommt, aber es sind gewissermaßen einzelne päpstliche Flecken in einer ansonsten eben nordfranzösischen Urkunde.

Bei Elias A sind die Dictamina durchgehender von päpstlichem Diktatgut durchdrungen, die dort getätigten Anleihen sind bisweilen so kurz, daß sie schon wie unbewußt wirken. Aber sie sind es nicht. Da die Sache in den Diplomen kaum eine Rolle spielt und die Privaturkunden des Elias hier nicht im Vordergrund unseres Interesses stehen, gehe ich dieser Erscheinung nicht in sämtlichen Einzelheiten nach, aber es lohnt sich schon, sein auf weite Strecken hin mosaikartig aus der Sprache der Papsturkunden, überwiegend der Privilegien, zusammengesetztes Dictamen RRH n° 172 anzusehen. Als Vergleichsmaterial wähle ich die früheren und zeitgenössischen Papsturkunden, die er in Jerusalem sehen konnte, überwiegend die des Hl. Grabes, aber auch die anderer hauptstädtischer Korporationen. Beim Hl. Grab bin ich mit dem Vergleichsmaterial bis zum Tode Lucius II. (1145)

---

22) TESSIER, Diplomatique S. 213, 217, 223.
23) TEULET, Layettes 1, S. 75 n° 141.
24) Departementalarchiv Amiens XX H 15 n° 1. Noyon liegt etwa 140 Kilometer südlich von Ypern, wo der Onkel des Ernesius herkam.

gegangen, denn ich gebe ja die Parallelen nicht als diejenigen, aus denen Elias A tatsächlich schöpfte, sondern nur als Beispiele päpstlicher Urkundensprache der ersten Hälfte des 12. Jahrhunderts, und man muß bedenken, daß selbst am Hl. Grab uns nur ein Teil der dort eingelaufenen Papsturkunden erhalten ist, weil nur das Chartular, nicht aber das sonstige Archiv der Chorherren erhalten ist, vom Archiv des Patriarchen aber überhaupt nichts.

RRH n° 172

karissimis in Christo filiis Petro ecclesiae Sepulcri Domini priori caeterisque fratribus in eadem ecclesia vitam professis canonicam tam praesentibus quam futuris salutem	*Karissimo in Christo filio Balduino ... regi* (JL 7314); *Dilectis filiis Petro priori et fratribus in ecclesia sancti Sepulcri canonicam vitam professis tam praesentibus quam futuris in perpetuum* (JL 7907)
Officii nostri nos compellit auctoritas[25]	*Ex iniuncto nobis a deo officio ... existimus debitores* (JL 8019); *Apostolicae sedis auctoritate debitoque compellimur* (HIESTAND, Vorarbeiten 3, n° 12 [außerhalb des Hl. Landes siehe HOLTZMANN, Papsturkunden in England 2, S. 138 n° 5 von 1123: *Officii nostri auctoritate debitoque compellimur pro ecclesiarum statu sollicitos esse*])
ad communis vitae vestrae sustentationem	*pro communis victus sustentatione* (JL 6921); *ad sustentationem religiosarum personarum* (JL 8481)
paternae vobis cura sollicitudinis providere	*paterna sollicitudine providere* (JL 8472α)
vos, qui ut spetialiores filii nobis vicinius adhaeretis	*earum maxime, quae eidem sedi adhaerent* (HIESTAND n° 12)

---

25) Siehe dazu HELLEINER, Einfluß S. 36 f., 50.

RRH n° 172

Praedecessoris itaque nostri piae memoriae domini Arnulfi patriarchae instituta ... pia aviditate sequentes	*praedecessoris nostri felicis memoriae papae Innocentii vestigiis inherentes* (JL 8700)
in ecclesia Sepulcri Domini, cui auctore deo nunc praeesse dinoscimur	*monasterium de valle Iosaphat, cui deo auctore praeesse dinosceris* (JL 8095)
eis ampliora adicimus und *De proprio quoque nostro ecclesiam Quarantenae ... adicimus* (siehe unten S. 589)	*ad haec adicientes decernimus* (JL 6336. 7318 und überhaupt häufig[26])
per eandem scripti sui paginam	*et praesentis scripti pagina communimus* (JL 7907 und auch sonst sehr häufig)
vobis libere in perpetuum possidenda decernimus	*omnino liberum esse decernimus* (HIESTAND n° 12) und natürlich sehr häufig die Formel *Decernimus ergo[27] ea omnia perpetuo possidenda sancimus* (JL 6921)
et habendas sancimus (sowohl *decernere* wie *sancire* [vgl. dazu RRH n° 164 (Arenga). 243] sind in der Privaturkunde selten)	
quae ex dono ... Ramathensis episcopi iuste in praesentiarum dinoscimini possidere ... Quaecumque ... possidetis aut in futurum concessione pontificum, dono regum ac principum sive oblationibus fidelium iuste poteritis adipisci	*quaecumque bona idem locus in praesentiarum iuste et legitime possidet aut in futurum concessione pontificum, largitione regum vel principum, oblatione fidelium seu aliis iustis modis deo propitio poterit adipisci* (in Papsturkunden durchgehend, hier aus JL 8019)

---

26) Allerdings wird in den feierlichen Papstprivilegien *adicientes* zu anderen Zwecken eingesetzt als bei Elias A; siehe HIESTAND, Anfänge der Johanniter S. 50 Anm. 103.
27) Siehe dazu SANTIFALLER, Kontextschlußformeln S. 237 f.

RRH n° 172

salva diocesanorum episcoporum reverentia

salva nimirum Ierosolimitani patriarchae canonica iustitia et reverentia (JL 7907; die Klausel mit verschiedenartigem Wortlaut ist auch sonst sehr häufig)

Leicht modifizierte Sanctio negativa und Sanctio positiva der päpstlichen Privilegien

Das ist bei Elias A zweifellos der Höhepunkt, ist aber in diesem einen Stück noch immer nicht alles, wenn man dürftigere Anklänge auch gelten lassen will und wenn man die Papsturkunden besser kennt als ich. In den anderen Urkunden des Elias A ist es weniger, aber auch dort ist die Erscheinung spürbar. Ich notiere en passant aus RRH n° 173 *adicientes adiungimus*[28] und *ex dei et nostra parte interdicentes*, aus BRESC-BAUTIER, Cartulaire du Saint-Sépulcre n° 72 *ego Rodericus Petri licet indignus comes* (vgl. JL 7314), aus der Bischofsurkunde RRH n° 180 die Adresse und die salvatorische Klausel, aus RRH n° 182 die Empfängernennung mit *in ea canonicam vitam professis aut professuris* und *presentis paginae inscriptione*[29] sowie Teile der Sanctio, aus RRH n° 213 die Adresse, aus RRH n° 234 desgleichen, ferner die Verewigungsformel, die Arenga und die Unterfertigung, aus RRH n° 251 die Verewigungsformel und die Unterfertigung. In den beiden Diplomen RRH n° 164. 174 sind die päpstlichen Einflüsse dagegen ganz unaufdringlich und gehören ja auch nicht dorthin. Aus D. RRH n° 164 notiere ich *adicio*, was der Diplomsprache an sich recht fremd ist (siehe dazu unten S. 589), in D. RRH n° 174 findet man gleichfalls *adicio*, sodann *in ea canonicam vitam professis seu professuris tam praesentibus quam futuris* und in der Sanctio *Si quis igitur tam firmam huius rei inscriptionem sciens contra eam ausu temerario venire aut in aliquo infirmare praesumpserit*, und mit mehr oder weniger gutem Willen kann man auch in den Wendungen *corporali sustentatione non careant* und *ob vitae necessaria* die Spur der Papsturkunde erblicken.

Mit der Bloßlegung dieser Einflüsse der Papsturkunde habe ich schon das wichtigste Diktatmerkmal des Elias A vorgestellt. Wie kein anderer Diktator

---

28) Vgl. *ad haec adicientes decernimus* JL 6336. 7318. Dagegen steht bei dem Kapellan Guido, wohl kontaminiert aus *adicio* und *addico*: *addicientes adiungimus* (DD. RRH n° 278 = 307; *addicio* auch in D. RRH n° 537).

29) Vgl. *praesentis scripti pagina* in JL 7907 und oft.

der Königskanzlei hat er die päpstlichen Privilegien imitiert, und man muß 50 Jahre warten, bis Oddo für Konrad von Montferrat *in perpetuum* schrieb (D. RRH n° 691). Beim Diktatvergleich muß man ansonsten berücksichtigen, daß eben wegen der päpstlichen Einflüsse die Formularteile nicht alle vergleichbar sind, denn RRH n° 136. 172. 180. 213. 235 hat der Diktator als päpstliche Litterae angelegt, RRH n° 234. 251 als feierliche Privilegien, was alles Folgen für das Diktat hat. Ich lasse im Folgenden RRH n° 136. 235 aus dem Diktatvergleich heraus. Das letztere ist ein Brief des Patriarchen Wilhelm von Jerusalem von 1145 mit allgemeiner Adresse über die Auffindung von Reliquien des Täufers in Sebaste. Im Gegensatz zu RRH n° 136. 172. 180. 213, bei denen es sich um Urkunden in Briefform handelt, ist dies ein echter Brief, und so ist ihm außer der nach der Art des Elias A gehaltenen Intitulatio nichts für den Diktatvergleich abzugewinnen. RRH n° 136 hat das Manko, daß es nur sehr weiträumig datierbar (1130–1145) und überdies sehr kurz ist. Für Elias A spricht die Intitulatio des Patriarchen *dei gratia sanctae Ierusalem patriarcha*, sodann die Adresse, die *salutem et benedictionem* mit einer alten Privaturkundenadresse (*omnibus tam praesentibus quam futuris sanctae matris ecclesiae filiis*) verbindet. Danach kommt noch eine Promulgatio *Dilectioni vestrae, karissimi, notum fieri volumus*. Das findet sich wieder in RRH n° 173 (siehe oben S. 576) und RRH n° 251, wo auf *Omnibus sanctae matris ecclesiae filiis tam praesentibus quam futuris in perpetuum* noch folgt *Universitati vestrae notum esse volumus*.

Die Invocatio fehlt in dem Brief RRH n° 213 und auch in RRH n° 251[30]. Ebenfalls fehlt sie in RRH n° 160 wegen der dort vorhandenen Eingangsdatierung. Ansonsten lautet sie stets *In nomine sanctae et individuae trinitatis, patris et filii et spiritus sancti, amen*. Als ein Mann der Privaturkunde liebte Elias A die Arenga; sie fehlt nur in RRH n° 160 wegen der Eingangsdatierung sowie in RRH n° 173. 182. 251. Im wesentlichen folgt sie zwei alten Grundgedanken, einmal daß durch die Beurkundung der Vergeßlichkeit entgegengewirkt und dem Zwist vorgebeugt wird (D. RRH n° 164. RRH n° 170), zum anderen daß für die Kirche zu sorgen ist (RRH n° 172. D. RRH n° 174. RRH n° 180. 213. 234). Eine Ausnahme ist die Verherrlichung der Grabeskirche in der Arenga von BRESC-BAUTIER, Cartulaire du St.-Sépulcre n° 72. Dagegen hat RRH n° 182, das ohnehin ein höchst hybrides Erzeugnis ist, einen Satz, der wie eine Corroboratio anhebt und wie eine Arenga weitermacht, um dann in eine Promulgatio überzuge-

---

30) Ein Kreuz als symbolische Invocatio findet sich in RRH n° 251 ungewöhnlicherweise nach der verbalen Invocatio, doch hat dies diktatmäßig keine Bedeutung, sondern ist eine Marotte des Chartularschreibers.

hen: *Et ut ab huius doni mei votiva concessione totius controversiae scrupulus auferatur, notum sit omnibus* ... Und das alles steht mitten in der Dispositio! Wie nahe diese Arengen teilweise miteinander verwandt sind, zeige ich an zwei Beispielen, zuerst an einem Vergleich von RRH n° 172. 213. 234.

RRH n° 172	RRH n° 213	RRH n° 234
Officii nostri nos compellit auctoritas (vgl. *Regiae unctionis professio regiaeque maiestatis equitas exigit et honestas* D. RRH n° 174) *commissarum nobis animarum vestrarum lucris et profectibus insudare et ad communis vitae vestrae sustentationem paternae vobis cura sollicitudinis providere.*	*Illa qua fungimur auctoritas nos compellit*	*Traditae nobis officium exigit dignitatis, ut*
	ecclesias, quibus deo auctore praesidemus, et earum iura tuendo manutenere et ne in eis aliquo modo genimina pullulent dissensionum paterna sollicitudine praecavere.	*ecclesiis nobis commissis paterna sollicitudine provideamus et si quid controversiae in eis ortum fuerit removere ac [in] unitatem spiritus easdem modis omnibus reformare studeamus.*

Die *vitae sustentatio* finden wir nicht nur in RRH n° 172, sondern auch in D. RRH n° 174[31] und in dem von Elias A nur beeinflußten RRH n° 243 *(ad sustentationem pauperum Christi)*, was aber eher Empfängereinfluß der Johanniter ist. In D. RRH n° 164 finden wir dagegen *ad sublevamen inopiae pauperum*, was sich aber am Hl. Grab auch sonst findet (RRH n° 141. 192). Mit *providere* haben wir ein Lieblingswort des Elias A angetroffen, das wir nicht nur in den Arengen von RRH n° 172. 234 finden, sondern auch in RRH n° 160 *(necessitati fratrum providens)*, D. RRH n° 164 *(antiquorum provida discretio)* sowie in RRH n° 170. 173[32]. Den Text von RRH n° 234 kann man mittels des Diktatvergleichs in Ordnung bringen. Es heißt dort in den Handschriften: *ac unitatem spiritus easdem* (scil. *ecclesias*) *modis omnibus reformare.* In den bisherigen Drucken haben die Editoren übereinstimmend ein *inter* nach *unitatem spiritus* (vgl. dazu Ephes. 4,3 und JL 7318), aber richtig wäre es gewesen, davor ein *in* einzufügen, wie sich aus RRH n° 213 ergibt: *eosdem ... in fraternae dilectionis unitatem deo propitio reformavimus.*

---

31) *Ut corporali sustentatione non careant;* vgl. *ad vitae temporalis sustentationem* in der NU. D. RRH n° 226.

32) *providendo declinare* und *divina providentia,* ein Nominativ außerhalb der Devotionsformel.

Als zweites Beispiel nehme ich die Arenga von D. RRH n° 164:

D. RRH n° 164

Quoniam, quae a bonis iuste dispo- | *de praedictarum rerum veritate ...*
nuntur et fiunt, veritatis perversores | conscriptam und *veridico testimonio*
roboratam (D. RRH n° 174; vgl.
NU. D. RRH n° 226, aber auch
RRH n° 190; vgl. auch D. RRH
n° 181 des Elias); *de huius doni mei*
veritate conscriptam (RRH n° 182)

sinistra saepe interpretatione perver- | *sinistra perturbatione* (RRH n° 213;
tunt | vgl. auch D. RRH n° 226)

aut temporum vetustate a memoriae | *mutatione temporum a futurae*
recordatione depereunt, | *posteritatis memoria deleatur* (RRH
n° 213; vgl. ganz ähnlich D. RRH
n° 226); *a memoria futurae delean-*
tur posteritatis (RRH n° 234)

antiquorum provida discretio statuit | zu *provida* siehe oben S. 583; vgl.
discreta religiosorum providentia
RRH n° 215 des Elias

et modernorum sequens postmodum | *secuturae posteritati relinquimus*
auctoritas sanxit, | (D. RRH n° 174 = D. RRH n°
226; vgl. *sequacibus relinquatur*
RRH n° 215); *ad posteritatis exem-*
plum (RRH n° 180); *a futurae poste-*
ritatis memoria deleatur (RRH n°
213; vgl. *a sequentis posteritatis*
memoria deleantur D. RRH n°
226); *a memoria futurae deleantur*
posteritatis (RRH n° 234)

ut ob suffocandos controversiarum | *si quid controversiae in eis ortum*
atque disceptationum ortus | *fuerit, removere* (RRH n° 234; vgl.
ne ... aliquis controversiae scrupulus
oriatur RRH n° 215)

de re digna inscriptio habeatur, per　　　zu *inscriptio* vgl. unten S. 593
quam, legitimis suffulta testimoniis et
autenticis roborata sigillis, veritatis　　　zur *veritas* siehe oben S. 584
puritas conservetur.

Bedingt durch die teilweise starke Anlehnung an die Papsturkunde herrscht in der Promulgatio des Elias A eine nicht unbeträchtliche Vielfalt. Sie fehlt in RRH n° 160, das als objektive Notiz angelegt ist, ferner in DD. RRH n° 164. 174 und BRESC-BAUTIER n° 72. Wo sie vorhanden ist, ist ihr hervorstechendstes Merkmal die Verwendung der alten Privaturkundenformel *omnibus sanctae matris ecclesiae filiis* (RRH n° 173. 182. 213. 251; vgl. auch RRH n° 136. 190. 235. 243). Sie verbindet sich in RRH n° 173 mit *notum sit*, aber für Elias A hieß dieser Teil der Formel wahrscheinlich nur *notum sit omnibus tam futuris quam praesentibus* (so RRH n° 170), denn in RRH n° 173 ist sie sichtlich aus zwei Vorlagen zusammengestückelt, da sie lautet – kein Druckversehen, sondern so im Original – *Notum sit omnibus tam praesentibus quam futuris omnibus sanctae matris ecclesiae filiis* (siehe oben S. 576). Mit *notum sit* verbindet sich die Formel auch in RRH n° 182, ist aber hier einheitlich zu sehen. Nur stammt sie hier nicht von Elias A, sondern aus einer erwähnten VU. Boemunds II. von Antiochia, die Elias A so mit seinem Eigendiktat verband, daß ein Dictamen herauskam, das zwei Promulgationes, zwei Corroborationes und zwei Datierungen aufweist[33]. In RRH n° 251 lesen wir *universitati vestrae notum esse volumus*, aber dies ist als eigener Satz getrennt von den *sanctae matris ecclesiae filii* (so auch RRH n° 136). Ich habe schon darauf hingewiesen, daß in RRH n° 172. 180. 213 statt einer Promulgatio mit *notum* eine Salutatio nach Art der päpstlichen Litterae steht: *karissimis in Christo filiis ... in eadem ecclesia vitam professis canonicam[34] tam praesentibus quam futuris salutem* RRH n° 172. 180 und *omnibus sanctae matris ecclesiae filiis salutem et patriarchalem benedictionem* RRH n° 213 (ähnlich auch RRH n° 235 und RRH n° 136, doch dort *salu-*

---

33) Siehe oben S. 577. Die einzige Urkunde Boemunds II. von 1127 (RRH n° 119) hat zwar keine Promulgatio, aber sie belehrt uns, daß sein Titel in RRH n° 182 (*Boamundus Antiochenus princeps magnique Boamundi filius*) korrekt ist, so daß eine VU. Boemunds II. vorlag, auf die sich der Text auch ausdrücklich bezieht. Unter Raimund von Poitiers finden wir dann 1144 *Notum sit omnibus sanctae matris ecclesiae filiis praesentibus et eorum sequacibus* (RRH n° 228), und das bleibt grosso modo die Promulgatio der antiochenischen Fürstenurkunde bis in die Frühzeit Boemunds III. (RRH n° 253. 282. 292. 347. 387. 388; abweichend nur RRH n° 314), so daß wir nicht zu zweifeln brauchen, daß sie auch unter Boemund II. schon vereinzelt vorkam.

34) Diese Floskel auch in D. RRH n° 174. RRH n° 182. 234.

tem et benedictionem). Auch die mit der Verewigungsformel *in perpetuum* ausgestatteten Privilegientypen RRH n° 234. 251 haben natürlich eine Adresse, weshalb in RRH n° 251 die Promulgatio ja danach als eigener Satz folgt. RRH n° 234 wird mit *dilectis in domino filiis* im Sinne der Papstprivilegien formulargerechter eingeleitet als die Litterae RRH n° 172. 180 mit *karissimis in Christo filiis* (*fratribus*), wobei wir in RRH n° 180 bei *fratribus* eine ähnlich unschöne Doppelung haben wie in RRH n° 173 (siehe oben S. 576) *karissimis fratribus et concanonicis Petro ... priori ceterisque fratribus in eadem ecclesia canonicam vitam professis tam praesentibus quam futuris salutem.*

Erneut als Resultat der Imitation der Papsturkunde fehlt in RRH n° 172. 180. 213. 234. 251 (auch in der Notiz RRH n° 160) jeder Auftakt vor der Intitulatio, ja konsequenterweise selbst das für Elias so charakteristische *ego* ohne Zutat, das man als *quod ego* bei Elias A liest in RRH n° 170. 173. 182. Vielmehr setzen die Stücke in diesem Formularbereich sofort mit dem Namen des Ausstellers ein. Dafür haben sie nach der Arenga und losgelöst von der Intitulatio einen Übergang mit *itaque* (RRH n° 172. 234), *proinde* (RRH n° 180), *igitur* (RRH n° 213). Lediglich in RRH n° 251 ist ein solches Wort einem Accusativus cum Infinitivo nach der Promulgatio zum Opfer gefallen, und diese in den Urkunden des Hl. Landes eher seltene grammatische Figur findet sich bei Elias A auch in RRH n° 173. 182 (*olim me comparasse memini* und *emisse me recolo*). In den beiden Diplomen hat Elias A einen Auftakt vor *ego*, und unterscheidet sich damit an dieser Stelle gravierend von Elias. An die Stelle des blanken *ego* bei diesem tritt in D. RRH n° 164 *Proinde ego* und in D. RRH n° 174 sogar weitschweifig, wie es diesem Diplom entspricht, *Huius religionis amplificandae intuitu*. Ein *Proinde ego* an derselben Stelle lesen wir auch in BRESC-BAUTIER n° 72.

Die Devotionsformel lautete bei Elias A unabänderlich *dei gratia* wie auch überwiegend bei Elias, und zwar nicht nur für den König, sondern durchgehend auch für den Patriarchen und den Bischof von Akkon. Das war ja im Episkopat seit eh und je die Regel. Daß Elias A dem Kastellan von St.-Omer diese Devotionsformel auch gab (RRH n° 173), ist eine einmalige Konzession des Aushilfsnotars, der die Devotionsformel dem Prior der Grabeskirche, dem Grafen von Traba und dem Kapellan Riso zu Recht verweigerte (RRH n° 160. BRESC-BAUTIER n° 72. RRH n° 182). Aber der Zeitgeschmack war teilweise anders, denn vorübergehend bekommt quasi jeder den Zusatz *dei gratia*, so zwei Kastellane von Hebron (RRH n° 169. 255), der Herr von Caesarea (RRH n° 139. 243) und auch der Prior der Grabeskirche (RRH n° 128. 129. 199. 223. 229) sowie später der Herr von Ramla (RRH n° 360). Daß dies ein Übergriff war, zeigt sich beim Prior nicht nur daran, daß nach Petrus spätere Prioren wieder ohne die Devotionsformel auskommen mußten, sondern auch daran, daß Petrus sie nie bekam, wo er gemeinsam mit dem Patriarchen urkundete (RRH n° 145. 156. 162. 205; vgl. RRH n° 165).

Bei der Intitulatio leistete Elias A dem Diplom von Jerusalem einen bleibenden Dienst. Auf ihn geht es zurück, wenn sich hier das Wort *sancta* (*civitas*) einnistete. Allerdings hat Elias A hierfür nur den Weg gebahnt, vollendet hat es ein anderer, der Notar *ad interim* (siehe unten S. 610). In DD. RRH n° 164. 174 hielt sich Elias A noch an die alten Muster *dei gratia rex Ierusalem Latinorum tertius* und *primus in Ierusalem Latinorum rex* in der Gedenkformel von D. RRH n° 174. Damit hielt er sich auf der Linie des Elias, der von *sanctus* für den König nichts wissen wollte, obwohl er es um sich herum für den Patriarchen ständig lesen konnte und selbst in RRH n° 215 gebrauchte. Aber wo der König das Wort nicht bekam, erhielt es auch der Patriarch nicht. Er ist in D. RRH n° 174 *domnus sedis Ierosolimitanae patriarcha*, und das stammt aus der Feder des Elias A, der für den Patriarchen den Zusatz *sanctus* zu bleibendem Gebrauch durchsetzte. Der Kanzler Elias, dem sich dabei anscheinend die Feder sträubte, gebrauchte *sancta civitas Ierusalem* nur einmal im Datum von RRH n° 181. Aber hierfür gab es das illustreste Modell, das sich denken ließ: die Bibel (Dan. 3, 28; Apoc. 21, 2; 21, 10), und so hatte es auch Hemelin einmal in D. RRH n° 91 verwendet.

Die Verwendung des Wortes im Patriarchentitel, seltener anderswo, war nicht ohne Vorbild. Der literarisch angehauchte Robert schrieb in D. RRH n° 59 vom *sanctae civitatis gubernator* Gottfried von Bouillon[35], und Arnulf von Chocques war ihm in D. RRH n° 74 der *patriarcha ipsius sanctae civitatis Ierusalem venerabilis Arnulfus*, aber das war eine Beschreibung, keine Intitulatio. Dagegen war in Roberts RRH n° 67 *sanctae Ierosolimitanae ecclesiae patriarcha* ein Titel, aber in Verbindung mit *ecclesia* unverfänglich, denn diese war allemal heilig. Ebenso unverfänglich waren die *decimae totius sanctae civitatis Ierusalem* in Roberts RRH n° 75. Auch Hemelin stieß sich in D. RRH n° 130 an der *sancta Ierusalem ecclesia* im Datum in Verbindung mit dem Patriarchen Stephan nicht. Die Patriarchen Ebremar, Gibelin, Warmund und Stephan führten *sanctus* nicht im Titel[36], und auch bei Arnulf wird man nur an der zitierten Stelle in RRH n° 67 fündig. Dagegen legte Hemelin dem Patriarchen Warmund in D. RRH n° 102 einmal den Titel *sanctae civitatis Ierusalem patriarcha* bei.

---

35) Vgl. in der Narratio *Ierusalem civitas sancta* und schon in RRH n° 36 *sancta Ierusalem*.
36) RRH n° 40. Gallia christiana, ed. novissima, Bd. Arles S. 190 n° 471. RRH n° 69. 63. 101. 129a.

Vom Patriarchen Wilhelm haben wir mehr Urkunden. Sie zeigen seinen Titel ohne *sanctus* in RRH n° 135. 145. 152. 156. 162. 167. 205, und sie alle haben keinerlei Diktatmerkmale des Elias A. Das wurde mit Elias A schlagartig anders. Sein Titel für den Patriarchen – in dem ich seinen Onkel sehe – lautete in den von diesem ausgestellten Urkunden *sanctae Ierusalem patriarcha* (RRH n° 136. 170. 213. 234. 235), und das ist natürlich ein erstklassiges Diktatkriterium. Nur in RRH n° 172 gab Elias A dem Patriarchen den alten Titel ohne *sanctus*, aber hier schlägt die VU. RRH n° 75 durch. Wo nicht der Patriarch selbst der Aussteller war, war Elias A etwas lässiger, hat aber in RRH n° 160 einen ähnlichen Titel im Datum. In RRH n° 173. BRESC-BAUTIER n° 72. RRH n° 182 wird der Patriarch erwähnt, aber ohne *sanctus*, in RRH n° 180 kommt er überhaupt nicht vor, in DD. RRH n° 164. 174 hielt der Kanzler Elias die Sache offenkundig für unzulässig[37]. Während er noch die Stellung hielt, wie es in der Patriarchenkanzlei der Diakon Gerald noch getan hatte (RRH n° 152), beeindruckte der neue Titel andere. Der spanische Presbyter Nikolaus gebrauchte ihn leicht abgewandelt in D. RRH n° 201[38], und er steht auch in RRH n° 204, ja Elias selbst kam um ihn nicht mehr herum, als er dem Patriarchen RRH n° 215 schrieb. Es war klar, daß die Kanzlei des Königs auf die Dauer nicht zurückstehen konnte. Es ging nicht an, daß der Patriarch einen 'heiligeren' Titel bekam als der König. Und kaum hatte Elias die Kanzlei geräumt, da zog der Interimsnotar nach (siehe unten S. 610), weil man den neuen Patriarchentitel natürlich nicht mehr aus der Welt bekam. Im Gegenteil, er erhielt unter dem Patriarchen Fulcher seine abschließende Form mit *dei gratia sanctae Christi dei Resurrectionis ecclesiae patriarcha*[39].

Mit der Konsensklausel brauchen wir uns bei Elias A kaum aufzuhalten. Er hat sie längst nicht in allen seinen Urkunden. Aber selbst bei der reduzierten Menge tritt hervor, daß ihm im Gegensatz zu der eintönigen Formel des Kanzlers Elias an Vielfalt gelegen war. Nicht umsonst war ja Elias A in der Königskanzlei der Spezialist für feierliche Dictamina, die den Kanzler überforderten. In RRH n° 180 schrieb er *ad quod capituli nostri assensus et consilium aspiravit*. So formulierte kein Königskanzlist seinen Konsens, und Elias A hat dies auch gewußt, denn in D. RRH n° 174 fand er zur Knappheit des Diploms, aber wegen der Vielzahl der hier unterzubringenden Konsense hatte er auch bei knapper Formulierung eine große Variations-

---

37) Vgl. aber selbst in D. RRH n° 174 in der von Elias A stammenden Zeugenliste *sanctae Bethlehem episcopus*.

38) Vgl. eine abgewandelte Form schon in RRH n° 194 des Fürsten von Antiochia.

39) RRH n° 251, noch von Elias A, später RRH n° 316. 455. 456. 469. 543. Erst RRH n° 996 ist wieder anders.

breite: *aspirante*, dann *laudamento et dono*, ferner *pari voto communique consensu* und *annuente* und *assentiente* sowie *assentientibus quoque et laudantibus*, ferner *laudamento etiam et confirmatione* und schließlich noch – in der Zeugenliste! – *assensum dantes*. Bei den Empfängernennungen fällt auf, daß erstmals in den Diplomen für das jerusalemitanische Johanniterspital ein Patrozinium genannt wird, dasjenige des Johannes (des Täufers). Die Patrozinienfrage bei den Johannitern ist kompliziert und von Hiestand eingehend untersucht worden[40]. Aber das kann hier vernachlässigt werden, denn wenn man jetzt statt von „Spital oder Armenspital von Jerusalem" in der Kanzlei von der „Kirche des hl. Johannes des Spitals in Jerusalem" redete, so lagen dem in D. RRH n° 164 von 1136 lediglich praktische Erwägungen zugrunde, denn 1135 wurde in Jerusalem ein ungarisches Spital gegründet, so daß man zur Unterscheidung bei den Johannitern das Patrozinium zufügen mußte, erst recht, wenn 1136 das 1143 erstmals nachweisbare deutsche Spital in Jerusalem schon existiert haben sollte (RRH n° 160. 214).

Bunt gemischt sind auch die dispositiven Verben des Elias A. Er hat eingliedrige, zweigliedrige und sogar dreigliedrige Schenkungsformeln (*tradidi concessi et dedi* RRH n° 170), er bringt sie im Präsens oder im Perfekt, wie es gerade kommt, und auch die verwendeten Verben sind ein in vielen Farben schillernder Strauß, in dem man auch *praebui* und *tribui* findet (RRH n° 170), aber auch in zwei verschiedenen Schlichtungsurkunden *sedavimus* (RRH n° 213. 234). Eine erkennbare Dominanz hat freilich das Verbum *concedere*. Dabei fällt auf, daß es auch allein, ganz anders als bei dem Normannen Hemelin und später bei dem Engländer Radulf A, für Schenkungen verwendet wird (RRH n° 172. BRESC-BAUTIER n° 72. RRH n° 180. 182. 136. 251); nur in RRH n° 170. 173 wird es bei Schenkungen mit anderen Verben verbunden. In der einzigen Bestätigung D. RRH n° 164 kommt es überhaupt nicht vor, sondern dort liest man *laudo et confirmo*. Auffällig, aber bei Elias A durchaus zu erwarten, sind dispositive Verben, die in den Diplomen und Privaturkunden selten, in den Papsturkunden hingegen tägliche Münze sind: *adicere* (RRH n° 172. 173. 234 und DD. RRH n° 164. 174 und noch verräterischer *pontificali auctoritate adicimus* RRH n° 180) und *decernere* (RRH n° 172. 180. 182; vgl. auch die Corroboratio von D. RRH n° 174. RRH n° 234) sowie *sancire* (RRH n° 172), ja sogar *mancipare* (RRH n° 172).

In RRH n° 172 hat Elias A eine salvatorische Klausel *salva diocesanorum episcoporum reverentia, ... ita ut in omnibus patriarchalis dignitas, ius quoque ac reverentia conservetur*. Das wiederholt sich in RRH n° 180 mit *salvo*

---

40) HIESTAND, Anfänge der Johanniter S. 43–48 und unten Bd. 2, S. 275–279.

episcopali iure, und in D. RRH n° 181[41] hat es auch der Kanzler Elias einmal, erstmals in den Diplomen von Jerusalem: *salva iusticia regali, quam rex debet habere in elemosina, quam ipse dat sanctae ecclesiae.* Wo dies herkommt, ist nicht klar auszumachen. Letztlich stammt es natürlich aus der Papsturkunde. Ich gebe als Beispiel aus JL 7907 von 1138: *salva nimirum Ierosolimitani patriarchae canonica iusticia et reverentia*[42]. Aber salvatorische Klauseln finden sich zu jener Zeit auch bei anderen Urkundenschreibern (RRH n° 165. 205. 229. 295. 302. 343. 349. 350. 370. 385 und schon RRH n° 119). Sie lagen eben generell im Zuge der Zeit, denn auch im kapetingischen Diplom kamen sie wenig später auf[43], aber im Gegensatz zu Frankreich hatten sie im Hl. Land keine Zukunft.

Auch die Corroboratio des Elias A ist nicht gerade einförmig und eignet sich für den Diktatvergleich deshalb weniger, als dies sonst der Fall ist. Insbesondere in D. RRH n° 174 ist sie, dem feierlichen Charakter dieses Diploms entsprechend, sehr lang, ja unförmig geraten, was sich sofort daran zeigt, daß sie vom Interimsnotar in der NU. gerafft und verschönert wurde (siehe unten S. 607). Die Corroboratio fehlt ganz in RRH n° 136. 251 und ist in RRH n° 173 sehr kurz und überdies negativ formuliert (*Et ne huius nostrae devotionis donum ab aliquo ulterius valeat violari, ego N. et N. illud in manu patriarchae confirmare studuimus*), dann aber außerdem angereichert durch eine Verbotsformel (*ex dei et nostra parte interdicentes, ne*), der die Herkunft aus der Papsturkunde anzumerken ist. In den restlichen Corroborationes gibt es aber immerhin Elemente, die eine Gruppenzusammengehörigkeit erhärten. Im einleitenden Nebensatz bevorzugte Elias A Formeln mit *inconvulsus* (RRH n° 170. D. RRH n° 174. RRH n° 180) oder *illibatus* (RRH n° 172. 182. 234), wobei vor allem die Formel *firma et illibata in*

---

41) DD. RRH n° 309. 354 sind insoweit nur Wiederholungen. Aber eine salvatorische Klausel erscheint später nochmals in dem Mischdiktat D. RRH n° 366 und in dem vom Kanzleischreiber II diktierten RRH n° 379.

42) Vgl. schon HIESTAND, Vorarbeiten 3, S. 112 n° 12 und JL 6336.

43) TESSIER, Diplomatique S. 218; zu Sizilien, wo sie noch früher auftreten, vgl. DD. Ro. II. 7. 12. 19. 68. Im Reich tritt der Vorbehalt zugunsten des Herrschers unter Konrad III. auf in D. K. III. 67, vgl. HAVERKAMP, Regalienpolitik S. 16 Anm. 18. Sehr häufig wird die Klausel dann erst unter Barbarossa (ebd. S. 15–23 und APPELT, Vorbehalt, passim). Für das Aufkommen anderer salvatorischer Klauseln zugunsten Dritter ist immer noch heranzuziehen HELLEINER, Einfluß S. 32 (Nachweise schon ab Heinrich V.). Über die Entwicklung der päpstlichen Formel, abgeschlossen unter Celestin II. mit *salva sedis apostolicae auctoritate*, siehe THANER, Entstehung, passim. TESSIER, Diplomatique S. 218, sagt, daß die salvatorische Klausel erst in den letzten 15 Jahren Ludwigs VII. auftrete. Sie erscheint indessen schon unter Ludwig VI., wenn auch nicht häufig. Siehe DUFOUR, Recueil des actes de Louis VI 3, S. 139 f.

perpetuum conservetur in RRH n° 234 auf das Formular päpstlicher Besitzbestätigungen weist[44], was aber mit der generellen Zunahme solcher Papsturkunden sich so verbreitete, daß es auch anderswo erlernt sein kann. Im
Hauptsatz der Corroboratio hatte Elias A das von Elias bevorzugte *munire*
nur in D. RRH n° 174. RRH n° 213. 234, aber in allen drei Fällen wird
es nicht wie bei Elias als Hauptverb der Corroboratio eingesetzt, sondern
als Partizipialkonstruktion zur Ankündigung des Siegels (*sigilli nostri appositione munitam*). Das Hauptverb ist deutlich *roborare* (RRH n° 170. 172.
BRESC-BAUTIER n° 72. D. RRH n° 174. RRH n° 180. 213) oder *corroborare*
(D. RRH n° 164. RRH n° 182). In nicht weniger als vier Urkunden
(DD. RRH n° 164. 174. RRH n° 180. 182, dort sogar zweimal) hat Elias A
eine charakteristische Wendung *praesentem paginam de* (folgt *huius doni mei
veritate* in RRH n° 182, ähnlich in den anderen) *conscriptam*.

Auch die Siegelankündigung hält die Dictamina des Elias A in besonderer
Weise zusammen. Einmal hat er *sigilli auctoritate* (D. RRH n° 164), einmal
sigilli impressione (RRH n° 170), aber sechsmal *sigilli appositione* (oder *sigillo
apposito*) (RRH n° 172. BRESC-BAUTIER n° 72. D. RRH n° 174. RRH
n° 180. 213. 234). Wo er dies herhatte, ist nicht auszumachen, denn in
Flandern war es selten. Dort beherrschte *sigilli impressione* in der ersten
Hälfte des 12. Jahrhunderts in geradezu erdrückender Weise die gräflichen
Urkunden[45].

Eine Zeugenformel zur Einleitung der Zeugenliste fehlt in RRH n° 213,
zwangsläufig auch in RRH n° 136, das überhaupt keine Zeugen hat. In RRH
n° 182 wird die Zeugenliste eingeleitet mit *praesente*, was aus dem Rahmen
fällt. Zu Beginn seiner Laufbahn hat Elias A einmal die Allerweltsformel
Huius rei testes sunt (RRH n° 160), in RRH n° 173 übernimmt er einmal
eine der Zeugenformeln des Kanzlers Elias (*Huius nostrae concessionis testes
sunt*), aber sonst haben es ihm *adesse* und *interesse* angetan. Es sind beides
durchaus herkömmliche Formulierungen, und so würde man aus *affuerunt*
für die Zeugen in D. RRH n° 164 und RRH n° 170 (vgl. auch die Corroboratio von RRH n° 180) nichts herleiten. Aber von *affuerunt* stößt Elias A

---

44) Vgl. im Hl. Land JL 6336. 7627. 7907. 8019. 8095; dort stammt die Formel aus
dem römischen Recht, vgl. eine Verfügung des Kaisers Zeno in Cod. Iust. 4. 66. 1:
cuncta ... firma illibataque perpetua stabilitate modis omnibus debeant custodiri.

45) Anders nur VERCAUTEREN, Actes S. 6 n° 4: *sigillo apposito*; S. 122 n° 46: *apposi-
tum sigilli nostri testimonium*; DE HEMPTINNE – VERHULST, Oorkonden (bis 1142)
S. 50 n° 24: *sigilli appensione*, S. 106 n° 63: *sigilli attestatione*, S. 26 n° 8: *sigilli auctoritate*, S. 35 n° 12: *sigilli corroboratione*, S. 87 n° 49: *sigilli munitione*, S. 21 n° 5, S. 40
n° 16, S. 43 n° 19, S. 77 n° 42, S. 78 n° 43, S. 87 n° 50: einfaches *sigillo meo*, S. 76
n° 41: *auctoritatis meae sigillo.*

vor zu *interfuerunt,* was er wesentlich öfter hat (RRH n° 172. D. RRH n° 174. BRESC-BAUTIER n° 72. RRH n° 234. 251) und was eine flandrische Reminiszenz ist (siehe oben S. 570).

Bei den Zeugenlisten selbst fällt auf, mit wie viel Namen er sie bei feierlichen Anlässen anreichert. In D. RRH n° 164 hat er 34 Namen, in D. RRH n° 174 hat er gar deren 90, wenn man die im Context aufgezählten Kanoniker des Hl. Grabes mitzählt, aber auch in den alltäglichen RRH n° 170. 213 hat er noch immer je 23. Die 90 in D. RRH n° 174 sind der einsame Gipfel in der Geschichte des Diploms von Jerusalem und müssen a priori den Blick auf eine Entstehung außerhalb der Kanzlei oder an deren Rand lenken. Und damit ist es ihm ja noch nicht genug. Er setzt fast immer noch einen Zusatz wie *et alii quamplures* (hierzu oben S. 570) hinzu, um anzuzeigen, daß es noch mehr waren, als er aufzählt. Das ist uralte Urkundensprache, aber mit der Konstanz, mit der er solche Formeln der Zeugenliste anhängt, liefert er uns gleichwohl eines seiner besten Diktatkriterien. Er hat in RRH n° 160. 251 *et quamplures alii,* in D. RRH n° 164 *cum aliis non paucis,* in RRH n° 170 gar zwei derartige Formeln (*et alii de eorum numero multi* und *cum aliis pluribus*), in RRH n° 172 und BRESC-BAUTIER n° 72 *et alii non pauci,* in D. RRH n° 174 und RRH n° 180 *et alii quamplures,* in RRH n° 182 *et ceteris quampluribus,* in RRH n° 234 *et omnes alii.* Fehlen tut eine solche Formel überhaupt nur in RRH n° 173. 213, natürlich auch in dem zeugenlosen RRH n° 136.

Die Sanctio weist auf einen Diktator, der der Privaturkunde verhaftet war, aber sie war dem Elias A kein Herzensbedürfnis mehr. Er hat sie nur viermal (RRH n° 160. 172. D. RRH n° 174. RRH n° 182). In RRH n° 160. 182 ist sie kurz, in den anderen beiden Stücken lang, und diese beiden Sanctiones stammen deutlich aus der Papsturkunde (siehe oben S. 581). Alle vier stehen sie an derselben Stelle, unmittelbar hinter der Zeugenliste.

Das Datum stammt in D. RRH n° 174 nicht mehr von Elias A. Undatiert sind seine RRH n° 136. 213, was bei ihrer Briefform nicht ungewöhnlich ist, obgleich RRH n° 172. 180, ebenfalls in Briefform gehalten, datiert sind. Erst recht sind datiert RRH n° 234. 251, die feierliche Papstprivilegien nachahmen, zu deren Characteristica die große Datierung gehört. Sie weisen deshalb auch die *Data per manum*-Formel auf, die in RRH n° 251 richtig mit dem ganzen Datum verbunden wird, in RRH n° 234 (siehe dazu unten S. 766) wenigstens mit der Tagesangabe. Datiert sind aber auch die sonstigen Erzeugnisse des Elias A. In RRH n° 160, seiner frühesten Urkunde, hat er Eingangsdatierung, was damals am Hl. Grab nicht einmalig war[46]. Es war

---

46) Zur Zeit des Patriarchen Wilhelm RRH n° 145. 154. 156.

ja dort bis kurz nach dem Beginn der Tätigkeit des Elias A auch der Toskaner Johannes Pisanus tätig, der diesen Brauch seiner Heimat am Hl. Grab wiederbelebt haben mag. Aber schon dort hat Elias A die für ihn charakteristische Einleitungsformel des Datums am Schluß gebracht, nur leitet sie hier kein echtes Datum ein. Denn da sich dieses bereits am Anfang befand, kommt hier nur noch der in den Privaturkunden sehr häufige Zusatz der Regierenden: *domno Willelmo sanctae Ierosolimitanae ecclesiae patriarchatui praesidente, Fulcone nobilissimo rege regnante*, was schon einigermaßen seltsam aussieht. In RRH n° 182, wo ja mehrere Formularteile doppelt vorkommen, hat er auch zwei Datierungen. Seine Schlußdatierungen (in RRH n° 251 ein verspäteter Bittpassus) werden eingeleitet mit *Facta est autem* (*Facta est* RRH n° 173. 182 Datum II) *praesens inscriptio* (D. RRH n° 164. RRH n° 170. 173. BRESC-BAUTIER n° 72. RRH n° 182/II. 234. 251; vgl. *Facta est huius cartae inscriptio* RRH n° 160, *Facta est quoque praesentis paginae inscriptio* RRH n° 172, *Facta est autem paginae huius inscriptio* RRH n° 180 und *Factum est autem hoc donum et eius inscriptio* RRH n° 182/I). Außerdem brachte Elias A das Wort *inscriptio* unter in der Arenga von D. RRH n° 164, in der Narratio von RRH n° 172, in der Sanctio von D. RRH n° 174 und in der Dispositio von RRH n° 182. Elias A hat seine Zeitgenossen damit auch beeinflußt. Als der Kanzler Elias dem Patriarchen RRH n° 215 schrieb, datierte er es mit der Formel des Elias A; es war eben zu dessen Zeit in der Patriarchenkanzlei formulargerecht. Indirekt erwies auch der Spanier Nikolaus dem Elias A seine Reverenz, als er in D. RRH n° 201 leicht abwandelte zu *Facta est huius cartae descriptio*, in welcher Form diese Fernwirkung des Elias A überging in die NU. D. RRH n° 244. Und 1147 verwendete auch der Scriptor Rainer in einer Urkunde des Bischofs von Ramla *Facta est praesentis cartae inscriptio* (RRH n° 246). Der Gebrauch des Wortes *inscriptio* bei Elias A ist ein so hervorragendes Diktatmerkmal, daß sein Fehlen zu den Hauptgründen gehört, warum die sonst von dem Diktat des Elias A so deutlich beeinflußten RRH n° 190. 243, aber auch D. RRH n° 181 eben nicht von Elias A stammen können. Aus dem gleichen Grunde stammt das Datum in D. RRH n° 174 mit der Kanzleiunterfertigung eben auch nicht von Elias A, sondern von Elias, denn selbst wenn Elias A die *Data per manum*-Formel anwendete, wie sie in D. RRH n° 174 steht, brachte er *inscriptio* im Datum unter (RRH n° 234. 251), und da er wußte, daß er das Datum von D. RRH n° 174 nicht formulieren würde, steckte er *inscriptio* wenigstens in die Sanctio.

Ebenfalls ein gutes, wenn auch nicht so ausschließlich wie *inscriptio* vorkommendes Diktatmerkmal ist das Inkarnationsjahr. Elias A verwendet teilweise die üblichen Formen, ablativisch *anno ab incarnatione domini* (*nostri Iesu Christi*) (RRH n° 160. D. RRH n° 164. RRH n° 180) und genitivisch *anno dominicae incarnationis* (*incarnationis dominicae*) (RRH n° 172. 234). Aber am häufigsten hat er nach dem Vorbild der Urkundensprache Flanderns (siehe oben S. 571) *anno domini* (RRH n° 170. 173. BRESC-BAUTIER n° 72. RRH n° 182/I. 251), was in RRH n° 182/II gar verkümmert zu einfachem *anno*. Das gibt es sonst im Hl. Land um diese Zeit und zuvor so gut wie nicht, nur einmal bei Robert in D. RRH n° 59, und man muß sich geradezu wundern, daß Wilhelm von Tyrus es stehen ließ, als er dieses Diplom in seine Chronik aufnahm. Es ist eine flandrische Eigenart des Elias A und kommt sonst vor den achtziger Jahren nur in RRH n° 243 vor als eine von mehreren Übernahmen aus dem Diktat des Elias A (vgl. auch RRH n° 161). Wo dieser ein Inkarnationsjahr hat, hat er auch eine Indiktion. An weiteren Jahresrechnungen hat er nur je einmal die Epakte und das Regierungsjahr (RRH n° 172). Ein Tagesdatum hat er nur in RRH n° 170. 234. Eine Ortsangabe, wie sie für Elias kennzeichnend war, hat Elias A lediglich in RRH n° 234. 251 nach dem Muster der dort imitierten großen Datierung der feierlichen Papstprivilegien. Das ist einer der Gründe, warum der Nachtrag in D. RRH n° 164 und das Datum von DD. RRH n° 174. 181 nicht ihm, sondern dem Elias zuzuweisen sind. Den Zusatz der Regierenden hat er nur selten. In RRH n° 160 nennt er Patriarch und König, in RRH n° 170 allein den König mit der Bezeichnung als *rex Francorum*, was aber damals am Hl. Grab nicht unüblich war (siehe oben S. 572 und 402 f.), und allein auch in RRH n° 172, wo er aber *regnante eodem domino nostro Iesu Christo* hinzusetzte.

Daß die beiden DD. RRH n° 164. 174 besiegelt waren, versteht sich von selbst. Siegel werden angekündigt außerdem in RRH n° 170. 172. BRESC-BAUTIER n° 72. RRH n° 180. 182. 213. 234. RRH n° 173 ist vom Patriarchen besiegelt, ohne daß ein Siegel angekündigt wäre. Es ist weiter nicht angekündigt in der Priorenurkunde RRH n° 160 und der Patriarchenurkunde RRH n° 251. In RRH n° 213 ist es angekündigt, aber am Original nicht vorhanden. Doch wurde es im 17. Jahrhundert noch von Antonino Amico nachgezeichnet[47]. In RRH n° 170 wird nur das Patriarchensiegel angekündigt, das am Original auch noch vorhanden ist. Doch hat das Original Siegellöcher für ein zweites Siegel, ohne daß wir wüßten, wessen Siegel es war. D. RRH n° 174 war ja ebenfalls doppelt besiegelt, vom König und vom Patriarchen[48], aber bei der belanglosen Angelegenheit von RRH n° 170 ist kaum daran zu denken, daß es sich hier ebenso verhielt. Eher hat man den Prior der Grabeskirche das Stück noch mitbesiegeln lassen.

---

47) KOHLER, Chartes de Josaphat S. 133 n° 24.
48) Hierzu und zur Besiegelung von D. RRH n° 164 siehe unten S. 598 f.

Es ist klar, daß ein Mann wie Elias A, der dem Patriarchen viele Jahre lang die Urkunden schrieb, Einfluß als Stilmuster auf andere ausübte. Der Kanzler Elias machte Anleihen bei ihm in D. RRH n° 181. RRH n° 215 (siehe oben S. 560–562). Der auf Elias folgende Interimsnotar schulte sich zum Teil an ihm, teilweise korrigierte er ihn aber auch (siehe unten S. 607–614). Der spanische Presbiter Nikolaus zollte ihm in der Patriarchenurkunde RRH n° 201 seinen Tribut, nicht nur mit *Facta est huius cartae descriptio*, sondern auch mit *sanctae civitatis* in der Intitulatio. Wesentlich stärker war der Einfluß des Elias A in RRH n° 243, einer Urkunde des Herrn von Caesarea von 1146. Auf Elias A weisen hier *sanctae matris ecclesiae filiis* in der Promulgatio, *ad sustentationem pauperum* und *aliquis dubitationis scrupulus* und *anno domini*[49]. Aber die Invocatio ist anders als bei Elias A, *dei gratia* für einen Laien hat er kaum je gebraucht (siehe oben S. 586), das Wort *inquam*, das in der Kanzlei des Königs sehr beliebt werden sollte, hat er nie benutzt, *placuit* ist ein Ausdruck des Elias, die Corroboratio hat keine Ähnlichkeit mit der des Elias A, und im Datum fehlt das Wort *inscriptio*.

Am schwierigsten zu beurteilen ist RRH n° 190, eine Urkunde des Bischofs von Ramla von 1138. Wie oft man es auch liest, man ist immer wieder in Versuchung, es dem Elias A zuzuweisen. In der Promulgatio stehen *Omnibus sanctae dei ecclesiae praelatis et filiis*. Das ist an sich in den Urkunden nicht die Formel des Elias A, aber ich verweise auf seinen hier meist außer acht gelassenen Brief RRH n° 235, wo sich findet *omnibusque sanctae matris ecclesiae praelatis et filiis*. Die Wendung *donumque hoc per praesentem cartam huius rei veritate conscriptam* liest sich zuerst wie reines Elias A-Diktat, aber es fehlt das *de* vor *veritate* und weiterhin fehlt in der Corroboratio zu *sigillo* ein *apposito*, und *subscriptorum testium assignatione munitam* ist im Sinne des Elias A-Diktats verkehrt; es müßte *attestatione* lauten statt *assignatione*. Im Datum hat RRH n° 190 außer dem römischen Tagesdatum noch Ferialrechnung und Mondalter, sogar der amtierende Papst wird neben Patriarch und König genannt, aber den Ausschlag muß geben, daß RRH n° 190 zweifelsfrei nach dem *calculus Pisanus* datiert ist, den Elias A nie verwendete. Elias A ist hier intensiv benutzt worden, diktiert hat er das Stück nicht. Freilich ergibt sich, insgesamt genommen, aus diesem sehr erheblichen Einfluß des Elias A auf das Privaturkundenwesen der Zeit, daß es sich bei ihm eben nicht um einen beliebigen, mehr oder weniger unbekannten Urkundenschreiber handelte, sondern um einen im Rampenlicht

---

49) Siehe oben S. 583, 585, 594; zu *scrupulus* vgl. RRH n° 182, allerdings auch RRH n° 215 des Elias.

stehenden Mann, für dessen Identifizierung sich eben am ehesten der Patriarchenkanzler Ernesius anbietet, den ich schon aus anderen Gründen als Elias A namhaft gemacht habe.

X. Die Patriarchenurkunde D. RRH n° 201
des spanischen Priesters Nikolaus von 1141

Am 3. Februar 1141 beurkundete der Patriarch Wilhelm von Jerusalem mit der Zustimmung des Königs Fulko und der Königin Melisendis in der königlichen Pfalz in Nablus eine Angelegenheit, die ihn als Kirchenfürst nichts, wohl aber den König anging (D. RRH n° 201). Er urkundete anstelle des Königs, und deshalb muß das Stück in das Corpus der jerusalemitanischen Urkunden aufgenommen und als kanzleifremde Ausfertigung in der Kanzleigeschichte behandelt werden.

Der Patriarch Wilhelm war ein Flandrer, nicht aus Mecheln (Malines), wie oft behauptet worden ist, sondern aus Mesen (Messines) in der belgischen Provinz Ostflandern, etwa zehn Kilometer südlich von Ypern[1]. Er scheint dann aber als Eremit in der Nähe von Tours gelebt zu haben und kam wohl 1129 zusammen mit Fulko in den Osten. Von 1130 bis 1145 war er Patriarch von Jerusalem[2]. Hamilton hat ihn gekennzeichnet als einen Mann, der das Gut der Grabeskirche mehrte und tüchtig verwaltete und vakante Bistümer endlich besetzte, der aber doch von beschränktem Horizont war, „not centrally interested in political power", mit einem „general lack of interest in secular affairs"[3]. Das verkennt die Bedeutung dieses Mannes, der weit mehr war als ein Buchhaltertyp. Im Schisma zwischen Innocenz II. und Anaklet II. waren es Patriarch Wilhelm und Bischof Anselm von Bethlehem, die das Land ins Lager von Innocenz führten (RRH n° 140). Ebensowenig war er unbeteiligt an den weltlichen Affären des Königreiches. Ganz im Gegenteil muß man bei ihm von einer Art Mitregierung sprechen, die deutlich über das hinausging, was andere Patriarchen an Einfluß hatten. Er war es, der 1134 in der Revolte des Grafen Hugo II. von Jaffa zwischen diesem und dem König vermittelte und eine Lösung erreichte, die das Gesicht des Königs wahrte, der die von ihm begonnene riskante Partie in

---

1) Wilhelm von Tyrus, Chronicon XIII. 26, S. 622 mit der richtigen Identifizierung der Herkunft durch Huygens. Zu Wilhelm vgl. ansonsten OURY, Guillaume de Messines, passim; Dictionnaire d'histoire et de géographie ecclésiastiques s. v. Guillaume de Messines. MAYER, Angevins S. 5 und besser DERS., Fontevrault S. 20–24. Daß er schon mit dem Kanoniker Wilhelm des Hl. Grabs zu identifizieren ist, der 1116 zusammen mit anderen die Sache des in große Schwierigkeiten geratenen Patriarchen Arnulf von Jerusalem an der Kurie verfocht (JL 6528), ist heute aufgegeben.

2) Wilhelm von Tyrus, Chronicon XIII. 26. XVI. 17, S. 622, 738.

3) HAMILTON, Latin Church S. 69 f.

Wahrheit verlor, weil er seine Gemahlin Melisendis von der Samtherrschaft nicht auszuschließen vermochte, was Hugo unter anderem in die Revolte getrieben hatte[4]. Von nun an wußte der König wohl, daß er auf den Patriarchen Rücksicht zu nehmen hatte, just eben darum, weil dieser politisches Gewicht hatte. Bereits 1134 schickten der König und er eine gemeinsame Gesandtschaft nach Italien. Da man nicht wissen konnte, ob nicht ein erneuter Konflikt mit der Gemahlin oder mit dem Adel ausbrechen werde, versicherte sich Fulko der Unterstützung des Patriarchen, indem er ihn von nun an an den Affairen des Reichs beteiligte. Als man 1136 die Burg in Bethgibelin baute, eine jener Burgen, mit denen Fulko Askalon einkreiste, und sie an die Johanniter übergab, war der Patriarch mit dabei[5]. Als der König 1137 in Montferrand belagert wurde, war es der Patriarch, der Truppen aushob und ihm zu Hilfe kam[6]. Im Jahre 1140 belagerte der König Baniyās, und Wilhelm war erneut dabei[7], und dasselbe finden wir, als man mit dem Bau der Burgen in Ibelin und Blanchegarde den Ring um Askalon schloß[8].

Aber das ist nur die eine Seite der Medaille. Die Urkunden sprechen auch für das alltägliche Regierungsgeschäft die gleiche Sprache. Nach der Revolte des Grafen Hugo von Jaffa und der Aussöhnung des Königs mit seiner Gemahlin hat Fulko in jerusalemitanischen Dingen nur noch einmal 1142 ohne Beteiligung des Patriarchen geurkundet[9]. In den anderen Diplomen ist der Patriarch als Zeuge oder mit seinem Konsens mit beteiligt. Ja, mehr noch. D. RRH n° 174, de facto die Gründungsurkunde des Doppelklosters Bethanien, hat Patriarch Wilhelm in einer fast einzigartigen Ausnahme vom Kanzleibrauch neben dem König mitbesiegelt[10].

---

4) Wilhelm von Tyrus, Chronicon XIV. 17, S. 653 f.

5) Ebd. XIV. 22, S. 660.

6) Ordericus Vitalis, Historia ecclesiastica 6, S. 496–502. Wilhelm von Tyrus, Chronicon XIV. 26, S. 666.

7) Ebd. XV. 11, S. 689.

8) Ebd. XV. 24 f., S. 706–707.

9) D. RRH n° 210; das Spurium D. RRH n° 163 muß hier außer Betracht bleiben.

10) König und Patriarch hängten zwar gemeinsam mit dem Prior der Grabeskirche ihr Siegel an U. 94 Heinrichs des Löwen, aber das war natürlich etwas anderes, weil der König hier nicht Aussteller war. Die gemeinsame Besiegelung durch Patriarch und Prior – normalerweise natürlich ohne den König – war am Hl. Grab nach anfänglicher Selbständigkeit des Priors durchaus üblich; siehe MAYER, Siegelwesen S. 33 f. Neben D. RRH n° 174 war auch D. RRH n° 278 der Königin Melisende doppelt besiegelt, und zwar sehr wahrscheinlich außer von der Königin noch vom Kapitel des Hl. Grabes, aber das erklärt sich durch die außergewöhnliche Form des Chirographs, wo Doppelbesiegelung ja häufig war; siehe unten S. 622 f. Möglicherweise war auch ein

Und immer noch mehr, eben D. RRH n° 201. Wohl Ende 1140, ehe der Patriarch im Dezember zu dem Konzil von Antiochia reiste, hatte Robert vom Casale Saint-Gilles nördlich von Jerusalem mit Zustimmung seines Lehnsherren, des Vizegrafen von Jerusalem, und des Königs den Johannitern sein Landlehen bei Emmaus (Abū Goš bei Jerusalem) gegen eine Jahresrente von 500 Byzantinern verkauft. Die Rechtshandlung war erfolgt in Jerusalem, vor dem Patriarchen, aber mit königlicher Zustimmung. Nun mußte die Sache beurkundet werden. Lehnsverkäufe tangierten den Dienst eines Lehens, deshalb waren sie genehmigungspflichtig. Der Vorgang fiel deshalb allein in die weltliche Kompetenz von Lehnsherr und König. Angesichts der Kontrolle, die der Patriarch noch immer über die Johanniter beanspruchte,

---

Deperditum von 1148 doppelt gesiegelt, aber von den beiden Samtherrschern Melisendis und Balduin III.; MAYER, Melisendis S. 139 Anm. 72. Dagegen halte ich es für einen Irrtum, wenn PAOLI, Codice diplomatico del sacro militare ordine Gerosolimitano 1, S. 18 n° 17 behauptet, an D. RRH n° 164 habe das bei ihm Bd. 1, Tafel 2, Abb. 13 abgebildete Siegel des Patriarchen gehangen. D. RRH n° 164 kündigt nur das Königssiegel an und hat am Original Siegellöcher nur für ein Siegel. Vergleichbar ist die Regentenurkunde Balians von Sidon D. RRH n° 1027, deren Siegel PAOLI abzubilden behauptet (ebd. 1, S. 255 n° 214 u. Taf. VI n° 64). In Wahrheit aber bildet er das Siegel des beträchtlich später lebenden Balian von Arsur ab. Ebenso ist es eine Erfindung des Venezianers Diplovataccio aus dem 16. Jh., daß an D. RRH n° 102 das Siegel des Patriarchen gehangen haben soll (siehe oben S. 482). Das Königssiegel war an dieser Regentenurkunde ohnehin nicht, weil der König in Gefangenschaft war. Auch RRH n° 773 vom Jahr 1200 ist vom Patriarchen und vom König gleichermaßen besiegelt, aber es handelte sich hier um eine Patriarchenurkunde, die der König mitbesiegelte, was natürlich immer ging, jedenfalls eher als der umgekehrte Fall in D. RRH n° 174. Außergewöhnlich ist an RRH n° 773 nicht die doppelte Besiegelung, sondern daß der König hier die Beurkundung eines Hofgerichtsurteils dem Patriarchen überließ, wohl aus besonderen Gründen (siehe unten Bd. 2, S. 682). Schließlich wurde 1248 RRH n° 1156 vom König von Zypern und vom päpstlichen Legaten Odo von Châteauroux gemeinsam besiegelt, aber das ist nicht mehr Königreich Jerusalem, überdies hatten die Empfänger ausdrücklich auf dem Legatensiegel bestanden. Zum königlichen Siegel, das im einzigen Druck nicht erwähnt wird, siehe MAYER, Siegelwesen S. 64 Anm. 186. Eine Mitbesiegelung königlicher Urkunden durch nichtkönigliche Siegelführer ist in Europa außerordentlich selten. Ich kenne Beispiele dafür aus Schottland, wo zwei Diplome von 1180 und 1212 außer vom König noch von zwei bzw. sieben anderen Personen besiegelt wurden; Regesta regum Scottorum 2, S. 274 n° 236, 456 n° 505. Die erste Urkunde ist ein Chirograph. In Deutschland kommt so etwas erst zu Anfang des 13. Jahrhunderts vor; BRESSLAU, Urkundenlehre [2]2, S. 47–49. Frühere Ausnahmen aufgrund besonderer Umstände sind DD F. I. 581. 615 von 1171 und 1174, wobei beim zweiten trotz der vorhandenen Ankündigung des Siegels des Aachener Marienstifts ernsthaft erwogen werden muß, daß dessen Siegel erst wesentlich später dazukam.

war nichts dagegen einzuwenden, wenn der Verkauf vor ihm getätigt wurde. Aber da Robert von Saint-Gilles als Kleinvasall nicht siegelfähig war, hätte üblicherweise der König den Vorgang beurkunden müssen. Die Beurkundung erfolgte aber durch den Patriarchen in Nablus, und hierfür suchte er sich auch noch den dortigen königlichen Palast aus. Er tat dies auch im Auftrage des Königs (*per … auctoritatem domini regis*), aber es war dennoch ein ganz außergewöhnlicher Vorgang, daß ein Patriarch stellvertretend für den König eine Sache beurkundete, die zu beurkunden Angelegenheit des Königs gewesen wäre. Der Patriarch war auf der Rückreise von Antiochia, denn im Januar 1141 war er noch in Tripolis gewesen (siehe oben S. 528 f.). Ich habe vermutet (oben S. 528), daß der auch in Tripolis anwesende Königskanzler Elias noch zurückgeblieben war, so daß ohne ihn, der die Kanzlei strikt kontrollierte, nicht geurkundet werden konnte, weshalb der König dem Patriarchen die Sache übertrug. Aber wer an Stelle des Königs rechtswirksam urkunden darf, ist ein Minister. Genau so ist es auch von den Zeitgenossen schon verstanden worden. Als nämlich 1150 die Vertragsbedingungen des Verkaufs geändert wurden, spielte man auf den eigentlichen Verkauf an mit den Worten *sicut est scriptum in privilegiis regis Ierusalem et patriarchae* (RRH n° 257). Da ist zwar von zwei Privilegien die Rede, aber nur eines ist in dem gut konservierten Johanniterarchiv erhalten, das des Patriarchen, das ganz überflüssig gewesen wäre, wenn der König selbst geurkundet hätte.

Die Patriarchenurkunde D. RRH n° 201, die deutlich die besondere politische Zusammenarbeit zwischen dem König und dem Patriarchen aufzeigt, wurde aufgesetzt von dem spanischen Priester Nikolaus, denn so ist *scripsit* wohl zu deuten (siehe oben S. 375–378). Ob Nikolaus das Stück auch mundierte, läßt sich nicht untersuchen, weil das Original verloren ist. Aufgrund der Unterfertigung *Nicholaus presbyter scripsit* muß man Nikolaus als Haushaltspriester des Patriarchen ansprechen, was aber natürlich ein gleichzeitiges Kanonikat an der Grabeskirche nicht ausschließt. Von 1138 bis 1166 können wir dort die Laufbahn eines Nikolaus verfolgen, mit dem wir unseren Schreiber unbedenklich identifizieren dürfen, auch wenn er sonst nirgends mehr als Spanier bezeichnet wird. Er war ab 1138 Kanoniker am Hl. Grab (RRH n° 180. 199. 204. D. RRH n° 226. RRH n° 234. 267)[11], ca. 1145 einmal Kellerer (RRH n° 229), 1154–1155 Elemosinar (RRH n° 295. 315), kurz vor 1160 Subprior (RRH n° 362) und von 1160 bis 1166 Prior[12].

---

11) Die Kanonikerliste in RRH n° 180 ist keine akkonensische, sondern eine jerusalemitanische; siehe oben S. 386 Anm. 27.

12) RRH n° 343. 345. 346. 349. 350. 351. 358. 360. 363. 364. 369. 370. 379. 385. 409. HIESTAND, Vorarbeiten 3, S. 234 n° 87, 237 n° 88. JL 13184. Letzteres ist zwar zu 1166

Nach Ausweis seiner eigenen Urkunden kümmerte er sich als Prior ordentlich um die Verwaltung des Stiftsgutes und um den weiteren Landesausbau, so wenn er in RRH n° 346 drei lateinischen Neusiedlern *venientibus ad manendum infra casale nostrum de Ramathes in loco, qui dicitur Nova Villa, plateas ad edificandum domos ... et terram ad plantandum vineas et arbores* gab.

Da wir von D. RRH n° 201 kein Original haben, sondern nur eine Kopie des 13. Jahrhunderts, läßt sich zur Schrift nichts sagen, und der einzige Schreibfehler (*anno quod* [statt *quo*] *supra*) bleibt bedeutungslos. Als Dictamen ist das Stück ein Einzelgänger und läßt sich nicht mit anderen Urkunden zu einer Diktatgruppe zusammenordnen. Insbesondere gibt es keine Berührungen von D. RRH n° 201 mit den Urkunden, die Nikolaus selbst ausstellte (RRH n° 343. 345. 346. 349. 350. 351) und die eine klar erkennbare eigene Diktatgruppe bilden (siehe unten S. 904–906). Das heißt aber nicht, daß das Diktat von D. RRH n° 201 ganz ohne Einflüsse blieb (siehe unten S. 604).

Nikolaus war noch nicht lange im Hl. Land, als er D. RRH n° 201 aufsetzte. Man muß daher unterstellen, daß er den Urkundengebrauch des lateinischen Ostens schnell meisterte, denn Hispanica, die man bei ihm erwarten sollte, finden sich nicht. Schon die Eingangsdatierung nach der Invocatio ist unspanisch, und ganz und gar unspanisch ist die Datierung. Damit meine ich nicht so sehr, daß in D. RRH n° 201 die um 38 Jahre gegenüber unserer Jahreszählung versetzte Spanische Ära nicht verwendet wurde, die bis in die Languedoc und die Provence ausstrahlte. Diese hätte in Jerusalem sicher nur Kopfschütteln erregt. Aber die Datierung wird eingeleitet mit *Facta est huius cartae descriptio*, und auf der iberischen Halbinsel hätte dies unweigerlich heißen müssen *Facta carta* ohne *est* und nahezu immer ohne Demonstrativpronomen[13]. Spanisch, dort jedenfalls in Herrscher-

---

oder 1167 März 14 datierbar, aber nach September 1166 und im März 1167 amtierte bereits der neue Prior (RRH n° 425. 431), ohne daß die Kurie im März 1167 davon erfahren zu haben brauchte.

13) Ich gebe folgende Beispiele aus iberischen Urkunden der Jahre 1130–1140 im Johanniterchartular bei DELAVILLE LE ROULX, Cartulaire général des Hospitaliers de S. Jean 1, S. 81 n° 89, S. 82 n° 92 mit einem Aussteller aus dem Departement Gard und obwohl in Jerusalem ausgestellt, S. 85 n° 95, S. 90 n° 105 (*Facta hac* [sic] *carta*), S. 91 n° 106, S. 93 n° 110 (*Facta vero hanc* [sic] *carta*), S. 93 n° 111 (*Facta vero hanc cartam* [sic]), S. 96 n° 114, S. 98 n° 117, S. 104 n° 125, S. 108 n° 132, S. 109 n° 134, S. 111 n° 136 (Urkunde des Johannitermeisters, aber geschrieben in der Kanzlei des Grafen von Barcelona). Sieht man GONZALEZ, Regesta de Fernando II (1157–1188) durch, so finden sich weitere zahllose Beispiele. Obwohl Kanoniker seit 1138, erscheint Nikolaus

602 Die Vizekanzler, Notare und Schreiber

urkunden, ist nur die Nennung des Konzipienten, übrigens wie hier fast stets mit *scripsi*. Aber die Schreiber- bzw. Diktatorennennung war damals auch am Hl. Grab durchaus üblich (siehe oben S. 51). Die Invocatio zeigt die kürzere der beiden im Hl. Land üblichen Formen *In nomine patris et filii et spiritus sancti, amen*. Die teilweise Eingangsdatierung mit Inkarnationsjahr und Indiktion, der am Ende das Tagesdatum nach dem römischen Kalender folgt, hat ein Vorbild am Hl. Grab in RRH n° 154. 156. 161 von 1135, wenngleich dort einheitlich mit allen Elementen am Anfang. Dennoch wird hier das Vorbild für das unspanische Eingangsdatum in D. RRH n° 201 liegen. Die Arenga folgt einem häufig verwendeten Gedanken, der gleichzeitig auch am Hl. Grab bei Elias vorkam (D. RRH n° 164. RRH n° 170), daß nämlich der Mensch vergeßlich und diesem Umstand durch die Beurkundung entgegenzuwirken sei. Mitverwoben in diese Arenga war ein überall oft verwendetes Seneca-Zitat (siehe oben S. 496 Anm. 78). Völliges Eigendiktat ist aber in der Arenga der Ausdruck *res gestas stilo memoriae cartim commendare*. Das gefiel dem Diktator so gut, daß er wenige Zeilen später nochmals schrieb *cartim notare*. Diese schreckliche Adverbbildung, die man im Deutschen mit dem ähnlich schauderhaften 'urkundenmäßig' wiedergeben müßte, habe ich sonst klassisch und mittelalterlich nirgends nachweisen können. Bei einmaligem Vorkommen hätte ich es als Schreibfehler der Überlieferung abgetan, aber da es zweimal dasteht, ist das nicht möglich. Es störte schon den Notar Radulf A, der es in der NU. D. RRH n° 244 zweimal zu *cartis* verwandelte.

Eine Promulgatio fehlt, vielmehr geht es gleich los mit *Igitur ego quidem*. Devotionsformel und Intitulatio sind ungewöhnlich, ja verunglückt: *divina suppeditante clementia Ierosolimorum et sanctae civitatis patriarcha*. Mir ist eine Parallele für diese gestelzte Devotionsformel nicht bekannt. Hier liegt die häufig feststellbare Schwülstigkeit der Privaturkunde vor, deren Verfasser mit Bildung prunken wollten. Von seinem Kollegen Elias A hatte Nikolaus diese manierierte Wendung jedenfalls nicht, obwohl dieser in der Königskanzlei der Spezialist für besonders feierliche Diplome war, doch gerade die

---

merkwürdigerweise nicht in der Urkunde des Patriarchen vom August 1141, in der dieser gegenüber dem Grafen von Barcelona auf das Drittel des Königreichs Aragón verzichtete, das König Alfons I. 1131 dem Hl. Grab vermacht hatte (DELAVILLE LE ROULX, Cartulaire général des Hospitaliers de S. Jean de Jérusalem 1, S. 85 n° 95. Die Verzichturkunde bei DE LA FUENTE, España sagrada 50, S. 396 n° 12), obwohl hier 17 Kanoniker aufgeführt werden und die Urkunde wichtig genug war. Vertreter des Hl. Grabes in Spanien wurde Nikolaus jedenfalls nicht, denn schon hier war ein gewisser *Giraldus sanctae Iherosolimitanae ecclesiae in Ispania legatus*, und er gründete 1156 das spanische Priorat Calatayud (ebd. 49, S. 368 n° 28).

Devotionsformel des Elias A war monoton *dei gratia*. Aber verunglückt ist die Intitulatio, die beim Patriarchen Wilhelm üblicherweise lautete (*sanctus*) *Ierusalem patriarcha*, auch einfaches *patriarcha* kam vor. *Ierosolimorum* steht offenkundig an Stelle des *Latinorum* der Intitulatio des Königs (*Ierusalem Latinorum rex*), denn sonst erschiene Jerusalem hier ja zweimal, als *Ierosolimorum* und als *et sanctae civitatis*. Freilich hätte die analoge Bildung zu *Latinorum* heißen müssen *Ierosolimitanorum*. Kaum hatten die Johanniter in D. RRH n° 201 das Emmaus der Kreuzfahrer übernommen, da wurde eine Zehntregelung notwendig, die der Patriarch gemeinsam mit dem Prior der Grabeskirche in RRH n° 205 vornahm. Diese Urkunde stammt von einem anderen Diktator, dem aber D. RRH n° 201 vorlag. Er hat nicht nur die schwülstige Devotionsformel abgemildert zu *divina dispositione*, was noch immer ungewöhnlich war, sondern hat auch den Grammatikfehler beseitigt, indem er schrieb *Ierosolimis Latinorum patriarcha*. Die *sancta civitas* in der Intitulatio von D. RRH n° 201 war allerdings eine Anleihe des Nikolaus bei Elias A, der dies in die Intitulatio eingeführt hatte (siehe oben S. 588).

Pactum et convenientiam für den Verkauf Roberts von Saint-Gilles an die Johanniter ist natürlich nicht falsch, aber *convenientia* war ungebräuchlich, und in RRH n° 205 hat der Diktator es auch mit *conventione determinata* in ein herkömmliches Wort verwandelt. Mit *sicut disceptatum est* geht es in D. RRH n° 201 dann gleich richtig, aber ungebräuchlich weiter. Die Sache sei verhandelt und beurkundet worden *Ierosolimis et Neapolis*. Der erste Lokativ ist richtig, aber der zweite ist falsch und müßte *Neapoli* heißen[14]. Die Corroboratio ist in privaturkundlicher Weise ersetzt durch eine Sanctio, in die eine Siegel- und Zeugenankündigung hineinverwoben ist. Nikolaus nennt die Zeugen *legitimi trium ordinum testes*, ist sich über die Ordines dann aber nicht so recht im Klaren, denn er nennt Klerus, Adel und Ordensritter. Deren später verpönte Nennung hinter den Baronen spiegelt die damals häufigen Zweifel wider, ob die Johanniter und Templer nun Laien oder Kirchenmänner waren (siehe unten S. 612 f.). Aber als dritter Ordo hätten die Bourgeois aufgeführt werden müssen, deren Nennung Elias in die Diplome eingeführt hatte. Nikolaus schrieb dagegen zunächst weiter mit dem Tagesdatum. Dann erst wurde er von einem mitleidigen Zeitgenossen offenbar aufgeklärt, was es mit dem dritten Stand auf sich hatte, und er schob in einer zweiten Zeugenliste noch sieben Zeugen nach, darunter auch

---

14) Zwar steht in der Überlieferung nur *Neapol* mit einem Kürzungsstrich, aber gegen Ende der Urkunde heißt es ausgeschrieben *privilegium Neapolis regia domo factum fuit*. Als Genitivattribut zu *domus* wird man dies ja nicht werten wollen. Auch bessere Diktatoren kamen hiermit nicht zu Rande; siehe oben S. 546.

Bourgeois. Schon der Diktator von RRH n° 205 stieß sich an der Anordnung der Zeugen bei Nikolaus und zählte Klerus, Adel und Bourgeois auf,
während er die Ordensritter, bei denen auch er unsicher war, in ganz unge-
wöhnlicher Weise in die Empfängernennung schob. In D. RRH n° 244,
einer NU. zu D. RRH n° 201, erscheinen dann die drei Stände in der Zeu-
gennennung, auch zusätzlich Ordensritter, aber noch immer hinter den
Laien.

Den Zusatz zur ersten Zeugenliste *aliique multi* hat Nikolaus in der Sache
bei Elias A abgesehen, der so etwas gern hatte, wohl als Reminiszenz an die
Urkunden seiner flandrischen Heimat. Aber auch hier hat Nikolaus die
Sache nicht recht hingekriegt, denn *aliique multi* ist zwar nicht falsch, aber
es kommt sonst nicht vor, sondern der Zusatz hieß üblicherweise *et quamplures alii* oder ähnlich, jedenfalls stand in aller Regel entweder *plures* in der
Wendung oder *pauci* (siehe oben S. 592). So halb, aber nicht ganz richtig
dem Elias A abgesehen ist auch die Einleitung des Tagesdatums *Facta est
huius cartae descriptio*. Das war an sich die Formel des Elias A, nur hieß es
bei diesem unabänderlich *inscriptio* (siehe oben S. 593), während *descriptio*
zuvor nur einmal bei Robert in RRH n° 68 vorgekommen war. Auffallend
ist die Apprecatio *feliciter* hinter dem Tagesdatum. Spanisch ist sie nicht,
aber auch im Orient war sie extrem selten und kam, wenn überhaupt, sonst
erst in einer beträchtlich späteren Zeit vor[15]. Das Tagesdatum nach dem
römischen Kalender steht unorganisch zwischen den beiden Zeugenlisten,
wo es im Formular gewiß nicht hingehörte. Als letztes fügte Nikolaus dann
seine Unterfertigung hinzu.

So anfechtbar das Diktat von D. RRH n° 201 aber ist, könnte es den bald
folgenden Diktator Radulf A in der Königskanzlei doch beeinflußt haben.
Radulf A ist der erste Notar in der Königskanzlei, bei dem die Manie für die
Verwendung von *praedictus* und seinen Synonymen als Diktatmerkmal
erscheint. Und just diesem Phänomen begegnet man auch in D. RRH
n° 201, wo dreimal *praedictus* vorkommt, zweimal *praelibatus* und je einmal
praefatus, *praetaxatus*, *praescriptus* und gar *praefinitus*.

Das Fazit ist: D. RRH n° 201 wurde vom Patriarchen von Jerusalem
ausgestellt, der in Vertretung des Königs handelte, weil dessen Kanzler aus
Antiochia offenbar noch nicht zurück war und somit Diplome nicht besiegelt werden konnten. Diktiert und wohl auch mundiert wurde das Stück
vom spanischen Priester Nikolaus, der wohl identisch ist mit dem gleichzei-

---

15) RRH n° 647. 649. 736. 843. 845, überwiegend aus Antiochia bzw. Kleinarmenien.
Siehe auch RRH n° 522. Wenn Hemelin in D. RRH n° 134 schrieb *Balduino rege
secundo regnante feliciter*, so ist das natürlich keine Apprecatio.

tigen Kanoniker und späteren Prior der Grabeskirche dieses Namens. Als Diktator schaute er dem begabten Elias A über die Schulter, der am Hl. Grab Patriarchenurkunden schrieb und fallweise in der Königskanzlei für besonders feierliche Diplome herangezogen wurde. Aber Nikolaus hat sein Vorbild bei weitem nicht erreicht, sein Dictamen ist deutlich verschieden von dem des Elias A, und es ist eine Verschlechterung, weil sprachliche Fehler vorkommen und auch Formularfehler, ungewöhnliche Formulierungen und Manierismen. Es wundert einen daher nicht, daß man dem Nikolaus, so tüchtig er als Prior war, als Diktator nicht mehr begegnet, denn in D. RRH n° 244 des Radulf A, wo das Diktat des Nikolaus massiv wiederkehrt, ist das ja nur eine Folge des Umstandes, daß hier auf weite Strecken D. RRH n° 201 die VU. war.

XI. Der Notar *ad interim* I
(1143–1145)
(nachgewiesen 1144)

Nach dem Ausscheiden des Elias aus der Kanzlei und seinem Aufstieg zum Bischof von Tiberias, was, wie ich glaube, 1143 kurz vor dem Tod des Königs Fulko anzusetzen ist, blieb die Kanzlei vorerst vakant, denn DD. RRH n° 226. 227 von 1144 ergingen ohne Nennung eines Kanzlers. Nun war mit Elias nicht nur der Kanzler gegangen, sondern auch der Urkundenkonzipient, denn Elias hatte seine eigenen Dictamina geschrieben. Da das Urkundengeschäft aber weitergehen mußte, wurde ein neuer Notar bestellt, der für uns nur 1144 im ersten Regierungsjahr des Königs Balduin III. faßbar wird. Spätestens im Januar 1146, wahrscheinlich aber schon im Laufe des Jahres 1145, wurde ein neuer Kanzler ernannt, denn am 1. Februar 1146 war er im Amt (D. RRH n° 244). Mit ihm beginnt auch eine neue Diktatgruppe. Da die Amtszeit des Notars zwischen den Kanzlern maximal nur etwas über zwei Jahre betrug, da wir von ihm nur zwei Diplome besitzen, da man ihn, der ohne Kanzler arbeitete, weder als Elias B noch nach dem folgenden Kanzler Radulf bezeichnen kann und da wir seinen eigenen Namen nicht kennen, lasse ich ihn hier als den Interimsnotar figurieren. Ich schreibe seinem Diktat die folgenden beiden Diplome zu[1]:

D. RRH n° 226 (Jerusalem) 1144 (1144 März 8 – September 23)
D. RRH n° 227 1144 (1143 Dezember 25 – 1144 Dezember 24)

Über die Herkunft und die weiteren Schicksale dieses Übergangsnotars läßt sich bei dieser Sachlage natürlich nichts sagen, auch nicht darüber, ob er im Lande geboren war oder einwanderte. Die Bezeichnung als Interimsnotar darf nicht täuschen. Was zu einem Zwischenspiel gedieh, war vermutlich nicht als ein solches gedacht. Wäre er erst unter dem neuen König ernannt worden, sei es von diesem, sei es von seiner als Regentin amtierenden Mutter, so wäre nicht einzusehen, warum er alsbald zu Beginn eines neuen Kanzlers verschwinden mußte und warum er nicht wie Hemelin und Elias vom Notar zum Kanzler aufstieg. Wenn er aber noch von König Fulko

---

1) Zum Datum von D. RRH n° 226 siehe unten Bd. 2, Exkurs I, S. 859. Jerusalem als Ort der Handlung von D. RRH n° 226 ist erschlossen aus der Vielzahl jerusalemitanischer Zeugen.

ernannt worden war, dann hatte er ein Stigma, das ihn weder dem neuen
König noch der Königinmutter empfahl: er war der Vertraute des verstorbe-
nen Königs, nicht derjenige der neuen Machthaber. Die Schnelligkeit des
Verschwindens des Interimsnotars aus der Kanzlei bekräftigt mich in der
Überzeugung, daß er noch von König Fulko ernannt wurde, der ihn doch
wohl länger haben wollte. Daß er nach Fulkos Tod dennoch ein bis zwei
Jahre blieb, wird damit zusammengehangen haben, daß Melisendis, die als
Regentin bis längstens Mitte 1145 tatsächlich allein regierte, in dieser Zeit
erst abtasten mußte, wie weit die Magnaten mit ihr zusammenarbeiten
würden. Auch Fulko hatte seinen Personalschub in der Reichsverwaltung
nicht auf allen Ebenen sofort vorgenommen (siehe oben S. 75 f.), auch wenn
ich glaube, daß er Elias als Notar in der Kanzlei sofort ernannte.

Der Diktatvergleich gestaltet sich natürlich schwierig, nicht nur weil zwei
Diplome das absolute Minimum einer Diktatgruppe darstellen. Es kommt
noch hinzu, daß D. RRH n° 226 eine Bestätigung von D. RRH n° 174 ist
und deshalb weitgehend diese VU. wiederholt, während D. RRH n° 227 ein
Diplom für die Lazariter und aus diesem Grunde sehr einfach gebaut ist.
Trotzdem ist der Diktatvergleich möglich, und die Existenz der VU. ent-
puppt sich als ein Geschenk, weil der hier im Zweispaltendruck durchgeführte Vergleich den sicheren Nachweis erlaubt, daß jetzt ein anderer
Diktator am Werk war. Wir nehmen dazu die Corroboratio:

D. RRH n° 174	D. RRH n° 226
Ut autem huius sanctae commutatio-	*Ut autem huius sanctae commutatio-*
nis et constitutionis donum et pac-	*nis et constitutionis mea concessio*
tum ratum et inconvulsum permane-	*rata et inconvulsa permane-*
at, praesentem paginam de praedicta-	*at, praesentem paginam de praedicta-*
rum rerum veritate ac communi	*rum rerum*
ordinatione conscriptam, patriar-	*ordinatione conscriptam*
chalis ac regii sigilli nostri appositio-	*sigilli mei appositio-*
ne munitam, ratam in perpetuum	*ne munitam, ratam in perpetuum*
manere decernimus et legitimorum	*manere decerno et legitimorum*
virorum, quorum hic subscribuntur	*virorum, quorum hic subscribuntur*
nomina, veridico testimonio robora-	*nomina, veridico testimonio robora-*
tam, ut in perpetuum inviolata	*tam*
permaneat, conservandam secuturae	*conservandam secuturae*
posteritati relinquimus.	*posteritati relinquo.*

Der Interimsnotar ließ also zunächst die Worte *veritate ac communi* weg.
Das war teils eine sachliche Änderung, denn während die VU. ungewöhnlicherweise unter dem Siegel des Königs und des Patriarchen ergangen war,

wurde die NU. nur noch vom König besiegelt, so daß die Gemeinsamkeit der VU. entfiel. Anders verhielt es sich mit *veritate*. Das hätte man von der Sache her ruhig lassen können, aber es war sprachlich unschön gewesen, weil im selben Satz folgte *veridico testimonio roboratam*. Diese Doppelung beseitigte der Interimsnotar ebenso wie eine andere. In der VU. hatte gestanden: *Ut ... donum ... ratum et inconvulsum permaneat, praesentem paginam ... ratam in perpetuum manere decernimus, ... ut in perpetuum inviolata permaneat*. Das war mit dem doppelten Finalsatz, mit dem zweifachen *ratum, in perpetuum* und *permaneat* außerordentlich schwerfällig. Der Interimsnotar reparierte dies, indem er den zweiten Finalsatz strich. Nun mußte er sich immer noch mit dem zweifachen *rata* abfinden, aber es war wenigstens der Rest der Doppelungen vermieden und die Corroboratio in eine normalere Form gebracht. Man kann sich nicht vorstellen, daß Elias A, der doch auf sein Produkt D. RRH n° 174 sichtlich stolz gewesen war, diese Änderungen selbst durchgeführt hätte.

Um das Resultat des Diktatvergleichs vorwegzunehmen, haben wir es beim Interimsnotar mit einem Mann zu tun, der wohl aus der Patriarchenkanzlei kam und sich deshalb an Elias A schulte, mit ihm aber nicht identisch war. Die Invocatio ist für den Vergleich nicht brauchbar, denn in D. RRH n° 226 stammt sie aus der VU., während sie in D. RRH n° 227 abgekürzt ist zu *In nomine patris et cetera*. Gemeint ist wohl *In nomine patris et filii et spiritus sancti amen*, wie es in D. RRH n° 210 heißt, das hier bestätigt wurde, ohne direkt als VU. zu dienen. Das war auch im Chartular des Empfängers, aus dem wir den Text von D. RRH n° 227 haben, die häufigste Form und war oft in derselben Weise wie hier gekürzt (siehe oben S. 485 f.). Möglicherweise ist sogar die vollere Form gemeint *In nomine sanctae et individuae trinitatis, patris et filii et spiritus sancti, amen*, denn auf Seite 36 des Chartulars, auf der sich unser Text findet, steht auch der Anfang von RRH n° 628, gleichfalls mit der gekürzten Invocatio *In nomine patris et cetera*. Aber hiervon steht eine zweite Überlieferung auf S. 20 als Insert in einem Diplom Kaiser Friedrichs II., und dort lautet die Invocatio *In nomine sanctae et individuae trinitatis, patris et filii et spiritus sancti, amen*.

Die Arenga fehlt in D. RRH n° 227. In D. RRH n° 226 hat der Interimsnotar zwar eine Arenga, hat aber diejenige der VU. D. RRH n° 174 abgelehnt. Deren Leitgedanke war es gewesen, daß die Königssalbung und der Majestätsgedanke demjenigen, der auf dem Thron sitze, die Förderung von Kirche und Religion zur Aufgabe mache. Das war ganz auf einen wirklich königlichen Herrscher zugeschnitten gewesen. Jetzt aber, wo der neue König unter der Vormundschaft seiner Mutter stand, mag dem Interimsnotar dies als unpassend erschienen sein. So komponierte er hier für das Bestätigungsdiplom D. RRH n° 226 eine neue Arenga, die die Pflicht des Königs betonte, fromme und dem Frieden dienende Verfügungen anderer zu bewahren (und daher zu bestätigen), damit sie nicht der Vergessenheit anheimfielen. Diese Arenga war wirklich sein eigenes Werk, denn neben D. RRH n° 174 wurde geringfügig auch JL 8481 als VU. benutzt, das dasselbe Rechtsgeschäft betraf. Obwohl dort die Arenga denselben Grundgedanken ausdrückte, verschmähte sie der Interimsnotar ebenso wie diejenige von D. RRH n° 174, was Elias A mit seiner Vorliebe für die Imitation der Papsturkunde kaum getan hätte. In den zweiten Teil der Arenga *ne aut mutatione temporum a sequentis posteritatis memoria deleantur aut perversorum hominum sinistra perturbatione aliquibus dissensionum scrupulis postmodum pervertantur* verwob er dann wörtlich Floskeln des Elias A (siehe oben S. 584).

Eine Promulgatio hatte der Interimsnotar nur in D. RRH n° 227; in dem anderen Diplom fehlt sie nach dem Muster der VU. Es ist die althergebrachte Formel *Notum sit omnibus tam praesentibus quam futuris*. Damit lautet sie anders als in der bestätigten Urkunde D. RRH n° 210 des Kanzlers Elias und steht auch an anderer Stelle, nämlich nicht wie bei diesem hinter, sondern vor der Intitulatio, so daß konsequenterweise der Auftakt lautet *quod ego* und nicht einfach *ego* wie bei Elias. Von der Promulgatio des Elias A hob sie sich ab durch die Vermeidung von *sanctae matris ecclesiae filiis* oder einer ähnlichen Floskel. Dieser hatte eine Promulgatio ohne diese Formel, die dazu noch vor der Intitulatio stand, nur einmal in RRH n° 170 gehabt. Dagegen findet sich in dem promulgationslosen D. RRH n° 226 der Auftakt des Elias A aus D. RRH n° 164 mit *Proinde ego* wieder, wo die direkte VU. D. RRH n° 174 dem Interimsnotar das weitschweifige und daher wohl von ihm vermiedene *Huius religionis amplificandae intuitu* anbot.

Die Devotionsformel blieb mit *dei gratia* unverändert, aber in D. RRH n° 227 unterlief dem Interimsnotar ein grober Schnitzer, als er die Urkunde ausgestellt sein ließ von *Baldewinus dei gratia sancte civitatis Ierusalem rex Latinorum quartus et Milisendis regina mater nostra*. Balduin III. erhielt eine Devotionsformel, seine Mutter Melisendis nicht. Wäre sie nur Königinwitwe und Regentin gewesen, so hätte dies hingehen können. Sie hatte aber durch den letzten Willen Balduins II. in einer Samtherrschaft ihren eigenen Anteil am Reich und an der Herrschaft. Als *mater mea Milissendis regina* steht sie zwar auch in D. RRH n° 226, aber dort lagen die Dinge ganz anders. Diese Urkunde, eine Bestätigung von D. RRH n° 174 des Elias A, stellte Balduin allein aus, was die Samtherrschaft nicht tangierte, da seine Mutter gemeinsam mit dem König Fulko denselben Vorgang bereits sechs Jahre zuvor beurkundet hatte. Das Hl. Grab wollte hier lediglich den damals festgehaltenen Konsens des Kronprinzen durch die herrscherliche Verfügung des neuen Königs ersetzen. Elias hatte dieses Problem besser in den Griff bekommen, da er nach der Aussöhnung des Königs und der Königin die Diplome zwar allein im Namen des Königs ergehen ließ, aber jeweils den Konsens der Melisendis hinzufügte[2]. So ließ sich die Devotionsformel natürlich vermeiden. Eine Ausnahme bildet allein das Spurium D. RRH n° 163 von 1136, das von Fulko und Melisendis gemeinsam ausgestellt ist, ohne daß Melisendis mit einer Devotionsformel ausgezeichnet würde. Aber hier heißt es *ego Fulco dei gratia ... rex Latinus et Melisende uxore mea*, und der falsche Ablativ zeigt an, daß wir nach der Intitulatio des Königs den echten Rahmen des Diploms verlassen und in die Fälschung abgleiten, in der es dann durchweg grammatisch verwildert zugeht. Wir wissen also nicht, wie die echte Vorlage an dieser Stelle lautete, aber es wäre denkbar, daß hier ein ablativisch konstruierter Konsens wie in D. RRH n° 174 stand: *aspirante ad hoc Milesendi regina uxore mea*, den der Fälscher nicht richtig umbaute. Das normale System des Elias zeigt das Geschick dieses Notars, der als loyaler Diener seines Herrn Melisendis gegenüber nur ein Minimum tat, indem er unweigerlich ihren Konsens vermerkte, ihr aber die Devotionsformel verweigerte, um die Samtherrschaft nicht allzu sehr zu betonen. Als der Interimsnotar in dem schon zur Zeit der Regentschaft der Melisendis ausgestellten D. RRH n° 227 zur gemeinsamen Ausstellung überging, wurde, wenn nicht gerade ein Fall wie D. RRH n° 226 vorlag, die Devotionsformel an sich unvermeidlich. Aber die Zeitgenossen taten sich schwer mit der ungewohnten Samtherrschaft, die unter Fulko und während der bis zur Volljährigkeit Balduins III. 1145 während Regentschaft viel verdeckter war als danach. So unterlief derselbe Verstoß auch einem so versierten Notar wie Radulf A in D. RRH n° 244 vom 1. Februar 1146, aber schon am 19. Februar hatte er in D. RRH n° 240 dazugelernt. Von nun an erhielt Melisendis die ihr zustehende Devotionsformel, von der Kanzlei nach ihrem Sturz wenigstens 1154/1155[3], erst recht von ihrem eigenen Scriptorium in der Zeit des Kanzleizerfalls und sogar über ihren Sturz hinaus in ihren eigenen Urkunden.

Kaum hatte Elias die Kanzlei geräumt, kaum war der Interimsnotar im Amt, da übertrug dieser sogleich den von Elias A geschaffenen Patriarchentitel mit *sancta Ierusalem* auf das Diplom, wo Elias diesem noch Widerstand geleistet hatte (siehe oben S. 551, 588): *sanctae Ierusalem rex Latinorum quartus* schrieb er in D. RRH n° 226 ohne ein Vorbild der VU., und in D. RRH n° 227 hieß es gar: *sanctae civitatis Ierusalem rex Latinorum*, was in der Königstitulatur und im Patriarchentitel nur je ein einziges Mal (siehe oben S. 587) vorgekommen war. Der Zusatz von *civitas* konnte sich zunächst auch nicht halten, denn Radulf A schrieb stattdessen *in sancta Ierusa-*

---

2) Über die hybride Form in D. RRH n° 174 siehe oben S. 553.
3) Nicht mehr ab D. RRH n° 306; siehe unten S. 761.

lem, und erst Radulf B begann langsam mit *in sancta civitate Ierusalem* (siehe unten S. 758, 851).

D. RRH n° 226 bezog sich ausdrücklich auf die VU. D. RRH n° 174: *illam, quam pater meus Fulco piae memoriae illustris rex Ierusalem Latinorum tertius et mater mea Milissendis regina ... fecere, commutationem collaudo.* Das Epitheton *illustris* stammt direkt aus der VU. JL 8481. Dagegen stammt *piae memoriae* dort nicht her. In der Papsturkunde war für verstorbene Herrscher der Ausdruck *egregiae memoriae* üblich (z. B. JL 6336. 7907. 8652). *Piae memoriae* war im Hl. Land selten. Der Kanzler Hemelin etwa verwendete es nie; bei ihm hieß es stets *dignae memoriae* (DD. RRH n° 100a. 109) oder *bonae memoriae* (DD. RRH n° 121. 125. 137a. 130. 137). Ich habe *piae memoriae* vor dem Interimsnotar nur dreimal in den Urkunden des Hl. Landes gefunden, einmal in RRH n° 144 des Bischofs von Beirut, dann – aus der Feder des Elias A – in RRH n° 172 und schließlich im D. RRH n° 174 (der VU. zu D. RRH n° 226), gleichfalls von Elias A. In RRH n° 172 finden sich daneben zwar auch *bonae memoriae* und *venerandae memoriae*, wie auch in D. RRH n° 226 neben *piae memoriae* auch *beatae memoriae* vorkommt, aber RRH n° 172 zeigt ohnehin eine gewisse Vorliebe für *pius*, da dort auch von *pia aviditas* und *pii actus* die Rede ist, so wie in D. RRH n° 226 auch die *pia intentio* vorkommt. Eine Anleihe bei Elias A wird hier schon vorliegen, aber bei dem seltenen Vorkommen des Ausdrucks, der sich selbst bei Elias A nur zweimal findet, ist es für den Diktatzusammenhang um so auffallender, daß gleich in beiden DD. des Interimsnotars *piae memoriae* steht, um so mehr, als wir in der Kanzlei bis zu Radulf C warten müssen, bis uns die Floskel wieder begegnet (DD. RRH n° 303. 332).

Während die Dispositio in D. RRH n° 227 unauffällig *concedimus et confirmamus* lautet, suchte der Notar in D. RRH n° 226 entsprechend dem feierlichen Anlaß der Gründung des Doppelklosters Bethanien nach einer preziösen Schenkungsformel, die ihm auch gelang: *collaudo et per praesentem paginam confirmans in perpetuum illibatam custodiri decerno.*

Auch in der Corroboratio unterscheidet sich der Interimsnotar deutlich von Elias A. Er vermied das *inconvulsus* des Elias A und sein *sigilli appositione munitam* nicht ganz, aber beides ist in D. RRH n° 226 nur eine Entlehnung aus der VU., die in diesem Teil von Elias A stammte. In D. RRH n° 227, wo er selbständig formulierte, schrieb er *inviolata* und *sigilli corroboratione*; auch verwendete er dort *muniri* als Leitverb des zweiten Teiles, das er dem Sprachschatz des Kanzlers Elias entnahm. *Praesentem paginam* hatte er zur Bezeichnung der eigenen Urkunde in beiden DD. wie Elias A, aber nur in D. RRH n° 226 standen wie bei dem Patriarchenneffen (D. RRH n° 164. RRH n° 170. 172 D. RRH n° 174. RRH n° 180. 182. 213. 234) die beiden Worte unmittelbar beisammen, dies aber nach dem Vorbild der von

Elias A geschriebenen VU. In D. RRH n° 227 formulierte der Interimsnotar mit einem Hyperbaton abweichend: *praesentem huius concessionis nostrae paginam*, und diese Auseinanderziehung hätte Elias A ganz bestimmt vermieden. Insgesamt bleibt die Corroboratio in D. RRH n° 227 unauffällig und nach Art der Lazariterurkunden einfach wie das ganze Dictamen. Das gilt auch für die Zeugenformel. Sie ist für beide DD. einigermaßen gleich mit *Cuius* (*Huius ergo* D. RRH n° 226) *rei testes sunt* (*sunt testes* D. RRH n° 226), dagegen vermeidet er das flandrische *interfuerunt* oder *affuerunt* des Elias A, obgleich es ihm von der VU. D. RRH n° 174 angeboten wurde. In D. RRH n° 227 hatte er lediglich vier Zeugen. Mehr werden auch kaum dabeigewesen sein, bei den Lazaritern ging eben alles sehr einfach zu (siehe oben S. 485 f.). Dagegen lag dem Interimsnotar bei D. RRH n° 226 die VU. D. RRH n° 174 mit ihrer ungeheuerlich aufgeschwemmten Zeugenliste vor. Es ist daher verständlich, daß er auch seiner Wiederholung eine lange Zeugenliste zu geben suchte. Zwar brachte er es unter Einbeziehung der Chorherren des Hl. Grabes, die in seiner Vorlage ja nicht in der Zeugenliste, sondern im Context erschienen, statt auf insgesamt 90 Personen nur auf 42, aber er führte hier erstmals eine ganz neue Gruppe von Zeugen ein, die in den Diplomen Jerusalems zuvor nie aufgetreten waren, nämlich die Johanniter und Templer.

Die ganze frühe Diskussion um den Charakter der geistlichen Ritterorden, ob sie nun zum Klerus oder zu den Laien gehörten oder *sui generis* waren[4], spiegelt sich in den Schwierigkeiten wider, die man anfangs bei ihrer Einordnung in die Zeugenlisten hatte. Ursprünglich wurden sie als Zeugen überhaupt nicht herangezogen, auch dann nicht wenn sie die Empfänger der Schenkung waren. Der Bischof von Beirut ließ 1133 zwar Ordensritter nennen, ließ aber bezeichnenderweise hinzufügen: *Et ne illis solum fratribus, si quis fortasse objiceret, quare alii, qui de eadem domo non essent, ad corroborationem in hoc privilegio adderentur, adducimus in testimonio ...* (RRH n° 144). Ab 1125 beginnt es langsam mit ihrer Nennung, natürlich zuerst in eigenen Angelegenheiten. Dabei werden die Ordensmitglieder zunächst fast immer nach den Laien eingeordnet (RRH n° 106. 112. 113/114. 139. 147. 159. 251). Mitten unter den Laien stehen sie in RRH n° 133. 160. 201. 204. 217[5]. In Sachen, die ihren Orden nicht betrafen, wurden sie naturgemäß noch später als Zeugen herangezogen als in Ordensangelegenheiten; RRH n° 133. 160 von 1130 und 1135 sind hier die frühesten Beispiele, es

---

4) Dazu FLECKENSTEIN, Rechtfertigung S. 9–22.

5) In RRH n° 205 wurde die ganze Schwierigkeit umgangen, indem die Ordensritter ganz außerhalb der Zeugenliste im Context aufgeführt wurden.

folgen BRESC-BAUTIER n° 72. RRH n° 195. 217. D. RRH n° 226. RRH
n° 237. Der Kanzler Elias mochte sie noch nicht recht als Zeugen nennen.
Lediglich in RRH n° 215, einer Privaturkunde, in der er ohnehin nach dem
Vorbild des Elias A schielte, ließ er sie zu. Dieser durfte sie denn auch in
den von ihm verfaßten DD. RRH n° 164. 174 als Zeugen nicht nennen, was
insbesondere bei D. RRH n° 174 mit seiner exorbitant langen Zeugenliste
ins Auge fällt. Dagegen nahm Elias A sie auf in RRH n° 160. 173. BRESC-
BAUTIER n° 72. RRH n° 251, so daß es nicht mehr verwunderlich ist und
ein erneutes Zeugnis für den Einfluß des Elias A auf den Interimsnotar,
wenn dieser in D. RRH n° 226 erstmals Johanniter und Templer als Zeugen
in einem Diplom aufführte. Er rechnete sie anders als Elias A zum Klerus,
denn sie stehen nach den Bischöfen und Äbten, aber vor den Chorherren.
Auf diesem Weg waren dem Interimsnotar die Bischöfe von Tripolis und
Beirut vorausgegangen (RRH n° 107. 144), und so war es wohl auch in RRH
n° 215 des Elias gemeint, wo sie nach dem Klerus stehen, wo aber keine
Barone und Bourgeois vorkommen. Richtig zwischen dem Klerus und den
Laien standen die Ordensritter erstmals bei Elias A in RRH n° 173, auch
wenn es sich nur um einen Templer und einen Laien handelte. Jedenfalls
muß man es wohl als die Schaffung einer eigenen Kategorie ansehen, da
Elias A die Ordensritter sonst teils unter, teils hinter den Laien auflistete[6].
Sicher war er sich über ihre Position also keineswegs, aber die Stellung nach
dem Klerus und vor den Laien lag auch anderweitig in der Luft (RRH
n° 195. 237). Bis dahin war es in den Diplomen noch ein gewisser Weg.
Radulf A stellte sie in D. RRH n° 244 noch nach die Laien. Erst in D. RRH
n° 258 war zwischen Geistlichen und Laien der rechte Platz gefunden, aber
dies war ein kanzleifremdes Diplom aus Notzeiten, als der König auch noch
den letzten Parteigänger aufbieten mußte. Nachdem sich die Verhältnisse im
Reich beruhigt hatten, blieb es aber in DD. RRH n° 291. 299 und fürderhin
in der Kanzlei bei dieser Anordnung, während es in den Privaturkunden
noch eine Weile hin- und herging (RRH n° 252. 257. 266. 274). Selbst in
RRH n° 242, einer Urkunde des Johanniterkomturs von Tyrus, steht ein
Johanniter unter den Laien.

Im Datum erweist sich der Interimsnotar ebenfalls als losgelöst von dem
Diktat des Elias A. Dessen Lieblingswort *inscriptio* vermeidet er – es fand
sich in der VU. D. RRH n° 174 immerhin in der Sanctio-, auch die große
Datierung der VU. mit der *Data-per-manum* Formel vermied er, was um so
erstaunlicher ist, als sich diese auch in der anderen VU. JL 8481 fand. Statt-

---

6) RRH n° 160. 251. Die Zeugenliste von BRESC-BAUTIER n° 72 ist ohne jede erkennbare Ordnung und daher in unserem Zusammenhang unbrauchbar.

dessen verwendete er in D. RRH n° 226 trotz dessen gewisser Feierlichkeit eine ganz einfache Formel der Privaturkunde: *Facta est haec carta anno ab incarnatione domini x, indictione y*, und in D. RRH n° 227 hatte er gleich gar keine Einleitung zum Datum mehr, sondern nur noch die Schwundstufe *Anno ab incarnatione domini x* ohne Indiktion, was freilich dem Befund in D. RRH n° 210 entspricht (siehe oben S. 557). Auch das mag in den Rahmen der allgemein einfachen Lazariterformulare gehören. Genau so setzt sich das Datum des Interimsnotars aber ab von demjenigen des folgenden Notars Radulf A, der die *Data-per-manum* Formel nebst der beim Interimsnotar fehlenden Ortsangabe bevorzugte, vor allem aber ein 'gespaltenes' Datum hatte (siehe unten S. 764–779)[7].

Die beiden DD. des Interimsnotars sind diktatmäßig schwer zu beurteilen wegen der geringen Zahl und der unvermeidlichen Einflüsse der VUU. Aber ganz zweifellos haben wir es nicht mehr mit Elias A zu tun, auch wenn gewisse Einflüsse von ihm erkennbar sind, und ebensowenig mit dem folgenden Notar Radulf A, der meiner Meinung nach identisch ist mit dem Kanzler Radulf von Bethlehem. Wir haben also für zwei Jahre einen neuen Notar ohne Kanzler zwischen zwei Kanzlern, die ihre Dictamina selbst verfertigten. Bei dieser Sachlage können wir für DD. RRH n° 226. 227 weder von zwei nacheinander, noch von zwei nebeneinander amtierenden Interimsnotaren ausgehen, was auch überhaupt nicht dem Kanzleibrauch entsprochen hätte. Und auch formularmäßig deuten selbst bei dieser minimalen Zahl von zwei DD. das hier erstmals in den Diplomen vorkommende *sancta* (*civitas*) im Königstitel, die Verwendung von *piae memoriae* in beiden DD. und die spartanische Behandlung des Datums in beiden Stücken auf einen und nur einen Interimsnotar, der sich allerdings in manchem den Elias A als Muster nahm, wie sich vor allem an der Übernahme von dessen Floskeln im zweiten Teil der frei vom Interimsnotar formulierten Arenga von D. RRH n° 226 zeigt.

---

7) Schon gar nicht ist der Interimsnotar identisch mit dem früheren Kanzler Elias, der jetzt Bischof von Tiberias war. Das geht nicht nur wegen der Biographie nicht, sondern auch aus Diktatgründen. Den beiden DD. des Interimsnotars fehlt jede Unterfertigung, die Elias für unerläßlich gehalten hatte. Ebenso wenig haben die beiden DD. *Latinus* im Königstitel oder falsche Lokative bei den Ausstellorten, ja sie haben überhaupt keine Ausstellorte, und auch keine angiovinische Zeugenformel mit *videntibus et audientibus*, was alles für Elias charakteristisch war. Da der Interimsnotar keine Unterfertigung hat, fehlt ihm auch das von Elias dort gern gebrauchte Wort *privilegium*, das selbst Elias A gelegentlich in seinen Produkten unterbrachte, obgleich auch er keine Unterfertigung hatte. Vgl. für Elias D. RRH n° 164 (Nachtrag). 181. 179. 210. RRH n° 215 und für Elias A RRH n° 172. BRESC-BAUTIER n° 72. RRH n° 182.

Die königlichen Schreibstuben in der Zeit der ersten Kanzleikrise (1146-1152) (Anonymus, Friedrich, Daniel, Guido)

XII. Der anonyme (lothringische ?) Urkundenschreiber der Königin Melisendis (1149–1152)

1. Der Weg in die Reichs- und Kanzleikrise

In den letzten beiden Jahrzehnten habe ich sukzessive eine tiefe und langdauernde Krise des lateinischen Königreichs Jerusalem aufgedeckt, die dadurch ausgelöst wurde, daß die von dem König Balduin II. zunächst 1129 anläßlich der Verheiratung seiner Tochter Melisendis mit dem Grafen Fulko von Anjou, sodann 1131 auf dem Totenbett begründete Samtherrschaft nach dem Tode des Königs Fulko im November 1143 nur noch einige Zeit funktionierte, solange nämlich Melisendis neben der Ausübung ihrer eigenen Rechte auch die Regentschaft für ihren minderjährigen Sohn Balduin III. führte und somit die Macht im Reich allein ausübte[1]. Selbst die um die Mitte des Jahres 1145 eintretende Volljährigkeit des Königs konnte das System zunächst nicht erschüttern, weil Melisendis de facto einfach allein weiterregierte, wofür ihr natürlich ihre eigenen Herrschaftsrechte den Deckmantel boten. Aber der Konflikt mit dem König, der sich mit den bestehenden Verhältnissen nicht auf die Dauer abfinden konnte, war jetzt unausweichlich geworden, zumal sich zeigen läßt, daß Balduin III. sich gleich zu Anfang aktiver in

---

1) MAYER, Queen Melisende, passim; DERS., Succession to Baldwin II, passim; DERS., Angevins versus Normans, passim; DERS., The Wheel of Fortune, passim; DERS., The Crusades, second edition S. 108–111.

die Politik einschaltete, als uns Wilhelm von Tyrus glauben macht (siehe oben S. 81).

Die Schwierigkeiten werden zuerst in der Kanzlei greifbar. Das mag ein Anzeichen für die Bedeutung des Kanzleramtes sein, um das die Kontrahenten ringen mußten. Schon die Vakanz auf dem Kanzlerposten von Ende 1143 bis weit ins Jahr 1145 hinein (siehe oben S. 606) ließ die Schwierigkeiten vorerahnen. Aber damals lief die Urkundstätigkeit der Kanzlei weiter. Die Behörde dauerte fort, es diktierte der Interimsnotar, bis dann – wohl Ende 1145 – ein Kompromiß für den Posten des Kanzlers gefunden werden konnte und der Engländer Radulf ernannt wurde, der gleichzeitig auch den Interimsnotar ablöste und seine eigenen Dictamina schrieb (siehe oben S. 81 und unten S. 713–718).

Ungleich tiefergehend war die Kanzleikrise, die wir nach 1146 (D. RRH n° 245) beobachten können, denn jetzt ging mit dem Ausscheiden des Kanzlers Radulf aus seinem Hofamt die ganze Kanzlei unter. Ab 1149 (D. RRH n° 256) finden wir statt einer königlichen Reichskanzlei vielmehr getrennte Scriptoria der Königinmutter und des Königs. Schon das zeigt das Ende der Kanzlei an, ebenso aber auch der Umstand, daß jetzt mindestens überwiegend, vermutlich aber zur Gänze die Stunde der königlichen Kapelläne schlug, die in die Lücke springen mußten, um überhaupt irgendeine Beurkundungstätigkeit aufrechtzuerhalten. Die mehr oder minder enge Verbindung zwischen Kapelle und Kanzlei, wie wir sie aus Europa gewöhnt sind, insbesondere aus Deutschland, existierte in Jerusalem nicht. Das einzige Mitglied der Hofkapelle, das nach unserer Kenntnis eine Kanzleikarriere als Vollnotar machte, war der Hofkleriker Balduin (siehe unten Bd. 2, S. 701 f.), obgleich möglicherweise der Kanzler zugleich der Vorsteher der Hofkapelle war[2]. Zu den Aufgaben der Kapelle mag die jedenfalls außerhalb der Kanzlei entstandene diplomatische Korrespondenz der Könige gehört haben (siehe unten Bd. 2, S. 108), aber Erfahrung mit Diplomen hatten die jetzt herangezogenen Kapelläne nicht; das zeigt ihr armseliges Diktat deutlich. Auch die Kapelläne Lambert und Gerhard, die später als Datare auftraten (siehe unten Bd. 2, S. 170 f. und oben S. 272), waren, wenn man so will, 'Aushilfskanzler', keine Aushilfsnotare, denn sie fungierten, ohne selbst zu diktieren, nur als Datare während einer Kanzleivakanz.

Von dem Moment an, wo uns 1149 ein eigenes Scriptorium der Königin Melisendis entgegentritt (D. RRH n° 256), finden wir auch andere Anzeichen des Reichszerfalls, nämlich eigene Haushaltsfunktionäre und dann gar

---

2) MAYER, Hofkapelle S. 497 f., 501. Zu den Beziehungen zwischen Kapelle und Kanzlei anderen Ortes siehe ebd. S. 502 f. und KLEWITZ, Cancellaria, passim.

eigene Vasallen der Königinmutter, die dem König 1150 rundum den Gehorsam bei einem Heeresaufgebot versagten[3]. Damit war die extrem kurzlebige förmliche Reichsteilung, zu der es nach Ostern 1152 kam, de facto bereits vorweggenommen. Die Dinge kulminierten im April 1152 in einem kurzen Bürgerkrieg, in dem der König seine Mutter stürzte und ihr als letzter Rest ihres originären Anteils am Reich nur Samaria mit Nablus verblieb, wo der König sie unbehelligt zu lassen versprach[4].

Nachdem der Kanzler Radulf, wohl schon zum Erzbischof von Tyrus gewählt (siehe oben S. 103–108), am 4. Juli 1146 noch D. RRH n° 245 unterfertigt hatte, hörten die Unterfertigungen eines Kanzlers auf bis zum 20. April 1152 (D. RRH n° 291). Angesichts der später sichtbar werdenden Ambitioniertheit, mit der er das bischöfliche Amt in Bethlehem und den Posten des Kanzlers erstmals miteinander zu verbinden wußte, ist es durchaus wahrscheinlich, daß er nicht freiwillig aus der Kanzlei schied, sondern entlassen werden mußte (siehe oben S. 108, 113). Auf einen Nachfolger vermochten sich der König und seine Mutter nicht mehr zu einigen. Wir haben zwar zwischen Juli 1146 und der ersten Jahreshälfte 1149 (DD. RRH n° 245. 256) keine Diplome, aber wir hören in den relativ ausführlichen Berichten über den zweiten Kreuzzug auch sonst nichts über einen Kanzler, insbesondere nicht im Teilnehmerkatalog des großen Kriegsrats vom 24. Juni 1148[5]. Ich vermute, daß Radulf seinen Sturz nicht so lange über seine Wahl zum Erzbischof von Tyrus hinaus verzögern konnte, daß er 1148 noch als Kanzler amtiert hätte. Nicht ein Kanzler, sondern der hochbetagte Patriarch Fulcher wurde Ludwig VII. von Frankreich 1148 an die Reichsgrenze zu Verhandlungen entgegengeschickt[6]. Ich setze also Radulfs Sturz schon 1146 an.

2. Die Zeit der Kapelläne

Mit dem vorläufigen Ende von Radulfs Kanzlerschaft brachen auch die Kanzlei und das Diktat zusammen, da Radulf sein eigener Notar gewesen war (siehe unten S. 713–718). Es kam die Stunde der Kapelläne. Wir kennen ihrer drei mit Namen: Friedrich und Guido auf der Seite der Königin Meli-

---

3) MAYER, Queen Melisende S. 141–149.
4) Ebd. S. 169 habe ich dies noch falsch als eine Art Wittum für den standesgemäßen Lebensunterhalt interpretiert.
5) Wilhelm von Tyrus, Chronicon XVII. 1, S. 761. Zum Datum Otto von Freising, Gesta Friderici S. 89 f.
6) Wilhelm von Tyrus, Chronicon XVI. 29, S. 756.

sendis, Daniel auf der des Königs. Von diesen dreien war allein Guido ein
passabler Urkundenkonzipient (DD. RRH n° 313. 359. 338), die anderen
produzierten wahre Kalamitäten. Nun habe ich Guido allerdings früher
sämtliche Urkunden der Melisendis bis zu ihrem Tode 1162 zugeschrieben,
mit der Ausnahme von D. RRH n° 262, bei dem ich zweifelte, es dann aber
schließlich im Diktat dem Friedrich zuwies[7]. Guido hätte sich von einem
Nichtskönner zu einem akzeptablen und um einfache Dictamina bemühten
Urkundenmann gemausert, was bei einer Tätigkeit von einem Jahrzehnt ja
durchaus möglich gewesen wäre. An dieser Meinung halte ich aber nach
zwei inzwischen durchgeführten nochmaligen Diktatvergleichen und angesichts meiner jetzt vertieften Kenntnis der Diktatentwicklung der jerusalemitanischen Königsurkunden nicht mehr länger fest. Guido war lediglich der
Urkundenschreiber der Königin nach ihrem Sturz 1152. Ihre bis dahin
ausgestellten Urkunden[8] schreibe ich vielmehr einem vierten damals tätigen
Mann zu, der für uns völlig anonym bleibt und den ich daher als den anonymen Notar der Königin Melisendis bezeichnen will. Ob auch er wie die
anderen drei aus der Kapelle stammte, erscheint mir wahrscheinlich, ist aber
keineswegs gesichert.

Ehe ich sein Diktat im einzelnen behandle, muß ich es abtrennen von
dem Guidos, um die Verschiedenartigkeit aufzuzeigen. Anhaltspunkte sind
vor allem die Siegelankündigung und die Zeugenformel. In seinem monströsen Anfangsprodukt D. RRH n° 256 hatte der Anonymus gleich drei
Siegelformeln, von denen er die erste (*sigilli nostri impressione*) mit einer
dispositiven Formel, die zweite (*una eademque bullae meae impressione*) mit
einer Promulgatio und nur die dritte (*paginae huic ... munimentum sigilli
nostri in fine firmavimus* statt *adiunximus* oder *appendimus*) mit einer, freilich schrecklichen, Corroboratio verbunden hat. In D. RRH n° 259 kehrt
sigilli mei munimine confirmavi wieder. Ein Jahr später hatte der Notar dann
zu einer für ihn charakteristischen Siegelformel gefunden, die sich schulte an
derjenigen des Elias A (siehe oben S. 591): *sigilli mei appositione* (*nostrorum
appositione sigillorum* D. RRH n° 278) *roboravi* (*corroborari facio* D. RRH
n° 269; *placuit ... roborare* D. RRH n° 278) (DD. RRH n° 268. 269. 278). Bei
Guido steht dagegen das zuvor wesentlich seltenere (nur DD. RRH 164. 262;
anders *sigillo auctoritatis*, siehe oben S. 491) *auctoritate sigilli mei* (*sigilli mei
[nostri] auctoritate* D. RRH n° 359. 338) *confirmo* (*confirmo et corroboro*
D. RRH n° 359) (DD. RRH n° 313. 359. 338).

---

7) MAYER, Queen Melisende S. 134, 140.

8) DD. RRH n° 256. 259. 268. 269. 278; ausgenommen bleibt weiterhin Friedrichs
D. RRH n° 262.

In der Zeugenformel hatte Radulf A die Formel *Huius quidem rei testes sunt* eingeführt, die bei ihm auch später blieb. Der anonyme Notar imitierte sie einmal, aber nicht ganz exakt: *Huius siquidem rei testes sunt* (D. RRH n° 269), ansonsten ließ er eine bunte Vielfalt walten: *Testes vero sunt cambitionis* und *His testibus* (D. RRH n° 256) und *Huius autem confirmationis testes sunt*[9]. In D. RRH n° 268 offenbart er seine ganze Eklektik: *Interfuerunt* (Elias A, siehe oben S. 592) *siquidem* (Elias A; D. RRH n° 174) *huic concessioni nostrae in veridico testimonio* (Elias; D. RRH n° 181; siehe oben S. 560, 584), *quorum nomina subscribuntur* (Hemelin)[10]. Ähnlich zusammengesetzt aus Elementen des Elias und Hemelins (siehe oben S. 491, 556) ist der Wortlaut von D. RRH n° 278: *Huius rei testes* (Elias) *habentur, quorum nomina subscripta videntur* (Hemelin) + Namen, *qui huic nostrae interfuerunt* (Elias A) *concessioni*. Dagegen hatte Guido grosso modo stets die Zeugenformel des Radulf A, mit der gleichen Abweichung wie der Anonymus in D. RRH n° 269: *Huius siquidem* (*enim* D. RRH n° 338) *rei testes sunt* (DD. RRH n° 313. 359. 338).

Der Diktatvergleich wird ergeben, daß der anonyme Notar in den dispositiven Formen ebenso eine vielfältige Beliebigkeit walten ließ wie in seiner Zeugenformel, während Guidos dispositive Formeln relativ konstant waren, wie dies seiner generellen Nüchternheit entsprach[11].

3. Urkundenbestand und Fehleranalyse beim Anonymus

Dem dergestalt postulierten anonymen Urkundenmann[12] schreibe ich das Diktat folgender Urkunden zu[13]:

---

9) D. RRH n° 259; die Formel ist der des Elias verwandt (siehe oben S. 556), doch fehlt das Possessivpronomen.

10) Siehe oben S. 491; ähnlich mit Modifikationen Elias; siehe oben S. 548.

11) Siehe unten S. 630, 701.

12) 'Notar' ist in diesem Kapitel nur als knapper Verabredungsbegriff für Urkundenschreiber verwendet und soll natürlich nicht bedeuten, daß etwa eine Art Kanzlei fortexistiert hätte.

13) Zur Begründung der Daten, soweit diese nicht aus sich selbst heraus verständlich sind, siehe unten Bd. 2, Exkurs I. Der Ort der Handlung von D. RRH n° 259 ergibt sich aus der Zeugenliste. Unklar ist, wer die Deperdita der Königin Melisendis verfaßte, die sich ergeben aus RRH n° 409. D. RRH n° 562b, da nur das letztere mit einiger Wahrscheinlichkeit vor ihrem Sturz 1152 anzusetzen ist, während das andere noch bis zu ihrem Tode 1162 ergangen sein kann, so daß neben dem Anonymus auch Guido in Betracht kommt. Stimmt der zeitliche Ansatz, so dürfte das erstere dem Anonymus zuzuweisen sein, weil Friedrich nur ganz gelegentlich aus besonderen Gründen (siehe

D. RRH n° 256		1149 (Januar 1 – September 23)
D. RRH n° 259	(Jerusalem)	1150 (1149 Dezember 25 – 1150 Juni 21)
D. RRH n° 268		1151 (1150 Dezember 25 – 1151 September 23)
D. RRH n° 269		1151 (1150 Dezember 25 – 1151 September 23)
D. RRH n° 278		1152 (April 1-20)

Mit der Ausnahme von D. RRH n° 262 von 1150 war der Anonymus der Urkundenschreiber der Königin Melisendis bis in den Bürgerkrieg vom April 1152 hinein, der nicht nur das Schicksal der Königin, sondern auch das seinige besiegelte. Ich nehme jedenfalls nicht an, daß er ihr noch in ihrer an sich unantastbaren Herrschaft Samaria diente, wo ab 1155 Guido für sie arbeitete. Man braucht nicht zu glauben, daß Melisendis drei Jahre lang nicht geurkundet haben sollte; ohne Urkundtätigkeit ließ sich Samaria nicht regieren. Aber der anonyme Notar hatte der Königin die Urkunden geschrieben, als der Kanzler Radulf aus dem Amt verdrängt war. Er hatte seine Tätigkeit an diejenige eines Kanzlers angenähert und dabei der unterliegenden Partei gedient; er muß 1152 kompromittiert gewesen sein, und es wäre erstaunlich gewesen, wenn der König und der wieder ins Amt gekommene Kanzler Radulf nicht auf der Ablösung des anonymen Notars bestanden hätten. Da wir einen anderen Schreiber der Melisendis als den Anonymus und Friedrich in den Jahren vor 1152 nicht kennen, ist man versucht, seine Amtszeit bereits mit Ausbruch der Kanzleikrise von 1146 beginnen zu lassen, aber das erste Diplom des Anonymus ist derartig verunglückt (D. RRH n° 256; siehe unten S. 623–626), daß man gut beraten ist, ihn sein Amt erst 1149 beginnen zu lassen. Wer zuvor für Melisendis arbeitete, ob Friedrich oder ein weiterer gänzlich Unbekannter, läßt sich nicht sagen.

Da unter den Urkunden des anonymen Notars kein Original ist, ist zur Schrift nichts zu sagen. Daher sind auch grammatische Fehler in seinen Produkten nur bedingt aussagekräftig, da sie der Überlieferung zur Last fallen können. Aber immerhin steht in D. RRH n° 256 *usitatiori* (statt *usitatiore*) *nomine*, dann *post futuris temporibus*, wo der Akkusativ stehen müßte (dagegen wäre *futuris post temporibus* oder *futuris temporibus post*

---

unten S. 666–672) herangezogen wurde. Erst recht ist unklar, wer das unten S. 670 Anm. 69 erwähnte Deperditum für die Jakobiten von 1148 aufsetzte, weil es von Melisendis und Balduin III. mindestens gemeinsam besiegelt, vielleicht aber auch gemeinsam ausgestellt war. Hier käme als Konzipient neben dem Anonymus auch Friedrich in Betracht.

richtig gewesen) und *paginae huic ... munimentum sigilli nostri in fine firma-vimus* (statt etwa *adiunximus*). In D. RRH n° 259 lesen wir *qui ut studia sua vel opera disponi possunt*, wo das *ut*, wie der Vergleich mit D. RRH n° 256 ergibt, zuviel ist und den Satz unübersetzbar macht, sodann *exturpari*, was es in der hier nicht passenden Bedeutung 'entehren' zwar gibt, wo aber wahr-scheinlich *exturbari* oder *extirpari* gemeint ist, dann *adornant* statt *adornent*, *posteris nostris exemplum* statt *in exemplum*, und *praesentiae nostrae largiri*, wo es *in praesentia nostra* oder *nobis* heißen müßte. Dagegen ist *molendinus* statt *molendinum* in D. RRH n° 269 zwar ungewöhnlich, kommt aber immerhin vor (RRH n° 199). Wenn man in D. RRH n° 278 schließlich *eisdem ecclesiae canonicis* findet, so ist dies zwar grammatisch nicht falsch, aber in der Urkundensprache fast ein Hapax legomenon. Radulf A kor-rigierte in der NU. D. RRH n° 307 denn auch gleich zu *eiusdem ecclesiae canonicis*.

4. Das Diktat des Anonymus

Ich gehe über zum Diktat. Ein Kanzleimann, ein Mann des königlichen Diploms war der Anonymus nicht. Er kam von der Privaturkunde – wenn er denn überhaupt vom Urkundenwesen kam, was ich bezweifle, denn zu Beginn seiner Tätigkeit war er überhaupt nicht urkundengewandt, und wenn er der Kapelle entstammte, wäre das verständlich. Die rechte Reihenfolge der Formeln bedeutete ihm nichts, jedenfalls nicht in seiner Anfangszeit. Er wirbelte die Formularteile nach Belieben durcheinander, vor allem in seinem ersten Diplom D. RRH n° 256, das ich unten S. 623–626 näher analysieren werde. Aber auch in D. RRH n° 259, das der Corroboratio ebenso darbt wie der Promulgatio, pflanzte er eine Siegelankündigung mitten in die Dispositio. Hatte er die Promulgatio in D. RRH n° 256 ungebührlich weit hinter die Intitulatio versetzt, so stellte er sie in D. RRH n° 268. 269 form-vollendet vor die Intitulatio, um sie in D. RRH n° 278 wieder dahinter rutschen zu lassen.

D. RRH n° 278 war einerseits ein Klageverzicht der Königin gegenüber dem Hl. Grab in einem für sie kritischen Moment[14]. Damit verband sich aber ein Tausch, der Melisendis als Stadtherrin die Möglichkeit gab, eine neue Straße in Jerusalem zu schaffen. Sie gab dem Hl. Grab gewisse syrische Dörfler und erhielt dafür von den Kanonikern einen Laden und *partes, quas habebant in duabus mensis nummulariorum*, die das Stift 1138 erhalten hatte

---

14) Zum Datum siehe MAYER, Queen Melisende S. 166 f.

(D. RRH n° 181) und die für den Straßenbau notwendig waren. Wir kennen in Jerusalem zwei Devisenbörsen, die lateinische und die syrische[15]. Sie befanden sich am einen und am anderen Ende der noch heute vorhandenen drei parallel laufenden eingewölbten Straßen, die den Markt (Sūq) der Jerusalemer Altstadt bilden. Ich gehe daher nicht nur davon aus, daß die Königin hier nicht nur eine neue Straße, sondern tatsächlich den Markt kreierte oder ihn mindestens durch die Anlage einer der drei Parallelen erweiterte[16], sondern auch davon, daß an beiden Enden dabei die beiden Wechselbänke des Kapitels im Wege waren[17].

Für die Stadtentwicklung war D. RRH n° 278 daher von erheblicher Bedeutung, so daß man versteht, daß Melisendis ein Exemplar des Stückes für sich zurückbehalten wollte, um angesichts der Bedeutung des Marktes für die Stadt jederzeit nachweisen zu können, daß sie den Durchbruch durch ihr Eigentum geschlagen hatte. Sie ließ deshalb das Stück auch mit zwei Siegeln besiegeln (*placuit nobis ... ipsum cyrographum nostrorum appositione sigillorum roborare*). Zwei *sigilla* hingen also an dem Stück. Man ist geneigt, dabei als Mitsiegler zunächst an den König Balduin III. zu denken, der seinen Konsens gab und den Handel später in D. RRH n° 307 bestätigte. Ein solcher Fall liegt vor in D. RRH n° 262 von 1150 und anscheinend auch bei einem Deperditum von 1148[18], ist dort aber anders zu beurteilen, nämlich als einer jener mühsamen Kompromisse, mit denen die Empfänger in jenen Jahren des Zwists und des zunehmenden Reichszerfalls der Idee der Reichseinheit Rechnung trugen. Es kam damals darauf an, von beiden Herrschern die Zustimmung zu erlangen. Aus gewissen Gründen gehört D. RRH n° 278 in die kurze Zeit der förmlichen Reichsteilung zwischen Melisendis und

---

15) Ernoul, Chronique S. 200 f. VINCENT – ABEL, Jérusalem 2, S. 963 f. Zur Lage auch Wilhelm von Tyrus, Chronicon IX. 18, S. 445.

16) So auch RICHARD, Pèlerinage S. 554.

17) Es ist natürlich denkbar, daß nur Anteile an zwei individuellen Wechselbänken im „Change des Latins" gemeint sind, nur hätte der Königin das nichts genützt, denn offenkundig mußten hier ja zwei Wechselbänke ganz verschwinden, nicht nur teilweise, weil ein Durchbruch anzulegen war. Schaltet man diese Möglichkeit aus, so sind *duae mensae nummulariorum* nicht lediglich zwei einzelne Wechseltische, sondern die beiden Devisenbörsen generell, an denen das Kapitel je einen Anteil hatte. Diese Vermutung erscheint mir dann einfacher, wenn man bedenkt, daß bei dieser Interpretation Wilhelm der Bastard, dem die beiden Bänke zuvor gehört hatten (D. RRH n° 181) und der offenkundig ein Lateiner war, auch ein Wechselgeschäft im „Change des Syriens" gehabt hatte.

18) MAYER, Queen Melisende S. 139 mit Anm. 72; vgl. auch die ebd. S. 141 f. diskutierte Siegelankündigung von D. RRH n° 262 und unten S. 670.

ihrem Sohn Balduin III., als Melisendis in Jerusalem allein herrschte[19]. Der Konsens Balduins III. und seines Bruders Amalrich war der Konsens der Erben, also privatrechtlicher Natur. Bei dieser Sachlage war wohl ein Konsens möglich, aber eine königliche Besiegelung verbot sich, denn politisch war Balduin in diesem Moment aus Jerusalem ausgeschaltet. Das zweite Siegel an D. RRH n° 278 kann also nur das des Kapitels[20] gewesen sein als des Vertragspartners für den darin beurkundeten Tausch. Bei besiegelten Chirographen entsprach dies dem Brauch der Zeit, aber für eine Königsurkunde war es unerhört. Nur D. RRH n° 174 mit den Siegeln des Königs Fulko und des Patriarchen Wilhelm war ein Präzedenz, aber Wilhelm hatte eine ganz außergewöhnliche, einem Ministerpräsidenten ähnelnde Stellung und konnte selbst gelegentlich an Stelle des Königs in dessen Angelegenheiten urkunden (D. RRH n° 201). Irgendjemand, am ehesten der Kanzler Radulf, hat nach Fulkos Tod dafür gesorgt, daß so etwas nicht mehr vorkam. Wenn schon vor seinem Amtsantritt D. RRH n° 174 in D. RRH n° 226 von Balduin III. bestätigt wurde, so stand dabei wohl eine andere Erwägung im Vordergrund (siehe oben S. 609). Aber gleich Radulfs erstes erhaltenes Diplom D. RRH n° 244 war eine Bestätigung jener geradezu skandalösen Urkunde D. RRH n° 201, in der Patriarch Wilhelm anstelle des Königs geurkundet hatte. Es mußte bekannt geworden sein, daß man jetzt mit einer Verfügung, wie sie D. RRH n° 201 war, nicht mehr weit kommen werde. Als wie anstößig das Stück jetzt empfunden wurde, zeigt ja seine Weiterentwicklung 1150 in RRH n° 257, wo fingiert wurde, der König Fulko sei an D. RRH n° 201 tatsächlich als Mitaussteller beteiligt gewesen (siehe oben S. 670). Weil auch die Besiegelung von D. RRH n° 278 anstößig war (was ja nicht der Fall gewesen wäre, wenn das zweite Siegel dasjenige Balduins III. gewesen wäre), wurde es 1155 in einem von Radulf A diktierten Diplom Balduins III. (D. RRH n° 307) bestätigt, und der Kanzler, der eher mit Nonchalance die VU. inklusive des Passus über das Chirograph abschrieb, änderte nunmehr doch die Siegelankündigung, aus *nostrorum appositione sigillorum* wurde *sigilli mei munimine*. Allein schon die von dem Anonymus für D. RRH n° 278 gewählte Form des Chirographs wie auch die Mitbesiegelung durch das Kapitel des Hl. Grabs zeigt deutlich, daß nach dem straffen Anfangsregime des Kanzlers Radulf jetzt während der Kanzleivakanz der privaturkundliche Wirrwarr der Nachfolgeskriptorien herrschte.

Unter dem Gesichtspunkt mangelnder Vertrautheit mit Königsurkunden verlohnt eine nähere Betrachtung des ersten Diploms des Anonymus

---

19) MAYER, Queen Melisende S. 166 f.
20) Nachweisbar seit 1129; RRH n° 129 und MAYER, Siegelwesen S. 33.

(D. RRH n° 256). Es ist vom diplomatischen Standpunkt aus eine wahre Kalamität, ja das monströseste Machwerk im Corpus der jerusalemitanischen Königsurkunden. Es geht mit einer herkömmlichen Invocatio unscheinbar an. Darauf folgt eine lange und gewundene Arenga, die zwar nur herkömmliches Gedankengut enthält, die aber als ein Formularbestandteil in der Privaturkunde häufiger war als im jerusalemitanischen Diplom. Auch der nun folgende Wunsch, den Vorgängern nachzueifern, hat nichts Anstößiges und wurde auch von dem Kanzler Radulf später gern verwendet, allerdings in einer ganz der Papsturkunde entlehnten Formel (siehe unten S. 790 f.).

Danach aber wird es ungewöhnlich. Da der Anonymus die mit *Ego* beginnende Intitulatio vor die Promulgatio stellte, letztere aber nicht etwa mit *notum fieri volo* einem solchen Fall anpaßte, sondern mit *notum sit* beginnen ließ, war er nun gezwungen, die Intitulatio zu einem Hauptsatz auszuformen, für den er die Dispositio natürlich noch nicht brauchen konnte. Er half sich aus der Verlegenheit, indem er den Tenor der Arenga wiederholte: die Königin werde sich befleißigen, keine dauerhaften Entscheidungen zu treffen, ohne sie schriftlich zu fixieren. Es folgt jetzt der Bericht über den beurkundeten Tausch, in dem sich die dispositiven Verben finden: *Cambivi seu mutavi* und *cambivi*. Das läuft aus in ein Ungetüm von Satz, das weder Fisch noch Fleisch ist. Der Hauptsatz *Hoc pie, valide et sincere debita sigilli nostri impressione decernens et statuens* ist ein Anakoluth, dessen dispositive Participia praesentis nur zu retten sind, wenn man sie gedanklich anknüpft an die im Satz zuvor stehende Dispositio: *Cambivi ... hoc sigilli nostri impressione decernens et statuens*, denn andernfalls fehlt dem Satz ein Verb (etwa *Hoc feci decernens et statuens*). Die Einleitung ist mit *pie, valide et sincere ... decernens* wohl nobel gedacht, aber wahrlich keine Diplomsprache. Inhaltlich ist es eine dispositive Formel, die zweite schon in dem Stück, denn was bestimmt wird, folgt sogleich. Aber verbunden ist sie mit einer Siegelankündigung, formal ein Teil der Corroboratio. Die zweite Dispositio leitet über zu einem Gebetspassus, wie er einem königlichen Kapellan, wenn der Anonymus ein solcher war, wohl angestanden hätte und wie er bei ihm in D. RRH n° 268 wiederkehrt. Der eigentliche orare-Passus (*ut ex beneficio suscepto habeant, unde pro nobis et pro regni statu atque sancta ecclesia dei orare debeant*) ist denn auch anständig konstruiert. Aber zwischen der Dispositio und dem Gebetspassus heißt es *ut ... pauperes Christi praefatas possessiones ... sicut legitime, ita pacifice et inconvulse possideant*. Das ist unschön und mit dem harten *sicut ... ita* wenig urkundengemäß, wie die Periode mit ihrer Häufung von Nebensätzen (*ut ... possideant, ut ... habeant ..., unde ... orare debeant*) überhaupt zu wünschen übrig läßt.

Aber das ist nur der erste Teil des Stücks. Nun schließt der Diktator die Bestätigung eines Verkaufs an. Hierbei stellt er den Inhalt der bestätigten

Handlung unorganisch weit vor die Dispositio, die teilweise aus der Papsturkunde stammt (*ratam et inconvulsam haberi decerno*; vgl. JL 8700 und auch sonst häufig). Geht dies gerade noch, so kommt unmittelbar danach des Konzipienten eigene Handschrift, die eine Siegelankündigung verbindet mit einer wahrhaft erschreckenden und dazu noch ganz am Ende stehenden Promulgatio: *quod etiam una eademque bullae meae impressione ego tam futuris quam praesentibus quasi oculis subditum notissimum facio.* Dabei ist das Wort *bulla* in den Königsurkunden von Jerusalem ein Unikat. Nicht einmal die normannischen Notare der Frühzeit haben das Wort gebraucht, obwohl es in der zeitgenössischen normannischen Herzogsurkunde gängig war[21]. Wir müssen sonst damit in den Diplomen warten bis in die staufische Zeit, aber dort hat es mit der Kanzlei von Jerusalem natürlich nichts mehr zu tun[22].

Damit nicht genug, denn nun kommt die Bestätigung eines weiteren Verkaufs. Sie endet mit einer Corroboratio, in der gleich zweimal der Gedanke ausgedrückt wird, daß die Urkunde ewigen Bestand haben soll, so daß man sich frägt, ob der erste der beiden Sätze nicht als verunglückte Sanctio gedacht war. Mit *institutum* für Urkunde und im folgenden Satz *indictum* mit derselben Bedeutung verrät sich sofort der Kanzleiungeübte. In dem zweiten Satz verfing sich der Diktator in selbstgelegten Schlingen: *paginae huic et munimentum* (statt *munimen*; vgl. jedoch *sigilli mei munimento* in D. RRH n° 243 und *scripturae monimento* in der Promulgatio von RRH n° 369) *sigilli nostri in fine firmavimus* (statt *adiunximus* oder *appendimus* oder ähnlich) *et testes veredicos visus et auditus adnotari praecepimus.* In dieser Zeugenankündigung der Corroboratio mischte er eine Formel des Elias A (*testes veredicos*; siehe oben S. 584) mit einem Gebilde, das aus der angiovinischen Zeugenformel des Elias (*viderunt et audierunt*; siehe oben S. 522 f.) stammt. Es ist ja grammatisch nicht falsch, was der Anonymus hier schreibt, aber die beiden Genitivi Singularis *visus et auditus* („die wahr sprechenden Zeugen des Sehens und des Hörens") zeigen sofort, daß dem Diktator die

---

21) KEHR, Urkunden S. 288; MÉNAGER, Recueil S. 47 n° 12, S. 68 n° 6, S. 101 n° 31, S. 127 n° 40 (III), S. 142 n° 44, S. 146 n° 45, S. 198 n° 58.

22) DD. RRH n° 974. 975, ferner Friedrich II. generell, dann die Regentenurkunde D. RRH n° 1086. Auch außerhalb der Königsurkunden ist das Wort nicht häufig. Vor der Mitte des 13. Jahrhunderts habe ich es gefunden in RICHARD, Chartrier S. 611 n° 2 von 1116, sodann in RRH n° 433. 480. 858. 861. 888 (*bullatum*). 1043. 1164, während Bullenzangen erwähnt sind in RRH n° 840. 986. Aber die Belege werden schwerlich vollständig sein. In der zweiten Hälfte des 13. Jahrhunderts wird der Ausdruck dann in lateinischen wie altfranzösischen Urkunden, aber auch in zeitgenössischen Siegelbeschreibungen (etwa zu RRH n° 69) sehr häufig. Vgl. auch MAYER, Siegelwesen S. 67-71.

Formel nicht eigentlich vertraut war – er verwendete sie in D. RRH n° 268 im Konsens–, denn diese Formulierung liest man nie, allenfalls *legitimi testes auditu visuque perhiberent testimonium*[23], eine ablativische Form, die auch in Europa vorkommt.

Bei diesem Befund muß man weniger die Duplizierung gewisser Formularteile als vielmehr deren Verschiebung und Vermischung rügen. Die Duplizierung hatte schon ein Präzedenz in RRH n° 182 des Elias A (siehe oben S. 576 f.). Sie geht in beiden Fällen darauf zurück, daß nebeneinander mehrere VUU. verwendet wurden, zwei von Elias A, drei von dem anonymen Notar. Aber das entschuldigt die Formularsünden des Anonymus noch lange nicht, denn geübte Kanzlisten bewältigten so etwas ohne Schwierigkeit. Zudem bestand ein sachlicher Unterschied. D. RRH n° 278 ist die Urkunde einer Königin, RRH n° 182 eine Privaturkunde eines antiochenischen Fürstenkapellans, in der man sich solche Exzesse viel unbemerkter leisten konnte.

Man muß sich bei diesen Entgleisungen natürlich fragen, ob D. RRH n° 256 nicht überhaupt eine Empfängerausfertigung sein könnte. Aber nicht nur sind die anderen Urkunden aus dieser Zeit für die Johanniter, in denen man eine Arbeit desselben Empfängers vermuten könnte, im allgemeinen in glattem Formular gehalten[24], sondern es bestehen auch enge Diktatberührungen zwischen DD. RRH n° 256. 259, vor allem in der Arenga (siehe unten S. 628), aber die beiden Stücke sind für verschiedene Empfänger. Allenfalls *xenodochium* für das Johanniterspital könnte aus einer eingereichten Empfängeraufzeichnung oder aus einer der verlorenen VUU. stammen, denn kanzleimäßig ist es nicht. Aber ebenso gut kann es aus den Papsturkunden für die Johanniter kommen, wenn der Anonymus solche las, denn dort ist es seit der Reliquie *Pie postulatio* (JL 6341) gängige Münze.

Ein derartig regelwidriges Machwerk hat der anonyme Notar später nicht mehr geliefert, aber ganz glatt wurde sein Diktat nie. Ein Jahr nach D. RRH n° 256 zog er in D. RRH n° 259 die Siegelankündigung zu weit nach vorn, so daß der Inhalt des Rechtsgeschäfts den Abschluß des Contextes bildete; eine Corroboratio hatte er abgesehen von der Siegelformel hier nicht mehr. In D. RRH n° 268 besaß er eine anständige Vorlage (RRH n° 200), an die er sich jedoch, anders als ein geübter Kanzlist dies getan hätte (so Radulf A in

---

23) RRH n° 165; *certa visus attestatione* in RRH n° 194 steht außerhalb der Zeugenformel und überdies in einer Urkunde, die auch sonst Diktatverwandtschaft mit dem Anonymus zeigt, siehe unten S. 632 f.

24) RRH n° 243. 257. 274; weniger gut sind RRH n° 242. 254, die aber Urkunden aus dem Johanniterhaus in Tyrus sind und nichts mit dem Mutterkonvent in Jerusalem zu tun haben.

der NU. D. RRH n° 306), erst gegen deren Ende anlehnte. So kam es zu der Dispositio *concedo laudo et approbo*, bei der das dritte Verbum ganz ungewöhnlich war und in den Diplomen nur hier und in der NU. D. RRH n° 306 vorkommt. Ebenso ungewöhnlich war das Wort *vivaciter* in der ohne Vorlage formulierten Dispositio des zweiten Teils: *eam firmam et ratam teneo et vivaciter affirmo*. Immerhin hatte der Anonymus jetzt wenigstens ein Diktatschema gefunden, in dem die Formularteile einigermaßen in der richtigen Abfolge kamen, und das gilt erst recht für D. RRH n° 269, das bei aller Knappheit sein bestes Produkt ist, wenngleich man selbst hier sich die Dispositio lieber vor als nach der Empfängernennung wünschen würde, ohne daß dies ein erheblicher Schönheitsfehler wäre. Auch in D. RRH n° 278 wahrte er die Reihenfolge, benutzte aber kanzleiunübliche Ausdrücke: *divina largiente clementia* in der Devotionsformel (siehe unten S. 629), *ratum certumque fieri volo* in der Promulgatio, eine leicht abgewandelte einmalige Formel des Elias (D. RRH n° 210), die dem Kanzler Radulf aber so suspekt war, daß er sie in der NU. D. RRH n° 307 im Sinne seines Anfangsdiktats (DD. RRH 240. 245) 'abmilderte' zu *notum fieri volo*. Die Zeugenankündigung gestaltete er zum Reim um (*Huius rei testes habentur, quorum nomina subscripta videntur*). Auch beging er hier den Fehler, bei einer an sich präsentisch auf *ego ... volo* aufbauenden Urkunde die Verben dann doch teilweise in der ersten Person Pluralis zu benutzen, freilich ein generell häufiger und auch im Hl. Land seit Anfang vorkommender Fehler (siehe oben S. 400). Aber hier erreichte dieser Stilbruch einen Höhepunkt mit der unmittelbaren und harten Nebeneinandersetzung *nos ... inhaerere cupientes, ego ... volo*.

Wenngleich natürlich auch die vorgeführte Inkonstanz eines Konzipienten ein gewisses Diktatmerkmal darstellt, so liegt doch auf der Hand, daß eine solche Gruppe, noch dazu wenn sie mit fünf Urkunden nicht sehr umfangreich ist, sich für den Diktatvergleich nur bedingt eignet. Es ist leichter, die Feststellung zu treffen, daß die fünf Stücke nicht von dem Hofkleriker Guido stammen (siehe oben S. 618 f.), als ihre Diktateinheit untereinander zu erweisen. Immerhin bietet das Diktat auch dafür Hinweise, die sich verstärken werden durch Überlegungen zur Herkunft des Anonymus (unten S. 637–645). In der Invocatio schwankt er zwischen der einfachen Trinitätsanrufung *In nomine patris et filii et spiritus sancti* (DD. RRH n° 259. 269) und der vollen Form *In nomine sanctae et individuae trinitatis, patris et filii et spiritus sancti* (DD. RRH n° 256. 268. 278), doch sind die beiden Kurzformen Diplome für die Lazariter, wo dies häufig vorkommt (siehe oben S. 485 f.). Immer aber läßt er die Formel auf *amen* enden.

Eine Arenga hat er dreimal (DD. RRH n° 256. 259. 278). Der Grundgedanke ist immer gleich, freilich herkömmlich: Nach dem Beispiel schon der

Väter (respektive der Weisen) müssen die eigenen Taten und Entschlüsse schriftlich fixiert werden, um sie vor der Gefahr des Vergessenwerdens zu bewahren und sie der Nachwelt zu tradieren. *Memoria* ist daher das Schlüsselwort der Arengen. In D. RRH n° 278 steht es nur einmal, dagegen in D. RRH n° 259 zweimal, in D. RRH n° 256 gar viermal, was dann schon aufdringlich wirkt, jedenfalls nicht mehr elegant (*ad memoriam reducere, scripti memoriae commendare, a modernorum memoria elabi, in memoriam derelictae scriptorum paginae*). Dabei ist die Diktateinheit von DD. RRH n° 256. 259 (für verschiedene Empfänger) als teilweise wörtliche Übereinstimmung hier mit Händen zu greifen:

D. RRH n° 256	D. RRH n° 259
studia sua vel opera seu quaecumque	*studia sua vel opera seu quaecumque*
disponi possunt scripti memoriae	*disponi possunt scripti memoriae*
commendare,	*tenaci commendare sub stili brevitate*
quatinus et	*consueverunt, quatinus tam praesen-*
a modernorum memoria elabi sit	*tium quam futurorum a memoria*
impossibile	*elabi sit impossibile*

DD. RRH n° 256. 278 dagegen werden in der Arenga verbunden durch *scriptura memorialis* einerseits und *paginae memoriales* andererseits.

Wo die Promulgatio nachgestellt ist oder fehlt, heißt der Auftakt einfach *ego* (*autem, itaque*) (DD. RRH n° 256. 259. 278), wo eine herkömmliche Promulgatio mit *Notum sit* vorhanden ist, steht wie üblich *quod ego* (DD. RRH n° 268. 269). Die Promulgatio fehlt gänzlich in D. RRH n° 259 und lautet *Notum sit* (*igitur* in D. RRH n° 256, bedingt durch die Nachstellung) *omnibus tam futuris quam praesentibus* (*tam praesentibus quam futuris* D. RRH n° 269) in DD. RRH n° 256. 268. 269, in D. RRH n° 278 aber *omnibus hominibus tam praesentibus quam eorum posteris ratum certumque fieri volo* und bei der zweiten Promulgatio in D. RRH n° 256 gar *tam futuris quam praesentibus quasi oculis subditum notissimum facio*. Nach oder vor (nur D. RRH n° 278; fehlt gänzlich D. RRH n° 268) der Intitulatio steht die Angabe des unmittelbaren Motivs der Ausstellerin, stets um ein Partizip des Praesens kreisend, wobei eine besonders enge Verwandtschaft zwischen DD. RRH n° 256. 259 besteht:

D. RRH n° 256	D. RRH n° 259
praecedentium patrum ... industriae	*praedecessoribus me conformans,*
me conformans nichil omnino de	*quaecumque agere dispono, scedulis*
rebus durabilibus disponere aut ordi-	*commendari volo posteris nostris* [*in*]
nare satago	*exemplum*

In D. RRH n° 269 steht *utilitati Daviticae portae introitus providere cupiens*. In D. RRH n° 278 schließlich verrät der Diktator die vermutliche Herkunft aller dieser Partizipialkonstruktionen mit einer häufigen Formel der Papsturkunde: *Horum igitur omnium vestigiis nos per omnia inhaerere cupientes*[25].

Bei der Devotionsformel fängt der Anonymus mit *dei gratia* formulargerecht an (DD. RRH n° 256. 259. 268), danach wird er blumiger: *dei providentia* (D. RRH n° 269) und *divina largiente clementia* (D. RRH n° 278), beides freilich häufige Formeln der europäischen Privaturkunde[26]. Auch im Osten stammen solche Ausdrücke natürlich aus diesem Bereich. Deshalb treffen wir sie in den Königsurkunden nur in kanzleifremden Ausfertigungen, neben D. RRH n° 278 noch in Daniels D. RRH n° 258 (*dei ordinante pietate*), in Friedrichs D. RRH n° 262 und in Guidos D. RRH n° 338 (*dei providentia*), in des Bandinus DD. RRH n° 665–668 (*divina providentia*; so auch außerhalb der Devotionsformel in RRH n° 173 des Elias A)[27].

Die Intitulatio des anonymen Notars läßt nahezu alles vermissen, was die Kanzlei bisher erarbeitet hatte, sowohl *sancta civitas* wie *Latinorum*. Überwiegend schreibt er *Ierosolimorum regina*. Die eine Ausnahme *Ierusalem regina* in D. RRH n° 259 ist eher ein Fehler der Überlieferung. Dagegen ist

---

25) Im Hl. Land etwa JL 7908. 8700. 9260. 10004. Häufiger ist in den Papsturkunden die Formel *ad exemplar praedecessorum*. Päpstlich ist schon die hier vorangehend zitierte Wendung; vgl. etwa *utilitati vestrae in posterum providentes* in HIESTAND, Vorarbeiten 3, S. 159 n° 45 = JL 8223. 8748 von 1140–1145 und *Christi pauperum quieti et utilitati paternae sollicitudine providere* ebd. 3, S. 171 n° 51 von 1143.

26) *Divina largiente gratia* kommt in Diplomen schon 813 unter Karl dem Großen einmal vor und wird dann von der Kapelle Ludwigs des Frommen auf die Unterkapelle Ludwigs des Deutschen als König von Bayern in dessen DD. 2–12 übertragen; WOLFRAM, Intitulatio II S. 23, 105. Verwandt ist natürlich die Formel Ludwigs des Frommen und Lothars I.: *divina ordinante providentia*.

27) Aus dem Bestand der Privaturkunden habe ich mir notiert *providente deo* RRH n° 165, *dei favente clementia* RRH n° 195, *divina suppeditante clementia* D. RRH n° 201, *divina dispositione* RRH n° 205, *divina disponente clementia* RRH n° 223, *divinae nutu pietatis* RRH n° 316, *dei permissione* RRH n° 347, *divina pietate et non meritis* RRH n° 370. 385, *miseratione divina* RRH n° 390. 996, *dei dispensatione* RRH n° 502, *dei miseratione* RRH n° 861. Natürlich sind diese Formeln auch anderswo bis in die Diplome vorgedrungen. So finden sich bei Ludwig VI. von Frankreich neben dem erdrückend häufig gebrauchten *dei gratia* folgende Devotionsformeln, die hier von Interesse sind: *dei dispensante clementia* (1 x), *divina ordinante providentia* (1 x), *divina providente clementiae misericordia* (1 x), *dei miserante providentia* (3 x), *dei propitiante clementia* (2 x) sowie fünf weitere hier nicht interessierende Formeln; siehe DUFOUR, Recueil des actes de Louis VI 3, S. 122 f. Vgl. auch PROU, Recueil des actes de Philippe Ier S. XCVI f.

die Bezeichnung von Balduin III. uneinheitlich. Im Datum von D. RRH n° 256 heißt er *rex Ierosolimorum*, im Context dagegen *rex Ierusalem*, im Datum von D. RRH n° 259 *rex Latinorum*, in D. RRH n° 268 kommt er zwar als *filius meus* vor, erhält aber weder Namen noch Titel, während der verstorbene König Fulko *illustris rex Iherosolimorum* genannt wird. In D. RRH n° 269 erscheint Balduin überhaupt nicht mehr, weder im Datum noch mit einem Konsens, der Familienzwist und der Reichszerfall sind hier perfekt. Erst in D. RRH n° 278 aus der Zeit der förmlichen Reichsteilung im April 1152 ist er wieder vorhanden als einfacher *filius meus rex scilicet Balduinus*; die Beifügung von Jerusalem wurde vermieden, denn Balduin hatte die Hauptstadt verloren.

Einen herkömmlich mit *unde* eingeleiteten Gebetspassus haben DD. RRH n° 256. 268. Die Konsensklausel ist so vielfältig formuliert, daß sie nichts hergibt. Auch aus den dispositiven Verben ergibt sich angesichts ihrer bunten Vielfalt hier keine Erkenntnis. Wir finden in D. RRH n° 256 *cambivi seu mutavi* und *cambivi* und *ratam et inconvulsam haberi decerno et concedo*, in D. RRH n° 259 *laudavi et concessi et ... confirmavi*, in D. RRH n° 268 *concedo laudo et approbo*, in D. RRH n° 269 *trado* und in D. RRH n° 278 *dimitto*. Eine Sanctio gibt es nirgends (vgl. aber oben S. 625). Eine Corroboratio fehlt in D. RRH n° 259 völlig, statt dessen findet sich nur eine vorgezogene Siegelankündigung. Dagegen findet sich ansonsten eine Corroboratio, in der dann doch überraschend viel Einheitlichkeit auftaucht, wenn man nur darüber hinwegsieht, daß die verglichenen Phrasen sich bald im einleitenden Nebensatz, bald im Hauptsatz finden. An welcher Stelle etwas stand, darauf kam es diesem Diktator ja überhaupt nie an. Ganz aus dem Rahmen fällt allerdings D. RRH n° 256 (siehe oben S. 625). Hier ist nicht einmal von *appositio sigilli* die Rede. Aber DD. RRH n° 268. 269. 278 bilden in der Corroboratio durchaus eine gewisse Einheit:

D. RRH n° 268	D. RRH n° 269
Ne ... commutatio et concessio haec infirmari possit, praesentem paginam commutationis et concessionis modum continentem sigilli mei appositione roboravi	*Ut ... praesens pagina modum commutationis continens rata et inconvulsa permaneat, sigilli mei appositione corroborari facio*

Die Corroboratio von D. RRH n° 278 konnte man mit diesem Schema nicht gestalten, weil hier das Chirograph unterzubringen war, aber immerhin finden wir auch dort *nostrorum appositione sigillorum roborare*. So wie die Arenga DD. RRH n° 256. 259 aneinander bindet, so verknüpft die Corroboratio DD. RRH n° 268. 269. 278. Wem in D. RRH n° 278 die Anklänge zu dünn sind, der sei daran erinnert, daß *appositio sigilli* zwar eine damals durchaus gängige Formel ist, die indessen in der Zeit der Kanzleikrise weder bei Friedrich noch bei Guido vorkommt, die beide mit *auctoritas* arbeiteten. In der Corroboratio von D. RRH n° 278 war aber noch ein anderer Einfluß wirksam. Es heißt dort: *Ut haec igitur omnia ... fixa firma et inconvulsa permaneant ...* Das ist ungewöhnlich, aber findet sich öfter am Hl. Grab, nicht nur in der NU. D. RRH n° 307, sondern zuerst in einer Urkunde des Herrn von Caesarea von 1145: *et in perpetuum ratum et firmum et inviolabile itidem fixum permanere destinavi* (RRH n° 237), danach in drei Urkunden des Patriarchen Amalrich von Jerusalem von 1168 und 1169, die untereinander eine Diktateinheit bilden: *Ut autem hoc privilegium nostrum firmum fixum stabile et inconvulsum permaneat* (RRH n° 455. 456. 469, anders in den Patriarchenurkunden RRH n° 430. 431. 543) und schließlich noch in D. RRH n° 465. Manches in den drei Patriarchenurkunden klingt an päpstliche Urkunden an, aber Rudolf Hiestand hat als unvergleichlicher Kenner der Papsturkunden des 12. Jahrhunderts dort eine ähnliche Wendung nicht finden können, und es sei ihm hier für die Suche lebhaft gedankt. In den Kaiserurkunden findet sich *fixus* ganz gelegentlich (DD. LdD. 140 *[fixum et immobile]*. Lo. I. 115 *[fixa et stabilia]*. Arnulf 96; in DF. I. 253 wird das Wort anders gebraucht). In den Kapetingerdiplomen habe ich es gar nicht gefunden, aber hier mögen mich die Indices im Stich gelassen haben. Woher es kommt, vermag ich nicht zu sagen, aber am Hl. Grab, dem ja auch D. RRH n° 278 ausgestellt wurde, war es geläufig, ohne daß sich Diktatanklänge zwischen den genannten Urkunden feststellen ließen, außer eben zwischen den drei Patriarchenurkunden. Bei der Zeugenformel ist über das, was schon oben S. 619 gesagt wurde, nicht hinauszukommen.

Das Datum hat nur in D. RRH n° 256 mit *Actum est hoc* eine Einleitung. Ansonsten fehlt bei dem Anonymus wie schon manchmal bei Elias (siehe oben S. 557) und beim Interimsnotar (D. RRH n° 227) jede Einleitung, er beginnt unvermittelt mit *anno ab incarnatione domini* (*ab incarnatione domini anno* D. RRH n° 268). Von dieser ablativischen Formulierung weicht auch D. RRH n° 256 nicht ab. Ein Tagesdatum hat er nie, die Indiktion immer, und zwar auch immer richtig, was man von Friedrich und Guido nicht behaupten kann. Die Angabe des regierenden Königs hat er in DD. RRH n° 256. 259, in der früheren Urkunde noch verbunden mit einem nicht ab Krönung, sondern ab Volljährigkeit gerechneten Königsjahr. Für die Herrschaftsauffassung der Melisendis und ihrer Entourage war das durchaus bezeichnend. Ab 1151 hielt es der Notar im Interesse seiner Herrin angesichts der immer heftiger werdenden Spannungen zwischen ihr und dem König für richtig, auf die Angabe des Königs zu verzichten. Das Datum verkümmerte ohne Ortsangabe zur Angabe von Inkarnationsjahr nebst

Indiktion, und das noch als Anakoluth. Da spielt es auch keine Rolle mehr, daß D. RRH n° 269 an die Leprosen von St. Lazarus erging, wo solche knappen Datierungen häufiger waren[28]. D. RRH n° 259 war auch für die Leprosen und hatte doch ein etwas ausführlicheres Datum, und D. RRH n° 268 mit einem gleich knappen Datum ist für das Hl. Grab ausgestellt. In D. RRH n° 278 war dem Anonymus das Unziemliche seines Anakoluths, dem zu *anno* sowohl Subjekt wie Prädikat fehlte, bewußt geworden, so daß er das Datum in die Zeugenliste mit hineinverwob: *qui ... interfuerunt concessioni anno ab incarnatione domini ...* Eine Ortsangabe hatte er nirgends. Besiegelt schließlich waren alle seine Stücke, das Chirograph regelwidrig sogar auch vom Empfänger (siehe oben S. 622 f.).

In den Privaturkunden der Zeit habe ich trotz aller Bemühung keine Diktatspuren gefunden, die ich auch dem anonymen Notar zuweisen würde. Allerdings ist sein erstes erhaltenes Produkt D. RRH n° 256 noch so unvollkommen, daß man nicht davon ausgehen kann, daß er zuvor überhaupt schon Urkunden geschrieben hätte. Aber auch nach dem Sturz der Königin Melisendis im April 1152 verschwindet er spurlos. Nur in einer antiochenischen Fürstenurkunde Raimunds von Poitiers von 1140 (RRH n° 194) können wir sein Diktat noch erkennen, obwohl die Urkunde bestimmt nicht von ihm, sondern von Raimunds Kanzler Odo stammt:

RRH n° 194	D. RRH n° 278
ut, quotiens dignae rei celebris institutio aequitatis meretur efficaciam, manifestis profecto memorialis paginae apicibus eo attentius praemuniri debeat	*ut, quotiens cuiuslibet rei gestae series contexitur, ... ad sui notitiam certiorem suique efficaciam firmiorem litterarum apicibus paginisque conservandum traderetur memorialibus*

Anderes ist weniger auffällig in RRH n° 194, so die neun Superlative, das Wort *memoria*, die Wendung *vivaciter requirendo* (vgl. *vivaciter affirmo* D. RRH n° 268). An dieser Stelle aber brechen die Diktatberührungen völlig ab mit Ausnahme allenfalls von *certa visus attestatione* (siehe oben S. 626), obwohl in RRH n° 194 drei Viertel des Textes erst noch folgen. Da es sich um ein Hofgerichtsurteil des Fürsten zugunsten des Hl. Grabs handelt und der Prior und der Propst des Stifts mit einigen Chorherren eigens zur Verhandlung nach Antiochia gereist war, könnte man theoretisch an eine vom Anonymus verfaßte und vom Prior mitgebrachte Prozeßdenkschrift denken,

---

28) Vor dem Tod der Melisendis 1162 neben D. RRH n° 269 des Anonymus auch DD. RRH n° 210 = 227. 338 und die Privaturkunden RRH n° 266. 284. 348.

aber dies würde nicht erklären, warum die Berührungen bei der Arenga am stärksten sind. Denkschriften dieser Art hatten ja keine Arenga (vgl. etwa RRH n° 239). Außerdem urkundete der Prior der Grabeskirche 1140 selbst in Antiochia (RRH n° 199), ohne daß die geringste Diktatverwandtschaft zu erkennen wäre. Dagegen wissen wir, daß RRH n° 194 im Archiv der Grabeskirche in Jerusalem lag, denn es ist über das Chartular der dortigen Chorherren überliefert. Ein Notar, der in Jerusalem Modelle suchte, konnte es dort leicht einsehen. Ergibt dies eine befriedigende Deutung der Diktatverwandtschaft zwischen RRH n° 194 und D. RRH n° 278, so reicht es nicht entfernt aus, um den Anonymus etwa am Hl. Grab zu suchen, denn in dessen Urkunden hat er keine erkennbaren Spuren hinterlassen. Daß er im lothringischen (eher als im flandrischen) Raum geboren worden war, kann man vermuten, daß er ein Kapellan der Königin war, ist wenigstens nicht auszuschließen, aber darüber hinaus läßt sich über den anonymen Notar nichts sagen.

5. Stil, Sprachgut und Modelle des Anonymus

War bisher überwiegend vom Formular die Rede, so müssen wir nun auch den Stil und das Sprachgut betrachten. Beides stellt den Anonymus deutlich außerhalb der Kanzlei, und wenn er aus der Kapelle kam, so ist klar, daß diese auf die Herstellung von Urkunden nicht eingerichtet war. In D. RRH n° 256 hatte er ein Bibelzitat, und wir müssen zurückgehen bis in die Zeit Hemelins (D. RRH n° 137), um dies in einem Diplom zu finden, und dort war der Gebrauch wahrscheinlich unbewußt, weil es in einer herkömmlichen Sanctio steht[29]. In der Zeugenformel von D. RRH n° 278 verwendete er einen Reim (siehe oben S. 627). Dafür gibt es zuvor in den jerusalemitanischen Diplomen nur zwei Vorbilder, in der Zeugenformel von D. RRH n° 80, dem bezeichnenderweise frühesten Diplom des Kanzlers Paganus, und in der Empfängerausfertigung D. RRH n° 120 des Kanonikers Arnold. Die Kanzlei enthielt sich solcher Spielereien (in der NU. D. RRH n° 307 ist der Reim denn auch verschwunden), ebenso – mit Ausnahme Roberts; siehe oben S. 30–34, 414 f. – der Superlative, und auch Robert war ja kein trainierter Kanzleimann gewesen. Hier finden wir in D. RRH n° 256 sowohl die kanzleisprachlich schauerliche Promulgatio *quasi oculis subditum notissimum facio* wie *integerrime cedat*, in D. RRH n° 259 steht *consuetudo celeberrima*,

---

29) Ein biblischer Anklang steht auch in RRH n° 234 des Elias A (siehe oben S. 583), aber das ist eine Privaturkunde.

was ich sonst nur noch in RRH n° 102a. 194, also beidemale außerhalb der Kanzlei, gefunden habe, und schließlich findet sich in D. RRH n° 278, gefolgt von der NU. D. RRH n° 307, das seltene Epitheton *illustrissimus* für Herzog Gottfried von Bouillon[30]. In D. RRH n° 268 übte sich der Notar in Hyperbata: *Ipsam concessit factam commutationem* statt einfach *ipsam commutationem concessit* und *factae assensere* (= *assenserunt*) *commutationi* und *emergentes ex parte Iohannis controversias.* Auch in D. RRH n° 256 geht es gestelzt zu mit *ante fores basilicae* statt *ante ecclesiam.* Auf die preziösen Promulgationes in DD. RRH n° 256. 278 habe ich schon verwiesen (siehe oben S. 625, 627).

Des weiteren fallen in den Elaboraten des anonymen Notars Wendungen auf, die auf *posse* mit dem Infinitiv des Passivs beruhen: *periclitari nihil prorsus possint* und *disponi possunt* und *ne ... dissolvi possit* in D. RRH n° 256, *disponi possunt* (D. RRH n° 259), *finem sortiri non potuit* und *ne ... infirmari possit* (D. RRH n° 268). Von derselben Vorliebe her bedingt mag dem Anonymus in D. RRH n° 259 die Wendung *quatinus ... a memoria elabi sit impossibile* in die Feder geglitten sein. *Ne a memoria elabi possit* hätte er auch schreiben können, und ein auf einfachen Stil bedachter Kanzlist hätte wohl *a memoria elabatur* (noch besser nach den Regeln der Consecutio temporum: *elaberetur*) geschrieben.

Auch sonst findet sich Ungewöhnliches, so *ipse Iohannes commutationis actor* (D. RRH n° 268; vgl. *rei actor* in RRH n° 298), was zwar nicht gerade falsch ist und deshalb auch von der Kanzlei in der NU. D. RRH n° 306 ohne Bedenken wiederholt wurde, wo aber sonst eher *auctor* verwendet wurde (RRH n° 152. 155; vgl. *auctorixator* in RRH n° 242). Ungewöhnlich sind weiter in D. RRH n° 256 die Titel *tutor pauperum* und *pauperum Christi provisor* für den Johannitermeister, der in den Diplomen in diesem Stück erstmals als Empfänger genannt wird[31]. Das erste ist in der reichhaltigen Palette seiner Titulaturen ein Unicum, auch *provisor* ist außerordentlich selten, kommt aber wenigstens unter Ermengaud d'Asp 1188 vor (RRH n° 677. 678) und war vor allem geheiligt durch die Verwendung – wenn auch nicht direkt als Titel, sondern mehr als eine Umschreibung der Aufgaben – in dem vom Orden so hoch verehrten Papstprivileg JL 6341: *nunc eius loci provisore atque praeposito.* Die fast verwirrend zu nennende Titelvielfalt des Johannitermeisters, die auch das *tutor* hier durchaus entschuldigt, wurde dadurch bewirkt, daß die Meister selbst anfänglich eine schwankende

---

30) Dazu MAYER, Bistümer S. 139 und unten S. 877.
31) HIESTAND, Anfänge der Johanniter S. 76.

Titulatur führten[32]. Wir finden *servus, servus et minister, servus et custos, magister, custos, minister*[33]. In den Papsturkunden hieß der Meister anfänglich *praepositus*[34]. Der Wechsel kam unter Innocenz II., der 1135 noch *praepositus*, zwei Jahre später *magister* schrieb[35]. Dabei sollte es nun bleiben, aber vorausgegangen war der päpstlichen Kanzlei mit dem Magistertitel die Terra Sancta, wo er seit 1126 vorkommt[36]. Aber daneben finden wir in der Frühzeit *dispensator, elemosinarius, hospitalarius, pater, prior, procurator, servus atque rector*[37]. *Tutor* und *provisor* in D. RRH n° 256 sind daher zwar ungewöhnlich, nicht aber unmöglich.

Man frägt sich natürlich, wie der Anonymus, dem die Urkundenerfahrung abging, seine neue Aufgabe in der Praxis zu bewältigen suchte. Wir werden sehen (unten S. 788 zu DD. RRH n° 240. 245), daß sich der Kanzler Radulf sogleich zu Beginn seiner Amtszeit eine Art von Formularbehelf geschaffen haben muß, und seien es nur aufbewahrte Konzepte gewesen. Was immer es war, es enthielt die Erfahrung des fähigen Kanzlers. Es ist aber bei dem anonymen Notar keine Spur einer Benutzung festzustellen, denn er hat so gut wie keine Diktatverwandtschaft mit Radulfs Produkten. Ich gehe daher davon aus, daß Radulf den Behelf als sein Privateigentum betrachtete und 1146 mit sich aus der Kanzlei nahm.

Statt dessen schuf sich der Anonymus, wie die Diktateinheit der für verschiedene Empfänger ergangenen DD. RRH n° 256. 259 zeigt (siehe oben S. 628), wahrscheinlich seinen eigenen Formularbehelf. Vor allem aber schulte er sich, mit unzureichendem Erfolg wie sich gezeigt hat, an den umlaufenden Diplomen seiner Vorgänger, die er zu Gesicht bekam. So ist es erklärlich, daß sich die Diplome des Radulf A (erste Amtszeit) und zuvor des

---

32) Vgl. dazu schon die Zusammenstellungen ebd. S. 54, 76 f. und HIESTAND, Vorarbeiten 2, S. 120, die hier ergänzt werden.

33) DELAVILLE LE ROULX, Cartulaire général des Hospitaliers de S. Jean 1, S. 20 n° 18, S. 38 n° 46, S. 62 n° 70, S. 102 n° 123, S. 111 n° 136, was eine Empfängerausfertigung sein mag, S. 131 n° 165, S. 138 n° 177 bis zur Mitte des 12. Jahrhunderts.

34) Ebd. 1, S. 29 n° 30 = JL 6341, S. 30 n° 31 (vgl. dazu HIESTAND, Vorarbeiten 1, S. 203 n° 1), S. 39 n° 47 = JL 7089, S. 40 n° 48 = JL 6700.

35) DELAVILLE LE ROULX, Cartulaire général des Hospitaliers de S. Jean 1, S. 95 n° 113, S. 101 n° 122 = JL 7823.

36) RRH n° 113 (*magister Hospitalis et custos ac gubernator pauperum*). 139. 147. 159. 160. D. RRH n° 164. 244. *Magister magnus* finde ich erst 1181 in RRH n° 610.

37) DELAVILLE LE ROULX, Cartulaire général des Hospitaliers de S. Jean 1, S. 154 n° 199 (*dispensator*), S. 35 n° 40 (*elemosinarius*), S. 26 n° 26, S. 33 n° 35, S. 50 n° 62, S. 60 n° 65 f., S. 61 n° 67 (*hospitalarius*), S. 12 n° 7, S. 69 n° 72 (*pater*; siehe dazu FAVREAU-LILIE bei MAYER, Siegelwesen S. 72 f.), S. 46 n° 56, S. 59 n° 63, S. 61 n° 69 (*prior*), S. 43 n° 50, S. 72 n° 77 (*procurator*), S. 92 n° 109 (*servus atque rector*).

Interimsnotars so gut wie nicht bei ihm niederschlugen; beide hatten nur kurz amtiert. Immerhin scheint ihm die Vorliebe des Radulf A für *praedictus* und seine Synonyme aufgefallen zu sein (siehe dazu unten S. 779–783). Zwar kommt diese bei Radulf A erst in D. RRH n° 281 zum Vorschein, während sie in DD. RRH n° 240. 245 noch fehlt. So wie sie auch in D. RRH n° 291 fehlt, weil Radulf A hier der VU. folgte, ist sie umgekehrt aber aus der VU. in D. RRH n° 244 eingedrungen, und da Radulf A natürlich mehr als nur drei Diplome geschrieben hat, ehe er die Kanzlei vorübergehend verlassen mußte, dürfen wir annehmen, daß der anonyme Notar diese Erscheinung auch schon in anderen, heute verlorenen Diplomen des Radulf A aus seiner ersten Amtszeit finden konnte. Daß es bei dem Anonymus eine Lesefrucht war, ergibt sich aus der abnehmenden Häufigkeit bei ihm. In seinem ersten D. RRH n° 256 finden wir noch zweimal *praedictus, praefatus, supra nominatus, supra scriptus, saepe dictus* und zweimal *praenominatus* sowie *praetaxatus*, aber es trennt ihn deutlich von Radulf A, daß er dieses Wort nicht als Adjektiv, sondern als Partizip gebraucht: *sicut praetaxatum est.* Mit D. RRH n° 256 ist diese Imitation, deren Charakteristikum die Häufung ist, bereits zu Ende, denn in D. RRH n° 259 finden wir nur noch *praedictus*, in D. RRH n° 268 *praefatus* und *praetaxatus*, allerdings auch *de quibus supra dixi*, und in D. RRH n° 278 *praedictus* und *praefatus*, obgleich die beiden letzten Diplome nicht gerade zu den kurzen gehören.

An das Diktat des Kanzlers Elias finden sich mehr Reminiszenzen, so *visus et auditus* in der Zeugenformel von D. RRH n° 256 und – unsicherer – *viderunt et concesserunt* in der Corroboratio von D. RRH n° 268 (vgl. oben S. 522 f.). In D. RRH n° 278 finden wir eine, freilich generell nicht seltene, Promulgatio des Elias verwendet (*ratum certumque fieri volo*; siehe oben S. 549), und das Diminutiv *paginula* in demselben Diplom gemahnt an *cartula* in D. RRH n° 181, was freilich um diese Zeit auch in RRH n° 237 vorkommt.

Ins Volle greifen wir dagegen bei Elias A, womit sich Einflüsse aus der Papsturkunde verbinden, die der Anonymus wahrscheinlich indirekt über Elias A aufnahm. Zu letzteren zählt *ratam et inconvulsam haberi decerno* in D. RRH n° 256 und *adicientes adiungimus* in D. RRH n° 278 und ebenda natürlich auch *Horum ... vestigiis ... inherere cupientes* und *utilitati ... providere cupiens* in D. RRH n° 269 (vgl. oben S. 578–581, 625, 629). Aber es finden sich auch Kernausdrücke des Elias A wie *testes veredicos* und *veridico testimonio* (DD. RRH n° 256. 268), *tam praesentibus quam eorum posteris* und *cum eorum omnium posteritatibus* und *cum omnibus de eorum progenie sequacibus* in D. RRH n° 278, *sigilli mei* (*sigillorum nostrorum*) *appositione* in DD. RRH n° 268. 269. 278 sowie *interfuerunt* für die Zeugen in DD. RRH n° 268. 278, *providere* in D. RRH n° 269 und vielleicht auch *et alii plures* in D. RRH n° 256 (vgl. oben S. 583, 592). Man mag im einzelnen die Anklänge schwach finden, obwohl mindestens einige recht deutlich sind, aber wesentlich ist die Häufung. Aber bei *sigilli appositione* fehlt das *munitam* des Elias A, und *munire* war auch nicht wie bei Elias das Leitverb der Corroboratio, sondern dies war eher wie bei Elias A (*cor*)*roborare* (DD. RRH n° 268. 269. 278), obgleich auch (*con*)*firmare* vorkam (DD. RRH n° 256. 259) (vgl. oben S. 555, 591). Ebenso ist bei dem Anonymus jeder Anflug von *sancta* (*civitas*) *Ierusalem* in der Titulatur des Königs oder der Königin oder des Patriarchen verschwunden, was für den Patriarchen bei Elias A, für den König beim Interimsnotar und bei Radulf A charakteristisch gewesen war (vgl. oben S. 587 f., 610, unten S. 757–760).

6. Die Herkunft des Anonymus

Über die Herkunft des anonymen Notars sind nur gewisse Vermutungen möglich. Er hat in seinen Diplomen Romanismen, die beweisen, daß seine Muttersprache Französisch war. Das tritt zunächst in den altfranzösischen Formen von Herkunfts- oder Berufsnamen in den Zeugenlisten zutage. Allerdings ist das kein reines Spezifikum des Anonymus, sondern war um diese Zeit in den Urkunden des Hl. Grabs nicht einmal so selten. Als nur ein Beispiel diene der Eid der Burgenses von Mahumeria an das Kapitel des Hl. Grabs mit seinem reichen Namensgut (RRH n° 302 von 1155 oder 1156). Hier zeigt sich, daß die Herkunftsnamen ganz überwiegend latinisiert sind, die Berufsnamen wenigstens teilweise. Dagegen latinisierte der Anonymus die palästinensischen und den einen italienischen (*Longobardus*) Herkunftsnamen zwar korrekt, aber bei den französischen Herkunftsnamen gab er ganz überwiegend die französische Form (zweimal Valenciennes, was in der NU. D. RRH n° 307 latinisiert wird, zweimal Périgord, je einmal Bar und Lisuncourt [unbekannte Ortslage]). Von den beiden Ausnahmen betrifft eine *Giraldus de Ualentia*, der sicher eher aus Valence als aus Valencia war, dem Konzipienten aber von der Zeugenliste der VU. in dieser Form angeboten worden war, ohne daß er D. RRH n° 256 selbst bezeugt hätte. Die andere Ausnahme wird uns noch beschäftigen (unten S. 645). Berufsnamen (nicht Amtsbezeichnungen!) gab er ebenfalls französisch (*li Palmentirs, le Fauchenirs* DD. RRH n° 259. 278). Auch andere Namen, die durchaus auch in lateinischen Formen belegt sind (Maledoctus/Malduit, Vaccarius/Vacher) gab er französisch an, und schließlich auch einige Vornamen[38].

---

38) *Erneis patriarchae cancellarius* D. RRH n° 259, *Ermenaudus* D. RRH n° 278,

Auch wo ein Namen in anderen Urkunden überwiegend latinisiert bezeugt ist, bevorzugte der Anonymus die französische Form. Wir nehmen als
Beispiel einmal den relativ häufig bezeugten *Petrus de Pirregort* (= Périgord)
aus D. RRH n° 259. Wir finden ihn in folgenden Schreibweisen:

RRH n° 146:	*Petrus Petragoricus*
RRH n° 154:	*Petrus de Petragora*
RRH n° 158:	*Petrus Petragorici*
RRH n° 204:	*Petrus de Petragoricis*
RRH n° 205:	*Petrus de Petragoricis*
D. RRH n° 259:	*Petrus de Pirregort*
D. RRH n° 268:	*Petrus de Peregort*
RRH n° 273:	*Petrus de Petragorc*
RRH n° 280:	*Petrus Peregorc*
RRH n° 295:	*Petrus de Peregorc*
D. RRH n° 299:	*Petrus Petragoricensis*
D. RRH n° 300:	*Petrus Petragoricensis*
RRH n° 301:	*Petrus Petragoricensis*
RRH n° 302:	*Petrus Petragoricensis*
RRH n° 335:	*Petrus de Peregort*
RRH n° 343:	*Petrus Petragorc*
RRH n° 365:	*Petrus Petragoricensis*

Abgesehen von den Produkten des anonymen Notars kommt dieser
Zeuge also nur dreimal in französischer Form (RRH n° 280. 295 [Peregorc
wohl verlesen aus Peregort]. 335), aber zwölfmal latinisiert vor. Wenn der
Konzipient sich bei den Zeugen nach ihren Namen erkundigte oder andere
darüber befragte, so hörte er natürlich eine französische Antwort: „Orric
vicomte de Naples" oder „Pierre de Périgord". Warum setzte er das erste um
zu *Neapolis*, das zweite aber nicht? Muß man nicht annehmen, daß ihm das
erste leichtfiel, die Umsetzung des zweiten aber nicht? Die palästinensischen
Namen kamen im Alltag unaufhörlich vor, und so wurden sie nicht nur
vom Anonymus richtig latinisiert, sondern von jedermann. Ich kann mich
nicht erinnern, jemals einen noch aus der Vorkreuzzugszeit stammenden
Ortsnamen der Kreuzfahrerstaaten in einer lateinischen Urkunde in einer
französischen Form gelesen zu haben, es sei denn es stehe dabei *vulgo* oder

---

vielleicht *Orricus* statt *Ulricus* D. RRH n° 268. Daß Ulrich sein wirklicher Name war,
ist in zahlreichen Urkunden gut bezeugt, da er als Vizegraf von Nablus oft im Hofdienst war. Orricus (so auch D. RRH n° 240) ist wahrscheinlich nur als Nebenform zu
Ulrich gedacht, auch wenn streng genommen Ulricus und Orricus von zwei verschiedenen Wurzeln abzuleiten und also zwei verschiedene Namen sind. Siehe MORLET,
Noms de personne 1, S. 46 (mit drei Nachweisen für Orricus aus Frankreich), 175f.

alio nomine oder ähnliches. Für Pierre de Périgord oder Jean de Valenciennes dagegen mußte man erst Recherchen anstellen, wie dies lateinisch hieß, ohne die Garantie zu haben, daß dieser Zeuge dauernd für den Urkundendienst herangezogen werden und also immer wieder vorkommen würde. Aber viel verräterischer für die französische Muttersprache des anonymen Notars als seine Zeugenlisten ist sein Context von D. RRH n° 259, wo die Lazariter *quatuor videlicet pieces* (statt *petias*) *vineae* erhalten – ein Wort nur, aber reines Französisch[39]. Um einen Romanismus dürfte es sich auch handeln bei *apud Ptolomaidam, quae usitatiore nomine Accra dicitur* in D. RRH n° 256; gleich dahinter begegnet die lateinische Form als *castellanus Acconensis.* Schon bei Fulcher von Chartres findet sich *urbs Accon, quae vulgo Acra dicitur*[40]

Schließlich ist in diesem Zusammenhang noch auf *munimentum* und *scriptura memorialis* und *paginae memoriales* in DD. RRH n° 256. 278 (vgl. *carta memorialis* RRH n° 389. 482) zu verweisen, was aus kapetingischen Diplomen stammen könnte. *Munimentum* kommt in den Königsurkunden von Jerusalem in der Siegelankündigung nur in D. RRH n° 256 vor, ansonsten steht *munimen*[41], einmal *munitio* (D. RRH n° 995 im inserierten Text von RRH n° 628). Außerhalb der Siegelankündigung und der Diplome fällt auf, daß es von 1179 bis 1185 in den Dictamina des tripolitanischen Kanzlers Matthaeus oft vorkommt (*per praesentis [praesentium] monimentum privilegii* RRH n° 583. 585. 596. 605. 637. 642). *Munimentum*, sowohl im Sinne von 'Zeugnis' wie in der Bedeutung von 'Urkunde', ist zwar auch der deutschen Herrscherurkunde nicht fremd[42], aber wesentlich häufiger ist es in den Diplomen Ludwigs VII. von Frankreich. Nach Ausweis der beiden großen Serien bei Tardif und Pardessus findet sich das Wort bei Ludwig VI. so gut wie nicht[43], kommt aber – ganz überwiegend in Gestalt der Corroboratio *Quod ut perpetuae stabilitatis obtineat munimentum* – bei Ludwig VII. im ersten Jahrzehnt häufig vor. Dabei fällt auf, daß die Belege nach dem Zweiten Kreuzzug außerordentlich dünn werden und an Zahl so gering sind, daß

---

39) Vgl. auch *nova rua* statt *ruga* in D. RRH n° 278.

40) Fulcher von Chartres, Historia Hierosolymitana S. 462 in der Kapitelüberschrift.

41) DD. RRH n° 68a. 259. 307. 321. 336. 892. 940. 953. 994 (im inserierten Text einer Urkunde Humfreds IV. von Toron, die entgegen Röhrichts Regest von RRH n° 628 leicht verschieden ist). 1027. 1107.

42) 'Zeugnis': D. H. III. 208. Lo. III. 72. K. III. 76. 148. 200. F. I. 385; 'Urkunde': D. O. I. 334. O. III. 405. H. II. 33. K. III. 145. 232. F. I. 172. 192.

43) *Munimentum* im Sinne von 'Zeugnis' erscheint in DUFOUR, Recueil des actes de Louis VI n° 102. 103. 105. 115. 116. 117. 126. 128 aus den Jahren 1115–1118; *munimentum* = 'Urkunde' gibt es nirgends (ebd. 3, S. 99).

man ernsthaft erwägen muß, daß der Diktator verstorben war (etwa auf dem Kreuzzug?) und die alte Corroboratio nur noch gelegentlich unter dem Einfluß von VUU. verwendet wurde[44]. Da Ludwig VII. bis Ostern 1149 im Hl. Land blieb und *munimentum* im Sinne von 'Schutz', das sonst der jerusalemitanischen Königsurkunde ganz fremd ist, nur in D. RRH n° 256 vorkommt, braucht es durchaus keine heimische Reminiszenz des Diktators sein, sondern er mag es der Kanzlei des französischen Königs während des Kreuzzuges abgesehen haben.

Scriptura memorialis ist schwieriger zu deuten, weil es auch bei den Kapetingern seltener vorkommt. In den deutschen Kaiserurkunden finde ich es nur in DD Lo. III. 102. F. I. 532 von 1136 und 1167, aber überhaupt nicht parallel zu dem anonymen Notar in den Urkunden Konrads III. Seit 1075 erscheint dagegen in den Diplomen Philipps I. von Frankreich das Substantiv *memoriale* zur Bezeichnung eines Diploms; seit 1100 wird es bis zu Philipps Tod häufig gebraucht[45]. Unter Ludwig VI. wird es wesentlich seltener[46]. Dagegen kommt, wenn auch eher selten, unter Ludwig VII., bei dem an sich die Diplome wieder *scriptum, pagina, carta* heißen, wenigstens gelegentlich wie bei dem anonymen Notar das Adjektiv *memorialis* vor[47]. Parallel zu Philipp I. steht um 1100 *memoriale* und *memorialis* auch in französischen Privaturkunden, noch 1101 in Paris und 1116 in Tournai[48].

Mit Tournai sind wir natürlich schon im deutsch-französischen Grenzgebiet, und so begegnet denn der Ausdruck auch in niederlothringischen

---

44) PARDESSUS, Ordonnances. Supplément (zitiert ist jeweils die Seite mit dem Anfang der Urkunde) S. 253 (2 x), 254, 255 (2 x), 259 (2 x), 264 (2 x), 266, 267, 268, 271, 272, 277, 280 (2 x), 283 (2 x), 285, 287, 293, 296 (datiert: „vers 1148") und klar nach dem Kreuzzug S. 303 von 1151, S. 333 von 1157, S. 345 von 1160, S. 388 von 1172, S. 400 von 1174, S. 405 von 1175, S. 415 von 1177. TARDIF, Cartons des rois S. 237 n° 432, 242 n° 440 und 441, 249 n° 454, 255 n° 469, 264 n° 494 von 1147. Für die Zeit nach dem Kreuzzug habe ich Tardif im Gegensatz zu Pardessus nur bis 1155 durchgesehen und *munimentum* nur noch einmal 1150 in S. 270 n° 508 (*concessionis nostrae munimentum petierunt*) gefunden.

45) TESSIER, Diplomatique S. 208; D. Philipps I. n° 77 und Einleitung S. LXXXIX sowie Index s. v.

46) DUFOUR, Recueil des actes de Louis VI 3, S. 99: fünf Belege, dazu D. 239: *ductus memorialis*.

47) TARDIF, Cartons des rois S. 268 n° 505: *memoriali scripto commendari* von 1149; PARDESSUS, Ordonnances, Supplément S. 297: *memorialis praecepti testimonio* von 1149.

48) BLATT, Novum glossarium s. v. Vgl. auch *memorialis paginae apices* in RRH n° 194 von 1140, ausgestellt von Raimund von Poitiers, Fürst von Antiochia, durch die Hand seines Kanzlers Odo, und RRH n° 420 des Fürsten von Galilaea von 1165.

Herzogsurkunden des ausgehenden 11. Jahrhunderts[49]. Aber wenn das Wort auch ein Charakteristikum der niederlothringischen Herzogsurkunde am Ausgang des 11. Jahrhunderts war, so ist sein Fortleben dort beim heutigen Stand der Editionen nicht weiter verfolgbar, und eine allgemeine lothringische Spezialität wurde es ausweislich des Nouveau Ducange offenbar nicht. In den Urkunden der Grafen von Namur vor 1196, die freilich überwiegend keine Corroboratio haben, habe ich es nicht gefunden, über lothringische Bischofsurkunden wage ich keine Aussage, obwohl ich eine Menge davon gelesen habe. Im nicht weit entfernten Flandern, wo der Ausgabe der Urkunden des Grafen Dietrich vom Elsaß freilich noch der Wortindex fehlt, habe ich es auch vor 1127 nicht angetroffen, jedenfalls ist es im Index vom Vercauterens Ausgabe der gräflichen Urkunden bis 1127 nicht verzeichnet. Für die Urkunden Philipps vom Elsaß liegt bekanntlich noch gar keine Edition vor, aber auch am Ende des 12. Jahrhunderts ist es in den gräflichen Urkunden ganz selten[50]. Es läßt sich nicht guten Gewissens behaupten, daß der anonyme Notar sein *memorialis* in DD. RRH n° 256. 278 aus einer Fortdauer des Ausdrucks in Lothringen hatte. Eine Beeinflussung durch das Kapetingerdiplom Ludwigs VII. ist dagegen nicht ausgeschlossen, aber viel weniger überzeugend darzutun als bei *munimentum*. Immerhin fällt diese Ableitung etwas leichter als der Rückgriff auf das Diktat des Elias, weil dort das Wort nur einmal und dann substantivisch vorkommt[51].

Es gibt aber auch anderes, das nicht auf Frankreich weist. An der Spitze steht hier das Wort *advocatus* im Sinne von Schutzpatron der Johanniter in D. RRH n° 256. Diese Bedeutung des Wortes ist schon im Okzident selten[52]. Aber wer einen Schutzpatron als *advocatus* bezeichnet, dem ist auch die Einrichtung der Vogtei nicht fremd, und ganz im Gegensatz zum Abendland ist diese im lateinischen Orient von extremer Seltenheit. An Kirchen-

---

49) LESORT, Chartes du Clermontois S. 53 n° 1 (Gottfried der Bärtige von 1069): *Et ut haec donatio ... perpetuum memoriale obtineat*; S. 56 n° 2 (Gottfried von Bouillon von 1093): *hanc descriptionem memorialem fieri iussimus*, und gleichlautend in MIRAEUS – FOPPENS, Opera diplomatica [2]1, S. 365 (Gottfried von Bouillon von 1096).

50) PREVENIER, Oorkonden 2, S. 109 n° 47 der Gräfin Mathilde von 1193–1195: *presens memoriale exinde conscribendum ... decrevi*.

51) D. RRH n° 149 von 1134: *hanc cartam sigillo nostro munitam in memoriale aeternum*; vgl. am Hl. Grab die Privaturkunde RRH n° 272 (zum Datum BRESC-BAUTIER, Cartulaire du St.-Sépulcre S. 244 Anm. 1 und S. 247 Anm. 1): *ut memoriale hoc inde fieret*.

52) Mittellateinisches Wörterbuch s. v., Abschnitt IIB. NIERMEYER, Lexicon vermerkt ohne Belege, *advocatus* = „church patron" sei im 12. Jahrhundert englisch. Das ist richtig, meint aber nicht 'Kirchenpatron', sondern 'Kirchenherr'.

vogteien kennen wir nur zwei, diejenige des Klostergründers Gormund von Bethsan über Palmarea im Jordantal[53], die aber nur – wenn überhaupt – eine Art von Patronatsrecht war (siehe unten Bd. 2, S. 108 f.), und die berühmte, aber umstrittene Vogtei Gottfrieds von Bouillon über die Grabeskirche[54].

Es ist wahrscheinlich nicht von ungefähr, daß Gormund von Bethsan sich vogteiartige Rechte über Palmarea vorbehalten hatte, denn Gormund/Warmund ist ein Name, der im lothringischen Raum und Flandern wesentlich häufiger als in anderen Regionen Frankreichs und überhaupt mittelalterlich überwiegend auf Reichsboden bezeugt ist. Im eigentlichen Frankreich begegnet er in Reims und in der Pikardie[55]. Aus dieser Gegend stammte auch Gormund von Bethsan, dessen Familie zurückgeführt wird teils auf die Vögte von Béthune im Pas-de-Calais, teils auf die Herren von Quierzy bei Laon[56]. Es ist daher überhaupt nicht überraschend, daß Gormund von Bethsan ein Hauskloster gründete, über das er gewisse Rechte behielt.

Lothringen und Flandern waren wegen der Schwäche der Zentralgewalt in nachkarolingischer Zeit die klassische Region der Kirchenvogtei, aber mit Ausstrahlungen in die Pikardie, in den Artois und in die Champagne[57]. Westlich und südlich von Paris finden sich mehr die „vidames" als die „avoués". Das Wort *advocatus* in D. RRH n° 256, selbst wenn es hier nicht Vogt, sondern Schutzpatron bedeutet, muß angesichts der Seltenheit seines Vorkommens unseren Blick auf die soeben beschriebene Region als mögliche Heimat des anonymen Notars lenken. Gerade der Umstand, daß die Institution der Kirchenvogtei im Hl. Land praktisch nicht existent war, machte den Weg frei, das Wort *advocatus* in dem sonst so selten bezeugten Sinn von Schutzpatron zu verwenden, aber das setzte voraus, daß einem dies bewußt und die normale Bedeutung des Wortes vertraut war.

---

53) RRH n° 495 = HIESTAND, Vorarbeiten 3, S. 274 n° 108; DERS., Palmarea S. 176; KEDAR, Palmarée S. 262.

54) Siehe zum Stand der Debatte MAYER, Geschichte der Kreuzzüge (⁸1995) S. 259 Anm. 30.

55) MORLET, Noms de personne 1, S. 218; Wilhelm von Tyrus, Chronicon XII. 6, S. 553; VERCAUTEREN, Actes S. 247 n° 108 von 1122.

56) Lignages d'Outremer c. 27, S. 463; DUCANGE – REY, Familles S. 248–250; LA MONTE, Lords of Bethsan S. 58–61; MAYER, Bistümer S. 325; RHEINHEIMER, Galiläa S. 189.

57) Lothringen: L'avouerie en Lotharingie, passim; BOSHOF, Untersuchungen, passim; GÉNICOT, Etudes S. 59–113; PARISSE, Noblesse lorraine 1, S. 59–106; KUPPER, Liège S. 439–441; MAYER, Fürsten und Staat S. 17–21; BAERTEN, Comté de Haspinga, passim. Veraltet: PERGAMENI, L'avouerie, passim; MORIN, Les avoueries, passim. – Frankreich: SENN, L'institution, passim; BOUTROUCHE, Seigneurie 1, S. 123 f.; BUR, Champagne S. 343–392; FOSSIER, Picardie S. 496.

Auf Lothringen könnte ferner hindeuten, daß Gottfried von Bouillon in D. RRH n° 278 *illustrissimus dux* genannt wird[58]. Aufschlußreich ist es auch, daß der Anonymus D. RRH n° 278 als Chirograph anlegte. Dies war eine Sache der Privaturkunde[59]. Das ergibt sich schon aus der Sache selbst. Das Diplom war in Jerusalem ein einseitiger Gunsterweis. In diese Form wurde es selbst dann gekleidet, wenn es sich in Wirklichkeit um einen zweiseitigen Vertrag handelte, sei es daß ein solches Privileg die Leistungen der Gegenseite verschwieg (etwa D. RRH n° 102. 105) oder aber in einem schriftlich separat fixierten Gegeneid festhielt[60]. Hier war also für ein wirk-

---

58) Siehe MAYER, Bistümer S. 139; oben S. 414 f.

59) Allgemein zum Chirograph (besonders bei den Angelsachsen) TRUSEN, Chirographum S. 233–249; PARISSE, Remarques, passim; BISCHOFF, Chirographum S. 118–122; REDLICH, Privaturkunden S. 97–101. In Deutschland sind Kaiserurkunden als Chirograph sehr rar und meist außerhalb der Kanzlei entstanden: DO. III. 363, dann zwei Präkarienverträge der Kaiserin Kunigunde (DDH. II, S. 694 n° 2, 696 n° 3), DK. II. 106, MGH Const. 1, S. 423 n° 298 (Präliminarvertrag zwischen Friedrich I. und Hennegau, verfaßt von Giselbert von Mons) und Friedrichs II. BF 956. Unglaubwürdig ist MGH Const. 1, S. 258 n° 187 c. 2; vgl. DF. I. 98 in der Vorbemerkung. St. 3079 Heinrichs V. wird zwar im Text als Chirograph bezeichnet, ist aber keines. In England hat Heinrich II. gelegentlich objektive Notizen über gerichtliche Inquisitionen dadurch bestätigt, daß er das außerhalb der Kanzlei vorbereitete Chirograph durch Anbringung der Mittelschrift und die Teilung und Besiegelung vollzog (DELISLE, Recueil. Introduction S. 42; Faksimile bei DELISLE, Notes nach S. 312). Meist aber hat er durch gesonderte Urkunde bestätigt. Auch die Konstitutionen von Clarendon erließ Heinrich 1164 als Chirograph (Roger von Hoveden, Chronica 1, S. 222). Seit Eduard I. gibt es sogenannte „military indentures" in Gestalt von Chirographen, mit denen der König Soldaten unter Vertrag nahm, aber schon Heinrich III. stellte eine Instruktion an Gesandte, die allerdings nicht im Namen des Königs erging, als Chirograph aus (CHAPLAIS, English Royal Documents S. 33 f. u. Taf. 2b). Im übrigen kam es in England seit 1195 zu dreigeteilten Chirographen (Feet of Fines), bei denen ein Exemplar, die sogenannte *pes* (daher der Name), als Garantie gegen Fälschungen im Exchequer aufbewahrt wurde. In Schottland kommt im 12. Jahrhundert ein zweifelsfreies Chirograph eines Königs vor (Regesta regum Scottorum 2, S. 274 n° 236). Die Könige von Frankreich stellten so gut wie keine Chirographen aus, eine Ausnahme ist ein Stück Heinrichs I.; siehe GIARD, Note S. 201–206. Öfter allerdings hat Philipp I. fremde Chirographen unterschrieben (DD. Philipps I. 17. 48. 49). Aus dem italo-normannischen Bereich sind mir nur zwei chirographierte Königsurkunden bekannt, und zwar die Verträge Wilhelms I. und Wilhelms II. mit Genua von 1156 und 1174 (IMPERIALE DI SANT' ANGELO, Codice diplomatico di Genova 1, S. 338 n° 279 und S. 341 n° 280 sowie ebd. 2, S. 202 n° 94. Zu dem ganzen Komplex KEHR, Urkunden S. 232 und ENZENSBERGER, Beiträge S. 106–109), bei Spanien gestehe ich, daß ich der Sache nicht nachgegangen bin.

60) D. RRH n° 713. Der Gegeneid bei FAVREAU, Heinrich von Champagne S. 119 f.

liches Chirograph, das beiden Seiten eine gleichlautende Fassung mit einem beschriebenen Trennungsschnitt zum Zusammenfügen der dann auseinandergeschnittenen Teile gegeben hätte, schon von vornherein kein Platz. Die Formulierung hätte anders ausfallen müssen, als dies im Diplom üblich war, und sie hätte das Diplom degradiert. Der Kanzleimann Balduin wußte im 13. Jahrhundert zwar, daß ein Chirograph eine Urkundenform war, die sich für den privaturkundlichen zweiseitigen Vertrag bestens eignete, und wie man ein solches aufsetzte (RRH n° 871; siehe unten Bd. 2, S. 702), aber er wartete zu, bis er die Kanzlei verlassen hatte und privaturkundlich arbeitete, bis er sich dieser Form bediente. In seinen Diplomen ist davon nichts zu spüren.

In der Tat gibt es unter den jerusalemitanischen Diplomen nur vier unbezweifelbare Chirographen, neben DD. RRH n° 691. 713 noch D. RRH n° 278 und das gleichfalls außerhalb der Kanzlei entstandene D. RRH n° 516 von 1174, bei dem der Text dies zwar nicht ausdrücklich sagt, das aber als Originalchirograph erhalten ist (siehe unten Bd. 2, S. 253)[61]. Zwar behauptet auch der Text von D. RRH n° 307, es habe sich hier um ein Chirograph gehandelt. Aber das hätte dem Kanzleibrauch so sehr widersprochen, daß ich glaube, daß hier der Kanzler Radulf lediglich gedankenlos den Text der VU. D. RRH n° 278 kopiert hat, was ihn als Engländer wohl weniger gestört hätte, da dort das Chirograph in der Privaturkunde seit angelsächsischer Zeit eine längere Geschichte hatte als in irgendeinem anderen Land.

Aber selbst in den Privaturkunden ist das Chirograph in den Kreuzfahrerstaaten relativ rar. Wenn ich bei der Durchsicht von 1200 Urkundentexten aus der Zeit bis um 1250 nicht ermattet bin, kommt es nur vor in RRH n° 78. 228. 274. 275. 369. 389. 480 (siehe Hiestand, Vorarbeiten 2, S. 222 n° 19). 531. 631. 657b. 692. 783. 871. 923. 1182. 1204. 1259. Dazu kommen allerdings noch eine ganze Reihe von Originalchirographen, die im Johanniterarchiv in La Valletta erhalten sind, im Text aber keine Chirographierung ankündigen (RRH n° 257. 311. 327. 329. 457. 501. 502. 535. 561. 589)[62].

---

61) Etwas anderes sind natürlich gleichlautende Doppelausfertigungen von Diplomen oder Privaturkunden, die verschiedenen oder aber auch denselben Empfängern ausgehändigt wurden. Der erste Fall begegnet in RRH n° 569a. 623a, der zweite kommt vor beim Deutschen Orden in DD. RRH n° 934. 974; weitere Beispiele unten S. 669.

62) Auch RRH n° 949 wird im Text nicht als Chirograph bezeichnet, doch soll es sich bei dem heute verlorenen Original um ein solches gehandelt haben; vgl. DELAVILLE LE ROULX, Cartulaire général des Hospitaliers de S. Jean 2, S. 297 n° 1739. Sicherlich sind Chirographen zwei bei Röhricht nicht regestierte Urkunden in Marseille (Departementalarchiv 56 H 5155 n° 1 und 56 H 5408 n° 3 = DELAVILLE LE ROULX, Chartes de Terre Sainte S. 181 n° 1, 189 n° 5. Letzteres ist eine Rarität,

Chirographen gab es natürlich im 12. Jahrhundert an vielen Orten, aber sie waren besonders beliebt in Ober- und Niederlothringen, aber auch am Niederrhein und in Belgisch und Französisch Flandern[63].

Es bleibt eine Hypothese, aber es fällt nicht sonderlich schwer, sich unter dem anonymen Notar der Königin Melisendis einen Mann französischer Muttersprache vorzustellen, der aus dem flandrisch-lothringischen Raum kam. Dabei müßte Lothringen den Vorzug erhalten, weil flandrische Diktateinflüsse nicht spürbar sind[64]. Das würde auch der politischen Position der Königin entsprechen, die nach Fulkos Tod gegen dessen alte Parteigänger vorging, was ihr Sohn Balduin III. zu konterkarieren suchte[65]. Obwohl sie Lothringen nie gesehen hatte und eine halbe Armenierin war, pflegte sie die Beziehungen nach Lothringen und holte sich von dort beispielsweise ihren wichtigsten Funktionär, den Konstabler Manasses von Hierges. Und wenn wir gesehen haben, daß der Anonymus Herkunftsnamen aus Frankreich meist in französischer Form gab, weil ihm das anscheinend leichter fiel, als die lateinische Umformung zu ermitteln, so machte er davon doch eine Ausnahme: *Herbertus de Regiteste* in D. RRH n° 278, das ist Rethel im Dépt. Ardennes, und aus der dortigen Grafenfamilie stammten in derselben Generation sowohl der Vater der Königin Melisendis wie die Mutter des Manasses von Hierges. Die Gleichung Rethel = *Regitestis* war dem Anonymus offenbar ganz geläufig[66].

---

nämlich ein unvollzogenes Originalchirograph, das den Text (darin: *per alphabetum partiri*) untereinander zweimal enthält. Dazwischen sind sechs unbeschriebene Zeilen, die Schnittschrift fehlt. Dagegen wird RRH n° 390 im Text als Chirograph bezeichnet, obwohl das Original in La Valletta (National Library, Arch. 2 n° 29) keines ist, in Europa kein seltener Fall; vgl. beispielsweise DDH. III. 229. H. IV. 4, vielleicht auch DH. IV. 402 (vgl. auch D. Hermann 1 in DDH. IV), aber auch die Belege im Mittellateinischen Wörterbuch s. v. und BRESSLAU, Urkundenlehre ²1, S. 673 Anm. 1: „Der Ausdruck beweist allerdings hier nicht immer die Sache".

63) BRESSLAU, Urkundenlehre ²1, S. 671–674. PARISSE, Remarques S. 556 f.: Von 16 in Frankreich noch erhaltenen Chirographen vor 1063 kommt die Hälfte von altem Reichsboden in Lothringen und im Elsaß, danach wächst die Zahl der Chirographen ständig.

64) Vom lothringischen Gebrauch weicht lediglich der konstante Schluß der Invocatio auf *amen* ab, aber hier kann leicht eine Angleichung an das üblicherweise im Hl. Land vorhandene *amen* vorliegen. Fehlendes *amen* kann für Lothringen sprechen wie beim Kapellan Friedrich, aber vorhandenes *amen* spricht nicht dagegen.

65) MAYER, Angevins vs. Normans S. 17 f.; DERS., Wheel of Fortune S. 861–870 zu Beirut.

66) Siehe LABANDE, Trésor 4, S. 640 im Index.

XIII. Der Kapellan Friedrich
(Friedrich von Laroche)
(1149; † 1174)

1. Urkundenbestand, Person und Herkunft Friedrichs

Einmal, zwischen D. RRH n° 256 und D. RRH n° 258, bediente sich die
Königinmutter Melisendis zur Herstellung einer Urkunde statt des anonymen Notars ihres Kapellans Friedrich. Ich schreibe ihm folgende Urkunde
zu[1]:

Or. D. RRH n° 262   1150 (1149 Dezember 25-31)

Von diesem Friedrich wissen wir streng genommen nicht sicher, daß er
der Kapellan der Königinmutter war. In der Unterfertigung des Diploms
heißt es: *Data est haec pagina per manum Frederici ʕ fratribus Hospitalis.* Das
kann man auflösen zu *canonici, cancellarii, capellani. Canonici* wird man
ausschalten können, auch wenn sich zeigen wird, daß Friedrich ein Kanonikat innehatte. Für das Datum und die Unterfertigung standen nur anderthalb
Zeilen zur Verfügung. Das verursachte die drastische Kürzung, aber bei der
Auflösung *canonici* wäre doch die Angabe des Stifts unumgänglich gewesen;
sie konnte nur wegbleiben, wo Chorherren in Zeugenlisten ihrem Bischof
folgten, der bereits richtig mit dem Ort seiner Kathedrale bezeichnet war.
Ebenso wird man *cancellarii* als Auflösung ausscheiden müssen. Die Kanzlei
war ja gerade zusammengebrochen, der Kanzler Radulf seines Amtes verlustig gegangen, Königinmutter und König blockierten sich gegenseitig in der
Kanzlerfrage. Melisendis hat gewiß nachweislich ihre eigenen Hofämter
kreiert, aber wenn selbst der König damals keinen Kanzler ernennen konnte,
der für das Reich oder wenigstens für den König zuständig gewesen wäre, so
konnte Melisendis dies natürlich auch nicht. Eine solche Ernennung hätte
des Konsenses des Königs bedurft, die nicht zu haben war, darüber hinaus

---

1) Zum Datum siehe unten Bd. 2, Exkurs I, S. 860. Zu Deperdita der Melisendis aus
der Zeit siehe oben S. 619 Anm. 13.

auch der Zustimmung der Magnaten (siehe zu all dem oben S. 79 f.). Auch wäre ein Kanzler der Königinmutter ja kein dem Urkundengeschäft fernstehender hochmittelalterlicher Reichskanzler gewesen, sondern sein eigener Notar, wie es bis zu dieser Zeit mit Ausnahme des Paganus und Francos die Kanzler-Notare der Könige von Jerusalem gewesen waren. Dann aber sollte man nicht erwarten, daß der Kanzler zufällig einmal ein Diplom geschrieben, ansonsten das Urkundsgeschäft aber dem anonymen Notar überlassen hätte. Gerade das umgekehrte Verhältnis hätte auftreten müssen.

Ich halte es also für so gut wie sicher, daß wir zu *capellani* auflösen müssen und daß Friedrich zur Kapelle der Melisendis gehörte. Es waren ja in dieser Zeit auch sonst gerade die Mitglieder der Kapelle wie Daniel und Guido, die nach dem Sturz des Kanzlers faute de mieux die Diplome herstellen mußten. In dieser Meinung werde ich dadurch bestärkt, daß später ein anderer Hofkapellan, Amalrich von Nesle, es just dem Bischof Friedrich von Akkon, mit dem ich diesen Kapellan Friedrich identifiziere, übertrug, beim Papst seine Bestätigung als Patriarch von Jerusalem durchzusetzen[2].

Überlegungen zur Herkunft und der Karriere Friedrichs müssen davon ausgehen, daß der deutsche Name Friedrich im Namensgut des Hl. Landes außerordentlich selten ist, jedenfalls für Geistliche. Weder bei Albert von Aachen noch bei Fulcher von Chartres, für deren Editionen jeweils hervorragende Indices zur Verfügung stehen, kommt überhaupt irgendein Friedrich vor, nicht einmal ein Laie, und bis 1127 sind die beiden Chroniken immerhin unsere Hauptinformationsquelle. Wilhelm von Tyrus kennt nur zwei Friedriche, Barbarossa und den bereits erwähnten Bischof von Akkon und späteren Erzbischof von Tyrus. Auch Röhricht mit seiner unvergleichlichen Quellenkenntnis kennt in seiner Geschichte des Königreichs Jerusalem außer diesen beiden nur noch Kaiser Friedrich II., den Herzog Friedrich von Schwaben beim dritten Kreuzzug und den Kreuzfahrer Friedrich von Pettau im Jahre 1217. In der Hauptquelle für Personennamen, in Röhrichts Regesta regni Hierosolymitani, sieht es nicht viel besser aus. An Laien begegnen hier neben den beiden Kaisern noch ein Konstabler von Galilaea 1121 und vier Italiener aus dem Kaufmanns- und Notarsmilieu und alle im 13. Jahrhundert[3], ferner begegnen, ebenfalls im 13. Jahrhundert, drei Deutschritter. An

---

2) Siehe unten S. 653. MAYER, Hofkapelle S. 498.
3) Dazu tritt noch der Geschworene der Cour des Bourgeois in Jerusalem 1235 Friedrich de Romania, wohl auch ein Italiener aus der Romagna, da er im Gericht der damals staufisch beherrschten Hauptstadt diente. Sehr wahrscheinlich ist auch *Fed. frater Sancti Sepulcri*, ein Laienbruder des Hl. Grabs, im Jahre 1168 den Friedrichen zuzurechnen (JL 11385). Ein Friedrich von Corbeil begegnet nur in einer Fälschung (D. spur. RRH n° 43).

Geistlichen kennt Röhricht schließlich noch einen Presbyter Friedrich 1255 in Akkon und im 12. Jahrhundert diejenigen, die uns hier wirklich beschäftigen sollen: der Kapellan der Melisendis, ein Kapellan von St. Lazarus und der Bischof von Akkon und spätere Erzbischof von Tyrus, eine insgesamt wahrhaft magere Ausbeute.

Schon Röhricht hat den Kapellan Friedrich aus D. RRH n° 262 mit dem Erzbischof von Tyrus in eins gesetzt[4], und diese Vermutung hat so gut wie alles für sich. Über den Erzbischof wissen wir sehr gut Bescheid. Alberich von Troisfontaines († nach 1251) macht ihn in seiner Chronik zu einem Neffen des Grafen Gottfried von Namur und zum Sohn von dessen Bruder, des Grafen Albert von Laroche, und Alberich informiert uns auch, daß Friedrich zuerst Archidiakon von St. Lambert in Lüttich war, ehe er später Erzbischof von Tyrus wurde[5]. Ganz richtig ist die Nachricht Alberichs nicht, aber so viel stimmt daran doch, daß Friedrich aus einer der vornehmsten Familien Lothringens stammte, aus dem Hause der Grafen von Namur, denn ein Neffe des Grafen Gottfried war er in der Tat. Dieser war der älteste Sohn des bedeutenden Albert III. von Namur, der auch einen Sohn Albert hatte, und so konnte es nicht ausbleiben, daß die ältere Literatur teilweise den späteren Erzbischof Friedrich zum Sohn dieses zweiten Albert machte[6]. Wäre dies richtig, so hätte Friedrich massive Familieninteressen im Hl. Land zu wahren gehabt, denn sein angeblicher Vater Albert ist 1095 und 1101 mit seinen Brüdern Gottfried und Heinrich urkundlich in Europa bezeugt. Später ging er ins Hl. Land, vielleicht gemeinsam mit einem weiteren Bruder Friedrich, der sich dort von 1112 bis 1115 aufhielt und 1119 zum Bischof von Lüttich aufstieg, jedenfalls ist Albert 1112 im Hl. Land urkundlich bezeugt und war kurze Zeit Graf von Jaffa, das nach seinem Tode an die Le Puiset von Chartres ging[7].

---

4) RÖHRICHT, Geschichte S. 363 Anm. 2, wo er ɫ allerdings wie in seinen Regesten als Kanzler deutet; so schon DELAVILLE LE ROULX, Cartulaire général des Hospitaliers de S. Jean 1, S. 148 n° 191, da die Kanzleivakanz damals überhaupt nicht erkannt war. Elf Jahre früher, in seiner Syria sacra S. 17 und 20, hatte RÖHRICHT diese Gleichsetzung noch nicht vorgenommen.

5) Alberich von Troisfontaines, Chronica MGH SS 23, S. 853.

6) BERLIÈRE, Frédéric de Laroche S. 70 f.

7) ROUSSEAU, Actes des comtes de Namur S. XCVI. RRH n° 68a, siehe dazu MAYER, Origins of Jaffa S. 43 f. Zur Pilgerfahrt Friedrichs von Lüttich siehe Vita Frederici episcopi Leodiensis, MGH SS 12, S. 504 und MAGNETTE, Saint-Frédéric S. 228; Friedrich ist von 1113 bis 1115 aus den europäischen Urkunden abwesend; ebd. S. 258 f.

Nun hat aber Alberich von Troisfontaines zwei Söhne Alberts III. von Namur, Albert und Heinrich, verwechselt und Albert alles zugeschrieben, was sich auf Heinrich beziehen muß. Sein Fehler ist schon im 17. Jahrhundert von Ducange berichtigt worden, danach mehrfach in der belgischen Forschung[8]. Nicht Albert war sein Vater, der auch nie Graf von Laroche war, sondern ein anderer Sohn Alberts III., Heinrich I., der von seinem 1102 verstorbenen Vater die Vogtei über Stablo und das Reichslehen der Grafschaft Laroche-en-Ardenne (belgische Provinz Luxembourg, arrond. Marche-en-Famenne, südlich von Lüttich) geerbt hatte. Die Grafschaft blieb ihm und zweien seiner Söhne und wurde 1152 nach deren Ableben an den Grafen Heinrich den Blinden von Namur aus der älteren Linie des Hauses übertragen. Damit ist man natürlich geographisch sehr nahe bei den Ursprüngen der lothringisch-ardennischen Dynastie, der Melisendis entstammte: Bouillon und Bourcq.

Die Grafen von Namur und Laroche stellten im 12. Jahrhundert drei Bischöfe von Lüttich, Friedrich (1119–1121), Albero II. (1135–1145) und Albert (1191–1192). Es war fast zwangsläufig, daß einer der Söhne Heinrichs I. von Laroche die geistliche Laufbahn ergriff. Unser Friedrich trat in das Kapitel von St. Lambert in Lüttich ein. Unter Albero II. machte Friedrich Karriere. Er stieg auf zum Archidiakon und zum Großpropst von St. Lambert. Das dortige Kapitel war eine Domäne des Adels der Region, und in seiner großartigen Untersuchung über Lüttich und die Reichskirche hat Kupper gezeigt, wie prominent darin im 11. Jahrhundert die Familie der Herzöge von Niederlothringen und im 12. Jahrhundert die der Grafen von Namur war[9]. Er hat auch klar die Bedeutung der Archidiakone des Bistums Lüttich herausgearbeitet, deren Zahl im 12. Jahrhundert auf sieben (Ardennen, Brabant, Campine, Condroz, Famenne, Hesbaye und Hennegau) gestiegen war[10]. Der Lütticher Bischof war so sehr in die Reichspolitik eingespannt, daß mehr und mehr die Archidiakone ihm die Jurisdiktion in den ihnen zugewiesenen Dekanaten abjagten; Kupper hat nicht zu Unrecht von „Lokalbischöfen" gesprochen, denen es nur an der Ordinationsgewalt mangelte. Ausschließlich aus ihrer Siebenergruppe wurde der Großpropst von St. Lambert bestellt, der nach dem Bischof der wichtigste Mann in dieser riesigen Diözese und Vorsteher des großen Kathedralkapitels mit seinen 60 Kanonikaten war[11]. Ihm oblag auch die Verwaltung des Kapitelsbesitzes.

---

8) DUCANGE – REY, Familles S. 750; ROUSSEAU, Actes des comtes de Namur S. XCIV–XCVI, CXXIX–CXXXIV; KUPPER, Liège S. 510.
9) Ebd. S. 322 f.
10) Ebd. S. 332–340.
11) Ebd. S. 315 f.

Genügend dieser Großpröpste sind zu Bischöfen aufgestiegen, eine Karriere, die auch einfachen Archidiakonen nicht verschlossen war. Der Ende des 12. Jahrhunderts verstorbene Archidiakon Otto formulierte selbstbewußt: *Nobis autem de hoc saeculo migrantibus sive ad episcopatum promotis* ... [12].

Ob Friedrich uno actu Archidiakon und Großpropst wurde oder erst das eine, dann das andere, wissen wir nicht. Wir finden ihn erstmals und gleich dreimal in beiden Positionen im Jahre 1139[13], aber er mag das Amt des Großpropsts seit 1136 innegehabt haben, als letztmals sein Vorgänger Steppo auftrat[14]. Die Reise des Bischofs Albero II. zum Lateranum II von 1139 machte er nicht mit[15], sicherlich weil der Bischof ihn daheim nicht entbehren mochte. In diesen Jahren war er aber als Gesandter seines Kapitels und in Sachen von dessen Disziplin beim Erzbischof von Trier[16].

Im Jahre 1141 war er noch im Amt[17]. Danach wurde er abgelöst, denn 1142 erscheint an seiner Stelle der bedeutende spätere Lütticher Bischof Heinrich II. von Leez[18] als Archidiakon, aber noch nicht als Großpropst, noch im selben Jahr dann aber auch in dieser Funktion[19], der also 1141

---

12) KUPPER, Liège S. 339 Anm. 180 nach dem unedierten Original.

13) HALKIN – ROLAND, Recueil des chartes de Stavelot-Malmédy 1, S. 344 n° 168; 346 n° 169; PIOT, Cartulaire de St.-Trond 1, S. 48 n° 38.

14) DE MARNEFFE, Tableau S. 447 f.; BORMANS – SCHOOLMEESTERS, Cartulaire de St.-Lambert de Liége 1, S. 62 n° 38 und HABETS, Beknopte geschiedenis S. 99 n° 3.

15) EVRARD, Documents de Flône, Analectes 23, S. 301 n° 12. Hier sind als Zeugen die Begleiter des Bischofs nach Rom aufgezählt. Von Sankt Lambert in Lüttich ist nur der spätere Lütticher Bischof Heinrich II. von Leez dabei.

16) BORMANS – SCHOOLMEESTERS, Cartulaire de St.-Lambert de Liége 1, S. 595 n° 483.

17) Zeuge in einer Urkunde des Bischofs im ungedruckten Chartular A von Sainte-Croix de Liège im Staatsarchiv Lüttich, Sainte-Croix n° 5, fol. 19v = PONCELET, Inventaire 1, S. 14 n° 19. Die Urkunde fällt ohne Berücksichtigung der Indiktion in die Zeit zwischen dem 13. März (a. reg.) und dem 24. Dezember 1141 (a. inc.). Bei Septemberindiktion liegt sie vor dem 1. oder 24. September. Allerdings benutzte man im 12. Jahrhundert in Lüttich überwiegend die römische Indiktion mit Neujahrsanfang, womit es bei 24. 12. als *terminus ad quem* bleibt; siehe DE MARNEFFE, Styles et indictions S. 9 f.

18) Zu seinem Namen siehe KUPPER, Liège S. 167.

19) PIOT, Cartulaire de St.-Trond 1, S. 62 n° 47; MIRAEUS – FOPPENS, Opera diplomatica 4, S. 372 mit Korrektur des Datums nach dem ungedruckten Chartular und überhaupt grundlegenden Bemerkungen bei KUPPER, Liège S. 169 Anm. 331. Ich habe diese Korrektur des Inkarnationsjahres von 1141 zu 1142 leider übersehen, als ich kürzlich der Laufbahn des Konstablers Manasses von Hierges nachging; MAYER, Manasses of Hierges S. 762. Aber die Umdatierung ändert an meinen dortigen Resultaten nichts. Die Urkunde stammt nunmehr aus dem Zeitraum zwischen dem 25. De-

oder 1142 Archidiakon und 1142 Großpropst wurde. Bereits 1141, als der Bischof Albero II. die Burg Bouillon belagerte und dabei siegbringend die Reliquien des hl. Lambert einsetzte, spielte Heinrich eine führende Rolle und mag das ihm vom Chronisten zugeschriebene Amt des Archidiakons, wenn auch sicher nicht das ihm gleichfalls zugeschriebene des Großpropsts innegehabt haben[20].

Als Friedrich seine Lütticher Ämter niederlegte, war es ein Abschied auf Dauer, auch wenn er möglicherweise später nochmals als Besucher zurückkehrte. Dem Beispiel seines gleichnamigen Onkels folgend, der ihm im Amt des Großpropsts vorausgegangen war und später in Lüttich Bischof wurde (1119–1121), ging auch der jüngere Friedrich ins Hl. Land, blieb allerdings dort, während sein Onkel nach drei bis vier Jahren zurückgekommen war (siehe oben S. 648). Eher 1142 als 1141 ging der jüngere Friedrich also ins Hl. Land, und da liegt es nahe, seine Reise zeitlich zu verbinden mit der eines anderen Namurois, des Manasses von Hierges[21]. Manasses, der seinen Plan bereits seit Februar 1140 ventilierte, war ein Vetter der Königin Melisendis, der bei ihr offenbar sein Glück zu machen suchte. Da er 1177 starb und 1127 Burgmann in Bouillon war, war er spätestens 1112 geboren und 1140 mindestens 28 Jahre alt, aber kaum älter, da er noch immer unverheiratet war. Die Pilgerfahrt des benachbarten Grafen von Flandern 1138/1139 mag ihn zu seinem Entschluß beflügelt haben. Unter dem angiovinisch dominierten Regime des Königs Fulko von Anjou hatte er keine Chance[22], aber Melisendis muß er rechtgekommen sein, da er ihr ermöglichte, sich für die Zeit nach dem Tode Fulkos eine lothringisch-ardennische Personalreserve anzulegen, und sie machte ihn denn nach Fulkos Tod auch gleich zum Konstabler des Reichs. Wenn er den viel hochadligeren Friedrich von Laroche 1142 mitbrachte, so muß dieser ihr aus demselben Grunde willkommen gewesen sein.

Im Gegensatz zum älteren Friedrich wissen wir beim jüngeren genau, wohin er im Hl. Land ging. Wilhelm von Tyrus verrät es anläßlich seines Todes. Friedrich starb als Erzbischof von Tyrus 1174 in Nablus. Aber er ließ

---

zember 1141 und dem 12. März 1142, und nach wie vor ist Manasses nicht etwa 1140 oder 1141, sondern frühestens mit den Frühjahrsabfahrten des Jahres 1142 in den Osten gereist.

20) Triumphus Lamberti, MGH SS 20, S. 505.

21) Siehe dazu MAYER, Manasses of Hierges, passim, besonders S. 762 und oben S. 650 Anm. 19. Damals brach übrigens auch der Graf von Flandern ins Hl. Land auf, auch wenn er nicht hingekommen zu sein scheint; DE HEMPTINNE – VERHULST, Oorkonden S. 106 n° 63 und Einleitung S. LXXII f.

22) Siehe dazu MAYER, Angevins vs. Normans, passim.

sich nicht in seiner – unscheinbaren – Kathedrale von Tyrus begraben, sondern *in capitulo Templi Domini, unde prius canonicus fuerat regularis*[23]. Das
Stift vom Templum Domini, beherrschend in der Omarmoscheee in der
Mitte des Tempelplatzes von Jerusalem gelegen, war der Königin Melisendis
eng verbunden. Sein bedeutender Abt Gaufrid (1137–1160) war in den
Auseinandersetzungen mit ihrem Sohn ein enger Parteigänger der Königinmutter, die ihrerseits das Stift mindestens später reich begüterte, so verschwenderisch, daß ich der Vermutung Raum gegeben habe, sie habe hier
begraben sein wollen und nur ihr Sohn habe sie in S. Maria im Tal Josaphat
beerdigt, um nicht ein Königinnengrab entstehen zu lassen, das die Königs-
gräber in Golgatha an Pracht weit in den Schatten gestellt hätte[24]. Wenn
das Stift Friedrich nicht von sich aus mit offenen Armen aufnahm, wie dies
bei seiner hochadligen Abstammung durchaus wahrscheinlich war, so konnte
jedenfalls Melisendis ihn leicht darin unterbringen. Ebenso leicht wäre es zu
verstehen, wenn sie für die Herstellung ihrer Urkunde D. RRH n° 262 zu
einem hochadligen und lothringischen Mitglied gerade dieses Stifts gegriffen
hätte.

Sie hat ihn offenbar auch zum Mitglied ihrer Kapelle gemacht. Dafür
haben wir das freilich nicht ganz eindeutige Zeugnis der Unterfertigung von
D. RRH n° 262 *per manum Frederici ₹*. Daß dieser Friedrich identisch war
mit Friedrich von Laroche wird nicht nur nahegelegt durch das sehr seltene
Vorkommen des Namens im Hl. Land um diese Zeit, sondern läßt sich auch
aus den Besonderheiten der Urkunde selbst erschließen (siehe unten
S. 668–673). Auch weitere Überlegungen sprechen dafür. Da Melisendis nach
dem Tode des Königs Fulko demonstrierbar gegen dessen Parteigänger vorging[25], bedurfte sie für diesen Tag X einer Klientel, und dabei scheint sie
nach Möglichkeit auf die lothringisch-ardennaisische Heimat ihres Vaters
zurückgegriffen zu haben, denn hier konnte sie auf Blutsbande und Regio-
nalstolz bauen. Es wäre geradezu töricht gewesen, Friedrich keinen Platz in

---

23) Wilhelm von Tyrus, Chronicon XXI. 4, S. 965; vgl. den Varianten- und den
kritischen Apparat von Huygens. Nicht glaubwürdig ist die Angabe der englischen
Hss.-Gruppe CBW (wo auch ein verkehrtes Tagesdatum steht), die auch überging in die
altfranzösische Übersetzung (RHC Hist. occid. 1, S. 1010), er sei Chorherr am
Hl. Grab gewesen und auch dort begraben worden. Wäre dies richtig, so müßte er zwischen 1142 und seiner Erhebung zum Bischof von Akkon im Chartular des Hl. Grabs
auftauchen. Der einzige dort vorkommende *Fed. frater Sancti Sepulcri* in JL 11385, der
vor 1168 ein Haus an das Stift schenkte, ist aber kein Kanoniker, sondern ein Laienbruder. Zur Kathedrale von Tyrus MAYER, Bistümer S. 98–111, bes. S. 104 f., 108 ff.
24) MAYER, Queen Melisende S. 152, 175. DERS., Bistümer S. 174–196, 271–274.
25) MAYER, Wheel of Fortune S. 864 f., 869.

ihrer Kapelle anzubieten, denn auch die Erfahrungen eines ehemaligen Lütticher Archidiakons und Großpropstes konnte sie nicht einfach ignorieren.

Es tritt noch etwas hinzu: Nach dem Tod des Patriarchen Fulcher im November 1157 übte Melisendis, in der Politik an sich schon seit 5 Jahren gestürzt, Ende 1157 oder Anfang 1158 einen maßgeblichen Einfluß bei der Wahl eines Patriarchen von Jerusalem aus[26]. Der König war damals im Antiochenischen. In dieser Situation wagte sich die an sich entmachtete Königinmutter Melisendis wieder hervor und übernahm die Rolle der Krone gemeinsam mit ihrer Schwester Hodierna von Tripolis und des Königs Halbschwester Sibylle von Flandern. Die flandrische Unterstützung war für ihr Unternehmen vielleicht wesentlich, denn Sibylles Mann war gerade wieder einmal im Hl. Land und übte dann infolge seiner Macht jeweils einen großen Einfluß aus. Man wird in dem Handstreich jedenfalls einen Versuch der Familie der Melisendis sehen müssen, der im Episkopat isolierten Königinmutter wieder eine Partei in der Kirche zu verschaffen (siehe unten S. 668–673). So war es nicht erstaunlich, daß aus der Wahl der Pikarde Amalrich von Nesle siegreich hervorging, der zur Zeit des Königs Fulko ein Königskapellan gewesen war.

Wilhelm von Tyrus bemängelt die Wahl als *contra iuris regulas*. Das muß nicht unbedingt heißen, daß er die Laieneinmischung verwarf, denn bis zum Ende des 12. Jahrhunderts war sie für den König im Hl. Land zulässig. Möglicherweise erregte es aber seinen Unwillen, daß hier nicht der abwesende König tätig wurde, sondern ein Damenkabinett mit zwei Ausländerinnen und einer von der Macht vertriebenen Königinmutter. Außerdem hielt er den Elekten, den er mit wenig Delikatesse als *simplex nimium et pene inutilis* bezeichnete, für wenig geeignet. Auf alle Fälle erregte die Wahl auch im Episkopat Anstoß. Der Erzbischof von Caesarea und der Königskanzler, Bischof Radulf von Bethlehem, appellierten die Angelegenheit nach Rom (siehe oben S. 703 f.). Amalrich aber übertrug seine Interessenvertretung an Friedrich von Laroche, der inzwischen Bischof von Akkon geworden war. Friedrich reiste 1158 nach Rom und erreichte von Hadrian IV. († 1. September 1159), angeblich mittels Bestechung, das Pallium für Amalrich. Im September 1158 war er noch nicht zurück, so daß bei der Hochzeit des Königs und der Weihe der Königin auf Geheiß Balduins III. anstelle des Elekten von Jerusalem der Patriarch von Antiochia amtierte[27]. Nun erfah-

---

26) Wilhelm von Tyrus, Chronicon XVIII. 20, S. 840 f.; siehe auch oben S. 135 f.
27) Ebd. XVIII. 22, S. 843. Ich gehe hier davon aus, daß der Erzbischof von Caesarea und der Patriarch Amalrich von Jerusalem nicht erst, wie Eberhard von Salzburg an Roman von Gurk schrieb, von Papst Alexander III. geweiht wurden, also nach Septem-

ren wir anläßlich der Wahl Amalrichs von Nesle nicht nur, daß dieser früher Prior des Hl. Grabes, sondern daß er noch früher, zu Lebzeiten des Königs Fulko (1131–1143), Kapellan der Königin gewesen war. Was hätte näher gelegen, als daß der ehemalige Kapellan Amalrich seine Interessenvertretung in Rom in die Hand eines Mannes gelegt hätte, der in der Kapelle einst sein Kollege gewesen war?

Es ist im übrigen nicht ganz sicher, ob Friedrich sofort 1142 in das Templum Domini eintrat. Gewissermaßen das Unglück will es nämlich, daß der so seltene Name Friedrich in jenen Jahren in Jerusalem nochmals vorkommt. Im Jahre 1148 machte Humfred II. von Toron eine Schenkung an die Leprosen von St. Lazarus vor Jerusalem (RRH n° 251), die Elias A aufsetzte. Unter den Zeugen erscheint auch *Fredericus ecclesiae Sancti Lazari capellanus*. Dies war anscheinend eine Dauereinrichtung des Konvents, denn wir begegnen ihr auch noch 1153[28].

Man muß fragen, ob der Kapellan Friedrich von St. Lazarus mit Friedrich von Laroche identisch gewesen sein könnte. An sich war für einen Hochadeligen wie ihn die Stellung eines Kapellans des Leprosenkonvents eine sehr geringe, und dieser war noch relativ weit davon entfernt, zu einem kämpfenden Ritterorden zu werden. Aber das 12. Jahrhundert war nun einmal in Europa das große Zeitalter der Gründung von Leproserien, was wohl mit der Zunahme der Erkrankungen im Gefolge der Kreuzzüge zusammenhing. Die Gründungswelle kam vor der Mitte des 12. Jahrhunderts nicht recht in Schwung, selbst St.-Lazare in Paris, verewigt durch den gleichnamigen Bahnhof, ist erst seit 1124 erwähnt. Ab 1150 wurden die Neugründungen zahlreicher, seit dem dritten Lateranum ging es steil bergauf damit. Auch ein Gafensohn im geistlichen Gewand konnte sich hierfür begeistern, so gut wie er sich für die Prämonstratenser hätte begeistern können. Gleichwohl spricht prima vista mehr gegen die Identifizierung der beiden Friedriche als für sie. Jedenfalls haben die Lazariter, wenn der ehemalige Lütticher Archidiakon ihr Kapellan war, diesen als Urkundenschreiber damals nicht herangezogen,

---

ber 1159 und vor 25. Januar 1160. Wäre dies so, dann hätte Friedrich natürlich im September 1158 zurück sein können, aber trotz des mitgebrachten Palliums wäre damals keine Weihe des Patriarchen erfolgt. Die Nachricht ist jedoch nicht vertrauenswürdig; siehe oben S. 567. In RRH n° 330 erscheint er als Patriarch ohne Elektenzusatz, aber die Urkunde gehört zu Anfang 1159; siehe unten Bd. 2, Exkurs I, S. 864.

28) RRH n° 284: *Alexander Apuliensis eorumque* (scil. *sancti Lazari infirmorum*) *capellanus*. Ich hatte (MAYER, Hofkapelle S. 492 Anm. 12) erwogen, daß es sich hier um einen Kapellan der Herren von Ramla gehandelt haben könne, irregeführt durch das Regest von Röhricht, wo das *eorumque* einfach fehlt. Zu dieser Zeit war Friedrich bereits Bischof von Akkon.

denn RRH n° 251, in dem er als Zeuge erscheint, ist ein Produkt des Elias A. Und im selben Jahr 1148 erhielten die Lazariter auch eine Schenkung Barisans des Alten von Ibelin (RRH n° 252), aber dieses Stück stammt von dem Templerkapellan Petrus. Es kann sich also bei dem Lazariterkapellan Friedrich auch um einen Mann handeln, der beim Zweiten Kreuzzug mit dem Heer Konrads III. ins Land gekommen war und mit diesem dann auch gleich wieder verschwand.

Andererseits fällt das Auftreten des Lazariterkapellans noch in die Zeit, ehe Friedrich von Laroche in den Episkopat aufstieg, so daß sein Verschwinden aus den Lazariterurkunden sich auch so erklären könnte. Und was den Urkundendienst betrifft, so hat Friedrich von Laroche diesen auch für die Königinmutter nur ephemer ausgeübt. Auch gibt es noch ein späteres Zeugnis für Beziehungen Friedrichs von Laroche zu den Lazaritern, als er bereits Erzbischof von Tyrus war. Damals (1164/1165) starb Robert II. von Montfort-sur-Risle aus der Normandie in Akkon und machte zuvor den Lazaritern eine Schenkung von Besitzungen und Einkünften, die er in der Normandie hatte, konnte sie aber anscheinend nicht mehr selbst beurkunden. Die Lazariter etablierten deshalb den Zeugenbeweis. Die Schenkung war erfolgt *in curia Accon*, worunter aber nicht die Cour des Bourgeois zu verstehen ist, die sich an sich mit solchen Akten der freiwilligen Gerichtsbarkeit befaßte. Man muß vielmehr hierin die Haute Cour sehen, in deren Ressort an sich nur Lehenssachen fielen. Aber die Schenkung erfolgte auch in Gegenwart von Friedrich von Laroche und großer Herren des Reiches, nämlich Hugo von Ibelin und Odo von St.-Amand. Solche Leute dienten nicht als Geschworene in der Cour des Bourgeois. Man hatte also eine Sitzung der Haute Cour für die Transaktion benutzt, gewissermaßen am Rande einer solchen Sitzung gehandelt. Friedrich von Laroche beurkundete jetzt mit seinem erzbischöflichen Siegel, daß eine solche Schenkung stattgefunden hatte und verwandte sich dringend beim Erzbischof von Rouen unter warmer Empfehlung eines nach Frankreich geschickten Lazariterbruders dafür, daß der normannische Amtsbruder für die Realisierung der Schenkung sorgen möge[29]. Es wird nicht von ungefähr gewesen sein, daß die Lazariter in Akkon sich nicht etwa an den Diözesan, sondern an den zufällig in Akkon anwesenden Erzbischof von Tyrus wandten, um die Sache überhaupt in den Dunstkreis der Haute Cour zu bringen und später zu beurkunden. Wenn der Erzbischof identisch ist mit dem Lazariterkapellan von 1148, wäre dies leicht verständlich.

---

29) RRH n° 393. Ediert bei MAYER, Originalbrief S. 504

Zwischen 1148 und 1153 stieg Friedrich zum Bischof von Akkon auf. Sein Vorgänger Rorgo ist letztmals 1148 beim großen Kriegsrat des Zweiten Kreuzzuges in Akkon bezeugt, Friedrich als Bischof von Akkon erstmals bei der Belagerung Askalons 1153[30]. Er war nicht der einzige Bischof vor Askalon, aber er paßte gut ins Feldlager, denn Wilhelm von Tyrus, der es als sein späterer Archidiakon ja wissen mußte, beschreibt ihn mit ein paar Federstrichen als einen Lothringer von adliger Geburt und hohem Wuchs, aber *modice litteratus sed militaris supra modum*[31]. Nun war Wilhelm, der seine Kollegen im Bischofsamt mit wenig Bescheidenheit stets an der eigenen überragenden Person maß, häufig unfreundlich im Urteil: Die Patriarchen Radulf und Aimerich von Antiochia, der Patriarch Amalrich von Jerusalem, der Bischof Radulf von Bethlehem und Friedrich von Laroche, sie alle bekamen ihr Teil[32]; keinen freilich traf es härter als den Patriarchen Arnulf, den Wilhelm zu Unrecht in den allerschwärzesten Farben malte. Friedrich war für Wilhelm aber nicht notwendigerweise ein grobschlächtiger Condottiere, sondern er mag eher an Figuren wie den Mainzer Erzbischof Christian von Buch gedacht haben, der bekanntlich ein tüchtiger Politiker war, aber mit der Streitkeule in die Schlacht ritt, weil ihm als Geistlichem das Schwert versagt war. Einen Schuß Weltlichkeit wird man bei Friedrich wohl unterstellen müssen, denn aus Religiosität wird er die kirchliche Laufbahn kaum gewählt haben. Die Lütticher Archidiakone hatten nur selten die Priesterweihe, ehe sie zum Bischofsamt aufstiegen, und taten sie dies nicht, so sahen sie auch kein Bedürfnis für das Priestertum, ja 1203 mußte ein päpstlicher Legat darauf dringen, daß sie sich wenigstens zu Diakonen weihen ließen, und ein Witzbold hat den Archidiakon Hermann als *archisubdiaconus* in das Nekrolog von St. Lambert in Lüttich eingetragen[33].

Der Zeitraum des Aufstiegs zum Bischof läßt sich noch einengen. Da Friedrich einst Kapellan der Königinmutter gewesen war, muß seine Wahl zum Bischof noch vor Ostern 1152 erfolgt sein, als Melisendis stürzte. In einem Brief nach Europa, den ich in die Zeit vor dem Sturz datiere (siehe unten S. 136), ist Friedrich bereits Bischof von Akkon. Andererseits muß er, wenn er, wie ich meine, mit dem Kapellan Friedrich in D. RRH n° 262 identisch ist, nicht nur nach dem letzten Auftreten seines Vorgängers Rorgo 1148, sondern auch nach D. RRH n° 262 von Dezember 1149 Bischof geworden sein. Friedrich schaffte nach dem Sturz der Melisendis den Über-

---

30) Wilhelm von Tyrus, Chronicon XVII. 1. 21, S. 761, 790.
31) Ebd. XIX. 6, S. 872.
32) Siehe EDBURY und ROWE, William of Tyre S. 92–95. Mindestens auf Aimerich von Antiochia traf die Schelte nicht zu; siehe HIESTAND, Centre intellectuel S. 8–16.
33) KUPPER, Liège S. 336 f.

gang in den Königsdienst ohne besondere Schwierigkeit[34]. Bereits 1153 oder 1154 wurde er gemeinsam mit dem Kanzler Radulf in einer delikaten Mission nach Antiochia geschickt, um dort den Fürsten Rainald zur Raison zu bringen, der sich am Patriarchen vergriffen hatte[35], 1154 ist er dann auch als Zeuge eines Diploms erstmals urkundlich als Bischof bezeugt (D. RRH n° 293), und in diesem Hofdienst treffen wir ihn natürlich von jetzt an häufig, auch später als Erzbischof von Tyrus. Im Jahre 1155 nahm ihn der greise Patriarch Fulcher zu seinem letzten Gefecht gegen die Johanniter an die päpstliche Kurie mit[36]. Im Jahr 1156 kehrte die Gesandtschaft zurück, am 7. Juni 1156 bezeugte Friedrich in Akkon D. RRH n° 321 und nahm um dieselbe Zeit an dem großen Strafgericht des Patriarchen Fulcher über die Kanoniker vom Ölberg teil[37]. In D. RRH n° 321 begegnet auch Friedrichs Archidiakon Hermann (vgl. auch RRH n° 372). Der Lothringer hatte sich wohl einen anderen Lothringer, jedenfalls einen Deutschen geholt. Einen Archidiakon brauchte er dringend, denn 1158 war er schon wieder an der Kurie, diesmal in den Geschäften des Patriarchen Amalrich von Nesle (siehe oben S. 671). Am 4. Oktober 1157 war er noch Zeuge in D. RRH n° 325, dann erscheint er erst wieder am 26. Juli 1160 in D. RRH n° 354. Ob Friedrich als Angehöriger einer reichsfürstlichen Familie und als Lothringer und ehemaliger Lütticher Archidiakon zu denen gehörte, die in Jerusalem im alexandrinischen Schisma anfangs kurze Zeit Victor IV. unterstützten[38], ist unbekannt, wäre aber möglich. Auf alle Fälle nahm er an

---

34) Zu den Gründen siehe unten S. 670–672.

35) Siehe oben S. 163.

36) Zum Termin der Abreise siehe oben S. 132.

37) RRH n° 323. Der Konflikt war ausgebrochen am Himmelfahrtstag (24. Mai), als der Patriarch noch abwesend war. Er regelte die Streitfragen aber nach seiner Rückkehr, die wegen der Nennung Friedrichs von Akkon in D. RRH n° 321 vor dem 7. Juni anzusetzen ist. Da an RRH n° 323 der Episkopat des Reiches mitwirkte und deshalb auch alle Erzbischöfe und Bischöfe teilnahmen, die Fulcher nach Wilhelm von Tyrus, Chronicon XVIII. 6, S. 818 mit nach Italien genommen hatte, ist klar, daß der in RRH n° 323 erwähnte *plenarius conventus* eine Reichssynode war, auf der der Patriarch neben der Regelung des Streits mit dem Ölbergstift vor allem über seine folgenreiche Niederlage an der Kurie gegen die Johanniter berichtete und die Folgerungen daraus zog. Die Synode muß also kurz nach seiner Rückkehr stattgefunden haben, und zwar bald nach dem 7. Juni 1156, wo in D. RRH n° 321 der Kanzler Radulf noch als Elekt von Bethlehem erscheint, denn bei dem Urteil gegen die Ölbergkanoniker wirkte er bereits als (geweihter) *episcopus Bethleemita* mit.

38) Wilhelm von Tyrus, Chronicon XVIII. 29, S. 853; Friedrichs Metropolitan in Tyrus war allerdings ein entschiedener Anhänger Alexanders III. Ganz anders war die Stellung des dem Reiche treu verbundenen Lüttich. Bischof Heinrich II. von Leez ging

den Verhandlungen der Synode von Nazareth teil, die nach längerem Hin
und Her im Sommer 1160 die Anerkennung Alexanders aussprach, gehörte
also nicht zu denen, die nur *litteras excusatorias* schickten, denn es ist klar,
daß die imposante Liste der Handlungszeugen in D. RRH n° 354 vom
26. Juli 1160 die Teilnehmer der Nazarener Synode auflistet, und da ist
Friedrich mit dabei[39]. Später hat sich Friedrich sicher an die in Nazareth
beschlossene Linie gehalten. Am 31. Juli 1161 tritt er letztmals als Bischof
von Akkon in einem Diplom auf (D. RRH n° 366; vgl. RRH n° 371).

Am 1. März 1164 starb der Erzbischof Petrus von Tyrus und innerhalb
weniger Tage folgte ihm Friedrich nach, *domino rege plurimum ad id aspirante*[40]. Am 24. April des Jahres ist er dann in dieser Funktion auch urkundlich bezeugt[41]. Im Jahr 1167 zog er dem König zur Belagerung von Alex-
andria nach, zog sich aber eine Dysenterie zu, weil er Nilwasser trank, und
mußte umkehren[42]. Im gleichen Jahr machte er am 1. September, drei

---

auf die Seite Viktors IV., und er war es, der 1164 Paschal III. weihte. KUPPER, Liège
S. 491 f. Im Chartular von St. Lambert sind päpstliche Besitzbestätigungen für das
Lütticher Kapitel von Innocenz II., dann erst wieder von Clemens III. (BORMANS –
SCHOOLMEESTERS, Cartulaire de St.-Lambert de Liége 1, S. 66 n° 40; 111 n° 68),
während von Alexander III. keine einzige Urkunde darin enthalten ist. Ein Blick in
RAMACKERS, Papsturkunden in den Niederlanden ergibt dasselbe Bild: nichts von
Alexander III. für den Bischof oder das Kapitel von Lüttich, wohl aber gute Beziehun-
gen mit Viktor IV. (RAMACKERS S. 228 n° 97, S. 230 n° 98, S. 231 n° 99, S. 233
n° 101, S. 234 n° 102, S. 249 n° 114).

39) HIESTAND, Vorarbeiten 3, S. 225 n° 83, wo bereits ohne Verwendung von
D. RRH n° 354 die Synode zu Sommer 1160 gestellt wird, nachdem die Forschung
zuvor sie in den Oktober oder November 1160 datiert hatte. Wilhelm von Tyrus,
Chronicon XVIII. 29, S. 852–854. Zur Zeugenliste von D. RRH n° 354 siehe oben
S. 429 und unten S. 773, 808. Die Zeugenliste zeigt den Reichsepiskopat vollständig
beisammen. Es fehlt nur der Bischof von Bethlehem, der aber als Kanzler unterfertigte
und nur deshalb nicht als Zeuge auftrat. Auch er war natürlich anwesend. Dagegen
dürften die nördlichen Suffragane von Tyrus in Tripolis, Tortosa und Byblos, die nicht
zum Reich gehörten, die aber der Patriarch natürlich aufgeboten hatte, weil er sie zu
seinem Patriarchat rechnete, während sie selbst sich dem Patriarchat Antiochia zugehörig fühlten, *litteras excusatorias* geschickt haben, denn angesichts der delikaten
Situation der Kirchenprovinz Tyrus kam für sie eine Beteiligung an einer Synode im
Königreich Jerusalem nicht in Betracht; so war es auch in RRH n° 323.

40) Ebd. XIX. 6, S. 872.

41) D. RRH n° 397. Er erscheint bereits als Erzbischof in einer Urkunde des Bischofs
Wilhelm von Akkon für Amalfi (RRH n° 372), die datiert ist a. inc. 1161, ind. 4,
concurr. 5, a. episc. 3, was ganz bestimmt verkehrt ist und vermutlich korrigiert gehört
zu a. inc. 1166, ind. 14, concurr. 5.

42) Wilhelm von Tyrus, Chronicon XIX. 28, S. 903.

Tage nach der Hochzeit des Königs und der Krönung der Königin, in Gegenwart des Königs und auf dessen Bitte, den Geschichtsschreiber Wilhelm von Tyrus zu seinem Archidiakon, nachdem der frühere tyrensische Archidiakon Wilhelm, ein Lombarde, 1164 auf Friedrich als Bischof von Akkon gefolgt war[43].

Einen guten Archidiakon brauchte Friedrich, denn im Frühjahr 1169 ging er wieder auf Reisen, diesmal gleich zwei Jahre lang. Es wurde damals eine Gesandtschaft nach Europa abgeordnet, die aus dem Patriarchen Amalrich von Nesle, dem Erzbischof von Caesarea und dem Bischof von Akkon bestand. Sie sollten den Kaiser, die Könige von Frankreich, England und Sizilien, die Grafen von Flandern, von der Champagne und von Chartres besuchen und wegen der politisch bedrohlichen Lage (siehe oben S. 139 f.) um Unterstützung werben. Friedrich sollte nicht mitgehen, sicher weil er als der zweithöchste Hierarch der Kirche Jerusalems in Abwesenheit des Patriarchen diesen zu vertreten hatte. Aber nach drei Tagen waren die Gesandten schon wieder da. Ihr Schiff war in einen der Frühjahrsstürme geraten, und mit Mast- und Ruderbruch waren sie gerade eben dem Untergang entronnen. Begreiflicherweise hatten sie vorerst genug. Nun konnte man Erzbischof Friedrich schicken, da jetzt der Patriarch zurückblieb. Aber auch Friedrich erklärte sich angesichts der stürmischen Vorzeichen nur auf inständiges Bitten des Königs hin bereit und nahm seinen Suffragan von Baniyās mit, der dann in Paris verstarb[44]. Es ist nicht bekannt, ob Friedrich bei dieser Gelegenheit wieder in den Namurois und nach Lüttich gekommen ist, obwohl dies natürlich wahrscheinlich ist. Daß er die Heimat nicht vergessen hatte, erweist sich an einem original erhaltenen und besiegelten Brief von

---

43) Wilhelm von Tyrus, Chronicon XX. 1, S. 913. Dieser Wilhelm ist als Archidiakon 1163 in RRH n° 385, als Bischof in RRH n° 372 von 1166 (?), sicher datiert in dem Diplom des Königs Amalrich für die Templer (DELAVILLE LE ROULX, Chartes, S. 183 n° 2) vom Januar 1166, undatiert (ca. 1167; siehe zum Datum oben S. 178) in RRH n° 435 bezeugt. Als Wilhelm von Tyrus 1165 aus Europa zurückkam, war der andere Wilhelm bereits Bischof von Akkon; Wilhelm von Tyrus, Chronicon XIX. 12, S. 881. Allerdings muß das tyrensische Archidiakonat ziemlich lange vakant geblieben sein, da der Archidiakon Wilhelm, als dessen Nachfolger sich der Chronist Wilhelm von Tyrus ebd. XX. 1, S. 913 bezeichnet, 1164 Bischof von Akkon wurde, Wilhelm von Tyrus aber erst 1167 zum Archidiakon von Tyrus nachrückte.

44) Ebd. XX. 12, S. 926; nach RRH n° 464. JL 11637 f. ging auch der Ritter Arnulf von Landas als Gesandter mit (vgl. zu ihm Giselbert von Mons, Chronique S. 108: er fungierte zu Weihnachten 1171 als Schenk von Hennegau). In RRH n° 464 nannte der König Amalrich von Jerusalem den Erzbischof Friedrich *regni columnam et ecclesiae speculum* ... *et post dominum patriarcham in regno dignitate altiorem, genere et prudentia pollentem.*

ihm, der unentdeckt bis 1904 als Authentik in einem belgischen Armreli-
quiar schlummerte und mittels dessen der Bischof Friedrich von Akkon Reliquien Johannes des Täufers an die Abtei St.-Jean de Florennes in der Diözese
Lüttich und an die Kanoniker von St. Johann von Lüttich schickte[45]. Nach
Flandern, wohin er ja auch geschickt worden war, scheint er jedenfalls
gekommen zu sein, denn zu 1169 nennen die Annalen von Cambrai[46]
einen Erzbischof von Tyrus als Gesandten, der – so für Friedrich richtig –
der Bruder einer mit Nikolaus d'Avesnes verheirateten Mathilde gewesen sei,
allerdings mit dem falschen Namen Bartholomaeus, so wie hier auch von
dem Bischof von Bethlehem als zweitem Gesandten die Rede ist, was zweifelhaft ist (siehe oben S. 140).

In seinen politischen Geschäften, die er Ende Juli 1169 an der Kurie in
Benevent, im September in Paris und bald danach in England betrieb[47],
erreichte Friedrich nichts. Er war vom König auch beauftragt worden, mit
dem Grafen Stephan von Sancerre über eine Ehe mit des Königs Tochter
Sibylle zu verhandeln. Der Graf kam deshalb auch 1171 ins Hl. Land,
erklärte dort aber plötzlich, daß er den bereits geschlossenen Vertrag nicht
erfüllen werde. Wilhelm von Tyrus hat ihn deshalb abgrundtief verdammt,
aber die Rechtsbücher des 13. Jahrhunderts bewahrten ihm ein ehrenderes
Angedenken. Vielleicht weil er zeitweilig als der künftige Gemahl der Prin-
zessin galt, legte man ihm einen komplizierten Erbfall zur Entscheidung vor,
und sein Urteil wurde zum Präzedenzfall bei der Regelung der Erbfolge in
den Lehen in weiblicher Linie. Der Graf war Friedrich übrigens vorausgefah-
ren, aber auch Friedrich kehrte 1171 zurück *spe frustratus, nichil obtinens
eorum, que nostro nomine petierat, vacuus rediit*[48].

In der Betonung der Erfolglosigkeit der Mission Friedrichs[49], die hinsichtlich der erbetenen Waffenhilfe natürlich im englisch-französischen
Gegensatz angelegt war, mag eine gewisse Genugtuung und Schadenfreude
des Chronisten mitspielen. Friedrich hatte die Gelegenheit eines so langen

---

45) BERLIÈRE, Frédéric de Laroche S. 69.

46) Annales Cameracenses, MGH SS 16, S. 551.

47) JL 11637 f. Johann von Salisbury, Letters 2, S. 691 n° 298 (S. 692). Vgl. auch den
Brief Thomas Beckets an Bischof Froger von Séez, BOUQUET, Recueil 16, S. 393
n° 230.

48) Wilhelm von Tyrus, Chronicon XX. 25, S. 947; Lignages d'Outremer c. 16,
S. 454; Philipp von Novara, Livre c. 71 f., S. 542 f.; Jean d'Ibelin, Livre c. 150,
S. 225–227; Livre au roi c. 34, S. 629 f. Der Name des Grafen nur in den Documents
relatifs à la successibilité au trône et à la régence c. 6, S. 408. Siehe auch MAYER,
Seigneurie de Joscelin S. 183.

49) Wilhelm von Tyrus, Chronicon XX. 12. 25, S. 926, 947.

Europa-Aufenthaltes natürlich auch zu einem Besuch *ad limina* benutzt. Unter den Geschäften, die er in eigener Sache an der Kurie erledigte, war auch eine geharnischte Beschwerde über seinen Archidiakon Wilhelm von Tyrus, möglicherweise wegen einer Pfründenkumulation (siehe oben S. 183). Wilhelm reiste ihm im Herbst 1169 an die Kurie nach, mußte vielleicht ein Kanonikat in Nazareth niederlegen, kam aber ansonsten ohne Blessuren aus der Sache heraus. Es ist nicht ausgeschlossen, daß die Erfolglosigkeit der Gesandtschaft und der Streit mit dem königlichen Protégé Wilhelm von Tyrus den Erzbischof von Tyrus die königliche Gunst kosteten, jedenfalls tritt er nach seiner Rückkehr in den Diplomen und auch sonst urkundlich nicht mehr auf[50]. Im Jahr 1174 erkrankte Friedrich schwer in Nablus und starb dort am 30. Oktober; begraben wurde er in seinem alten Stift in Jerusalem, dem Templum Domini[51].

Es ergibt sich dann für Friedrich von Laroche folgender tabellarischer Lebenslauf:

vor 1139	Kanoniker in St. Lambert in Lüttich
1139–1141/1142	Archidiakon und Großpropst von St. Lambert in Lüttich (letzteres vielleicht schon ab 1136)
wohl um 1142	Reise ins Hl. Land; dort später Eintritt in das Chorherrenstift des Templum Domini in Jerusalem
1148	Kapellan der Leprosen von St. Lazarus in Jerusalem (?)
1149 Dezember	Kapellan und Urkundenschreiber der Königin Melisendis
zwischen Anfang 1150 und Ostern 1152	wird Bischof von Akkon

---

50) D. RRH n° 452 vom 11. Oktober 1168 ist seine letzte Nennung als Zeuge vor seiner Abreise, aber auch generell. Allerdings ist von den Diplomen zwischen seiner Rückkehr und seinem Tod nur ein einziges (D. RRH n° 512) überhaupt mit Zeugen aus dem Episkopat versehen.

51) Wilhelm von Tyrus, Chronicon XXI. 4, S. 965; zu anderslautenden Angaben, er sei in der Grabeskirche beigesetzt worden, siehe oben S. 652. Im Nekrolog von St. Lambert in Lüttich ist unter dem 23. August die Commemoratio eines Kanonikers und Propstes Friedrich verzeichnet, in dem de Marneffe Friedrich von Laroche gesehen hat (MARCHANDISSE, Obituaire S. 113; DE MARNEFFE, Tableau chronologique. Supplement 2, S. 155). Das ist nicht unproblematisch, da Marchandisse gezeigt hat, daß der Eintrag aus der Zeit vor 1164 stammt. Er erwägt deshalb, daß Friedrich den Eintrag, der seiner Bischofswürden nicht gedenkt, noch vor seinem Aufbruch in den Osten veranlaßt haben könnte.

1150–1152	schreibt nach Florennes und Lüttich und schickt Reliquien
1153 oder 1154	Mission nach Antiochia
1155–1156	Reise mit dem Patriarchen an die päpstliche Kurie wegen der Johanniter
1158	neuerliche Reise an die päpstliche Kurie als Prokurator des Patriarchen Amalrich von Jerusalem; erlangt für diesen das Pallium
1160 Sommer	Teilnahme an der Synode von Nazareth, die Alexander III. anerkennt
1164 März	wird Erzbischof von Tyrus
1164/1165	schreibt dem Erzbischof von Rouen zugunsten des Lazariterhauses von Akkon
1167 vor August 20	mit dem König in Ägypten; erkrankt an Dysenterie
1167 September 1	ernennt Wilhelm von Tyrus zum Archidiakon von Tyrus
1169 Frühjahr bis 1171 Sommer	Reise an die päpstliche Kurie. Dort Streit mit Wilhelm von Tyrus. Als Gesandter des Königs Reisen nach Frankreich, England und Flandern. Verhandlungen mit dem Grafen von Sancerre über die Thronfolge in Jerusalem
1174 Oktober 30	Tod in Nablus; danach Begräbnis in Jerusalem

2. Schrift und Fehleranalyse von D. RRH n° 262

Das original erhaltene D. RRH n° 262 wirft kanzleigeschichtliche Probleme auf, mit denen ich mich schon befaßt habe[52]. Angelegt als „charta transversa" ist das Stück zunächst in einem Zug geschrieben. Am Ende war eine halbe Zeile frei und darunter war jedenfalls dann nicht mehr viel Platz, wenn man die beiden Siegel anbringen wollte, die einst das Diplom zierten, denn dann mußte man noch eine Plica hochklappen. Deshalb standen für das Datum und die Unterfertigung Friedrichs nur anderthalb Zeilen zur Verfügung. In diesen Raum wurde eingetragen:

Anno ab incarnatione domini M °C °L °, indictione duodecima.
Data est haec pagina per manum Frederici ₹ fratribus Hospitalis, regnante

---

52) MAYER, Queen Melisende S. 139 f.

quarto rege Latinorum Balduino, Fulcherio patriarcha, quod sui iuris est, regente.

Die zweite Zeile wurde besonders klein und gedrängt geschrieben, da man über sie nicht hinausgehen konnte, aber schon die vorangehende Halbzeile ist in spürbar kleinerer Schrift gehalten.

Das Problem hat sich seit 1972 nicht geändert: Haben wir es mit zwei verschiedenen Schriften zu tun oder mit ein und derselben? Im ersten Fall hätte man nämlich eine Hierarchie im Schreibbüro der Königinmutter anzunehmen, bei der Friedrich nur unterfertigt, ein anderer aber den Text entworfen und geschrieben hätte. Nach wiederholter Prüfung bleibe ich bei der schon 1972 vertretenen Meinung: es ist ein und dieselbe Hand, auch wenn die zweite mit viel spitzerer Feder und dadurch wesentlich zierlicher wirkend geschrieben ist. Der Duktus beider Schriften ist kaum merklich nach links geneigt. Es kommt noch, wenn auch nicht durchgehend, in beiden Teilen indistinkte Schreibweise der Präpositionen vor: *permanum* in der Unterfertigung und Zeile 1 *promundi*, Zeile 2 *adnichilum*, Zeile 3 *inmodum*, Zeile 6 *adconsequendam*, Zeile 7 *propraedecessorum*, Zeile 11 *probeneficiis*, Zeile 12 *adcommemorationem*, Zeile 15 *adsalutem*. Die Unterfertigung hat viermal statt des im Haupttext überwiegend gebrauchten diplomatischen Kürzungszeichens dasjenige in Form einer übergeschriebenen 7, doch finden wir dieses auch im Haupttext (Zeile 14 *i⁷ t⁷mino*, Zeile 16 *irrationabilit⁷* und – hier fast nur noch als Querstrich – *i⁷ter*). Während sich für die charakteristisch hochgezogene *us*-Kürzung des Haupttextes in dem Nachtrag kein Beispiel findet, ist die *orum*-Kürzung bei *Latinorum* im Nachtrag genau identisch mit der des Haupttextes (Zeile 3 *futurorum*, Zeile 4 *discretorum*, Zeile 5 *Ierosolimorum*, Zeile 6 *filiorum*, etc.). Im Nachtrag kommt eine *ct*-Ligatur vor, bei der der durchgehende Bogen zwischen *c* und *t* unterbrochen ist. Das *c* ist ganz normal, am *t* hängt nach links ein halber Bogen, der indessen das *c* nicht mehr erreicht, sondern oberhalb desselben ins Leere läuft. Im Haupttext steht zwar die geschlossene *ct*-Ligatur der diplomatischen Minuskel, aber nicht ausschließlich, ja nicht einmal überwiegend, denn man findet auch Zeile 10 *affectu* und *auctoritate*, Zeile 13 *resurrectionis*, Zeile 19 *Maledoctus* in genau derselben Form wie im Nachtrag. Das *F* von *Fredericus* im Nachtrag ist dem *f* des Haupttextes sehr verwandt, nur daß sich am Oberschaft im Nachtrag wegen der Kleinheit der Schrift nur zwei statt drei Schleifen finden. Ganz identisch sind das *D*, das *g* und auch das *l*, dessen Schaft häufig in beiden Teilen der Urkunde erst einen Bauch nach rechts bildet und dann unten scharf nach links abknickt und in einem Bogen nach rechts ausläuft.

An der Identität der beiden Hände ist bei genauer Betrachtung kein Zweifel möglich. Am stärksten fallen bei der sorgfältigen Urkundenminuskel

Anleihen bei der päpstlichen Urkundenschrift ins Auge. Es sind Anleihen, mehr nicht. Wir finden weder den geschlossenen Kreis mit folgendem Abstrich als Abschluß der g-Schlinge, noch das unter die Zeile gezogene r, noch das weit nach links ausladende d, aber das f und das lange s mit seinen drei Schleifen rechts des Schaftes, von denen die letzte den Schaft dann nach links durchschneidet, ohne zurückzukehren, hat hier seinen Ursprung und ebenso die geschlossene und weit auseinandergezogene st- und ct-Ligatur. Aber diese Anleihen brauchen nicht bewußt zu sein, denn wir finden dieses lange s schon in RRH n° 213, in D. RRH n° 240 und später in DD. RRH n° 359. 413. 416, so daß es also Teil der sich ausbildenden diplomatischen Minuskel in Jerusalem ist (siehe oben S. 574). Auch die Ligaturen begegnen schon in RRH n° 213 und setzen sich in DD. RRH n° 240. 359 fort, ohne daß wir irgendwo dieselben Hände vor uns hätten.

Was wir nicht finden, sind Charakteristica dessen, was man früher einmal als Lütticher Schriftprovinz bezeichnete, was aber weiträumiger zu sehen ist (siehe oben S. 396). Da ist keine Spur von einem gezopften g oder den weit nach links ausladenden Doppelschlingen an den Oberschäften von f und s, aber auch an anderen Buchstaben. Ganz uncharakteristisch für die Schriftentwicklung im Hl. Land (wenn man bei der fortlaufenden Zuwanderung aus Europa von einer solchen überhaupt sprechen kann) ist die schon erwähnte offene ct-Ligatur (siehe oben S. 663). Nur Vorstufen dazu, wo der Bogen aber noch geschlossen ist, lassen sich finden[53]. Damit sind wir dann doch in dem weiten Bereich der flämisch-lothringisch-rheinischen Schriftprovinz, denn RRH n° 67. 101 sind vom gleichen Mann geschrieben, und zwar wohl von dem Kanoniker Arnold (siehe oben S. 395, 506), während D. RRH n° 120 wenigstens Arnold-Diktat hat und RRH n° 67. 69 Diktat Roberts sind, also zu einer lothringischen Kanzleiperiode gehören. Bresslau hat die Erscheinung auch in der Kaiserkanzlei gefunden, erstmals schon Mitte des 11. Jahrhunderts in St. 2340a = DH. III. 205, das aber kanzleifremd ist und von einem lothringischen Schreiber aus Verdun stammt, dann erst wieder in St. 2806 = DH. IV. 299 für Selz im Elsaß[54]. Dort in Lothringen war auch das für die hier untersuchte Schrift von D. RRH n° 262 so charakteristische lange s mit den drei Schleifen rechts des Schaftes heimisch, jedenfalls bei Schreibern, die für die Reichskanzlei unter Konrad III. arbeiteten und natürlich reichlich päpstliche Urkundenschrift zu sehen bekamen. So finden wir dies bei Wibald von Stablo und bei dem anderen Hauptschrei-

---

53) RRH n° 65. 67. 69. D. RRH n° 79. RRH n° 101 und einmal mit ganz offenem Bogen in D. RRH n° 120 (*instinctu* Zeile 4).
54) BRESSLAU, Urkundenlehre ²2, S. 529 Anm. 2.

ber Konrads III., dem vom Niederrhein stammenden Heribert, bei denen beiden auch die offene *ct*-Ligatur vorkommt, bei Wibald ausgeprägter als bei Heribert[55]. Dem charakteristischen langen *s* begegnen wir auch in Urkunden, die in Toul geschrieben wurden[56].

Der naheliegende Einwand, daß eine Schriftform, die aus der Papsturkunde stammt, überall zu erwarten sei, verfängt nicht. Wir haben ja zu Lothringen wenig Alternativen, im Grunde nur Flandern und Nordfrankreich, allenfalls noch Ostfrankreich. Für Flandern muß noch der zweite Teil der Edition der Urkunden des Grafen Dietrich von Flandern abgewartet werden, der die paläographische Einleitung enthalten wird. In Nordfrankreich aber muß man viel länger warten, bis das Phänomen auftritt. Ich habe zur Kontrolle in der Nationalbibliothek die Hs. Coll. de Picardie 291 eingesehen, die zahlreiche Urkunden des 12. Jahrhunderts für die Abteien in Nogent, Saint-Nicolas-au-Bois und Montreuil enthält, darunter Urkunden der Bischöfe von Soissons, Laon, Noyon, Beauvais, Amiens und Arras, wo man ja jeweils auch genügend päpstliche Originale zu sehen bekam. Nirgends findet sich eine Schrift, die schulmäßig sich derjenigen von D. RRH n° 262 angleichen ließe, jedenfalls nicht in der ersten Hälfte des 12. Jahrhunderts. Es ist stets die ruhige, der Buchschrift verhaftete französische Urkundenminuskel der Zeit. Erwartungsgemäß findet sich dagegen jener schleifenartige Zierrat links der Oberschäfte, mit dem man den freien Raum zwischen den Zeilen zu füllen suchte und den Schubert zu eng nur Lüttich zugeschrieben hat, in den Urkunden der Bischöfe von Noyon und Tournai, und ein frühes und extremes Beispiel dafür ist in Nordfrankreich die Gründungsurkunde von Prémontré von 1121, ausgestellt vom Bischof von Laon[57]. Aber wir müssen bis um das Jahr 1188 zuwarten, ehe in einer Urkunde des Dekans Hugo von Noyon für Montreuil das lange *s* von D. RRH n° 262 auftritt, aber natürlich ist diese Schrift in ihrem Gesamtcharakter längst stark gotisch[58]. Nimmt man zur Kontrolle einen anderen Band[59], so findet sich dort etwas mehr 'Lütticher' Zierrat, aber ansonsten ist das Bild dasselbe, und hier muß

---

55) STIENNON, Ecriture diplomatique Abb. 181; KOCH, Schrift der Reichskanzlei, S. 94, 104.

56) PARISSE, Chartes de Metz Tafel III, Abb. 1 und 3.

57) Archives de la Société historique, archéologique et scientifique de Soissons, Archives de Prémontré 1, pièce n° 1.

58) Bibliothèque Nationale Paris, Coll. de Picardie 291 n° 87. Ich finde die Erscheinung auch in einer Urkunde desselben Ausstellers von 1187, einem Chirograph mit Drogo Malvoisin als Partner; siehe Recueil de fac-similés de l'Ecole des Chartes. Ancien Fonds, n° 47.

59) Coll. de Picardie 296 mit Urkunden für Saint-Jean-des-Vignes in Soissons.

man sogar bis 1219 (n° 28) warten, ehe das lange *s* von D. RRH n° 262 vorkommt. Das ist im übrigen auch gar nicht erstaunlich, denn in den Kapetingerurkunden Ludwigs VII. erscheint es offenbar nur selten, so daß von hier aus kein Vorbild ausging. Das ähnlichste Beispiel ist ein Diplom Ludwigs für das Nonnenkloster Ste.-Marie de Soissons von 1146, a. reg. 10[60]. In der freilich unzulänglichen Schriftuntersuchung der Kapetingerurkunden von Ludwig VI. bis zu Philipp Augustus von Gasparri werden *f* und langes *s* in der hier untersuchten Form erst ab 1175 und 1185 als vorherrschend aufgezeigt[61]. Wir haben in D. RRH n° 262 keine französische Schrift vor uns, dagegen kann es durchaus eine lothringische sein.

Ich habe schon 1972 auf gewisse Besonderheiten der äußeren Erscheinung dieses Stückes aufmerksam gemacht. Die Invocatio füllt weder eine eigene Zeile, noch ist sie in Elongata gehalten. Sie hat eine normale Schrift, wenn auch mit einer verzierten *I*-Initiale, aber so hielt es auch der Kapellan Guido in dem einzigen anderen Original aus der Zeit der Kanzleikrise (D. RRH n° 359). Auch das Fehlen jeder symbolischen Invocatio eint die beiden Diplome, ja eine solche fehlt selbst in der Kanzleiausfertigung D. RRH n° 240 des frühen Radulf A. Aber Guido schrieb seine Zeugennamen sorgsam aus, in D. RRH n° 262 gilt dies nur für die Mehrzahl der weltlichen Zeugen, nur einer, der Vizegraf von Nablus, ist abgekürzt und zwar falsch

---

60) LUCHAIRE, Etudes S. 157 n° 179; Recueil de fac-similés de l'Ecole des Chartes, Ancien Fonds n° 47.

61) GASPARRI, Ecriture S. 102, 109. Weniger ausgeprägte Frühformen finden sich in Schriften von St.-Martin-des-Champs und Notre-Dame in Paris aus der ersten Hälfte des 12. Jh.; ebd. S. 53, 55, Taf. XVII Abb. 18, Taf. XVIII Abb. 19. Zeitgleich mit D. RRH n° 262 findet sich eine ähnliche Form zwar bei Ludwigs Schreiber B1, aber sie ist mit fünf bis sechs Schleifen rechts des Schaftes viel ausgeprägter als bei Friedrich und angesichts der Schleifenhäufung zwangsläufig von einem ausgesprochen zittrigen Charakter; ebd. S. 59 und S. 60 für den Schreiber B[2] sowie Taf. XX Abb. 22, während Taf. XXIII Abb. 25 von 1147 für den Bischof von Paris, über das man in dem Band vergeblich weitere Belehrung sucht, in der Imitation der Papsturkundenschrift über D. RRH n° 262 weit hinausgeht. Wer je mit Gasparris indexlosem Buch hat arbeiten müssen, wird meinen Stoßseufzer verstehen. Das Exemplar der Ecole des Chartes hat zwar einen hauseigenen Index, der jedoch einleitend die immense Zahl von Druckfehlern bei den Archivsignaturen beklagt und darauf aufmerksam macht, daß nicht weniger als zehn Diplome jeweils verschiedenen Schreibern zugeschrieben werden. – Ich habe auch die insgesamt 1090 Urkundenfaksimiles in dem nur dort benutzbaren Recueil de fac-similés de l'Ecole des Chartes. Anciens Fonds durchgesehen, aber außer dem bereits zitierten Diplom Ludwigs VII. für St.-Marie de Soissons habe ich dort nichts Vergleichbares gefunden, weder bei den Diplomen noch bei den Privaturkunden. Nur bei den Papsturkunden war es natürlich eine andere Sache.

(*A.* statt *U.*)[62]. Gekürzt sind auch die Namen der geistlichen Zeugen, aber bei einem fehlte anfänglich selbst die Namensinitiale, nur die Funktion war vorhanden. Doch wurde das *G* für Gaufridus nachträglich eingeflickt. Ebenso wurde in *subgerere* das *b* zu einem *g* korrigiert und das ursprüngliche *Die autem obitus mei* durch ein nachträgliches Einfügen von *Ī* = *In* vor *Die* verbessert. Nicht alles aber wurde korrigiert. *Gloriosisime* ließ man mit einem *s* stehen. *De Neapoli* in der Zeugenliste mit einem Kürzungsstrich über dem *l*, das eines solchen gar nicht bedurfte, ließ man so stehen, wie es war. Auch heißt es: *ego ... regina, caritatis utinam incorruptibili praemunita solamine, ... dono et concedo.* Auch ohne *utinam,* das hier offenbar elliptisch gebraucht wird, wäre der Satz in Ordnung gewesen. Von der klassischen Latinität war der Diktator dennoch ein gutes Stück entfernt. So schrieb er in der Arenga ungeniert *pro* (= 'vermöge') *mundi varietatibus ... ad nichilum redigitur.* Das wäre zwar auch klassisch gerade noch gegangen, aber erwartet hätte man doch *mundi varietatibus* oder *per mundi varietates.* Statt *una cum* hatte er nur *una.* Wenn ich den Kapellan Friedrich richtig mit dem späteren Bischof von Akkon und Erzbischof von Tyrus identifiziert habe, so versteht man schon, warum Wilhelm von Tyrus ihn nur als *modice litteratus* beschrieb (siehe oben S. 656)[63]. Überdies war das Original ursprünglich weder datiert, noch hatte es eine Unterfertigung. Beides wurde erst nachträglich hinzugefügt, ohne daß man ursprünglich damit gerechnet hatte, so daß man den Nachtrag sehr zusammendrängen mußte. Schließlich hat es Löcher für zwei Siegel, obwohl nur das der ausstellenden Königinmutter angekündigt wird. Das zweite Siegel war aber im 18. Jahrhundert noch vorhanden und war dasjenige des Königs Balduin III.[64]. Das alles bedarf der Interpretation.

---

62) Bis 1152 war Ulrich der Vizegraf von Nablus, und dies schon seit 1115. Danach kam 1159 ein gewisser Balduinus Bubalus, der nicht zur Familie gehörte, nach ihm Ulrichs Sohn Balduin, danach dessen Sohn Amalrich, der noch 1187 lebte. Sein Sohn Raymondin, um den es sich hier handeln müßte, wenn *A. vicecomes de Neapoli et filius eius* richtig wäre, kam bei einem Erdbeben um, vermutlich bei dem großen des Jahres 1202. Siehe D. RRH n° 80. MAYER, Kreuzfahrerherrschaft Montréal S. 171–173. RRH n° 657d. Lignages d'Outremer c. 9, S. 450; vgl. Estoire de Eracles S. 244 f. LA MONTE, Viscounts S. 278; MAYER, Earthquake of 1202, passim.

63) Auch die Schreibung *constabiliarius* mag fehlerhaft sein, ich habe sie jedenfalls weder im Mittellateinischen Wörterbuch noch im Pariser Cabinet Ducange in den Sammlungen gefunden. Am nächsten kommt die Form *constabilarius* in der Normandie (FAUROUX, Recueil S. 223 n° 85 von ca. 1035).

64) PAOLI, Codice diplomatico del sacro militare ordine Gerosolimitano 1, S. 30 n° 28; Abbild. Taf. II n° 17.

3. D. RRH n° 262 als besiegeltes Konzept

Man muß in der Zeit einer Kanzleikrise prinzipiell natürlich mit Empfängerausfertigungen rechnen. Aber diese Erklärung verfängt hier nicht. Bei einer Identität der beiden hier schreibenden Hände müßte ja der Empfänger auch Datum und Unterfertigung hinzugefügt haben. Auch blieb nach allem, was wir erkennen können, der Johanniterorden in dem Konflikt zwischen Melisendis und Balduin III. neutral (siehe unten S. 672). Hier aber wird mehrfach die Position der Königin als die stärkere bezeichnet, insbesondere in der Siegelankündigung, die mit mittelalterlicher Interpunktion lautet: *dono · et concedo; litterarum etiam et sigilli nostri quod maius est · auctoritate regia confirmo;* Die Interpunktion macht es deutlich, daß der gesamte Relativsatz sich auf *sigillum* bezieht und das Siegel der Königinmutter hier als das wichtigere bezeichnet wird, während andere theoretisch mögliche Interpretationen der Stelle dadurch entfallen[65]. Als Empfängerausfertigung wäre das Stück, von der Frage des Nachtrages einmal ganz abgesehen, eine relativ eindeutige Parteinahme des ansonsten neutralen Johanniterordens zugunsten der Melisendis in einem Kampf gewesen, dessen Ausgang noch unentschieden war.

Scheidet eine Empfängerausfertigung aus, so bleibt nur noch die Erklärung übrig, daß wir es bei D. RRH n° 262 mit einem Konzept zu tun haben – einem Kanzleikonzept, hätte es statt eines Schreibbüros noch eine Kanzlei gegeben –, das so gut ausfiel, daß man es nach den erwähnten Retuschen mit Datum und Unterfertigung versah, besiegelte und als vollzogenes Ingrossat aushändigte. Dann ist erklärt, warum man für die angekündigte Besiegelung so wenig Platz ließ (siehe oben S. 662), denn nicht das hier vorliegende Konzept sollte ursprünglich besiegelt werden, sondern erst eine später nie hergestellte Reinschrift. In diesem Zusammenhang wird auch die ursprüngliche völlige Auslassung des Namens des Abtes Gaufrid vom Templum Domini aufschlußreich. Das ist sogar für ein Konzept eine Zumutung, nicht jedoch, wenn Friedrich von Laroche der Diktator war, denn als Chorherr am Templum Domini (siehe oben S. 652), kannte er den Namen seines Abtes natürlich genau. Als er das Konzept dann zur Reinschrift hochstilisierte, mußte der Namen nachgetragen werden, aber jetzt hatte man nur noch Platz für die Initiale, was auch bei nicht nachgetragenen Namen öfters vorkam. Bresslau hat für die deutschen Verhältnisse das Vorhandensein von Kanzleikonzepten für die Zeit vor dem 12. Jahrhundert zwar energisch

---

65) MAYER, Queen Melisende S. 141 f.

bestritten[66], war damit aber schon zu seiner Zeit isoliert, auch wenn Tessier sich ihm anschloß[67]. Aber seit den Forschungen von Bishop für England muß man die Dinge gewiß anders sehen, mindestens für den Kontinent neu untersuchen[68].

---

66) BRESSLAU, Urkundenlehre [2]2, S. 131–150.

67) TESSIER, Diplomatique S. 108.

68) BISHOP, Scriptores regis S. 33 f. hat gezeigt, daß in der englischen Königskanzlei öfter ein Konzept in den Rang eines Ingrossats erhoben wurde. Naturgemäß läßt sich das am besten an Mehrfachausfertigungen zeigen, weil hier die Versuchung wegen der Arbeitsersparnis am größten war. Am schlagendsten ist Bishop Nr. 749. 750. Letzteres war ein Pergament, welches anfänglich sehr sorgfältig geschrieben wurde, so daß es als Ingrossat gedacht war. Später änderte sich das, die Schrift wurde nachlässig. Am Ende behagte der Text überhaupt nicht, und man stellte ein textlich leicht verschiedenes Ingrossat (Nr. 749) her, zerschnitt dann Nr. 750 und verwendete den linken Teil davon als „double queue", um das Siegel an Nr. 749 zu befestigen. In Christ Church, Canterbury, wo man Königsurkunden gern in Mehrfachausfertigungen hatte, ließ man sich eine Urkunde Heinrichs II. in sechs Ausfertigungen ausstellen, die von vier Kanzleischreibern und einer nicht identifizierten Hand geschrieben sind. Ein Exemplar (Nr. 387) ist von einem Kanzleischreiber sorglos aufs Pergament geworfen und dürfte das Konzept für die anderen fünf gewesen sein. Weniger eindeutig ist der Fall von König Stephans Oxford Charter of Liberties von 1136, von der drei Originale noch vorhanden sind. Eines davon (Nr. 595) ist von einer Kanzleihand sorglos geschrieben und könnte, auch wenn es einst besiegelt war und ausgehändigt wurde, als Konzept gedient haben. Allerdings muß man ja viel mehr Ausfertigungen unterstellen, da theoretisch jedes englische Bistum eine erhalten mußte. Deshalb ist der Fall nicht klar zu durchschauen, und die Herausgeber der Regesta regum Anglo-Normannorum 4, Tafel 5 (dort stehen Tafel 3 und 4 auch Faksimiles der anderen beiden Ausfertigungen) bezweifeln Bishops Interpretation. Auch von einer weiteren Urkunde Heinrichs II. für Christchurch (Nr. 129. 130) ist die eine sorgfältig, die andere nachlässig, und Bishop hat auch hier für die nachlässige unterstellt, daß es sich um ein vollzogenes und dadurch zum Original erhobenes Kanzleikonzept handle. Auch für die sizilische Herzogsurkunde hat MÉNAGER, Recueil S. 125 n° 40 (I–III) angenommen, daß es sich bei n° 40 (II) um ein Konzept handelt. Einen noch erhaltenen Fall der Doppelausfertigung (Weitere sind DD. RRH n° 934. 974 von 1220 und 1226 und D. RRH n° 366 von 1161, wo nur noch ein Text vorhanden ist, aber zwei andere Ausfertigungen erschlossen werden müssen; vgl. MAYER, Kreuzfahrerherrschaft Montréal S. 142 und DERS., Seigneurie de Joscelin S. 182) haben wir im Hl. Land vor uns mit RRH n° 204, einem Gütertausch des Patriarchen von Jerusalem mit den Johannitern. Davon muß eine der beiden Ausfertigungen als ein ursprünglich nur als Konzept gedachtes Stück angesehen werden (siehe oben S. 542 f.). Wenn die Annahme von Kanzleikonzepten bei Mehrfachüberlieferung möglich erscheint, so muß sie prinzipiell auch dann möglich sein, wenn nur eine Ausfertigung vorhanden ist und auch nie mehr als eine vorhanden war; der Fall von BISHOP, Scriptores regis Nr. 430, der ebd. S. 33 f. abgehandelt ist, ist anders

Aus der Tatsache, daß D. RRH n° 262 zwar im Scriptorium der Königin-mutter ausgestellt, aber gleichwohl auch vom König besiegelt wurde, ergibt sich schließlich Sicherheit über die Person des Konzipienten. Für potentielle Empfänger bestand ja damals das Problem, wie man es bewirken sollte, daß nicht der König eine Urkunde seiner Mutter zurückweisen würde und umgekehrt. Eine mögliche Lösung war es, den jeweils anderen um die Bestätigung einer Urkunde zu bitten, die man von einem der beiden bereits hatte. Dieser Fall liegt vor in DD. RRH n° 259. 258 (siehe unten S. 693). Eine andere Möglichkeit war es, wie hier ein besiegeltes und vollzogenes Diplom dem anderen Machthaber zur Besiegelung auch durch ihn vorzule-gen. Es war von allem Anfang an beabsichtigt, an D. RRH n° 262 auch das Siegel des Königs anbringen zu lassen[69]. Wäre dies nicht der Fall gewesen, so hätte man die Löcher für das Siegel der Königinmutter in die Mitte des unteren Pergamentrandes gebohrt. Man hat sie aber etwa bei einem Drittel der Blattbreite (vom linken Rand an gerechnet) angebracht und gleich oder später bei zwei Drittel diejenigen für das Siegel des Königs. Selbst wenn man diese zweite Durchbohrung des Pergaments erst im Scriptorium des Königs vornahm, als dessen Siegel angebracht wurde, mußte das Scriptorium der mit ihm 1149 schon schwer verfeindeten Mutter aus der exzentrischen Anord-nung der Löcher für deren Siegel erschließen, daß das Stück nachträglich auch dem König zur Besiegelung vorgelegt werden sollte, und das hätte wohl Proteste ausgelöst – außer wenn der Kapellan Friedrich identisch ist mit Friedrich von Laroche und er sich als einziger im Scriptorium (oder besser: statt des Scriptoriums) mit dem Stück befaßte[70].

Friedrich brachte nämlich das Kunststück fertig, sich in dieser Zeit des Kampfes zwischen Melisendis und Balduin III. mit beiden gut zu stellen. Wir

---

zu beurteilen, da hier zwar nur ein Exemplar vorhanden ist, aus dem Text sich aber ergibt, daß einstmals ein zweites hergestellt wurde, von denen das noch erhaltene möglicherweise das Konzept war.

69) Das scheint nicht ganz ohne Vorbild gewesen zu sein, jedenfalls gibt es Hinweise, daß Balduin III. und seine Mutter 1148 ein Diplom für das Jakobitenkloster der hl. Maria Magdalena in Jerusalem mit beiden Siegeln besiegelten, aber es ist in diesem frühen Stadium des Konflikts noch durchaus möglich, daß dieses Stück auch von beiden gemeinsam ausgestellt wurde, wie dies vor dem Konflikt üblich war (DD. RRH n° 244. 240. 245. Zur Sache MAYER, Queen Melisende S. 139 Anm. 72).

70) In England hingen die Siegel an Königsurkunden, die „sur simple queue" gesiegelt waren, natürlich häufig nicht in der Mitte. Aber auch angehängte Siegel „sur double queue" oder an Schnüren sind gelegentlich beträchtlich von der Mitte entfernt. Die hierfür von BISHOP, Scriptores regis S. 17 f. gegebene Erklärung, die mit der Faltung und dem Verschluß der Urkunden zu tun hat, trifft in Jerusalem nicht zu, da dort die feierlichen Diplome offen ergingen

wissen das aus seiner eigenen Feder, auch wenn er es einem anderen, dem Magister Bovo, in den Mund legte. Irgendwann während seiner Amtszeit als Bischof von Akkon schickte er Reliquien Johannes des Täufers *nuper in Sebaste repertae* an die Kanoniker von St. Johann in Lüttich, die ihn darum gebeten hatten. Er traf in Jerusalem auf Bovo, der seinerseits derartige Reliquien für Florennes suchte, und so trug Friedrich ihm auf, von den von ihm zu besorgenden Reliquien einen Teil an diese in der Diözese Lüttich gelegene Abtei zu geben. In dem besiegelten Brief, den Friedrich dem Bovo über die Angelegenheit mitgab[71], sagte Bovo zu Friedrich: *Domine mi, cum in tantum carus et acceptus habeamini domino patriarche, archiepiscopis, episcopis, regi et matri eius regine, nimirum de reliquiis sancti precursoris Domini impetrare nobis*[72] *possitis.*

Der Brief ist undatiert, fällt aber in die Amtszeit Friedrichs als Bischof von Akkon, die 1164 zuende ging und zwischen Ende 1149 und 1152 begann (siehe oben S. 656 f.). Er muß aber in den Anfang der Amtszeit gehören, denn die *nuper* in Sebaste gefundenen Reliquien des Täufers waren schon 1145 aufgefunden worden, worüber der Patriarch Wilhelm die Christenheit in einer Enzyklika unterrichtet hatte (RRH n° 235). Entweder hatten die Lütticher Kanoniker den 1142 in den Orient gegangenen Friedrich schon bald nach 1145 gebeten und er hatte bis zu seiner Erhebung zum Bischof von Akkon gewartet, bis er sich bemühte, oder aber sie hatten alsbald, nachdem sie von seinem Aufstieg gehört hatten, um die Reliquien gebeten, denn nur dann hatte das *nuper* noch einigermaßen Sinn. Aber auch die Versicherung, Friedrich sei beim König und seiner Mutter gleichermaßen beliebt, verweist den Brief in die Zeit vor dem Sturz der Königin im April 1152[73]. So ist denn auch erklärlich, daß sich Melisendis und Balduin auf Friedrich als Bischof von Akkon noch vor dem Sturz der Mutter einigen konnten und daß Friedrich, obwohl er Kapellan der Königinmutter gewesen

---

71) BERLIÈRE, Frédéric de Laroche S. 69 nach dem Original und einer Lütticher Kopie.

72) So die Kopie; das Original (Kapitelsarchiv Tournai, Dossier „Deux Bras-Reliquiaires de l'abbaye de Florennes" als Depot der Pfarrei Wagnelée [seit 1978]) soll *non* haben, was aber wegen des schlechten Erhaltungszustandes nicht zu erkennen ist.

73) Es ist unrichtig, wenn BERLIÈRE ebd. S. 78 behauptet, in dem Brief werde bereits der Tod der Königin Melisendis erwähnt, was ihn in die Zeit nach dem 11. September 1162 verweisen würde. Gemeint ist tatsächlich etwas ganz anderes, was bei BERLIÈRE, Une lettre S. 124 noch richtig steht, daß in dem Brief nämlich die Königinmutter noch als lebend erwähnt werde, so daß der Brief vor ihrem Tode verfaßt sein müsse. Aus *terminus ad quem* ist dann in der überarbeiteten Fassung irrtümlich „postérieure" geworden.

war, nach ihrem Sturz ohne Schwierigkeiten auch in den Königsdienst übertreten konnte, wovon seine Gesandtschaft nach Antiochia 1153 oder 1154 (siehe oben S. 657) Zeugnis ablegt.

Es ist dann auch begreiflich, daß er es war, der sich mit D. RRH nº 262 befaßte, wohl auf Anregung der Empfänger, und nicht der eigentliche anonyme Notar, von dem man so viel Beweglichkeit zwischen den Fronten nicht erwarten konnte. Die Johanniter wollten die Schenkung sowohl von der Königin wie vom König bekräftigt sehen, weil 1149 der Ausgang des Kampfes noch nicht abzusehen war und sie ihre Neutralität zu wahren wünschten[74]. Man ging hierfür aber 1150 bereits andere Wege, denn die Lazariter ließen sich ein und denselben Vorgang von Melisendis und vom König in getrennten Stücken beurkunden (DD. RRH nº 259. 258). Wenn man die textliche und physische Herstellung von D. RRH nº 262 aber dem Kapellan Friedrich überließ, konnte man das hier praktizierte Verfahren üben, denn er war einer der wenigen, dem zuzutrauen war, daß er das Siegel des Königs an der Urkunde würde erhalten können, zumal er im Text ungeachtet der Betonung des höheren Rangs des Siegels der Melisendis die Friedensschalmei geblasen hatte, ließ er doch Melisendis ihre Schenkung nicht nur für das Seelenheil der Vorgänger machen, sondern sekundär auch *ad consequendam in commisso regimine pacis perseverentiam.* Der König konnte die Johanniter nicht einfach verprellen. Trotzdem hätte er auf einem eigenen Diplom in der Sache bestehen können, aber am ehesten konnte Friedrich von Laroche ihm das ausreden.

Die eigentlichen politischen Tücken bei D. RRH nº 262 liegen weniger im Text als in der gewagten Besiegelung. Man muß daher annehmen, daß Friedrich selbst es war, der das Stück verfaßte, schrieb und für die Besiegelung sorgte, so daß der anonyme Notar der Königinmutter es wohl überhaupt nicht zu sehen bekam. Da Friedrich hier nur einsprang, sonst aber im Scriptorium mit dem Urkundengeschäft nichts zu tun hatte, ist es auch leicht verständlich, daß er aus dem Konzept ein Ingrossat machte, auch wenn eine Zweitausfertigung weder erforderlich war noch angefertigt wurde.

Ich werde unten Bd. 2, Exkurs I, S. 861 begründen, daß die Datierung, die vordergründig nicht in Ordnung zu sein scheint, den Lütticher Gebrauch der Heimat Friedrichs widerspiegeln dürfte, womit das Stück, das bisher unter dem Jahr 1150 lief, in die Zeit zwischen dem 25. und dem 31. Dezember 1149 fällt. Das erleichtert dann die historische Interpretation. Am 29. Juni 1149 erlitten die Antiochener die verheerende Niederlage bei Inab gegen Nūr ad-Dīn. Antiochia, dessen Fürst bei Inab fiel, geriet in höchste

---

74) MAYER, Queen Melisende S. 130.

Gefahr. Man behalf sich zuerst mit einem Regime der Fürstenwitwe Konstanze und des Patriarchen, mußte dann aber doch nach altem Muster den König Balduin III. zu Hilfe rufen. Als er in Antiochia ankam, hatte die Niederlage bereits auch den Seltschukensultan von Iconium (Konya) (*soltanus de Estanconia*) auf den Plan gerufen (RRH n° 261). Von diesem aber wissen wir, daß er am 11. September 1149 eingriff, so daß der König also frühestens im September im Norden eintraf. Dort organisierte er die Verteidigung der Stadt und des Fürstentums Antiochia und hatte auch dem Grafen Joscelin II. von Edessa gegen die Seltschuken zu helfen; Joscelin traf ihn nach dem Abzug der Seltschuken in Antiochia[75]. Der Aufenthalt scheint sich hingezogen zu haben, denn Wilhelm von Tyrus berichtet als nächstes gleich die Gefangennahme Joscelins II. von Edessa im April 1150, die den König im Sommer 1150 erneut in den Norden brachte, nachdem er im Frühjahr Gaza wiederaufgebaut hatte[76]. Da der König also vor Frühjahr 1150 nicht wieder in seinem jerusalemitanischen Reich nachweisbar ist, dürfte er Weihnachten 1149 und Neujahr 1150 noch in Antiochia verbracht haben. Er wäre dann, wenn mein zeitlicher Ansatz von D. RRH n° 262 richtig ist, bei der Ausstellung gar nicht im Reich gewesen, und so wäre leicht erklärt, warum Melisendis die Transaktion vornahm und das Stück dem König später nur noch zur zusätzlichen, aber a priori geplanten Besiegelung vorgelegt wurde.

4. Das Diktat von D. RRH n° 262

Ein Diktatvergleich verbietet sich bei einem Einzelstück von selbst, doch muß man das Diktat auf mögliche Einflüsse anderer Urkundenkonzipienten betrachten und dabei danach fragen, ob es richtig ist, D. RRH n° 262 von diesen Gruppen abzutrennen. Man muß auch untersuchen, ob das Diktat der Annahme eines lothringischen Konzipienten widerspricht. Zum ersten Komplex müssen wir die zeitlich unmittelbar benachbarten Diktatgruppen des anonymen Notars und Guidos im Scriptorium der Königinmutter heranziehen. Dagegen fällt Daniels D. RRH n° 258 aus, weil es weitgehend einer VU. des Anonymus folgt.

---

75) Gregor der Priester, RHC Documents arméniens 1, S. 162; Wilhelm von Tyrus, Chronicon XVII. 10, S. 772–774; ELISSÉEFF, Nūr ad-Dīn 2, S. 450–452.

76) Wilhelm von Tyrus, Chronicon XVII. 11 f. 15, S. 774–777, 780 f. MAYER, Queen Melisende S. 138 f., 142–144, 148. Das Datum der Gefangennahme Joscelins wird oft als 4. Mai 1150 angegeben, aber nach Ibn al-Qalānisī, Damas S. 314 war dies der Tag, an dem die Nachricht aus Aleppo in Damaskus ankam, so daß die Gefangennahme Ende April anzusetzen ist.

Wie die Urkunden dieser beiden Gruppen ist D. RRH n° 262, sieht man von der Unterfertigung ab, formal eher eine Privaturkunde als ein Diplom, geschrieben von einem Kanzleifremden, dem Urkundensprache nicht geläufig war. Davon zeugt vor allem das urkundensprachlich extrem seltene Wort *agricola*, wo die Urkunden *villanus* oder *rusticus* verwendeten. In den deutschen Herrscherurkunden finden wir es nur neunmal (DD. Arnolf 87. 120. K. II. 264 Lo. III. 63. 91 K. III. 176. F. I. 18. 328. 344.), worin teilweise noch Wiederholungen stecken. Das Mittellateinische Wörterbuch fügt dem noch neun privaturkundliche Belege aus dem deutschen Raum hinzu. In den Indices der französischen Königsurkunden fehlt es völlig, in den Urkunden der Grafen von Flandern bis 1128 und den Urkunden der Herzöge der Normandie bis 1066 kommt es je einmal vor, die Sammlungen des Cabinet Ducange in Paris verzeichnen gerade zehn urkundliche Belege in Frankreich insgesamt und aus dem ganz Europa umfassenden Johanniterchartular von Delaville Le Roulx zwei Belege, davon den einen aus D. RRH n° 262. Ein wirklicher Kanzlist hätte *agricola* nicht gebraucht, es ist die Wortwahl eines Aushilfskonzipienten.

Mit dem Anonymus eint D. RRH n° 262 zunächst die Arenga, die freilich auch hier dem völlig konventionellen Gedanken folgt, daß es durch die Beurkundung gelte, dem Vergessenwerden der Rechtshandlung vorzubeugen. Daß dabei mit *memoria* ein Lieblingswort des anonymen Notars vorkommt (siehe oben S. 628), hat bei einmaligem Vorkommen natürlich nichts zu bedeuten. Aufschlußreicher ist in der Arenga von D. RRH n° 262 der Ausdruck *in modum rectitudinis ... determinari*, denn weiter unten heißt es *honestatis modum irrationabiliter excedens*. Damit ist beim Anonymus zu vergleichen *paginam* (*pagina* D. RRH n° 269) *commutationis et concessionis* (diese beiden Worte fehlen D. RRH n° 269) *modum continentem* (*continens* D. RRH n° 269) in DD. RRH n° 268. 269. Die Devotionsformel *dei providentia* eint D. RRH n° 262 mit D. RRH n° 269 des Anonymus, ebenso aber auch mit der Intitulatio, die Guido, der Hofkleriker der Melisendis, in D. RRH n° 338 dem König gab. Die Formel ist also für eine Gruppenbildung nicht verwertbar, zumal sie in Europa seit langem generell häufig war. Bei Philipp I. von Frankreich etwa erscheint sie dreimal[77] und reicht insgesamt bis in die Karolingerzeit zurück. Den Gebetspassus teilt D. RRH 262 mit D. RRH n° 256. 268. Aber das können alles Zufälligkeiten sein, und wenn es sich anders verhält, zeigt es lediglich, daß Friedrich für sein Dictamen in die Produkte des anonymen Notars hineinsah. Das gilt auch für den Gebetspassus, der wegen seiner Seltenheit in den jerusalemitanischen Diplo-

---

77) PROU, Recueil des actes de Philippe Ier S. XCVI f.

men noch am ehesten einen Ansatzpunkt für eine Zusammengruppierung bieten könnte. Man darf nicht vergessen, daß es eben keine Kanzlei gab und – bei Friedrich, Guido und Daniel nachweislich, beim Anonymus wahrscheinlich – die beiden Hofkapellen Urkunden schrieben, und ein Gebetspassus gereicht einem Kapellan natürlich zur Zier. Auch das einleitungslos und ohne Ortsangabe mit *Anno ab incarnatione domini* einsetzende Datum Friedrichs finden wir beim Anonymus wieder (siehe oben S. 631), aber wiederum auch bei Guido (DD. RRH n° 359. 338), ganz abgesehen davon, daß die Erscheinung schon bei Elias und einmal – sogar ohne Indiktion – auch beim Interimsnotar auftauchte (siehe oben S. 557, 614). Allerdings ist das Datum bei Friedrich, anders als beim Anonymus, kein Anakoluth, sondern er hat eine *Data per manum*-Formel, die eigentlich eine Datierung einleiten sollte, hinter die Jahreszahl gesetzt; sie mag ausnahmsweise als eine Bezugnahme auf die Aushändigung des Stückes durch Friedrich zu verstehen sein (siehe unten S. 777).

Dagegen trennt schon die Invocatio die Dictamina des Anonymus ab von demjenigen Friedrichs, denn der erstere läßt seine Invocatio stets auf *amen* enden (siehe oben S. 627), was bei Friedrich fehlt. Mit einer Ausnahme (D. RRH n° 259) hat der Anonymus eine Corroboratio, Friedrich hat keine, sondern ersetzt sie durch eine Sanctio, die wiederum der anonyme Notar überhaupt nicht kennt (siehe oben S. 630). In den jerusalemitanischen Diplomen ist es die letzte geistliche Sanctio, denn die Mißgeburten in den DD. spur. RRH n° 276. 747, ebenso wie in dem gleichfalls gefälschten Diplom Lisciandrelli, Trattati n° 156 muß man natürlich ausscheiden, und die Festlegung von Rechtsfolgen am Ende von DD. RRH n° 299. 300 entgegen der VU. RRH n° 301 ist keine Sanctio, auch wenn sie nach Art einer solchen zum Wegfall der Corroboratio führte. Die Sanctio war zu Friedrichs Zeiten, wenn sie in Jerusalem überhaupt noch vorkam, eine Sache der Privaturkunde geworden, und so ist sie nicht nur in D. RRH n° 262 zu beurteilen, sondern im Grunde schon in D. RRH n° 174 (siehe oben S. 592), das zwar in der Kanzlei entstand, aber doch nach dem Diktat des Elias A, der überwiegend ein Privaturkundenmann des Patriarchen war.

Diese trennenden Elemente wiegen weit stärker als das Einende. Ähnlich ist es, wenn wir nach Diktatverwandtschaft zwischen Friedrich und Guido, dem Notar der Melisendis nach ihrem Sturz, fragen. Hier findet man ohnehin weit weniger als beim Anonymus. Generell lassen sich Guidos nüchterne Dictamina nicht mit der preziösen Sprache Friedrichs vergleichen. War dieser auch nach Wilhelm von Tyrus *modice litteratus* (siehe oben S. 656), so gab er sich doch Mühe, wenn auch nicht im Sinne eines nüchternen Kanzleidiktats. Ich greife nur einiges heraus. Wo ein wirklicher Kanzlist *eadem libertate* geschrieben hätte, formulierte Friedrich *eadem libertatis integritate permissa.* Seine Konsensklausel *Balduini regis et Amalrici filiorum nostrorum assensu compari* ist durch die Zufügung eines überflüssigen und in der Urkundensprache ganz ungebräuchlichen Adjektivs übersteigert. Dasselbe gilt von dem unmittelbar davor stehenden Colon *caritatis utinam incorruptibili praemunita solamine,* wo *utinam* elliptisch gebraucht ist. Ebenso überflüssig angereichert ist die Dispositio *cum diligentia et strenuae devotionis affectu dono et concedo.*

Außer Friedrichs Zeugenformel mit *siquidem* und seiner Siegelformel *sigilli nostri ... auctoritate,* die wiederkehrt in Guidos DD. RRH n° 359. 338, umgestellt auch in seinem D. RRH n° 313, sind kaum Ähnlichkeiten auszumachen. Es fällt lediglich in D. RRH n° 262 eine gewisse Freude an dem für den Text überwiegend entbehrlichen, also als Ornament verwendeten Wort *caritas* auf: *caritatis ... solamine* (vgl. Philipp. 2, 1 *solatium caritatis*) und *zelo caritatis,* und dem ließe sich *vinculo caritatis* (Osea 11, 4) in D. RRH n° 359 gegenüberstellen[78]. Ist dies schon alles an ausschließlichen Gemeinsamkeiten, denn anderes Gemeinsame hat auch der anonyme Notar, so fällt auf den ersten Blick auf, daß Guido seine Invocatio stets mit *amen* abschließt, daß er nie eine Arenga hat, dafür stets eine Corroboratio und nie eine Sanctio, alles anders als bei Friedrich. Am überzeugendsten in Richtung einer Trennung der beiden Diktate wirkt die Beobachtung, daß Guido seine Formeln am rechten Ort einsetzt, Friedrich nicht immer. Zwar hat Friedrich keine Corroboratio, aber er verwertet an anderen Stellen des Formulars Fetzen einer Corroboratio, so in der Arenga *ut rata et inconvulsa permaneant* und *sigilli nostri ... auctoritate* in der Dispositio. Guido hatte seine Siegelformel stets in der Corroboratio und dort in D. RRH n° 338 auch *rata et inconvulsa permaneat,* was aber generell überaus häufig ist.

Diktatmäßig herrscht ein weiter Unterschied zwischen Friedrich und Guido. Dies festzustellen, ist ebenso wie der Vergleich Friedrichs mit dem Anonymus kein reines 'l'art pour l'art', wonach es zunächst aussieht. Wenn es richtig ist, daß der Kapellan Friedrich aus D. RRH n° 262 identisch ist mit Friedrich von Laroche (siehe oben S. 647–673), dann kann ihm die Gruppe des bis April 1152 (D. RRH n° 278) amtierenden anonymen Notars nicht zugeschrieben werden, erst recht nicht Guidos erst danach einsetzende Gruppe, da Friedrich bereits vor dem Sturz der Melisendis im April 1152 zum Bischof von Akkon aufstieg (siehe oben S. 656) und dann natürlich keine Urkunden im Scriptorium der Königinmutter mehr schrieb. Und

---

78) Im übrigen fällt in Friedrichs Sprachgut mehr als *caritas* das Wort *devotio* auf (*quod devotius esse percipitur* und *strenuae devotionis affectu* und *cum assidua devotione*), aber davon ist bei Guido überhaupt nichts zu finden.

wenn es richtig ist, daß D. RRH n° 262 von einer Hand geschrieben und dann wohl auch von einer Person diktiert ist, eben Friedrich, so entfällt auch aus diesem Grunde jede Möglichkeit einer Identifizierung des Diktators von D. RRH n° 262 mit Guido, einfach weil er anders heißt. Aber es kommt hier auf die Gegenproben an. Bestünde nämlich Diktateinheit zwischen D. RRH n° 262 einerseits und dem anonymen Notar bzw. Guido andererseits, dann müßte man Friedrich von Laroche aus der Reihe der Urkundenreferenten in Jerusalem streichen und hätte es nur noch mit einem unbekannten Friedrich zu tun. Insofern ist die Feststellung wesentlich, daß von einer solchen Diktateinheit weder nach der einen noch nach der anderen Seite die Rede sein kann.

Aus denselben Gründen muß man auch fragen, ob das Diktat von D. RRH n° 262 der Annahme eines lothringischen Diktators widerspricht. Dabei bewegt man sich aus mehreren Gründen auf dünnem Eis. Angesichts nur einer einzigen Urkunde entfällt die an sich gebotenere Frage, ob D. RRH n° 262 ein ausgesprochen lothringisches oder gar Lütticher oder Namurer Diktat zeigt. Ein solches würde allenfalls in einer ganzen Gruppe von Urkunden durchscheinen, denn natürlich unterlag ein Lothringer im Hl. Land auch anderen Einflüssen, sei es von anderen Diktatoren aus anderen Gegenden Europas, sei es von Wendungen, die im Hl. Land inzwischen allgemein verbreitet waren. Es kommt erschwerend hinzu, daß es ein klar erkennbares lothringisches Einheitsdiktat um die Mitte des 12. Jahrhunderts nicht gibt, jedenfalls nicht ganz eindeutig. In Toul schrieb man anders als in Lüttich, und in Lüttich nicht immer gleich.

Von Friedrich von Laroche haben wir – außer dem hier zu überprüfenden D. RRH n° 262 – drei schriftliche Zeugnisse. Zwei davon sind Briefe[79], die er als Bischof von Akkon respektive als Erzbischof von Tyrus schrieb, genauer gesagt wohl von anderen schreiben ließ, so daß es nicht wundernimmt, daß man in diesen dem Urkundenstil ohnehin fernstehenden Stücken keine Diktatberührungen mit D. RRH n° 262 findet. Wir haben außerdem von Friedrich eine Urkunde von 1139, in der er als Großpropst von St. Lambert in Lüttich gemeinsam mit dem dortigen Dekan und Kapitel an die Abtei Stablo einen entfremdeten Besitz restituierte[80]. Aber dort werden wir genau so wenig fündig, denn ganz abgesehen davon, daß es fraglich ist, wer hier für das Diktat verantwortlich war, folgt die Urkunde

---

79) BERLIÈRE, Frédéric de Laroche S. 69 und RRH n° 393; zur Edition oben S. 655 Anm. 29.

80) HALKIN – ROLAND, Recueil des chartes de Stavelot-Malmédy 1, S. 346 n° 169.

nahezu ausschließlich einer solchen des Bischofs Albero II. von Lüttich[81], auf die es mehr ankam, denn der Übeltäter war der Bruder des Bischofs. Das Stück führt uns aber zu den Urkunden der Lütticher Archidiakone überhaupt. Hier sind natürlich die vorangehenden Urkunden aussagekräftiger als die auf Friedrich folgenden, aber wir müssen uns überwiegend mit diesen zufriedengeben, weil vor 1136 überhaupt keine Urkunden von Lütticher Archidiakonen erhalten sind[82]. Wir nehmen als repräsentativen Querschnitt hier die Urkunden der Lütticher Archidiakone für die Abtei Waulsort, die Despy ediert und untersucht hat und die aus den Jahren 1153, 1161, 1163, 1178, 1174–89 und 1190 stammen[83]. Die zwei spätesten können wir weglassen ihres Datums wegen, aber auch weil sie sich in ihrer Knappheit von den anderen vier wesentlich unterscheiden. Alle sechs sind eingehend untersucht worden von Despy[84]. Er hat mit gewohnter Expertise die Unterschiede der beiden Gruppen natürlich bemerkt, die eine mit knappen und nüchternen Dictamina, die andere lang, feierlich und mit preziöser Sprache. In den bischöflichen Urkunden für Waulsort hat er dieselbe Gruppierung festgestellt. Das hat ihn in Aufnahme von Vermutungen Niermeyers zu der Theorie geführt, die seine Edition der Waulsorter Urkunden völlig beherrscht, daß nur die knappen Dictamina Produkte der bischöflichen „Kanzlei" und der Archidiakone waren, die langen und feierlichen dagegen Empfängerausfertigungen[85]. Es handelt sich dabei zwar um einen ausgesprochen interessanten methodischen Versuch, der indessen nicht im Rahmen einer Abtei zu bewältigen ist, sondern die Gesamtheit der bischöflichen und archidiakonalen Urkunden aus Lüttich zu berücksichtigen hätte, ehe er als bewiesen gelten könnte. Allein von Bischof Heinrich II. (1145–1164) sind ja etwa 50 Originale erhalten[86].

Die vier archidiakonalen Urkunden für Waulsort unterscheiden sich vor allem durch ihre Invocatio von D. RRH n° 262. Drei haben *In nomine sanctae et individuae trinitatis* ohne *amen*, eine (n° 35) von 1161 hat *In nomine patris et filii et spiritus sancti*, ebenfalls ohne *amen*. Dabei ist die erste

---

81) HALKIN – ROLAND, Recueil des chartes de Stavelot-Malmédy 1, S. 344 n° 168.

82) Die von 1136 ist ediert von HABETS, Beknopte geschiedenis S. 99 n° 3. KUPPER, Liège S. 335 Anm. 151 hat dieses Stück als ältestes bezeichnet und die Meinung von COPPENS, Cartulaire Affligemense S. 2 n° 2 abgelehnt, es gebe schon eine ältere von ca. 1111.

83) DESPY, Chartes de Waulsort 1, S. 365 n° 30, S. 374 n° 35, S. 381 n° 38, S. 394 n° 44, S. 400 n° 49, S. 403 n° 52.

84) Ebd. 1, S. 299–305.

85) DESPY, Contribution S. 497–506 nach NIERMEYER, Onderzoekingen S. 187–191.

86) STIENNON, Ecriture diplomatique S. 209 Anm. 1.

Formel fast immer auch die Invocatio der Lütticher Bischofsurkunde. Wir werden aber sehen (siehe unten S. 685), daß natürlich auch Friedrichs Formel in Lothringen nicht ganz unbekannt war. Von den vier archidiakonalen Urkunden steht n° 35 am nächsten an D. RRH n° 262, aber es ist eine sehr relative Nähe. Die Intitulatio lautet dort *dei gratia* nach dem Vorbild der bischöflichen Urkunden, es fehlt das *Ego* vor der Intitulatio, es ist eine Promulgatio vorhanden. Aber wie D. RRH n° 262 hat das Stück eine Arenga, die freilich auch in n° 30 (nur Elemente). 44 vorhanden ist, es fehlt ihm wie bei Friedrichs Diplom die Corroboratio, an deren Stelle hier wie dort eine Sanctio tritt, in n° 35 deren gleich zwei. Das Datum in n° 35 ist lang und weist neben Inkarnationsjahr und Indiktion das Bischofsjahr auf. Damit ist es vergleichbar D. RRH n° 262, wo trotz der Raumknappheit des Datums der regierende König und der amtierende Patriarch angegeben werden, wenn auch ohne Amtsjahre. Allerdings ist es in n° 35 eingeleitet mit der Kapetingerformel *Actum est publice*, die auch in den bischöflichen Urkunden öfter vorkam, in Jerusalem aber ganz ausgeschlossen gewesen wäre, und es hat wie die Archidiakonsurkunden häufig als Ortsangabe die Dekanatssynode, auf der es ausgestellt wurde. Das alles ist wirklich nicht großartig, zeigt aber, daß D. RRH n° 262 von einem ehemaligen Lütticher Archidiakon stammen kann.

Auch vom Sprachgut her ist es nicht unmöglich. Wir vergleichen dazu Friedrichs Urkunde für Stablo (siehe oben S. 677), in der Sprachgut der bischöflichen 'Kanzlei' zu greifen ist, mit D. RRH n° 262. Wir finden in dem Stück für Stablo *fraterno affectu* (*strenuae devotionis affectu* D. RRH n° 262), *in beneficium* (= Lehen) *dari* und *in beneficium accipere* (*pro beneficiis* D. RRH n° 262[87]), die Superlative *reverentissimus pater* und *piissimus rex* (*studiosissime percunctato* und *inter ... sceleratissimos deputatus* D. RRH n° 262), und *privilegii sui auctoritate corroboravit* (*sigilli nostri ... auctoritate regia confirmo* D. RRH n° 262). Das sind weit verbreitete Vokabeln, die man in vielfältiger Kombination an vielen Orten lesen konnte. Für einen Diktatvergleich sagen sie nicht mehr aus, als daß solches Sprachgut aus Lothringen stammen kann.

Da die Lütticher Archidiakonsurkunde nur sehr magere Resultate ergibt, muß man auch die bischöflichen sowie einschlägige gräfliche Urkunden in den Blick nehmen[88]. Für ersteres ist es natürlich ein Handicap, daß sie für

---

87) Hier allerdings 'Wohltat', doch gehen in Lüttich die beiden Begriffe bei den Kanonikern fließend ineinander über; siehe KUPPER, Liège S. 328. Im Hl. Land ist das Wort eher selten.
88) Ich habe für diesen Zweck die Urkundenbücher von Waulsort, St. Lambert in Lüttich, St. Hubert in den Ardennen, St. Martin in Tournai, St. Trond, St. Mihiel,

Lüttich nur für den Pontifikat von Hugo von Pierrepont (1200–1229) ediert sind. Damit ist man freilich schon besser bedient als auf französischem Boden. Die französische Mediaevistik hat immer vom Empfänger her gedacht. Das hat zu der unvergleichlichen Reihe von Chartulareditionen geführt. Aber Editionen bischöflicher Urkunden für Nordfrankreich und Lothringen gibt es außer für Arras nicht, ja es gibt selbst kaum Regestenwerke. Man muß sich also seine Beispiele aus den regionalen Chartularen zusammensuchen, was nicht nur mühsam ist, sondern im Rahmen einer Arbeit wie der hier vorliegenden stets lückenhaft bleibt. Aber auch hier gilt: „le mieux est l'ennemi du bien". Für die Grafenurkunden sieht es besser aus, weil die Urkunden der Grafen von Namur, mit denen Friedrich eng verwandt war, vollständig ediert sind. Selbstverständlich berücksichtige ich auch die einzige Urkunde des Grafen Heinrich II. von Laroche, eines Bruders Friedrichs[89], die es gibt und die die einzige aus diesem Grafenhaus überhaupt ist[90].

Auffällig für das Hl. Land ist an D. RRH n° 262 vor allem der Umstand, daß der Invocatio am Ende das Wort *amen* fehlt. Hier mehr als anderswo in diesem Stück dürfte eine lothringische Reminiszenz vorliegen. Um dies aufzuzeigen, müssen wir diesem Phänomen zunächst im Hl. Land nachspüren, wobei sich zeigen wird, daß es selten war und – soweit es vorkommt – überwiegend durch solche heimischen Einflüsse bewirkt wurde. Sowohl der Anonymus wie nach Friedrich der Hofkleriker Guido, aber auch des Königs Urkundenschreiber Daniel, erst recht der Kanzleinotar Radulf A haben das *amen*. Weggelassen worden war es in der Kanzlei nur von Robert und von Hemelin (siehe oben S. 397, 464, daneben auch in den Empfängerausfertigungen D. RRH n° 57. 79.), d. h. von einem Lothringer und einem Normannen, was in beiden Fällen für ihre Herkunft durchaus charakteristisch ist[91]. In den Königsurkunden fehlt das *amen* – soweit nicht im

---

Gorze, Floreffe und St. Vincenz in Laon durchgesehen, und zwar jeweils bis 1162, dem Jahr des Todes der Königinmutter Melisendis.

89) ROUSSEAU, Actes des comtes de Namur S. CXXXI–CXXXIII.

90) Ebd. S. 70 n° 33.

91) ENZENSBERGER, Cancelleria S. 19 hat die Invocationes unter dem Großgrafen Roger I. von Sizilien untersucht. Neben der in ganz Süditalien üblichen Form *In nomine dei aeterni et salvatoris nostri Iesu Christi* verwendete er nur *In nomine sanctae et individuae trinitatis* ohne *amen*. Vgl. auch CHALANDON, Diplomatique S. 165 f.; KEHR, Urkunden S. 243 f. Die zweite Form verschwand in den Diplomen allerdings von Roger II. bis Wilhelm III. und kehrte erst unter Konstanze zurück. Doch war sie deshalb nicht tot, denn sie wurde in Empfängerausfertigungen und Spuria auf den Namen Rogers II. verwendet, lebte also in der Privaturkunde weiter. Siehe BRÜHL,

Chartular des Deutschen Ordens die Invocatio überhaupt ausgelassen wurde
– erst wieder in D. RRH n° 713, einem außerhalb der Kanzlei entstandenen
Vertrag Heinrichs von Champagne mit Pisa von 1193 (zum Ausgleich steht
es dann in D. RRH n° 717 gleich dreimal), und dann erst wieder in staufi-
scher Zeit bei Kaiser Friedrich II. (D. RRH n° 974 und bei ihm öfter), wo
es ja auch nichts zu suchen hat.

In den Privaturkunden ist das Fehlen des *amen* in der Invocatio häufiger,
reduziert sich aber bei näherer Betrachtung sehr erheblich. Ich ziehe zur
Kontrolle diejenigen Überlieferungsgruppen heran, die für die Zeit bis 1186
die meisten Originale aufzuweisen haben, d. h. die Johanniter und die Abtei
Josaphat, und lasse diejenigen Privaturkunden beiseite, die darin Robert
zuzuweisen sind, der oben bei den Kanzlisten abgehandelt ist. Ich ziehe aber
für diejenigen Aussteller, bei denen nachfolgend das *amen* fehlt, dann auch
die kopiale Überlieferung heran, um zu einem deutlicheren Bild zu kommen. Zunächst fehlt das *amen* in normannischer Manier[92] bei den frühen
normannischen Fürsten von Antiochia Tankred und Boemund I.[93]. Ferner
fehlt das *amen* überwiegend in dem damals normannisch beeinflußten Jaffa
des in Apulien großgewordenen Grafen Hugo II.[94].

Das frühe Caesarea war mit dem Erzbischof Ebremar (1108–1129) und
dem ersten Herrn von Caesarea Eustachius Granerius (vor 1110–1123) eindeutig flandrisch beeinflußt[95]. Das *amen* fehlt hier erwartungsgemäß beim

---

Urkunden S. 79 = Diplomi S. 66 und MARTIN, Chartes de Troia S. 28.

92) KEHR, Urkunden S. 243 f.; CHALANDON, Diplomatique S. 165; BRÜHL, Urkunden S. 78 f. = Diplomi S. 65 f.; bei MÉNAGER, Recueil steht *amen* nur zweimal
nach der Invocatio (S. 104 n° 32, 197 n° 57).

93) Original RRH n° 76. 86. Kopial RRH n° 12. 53; ab Boemund II. steht dann
amen, erstmals in RRH n° 119 und ausgenommen nur RRH n° 388.

94) Original RRH n° 112. 113/114, beide von 1126, wobei der Druck im Johanni-
terchartular von DELAVILLE LE ROULX beim zweiten Stück die ganze Invocatio
wegließ. Kopial RRH n° 82/104 (im Machtbereich Hugos von Jaffa aufgezeichnet
1124). 102a. *Amen* fehlt kopial selbst noch 1148 bei Hugos ehemaligem Konstabler
Barisan dem Alten in RRH n° 252, doch ist die Überlieferung der Invocationes im
Lazariterchartular unzuverlässig; siehe oben S. 485 f. Dagegen steht *amen* original in
Hugos RRH n° 147. *Amen* steht auch in der Kopie von RRH n° 100 Barisans des
Alten, das indessen gefälscht ist; siehe dazu MAYER, Carving up Crusaders S. 110–114.

95) In den 130 gräflichen Urkunden Flanderns bis 1128, die ganz überwiegend mit
Invocationes versehen sind, fehlt das *amen* zumeist und findet sich nur in 18 Fällen;
VERCAUTEREN, Actes S. 1 n° 1, S. 4 n° 2, S. 41 n° 13, S. 46 n° 14, S. 48 n° 15, S. 65
n° 22, S. 70 n° 24, S. 161 n° 69, S. 164 n° 71, S. 180 n° 81, S. 205 n° 91, S. 209 n° 93,
S. 211 n° 94, S. 225 n° 99, S. 257 n° 112, S. 269 n° 118, S. 272 n° 119, S. 279 n° 121;
S. 286 n° 124 steht in einem Original tatsächlich: *In nomine sanctae et individuae*

Erzbischof durchgehend[96], bei den Herren von Caesarea immerhin noch einmal original in RRH n° 139 von 1131, dagegen ist das *amen* vorhanden in RRH n° 114b. 237. 243. 342. 361. 425. 426. 619 (RRH n° 373 hat keine Invocatio)[97]. Sehr unterschiedlich sind die Dinge beim Kanoniker Arnold, in dessen Urkunden das *amen* in RRH n° 101. 114d fehlte, in RRH n° 76b aber vorhanden war, ganz wie die Empfänger es brauchten (siehe dazu oben S. 508).

Nazareth hatte spätestens 1106/07 einen Bischof, die dortige Marienkirche fungierte jedoch schon 1102/03[98]; 1109 kennen wir den Namen des Bischofs Bernhard, doch amtierte er bis mindestens 1125. In seinen Urkunden fehlt das *amen* ausnahmslos[99], wobei hier deutlich normannischer

---

trinitatis, amore! In den 289 Urkunden des Grafen Dietrich von Flandern haben 179 Invocationes, von denen aber nur 65 mit *amen* enden (DE HEMPTINNE – VERHULST, Oorkonden S. 40 n° 16, S. 77 n° 42, S. 78 n° 43, S. 84 n° 47, S. 89 n° 51, S. 96 n° 56, S. 98 n° 57, S. 106 n° 63, S. 108 n° 64, S. 110 n° 65, S. 118 n° 71, S. 135 n° 82, S. 137 n° 83, S. 142 n° 85, S. 146 n° 87, S. 159 n° 97, S. 164 n° 101, S. 166 n° 102, S. 167 n° 103, S. 168 n° 104, S. 170 n° 105, S. 171 n° 106, S. 185 n° 114, S. 187 n° spur. 116, S. 192 n° 117, S. 195 n° 120, S. 205 n° 126, S. 209 n° 128, S. 218 n° 135, S. 224 n° 139, S. 228 n° 142, S. 229 n° 143, S. 237 n° 149, S. 239 n° 150, S. 240 n° 151, S. 247 n° 153, S. 260 n° 163, S. 263 n° 165, S. 271 n° 171, S. 287 n° 183, S. 293 n° 188, S. 294 n° 189, S. 297 n° 191, S. 301 n° 194, S. 314 n° 202, S. 319 n° 207, S. 335 n° 215, S. 343 n° 221, S. 359 n° 230, S. 365 n° 233, S. 370 n° 234, S. 372 n° 235, S. 374 n° 236, S. 377 n° 238, S. 378 n° 239, S. 388 n° 244, S. 407 n° 256, S. 416 n° 263, S. 418 n° 265, S. 421 n° 267, S. 428 n° 271, S. 431 n° 273, S. 434 n° 275, S. 438 n° 277, S. 445 n° 285). Überwiegend verbindet sich hier das *amen* mit der Invocatio *In nomine patris et filii et spiritus sancti*, während *In nomine sanctae et individuae trinitatis* nach kaiserlichem Vorbild überwiegend ohne *amen* bleibt (Mit *amen* nur ebd. S. 106 n° 63, S. 142 n° 85, S. 159 n° 97, S. 205 n° 126, S. 260 n° 163, S. 287 n° 183, S. 294 n° 189, S. 301 n° 194, S. 377 n° 238, S. 388 n° 244, S. 407 n° 256, S. 438 n° 277, dagegen ohne *amen* achtundfünfzigmal). Die erweiterte Form *In nomine sanctae et individuae trinitatis, patris et filii et spiritus sancti* findet sich bei Dietrich von Flandern mit *amen* nur dreimal (ebd. S. 229 n° 143, S. 247 n° 153, S. 374 n° 236), ohne *amen* dagegen wie beim Kapellan Friedrich in D. RRH n° 262 zehnmal (ebd. S. 36 n° 13, S. 51 n° 25, S. 59 n° 29, S. 99 n° 58, S. 113 n° 67, S. 124 n° 76, S. 220 n° 136 mit Umstellung der beiden Teile, S. 337 n° 217, S. 339 n° 218, S. 342 n° 220).

96) Original RRH n° 65, obgleich die VU. RRH n° 68 *amen* hat; kopial RRH n° 114d. 114e. 126.

97) Das *amen* fehlt auch bei dem caesarensischen Vasallen Isimbard in RRH n° 159 von 1135, das von einem Schreiber des Erzbischofs stammen mag, in dessen Haus es ausgestellt wurde.

98) MAYER, Bistümer S. 90, etwas anders HIESTAND, Vorarbeiten 3, S. 66.

99) Original RRH n° 97. 106; kopial RRH n° 56a/I. 56a/II. 81a.

Einfluß vorlag, auch in anderen Formularteilen, vielleicht noch aus der Zeit der im März 1101 zu Ende gegangenen Herrschaft Tankreds. In derselben Zeit hatten ja auch zwei Fürsten von Galilaea, keiner von ihnen ein Normanne, normannische Urkundenschreiber, deren Produkten die normannische Heimat an die Stirn geschrieben steht (RRH n° 87. 92. 93)[100]. Mit RRH n° 106, von einem Spanier Sancho geschrieben, war bei den Bischöfen von Nazareth diese normannische Epoche zu Ende, auch wenn das *amen* noch fehlte.

Schließlich fehlt das *amen* nach der Invocatio, aus welchen Gründen auch immer, in den Urkunden des Grafen Raimund I. von Tripolis ganz[101], danach bei den Grafen von Tripolis oft[102]. Insbesondere ist fehlendes *amen* ein Kennzeichen des tripolitanischen Kanzlers Matthaeus unter Graf Raimund III.[103]. Schließlich müssen wir aus den unserer Untersuchung zugrundeliegenden Urkundenbeständen noch die Urkunden RRH n° 378. 568 ausschalten, wo das *amen* aus strukturellen Gründen fehlt, da die ganze Invocatio erst innerhalb der Urkunde kommt, so daß für die mit dem *amen* verbundene Zäsur überhaupt kein Platz war.

Es bleiben dann in diesen Beständen vor 1187 als Beispiele für fehlendes *amen* in der Invocatio, die ich nicht mit besonderen Umständen erklären kann, die Privaturkunden RRH n° 133. 144. 155 (das kopial überlieferte RRH n° 180 desselben Ausstellers hat das *amen*). 257. 274. 327. 329. 391. 535. 609. 640b, was sehr wenig ist, zumal man bei RRH n° 257. 274. 327.

---

100) Daran ändert sich auch nichts dadurch, daß RRH n° 87 unterfertigt wurde als Datar von Rorgo Fretellus, der ungeachtet seines normannischen Namens, wie wir jetzt wissen, aus der Pikardie kam; siehe HIESTAND, Centre intellectuel S. 23–25. Die anderen beiden Stücke wurden von einem Serlo unterfertigt.
101) Kopial RRH n° 38. RICHARD, Chartrier de Ste.-Marie Latine S. 609 n° 1; RRH n° 44 ist unklar.
102) Original RRH n° 118. 233. 236; kopial RICHARD, Chartrier S. 611 n° 2, 612 n° 3. RRH n° 84. 108. 198. 233. Dagegen ist *amen* vorhanden in RRH n° 48. 191. 193. 212. 218. 219. 380. 389.
103) Original DELAVILLE LE ROULX, Chartes S. 187 n° 4; RRH n° 549. 583. 602. 605. 637 sowie in den drei Matthaeus-Dictamina RRH n° 520. 595. 642, die andere Aussteller haben. Kopial hat Matthaeus am Anfang seiner Laufbahn noch das *amen* in D. RRH n° 477, das von ihm stammt (siehe unten Bd. 2, S. 193), und in RRH n° 519, und auch ganz am Ende kommt es wieder vor in RRH n° 662, aber dazwischen fehlt es in RRH n° 585, während in RRH n° 645 die Invocatio gekürzt ist. Nicht von ihm stammt RRH n° 522 der Gemahlin Graf Raimunds III. Trotzdem führe ich es auf seinen Einfluß zurück, wenn das *amen* hier fehlt und natürlich auch nicht ersetzt wird durch die Apprecatio *In Christo Iesu domino nostro amen.*

535 noch erwägen könnte, ob das *amen* fehlt, weil es sich um Chirographen handelt, was freilich keine allgemeine Erscheinung ist (siehe oben S. 644). Nimmt man hinzu, daß die Erscheinung in den Königsurkunden noch viel seltener (siehe oben S. 680 f.) und in den Königs- wie in den Privaturkunden überwiegend durch Einflüsse aus der Heimat der Urkundenschreiber bewirkt ist, drängt sich bei D. RRH n° 262 der Weg in Friedrichs lothringische Heimat auf. Friedrich hat *In nomine sanctae et individuae trinitatis, patris et filii et spiritus sancti.* Das ist nicht die Standardinvocatio seiner heimatlichen Region. In der Lütticher Bischofsurkunde heißt es ganz überwiegend *In nomine sanctae et individuae trinitatis,* und zwar ohne *amen*[104]. Die Herkunft ist ganz klar, die Formel kommt aus der deutschen Herrscherurkunde, wo diese Form ohne ein *amen* die fast unabänderliche Invocatio war, während im gleichzeitigen Kapetingerreich Ludwig VII. ganz überwiegend zwar dieselbe Formulierung benutzen ließ, ganz überwiegend aber mit dem *amen*[105].

Aber das war nicht die einzige Form der Bischöfe von Lüttich. Diese hatten zwar um diese Zeit noch keine Kanzlei im strengen Sinne, wohl aber ein Scriptorium, in dem unter Bischof Heinrich II. (1145–1164) auch durchaus ein Bemühen um eine Vereinheitlichung der Dictamina erkennbar ist[106]. Neben der kaiserlichen Invocatio, die die Urkunden der Lütticher Bischöfe schon lange vor Heinrich II. beherrschte, finden wir bei flüchtiger Durchsicht der Materialien dieser Zeit auch *In nomine domini* ohne *amen*[107] und *In nomine patris et filii et spiritus sancti* ohne *amen*[108], ganz vereinzelt sogar einmal ein *amen* (*In nomine sanctae et individuae trinitatis amen*[109]). Von den vier oben betrachteten Urkunden Lütticher Archidiakone für Waulsort haben drei die Lütticher Standardinvocatio ohne *amen*, was im übrigen auch die Form in Friedrichs archidiakonaler Urkunde

---

104) Weiter südlich in Arras überwiegt dann schon wieder das *amen*, zwischen 1093 und 1203 in 105 von 158 Fällen; siehe TOCK, Chartes des évêques d'Arras S. L.

105) LUCHAIRE, Etudes S. 8; TESSIER, Diplomatique S. 215.

106) KUPPER, Liège S. 249–252. Etwas weiter südlich, in den Urkunden der Bischöfe von Arras 1093–1203, sieht es schon etwas anders aus. Dort steht 64 mal *In nomine patris et filii et spiritus sancti,* 46 mal *In nomine sancte et individue trinitatis,* 25 mal *In nomine sancte et individue trinitatis, patris et filii et spiritus sancti,* und 23 mal *In nomine patris et filii et spiritus sancti, unius veri ac summi dei* (TOCK, Chartes des évêques d'Arras S. XLIX f.).

107) DESPY, Chartes de Waulsort 1, S. 351 n° 22 und BARBIER, Histoire de Floreffe ²2, S. 15 n° 29, S. 18 n° 31 aus den Jahren 1125–1155.

108) Ebd. S. 8 n° 11 von 1134.

109) Ebd. S. 4 n° 4 von 1130.

für Stablo ist, eine (n° 35) hat *In nomine patris et filii et spiritus sancti,* natürlich auch ohne *amen.* Graf Heinrich II. von Laroche (siehe oben S. 680) hatte 1152 die gebräuchliche Lütticher Form, die auch das übliche ist bei den Grafen von Namur[110]. Abweichend sind hier zunächst 1154 die Standard-invocatio, aber mit *amen,* sodann 1158 *In nomine domini* ohne *amen*[111]. Da die Grafen erst ab circa 1180 eine organisierte Kanzlei im eigentlichen Sinne hatten[112], sind hier natürlich Empfängerdiktate dabei. Um so deutlicher wird es, daß die kaiserliche Invocatio in ganz Lothringen das Normale war.

Aber wir finden 1121 bei Graf Gottfried von Namur genau die erweiterte Trinitätsinvocatio Friedrichs, auch hier natürlich ohne *amen*[113]. Das war auch kein Einzelfall. Ist diese Invocatio in Lothringen auch selten, so findet man sie doch etwa in bischöflichen Urkunden von Toul und Verdun[114]. So, auch hier wie fast stets ohne *amen,* steht sie schon in einer echten Urkunde Gottfrieds von Bouillon von 1093. Zwar fehlt sie in dem Original in Chantilly, aber dieses ist am oberen Rande beschnitten und setzt heute mit der Intitulatio ein. Im Chartular von Gorze ist sie dagegen noch überliefert[115]. Wir finden sie auch in bischöflichen Urkunden benachbarter Gebiete Flanderns, des Hennegaus und Nordfrankreichs[116].

---

110) ROUSSEAU, Actes des comtes de Namur S. 11 n° 3, S. 12 n° 4, S. 13 n° 5, S. 17 n° 6, S. 18 n° 7, S. 20 n° 8 aus der Zeit 1109–1152.

111) Ebd. S. 22 n° 9, S. 35 n° 12.

112) Ebd. S. CXXXIX f.

113) Ebd. S. 8 n° 2.

114) LESORT, Chronique et chartes de Saint-Mihiel S. 244 n° 68, S. 246 n° 69 (mit *amen*), S. 254 n° 71, S. 274 n° 77 aus der Zeit von 1123–1130.

115) LESORT, Chartes du Clermontois S. 56 n° 2; D'HERBOMEZ, Cartulaire de Gorze S. 242 n° 139.

116) D'HERBOMEZ, Chartes de St.-Martin de Tournai 1, S. 11 n° 9, S. 19 n° 21 beide mit *amen* aus Cambrai und der Zeit 1105–1109. Ebd. 1, S. 13 n° 10 ohne *amen* aus Tournai von 1105. Ebd. 1, S. 26 n° 29 mit *amen* aus Laon von 1115. Ebd. 1, S. 37 n° 37 ohne *amen* aus Soissons von 1121, wenn auch in der umgedrehten Form *In nomine patris et filii et spiritus sancti, sanctae et individuae trinitatis.* POUPARDIN, Cartulaire de St.-Vincent de Laon S. 200 n° 16 ohne *amen* aus Noyon von 1088. Diese Edition zeigt im übrigen auf Schritt und Tritt, daß die oben für Laon zitierte vollere Form in den bischöflichen Urkunden von Laon die Ausnahme war; das übliche war auch hier *In nomine sanctae et individuae trinitatis* ohne *amen* (Ebd. S. 201 n° 17, S. 203 n° 18, S. 204 n° 19, S. 206 n° 22, S. 208 n° 23, S. 209 n° 25, S. 211 n° 26, S. 212 n° 28 aus der Zeit von 1116–1146, einmal mit *amen* ebd. S. 208 n° 24). Zur Abrundung des Bildes gebe ich nachstehend die Invocationes der bischöflichen Urkunden eines an dieser Urkundenart reichen Empfängers, wenn auch nicht aus Lothringen, sondern aus Hennegau: St. Martin in Tournai. Hier findet sich die kaiserliche Invocatio *In nomine*

Friedrichs Invocatio in D. RRH n° 262 ist also nicht die Lütticher oder lothringische Standardinvocatio, aber sie ist in der Form der um die Aufzählung ihrer Mitglieder erweiterten Form der Trinitätsanrufung auch in Lüttich ohne weiteres möglich und muß im übrigen an sich nicht zwangsläufig aus Europa mitgebracht sein, denn als D. RRH n° 262 ausgestellt wurde, war Friedrich schon acht Jahre lang im Hl. Land, wo diese spezielle Form der Trinitätsinvocatio längst zu der mit Abstand am weitesten verbreiteten geworden war. Allerdings endete sie im Osten fast stets mit *amen*, und dessen Fehlen erst macht Friedrichs Invocatio in D. RRH n° 262 zu einer wahrscheinlich lothringischen.

Weniger ergiebig sind andere Formulareigentümlichkeiten von D. RRH n° 262. Es hat eine Arenga, aber keine Promulgatio, andererseits hat es keine Corroboratio, dafür aber eine Sanctio. Das Lütticher Bild ist hier so wenig einheitlich wie anderswo, so daß sich eine genaue Verzeichnung der Möglichkeiten nicht lohnt. Selbstverständlich war in der bischöflichen Urkunde auch in Lüttich die Arenga häufig. Die Promulgatio fehlte nicht oft, aber es kam natürlich vor, auch dann wenn sie nicht durch eine Briefadresse ersetzt wurde[117]. Überwiegend wiesen die bischöflichen Urkunden der Region eine Corroboratio auf, aber keine Sanctio, zeigten also das umgekehrte Bild wie D. RRH n° 262. Aber begreiflicherweise starb die Sanctio im kirchlichen Urkundenwesen langsamer ab als in den Herrscherurkunden, wo sie ja letztlich Zweifel daran nährte, daß der König imstande sein werde, auch allein seine rechtsetzende Maßnahme durchzusetzen. So erhalten wir denn alle möglichen Mischformen. Neben der häufigsten Form Corroboratio ja, Sanctio nein können auch beide Formularteile vorhanden sein oder aber gemeinsam fehlen[118]. Aber es kommt auch das vor, was wir in D. RRH

---

sanctae et individuae trinitatis ohne *amen* (D'HERBOMEZ, Chartes de St.-Martin de Tournai 1, n° 30. 47. 57. 63. 75. 81 [Urkunden des Bischofs von Laon]. 36 [Bischof von Cambrai]. 73 [Erzbischof von Reims]), dann *In nomine patris et filii et spiritus sancti* ohne *amen* (Ebd. 1, n° 1. 3. 34 [Bischof von Tournai]. 43. 49 [Bischof von Cambrai]. 60 [mit *amen*; Bischof von Laon]), weiter *In nomine sanctae et individuae trinitatis, patris et filii et spiritus sancti, amen* (Ebd. 1, n° 9. 29 [Bischof von Cambrai]. 59. 62 [Bischof von Tournai]), sodann *In nomine summae et individuae trinitatis, patris et filii et spiritus sancti* ohne *amen* (Ebd. 1, n° 10. 56. 69. 74 [mit *amen*] [Bischof von Tournai]. 21 [mit *amen*] [Bischof von Cambrai]), ferner *In nomine patris et filii et spiritus sancti, sanctae et individuae trinitatis* ohne *amen* (Ebd. 1, n° 37 [Bischof von Soissons]) und schließlich *In nomine domini* ohne *amen* (Ebd. 1, n° 4 [Bischof von Cambrai]).

117) DESPY, Chartes de Waulsort 1, S. 351 n° 22; PIOT, Cartulaire de St.-Trond 1, S. 44 n° 34, S. 62 n° 47, S. 68 n° 51, S. 70 n° 52 aus den Jahren 1133–1146.

118) Fall I: D'HERBOMEZ, Chartes de St.-Martin de Tournai 1, S. 19 n° 21; PIOT, Cartulaire de St.-Trond 1, S. 53 n° 40; LESORT, Chronique et chartes de St.-Mihiel

n° 262 vorfinden: Corroboratio nein, Sanctio ja[119]. In den von Rousseau edierten Urkunden der Grafen von Namur bis 1160 ergibt sich etwa dasselbe Bild. Eine Arenga finden wir aus 14 Urkunden in n° 1. 2. 3. 8. 9. 12. 14, die Promulgatio fehlt in n° 1. 2. 3. 9. 14, eine Corroboratio ohne Sanctio findet sich in n° 1. 11. 14, eine Sanctio ohne Corroboratio wie in D. RRH n° 262 in n° 4. 8, sowohl eine Corroboratio wie eine Sanctio in n° 9, weder eine Corroboratio noch eine Sanctio in n° 2. 3. 5. 6. 7. 12. 13.

Auf das Datum von D. RRH n° 262 lege ich weniger Wert. Zwar hat die Angabe von König und Patriarch durchgehend ihre Parallelen in ganz Lothringen –dabei auch in Lüttich und Namur sowie bei Graf Heinrich II. von Laroche– in der Angabe von König oder Kaiser, oft des Papstes sowie des amtierenden Bischofs, aber das ist fürwahr keine lothringische Besonderheit und zum andern auch sonst im Hl. Land häufig. Mehr Wert wäre darauf zu legen, daß der Indiktionsgebrauch in D. RRH n° 262 auf die in Lüttich übliche Neujahrsindiktion hinzuweisen scheint, aber dem steht ein methodisches Hindernis entgegen. Ich habe bereits eine postulierte Lütticher Herkunft des Diktators dafür benutzt, die Abweichung der Indiktion in D. RRH n° 262 um I nach unten als Lütticher Rechnung zu erklären (siehe unten Bd. 2, Exkurs I, S. 861) und kann deshalb den umgekehrten Weg nicht mehr gehen, da ich sonst eine Unbekannte X mittels einer anderen Unbekannten Y erklären würde, um danach die nur mittels Y enträtselte Unbekannte X dazu zu benutzen, Y aufzulösen. Erst wenn man überhaupt an Friedrich von Laroche als Konzipient der Urkunde glaubt, wird der Indiktionsgebrauch als akzidentelles Argument interessant.

Es sei aber noch ein Ausdruck aus dem Sprachgebrauch von D. RRH n° 262 angeführt, der zugleich in die nicht einfache Sachinterpretation des Stückes führt. Die Königin schenkt den Johannitern ein Casale zur Armenspeisung und führt dies dann weiter wie folgt aus: *Expedit, ut singulis annis*

S. 219 n° 62; BARBIER, Histoire de Floreffe [2]2, S. 4 n° 4; POUPARDIN, Cartulaire de St.-Vincent de Laon S. 200 n° 16, S. 204 n° 19, S. 211 n° 26 aus den Bistümern Cambrai, Lüttich, Toul, Noyon, Laon und den Jahren 1088–1140. Fall II: DESPY, Chartes de Waulsort 1, S. 351 n° 22, S. 373 n° 34; BORMANS – SCHOOLMEESTERS, Cartulaire de St.-Lambert de Liége 1, S. 63 n° 39, S. 69 n° 42, S. 72 n° 44; LESORT, Chronique et chartes de St.-Mihiel S. 276 n° 78 aus der Zeit 1125–1161, alle aus dem Bistum Lüttich, die letztgenannte von dem dortigen Großpropst Steppo.

119) DESPY, Chartes de Waulsort 1, S. 374 n° 35 vom Lütticher Archidiakon Bruno von 1161; D'HERBOMEZ, Chartes de St.-Martin de Tournai 1, S. 26 n° 29; PIOT, Cartulaire de St.-Trond 1, S. 48 n° 38, S. 62 n° 47, S. 68 n° 51; LESORT, Chronique et chartes de St.-Mihiel S. 274 n° 77; BARBIER, Histoire de Floreffe [2]2, S. 16 n° 30 aus den Bistümern Lüttich, Toul, Verdun und Laon und den Jahren 1115–1155.

ad commemorationem huius elemosinae reformandam in die gloriosissimae
resurrectionis beatis pauperibus et eorum ministris, me vivente, splendide detur
procuratio. In die autem obitus mei cum assidua devotione celebrato missarum
officio, quod zelo caritatis in termino paschae fieri dispositum est, alterata
postmodum consuetudine ad salutem et remedium animae meae fiat in perpe-
tuum. Das sieht vordergründig danach aus, daß die anfängliche Gegenleistung
der Johanniter, nämlich die Armenspeisung am Ostertag, nach dem Tod der
Melisendis umgewandelt werden soll in eine jährliche Seelenmesse an ihrem
Todestag. Aber dann kommt man sogleich in Konflikt mit *alterata postmo-*
dum consuetudine, das ja dann zusätzlich noch etwas ändern müßte. Der Satz
ist anders zu deuten, wofür ich Herrn Kollegen R. B. C. Huygens (Leiden)
zu danken habe. Zu Lebzeiten der Königin Melisendis findet jährlich am
Ostersonntag eine Armenspeisung statt. Nach ihrem Tode aber soll diese
Gewohnheit abgeändert werden, und zwar soll nunmehr an ihrem Todestage
eine Seelenmesse gelesen werden und an diesem Tag auch das, was bisher für
den Ostertag bestimmt worden war ([*id*], *quod in termino paschae fieri*
dispositum est), d. h. die Armenspeisung, auf ewig für ihr Seelenheil stattfinden.

Meine Interpretation geht davon aus, daß *terminus paschae* hier nicht die
komputistisch exakte Bedeutung von 'Ostergrenze' hat[120], sondern hier
einfach ein etwas vager Ausdruck für 'Osterzeit' und ganz einfach für
'Ostern' ist. Dieses Problem ist in der belgischen Diplomatik schon diskutiert worden, zwar nicht für Lüttich, wohl aber für den benachbarten Hennegau. Dort war Giselbert von Mons lange bis 1196 der Kanzleichef des
Grafen von Hennegau, und in seinen Kanzleiprodukten kommt *terminus*
paschalis durchaus auch im technischen Sinne vor[121]. In seiner berühmten
hennegauischen Chronik weicht er aber vom Gebrauch seiner eigenen
Kanzlei ab und hat beispielsweise durchgehend Osterstil für das Inkarnationsjahr, während in der Kanzlei der Weihnachtsstil herrschte. Ebenso
gebraucht er achtmal zur Datierung die Wendung *terminus paschalis*, aber je
einmal auch *terminus quadragesimalis* und *terminus pentecostes*[122], was als
komputistischer Spezialbegriff überhaupt nicht existiert und also nicht mehr
heißt als 'zur Pfingstzeit'. Kerckx hat dennoch angenommen, daß Giselbert

---

120) Die Ostergrenze ist der Tag des Ostervollmonds, d. h. des ersten Vollmonds, der
auf den oder möglichst früh nach den Frühlingsanfang vom 21. März fällt. Diese
Ostergrenze kann schwanken zwischen dem 21. März und dem 18. April. Der Ostertag
ist stets der Sonntag nach der Ostergrenze, daher frühestens der 22. März.
121) DUVIVIER, Actes et documents anciens, nouvelle série S. 129 n° 63 vom 7. April
1186.
122) Giselbert von Mons, Chronique S. 129, 154.

terminus paschalis in der Chronik im technischen Sinne von 'Ostergrenze' gebraucht habe, was aber von Prevenier eindrucksvoll widerlegt worden ist[123]. Für Giselbert ist in seiner Chronik *termino paschali* gleichbedeutend mit *tempore paschali*.

Wir haben hier also einen regionalen Sprachgebrauch vor uns, der mindestens in die Nähe von Friedrichs Lütticher Heimat weist, und wahrscheinlich könnte man in Lütticher Quellen in gleicher Weise fündig werden. Dem Sprachgebrauch des Hl. Landes entspricht *terminus paschae* jedenfalls nicht, obwohl *terminus* im Sinne von 'geographische Grenze' oder 'Zahlungstermin' häufig war (siehe unten S. 836–838). Ich kann mich jedenfalls aus den Urkunden keines anderen Beispiels entsinnen. Bei einem Lütticher-lothringischen Konzipienten von D. RRH n° 262 wäre das Vorkommen von *terminus paschalis*, noch dazu in dem vagen Sinn von 'Osterzeit', überhaupt nicht erstaunlich[124].

Insgesamt kann man also sagen, daß das Diktat von D. RRH n° 262 die Annahme eines lothringischen Diktators zwar nicht erzwingt, aber auch keineswegs ausschließt – und mehr zu zeigen hatte ich mir nicht vorgenommen.

---

123) KERCKX, Emploi de style S. 109–113. PREVENIER, Style de Noel S. 252–254.

124) Die technische Bedeutung von 'Ostergrenze' dürfte hier ausscheiden. Man müßte nämlich sonst eine Interpretation von einer Subtilität anstellen, die der Ausstellerin und ihrem diktierenden Kapellan sicher fernlagen. Dann hätte nämlich zu Lebzeiten der Königin die Armenspeisung am Ostersonntag, die Messe aber an der Ostergrenze davor stattgefunden, einem liturgisch überhaupt nicht herausragenden Tag. Hier wäre als Grund allenfalls zu erkennen, daß die Stadt Jerusalem nun einmal zur Osterzeit am vollsten war, aber am Ostersamstag, der mit der Ostergrenze nur selten zusammenfiel, sowie am Ostersonntag hätte man bei einer Gedenkmesse in der Johanniterkirche vor leeren Bänken gestanden, was sich auch ungünstig auf die Oblationen ausgewirkt hätte, denn an diesen Tagen spielte sich alles nebenan in der Grabeskirche ab, am Ostersamstag wegen des berüchtigten Feuerwunders, am Ostersonntag wegen der Auferstehungsfeierlichkeiten, die so vollgedrängt waren, daß man ein althergebrachtes Osterspiel deshalb auf Dauer absetzen mußte; siehe MAYER, Pontifikale von Tyrus S. 170, 230 f.; vgl. auch Wilhelm von Tyrus, Chronicon XVII. 24, S. 793: *accidit ut more solito circa Pascha adesset transitus et peregrinorum adveniret frequentia.* Nur kam es aber für die Wirksamkeit der Messe auf die Menge des Publikums nicht an. So ist hier mit 'Ostergrenze' kaum etwas anzufangen.

XIV. Der Hofkleriker Daniel (1150)

Diesem Mitglied der Hofkapelle des Königs schreibe ich lediglich ein Diplom zu[1]:

D. RRH n° 258   Akkon   1150 Juni 22

Der Sommer 1150 markierte den Nadir des Königs Balduin III. in seinem Kampf um die Macht mit seiner Mutter. Ich habe schon anderswo dargelegt[2], daß zu dieser Zeit nicht nur die Kanzlei zusammengebrochen und nur unvollkommen durch die Scriptorien des Königs und der Königinmutter ersetzt worden war, sondern daß Melisendis auch eigene Haushaltsfunktionäre für sich geschaffen, ja sich auch eigene Vasallen zugelegt hatte[3]. Das war nicht lediglich eine 'façon de parler', sondern erhielt in diesem Sommer einen höchst gefährlichen Inhalt. Da Ende April 1150 der Graf von Edessa in Gefangenschaft geraten war, mußte der König wie schon seine Vorgänger als Schutzherr der nördlichen Kreuzfahrerstaaten nach Norden ziehen. Obwohl er zu dem ungewöhnlichen Mittel griff, die Vasallen einzeln schriftlich aufzubieten, verweigerten sie die Heerfolge[4]. Deshalb war der König am 22. Juni noch immer in Akkon, wo er D. RRH n° 258 ausstellte, und nicht im Norden.

Auch die Zeugenliste von D. RRH n° 258 offenbart die gefährdete Position des Königs[5]. Obwohl ihm nach dem Bericht des Wilhelm von Tyrus die nördlichen Barone Humfred II. von Toron und Guido Brisebarre von Beirut, die dem König freilich besonders eng verbunden waren, noch gehorchten, vermochte er die Magnaten nicht zum Hofdienst als Zeugen zu bekommen. Sein Diplom wurde bezeugt zunächst einmal von nicht weniger als drei Mitgliedern seiner Kapelle, wenn man den Schreiber mit einrechnet:

---

1) Zu dem Datum siehe unten Bd. 2, Exkurs I. Das Datum ist von Interesse für das Festtagsitinerar, denn wenn der König am 22. Juni in Akkon war, so dürfte er dort den Johannestag (24. Juni) und Peter und Paul (29. Juni) gefeiert haben.

2) MAYER, Queen Melisende S. 147–152.

3) *laudamento baronum meorum* in D. RRH n° 259 aus dem ersten Halbjahr 1150.

4) Wilhelm von Tyrus, Chronicon XVII. 15, S. 780: *nam de his, qui in portione domine regine erant, licet singillatim evocasset, neminem habere potuit.* Daß das Aufgebot schriftlich erging, steht in der altfranzösischen Übersetzung (RHC Hist. occid. 1, S. 783 f.): *Et si envoia li ses letres à chascun qu'il venist après lui.* Vgl. MAYER, Queen Melisende S. 148 f.; DERS., Mélanges S. 137 f.

5) Siehe dazu MAYER, Queen Melisende S. 149–151.

dem Kapellan Adam, dem Elemosinar Wilhelm und dem Hofkleriker Daniel. Das war vermutlich keine außergewöhnlich hohe Besetzung der Kapelle, drei Kapelläne werden die Könige von Jerusalem zur selben Zeit sicher gehabt haben, wenn die Könige von Zypern deren zehn gleichzeitig hatten[6]. Aber es ist die höchste Zahl von Kapellänen des jerusalemitanischen Königs, die je gleichzeitig genannt werden. Das sieht so aus, als habe man hier 'faute de mieux' besonders viele Mitglieder der Kapelle aufgeboten, quasi um Lücken zu schließen, weil der restliche Klerus sich zurückhielt. Vom Episkopat bezeugte nur eine damals sehr kontroverse Figur das Diplom, der aus der Kanzlei vertriebene Radulf, der Intrusus von Tyrus (siehe oben S. 101-112, zum Kapellan Adam oben S. 102 f.). Das ist zwar für uns insofern von unschätzbarem Wert, als es zeigt, für welche der beiden Parteien sich Radulf im Sommer 1150 entschieden hatte oder hatte entscheiden müssen. Auch erklärt es, warum Radulf sofort nach dem Sieg des Königs über seine Mutter 1152 die Kanzlei zurückerhielt, aber es offenbart doch die Schwäche des Königs, daß er 1150 keinen anderen Reichsbischof als Zeugen gewinnen konnte. Der Templer Hugo von Bethsan, der als nächster Zeuge genannt wird, ist unbekannt; Spekulationen von La Monte, ihn zu einem Mitglied der dem mittleren Adel angehörenden Herren von Bethsan im Jordantal zu machen, sind sehr wahrscheinlich verfehlt, weil ein zu dieser Familie gehörender Hugo nicht nur vor, sondern auch nach D. RRH n° 258 als Laie auftritt, also entgegen La Montes Vermutung nicht in den Templerorden eintrat[7].

Unter den Laien rangierte Simon von Tiberias an der Spitze, der vielleicht schon 1148 oder aber erst jetzt die Nachfolge des Fürsten Elinand von Galilaea angetreten hatte, aber dort nur der *locumtenens* für den ins Exil vertriebenen Fürsten Wilhelm von Buris war[8]. Abgerundet wurde die Zeugenliste durch den Vizegrafen Clarembald von Akkon, der sich dem König angeschlossen haben mag, um das Amt wiederzugewinnen, das schon sein Vater gehabt hatte, das der Familie aber unter dem Regiment der Melisendis verloren gegangen war[9], und durch den Kronvasallen Wilhelm von Barra, der bisher kaum hervorgetreten war.

Geschrieben (*Scripta* [scil. *sunt*]) wurde D. RRH n° 258 von dem Hofkleriker Daniel, der das Stück sicher auch konzipierte, denn es läßt sich kein anderweitig bekanntes Diktat darin feststellen, und Daniel tritt später auch

---

6) MAYER, Hofkapelle S. 489 f.
7) LA MONTE - DOWNS, Lords of Bethsan S. 59-61; MAYER, Queen Melisende S. 150.
8) Siehe dazu MAYER, Crusader Principality S. 158-160.
9) MAYER, Kreuzfahrerherrschaft Montréal S. 269, zusätzlich D. RRH n° 245.

nicht mehr als Urkundenkonzipient auf. Über ihn selbst ist außer seiner Nennung in D. RRH n° 258 nichts bekannt. Angesichts der Seltenheit des Namens ist es möglich, aber keineswegs sicher, daß er identisch ist mit dem Kantor Daniel (der Kathedrale von Akkon?) in RRH n° 435 von ca. 1167[10]. Dieser geringe Grad an Bekanntheit war auch Daniel klar, denn in der Unterfertigung von D. RRH n° 258 bezeichnete er sich als Bruder von Hugo Saliens in Bonum. Dieser ist uns in der Tat besser bekannt als ein Bourgeois von Jerusalem, der schon 1150, als D. RRH n° 258 erging, von nicht unerheblicher Bedeutung gewesen sein muß. In den Urkunden taucht er allerdings erst 1155 auf, um 1158 zu verschwinden, und zwar in Urkunden für das Hl. Grab und meist in exponierter Position unter den Bourgeois des Königs (D. RRH n° 299. RRH n° 300. 301. 332. 333). Es ist zu vermuten, daß er bald nach 1158 starb. Gibt man ihm ein Lebensalter von ca. 60 Jahren, was bei der damaligen Lebenserwartung freilich keineswegs sicher ist, könnte er gerade noch im Lande geboren sein. Jedenfalls ist sein Bruder Daniel –vor allem wenn er der Jüngere war– mit dem Interimsnotar zusammen einer der ersten Konzipienten von Königsurkunden, der im Lande geboren sein könnte, aber dieser Potentialis verdient es, unterstrichen zu werden.

D. RRH n° 258 betrifft denselben Vorgang wie D. RRH n° 259, das meinte schon de Marsy[11]. Das ist nicht ganz selbstverständlich, denn es gibt zwischen den beiden Stücken, von denen D. RRH n° 258 vom König Balduin III., D. RRH n° 259 von der Königinmutter Melisendis ausgestellt ist, Gemeinsamkeiten, aber auch Unterschiede in der Sache. Der König bestätigte, daß die Leprosen von St. Lazarus von einem syrischen *ra'īs* namens Melenganus Weingärten in der Ebene von Bethlehem im Umfang von 13 *carrucae* für 1050 Byzantiner und ein Pferd angekauft hatten. Die Königinmutter bestätigte, daß die Leprosen von einem Syrer namens Morageth vier Weingärten in der Ebene von Bethlehem um 1100 Byzantiner und ein Pferd erworben hatten. Beide Stücke sind in dem unzuverlässigen Torineser Lazariterchartular überliefert. Mit Korruptelen des Abschreibers muß man rechnen, aber es ist klar, daß es in beiden Fällen um Weinberge in der Ebene von Bethlehem geht, die um eine Geldsumme zuzüglich eines Pferdes angekauft wurden von einem Syrer, also einem Arabisch Sprechenden. Der Name des Verkäufers wird verschieden angegeben, doch klingt Melenganus wenig arabisch. Die geringfügige Differenz beim Kaufpreis zwischen *MC* und

---

10) Zum Datum siehe oben S. 178.
11) DE MARSY, Cartulaire de St. Lazare S. 128 Anm. 19.

ML Byzantinern wird auf einen Kopistenfehler hier oder dort zurückgehen; die Verlesung ist ja sehr einfach möglich.

Sicherlich geht es also in beiden Urkunden um die Bestätigung desselben Geschäfts im selben Jahr, aber in getrennten Urkunden. Der Grund für dieses Verfahren liegt auf der Hand. Der Reichszerfall war 1150 weit fortgeschritten; wir wissen ja, daß im Sommer die Vasallen der Königinmutter dem König die Heerfolge verweigerten. Hatte die Königinmutter in der ersten Hälfte 1149 in D. RRH n° 256 noch den Konsens des Königs festgehalten und das Stück nach seinen Regierungsjahren datiert, hatte der zwischen den Parteien stehende Kapellan Friedrich noch Ende 1149 in D. RRH n° 262, dessen nachträgliche Besiegelung durch den König er vorsah und auch erreichte, gleichfalls den Konsens des Königs festgehalten, ihn freilich durch den Einschluß des jüngeren Sohns der Melisendis in einen privatrechtlichen verwandelt, und hatte Friedrich noch *me regnante cum filio meo rege Balduino* geschrieben, so war die Samtherrschaft jetzt in der Praxis tot. Nicht mit dem Konsens ihres Teilhabers an der Herrschaft, Balduin III., sondern *laudamento baronum meorum*, machte Melisendis ihre Bestätigung. Der Konsens des Königs war verschwunden, er wurde nur noch als regierend in der Datumszeile erwähnt. Daniel war in D. RRH n° 258 des Königs noch knauseriger. Auch er hatte keinen Konsens der Melisendis und nannte nicht einmal den König, geschweige denn dessen Mutter im Datum, wo er als einziger der Kapelläne der Kanzleikrise den Ausstellungsort nannte, sondern er gab die Amtsjahre des Patriarchen Fulcher an. Weder die eine noch die andere der beiden Urkunden gedenkt des Umstandes, daß auch der jeweils andere die Sache bestätigte. Es war für jedermann klar ersichtlich, daß die Dinge im Reich dem offenen Konflikt entgegentrieben. Für diesen Fall wappneten sich die Lazariter, indem sie sich von den beiden Kontrahenten Einzelbestätigungen holten.

Eine der beiden Urkunden, die beide von 1150 stammen, von denen aber nur D. RRH n° 258 ein Tagesdatum hat, muß die frühere sein. Formularmäßig ist dies D. RRH n° 259, hauptsächlich deshalb weil D. RRH n° 259 seinerseits D. RRH n° 256 als Modell benutzte (siehe oben S. 628). Dieses und nicht D. RRH n° 258 schlägt handfest in D. RRH n° 259 durch, aber das letztere müßte man erwarten, wenn des Königs Diplom das frühere wäre. Hieran braucht man sich nicht durch die Erwägung irre machen lassen, daß D. RRH n° 258 unter formaldiplomatischen Gesichtspunkten ein schauerliches Produkt ist. Nicht dies könnte den Anonymus von einer hypothetisch unterstellten VU. D. RRH n° 258 zu seinem eigenen D. RRH n° 256 getrieben haben, denn letzteres war um keinen Deut besser (siehe oben S. 623–626). Umgekehrt schimmert D. RRH n° 259 in Daniels Königsdiplom noch durch. Er wäre freilich besser beraten gewesen, er hätte es einfach als VU. abgeschrieben, denn wenn er zeigen wollte, was er selbst konnte, so ging dies gründlich daneben. Diktatgleich sind die Invocationes beider Diplome, aber darauf soll man nicht allzuviel geben, weil dies ebenso leicht eine Raffung des Chartularschreibers sein kann (siehe oben S. 485 f.). Aber in den beiden Stücken heißt es:

D. RRH n° 259	D. RRH n° 258
quaecumque agere dispono, scedulis commendari volo	*quae a praesentibus aguntur, ad utilitatem futurorum scripturae testimonio commendare*

Beide Stücke leiten den Context ein mit *ego itaque*, und beide haben sie eine in die Dispositio hineingezogene Siegelankündigung. Das ist nicht gerade viel, und für sich selbst genommen stempelt es keine der beiden Urkunden zur älteren. Aber Daniels Arenga in D. RRH n° 258 ist sprachlich wenigstens in Ordnung und auch leicht verständlich. Nichts hätte näher gelegen, als sie wörtlich in D. RRH n° 259 abzuschreiben, wäre dieses das jüngere. Aber in diesem Fall hätte der anonyme Notar ein sich aufdrängendes Modell verschmäht und stattdessen lieber zu seiner eigenen Arenga aus D. RRH n° 256 gegriffen, die sprachlich so gestelzt war, daß er sie bei der Abschrift durch die Einfügung eines *ut* (*qui ut studia sua vel opera seu quaecumque disponi possunt scripti memoriae tenaci commendare*) verunklarte.

Als gewichtiger erweist sich die sachliche Überlegung, daß aus politischen Gründen D. RRH n° 259 die frühere der beiden Urkunden sein muß. Vom Beginn des Reichszerfalls bis zum Sturz der Melisendis im Jahre 1152 gehörten Jerusalem und Judaea zu ihrem Einflußbereich, also auch Bethlehem, wo die Weinberge lagen. Die Zeugenliste von D. RRH n° 259 deutet denn auch deutlich auf eine Ausstellung in Jerusalem hin, während D. RRH n° 258 in Akkon ausgestellt wurde. Die Verteilung der politischen Gewichte in Judaea machte es für die Lazariter unabweisbar, sich zuerst um die Bestätigung der Melisendis in D. RRH n° 259 zu bemühen, ehe sie sich an den König wandten. Diesem blieb nämlich gar nicht anderes übrig, als die Sache zu bestätigen, weil ihm das ja die Möglichkeit gab, so zu tun, als habe er in Judaea etwas zu sagen. Umgekehrt aber hätten sich die Lazariter der Gefahr ausgesetzt, daß Melisendis den Vorgang überhaupt nicht bestätigt hätte, wäre ihr ein zuvor ergangenes Bestätigungsdiplom des Königs vorgelegt worden.

Man hofft, daß Daniel dem König die Messe mit mehr Expertise las, als er auf das Diplom verwendete. Sieht man von Dingen ab, die dem Chartularschreiber zur Last fallen können, so bleiben der formalen Scheußlichkeiten noch genug. Da steht zu lesen *ob remedium peccatorum*, was zwei bekannte Ausdrücke miteinander kontaminiert, *remedium animae* und *remissio peccatorum*. Trotzdem ist es keine Einmaligkeit Daniels, denn im Hl. Land steht der Ausdruck auch in D. RRH n° 334 und später in Konrads IV. BF 4482–4486. Im Reich finde ich die Wendung in DD. H. IV. 302. 308 und schon 1023 im Königreich Hochburgund (D. Burg. n° 115), und wenig später ist sie mir auch in der Provence einmal begegnet[12]. Noch viel ärger, ja geradezu monströs ist die Zeugenformel Daniels: *Huius igitur vineae perpetuo a pauperibus illis praedictis possidendae gratia testes sunt.* Daniel hätte sich schwer getan, dies einem erfahrenen Kanzleimann zu erklären, ebenso wie die Einordnung des gewiß geistlichen Elemosinars des Königs unter die weltlichen Zeugen, und das Beste, was man in einer Kanzleigeschichte tun kann, ist es, die Akten über ihn sofort zu schließen.

---

12) DEVIC – VAISSETTE, Histoire générale de Languedoc (ed. PRIVAT) 5, Sp. 430 n° 213.– *Omnesque mihi consanguineitatis linea coniuncti* ist zwar grammatisch richtig, urkundensprachlich aber höchst ungewöhnlich, *privilegium meum dono* ... *emtionem*, wo es *per privilegium* heißen müßte, ist fast sicher verkehrt, was auch gilt für *emtionem XIII carrucarum vineae* ..., *quam emerunt fratres*, wo *quas* wesentlich besser wäre.

XV. Der Hofkleriker Guido
(1152–1159)
(nachgewiesen 1155–1159)

Streng genommen gehören die Urkunden Guidos nicht mehr zur Periode der großen Kanzleikrise, die mit der Rückkehr des Kanzlers Radulf in die Kanzlei 1152 endete. Aber das ist eher eine Formalität. Sachlich nämlich sind sie von der gleichen Machart wie die Produkte des Anonymen Notars, Friedrichs und Daniels: entworfen außerhalb der Kanzlei im Scriptorium der Königinmutter von ihrem Kapellan. Ich schreibe ihm die folgenden Urkunden zu[1]:

D. RRH n° 313 (Nablus?)	1155 (Januar 14 – Spätsommer/ Herbst)	
Or. D. RRH n° 359 (Nablus?)	1160 (1158 Dezember 25 – 1159 März 12)	
D. RRH n° 338	1159 (1158 Dezember 25 – 1159 [September 23?] Dezember 24)	

Im Bürgerkrieg vom April 1152 war Melisendis als Teilherrscherin im Reich und Partnerin in der von Balduin II. eingerichteten Samtherrschaft gestürzt worden. Sie war verwiesen worden auf Samaria mit Nablus. Ihre Stellung dort war schillernd, weil in der Verfassungstheorie nicht vorgesehen. Mit der politischen Macht war es vorbei, der König regierte von nun an allein. Aber gelegentlich übte Melisendis noch Einfluß aus, wenn auch anscheinend nur in Abwesenheit des Königs und dann möglicherweise gegen den Widerstand des Kanzlers Radulf von Bethlehem[2]. Und als Gegenleistung für den Rückzug nach Nablus hatte der König einen feierlichen Eid geleistet, sie in Samaria bis an ihr Lebensende nicht zu behelligen. Daran hat er sich grosso modo auch gehalten, und erst in D. RRH n° 366, als sie

---

1) Zu den Daten, soweit diese nicht aus sich selbst heraus verständlich sind, siehe unten Bd. 2, Exkurs I. Die Orte der Handlung von DD. RRH n° 313. 359 sind nach den Zeugen erschlossen. Doch kommt natürlich neben Nablus der Bischofssitz Sebaste in Frage. Vom zeitlichen Ansatz und der sachlichen Konzentration auf Samaria her dürften auch zwei Deperdita der Königin Melisendis (D. RRH n° 339a sowie eine Erwähnung in D. RRH n° 422a) von Guido konzipiert worden sein. Zu einem weiteren siehe oben S. 619 Anm. 13.

2) Siehe oben S. 135 f., 155, 653 und unten S. 703 f.; vgl. auch MAYER, Queen Melisende S. 174.

bereits todkrank daniederlag, intervenierte er 1161 massiv auch in Samaria. Will man es verfassungsrechtlich definieren, so lebte Melisendis von 1152–1162 in einem sehr großen Immunitätsbezirk, obwohl man sich damit eines Begriffes bedient, den normalerweise weder das Verfassungsrecht von Jerusalem noch seine Verfassungswirklichkeit kannten. Rang und Würde aber blieben Melisendis erhalten. Sie blieb Königin, und dies in anderer Weise als die Königinnen Theodora und Maria aus dem Komnenenhause, die nach dem Tod ihrer Könige praktisch zu Privatfrauen mit dem Königinnentitel wurden.

Diese andersartige Stellung zeigte sich schon daran, daß Balduin III. ab 1154 in seine meisten Diplome den Konsens seiner Mutter wieder aufnehmen ließ[3], allerdings nur bis D. RRH n° 325 von Oktober 1157. Immerhin erging aber D. RRH n° 336 von März 1159 noch *precibus matris*. Das nächste erhaltene Diplom des Königs stammt von Januar 1160 (D. RRH n° 341). Hier und später bis zum Tode der Melisendis im September 1162 fehlte ihr Konsens, aber wohl nicht weil die alte Zwietracht neu aufgebrochen wäre, sondern sicher nur deshalb weil Melisendis im Herbst 1159 von einem Schlaganfall ereilt wurde, der sie bis zu ihrem Tode handlungsunfähig machte[4]. Sie blieb also bis an ihr Lebensende eine wirkliche Königin, wenn auch politisch weitestgehend entmachtet.

Ihre Urkunden aus der Zeit nach 1152 sind daher nicht Privaturkunden wie bei Maria Komnena nach 1174 (D. RRH n° 597), sondern wirkliche Diplome. Dem entspricht ihre Form einigermaßen, und auch der Sachinhalt widerspricht dem nicht. Lediglich in D. RRH n° 338 urkundete sie über verbliebenen Privatbesitz bei Jerusalem, aber D. RRH n° 359, ebenso das nur als Regest erhaltene D. RRH n° 339a, betrafen ihre Immunität in Samaria, wo sie mehr öffentlich-rechtlich als privatrechtlich handelte, auch wenn sie in beiden Fällen vorsichtig genug war, den Konsens des Königs zu vermerken, der auch in D. RRH n° 338 steht. D. RRH n° 313 hatte sogar eindeutig öffentlich-rechtlichen Charakter. Sie bestätigte darin einen Lehnsverkauf Hugos von Ibelin an das Hl. Grab, der auch vom König und vom Grafen von Askalon als Oberlehns- und Lehnsherrn bestätigt wurde (RRH n° 301. DD. RRH n° 299. 300). Soweit der verkaufte Besitz sich identifizieren läßt, lag er in der Herrschaft Ibelin im Südwesten und als Streubesitz

---

3) MAYER, Queen Melisende S. 173–175. Zu dem Konsens in D. RRH n° 309 siehe unten S. 761 Anm. 106. Schon bei der Einrichtung der Grafschaft Askalon 1153 hörte der König für die Zuteilung der Lehen auf den Rat seiner Mutter (Wilhelm von Tyrus, Chronicon XVII. 30, S. 804).
4) Ebd. XVIII. 27. 32, S. 850 f., 858.

unweit von Jerusalem, aber nicht in dem der Königinmutter vorbehaltenen
Samaria. Sie sicherte sich aber deutlich ab gegen Kritik, daß sie hier überhaupt urkundete, denn neben dem Konsens des Königs verankerte sie ausdrücklich, daß sie auf Ersuchen einer ganzen Reihe von Personen tätig
wurde: des Königs, des Grafen von Askalon, Hugos von Ibelin und seines
Bruders Balduin sowie des Patriarchen von Antiochia, bei dem die Kanoniker vom Hl. Grab als die Empfänger darauf gedrungen hatten. Entscheidend
war dabei natürlich die Bitte des Königs, und der Ausnahmecharakter des
Stückes wird an der langen und für Jerusalem ganz uncharakteristischen
Reihe von Intervenienten sofort deutlich. Den Empfängern war die Transaktion so viel wert, daß sie sie auch von der Königin Melisendis bestätigt
haben wollten, vielleicht weil sie nicht ausschlossen, daß sie noch einmal zur
Macht gelangen könnte. Nun hatte aber die königliche Bestätigung D. RRH
n° 299 keinen Konsens der Königinmutter, aus welchen Gründen auch
immer, obwohl ihr Konsens in den Diplomen bereits seit 1154 wieder
erschien (siehe oben S. 697). Dann aber blieb nur die Möglichkeit, mit
Genehmigung des Königs eine eigene Urkunde auszustellen.

Über Guido wissen wir nichts außer dem Namen und der Funktion als
reginae clericus, die er 1155 in der Unterfertigung von D. RRH n° 313
festhielt, während er 1159 D. RRH n° 359 nur noch mit dem Namen,
D. RRH n° 338 überhaupt nicht mehr unterfertigte, ohne daß wir deshalb
annehmen bräuchten, daß seine Tätigkeit als Kapellan der Melisendis zwischen 1155 und 1159 geendet hätte. Versuche, ihn mit einem der anderen
bekannten Kleriker dieses Namens zu identifizieren, führen nicht weiter.
Wir wissen also auch nicht, ob er einwanderte oder aus dem Lande stammte.

Guidos einziges erhaltenes Original D. RRH n° 359 ist nach der Art der
Zeit eine „charta transversa", die also parallel zur kürzeren Seite beschrieben
ist. Sie hat weder ein Kreuz vor der verbalen Invocatio noch eine Elongata,
wenn auch das *aMeN* am Ende der Invocatio durch zwei unziale Majuskelbuchstaben herausgehoben ist. Diese Mängel teilt das Stück mit Friedrichs
D. RRH n° 262, aber anders als letzteres ist es kein ausgehändigtes Konzept,
sondern ein sorgfältiges Ingrossat, in dem außer *possesionis cuidem* statt
possesionis cuidam keine Schreibfehler stehengeblieben sind. Noch anderes
eint DD. RRH n° 262. 359. Man möchte beim ersten flüchtigen Hinsehen
gar an eine Identität der Hände denken. Es sind beides diplomatische Mi-
nuskeln der Zeit mit Anleihen bei der päpstlichen Urkundenschrift. Beide
betonen die Oberlängen, beide haben indistinkte Schreibweisen[5], jedenfalls

---

5) In D. RRH n° 359 *Innomine, promea, acasali, adsepulcrum*. Zu D. RRH n° 262
siehe oben S. 663.

bei Präpositionen. Das lange *s* ist in beiden Schriften verwandt, das diplomatische Kürzungszeichen gleich.

Wären die beiden Hände identisch, so wäre dies von einiger Bedeutung. Da Friedrich längst im Episkopat war, als D. RRH n° 359 erging, könnte nicht er die Urkunde geschrieben haben. Es müßte vielmehr umgekehrt zwangsläufig Guido D. RRH n° 262 mundiert haben, was dann Zweifel daran aufsteigen lassen müßte, ob wirklich Friedrich D. RRH n° 262 entworfen hätte. Denn da das heutige Original sehr wahrscheinlich ein ausgehändigtes Konzept war (siehe oben S. 668), wäre die Annahme doch ganz unwahrscheinlich, daß Friedrich ein Konzept entworfen, ein anderer es aber – als Konzept! – geschrieben haben sollte, denn die Entscheidung, es als Ingrossat zu verwenden und auszuhändigen, wurde ja erst im nachhinein gefaßt. Aus der Schrifteinheit würde also auch eine Diktateinheit folgen. Aber das brächte einen sofort in Konflikt mit der bereits konstatierten Diktatverschiedenheit zwischen D. RRH n° 262 und den Urkunden Guidos (siehe oben S. 675–677).

Eine genauere Betrachtung der beiden Schriften ergibt aber klar, daß sie von verschiedenen Händen herrühren. Der Duktus in D. RRH n° 262 ist leicht nach links geneigt, derjenige von D. RRH n° 359 ist bolzengerade. Dessen Schrift ist enger und gedrängter, ihre Langschäfte sind feiner. Sie betont zwar auch die Oberlängen, stößt aber damit anders als D. RRH n° 262 nicht an vorhandene Unterlängen der vorangehenden Zeile heran. Unterlängen finden sich in D. RRH n° 359 nur, wo sie unentbehrlich sind (*g, p, q*), dagegen fehlen sie bei *f, h* und *s*, wo sie in D. RRH n° 262 ausgeprägt vorhanden gewesen waren. Die diplomatischen *ct*- und *st*-Ligaturen sind in beiden Stücken prinzipiell gleich, aber entsprechend dem generellen Charakter der Schrift sind sie in dem jüngeren Stück gedrängter ausgeführt. Die Biegung oben nach rechts ist in D. RRH n° 359 bei *b, d, h* ausgeprägter. Beim *p* ist die Unterlänge im älteren Stück leicht nach links gerundet, im jüngeren absolut vertikal. Die Oberlängen von *f* und langem *s* weisen die untereinander stehenden Zierbogen rechts des Schaftes auf, der dann nach links durchstrichen wird, wie dies in der Papsturkundenschrift üblich war, aber wo D. RRH n° 262 durchgehend drei solcher Bögen zeigt, sind es in D. RRH n° 359 deren nur zwei. Ist das diplomatische Kürzungszeichen zwar hier wie dort gleich, so sitzt es in D. RRH n° 359 auffallend hoch; sein oberer Rand liegt auf derselben Höhe wie das obere Ende von Oberlängen, und zwar immer. In D. RRH n° 262 sitzt das Zeichen überwiegend tiefer, jedenfalls auf wechselnden Höhen. Ebenso hoch befinden sich in D. RRH n° 359 die hochgestellten Buchstaben bei den Datumsangaben *a. inc. M°C°LX°, ind. VIII^a*. Was beim Kürzungszeichen durchaus noch angängig war, wirkt hier exorbitant. Schließlich finden sich auch orthographische Unterschiede. Man braucht nicht viel darauf zu geben, daß es 1150 *Milesendis* hieß, 1159 aber *Melisendis*. Das geht beliebig durcheinander, literarisch ebenso wie in den Urkunden. Steht in D. RRH n° 359 *Melisendis*, so steht in den freilich kopial überlieferten DD. RRH 313. 338 desselben Diktators *Milessendis* (Variante allerdings *Melisendis*) und *Milisendis*. Aufschlußreicher ist *Almaricus* in D. RRH n° 262 und *Amalricus* in D. RRH n° 359 und *elemosina* im älteren Stück, wo es im jüngeren *helemosina* heißt. Manches könnte man durchaus auch mit dem Zeitablauf erklären, es liegen schließlich volle neun Jahre zwischen den beiden Urkunden. Aber das ist keineswegs immer möglich, und aufs Ganze gesehen haben wir es gewißlich mit zwei verschiedenen Händen zu tun. Man wird sie in D. RRH n° 359 unbedenklich für diejenige Guidos halten dürfen, da nicht anzunehmen ist, daß sich die entmachtete Königin neben einem Diktator noch einen Mundanten leistete. Dafür dürfte der Geschäftsanfall zu gering gewesen sein.

Betrachtet man Guidos Diktat, so bedauert man noch im nachhinein, daß er der Königinmutter nicht schon früher zur Verfügung stand, denn unter den urkundenschreibenden Kapellänen dieser Zeit ist er der versierteste. Ganz fehlerfrei ist er nicht, wie wir gesehen haben, denn zu dem falschen *cuidem* in seinem Original tritt noch *facit* in D. RRH n° 313, wo es wahrscheinlich *fecit* heißen muß, sowie in D. RRH n° 338 *gastina* statt richtig *gastinam*[6]. Aber insgesamt sind seine Dictamina sprachlich überwiegend sauber, freilich auch viel schmuckloser und nüchterner als die Produkte seiner Kollegen. Aber im Urkundenwesen ist dies ja eine Tugend. Knappheit des Textes ist ein Charakteristikum Guidos. Gleichwohl hat er in sein D. RRH n° 359 zwei Zitate hineinverwoben, einmal *probatio dilectionis exhibitio est operis*[7] und *vinculo caritatis* (Osea 11,4). Das erste mag er aber für ein Sprichwort gehalten haben, denn es wird öfter verwendet[8].

In seinem Original fehlt das Kreuz vor der Invocatio, es fehlt auch in dem nur kopial erhaltenen D. RRH n° 313, ist aber in dem gleichartig überlieferten D. RRH n° 338 noch vorhanden. Guidos Invocatio ist unabänderlich: die um die Aufzählung ihrer Glieder erweiterte Trinitätsanrufung,

---

6) In D. RRH n° 338 wird auch Bezug genommen auf eine früher vorgenommene Grenzsteinsetzung durch den Vizegrafen Rohard den Älteren von Jerusalem, der aber nur als *domnus Rohardus Ierosolimitanus* bezeichnet wird. Aber als Vizegraf wurde er schon zwischen 1147 und 1150 abgelöst, so daß hier *vicecomes* wahrscheinlich absichtlich und nicht versehentlich wegblieb. Dagegen fehlt im selben Diplom in der Konsensklausel des Königs dessen Name.

7) Gregor d. Gr., In evangelia homiliae 30,1, MIGNE Patrologia Latina 76, Sp. 1220.

8) Ludwig VII. von Frankreich an Abt Suger; LUCHAIRE, Etudes S. 175 n° 238; DELAVILLE LE ROULX, Cartulaire général des Hospitaliers de S. Jean 1, S. 145 n° 185.

abgeschlossen mit *amen*. Eine Arenga hat er nirgends. Dabei mögen ihm teilweise die Vorurkunden behilflich gewesen sein, denn in D. RRH n° 313 ist die Gruppe DD. RRH n° 299. 300. RRH n° 301 benutzt. Aber sicher ist das nicht, denn auch D. RRH n° 359. 338, zu denen es keine VUU. gibt, entbehren der Arenga. Eine Promulgatio –vor der Intitulatio– hat er nach dem Modell der VU. nur in D. RRH n° 313, aber in DD. RRH n° 359. 338 hat er sie nicht. Entsprechend lautet sein Auftakt nur in D. RRH n° 313 *quod ego*, anderweitig steht bloßes *Ego*, was um diese Zeit für Diplome schon kanzleiwidrig war (siehe unten Bd. 2, S. 478). Die Devotionsformel spiegelt in D. RRH n° 313 den Einfluß der VU. D. RRH n° 300 (*per dei gratiam*, dagegen *per gratiam dei* in D. RRH n° 299), in DD. RRH n° 359. 338 steht *dei gratia*. In D. RRH n° 338 wird in der Konsensklausel dem König noch die Devotionsformel *dei providentia* beigelegt, die Guido aus Urkunden Friedrichs oder des anonymen Notars (DD. RRH n° 262. 269) entnommen haben mag. Die Intitulatio ist einförmig *Ierosolimorum regina*, aber so lautet sie in allen Urkunden der Melisendis, auch beim Anonymus und bei Friedrich.

Die Empfängernennung war bei Guido eher knapp. Sie stammt in D. RRH n° 313 allerdings aus der VU., auch fehlt in D. RRH n° 359 zu *monachis ibidem deo servientibus* die Ergänzung *et in posterum servituris*, die der geübte Kanzlist Radulf B in der NU. D. RRH n° 336 natürlich beifügte. Guido hat sich mit *deo et conventui leprosorum Ierusalem* in D. RRH n° 338 sogar eine solche Zurückhaltung auferlegt, daß hier nicht einmal mehr das Patrozinium des hl. Lazarus erschien.

Die Konsensklausel lautete in DD. RRH n° 359. 338 *assensu dilecti filii mei* (folgt *dei providentia Latinorum Ierusalem* D. RRH n° 338) *regis* (folgt *Balduini* D. RRH n° 359, was in D. RRH n° 338 fehlt). Dagegen hat D. RRH n° 313 keinen Konsens Balduins III., wohl aber steht des Königs Namen in dem übermäßig langen Bittpassus, und der König wird auch hier bei der Erwähnung seiner VU. *dilectus filius meus* genannt. Die dispositiven Verben sind eintönig und lauten fast stets gleich: *dono* (*laudo* D. RRH n° 313, weil es sich hier um eine Bestätigung handelt) *et concedo*. Gedenkformeln unauffälliger Art hat Guido in DD. RRH n° 359. 338.

Die Corroboratio ist auch hier der brauchbarste Formularteil für den Diktatvergleich. In D. RRH n° 313 hatte Guido mangels eines Vorbildes in den VUU. DD. RRH n° 299. 300, die nur eine vorgezogene Siegelankündigung haben, eine eigene Formel, die auf *sigilli auctoritate* basierte und auch in D. RRH n° 359 steht: *Ut autem praefata ecclesia hanc meam elemosinam libere et absque calumpnia iure perpetuo possideat* (*Ut firmius teneatur* D. RRH n° 313), *hanc praesentem paginam sigilli mei auctoritate* (*auctoritate sigilli mei* D. RRH n° 313) *confirmo* (*et corroboro* D. RRH n° 359). Der Kernausdruck *sigilli auctoritate* steht auch in D. RRH n° 338: *Et quoniam* (= *ut*; im Hl. Land ungewöhnlich, aber siehe etwa RRH n° 127) *haec praesens pagina rata et inconvulsa permaneat, sigilli nostri auctoritate et testibus idoneis eam confirmo. Sigilli auctoritate* ist natürlich nicht gerade umwerfend einmalig. Es kommt auch bei Friedrich in D. RRH n° 262 vor und mag sogar von ihm angeregt worden sein. Aber der Anonymus schrieb *sigilli appositione* (DD. RRH n° 268. 269. 278) oder *sigilli impressione* (D. RRH n° 256), Radulf A und Radulf B benutzten in der Königskanzlei derselben Jahre gar *sigilli subpressione.* Obwohl Melisendis seit ihrem Sturz in Jerusalem nichts mehr zu sagen hatte, bildete ihr Siegel, von dem bei D. RRH n° 359 eine Nachzeichnung existiert, auf dem Revers die Stadt Jerusalem ab, vermied aber auf dem Avers eine Angleichung an das Thronsiegel der Könige von Jerusalem, ja jedes Bild der Königin, sondern imitierte mit einer fünfzeiligen Inschrift, die die Siegelführerin nannte und eingeleitet wurde von * † *, deutlich das zeitgenössische Siegel des Patriarchen von Jerusalem.

Vor diesem Hintergrund ist die Einheit der Diktatgruppe Guidos nicht zu übersehen, und sie zeigt sich auch sofort wieder in der Zeugenformel: *Huius siquidem* (*enim* D. RRH n° 338) *rei testes sunt* (DD. RRH n° 313. 359. 338). Radulf A und Radulf B schrieben gleichzeitig geringfügig anders: *Huius quidem rei testes sunt.* In der Zeugenformel kommt *siquidem* nur während der Zeit der Kanzleikrise vor (Friedrichs D. RRH n° 262, des Anonymus' DD. RRH n° 268. 269, Guidos DD. RRH n° 313. 359). Diese Seltenheit gilt nicht nur für die Diplome, sondern auch für die Privaturkunden. Ich habe das Wort in den Überlieferungsgruppen Hl. Grab, Josaphat, Johanniter und Deutscher Orden jedenfalls vor 1187 in den Zeugenformeln sonst nicht gefunden, und das genügt, um festzustellen, daß es in den Zeugenformeln überhaupt nicht vorkommt. Mit der größten Mühe bin ich in diesen Fonds dreimal bei der Datierung mit *siquidem* fündig geworden[9]. Dabei steht *siquidem* in derselben Bedeutung wie *quidem* = 'nämlich', während klassisch *si quidem* = 'wenn nämlich' zur Einleitung von Konditionalsätzen, *siquidem* = 'weil doch' zur Einleitung von Kausalsätzen dient. Daß es auch bei Friedrich und dem Anonymus vorkommt, zeigt, daß –wie nicht anders zu erwarten– diese urkundenschreibenden Kapelläne die Produkte ihrer Kollegen im Scriptorium der Melisendis studierten oder persönlich miteinander in professionellem Kontakt und Austausch standen. Ob Radulf A von diesem Scripto-

---

9) RRH n° 254. 310. 542 von 1149–1177. Dazu kommen noch RRH n° 194. 369. D. RRH n° 466 an anderen Stellen des Formulars. Außerhalb dieser Gruppen habe ich es en passant nur notiert in RRH n° 379, sodann bei DELAVILLE LE ROULX, Chartes S. 185 n° 3 und in RRH n° 657d = Stadtbibliothek Palermo, Ms. Qq. H. 11 fol. 140ᵛ (früher fol. 292ᵛ), auch hier jeweils außerhalb der Zeugenformel.

rium das *siquidem* in seine Dictamina übernahm, wo es ab 1155 oft auftaucht, aber an anderer Stelle, nämlich im Konsens (siehe unten S. 761, 853), muß natürlich dahingestellt bleiben.

In den Zeugenlisten war Guido nicht immer ganz auf der Höhe der Zeit. In D. RRH n° 338 setzte er den Prior Hugo vom Templum Domini und dessen Chorherrn Marinus mitten unter die Laien. Auch verwendete er für des Königs Bruder Amalrich in der Zeugenliste von D. RRH n° 359 mit Graf von Jaffa einen Titel, der zwar nicht falsch, aber überholt war. Er war zu dieser Zeit Graf von Jaffa-Askalon und hätte richtig als Graf von Askalon bezeichnet werden müssen[10].

Die Zeugenlisten werfen im übrigen ein relativierendes Licht auf die immer wieder in der Literatur zu lesende Meinung, daß wenigstens die Beziehungen der Königinmutter zur Kirche nach 1152 gut geblieben seien. Sie könnte in dieser Zeit noch für die Laura des hl. Sabas bei Jerusalem geurkundet haben[11]. Sie hatte natürlich Beziehungen zu dem von ihr einst mitgegründeten Doppelkloster St. Lazarus in Bethanien, wo ihre Schwester Iveta 1157 Äbtissin war und mit ihrer Hilfe von den Johannitern gewisse Zehnten erwarb (RRH n° 327). Sie war außerordentlich freigiebig zum Chorherrenstift vom Templum Domini, und zwar wahrscheinlich erst kurz vor ihrem Tod 1162[12], weniger zur Abtei Josaphat (D. RRH n° 359). Auch die Lazariter hat sie nach ihrem Sturz gefördert (D. RRH n° 338).

Aber das sind alles Beziehungen zum Regularklerus und zu einem sich bildenden Ritterorden. In der Weltkirche hat sie allerdings Ende 1157/Anfang 1158 die Wahl Amalrichs von Nesle zum Patriarchen von Jerusalem durchgedrückt (siehe oben S. 135 f., 653), aber in des Königs Abwesenheit. Amalrich erscheint denn auch in D. RRH n° 359 als ihr Zeuge. Aber sonst ist der Episkopat in ihren Urkunden aus der Zeit nach 1152 weitgehend abwesend, im Gegensatz etwa zu DD. RRH n° 262. 268 von 1150 und 1151. In D. RRH n° 313 ist es quasi der 'landeseigene' Episkopat ihrer samaritanischen Immunität, der als Zeuge auftritt: der Bischof von Sebaste und der Abt vom Templum Domini, dem Nablus als 'Stiftsbistum' unterstand. Deshalb traten ja auch in D. RRH n° 338 ein Prior und ein Chorherr desselben Stifts als Zeugen auf. Aber sie hat ansonsten auf antiochenischen Klerus im Exil zurückgreifen müssen. Schon in D. RRH n° 313 war es den Chorherren vom Hl. Grab nicht möglich, den Patriarchen Fulcher von Jerusalem zur Intervention bei Melisendis zu bewegen, obwohl er im Lande war (siehe

---

10) MAYER, Queen Melisende S. 175 f.
11) MAYER, Bistümer S. 407 f.
12) D. RRH n° 422a. MAYER, Bistümer S. 172–196, besonders S. 191.

dazu unten Bd. 2, Exkurs I, S. 863), sondern sie mußten den Patriarchen Aimerich von Antiochia vorschicken. Und DD. RRH n° 359. 338 wurden bezeugt vom Bischof Gerhard von Latakia, auch er ein Exilierter[13]. Selbst ihr alter Vertrauter Friedrich von Laroche hielt sich als Bischof von ihr fern. Für den Reichsepiskopat außerhalb Samarias war Melisendis 1152 zur Unperson geworden. Nur Patriarch Amalrich von Jerusalem, der sich das am ehesten leisten konnte und der ihr seinen ganzen Aufstieg verdankte, hat einmal, ein bis anderthalb Jahre nach seiner Wahl, diese Isolierung zu durchbrechen versucht (D. RRH n° 359). Das dürfte auch den Handstreich erklären, mit dem Melisendis unter Ausnutzung der Abwesenheit des Königs Amalrichs Wahl betrieben und durchgesetzt hatte. Dies war ihr Versuch, die Verbindung zum Episkopat zurückzugewinnen.

Wirklich genützt hat es ihr nichts. Erst als der König im Juli 1161 mit D. RRH n° 366 die Abmachungen mit seiner Mutter brach, ging ausweislich der Zeugenliste dieses ungemein wichtigen Diploms der Reichsepiskopat auch zu ihm auf Distanz. Es unterschrieben nur der Erzbischof Petrus von Tyrus, der so unabhängigen Geistes war, daß er sich selbst gegenüber einem so eisenharten Mann wie dem Patriarchen Fulcher in einer spektakulären Aktion von dessen Härte distanzierte (RRH n° 323), sodann der Bischof Friedrich von Akkon, einst der urkundenschreibende Kapellan der Königin Melisendis, der aber seit langem ein Vertrauter des Königs geworden war, und schließlich jener Allerweltszeuge, der immer bereit war, die Lücke zu füllen: Bischof Gerhard von Latakia. Das ist schon auffallend, denn als im selben Jahr 1161 der Erzbischof von Nazareth einen lästigen Zehntstreit mit Josaphat regelte, konnte er als Zeugen mühelos den Patriarchen von Jerusalem, den Erzbischof von Caesarea sowie die Bischöfe von Ramla, Sebaste, Akkon, Tiberias und Baniyās, ferner den Abt von S. Maria Latina und die Prioren der Grabeskirche und des Zionsberges als Zeugen mobilisieren[14].

Die Angelegenheit von D. RRH n° 366 war von so weittragender Bedeutung, daß man den hohen Klerus schlecht unkonsultiert lassen konnte, schon

---

13) KEDAR, Gerard S. 62 f. Kedar vermutet sicherlich mit Recht, daß Bischof Gerhard durch einen griechisch-orthodoxen Bischof vertrieben wurde, nachdem sich der Fürst von Antiochia dem byzantinischen Kaiser in Kilikien unterworfen hatte. Da Gerhard in D. RRH n° 359 bereits im jerusalemitanischen Exil ist und dieses Stück entgegen den bisherigen Annahmen vor dem 13. März 1159 ausgestellt wurde (siehe unten Bd. 2, Exkurs I, S. 864), war zu diesem Zeitpunkt die Unterwerfung des Fürsten von Antiochia und die Vertreibung Gerhards aus Latakia bereits geschehen.

14) RRH n° 371. Die Urkunde hat weder eine Monats- und Tagesangabe noch einen Ausstellort. Aber sie hat als Zeugen ein volles Dutzend von Nazarener Kanonikern, dagegen nicht einen einzigen Mönch von Josaphat, ist also in Nazareth ausgestellt.

gar nicht den Erzbischof von Nazareth und den Bischof von Ramla-Lydda, die beide geistliche Baronien hatten. Jedenfalls waren die Seigneurien des Reiches fast vollständig vertreten. Genannt werden Toron, Galilaea, Bethsan, Caesarea, Beirut und Haifa. Jaffa-Askalon war präsent im Konsens des Grafen. Hugo von Ibelin, der nicht genannt wird, gerierte sich zwar nach innen hin als Herr von Ramla, war aber 1161 noch immer ein Vasall des Grafen von Askalon ohne eigenes Siegel; sein Aufstieg auch unter rechtlichen Aspekten in den Rang der baronialen Magnaten erfolgte erst 1163 bei seiner – erneuten – ehelichen Verbindung mit Agnes von Courtenay[15]. Baniyās war mit Humfred II. von Toron vertreten und überdies damals keine Reichsbaronie, sondern ein Lehen des anwesenden Herrn von Beirut (D. RRH n° 325). Arsur begegnet erst 1168 in RRH n° 448 als Herrschaft. Ein Herr von Arsur wird ausdrücklich, wenn auch ohne Namensangabe genannt in RRH n° 469 von 1169, wiederholt in JL 11831 von 1170[16]. Scandalion war vermutlich nie eine Seigneurie, sondern ein einfaches Kronlehen in der Krondomäne von Akkon[17]. Blanchegarde und Hebron waren 1161 lediglich königliche Kastellanien und stiegen erst ca. 1165 und 1177 zu Seigneurien auf, wenn Blanchegarde überhaupt je eine Seigneurie war[18]. Oultrejourdain wurde nicht genannt, denn es wurde hier ja aus der Krondomäne ausgegliedert, in die es 1153 zurückgekehrt war[19].

---

15) Siehe MAYER, Siegelwesen S. 49–51; DERS., Carving up Crusaders S. 117; DERS., Origins of Ramla and Lydda S. 540–546; DERS., Beginnings of King Amalric S. 125–135. Die Abhängigkeit von der Grafschaft Jaffa-Askalon gilt auch für Ibelin selbst. Ob Mirabel damals schon eine Seigneurie war, als die es TIBBLE, Monarchy S. 46 anspricht, ist mir zweifelhaft, denn die erste Nennung eines Mitglieds der Familie Ibelin als Seigneur von Mirabel stammt von 1163 (RRH n° 384a; vgl. auch RRH n° 370b). Nicht strittig kann sein, daß Balduin von Ibelin schon 1156 Mirabel besaß, denn er vertrieb damals die muslimische Bevölkerung von mehreren Dörfern dort; siehe SIVAN, Réfugiés, passim. Aber das heißt nicht, daß Balduin Mirabel als Seigneur besaß, es kann auch ein Lehen der Grafschaft Jaffa-Askalon gewesen sein. Der seigneuriale Rang ist erst in RRH n° 384a nachweisbar.

16) TIBBLE, Monarchy S. 53 hat auch den Zeugen Johannes de Arsur in RRH n° 379 von 1163 als Herrn von Arsur angesprochen, weil der dortige Seigneur seit 1168 so heißt. Aber das ist sehr zweifelhaft, denn er wäre unter 31 Zeugen der einzige Adlige.

17) Siehe Livre de Jean d'Ibelin c. 271, S. 425 und TIBBLE, Monarchy S. 52, der es aber fälschlich für ein Afterlehen in der Krondomäne hält, was begrifflich überhaupt nicht geht, da man vom König kein Afterlehen haben kann.

18) Siehe ebd. S. 47–49 zu Blanchegarde und S. 9–11 zu Hebron, das völlig unhaltbar schon seit 1100 als Seigneurie angesprochen wird, was schon durch RRH n° 255 widerlegt wird. Siehe richtig MAYER, Hebron S. 75 und passim.

19) Siehe MAYER, Kreuzfahrerherrschaft Montréal S. 135–141.

Es fehlt daher nur der Herr von Sidon. Dieser dürfte damals in seinem kurzen antiochenischen und damaszenischen Exil gewesen sein. Ich habe dieses auf 1160 datiert[20], aber es wird wohl besser sein, nicht auf diese Weise die Datierung auf 1161 bei Ibn al-Atīr zu ignorieren. Es ändert sich sonst nichts an dem Argument, denn auch so bleibt das Exil kurz, da Gerhard am 1. August 1162 wieder im Reich war (RRH n° 376b, Tag und Monat nur im Archivinventar von Manosque, Departementalarchiv Marseille 56 H 68 fol. 148ʳ; siehe auch unten S. 807). Auch die geistlichen Seigneurien Nazareth und Ramla-Lydda fehlen in D. RRH n° 366, was ebenso schwer wiegt wie das Fehlen des größten Teils des Episkopats.

Beim Datum bevorzugte Guido eine Kurzformel *anno ab incarnatione domini ..., indictione ...* (DD. RRH n° 359. 338), wie sie auch bei seinen Kollegen gängig war (DD. RRH n° 262. 268. 269. 278), ohne Einleitung, ohne Tagesdatum, ohne Angabe amtierender Personen. Die Stellung war stets nach der Zeugenliste und –soweit vorhanden– vor der Unterfertigung. Dies gilt auch für D. RRH n° 313, wo Guido das Datum aus der VU. D. RRH n° 299 kopierte und damit eine Einleitung *Factum est autem hoc* hatte, aber auch hier das Tagesdatum wegließ. Wo er eine Unterfertigung hatte –in D. RRH n° 338 fehlt sie– leitete er sie mit der seinen Kollegen Daniel und Friedrich, vor allem aber seit Paganus den Kanzlern des Königreichs Jerusalem vertrauten *Data per manum*-Formel ein (siehe oben S. 492) und bezeichnete damit seine Verantwortlichkeit für den Text.

Alles in allem war Guido kein schlechter Diktator. Auch wenn wir von ihm nur drei Urkunden haben, tritt die Einheit seiner Diktatgruppe in Corroboratio und Zeugenformel klar zutage, auch wenn in der Wahl einzelner Worte durchaus Wechselwirkungen mit seinen beiden Vorgängern im Scriptorium der Melisendis bestanden. Als die Königinmutter Ende 1159 auf den Tod erkrankte, der sie dann erst 1162 erlösen sollte, war Guidos Tätigkeit beendet, und künftig schrieb wieder allein die 1152 wiederaufgelebte Kanzlei Königsurkunden.

---

20) MAYER, Kreuzfahrerherrschaft Montréal S. 136–138.

XVI. Ein Einwanderer aus England: der flandrisch(?)-englische Kanzler-Notar Radulf A (= Kanzler Radulf von Bethlehem) (1145–1146 und 1152–1156)

(nachgewiesen 1146–1155; † 1174)

1. Der Urkundenbestand

Dem Diktat des Kanzler-Notars Radulf A schreibe ich folgende Diplome zu[1]:

	D. RRH n° 244	Jaffa	1146 Februar 1
Or.	D. RRH n° 240	Tyrus	1146 Februar 19
	D. RRH n° 245	Nablus	1147 (1146) Juli 4
Or.	D. RRH n° 291	Tyrus	1152 April 20
	echtes Modell zu		
Ur-	D. spur.		
schrift	RRH n° 276	Jerusalem	1152 September 23
	D. RRH n° 281	Akkon	1153 Februar 26
Or.	D. RRH n° 293	Akkon	1154 Juli 30

---

1) Zur Begründung der Daten, soweit diese nicht aus sich heraus verständlich sind, siehe unten Bd. 2, Exkurs I. An D. RRH n° 309 von Juli 1155 war bereits der nächste Notar Radulf B diktatmäßig als Gehilfe beteiligt (siehe unten Bd. 2, S. 2–6). Da aber die Rahmenteile überwiegend von Radulf A stammen, wird das Dictamen hier behandelt. Von den Deperdita wird Radulf A aus zeitlichen Gründen der Geleitbrief des Königs für die Familie des berühmten Emirs Usāma ibn Munqiḏ von 1154 zuzuordnen sein (Usāma, Enseignements, französische Übersetzung von MIQUEL S. 137), der vermutlich analog zu D. RRH n° 598a als einfaches Privileg erging. Ob das verlorene D. RRH n° 315a von Februar 1155 allein von Radulf A stammte oder Radulf B daran wie an D. RRH n° 309 beteiligt war, ist nicht auszumachen.

D. RRH n° 299	Akkon	1155 Januar 14
D. RRH n° 306	Jerusalem	1155 Juni 27
D. RRH n° 307	Jerusalem	1155 Juni 27
D. RRH n° 309	Akkon	1155 Juli 13

2. Die Königsresidenzen; Handlung und Beurkundung

Für die Frage der Königsresidenzen ergibt sich ein deutliches Überwiegen der drei städtischen Zentren Akkon, Jerusalem und Tyrus. Jaffa und Nablus fallen demgegenüber ab, treten auffallenderweise aber nur zu Beginn der Regierung Balduins III. auf. Bezieht man die Urkunden seiner Mutter mit in die Betrachtung ein, dann ergeben die Ausstellorte etwas für die große Reichskrise 1146–1152. Als der König 1145 volljährig geworden war, lief dennoch anfangs das aus der Regentschaft erwachsene, sich aber auch auf eigene Rechte stützende Regime seiner Mutter Melisendis weiter. Aus der Zeit der Minderjährigkeit sind nur zwei Diplome erhalten (DD. RRH n° 226. 227), von denen das erste keinen Ausstellort hat, aber wegen der Vielzahl seiner jerusalemitanischen Zeugen sicher eine Rechtshandlung in Jerusalem anzeigt. Nach erreichter Volljährigkeit, aber vor dem offenen Ausbruch der Krise fällt auf, daß der König nicht mehr in Akkon und Jerusalem urkundete, sondern in Jaffa, Tyrus und Nablus. Nach Tyrus hatte er reisen müssen wegen der Besetzung des dortigen Erzstuhles (siehe oben S. 107) und regelte dort gleich eine lokale Angelegenheit. Aber man muß auch sehen, daß im Norden seine Stellung nie erschüttert war. Dort stützten ihn ständig Guido von Beirut und Humfred von Toron (nahe Tyrus)[2], in Tyrus erging sein erstes Diplom nach dem Bürgerkrieg von 1152 (D. RRH n° 291). In Jerusalem herrschte dagegen während der Krise ganz klar Melisendis[3]. In der Reichsteilung kurz vor dem Ausbruch des Bürgerkrieges erhielt Melisendis Nablus und Jerusalem[4]. Balduin hat während der Reichskrise, soweit sich erkennen läßt, in Jerusalem nicht geurkundet. Aber natürlich konnte dem König mindestens an hohen Kirchenfesten der Zutritt zur Hauptstadt nicht verweigert werden. Und bezeichnenderweise läßt er sich in diesen Jahren nur zu Ostern dort nachweisen, denn 1148 holte er dort den deutschen König ein, der in der Woche nach Ostern (11. April) in Akkon

---

2) MAYER, Wheel of Fortune S. 866–869; DERS., Queen Melisende S. 148 f.
3) D. RRH n° 269 wegen des Rechtsinhaltes, DD. RRH n° 268. 269 wegen der Zeugen; zu denen siehe MAYER, Queen Melisende S. 153 f.
4) Wilhelm von Tyrus, Chronicon XVII. 14, S. 778.

gelandet und nach wenigen Tagen nach Jerusalem weitergereist war[5], während er 1152 am Ostermontag in Jerusalem den Höhepunkt der Krise dadurch auslöste, daß er in der Hauptstadt unter der Krone ging[6]. In Akkon regierte noch 1149 die Königinmutter (D. RRH n° 256), im Jahr darauf aber der König (D. RRH n° 258), was vielleicht mit dem Machtwechsel im benachbarten Galilaea zugunsten des Königs zusammenhängt, der in D. RRH n° 258 mit der Nennung von Simon von Tiberias angezeigt wird, aber bereits seit Mitte 1148 erfolgt sein könnte[7].

Nach der Krise urkundete Melisendis in dem ihr verbliebenen Reichsteil Nablus, allenfalls im benachbarten Sebaste, wenn man nach den Zeugen ihrer Urkunden geht. Bei Balduin III. überwiegt zur Zeit des Notars Radulf A (zu Radulf B siehe unten S. 813 f.) Akkon (4 x) gegen Jerusalem (3 x) und Tyrus (1 x). Relativiert wird das durch die Erkenntnis, daß mindestens je und dann Handlung und Beurkundung auseinanderfielen, sowohl zeitlich wie örtlich. Bei DD. RRH n° 244. 240. 245. 291. 293. 306. 307 spricht nichts gegen ein Zusammenfallen von Handlung und Beurkundung. Das ist bei D. RRH n° 240 besonders deutlich, denn hier spricht alles dafür, daß das aus Tyrus datierte Stück auch dort verhandelt worden war, als man sich in Tyrus versammelt hatte, um einen neuen Erzbischof von Tyrus zu wählen, was auch in der Zeugenliste widergespiegelt wird (siehe oben S. 107); es ging ja auch um ein Dorf in der Gegend von Tyrus. D. RRH n° 291 zeigt den Fleiß der Kanzlei, denn es ist an einem Sonntag ausgestellt[8].

Zweifel an der Einheitlichkeit von Handlung und Beurkundung darf man bei D. RRH n° 281 haben. Es wurde beurkundet in Akkon am 26. Februar 1153. Der König belagerte seit dem 25. Januar 1153 die Stadt Askalon, die erst im August fiel[9]. Natürlich ist es denkbar, daß der König sich in dieser Zeit einmal nach Akkon begab, um dort die Rechtshandlung und Beurkundung uno actu vornehmen zu lassen. Aber wenn er selbst nicht beim Heer war, so mußte er wenigstens den Konstabler als höchsten Militärfunktionär dort zurücklassen, und eben der unterschreibt als Zeuge, wäre also mit in Akkon gewesen. Ebensowenig glaube ich aber, daß die Handlung im Feldlager vor Askalon, die Beurkundung jedoch in Akkon stattfand, denn außer dem Konstabler Humfred II. von Toron und Simon von Tiberias unterschreibt keiner der von Wilhelm von Tyrus als im Feldlager anwesend

---

5) Otto von Freising, Gesta Friderici S. 89.
6) Wilhelm von Tyrus, Chronicon XVII. 13, S. 778.
7) MAYER, Crusader Principality S. 160.
8) Später urkundete die Kanzlei sogar am Heiligabend; siehe oben S. 155.
9) Wilhelm von Tyrus, Chronicon XVII. 21. 30, S. 790, 804 f.

genannten Großen[10]. Nun fällt auf, daß in diesem Diplom, das einen Siedlungsvertrag mit den Siedlern von Caselimbert in der Nordhälfte des Reiches bestätigt, überhaupt nur nördliche Zeugen aufgeführt werden, die wie in einem Kreis rings um Caselimbert beheimatet waren: Toron, Galilaea, Scandalion, Akkon und Tyrus. Das bringt mich zu der Vermutung, daß die Zeugen gar nicht diejenigen der königlichen Bestätigungshandlung sind, sondern diejenigen des vorangegangenen Vertrages des Lokators Gerhard von Valence mit den Siedlern von Caselimbert. Ähnliches ist in jener Zeit zu beobachten in D. RRH n° 244, das die Zeugenliste von D. RRH n° 201 wiederholt, aber auch in D. RRH n° 465 (siehe unten Bd. 2, S. 33). Ist diese Vermutung richtig, so war der Lokationsvertrag im Norden in Akkon oder Umgebung geschlossen worden und dann sehr wahrscheinlich noch ehe der Konstabler und Simon von Galilaea zum 25. Januar 1153 zum Heer nach Askalon mußten. Die Beurkundung durch den Kanzler Radulf fand dagegen in Akkon am 26. Februar 1153 statt, wofür die Anwesenheit des Königs und der Zeugen nicht erforderlich war, wohl aber die des unterfertigenden Kanzlers[11].

Bei D. RRH n° 299 fallen Handlung und Beurkundung mit Sicherheit auseinander (siehe oben S. 125–127), ebenso bei D. RRH n° 309, das am 13. Juli 1155 in Akkon beurkundet wurde, aber kurz zuvor in Jerusalem verhandelt worden war. Das Diplom stand im Zusammenhang mit der sich anbahnenden Trennung des Besitzes des Hl. Grabs und der Johanniter (siehe oben S. 127), die der Patriarch Fulcher bei seiner kurz danach angetretenen Reise an die päpstliche Kurie verhindern wollte. Neben dieser ersten allgemeinen Besitzbestätigung für das Chorherrenstift vom Hl. Grab seit D. RRH n° 74 von 1114, das den Stiftsbesitz zusammen mit RRH n° 75 mehr etablierte, als daß es ihn bestätigt hätte, urkundete der König 1155 aber noch in zwei weiteren Diplomen über Einzelbesitzungen des Stifts (DD. RRH n° 306. 307), von denen eine seit den Tagen des 1143 gestorbenen Königs Fulko strittig war und offenbar auch durch eine Entscheidung der Königin Melisendis von 1151 (D. RRH n° 268) nicht zur Ruhe gekommen war. Die Vermutung liegt mindestens nahe, daß der Patriarch auch in dieser Frage die Hilfe des Papstes anrufen wollte, denn wenn man schon nach Rom reiste, so nahm man alle offenen Fragen im Gepäck mit. Natürlich hat dann das Stift auch beim König alle schwebenden Probleme uno actu vorgebracht, d. h. in einer Audienz. Während D. RRH n° 309 am 13. Juli 1155 in Akkon ausgestellt wurde, ergingen DD. RRH n° 306. 307

---

10) Wilhelm von Tyrus, Chronicon XVII. 21, S. 790.
11) Zur Frage der Präsenz der Kanzlei beim König siehe unten S. 815–817.

aber bereits am 27. Juni in Jerusalem. Dies bedeutet, daß die Handlung zu
D. RRH n° 309 bereits vor dem 27. Juni erfolgte und zwar auch in Jerusa-
lem. Es kommt dazu, daß D. RRH n° 309 bezeugt ist vom Bruder des
Königs, Graf Amalrich von Askalon. Er war natürlich Handlungszeuge,
nicht Beurkundungszeuge, und just am 3. Juli 1155 urkundete er mit demselben Kanzler selbst in Jerusalem (D. RRH n° 308). Zwar erscheint er in
DD. RRH n° 306. 307 vom 27. Juni nicht als Zeuge, dennoch aber war er
bei deren Handlung wohl schon in Jerusalem, da in beiden Stücken sein
Konsens vermerkt ist (siehe zu der Frage auch oben S. 127 f.). Was den
Kanzler zwischen dem 3. und dem 13. Juli nach Akkon trieb, wissen wir
natürlich nicht. Später hätte er in einem solchen Fall anders gehandelt und
die Beurkundung und Besiegelung von D. RRH n° 309 in Jerusalem nach
seiner Abreise dem Vizedatar Stephan (= Radulf B) überlassen, der zwar erst
1159 in Erscheinung tritt, aber wohl schon 1156 ernannt wurde und ja schon
1155 an D. RRH n° 309 mitwirkte (siehe unten Bd. 2, S. 2–6). Aber da es
1155 noch keinen Vizedatar gab, somit also nur der Kanzler selber siegeln
konnte, war er genötigt, die Aufzeichnung über die Rechtshandlung zu
D. RRH n° 309 oder das Konzept oder ein unvollzogenes Ingrossat mit nach
Akkon zu nehmen und dort zu beglaubigen.

3. Das Festtagsitinerar des Königs

Für das Festtagsitinerar des Königs ergeben sich aus den Diplomen des
Radulf A einige Wahrscheinlichkeiten, bei denen freilich zu berücksichtigen
ist, daß die Ausstellorte, wie gerade gezeigt, primär die Ortsveränderungen
der Kanzlei und nicht des Königs reflektieren, was sich unter Radulf B noch
verstärken wird. Gleichwohl kann man cum grano salis die Ausstellorte für
das Festtagsitinerar benutzen, weil der Kanzler – und für Radulf ist das
aufzeigbar; siehe oben S. 156 – eine natürliche Tendenz zur Präsenz beim
König hatte. Am Weihnachtstag 1143 war der König Balduin III. zu seiner
Krönung in Jerusalem[12]. Zu Lichtmeß (2. Februar) 1146 war er in Jaffa, da
er dort am 1. Februar urkundete (D. RRH n° 244). Am 19. Februar war er
dann bereits in Tyrus (D. RRH n° 240). Da er am 4. Juli 1146 in Nablus
urkundete (D. RRH n° 245), hat er vielleicht Peter und Paul (29. Juni) dort
verbracht. Den Tag Johannes des Täufers (24. Juni) 1148 verbrachte der
König beim großen Kriegsrat des zweiten Kreuzzugs, der entweder in

---

12) Wilhelm von Tyrus, Chronicon XVI. 3, S. 717.

Akkon oder in Palma zwischen Akkon und Tyrus stattfand[13], so daß man Peter und Paul entweder in Akkon oder in Tyrus verbracht haben dürfte. Zu Ostern (30. März) 1152 war der König in Jerusalem[14]. Falls das Datum von D. spur. RRH n° 276 richtig ist (siehe dazu unten S. 783–787), war der König am 23. September 1152 in Jerusalem, so daß er dort das Fest der Kreuzerhöhung (14. September) gefeiert haben könnte. Zu Mariae Himmelfahrt (15. August) 1153[15] stand er im Feldlager vor Askalon, denn nach einem fehlgeschlagenen Sturm auf die Stadt am 16. August präsidierte er in seinem Zelt einem Kriegsrat[16]. Zu Epiphanias (6. Januar) 1155 war er entgegen D. RRH n° 299, das am 14. Januar in Akkon erging, in Jerusalem, denn dort war die Rechtshandlung erfolgt (siehe oben S. 125–127). Auch wird er zu Peter und Paul (29. Juni) 1155 in Jerusalem gewesen sein, wenn er am 27. Juni dort urkundete (D. RRH n° 306. 307). Am 13. Juli 1155 urkundete er in Akkon (D. RRH n° 309), was zunächst darauf hinzudeuten scheint, daß er nicht am 15. Juli an den jährlichen Feierlichkeiten in Jerusalem aus dreifachem Anlaß[17] teilnehmen konnte, aber es gibt Anlaß zu der Vermutung, daß die Handlung von D. RRH n° 309 schon Ende Juni in Jerusalem stattfand, auch wenn die Kanzlei dies erst am 13. Juli in Akkon beurkundete (siehe oben S. 710 f.). Wenn der König die Reise des Kanzlers nach Akkon nicht mitmachte, könnte er am 15. Juli in Jerusalem gewesen sein[18].

---

13) Wilhelm von Tyrus, Chronicon XVI. 29. XVII. 1, S. 757, 761; Otto von Freising, Gesta Friderici S. 89 f.

14) Wilhelm von Tyrus, Chronicon XVII. 13, S. 778.

15) Die Belagerung währte vom 25. Januar bis zum 19. August. Wahrscheinlich verbrachte der König auch Lichtmeß (2. Februar) und Ostern (19. April) im Feldlager, es sei denn D. RRH n° 281 vom 26. Februar 1153 dokumentiere eine Anwesenheit des Königs in Akkon, was aber unwahrscheinlich ist (siehe dazu oben S. 709 f.). Jedenfalls sieht es nach der Chronik des Wilhelm von Tyrus danach aus, als habe der König Ostern 1153 im Felde verbracht. Ebd. XVII. 24, S. 793: *Accidit ut more solito circa Pascha adesset transitus et peregrinorum adveniret frequentia ... Diriguntur de exercitu* (scil. in die Häfen des Reichs), *qui auctoritate regia tam nautis quam peregrinis redire volentibus interdicant reditum.*

16) Ebd. XVII. 27 f., S. 798–800; das Datum nur in Sigebert von Gembloux, Auctarium Aquicinense, MGH SS 6, S. 396: *proxima die assumptionis s. Mariae.*

17) Divisio apostolorum, Jahrestag der Eroberung Jerusalems durch die Franken 1099 und seit 1149 auch die Kirchweih der Grabeskirche; KOHLER, Rituel S. 427–430 mit Quellen ebd. S. 427 Anm. 1; außerdem Johann von Würzburg, Descriptio S. 123 f., 139 und BUCHTHAL, Miniature Painting S. 116, 125. DE VOGUE, Eglises S. 215–217. Vgl. auch RRH n° 430. 528.

18) Das Festtagsitinerar setzt sich fort unten Bd. 2, S. 55.

4. Person und Herkunft des Radulf A

Die Amtszeit des Notars zerfällt in zwei Abschnitte, die von 1145 bis 1146 und von 1152 bis 1156 reichen. Als Kanzler hat er weiter amtiert bis zu seinem Tod 1174. Zwischen beiden Amtszeiten als Notar liegt die bereits behandelte Zeit des Kanzleizusammenbruchs in der Periode des Reichszerfalls. Wurde diese Zeit des Kapellansregimes im Urkundenwesen des Königshauses durch die Wiederaufnahme ordnungsgemäßer Kanzleiausfertigungen ab Ende April 1152 überwunden, so verlassen wir schon mit dem ersten Diktatabschnitt, erst recht aber mit dem zweiten die Zeiten schwankenden Diktats. Radulf A griff tief in das vorgefundene Formular ein und entwickelte ein festgefügtes Kanzleidiktat, das seinen Abschluß fand unter Radulf B und die Kanzlei von Jerusalem beherrschte bis 1187. Das hat Vorteile und Nachteile. Viel leichter wird jetzt die Aussonderung kanzleifremder Ausfertigungen oder gar Fälschungen. Dagegen wird es schwieriger, hinter einem derart geronnenen Kanzleibrauch das Individuum zu entdecken. Nicht daß es etwa schwieriger würde, die Diktatgruppen einzelner Notare voneinander abzugrenzen, zumal hierfür das zusätzliche Erkenntnisinstrument zur Verfügung steht, daß wie bisher so auch künftig neue Herrscher neue Notare ernannten. Auch im reinen Diktatvergleich sind die Unterschiede zwischen den Gruppen in der Regel mit hinreichender Sicherheit zu erkennen, ja die Methode des Diktatvergleichs erficht ihre eigentlichen Siege natürlich dort, wo sie sich auch zur Durchdringung eines rigiden Kanzleidiktats eignet. Was aber spürbar schwieriger wird, ist die Ermittlung der europäischen Herkunftsregionen der Notare. Das hängt nicht nur damit zusammen, daß wir ab der Mitte des 12. Jahrhunderts natürlich damit rechnen müssen, daß ein im Osten geborener Franke in den Kanzleidienst aufsteigen konnte. Das herausragendste Beispiel dafür ist der Kanzler Wilhelm von Tyrus, obgleich er fast 20 Jahre lang in Europa studierte. Aber die angiovinische Herkunft des Elias oder die flandrische des Elias A ließen sich noch auf Schritt und Tritt nachweisen, obwohl mindestens die erste nicht positiv bezeugt ist. Dieser Nachweis ist, wie sich zeigen wird, auch bei dem askalonitanischen Notar Radulf C möglich, bei Wilhelm A etwa dagegen überhaupt nicht. Bei Radulf A ist er weniger leicht als bisher, obwohl ich den Notar mit einem Kanzler gleichsetze, über dessen Herkunft wir schon etwas wissen.

Radulf A schlug alle seine Vorgänger mit Abstand aus dem Feld. Er schuf, wenn auch nicht über Nacht und bei der Intitulatio nicht ganz abgeschlossen, aus dem, was er vorfand, die klassische Form des jerusalemitanischen Diploms. Er war nach allem, was sich erkennen läßt, identisch mit dem Kanzler Radulf, dem späteren Bischof von Bethlehem, dem dieser Ruhm des

Diktatschöpfers also gebührt. Dies bedarf noch einmal der Untersuchung, denn für alle Fehler schlägt die Stunde der Wahrheit, und hier schlägt sie mir. Ich war 1972 noch der Meinung, es sei sehr zweifelhaft, daß der Kanzler Radulf überhaupt jemals seine eigenen Dictamina geschrieben habe[19]. Es war dann natürlich unausweichlich, einen von ihm personenverschiedenen Notar zu postulieren[20]. Ich arbeitete damals die Diktatgruppen der Jahrhundertmitte heraus. Das gelang bei den regelverachtenden Kapellänen der Zeit der Kanzleikrise in jenem ersten Anlauf nur ungenügend (siehe oben S. 618 f.), aber bei Radulf A, soweit ich ihn damals bearbeitete, bleiben meine Einsichten unverändert. Aber ich ließ mich vor fast zwei Jahrzehnten, als ich die Rolle der Kanzler in der Kanzlei ernsthaft zu untersuchen noch nicht einmal begonnen hatte, leiten von dem Bild, das wir uns von hochmittelalterlichen Kanzlern machen: hochmögende Herren, aktiv in der Kirche, in der Diplomatie und der Politik, die sich aber aus den Niederungen des täglichen Urkundengeschäftes zurückgezogen hatten[21]. Freilich fiel mir schon damals auf, daß dies erst das Bild des Kanzlers Radulf ab 1156 war, so daß ich zwar die Personen trennte, in der Reform aber das Werk beider sah[22], sie also hier wieder zusammenwarf. Diese Rechnung konnte natürlich auf die Dauer keinen Bestand haben, und schon 1980 hatte ich die ursprüngliche Position geräumt und vertrat die Meinung, an der ich jetzt festhalte: Der Kanzler Radulf und der Notar Radulf A waren miteinander identisch[23]. Nur weil ich bei den Notaren bereits mit der Trias Radulf A,

---

19) MAYER, Queen Melisende S. 121.

20) Ebd. S. 133, 170.

21) Es mag hier erinnert werden an den einst hoffnungsvoll begonnenen Versuch von HERKENRATH, Reinald von Dassel, passim, den Reichskanzler und Erzkanzler Rainald von Dassel, Erzbischof von Köln, zugleich als Kanzleinotar Rainald H (1158–1167) zu erweisen. HERKENRATH, Magistertitel S. 30 hat selbst später auf diese These verzichtet. Aber auch SCHIEFFER, Archipoeta S. 71, der vorschlug, den Archipoeta mit Rainald H zu identifizieren, hat an Herkenraths Versuch anerkannt, daß Rainald H dem Erzkanzler Rainald von Dassel in der Kanzlei mindestens am nächsten gestanden haben, sein Sprachrohr und sein Sekretär gewesen sein müsse. Herkenrath ist im wesentlichen daran gescheitert, daß seine These eben mit der Stellung eines der höchstrangigen Prälaten in Europa nicht vereinbar war. Aber: Das Königreich Jerusalem war nicht das Kaiserreich, der Kanzler Radulf nicht der Erzkanzler Rainald von Dassel. Berücksichtigt man diese Unterschiede in den Dimensionen, so ist für Radulf A durchaus denkbar, was sich bei Rainald von Dassel als Annahme verbietet, zumal Radulf A damals noch kein Bischof war und sich sofort nach seiner Erhebung aus dem Urkundendiktat zurückzog.

22) MAYER, Queen Melisende S. 121.

23) MAYER, Deperditum Balduins III. S. 551.

Radulf B und Radulf C operiert hatte und weil dies für den Leser bei den hier folgenden drei Diktatgruppen bequemer ist als eine Trias Kanzler Radulf (als Notar), Notare Radulf A (bisher Radulf B) und Radulf B (bisher Radulf C), behalte ich die Sigle Radulf A bei, aber er ist der Kanzler-Notar Radulf.

Zunächst ist natürlich nicht haltbar, daß sich zwei Leute, Radulf und sein Notar, gleichzeitig um die Reform der Dictamina und damit um diese selbst kümmerten. Auch ist es, das erkannte ich dann 1980, ganz und gar unwahrscheinlich, daß mit dem Kanzler 1146 auch sein Notar gefallen und 1152 mit diesem in die Kanzlei zurückgekehrt sein sollte. „His chancery clerk", „his capable notary", schrieb ich 1972, und das war neben dem Irrtum über die Funktionen der Kanzler der kardinale Denkfehler. Meine Vorstellung war, es hätten die Kanzler die Notare ernannt. Dann natürlich lag es nahe anzunehmen, daß mit einem Kanzler auch sein Notar stürzte. Es rächt sich, wenn man eine Kanzleigeschichte an ihrem schwierigsten Punkt beginnt, auch wenn er einer der interessantesten sein mag. Die Gesamtschau zeigt ganz klar, daß die Notare die Vertrauensleute der Herrscher waren, denn grosso modo fiel ihr Wechsel mit dem Herrscherwechsel zusammen, während das für die Kanzler außer bei Paganus nur so lange galt, wie sie wirklich als Notare fungierten. Als sie das Urkundengeschäft aus der Hand gegeben hatten und unabsetzbar geworden waren, überdauerten sie die Herrscherwechsel, die Notare dagegen in aller Regel nicht oder nur kurz. In der Kanzleikrise zu Beginn der Kanzlerschaft Wilhelms von Tyrus lief das Diktat des Notars ungestört weiter. Der Hilfsdatar Lambert mußte gehen, als Wilhelm in die Kanzlei zurückkehrte, aber der zu Beginn der Krise ernannte Notar Wilhelm A amtierte weiter. Zwischen dem Kanzler Elias und dem Kanzler Radulf gab es zwar ein Vakuum im Kanzleramt, aber es wurde, als Elias abtrat, der Interimsnotar bestellt, der wohl lediglich nicht zum Kanzler aufstieg, weil den König Fulko der Tod ereilte. Aber er mußte verschwinden, als der Kanzler Radulf kam, nicht nur weil er das Stigma gehabt haben dürfte, daß er noch von Fulko ernannt worden war, sondern auch weil in der Kanzlei nur für einen Notar Platz war und Radulf Kanzler und Notar in einem war.

Das galt auch für den Kanzler Paganus in seiner Frühzeit, denn Brando arbeitete ihm nur in einer Ausnahmesituation zu, es galt für den Kanzler Hemelin und für den Kanzler Elias. Sie waren Kanzler-Notare, die selbst Dictamina konzipierten, und Elias ließ sich nur gelegentlich von dem Aushilfsnotar Elias A assistieren. Aber schon als Notar unter dem Kanzler Paganus dürfte Hemelin ernannt worden sein vom König Balduin II., als dieser seine Herrschaft gefestigt hatte, denn Paganus war der Kanzler-Notar Balduins I. gewesen (siehe oben S. 460–462). Bei einer unterstellten Fortdauer der Regierung Balduins I. wäre es zu der Zweiteilung Kanzler und Notar (bzw. Vizekanzler) wahrscheinlich gar nicht gekommen. Nur der Kanzler Franco (1134–1136) schrieb überhaupt keine Dictamina, sondern überließ das dem Notar Elias, der nach ihm Kanzler wurde und dann weiterdiktierte. Es bestand bei der Ernennung Radulfs zum Kanzler weder für den König noch für seine Mutter irgendein Anlaß, von diesem überwiegenden bisherigen Gebrauch abzuweichen. Schon Radulfs Ernennung zum Kanzler war ein Kompromiß zwischen den beiden (siehe oben S. 80 f.). Hätte man daneben noch einen Notar ernannt, so hätte man zwei Kompromisse schließen müssen, wo nur einer erforderlich war, der schon schwer genug war, wie sich daran zeigt, daß der Interimsnotar ohne Kanzler amtieren mußte. Daß der Kanzler Radulf selbst diktiere, dürfte quasi in seinem Anstellungsvertrag gestanden haben. Es war auch sein ureigenstes Interesse, denn nur so konnte er darauf achten, daß die Diplome die schwierige Verfassungssituation angemessen reflektierten, die Kanzlei sich also parteipolitisch neutral verhielt. Das war eine Frage tagespolitischer Klugheit, wenngleich es zu Radulfs Sturz als Kanzler beigetragen haben wird, daß keine der beiden Parteien ihn definitiv auf ihre Seite ziehen konnte, solange er als Kanzler amtierte, denn erst sein Sturz garantierte jeder Seite ein parteiisches Scriptorium (siehe oben S. 81 f.).

Es kommt noch hinzu, daß der Diktator Radulf A mit der historischen Wahrheit in einer derart schlitzohrigen Weise umging, wie ein simpler Notar sie sich kaum zu erlauben gewagt hätte, selbst wenn er dasselbe Naturell wie der Kanzler Radulf gehabt hätte, das Wilhelm von Tyrus als *nimis secularis* bezeichnete (siehe oben S. 82). Für eine solche Nonchalance im Umgang mit bekannten Fakten bedurfte es vielmehr des Einflusses und der Macht des Kanzlers. Im Jahre 1141 bestätigte der Patriarch Wilhelm von Jerusalem nicht nur mit dem Konsens des Königs Fulko und seiner Frau, sondern geradezu in Stellvertretung des Königs (siehe oben S. 599 f.) eine Lehensverrentung – in der Praxis einen Lehensverkauf – des Robert vom Casale St.-Gilles (D. RRH n° 201). Darin hieß es zweimal *in mei* (*nostra*) *praesentia*, was jeweils den Patriarchen meinte. Als Balduin III. die Sache 1146 bestätigte (D. RRH n° 244), da verwischte der Diktator die anstößige Tatsache, daß der Patriarch den König vertreten hatte und machte aus der Anwesenheit des Patriarchen zweimal die des Königs Fulko, die der VU. aber nicht zu entnehmen ist.

Das blieb kein Einzelfall. Im Jahre 1155 glättete Radulf A im nachhinein das tiefe Zerwürfnis zwischen Balduin III. und seinem Bruder Amalrich, als er in D. RRH n° 309 ausführte, D. RRH n° 174 von 1138 – die wichtige Gründung des Hausklosters St. Lazarus in Bethanien – sei ergangen mit dem Konsens der Königin Melisendis und Amalrichs. Davon kann aber keine

Rede sein. Nicht Amalrichs Konsens, sondern derjenige Balduins III. wird in D. RRH n° 174 erwähnt. Amalrich kommt dort nicht einmal in der schier endlosen Zeugenliste vor, und konsequenterweise findet er sich auch nirgends in der Bestätigung Balduins III. von 1144 (D. RRH n° 226). Es ist auch ganz unwahrscheinlich, daß Amalrich mit D. RRH n° 174 irgendetwas zu tun gehabt haben sollte, denn er war bei dessen Ausstellung im Februar 1138 bestenfalls zwei Jahre alt, da er 1136 geboren wurde[24]. Was Melisendis betraf, die zur Zeit der Ausstellung von D. RRH n° 309 gestürzt war, so hatte sie 1138, als ihre Rechte am Reich noch bestanden, nicht nur lediglich ihren Konsens gegeben, wie Radulf A hier verniedlichend sagte, sondern sie war Mitausstellerin gewesen, eine Rechtsstellung, von der man jetzt nichts mehr wissen wollte.

Wir sehen Radulf A also stets die offizielle Linie der Dynastie stützen, und das erstreckte sich auch in eine fernere Vergangenheit. Hatte es 1129 in D. RRH n° 130 geheißen: *hoc donum Vgo Ioppensis domnus concessit*, so machte Radulf A 1154 in D. RRH n° 293 daraus: *concessu Hugonis Ioppensis tunc domni*, und spielte mit *tunc* auf die Vertreibung der Le Puiset aus Jaffa in der Revolte des Grafen Hugo II. 1134 an, die Jaffa dem Krongut einverleibt und später an des Königs Bruder Amalrich gebracht hatte. In dem Diplom von 1154 wurden noch mehr gestürzte Revolutionäre genannt, so Gervasius von Tiberias, der zwischen 1106 und 1108 mindestens einmal kurz vor dem Lehnsentzug stand[25], und Romanus von Le Puy, der nach schon vorangegangener Rebellion schließlich mit Hugo von Jaffa gestürzt war. Weder der eine noch der andere bekam jetzt eine Qualifikation mit *tunc* angehängt. Die Seigneurie des Romanus war anderweitig verliehen worden, sie war nicht wie Jaffa ins Krongut zurückgekehrt, so daß der Kanzler des Königs und auch des Grafen von Jaffa–Askalon hier nicht dasselbe Interesse, vielleicht nicht einmal dieselbe Sachkenntnis hatte.

Weder der bisherige überwiegende Kanzleibrauch noch die politische Situation sprechen dafür, daß der Kanzler und der Notar Radulf A zwei verschiedene Personen waren, um so mehr als sie ja nicht nur 1146, sondern auch 1156 'beide' gleichzeitig aus dem Urkundengeschäft ausschieden, denn D. RRH n° 321, in dem der Kanzler Radulf als Elekt von Bethlehem auftaucht, also gerade erst gewählt, hat deutlich ein neues Diktat, während im Juli 1155 noch Radulf A diktiert hatte (RRH n° 309). Eine Notwendigkeit dafür bestand 1156 nicht; ein mit dem Kanzler nicht identischer Notar hätte ja bleiben können, da er offenkundig das Vertrauen des Königs genoß. Es

---

24) MAYER, Queen Melisende S. 113 mit Anm. 37.
25) Guibert von Nogent, Gesta Dei per Francos S. 258 f.

war eben nicht so, daß dem zum Bischof avancierten Kanzler im gleichen Moment ein neuer Notar attachiert wurde, sondern als Bischof zog sich der Kanzler-Notar Radulf, der bisher seine eigenen Dictamina konzipiert hatte, aus dem Urkundengeschäft zurück und dadurch wurde – ausnahmsweise! – auch ohne den Tod eines Herrschers die Ernennung eines neuen Notars notwendig[26]. Radulf A war nicht „his (= Radulfs) chancery clerk", sondern Radulf war der vom König und seiner Mutter bestellte Kanzler-Notar, der selbst die Dictamina schrieb. Seine Karriere ist oben in dem ihm als Kanzler gewidmeten Kapitel abgehandelt.

Dabei ergibt sich eine Schwierigkeit, die auch in der Biographie des Kanzlers Radulf von Bethlehem zur Sprache kommt. Wilhelm von Tyrus bezeugt nämlich eine englische Herkunft des Kanzlers[27], aber im Diktat finden sich kaum englische Spuren. Eines tat Radulf A jedenfalls nicht: er stellte das jerusalemitanische Diplom nicht um auf die anglo-normannische writ-charter oder gar den anglo-normannischen writ. Letzterer war zwar in England im Aufstieg begriffen und war für eine effiziente Verwaltung ein kaum schlagbares Instrument. Seine Überlegenheit für eine das Land durchdringende Regierung war Radulf A sicher bewußt. Aber die writ-charter oder den writ einzuführen, hätte das jerusalemitanische Diplom nicht fortentwickelt, wie Radulf A es mit Meisterschaft tat, sondern revolutioniert. Man darf vermuten, daß dies bei den Empfängern überhaupt nicht angenommen worden wäre. Es hätte auch eine wesentliche Arbeitserleichterung verhindert, nämlich die wörtliche Übernahme von VUU., wie sie Radulf A gerne übte (siehe unten S. 752 f.), denn solche VUU. wären nur unter sehr erheblicher Veränderung des Wortlauts in die Form etwa einer writ-charter zu transponieren gewesen. Man hätte die Invocatio weglassen und eine meist allgemeine Adresse mit einer Grußformel einbauen und auch im Context erhebliche Umbauten vornehmen müssen.

Bei dieser Sachlage kann man in den Diplomen des Radulf A nicht nur keinen massierten, sondern eigentlich überhaupt keinen englischen Einfluß erwarten. Jedenfalls darf man sich nicht wundern, wenn er fehlt. An den VUU. waren ja keine Engländer beteiligt gewesen. Und je mehr Radulf A VUU. abschrieb, desto mehr wuchs er aus dem englischen Vorbild heraus und in die Phraseologie des jerusalemitanischen Diploms hinein. Noch erklärlicher wird das Fehlen englischen Einflusses, wenn meine Hypothese

---

26) Das finden wir sonst nur noch in den Wirren des Dritten Kreuzzuges beim Wechsel von Petrus A zu Petrus B und, vielleicht im Zusammenhang mit dem Mordversuch am König 1198, von Joscius C zu Joscius D. Außerdem ist es natürlich immer möglich, daß ein Notar mitten in einer Regierungsperiode starb.

27) Wilhelm von Tyrus, Chronicon XVI. 17, S. 738.

richtig sein sollte, daß Radulf A durchaus vor seiner Ankunft im Hl. Land der Kanzler der englischen Königin Mathilde gewesen und aus Flandern nach England gekommen sein könnte (siehe oben S. 85–101), denn diese war als Tochter des Grafen Eustach III. von Boulogne mit Stephan von Blois vom Kontinent her nach England gekommen, und ihr Kanzler wird sich in dem ihr von daheim aus gewohnten Urkundenmilieu natürlich haben umtun müssen, und in der Tat finden sich unter ihren englischen Urkunden auch solche mit kontinentalem Diktat oder kontinentalem Einschlag (siehe unten Bd. 2, Exkurs IV, S. 927). Ein vergleichbarer Fall ist der englische Scriptor regis XXIII, ein *magister Radulfus clericus domini regis*, der Heinrich II. von England vor der Thronbesteigung 1153 diente, aber noch 1157 beim König auf einer Kampagne in Wales war und dort eine Urkunde für den Konstabler Heinrich d'Oilly schrieb. Von seinen fünf Urkunden für Heinrich II. ist in einer die Ortsangabe zerstört, die anderen wurden in England ausgestellt. Cronne und Davis haben an zwei Beispielen gezeigt, wie dieser vom Kontinent, vermutlich aus der Normandie stammende Schreiber sich erst allmählich an das englische Urkundenformular herantastete[28].

Es gibt im Diktat und im Sprachschatz des Radulf A sogar Dinge, die gegen eine englische Herkunft sprechen[29]. So hat er beispielsweise in sei-

---

28) BISHOP, Scriptores regis n° S 23, S 29, S 37, S 42, S 57, S 67 sowie Seite 26 und Taf. XXIII. Regesta regum Anglo-Normannorum 3, n° 104. 180. 339. 379. 459 und ebd. 4, Taf. XLa und XLI. Faksimile der Urkunde von der wallisischen Kampagne in WARNER – ELLIS, Facsimiles 1 n° 44.

29) Ich notiere noch Kleinigkeiten, die gegen einen englischen Diktator sprechen: Radulf A benutzt in D. RRH n° 299 nach der VU. eines anderen englischen Diktators, aber unabhängig davon auch in D. RRH n° 309 das Wort *inquam*, das mir aus englischen Urkunden nicht geläufig ist, in Frankreich dagegen häufig war (siehe oben S. 469 f.). Für Tausch gebraucht er in DD. RRH n° 245. 309 das Wort *concambium*. Von einem Engländer würde man das in den dortigen Königsurkunden ungemein häufige Wort *escambium* erwarten, doch kommt daneben wenigstens in den schottischen Königsurkunden der Zeit auch *cambium, commutatio, excambia* und *excambium* vor; siehe Regesta regum Scottorum 1, Index s. v. exchange. In D. RRH n° 309 hat Radulf A daneben auch *excambitus*, aber das stammt aus D. RRH n° 74. RRH n° 75 und gibt hinsichtlich seiner Herkunft eher Rätsel auf, jedenfalls habe ich es bisher nur am Hl. Grab (dort auch RRH n° 265) nachweisen können. Es ist ausweislich der Sammlungen des Mittellateinischen Wörterbuches in München und des Cabinet Ducange in Paris in der deutschen und französischen Urkundensprache nicht bezeugt. In JL 11831 hat es die päpstliche Kanzlei bezeichnenderweise abgeändert zu *excambium*. Privaturkundlich finde ich *excambium* im Osten nur in RRH n° 454. 493, aber erstere war VU. zu D. RRH n° 512, wo Radulf C – selbst demonstrierbar ein Engländer! – es dennoch abänderte zu *concambium*. Des weiteren ist der Ausdruck *subpressio sigilli* ganz unenglisch; siehe dazu unten S. 763. Schließlich benutzte er in D. RRH n° 240 den

nen Urkunden nie eine Konstruktion mit einem Akkusativ mit Infinitiv des Perfekts. Diese war aber in der englischen Königsurkunde und in den davon beeinflußten englischen Bischofs- und Seigneursurkunden überaus häufig. Der klassische writ (*Sciatis*) begann überwiegend so: *Sciatis me dedisse*. Die Erscheinung war im Hl. Land sehr selten, und einen writ (*Sciatis*) gab es dort natürlich überhaupt nicht. Aber solche gerafften Konstruktionen kamen vor der Zeit des Radulf A gelegentlich vor. So steht schon in D. RRH n° 74 von 1114 *quicquid ducem Godefridum ... eidem ecclesiae dedisse cognovi*. Bei dem Flandrer Elias A kam die Erscheinung gleich dreimal vor (RRH n° 173: *olim me comparasse memini*; RRH n° 182: *emisse me recolo*; RRH n° 251: *Notum esse volumus ... Anfredum de Torono ... concessisse*); beim tripolitanischen Kanzler Otrannus finden wir in RRH n° 218 *probatur dinosciturve eam dedisse comes*.

Noch auffälliger ist es, wenn in D. RRH n° 240 dreimal von *rustici* die Rede ist. Das normale, numerisch erdrückend gebrauchte Wort für Bauer war im Hl. Land *villanus*; Radulf A gebraucht es in DD. RRH n° 293. 299. 307, allerdings nach VUU. Dagegen ist *rusticus* im Orient ziemlich selten (DD. RRH n° 80. 90. RRH n° 92. 104a. D. RRH n° 137. RRH n° 206. DD. RRH n° 240. 256. spur. 276. RRH n° 340. 364. D. spur. RRH n° 496. RRH n° 510 [S. 126, jedoch zu 1243/1244 zu datieren]. 551. 565. D. RRH n° 588. RRH n° 589. D. RRH n° 624. RRH n° 648. D. spur. RRH n° 650 bis 1187 und danach DD. spur. Lisciandrelli, Trattati n° 156. spur. 733. spur. 747. RRH n° 856. 866. 938. 1060 [aus der Lateinkanzlei Kleinarmeniens]. 1220. 1260. 1280)[30].

In der Sache war kein Unterschied zwischen *villani* und *rustici*. Das generelle Überwiegen von *villani* über *rustici* scheint zunächst eine europäische Entwicklung widerzuspiegeln, jedenfalls geht die Forschung davon aus, daß das alte Wort *rusticus* in Frankreich allmählich in Vergessenheit geriet und von *villanus* verdrängt wurde, dem in der Tat die Zukunft gehörte (vgl. französisch 'vilain')[31]. Wenn man allerdings die Sammlungen des

---

Weihnachtsanfang für das Jahr, da man Circumcisionsstil sicher ausschließen kann. Jedenfalls sind hier Frühjahrsanfänge jeder Art unmöglich, und auch in seinen sonstigen Urkunden spricht nichts gegen die Annahme des Weihnachtsstils. Der englische Klerus aber verwendete Annuntiationsstil. Freilich war der Weihnachtsstil im 12. Jahrhundert im Hl. Land das Übliche.

30) *Rustici* sind sehr häufig, ja durchgehend bei Marsilio Zorzi, Bericht, passim.

31) DUBY, France rurale 1, S. 476; HOLLYMAN, Developpement S. 72–78, der die Entwicklung des Wortes *villanus* aufzeigt: Ein Beleg aus der Lex Alamannorum stammt vermutlich erst aus dem 12. Jahrhundert. Ansonsten beginnen die Nachweise des klassisch kaum bezeugten Wortes (In den Sammlungen des Thesaurus Linguae Latinae

Cabinet Ducange in Paris durchsieht, beschleichen einen doch leichte Zweifel an dieser communis opinio. Dort sind nämlich allein aus Urkundenbüchern nicht weniger als 70 Belege für *rusticus* aus allen Regionen Frankreichs verzeichnet, davon allein 14 aus der Normandie, während *villanus* nur 79 urkundliche Belege hat[32]. Schaut man dann die Edition der Urkunden der Herzöge der Normandie von Fauroux durch, so zeigt der Index sieben Belege für *rusticus* (n° 139. 187. 190. 197. 205. 208. 234), aber nur fünf für *villanus* (n° 64. 107. 120. 195. 222).

Wie immer sich dies in Frankreich tatsächlich verhalten haben mag, so kann kein Zweifel sein, daß in England, wo der Kanzler-Notar Radulf (Radulf A) herkam, auch wenn er aus Flandern gebürtig gewesen sein mag, das Wort *villanus*, dem auch hier die Zukunft gehörte (vgl. englisch 'villain'), den Ausdruck *rusticus* vollständig an die Wand spielte. Letzterer hielt sich nur noch in literarischen Werken[33]. Aber urkundlich und im Rechtsbereich herrschte allenthalben der *villanus*. Im Domesday Book hat es Henry Ellis dankenswerterweise ausgezählt, und das Mißverhältnis zwischen *rusticus* und *villanus* ist in diesem Dokument geradezu schreiend. Während gerade 4 *rustici* vorkommen, sind nicht weniger als 108 407 *villani* verzeichnet[34].

---

in München finden sich lediglich sechs Belege, meist in der Scholienliteratur wie: *unde pagani dicuntur villani*. D. h. : es gab das Wort *villanus* umgangssprachlich, aber nicht schriftsprachlich) im französischen, deutschen und italienischen Gebiet im 9. Jahrhundert, dann folgt ein steiler Aufstieg im 11. Jahrhundert; WARTBURG, Wörterbuch 14, S. 455; IMBART DE LA TOUR, Questions S. 100 Anm. 2.

32) Man ist überhaupt erstaunt, wie sehr sich beide Worte in den Urkunden dem raschen Zugriff entziehen. Das hängt teilweise damit zusammen, daß man andere Wendungen wie *homines et feminae* oder *servi et ancillae* bevorzugte, insbesondere in den Pertinenzformeln, teils und vor allem damit, daß die Bauern an die Scholle gebunden und damit automatisch Pertinenzien jener Ländereien waren, die Gegenstand von Rechtsgeschäften waren; man brauchte sie daher nicht eigens zu erwähnen.

33) VINOGRADOFF, Villainage S. 140.

34) ELLIS, Introduction 2, S. 514. In dem sehr ausführlichen Kataster des englischen Besitzes des Templerordens von 1185, also ein Jahrhundert nach dem Domesday Book, kommt das Wort *villanus* nicht ein einziges Mal vor. Siehe LEES, Inquest of 1185 S. XXX. Daran zeigt sich deutlich, mit welchen oben schon erwähnten Schwierigkeiten es verbunden ist, wenn man den Ausdruck im Rechtsleben greifen will. Aber *rustici* kommen genau so wenig vor, und Lees hat danach erst gar nicht gesucht. Das Wort existiert in den englischen Urkunden praktisch nicht. Vorausgesetzt, daß ich es nirgends überlesen habe, habe ich es in den etwas über 1000 Urkunden des Königs Stephan gerade zweimal gefunden (Regesta regum Anglo-Normannorum n° 61. 792).

Eines wird ganz deutlich: Ein englischer Notar im Hl. Land hätte von sich aus *rusticus* nicht gebraucht. Aber eine VU. zu D. RRH n° 240, wo es dreimal vorkommt, existiert nicht und kann aus dem Text nicht einmal erschlossen werden. Aber wenn man sich die Liste der Belege für *rusticus* im Hl. Land (oben S. 720) näher ansieht, so gehören von den 20 Belegen vor 1187 zunächst vier in das vierte Jahrzehnt des 13. Jahrhunderts, neben RRH n° 510 noch die drei Spuria, denn *rusticus* ist geradezu ein Markenzeichen dieses Fälschers, dem auch die drei weiteren Spuria zugehören. Von seinen zehn noch erhaltenen Falsifikaten kommt nur in vier (RRH spur. n° 386 und DD. spur. RRH n° 163. 548. 855) das Wort nicht vor[35]. Auszuscheiden sind aber auch weitere fünf Belege (DD. RRH n° 80. 90. RRH n° 92. 104a. D. RRH n° 240), d. h. fast alle Belege der Frühzeit, weil es sich hierbei um Urkunden für die Abtei S. Maria im Tal Josaphat handelt. Und hier ist das Wort rasch erklärt. Im Jahre 1113 bewilligte der Papst Paschal II. in seinem grundlegenden Schutzprivileg JL 6336 für Josaphat, daß dem Kloster seine Einkünfte *de rusticorum infidelium censu* ungeschmälert, d. h. ohne Zehntzahlung an den Episkopat, verbleiben sollten, und das wurde noch öfters wiederholt (JL 8095. 9469. 9847, leicht verändert in JL 10003α). Es bleiben dann vor 1187 nur elf nicht in dieser Weise erklärbare Belege, von denen nur zwei (D. RRH n° 137. RRH n° 206) dem D. RRH n° 240 des Radulf A vorausgehen. Radulf A hat in diesem Diplom zwar keine VU. abgeschrieben, aber er muß zur Herstellung eine Empfängeraufzeichnung benutzt haben, um die herum er seinen eigenen, ganz unverkennbaren Rahmen baute. Der Context ist nicht sein Werk, denn *ad sedandam litem et discordiam inter X et Y habitam terram illam … concedimus* hätte dieser geschickte Kanzlist nicht geschrieben, sondern er hätte das dispositive Verb viel weiter nach vorn gerückt und hätte es benutzt, um die beiden grammatisch nicht zusammengehörenden Worte *habitam terram* zu trennen.

Hätte er sich nicht leiten lassen durch eine Aufzeichnung Josaphats, aus der eben auch die *rustici* stammen, so hätte er auch nicht ein nacktes *concedimus* als Dispositio gebraucht. Hieran ist nicht die erste Person Pluralis auffällig. Die englische Königsurkunde basierte strikt auf der ersten Person Singularis, und diese wurde unter Radulf A in ganz englischer Manier zum konstanten Diktatmerkmal. Schwankende und hybride Formen, wie es sie zuvor gegeben hatte, wo ein Notar in ein und derselben Urkunde zwischen *ego* und *nos* hin- und herschwankte, waren jetzt nicht mehr zulässig, jedenfalls nicht mehr in der Kanzlei. Wenn Radulf A in DD. RRH n° 244. 240. 245 die erste Person Pluralis hatte, dann nur deshalb, weil hier die Diplome

---

35) Zu der Fälschungsgruppe siehe MAYER, Marseilles Levantehandel, *passim*.

gemeinsam vom König und seiner Mutter ausgestellt wurden, und bei gemeinsamer Ausstellung kam natürlich auch im englisch beeinflußten Urkundenwesen die erste Person Pluralis vor[36].
Was dagegen an der Dispositio von D. RRH n° 240 stört, ist die Eingliedrigkeit. In den englischen und schottischen Königsurkunden ist die Schenkungsformel zu dieser Zeit zweigliedrig und lautet fast unweigerlich *Sciatis me dedisse et concessisse* für Schenkungen und *Sciatis me concessisse et confirmasse* für Bestätigungen[37]. Radulf A hat folgende Dispositiones:

D. RRH n° 244 (Bestätigung)   *cartis notare censui et concessi*
D. RRH n° 240 (Vergleich mit Tausch)   *concedimus*
D. RRH n° 245   *donamus et concedimus* (Schenkung)
                                             concedimus et confirmamus (Bestätigung)
D. spur. RRH n° 276 (Schenkung)   *dono et concedo*
D. RRH n° 291 (Bestätigung)   *in hoc volumine colligi praecepi et regiae auctoritatis sigillo corroborari*

---

36) Regesta regum Anglo-Normannorum 4, Taf. XXXIX.
37) Ebd. 4, S. 14. Daß der Scriptor regis XXII eine besondere Form *sciatis me concessisse* gehabt habe, die für bestimmte andere Urkundentypen als Schenkungen oder Bestätigungen reserviert gewesen wäre, kann ich auch nach Einsicht in seine 22 Urkunden absolut nicht finden, denn beispielsweise hat er eine reine Bestätigung eines Landtausches genau so konstruiert (ebd. 4, Taf. XXXIVa). Es scheint eher eine Diktateigentümlichkeit zu sein, die nicht *ratione materiae* begründbar ist. Zu der Dispositio der schottischen Königsurkunden unter David I. und Malcolm IV. siehe Regesta regum Scottorum 1, S. 60: *do et concedo* oder *do concedo et confirmo* für Schenkungen und *concedo et confirmo* für Bestätigungen, auch dort selbstverständlich meist in der Form *Sciatis me* + Infinitiv Perfekt. Zwar liegen die Urkunden des Königs Stephan in den Regesta regum Anglo-Normannorum alle in Volldrucken vor, aber für Formularstudien ist die Edition kaum benutzbar, weil sie nicht chronologisch, sondern nach Empfängern geordnet ist und überdies eines Wort- und Sachindexes mangelt. Die chronologisch gereihte Edition der schottischen Königsurkunden in den Regesta regum Scottorum hat dagegen wenigstens einen partiellen Sachindex. Die schottischen Königsurkunden müssen deshalb hier mit herangezogen werden, da sie bis 1220 aufs engste der Form der englischen Königsurkunden folgen. Wegen der erwähnten Schwierigkeiten bei den Urkunden des Königs Stephan ziehe ich als eine repräsentative Auswahl überwiegend die Facsimiles der Originale in Regesta regum Anglo-Normannorum 4 heran. Unter Wilhelm I. von Schottland (1165–1214) heißt die Dispositio überwiegend *Sciatis* (seit den 70er Jahren meist *Sciant praesentes et futuri*) *me* (*dedisse*) *concessisse et hac carta confirmasse*; siehe Regesta regum Scottorum 2, S. 78.

D. RRH n° 281 (Bestätigung)	*laudo et concedo*
	concedo
D. RRH n° 293 (Bestätigung)	*concedo et confirmo*
D. RRH n° 299 (Bestätigung)	*laudo confirmo sigillique mei appositione corroboro*
D. RRH n° 306 (Bestätigung)	*concedo laudo et approbo*
	eam firmiter et ratam teneo et vivaciter affirmo ac ... sigilli mei appositione confirmo et corroboro
D. RRH n° 307 (Klageverzicht, Schenkung und Bestätigung)	*remitto* und *adiungo* und *iterum confirmo*
D. RRH n° 309 (Bestätigung)	*confirmo et corroboro*
	concedo et ... confirmo et corroboro

Unter dem Gesichtspunkt englischen Formulars schlägt man die Hände über dem Kopf zusammen bei DD. RRH n° 244. 240 (nur ein Verb). 291, erst recht bei der zweiten Dispositio in D. RRH n° 306, wo unter englischen Aspekten kaum etwas verbessert wird dadurch, daß es hier *confirmo et corroboro* heißt, wo es in der VU. D. RRH n° 268 sogar hieß *firmam et ratam teneo et ... affirmo ac ... roboravi*. Radulf A hat hier wenigstens die Tempora einander angeglichen. Aber man ist auch nicht übermäßig angetan von *laudo* (DD. RRH n° 281. 299. 306) und *adiungo* (D. RRH n° 307). Aber das Bild wird ganz anders, wenn man diejenigen DD. ausschaltet, in denen Radulf A seinen VUU. folgte:

D. RRH n° 244	*cartis notare censui et concessi* (VU.: nur *censui*)
D. RRH n° 240	*concedimus*
D. RRH n° 245	*donamus et concedimus* (Schenkung)
	concedimus et confirmamus (Bestätigung)
D. spur. RRH n° 276	*dono et concedo*
D. RRH n° 281	*laudo et concedo*
	concedo
D. RRH n° 293	*concedo et confirmo* (VU. D. RRH n° 57: *laudo et confirmo*; VU. D. RRH n° 130: *concedo et meae auctoritatis sigillo corroboro*)

D. RRH n° 309   *confirmo et corroboro*
                                 concedo et ... confirmo et corro-
                                 boro
Das Unenglische an *laudo* bleibt. Aber in D. RRH n° 244 hat Radulf A
dem *cartis notare censui* wenigstens ein zweites Verb (*et concessi*) hinzugefügt,
wenngleich *confirmavi* bei dieser Bestätigung angebrachter gewesen wäre. Bei
D. RRH n° 281 ist eine VU. zwar nicht erhalten, muß aber erschlossen
werden, denn hier wird ein Lokationsvertrag bestätigt. Die Dispositio *laudo
et concedo* und *concedo* ohne zweites Verb, was ja beides nicht auf eine
Bestätigung, wohl aber auf den ursprünglichen Vertrag paßt, wird dorther
stammen. In D. RRH n° 293 hat Radulf A aus den beiden unenglischen
Dispositiones der zwei VUU. durch Auswahl eine englische gemacht. Nicht
nur das echte Modell zu dem Spurium D. RRH n° 276 aber ist unter englischem Aspekt erstklassig, sondern erst recht die doppelte Dispositio in
D. RRH n° 245, die formvollendet einmal eine Schenkung, das andere Mal
eine Bestätigung ausdrückt. Da D. RRH n° 244 zeigt, daß ein einziges Verb
in der Dispositio dem Radulf A an sich nicht genug war, buche ich das ver-
einsamte *concedimus* in D. RRH n° 240 wie das *concedo* in D. RRH n° 281
auf eine erschließbare Vorlage, in D. RRH n° 240 eben auf die Empfängeraufzeichnung, der ich schon das ganz auffallende Wort *rustici* zuweisen
mußte.

Wie sehr Radulf A eingliedrige Dispositiones verabscheute, mag ein Blick
auf D. RRH n° 293 verdeutlichen. In dieser allgemeinen Besitzbestätigung
finden sich ja eine Menge von Dispositiones, von der ich oben nur die
eigentliche dieses Diploms vorgeführt habe. Aber daneben finden sich bei
den einzelnen bestätigten Besitzungen gewissermaßen 'sekundäre' Dispositiones, etwa *In primis igitur concedo et confirmo donum, quod dux Godefridus
Hospitali ... fecit.* Vergleichen wir diese dispositiven Formeln mit den VUU.
DD. RRH n° 57. 130, so ergibt sich folgendes Bild:

laudo et confirmo wird zu	*concedo et confirmo* (ab hier VU. D. RRH n° 57)
confirmo bleibt	*confirmo*
laudo et confirmo bleibt	*laudo et confirmo*
laudo et confirmo wird zu	*laudo et concedo*
laudo et confirmo wird zu	*concedo et confirmo*
laudo et confirmo wird zu	*concedo et confirmo*
wo nichts war, steht	*laudo et confirmo* (ab hier VU. D. RRH n° 130)
wo nichts war, steht	*concedo et confirmo*
wo nichts war, steht	*iterum concedo*
wo nichts war, steht	*concedo et confirmo*

wo nichts war, steht	*laudo et confirmo*
wo nichts war, steht	*laudo et confirmo*
wo nichts war, steht	*laudo et concedo*
wo nichts war, steht	*laudo et confirmo*
wo nichts war, steht	*concedo et confirmo*
wo nichts war, steht	*concedo et confirmo*

Daß Radulf A die sekundären Schenkungsformeln gegenüber der VU. D. RRH n° 130 frei schöpfen mußte, hängt damit zusammen, daß die VU. nur die bestätigten Besitzungen aufzählte, ohne jeweils eine sekundäre Dispositio hinzuzufügen. Aus der Liste wird aber ganz deutlich, daß Radulf A auf zweigliedrige Dispositiones den größten Wert legte. Nur einmal ist ihm eine eingliedrige entgangen und unverändert geblieben, und mit einer Ausnahme sind alle von ihm neu dazugekommenen auch zweigliedrig. Er hatte nichts gegen *laudo* und schwankte, wohl auch der Variation halber, zwischen *laudo et confirmo* und dem viel englischeren *concedo et confirmo* hin und her. Ergänzend kommt hinzu, daß der Notar in D. RRH n° 130 überwiegend *donare* vorfand, was ihm so widerwärtig war, daß er es überwiegend in das englischere *dare* verwandelte (Im Prinzip: *X donavit* wird zu *quod X dedit, concedo et confirmo*). Er ließ zwar *donare* dreimal stehen, natürlich auch *dare*, als er es einmal vorfand. Aber dreimal wurde *donare* zu *dare*, einmal zog er *dedit ... donavit* zu *dederunt* zusammen, einmal änderte er *donare* zu *concedere* und einmal *concedere* zu *conferre*.

Das alles reicht aber natürlich nicht, um allein daraus eine englische Herkunft zu erschließen, denn *dono et concedo* für eine Bestätigung war natürlich nicht auf England beschränkt und kam auch bei den Vorgängern des Radulf A im jerusalemitanischen Diplom vor[38]. Aber das um den Einfluß der VUU. bereinigte Formular des Radulf A steht bei der Dispositio wenigstens einer englischen Herkunft nicht im Wege, vor allem wenn man seine Abneigung gegen *donare*, seine Vorliebe für zweigliedrige Schenkungsformeln und die in D. RRH n° 293 etwa 50 Prozent ausmachende Bevorzugung der englischen Formel *concedo et confirmo* hinzunimmt. Nur das einfache *concedo* ohne zweites Verb in D. RRH n° 240. 281 ist hier anders zu beurteilen (eventuell noch *iterum concedo* in D. RRH n° 293), aber in beiden Fällen ist ein partieller Empfängerentwurf bzw. eine VU. zu unterstellen.

---

38) *dono et concedo* im Praesens oder Perfekt DD. RRH n° 80 [allerdings in einer Bestätigung]. 89 [*reddo et concedo*]. 100a. 109. 120. 137 [Bestätigung]. 137a. 142; *concedo et confirmo* DD. RRH n° 76a. 90. 90a. 105. 149. 179. 181 [Schenkung]. 227; einfaches *concedo* DD. RRH n° 51. 52. Fulko für Nablus. 210.

Aber schon die Stabilisierung des Formulars unter Radulf A kann auf einen Engländer deuten. Unter den nicht-päpstlichen Kanzleien hatte die englische Königskanzlei die rigidesten Bräuche, das Formular erlaubte dort innerhalb jeder der zahlreichen Urkundenkategorien, vor allem beim writ, wenig Variationen, die nicht *ratione materiae* bedingt gewesen wären. Radulf A kam, auch wenn er aus Flandern gestammt haben sollte, in den Osten doch aus England, also aus einem Land mit außerordentlich stabilem Urkundenwesen, und bemühte sich im Hl. Land um dasselbe, wenn er auch die Vereinheitlichung an einem anderen Formular durchführte. Anders als in England führte dies allerdings in Jerusalem nicht zu einem starken Einfluß der Königsurkunde auf das Privaturkundenwesen. So ging beispielsweise Radulfs 'gespaltenes' Datum (siehe dazu unten S. 764–777) nicht in die Privaturkunde über, die ja häufig undatiert oder nur mit dem Jahr versehen war, so daß für ein gespaltenes Datum gar kein Platz war. In England war der Vorgang bedingt durch die Leichtigkeit, mit der Scriptores regis auch für andere Auftraggeber außerhalb der Kanzlei schreiben durften und tatsächlich schrieben. Das geht so weit, daß man deshalb die Existenz einer Kanzlei der angelsächsischen und der anglo-normannischen Könige geradezu bestritten hat, wenn auch wohl zu Unrecht. Mindestens ein königliches Scriptorium existierte auf alle Fälle[39]. In Jerusalem hörte dagegen mit Radulf A die Tätigkeit von Kanzleipersonal zugunsten Dritter auf, die wir unter Robert, Arnold und Elias A beobachten konnten. Es ist möglich, daß Kanzleischreiber, d. h. Ingrossatoren, auch für Dritte Urkunden schrieben, aber Kanzleinotare diktierten Fremden in der Regel keine Urkunden mehr, jedenfalls nicht während ihrer Kanzleitätigkeit. Der Kanzleischreiber II hat 1163 eine Privaturkunde geschrieben und sicher auch aufgesetzt, war aber zu diesem Zeitpunkt aus der Kanzlei schon ausgeschieden und tat dies jetzt zum hauptberuflichen Broterwerb. Und auch der Notar Joscius D (Balduin) war aus der Kanzlei ausgeschieden, als er für den Thaborabt diktierte (siehe unten Bd. 2, S. 702 f.).

Auch anderes wirkte in die Richtung der Vereinheitlichung des Formulars, so der gestiegene Geschäftsumfang. Er war ein Zug der Zeit, für den in Jerusalem sicher nicht Radulf A verantwortlich war, auch wenn er unter

---

39) Zur angelsächsischen Königsurkunde allgemein SCHARER, Angelsächsische Königsurkunde, passim. Zur Kanzleifrage, die besonders für die angelsächsische Zeit heftig debattiert worden ist, siehe DRÖGEREIT, Angelsächsische Königskanzlei, passim; GALBRAITH, Studies S. 38, 56–66; HARMER, Writs S. 57–61; CHAPLAIS, Anglo-Saxon Chancery, passim; DERS., Origin, passim; DERS., Anglo-Saxon 'Chancery' Revisited, passim. Zu den Anglo-Normannen siehe BISHOP, Scriptores regis S. 28 f. und passim; Regesta regum Anglo-Normannorum 4, S. 11 f.

ihm deutlich zutage tritt[40]. Auch er wird sich nicht gern mehr Arbeit gemacht haben als unbedingt nötig, es sei denn, daß die Kanzleitaxen, über die wir nichts wissen, deren Existenz wir aber unterstellen müssen, ihm die Ausfertigung mehrerer Urkunden zum selben Rechtsgeschäft nahelegten. Beispielsweise ist RRH n° 301 ein Verkauf Hugos von Ibelin an das Hl. Grab, geschrieben in der Kanzlei des Grafen von Askalon vom Notar Radulf C (siehe unten S. 744–747). Dieselbe Genese hat die gräfliche Bestätigung dieses Handels in D. RRH n° 300, und D. RRH n° 299 schließlich ist die in der Königskanzlei entstandene Bestätigung des Oberlehnsherren Balduin III. Bei der letzteren kassierte Radulf die volle Gebühr, bei den ersten beiden dürfte er neben Radulf C beteiligt gewesen sein an den Taxen, denn – so meine ich – war Radulf C der Notar des Grafen von Askalon, so war Radulf A nicht nur der Kanzler-Notar des Königs, sondern auch der Kanzler des Grafen.

Aber auch wenn man die Taxfrage außer Acht läßt, weil ja auch auf Seiten der zahlenden Empfänger ein Interesse an diesen vielfältigen Bestätigungen, denen noch D. RRH n° 313 zuzurechnen ist, vorhanden gewesen sein muß, zeigt sich an dem Beispiel die Aufblähung des Geschäftsvolumens gegenüber früher. Auf so etwas reagiert jede fähige Kanzlei mit einer Erstarrung des Formulars. Nirgends ist dies deutlicher zu beobachten als in der sizilischen Kanzlei Rogers II., wo der Vorgang an das berühmte Revokationsedikt von 1144 mit seiner schlagartigen Ausdehnung der Kanzleitätigkeit anknüpft. Man brauchte dazu sogar Aushilfsnotare[41]. Aber ein Engländer war zu einer solchen Vereinheitlichung natürlich gut befähigt. Immerhin hatte auch Sizilien in dieser Zeit mit Robert von Selby einen englischen Kanzler (1140-1152), und wenigstens 1143 war der Engländer Thomas Brown in der sizilischen Kanzlei als Datar beschäftigt, während der Notar oder die

---

40) Auch daran muß Radulf A im übrigen aus England gewohnt gewesen sein. Wir nehmen als Beispiel die gut dokumentierte Gründung des Kluniazenserpriorats St. Pancras in Lewes durch Wilhelm I. von Warenne in den letzten Jahren Wilhelms des Eroberers. Wilhelm von Warenne und seine Frau schenkten Cluny zuerst die Kirche von St. Pancras. Wilhelm der Eroberer bestätigte dies in einem eigenen Diplom. Dann informierte er in einem writ den Erzbischof Lanfrank von Canterbury über die Sache. Bald nach dem Tod des Königs wurde die Sache von Wilhelm von Warenne erneut bestätigt, und aus dem ausführlichen Fundationsbericht erfahren wir, daß die Sache noch wesentlich komplizierter gewesen war als hier dargelegt (BERNARD – BRUEL, Recueil des chartes de Cluny 4, S. 687–696 n° 3558–3561).

41) BRÜHL, Urkunden S. 55, 67 f. = Diplomi S. 45, 56 f. Freilich verband sich damit anders als in Jerusalem auch eine Vereinfachung des Äußeren.

Notare der Jahre 1140-1145 unbekannt bleiben, was wohl auf die Anordnung des englischen Kanzlers zurückging[42].

In D. RRH n° 299 steht ein faustdicker Anglizismus: *die, qua vixit et obiit,* aber er stammt nicht von Radulf A, sondern von Radulf C. Im selben Stück finden sich noch weitere Dinge, die einen englischen Anstrich haben, aber ebenfalls von Radulf C stammen (siehe unten Bd. 2, S. 77-79).

Einmal hatte Radulf A etwas, was man in der Terminologie der englischen Diplomatik eine *movent*-Klausel nennt, in der konventionelle oder echte Gründe für die königliche Rechtshandlung gegeben werden. Sie ist in den anglo-normannischen Diplomen häufig und lautet in einer oft vorkommenden Formel etwa *pro incolumitate regni mei,* was unter dem König Stephan allerdings nicht mehr so häufig ist wie zuvor. Dafür liest man bei ihm und der Kaiserin Mathilde auch *pro pace et stabilitate regni Angliae* und *pro statu regni mei*[43]. In D. RRH n° 245 schrieb Radulf A *ad provectum et ad ampliationem et liberationem regni Ierosolimitani.* Aber so wie solche Klauseln nicht exklusiv englisch waren, finden sie sich auch vor Radulf A in den Diplomen von Jerusalem, vor allem unter dem König Fulko bei dem Angioviner Elias und dem Flandrer Elias A (DD. RRH n° 157. 164. 174. 181), aber auch noch früher (DD. RRH n° 59. 79. 90. 120).

Besser steht es mit einer adverbialen Unterklausel der Dispositio *Quare volo et praecipio, quod* der englischen Königsurkunde, die um *libere et quiete* kreist und angibt, wie das geschenkte oder bestätigte Gut dem Empfänger gehören soll. Aber so ganz ins Volle läßt sich auch hier nicht greifen, denn die klassische Formel unter dem König Stephan, unter dem Radulf A England verlassen haben muß, finden wir nirgends: *bene et in pace et libere et quiete et honorifice* (gelegentlich noch *et plenarie*) *teneat.* Das *libere et quiete* allein ist aber natürlich nicht spezifisch englisch, sondern allgemein nicht selten. *Libere quiete et sine omni calumpnia vel inpedimento in posterum habenda et iure perpetuo possidenda concedo* (D. RRH n° 309) klingt mehr kontinental als englisch[44]. Die Wendung ist auch kontinental, denn sie ist

---

42) BRÜHL, Urkunden S. 41, 45-48, 87 = Diplomi S. 33, 37-40, 73.

43) Regesta regum Anglo-Normannorum 4, Taf. XXIV mit Erläuterungen und Taf. XLVII - XLIX.

44) Z. B. Ludwig VII. von Frankreich von 1143, DELAVILLE LE ROULX, Cartulaire général des Hospitaliers de S. Jean 1, S. 122 n° 151: *libere et quiete imperpetuum possidere concessimus* und *absque omni impedimento.* Insgesamt sind solche Ausdrücke in den Diplomen Ludwigs VII. nicht häufig, ganz bestimmt nicht im Vergleich zu dem ständigen Vorkommen in den englischen Königsurkunden. Und während wir dort eine festgeronnene Formel haben, ist die Variation bei Ludwig VII. so groß, daß von einer Formel überhaupt nicht gesprochen werden kann. Ich habe auf dieses Phänomen die

schon Diktat des Stephan von Lyon (= Radulf B), der als Gehilfe an
D. RRH n° 309 bereits beteiligt war (siehe unten Bd. 2, S. 2–6).
Im Hl. Land tritt der Gedanke fast unvermittelt und dann gleich massiv
in den Dictamina des normannischen Kanzler-Notars Hemelin auf, aber es
ist eher die Formel *sine omni calumpnia* als die Formel *libere et quiete* (siehe
oben S. 488 f.). Davor findet sich in den Diplomen fast nichts, nur in
D. RRH n° 59 *firmiter ac libere tenere ac possidere*. Auch danach kommt bis
zu Radulf A dort wenig: D. RRH n° 142: *libere et perpetuo iure possidenda*
und *piscarias ... solutas et quietas habendas*; D. RRH n° 157 *omni remota*

---

größte Serie von Diplomen Ludwigs VII. bei PARDESSUS, Ordonnances, Supplément
für je ein Jahrzehnt am Anfang und am Ende der Regierung Ludwigs durchgesehen
(1137–1147 und 1163–1173) und nicht mehr als das Folgende gefunden, auch wenn ich
das eine oder andere Beispiel überlesen haben mag: S. 261 (die Seitenzahlen sind
diejenigen, auf denen die Urkunde beginnt) *libere, sine omni consuetudine et sine omni
exactione*; S. 265: *integre libere et quiete*; S. 266: *libere et quiete possideant remota omni
exactione et consuetudine*; S. 271: *absque ulla reclamatione nostra ... liberas et quietas
facere*; S. 282: *libere et quiete in perpetuum possidendam*; S. 357: *quietae et liberae tam ab
omni advocatione quam ab exactione*; S. 373: *quieto ordine possidere*; S. 381: *habeant in
pace et quiete*; S. 381: *quiete et absque contradictione sibi retineat*. In Urkunden Fulkos
V. von Anjou: CHARTROU, Anjou S. 331 n° 8bis: *libera et quieta cum omni integritate
habenda et possidenda in aeternum concedo*; ebd. S. 335 n° 11: *duo molendina ... soluta
ac quieta in omni posteritate possidenda*; ebd. S. 337 n° 12: *dedi et concessi ... in perpetuum libere et quiete ... remota totius ... calumniae occasione*; ebd. S. 341 n° 17: *dono et in
perpetuum concedo libere et quiete, sine omni calumpnia habenda et possidenda*. Für die
Champagne D'ARBOIS DE JUBAINVILLE, Histoire de Champagne 3, S. 441 n° 112 *libere
et quiete in perpetuum remitto*. Man muß hier allerdings aufpassen, denn obwohl in den
gräflichen Urkunden von 1152 bis 1179 nur ein einziger Notar namens Wilhelm unterschreibt, finden sich in den fünfziger Jahren klassische Anglica, die in den siebziger
Jahren verschwunden sind: Ebd. 3, S. 441 n° 112: *quietam clamo*; ebd. 3, S. 444 n° 116:
michi clamorem fecerunt, ebd. 3, S. 447 n° 120: *liberam in elemosinam perpetuo possidendam dedisse*. Erst eine eingehende Untersuchung der Kanzlei der Grafen von Champagne vermöchte hier Klarheit zu schaffen. Die relative Seltenheit von *libere et quiete* im
französischen Urkundenwesen wird auch demonstriert durch die Sammlungen des
Cabinet Ducange in Paris, wo nur zwei Belege verzeichnet sind, einer aus einem
Diplom Ludwigs VII. für Pontigny, der andere von 1160 aus Provins. Das ist selbst
dann aussagekräftig, wenn man in Rechnung stellt, daß natürlich längst nicht alle
Belege verzettelt wurden. Auch in den englischen Privaturkunden der Zeit findet man
mindestens ähnliche Formulierungen: LEES, Inquest of 1185 S. 191 n° 20: *libere et quiete
inperpetuum possideant*; ebd. S. 231 n° 5: *habeant sine impedimento et sine occasione
inperpetuum*; ebd. S. 275 n° 10: *liberum et quietum in perpetuum habendum*. DELAVILLE
LE ROULX, Cartulaire général de S. Jean de Jérusalem 1, S. 120 n° 148: *ab omni
reclamatione et inquietatione domus nostre ... liberas et quietas perpetuo habeat et possideat*;
vgl. ebd. 1, S. 121 n° 149. Aber die Regel sind solche Formulierungen in England nicht.

calumpnia cum omni tranquillitate perpetuo iure possideat; D. RRH n° 164: *libere ... in perpetuum donavit* und *iure perpetuo et absque calumpnia possidenda contrado*; D. RRH n° 174: *omnia ... soluta et quieta, sicut antea ab ipsis libere sunt possessa* und *solutum et quietum iure perpetuo ea libertate, qua tenuisse dinoscimur, damus ac ... a totius calumpniae inpedimento nos defensuros pollicemur* (fast gleichlautend in der NU. D. RRH n° 226); D. RRH n° 181: *domos liberas et quietas ... concedo et confirmo habendas et possidendas iure perpetuo ... et ab omni consuetudine solutas salva iustitia regali*; D. RRH n° 210: *absque calumpnia habendam et imperpetuo possidendam.* In den Privaturkunden finden sich diese Formeln vor der Zeit des Hemelin auch nur selten. Ich habe mir notiert RRH n° 53 Tankreds von Antiochia: *dare et conservare libere et sine aliquo iure.* Ferner bin ich parallel zu Hemelin und danach fündig geworden in: RRH n° 148: *libere et quiete et iure perpetuo habenda ac possidenda*; RRH n° 150: *libere et quiete ac iure perpetuo possidendam*; RRH n° 195: *libere et quiete, omni prorsus calumpniae sive cuiuslibet exactionis molestia exclusa*; RRH n° 197: *et carates sint eis quiete et solute* und *libere et quiete habendas et possidendas*; RRH n° 206: *libere quiete plena libertate tenendum utendum possidendum perpetuo iure*; RRH n° 253: *habenda utenda libere ac quiete et iure perpetuo possidenda* und *in perpetuum possidenda et libere fruenda* und *ut res eius libere et quiete sint ... ab omni consuetudine dandi aliquid, etiam omni exactione curiae*; RRH n° 282: *facere iuditia libere et quiete*; RRH n° 298: *libere et quiete et absque aliqua contradictione in perpetuum habenda et possidenda* und *libere et quiete in sempiternum habendum et tenendum*; RRH n° 314: *libere et quiete absque omni calumpnia in elemosinam perpetuo habendum et possidendum.* Dies sind alles antiochenische Urkunden, wo das Urkundenwesen stark normannisch beeinflußt war, auch noch nach 1136, als Raimund von Poitiers dort Fürst wurde. Man muß sich daher fragen, ob die Formel normannisch ist, was zu Hemelin gut passen würde[45]. Ich breche hier ab, denn man steht bereits im Jahre 1155, so daß privaturkundliches Vorkommen jetzt durch den Einfluß der Kanzlei des

---

45) In der frühen normannischen Herzogsurkunde habe ich notiert MÉNAGER, Recueil S. 38 n° 11: *libere in perpetuum habenda et tenenda*; S. 47 n° 12: *sint liberi ab omni publica exactione*; S. 62 n° 14: *ad semper illud habendum et possidendum ... iure quieto usque in sempiternum*; S. 129 n° 41: *esse liberos et immunes ab omnibus publicis exactionibus*; S. 146 n° 45: *possidendum libere absolute et absque omni servitio*; S. 212 n° 60: *sed firmiter et quiete illam ... omni tempore habeatis.* Diese Stücke stammen aus der Zeit von 1062 bis 1087. *Quietus* ist noch selten. Es dringt aber bald, auch in Verbindung mit *liber*, in breiter Front in den normannischen Urkunden vor. Wir finden 1115 schon *solutam et quietam atque completam* und *quietam et completam* (RRH n° 77), und im Index der Diplome Rogers II. heißt es lapidar: *libere et quiete* oft.

Königs geklärt werden kann, wo die Formel ab Radulf A wirklich häufig wurde. Diese Möglichkeit der Querverbindung gilt natürlich auch schon für die Privaturkunden zwischen Hemelin und Radulf A, wo aus dem Chartular des Chorherrenstifts vom Hl. Grab RRH n° 111. 129. 146. 158. 192. 193. 194. 195. 218 angeführt seien, in denen derlei Formeln stehen; vgl. auch RRH n° 243.

Bei Radulf A finden wir folgende Ausgestaltung der Klausel:

D. RRH n° 244. 245. 306:   nichts

D. RRH n° 240:   *sine aliqua calumpnia perpetuo et quiete possidendam* und *sine ulla retentione ... quiete dimittunt*

D. RRH n° 291:   *liberi et quieti sint ab omni thelonaria exactione* (nicht nach Hemelins VU. D. RRH n° 134)

D. RRH n° 281:   *quiete libere et sine omni calumpnia vel impedimento habendas et iure perpetuo possidendas*

D. RRH n° 293 nach Hemelins   VU. D. RRH n° 130
libere quiete et sine omni calumpnia   *habeat et possideat iure perpetuo*
vel impedimento habeat et iure   *absque omni calumpnia vel molestia*
perpetuo possideat   *haeredum meorum et successorum seu quorumlibet hominum*

D. RRH n° 299 (nach der VU.   *iure perpetuo possidenda et ab omni*
    D. RRH n° 300 eines Engländers):   *servitio dominio exactione solute libera et quieta*[46]

D. RRH n° 307 (nach VU.   *liberam et quietam prorsus remitto*
    D. RRH n° 278):   und *absque omni contradictione seu reclamatione mea ... libere et sine*

---

46) Wir finden diese ganze Formel auch in RRH n° 333. DD. RRH n° 332. 352, die denselben Sachkomplex betreffen und für die offenkundig RRH n° 301 als VU. diente, womit der Zusammenhang mit DD. RRH n° 300. 299 hergestellt ist. Die Formel kommt auch vor in D. RRH n° 368 des Radulf B und der NU. RRH n° 369, dort aber vielleicht aufgrund des Diktats des Radulf A, an dem Radulf B sich schulte.

omni molestia vel inpedimento in posterum habeant et iure perpetuo (statt *sine* bis *perpetuo* hat die VU: *quiete in perpetuo habeant*) *teneant et possideant, sicut a tempore ... ducis Godefridi liberius ac quietius habuisse tenuisse et possedisse dinoscuntur*

D. RRH n° 309 (nach der VU.
D. RRH n° 174 des Elias A):

ea ... libertate, qua praedictus pater... *meus illud tenuisse dinoscitur* und *a totius calumpniae molestia vel* (diese beiden Wörter fehlen VU.) *impedimento* und nach des Elias VU. D. RRH n° 181:

D. RRH n° 309
ab omni exactione liberas et quietas, salvo tamen regio iure

D. RRH n° 181
liberas et quietas ... concedo et confirmo habendas et possidendas iure perpetuo ... et ab omni consuetudine solutas salva iustitia regali

und D. RRH n° 309 ohne VU., aber gleichlautend mit DD. RRH n° 281. 293

libere quiete et sine omni calumpnia vel impedimento in posterum habenda et iure perpetuo possidenda concedo.

Wo Hemelin noch überwiegend negativ mit *sine omni calumpnia* arbeitete und *libere et quiete* u. ä. nur gelegentlich hatte (DD. RRH n° 100a, allenfalls noch D. RRH n° 105), steht bei Radulf A nahezu durchgehend *libere et quiete*. Dies ist natürlich nicht der Fall, wo er die Klausel überhaupt nicht hat, aber sonst fehlen die Adverbien oder entsprechende Adjektive, die er überwiegend noch zusätzlich mit *sine omni calumpnia (molestia) vel impedimento* verband, nirgends. Er fügt eine solche Klausel neu ein in D. RRH n° 291, wo er sie in der VU. nicht vorfand, er fügte sie in DD. RRH n° 293 noch hinzu, als sie in der entsprechenden Klausel der VU. fehlte. Und seine ohne Vorbild von ihm selbst formulierte Fassung in D. RRH n° 291 *liberi et quieti sint ab omni thelonaria exactione* ist schon recht englisch, auch wenn in den Urkunden des Königs Stephan von England die volle Formel heißt *quod bene et in pace et libere et quiete (et honorifice) ab omni saeculari ex-*

actione (et servitio) teneant[47] und das *theloneum* meist, aber nicht immer, in der angelsächsischen Formel von 'toll and team' steckt, die auch der überzeugteste Engländer nicht ins Hl. Land verpflanzt hätte, wo sie völlig unverstanden geblieben wäre (*cum soca et saca et toll et team et infangeneteof*)[48]. Daß hier bei Radulf A ausländischer Einfluß vorliegt, gilt um so mehr, als *theloneum* oder *thelonarius* im Hl. Land außerordentlich rar ist. In dem bunten Florileg dessen, was vor dem Eindringen des italienischen Wortes *dirictura* gegen Ende des 12. Jahrhunderts im Osten 'Abgabe, Zoll' bedeuten kann (*census, consuetudo, datio, exactio, ius, merces, redditus, retributio, tributum, usus, vectigal*) finde ich *theloneum* außer hier bei Radulf A nur noch zweimal im Tripolitanischen (RRH n° 108 = 118). Insgesamt kann man sagen, daß hier in D. RRH n° 291 eine englische Reminiszenz vorliegt, auch wenn bei dieser Formel die englische Herkunft des Radulf C (siehe unten Bd. 2, S. 79) leichter zu greifen sein wird als die des Radulf A.

In den anderen Produkten des Radulf A stört die Verbindung mit *calumpnia*, denn das Wort ist in den englischen Königsurkunden seltener, als man angesichts des Umstandes erwarten sollte, daß es sich im modernen Englisch zu dem ungemein häufigen Wort 'claim' abgeschliffen hat. Aber es kommt natürlich vor, wenn auch eher in Wendungen wie *ne aliquis calumpniam vel iniuriam seu molestiam praedictis sororibus ... inferat*[49]. Aber man liest auch von König Stephan in einer freilich nicht unverdächtigen Urkunde von 1139 *sine omni alia calumpnia*[50], wobei diese Wendung freilich keinen Anlaß zum Verdacht gibt, denn sie kommt auch sonst zweifelsfrei vor, nicht nur in England, sondern auch in Schottland[51].

Weiter finden sich in DD. RRH n° 293. 299. 306. 309 Bestimmungen, daß sich der König zum Schutz und zur Verteidigung seiner Rechtshandlung verpflichtet oder daß ein anderer dazu verpflichtet ist. In der Sache sind dies die 'warrants' der englischen Königs- und Privaturkunde. Auf den Britischen Inseln war es meist der König, der in den Königsurkunden sich zum Garanten bestellte, und wehe dem, der ihn in dieser Sache bemühte, ohne daß der

---

47) Oder ähnlich. Regesta regum Anglo-Normannorum 4, Taf. XXX. XXXI. XXXIVb. XXXVa. XLa. XLVII. LEES, Inquest of 1185 S. 145 n° 1, S. 176 n° 1, S. 177 n° 2, S. 203 n° 8, S. 212 n° 3.

48) Das lateinische Wort wurde meist in speziellen Befreiungen von dieser Abgabe verwendet: *sint quiete ab omni theloneo et consuetudine et passagio et lestagio*; Regesta regum Anglo-Normannorum 4, Taf. XXIXa.

49) Regesta regum Scottorum 1, S. 152 n° 32 von 1141–1151.

50) Regesta regum Anglo-Normannorum 4, Taf. XLIX = ebd. 3 n° 788.

51) Regesta regum Scottorum 1, S. 204 n° 150: *sine omni diminutione vel vexatione vel calumpnia.*

König dazu verpflichtet gewesen wäre. Philipp von Hampton büßte 1176/1177 mit einer Mark Silber, *quia vocavit regem ad warantum et non habuit*[52]. Aber es kam natürlich auch vor, daß der König den ursprünglichen Schenker gemäß dessen früheren Versprechungen bei Bestätigungsurkunden auf den 'warrant' erneut festlegte, wie dies meist bei Radulf A der Fall ist[53]. In ihrer einfachsten Form lautet die Klausel *contra (adversus) omnes homines warantizabimus (guarantizabimus)*[54]. *Defendere* oder *manutenere*, auch *acquietare* konnten hinzutreten[55]. Der Sinn der Klausel war, sich zu verpflichten, Klagen Dritter von dem Begünstigten abzuwehren. Das konnte natürlich mißlingen, selbst wenn der König als Garant auftrat, wenn nämlich die späteren Einreden Dritter tatsächlich besseres Recht verkörperten. So mußte Vorsorge für eine (Schadens)ersatzpflicht des Schenkers getroffen werden, und dann wurde die Formel komplizierter: *Et si ego aut heredes mei Waltero ... predictas terras propter iustam alicuius calumpniam varantizare non poterimus, ego ... ei ... excambiam ad valenciam ad suum racionabile grahant dabimus*[56].

---

52) Pipe Roll 23 Henry II, S. 14.

53) Regesta regum Scottorum 2, S. 185 n° 91.

54) Als Beispiele Regesta regum Scottorum 1, S. 250 n° 225; ebd. 2, S. 174 n° 74, S. 185 n° 91, S. 296 n° 265. Regesta regum Anglo-Normannorum 3 n° 113; andere Klauseln dieser Art ebd. 3 n° 3. 107. 306. 334. 634 f. 933. Aus Privaturkunden LEES, Inquest of 1185 S. 168 n° 13, S. 263 n° 1, S. 274 n° 9.

55) Regesta regum Scottorum 2, S. 215 n° 143, S. 249 n° 195. LEES, Inquest of 1185 S. 258 n° 16, S. 265 n° 3.

56) Regesta regum Scottorum 1, S. 158 n° 42, wahrscheinlich von ca. 1150. *Grahant* hat hier nichts zu tun mit dem französischen Wort 'garant', sondern bedeutet offenbar 'zu seiner Zufriedenheit'; siehe etwa, worauf der Editor der Regesta regum Scottorum a. a. O. schon aufmerksam gemacht hat, MADOX, Formulare Anglicanum n° 298: *Et si hoc contigerit, quod non ei possim warantizare illam, dabo ei escambium alibi ad suum grantum et ad valitudinem illius predicte terre*. Vgl. auch die Klausel in Regesta regum Anglo-Normannorum 3 n° 306 des Herzogs Heinrich von 1153–1154: *terram illam per servitium dimidii militis, quamdiu eis guarantizare illam potero. Si vero non possem eis illam guarantizare, decem libratas terre de meo domanio eis in excambium inde per idem servitium darem ... Hec supra dicta ... pro posse meo rationabiliter guarantizabo*. Vgl. privaturkundlich LEES, Inquest of 1185 S. 206 n° 1 von 1155–1156: *Et si contigerit, quod ego vel heredes mei predictam terram predictis fratribus warantizare non poterimus, ego vel heredes mei excambium, antequam terram illam amittant, donabimus*. Zu solchen Schadensersatzversprechungen im Hl. Land siehe RRH n° 200 = DD. RRH n° 268. 306: *ut quicquid dampni propter motam calumpniam contigerit, sub estimatione bonorum virorum ecclesiae et conventui in integrum restauretur*, und wörtlich fast gleichlautend in RRH n° 301. DD. RRH n° 300. 299; vgl. auch D. RRH n° 341: *concambium aequae valitudinis ei dabo* und RRH n° 368. D. RRH n° 369.

Der Begriff *warantizare* war dem Hl. Land nicht ganz fremd, ist aber so selten, daß man annehmen muß, daß er im Osten weitgehend unverstanden blieb, und die Kanzlisten Radulf A und Radulf C, die ihn aus England natürlich kannten, haben ihn auch nicht verwendet. Ich habe im 12. Jahrhundert nur wenige Beispiele gefunden, davon einmal substantivisch in RRH n° 391 von 1163: *decretum est ..., si calumpnia subsequuta inde vel orta fuerit, ut nos et hereditates nostrae universae tutatores et defensores ac responsores simus et ut dampna per omnia ferentes, ut vulgo dicitur, garant existamus et calumpniam a quocumque illatam claudamus.* Verbal kommt das Wort vor ab 1168, in RRH n° 448: *si de praefatis venditis casalibus ... calumpnia in posterum oriretur, hii qui ea vendiderunt habent garentire et defensare memorato Hospitali,* RRH n° 504 (2 x): *hoc donum confirmare, guarantire et defendere debemus,* RRH n° 539: *garantire et ab omni inquietatione et calumpnia semper acquietare,* RRH n° 590: *calumniam extinguere et venditionem defendere et guarantire super res nostras debemus,* RRH n° 611: *contra omnes homines munire et garantire,* D. RRH n° 774: *ab omni calumpnia ... debemus garantizare;* RRH n° 844: *tenemur garantizare, defendere ac manutenere*[57]. Wenn solche Garantien sonst gegeben wurden, dann drückte man sie lieber verständlicher mit den Worten *defendere* (D. RRH n° 174 von 1138 und die NUU. DD. RRH n° 226. 309. 354. 400), *manutenere* (RRH n° 333. D. RRH n° 332. RRH n° 426. 471. 503. 504), *fideiussores* (RRH n° 158. 273 [bis in die dritte Generation]. DD. RRH n° 299. 300. RRH n° 301. D. RRH n° 332. RRH n° 333. 335 [zugleich *defendere: se inde defensorem fidelissimum veluti fideiussorem fore*]), oder *plegius* (DD. RRH n° 299. 300. RRH n° 301, danach erst wieder am Ende des Jahrhunderts, aus der Champagne eindringend, in DD. RRH n° 707. 724) aus. Schließlich arbeitete man noch mit Umschreibungen, in denen einfach ausgeführt wurde, der Schenker werde gegen Klagen Dritter vorgehen (RRH n° 368. DD. RRH n° 369. 518). Schadensersatz war ausdrücklich vorgesehen in RRH n° 200 = DD. RRH n° 268. 306, D. RRH n° 341 und in DD. RRH n° 299. 300. RRH n° 301. RRH n° 368. D. RRH n° 369.

---

57) Eine eigene Garantieurkunde von 1232 ist RRH n° 1036: *constituimus et facimus nos plegios et principales debitores ac defensores* und *defendere legitime ac garentire ... secundum usus et consuetudines civitatis Acconensis.* Solche Garantien waren also jetzt allgemein üblich, und in der Tat wimmelt es in den Rechtsbüchern des Königreichs Jerusalem aus dem 13. Jahrhundert von Beispielen für *garens,* übrigens auch im Strafrecht (siehe PRAWER, Crusader Institutions S. 427), ganz abgesehen davon, daß in den altfranzösischen Urkunden des 13. Jahrhunderts die Bezeugung einer Urkunde ganz allgemein als 'Garantie' bezeichnet wurde.

Die ausführlichste Garantieklausel findet sich in DD. RRH n° 299. 300.
RRH n° 301. Von diesen drei Stücken ist RRH n° 301 das früheste, danach
wurde sogleich vom selben Notar Radulf C D. RRH n° 300 geschrieben, das
dem Radulf A als VU. für D. RRH n° 299 diente (siehe unten S. 744–747).
Die Klausel umfaßt im jüngsten Druck von D. RRH n° 299 nicht weniger
als 17 Druckzeilen. Sie machte beim Empfänger am Hl. Grab offenbar
Eindruck, denn sie wurde auch in den folgenden Jahren, sichtlich unter
Benutzung der Urkundentrias DD. RRH n° 299. 300. RRH n° 301 von
1155, gern benutzt, so erneut in RRH n° 333 und danach in der Bestätigungsurkunde des Grafen von Askalon D. RRH n° 332, beide von 1158,
hier noch ausgeweitet um die interpretierende Bestimmung, daß die genannten Bürgen im Bedarfsfalle sich 15 Tage lang als „Geiseln" innerhalb der
Mauern von Jerusalem aufzuhalten hatten, bis die Anfechtung beseitigt war.
In RRH n° 369 von 1161 wurden nur noch kleine Teile der eigentlichen
Garantieklausel aus RRH n° 301 übernommen, aber die dortige Schadens-
ersatzbestimmung, die Vorläufer am Hl. Grab schon in DD. RRH n° 268.
306 von 1150 und 1155 hatte, kehrt in RRH n° 369 wieder.

Aber die Länge der Klausel ist am Anfang exzessiv und ganz und gar
nicht englisch. Im Wortschatz findet man mehr Anklänge an die kontinentale als an die englische Urkunde, wofür ich zum Vergleich die Urkunden des
Grafen Dietrich von Flandern in der neuen Ausgabe von DE HEMPTINNE
und VERHULST für 1150–1160 heranziehe:

D. RRH n° 300	Graf Dietrich von Flandern
fideiussores sunt	*idem comes se fideiussorem constituit* (n° 126bis)
	minister eorum ponet fideiussores (n° 189)
barones plegii legitimi sunt	*plegii ... fide interposita ecclesie spoponderunt* (n° 163)
calumpniam adquietabitur	*donationem suam adversus omnes se defensurum et adquietaturum in sua fide promisit* (n° 117)
D. RRH n° 332	
omnes isti ... per capitulum sancti Sepulcri sive per eiusdem internun- tium submoniti usque ad quintum decimum diem a tempore submoni- tionis infra muros Iherusalem ut obsides permanebunt, donec res in integrum et solidum reformetur	*Inde me et comitissam et ... filium meum obsides dedit, ut, si composi- tionem istam ... transgrediatur et infra quindecim dies postquam super hoc submonitus fuerit excessum suum emendare contempnat, excommunica- tus ... remaneat* (n° 163)

Es zeigt sich also, daß die Garantieklauseln des Radulf A, aber auch die hier mitbehandelten des Radulf C (D. RRH n° 300. RRH n° 301. D. RRH n° 332) zwar in der Sache einem englischen 'warrant' entsprechen, aber für englische Verhältnisse von außergewöhnlicher Länge und überdies in der Wortwahl keineswegs spezifisch englisch, sondern kontinental sind. Da das speziell anglo-schottische Vokabular fehlt, muß man um so eher davon Abstand nehmen, hier ein englisches Modell zu sehen, als mit Ausnahme von D. RRH n° 293, wo die VU. für diesen Passus verloren ist, die Klausel bei Radulf A seinen VUU. folgt (D. RRH n° 300. RRH n° 301 für D. RRH n° 299; D. RRH n° 268 für D. RRH n° 306; D. RRH n° 174 für D. RRH n° 309). Bei Radulf C kommt man schon deshalb zum gleichen Resultat, weil dieser zwar in seiner Zeit als Notar des Grafen von Askalon nichts dabei fand, solche überlangen Klauseln in seine Dictamina aufzunehmen[58], sich dessen aber später in der Königskanzlei selbst dann enthielt, wenn die zugehörigen Urkunden solche Klauseln enthielten[59]. Das stand ganz im Gegensatz zu der ihm aus England wirklich vertrauten Formel *ab omni servitio dominio exactione soluta libera et quieta*, die er mit leichten Abwandlungen in seiner gesamten Kanzleizeit nicht verschmähte[60].

Mit anderem kann ich mich kürzer fassen. Die vorgezogene Siegelformel in D. RRH n° 291. 299 (wo außerdem noch eine am Ende steht) ist jeden-

---

58) In D. RRH n° 300 nach dem von ihm selbst entworfenen RRH n° 301, in D. RRH n° 332 nach der nicht von ihm entworfenen VU. RRH n° 333.

59) D. RRH n° 352 nach RRH n° 333 und D. RRH n° 332 sowie D. RRH n° 368 als etwa gleichzeitig mit RRH n° 369 entstanden.

60) RRH n° 301. DD. RRH n° 300. 332 (hier nach RRH n° 333). 368 (hier gefolgt von der NU. RRH n° 369). Man muß sich immer wieder der komplizierten Abhängigkeitsverhältnisse innerhalb dieser Gruppe bewußt sein: Zuerst schrieb Radulf C RRH n° 301 und D. RRH n° 300. Dies übernahm Radulf A in sein D. RRH n° 299. Drei Jahre später wurde RRH n° 301, ein Dictamen des Radulf C, als VU. in RRH n° 333 benutzt, das sich deshalb ganz liest wie ein Dictamen des Radulf C, dies aber nicht ist, sondern am Hl. Grab vom Empfänger diktiert wurde. Nur indirekt schlägt hier das Diktatgut des Radulf C durch. Dieser benutzte aber RRH n° 333 – und damit indirekt sich selbst – als VU. in seinem Dictamen D. RRH n° 332. Die völlig verschiedenen Zeugenlisten in RRH n° 333. D. RRH n° 332 beweisen, daß die Rechtshandlungen bei völlig verschiedenen Gelegenheiten stattfanden, so daß anders als bei RRH n° 301. D. RRH n° 300, wo die Zeugenlisten identisch sind, nicht angenommen werden kann, daß auch RRH n° 333 in der gräflichen Kanzlei von Radulf C verfaßt wurde. Erneut wurde RRH n° 301 dann am Hl. Grab für die Anfertigung des Empfängerentwurfs zu RRH n° 369 benutzt, das außerdem die bereits zuvor verbriefte königliche Bestätigung D. RRH n° 368 als VU. benutzte. Ich bedaure, daß die Dinge nicht simpler zusammenhängen, kann dies aber nicht ändern.

falls nicht unenglisch, folgt aber hier in beiden Fällen einer VU., doch wird das Phänomen erneut bei Radulf C zur Sprache kommen (siehe unten Bd. 2, S. 77 f.). Im Datum von D. RRH n° 244 wird man erneut fündig. Es ist das früheste Diplom des Radulf A und stammt vom 1. Februar 1146. Er dürfte 1145 ernannt worden sein (siehe oben S. 78 f.), so daß nicht allzu viele Diplome dem vom 1. Februar 1146 vorausgegangen sein dürften. Auch formularmäßig steht es ganz am Anfang von Radulfs Laufbahn, denn das charakteristische Eschatokoll Radulfs ist hier noch völlig unentwickelt und auch im folgenden Diplom vom 19. Februar (D. RRH n° 240) nur teilweise vorhanden. Radulf folgt in D. RRH n° 244 wörtlich einer VU. D. RRH n° 201, verschiebt allerdings deren Eingangsdatierung ans Ende. Bei dieser Operation hat er die Indiktion unter den Tisch fallen lassen, die ihm die VU. anbot. Statt dessen hat er, was sonst in seinen Urkunden nicht vorkommt, das regierende Herrscherpaar mit *regnante feliciter* angegeben, so daß er schon zu dieser Zeit das Gefühl hatte, hier gehöre noch etwas dazu. Aber die Indiktion wollte er noch nicht nehmen, und zur Angabe von Königsjahren, wie sie in England doch immerhin vorkam, mochte er sich nicht entschließen, da bei der verfassungsrechtlich delikaten Situation der Samtherrschaft unklar war, wie gezählt werden sollte: ab Krönung des Königs 1143, ab Volljährigkeit 1145 (so RRH n° 242) oder gar ab Aufnahme in die Samtherrschaft 1131[61]. Daß die Indiktion fehlt, kam vor Radulf A zwar vor, in den Diplomen in DD. RRH n° 52. 57. 90a. 100a. 120. 179. 210. 227, aber nicht sehr häufig, und wurde jetzt immer seltener. Auch Radulf A hat den Lapsus – denn als solchen muß man es in den jerusalemitanischen Königsurkunden zu dieser Zeit schon bezeichnen – nur hier begangen, und nicht aus Unachtsamkeit, denn die VU. hatte ja eine Indiktion. Bei einem Engländer, vor allem wenn er noch nicht lange im Land war, wäre das leicht verständlich. In ganz erdrückender Weise war die englische Königsurkunde vor Richard I. undatiert[62]. Allenfalls hatte sie gelegentlich als große Ausnahme eine Datierung mit dem Inkarnationsjahr oder nach dem Königsjahr oder bedeutenden Ereignissen[63]. Die Indiktion findet sich fast nie, jeden-

---

61) Wilhelm von Tyrus, Chronicon XIII. 28, S. 625; MAYER, Queen Melisende S. 100.

62) CHAPLAIS, English Royal Documents S. 14.

63) Zu der Zeit des Königs Stephan von England siehe die Facsimilia bei Regesta regum Anglo-Normannorum 4, Taf. III – VI, IX, XLVIII f. und die Privaturkunden Taf. XXXVIII (Gottfried Plantagenet für Le Bec) und XI (Bischof Roger von London) und BISHOP, Scriptores regis Taf. XX. Die Durchsicht der Urkunden Stephans in den Regesta regum Anglo-Normannorum 3 ergibt, daß Datierungen mit Inkarnationsjahr ganz selten und dann vorwiegend bei dem ohnehin sehr kontinental angehauchten

falls nicht in Kanzleiausfertigungen[64], und auch nicht, als mit Richard I. eine Datierung nach dem Muster der feierlichen Papstprivilegien mit der *Data per manum*-Formel nebst Kanzleiverantwortlichem und nach dem Muster der Papstbriefe mit der Angabe von Tag, Monat und Königsjahr eingeführt wurde. Auch die englische Bischofsurkunde des 12. Jahrhunderts ist nur in Ausnahmefällen datiert, und noch seltener als das Inkarnationsjahr ist die Indiktion[65]. Bei den nichtbischöflichen englischen Privaturkunden dürften die Dinge ähnlich liegen, jedenfalls finden sich in den zahlreichen Privaturkunden, die Lees zusammen mit dem „Templar Inquest of 1185" gedruckt hat, nur sehr wenige datierte[66], davon nicht eine einzige mit Indiktion. In Schottland sind von den 161 Urkunden des Königs Malcolm IV. (1153–1165) gerade vier datiert, zwei mit Inkarnationsjahr, eine nach einem historischen Ereignis, eine mit dem Königsjahr, aber eine Indiktion kommt nicht vor, und das wurde unter Wilhelm I. nicht anders. Erst ab 1195 gab es in Schottland eine Datierung der Königsurkunden, aber nur nach Tag und Monat[67]. Eine Urkunde ohne Indiktion ist im Hl. Land ungewöhnlich, eine Urkunde mit Indiktion in England extrem fälschungsverdächtig. In der flandrischen Grafenurkunde der Zeit ist sie auch selten. Radulf A hat später

---

Scriptor regis XIII vorkommen. Von den 768 Urkunden Heinrichs II. haben nur 23 ein Inkarnationsjahr; DELISLE, Recueil des actes de Henri II. Introduction S. 231–233. Bei Richard I. findet sich in 565 Urkunden ein Inkarnationsjahr nur dreimal (RRH n° 706 und LANDON, Itinerary n° 482. 502; siehe dazu MAYER, Kanzlei Richards S. 33).

64) Unter Stephan finde ich die Indiktion nur in Regesta regum Anglo-Normannorum 3 n° 195, einer schon nach den Zeugen kontinentalen Urkunde seiner Königin Mathilde als Gräfin von Boulogne, und vielleicht ebd. 3 n° 716, das im Datum mit *in[dictione]* abbricht. Dieses Stück ist zwar kanzleigemäß und stammt vom Scriptor regis XIII, der aber kontinental beeinflußt war und überdies nur hier die Indiktion verwendete, obwohl er seine Urkunden gern mit Inkarnations- und Königsjahr versah. Heinrich II. hat in seinen auf Frankreich bezüglichen Stücken nur zweimal eine Indiktion; DELISLE, Recueil des actes de Henri II 1, S. 249 n° 140 und 414 n° 267. Beide folgen ganz dem Vorbild der kontinentalen Urkunde, insbesondere ist die zweite für St.-Aubin in Angers ganz nach dem Vorbild der gräflichen Urkunde von Anjou stilisiert (*Actum ... Andegavis in aula mea ... videntibus ...*). Sie dürfte also außerhalb der Kanzlei entstanden sein, was Delisle schon für die erste annahm; ebd., Introduction S. 231 n° 98.

65) English Episcopal Acta 1, S. LVII f.; ebd. 2, S. LXXIV; ebd. 5, S. XLIX. Vor 1189 hat CHENEY, English Bishops' Chanceries S. 83 gerade zwei Stücke mit Indiktion zusammengebracht: Worcester 1118 und Bath 1151, wozu jetzt noch hinzuzufügen ist English Episcopal Acta 1, S. 3 n° 3.

66) LEES, Inquest of 1185 S. 158 n° 4, S. 191 n° 20, S. 193 n° 23, S. 206 n° 2, S. 224 n° 1, S. 230 n° 4, S. 241 n° 1, S. 245 n° 5.

67) Regesta regum Scottorum 1, S. 80 f.; 2, S. 81 f.

allen seinen Produkten die Indiktion gegeben, schon 18 Tage nach D. RRH n° 244 in D. RRH n° 240; er hat also rasch gelernt und sich völlig dem Gebrauch des Ostens angeglichen, bei der Indiktion ebenso wie beim Weihnachtsstil (siehe auch oben S. 719 f.).

Waren englische Königsurkunden auch kaum datiert, so hatten sie im 12. Jahrhundert doch fast allesamt das sogenannte „place-date" (*Apud Westmonasterium*) der englischen fachdiplomatischen Terminologie, also eine Ortsangabe, ohne die die englischen Diplomatiker bei der Datierung ihrer Stücke ganz verloren wären. Die Ortsangabe war in den jerusalemitanischen Diplomen vor Radulf A keineswegs selten, aber allein von Hemelin und Elias läßt sich sagen, daß sie sie mit großer Konstanz gebraucht hatten; bei Elias A sah das schon anders aus, und der Interimsnotar hatte in seinen beiden DD. überhaupt keine Ortsangabe gebraucht (siehe oben S. 492, 558, 594, 614). Mit der nun schon seit 1138 andauernden Laxheit räumte Radulf A, der eine Ortsangabe offenbar für ganz unerläßlich hielt, sofort auf. Er hat sie in allen seinen DD., wenn auch ohne *apud*, das als Präposition *apud* oder *in* bezeichnenderweise bei dem Engländer Radulf C gegen den von Radulf A etablierten Kanzleibrauch achtmal durchbrach (siehe unten Bd. 2, S. 139). Radulf A benutzte den in Jerusalem herkömmlichen Lokativ, der ihm freilich einmal mißlang[68] und der als Reminiszenz der Papsturkunden übrigens auch in englischen Bischofsurkunden vorkommt[69]. Nur Akkon gebrauchte er als indeklinabel. Grosso modo blieb es in den Diplomen auch später dabei, während man sich vor Radulf A, soweit man Ortsangaben mit Accon oder Tyrus hatte, mit *apud Accon* (*Tyrum*) beholfen hatte (DD. RRH n° 102. 105. 109. 121. 179), was aber Accon gleichfalls als indeklinabel behandelte. Die konstant durchgehaltene Ortsangabe gehört zu den Diktatreformen des Radulf A, mag aber eine Reminiszenz aus seiner englischen Zeit sein. Wo englische Urkunden überhaupt datiert waren, stand die Ortsangabe meist vor der Datierung, aber auch das umgekehrte kam vor. Aber bei der Masse der undatierten Urkunden stand das „place-date" zwangsläufig als allerletztes, und genau dahin hat ein unachtsamer Radulf A es ein einziges Mal gesetzt, obwohl er damit in den Diplomen von Jerusalem ein Unikat fabrizierte: *Data per manum Radulfi regii cancellarii IIII° nonas iulii Neapoli* (D. RRH n° 245).

---

68) *Tyro* D. RRH n° 240; richtig *Tyri* in D. RRH n° 291. In der VU. D. RRH n° 201 stand zweimal falsch *Neapolis* statt *Neapoli*; vgl. oben S. 559. Das erste korrigierte Radulf A richtig, das zweite ließ er stehen (*Neapolis regia domo*), weil er es als Genitiv auffaßte, der es nicht war.

69) CHENEY, English Bishops' Chanceries S. 82, 85.

Daß Radulf A aus England ins Hl. Land einwanderte, ist wegen des Zeugnisses Wilhelms von Tyrus, der personengleiche Kanzler Radulf von Bethlehem sei ein Engländer gewesen, nicht zu bezweifeln, denn Wilhelm kannte den Kanzler fast ein Jahrzehnt (1165-1174), so daß klar ist, daß dieser selbst als Engländer hat gelten wollen. Aber trotz aller Mühe, die ich mir hier über viele Seiten hinweg gegeben habe, ist diese englische Herkunft im Diktat nur unvollkommen zu fassen. Ich habe hier ja eine mir von Wilhelm von Tyrus vorgegebene englische Piste verfolgt. Hätte ich diese nicht gehabt, wäre ich gar nicht darauf verfallen, nach englischen Diktatspuren zu suchen, sondern hätte Radulf A für einen Mann in kontinentaler Tradition gehalten, vor allem im Vergleich zu Radulf C, bei dem die Anglica auffällig sind[70]. Aber das Diktat bestätigt gerade meine Theorie, daß der Kanzler ein Flandrer war, der mit Mathilde von Boulogne nach England kam und dort ihr Kanzler wurde, ehe er nach der Schlacht bei Lincoln stürzte und in den Osten ging. Das würde nämlich erklären, warum bei einer prinzipiell kontinentalen Diktattradition des Radulf A in seinen Urkunden doch wenigstens einige englische Splitter sind. Wären von ihm Mandate erhalten, sähe dies vielleicht anders aus[71].

5. Der Umfang der Diktatgruppe
(DD. RRH n° 244. RRH n° 301.
DD. RRH n° 300. 299. 309. RRH n° 393a)

Die Schrift der Originale und deren Fehler werden unten S. 794–799, 884–897 in eigenen Kapiteln über den Scriptor Johannes und den Kanzleischreiber II behandelt. Aber ehe das Diktat behandelt werden kann, muß der Umfang der Diktatgruppe abschließend geklärt werden.

Das betrifft zunächst D. RRH n° 244. Es steht als frühestes Diplom des Radulf A seinem voll entwickelten Formular am fernsten. Vor allem fehlt

---

70) Auch im Tripolitanischen war damals wohl ein Engländer tätig, der gräfliche Kanzler Petrus, der die beiden bedeutenden Schenkungen des Grafen Raimund II. von Tripolis für die Johanniter betreffend Krak des Chevaliers von 1144 und 1145 schrieb (RRH n° 212. 236; zum Datum von RRH n° 212 vgl. RICHARD, Comté de Tripoli, Addendum zu S. 51). Dort ist der englische Diktateinfluß deutlicher: *quiete libere in elemosinam* und *prout melius praedecessores mei habuerunt et tenuerunt* und *quicquid habere debeo iuris vel dominii*, ferner *scambium* und *ab omni calumpnia quietaverunt*, und all das gleich mehrfach.

71) Für einen tabellarischen Lebenslauf verweise ich auf den des personengleichen Kanzlers oben S. 164.

ihm die charakteristische Corroboratio dieses Notars, weil er hierfür einfach die VU. übernahm, aber das teilt das Diplom mit DD. RRH n° 306. 307. Daß der Notar hier noch nach der rechten Form tastet, ist eine mögliche Erklärung, aber nicht die einzige, denn wenigstens was die Corroboratio betrifft, hat er sie 18 Tage später in D. RRH n° 240 mehr oder minder schon gefunden. Man muß sich dann fragen, ob D. RRH n° 244 nicht noch ein Produkt des Interimsnotars sein könnte. Dafür spräche etwa die bei ihm und auch in D. RRH n° 244 fehlende Devotionsformel für die Königinmutter (siehe oben S. 609). Auch daß unter allen DD. des Radulf A nur in D. RRH n° 244 die Indiktion fehlt, eint dieses Stück wenigstens mit D. RRH n° 227 des Interimsnotars, in dessen anderem D. RRH n° 226 freilich eine Indiktion steht.

Aber dem gegenüber schweißt anderes D. RRH n° 244 fest mit der Diktatgruppe des Radulf A zusammen. Da ist zunächst die Tatsache, daß er das Stück mit einer Kanzleizeile unterfertigt, was es ja beim Interimsnotar nicht gegeben hatte. Aber selbst wenn man dies auf den Umstand bucht, daß eben mittlerweile die Vakanz im Kanzleramt gefüllt worden war, so bliebe doch das Datum. Es ist in D. RRH n° 244 zwar nicht in der Art der späteren Datierungen des Radulf A 'gespalten', d. h. Jahres- und Tagesangabe sind nicht durch die Zeugenliste getrennt, aber es ist auch nicht einteilig an einer einzigen Stelle untergebracht, sondern ist zweiteilig. Erst kommt *Facta est ... descriptio* mit dem Inkarnationsjahr, danach die Kanzleizeile mit *Datum per manum* und dem Tagesdatum nach dem römischen Kalender. Das eliminiert den Interimsnotar, der Tag und Monat überhaupt nicht angab, und fügt D. RRH n° 244 als eine Vorstufe zum gespaltenen Datum fest der Diktatgruppe des Radulf A zu. Das zweiteilige Datum war bisher nur vorgekommen in dem D. spur. RRH n° 163. Diese Fälschung geht zwar nach einer echten Urkunde des Notars Elias, aber das wird für das zweigeteilte Datum nicht zutreffen, das Elias sonst nie hatte. Die Fälschung wurde kurz vor der Ankunft des hl. Ludwig in der Terra Sancta angefertigt. Zu dieser Zeit gab es schon seit einem Vierteljahrhundert kein jerusalemitanisches Kanzleiprodukt mehr. Radulfs gespaltenes Datum hatte sich gehalten bis zur Katastrophe von 1187, danach hatte es kurzfristig ein zweigeteiltes gegeben, dann trat an dessen Stelle wieder ein reduziertes einteiliges. Die letzten Herrscherurkunden, deren man habhaft werden konnte, waren die östlichen Diplome Kaiser Friedrichs II., die aus seiner staufischen Kanzlei stammten und ein Datum hatten, das zweiteilig war, wenn auch in anderer Weise. Irgend etwas von der Art mag bei dem zweiteiligen Datum in D. spur. RRH n° 163 dem Fälscher Pate gestanden haben, aber für das angebliche Ausstellungsjahr 1136 ist es ein völliger Anachronismus. Wenn man daher einerseits bis zum Interimsnotar einschließlich nur ein einteiliges Datum hat, danach ein zweiteiliges, das sich dann alsbald zum gespaltenen entwickelt[72], dann gehören die beiden letzten Elemente zusammen, nicht die beiden ersten. Es kann also nicht zweifelhaft sein, daß D. RRH n° 244 nicht vom Interimsnotar stammt, sondern von Radulf A, auch wenn in dieser Epoche des Tastens nach dem persönlichen Diktat, das sich ja in dem unbezweifelbar von Radulf A stammenden D. RRH n° 240 fortsetzt (*rata et inconvulsa* in der Corroboratio statt *rata et incorrupta*), in D. RRH n° 244 früheren Produkten des Interimsnotars das eine oder andere abgeschaut worden sein mag.

Sodann ist die Urkundengruppe RRH n° 301. DD. RRH n° 300. 299 zu betrachten, um sie gleich in die richtige Reihenfolge zu stellen. RRH n° 301 ist ein Lehnsverkauf Hugos von Ibelin an das Hl. Grab, DD. RRH n° 300. 299 sind dessen Bestätigungen durch den Grafen von Askalon als Hugos Lehnsherrn und durch den König als den Oberlehnsherrn. Alle drei sind fast wortgleich und von einem Kanzler Radulf unterfertigt, auch ihr Datum ist in allen dasselbe: 14. Januar 1155. Das späteste Stück der Serie ist die königliche Bestätigung D. RRH n° 299. Das liegt zunächst in der Logik der Sache, was freilich insofern kein sehr starkes Argument ist, als der königlichen Bestätigung noch eine der Königinmutter folgte (D. RRH n° 313), in der ausdrücklich auf D. RRH n° 299 Bezug genommen wurde[73]. Zuerst wurde aber RRH n° 301 geschrieben, das nur eine Bestätigung durch den Grafen vorsieht. Diese erfolgte sicherlich gleichzeitig in D. RRH n° 300. Beide Urkunden wurden konzipiert vom Notar Radulf C. Danach legte man den Vorgang dem König vor, der nunmehr in einer von Radulf A diktierten Urkunde D. RRH n° 299 seinerseits bestätigte. Radulf A folgte für sein Diplom im wesentlichen D. RRH n° 300 als VU. und kopierte dabei, im wesentlichen gedankenlos, die Zeugenliste und das Datum. Damit wurde eine zeitliche Einheit vorgetäuscht, die in Wahrheit nicht bestand, aber wenigstens ein Jahrhundert später waren Rückdatierungen nicht selten[74].

Der Textvergleich offenbart dieselbe Reihenfolge. Es liegt auf der Hand, daß Hugos Verkauf – mindestens ideell, mögen die beiden Urkunden auch gleichzeitig redigiert worden sein – D. RRH n° 300 vorausgeht, das die Sache *instanti prece Hugonis* bestätigt. Die königliche Bestätigung D. RRH n° 299 folgt im Prinzip nicht der subjektiv stilisierten Urkunde Hugos RRH

---

72) Für das gespaltene Datum gab es in den Diplomen nur einen einzigen Präzedenzfall, nämlich D. RRH n° 68a von 1112.

73) Wenig später wurde sogar zuerst die königliche Bestätigung D. RRH n° 368 ausgestellt, dann erst der eigentliche Verkauf RRH n° 369; zwischen beiden liegen zwölf Tage.

74) MAYER, Siegelwesen S. 89–96.

n° 301, sondern der – hinsichtlich Hugos Verkauf – objektiv gehaltenen gräflichen Bestätigung D. RRH n° 300, d. h. Radulf A übernahm den Text in der Form, wie ihn Radulf C in D. RRH n° 300 bereits umgeformt hatte. Dennoch lag der königlichen Kanzlei neben D. RRH n° 300 auch RRH n° 301 vor. Von dort stammt wahrscheinlich die Wortabfolge *sororis suae Hermengardis* (*Hermengardis sororis suae* D. RRH n° 300) und ebenso *et non minus* (*non minus* fehlt D. RRH n° 300) *mater sua Helois* sowie in der Zeugenliste Bartholomaeus von Soissons, der in D. RRH n° 300 fehlt. Das wird in D. RRH n° 300 ein reiner Flüchtigkeitsfehler gewesen sein und mag am Ende sogar der Überlieferung zur Last fallen, denn natürlich bestand kein sachlicher Grund, Bartholomaeus gerade in der Urkunde des Grafen auszuschließen, in den anderen beiden aber zuzulassen. Die Zeugenliste sollte ja in allen drei Stücken identisch sein, und da die Genannten Handlungszeugen waren (*Huius rei testes sunt*), war die Nennung des Bartholomaeus auch in D. RRH n° 300 geradezu geboten.

Auch andere Stellen weisen D. RRH n° 299 als die letzte der drei Urkunden aus. Radulf A verbesserte nämlich den Text beider Vorlagen:

RRH n° 301. D. RRH n° 300	D. RRH n° 299
quicquid ... Hugoni (*michi* 301) *... sicut haeredi vel successoribus suis* (*meis* 301) *pertinet*	*quicquid ... Hugoni ... sicut haeredi vel suis successoribus obvenit*

Vielleicht störte sich Radulf A an der Verbindung von *pertinere* mit dem Dativ anstelle des normalen *ad* nebst Akkusativ. Gleichwohl ist eine Wendung mit *pertinere* immer Urkundensprache. Was Radulf A daraus machte, ist es nicht, ist aber sehr schön klassisch[75].

RRH n° 301. D. RRH n° 300	D. RRH n° 299
Haec ... omnia vendidi (*vendidit ... Hugo* D. 300) *fratribus* (*conventui* D. 300) *Dominici Sepulcri ... Ut autem haec mea* (*eius* D. 300) *venditio firmior permaneret ...*	*Haec ... omnia vendidit ... Hugo conventui Dominici Sepulcri ... Ut autem haec venditio firmior permaneret ...*

---

75) Cicero, In Verrem II 2, 17: *ei sorte provincia Sicilia obvenit*; Plinius, Epist. 3, 6, 1: *ex haereditate quae mihi obvenit*; ebd. 7, 11, 6: *cum obvenisset mihi haereditas*; Varro, Libri de re rustica 1, 12, 2: *si istius modi mi fundus haereditati obvenerit*.

Bezogen auf Hugo hätte es in D. RRH n° 300 heißen müssen *Ut autem haec sua venditio firmior permaneret.* Das nicht reflexive *eius* kann sich grammatisch auf Hugo nicht beziehen, sondern verweist auf *conventus,* und damit ist es sachlich verkehrt. Radulf A übernahm es daher nicht.

RRH n° 301. D. RRH n° 300	D. RRH n° 299
concessit ... frater meus (suus D. 300) *Balduinus et ... mater mea (sua* D. 300) *Alois et soror mea Hermengardis (sua Hermengandis* D. 300) *domna Tyberiadis*	*concessit ... frater suus Balduinus et ... mater sua Helois et soror eius Hermengardis, domna videlicet Tyberiadis*

Radulf A formte hier seine Vorlage D. RRH n° 300 um, ohne in das ihm ja auch vorliegende andere Stück hineinzusehen, und wohl auch ohne nachzudenken, denn wie die Familienverhältnisse in dem mächtigen Adelsclan der Ibelins waren, muß er natürlich gewußt haben. Während er *mater sua* in seiner Vorlage richtig als Mutter Hugos von Ibelin deutete, deutete er *soror sua* verkehrt als Schwester der Mutter statt korrekt des Hugo und änderte deshalb das reflexive *sua* zu *eius.*

RRH n° 301. D. RRH n° 300	D. RRH n° 299
quicumque ... plegiorum prior occurrerit, ipse calumpniam removebit ac pacificabit (pacificabitque D. 300)	*quicumque plegiorum ... prior occurrerit, ipse calumpniam pacificabit*

Calumpniam removere ist das Gegenteil von *calumpniam movere:* eine Klage zurückziehen. *Calumpniam pacificare* heißt dagegen dafür sorgen, daß der Prozeß gütlich im Vergleichswege erledigt wird. Beides gleichzeitig geht nicht, denn eine zurückgezogene Klage erledigt den Prozeß derart endgültig, daß es für einen Vergleich an der Voraussetzung eines Streits fehlt. Allein Radulf A hat dies erkannt. Es ist ausgeschlossen, daß sein Text in den anderen beiden Stücken erweitert worden sein sollte.

RRH n° 301. D. RRH n° 300	D. RRH n° 299
Zeugenliste: *De baronibus regis* (*regis* fehlt RRH n° 301): *... Iocelinus de Samosac, Bartholomaeus Suessionensis* (fehlt D. 300). *De burgensibus: Arnulfus vicecomes Ierusalem, Hugo Saliens in bonum ...*	Zeugenliste: *De baronibus regis ... Et de hominibus regis: Gocelinus de Samosac, Bartholomaeus Suessionensis, Arnulfus vicecomes Ierosolimitanus. De burgensibus: Hugo Saliens in bonum ...*

Hier hat Radulf C den Vizegrafen Arnulf von Jerusalem zu den Bourgeois gerechnet, wohl weil er der Vorsitzende der Cour des Bourgeois war. Radulf A hingegen rechnete ihn zu den adligen Kronvasallen, und in der Tat war adliger Stand ein Amtserfordernis für die Vizegrafen[76]. Bereits die letztzitierte Stelle beweist, daß in D. RRH n° 299 ein anderer Diktator am Werk war als in RRH n° 301. D. RRH n° 300. Das erweist sich auch an anderem. Zwar steht uns hier keine Corroboratio zur Verfügung, die bei den beiden Diktatoren recht verschieden ausgeformt war, aber man findet in D. RRH n° 299 die Devotionsformel des Radulf A *per gratiam dei*, in D. RRH n° 300 dagegen diejenige des Radulf C *per dei gratiam*. Auch heißt Graf Amalrich von Jaffa-Askalon in RRH n° 301. D. RRH n° 300 *comes Ascalonis*, was die durchgehend von Radulf C benutzte Form ist (siehe unten Bd. 2, S. 116). Das hat in D. RRH n° 299 kein Gegenstück, aber mit derselben Konstanz hat die königliche Kanzlei vom *comes Ascalonitanus* gesprochen (siehe unten Bd. 2, S. 13). *Comes Ascalonis* wäre Radulf A nicht ins Diktat gerutscht, nicht einmal als Übernahme aus einer VU. Obwohl das Datum in D. RRH n° 299 nur abgeschrieben wurde, benutzten die beiden Notare doch ihre eigenen Formeln, Radulf A in D. RRH n° 299 *anno ab incarnatione domini*, Radulf C das von ihm in gräflicher Zeit bevorzugte *anno incarnationis dominicae*. Duldete diese Regel bei beiden gewisse Ausnahmen (DD. RRH n° 240. 303. 308), so lautete die Zeugenformel des Radulf A mit Ausnahme des von der VU. bestimmten D. RRH n° 244 unweigerlich wie in D. RRH n° 299 *Huius quidem rei testes sunt*, was wir bei Radulf C nur in DD. RRH n° 308. 324. 332 finden, während er sonst ausnahmslos mehr als zwanzigmal *Huius rei testes sunt* schreibt, so auch in RRH n° 301. D. RRH n° 300. Fraglos waren hier also trotz der neunzigprozentigen Gleichheit der Texte zwei verschiedene Diktatoren am Werk, zuerst Radulf C in RRH n° 301. D. RRH n° 300, danach Radulf A in D. RRH n° 299.

Dagegen gehört D. RRH n° 309 zur Gruppe Radulf A, jedenfalls sind diesem überwiegend die Rahmenteile zuzuweisen, so daß das Diplom hier behandelt wird. Allerdings hatte Radulf A hier kurz vor seiner Ernennung zum Bischof in dem künftigen Notar Radulf B bereits einen Gehilfen, von dem sich Diktatspuren in der Urkunde finden[77].

Auf den Namen des Bischofs und Kanzlers Radulf von Bethlehem, mit dem ich den Notar Radulf A gleichsetze, liegen zwei Urkunden vor: das Spurium RRH n° 386 und das echte Stück RRH n° 393a. Das Spurium

---

76) MAYER, Kreuzfahrerherrschaft Montréal S. 268.
77) Den Nachweis führe ich unten Bd. 2, S. 2–6.

beruht im Rahmen auf einem Dictamen des Radulf C, so daß es unten Bd. 2, S. 146–149 bei diesem abgehandelt wird. Bei der echten Urkunde (Bd. 2, S. 891 n° 5) muß man natürlich fragen, ob sie von Radulf A selbst diktiert sein könnte. Vielleicht war der Diktator englisch beeinflußt, denn die in England beliebte *concordia* war hier die von ihm gewählte Form, einen außergerichtlichen Vergleich zu beurkunden: *concordiam ... stabilem conposuerunt et firmam* und *dies pacis atque concordiae* und *Ut autem ista concordia firma esset*. Aber er hatte nicht den Stil und nicht die Expertise des zu dieser Zeit schon altgedienten Notars Radulf C, a fortiori nicht diejenige des Kanzler-Notars Radulf A. Man findet zwar Sprachgut, das solchen *concordiae* im Hl. Land eignet. Ich ziehe zum Vergleich einen jüngst von Hiestand gedruckten Vergleich zwischen den Johannitern und dem Erzbischof von Apamea von 1175 heran[78]: *regem ... convenerunt* (RRH n° 393a); *nobis et ... Hospitalis praeceptore ... convenientibus* (Hiestand), sodann *ex utraque parte* (RRH n° 393a); *ab utraque parte* (Hiestand) und *decimamque ... liberam et quietam* (RRH n° 393a); *libere et quiete habenda et retinenda* (Hiestand) und natürlich in beiden Stücken das Wort *concordia*[79]. Das sind Fetzen aus einer Rechtssprache, aber sonderlich juristisch versiert ist RRH n° 393a nicht, wenn man es etwa zusammenhält mit einem Vergleich von 1166 zwischen den Templern und Reimser Klöstern[80].

Aber nicht nur die beiden zitierten Vergleiche, sondern auch die englischen *concordiae* gehen üblicherweise sofort in medias res, während RRH n° 393a sich schon durch seine Geschwätzigkeit, mit der Arenga und anderen Längen gleichsam als 'unjuristisch' verrät. Diese Arenga 'riecht' päpstlich und ist es wohl auch, jedenfalls finden wir einiges in der Arenga von RRH n° 172 des Elias A wieder, die ihrerseits auf päpstliche Arengen zurückgriff (siehe oben S. 579; vgl. auch RRH n° 469: *tamquam speciales filios diligere*). Aber von der Arenga leitet der Diktator mit *inde est quod* zur Nennung der Vergleichsparteien über, wo Kanzlisten, zumal Radulf A und Radulf C, dies mit einer Promulgatio gemacht hätten (*Notum sit omnibus tam futuris quam praesentibus, quod X et Y concordiam stabilem conposuerunt et firmam, cuius haec est series*). Die Devotionsformel *dei gratia* könnte von Radulf A oder Radulf C stammen, aber natürlich auch von jedermann sonst. Die Bezeichnung des Bischofs von Bethlehem als *vir illustris atque perfectus* ist außergewöhnlich. Nach dem Vorbild der Papsturkunde, wo die Geistlichen *vene-*

---

78) HIESTAND, Vorarbeiten 2, S. 230 n° 21a.

79) Zu *pax atque concordia* in RRH n° 393a vgl. im Hl. Land auch RRH n° 239. 365. 515. 532. 572. 573. 574.

80) HIESTAND, Vorarbeiten 2, S. 219 n° 17; siehe auch RILEY-SMITH, Castle of Tortosa S. 284.

rabiles fratres oder *dilecti filii* waren, war *illustris* überwiegend den Laien reserviert. Allenfalls konnte man es finden in der Einleitung von Zeugenlisten, wo die *illustres testes* dann auch Geistliche mit einbegreifen konnten. Aber das Epitheton wird in RRH n° 393a auch nicht durchgehalten, sondern durch *venerabilis* ersetzt. Das war zwar in den Papsturkunden ein gängiges Epithethon für Bischöfe, aber im Hl. Land überwiegend den Erzbischöfen reserviert außer bei dem tripolitanischen Kanzler Matthaeus[81]. *Vir perfectus* als Epitheton ist urkundensprachlich schon ganz bizarr, man kann es nicht anders ausdrücken, wenngleich es biblisch ist[82]. In schreiendem Gegensatz dazu steht, daß der Vergleichspartner, der Abt von S. Maria im Tal Josaphat, überhaupt kein Epitheton erhält. Das deutet auf einen im Bethlehemer Domstift anzusiedelnden Konzipienten, der seinem Bischof Weihrauch und Myrrhen streute.

Hat der Abt auch kein schmückendes Beiwort, so wird er *Villelmus ... abbas dictus* genannt. Das ist starker Tobak, denn er war ja konsekrierter Abt, nicht nur ein sogenannter Abt. Das wäre schon von der rechtlichen Unmöglichkeit her den beiden Kanzlisten nicht passiert, und doch ist Radulf A daran schuld. Mit ihm beginnt eine Manie der Kanzlei für *praedictus* und seine Synonyme (siehe unten S. 779–783). Der Arme im Geiste, der RRH n° 393a aufsetzte, hat das mitgemacht, aber er hat noch eines draufgesetzt und den Abt bei der ersten Erwähnung eben als *dictus* bezeichnet. Gleich darauf hat er einen Komparativ vergessen, denn statt *devotiores et speciales (filios)*, denen weiter oben *devotos et speciales filios* vorausgehen, muß es natürlich *devotiores et specialiores* heißen. Auch verdoppelt und verdreifacht der Diktator bestimmte Worte, so *gratia, discordia, misericordia, concordia*, was das Stück in geschwätziger Weise aufbläht. Der Gipfel wird erreicht, wenn es heißt *concordiam in loco sui contrarii, scilicet discordiae, ... stabilem conposuerunt.*

Dies wird zweimal maskulin gebraucht, obwohl es beide Male einen bestimmten Termin bezeichnet, einmal sogar als *dies certus*, und daher feminin sein müßte. Mit *quassare* benutzt der Konzipient ein Wort, das in einem Vergleich natürlich nicht unangebracht war (*calumniam cassare*), das im Hl. Land aber überwiegend in der Sanctio oder der Corroboratio gebraucht wurde[83] und nur noch in RRH n° 273 in Verbindung mit *calum-*

---

81) MAYER, Bistümer S. 87–89. Siehe auch unten Bd. 2, S. 244–247.

82) Iac. 3, 2: *Si quis in verbo non offendit, hic perfectus est vir.* Vgl. auch Eph. 4, 13. Bei Cicero findet sich zwar *perfectus vir* nicht, wohl aber stehen dort *homo, orator, magister, philosophus* in Verbindung mit *perfectus*: De oratore I, 10–11; I, 197–198; Brutus S. 32. Tusculanae Disputationes 2, 12; De Officiis 1, 46.

83) DD. RRH. n° 100a. 121. 137. RRH n° 128. 148 und das D. Amalrichs für die

nia stand. Auch die Pertinenzformel *cum suis pertinentiis acquisitis et acqui-*
rendis hatte eine Form, wie sie die Kanzlei vermied. In der Corroboratio *Ut*
autem ista concordia firma esset et rata hätten sowohl Radulf A wie Radulf C
unweigerlich *haec* statt *ista* geschrieben, und die Fortführung der Corroboratio mit *statuti sunt ab utraque parte testes, quorum nomina describuntur in*
cartula hätte ihnen die Haare zu Berge steigen lassen. Auch daß das Stück
weder Datum noch Unterfertigung oder Schreibernennung hat, erledigt es als
Kanzleiprodukt. RRH n° 393a wurde allem Anschein nach im Kapitel der
Geburtskirche von Bethlehem oder im bischöflichen Haushalt geschrieben,
möglicherweise von einem Engländer, ganz sicherlich nicht von einem
Könner. Mit den Dictamina der Königskanzlei hat es nichts zu tun.

6. Das Diktat des Radulf A

Die Schrift der Originale ist hier nicht zu behandeln, weil Radulf A nicht
selbst mundierte, sondern anfangs einen Empfängerschreiber heranzog (siehe
unten S. 794–799) und später einen hauptamtlichen Kanzleischreiber anstellte, der nur mundierte, aber Dictamina erst nach seinem Ausscheiden aus
der Kanzlei lieferte (siehe unten S. 881–906). Es wird sich unten S. 892 f. bei
der Fehleranalyse der Originale zeigen, wie sorgfältig der Kanzleischreiber
der Zeit arbeitete, und zwar weil er wußte, wie exakt und präzise die
Schlußkontrolle der Ingrossate durch die Kanzlei, sprich durch den Kanzler-
Notar Radulf A, sein werde. An dem zu konstatierenden Leistungsabfall
desselben Schreibers unter dem nächsten Notar läßt sich ermessen, daß die
Sorgfalt, die wir damals in den Originalen finden, mehr auf Radulf A zurückging als auf den Ingrossator, so geschickt dieser auch war.

Dieselbe Sorgfalt, nur unmittelbarer, verwandte Radulf A auf seine Dictamina. *Utique litteratus sed nimis secularis* sei er gewesen, vermerkt Wilhelm
von Tyrus[84]; ein Schuß Eitelkeit wird dazugehört haben. Die sicherlich
ihm obliegende Wahl des Ingrossators zeigt, daß er schöne Diplome haben
wollte, und er erhielt sie. Die Standardisierung des Formulars liegt auf
derselben Ebene. Und er wollte in Grenzen auch sprachlich schöne Diplome, die eleganter waren als das, was die Kanzlei bisher geliefert hatte. In
Grenzen: das heißt, daß er trotz gewisser stilistischer Ideale, denen die VUU.
durchaus nicht immer genügten, sich der Arbeitsökonomie halber tunlichst

---

Templer (Revue de l'Orient latin 11, S. 183 n° 2); ferner RRH n° 550; an anderer Stelle
der Urkunde in RRH n° 194. 358. 631 (vgl. *incassari* RRH n° 391).
84) Wilhelm von Tyrus, Chronicon XVI. 17, S. 738.

an VUU. hielt. Dabei ist ihm gelegentlich auch eine Gedankenlosigkeit unterlaufen. Der Notar Radulf C beging in RRH n° 301. D. RRH n° 300 einen Flüchtigkeitsfehler, als er schrieb: *quod ego Hugo (Amalricus ... comes Ascalonis* D. RRH n° 300) *concessione fratris ... omniumque aliorum, ad quos praesentis venditionis videtur pertinere concessio vel in posterum praedictae possessionis venditae haereditaria possessio, vendidi (laudo confirmo et ... corroboro* D. RRH n° 300). Radulf A übernahm das im wesentlichen wörtlich aus D. RRH n° 300 in D. RRH n° 299. Das Wort *praedictae* war von allem Anfang an verkehrt, denn in RRH n° 301 wird zuvor keine *possessio vendita* erwähnt, sondern diese kommt erst später. Richtig gewesen wäre *infra dictae*. Dagegen war *praesentis venditionis* wenigstens in RRH n° 301 richtig, denn dort wurde verkauft. Aber in DD. RRH n° 300. 299 war es verkehrt, denn dort wurde nur bestätigt. Hier hat der gute Homer Radulf A schlicht geschlafen.

Aber in der Regel paßte er auf und verbesserte statt zu verschlechtern, wobei ich die von der Rücksicht auf die Dynastie vorgenommenen Veränderungen[85] hier natürlich außer acht lasse. Dabei ist deutlich, daß er sich um die bessere Grammatik mühte. Ich habe bereits oben S. 745–747 gerade aus RRH n° 301. DD. RRH n° 300. 299, wo sich Radulf A die eben behandelte Gedankenlosigkeit zuschulden kommen ließ, einige Beispiele dafür angeführt, davon eines, wo sein Bemühen um eine – vermeintlich – bessere Grammatik ihn in einen sachlichen Fehler bei den Familienverhältnissen der Ibelins führte. Ich füge diesen Beispielen hier noch zwei weitere hinzu. In D. RRH n° 244 verbesserte er das schauerliche *cartim commendare / notare*[86] des spanischen Priesters Nikolaus zweimal zu *cartis commendare / notare*. In D. RRH n° 307 schrieb er *placuit nobis eiusdem (eisdem* VU. D. RRH n° 278) *ecclesiae canonicis ... cyrographum scribere.* Der Text der VU. (diesen Kanonikern der Kirche statt den Kanonikern dieser Kirche) ist unsinnig.

Neben den Bemühungen um eine bessere Grammatik steht auch eine gewisse Vorliebe für eine preziösere Ausdrucksweise, als sie bisher –mit

---

85) Siehe oben S. 716 f. Keine solche Geschichtsklitterung, sondern eine die Exaktheit des Konzipienten beweisende Präzisierung war es, wenn er die *haeredes* der Melisendis aus D. RRH n° 278 zu *successores* des Königs Balduin III. in D. RRH n° 307 umwandelte, denn Balduin III. hatte keine Kinder. Das zeigt zugleich, daß 1155 die Thronfolge seines Bruders Amalrich, der in der Reichskrise entschieden auf Seiten der Melisendis gestanden hatte, noch keineswegs ausgemacht war.

86) D. h. urkundlich aufzeichnen, offenbar eine analoge Bildung zu erstarrten Akkusativen wie *statim*; in den Sammlungen des Mittellateinischen Wörterbuches München und des Cabinet Ducange Paris ist die Form nicht belegt.

Ausnahmen wie DD. RRH n° 59– üblich gewesen war. Wir finden in
D. RRH n° 245 innerhalb weniger Zeilen das klanglich verwandte Begriffs-
paar *ad christianitatis profectum* und *ad provectum ... regni.* In D. RRH
n° 293 liest man *pluribus in locis positis,* wo die VU. D. RRH n° 57 einfach
in diversis locis gehabt hatte. Im folgenden Satz steht *vocitatum* an Stelle des
vocatur der VU. Auch für *ita dumtaxat,* das sich in DD. RRH 293. 307
findet, gibt es einfachere Wendungen. Die VU. zu D. RRH n° 307 war mit
ita scilicet ausgekommen; auch *hoc tamen tenore* o. ä. wäre gegangen. In
D. RRH n° 306 machte Radulf A aus *infirmari possit* der VU. D. RRH
n° 268 ein *infirmari queat,* was kaum Urkundensprache ist, aber eine gewählte Ausdrucksweise[87]. In D. RRH n° 309 schließlich schrieb er *infra saepta
Ierusalem,* wo Elias in der VU. D. RRH n° 181 einfach *intra muros Ierusalem*
geschrieben hatte. Auch das war keine Änderung im Sinne der Diploms-
sprache, aber *utique litteratus,* um mit Wilhelm von Tyrus zu reden, das war
es[88].

Bei der Untersuchung von Radulfs Diktat muß ich mich überwiegend mit
dem Rahmen beschäftigen, d. h. mit Protokoll, Corroboratio und Eschatokoll. Das hängt mit der hohen Zahl von VUU. zusammen, denen seine
Diplome folgten. Hier erhalten wir dann im Context, gelegentlich sogar
auch in den Rahmenteilen, den Wortlaut früherer Kanzleidiktatoren. Ganz
auf VUU. beruhen DD. RRH n° 244. 291. 293. 299. 306. 307. Von dem
wenigen, was bleibt, fällt manches auch noch weg. In D. RRH n° 240 ist ein
Empfängerentwurf wesentlicher Teile des Diploms zu unterstellen (siehe
oben S. 722). In D. RRH n° 281 wird ein Lokationsvertrag bestätigt, auf den
ausdrücklich Bezug genommen wird und der sicherlich den Wortlaut des
Contextes prägte. In D. RRH n° 309 wurden elf VUU. mehr zusammengerafft als benutzt, aber selbst bei dieser verkürzten Benutzung schlagen die
Vorlagen doch soweit durch, daß in der Edition mit Petitdruck die Entlehnungen kenntlich gemacht werden können, wenngleich zu vermuten ist, daß
die Arbeit im wesentlichen schon beim Empfänger vorgenommen worden
war und sich zu einem Empfängerentwurf der erbetenen Bestätigungen

---

87) Ich finde als Parallele nur *queat violari* in RRH n° 218 des tripolitanischen
Kanzlers Otrannus, *latere queat* in RRH n° 270 des Wanderkanzlers Radulf von Chartres und *non repetere queat* in RRH n° 311.

88) Vgl. aber *circumsaepire* in RRH n° 129. – Wir finden auch gewisse im Osten
wenig gebrauchte Worte in seinem Sprachschatz, so in D. RRH n° 281 *incola* und
annona. Beides kommt nur gelegentlich vor, so *incola* in RRH n° 426. D. RRH
n° 452 = 466, *annona* in RRH n° 126. 199. 205. 267. 363. D. RRH n° 525. Aber
beides mag in D. RRH n° 281 zurückgehen auf den hier bestätigten Lokationsvertrag,
muß also nicht unbedingt von Radulf A stammen, hat aber sein Gefallen gefunden.

verdichtet hatte, den Radulf A mehr oder weniger wörtlich übernommen haben könnte. Es bleibt dann nur D. RRH n° 245 als eine freie Schöpfung des Radulf A auch im Context.

Es war nicht Faulheit, was diesen Notar zu den VUU. trieb, auch wenn deutlich ist, daß er sein charakteristisches Formular erst tastend entwickeln mußte[89], so daß er anfangs auch aus Mangel an Erfahrung auf die VUU. verwiesen wurde. Aber das Phänomen läßt ja nach seiner Rückkehr in die Kanzlei im Frühjahr 1152 nicht nach, als seine Erfahrung groß genug war. Aber mag es vor der Kanzleikrise Unsicherheit gewesen sein, so bestand nach derselben und nach dem Bürgerkrieg von 1152 ein erhöhter Bedarf an Beurkundungstätigkeit, denn jetzt war ein jahrelanger Reichszerfall zu seinem Ende gekommen, der den bisher an eine straffe und meist am Recht orientierte Regierung gewöhnten Empfängern nachdrücklich gezeigt hatte, wie schnell das Reich in sich befehdende Lager zerfallen konnte, was allemal die Gefährdung kirchlichen Besitzes mit sich brachte, und fast allein über diesen haben wir Urkundtätigkeit; eine Ausnahme macht da nur D. RRH n° 281. Es war klar, daß kirchliche Korporationen jetzt verstärkt um allgemeine Besitzbestätigungen einkamen. DD. RRH n° 291. 293. 309 sind solche Stücke, wenngleich für DD. RRH n° 293. 309 andere Erwägungen im Vordergrund standen (siehe oben S. 106). DD. RRH n° 306. 307 bestätigten ehemalige Gunsterweise der gestürzten Königinmutter, gehörten also noch zur politischen Flurbereinigung nach dem Bürgerkrieg[90].

Die verbale Invocatio des Radulf A war stets die um die Aufzählung ihrer Glieder erweiterte Anrufung der heiligen und unteilbaren Trinität, beendet mit *amen*, und zwar beides auch dort, wo die VUU. etwas anderes hatten[91]. Arengen hatte er vor allem in seiner ersten Amtszeit 1145–1146,

---

89) So etwas ist durchaus normal. Beispielsweise experimentierte in der Reichskanzlei der Notar Rainald G ab April 1158 mit seinem Eschatokoll, bis er 1159 seine endgültige Form gefunden hatte, die er beibehielt bis zu seinem Ausscheiden aus der Kanzlei 1166; siehe RIEDMANN, Reichskanzlei S. 355.

90) Warum man damit drei Jahre nach dem Ende des Bürgerkrieges zuwartete, ist nicht zu erkennen. Der Empfänger mag aus finanziellen Gründen gezögert haben, bis er die Kosten der Bestätigungen auf sich nahm. Anders ist etwa auch eine Privaturkunde für die Templer im Chartular des Ordenshauses von Sandford-on-Thames nicht zu erklären, die im zweiten Jahr Heinrichs II. von England ausgestellt, aber erst in seinem fünften Jahr königlich besiegelt wurde, und zwar wegen der Abwesenheit des Königs aus England August 1158 – Januar 1163 im Exchequer (LEES, Inquest of 1185 S. 206 n° 1).

91) DD. RRH n° 57. 134. 201. Das ist jedenfalls nicht englisch. In den englischen Königsurkunden der Zeit Stephans ist die Invocatio schon äußerst selten (Regesta regum Anglo-Normannorum 3 n° 19. 26. 45. 51. 119. 284. 599. 665. 928. 1009), und

hier allerdings durchgehend (DD. RRH n° 244. 240. 245). Dabei folgte er im ersten Stück der VU., in den anderen beiden formulierte er selbständig, und in allen drei Fällen stand seine Arenga vor der Intitulatio oder der Promulgatio, je nachdem was zuerst kam. In seiner zweiten Amtszeit als Notar (nicht als Kanzler) von 1152 bis 1156 hatte er nur noch gleich zu Anfang in D. RRH n° 291 eine Arenga, die er aus der VU. übernahm, auch hier vor der Intitulatio stehend. Danach ließ er diesen Formularteil weg, selbst da, wo er in der VU. D. RRH n° 278 eine Arenga vorfand, sie aber für D. RRH n° 307 dennoch verschmähte. Dieser Formularteil wurde von nun an überhaupt sehr selten, ja in der jerusalemitanischen Kanzlei war er jetzt praktisch tot. Wir müssen bis zur Gegenkanzlei Konrads von Montferrat nach 1187 warten, bis wir in einem Diplom wieder auf eine Arenga stoßen[92]. Das Verschwinden der Arenga in den Königsurkunden lag gewiß im Zuge der Zeit, jedenfalls im kapetingischen Frankreich[93]. Wo Radulf A selbst formulierte, waren seine Arengen knapper als bei den weitschweifigen Produkten des Interimsnotars und des Elias A (siehe oben S. 583–585, 608 f.), aber auch knapper als bei den der Privaturkunde verpflichteten Schreibern der königlichen Scriptorien zwischen den beiden Amtszeiten des Radulf A. Seine durchaus konventionellen Gedanken kreisten dabei um die Herrscherpflichten, den Schutz der kirchlichen Rechte und die Verpflichtung zur Bestätigung von Rechtsgeschäften, die zu Ehren Gottes und der Christenheit vorgenommen worden waren. Daß ihm die Arenga ein Herzensbedürfnis gewesen wäre, daß er sie gar zum politischen Manifest hätte werden lassen, läßt sich beim besten Willen nicht behaupten. Natürlich lag das Zurückdrängen der Arenga auch auf der Linie des Radulf A, das Formular zu

---

Radulfs volle Form kommt nirgends vor. Auch in den englischen Bischofsurkunden ist die Invocatio schon in der ersten, erst recht aber in der zweiten Hälfte des 12. Jahrhunderts eine Rarität; siehe CHENEY, English Bishop's Chanceries S. 60 f.

92) D. RRH n° 477 ist kein Kanzleiprodukt.

93) TESSIER Diplomatique S. 217 f. Auf den Britischen Inseln gilt dies erst recht. Von allen Urkunden des Königs Stephan von England steht nur noch in zweien eine Arenga, von denen eine gefälscht ist, und es sind der Urkunden, gemeinsam mit denen seiner Gemahlin und seiner Rivalin, über eintausend (Regesta regum Anglo-Normannorum 3 n° 286. 928; vgl. auch ebd. 3 n° 80. 1006). Nur noch drei der Urkunden Malcolms IV. von Schottland (1153–1165) haben eine Arenga; Regesta regum Scottorum 1, S. 76 f. Nicht nur in der deutschen, sondern auch in der sizilischen Kanzlei war und blieb die Arenga, immer kunstvoller werdend, dagegen ein ständiger Teil des Formulars; KEHR, Urkunden S. 271–275; ENZENSBERGER, Beiträge S. 93–95; BRÜHL, Urkunden S. 88–90 = Diplomi S. 74 f.; ZIELINSKI, Urkunden S. 470–477. Das Weiterblühen der Arenga in der deutschen Reichskanzlei unter Konrad III. und Friedrich Barbarossa liegt auf derselben Linie.

stabilisieren und dabei auch von barocker Weitschweifigkeit zu entlasten. Diese ist in Königsurkunden generell, obwohl sie vorkommt, in Zeiten eines stabilen Formulars ein Verdachtsmoment. Ein instruktives Beispiel dafür ist ein Diplom Heinrichs I. von England für Fontevrault[94]: *Hanc itaque meam donationem ... ego Henricus facio, factam collaudo, collaudatam confirmo, confirmatam regia potestate et a deo mihi collata auctoritate illi ecclesiae in perpetuum obtinendam integram inconcussamque corroboro et testimonio praesentis scripti sigillique mei consigno*, in der Tat starker Tobak für ein Diplom, zumal der Empfänger die Würze eher in der Länge der Arenga als der Corroboratio sah[95]. Das Stück ist eine Fälschung, die aber hergestellt wurde von einem englischen Kanzleimann, dem Scriptor regis XIII[96].

Regelrechte Auftakte hatte Radulf A nur noch nach den VUU. in DD. RRH n° 244. 291 (*Igitur ego quidem* und *Quapropter ego*). In D. RRH n° 244. 291 verzichtete er nach dem Vorbild der VUU. überhaupt auf die Promulgatio, an der ihm an sich viel lag. In D. RRH n° 307 setzte er – für seine Zeit etwas jäh – direkt mit *Ego* ein. Das hatte zuletzt Elias gebraucht, während Elias A es ausgesprochen vermieden hatte[97]. Dieses fast schon archaisch anmutende Diktatelement hängt in D. RRH n° 307 damit zusammen, daß Radulf A aus der VU. die Arenga und eine partizipiale und den Übergang zur Ausstellernennung glättende Klausel über die Beweggründe der Ausstellerin strich, gleichwohl aber die Promulgatio hinter der Intitulatio beließ, so daß das nackte *Ego* erzwungen wurde. Sonst hatte er seine Promulgationes stets vor der Intitulatio. Ganz brachte auch Radulf A das unkönigliche *ego* nicht weg, aber *Notum sit omnibus, quod ego Talis rex* war wesentlich weniger anfechtbar als *Ego Talis rex notum certumque volo fieri* (D. RRH n° 210) oder gar *Ego Talis rex concessi et confirmavi* (D. RRH n° 181). Die Promulgatio war Radulf A insgesamt mehr wert als seinen Vorgängern, die sie nur je und dann hatten (DD. RRH n° 51. 57. 79. 90. 137a [Nachtrag]. 157. spur. 163. 181. 210. 227) und dann nicht wie Radulf A fast durchweg vor der Intitulatio, sondern in der Hälfte der Fälle danach (DD. RRH n° 51. 90. 157. 181. 210). Es tritt jetzt hier Ordnung und Ruhe an der Front ein. Daß die Stellung der Promulgatio innerhalb des Formulars von nun an ein gewisses Diktatkriterium wird, zeigt deutlich das Streben des Notars nach Vereinheitlichung des Urkundenformulars. Der Umstand, daß die päpstlichen Privilegien und Briefe eine Adresse hatten, ebenso die englischen Königsurkunden und die französischen unter Ludwig VII. häufig, was

---

94) Regesta regum Anglo-Normannorum 2 n° 1687.
95) CHARTROU, Anjou S. 108 Anm. 1.
96) Über ihn werde ich demnächst an anderer Stelle handeln.
97) Zur Entwicklung siehe unten Bd. 2, S. 478 Anm. 111.

auch für die sizilischen Mandate galt, mußte jedem auf Ordnung bedachten Kanzlisten in Jerusalem die Promulgatio geradezu aufdrängen. Denn die andere Möglichkeit, die Diplome zu adressieren, war dort nie geübt worden und konnte deshalb auch jetzt nicht geübt werden. Radulf A hatte zwei Promulgationes. Ganz fehlt sie in DD. RRH n° 244. 291. Die Standardformel des Radulf A lautete *Notum sit omnibus tam praesentibus quam futuris* (DD. RRH n° 281. 293. 299. 309), einmal in D. RRH n° 306 nach dem Vorbild der VU. umgedreht zu *tam futuris quam praesentibus*. Abwechslung herrscht nur scheinbar, wenn wir in DD. RRH n° 240. 245. 307 die zweite Formel *omnibus tam praesentibus quam futuris notum fieri volumus* (*volo*) finden. In D. RRH n° 307 folgt der Notar ebenso wie hinsichtlich der Nachstellung der Promulgatio hinter die Intitulatio nur dem Vorbild der VU. D. RRH n° 278, deren Wortlaut *omnibus hominibus tam praesentibus quam eorum posteris ratum certumque fieri volo* er aber von seinem standardisierten Vokabular so abweichend fand, daß er umbaute zu seiner schon zitierten zweiten Promulgatio. Das *hominibus* der VU. jagte er besonders, denn er hat es auch in D. RRH n° 293 aus der VU. D. RRH n° 57 nicht übernommen. Es mag ihm fremdartig, vielleicht sogar ausländisch geklungen haben, denn in den englischen Königsurkunden heißt es in der Adresse, gleich ob kurz oder lang, *omnibus fidelibus suis*, während *hominibus* dem schottischen Bereich angehört[98]. In DD. RRH n° 240. 245 verwendete Radulf A offensichtlich deshalb seine Nebenform mit *notum fieri volumus*, weil er hier Kurzarengen hatte, die sich mit dieser Promulgatio und der Intitulatio leicht zu einem Satz zusammenbinden ließen, was mit *Notum sit omnibus* nicht ging.

Es beginnt mit Radulf A die sehr lange Reihe der jerusalemitanischen Diplome, die nach der Invocatio monoton und stereotyp mit *Notum sit omnibus* anheben. Das hat natürlich das *Ego* in den Diplomen geradezu zementiert. Da subjektiv stilisierte Diplome 'de rigeur' waren, erforderte *Notum sit* zwangsläufig *quod ego*, da *Notum sit, quod Talis rex* unvermeidlich in die dritte Person Singularis geführt hätte. *Ego* ließ sich nur vermeiden, wenn man nach Art der Herrscherdiplome im Reich, in Frankreich und Sizilien die Intitulatio sofort hinter die Invocatio oder wie in England ganz an den Anfang stellte und als eigenen Satz behandelte. Es sollte aber in Jerusalem noch dauern bis zu König Guido, ehe diese Erscheinung zögernd einsetzte[99], und selbst dann war sie zum einen nicht durchgehend, zum

---

98) *Omnibus probis hominibus suis totius terrae suae*; Regesta regum Scottorum 1, S. 73.

99) DD. RRH n° 655. 665–668. 707. 774. spur. 855. 892. 898. 930. 934. 953. Soweit hier eine Invocatio fehlt, ist dies im Kopialbuch des Deutschen Ordens rein überlieferungsbedingt.

anderen blieb auch dann das *Ego* erhalten mit der Ausnahme lediglich zweier Urkunden Konrads von Montferrat (DD. RRH n° 691. 704), die nach dem Vorbild von Papstprivilegien eingeleitet waren.

Bei der Intitulatio setzte Radulf A in der Devotionsformel mit dem bisher überwiegend benutzten *dei gratia* ein (D. RRH n° 244), denn zu dem *divina suppeditante clementia* der VU. D. RRH n° 201 wollte er sich begreiflicherweise nicht verstehen. Er blieb dabei auch in DD. RRH n° 245. 291, dort nach dem Vorbild der VU. D. RRH n° 134. Das war bis 1135 die Formel Rogers II. gewesen, das war, was Radulf A ganz überwiegend beim Zweiten Kreuzzug in Diplomen Ludwigs VII. lesen konnte[100], das war aber vor allem in Jerusalem die Formel der königlichen Siegel von Anfang an[101]. Aber gelegentlich war schon in der Vergangenheit bei Hemelin und Elias auch *per dei gratiam* vorgekommen (DD. RRH n° 100a. 105. 109. 179. 181. 210). Abgesehen von den angeführten Ausnahmen war dies die von Radulf A sonst überall bevorzugte Devotionsformel, allerdings umgedreht zu *per gratiam dei*. Nur in D. RRH n° 240 seiner Anfangszeit, in der er ja auch *dei gratia* noch gelten ließ, verwendete er einmal die ältere Formel Hemelins und des Elias.

Beim eigentlichen Königstitel variierte Radulf A scheinbar wenig, führte aber das Werk des Interimsnotars fort, der das Wort *sanctus* in die Intitulatio des jerusalemitanischen Diploms gebracht hatte (siehe oben S. 610). Dabei übernahm er aber das bereits in D. RRH n° 227 gebrauchte Wort *civitas* nicht. Dabei hatte er nichts dagegen, denn er übernahm es nicht nur in D. RRH n° 244 aus der VU., sondern schrieb auch in der Empfängernennung von D. RRH n° 245 *Hospitali sanctae civitatis Ierusalem*. Nach der VU. RRH n° 75 gehen die *decimae totius sanctae civitatis Ierusalem* in D. RRH n° 309. Auch in seinem ersten Diplom D. RRH n° 244, als er noch nach Formen tastete, übernahm er die *sancta civitas* aus der VU. D. RRH n° 201. Aber selbst hier ließ er die Intitulatio so wenig ungeschoren wie die Devotionsformel. In der VU. hatte es geheißen *Ierosolimorum et sanctae civitatis patriarcha*. Das hieß „Patriarch der Jerusalemitaner (*Ierosolimi, -orum*, Maskulinum Pluralis) und der heiligen Stadt". Radulf A meinte dagegen, es handle sich um eine Bezeichnung der Stadt Jerusalem (*Ierosolima, -orum*, Neutrum Pluralis). Dann aber war die Formulierung anfechtbar, weil sie in beiden Gliedern dasselbe ausdrückte ("Patriarch von Jerusalem und der heiligen Stadt"). Er formte in D. RRH n° 244 deshalb um zu *Ierosolimorum et sanctae civitatis Latinorum rex* ("König Jerusalems und der heiligen Stadt der Latei-

---

100) Luchaire, Etudes S. 9.
101) Schlumberger, Sigillographie S. 1–14.

ner"), womit er das für die Königstitulatur längst unentbehrlich gewordene
Staatsvolk der Lateiner (nicht Jerusalemitaner) korrekt im Titel untergebracht hatte, auch wenn er in Kauf nahm, daß die Sache noch immer etwas
ungelenk war.

Von D. RRH n° 240 an lautete die Intitulatio bei Radulf A unabhängig
von dem, was er in seinen Vorurkunden vorfand, unabänderlich *in sancta
Ierusalem Latinorum rex quartus*. Schon diese Konstanz des Titels war ein
Geschenk an das jerusalemitanische Diplom, und Radulf A hob sich damit
wohltuend ab von seinen Vorgängern, weniger von Hemelin als von Elias,
Elias A und dem Interimsnotar. Radulfs Neuerung bestand in der unscheinbaren Einführung des *in*. Aber insoweit eine Intitulatio eine Vorstellung von
einem Königtum aufdeckt, war es eine geradezu revolutionär zu nennende
Anpassung des Königstitels der Diplome an eine längst eingetretene Änderung der tatsächlichen Verhältnisse. Man hatte in der Kanzlei ab D. RRH
n° 51 begonnen mit dem *rex Ierusalem, Ierusalemitanus*, gelegentlich auch mit
dem *rex Ierosolimorum* (so DD. RRH n° 52. 76a. 80. 89. 90. 90a. 100a. 120.
179), was mindestens in DD. RRH n° 80 = 90. 89 des Paganus als Name der
Stadt zu nehmen ist, da es *Latinitatis Ierosolimorum rex* heißt. Das entsprach
den Gegebenheiten der Frühzeit, als der König über wenig mehr als Jerusalem herrschte. Dabei blieb es aber, auch als mit *Latinorum* oder *Latinus*
(erstmals D. RRH n° 59, dann regelmäßig seit Hemelin; *Latinitatis*
DD. RRH n° 80. 89. 90) ein Staatsvolk genannt wurde. Besser würde man
sagen: Stadtvolk, denn selbst in der erweiterten Form, in der Radulf A den
Titel des Interimsnotars bei Amtsantritt vorfand, hieß er „König der Lateiner der heiligen Stadt Jerusalem", machte ihn der Titel zum König einer
Stadt, nicht eines Landes.

Wohin Radulf A auch schauen mochte, sah er anderes. Der Kapetinger
nannte sich *rex Francorum et dux Aquitanorum*, Konrad III., von dem er ja
wie von Ludwig VII. beim Zweiten Kreuzzug auch Diplome zu sehen
bekommen haben wird[102], *Romanorum rex*, in England nannte sich König
Stephan wie seine Vorgänger *rex Anglorum*. Roger II. von Sizilien führte
seine drei Kernterritorien im Titel (seit 1136 *rex Siciliae, ducatus Apuliae et
principatus Capuae*), und wenn Radulf A das nicht in der diplomatischen
Korrespondenz im königlichen Archiv vorfand, so muß es ihm spätestens,
wenn auch lange nach seiner Diktatreform, der gestürzte sizilische Kanzler
Stephan von Perche erzählt haben, als er 1168 ins Exil nach Jerusalem

---

102) Konrad urkundete im Osten nachweislich für den Thabor, auch sind von ihm
Schenkungen an die Johanniter und das deutsche Spital in Jerusalem zu unterstellen;
HIESTAND, „Kaiser" Konrad III. S. 98 und FAVREAU, Studien S. 27, 29. Für die Johan-
niter ergibt sich dies ausdrücklich aus DF. I. 152.

kam[103]. Für einen ambitionierten Kanzler ging es nicht an, einen Titel unverändert zu lassen, der seinen König auf eine Stadt einschränkte. Schon *Latinorum* war ja eine Einschränkung, wenn auch eine gewollte. Der König herrschte natürlich unangefochten auch über Griechen, arabisch sprechende Syrochristen, Ostchristen jeglicher anderer Couleur, Muslime und Juden. Aber die *Latini* waren das Staatsvolk, die alleinigen Träger der politischen Rechte.

Die Titelreform war gar nicht so einfach, und vielleicht hängt es damit zusammen, daß der von der Entwicklung längst überholte Titel sich so lange gehalten hatte. Die einfachste Lösung, nämlich den Bezug auf die Stadt Jerusalem einfach aus dem Titel zu streichen, verbot sich nicht nur, weil er ganz bewußt erhalten bleiben sollte. Der Umstand, daß die Könige von Jerusalem (die wir heute noch nach ihrer Hauptstadt nennen, obwohl es absurd wäre, etwa von einem König von Paris zu reden) an so heiliger Stätte regierten, hob sie über alle Könige hinaus, und deshalb war das Attribut *sancta* für die Stadt geradezu notwendig. Aber auch praktische Gründe sprachen gegen eine Streichung. Übriggeblieben wäre der *rex Latinorum*, was sofort enthüllt hätte, daß hier streng genommen eine Religion genannt war, kein Volk wie *Angli* oder *Franci*. Es hätte eines neuen Zusatzes bedurft, aber mit *rex Latinorum in regno Ierosolimorum*[104] wäre die Formel wegen des doppelten gleichklangigen Genitivs, der schon in DD. RRH n° 80. 89. 90 mit *Latinitatis Ierosolimorum* vermieden worden war, unschön, mit *rex Latinorum in regno Ierosolimitano* unhandlich, mit *rex Latinorum in Terra Sancta* unpräzise und bei den christlichen Nachbarn anstößig geworden, denn zur Terra Sancta gehörten ja auch Antiochia, Tripolis, zeitweilig Edessa und später Zypern, alles eigene Staaten. Die unscheinbare Einfügung des Wörtchens *in* durch Radulf A legt von seiner scharfen Beobachtungsgabe ebenso Zeugnis ab wie von seinem Genie als Notar, denn sie löste das Problem nach allen Seiten: König der Lateiner im heiligen Jerusalem. Diese

---

103) Wilhelm von Tyrus, Chronicon XX. 3, S. 914 f.

104) Dies wäre nach dem Sprachgebrauch des Wilhelm von Tyrus noch am ehesten in Frage gekommen. Wilhelm benutzt für Jerusalem die Formen *Ierusalem, Ierosolima* (Singular) und *Ierosolimae* (Plural), letzteres anscheinend in Wilhelm von Tyrus, Chronicon XVIII. 5, S. 815. Für Jerusalemitaner hat er überwiegend *Ierosolimitae* oder *Ierosolimitani*, aber auch *Ierosolimi*. Siehe dazu ebd. XIV. 28. XVI. 29, S. 669, 756. Durchgehend hat er aber *regnum Ierosolimorum*; ebd. IX. 6. 21. 23. X. 1. XII. 2. 13. 21. XVI. 29. XVIII. 1. 4. 9. 29. XXIII. Prolog, S. 427, 447, 449, 453, 547, 563, 572, 756, 809, 814, 822, 854, 1062, ferner ebd. XXII. 24(23), S. 1044 im Text des Steuerdekrets von Nablus, aber *regnum Ierosolimitanum* ebd. XII. 25, S. 580 = D. RRH n° 102. Außerdem verbindet er *rex* durchgehend mit *Ierosolimorum*.

Stadt bezeichnete jetzt nicht mehr länger den Herrschaftsbezirk, sondern die in ihrer Heiligkeit herausgehobene Residenz des Königs, und zugleich war den diffusen Latini, wie sie prinzipiell ja im ganzen christlichen Orbis lebten, eine geographische Präzisierung gegeben. Es ist kein Wunder, wenn dieser Titel mit Ausnahme der unter Radulf B erfolgten Zufügung des Wortes *civitas* Bestand hatte bis zu Guido von Lusignan, also so lange, wie es wirklich einen König in Jerusalem gab. Erst als dies nur noch eine schmerzlich geliebte Reminiszenz war und der Königstitel um König von Zypern oder Graf von Brienne erweitert werden mußte, kam es zu neuen, für Jerusalem verkürzten Formen (siehe unten Bd. 2, S.690, 711; vgl. aber Bd. 2, S. 537 Anm. 40).

Ohne eigene Devotionsformel wie beim Interimsnotar trat die Königinmutter Melisendis nur in D. RRH n° 244 auf, vielleicht unter dem Einfluß der VU., deren *domina M. regina* bei Radulf A zu *mater mea M. regina* wurde, aber hier war sie Mitausstellerin, dort war es nur eine Konsensklausel gewesen. In DD. RRH n° 240. 245 hieß sie *eadem gratia eorundem regina*, bezogen auf Devotionsformel und Intitulatio des Königs, mit dem gemeinsam sie hier urkundete, was dann nach 1152 in die Konsensklausel des Radulf A einmündete. Vor dem Ausbruch des Konflikts hatte es für einen Konsens der Königinmutter aus rechtlich-politischen Gründen keinen Raum gegeben, weil sie Mitherrscherin war und die Diplome gemeinsam in des Königs und in ihrem Namen ergingen, auch beim Interimsnotar in D. RRH n° 227 (siehe oben S. 610). Während des Zwists wurde in getrennten Urkunden geurkundet, danach wurde der Konsens der gestürzten Königinmutter zuerst nicht zugelassen (DD. RRH n° 291. 281). Als er in D. RRH n° 293 von 1154 wieder auftauchte[105], glich Radulf A ihn zunächst an die Intitulatio an, die er vor dem Ausbruch des Konflikts für Melisendis benutzt hatte:

DD. RRH n° 240. 245	D. RRH n° 293
Milisendis mater mea (eius mater D. RRH n° 245), eadem gratia eorundem regina	*concessione Milisendis matris meae, gratia eiusdem eorumdem reginae*

Das lag natürlich nahe, weil der Konsens jetzt an dieselbe Stelle des Urkundenformulars kam, an dem zuvor die Mitausstellerin gestanden hatte.

---

105) Der Konsens der Melisendis fehlt nach dem Muster der VU. auch in D. RRH n° 299 von 1155, aber an die Stelle des Konsenses trat hier eine eigene Urkunde der Königinmutter in D. RRH n° 313.

Aber es paßte gerade deshalb nur noch schlecht in die drastisch veränderte politische Situation. So blieb ab 1155 (D. RRH n° 306) die Devotionsformel im Konsens weg und *regina* wurde nach vorn gezogen, das Verwandtschaftsverhältnis dagegen mit *siquidem* nachgestellt: *assensu* (oder ähnlich) *Milisendis reginae, matris siquidem meae*. Und dabei blieb es für den Konsens der Königinmutter oder der Königin sowohl unter Radulf A wie unter Radulf B bis 1161[106]. Nach 1161 hören auf lange Zeit auch die Konsense auf; in D. RRH n° 400 klappert die Konsensformel mit *siquidem* nur noch einmal als Übernahme aus der VU. D. RRH n° 354 nach. In DD. RRH n° 306. 307. 309 ist neben dem Konsens der Mutter des Königs auch die Mitwirkung seines Bruders festgehalten[107].

Die frühen normannischen Notare hatten dem Diplom von Jerusalem ihre Liebe zur Gedenkformel für die Ahnen und Vorgänger mit auf den Weg gegeben, und daran hatte sich prinzipiell auch bei Elias und Elias A sowie dem Interimsnotar nichts geändert. Radulf A war die Formel aus englischen Königsurkunden natürlich bekannt, denn auch dorthin hatten die Normannen sie verpflanzt, und bei dem Scriptor regis XXI konnte sie auch ausführlich werden: *pro anima regis Henrici avunculi mei et pro salute animae meae et Mathildis reginae uxoris meae et Eustacii filii mei et aliorum puerorum meorum*[108]. Radulf A hatte in DD. RRH n° 244. 240 solche Formeln noch nicht, in D. RRH n° 245 schrieb er *pro prosperitate quoque ac salute corporum et animarum nostrarum et fidelium nostrorum et pro requie animarum antecessorum nostrorum*. Aber später vermied er solche platzraubenden Formeln, in DD. RRH n° 291. 281. 299. 307 sogar noch gänzlich. In DD. RRH n° 293. 306. 309 hatte er seine endgültige und von VUU. unabhängige Form gefunden, nämlich *pro salute mea et meorum (animae meae*

---

106) DD. RRH n° 306. 307. 321. 322. 325. 336. 344. 366; vgl. auch den Titel der Melisendis außerhalb der Konsensformel in D. RRH n° 353. In DD. RRH n° 309. 354. 400 ist ein Konsens der Königinmutter in der angegebenen Form enthalten, doch ist das sachlich insofern verkehrt, weil Melisendis in Wahrheit in der VU. D. RRH n° 174 Mitausstellerin gewesen war; siehe dazu oben S. 717. Zum Wortlaut der eigentlichen Konsensformeln bei Radulf A siehe unten S. 852.

107) In D. RRH n° 307 ist der Konsens des Bruders schon aus der VU. D. RRH n° 278 übernommen. Die Generalbestätigung D. RRH n° 291 unmittelbar nach dem Ende des Bürgerkriegs hat keinen Konsens des Bruders, aber zu dieser Zeit nicht einmal der Mutter, und der Bruder trat in D. RRH n° 293 zwar als Zeuge auf, aber nur als *frater regis*, also noch immer seiner Grafschaft Jaffa entkleidet; siehe MAYER, Queen Melisende S. 176.

108) Regesta regum Anglo-Normannorum 4, Taf. XXX; vgl. ebd. Taf. XXXI f. Auch beim Scriptor regis XIII hatte diese Formel eine respektable Länge. Über den Scriptor regis XIII werde ich demnächst an anderer Stelle handeln.

et parentum D. RRH n° 306) *tam vivorum quam defunctorum.* Wir müssen zurückgehen bis zu D. RRH n° 120 des Kanonikers Arnold, um diese übrigens auch sonst vorkommende (z. B. RRH n° 237) Formel in den Diplomen von Jerusalem zu finden, und dieses Stück war außerhalb der Kanzlei entstanden. Steht die Formel in DD. RRH n° 293. 309 erwartungsgemäß am Anfang, so findet sie sich in D. RRH n° 306 am Ende. Diese Nonchalance, verbunden mit dem Fehlen einer Gedenkformel in den meisten Diplomen des Radulf A, deutet darauf hin, daß ihm diese Formel nicht gerade ein Herzensanliegen war. Dagegen hatte sie eine Zukunft bei Radulf B.

Die dispositiven Verben wurden schon oben S. 723–726 erledigt. Eine salvatorische Klausel *salvo tamen iure regio* hat Radulf A in D. RRH n° 281, und mit gleichem Wortlaut begegnet sie in D. RRH n° 309, wo in der VU. D. RRH n° 181 noch *salva iustitia regali* gestanden hatte, aber die Formel von D. RRH n° 309 ging dann über in die NU. D. RRH n° 354 und fiel erst in der nächsten NU. D. RRH n° 400 ganz weg, eher zur Verkürzung des bereits unhandlich langen Diploms denn als verkappter Gunsterweis des Königs.

Viel stärker als in die Intitulatio griff Radulf A in das Formular der Corroboratio und des Eschatokolls ein. Die Änderungen sind hier sachlich weniger weittragend, geben aber hervorragende Diktatkriterien ab. Allerdings haben nur fünf Diplome eine hierfür verwertbare Corroboratio, denn in DD. RRH n° 244. 293. 306. 307 schrieb Radulf A einfach die entsprechende Partie der jeweiligen VU. ab, während in D. RRH n° 299, auch dies nach dem Muster der VU., jegliche Corroboratio fehlt. Ansonsten aber hatte er bereits in D. RRH n° 240 sein Schema gefunden[109]: *Et ut haec (confirmationis, concessionis nostrae o. ä.) pagina rata et inconvulsa* (so D. RRH n° 240; ab D. RRH n° 245 stets *incorrupta) permaneat, testibus eam subscriptis corroborari* (fehlt D. RRH n° 309) *et sigilli nostri (sigillique mei* D. RRH n° 309, eine Formel des Radulf B; siehe unten S. 859) *subpressione muniri fecimus.* Nach seiner Rückkehr in die Kanzlei 1152 änderte er dies noch geringfügig, indem er *haec* durch *huius* ersetzte, was urkundensprachlich in der Tat eleganter war, sowie *fecimus* durch *praecepi.* Der Ausfall von *corroborari* in D. RRH n° 309 ist bereits eine auffällige Abweichung.

Besonders ins Auge fällt in seiner Corroboratio der Ausdruck *sigilli subpressio.* Das stimmte natürlich, denn die Bleisiegel hingen stets an Schnüren unter dem Fuß der Urkunde. Aber im Hl. Land war zuvor niemand auf die Idee gekommen, ich habe es auch in Europa bisher nirgends gelesen, und

---

109) Siehe schon MAYER, Deperditum Balduins III. S. 553 f.

weder die Diplomata-Bände der Monumenta Germaniae Historica, noch die Bände der Chartes et Diplômes, noch die Sammlungen des Mittellateinischen Wörterbuches in München und des Cabinet Ducange in Paris[110] enthalten auch nur einen einzigen Beleg dafür. In Flandern, wie ich meine der Heimat des Radulf A, hielt bis zu seinem von mir für 1142 postulierten Ausscheiden aus dem Dienst der englischen Königin die erdrückende Vorherrschaft von *sigilli impressio* vor (siehe oben S. 591). In England, von wo Radulf A eingewandert war, benutzte man, wie anderswo auch, *sigilli impressio* oder *sigilli appositio*[111], aber wie man weiß, spielten diese Formeln in England ohnehin keine große Rolle, mochten die Urkunden nun besiegelt sein oder nicht. Viel wichtiger war dort das Wort *testibus*. Nach freundlicher Auskunft von Dr. D. R. Howlett vom Dictionary of Medieval Latin from British Sources in Oxford findet sich auch in den dortigen Sammlungen nicht ein einziger Beleg für *subpressio sigilli*, und ein so unvergleichlicher Kenner englischer Urkunden wie Dr. Pierre Chaplais (Oxford) kann sich nach einer freundlichen Auskunft nicht erinnern, dies jemals in englischen Urkunden gelesen zu haben. Man kann gerade noch verstehen, wenn Radulf A *impressio* nicht wollte, denn es ging in die Zeit zurück, da man Wachssiegel in Pergamentlöcher eingedrückt hatte. Aber man versteht nicht mehr, warum er *appositio* für ein angehängtes Siegel verschmähte[112], es sei denn *appositio sigilli* sei für sein englisch beeinflußtes Gemüt gleichbedeutend gewesen mit der Besiegelung *sur simple queue*[113], woran Dr. Chaplais allerdings nicht glauben möchte, weil er unter *impressio* das bei der Besiegelung produzierte Siegelbild versteht. Die Wendung *subpressio sigilli* ist auf alle Fälle ein Idio-

---

110) In Paris habe ich lediglich gefunden im D. Rudolfs von Frankreich S. 33 n° 7 von 925: *atque anulus nostrum pinxit suppressus agalma*, und bei Wilhelm dem Eroberer für Mont Saint-Michel von 1054 oder 1055 (FAUROUX, Recueil S. 305 n° 132): *Ad corroborandam hanc donationem manu propria signum vivificae crucis subpressi.*

111) Als Beispiel sind in LEES, Inquest of 1185 enthalten: *sigilli impressio* S. 145 n° 1, S. 146 n° 2, S. 208 n° 4, S. 246 n° 6, S. 265 n 3 und *sigilli appositio* S. 165 n° 10, S. 205 n° 1, S. 234 n° 8, S. 258 n° 16, S. 265 n° 2. Daneben finden sich *sigilli munimen* S. 198 n° 4, S. 238 n° 13, *sigilli attestatio* S. 192 n° 22, *sigilli impositio* S. 217 n° 7 und *annotatio sigilli* S. 245 n° 5, aber das geht teilweise auf die Funktion des Siegels, nicht auf seine Befestigung.

112) Dies tat er nicht, wenn er lediglich VUU. abschrieb. Darauf gehen *sigilli appositio* in DD. RRH n° 299. 306 zurück, aber immerhin ersetzte er in D. RRH n° 307 das *appositio* der VU. durch *munimen*. In D. RRH n° 293 hat er nach dem Vorbild der VU. eine alte Normannenformel: *auctoritatis nostrae sigillo* (statt *auctoritate sigilli nostri*).

113) Vgl. dazu BISHOP, Scriptores regis S. 16–18 und CHAPLAIS, English Royal Documents S. 6, 11 f.

lekt des Radulf A und vielleicht nur ein Manierismus, der freilich so ungewöhnlich war, daß er sich nur noch unter dem folgenden Notar halten
konnte und beim übernächsten – Radulf C – sofort verschwand. Der Ausdruck wurde denn auch prompt gelegentlich von den Kopisten verlesen oder
verbessert. In D. RRH n° 344, von dem keine handschriftliche Überlieferung
mehr vorhanden ist, hat der älteste Druck *sigillique mei subscriptione*, wo das
verlorene Original dieses Diploms des Radulf B ganz bestimmt *subpressione*
hatte. Und in dem nach dem Muster eines Diploms des Radulf B verfaßten
Diplom Balduins V. für St. Samuel auf dem Freudenberge von 1185, das
auch nur in einer Kopie des 18. Jahrhunderts überliefert ist[114], steht *sigillique mei suspensione*.

Auch die Zeugenformel des Radulf A war von großer Konstanz. Die
allereinfachste Formel der Privaturkunde *Huius rei testes sunt* vermied er,
außer in D. RRH n° 244, wo er der VU. folgt. Ansonsten reicherte er diese
Formel durchgehend an zu *Huius quidem rei testes sunt* (*sunt testes* in
D. RRH n° 240).

Wahrhaft Kanzleigeschichte aber machte Radulf A mit dem von ihm
eingeführten 'gespaltenen' Datum, das er gleichfalls mit eiserner Konstanz
durchhielt und das sein eigenwilligstes Geschenk an das Kanzleiformular
war, freilich ein überaus erfolgreiches, das mit einer Ausnahme (D. RRH
n° 397; siehe unten Bd. 2, S. 25) in den Kanzleiausfertigungen Bestand hatte
auch unter den Notaren Radulf B, Radulf C und Wilhelm A, also bis 1185.
Hier stand die Jahresangabe, eingeleitet mit *Factum est* (*autem*) *hoc*, getrennt
durch die Zeugenliste von der Orts- und Tages- und Monatsangabe in der
Kanzleizeile. Außer dem Inkarnationsjahr wurde jetzt nur noch (ab D. RRH
n° 240) die Indiktion angegeben, anderes wie Epakten und Konkurrenten
blieben ebenso weg wie für den Tag das Mondalter. Das Datum war jetzt
knapp, präzis und standardisiert. Mit 'gespaltenem' Datum meine ich nicht
ein zweigeteiltes Datum, wie es seit 1186 in der Kanzlei üblich war. Zwar
gab es hier eine Zeile für das Jahr und eine andere für die Kanzleiunterfertigung mit Tag und Monat, aber beide standen zusammen hinter der
Zeugenliste. 'Gespalten' heißt, daß beide Datierungsteile voneinander durch
die Zeugenliste getrennt waren und daher oft weit auseinanderstanden.
Längst vorbei waren in Jerusalem die Zeiten, da ein Diplom ganz undatiert
bleiben konnte[115]. Vorbei waren auch die Zeiten, wo die Jahresangabe

---

114) MAYER, St. Samuel S. 67.
115) DD. RRH n° 76a. 125. 137a. 137. D. RRH n° 89 hat keine Diplomform, das
D. Fulkos für das Spital in Nablus ist nur fragmentarisch überliefert.

ohne Monat und Tag[116] oder nur mit dem Monat (D. RRH n° 121) genügte. Tag und Monat waren bisher überhaupt nur sporadisch angegeben
worden (DD. RRH n° 57. 68a. 90a. 90. 105. 157. spur. 163. 174.
179), dann immer nach dem römischen Kalender. Der Festkalender spielte überhaupt
keine Rolle. Vorbei waren erst recht die Tage italienischer Eingangsdatierung
(DD. RRH n° 51. 74. 100a. 120. 142). Schon seit dem Kanzler-Notar Hemelin, ausgenommen sein D. RRH n° 100a, stand in den jerusalemitanischen
Diplomen das Datum im Eschatokoll, aber wo dazu der Tag oder der Monat
angegeben worden waren, hatten die Kanzlisten dies immer direkt mit dem
Jahr verbunden. Das Datum war mit Ausnahme von DD. RRH n° 68a.
spur. 163 (siehe dazu unten S. 769) stets einteilig gewesen, d. h. alle Elemente
der Datierung standen an einer Stelle, die vielfältigen Jahresangaben ebenso
wie gegebenenfalls Tag und Monat. Die Stellung des Datums im Formular
war aber sehr verschieden gehandhabt worden, feste Regeln hatte es wenig
gegeben, schon weil verschiedene Traditionsströme aufeinander prallten,
etwa aus dem Normannenreich die Eingangsdatierung, aus Frankreich und
dem Reich die Schlußdatierung. Sieht man ab von den undatierten oder
eingangs datierten Stücken, bei denen sich die Frage des Verhältnisses zur
Zeugenliste nicht stellt, so steht das Datum in den erhaltenen Diplomen vor
Radulf A vor der Zeugenliste in DD. RRH n° 57. 59. 79. 80. 90a. 91. 134.
149. 179. 227. Dabei ist es in D. RRH n° 134 mit einer Kanzleiunterfertigung verbunden, während es in DD. RRH n° 149. 179 von einer vorhandenen Kanzleiunterfertigung getrennt ist. Nach der Zeugenliste findet sich bei
Schlußdatierung das Datum in DD. RRH n° 52. 90. 102. 105. 109. 121. 157.
spur. 163. 164. 174. 181. 210. 226, dabei in einer Kanzleiunterfertigung in
DD. RRH n° 102. 105. 157. 174, getrennt von einer vorhandenen solchen in
DD. RRH n° 90. 164. 181. 210[117].

Radulf A fiel sein Datum nicht vom Himmel. Wie auch bei anderen
Formularteilen experimentierte er zu Beginn seiner Amtszeit. Aber schon in
D. RRH n° 244 näherte er sich seinem Ziel, indem er die Eingangsdatierung
seiner VU. D. RRH n° 201 umformte in ein immerhin schon zweiteiliges
Datum nach der Zeugenliste, bei dem das Inkarnationsjahr – hier noch ohne
Indiktion; siehe dazu oben S. 739 – mit *Facta est autem* in einem Satz stand,
das Tagesdatum mit *Datum per manum* in der Kanzleizeile. Das hatte es
zuvor, in umgekehrter Reihenfolge, allenfalls in der echten Vorlage zu
D. spur. RRH n° 163 gegeben (siehe unten S. 769). Hier schreibt schon

---

116) So stets bei Paganus, überwiegend bei Robert und Hemelin, teilweise bei Elias
und Elias A, nie bei Brando.
117) D. RRH n° 130 hat keine Zeugenliste.

deutlich ein neuer Notar, auch wenn die Zuschreibung von D. RRH n° 244 an ihn sonst wegen des übergroßen Gewichts der VU. in diesem Dictamen schwierig ist. Irgendetwas hatte Radulf A in D. RRH n° 244 mit dem Datum ja unternehmen müssen, denn was die VU. anbot, war schlechterdings inakzeptabel. Dort stand das Jahr am Anfang, aber Tag und Monat mitten in der Zeugenliste, so ziemlich der einzige Ort, den die Kanzlei für ein Datum bisher eisern vermieden hatte. Für die Königskanzlei war das zweigeteilte Datum in D. RRH n° 244 schon revolutionär genug. Es mag nahegelegt worden sein dadurch, daß in der VU. Jahr und Tag sehr weit voneinander getrennt standen. Aber es könnte auch ein Einfluß des gleichzeitigen Patriarchenkanzlers Ernesius, also des Elias A (siehe oben S. 567), vorliegen, mit dem Radulf A ja Fachgespräche von Kanzler zu Kanzler geführt haben muß[118]. Dieser hat nämlich wenigstens einmal das zweiteilige Datum in RRH n° 234 von August 1145, also gerade kurz ehe Radulf zum Kanzler ernannt worden sein dürfte. Es mag dadurch erleichtert worden sein, daß Ernesius dort eine Unterfertigung hatte[119].

Aber es sollte in der Kanzlei beim zweigeteilten Datum nicht bleiben. Während Ernesius, wie RRH n° 251 zeigt, nicht einmal sein geteiltes Datum durchhielt, war Radulf A bereits drei Wochen nach D. RRH n° 244 in D. RRH n° 240 sogar beim gespaltenen Datum angelangt: *Facta est autem* + Inkarnationsjahr und Indiktion. Sodann die Zeugenliste und danach *Data* + Ort *per manum ... cancellarii* + Tag und Monat nach dem römischen Kalender.

So ganz ohne Vorgang war die Sache nicht, aber das Quellenmaterial reicht nicht entfernt hin, um wirklich begründete Aussagen über ein Vorbild zu machen. Denn überall, wo ein gespaltenes Datum überhaupt vorkommt, ist sein Vorkommen nur sporadisch, es hat nirgends überzeugt und hat sich außer in der Kanzlei von Jerusalem nirgends durchgesetzt, ja selbst die möglichen Auswirkungen der Kanzlei von Jerusalem auf die dortige Privaturkunde blieben, soweit erkennbar, in diesem Punkt eher ephemer. Aber das Diplom von Jerusalem in seiner höchsten Blüte, als die Ingrossate feierlich aussahen und ein im wesentlichen straff einheitliches Kanzleidiktat regierte, ist geprägt von dem gespaltenen Datum.

Für die Papstprivilegien haben die Handbücher eine zweigeteilte Doppeldatierung – natürlich ohne Spaltung – mit einerseits einer mit einer Datie-

---

118) Daß er sich bei Elias A umgesehen hat, zeigt auch das Wort *inscriptio* in der Datierung von D. RRH n° 240, das ein Leitwort bei Elias A ist; siehe oben S. 593.

119) Diese hat er auch in RRH n° 251, aber hier nur mit dem Jahr verbunden, da ein Tag nicht angegeben wird und somit ein zweiteiliges Datum gar nicht zustande kommen kann.

rung versehenen Scriptum-Zeile, andererseits der großen Datierung mit der Datum per manum-Formel seit Hadrian I. vertreten[120], aber Rudolf Schieffer hat gezeigt, daß dies schon in der von Harald Zimmermann editorisch erschlossenen Zeit 896–1046 keine Kanzleiregel ist, sondern eben nur vorkommt[121]. Die Frage ist für meinen Zweck der Suche nach dem Vorbild des Radulf A ohnehin gegenstandslos, weil die Schreiberformel in den Papstprivilegien des 12. Jahrhunderts verschwunden und nur die große Datierung übriggeblieben war. In den Herrscherurkunden Europas ist das gespaltene Datum so gut wie singulär, jedenfalls in der Form des Radulf A. Die Reichskanzlei kennt –aber auch das erst seit Barbarossa und häufiger erst ab 1159– zwar das zweigeteilte Datum (*Acta sunt haec* mit Inkarnationsjahr, Indiktion und Regierungsjahr und *Data* mit Orts- und Tagesangabe[122], aber nicht das durch die Zeugenliste gespaltene Datum, obwohl die Kaiserurkunde jener Zeit Zeugenreihen ja hatte. Ein gespaltenes Datum wurde in den feierlichen Privilegien schon durch die hervorzuhebende Signumzeile des Kaisers verhindert, die zur Mitte des Diploms hingewandert wäre, wenn man die Zeugen erst danach mitten im Datum genannt hätte. Bei Heinrich dem Löwen kommt ein gespaltenes Datum mit zwischengeschobener Zeugenliste vor, ist aber nicht kanzleigemäß[123]. In der englischen Königsurkunde gab es sowieso kaum Datierungen, erst recht keine gespaltenen. Ein gespaltenes Datum findet man in englischen Privaturkunden der Zeit, freilich nur sehr gelegentlich, weil auch die Privaturkunde weitgehend undatiert blieb. In einer Urkunde des Bischofs von London, Robert de Sigillo, immerhin eines ehemaligen Kanzleifunktionärs[124], liest man *Data Lond' a. inc. dominicae 1142, episcopatus nostri primo, praesentibus fratribus et filiis nostris* (folgen elf Namen). *Apud Londoniam in solempnitate pascali*[125]. Derselbe Kanzleischreiber spaltete in gleicher Weise sein Datum in einer Fälschung für Fontevrault[126]: *anno M ^{o}C ^{o}XXX ^{o} ab incarnatione domini* ... Zeugen-

---

120) BRESSLAU, Urkundenlehre [2]1, S. 76; [2]2, S. 468–471; SCHMITZ-KALLENBERG, Papsturkunden, 2. Aufl., S. 85 f.

121) SCHIEFFER, Datierung S. 73 f.

122) BRESSLAU, Urkundenlehre [2]2, S. 458 f. RIEDMANN, Reichskanzlei S. 355. APPELT in der Einleitung zu den Urkunden Friedrichs I., Bd. 5, S. 104.

123) UU. HdL 6. 33. 81. 82 von 1144–1170; siehe dazu JORDAN, Urkunden Heinrichs des Löwen S. LVI f.

124) Regesta regum Anglo-Normannorum 3, S. IX. Auch der Diktator und Schreiber der Urkunde war ein ehemaliger Kanzleifunktionär, der Scriptor regis XIII. Siehe zu ihm Regesta regum Anglo-Normannorum 3, S. XIII.

125) Ebd. 4, Taf. XI. GIBBS, Early Charters S. 173 n° 219.

126) Regesta regum Anglo-Normannorum 2 n° 1687, schlechter Druck ebd. 2, S. 372

liste, dann *Apud Carnotum in octabis epiphanie domini peracta feliciter*. Das sind echte gespaltene Datierungen, aber sie müssen in England so selten gewesen sein, daß der aus England eingewanderte Radulf A sich hier kein Vorbild geholt haben kann[127]. Die kapetingische Datierungsformel seit Ludwig VI. gibt gleichfalls nichts her, denn alle Datierungsangaben waren hier, eingeleitet von *Actum publice* + dem Ort, zusammengefaßt in einer einzigen Formel, die vor der Nennung der „Grands Officiers" und der Kanzleiunterfertigung stand[128]. Wie man weiß, wurde das Tagesdatum bei den Kapetingern derart stiefmütterlich behandelt, daß es schon wegen seines nahezu durchgehenden Fehlens zu keinem gespaltenen Datum kommen konnte.

Allein im sizilischen Bereich findet sich ein gespaltenes Datum, aber es ist von ganz anderer Art als bei Radulf A. Schon die Präzepte der apulischen Normannenherzöge hatten Schlußdatierung, dagegen ließ der Großgraf Roger von Sizilien das Datum an den Anfang rücken. Soweit es dort nicht vollständig war, wurde der Rest am Schluß gebracht. Daran hielt sich anfangs auch Roger II., und am Anfang stand dann Inkarnationsjahr und Indiktion, am Schluß das Tagesdatum nach dem römischen Kalender sowie das Herrscherjahr. Ab 1140 aber verschwand die Eingangsdatierung zugunsten einer einheitlichen, ungespaltenen Schlußdatierung, und auch die Tagesangabe entfiel, erst die nach dem römischen Kalender, die 1144 von einer Durchzählung abgelöst wurde. Dann verschwand auch diese, und es blieb nur noch der Monat[129]. Aber eine vordem gespaltene Datierung, die aus einer allgemeinen Eingangsdatierung herausgewachsen war, läßt sich natürlich mit der um die Zeugenliste herum gruppierten Form des Radulf A nicht vergleichen, auch wenn letztlich vielleicht ähnliche Erwägungen dabei Pate standen wie bei Radulf A. Jedenfalls hat dieser sein Datum in D. RRH

---

n° 248. Zwei Originale im Departementalarchiv Rouen G 4481 und im Departementalarchiv Angers 242 H 1 n° 2. Zu der Fälschung siehe demnächst meine Abhandlung über den Scriptor regis XIII.

127) MADOX, Formulare Anglicanum hat in seinem freilich unvollständigen Index ein Stichwort „Special Dates" (Formel n° 122. 128. 133. 138. 159. 165. 170. 177. 178. 183. 201). Ein gespaltenes Datum kommt dabei nirgends vor. GIBBS, Early Charters druckt 399 Urkunden des 12. und 13. Jahrhunderts für St. Paul's in London, von denen eine einzige, nämlich die soeben erwähnte von 1142, ein gespaltenes Datum hat. Auch in den bisher vorliegenden fünf Bänden der English Episcopal Acta findet sich kein Beispiel eines gespaltenen Datums.

128) TESSIER, Diplomatique S. 223.

129) CHALANDON, Diplomatique S. 174 f.; KEHR, Urkunden S. 256–258; BRÜHL, Urkunden S. 79 f., 83–85 = Diplomi S. 66, 69–71.

n° 244, wo seine VU. eine Eingangsdatierung hatte, nicht gespalten, sondern nur zweigeteilt[130].

Das alles waren keine brauchbaren Vorbilder, nach denen sich Radulf A hätte richten können. Insoweit die europäische Königsurkunde betroffen ist, der man das Diplom von Jerusalem ja zurechnen muß, war das gespaltene Datum einzig seine persönliche Schöpfung. Auch im urkundlichen Gebrauch des Hl. Landes läßt sich vor 1187 wenig finden, was Radulf A hätte anregen können. In Königsurkunden hatte vor Radulf A allein Roberts D. RRH n° 68a von 1112 ein gespaltenes Datum gehabt (siehe oben S. 398). Schon wegen dieser Isolierung im Kanzleibrauch kann dies kein Vorbild gewesen sein, auch deshalb nicht, weil hier die Jahresangaben nicht nur der Zeugenliste, sondern gar noch der Corroboratio vorausgehen. In D. spur. RRH n° 163 steht immerhin ein zweiteiliges Datum (Tag mit Ort in der Kanzleizeile, Jahr in eigener Zeile danach, beides nach der Zeugenliste). Ich habe ein echtes Diplom des Elias als Vorlage des Spuriums ermittelt (siehe oben S. 546), glaube allerdings nicht, daß das Datum im Modell so angeordnet war. Das hätte dem Gebrauch des Elias widersprochen, und überdies stehen die beiden Teile in der verkehrten Reihenfolge, indem zuerst das *Datum*, dann erst das *Factum* kommt[131].

Im Privaturkundenwesen des Hl. Landes gibt es vor 1187, erst recht vor Radulf A, gleichfalls wenig an zweigeteilten oder gar gespaltenen Datierungen. Die Beispiele unten[132] sind vor der großen Zäsur von 1187 schon fast

---

130) Um einen Anhaltspunkt für die Verbreitung des Phänomens in Europa zu erhalten, habe ich den ersten Band des Johanniterchartulars von DELAVILLE LE ROULX mit seinem weiten geographischen Einzugsbereich bis 1187 auf das gespaltene Datum durchgesehen. Unter Ausschaltung von Stücken des Hl. Landes finde ich darin folgendes: Gespaltene Datierungen S. 99 n° 119 (Roger II. von Sizilien, jetzt D. spur. Ro. II. 41 unter Benutzung des echten D. 43; gespalten nach Art der sizilischen Königsurkunden vor 1140), 103 n° 124 (= echtes D. 43 Rogers von Sizilien; gespalten nach Art der sizilischen Königsurkunden vor 1140), 169 n° 220 (Spanien), 199 n° 264 (Graf von Toulouse, aber mit Eingangsdatierung), 215 n° 295 (Erzbischof von Narbonne, aber mit Eingangsdatierung und auch der zweite Teil vor der Zeugenliste), 359 n° 525 (Graf von Toulouse, aber mit Eingangsdatierung), 410 n° 600 (Graf von Forez, aber mit Eingangsdatierung und auch der zweite Teil vor der Zeugenliste), 509 n° 818 (Graf von Toulouse, aber mit Eingangsdatierung), also kein sehr berauschendes Ergebnis.

131) Vgl. richtig wenig später etwa RRH n° 234 des Elias A.

132) RRH n° 82 (Konstantin von Qarantana von 1116; gespalten, aber mit Eingangsdatierung). 112. 113/114 (Konstabler Barisan von Jaffa und Graf Hugo II. von Jaffa von 1126; zuerst Tag nach dem Festkalender, am Ende das Jahr, in RRH n° 113/114 noch weiter hinten ein Bestätigungsvermerk mit anderem Tagesdatum nach dem römischen Kalender). 151 (Joscelin II. von Edessa von 1134; echt gespalten). 182

alles und zu wenig, um hier irgendwo das Vorbild zu entdecken, denn allenfalls ließe sich bei den Patriarchenkanzlern von einer solchen Entwicklung reden, aber die eine Ausnahme bei Ernesius ist nur zweiteilig, die beiden Stücke des Monachus mit gespaltenem Datum von 1175 und 1177 sind aus der Blütezeit des gespaltenen Datums in der Königskanzlei und daher wohl eher ein Stück des bescheidenen Einflusses, den das im Grunde von den Urkundenschreibern der Zeit eher abgelehnte gespaltene Datum auf die Privaturkunde ausübte. Aber das Phänomen blieb auch am Hl. Grab isoliert und ist nicht nur nicht in die anderen Patriarchenurkunden eingedrungen, sondern auch nicht in die der Prioren des Stifts.

Die antiochenische Fürstenurkunde habe ich bisher weggelassen. Dort findet sich ein gespaltenes Datum bis zum Tode Boemunds III. 1201 einige Male. Am 19. April 1140 erscheint es in den einzigen beiden Urkunden des antiochenischen Kanzlers Odo, ausgestellt auf den Namen des Fürsten Raimund von Poitiers (RRH n° 194. 195), im Jahre 1154 benutzte es der Kanzler Gaufrid in einer Urkunde des Fürsten Rainald von Châtillon (RRH n° 292), 1179 erscheint es in einer Urkunde des Kanzlers Johannes auf den Namen des Fürsten Boemund III. (RRH n° 586), und –wenigstens in zweigeteilter Form– 1191 in einer Urkunde desselben Fürsten, unterfertigt vom Kanzler Albert von Tarsos (RRH n° 689). Aber in der mit RRH n° 292 diktatgleichen Urkunde RRH n° 282 des Kanzlers Gaufrid kommt es nicht vor, nicht in den Stücken RRH n° 550. 555. 605a des Kanzlers Johannes und auch nicht in RRH n° 648. 649. 680 = 753. 695, alle unterfertigt von dem Kanzler Albert von Tarsos. Ein Diktatelement der antiochenischen Fürsten-

---

des Hilfsnotars Elias A (Kapellan Riso von 1138; gespalten, aber ohne Tag und Monat, sondern lediglich das Jahr doppelt, einmal vor, einmal nach der Zeugenliste, siehe dazu oben S. 577). 201 (Patriarch von Jerusalem von 1141; gespalten, aber mit Eingangsdatierung, zudem Tag und Monat innerhalb der Zeugenliste). 234 des Patriarchenkanzlers Ernesius = Elias A (Patriarch von Jerusalem von 1145; zweigeteilt, siehe oben S. 766). 266 (Humfred II. von Toron von 1151; zweigeteilt). 454 (Walter von Beirut, Herr von Montréal, von 1168; zweigeteilt). 527 (Vizegraf von Tripolis von 1175; zweigeteilt). 528 des Patriarchenkanzlers Monachus (Patriarch von Jerusalem von 1175; echt gespalten). 543 des Patriarchenkanzlers Monachus (Patriarch von Jerusalem von 1177; echt gespalten). 607 (Johannitermeister von 1181; zweigeteilt). RRH n° 647 (Herr von Margat von 1187; zweigeteilt). RRH n° 301 hat ein gespaltenes Datum, ist aber von dem Kanzleinotar Radulf C geschrieben. Von diesem stammen auch die Urkunden des Grafen Amalrich von Askalon DD. RRH n° 300. 303. 308. 324. 332, von denen nur D. RRH n° 332 keine gespaltene Datierung hat (siehe unten Bd. 2, S. 137). D. RRH n° 367, eine Urkunde der Königin Theodora, hat gleichfalls ein gespaltenes Datum, stammt aber vom Kanzleinotar Radulf B. Ein spätes Nachklappern bei den Privaturkunden ist RRH n° 1043 (Patriarch von Antiochia von 1233).

urkunde war es also unter diesen Kanzlern nicht, zumal wir bedenken müssen, daß den vier Beispielen für gespaltenes und dem einen Beispiel für zweigeteiltes Datum bei den Fürsten von Antiochia bis 1201 noch weitere 41 Urkunden gegenüberstehen, in denen sich weder das eine noch das andere findet[133].

Es bleiben die beiden Stücke des Kanzlers Odo vom April 1140 für das Stift vom Hl. Grab, denn allein sie gehen dem Gebrauch des gespaltenen Datums bei Radulf A voraus. Ende dieses Jahres tagte in Antiochia ein Konzil, bei dem auch der Patriarch von Jerusalem mit seinem Kanzler Balduin und der Königskanzler Elias anwesend waren (siehe oben S. 528 f.). Elias und Balduin müssen in Antiochia mit dem Kanzler Odo zusammengetroffen sein, aber nirgends im Urkundenwesen des Königs Fulko und des Patriarchen Wilhelm kommt es anschließend zu einem gespaltenen Datum, lediglich beim Patriarchenkanzler Ernesius = Elias A einmal zu einem zweigeteilten (RRH n° 234). Auch im benachbarten Tripolis übernahm niemand in der gräflichen Kanzlei das Vorbild des antiochenischen Kanzlers Odo, weder der gleichzeitige Kanzler Otrannus (RRH n° 191. 193. 198. 217. 218), noch der 'Wanderkanzler' Radulf von Chartres[134], und auch nicht der langjährige Grafenkanzler Matthaeus[135]. Beim Konzil von Antiochia erhielt das Stift keine weiteren Gunsterweise des Fürsten, jedenfalls überliefert das Chartular keine. Der Patriarch, dessen Archiv verloren ist, mag beim Konzil für sich Urkunden des Fürsten Raimund und des Kanzlers Odo erwirkt haben, denn immerhin war er dort beteiligt an der Absetzung des Patriarchen Radulf von Antiochia, eines Erzfeindes des Fürsten. Es mögen also in Jerusalemer Archiven mehr Urkunden des Kanzlers Odo gelegen haben als nur RRH n° 194. 195.

Wenn Radulf A hier systematische Studien getrieben haben sollte, könnte für das gespaltene Datum eine Anregung von Odos Urkunden RRH n° 194. 195 ausgegangen sein, aber dann hätte er davon nur die Tatsache der Da-

---

133) RRH n° 12. 35. 36. 53. 76. 86. 119. 148. 151a. 197. 228. 253. 282. 314. 347. 387. 388. 424. 428. 434. 451. 471. 478. 493. 511. 523. 524. 550. 555. 574. 605a. 610. 629. 632. 633. 642a. 649. 680=753. 695. 714. 719. In der letzten Urkunde Boemunds III. (RRH n° 769) ist das Schlußdatum zwar ungeteilt, nennt aber nur den Monat, während Tag und Monat nach römischem Kalender viel weiter vorne stehen. Dagegen ist RRH n° 718 entgegen der Angabe in Röhrichts Regesten nicht von Boemund III., sondern von Boemund IV. als Graf von Tripolis.

134) RRH n° 270 für den Grafen; vgl. von ihm außerdem RRH n° 206; RICHARD, Porcellet S. 366 n° 1.

135) Siehe seine Urkunden unten Bd. 2, S. 193 f.; auch nicht in seinem Produkt D. RRH n° 477, obwohl dies eine Königsurkunde von Jerusalem war.

tumsspaltung übernommen und sich weder von der Corroboratio noch der
Sanctio noch der Zeugenformel Odos beeindrucken lassen, noch hätte er von
dort die Zählung der Herrscherjahre übernommen, nicht die Angabe des
Monats schon beim Inkarnationsjahr, die dann mit dem Tag nach dem
römischen Kalender im zweiten Teil wiederholt wurde, und nicht die auffällige Formel *anno incarnati dei verbi*. Ich wage nicht, die Sache zu entscheiden, aber insgesamt spricht wenig dafür, daß Radulf A sich die Anregung für
das gespaltene Datum bei Odo holte. Ich halte eher dafür, daß er die Formel
selbst entwickelte.

Je mehr man annimmt, daß Radulf A hier selbständig tätig war, desto
mehr muß man sich fragen, was er sich dabei dachte. Bei den Bemühungen
des Radulf A um generelle Präzision in seinen Diplomen muß der Reform
des Datums die Beobachtung zugrunde gelegen haben, daß die Rechtshandlung oft auf einen anderen Tag fiel als die Beurkundung. Das lag in der
Natur des Geschäftsganges und der Ortsveränderung des Königs und damit
der Kanzlei. Der erste Teil des Datums, eingeleitet mit *Factum est (autem)
hoc*[136] und dem Jahr bezog sich, wie ich meine, seit 1146 (siehe unten
S. 776) nur auf die Rechtshandlung, der zweite Teil mit der *Data per manum*-Formel, der Ortsangabe, der Kanzlernennung und dem Tag und Monat
nur auf die Beurkundung. Der erste und der zweite Termin fielen in aller
Regel ja in dasselbe Jahr, ausgenommen allenfalls Diplome, bei denen die
Handlung kurz vor dem Jahresende erfolgte. Aber sie fielen nicht notwendigerweise in denselben Monat, wie er jetzt bei der Tagesdatierung in der
Kanzleizeile erschien, erst recht nicht auf denselben Tag[137].

Voraussetzung für ein System eines gespaltenen Datums aus solchen
Gründen war, daß wenigstens gelegentlich der zeitliche Abstand zwischen
Handlung und Beurkundung nicht gering war. Ich sehe einen solchen Fall in
D. RRH n° 164, wo anscheinend schon bei der Handlung im Philisterlande
eine schriftliche Fixierung stattfand (*Facta est autem praesens inscriptio*), dann
aber später in Nablus nochmals eine Rechtshandlung und die 'Datierung'
durch den Kanzler erfolgte (*Confirmatum est autem iterum hoc privilegium ...
et approbatum nec non et ... coram rege Neapolim* (!) *recitatum et per manum
Heliae cancellarii datum*); das genannte Datum geht auf die erste Handlung
(siehe dazu oben S. 526). Noch instruktiver ist RRH n° 194 des Fürsten
Raimund von Antiochia, das wie RRH n° 195 am 19. April 1140 in Antiochia erging. Man war damals im vierten Prinzipatsjahr Raimunds, der seinen

---

136) Nicht etwa *hoc privilegium* oder *haec pagina*.

137) Dieses Auseinanderfallen von Handlung und Beurkundung ist in der Diplomatik
der deutschen Kaiserurkunde ein bekanntes Phänomen. Für Frankreich siehe TESSIER,
Diplomatique S. 291–294.

Prinzipat also frühestens am 20. April 1136, spätestens am 19. April 1137 begann[138]. Im dritten Jahr seines Prinzipats, so berichtet RRH n° 194, also frühestens am 20. April 1138, spätestens aber am 18. April 1140, pilgerte Raimund nach Jerusalem, vermutlich zu Weihnachten, und zwar eher 1139 als 1138. Auf Beschwerden des Patriarchen und des Priors der Grabeskirche, die Besitzungen des Hl. Grabs im Antiochenischen seien gemindert worden, versprach der Fürst, er werde das zurückerstatten, was in seiner Hand sei, für das übrige aber einen Gerichtstermin ansetzen. Im Jahre 1140 (*ipso meae a Iherosolimis regressionis anno*) kam am 1. Februar der Prior des Stifts am Hl. Grab nach Antiochia und klagte gegen die dortigen Mönche von St. Paul. Entgegen deren Einreden, daß die Sache vors geistliche Gericht gehöre, setzte der Fürst einen Gerichtstermin an der Eisernen Brücke für den 30. März fest, verlegte ihn aber dann auf den 2. April in seinen Palast nach Antiochia, sodann erneut auf den 13. April 1140. Da an diesem Tag die Mönche von St. Paul fernblieben, erging am 15. April 1140 ein Versäumnisurteil gegen sie, und am 19. April wurde die Sache beurkundet. Zwischen dem Urteil und der Ausfertigung desselben vergingen zwar nur vier Tage, aber insgesamt hatte sich die Sache hingeschleppt von etwa Weihnachten 1139 bis zum 19. April 1140, und das war vermutlich nicht einmal ein krasser Fall.

Als in Akkon am 13. März 1159 D. RRH n° 336 beurkundet wurde, war der König in Nordsyrien und hatte dort seine Rechtshandlung vorgenommen, über die er eine Notiz in den Süden geschickt hatte mit dem in das Original aufgenommenen Beurkundungsbefehl *Volo ut fiat* (siehe unten S. 805 f.). Am 25. Juli 1160 wurden in Akkon zwei Diplome des Königs Balduin III. beurkundet, die aus dem Episkopat bezeugt waren vom Erzbischof Letardus von Nazareth und dem Bischof von Andria[139] (DD. RRH n° 352. 353). Nur einen Tag später wurde in Akkon ein weiteres Diplom ausgefertigt, das nicht weniger als zehn Erzbischöfe und Bischöfe als Zeugen nennt, darunter zwar den Erzbischof von Nazareth, nicht aber den Bischof von Andria (D. RRH n° 354). Es liegt auf der Hand, daß die Zeugenlisten hier nicht auf die Tage der Beurkundung am 25. und 26. Juli 1160 zielen, sondern auf die diversen Handlungen, die zu deutlich verschiedenen Zeitpunkten stattgefunden hatten, als einmal viel, einmal wenig Reichsbischöfe

---

138) So im Prinzip schon CAHEN, Syrie du Nord S. 357 Anm. 41.

139) Vier Jahre später war der Bischof von Andria immer noch im Hl. Land (D. RRH n° 400), ohne daß wir den Grund für seine lange Abwesenheit aus Italien kennten, aber eine ähnlich lange Abwesenheit von seinem Sitz läßt sich Ende des Jahrhunderts auch feststellen bei dem Erzbischof Ubald von Pisa; HIESTAND, Arcivescovo Ubaldo S. 46 f.

anwesend gewesen waren. Schließlich muß auch zwischen der Rechtshandlung von D. RRH n° 397 und seiner Beurkundung einige Zeit vergangen sein (siehe unten S. 811)[140].

Etwa um dieselbe Zeit hat man sich mit diesem Problem auch in Sizilien herumgeschlagen. Ab 1140 verschwand die Eingangsdatierung mit den Jahresangaben und rückte an den Schluß, wo schon bisher Tag und Monat gestanden hatten. Wie immer man es sich vorzustellen hat, was dieses Arrangement bedeutet hatte – doch vermutlich die Handlung mit dem Jahr zu Beginn, die Beurkundung am Ende mit Tag und Monat –, so mußte es bei einer einheitlichen Schlußdatierung zu Schwierigkeiten kommen, weil Handlung und Beurkundung ja in den seltensten Fällen auf denselben Tag fielen, der Urkunde aber jetzt nicht mehr anzusehen war, welchen der beiden Zeitpunkte das Datum im Auge hatte. Man hat deshalb ab 1144 den Tag ganz weggelassen und nur noch den Monat angegeben (siehe oben S. 768), denn in der Mehrzahl der Fälle dürfte dies sowohl die Handlung wie die Beurkundung richtig erfaßt haben. Gleichzeitig wurden aber die sizilischen Mandate durchgehend mit Tag, Monat und Indiktion datiert[141]. Ficker hat für die Weglassung des Tages in den sizilischen Privilegien Fried-

---

140) Zu weiteren Fällen siehe oben S. 709–711 und unten S. 802–813 und Bd. 2, S. 61–64, 336 f. Anders ist der Fall von D. RRH n° 240 zu beurteilen. Da der König hier in Tyrus eine tyrensische Angelegenheit beurkundete und sowohl der Gegenstand des Diploms wie die Zeugenliste darauf hindeuten, daß die Rechtshandlung in Tyrus stattfand (siehe oben S. 107 f. und unten S. 799), dürfte die Beurkundung nur wenig später nach der Handlung erfolgt sein. Aber das Tagesdatum *XI kl. marcii* ist nachgetragen, so daß zwischen der Herstellung des Ingrossats durch den Empfängerschreiber Johannes und der Datierung und Besiegelung einige Tage vergingen. In D. RRH n° 466 lag der Fall wiederum anders. Es handelt sich dabei (siehe unten Bd. 2, S. 154–159) um ein Originalkonzept, das durch zahlreiche Interlinearkorrekturen gekennzeichnet ist. Eine andere Hand, sicher nicht die des Korrektors, möglicherweise aber die des Kanzlers Radulf von Bethlehem, hat im Datum in einen freigelassenen Raum das Tagesdatum nachgetragen, und damit das Stück für die Herstellung des heute verlorenen Ingrossats vorbereitet. In D. RRH n° 262 ist das gesamte Datum, also auch das Jahr, nachgetragen, wie ich meine, weil hier ein schön aussehendes Konzept zum Ingrossat erhoben wurde (siehe oben S. 668). Hier handelt es sich also um einen Nachtrag anderer Art. Dagegen gibt es Diplome, bei denen zwar bei Tag und Monat weder ein Hand- noch ein Tintenunterschied zu erkennen sind, wohl aber auffällt, daß die Kanzleizeile dicht gedrängt geschrieben ist bis einschließlich des Wortes *cancellarii*, während das dahinter stehende Tages- und Monatsdatum nach dem römischen Kalender zeilenfüllend auseinandergezogen ist (DD. RRH n° 240. 336. 525). Das macht eigentlich nur Sinn, wenn man unterstellt, daß die Tagesdatierung zwar auch vom Ingrossator geschrieben wurde, aber doch nachträglich, wenn der Besiegelungstermin feststand.

141) KEHR, Urkunden S. 236; ENZENSBERGER, Beiträge S. 98.

richs II. durchaus zutreffend Faulheit der Schreiber als Erklärung zurückgewiesen, weil sonst in den wesentlich zahlreicheren Mandaten der Tag ja auch fehlen müßte[142]. Vielmehr hat er einleuchtend dargelegt, daß bei den Mandaten normalerweise alle Stadien der Beurkundung auf einen Tag fielen, bei den Privilegien dagegen nicht auf einen Tag, wohl aber meist in denselben Monat. Es war ganz einfach so, daß sich Handlung und Beurkundung mit einem gespaltenen Datum, wie man es in Sizilien unter Roger II. bis zum Aufhören der Eingangsdatierung hatte, besser voneinander scheiden ließen als bei der einheitlichen Schlußdatierung, wie sie auch in Jerusalem mit oder ohne Tag und Monat bisher geherrscht hatte[143].

Räumte man das Problem in Sizilien durch die Weglassung des Tages, also durch eine Minderung der Präzision weg, so ging Radulf A den umgekehrten Weg der größeren Präzision. Für die Handlung gab er nur noch das Jahr an, für die Beurkundung dagegen Tag und Monat[144]. Das Problem, das in

---

142) FICKER, Beiträge 2, S. 366.

143) Dabei ging eine Eingangsdatierung wohl auf die Handlung, weil sie meist unmittelbar in die Dispositio einmündete: *Anno X feci Y.* Schlußdatierungen, die mit *Factum est privilegium, carta, inscriptio* o. ä. eingeleitet wurden (DD. RRH n° 52. 57. 59. 80. 90. 226), zielen auf die Beurkundung. D. RRH n° 164 ist ein Sonderfall (siehe oben S. 772). Ebenso scheint ein mit *Data (per manum)* eingeleitetes einheitliches Datum (DD. RRH n° 102. 105. 109. 149. 157. 174) auf die Beurkundung gegangen zu sein, auch wenn wie in D. RRH n° 109 kein Datar genannt wurde. Auf der anderen Seite stand bei einem mit *Actum (Factum) est hoc donum, concessio* o. ä. anhebenden Datum (DD. RRH n° 79. 179) die Handlung im Vordergrund. Unklar ist hier D. RRH n° 181, wo zuerst *Facta est autem haec concessio* mit den Datumsangaben steht, danach *Et hoc privilegium datum est per manum Heliae regii cancellarii.* Vielleicht ist hier Gleichzeitigkeit von Handlung und Beurkundung gemeint, wie sie unter Hemelin mehrfach zum Ausdruck gekommen war in *Factum est hoc et confirmatum* (D. RRH n° 91) und *Factum est et datum* (DD. RRH n° 121. 130. 134). Das zweigeteilte Datum in D. spur. RRH n° 163 dürfte, wenn es so oder ähnlich in der echten Vorlage stand, die Handlung mit *Factum est* und dem Jahr, die Beurkundung mit *Data per manum* und dem Tag verbunden haben. Aber dies mag alles ganz oder teilweise eine nachträgliche Systematisierung von mir sein. Sicher ist nur der Befund beim einzigen gespaltenen Datum vor Radulf A in D. RRH n° 68a: *Actum est autem hoc* mit den Jahresangaben noch vor der Corroboratio (Handlung) und *Signum Roberti sacerdotis, qui hanc cartam scripsit* mit Tag und Monat nach der Zeugenliste. Das ist für die Interpretation des gespaltenen Datums bei Radulf A natürlich von kardinaler Wichtigkeit. – Auch auf Zypern gab es im 15. Jahrhundert ein gespaltenes Datum, dessen erster Teil deutlich auf die Handlung, der zweite Teil ebenso deutlich auf die Besiegelung zielte; siehe RICHARD, Documents chypriotes S. 134 und DERS., Diplomatique S. 80 f.

144) Da der Ort bei der *Data per manum*-Formel steht, geht auch er auf die Beurkundung, was sich aus den Fällen ergibt, wo die Handlung an einem anderen Ort

Sizilien immerhin noch am Ende eines jeden Monats auftrat, daß nämlich die Handlung noch in den alten Monat fiel, die Beurkundung dagegen schon in den neuen, konnte bei dem System des Radulf A nur noch einmal im Jahr um Weihnachten herum auftreten.

Die hier entwickelte Theorie läßt sich nur an Urkunden überprüfen, die neben a. inc. und Indiktion überhaupt eine Tages- und Monatsangabe haben, diese räumlich oder sachlich mit *Factum* (im Gegensatz zu *Data per manum*) von der Angabe von Jahr und Indiktion trennen und bei denen Tag und Monat nach dem Indiktionswechsel liegen, während die angegebene Indiktion um I zu niedrig ist. Solche Fälle liegen vor in DD. RRH n° 355. 368. 451a. 467. 587. 603/604. 618. Jedenfalls werden diese Stücke mit meiner Theorie in der Datierung befriedigend erklärt[145]. Für diese Theorie spricht auch, daß die *Factum*-Klausel des Radulf A eine Änderung durchmachte. Von Juli 1146 an (D. RRH n° 245) lautete sie ausnahmslos *Factum est (autem) hoc*. Das dürfte und kann jedenfalls auf die Handlung zielen. Aber im Februar 1146 hatte der in seinem Amt noch neue Notar geschrieben *Facta est autem huius cartae descriptio* (D. RRH n° 244 mit zweigeteiltem Datum) und *Facta est autem praesens inscriptio* (D. RRH n° 240 mit erstem gespaltenen Datum). Anfänglich hat Radulf A also ausschließlich die Beurkundung datiert, die Handlung überhaupt nicht, und was er sich in dieser Frühzeit bei einem gespaltenen Datum dachte, ist nicht mehr zu ermitteln, aber wenn er die Bezugnahme auf die Urkunde aus der *Factum*-Klausel strich und sie durch *hoc* ersetzte, muß ja auch dieser Änderung etwas zugrundegelegen haben: Er wollte im *Factum* weg von Jahresangaben, die allein auf die Beurkundung zielten, und entwickelte eine Form, die in der Regel das Jahr für beides – ausgedrückt mit neutralem *hoc* – angab, für die Handlung ebenso wie für die Beurkundung. Im Vordergrund aber stand bei der *Factum*-Klausel die Handlung. Dem entspricht es auch, daß seine Zeugenlisten, die er ja beim gespaltenen Datum als erster Kanzlist mit Ausnahme von D. RRH n° 68a zwischen *Factum* und *Datum* rückte, alle die *rei testes* erwähnen, also die Zeugen der Sache, der Handlung. Es spricht ohnehin alles dafür, daß die Zeugen der Diplome in aller Regel Handlungszeugen waren, nicht Beurkundungszeugen[146]. Dieses Problem mußte in der Kanzlei täglich bewältigt werden. Man wußte, wenn der König nach der Rechtshand-

---

stattfand als dem im Datum angegebenen Ausstellort, wobei D. RRH n° 336 besonders kraß ist; siehe oben S. 709–711 und unten S. 803–813, Bd. 2, S. 53 f.

145) Anders liegt der Fall bei DD. RRH n° 624. 625. 653 – 655. 683. 684; siehe dazu unten Bd. 2, Exkurs I bei diesen Diplomen.

146) Siehe oben S. 428–430. D. RRH n° 164 ist hier eine Ausnahme, und auch dort gehen die Zeugen eher auf die wiederholte Handlung.

lung mit Hof und Kanzlei sich anderswohin begeben hatte, daß inzwischen mancher Große, der der Handlung beigewohnt hatte, anderswohin gereist oder zurückgeblieben war. Für die Beurkundung hatte man als Beweismittel ja das besiegelte Diplom selbst. An seiner Existenz war nicht zu zweifeln, so daß man dafür in der Praxis keiner Zeugen bedurfte.

Aber das Diplom war ja nicht Selbstzweck, sondern Beweismittel für die erfolgte Rechtshandlung und ihren Inhalt. Ging es verloren, so mußte man den Zeugenbeweis führen. Hierfür reichte auch eine nur kopial vorhandene Zeugenliste, aber sie mußte Handlungszeugen anführen. Bei der Handlung mußte man also mindestens eine formlose Aufzeichnung über die königliche Entscheidung und über die anwesenden Zeugen verfassen, die dann später in ein Diplom umgesetzt wurde. Wie anderswo auch geht die Formel *Data* + Ort *per manum Radulfi cancellarii* + Tag und Monat ganz sicher nicht auf die Handlung, sondern auf die Beurkundung, natürlich längst nicht mehr auf die Aushändigung, die der Kanzler häufig gar nicht selbst vollzogen haben wird und die rechtlich auch belanglos war[147], sondern auf die Prüfung und Beglaubigung durch den Kanzler oder gegebenenfalls einen anderen verantwortlichen Datar, in der Praxis sicherlich auf den Zeitpunkt der Besiegelung, da für Beurkundungsbefehle, wie sie unter Hemelin häufig waren (siehe oben S. 474–476), jetzt kaum noch Hinweise vorliegen, ausgenommen D. RRH n° 336 von März 1159, wo der Beurkundungsbefehl aber von Kilikien oder Antiochia aus nach Akkon übermittelt worden war (siehe unten S. 805 f.). Der äußere Befund der Originale legt jedenfalls den Schluß nahe, daß die Besiegelung der letzte Akt der Urkundenherstellung war (siehe unten S. 886).

Auf die Angaben von Datum und Ausstellungsort legte Radulf A großen Wert. Für die Empfänger war das gleichgültig, aber dieser fähige Notar

---

147) Wenn wie in D. RRH n° 262 des Kapellans Friedrich der Empfänger in der mit *Data per manum* eingeleiteten Unterfertigung wiederholt wurde (*Anno ... data est hec pagina per manum Frederici capellani fratribus Hospitalis*), so kann dies vielleicht als Aushändigung durch Friedrich gedeutet werden. Wenn der Herrscher ausnahmsweise selbst die Urkunde übergab, so bedurfte dies einer verstärkenden Formel, wie sie unter Wilhelm II. von Sizilien mehrfach begegnet, etwa *Data et oblata per proprias manus nostras*; siehe KEHR, Urkunden S. 74 Anm. 5 und BRESSLAU, Urkundenlehre ²1, S. 573 Anm. 1. Auch Hugo Falcandus, Liber S. 112 f. sagt, daß die Aushändigung durch den Notar erfolgte, der die Urkunde geschrieben hatte. Ausgehändigt hat also der Herrscher normalerweise nicht, der Datar in der Kanzlei (also etwa der Kanzler) aber auch nicht, denn D. RRH n° 615 für Wilhelm von Tyrus ist von diesem selbst *data per manum*. Er hätte an sich selbst aushändigen müssen. Auch in Jerusalem wird also der Notar ausgehändigt haben. Friedrich dürfte sich als solchen, nicht als Kanzleichef verstanden haben, als er seine Formel für D. RRH n° 262 konzipierte.

wußte natürlich, welchen Wert für die Kanzlei als Echtheitskriterium ein
exaktes Datum mit Ausstellort und Tagesangabe hatte, wenn man vorgelegte
Urkunden zu prüfen hatte. Im Jahre 1272 etwa hebelte die Kanzlei Heinrichs III. von England über das Datum und die Ortsangabe die Echtheit
einer vorgelegten Urkunde aus: *Nec eciam die et anno predictis nec ante per
quadriennium nec eciam hactenus post datam predictam fuimus apud Canutar',
quod inter cetera manifestum est indicium falsitatis littere supra dicte*[148].
    Die Formel des Radulf A für die Kanzleizeile lautete *Data* + Ort *per
manum Radulfi* (folgt *regii* DD. RRH n° 244. 240. 245) *cancellarii* + Tag
und Monat nach dem römischen Kalender. In den Originalen liest man
anfänglich *Dat.* (D. RRH n° 240), später bei dem Kanzleischreiber II *Data*
(DD. RRH n° 293. 321. 325. 336; in D. RRH n° 291 ist das Wort ausgerissen). Es muß also ab 1152 bei den kopial überlieferten Diplomen im Zweifel
der Lesung *Data* der Vorzug gegeben werden[149]. In der ersten Amtszeit
des Radulf A heißt es kopial *Data* in D. RRH n° 245 und kopial *Datum* in
D. RRH n° 244, was ich wegen des *Dat.* im Original D. RRH n° 240 in
Gottesnamen beibehalten habe. Der Ort steht im Lokativ, der meist richtig
gebraucht ist, nur in D. RRH n° 240 steht verkehrt *Tyro* statt *Tyri*; *Achon*
allerdings hat Radulf A wie andere Notare auch als indeklinabel behandelt[150]. Es heißt original und kopial immer *per manum*, nie *per manus*. Zu
der Formel *regius cancellarius* der Anfangszeit habe ich mich schon oben
S. 81 geäußert. Besiegelt waren wohl alle Diplome des Radulf A. Die Originale haben Siegelspuren mit Ausnahme von D. RRH n° 293[151] und kündigen ebenso wie die Kopien ein Siegel an. Das Siegel war selbstverständlich

---

148) CHAPLAIS, Diplomatic Documents 1, S. 304 n° 434.

149) Sie ist vorhanden in DD. RRH n° 281. In DD. RRH n° 299. 306. 309 steht *Data*
in einem Chartular, *Dat.* in dem anderen. In den Text habe ich *Data* eingesetzt. In
D. RRH n° 307 ist ebenso aufzulösen, obgleich in beiden Chartularen *Dat.* steht.

150) Zu der Nachstellung des Ortsnamens hinter die Angabe von Tag und Monat in
D. RRH n° 245 siehe oben S. 741.

151) Hier glaube ich aber, daß das Stück, das ein Siegel ankündigt, ehemals besiegelt
war und nur später am unteren Rande beschnitten wurde. Es war ja einstmals im
Johanniterzentralarchiv in einen Band eingeheftet, wovon die Signatur noch Zeugnis
ablegt. Es durfte über den Seitenspiegel nicht hinausragen, ist aber mit 47 cm Höhe ein
sehr großes Stück, deshalb verlaufen die Löcher für den Heftfalz auch oberhalb, nicht
unterhalb der Kanzleizeile; siehe zu dem Problem MAYER, Zur Geschichte der Johanniter S. 155 f. Anm. 33. Aus demselben Grunde fehlen die Siegel an dem Original von
D. RRH n° 606 und einer vormals besiegelten Kopie von D. RRH n° 709 (Johanniterarchiv Malta, Arch. 4 n° 39).

aus Blei. Daß D. RRH n° 244 dies ausdrücklich sagt, ist lediglich eine Übernahme aus der Vorurkunde[152].

Wo immer man im 12. Jahrhundert in Königsurkunden erstmals auf die Formel *Data per manum* stößt, wird mit Recht immer auf die feierlichen Privilegien der Päpste als Vorbild hingewiesen[153]. Nicht anders ist es hier. Nicht für das gespaltene Datum, wohl aber für die Kanzleizeile generell boten die Papsturkunden, von denen man im Osten genügend zu sehen bekam, das Modell. Von jetzt an wurde die Kanzleizeile in den Diplomen von Jerusalem 'de rigueur', bis unter dem König Johann von Brienne kein Kanzler mehr ernannt wurde und die Kanzleizeile ganz wegfiel. Die Kanzleizeile des Radulf A war keine grundsätzliche Neuerung wie das gespaltene Datum, aber er setzte sie durch. Es hatte Anläufe dazu schon unter Hemelin gegeben, die jedoch nicht durchgehalten worden waren. Auch Elias hatte sie gekannt, aber seine Schwierigkeiten damit gehabt (siehe oben S. 492, 557), bei Radulf A ging es dagegen vom ersten Tage an glatt.

7. Der Stil und der Sprachschatz des Radulf A

In den Produkten des Radulf A fällt eine stilistische Figur auf, die –wenn ich mich nicht täusche– zuvor in den Diplomen keine Rolle gespielt hatte, nämlich eine Art von Hyperbaton. Sie spielte im Urkundenwesen des lateinischen Ostens so gut wie keine Rolle. Bei Radulf A aber finden wir in D. RRH n° 281 *in hoc, de quo agitur, casali* und in D. RRH n° 293 sowohl *pluribus in locis* wie auch *harum, quae praemissae sunt, donationum*. In D. RRH n° 309 wurde aus *cum tota dignitate, quae pertinet matri ecclesiae* der VU. RRH n° 75 nun *cum tota, quae sanctae matri pertinet ecclesiae, plenaria dignitate*, also ein doppeltes Hyperbaton, erst des ganzen Relativsatzes, dann nochmals eines in diesem.

Im Sprachschatz des Notars Radulf A tritt eine ausgesprochene Vorliebe für *praedictus* und seine Synonyme hervor, darunter insbesondere *praetaxatus* und (*iam*) *totiens dictus*. Das ist tatsächlich ein Diktatmerkmal, für das ich den Leser aber mürrischen Gesichts auf eine beschwerliche Reise bitten muß[154]. Natürlich waren das alte Ausdrücke der Urkundensprache. Aber

---

152) In D. spur. RRH n° 276 ist dies eine freie Zutat des Fälschers; siehe unten S. 784.

153) Zum Beispiel REDLICH, Privaturkunden S. 138 f.; CHENEY, English Bishops' Chanceries S. 83–87; CHAPLAIS, English Royal Documents S. 14; TESSIER, Diplomatique S. 222 f.

154) Die nachfolgende Statistik über das Vorkommen dieser Vokabeln habe ich selbst

wenn ich einmal Theodor Schieffers Edition der burgundischen Königsurkunden vom Ende des 9. bis zur Mitte des 11. Jahrhunderts heranziehe
und zwar deshalb, weil der von mir selbst verzettelte Index den Sprachschatz
praktisch vollständig erschließt, so findet sich *praetaxatus* gerade zweimal in
D. Burg. 103, während *praescriptus, praelibatus, praedictus, praefatus* und
ähnliche Ausdrücke öfter bis oft vertreten sind. Soweit ich sehe, ist *praetaxatus* in Jerusalem mehr eine Sache der Königsurkunden als der Privaturkunden, jedenfalls um diese Zeit.

Daß Radulf A hier hervorsticht, ist unter anderem dem Umstand zuzuschreiben, daß er Generalbestätigungen von erheblicher Länge zu schreiben
hatte, in denen naturgemäß mehr Gelegenheit für das Vorkommen dieser
Vokabeln war als in einer einfachen Schenkung. Er fand auch einiges in
seinen VUU. vor, ging aber fast überall darüber quantitativ hinaus, so wie
er sich auch mehr als andere um Variation bemühte. Schließlich liegt das
Anwachsen solcher Ausdrücke auch generell im Zug der Zeit, der mit der
Zunahme juristischen Denkens im 12. Jahrhundert auf eine Präzisierung
rechtlicher Dokumente hinlief: nicht ein beliebiges Stück Land galt es zu
erwähnen, sondern eben die *praedicta terra*. Zieht man als Vergleichsmaterial
die Privaturkunden der Kreuzfahrerstaaten von 1141 bis 1155 (RRH
n° 200–300) heran, so finden wir dort ein nur eingeschränktes Vorkommen
von *praedictus* und seinen Synonymen und eine öde Eintönigkeit der gewählten Ausdrücke[155] mit Ausnahme von RRH n° 212. 215 und von D. RRH

---

zweimal, meine ehemalige wissenschaftliche Hilfskraft Dr. Martin Rheinheimer einmal
gemacht. Die Resultate waren jeweils verschieden. Ich belasse es jetzt bei meiner dritten
Zählung, die ich in Kenntnis dieser Unsicherheiten mit größerer Sorgfalt gemacht habe.
Ich halte es dennoch für wahrscheinlich, daß eine Nachzählung erneut ein anderes
Resultat ergeben würde. Nur ändert das nichts an der Aussagekraft des Befundes.

155) Ich notiere in RRH n° 200 *praedictus* und *praenominatus*, in RRH n° 201
praefatus, praetaxatus, praescriptus, praefinitus, saepe dictus, je zweimal *praedictus* und
praelibatus sowie *sicut superius dictum est*, in RRH n° 204 *praedictus*, in RRH n° 205
praefatus und *veluti praediximus*, in RRH n° 206 *praedictus, supra dictus* und *praefatus*,
in RRH n° 212 *dictus, praenominatus, saepe dictus, supra nominatus, praescriptus*, fünfmal *praedictus* und *ut praescriptum est*, in RRH n° 213 *praefatus*, in RRH n° 215 *quam
praelibavimus*, in RRH n° 218 *praefatus, supra dictus, memoratus, praefati sumus*, in
RRH n° 219 *saepius nominatus*, in RRH n° 223 *praedictus*, zweimal *praefixus* und
einmal *cuius superius fecimus mentionem*, in RRH n° 228 *praetaxatus*, in RRH n° 229
praenominatus, in RRH n° 233 *supra scriptus, praefatus*, dreimal *praedictus*, in RRH
n° 234 zweimal *praefatus*, in RRH n° 242 *supra dictus*, in RRH n° 243 *praedictus*, in
RRH n° 252 *praedictus, praefinitus* und je zweimal *praememoratus* und *praefatus*, in
RRH n° 253 *praedictus, praememoratus* und *supra dictus*, in RRH n° 254 *supra dictus*
und *iam dictus*, in RRH n° 257 *praedictus, praescriptus* und zweimal *supra dictus*, in

n° 201, der von dem spanischen Priester Nikolaus geschriebenen grundlegenden Urkunde über die *Terra de Emaus*. Es ist deshalb nicht erstaunlich, daß es ein häufigeres Vorkommen auch gibt, als dieser Handel in RRH n° 257. 274 weitergesponnen wurde; D. RRH n° 201 mußte jeweils für die Änderung benutzt werden.

Ich kenne das spanische Urkundenwesen zu wenig, um sagen zu können, ob es sich hier um eine allgemeine spanische Ausdrucksfreudigkeit handelt. Es wäre auch sinnlos, danach zu suchen, da kaum ein Index Auskunft über derartige Allerweltswörter gibt. Zudem müßte man einen einmal etablierten spanischen Gebrauch noch immer wenigstens am französischen messen, der ebenso schwer zu ermitteln ist. Vielleicht war es auch nur eine Marotte dieses spanischen Priesters, dann freilich eine, die Radulf A beeindruckt haben mag, denn er schrieb 1146 in D. RRH n° 244 die Urkunde des Nikolaus ab, allerdings blieb dieses Vorbild bei Radulf A zunächst ohne Wirkung. Erst ab 1152 läßt sich die Erscheinung bei ihm in voller Blüte greifen.

Wie steht es vor Radulf A in den Diplomen? Greifen wir beliebige, aber doch wenigstens lange Königsurkunden heraus, so finden wir in D. RRH n° 57 zweimal *supra dictus* und *superius dictus*, in D. RRH n° 134 zweimal *supra dictus* und siebenmal *praedictus*, in D. RRH n° 164 *praefatus, supra dictus* und zweimal *praenominatus*, in D. RRH n° 174 *praefatus, supra nominatus, praescriptus* und *praedictus*. Dieses Bild unterscheidet sich nicht von den Privaturkunden. Aber kaum war Radulf A im Amt, da begann er seine Kanzleilaufbahn in D. RRH n° 244 mit *praefatus, praetaxatus, saepe dictus, superius dictus, praescriptus, praefinitus* und je zweimal *praedictus* und *praelibatus*. Das stammt natürlich alles aus der VU. D. RRH n° 201 des Nikolaus. Zunächst sank aber auch Radulf A in die herkömmliche Eintönigkeit zurück, denn wir finden in D. RRH n° 240 nur *praefatus* und *praedictus*, in D. RRH n° 245 überhaupt nur *praedictus*. Nicht er ist es zu dieser Zeit, sondern der anonyme Notar der Melisendis, der sich auf diesem Gebiet verbreitet. Wir finden bei ihm in D. RRH n° 256 *supra nominatus, supra*

RRH n° 263 dreimal *praedictus*, in RRH n° 266 zweimal *praetaxatus*, in RRH n° 270 *superius memoratus* und *praefatus*, in RRH n° 271 *praefatus, saepe dictus, praetaxatus, praescriptus*, in RRH n° 272 *praefatus, praedictus* und zweimal *supra dictus*, in RRH n° 274 *praefatus, supra nominatus, supra dictus* und viermal *praedictus*, in RRH n° 275 *praefatus* und *supra dictus*, in RRH n° 277 *praedictus* und *supra dictus*, in RRH n° 284 *praedictus*, in RRH n° 292 *praedictus*, in RRH n° 295 *praetaxatus, praenominatus, praefatus* und zweimal *praedictus*, in RRH n° 298 *praefatus*. *Praetaxatus* begegnet außer in RRH n° 201 (siehe dazu oben S. 604) nur in RRH n° 228. 266. 271. 295, in den letzten drei wohl schon unter dem Einfluß des anonymen Notars der Melisendis oder des Radulf A.

scriptus, supra dictus, praefatus, zweimal *praenominatus* und dreimal *praedictus* sowie *praetaxatus est.* In D. RRH n° 268 steht *praefatus, praetaxatus, praedictus, supra nominatus, praenominatus* und *supra dixi*[156].

Nach seiner Rückkehr in die Kanzlei griff Radulf A dann ins Volle. In D. RRH n° 291 steht *supra dictus,* zweimal *praefatus,* dreimal *iam dictus* und volle zwölfmal *praedictus,* freilich überwiegend nach der VU. In D. RRH n° 281 findet sich *praefatus, saepe dictus,* zweimal *memoratus* und *praetaxatus,* dreimal *praedictus.* In D. RRH n° 293 steht *iam dictus, supra dictus, superius memoratus, praemissus,* zweimal *praetaxatus,* dreimal *praedictus* und erstmals *totiens dictus,* das im selben Diplom sofort überboten wird mit *totiens et totiens memoratus,* und diese Häufung ist überwiegend unabhängig von den VUU. Dagegen folgt D. RRH n° 299 mit *praetaxatus, praenominatus, praefatus,* zweimal *totiens dictus* und siebenmal *praedictus* sowie einmal *praedixi* völlig der VU. D. RRH n° 300 des Radulf C[157]. In D. RRH n° 306 findet sich *praetaxatus, praedictus, iam totiens dictus* und zweimal *praefatus* sowie *supra dixi,* und nur das *iam totiens dictus* ist nicht der VU. entnommen. In D. RRH n° 307 steht *praetaxatus, praenominatus, saepe dictus, praefatus, supra dictus,* dreimal *praedictus* und *praenotavi,* was nicht unbeträchtlich über die VU. D. RRH n° 278 hinausgeht, wo *praenominatus, praefatus, supra dictus,* zweimal *praedictus* und *praenotavimus* gestanden hatte. In D. RRH n° 309 schließlich steht ohne Einflüsse der VUU. *praenominatus,* je zweimal *praetaxatus, memoratus, superius memoratus, saepe dictus* und *iam totiens dictus,* ferner viermal *praedictus* und achtmal *praefatus.*

Es ist völlig klar, daß wir hier ein Diktatkriterium vor uns haben, leider kein individuelles, sondern eines für Kanzleidiktat, denn die Erscheinung setzt sich fort unter Radulf B und Radulf C (siehe unten S. 875 f., Bd. 2, 145 f.). Nur für Radulf A ist es auch ein individuelles Diktatelement, weil er nach dem Vorbild des Nikolaus und des außerhalb der herkömmlichen Kanzlei angesiedelten Anonymen Notars der Erscheinung in den Kanzleiprodukten die Bahn brach. (*Iam*) *totiens dictus* ist sowieso von ihm zu verantworten, denn aus der VU. hat er es nur in D. RRH n° 299, und diese VU. D. RRH n° 300 war sein Stil (siehe unten Anm. 157). Mit *praetaxatus* verhält es sich nicht anders. In der zweiten Notarsamtszeit des Radulf A fehlt es nur in D. RRH n° 291, und aus einer VU. stammt es nur in

---

156) Zu D. RRH n° 278 siehe unten.

157) Dieser war damals noch nicht in der königlichen Kanzlei tätig, sondern war der Notar des Grafen von Askalon, aber unter demselben Kanzler Radulf, der auch die Königskanzlei dirigierte. Die Dinge sind daher verschlungen: Zwar schrieb Radulf A hier den Radulf C ab, aber dieser schulte sich für sein Diktat an den gleichzeitigen Produkten des Radulf A.

D. RRH n° 306, da die Herkunft in D. RRH n° 299 aus D. RRH n° 300 diktatmäßig unbeachtlich ist.

Für Rückverweise auf bereits genannte Personen oder Sachen hatte Radulf A noch einen weiteren Ausdruck, nämlich de quo (qua, quibus) agitur, was sich später in der Endzeit des Radulf B wandeln sollte zu de quo hic agitur (ab D. RRH n° 366). Wir finden die Wendung bei Radulf A in DD. RRH n° 281. 293. 307. 309, stets ohne Rückgriff auf irgendwelche VUU. Während die Sache in der Kanzlerschaft des Radulf in den Diplomen sehr häufig ist und erst 1179 in D. RRH n° 588 unter dem Notar Wilhelm A ausklingt, habe ich in den Privaturkunden des Hl. Landes überhaupt keine verwertbare Parallele gefunden, denn in RRH n° 369 stammt der Ausdruck aus D. RRH n° 368, also aus der Kanzlei. Aus derselben Quelle kommt er natürlich in RRH n° 379, wo wir das Diktat des Kanzleischreibers II vor uns haben (siehe unten S. 900–903). Die Privaturkunde hatte eher einen anderen Ausdruck, der auf loqui basierte: de qua loquimur (RRH n° 194), de quibus locuti sumus (RRH n° 379), de quo sumus locuturi (RRH n° 390)[158].

8. Das Spurium D. RRH n° 276

Wegen des von Radulf A eingeführten festgefügten Kanzleidiktats ist die Einordnung des Spuriums D. RRH n° 276 erheblich schwieriger als die des von demselben Fälscher Mitte des 13. Jahrhunderts hergestellten D. spur. RRH n° 163 (siehe oben S. 539, 544–546). Ich habe mich schon 1972 ausführlich mit D. RRH n° 276 befaßt[159]. Daß als Vorlage ein echtes Diplom des Königs Balduin III. diente, ist unbezweifelbar und ergibt sich schon aus dem Äußeren, da in der Urschrift mindestens in Einzelheiten versucht wurde, den Kanzleischreiber II der Jahre 1152–1163 nachzuahmen (siehe unten S. 891). Demzufolge könnte es sich um ein Diplom des Radulf A oder des Radulf B gehandelt haben. Leider hat der Fälscher es verabsäumt, die Corroboratio dieser Vorlage zu kopieren, sondern hat hier lieber frei formuliert, und vor allem hieran würde sich erweisen, welcher der beiden Notare hier Pate stand. Echt sind grosso modo die Invocatio, die Promulgatio, die Devotionsformel und die Intitulatio, dann erst wieder die Zeugenformel, das gespaltene Datum und die Kanzleizeile. Invocatio, Devotionsformel, gespaltenes Datum, Zeugenankündigung sind bei beiden Notaren gleich, doch

---

158) Hierher gehört auch de qua sermo est in D. RRH n° 256, das ja außerhalb der Kanzlei entstand.
159) MAYER, Marseilles Levantehandel S. 24–34. Zur Entstehungszeit und zum Fälschungszweck siehe oben S. 544 f.

natürlich nicht die Ankündigung eines Bleisiegels, was vielmehr ein Markenzeichen dieses Fälschers ist. In der Corroboratio ist *muniri praecepi* nur die
Formel des Radulf A. Bei anderen Formularteilen spricht etwas mehr für
Radulf B als für Radulf A, so die Promulgatio *Notum sit omnibus tam futuris
quam praesentibus*, die bei Radulf A *tam praesentibus quam futuris* lautete,
und insbesondere die Intitulatio *in sancta civitate Iherusalem Latinorum rex
quartus*, der bei Radulf A das Wort *civitate* noch durchgehend fehlt.

Gerade letzteres scheint den Ausschlag für Radulf B zu geben, aber das
würde die Kanzleizeile ignorieren. Zunächst spricht ja das Datum vom 23.
September 1152[160] für ein Diplom aus der Zeit des Radulf A, und dem
entspricht in der Unterfertigung, daß der Kanzler Radulf ohne geistliches
Amt genannt ist, während Radulf B stets die Würde des Bischofs von Bethlehem hinzufügte. Der Fälscher hätte eine solche Titulatur um so eher übernommen, als er den Bischof Radulf von Bethlehem als freie Zutat als einen
der geistlichen Garanten der Schenkung in der Sanctio nannte. So weit
spricht die Kanzleizeile also eindeutig für eine Vorlage des Radulf A, aber
erhält der Kanzler auch kein geistliches Amt, so wird er doch als *dominus*
bezeichnet, was ein Spezifikum der von dem Vizekanzler Stephan (= Radulf B) unterfertigten DD. RRH n° 336. 341. 344. 368. 397 (hier auch in der
Zeugenliste). 465 war und ansonsten nur noch in zwei nicht von ihm,
sondern vom Kanzler Radulf selbst unterfertigten Stücken (DD. RRH
n° 366. 400) vorkam. Das *dominus* spricht bei einem Vergleich nur von
Radulf A und Radulf B ebensosehr für Radulf B wie der fehlende Bischofstitel des Kanzlers für Radulf A spricht. Bezieht man Radulf C noch in die
Betrachtung ein, so werden die Dinge noch komplizierter. Auch er hat
nämlich die Intitulatio mit *civitas*. Überdies sind die beiden gerade genannten einzigen echten Stücke, in denen der Kanzler damals den *dominus*-Titel
in der Kanzleizeile erhält, wenn er selber unterfertigt, Mischdiktate, die
Radulf C anfertigte, aber in Anlehnung an Radulf B (siehe unten Bd. 2,
S. 18).

Weitere Probleme bietet die Zeugenliste[161]. Der Graf Raimund von
Tripolis ist – Echtheit des Tagesdatums vorausgesetzt – eher Raimund III. als
Raimund II., der 1152 ermordet wurde und am 23. September kaum noch
gelebt haben dürfte. Da der dritte Raimund aber erst zwölf Jahre alt war

---

160) Die Indiktion wäre um II zu niedrig, selbst bei bedanischer Indiktion noch um I.
Maßgeblich ist das Inkarnationsjahr, denn mit der Indiktion käme man entweder in
den September 1150 oder – bei bedanischer Indiktion – in den September 1151. Aber
weder zum einen, noch zum anderen Zeitpunkt war der unterfertigende Kanzler
Radulf wieder in die Kanzlei zurückgekehrt.

161) MAYER, Marseilles Levantehandel S. 31–34.

und sonst vor seiner zehnjährigen Gefangenschaft 1164–1174 nur einmal in Königsurkunden auftritt (D. RRH n° 366), dürfte er eine freie Zutat des Fälschers sein, denn nach 1164 sind wir bereits in der Zeit des Notars Radulf C. Dasselbe gilt wohl für Rainald von Sidon, der in Nachfolge seines zwischen 1169 und 1171, spätestens 1174, gestorbenen Vaters Gerhard Herr von Sidon und frühestens 1141 geboren wurde[162]. Man kann ihn kaum schon 1152 in einer Königsurkunde als Zeugen erwarten. Immerhin wären diese beiden Zeugen wesentlich leichter verständlich, wenn ein Diplom des Radulf C das Vorbild gewesen sein sollte.

Aber diese beiden sind ebensowenig das Problem der Liste wie die gänzlich unbekannten Personen. Vielmehr stehen wir im September 1152 nur sechs Monate nach dem Ende des Bürgerkrieges, der die Königinmutter Melisendis gestürzt hatte. Dennoch wird uns hier eine Zeugenliste zugemutet, die so nicht glaubwürdig ist. Sehr gut paßt zwar hinein *Amalricus frater regis*, der frühere Graf von Jaffa und Parteigänger der Melisendis bis zum bitteren Ende, der jetzt zunächst die Grafschaft Jaffa verlor und erst später, vermehrt um Askalon, wieder erhielt. Noch in D. RRH n° 293 von Juli 1154 erscheint er als einfacher *frater regis*, und seine Nennung als solcher und ohne Beifügung einer Grafschaft ist der beste Hinweis, daß das Datum des 23. September 1152 mindestens für die Vorlage einigermaßen richtig ist. Ebenfalls in Ordnung für die politische Situation des angegebenen Ausstellungsdatums ist die Nennung des Philipp von Nablus. Er war schon im April 1152 wieder im Königsdienst, obwohl auch er der Königinmutter bis zum Ende die Treue gehalten hatte[163]. Ferner ist nichts einzuwenden gegen Balduin von Lille, den der König nur wenig später zum Reichsverweser machte (siehe oben S. 162) und gegen Joscelin von Samosata, der 1155 im Königsdienst stand, ehe er in den Dienst des Grafen von Askalon ging (DD. RRH n° 299. 303). Aber der Zeuge Rohardus ist ganz schlecht, denn aufgrund seiner herausgehobenen Stellung in der Zeugenliste und auch sonst nach unserer Kenntnis der Vasallen jener Zeit muß er identisch sein mit dem Rohard dem Älteren, der gleichfalls ein Parteigänger der Königinmutter gewesen war und der bis 1160 warten mußte, ehe der König ihn im Hofdienst wieder zuließ[164]. Ebenso miserabel nehmen sich in dieser Zeugenliste der Vizegraf Ulrich von Nablus und sein Sohn Balduin aus. Ulrich, der schon seit 1115 Vizegraf in Samaria war, scheint damals gestorben zu sein. Aber er und sein Sohn hatten in der Zeit des Reichszerfalls das südliche

---

162) LA MONTE, Lords of Sidon S. 193–200; MAYER, Marseilles Levantehandel S. 32; DERS., Legitimität Balduins IV. S. 65 f.

163) D. RRH n° 291; MAYER, Queen Melisende S. 178 f.

164) D. RRH n° 344; MAYER, Queen Melisende S. 177.

Transjordanien für Melisendis gehalten, und Balduin konnte erst nach 1161 seinem Vater als Vizegraf von Nablus folgen[165].

Rohard, Ulrich und Balduin in einem Diplom des Königs Balduin III. von 1152 sind undenkbar. Ich habe deshalb schon früher[166] vermutet, daß der Fälscher neben dem Diplom des Königs noch eine Urkunde der Melisendis heranzog, auch wenn ich damals den Kreis derer, die in der Zeugenliste eines Diploms fehl am Platze waren, zu Unrecht noch weiter zog als heute. Einer solchen Vorlage könnte man auch die von Radulf A abweichende Form der Promulgatio mit *tam futuris quam praesentibus* zurechnen, denn dies kommt gelegentlich bei Melisendis vor (DD. RRH n° 256. 268 vor 1152, D. RRH n° 313 danach).

Dabei wird es bleiben müssen, es sei denn man wolle auch Rohard, Ulrich und Balduin noch als freie Zutaten des Fälschers abtun. Aber: Soll man nun gleich drei oder gar vier echte Vorlagen unterstellen, eine Urkunde der Melisendis, ein Diplom des Radulf A (wegen *muniri praecepi* und des fehlenden Bischofstitels des Kanzlers) sowie eines des Radulf B (wegen der Promulgatio und wegen *civitas* in der Intitulatio und *dominus* in der Kanzleizeile) und schließlich eines von Radulf C wegen *civitas* in der Intitulatio, wegen *dominus* in der Kanzleizeile und wegen der Zeugen Raimund III. von Tripolis und Rainald von Sidon? Zwei kontaminierte Vorlagen läßt man hingehen, drei sind nicht recht wahrscheinlich. Radulf C muß man gleich ausscheiden, nicht nur weil die Intitulatio und die Kanzleizeile in dieser Form nicht nur von ihm, sondern auch von Radulf B herrühren können, sondern vor allem deshalb, weil die Urschrift von D. spur. RRH n° 276 ein Diplom Balduins III., also ein Produkt entweder des Radulf A oder des Radulf B nachahmt (siehe oben S. 783). Aber auch drei Vorlagen sind zu viel. Ich mag mich täuschen, aber eher halte ich dafür, daß nur ein von Radulf A verfaßtes Diplom Balduins III. von 1152 und eine Urkunde der Melisendis dem Fälscher Pate standen. Er hat ja um dieselbe Zeit noch anderes gefälscht, DD. spur. RRH n° 496. 548. 650 für den Deutschen Orden, in denen in den ersten zwei – formal richtig – *civitas* in der Intitulatio stand, und Lisciandrelli, Trattati n° 156[167], mit übrigens wörtlich ebenso bodenlos verkehrtem Eschatokoll wie in D. spur. RRH n° 276, wo in der Kanzleizeile – hier formal gleichfalls richtig – der Kanzler den *dominus*-Titel erhält. Die Annahme, daß die in besonderer Weise auf Radulf B deutenden Elemente in D. spur. RRH n° 276 in Wahrheit zufällige Übernahmen aus den echten

---

165) MAYER, Kreuzfahrerherrschaft Montréal S. 172, 189–191.
166) MAYER, Marseilles Levantehandel S. 33 f.
167) Ebd. S. 214 n° 29.

Vorlagen ganz anderer Fälschungen sind, ist der Vermutung dreier Vorlagen für D. spur. RRH n° 276 zweifellos als methodisch einfacher vorzuziehen. Es bleibt bei zwei echten Vorlagen: einem Diplom des Radulf A von 1152 und einer Urkunde der Königinmutter Melisendis.

9. Formularbehelfe

Wir haben gesehen, daß die Dictamina des Radulf A nach kurzer Anlaufzeit außerordentlich standardisiert waren. Invocatio, Intitulatio mit Devotionsformel, Corroboratio, Zeugenformel, gespaltenes Datum, Kanzleizeile, alles war einheitlich. Das wirft die Frage nach Formularbehelfen auf. Gewiß waren sie für die eben erwähnten Formularteile nicht notwendig. Waren diese einmal entworfen, so konnte man sie leicht dem Gedächtnis einprägen, da sie in Diplomen jeglicher Art Verwendung finden konnten. Aber in gewisser Weise ist natürlich schon die bei Radulf A auffallende Neigung zur Abschrift der VUU., mochte sie auch durchaus mit Bedacht erfolgen, gleichbedeutend mit dem Streben nach einer Art von Formularbehelf mindestens für den Context, gelegentlich (D. RRH n° 307) auch für die Corroboratio. Für die Kanzlei der Könige von England, wo Radulf A herkam, hat man mit guten Gründen die Benutzung von Formularbehelfen in dieser Zeit in Abrede gestellt[168], aber die englische Königsurkunde war in Stil und Diktion derartig konzis, daß man Formularbehelfe dort auch weniger brauchte. Dieselbe Absenz von Formularbehelfen ist bei den Grafen von Flandern noch für das Ende des 12. Jahrhunderts konstatiert worden[169]. Ein flandrisch-englischer Kanzleimann wie Radulf A dagegen, der sich in das Diplom von Jerusalem einzuarbeiten hatte und der auf Einheitlichkeit großen Wert legte, mag leicht das Bedürfnis nach einem Formularbehelf empfunden haben, wobei es gänzlich offen bleiben muß, welche Form dieser gehabt hätte, ob wirklich die Gestalt einer Formularsammlung[170] oder nur eine Sammlung von Konzepten oder Kopien, wie sie wenigstens später bei mindestens wichtigen Diplomen dem königlichen Archiv einverleibt wurden (siehe oben S. 245).

---

168) BISHOP, Scriptores regis S. 19 f.; Regesta regum Anglo-Normannorum 4, S. 13. Dagegen hat es in der frühen Stauferkanzlei Formularbehelfe gegeben; HAUSMANN, Formularbehelfe, passim.

169) PREVENIER, Chancellerie S. 76–78.

170) Immerhin haben wir im 13. Jahrhundert im Livre des Philipp von Novara c. 63 S. 534 ein Textmuster für eine altfranzösische Belehnungsurkunde.

Schon zu Beginn seiner Laufbahn verwendete Radulf A vielleicht solche Textmuster. DD. RRH n° 240. 245 sind zwei Diplome aus dem Jahr 1146 für S. Maria im Tal Josaphat und für die Johanniter, also für verschiedene Empfänger, übrigens auch mit sachlich verschiedenen Rechtsinhalten. Nicht nur haben wir hier eine weitgehende Übereinstimmung der Rahmenteile, sondern doch auch eine gewisse Übereinstimmung der Arengen und Promulgationes:

D. RRH n° 240	D. RRH n° 245
Quoniam ecclesiarum iura illibata conservare	*Quoniam quae ad honorem dei et ad christianitatis profectum contracta sunt, inrefragabili virtute tueri ac*
regiae congruit dignitati, omnibus tam praesentibus quam futuris notum fieri volumus	*paterna protectione fulciri regiae congruit dignitati, omnibus tam praesentibus quam futuris notum fieri volumus*

Wenn dies zusammen mit der restlichen Einheitlichkeit der Rahmenteile überhaupt der Niederschlag eines Formularbehelfs ist, dann nahm ihn Radulf A jedenfalls mit sich, als er 1146 die Kanzlei verlassen mußte, denn weder der Kapellan Daniel des Königs noch die für Melisendis schreibenden Kapelläne zeigen irgendwelche Spuren seines Diktats, obwohl sie ja alle nach der ersten Kanzleizeit des Radulf A arbeiteten. Eher hat umgekehrt später er Spuren ihres Diktats, sogar sehr deutliche, wo er nämlich ihre Urkunden als VUU. heranzog (DD. RRH n° 306. 307). Das spricht dann sogar dagegen, daß man im königlichen Archiv Entwürfe oder Kopien wichtiger Diplome damals schon aufbewahrte, denn auch in der Zeit des großen Konflikts zwischen Balduin III. und Melisendis mußte ja entweder der König oder seine Mutter das königliche Archiv in Besitz haben. Und trotzdem finden sich weder hier noch dort wesentliche Spuren des Formulars vorangegangener Diplome. Erst Wilhelm von Tyrus scheint darauf geachtet zu haben, neben dem Einlauf im Archiv auch wichtigen Auslauf zu konservieren (siehe oben S. 245). Aber diese Überlegung sagt noch nichts darüber aus, ob der Kanzler-Notar Radulf A nicht vielleicht private Konzeptsammlungen besaß.

Aber wir haben auch nach der Rückkehr des Radulf A in die Kanzlei 1152, ja dann erst so recht, Hinweise auf Formularbehelfe, und zwar bei den großen Besitzbestätigungen, so etwa wenn man die Corroborationes von DD. RRH n° 293. 309 für die Johanniter und das Hl. Grab vergleicht, die zeitlich um ein Jahr auseinander sind:

D. RRH n° 293

Ad corroborationem itaque harum, quae praemissae sunt, donationum, et si quae sub tempore nostro factae sunt, privilegium auctoritatis nostrae sigillo munitum fieri praecipio, ita dumtaxat, ut omnia ea, quae a primordio usque in praesentem diem Hospitale Ierosolimitanum adquisivit, ulterius libere quiete et sine omni calumpnia vel impedimento habeat et iure perpetuo possideat.

D. RRH n° 309

Haec omnia, prout superius memorata sunt, ecclesiae saepe dictae eiusdem conventui nunc et per successionem ibidem deo famulanti

libere quiete et sine omni calumpnia vel inpedimento in posterum habenda et iure perpetuo possidenda concedo et praesenti scripto confirmo et corroboro.

Eine so lange Formel konnte man weniger gut im Kopf behalten als die ewig wiederkehrende Promulgatio. Und es verschlägt auch nichts, daß die Formel in D. RRH n° 293 vielleicht aus der VU. stammt, wo sie freilich an anderer Stelle steht, denn für D. RRH n° 309 gibt es für den Rahmen keine VU., sondern hier schöpfte Radulf A mit Hilfe eines wie immer auch gearteten Formularbehelfs.

Daß sich ein bestimmtes Urkundenformular für einen bestimmten Typ von Rechtsgeschäft wenigstens ansatzweise gerade an der großen Besitzbestätigung mit Besitzliste ausbildete, ist sicher nicht von ungefähr, denn es war den zahlreich im Hl. Land lagernden Papstprivilegien gerade bei diesem Urkundentyp leicht abzulesen, daß die päpstliche Kanzlei eben hier eines ihrer Spezialformulare entwickelt hatte, das *mutatis mutandis* auch der König brauchen konnte, während andere Formulare wie etwa die päpstliche Schutzverleihung für den König von Jerusalem nicht in Frage kamen. Und so können wir auch beobachten, daß sich Radulf A um ein gleichartiges Formular bemühte, wenn es galt, die Besitzungen einer geistlichen Korporation nicht etwa nur pauschal, sondern mit einer langen Besitzliste zu bestätigen, und zur Erzielung einer solchen Gleichförmigkeit wäre auch ein rudimentärer Formularbehelf sehr nützlich gewesen.

Ich muß für dieses Spezialformular arbeiten mit dem Material, das mir zur Verfügung steht, und das ist angesichts der Archivverluste nicht eben viel. Man wird wohl davon ausgehen dürfen, daß wenigstens die Erzbistümer und ein so reiches Bistum wie Bethlehem (RRH n° 983), aber sicherlich auch das eine oder andere Stift oder Kloster königliche Generalbestätigungen bekamen. Erhalten sind nur diejenigen für Josaphat (DD. RRH n° 80. 90. 134. 291), die Johanniter (DD. RRH n° 57. 68a. 90a. 130. 245. 293), das Chorherrenstift am Hl. Grab (DD. RRH n° 309. 354. 400), das königliche Spital in Nablus (D. RRH n° 321), das Templum Domini (D. RRH n° 422a) und das Prämonstratenserkloster St. Samuel auf dem Freudenberg[171]. Von diesen Bestätigungen weisen DD. RRH n° 68a. 90a. 245 keine detaillierten Besitzlisten auf, sind also a priori nicht für das hier behandelte Formular geeignet. DD. RRH n° 80. 90. 130 haben zwar solche Besitzlisten, zeigen aber kein gemeinsames Formular und auch keine Verwandtschaft mit den Produkten des Radulf A. DD. RRH n° 354. 400 fallen hier aus, weil sie – direkt oder indirekt – nach der VU. D. RRH n° 309 formuliert sind, also zwar das Formular der großen Besitzbestätigung aufweisen, aber nicht als Folge eines Formularbehelfs. Das von Radulf A entwickelte Formular hat auch den Notar Radulf B (D. RRH n° 321) nicht überlebt. Radulf C hatte in D. RRH n° 422a bereits ein anderes (siehe unten Bd. 2, S. 141). Spuren des letzteren finden sich 1185 bei dem Notar Wilhelm A in der Generalbestätigung für St. Samuel auf dem Freudenberge (Corroboratio). In der Katastrophe von 1187 müssen auch die Formularbehelfe verloren gegangen sein. Zudem waren Generalbestätigungen jetzt angesichts des reduzierten Umfanges des Königreiches weitgehend nutzlos[172]. Es bleiben DD. RRH n° 57. 134, dann von Radulf A DD. RRH n° 291. 293. 309 und von Radulf B D. RRH n° 321. Die ersten beiden, die Radulf A in DD. RRH n° 293. 291 als VUU. für die Besitzliste dienten, haben mit seinem Formular nur insofern etwas zu tun, als er einzelne Formulierungen desselben hier entlehnte.

Kennzeichnend für das Formular der großen Besitzbestätigung ist zunächst die Gedenkformel (DD. RRH n° (57). 293. 309. 321), die aber natürlich auch in anderen DD. des Radulf A (siehe oben S. 761 f.) und bei anderen Notaren vorkommt. Typischer ist die Angabe, daß man dem Beispiel genannter Vorgänger folge, und dies mit einer Formel, der die Herkunft aus der Papsturkunde an die Stirn geschrieben steht: *vestigiis bonae memoriae regis secundi Balduini avi mei inhaerendo* (D. RRH n° 291) und *praedecessorum meorum bonae memoriae Balduini in Ierusalem regis primi nec non et Balduini eiusdem civitatis regis secundi, avi videlicet mei, vestigiis feliciter*

---

171) MAYER, St. Samuel S. 67.
172) Soweit dergleichen überhaupt noch gewünscht wurde, erfolgte es durch die Päpste (JL 17324 für das Hl. Grab; JL 17467 für das Deutsche Spital in Jerusalem; PRESSUTTI, Regesta Honorii III n° 5388 für das Bistum Valania = HIESTAND, Vorarbeiten 3, S. 375 n° 189; RRH n° 983 für das Bistum Bethlehem; BOREL DE LA RONCIERE, Registres d'Alexandre IV n° 129 für Josaphat, daneben natürlich päpstliche Generalia für die Ritterorden sowie hier nicht aufgeführte Besitzbestätigungen für den Säkular- und Regularklerus ohne Besitzliste.

inhaerens[173]. In D. RRH n° 309 aber war dem Diktator die Formel so wichtig, daß er sie mit Nennung Gottfrieds von Bouillon, Balduins I. und II. und Fulkos einsetzte, obwohl diese Herrscher mit der möglichen Ausnahme Gottfrieds dem Chorherrenstift vom Hl. Grab überhaupt keine Generalbestätigungen gegeben hatten, auf die hier hätte verwiesen werden können. *Vestigiis inhaerens* hieß hier nur, daß der König wie seine Vorgänger dem Stift Wohltaten erwies, denn das hatten sie natürlich alle getan. Wie sehr diese Formel für Radulf A in Verbindung mit der großen Besitzbestätigung stand, erweist sich an D. RRH n° 307, wo es primär um eine Prozeßsache, ganz sicher nicht um eine Generalbestätigung ging. Hier ließ Radulf A aus der VU. die Arenga weg, aber auch was danach kam: *Horum igitur omnium* (scil. *hominum*) *vestigiis nos per omnia inhaerere cupientes.* Auch Radulf B benutzte die Formel in D. RRH n° 321, allerdings in einer für die Diktatverschiedenheit doch charakteristischen Abwandlung: *vestigiis inhaerere desiderans.*

Weiterhin gehört hierher die Formel, daß das Diplom alle Schenkungen bestätigt, die dem Empfänger im Königreich Jerusalem bis zum Ausstellungstag gemacht wurden (*in omni regno meo* [*infra regni mei fines*] *usque in hodiernum diem*). So steht es in DD. RRH n° (57). 293. (mit unwesentlichen Abweichungen). 309. 321. 354. 400 (in den letzten vier erweitert um *iuste et rationabiliter*)[174]. Diese Erweiterung verrät die Quelle. Der Satz entspricht jenem Passus in den päpstlichen Generalbestätigungen, in dem ausgeführt wird, daß nur die rechtmäßigen Schenkungen einzelner Genannter und aller Gottgläubigen bestätigt werden. Es heißt dort zwar überwiegend *iuste et canonice*, aber auch *rationabiliter* kommt vor. Ich zitiere aus einer Besitzbestätigung für das Hl. Grab (JL 7907): *quaecumque etiam ab egregiae memoriae viris duce Godefredo et utroque rege Balduino, Arnulpho quoque et aliis patriarchis eidem loco collata sunt, iuste aut rationabiliter in posterum a patriarchis vel aliis dei fidelibus conferentur, firma vobis ... permaneant*[175]. Die

---

173) D. RRH n° 293. Zur Papsturkunde im Hl. Land vgl. die Formel etwa in JL 7908 Innocenz' II. von 1138 oder JL 9260 Eugens III. von 1148, wo es heißt: *et praedecessorum nostrorum felicis memoriae Honorii, Innocentii, Celestini et Lucii Romanorum pontificum vestigiis inhaerentes*; vgl. auch JL 10004. Häufiger ist allerdings im Hl. Land die Formel *ad exemplar praedecessorum nostrorum felicis memoriae Innocentii Eugenii et Anastasii Romanorum pontificum*; so etwa JL 10003α.

174) In D. RRH n° 291 steht eine anders formulierte Wendung, die direkt aus D. RRH n° 134 stammt: *praedia et possessiones tam terrarum quam domuum, quae ab antecessoribus meis vel aliis quibuslibet hominibus tempore eorum vel meo tempore ... per totum regnum Ierosolimitanum concessa sunt.*

175) Vgl. auch JL 8147. 8479. 8652. Zu *iuste et canonice* im Hl. Land siehe JL 6336.

Übernahme ist also nur sinngemäß, wörtlich ist erst die Erweiterung hierher genommen.

In DD. RRH n° (57. 134). 293. 309[176]. 321 wird die Besitzliste eingeleitet mit *In primis*[177]. In den päpstlichen Besitzbestätigungen hebt diese Liste bekanntlich unvermittelt an nach der Ankündigung *In quibus haec propriis duximus exprimenda vocabulis*. Aber wenn dem Empfänger neben dem Besitz auch die Regel bestätigt wurde, ging dies der erwähnten Ankündigung unmittelbar voraus und wurde eingeleitet mit *In primis*, was in einem Generalprivileg natürlich wirkt wie der Anfang einer Besitzliste, weil es die erste Rechtsverfügung ist. Im Hl. Land kommt es in den Schutzprivilegien Paschals II. für S. Maria Latina von 1112 und Calixts II. für die Chorherren vom Hl. Grab[178] noch nicht vor, aber wir finden es bei beiden Empfängern in den entsprechenden Privilegien Hadrians IV. von 1158 und Alexanders III. von 1168[179]: *In primis siquidem statuentes, ut ordo monasticus (canonicus), qui secundum deum (dei timorem) et beati Benedicti (Augustini) regulam in ipsa ecclesia institutus esse dinoscitur, ... inviolabiliter observetur* (vgl. auch JL 11831). Das sind zwar spätere Privilegien als die Generalbestätigungen des Radulf A, aber sie sind nur wenig später, und man darf sicher davon ausgehen, daß schon um 1150 in den heute verlorenen geistlichen Archiven des Königreichs Jerusalem die Formel greifbar war, zumal die Entlehnung aus der Papsturkunde bei Radulf A hier ja eher indirekt war, da

---

8939. 9260. 10593. 11385. 11831. 13333. 14681. 17324. 17467 sowie HIESTAND, Vorarbeiten 3, S. 234 n° 87, S. 237 n° 88, S. 271 n° 106, S. 303 n° 127, S. 377 n° 190. Schließlich kommt auch vor *iuste et legitime* JL 8019. 8095. 9469. 9847. 10003α.

176) Hier ausnahmsweise, auf den Schenker bezogen, *primus*, was dann auch in die NUU. DD. RRH n° 354. 400 überging.

177) Dagegen gehören Hinweise vor der Besitzliste auf dieselbe nicht zum Formular der großen Besitzbestätigung, auch wenn sie sich in DD. RRH n° (134). 291 (*sicut in sequentibus scripta videntur, in hoc volumine colligi praecepit*). 309 = 354. 400 (*ut sequentia declarant*) finden. Aber nicht nur fehlen sie in DD. RRH n° (57). 321, sondern sie finden sich auch außerhalb solcher Bestätigungen. Ich zitiere D. RRH n° 201 = D. RRH n° 244: *cartim (cartis) notare censui et concessi, sicut in sequentibus determinabitur*, ferner D. RRH n° 281: *Quae dona sive conventiones haec sunt*, ferner DD. RRH n° 300. 299: *cuius pactionem subsequens pagina declarat*, dann D. RRH n° 344: *talis facta est conventio, qualem sequentia declarant* und D. RRH n° 465: *Quae vero sint illa, sequentia demonstrant*. Es handelt sich also um ein Merkmal des Kanzleidiktats unter den Notaren Radulf A bis Radulf C insgesamt und um eine Formel, mit der man die im wesentlichen unveränderte Übernahme von Vorakten in das eigene Diplom erleichterte.

178) HIESTAND, Vorarbeiten 3, S. 112 n° 12. JL 6921.

179) HIESTAND, Vorarbeiten 3, S. 218 n° 79. JL 11385.

schon die Besitzlisten der von ihm als VUU. benutzten DD. RRH n° 57. 134 mit *In primis* eingeleitet werden[180]. Am Ende schließlich steht ein der Corroboratio unmittelbar vorgeschalteter, in DD. RRH n° 293. 321 mit ihr verbundener Satz, in dem nochmals ausgeführt wird, daß alles Voranstehende dem Empfänger in Rechtssicherheit gehören soll:

DD. RRH n° (134). 291: *Haec itaque omnia, sicut in hoc privilegio continentur, firma et stabilia et in possessione sanctae ecclesiae vallis Iosaphat mancipata esse censeo;*

D. RRH n° 293: *Ad corroborationem itaque harum, quae praemissae sunt, donationum, et si quae sub tempore nostro factae sunt, privilegium auctoritatis nostrae sigillo munitum fieri praecipio, ita dumtaxat, ut omnia ea, quae a primordio usque in praesentem diem Hospitale Ierosolimitanum adquisivit, ulterius libere quiete et sine omni calumpnia vel impedimento habeat et iure perpetuo possideat* (teilweise nach D. RRH n° 130);

D. RRH n° 309	D. RRH n° 321
Haec omnia, prout superius memorata sunt,	*Haec igitur omnia, prout superius memorata sunt, et si qua alia in futuro sive per me sive per successores meos hospitale iam saepe dictum adquisierit, nunc et in posterum libere quiete et sine omni calumpnia vel impedimento habenda et iure perpetuo possidenda hospitali totiens memorato ... laudo et confirmo*
ecclesiae saepe dictae ... libere quiete et sine omni calumpnia vel inpedimento in posterum habenda et iure perpetuo possidenda concedo	

Der Durchgang durch die Produkte des Notars Radulf A war lang, und ich habe die Geduld des Lesers strapaziert. Aber unter den Notaren der Kanzlei von Jerusalem war er der bedeutendste, so wie er auch unter den Kanzlern die erste Stelle einnimmt.

---

180) Vgl. auch RRH n° 86. 118. 139. 218. 279. In der Patriarchenurkunde RRH n° 469 von 1169 haben wir dann ein ganz besonders hybrides Produkt vor uns, denn hier kombinierte man in einer unzulässigen Weise die Modelle der päpstlichen Schutzprivilegien und des von Radulf A entwickelten Formulars der großen königlichen Besitzbestätigung: *Quorumquidem haec propriis duximus exprimenda vocabulis: In primis medietatem omnium oblationum ...* Es ist kein Wunder, daß die päpstliche Kanzlei in JL 11831, für das RRH n° 469 als VU. benutzt wurde, *In primis* wegfallen ließ und *quorumquidem* durch *In quibus* ersetzte.

XVII. Der Josaphater Scriptor Johannes
(1141/1143 – 1146)

Aus der ersten Amtszeit des Notars Radulf A (= Kanzler Radulf) haben wir nur ein einziges Original (D. RRH n° 240), und dieses stammt von einem Empfängerschreiber. Es ist daher unsicher und auch eher unwahrscheinlich, daß Radulf noch vor seinem Sturz als Kanzler 1146 einen hauptamtlichen Schreiber bestellt haben sollte. Dieser, der Kanzleischreiber II, erscheint vielmehr erst unmittelbar nach dem Ende des Bürgerkrieges von 1152, d. h. gleichzeitig mit Radulfs Wiedereintritt in die Kanzlei (siehe unten S. 883).

Zum Ausgleich dafür, daß wir uns in der ersten Amtszeit des Radulf A mit einem Empfängerschreiber begnügen müssen, läßt sich wenigstens die begründete Vermutung vortragen, daß es der Scriptor Johannes, ein Mönch aus dem Kloster S. Maria im Tal Josaphat, war. Ich weise ihm zwei Urkunden für Josaphat zu[1]:

    RRH n° 213   (1141-1143 vor September 24)

D.   RRH n° 240   1146 Februar 19

In RRH n° 213 schlichtete der Patriarch Wilhelm von Jerusalem einen Streit zwischen der Abtei Josaphat und den Chorherren auf dem Ölberg. Das Dictamen kam aus der Kanzlei des Patriarchen selbst, denn es ist verfaßt von niemand anderem als Elias A (= Patriarchenkanzler Ernesius), der gelegentlich für feierliche Diplome dem Königskanzler Elias zur Hand ging (siehe oben S. 565). Unter den 24 Zeugen finden sich nicht weniger als neun Mönche von Josaphat, aber nicht ein einziger Chorherr vom Ölberg. Daß von dort nur der als Streitpartei genannte Prior Heinrich teilgenommen haben sollte, ist angesichts des massiven Aufgebots der Josaphater Mönche natürlich nicht wahrscheinlich. Daran zeigt sich aber ein sehr spürbarer Josaphater Einfluß in dem Stück. Der Entscheidung des Patriarchen ist ein besonderer Triumph Josaphats nicht zu entnehmen, der Patriarch war salomonisch zwischen den Parteien geblieben. Der Ölberg erhielt das strittige Stück Land, mußte aber jährlich an Josaphat sieben Byzantiner Zins zahlen. Die Bevorzugung Josaphats in der Zeugenliste wird also nicht auf Elias A zurückgehen, der ja sogar ein Neffe des entscheidenden Patriarchen war, sondern auf den Schreiber, wenn dieser ein Empfängerschreiber war. Und wenn unter den genannten Mönchen von Josaphat auch ein *Iohannes scriptor* ist, dann werden wir jedenfalls dann in diesem unbedenklich den

---

1) Zum Datum von RRH n° 213 siehe unten Bd. 2, Exkurs I, S. 859.

Mundanten sehen dürfen, wenn seine Hand noch in weiteren Urkunden für Josaphat begegnet. Und genau dies ist der Fall, und zwar in D. RRH n° 240[2]. Ob er identisch ist mit *Iohannes scriba* in D. RRH n° 259 von 1150, muß unsicher bleiben, denn für diesen Johannes ist nicht bezeugt, daß er Mönch war, ja nicht einmal sein geistlicher Stand ist gesichert, denn er steht bei den Zeugen mitten unter den Laien, was er allerdings mit dem Patriarchenkanzler Ernesius teilt, der bestimmt geistlichen Standes war.

Auf den ersten Blick, aber wirklich nur auf den allerersten, wirken RRH n° 213. D. RRH n° 240, als stammten sie von verschiedenen Schreibern. Dazu trägt schon der Umstand bei, daß das erste Stück parallel zur längeren Seite beschrieben ist, was für eine Privaturkunde durchaus zulässig ist, das zweite dann aber nach der Art der Diplome parallel zur kürzeren Seite. Auch ist RRH n° 213 mit einer spürbar breiteren Feder geschrieben als D. RRH n° 240 und wirkt daher klobiger. Aber näheres Hinsehen zeigt dann sogleich die Ähnlichkeiten, ja die Identität der Hände. Beiden Urkunden eignet eine zeilenfüllende verlängerte Zierschrift für die erste Zeile. Es tut nichts zur Sache, daß nur in RRH n° 213 die Worte jeweils getrennt sind durch drei übereinander stehende Punkte. Das hat technische Gründe, die auch bei der Entscheidung für das Querformat mitgewirkt haben dürften. Die erste Zeile umfaßt in D. RRH n° 240 die erweiterte Trinitätsanrufung. RRH n° 213 aber ist als Brief konzipiert und beginnt deshalb ohne Invocatio mit dem Namen des Ausstellers, einer allgemeinen Adresse und einer zweigliedrigen Grußformel. Es war also in der ersten Zeile hier viel mehr unterzubringen als in D. RRH n° 240. Das führte zu stärkeren Kürzungen und insgesamt zu einem gedrängteren Aussehen als in D. RRH n° 240, wo sich der Schreiber zwischen den Worten breite Spatien leisten konnte, so daß er die Trennpunkte überhaupt nicht brauchte. Daß das Kreuz am Anfang in RRH n° 213 fehlt, mag gleichfalls mit der Briefform zusammenhängen, aber es fehlt auch in D. RRH n° 240, wo sich statt dessen eine verzierte *I*-Initiale findet. Allerdings ist das nicht so überraschend, wie man meinen möchte, denn mehr als die Hälfte der noch erhaltenen Originale der Empfängergruppe Josaphat ist ohne Kreuz[3].

---

2) Jeder Gedanke, daß etwa Radulf A selbst D. RRH n° 240 geschrieben haben könnte, ist abwegig, denn es handelt sich ganz bestimmt nicht um eine englische oder flandrische Schrift. Allerdings ist das Tagesdatum nachgetragen, und hier liegt der Gedanke natürlich nahe, daß dieser Nachtrag von Radulf A stammen könnte, der als Kanzler-Notar das Stück ja auch zu beglaubigen hatte.

3) RRH n° 76. 101. D. RRH n° 120. RRH n° 133. 135. 213. 239. D. RRH n° 240. RRH n° 335. D. RRH n° 359. RRH n° 371. 563. 631. Es fehlt übrigens auch in dem D. Rogers II. 64 von 1144, wo Brühl wegen des hohen Arbeitsanfalls in der Zeit des

Mußte der Scriptor Johannes in RRH n° 213 in der ersten Zeile viel unterbringen, so hatte er danach reichlich Platz, so daß er außer in den letzten drei Zeilen wenig gekürzt hat, jedenfalls weniger als in D. RRH n° 240. Aber die eigentliche Contextschrift ist in beiden Stücken durchaus dieselbe, eine sorgfältige, sehr ebenmäßige und klare diplomatische Minuskel. Sie hat einen fast unmerklich nach rechts geneigten Duktus, was sich auch in der zweiten Zeilenhälfte nicht ändert. Charakteristisch für die Identität der Hände ist das runde Schluß-s, dessen unterer Teil nach rechts gezogen wird, so daß eine Art von liegendem rundem s entsteht. Satzanfänge sind hervorgehoben durch stark vergrößerte Buchstaben mit Verzierungen, in dem Diplom mehr als in der Patriarchenurkunde, aber der Zufall hat uns hierbei in jedem Stück ein H beschert, bei dem nicht nur der Umriß, sondern auch die darin angebrachte Verzierung absolut identisch sind. In beiden Stücken zeigen e, r und t am Wortende lange Zungen, die bei r und t kräftig, bei e hauchdünn sind. In beiden steht rundes d neben geradem. Die Unterlängen sind nicht sonderlich auffällig, die Oberlängen dagegen deutlich betont, wenn auch nicht exzessiv hoch. An die darüber stehende Zeile stoßen sie nirgends. Die g-Schlinge ist hier wie dort fast geschlossen und auffällig klein; sie reicht etwa nur halb so weit nach unten wie die ohnehin nicht sehr stark ausgeprägten Unterlängen. Neben dem üblichen a findet sich vereinzelt in beiden Urkunden auch das a mit dem vergrößerten Bauch und dem steil nach links oben gereckten Schaft. Der Schaft des r ist nirgends unter die Zeile gezogen, das diplomatische Kürzungszeichen ist identisch. Die Trennung der Worte ist jeweils klar durchgeführt, und eine indistinkte Schreibung der Präpositionen kommt nicht mehr vor.

An der Identität der Hände ist kein Zweifel möglich. Sie zeigen auch beide jene Anleihen bei der päpstlichen Urkundenschrift der Zeit, mit denen ich mich schon oben S. 574 befaßt habe: die Verzierung der Oberschäfte von f und s durch eine nach rechts gebogene Schleife, die abwärts laufend den Schaft ein- oder zweimal berührt, bis sie ihn schräg nach links unten laufend durchschneidet, sowie die charakteristisch auseinandergezogene st- und ct-Ligatur, die in den Diplomen mit D. RRH n° 240 endet. Bei den erwähnten Schaftverzierungen von f und langem s beginnt der Schreiber in beiden Urkunden mit drei Schleifen (zwei Berührungen des Schaftes und ein Schnitt), geht aber dann zu zwei Schleifen (eine Berührung, ein Schnitt) über.

Revokationsedikts die Möglichkeit von Empfängerschreibern erwogen hat. Statt des Kreuzes hat D. 64 eine verzierte I-Initiale wie D. RRH n° 240. Das Kreuz ist vorhanden in RRH n° 67. DD. RRH n° 79. 80. 90. RRH n° 87. 97. D. RRH n° 134. RRH n° 190. 475. 542. spur. 596.

Der Klarheit der Schrift entspricht die Sorgfalt des Textes. Beide Urkunden sind fehlerfrei, wenn man es nicht auf das Konto des Schreibers
buchen will, daß in der Kanzleizeile von D. RRH n° 240 fälschlich der
Ablativ statt des Genitiv-Lokativs gebraucht wurde (siehe oben S. 741, 778).
Aber fehlerfrei ist auch RRH n° 213. Zwar hat es in dem von Delaborde
gedruckten Text des Stückes durchaus nicht den Anschein, als sei dies so,
aber die dort dokumentierten Fehler sind die des sizilischen Kopisten von
Delaborde im 19. Jahrhundert. Kohler hat bereits Teile dieser vermeintlichen
Fehler korrigiert[4], und der Leser findet die richtigen Lesungen auch hier
(siehe oben S. 463, 583). Diesen Verbesserungen ist nur noch hinzuzufügen,
daß es statt *quandam terre planiciem bone magre adiacentem* (was ich jedenfalls nicht übersetzen kann) in dem Original klar heißt *quandam terrę planiciem Bonemagare adiacentem*.

Im Prinzip wurde die italo-normannische Herrscherurkunde schon der
Herzöge, dann auch der Könige seit langem beherrscht von einer zierlichen
und außerordentlich klaren Minuskel, die mehr und mehr Anleihen bei der
päpstlichen Urkundenminuskel tätigte und in ihren besten Beispielen durchaus elegant, in ihren schlechtesten von manieristischer Verschnörkelung ist[5].
Die nordfranzösische, auch die englische diplomatische Minuskel der Zeit –
die letztere natürlich nur, wo sie nicht wie die Schrift der englischen Königsurkunden weitgehend kursiv war – war bei aller Schönheit viel weniger
zierlich, war der Buchschrift viel näher verwandt und infolge der mangelnden Betonung der Ober- und Unterlängen auch weniger leicht lesbar als die
italo-normannische Diplomschrift. Selbst wenn man besonders schöne
Exemplare dieser französischen und englischen Schrift[6] mit guten Exemplaren der italo-normannischen Urkundenminuskel vergleicht, trägt diese im
Hinblick auf Lesbarkeit, Klarheit, Eleganz im allgemeinen den Sieg davon.

Mir scheint, daß die Schrift des Scriptor Johannes in diesen Bereich
gehört, d. h. ich halte ihn für einen Normannen. Das wäre auch sachlich
leicht erklärt. Schon seit 1110 befand sich die in dieser Zeit vom Stift zum
Kloster umorganisierte Abtei S. Maria im Tal Josaphat in Kalabrien, später
dann auch in Sizilien, auf einem ausgeprägten Expansionskurs, von dem die

---

4) KOHLER, Chartes de Josaphat S. 133 n° 24.
5) Vgl. BRÜHL, Urkunden Taf. IV–V für letzteres, Taf. VI–IX für ersteres.
6) So eine Urkunde des Archidiakons von Amiens für Notre-Dame de Nogent-sous-
Coucy von 1144 in der Pariser Nationalbibliothek, Coll. de Picardie 291, fol. 14ʳ
oder eine Urkunde (n° 31) des Erzbischofs Theobald von Canterbury, abgebildet als
Frontispiz bei SALTMAN, Theobald of Canterbury. Weitere Beispiele siehe unten
S. 894. Ausgeschaltet sei hier die von Schubert und Stiennon eingehend untersuchte
'Lütticher' Urkundenschrift, deren Verschnörkelung ihrer Lesbarkeit nicht bekommt.

1144 im Rahmen des Revokationsediktes dem sizilischen König vorgelegten Urkunden deutliches Zeugnis ablegen[7]. Dies wurde einerseits von Jerusalem aus durch den sehr tatkräftigen Abt Hugo, andererseits in Kalabrien durch den Mönch Paganus gesteuert, der 1124 als Prior (scil. *citra mare*) auch den sizilischen Besitz des Klosters dirigierte[8]. Er wird kaum identisch sein mit dem gleichnamigen Subprior des Mutterhauses in der Zeugenliste von D. RRH n° 240 von 1146, da er sich dann hierarchisch verschlechtert hätte, denn in der Struktur von Josaphat mit Abt, Prior und Subprior (für das Hl. Land) war der Subprior keine hohe Charge. Das zeigt sich nicht nur daran, daß er in den Listen relativ weit hinten steht, in RRH n° 213 an vierter Stelle, in D. RRH n° 240 zwar an erster, aber es werden dort nur zwei Mönche der Abtei genannt, in RRH n° 335 gleichfalls erst an vierter Stelle, obgleich der Abt in diesen Listen gar nicht genannt wird. Vielmehr erlebte das Amt des Subpriors anscheinend auch öfteren Wechsel, denn wir finden es besetzt zwischen 1141 und 1143 von Johannes, 1146 von Paganus, 1158 aber erneut von Johannes[9]. In RRH n° 213 begegnet ferner ein *Iohannes de Paternone*, d. h. aus Paternò, dem sizilischen Hauptbesitz von Josaphat. Auch der dort genannte Mönch Arduin dürfte ein Italiener gewesen sein. Ein Mönch des Jahres 1177 hieß Wilhelm von Sizilien (RRH n° 542). Das Kloster hatte also so reiche Verbindungen in das italische Normannenreich, daß ein von dort stammender urkundengewandter Schreiber nichts Erstaunliches an sich hätte. Auch einige Namensformen deuten auf einen

---

7) D. Ro. II. 64; MAYER, Bistümer S. 280 f.

8) DELABORDE, Chartes de Josaphat S. 38 n° 13.

9) RRH n° 213. D. RRH n° 240. RRH n° 335. Beide dürften es zum Abt gebracht haben. Der Abt P. von Josaphat 1156 in RRH n° 323 ist nämlich in der Edition des Chartulars des Hl. Grabs von ROZIÈRE ohne Grund als Petrus aufgelöst worden. Petrus war Abt von 1167 oder 1168 bis 1176. Siehe hierzu D. RRH n° 451a, das bisher unter dem Jahr 1168 ging, aber zum 2. September 1169 gehört (siehe unten Bd. 2, Exkurs I, S. 869). HIESTAND, Vorarbeiten 3, S. 259 n° 100 kann zu April 1168 oder 1169 gehören. Aber um am 6. April für den Abt Petrus urkunden zu können, mußte die Kurie spätestens im Herbst des vorangehenden Jahres von seiner Wahl erfahren haben. Die letzte Bezeugung des Abtes Petrus findet sich in RRH n° 536. Vor ihm aber amtierte der Abt Wilhelm 1158–1163; RRH n° 335. HIESTAND, Vorarbeiten 3, S. 232 n° 86 von 1162. Abt Wilhelm wird auch genannt in RRH n° 393a, das wegen der Beteiligung des Königs Amalrich nicht vor Februar 1163 liegen kann, aber wegen der Nennung des Abtes Wilhelm vor dem Beginn der Amtszeit des Abtes Petrus 1167 oder 1168 ergangen sein muß, möglicherweise aber erst nach der Fastenzeit 1167 ausgestellt wurde; siehe unten Bd. 2, Exkurs I, S. 867 f. Man wird daher den Abt P. von 1156 besser mit Paganus auflösen als mit einem Petrus I., der keine erkennbare Laufbahn im Kloster gehabt hätte. Johannes begegnet 1178 als Abt; RRH n° 563. 569a.

Italiener, in RRH n° 213 *Iohannes de Parisio*, wo ein Franzose *de Parisius* geschrieben hätte[10], und *Orricus* für den Vizegrafen Ulrich von Nablus in D. RRH n° 240.

Daß ein so sorgfältig arbeitender Kanzler-Notar wie Radulf A überhaupt einen Empfängerschreiber zuließ, von dem auch ein Entwurf eingereicht worden sein dürfte, ist leicht verständlich, wenn meine Vermutung richtig ist, daß D. RRH n° 240 in Tyrus anläßlich der Wahl Radulfs zum dortigen Erzbischof ausgestellt wurde (siehe oben S. 107 f.). Man kann von einem Kanzler im Wahlkampf nicht auch noch verlangen, daß er Ingrossate herstellt.

---

10) *Parisius* ist indeklinabel. Zur Ortsangabe in französischen Königsurkunden siehe TESSIER, Diplomatique S. 246 und Taf. VII. Bei Philipp I. zeigen sämtliche in Paris ausgestellten Originale die Angabe *Actum* (*Datum*) *Parisius*: DD. n° 15 (siehe den Text des Originals auf S. 434). 48. 49. 66. 67. 75. 91. 120. 141. 161, auch D. spur. 172. Nur die kopiale Überlieferung hat gelegentlich *Parisiis*. Bei Zeugennennungen kommt die Form *de Parisio* nur zweimal vor in DD. n° 45. 122, dagegen steht in DD. n° 30. 108 *de Parisius*. Auch in den Diplomen Ludwigs VI. und VII. und Philipps II. Augustus ist *Parisius* das Normale.

XVIII. Der Notar und Vizedatar Radulf B
(Stephan von Lyon) (1153–1169)
(in der Königskanzlei 1155–1169)

1. Der Urkundenbestand
(unten S. 801)

Kaum war der Kanzler-Notar Radulf A 1156 zum Bischof von Bethlehem erwählt worden, aber noch nicht einmal geweiht, da erscheint in D. RRH n° 321 vom 7. Juni 1156 in der Kanzlei ein neuer Notar, der nach Ausweis seines Diktats seinem Vorgänger schon bei der Herstellung von D. RRH n° 309 vom 13. Juli 1155 geholfen hatte und damals im Königsurkundengeschäft noch ein Neuling war, denn bei der Belagerung von Askalon 1153 war er noch Privaturkundenschreiber gewesen (siehe unten Bd. 2, S. 11 zu der VU. zu D. RRH n° 308). Aber eben weil er 1153 die verlorene VU. des Philipp von Nablus zu D. RRH n° 308 schrieb, muß er schon mit Urkundenpraxis ins Hl. Land eingewandert sein. Radulf B stammte aus Lyon (siehe unten S. 831). Man könnte daher daran denken, daß er mit Rainald von Châtillon in den Osten gekommen war. Auch Rainald begegnet erstmals 1153 vor Askalon[1]. Damals kämpfte er gegen Geld im königlichen Heer, aber Wilhelm von Tyrus, der ihn nicht mochte, tut ihm unrecht, wenn er ihn als *quidam stipendiarius miles* und gar als *miles quasi gregarius* herabsetzt[2]. Auch der bedeutende Walter von St.-Omer war 1153 gegen Bezahlung Soldat des Königs. Rainald wurde durch eine geschickte Heirat noch im selben Jahr Fürst von Antiochia, und wer hätte etwa im frühen 13. Jahrhundert in England bei William the Marshal, der durch seine Ehe mit Isabel Clare Earl of Pembroke geworden war, noch an seine Anfänge als fahrender Tournierritter zu erinnern gewagt? Rainalds Abstammung war übrigens

---

1) Wilhelm von Tyrus, Chronicon XVII. 21, S. 790.
2) Ebd. XVII. 26, S. 795 f.

erlesen, er kam aus einer Familie, die zurückreichte bis in den gallorömischen senatorialen Adel[3]. Peter von Blois[4] bezeichnete später Rainald als Seigneur von Châtillon-Coligny westlich von Auxerre in der Bourgogne, aber auch von Bourbon-Lancy südwestlich von Autun und von Semur-en-Brionnais nördlich von Roanne, und über die Straße sind es von Semur nach Lyon gerade noch 120 Kilometer.

Ich schreibe diesem Notar Radulf B das Diktat folgender Urkunden zu[5]:

VU. zu D. RRH n° 308		(vor Askalon 1153 Januar 25 – August 19)	
D. RRH n° 309 (nur Mithilfe)	Akkon	1155 Juli 13	
Or. D. RRH n° 321	Akkon	1156 Juni 7	
D. RRH n° 322	Akkon	1156 November 2	
Or. D. RRH n° 325	Akkon	1157 Oktober 4	
Or. D. RRH n° 336	Akkon	1159 März 13	

---

3) RICHARD, Aux Origines, passim.

4) Wilhelm von Tyrus, Chronicon XVII. 26, S. 795 f., Apparat I.

5) Zur Begründung der Daten, soweit diese nicht aus sich selbst heraus verständlich sind, siehe unten Bd. 2, Exkurs I. Dort sind nicht behandelt die Daten der verlorenen, aber von Radulf B verfaßten VUU. zu D. RRH n° 308 (nach dem Wortlaut der NU. ausgestellt während der Belagerung von Askalon 1153) und zu D. RRH n° 465 (hierzu siehe unten Bd. 2, S. 33). Die Urkunde des Radulf B, die dem Radulf C als Modell für die verlorene VU. zu dem Diplom Balduins V. für St. Samuel diente, kann nur mit der Amtszeit des Radulf B datiert werden. Wer das verlorene D. RRH n° 315a diktierte, ist nicht genau zu ermitteln; siehe oben S. 707 Anm. 1. – DD. RRH n° 397. 400. 465 sind bereits Diplome des Königs Amalrich. Zur Diktatproblematik von DD. RRH n° 308. 309. 366. 397. 400. 465, ebenso des Diploms Balduins V. für St. Samuel auf dem Freudenberge siehe unten Bd. 2, S. 1–38, dort auch zu den Unsicherheiten bei der Diktatzuschreibung der Vorlagen zu dem Diplom Balduins V., die in obiger Liste zu dem Fragezeichen geführt haben. Da die Mischdiktate (außer D. RRH n° 465) jeweils nur in der Diktatgruppe behandelt sind, der sie überwiegend zugehören, behandle ich dort auch die Aussagen, die sie gegebenenfalls zum Problem des Auseinanderfallens von Handlung und Beurkundung machen. Die Ausstellorte werden dagegen nicht nach Notaren, sondern nach Herrschern behandelt, für Balduin III. hier S. 813 f., für Amalrich unten Bd. 2, S. 47–50, so daß in diesem Kapitel also die drei von Amalrich ausgestellten Mischdiktate DD. RRH n° 397. 400. 465 für dieses Problem unerörtert bleiben. Dasselbe gilt natürlich für die Fehleranalyse. Die Fehler der Mischdiktate werden bei dem Notar besprochen, dem ich das Diktat – unabhängig von den Modellen – zuschreibe. Da sich wegen der anfänglichen Tätigkeit von Radulf C für den Grafen von Askalon die Amtszeiten des Radulf B und des Radulf C teilweise überschneiden, fasse ich die Ausführungen zum Festtagsitinerar der Herrscher unten Bd. 2, S. 55–59 zusammen.

VU. zu D. RRH n° 465		(1157 Oktober 4 – 1159 Ende Mai)
D. RRH n° 341	Sidon	1160 Januar 28
D. RRH n° 344	*in obsidione Blahasent*	1160 März 16
D. RRH n° 352	Akkon	1160 Juli 25
D. RRH n° 353	Akkon	1160 Juli 25
D. RRH n° 354	Akkon	1160 Juli 26
D. RRH n° 355	Jerusalem	1160 November 29
D. RRH n° 366 (Diktat Radulf C nach Modell Radulf B)	Nazareth	1161 Juli 31
D. RRH n° 367	Akkon	1161 August 9
D. RRH n° 368	Akkon	1161 November 21
D. RRH n° 598a (MAYER, AfD 38, S. 132 f.)		(1156 Juni 7 – 1163 Februar 10)
D. RRH n° 397 (Diktat Radulf C nach Modell Radulf B)	Jerusalem	1164 April 24
D. RRH n° 400 (Diktat Radulf C nach VU. des Radulf B) Modell zur verlorenen VU. zu Balduin V. für St. Samuel (?) (QFIAB 44, S. 67) (Diktat des Radulf C, der einem Modell des Radulf B folgte?)	Askalon	1164 Juli 16 (1155 Juli 13 – 1169 August 1)

2. Handlung und Beurkundung

Die zeitliche Abfolge der Diplome unter Radulf B ist teilweise so dicht, daß man meint, ein Königsitinerar aufstellen zu können. Aber nicht alle Diplome sind dafür geeignet, denn nicht immer fielen Handlung und Beurkundung an einem Ort und zu einer Zeit zusammen. Nichts spricht für ein Auseinanderfallen der beiden Akte bei DD. RRH n° 321. 322. 352. 353. 367. 465. Das Zusammenfallen von Handlung und Beurkundung ist besonders deutlich zu erkennen in D. RRH n° 321, ausgestellt in Akkon für einen Empfänger in Nablus. Aber da die Zeugen in aller Regel Handlungszeugen waren und sich hier darunter auch der Bischof und der Archidiakon von Akkon befanden, sonst aber keine Geistlichen, dürfte auch die Handlung in Akkon stattgefunden haben.

Umgekehrt gibt es aber auch deutliche Fälle eines Auseinanderfallens von Handlung und Beurkundung, bei denen sich zeigt, daß die Kanzlei eine königliche Rechtshandlung an einem Ort beurkundete, an dem der König nicht mehr war, sei es daß er zwar am selben Ort gehandelt, dann aber unter Hinterlassung seiner Kanzlei weitergezogen war, sei es daß er a priori an anderem Ort gehandelt, die Sache dann aber seiner Kanzlei zur Beurkundung geschickt hatte[6]. Als am 4. Oktober 1157 in Akkon D. RRH n° 325 beurkundet wurde, war der König außerhalb des Reiches weit im Norden. Am 13. Mai 1157 brach der Graf Dietrich von Flandern zur Pilgerfahrt ins Hl. Land auf[7]. Am 13. November 1157 schrieb der Papst Hadrian IV. nach Reims, was er mit den letzten Schiffsankünften aus dem Hl. Land gehört hatte, darunter die Schlacht vom 19. Juni 1157 und die danach erfolgte Ankunft des Grafen von Flandern (JL 10342), so daß der Graf im Sommer oder Spätsommer im Osten eingetroffen sein muß. Danach fertigte man eine Gesandtschaft nach Konstantinopel unter der Beteiligung des Konstablers Humfred II. von Toron ab, die zu Schiff dorthin reiste, also noch vor dem Einsetzen der Herbststürme[8]. Bald nach Beginn des Monats Ramadān 1157, der am 7. Oktober begann, erkrankte Nūr ad-Dīn von Damaskus schwer[9]. Der König hatte sich mit dem Grafen von Flandern in die Grafschaft Tripolis begeben, Feldlager in der Ebene von La Boquée bezogen, danach erfolglos Chastel Rouge belagert und war dann nach Antio-

---

6) Wieviel Zeit auch anderswo zwischen Handlung und Beurkundung vergehen konnte, sei verdeutlicht an zwei Beispielen aus der Champagne. Im Jahre 1179 urkundete der Graf Heinrich I. von Champagne für das Hôtel-Dieu von Provins mit *Actum Pruvini*, aber *data Nazareth* (D'ARBOIS DE JUBAINVILLE, Histoire de Champagne 3, S. 379 n° 303. Petit Cartulaire de l'Hôtel-Dieu de Provins [Departementalarchiv Dammarie-les-Lys, vormals Melun, 11 H Dt A 13] fol. 3ʳ). Während seiner Pilgerfahrt gelobte der Graf 1179 dem Kapitel von Langres 30 Pfund jährlich. Nach seiner Rückkehr gab er seinem Kanzler Haicius den Auftrag, hierüber eine Urkunde auszufertigen, aber als der Graf am 17. März 1181 starb, war noch immer nichts passiert. Beurkundet wurde die Sache schließlich 1182 durch die Gräfinwitwe Maria und den Erzbischof von Reims (ebd. 3, S. 383 n° 326 und MARTÈNE – DURAND, Thesaurus novus anecdotorum 1, Sp. 619).

7) Annales Cameracenses, MGH SS 16, S. 530. VAN WERVEKE, Filips van Elzas, S. 30, Appendix 3.

8) Wilhelm von Tyrus, Chronicon XVIII. 16, S. 834. Zur Schiffahrtssaison siehe PRYOR, Geography S. 2–4.

9) ELISSÉEFF, Nūr ad-Dīn S. 517.

chia weitergezogen, und dort erreichte ihn die Nachricht von der Erkrankung Nūr ad-Dīns. Er muß also schon einige Zeit im Norden gewesen sein,
als am 4. Oktober in Akkon D. RRH n° 325 ausgestellt wurde. Die Rechtshandlung war daher bereits einige Zeit vorher erfolgt, aber wohl anders als
bei D. RRH n° 336 nicht im Norden (siehe unten S. 806), denn die (Handlungs)zeugen von D. RRH n° 325 enthalten keinen einzigen Tripolitaner
oder Antiochener, dafür aber drei Reichsbischöfe (Tyrus, Akkon und
Baniyās), und so viele hätte der König kaum mit nach Antiochia in den
Krieg genommen.

Ganz auffällig ist es, daß der Konstabler Humfred II. von Toron fehlt,
denn das Diplom bestätigt seine Schenkung der Hälfte von Baniyās und
Châteauneuf an die Johanniter. Das bedeutet nicht weniger, als daß die
Rechtshandlung erfolgte, nachdem er im Spätsommer oder Frühherbst 1157
als Gesandter nach Konstantinopel geschickt worden war. Es hat schon
immer das Aufsehen der Forschung erregt[10], daß der König die Zession der
Hälfte von Baniyās und Châteauneuf erst im Oktober bestätigte, während
Wilhelm von Tyrus in unbezweifelbarer Weise berichtet, daß die Johanniter,
die im Gegenzug Baniyās zu verteidigen unternommen hatten, sich schon
Ende April 1157 aus dem Handel zurückzogen, nachdem ihr großer Konvoi
zur Bevorratung von Baniyās von den Muslims vernichtet worden war[11].
Die bisher vorgetragenen Erklärungen sind völlig unbefriedigend. Deschamps
hatte vermutet, daß die Johanniter nur die Stadt Baniyās aufgegeben, die
benachbarte Burg Subeibe aber behalten hätten. Aber Subeibe war damals
noch gar nicht erbaut[12]. Riley-Smith gab zu erwägen, D. RRH n° 325 sei
vielleicht ausgestellt, um die Annullierung der vorangehenden Schenkung
von halb Baniyās durch den Konstabler an die Johanniter überhaupt erst zu
ermöglichen. Das ist natürlich unhaltbar, denn wenn der König den Handel
noch nicht bestätigt hatte, als er aufgelöst werden sollte, dann war er letztlich noch nicht rechtskräftig, denn Baniyās und Châteauneuf waren ein
Lehen der Herrschaft Beirut, das man nicht ohne den Konsens des Oberlehnsherren zur Hälfte an die Johanniter geben konnte. Es wäre, solange die
königliche Bestätigung nicht vorlag, leichter gewesen, das Pactum zwischen
dem Konstabler und dem Orden zu annullieren, als wenn der König in
dieser Sache seine Zustimmung erst einmal erteilt hatte. Der Hinweis Riley-

---

10) DESCHAMPS, Châteaux 2, S. 156 Anm. 3; RILEY-SMITH, Knights S. 72 Anm. 3;
TIBBLE, Monarchy S. 16 f.

11) Wilhelm von Tyrus, Chronicon XVIII. 12, S. 826 f. Zum Datum Ibn al-Qalānisī,
Damascus Chronicle S. 330–332.

12) ELLENBLUM, Qalʿat al-Ṣubayba, passim.

Smiths auf angeblich ähnliche Vorgänge in Arsur über 100 Jahre später verfängt ebenfalls nicht[13].

Lenkt man zurück zu 1157, so ist nur eine einzige Erklärung möglich, da man weder die Chronologie der Chroniken noch die von D. RRH n° 325 erschüttern kann: der König hat, sicherlich auf Betreiben Humfreds II. von Toron, im Herbst 1157 mit D. RRH n° 325 den Versuch gemacht, den von den Johannitern Ende April gekündigten Rechtshandel wieder zu beleben, und es ist in der Tat fraglich, ob die Johanniter überhaupt berechtigt waren, den mit Humfred geschlossenen Vertrag zur Verteidigung von Baniyās einfach zu kündigen, nur weil dieser sich als mit jenen Risiken behaftet erwies, die jeder Verteidigung innewohnen. Es stehe dahin, ob der König die Sache vor April 1157 schon einmal bestätigt hatte. Ein solches Diplom wäre von den Johannitern bei der Kündigung des Vertrages natürlich an Humfred II. zurückgegeben worden und ist daher im Johanniterarchiv nicht zu vermuten. Aber die gesamte Forschung hat bisher den Umstand übersehen, daß D. RRH n° 325 als Original ja im Johanniterarchiv noch heute liegt. Der Orden hat also im Herbst ein Diplom entgegengenommen, das einen Vertrag bestätigte, den er schon im April gekündigt hatte. Das ist unmöglich. Das Diplom ist ja für die Johanniter ausgestellt, sie mußten also die Kanzleitaxen bezahlen, wozu sie bei den bisherigen Rekonstruktionen überhaupt keinen Anlaß hatten. Ganz anders sieht die Sache aus, wenn D. RRH n° 325 erstmals oder erneut ein Pactum zwischen dem Konstabler und dem Orden bestätigte, das zuerst geschlossen, dann gekündigt worden war und jetzt wieder belebt wurde – auch mit dem Willen der Johanniter, die eben dies durch die Entgegennahme des Diploms bekundeten.

Auch als am 13. März 1159 in Akkon D. RRH n° 336 beurkundet wurde, war der König im Norden. Gegen Ende des Jahres 1158 war der Kaiser Manuel Komnenos von Byzanz ins kilikische Feldlager in Mamistra gekom-

---

13) Nicht nur haben wir es hier mit zwei verschiedenen Rechtsgeschäften zu tun, sondern die entscheidende Urkunde im Fall von Arsur ist undatiert. Riley-Smith hat sie ohne ein Wort der Begründung zu 1266–1269 gestellt. Das hätte aber begründet werden müssen, denn bisher ist sie mit Gründen zu 1263–1269 gesetzt worden (RRH n° 1313. DELAVILLE LE ROULX, Cartulaire général des Hospitaliers de S. Jean 3, S. 60 n° 3047), und die genannten Zeugen erlauben auch keine weitere Eingrenzung. Zwar sind einige von ihnen erst 1266 belegt, aber ihre Vorgänger letztmals 1262. Es muß also bei Delavilles Ansatz bleiben, und dann verschwindet auch die von Riley-Smith postulierte Schwierigkeit, daß die Johanniter frühestens 1266 Arsur für 4000 Byzantiner im Jahr pachteten, wenn Arsur doch schon 1265 von Sultan Baibars erobert worden war. Des Rätsels Lösung ist natürlich einfach: das Stück gehört in den Zeitraum 1263–1265.

men[14]. *Audito domini imperatoris adventu* (scil. in Mamistra) zog der König Balduin III. von Jerusalem nach Antiochia und bemühte sich von dort aus um eine Unterredung mit dem Kaiser, die aber erst zustande kam, als Manuel ihn mit allerlei Ausflüchten längere Zeit hatte warten lassen[15]. Nachdem der König zehn Tage in Mamistra verbracht hatte, ging er nach Antiochia zurück. Dort war er immer noch, als Manuel kurz nach Ostern (12. April) nach Antiochia kam[16].

Allein schon angesichts dieses Itinerars ist es ausgeschlossen, daß der König am 13. März zur Beurkundung von D. RRH n° 336 in Akkon war. Dies wird zur Sicherheit, wenn man erkennt, daß die Wendung *volo, ut fiat* am Ende des Contextes von D. RRH n° 336 nichts weniger als ein Beurkundungsbefehl ist, der auf der Aufzeichnung gestanden haben muß, die der König aus dem Norden über die dort erfolgte Rechtshandlung nach Akkon schickte, und der versehentlich in das noch erhaltene Ingrossat geriet. Ob der Kanzler mitgegangen war nach Nordsyrien, muß unsicher bleiben, auch wenn man gut getan hätte, ihn für die diffizilen Verhandlungen mit dem Basileus heranzuziehen. Jedenfalls war er bei der Beurkundung in Akkon nicht dabei, da sie von dem Vizedatar Stephan vorgenommen wurde. Unter den (Handlungs)zeugen wird der Kanzler nicht genannt, aber das muß nicht unbedingt bedeuten, daß er nicht beim König war, denn hier erscheinen überhaupt keine geistlichen Zeugen. Bleibt auch Ungewißheit über den Aufenthaltsort des Kanzlers im März 1159, so ist doch klar, daß der König, als er im Norden seine Rechtshandlung vornahm, von seiner Bullenzange nicht ins Ausland begleitet worden war (siehe zu diesem Problem unten Bd. 2, S. 50–55).

Am 16. März 1160 wurde D. RRH n° 344 ausgestellt *in obsidione Blahasent*. Dies war eine Burg bei Sidon, die 1128 von den Muslimen erobert und dann an die Herrschaft Sidon gekommen war[17]. Es ist anzunehmen, daß die Seeräuberei Gerhards von Sidon den König damals in den Norden gebracht hatte[18], wo er bereits am 28. Januar 1160 war, als er in Sidon

---

14) Wilhelm von Tyrus, Chronicon XVIII. 23, S. 844 sagt Anfang Dezember, was in etwa bestätigt wird von Ibn al-Qalānisī, Damascus Chronicle S. 349. Aus der gleichfalls zeitgenössischen Chronik Gregors des Priesters S. 191 ergibt sich dagegen eine Ankunft schon im September 1158. Für mein Argument ist die Differenz ohne Bedeutung.

15) Johannes Kinnamos, Epitome S. 183 f.

16) Wilhelm von Tyrus, Chronicon XVIII. 24 f., S. 846–848. CAHEN, Syrie du Nord S. 401: „Baudouin, revenu pour la circonstance (scil. nach Antiochia)" ... ist so in den Quellen nicht bezeugt. Der König war vielmehr im Norden geblieben, seit er Mamistra verlassen hatte.

17) MAYER, Wheel of Fortune S. 873 Anm. 47. Vgl. auch TIBBLE, Monarchy S. 178.

18) MAYER, Kreuzfahrerherrschaft Montréal S. 136–138 gegen LA MONTE, Lords of

D. RRH n° 341 ausstellte. Der König ging damals offenbar gegen Gerhard vor, denn es ist ganz auffallend, daß er, in dessen Baronie der König jetzt Krieg führte, in den Zeugenlisten von DD. RRH n° 341. 344 fehlt. Allerdings haben DD. RRH n° 341. 344 wahrscheinlich Zeugenlisten, die weiter südlich im Reich zustandekamen (siehe unten), wo Gerhard sich im Moment sicher besser nicht sehen ließ. Da er aber noch in DD. RRH n° 354. 355 vom Juli und November 1160 als Zeuge erscheint, dann aber in dem wichtigen und die Barone ansonsten vollständig auflistenden D. RRH n° 366 vom Juli 1161 nicht als Zeuge genannt wird, ebenfalls nicht in D. RRH n° 368 vom November 1161, sondern erst wieder am 1. August 1162 in RRH n° 376b (siehe oben S. 706), muß man davon ausgehen, daß er im Januar und März 1160 noch im Reich war, aber selbst in *Blahasent* belagert wurde, dann aber vorerst noch im Reich bleiben durfte, wahrscheinlich bis die Sache im Pairsgericht entschieden war, so daß er also erst 1161 ins Exil mußte, wie es die Chroniken ja auch berichten, wo er dann bis 1162 blieb.

Bei D. RRH n° 344 wäre daran zu denken, daß die Handlung nicht im Feldlager vor *Blahasent* stattfand. Es handelt sich um einen Vertrag zwischen dem König und Rainaldus Falconarius über Wasserrechte bei Akkon. Aus diesem Grunde holte man den Konsens der Königin Theodora ein, der Akkon als Wittum versprochen war[19]. Es ist aber kaum anzunehmen, daß der König seine Gemahlin mit in den Krieg genommen hatte, so daß die Handlung eher in Akkon – jedenfalls südlich von Sidon – stattgefunden hatte, ehe der König zum Feldzug aufbrach.

Auch die Zeugenliste deutet darauf hin. Hier sind lauter bekannte Großvasallen verzeichnet. Diese sind natürlich in Akkon ebenso möglich wie im Feldlager. Aber man muß die Liste zusammenhalten mit derjenigen von D. RRH n° 341. Darin geht es um die Verleihung der Kastellanie und des Dragomanats in der königlichen Burg Château-du-Roi bei Akkon. Das Diplom ist anderthalb Monate vor D. RRH n° 344 ausgestellt, und zwar in Sidon, d. h. auf demselben Feldzug. Unter den Zeugen befindet sich aber kein einziger Baron und als einziger bekannter Vasall der Kastellan und Vizegraf von Jerusalem Odo von St.-Amand. Von den anderen zehn Zeugen sind nur zwei anderweitig nachweisbar, Rabellus de Monte Regali in RRH

Sidon S. 192 f. Die richtigen Zusammenhänge wurden schon erkannt von RICHARD, Pairie d'Orient latin S. 76. TIBBLE, Monarchy S. 57 f. ignoriert in souveräner Weise nicht nur die Datierung von D. RRH n° 344 vor *Blahasent*, sondern auch den Umstand, daß 1161 als Jahr des Disputs Gerhards mit Balduin III. bei Ibn al-Aṯīr und ihm folgend bei Bar Hebraeus genannt wird. Er verlegt die ganze Episode ganz grundlos in die Jahre 1169–1171.

19) Wilhelm von Tyrus, Chronicon XVIII. 22, S. 843.

n° 279, damals noch im Dienst des Herrn von Montréal, das inzwischen Krondomäne war, und Giraldus de Cunillis. Er war ein bekannter Bourgeois von Akkon, der dort ein *palatium* besaß, in dem der Graf von Tripolis abstieg und das man dem ungarischen Thronfolger als Wohnung anbot (RRH n° 311. 389. JL 11385. RRH n° 458). Hätten aber beide Rechtshandlungen auf derselben Kampagne des Königs stattgefunden, so müßten wir Überschneidungen der Zeugenlisten erwarten, wie dies 1179 in DD. RRH n° 577. 579 der Fall ist. Die Zeugenliste von D. RRH n° 341 dürfte also überhaupt aus akkonensischen Bourgeois bestehen, eventuell auch aus Leuten aus Château-du-Roi, so daß hier mit ziemlicher Sicherheit auf eine Handlung in oder bei Akkon vor Beginn des Feldzuges geschlossen werden kann. Die Absenz dieser ganzen Gruppe in der Zeugenliste von D. RRH n° 344 verstärkt dann die hier ohnehin schon bestehenden Indizien, daß auch hier die Handlung nicht am Ort der Beurkundung stattgefunden hatte. Der Kanzler war in beiden Fällen zwar abwesend, aber die Kanzlei in Gestalt des Vizedatars Stephan und die Bullenzange waren auf diesen Feldzug mitgegangen, der ja anders als die Reise des Königs nach Antiochia 1159 nicht ins Ausland führte.

Die – vor allem im Vergleich zu den nur um einen Tag älteren DD. RRH n° 352. 353 – sehr reichhaltig mit Bischöfen, Äbten und Prioren bestückte Zeugenliste des in Akkon ausgestellten D. RRH n° 354 zeigt deutlich, daß wir hier die Teilnehmer der großen Nazarener Synode vor uns haben, die Alexander III. anerkannte[20]. Die Handlung hatte also in Nazareth stattgefunden, die Beurkundung erfolgte in Akkon.

Auch bei dem wichtigen D. RRH n° 366 vermute ich ein Auseinanderfallen von Handlung und Beurkundung. Das Stück wurde besiegelt am 31. Juli 1161 in Nazareth. Es belehnte Philipp von Nablus mit der Herrschaft Montréal, d. h. mit einem Transjordanien vom Fluß Jabbok bis zum Roten Meer. Im Zuge dieser Transaktion wurde die alte vizegräfliche Familie von Nablus aus Transjordanien wieder ins heimatliche Samaria zurückverpflanzt. Im Gegenzuge trug Philipp dem König seine eigenen Lehen in Samaria auf und auch die dortigen Lehen, die seine beiden Brüder in Samaria von ihm innehatten. Philipp war der Chef des Hauses Milly, und die Millys waren in Samaria seit eh die größten Lehensträger und bedeutendsten Grundbesitzer nächst der Krone. Nun hatte aber der König bei der Beendigung des Bürgerkrieges von 1152, als seine Mutter aus der Politik ausschied, versprochen, daß sie Samaria ungestört und ohne seine Intervention bis zu ihrem Tode

---

20) Siehe oben S. 429, 658.

besitzen solle[21]. Daran hatte er sich bisher gehalten, aber jetzt brach er diesen Vertrag aufs gröbste, weil seine Mutter unheilbar krank und daher handlungsunfähig darniederlag[22].

Einen so tiefgehenden Eingriff in die bestehenden Verhältnisse in Samaria nahm man am besten dort selbst, d. h. in Nablus vor, denn die regionalen Notabeln sollten natürlich möglichst wenig überfahren werden und tunlichst der Sache zustimmen. Schon die Zeugenliste des Diploms deutet darauf hin, daß man so verfuhr. Ich habe sie teilweise schon oben S. 704–706 mit dem Ergebnis analysiert, daß die Barone zwar fast vollständig anwesend waren, wie es bei der weittragenden Angelegenheit sich gehörte, daß aber der Klerus sich weitgehend fernhielt. Die Kirche scheint den Bruch des Vertrages von 1152 mißbilligt zu haben, zumal damals der Patriarch zwischen dem König und seiner Mutter zu vermitteln gesucht hatte.

Es fällt aber noch mehr auf bei dieser Zeugenliste. Unter den Vasallen der zweiten Ordnung finden sich drei königliche Funktionäre, der Marschall Wilhelm und die Vizegrafen von Jerusalem und Akkon. Dann folgen vier bekannte Vasallen des Königs von außerhalb Samarias (Paganus de Voch, Girardus de Pogi, Gaufridus Tortus, Gocelinus Pesellus). Nun aber folgen wenigstens vier Vasallen aus Samaria, nämlich Rohard von Nablus, seit eh und je einer der Hauptparteigänger der Königin Melisendis, der erst im Jahr zuvor wieder in den Königsdienst aufgenommen worden war (D. RRH n° 344), ferner Balduin von Gebal[23], Johannes von Valenciennes, gleichfalls ein Parteigänger der Melisendis, der seit 1155 dann im Königsdienst war[24], und Gomerius von Nablus[25]. Schon dies allein könnte auf eine Rechtshandlung in Nablus hindeuten, und es spricht nicht dagegen, daß kein Vizegraf von Nablus dabei ist. Der Vizegraf von Melisendis Gnaden, Balduin Bubalus, war entweder nicht mehr im Amt oder wollte mit der Sache nichts zu tun haben. Jedenfalls wurde er verdrängt. Der nächste Vizegraf Balduin, Sohn des in den fünfziger Jahren verstorbenen Vizegrafen Ulrich von Nablus, ist hier nachweislich noch nicht im Amt, da er nur als Sohn des vizegräflichen Vaters im Context genannt wird und noch im Ostjordanland lebte[26].

---

21) Wilhelm von Tyrus, Chronicon XVII. 14, S. 780.

22) Ebd. XVIII. 27. 32, S. 850 f., 858.

23) Hierunter verbirgt sich natürlich der Ǧabal Ebal, der berühmte heilige Berg der Samaritaner bei Nablus.

24) DD. RRH n° 259. 278, sogar noch D. RRH n° 359; dagegen beim König in D. RRH n° 307.

25) Ob auch der letzte Zeuge Hibertus dazugehört, der anderweitig nicht bekannt ist, muß offenbleiben.

26) MAYER, Kreuzfahrerherrschaft Montréal S. 172 Anm. 65.

Aber noch etwas anderes fällt auf, nämlich eine massive Beteiligung von Tripolitanern, obwohl es sich, mindestens vordergründig bei der Verlehnung Transjordaniens, um eine Reichssache handelte. Neben der Königin Theodora und dem Königsbruder Graf Amalrich von Jaffa-Askalon gaben den Konsens zu D. RRH nᵒ 366 die Gräfinwitwe Hodierna von Tripolis, eine Schwester der Königin Melisendis und Tante des Königs, sowie deren beide Kinder, der Graf Raimund III. von Tripolis und die unglückliche Melisendis von Tripolis, die hier noch als die künftige Braut des Kaisers Manuel I. Komnenos bezeichnet wird, der sie bald fallenlassen sollte[27]. Daß man diese Konsense festhielt, beweist, daß man sich schon darüber im klaren war, daß hier der Vertrag von 1152 über die Rechte der Königin Melisendis von Jerusalem einseitig gekündigt wurde, denn dieser war ja nicht nur eine Reichsaffäre, sondern auch eine Familienangelegenheit gewesen. Nun konnte man einen solchen Konsens zur Not natürlich in Tripolis schriftlich einholen, aber das hat man nicht getan. Man hätte ja sonst auch den Konsens der Fürstinwitwe Konstanze von Antiochia erbitten müssen, die zu dem ausstellenden König im gleichen Verwandtschaftsverhältnis stand wie Raimund III. von Tripolis, nur über eine andere Schwester der Königin Melisendis. Das heißt, die Tripolitaner waren bei der Rechtshandlung zugegen, und zwar mit Gefolge, denn die Zeugenliste zählt als Handlungszeugen auf den ehemaligen Konstabler von Tripolis Arnold von Crest und seinen jetzt amtierenden Nachfolger Hugo sine censu und Wilhelm Porcellet aus einer bekannten Familie tripolitanischer Vasallen[28].

Nun ist uns, wenn auch an sehr versteckter Stelle, nämlich in dem Hodoiporikon des Konstantin Manasses[29], bezeugt, daß die kaiserliche Gesandtschaft aus Byzanz, die zunächst Melisendis von Tripolis – hier in D. RRH nᵒ 366 die Braut des Kaisers – als künftige Gemahlin Manuels akzeptierte, diese in Sichem (= Nablus) inspizierte[30].

Jerusalem beanspruchte eine Lehnshoheit über Tripolis und gedachte natürlich, der Hauptgewinner bei der projektierten Ehe zu werden. Der ganze Hochadel Antiochias und Jerusalems sollte später nach Tripolis aufgeboten werden, um bei der erhofften Abreise der Braut präsent zu sein[31].

27) Siehe hierzu MAYER, Varia Antiochena S. 48 f.

28) LA MONTE, Feudal Monarchy S. 259; RICHARD, Porcellet passim.

29) Hg. von HORNA, Hodoiporikon S. 328–330.

30) Anders kann man es nicht ausdrücken, denn die Herren waren überaus gründlich: *ad unguem perscrutantur et rimantur interius de moribus puelle, de occultarum corporis partium dispositione* (Wilhelm von Tyrus, Chronicon XVIII. 31, S. 856).

31) Ebd. XVIII. 31, S. 857: *tam de principatu quam de regno omnes maiores apud Tripolim convenerant expectantes domine proximum futurum exitum.*

Der Beschluß über den Ehevertrag war also keine Entscheidung, die Hodierna von Tripolis und Graf Raimund III. abends bei einem Glase Wein zu fällen hatten, sondern eine öffentliche Angelegenheit nicht nur von Tripolis, sondern auch von Jerusalem. Nun wird man ja nicht eine Reichsversammlung in dieser Sache nach Nablus und dann kurz darauf eine andere in der transjordanischen Angelegenheit nach Nazareth einberufen haben, sondern beides uno actu erledigt haben, aber dann eben in Nablus, während die Beurkundung dann bald darauf in Nazareth stattfand. Daher rührt die kräftige Beteiligung sowohl der Tripolitaner wie der Samaritaner an D. RRH n° 366.

Bei D. RRH n° 368 führt die um I zu niedrige Indiktion, die in der sicherlich in einem Zuge hergestellten NU. RRH n° 369 bestimmt verkehrt ist, zu der Vermutung, daß hier die Handlung noch vor dem Beginn der neuen Indiktion im September erfolgte, die Beglaubigung aber erst am 21. November stattfand (siehe unten Bd. 2, Exkurs I, S. 863 f.). Hieran könnte man freilich irre werden, wenn man sieht, daß D. RRH n° 368 am 21. November 1161 bereits einen Verkauf bestätigt, der überhaupt erst am 3. Dezember 1161 in RRH n° 369 vorgenommen wurde. Man würde das Umgekehrte erwarten. Aber der Textvergleich ergibt klar, daß die Bestätigung als VU. für den später datierten Verkauf benutzt wurde, außerdem noch RRH n° 301 oder 333 als Formulierungshilfe, was sich deutlich an deren Corroboratio *Ut igitur huius mei privilegii auctoritati nichil desit* zeigt, die in RRH n° 369 wurde zu *Nolens igitur, ut auctoritati huius mei privilegii aliquid deesset*[32]. Außerdem wird in RRH n° 369 darauf hingewiesen, daß der König nicht nur die Verkaufsurkunde besiegelte, sondern sie bereits durch ein eigenes Priveg (D. RRH n° 368) bestätigt hatte (*Confirmavit etiam quodam alio privilegio sub nomine ipsius scripto*), so daß hier tatsächlich die Bestätigung dem Verkauf vorausging.

Bei D. RRH n° 397 für die Lazariter fand die Handlung einige Zeit vor der Beurkundung statt, wenn auch vielleicht nicht lange und nicht unbedingt an einem anderen Ort. Aber bei der Handlung war der Kanzler noch anwesend gewesen, weshalb er als Zeuge aufgeführt wurde. Bei der Beurkundung aber war er nicht mehr da, so daß der Vizedatar Stephan beglaubigen mußte. Als am 24. April 1164 die Beurkundung stattfand, verhandelte der König mit dem Wesir Dirġām von Ägypten über eine Intervention zu dessen Gunsten, die dann damals doch nicht zustande kam, sondern erst nach Dirġāms Sturz

---

32) Wahrscheinlich dürfte RRH n° 333 die Formularvorlage gewesen sein, denn in der Siegelankündigung von RRH n° 369 heißt es *sedulis … precibus*, und so steht es in RRH n° 333 (*sedula prece*), während in RRH n° 301 sich nur einfaches *prece* findet; siehe unten Bd. 2, S. 111.

(Sommer 1164) stattfand, jetzt zugunsten des Wesirs Šāwar[33]. Das Diplom für die Lazariter steht also im Zusammenhang mit den üblichen vorauseilenden Entlohnungen bei Ägyptenkampagnen, ohne daß im einzelnen zu sehen wäre, inwieweit sich die Lazariter hierfür Verdienste erwarben, obwohl an eine finanzielle Unterstützung des Feldzuges durchaus gedacht werden darf, denn bei Auslandskampagnen mußte der König sein Heer extra honorieren. Allerdings sollte damals die Hauptlast auf den muslimischen Verbündeten in Ägypten liegen[34]. Daraus folgt, daß die Handlung nicht sehr lange vor der Beurkundung stattgefunden hat, denn erst im August 1163 war Dirġām überhaupt Wesir geworden, und ehe er sich an den König Amalrich von Jerusalem wandte, hatte er die Unterstützung Nūr ad-Dīns gesucht.

D. RRH n° 400, eine allgemeine Besitzbestätigung für das Hl. Grab, wurde ausgestellt in Askalon am 16. Juli 1164. Der König brach im Juli 1164 von Askalon aus zu einer Kampagne in Ägypten auf und belagerte ab 1. August die Stadt Bilbais. Dazwischen lagen aber 27 Marschtage[35]. Der König muß also etwa am 5. Juli Askalon mit dem Heer verlassen haben und seine Handlung zuvor vorgenommen haben. Der unterfertigende Kanzler Radulf war – anders als 1167 – nicht mit nach Ägypten gezogen, sondern mitsamt der Bullenzange in Askalon geblieben, wo er die Bestätigung am 16. Juli beurkundete[36]. Es fällt zwar auf, daß aus der Geistlichkeit neben einem Ausländer nur zwei Vertreter der Reichsmitte und des Nordens zugegen waren, der Bischof von Baniyās und der Prior von Sebaste, dagegen weder der Erzbischof von Nazareth noch der Bischof von Ramla-Lydda, obwohl beide auch weltliche Seigneurs waren, die in der Regel zum Feudalheer beisteuerten. Aber beim Adel ist es anders. Vertreten sind Galilaea, Toron mit Baniyās, Sidon, Transjordanien mit Philipp von Nablus, Caesarea, Bethsan mit Gormund von Tiberias. Dagegen fehlen aus dem Norden und der Mitte Beirut, dessen Herr wahrscheinlich in Gefangenschaft war[37], Scandalion und Arsur, falls dieses damals schon eine Seigneurie war (siehe oben S. 705). Auffallend ist vor allem das Fehlen von Hugo von Ibelin-Ramla und seines Bruders Balduin von Mirabel, die im Südwesten die bedeutendsten Kronvasallen in der ehemaligen Grafschaft Jaffa-Askalon waren, die

---

33) RÖHRICHT, Geschichte S. 314–316; ELISSÉEFF, Nūr ad-Dīn S. 579–589.

34) MAYER, Mélanges S. 141 f.

35) Ibn Abī Ṭayyī bei Abū Šāma, Livre des deux jardins, RHC. Hist. or. 4, S. 125. RRH n° 403. 404.

36) Die Zeugenliste darf nicht dazu verleiten, die Handlung schon früher anzusetzen als die Sammlung des Heeres in Askalon.

37) MAYER, Kreuzfahrerherrschaft Montréal S. 216 f.

1163 wieder in die Krondomäne zurückgekehrt war; mit dem König waren sie ja seit seiner Trennung von Agnes von Courtenay im Jahre 1163 versöhnt[38]. Aber Bischof Johann von Baniyās und der Konstabler Humfred II. von Toron sind unter den Zeugen, und gerade von diesen beiden meldet Wilhelm von Tyrus[39], daß sie mit dem König in Ägypten waren. Die Handlung erfolgte also anläßlich der Sammlung des Heeres in Askalon.

3. Die Ausstellorte und das Problem der Ortsfestigkeit der Kanzlei

In der Liste oben S. 801 f., zu der kein für diese Frage verwertbares Deperditum ergänzend hinzutritt, aus der aber die drei Stücke auf den Namen des Königs Amalrich (DD. RRH n° 397. 400. 465) herauszunehmen sind, dominiert eindeutig Akkon, das wirtschaftliche Zentrum des Reichs (siehe unten Bd. 2, S. 49), als Ausstellort. Es erscheint neunmal[40]. Demgegenüber treten Jerusalem, Nazareth, Sidon und *in obsidione Blahasent* nur je einmal auf. An den beiden letztgenannten Orten hat der König geurkundet, weil er sich auf einem Feldzug gegen Gerhard von Sidon befand (siehe oben S. 806), wohin er aus seiner Kanzlei den unterfertigenden Vizedatar Stephan mitgenommen hatte. Es fällt zunächst auf, daß keine Urkunde aus Tyrus mehr dabei ist, wo der König 1146 vor und 1152 nach der großen Reichskrise geurkundet hatte (DD. RRH n° 245. 291). Immerhin könnte das nur fragmentarisch unter Verlust des Ausstellortes überlieferte D. RRH n° 598a in Tyrus ausgestellt worden sein, weil es ein königlicher Schutzbrief für einen in Tyrus ansässigen muslimischen Kaufmann ist. Im Vergleich zu den von Radulf A verfaßten Diplomen (siehe oben S. 707 f.) fehlen bei den Ausstellorten jetzt auch Jaffa und Nablus. Das hat leicht erkennbare Gründe. Jaffa war 1154 aus der Krondomäne ausgeschieden und an des Königs Bruder gegangen, in Nablus herrschte seit 1152 de iure bis zu ihrem Tode im September 1162[41], de facto bis zu D. RRH n° 366 von Ende Juli 1161 des Königs Mutter in einem Immunitätsbezirk, der durch den Vertrag von 1152 der Einwirkung des Königs entzogen war.

Auffallend ist auch das nur einmalige Auftauchen von Jerusalem. Aber der König war öfter in Jerusalem, als dies in den Ausstellorten zutage tritt. Schon unter dem Notar Radulf A läßt sich für die in Akkon beurkundeten

---

38) Siehe dazu MAYER, Beginnings of King Amalric S. 125–132.
39) Wilhelm von Tyrus, Chronicon XIX. 10, S. 877.
40) D. RRH n° 309, das auch Akkon als Ausstellort hat, ist bereits oben S. 708 mitgezählt.
41) Siehe dazu VOGTHERR, Regierungsdaten S. 60.

DD. RRH n° 299. 309 zeigen, daß der König seine Rechtshandlung in Jerusalem vorgenommen hatte (siehe oben S. 125–128). Dazu treten die zwei DD. RRH n° 325. 336, die gleichfalls in Akkon beurkundet wurden, als der König im Antiochenischen weilte, wo auch die Rechtshandlung stattgefunden hatte. Ebenso verhielt es sich bei D. RRH n° 354: Handlung in Nazareth, Beurkundung in Akkon. Anders war es dagegen bei D. RRH n° 366, wo die Handlung in Nablus erfolgte, die Beurkundung aber nicht in Akkon, sondern sogar außerhalb der Domäne in Nazareth (siehe zu diesen Diplomen oben S. 808–811).

Bei DD. RRH n° 299. 309 könnte es durchaus so sein, daß nach der Handlung der König und seine Kanzlei gemeinsam nach Akkon gereist waren, wo die Beurkundung erfolgte, und eine solche gemeinsame Ortsveränderung zwischen Handlung und Beurkundung kann man auch unterstellen bei DD. RRH n° 354. 366[42]. Dies war wohl auch der Fall gewesen bei DD. RRH n° 341. 344, wo sehr wahrscheinlich Rechtshandlungen beurkundet wurden, die der König weiter südlich vorgenommen hatte, aber König und Vizedatar waren auf alle Fälle gemeinsam nach Sidon gereist, wo beurkundet wurde (siehe oben S. 806–808).

Immerhin fällt aber auf, daß von den DD. RRH n° 299. 309. 325. 336. 341. 344. 354. 355. 366. 368, bei denen Handlung und Beurkundung mindestens zeitlich, wenn nicht auch örtlich auseinanderfallen, sechs in Akkon ausgestellt wurden (DD. RRH n° 299. 309. 325. 336. 354. 368), wobei der König in zwei Fällen nachweislich zum Zeitpunkt der in Akkon erfolgten Beurkundung weit weg im antiochenischen Norden war (DD. RRH n° 325. 336). Das wirft natürlich die Frage auf, ob die Kanzlei am Ende in Akkon ortsfest geworden war. Gerade an dem Fall von D. RRH n° 336 wird diese Problematik deutlich. Wenn der König in Antiochia handelte, die Beurkundung aber noch während seiner Abwesenheit in Akkon erfolgte, dann mußte er nicht nur seine Entscheidung überhaupt irgendwie in glaubhafter Weise in den Süden übermitteln, sondern er mußte auch wissen, an welchen Ort der Auftrag zu bringen war. Das erste übersehen wir hier besser als das zweite. Am Ende des Contextes des als Original erhaltenen D. RRH n° 336 steht nämlich *volo, ut fiat*, und das ist nichts anderes als der in einer im Norden aufgesetzten königlichen Aufzeichnung enthaltene (eigenhändige?) Beurkundungsbefehl des Königs, der mit der Aufzeichnung in den Süden geschickt wurde und bei der Beurkundung in Akkon versehentlich in das

---

42) Bei DD. RRH n° 355. 368 läßt sich nichts sagen, denn wir wissen zwar, daß hier die beiden Akte zeitlich auseinanderfielen, aber wir kennen nur den Ort der Beurkundung, nicht den Ort der Handlung.

dort angelegte Ingrossat geriet. Was das zweite Problem angeht, so hatte es keine Sinn, einen Kurier quasi blind ins Königreich zu schicken, der sich dort erst umtun mußte, wo die Kanzlei in der Abwesenheit des Königs zu finden war, sondern wenigstens bis zur Rückkehr des Königs mußte verabredet sein, wo sie sich aufhalten werde.

Dauernd ortsfest war die Kanzlei sicher noch nicht, das beweisen wenigstens DD. RRH n° 341. 344[43]. Aber sie hatte zur Zeit des Kanzlers Radulf eine gewisse Tendenz zur Ortsfestigkeit in Akkon und folgte dem König nicht immer und überall hin. Insbesondere scheint man Hemmungen gehabt zu haben, den König die Bullenzange über die Reichsgrenzen mitnehmen zu lassen, wobei auch schon Antiochia als Ausland galt, auch wenn dieses Problem nicht zu allen Zeiten einheitlich gehandhabt wurde (siehe unten Bd. 2, S. 58–55). Man fing jetzt (1160) auch an, von einer *cancellaria* des Königs zu sprechen, in der es einen Sekretär gab (DD. RRH n° 352. 353; siehe unten S. 819), fing also trotz des an sich rudimentären Charakters der jerusalemitanischen Zentralverwaltung wenigstens damit an, in Behördenkategorien zu denken. Die deutsche Diplomatik wird ja seit dem bahnbrechenden Aufsatz von Klewitz über die Cancellaria von seiner Vorstellung beherrscht, *cancellaria* bedeute das Kanzleramt, nicht im Sinne einer Behörde, so wie wir vom Bundeskanzleramt sprechen und damit ein Gebäude nebst Funktion meinen, sondern im Sinne der dem Kanzler persönlich anvertrauten Funktion[44]. Klewitz trug eine Reaktion gegen überspitzte Vorstellungen der älteren Diplomatik vor, für die sich „Kanzlei" just mit der Vorstellung einer fein verästelten, gut durchorganisierten Institution, sozusagen einer Behörde mit Geschäftsverteilungsplan, verbunden hatte. Wenn freilich Klewitz über das Ziel hinausschießend daraus schließen wollte, es habe eine Kanzlei im Sinne einer Behörde überhaupt nicht gegeben, so hat dies mit Recht den Widerspruch der diplomatischen Praktiker herausgefordert, die Editionen von Königsurkunden zu bewältigen hatten[45]. Aber geblieben ist doch die Skepsis gegenüber dem Behördenbegriff.

Nun muß man aber sehen, daß Klewitz seine These im wesentlichen an der berühmten Formel der kapetingischen Kanzleivakanz *data vacante cancellaria* entwickelt hatte. Hier geht die Sache ja wenigstens scheinbar auf: „gegeben, als das Kanzleramt vakant war", obwohl sich, was Klewitz noch unbekannt war, die neuere französische Diplomatik mit dem unbequemen

---

43) Zur Frage, inwieweit der Kanzler, die Kanzlei und die Bullenzange den König begleiteten, siehe oben S. 66 f. und MAYER, Antiochenische Regentschaft S. 561–563, ferner oben S. 153–156 sowie unten Bd. 2, S. 50–55.

44) KLEWITZ, Cancellaria, passim.

45) APPELT, Reichskanzlei Barbarossas, passim.

Umstand herumschlagen muß, daß diese Formel zu Beginn des 14. Jahrhunderts immer noch verwendet wurde, wiewohl es einen Kanzler inzwischen bereits wieder gab[46]. Klewitz wäre vielleicht vorsichtiger gewesen, wenn er die beiden jerusalemitanischen Beispiele von 1160 (unten S. 819), die zu seiner Zeit ja schon fast ein Jahrhundert gedruckt vorlagen, gekannt hätte, denn bei seiner Interpretation lassen sich die Texte von 1160 nicht mehr ordnungsgemäß übersetzen: „Sekretär der Funktion des königlichen Kanzlers": das heißt gar nichts mehr.

Die *cancellaria* ist hier vielmehr durchaus eine Behörde, wie immer rudimentär man sie sich vorzustellen hat. Eine Behörde scheint auch 1328 in Zypern gemeint gewesen zu sein, wo ein *domini regis cancellariae scriba publicus* begegnet[47]. Wir finden um dieselbe Zeit auch andere derartige Ansätze zu einem Denken in Behördenkategorien, was sich an Amtslehen zur Bezahlung von Funktionären ausgebildet haben mag, für die wir freilich bei den eher von Taxen lebenden Kanzlern keine Hinweise haben. Im Jahre 1171 schenkte der König Amalrich den Lazaritern 72 Byzantiner jährlich, davon waren zehn nur eine Bestätigung von Zahlungen, *quos Odo de Sancto Amando eis de assisia pincernatus mei dederat, dum* (= solange als) *eo fungebatur* (D. RRH n° 487). Und 1179 begegnet ein *feodum camerariae* (scil. *regis*), ein Kammerlehen, kein Kämmererlehen (D. RRH n° 579).

Es ist kein Wunder, wenn in Jerusalem gerade jetzt die Vorstellung von einer eigenen Behörde „Königskanzlei" auftaucht. Zum einen hatte sie jetzt mit Kanzler, Sekretär und Kanzleischreiber (oder in der Spätzeit des Radulf B mit Kanzler, Vizedatar Radulf B und Notar Radulf C) ihren maximalen Personalstand erreicht. Mehr brauchten kleine Reiche nicht. Die schottische Königskanzlei derselben Zeit bestand aus dem Kanzler, einem *clericus cancellarii*, einem Kapellan des Kanzlers und einem Schreiber[48]. Zum anderen löste sie sich unter dem Kanzler Radulf mindestens zeitweise von der Reisetätigkeit des Königs, was zwangsläufig der Vorstellung einer Behörde Vorschub leisten mußte. Ortsfest war sie noch nicht; die Liste oben S. 801 f. zeigt es. Man hat auch den Eindruck, daß einer, entweder der

---

46) TESSIER, Diplomatique S. 136.

47) MAS LATRIE, Chypre 2, S. 142; EDBURY, Cyprus S. 189. Allerdings druckt RICHARD, Diplomatique S. 78 *domini regis cancellarii scriba publicus*. Ich habe die Überlieferung nicht gesehen. – Wie sich eine Titulatur entwickelte, wenn die Kanzlei in gar keiner Weise Ansätze zur Verselbständigung entwickelte, sondern ganz im Verband der herrscherlichen Kurie blieb, sehen wir 1190 und 1219 in Antiochia, wo in RRH n° 695 der *principalis curiae cancellarius*, in RRH n° 921 der *cancellarius aulae principalis* begegnet.

48) Regesta regum Scottorum 1, S. 29 f.

Kanzler oder der Sekretär, überwiegend aber der erstere, sich mühten, beim König zu sein (siehe oben S. 153–156). Aber ganz klar ergibt sich aus dem fragmentarischen Material auch, daß das deutliche Überwiegen des Ausstellungsortes Akkon nicht notwendigerweise beweist, daß Akkon die bevorzugte Residenz des Königs war. Vielmehr sind die Kanzleiunterfertigungen mit Angabe des Ausstellortes und des Tagesdatums bezogen auf die Beurkundung, die Handlung aber war öfters mehr als nur ein paar Tage vorausgegangen, wenn es auch in diesen Fällen nicht immer gewiß ist, wo sie erfolgt war. König und Kanzlei konnten gemeinsame Wege gehen, aber sie mußten es nicht.

4. Der Kanzleisekretär Stephan (= Radulf B)

Die Geschwindigkeit, mit der Radulf B im Anschluß an die Wahl des Kanzlers zum Bischof noch vor dessen Weihe zum Notar ernannt werden konnte, zeigt, daß er dem König kaum ein Fremder gewesen sein wird[49]. Ich bin bisher davon ausgegangen, daß es der König, nicht der Kanzler war, der den Notar ernannte. Das stützt sich auf das Beispiel des Normannen Hemelin und vor allem des Angioviners Elias, die beide zu Beginn der Regierung eines Königs zum Notar bestellt wurden (siehe oben S. 461, 517 f.). Die Umstände des Notarswechsels 1163 werden dies weiter bestätigen (siehe unten Bd. 2, S. 64 f.), und ebenso ernannten die Herrscher Guido 1186, Konrad von Montferrat 1187, Heinrich von Champagne 1192 und Aimerich 1198 neue Notare zu Beginn ihrer Herrschaft, auch wenn die Kanzler im Amt blieben, so daß nicht die Kanzler ernannten. Aber 1156 haben wir einen Notarswechsel mitten in der Regierungszeit eines Königs vor uns. War also nicht doch der Kanzler der Ernennende? Der Wechsel im Notarsamt wurde aber bewirkt durch Radulfs Erhebung zum Bischof von Bethlehem bei gleichzeitiger, erstmals vorkommender Beibehaltung der Kanzlei. Der Kanzler führte jetzt nur noch die Oberaufsicht über die Kanzlei, fungierte nur noch als reiner Datar und siegelte die Diplome. Aber er entwarf nicht mehr Tag um Tag Dictamina, was er zuvor auch noch getan hatte, sondern hierfür wurde nun ein neuer Mann benötigt, zumal der Kanzler seit Ende 1154 in Personalunion auch noch die Kanzlei des Grafen von Jaffa-Askalon leitete (siehe oben S. 123 f.). So spricht in diesem Fall der Notarswechsel

---

49) Das war er auch dem Kanzler nicht, denn ich werde unten Bd. 2, S. 2–6 zeigen, daß das letzte Diplom des Radulf A (D. RRH n° 309) ein Mischdiktat ist, an dem Radulf B als Gehilfe bereits beteiligt war.

mitten in der Regierung des Königs nicht gegen das alleinige Ernennungsrecht der Herrscher für die Kanzleinotare[50]. Da die Rückkehr Radulfs in
die Kanzlei 1152, erst recht aber sein für damalige Verhältnisse ungewöhnliches Weiteramtieren als Kanzler, als er Bischof wurde (siehe oben S. 142),
der Vorstellung von der Unabsetzbarkeit der Kanzler Vorschub leisten
mußten, war es für den König um so wichtiger, die Ernennung der Notare
als der eigentlichen Träger des Urkundengeschäftes in der eigenen Hand zu
halten und nicht zu delegieren oder auch nur mit dem Kanzler zu teilen.

Dafür wurde dieser nun ein in der Politik aktiver Kanzler nach der Art
hochmittelalterlicher Verhältnisse. Das hatte es bisher nur beim Kanzler
Paganus gegeben. Aber dieser hatte sich noch nicht ganz aus der Urkundenherstellung zurückgezogen. Wichtige Dinge hatte er noch selbst konzipiert
(D. RRH nº 89), aber für den Alltag war 1120 mit Hemelin ein hauptamtlicher Notar ernannt worden, der ab 1129 ganz am Ende der Kanzlerschaft
des Paganus zum Vizekanzler aufstieg, während Paganus, der infolge der
langen Gefangenschaft des Königs auch politisch sehr an Statur gewonnen
hatte, sich seit 1120 in der Kanzlei in die Rolle desjenigen zurückgezogen
hatte, der den Beurkundungsbefehl entgegennahm und weiterleitete und das
Siegel anbrachte (siehe oben S. 66, 68). Ähnlich müssen wir uns auch die
Verhältnisse zur Zeit des Notars Radulf B vorstellen. Die von Paganus
bewirkte Lösung hatte freilich damals keinen Bestand gehabt. Schon Hemelin als Kanzler und dann sein zweiter Nachfolger Elias setzten – der letztere
mindestens überwiegend – wieder ihre eigenen Dictamina auf, und Elias
brachte dies in D. RRH nº 179 mit *Ego autem Helias cancellarius regis hoc
privilegium dictavi* auch deutlich zum Ausdruck[51]. In Francos kurzer
Kanzlerschaft zwischen Hemelin und Elias (1134–1136) hat nachweislich
schon Elias diktiert; ob daneben auch Franco zur Feder griff, entzieht sich
unserer Kenntnis. Dagegen überließ Elias Diplome, die besonders feierlich
sein sollten, dem Elias A, der aber in der Kanzlei nur eine Aushilfsrolle hatte
und eigentlich zur Schreibstube des Hl. Grabs gehörte. Der Kanzler
Radulf schrieb dann in dieser Tradition bis 1156 seine eigenen Konzepte, als
Bischof aber brauchte er einen Notar für das Tagesgeschäft, und auch damit

---

50) Auch der Notar Wilhelm A wurde 1176 mitten in einer Königsherrschaft ernannt, aber gewiß nicht vom Kanzler Wilhelm von Tyrus, der damals von der Ausübung seiner Amtsgeschäfte ferngehalten wurde, und ebenso wenig natürlich von dem
Hilfsdatar Lambert, der ja nicht einmal Kanzler war, so daß nur der König bleibt,
mindestens formal, wenn auch die Kamarilla um die Mutter des Königs die Hand im
Spiel gehabt haben dürfte; siehe unten Bd. 2, S. 340 f.
51) So bezeichneten auch die tripolitanischen Kanzler Otrannus und Petrus ihre
Tätigkeit; siehe oben S. 376 f.

wurde er für die Zukunft in Jerusalem stilbildend. Von nun an haben die Kanzler nicht mehr selbst diktiert.

Wenn jetzt der Kanzler blieb, selbst aber keine Urkundentexte mehr aufsetzte, so stellte sich für den Notar die Titelfrage. Und in der Tat begegnet in zwei Diplomen von 1160 als Zeuge jeweils ein *Stephanus regiae cancellariae secretarius* (DD. RRH n° 352. 353). Hört man das Wort *secretarius*, so denkt man natürlich zunächst an die *Secrète*, lateinisch *Secreta*, die in Jerusalem, Antiochia und Kleinarmenien bezeugte Finanzbehörde des Herrschers. Es liegt nahe anzunehmen, daß die dort arbeitenden Funktionäre *secretarii* hießen. Riley-Smith hat deshalb den Kanzleisekretär von 1160 als einen Mitarbeiter der *Secrète* angesprochen, der in der Kanzlei arbeitete[52], was allerdings die anderen Sekretäre ignoriert, die wir in den Kreuzfahrerstaaten kennen (siehe oben S. 524). Wenn Riley-Smith sagt: „In 1160, when a *secretarius* seems to have been dependent on the chancery", so hat er damit zugleich eine Unterordnung der *Secrète* unter die Kanzlei postuliert. Die *Secrète* wäre lediglich ein Kanzleidepartement gewesen, doch kann davon keine Rede sein. Dies würde nicht einmal der Grundthese von Riley-Smith entsprechen, wonach die Kreuzfahrer die Verwaltung der Fatimiden übernommen hätten, da im Fatimidenreich die Finanzverwaltung und die Kanzlei strikt getrennte Diwane waren[53]

Teilweise anderes scheint zu gelten für das normannische Sizilien, wo König Roger II. einen königlichen Diwan (*doana*) aufbaute, der sich ab 1174 in die *doana de secretis* (allgemeine Finanzverwaltung) und die *Doana baronum* (Lehnssachen) teilte[54]. Dort wurde tatsächlich geurkundet, aber nur in arabischer Sprache und für gewisse Dinge. Insbesondere fiel die Herstellung der Plateae, der vom König unterschriebenen Hörigenverzeichnisse, wenn sie nicht griechisch, sondern arabisch gehalten waren, in die Kompetenz des Diwan[55]. In Jerusalem gab es keine Plateae, aber wenigstens in

---

52) RILEY-SMITH, Lesser Officials S. 19 Anm. 5; DERS., Feudal Nobility S. 58. Abwegig ist die implizite Vermutung bei RILEY-SMITH, Lesser Officials S. 21 Anm. 4, der Umstand, daß Stephan RRH n° 353 mit seiner Hörigenliste bezeuge, untermauere seine Zugehörigkeit zur *Secrète*. – Allenfalls der Kanzleischreiber III, der aber nicht diktierte, gehörte der Secrète an; siehe unten Bd. 2, S. 353. Im Jahre 1459 gab es in Zypern einen *domini regis secretarius*, der auch als *cancellarius* begegnet; siehe RICHARD, Diplomatique S. 79.

53) Encyclopaedia of Islam, new edition, s. v. Diwan.

54) HASKINS, England and Sicily S. 652–55; CHALANDON, Domination normande 2, S. 647–653; VON HECKEL, Registerwesen S. 381–394.

55) KEHR, Urkunden S. 66 f., 230–232, zugleich mit Beispielen von im Diwan hergestellten Urkunden. NOTH bei BRÜHL, Urkunden S. 226–229, 251–254 = Diplomi

der zweiten Hälfte des 12. Jahrhunderts Hörigen- und Beduinenschenkungen mit langen Namenslisten (DD. RRH n° 278. 307. 353. 517. 562), aber diese Stücke, die ja auch in Diplomform gehalten sind, waren Produkte der Kanzleinotare. Noth hält es nicht für ausgeschlossen, daß es neben dem Diwan noch eine arabische Kanzlei Rogers II. gegeben haben könnte, ohne daß deren Existenz gesichert wäre. Sicherlich wäre sie von 'der' (lateinischen) Kanzlei zu trennen, deren Personal im übrigen unter Roger und auch später nicht in einem einzigen Falle mit der *doana* in Verbindung stand. Daß dagegen die eigentliche Kanzlei gegen Ende des 12. Jahrhunderts auch arabisch und griechisch urkundete, beweist eine Miniatur bei Petrus von Eboli[56], aber auch in dieser Zeit ist eine personelle oder strukturelle Verflechtung von *doana* und Kanzlei nicht festzustellen.

In Kleinarmenien sieht es kaum besser aus[57]. Dort wurden überhaupt nur unter dem ersten König Leon II. (1198–1219) lateinische Originale verfertigt, während später für abendländische Empfänger armenische Originale ergingen, deren armenischer Teil vom König unterschrieben war und denen auf demselben Blatt eine lateinische Übersetzung beigefügt war, worauf dann zum Schluß alles mit dem Siegel beglaubigt wurde. Die lateinischen Originale aus der Zeit Leons II. ergingen sukzessive in ganz verschiedenen Büros, zunächst RRH n° 781. 786 von 1201 in der allgemeinen Kanzlei, da sie vom Kanzler Johannes von Sis unterfertigt sind. Es folgen zwei Stücke von 1210, die unterfertigt wurden von Bartholomaeus *regiae duanae secretorum protonotarius*[58]. Schon der Titel zeigt, daß diese Behörde nach sizilischem Vorbild organisiert worden war. Weil die ganze Behörde sizilischem Vorbild folgte, wo die *doana* primär die Finanzverwaltung war, finden wir in dieser Zeit in Antiochia, das damals völlig im kleinarmenischen Fahrwasser war, ein einziges Mal Finanzbeamte, die den Titel *secretarius* trugen (RRH n° 886 von 1216). Wie in Sizilien schrieb man in der kleinarmenischen *doana*, wenn überhaupt, Urkunden in fremder (lateinischer) Sprache. Aber selbst dies war nur ephemer, denn 1214 schrieb ein eigener Lateinkanzler (*Latinus cancellarius*) namens Bovo zwei Königsurkun-

---

S. 196–198, 215–217 mit einem weiteren Beispiel einer arabischen Urkunde aus dem Diwan, diesmal einer Landschenkung.

56) Abgebildet bei ENZENSBERGER, Beiträge nach S. 198.

57) RICHARD, Diplomatique S. 70–73.

58) RRH n° 843. 845. Am 28. Januar 1278 schrieb Karl I. von Anjou einen Empfehlungsbrief für einen Sekretär des Königs von Kleinarmenien; MINIERI-RICCIO, Regno di Carlo I° S. 2.

den Leons (RRH n° 869. 870), ohne daß man hieraus gleich auf eine eigene lateinische Kanzlei schließen dürfte[59].

Man kann sich, um zur These von Riley-Smith zurückzukehren, nicht vorstellen, daß der König von Jerusalem, der so viel Wert darauf legte, mittels der Ernennung der Notare die Kontrolle über die Kanzlei zu behalten, diese mit der *Secrète* verkoppelt hätte, die der Leitung des vom König viel unabhängigeren Seneschall unterstand. Im Grunde spricht schon Stephans Titel selbst dagegen. Denn es war doch wohl so, daß er sich gerade *regiae cancellariae secretarius* nannte, um dem Mißverständnis vorzubeugen, er gehöre zum Personalbestand der *Secrète*. Mit dieser wollte er offenkundig nicht in einen Topf geworfen werden. Auch war keiner der anderen uns bekannten *secretarii* ein Fiskalbeamter, mit Ausnahme der antiochenischen Sekretäre von 1216 (RRH n° 886). Der Bürochef der *Secrète* hieß nicht *magister secretarius* (analog zu *magister capellanus* oder *magister notarius* im Abendland), sondern *magister secretae*[60].

Es ist im übrigen nicht zu übersehen, daß Riley-Smith seine These von den Beziehungen zwischen Kanzlei und *Secrète*, ja von der Überordnung der ersteren über die letztere, an den ihm bestens vertrauten englischen Verhältnissen gewonnen hat. Dort entwickelten sich aus der Kanzlei oder dem einheitlichen Schreibbüro des Königs in dem Maße, in dem die Geschäfte zunahmen und vor allem nicht mehr der ganze Hof dem König durch das Land folgte, spezialisierte Büros, als erstes die Finanzbehörde des Exchequer, die im wesentlichen ortsfest in Westminster oder in Winchester saß. Trotz des eigenen Exchequersiegels war unter Heinrich II. der Exchequer aber unter der festen Kontrolle der Kanzlei. Der Kanzler war der Bewahrer auch des Exchequersiegels, wenngleich er dies durch einen Vertreter, den *clericus*

---

59) RICHARD, Diplomatique S. 72 sieht in ihm lediglich einen des Lateinischen kundigen (Kanzlei)notar. Wir müssen bis ins 15. Jh. warten, ehe wir auf Zypern Sekretären begegnen, die dem König Urkunden schrieben, und zu dieser Zeit gab es dann allerdings Beziehungen zwischen Kanzlei und *Secrète*, denn der Kanzler teilte damals der *Secrète* in einem Mandat die Substanz des gewünschten Privilegs mit, die *Secrète* registrierte den Vorgang und fertigte das Ingrossat an, das dann in der Kanzlei besiegelt und ausgehändigt wurde; siehe RICHARD, Diplomatique S. 78 f., 82 mit Anm. 3 und DERS., Privilège de Jean II, passim.

60) RRH n° 194. 195 aus Antiochia von 1140. Jedenfalls nehme ich an, daß es sich um den Bürochef handelte, aber wenn man die normannisch-sizilischen Verhältnisse als Analogie heranzieht, ist das keineswegs mehr sicher. Zwar trug dort der Chef des Diwan den Titel *magister doanae* (DD. Tankreds 5. 7. 8), aber KEHR, Urkunden S. 119 Anm. 2 hat zwei Beispiele aus derselben Zeit beigebracht, in denen *magistri doanae baronum* und *magistri doanae de secretis* mit Inquisitionen betraut wurden, so daß der Titel eines *secretarius* hier nicht vorhanden gewesen zu sein scheint.

cancellarii, ausübte. In der Abwesenheit des Kanzlers konnte kein Exchequer Writ besiegelt werden. Der Kanzler ernannte den Schreiber, der solche Writs herzustellen hatte (*scriptor cancellarii*). Das sind Verhältnisse, wie sie sich Riley-Smith mutatis mutandis offenbar auch für Jerusalem vorstellt, aber selbst in England war die Verflechtung der beiden Behörden dann in der Praxis doch weniger strikt als die hier nach dem *Dialogus de scaccario* ausgebreitete Theorie. Jedenfalls hat Bishop darauf aufmerksam gemacht, daß nur ein einziges Mal eine Kanzleihand in den Pipe Rolls und Chancellor's Rolls auftritt. Er hat mit Recht erklärt, daß man aus diesem einen Fall einer Abordnung nicht auf eine Einheitsbehörde schließen könne[61].

Ein Angehöriger der *Secrète*, der in der Kanzlei arbeitete, war Radulf B also gewiß nicht. Das beim englischen wie beim fatimidischen Vorbild in jeder Hinsicht bürokratische Modell Riley-Smiths verfängt bei den einfachen Verhältnissen Jerusalems nicht; hier sind aus einem in der Tat sehr reichen Zettelkasten für die Verwaltung des Reichs voreilige Schlüsse gezogen worden. Auch mit der Kapelle hatte Radulf B nichts zu tun. Zwar steht in D. RRH n° 353 bei *regiae cancellariae secretarius* in einer Überlieferung (Vat. lat. 4947 fol. 57ʳ) das letzte Wort auf Rasur von *capellanus*, aber man muß sich hüten, daraus auf eine Verbindung zur Kapelle zu schließen. Es ist lediglich ein Fehler des Chartularschreibers, bedingt durch den Umstand, daß der vorangehende Zeuge ein Philipp *domni regis capellanus* war[62]. Kapelläne der Hofkapelle schrieben in der Zeit der Kanzleikrise der fünfziger Jahre Urkunden, aber damals gab es keine Kanzlei, so daß sie ihr nicht angehörten. Auch hat man gelegentlich Kapelläne als Datare herangezogen, wenn es zwar eine Kanzlei, aber keinen Kanzler gab, aber diese Männer setzten keine Urkunden auf. Möglicherweise war der Kanzler zugleich der Chef der Kapelle. Ansonsten aber beschränken sich die Beziehungen zwischen Kanzlei und Kapelle in Jerusalem auf zwei Namen: den Hofkleriker Brando, der in einer Ausnahmesituation seinem Verwandten, dem Kanzler

---

61) CHAPLAIS, English Royal Documents S. 46; BISHOP, Scriptores regis S. 29. TOUT, Chapters 5, S. 163 Anm. 1 hat mit dem falschen Zitat *sub sigillo secretarii nostri* aus einer Exchequer-Urkunde von 1291 eine Konfusion zum Thema königlicher Sekretäre beigesteuert. CHAPLAIS, English Royal Documents S. 47 Anm. 2 hat dies bereits korrigiert: *sub sigillo scaccarii nostri*.

62) Siehe hierzu MAYER, Hofkapelle S. 496 f., auch zu der falschen Lesung der Rasur in der Edition von BRESC-BAUTIER. Daran ändert sich auch nichts durch die Beobachtung, daß der Brief RRH n° 495 von Radulf C verfaßt und dann in der Kanzlei besiegelt wurde. Entscheidend ist, daß alle anderen Briefe keinerlei Diktatberührungen mit den Diplomen zeigen.

Paganus, half, und den Hofkleriker Balduin, den Notar des Königs Aimerich für festländische Angelegenheiten[63].

Man hätte den Kanzleisekretär Radulf B genausogut als *notarius* bezeichnen können (siehe zu dem Titel oben S. 457 f.), nur war dieser Titel in der Kanzlei von Jerusalem vor 1207 (RRH n° 824) mit Ausnahme Oddos in der Gegenkanzlei Konrads von Montferrat nicht gebräuchlich, auch wenn ich ihn als Verabredungsbegriff zur Bezeichnung einer ganzen Schicht von Kanzleifunktionären hier verwende. *Secretarius* bedeutet hier den Mann, der als Vertrauter des Königs zwischen dem unterfertigenden und siegelnden Kanzler und dem nur mundierenden Kanzleischreiber das königliche Urkundengeschäft eigentlich trug und den königlichen Willen in Dictamina umsetzte.

5. Der Vizedatar Stephan (= Radulf B)

Kanzleisekretär war der offizielle Titel des Radulf B, denn er selbst als Notar hat ihn ja so in die Zeugenliste von DD. RRH n° 352. 353 hineingebracht. Dies war, wie gesagt, in der Sache ein Amt als Kanzleinotar. Aber das war nicht seine einzige Funktion. Im März 1159, mehrere Jahre nach seinem Eintritt in die Kanzlei, wird eine andere sichtbar, als er erstmals persönlich ein Diplom unterfertigte. Insgesamt tat er dies zwischen 1159 und 1169 siebenmal (DD. RRH n° 336. 341. 344. 355. 368. 397. 465). Er tat es mit einer starren, völlig unveränderlichen Formel: *Data* + Ort *per manum Stephani domni Radulfi Bethleemite episcopi regisque cancellarii in hoc officio vice fungentis* + Tagesdatum nach dem römischen Kalender. Die Bedeutung dieser Formel ist eindeutig. Dieser Stephan war Vizekanzler (besser gesagt: Vizedatar, weil ihm der Vizekanzlertitel abging), der erste seit Hemelin[64]. Man sieht, daß die Unterfertigungsformel Stephans ganz im Zeichen des Kanzlers Radulf von Bethlehem steht. Er nimmt auch hier die zentrale Stelle in der Kanzleizeile ein und wird gar mit dem *domnus*-Titel ausgezeichnet, den ihm Radulf B in den normalen Kanzleiunterfertigungen auf des Kanzlers Namen sonst nicht gab, mit Ausnahme von DD. RRH n° 366. 400 (siehe unten Bd. 2, S. 17 f.). Auch wenn Stephan als Vizedatar fungierte, auch wenn er ansonsten das Urkundengeschäft mit dem Kanzleischreiber II zusammen allein trug, so herrschte doch niemals ein Zweifel daran, wer für

---

63) MAYER, Hofkapelle S. 501–505.
64) Siehe oben S. 475. Wenn der Kanzler in D. spur. RRH n° 548 selbst den Titel *vicecancellarius* erhält, ist dies natürlich ein Fehler des Editors. Die Überlieferung hat *cancellarius*.

die Kanzlei den Ton angab. Die Rechte des Kanzlers blieben stets gewahrt. Aber in Abwesenheit des Kanzlers fungierte der Vizedatar Stephan als Vertreter, der unterfertigte und dann gewiß auch das Siegel in seiner Obhut hatte und alleinberechtigt einsetzte[65], denn als D. RRH n° 336 in Akkon beurkundet und besiegelt wurde, war der König ja im Antiochenischen, wohin ihn die Bullenzange nicht begleitet hatte (siehe oben S. 805 f.). Wie beim Kanzler zeigt natürlich auch Stephans Unterfertigung seine persönliche Anwesenheit an.

Das Vorbild für die Funktion des Vizedatars war wohl der Vizekanzler der römischen Kurie. Aus mancherlei Gründen kommen in päpstlichen Urkunden schon seit der zweiten Hälfte des 11. Jahrhunderts Unterfertigungen *vice cancellarii* oder ähnlich vor. Seit Calixt II. setzte der Datar, also der Kanzler, eigenhändig seinen Namen oder wenigstens dessen Initiale in die Datierung ein. Da er bei Abwesenheit nicht als Datar fungieren konnte, mußte recht häufig ein Vertreter bestellt werden. Die Liste der aus dem niedrigen Kanzleipersonal genommenen Stellvertreter, die keinen Vizekanzlertitel führten, ist lang. Der Titel eines *vicecancellarius* in dieser Form begegnet ohnehin erst seit dem frühen 13. Jahrhundert. Aber bei längeren Abwesenheiten der ja noch kardinalizischen Kanzler wurden im 12. Jahrhundert kardinalizische Vizekanzler bestellt, deren Liste wesentlich kürzer ist. Auch sie führten nicht den Titel *vicecancellarius*, unterfertigten aber *vicem cancellarii agens* oder *gerens* oder *vice cancellarii fungens*[66], also gerade so wie Radulf B: *regisque cancellarii in hoc officio vice fungentis*.

Theoretisch ist natürlich auch ein anderes Vorbild denkbar. Frankreich scheidet aus, dort gab es überhaupt nie Vizekanzler, und im Reich treten sie erst im ausgehenden 13. Jahrhundert auf. Auch England scheidet eher aus, an das man angesichts der englischen Vergangenheit des Kanzlers natürlich zuerst denkt. Jedenfalls ist das Beweismaterial dürftig. Es gab dort vorübergehend Vizekanzler unter Richard I. und Johann ohne Land[67]. Aber so wie

---

65) Schon DODU, Institutions monarchiques S. 158 hat richtig erkannt, daß der Vizedatar Stephan den Kanzler Radulf in dessen Abwesenheit vertrat.

66) BRESSLAU, Urkundenlehre [2]1, S. 237, 239 Anm. 4, 240 Anm. 1, 244–249. Ebd. [2]1, S. 244 Anm. 4 hat Bresslau als einzigen nichtkardinalizischen Vizekanzler 1131 den Scriptor Lucas ausgemacht. Ich übersehe nicht, ob und inwieweit die Forschung seither diese Fälle vermehrt hat.

67) MAYER, Kanzlei Richards S. 25 f.; CHAPLAIS, English Royal Documents S. 3, 20; TOUT, Chapters 1, S. 133–135 und die Kanzleitaxordnung von 1199 bei RYMER, Foedera (Record Commission) 1, 1, S. 75 f. Möglicherweise war Reginald, der spätere Abt von Reading, Vizesiegelbewahrer unter König Stephan: Regesta regum Anglo-Normannorum 3, S. XI. Er wird dann wohl auch Urkunden gesiegelt haben. Schon

dies bald wieder aufhörte, so hatte es dies zu Lebzeiten des jerusalemitanischen Kanzlers Radulf († 1174) in England nicht gegeben. Aber das sizilische Reich Rogers II. käme in Betracht. Dort hatte der von Hugo Falcandus in den allerschwärzesten Farben gemalten Maio eine wahre Bilderbuchlaufbahn, von der Romuald von Salerno nur einen Teil berichtet[68]: *Novissime Maionem, iuvenem de Baro oriundum, virum utique facundum, satis providum et discretum, primo scriniarium, dehinc vicecancellarium, postremo cancellarium fecit.* Ob er je Notar war, ist umstritten, obwohl Falcandus es behauptet[69]. Ab 1144 war Maio jedenfalls königlicher Scriniar, also Archivar. In dieser Eigenschaft fungierte er öfters als Datar in königlichen Diplomen, stets mit der Formel: *Data ..., quia (eo quod) Robertus (noster) cancellarius absens erat, per manum Maionis nostri scriniarii* (DD. Ro. II. 64–67. spur. 70. 71. 75). Spätestens 1149 erhielt er den Titel eines *vicecancellarius*[70]. Noch vor 1154 stieg er zum Kanzler auf, zu Beginn der Regierungszeit Wilhelms I. wurde er Großadmiral, 1160 wurde er ermordet[71]. Auch dieser Maio könnte für den Vicecancellariat Stephans eine Inspiration gewesen sein.

Entscheidend für die Ernennung eines Vizedatars in Jerusalem war wie an der Kurie, daß jemand benötigt wurde, der den Kanzler in seiner Abwesenheit vertreten konnte, denn im Prinzip war es die höchstpersönliche Aufgabe des Kanzlers, die Diplome zu unterfertigen und zu besiegeln, jedenfalls unter dem Kanzler Radulf (siehe oben S. 146). Für die Ernennung eines Vizedatars bestand keine Notwendigkeit, solange der Kanzler-Notar Radulf bis 1155 seine eigenen Dictamina aufsetzte und dann natürlich auch beglaubigte. Das änderte sich seit Ende 1154 aus zwei Gründen. Einmal wurde zu diesem Zeitpunkt der Bruder des Königs, Amalrich, mit der Doppelgrafschaft Jaffa-Askalon belehnt[72]. Für seine Urkunden hatte der Graf eine eigene gräfliche Kanzlei (erstmals erkennbar im Januar 1155 in D. RRH n° 300) mit dem

---

1173, als Ralph von Wanneville Kanzler wurde, wollte er sein zurückgezogenes Leben nicht aufgeben: *malens Waltero de Constantiis* (= Coutances) ... *vices in curia regis committere* (Radulf von Diceto, Opera historica 1, S. 367).

68) Romuald von Salerno, Chronicon S. 234 f. Anders Hugo Falcandus, Liber S. 7 f.

69) KEHR, Urkunden S. 78 Anm. 6; anders BRESSLAU, Urkundenlehre ²1, S. 167 Anm. 2; BRÜHL, Urkunden S. 47 = Diplomi S. 39.

70) D. spur. Ro. II. 78, aber mit echter Datatio; vgl. die Vorbemerkung; BRÜHL, Urkunden S. 47 f., 123 = Diplomi S. 39, 103.

71) KEHR, Urkunden S. 77–82; ENZENSBERGER, Beiträge S. 75; BRÜHL, Urkunden S. 47 f. = Diplomi S. 39. In NITTI DI VITO, Pergamene S. 190 n° 112 steht eine Urkunde von April 1155, in der der sizilische Kanzler Aschittinus als Vizekanzler bezeichnet wird. Zu diesem Irrtum siehe KEHR, Urkunden S. 80 Anm. 3.

72) MAYER, Melisende S. 175 f.; DERS., Double County S. 181 f. Zum Zeitpunkt siehe auch oben S. 116.

Notar Radulf C und einem Kanzler namens Radulf, der kein anderer war als der gleichnamige Königskanzler, den der König seinem rebellisch gewesenen Bruder als Aufpasser beiordnete (siehe oben S. 116–123). Radulf hatte also jetzt an zwei Orten Kanzlerpflichten zu versehen und mußte sich deshalb wenigstens an einem der beiden vertreten lassen können. Außerdem wuchs sein Aufgabenkreis aber auch außerhalb der beiden Kanzleien an, als er 1156 Bischof von Bethlehem wurde. Da er die Kanzlei neben dem Bistum beizubehalten wünschte und dies auch durchsetzte, war absehbar, daß er nicht mehr so viel Zeit haben würde, wie zuvor, um selbst bei Hofe anwesend zu sein, um so mehr als er der erste Bischof von Bethlehem war, der in Personalunion auch das Bistum Askalon innehatte (siehe oben S. 130 f. und unten Bd. 2, S. 48).

Ein Bischof, der Kanzler war, konnte sich in seinem Bistum leichter vertreten lassen als bei Hofe. Ich gehe daher zwar davon aus, daß die Ernennung Stephans (= Notar Radulf B) zum Vizedatar bereits 1156 erfolgte, als er ausweislich des Diktats seine selbständige Notarstätigkeit in der Kanzlei mit D. RRH n° 321 begann, obwohl er als Vizedatar erst im März 1159 in D. RRH n° 336 belegt ist. Aber viel entscheidender für die Ernennung Stephans zum Vizedatar war der Umstand, daß Radulf Ende 1154 auch die gräfliche Kanzlei in Askalon übernommen hatte und sich mit dem Vizedatar das Instrumentarium schuf, hier Urkunden des Grafen persönlich zu unterfertigen und sich für denselben Zweck gleichzeitig in der Königskanzlei vertreten zu lassen. Man wird dagegen einwenden, daß dann seit Radulfs Ernennung zum Kanzler von Askalon etwa anderthalb Jahre vergingen, ehe es zur Ernennung des Vizedatars Stephan kam (Ende 1154 – Juni 1156, als Radulf Bischof wurde). Aber in diese Zeit fällt von Spätsommer/Herbst 1155 bis Ende Mai/Anfang Juni 1156 die große Gesandtschaftsreise des Patriarchen Fulcher an die päpstliche Kurie, an der der Kanzler Radulf aller Wahrscheinlichkeit nach teilnahm (siehe oben S. 132, 657), und aus dieser Zeit sind auch weder königliche noch gräfliche Urkunden erhalten. Stephan hat erst nach Radulfs Rückkehr die Notarsgeschäfte übernommen, als Radulf Bischof geworden war. Aber er war schon im Juli 1155, also kurz vor Radulfs Abreise nach Europa, am Diktat von D. RRH n° 309 erkennbar beteiligt (siehe unten Bd. 2, S. 2–6), doch geht das über die Position eines Gehilfen nicht hinaus.

Es gibt, wie gesagt, zwei mögliche Vorbilder für den jerusalemitanischen Vizedatar: Sizilien und die Kurie. Allerdings sieht man nicht recht, welche von dem sizilischen Vizekanzler Maio unterfertigten Diplome Rogers II.[73]

---

73) Briefe und Mandate kommen ja nicht in Frage, da sie der Unterfertigung entbehrten.

man im Osten gehabt haben soll, aus denen man das Amt hätte kennenlernen können. Nur abgeschwächter gilt dies für Papsturkunden, die von
kurialen Vizekanzlern unterschrieben waren. Hiervon mag es im lateinischen
Osten durchaus welche gegeben haben; erhalten sind allerdings keine. Sieht
man sich nun die Unterfertigungen Radulfs als Kanzler, Maios als sizilischem
Vizekanzler, eines kurialen kardinalizischen und eines nichtkardinalizischen
päpstlichen Vizekanzlers und schließlich des jerusalemitanischen Vizedatars
Stephan an, so ergibt sich sofort, daß Stephans Formel beträchtlich näher an
der päpstlichen als an der sizilischen ist:

Jerusalemitanischer Kanzler Radulf (D. RRH n° 309 von 1155 Juli 13):
Data Achon per manum Radulfi cancellarii III idus iulii.
Sizilischer Vizekanzler Maio (D. Ro. II. spur. 78 von 1149, aber mit echter
Datatio):
*Data in civitate Salerni per manum Maionis nostri vicecancellarii anno
incarnationis dominice millesimo centesimo quadragesimo nono, indictione
decima, anno vero regni domini Rogerii dei gratia gloriosissimi regis Sicilie,
ducatus Apulie et principatus Capue nonodecimo; feliciter amen.*
Nichtkardinalizischer päpstlicher Vizekanzler Hermann (HIESTAND, Vorarbeiten 3, S. 224 n° 82 von 1159 Oktober 15):
*Dat. Terracine per manum Hermanni sancte Romane ecclesie subdiaconi et
notarii id. octobr., indictione VIII, incarnationis dominice anno M°C°L°IX°,
pontificatus vero domni Alexandri pape tertii anno primo.*
Kardinalizischer päpstlicher Vizekanzler Albert (1156 September 26 bis
Dezember 1; hier JL 10305):
*Datum Anagnie per manum Alberti diaconi cardinalis S. Adriani vicem
domini Rollandi sancte Romane ecclesie presbyteri cardinalis et cancellarii
gerentis VI. kalendas octobris, indictione VI, incarnationis dominice anno
MCLVII, pontificatus vero domini Adriani pape IIII anno III.*
Jerusalemitanischer Vizedatar Stephan (D. RRH n° 336 von 1159 März 13):
*Data Achon per manum Stephani domni Radulfi Bethleemite episcopi regis-
que cancellarii in hoc officio vice fungentis III idus martii.*

Schon der formale Aspekt spricht für das päpstliche Vorbild. Es kommt
hinzu, daß der Kanzler Radulf bei der großen Gesandtschaft fast des ganzen
Episkopats Jerusalems an die Kurie (siehe oben S. 826) dort im November
und Dezember 1155 die Institution des kurialen stellvertretenden Datars
kennengelernt haben muß, sowohl des kardinalizischen Vizekanzlers wie der
einfachen stellvertretenden Datare aus dem Kanzleipersonal. Zwar fungierte
1155 keiner dieser beiden Funktionärstypen, aber es gab in Benevent zwei

Leute, bei denen sich Radulf Informationen holen konnte. Das war einmal der päpstliche Kanzler selbst, kein geringerer als Roland Bandinelli, der spätere Papst Alexander III., mit dem Radulf von Kanzler zu Kanzler ja doch sicherlich berufliche Fragen erörtert hat[74]. Der andere war Johannes Pisanus, Kardinalpriester von SS. Silvestro e Martino[75]. Wilhelm von Tyrus bezeugt seine Anwesenheit an der Kurie, als der Patriarch von Jerusalem 1155 die schwierigen Verhandlungen mit dem Papst über die Johanniter führte[76], auch wenn er diese fälschlich in Ferentino ansiedelt. Johannes war einst Urkundenschreiber am Hl. Grab gewesen, dann Archidiakon von Tyrus und seit Eugen III. Kardinal. Im Jahre 1153 hatte er sich um den Posten des päpstlichen Kanzlers bemüht, war Roland Bandinelli aber unterlegen. Jetzt war er fast die einzige Stütze des Patriarchen im Kardinalskolleg, aber vormals war er ein entschiedener Gegner Radulfs gewesen und hatte an der Kurie dessen Usurpation des Erzbistums Tyrus energisch bekämpft (siehe oben S. 103). Aber das lag jetzt Jahre zurück, und einem Kanzler des Königs von Jerusalem wird er das Gespräch nicht verweigert haben. Hier in Benevent könnte Radulf die Idee gekommen sein, einen Vizedatar entsprechend den nichtkardinalizischen Stellvertretern des päpstlichen Kanzlers aus dem niederen Kanzleipersonal kreieren zu lassen, der ihn bei Abwesenheit vertreten konnte. Es ist enthüllend für diese Theorie, daß Stephan wohl erst nach der Rückkehr Radulfs aus Europa Ende Mai / Anfang Juni 1156 zum Vizedatar bestellt wurde, obwohl dies vor allem der Lösung von Problemen diente, die sich schon Ende 1154 mit der Bestellung Radulfs auch zum Kanzler von Askalon ergeben hatten.

Es muß hier nochmals in Erinnerung gerufen werden: Die Reise Radulfs an die Kurie ist nicht bezeugt. Aber es spricht alles dafür. Nahezu der gesamte Episkopat reiste mit dem Patriarchen zum Papst. Auch der König war von den dort anstehenden Streitfragen tangiert, weil es zwischen dem Hl. Grab und den Johannitern jetzt auf Biegen und Brechen stand und der Frieden innerhalb der Kirche ja auch dem König anvertraut war. Schon 1140 hatte der König Fulko seinen Kanzler Elias als seinen Interessenvertreter zum Konzil von Antiochia geschickt (siehe oben S. 529). Hätte Balduin III. jetzt seinen Kanzler daheim lassen sollen? An der Kurie wurde damals aller Wahrscheinlichkeit nach auch über die Neubesetzung des Bistums Bethlehem und abschließend über die dornige Frage des Bistums Askalon entschieden.

---

74) JL 10099 ist von Roland unterfertigt.
75) Seine Laufbahn bei MAYER, Guillaume de Tyr, passim.
76) Wilhelm von Tyrus, Chronicon XVIII. 8, S. 820 f.

In beiden Fragen war der Kanzler Radulf der Sieger, Patriarch Fulcher war der Verlierer (siehe oben S. 130–132), so daß man sich dieses Resultat beim besten Willen nicht vorstellen kann, wenn nur der Patriarch, nicht aber auch der Kanzler beim Papst vorstellig geworden wäre. Und schließlich sind aus der Zeit der Abwesenheit der Gesandtschaft weder königliche noch gräfliche Urkunden überkommen, die von Radulf als Kanzler unterfertigt worden wären. Dazu kommt, wir haben es gesehen, daß Radulf B vor der Abreise der Gesandten nur einmal als reiner Gehilfe des auch hier im wesentlichen selbst diktierenden Kanzlers auftrat (D. RRH n° 309), nach der Gesandtschaft aber zum Vizedatar ernannt wurde, der nicht nur selbst diktierte, sondern in Abwesenheit des Kanzlers auch unterfertigte. Ich sehe nicht, wie man an der Schlußfolgerung vorbeikäme, daß Radulf mit an der Kurie war und sich dort die Anregung für einen Vizedatar in der Kanzlei der Könige von Jerusalem holte.

Ich habe bisher einfach unterstellt, daß dieser Vizedatar Stephan mit dem Notar Radulf B identisch ist. Diese Vermutung drängt sich einem auf. Alle von Stephan unterfertigten Diplome mit Ausnahme der Mischdiktate DD. RRH n° 397. 465 von 1164 und 1169 sind vom gleichen Verfasser wie die vom Kanzler selbst unterfertigten, und diese beiden letztgenannten Diplome gehören schon zum König Amalrich und seinem Notar Radulf C, auch wenn Modelle des Radulf B Verwendung fanden. An der Zuschreibung der anderen Diplome mit Stephans Beglaubigung an den Notar Radulf B ließe sich zweifeln, denn der Diktatvergleich (unten S. 847 f.) wird zeigen, daß Radulf B in den von ihm selbst unterfertigten Diplomen deutlich anders, nämlich unbekümmerter arbeitete als in denjenigen, die in der Kanzleizeile den Kanzler zeigen. Aber die Einheitlichkeit der Corroboratio mit ihrem sonst nie vorkommenden Leitwort denotata schweißt die Gruppe eisern zusammen. Schon diese Diktateinheit spricht dafür, daß es der Notar war, der hier die Lücke des abwesenden Kanzlers als Datar füllte, so wie es in Sizilien der Archivar war, der dies tat (siehe oben S. 825).

Es kommt noch etwas anderes hinzu. Da der Vizedatar ja nur eine einzige erkennbare Funktion hatte, nämlich bei der Abwesenheit des Kanzlers als Datar tätig zu werden, hätte er als ein reiner Vizekanzler herzlich wenig Arbeit gehabt, denn schon der Einkünfte wegen, aber auch zur Wahrung seines politischen Einflusses war der Kanzler natürlich darum bemüht, am Hofe anwesend zu sein und persönlich als Siegler und Datar zu fungieren[77]. Auch die Frage der Bezahlung eines Vizekanzlers spielt hier mit.

---

77) Petrus von Lydda hat sogar als Bischof von Tripolis dem König Guido als Kanzler gedient, war also öfter nicht in seinem außerhalb des Reiches gelegenen Bistum

Selbstverständlich konnte man einen loyalen Funktionär nur dann haben, wenn man ihn auf Dauer besoldete und nicht nur für die kurzen Zeiträume seiner kanzlergleichen Tätigkeit. Ob Stephan während dieser die Einkünfte des Kanzlers hatte, wie dies für die kardinalizischen Vizekanzler der Päpste vermutet worden ist[78], stehe dahin, denn diese waren ja als Kardinäle ranggleich mit den eigentlichen Kardinalkanzlern, während hierarchisch zwischen dem Bischof-Kanzler Radulf von Bethlehem und dem Vizedatar Stephan ein weiter Abstand klaffte. Aber auch im Mittelalter stand eine ständige Bezahlung, die natürlich eher in Form von Kanzleitaxen als eines Gehaltes erfolgte, im Zusammenhang mit dem Nutzeffekt. Schon von daher muß man also annehmen, daß Stephan noch andere Funktionen hatte, als nur bei Abwesenheit des Kanzlers diesen als Siegler und Datar zu vertreten, eben das Kanzleinotariat mit der Herstellung der Dictamina. Umgekehrt war es so, daß kein Grund bestand, den Notar nicht auch von Fall zu Fall als Vizedatar heranzuziehen, denn er war wie alle Notare vom König ernannt worden und besaß daher dessen volles Vertrauen.

6. Die Herkunft und die frühe Laufbahn des Notars

D. RRH n° 367 beweist die Identität Stephans mit Radulf B. Es handelt sich um eine Urkunde der Königin Theodora für einen Höfling aus dem Jahre 1161, die auch mit ihrem Siegel[79] besiegelt war, nicht mit dem des Königs. Der Text ist reinstes Diktat des Radulf B. Aber es ist kein Diplom, sondern formal betrachtet eine Privaturkunde. Daß sie nicht vom Kanzler Radulf unterfertigt ist, ist nicht auf diesen formalen Aspekt zurückzuführen, denn dieser unterfertigte als Kanzler auch die Privaturkunden des Grafen von Askalon, aber als dessen Kanzler. Theodora mag eine solche Lösung für sich nicht gewollt haben, eher aber war Radulf von Bethlehem nicht ihr Kanzler, sondern das, was seine Unterfertigungen seit 1156 besagten: *regis cancellarius*. So konnte er für die Königin nicht unterfertigen und wollte dies wohl auch vermeiden, denn in Nablus lebte ja 1161 immer noch die gestürzte Königin Melisendis, die einst in Opposition zum König eine eigene Urkundenschreibstube aufgebaut hatte und auch nach ihrem Sturz urkundete. Es war im Hinblick auf die tiefgreifende Reichskrise unter Melisendis vor 1152 nicht

---

(DD. RRH n° 698. 701). Erst als Guido 1192 auf Dauer nach Zypern ging, blieb der Bischof auf dem Festland zurück, denn mindestens im Winter hätte er sein Bistum von Zypern aus nicht versehen können.

78) BRESSLAU, Urkundenlehre ²1, S. 245.

79) LAURENT, Sceau S. 203 f., Abb. ebd. Taf. I–II.

ratsam, eine Königin beliebig in der Kanzlei des Königs urkunden zu lassen oder ihr gar eine eigene Kanzlei unter dem Königskanzler zuzugestehen. Das hätte in Nablus mißverstanden werden können als eine späte Rechtfertigung. Jedenfalls wurde D. RRH n° 367 in Akkon von einem Stephan unterfertigt. Aber eine Nennung als Vizedatar (nämlich in der Kanzlei des Königs) vermied auch er hier aus begreiflichen Gründen. Als Ersatz nannte er seine Herkunft: *Datum*[80] *Accon per manum Stephani Lugdunensis quinto idus augusti*. Die Königin hatte sich zur Herstellung ihrer Urkunde in inoffizieller Weise der Kanzlei und des Notars ihres königlichen Gemahls bedient; das ist vom Diktat her eindeutig. Ein Stephan von Lyon unterfertigte das Stück, während gleichzeitig ein Stephan von Zeit zu Zeit als königlicher Vizedatar agierte, dessen Urkunden dasselbe Diktat haben. Es liegt auf der Hand, daß die beiden miteinander identisch sind. Radulf B ist Stephan von Lyon.

Nun hätte Stephan hier ja auch mit einer geistlichen Würde unterschreiben können, wenn er sich als königlicher Kanzleisekretär nicht nennen wollte. Aber hätte er *clericus, diaconus* oder etwas ähnliches geschrieben, so hätte man ihn ohne weiteres dem Hofstaat der Königin zurechnen können. Daß sie einen hatte, ergibt sich gerade aus D. RRH n° 367, das ausgestellt ist für ihren Türwart (*hostiarius*) Richard. Ein Sekretär der Königskanzlei, der faktische Leiter des königlichen Urkundenbüros, wollte nicht verwechselt werden mit einem Kapellan der Königin, wie er mindestens noch zwei Jahre zuvor (D. RRH n° 359) zum Hofstaat der gestürzten Königinmutter gehörte. Stephan zog sich aus der Affaire, indem er seine Herkunft preisgab. So etwas war im übrigen kein Ausnahmefall. In England schrieb der Scriptor regis XIV achtzehn Königsurkunden und weitere 29 im Dienst des Erzbischofs Theobald von Canterbury. In den Königsurkunden blieb er nach dem Kanzleibrauch anonym, aber in einem der erzbischöflichen Stücke wird er als Zeuge *Petrus scriptor* genannt, in zwei anderen ist er gar der Empfänger[81]. Der Scriptor regis XXIII schrieb fünf Urkunden für Heinrich II. als Herzog der Normandie vor 1154, in denen er namenlos blieb, und auf einem königlichen Feldzug in Wales 1157 eine Privaturkunde für Henry d'Oilly, in der er sich nannte als *magister Radulfus clericus domini regis*[82].

---

80) *Sic* ausgeschrieben; ansonsten heißt es in dem überliefernden Chartular stets *Dat.*; vgl. DD. RRH n° 258. 303. 308. 397. 487. 512. 994. 995. Von RRH n° 888 habe ich keine Photographie.

81) BISHOP, Scriptores regis Taf. XVIIb.

82) WARNER – ELLIS, Facsimiles Taf. 44. BISHOP, Scriptores regis, Taf. XXIII und Regesta regum Anglo-Normannorum 4, Taf. XLa.

Wenn wir auch darüber informiert sind, daß Radulf B ein Einwanderer aus Lyon war und daß er Stephan hieß, so kann man ihm doch nicht mit Sicherheit eine geistliche Laufbahn im Hl. Land vor seinem Eintritt in die Kanzlei zuschreiben; versuchen muß man es trotzdem. In seiner Kanzleizeit nennt Stephan nie ein geistliches Amt oder einen Weihegrad. Dennoch war er Geistlicher, denn als Kanzleisekretär Stephan steht er 1160 in zwei Zeugenlisten jeweils unter den Klerikern (siehe oben S. 819).

Da er uns aus seiner kirchlichen Welt nichts verrät – was für das Kanzleipersonal bisher durchaus normal gewesen war (Ausnahmen sind nur Robert und Brando) –, ist es nicht einfach, ihn mit irgendeinem bekannten kirchlichen Stephan zu identifizieren, zumal keiner von diesen sich *Lugdunensis* nennt, wie dies Radulf B in D. RRH n° 367 tat. Für den Versuch einer Identifizierung muß man von der an sich überraschenden Feststellung ausgehen, daß hierfür angesichts des an sich häufigen Namens gar nicht so viele Personen zur Verfügung stehen, wenn man mit der Suche 1140 einsetzt und mönchische Namensträger ausschaltet, weil nicht ein einziger Mönch es je zu einer Position in der Kanzlei von Jerusalem gebracht hat. Man möchte sich den an sich fähigen, wenn auch ohne Aufsicht gelegentlich schludrigen Notar Radulf B ja gern als Magister vorstellen, aber der Magister Stephan, der Kapellan der Kreuzauffindung (wohl am Hl. Grab) gewesen sein soll, steht nur in einem eher dubiosen Brief von ca. 1150[83]. Humfred II. von Toron hatte 1150 oder 1151 einen Kapellan Stephan (RRH n° 266), aber es wird nicht gesagt, daß er ihm die Urkunde schrieb, und eine Diktatverwandtschaft mit Radulf B läßt sich darin beim besten Willen nicht erkennen.

Am ehesten paßt der Propst Stephan des Chorherrenstifts am Hl. Grab, weil er nur zweimal 1154 und 1155 als Zeuge auftritt[84] und zwar kurz vor Stephans Eintritt in die Kanzlei. Er könnte also kurz vor 1154 eingewandert und am Hl. Grab eingetreten sein. Diese Annahme verträgt sich gut mit dem Umstand, daß die früheste Diktatspur des Radulf B gar nicht in der Königskanzlei auftaucht, sondern daß ganz offensichtlich er zwischen Januar und August 1153 im Feldlager vor Askalon dem bedeutenden Baron Philipp von Nablus eine Privaturkunde für die Lazariter schrieb, die der König Amalrich später in einem von Radulf C verfaßten Diplom (D. RRH n° 308) bestätigte, in dem aus der verlorenen VU. noch deutlich das Diktat des Radulf B

---

83) RRH n° 265a; siehe dazu MAYER, Kreuzfahrerherrschaft Montréal S. 139 f. Ein Magister Stephan, der von 1155 bis 1168 auftritt, ist überhaupt ein Laie, und sein Magistertitel stammt von seinem Amt als *magister castelli Neapolis*; DD. RRH n° 303. 359. 450. RRH n° 455; vielleicht schon RRH n° 274.

84) RRH n° 295. 315; sein Nachfolger Amicus, am 11. Februar 1155 oder 1156 noch Dekan (RRH n° 302), amtiert 1161 in RRH n° 370.

durchscheint (siehe unten Bd. 2, S. 9–16). Im Jahre 1153 war Radulf B also noch kein Notar des Königs, denn diese schrieben jetzt keine Privaturkunden mehr. Ebenso verträgt sich diese Annahme gut damit, daß die einzigen beiden Urkunden, die der königliche Kanzleisekretär Stephan als Handlungszeuge bezeugte, 1160 für die Grabeskirche ausgestellt wurden (DD. RRH n° 352. 353).

Was die Funktionen des Stiftspropstes waren, ist nicht klar, aber es war im Ämtergefüge der Grabeskirche kein hohes Amt. Die herausragenden Rollen spielten der Prior und der Subprior. In den beiden Urkunden, in denen der Propst Stephan auftritt, ist die Ämterfolge: Prior, Subprior, Praecentor, Thesaurar, Elemosinar, Sepulkrar, Propst (respektive Propst, Sepulkrar in RRH n° 315), und in den Episkopat ist keiner der bekannten Stiftspröpste aufgerückt. Daß der Propst Stephan bei den beiden Gelegenheiten, wo er faßbar wird, nicht als *Lugdunensis* bezeichnet wurde, braucht uns von der Identifizierung nicht abzuhalten. Auch der Subprior des Hl. Grabes Petrus von Barcelona wurde nicht immer mit diesem Beinamen genannt[85].

Gegen die Identifizierung spricht der Umstand, daß wir nach 1156, als Radulf B in die Kanzlei eintrat, am Hl. Grab nie mehr einen Kanoniker namens Stephan finden, wie zu erwarten wäre[86]. Daß Stephan beim Eintritt in die Kanzlei sein Stiftsamt als Propst nicht hätte versehen können, ist selbstverständlich. Aber man sieht nicht recht, warum er in diesem Falle anscheinend gleich sein ganzes Kanonikat mit seinem Anspruch auf *victus et vestitus* hätte aufgeben sollen[87].

---

85) Siehe dazu RRH n° 152. Zu der Auseinanderhaltung der oft miteinander identifizierten beiden Petri, des Priors und späteren Erzbischofs von Tyrus und des Subpriors aus Barcelona, siehe MAYER, Fontevrault S. 21 Anm. 26. – Üblicherweise erscheint in den Zeugenreihen der Stiftspropst als letzter der Dignitäre des Kapitels, was ich bis 1161 geprüft habe (RRH n° 133. 141. D. RRH n° 174. RRH n° 204. 205. D. RRH n° 226. RRH n° 229. 295). Nur in RRH n° 315 wird er vor dem Sepulkrar, in RRH n° 370 vor dem Thesaurar genannt, in RRH n° 199 überhaupt als einziger Dignitär unter den Zeugen, aber in einer Urkunde des Stiftspriors von einer Reise nach Antiochia, auf die er den Propst ausweislich von RRH n° 194 mitgenommen hatte.

86) Nach RÖHRICHT, Syria sacra S. 47 Anm. 7, amtierte ein solcher als Zeuge 1158 oder 1159 in RRH n° 340 (zum Datum BRESC-BAUTIER, Cartulaire du St.-Sépulcre S. 244 Anm. 1), aber nach der Zeugenliste zu urteilen, war dieser Stephan wohl ein Laie, denn vor ihm wird Petrus Iudaeus aufgeführt, der 1155 oder 1156 ein Bourgeois von Magna Mahumeria nördlich von Jerusalem war; RRH n° 302.

87) Daß er nicht mehr erscheint, könnte sich allerdings daraus erklären, daß er infolge seiner Kanzleitätigkeit an Rechtshandlungen des Stifts nicht mehr teilnahm und daher nicht als Zeuge aufgeführt wurde. Das Stift, das sich gegen eine andersartige Praxis des Patriarchen wehrte, dürfte in dieser Frage ja pedantischer gewesen sein als

Dagegen deuten gewisse Beobachtungen am Sprachschatz der Diplome des Radulf B auf das Hl. Grab. Man darf natürlich nicht vergessen, daß der Sprachschatz weniger aussagekräftig ist als der Vergleich von Formularteilen, weil die Konzipienten bei letzteren in dem Bewußtsein arbeiteten, daß sie bestimmten Mustern zu folgen hatten, was für den Sprachschatz nicht gilt. Aber es gibt doch zu denken, wenn man in einer Diktatgruppe Vokabeln verwendet findet, die sich ganz oder überwiegend nur im Urkundenwesen einer einzigen Korporation finden – vorausgesetzt, daß man eine solche Beobachtung auf eine hinreichende Zahl von Wörtern stützen kann und nicht nur mit einem Wort arbeiten muß. Vermutet man, wie ich dies hier tue, stilistische Schulzusammenhänge, so setzt dies natürlich voraus, daß die hier untersuchten Privaturkunden für ein und denselben Empfänger bei diesem aufgesetzt wurden und nicht beim Aussteller. Das dürfte mindestens bei großen Korporationen mit eigenem leistungsfähigem Scriptorium in der Regel auch so gewesen sein, also beim Hl. Grab und bei den Johannitern, wohl auch bei den Templern, wo der Archivverlust freilich eine Kontrolle verhindert. Selbst bei den Diplomen muß man in der Regel Sachaufzeichnungen der Empfänger für den Context unterstellen, was natürlich ein Einfallstor für Sprachgut des Empfängers sein konnte, wenn auch nicht in der hier vorgeführten Häufung.

Um den Arbeitsaufwand vertretbar zu halten, habe ich, von den Empfängern her arbeitend, die Urkunden für das Chorherrenstift am Hl. Grab, für die Abtei Josaphat (soweit ediert), für die Johanniter inklusive der mit ihnen gemeinsam edierten Urkunden für das Thaborkloster, für die Lazariter und das Deutschordenskopialbuch durchgesehen, alles bis 1187, denn einmal ist der Einschnitt dieser Katastrophe im Urkundenwesen doch sehr spürbar, und zum anderen sind die Urkunden des 13. Jahrhunderts nach 1222 im Zusammenhang dieser Kanzleigeschichte ohne Bedeutung, weil ja mit der Rückkehr des Königs Johann von Brienne nach Europa in diesem Jahr die Königskanzlei von Jerusalem, soweit das heute noch zu erkennen ist, faktisch zu existieren aufhörte. Die Auswahl erfaßt alle Empfänger mit reich-

---

der Patriarch, dem der Papst 1170/1171 verbieten mußte, die Namen abwesender Kanoniker ohne deren Einwilligung als Zeugen in seinen Urkunden aufzuführen; JL 11868. Dagegen würde kaum der an sich rigorose Patriarch Fulcher Stephan zur Aufgabe seines Kanonikats gezwungen haben, nachdem der Papst gerade 1156 die Erhebung des Kanzlers Radulf, der Kanzler blieb, zum Bischof von Bethlehem vorgenommen hatte. Erst recht hätte sich der Prior der Grabeskirche Amalrich nicht quergelegt, der zum Königshaus alte Verbindungen hatte; Wilhelm von Tyrus, Chronicon XVIII. 20, S. 840.

licher Überlieferung, und in den Urkunden für die mittelmeerischen Seestädte ist für diese Problematik ohnehin nichts zu erwarten.
Es muß für die folgende Untersuchung noch auf etwas hingewiesen
werden. Es hat gelegentlich den Anschein, als werde ein Wort am Hl.
Grab durchaus benutzt, doch breche die Benutzung dort dann einigermaßen brüsk
ab, um auf die Johanniter überzugehen. Diese Optik ist zu allererst überlieferungsbedingt. Der zweite Teil stimmt: die Johanniter nehmen Vorbilder
des Hl. Grabs auf. Aber der erste Teil stimmt aller Wahrscheinlichkeit nach
nicht. Man kann davon ausgehen, daß das Archivgut des Chorherrenstifts
durch die Chartulare einschließlich ihrer Nachträge nur bis um 1175 einigermaßen vollständig überliefert wird. Danach aber kommen nur noch Splitter
dessen, was einst der gesamte Archivkörper gewesen sein muß. Der oben
angedeutete Stop gewisser Phänomene wäre vermutlich keiner, wenn der
Rest des Archivs vollständig vorhanden wäre.

Liest man die Diplome des Radulf B, so fällt einem als erstes das Wort
maiestas auf. Im Kapetingerdiplom war das natürlich kleine Münze[88]. Man
kann also davon ausgehen, daß Radulf A während des Zweiten Kreuzzuges
mit diesem Wort von den Kanzleien der im Lande befindlichen europäischen
Herrscher irgendwie befaßt wurde, aber verwendet hat er es nie. Dabei
wußte man im Hl. Land genau, daß dieses Wort angemessen war, wenn man
dem französischen König einen Brief schrieb[89].

Radulf B war vom Majestätsbegriff mehr beeindruckt als Radulf A. Die
Vokabel war am Hl. Grab auch nicht unbekannt. Aber um 1130 vermied
der Kanzler Hemelin in DD. RRH n° 121. 137 für das Hl. Grab das Wort
maiestas und formulierte *nostrae regiae potestati reus subiaceat*. Dagegen
schrieb Elias A 1138 in D. RRH n° 174, ebenfalls für das Hl. Grab: *Regiae*

---

88) Bei Philipp I. ist mindestens *reus maiestatis (regiae)* in der Sanctio häufig: PROU,
Recueil des actes de Philippe Ier S. 114 n° 40, S. 169 n° 64, S. 173 n° 67, S. 197 n° 78,
S. 242 n° 94, S. 266 n° 104, S. 276 n° 109, S. 279 n° 110, S. 283 n° 112. Bei Ludwig VI.
finden sich dann auch eine ganze Anzahl anderer Formeln mit *maiestas (regia)*: PARDES-
SUS, Ordonnances. Supplément S. 197 (jeweils Beginn des Diploms), 202, 207 (zwei
Stücke), 208, 209, 210, 232, 243, 246 und TARDIF, Cartons des rois S. 200 n° 347,
S. 209 n° 367, S. 213 n° 379, S. 253 n° 406, S. 229 n° 414. Der Edition von Dufour
fehlt noch der Index. – Für Ludwig VII.: PARDESSUS, Ordonnances. Supplément S. 270,
271, 273, 276, 300, 305, 346, 413; TARDIF, Cartons des rois S. 253 n° 465, S. 255
n° 469, S. 309 n° 615. In größerem Rahmen, aber mit weniger Belegen für die hier
untersuchten Kapetinger hat sich DELISLE, Note sur l'emploi du mot majesté
S. 553–555 mit der Frage befaßt.
89) RRH n° 374. 382. 463. Zwei Briefe von 1163 von Lateinern aus Adrianopel und
Konstantinopel mit demselben Epithet an Ludwig VII. von Frankreich bei DELAVILLE
LE ROULX, Cartulaire général des Hospitaliers de S. Jean 1, S. 230 f. n° 322 f.

unctionis professio regiaeque maiestatis aequitas exigit, 1155 erscheinen in
einem Verkauf an das Hl. Grab zwei *regiae maiestatis iurati* (RRH n° 310).
Urkundlich findet man das Wort in dieser Zeit außerhalb des Hl. Grabs
überhaupt nicht und brieflich nur in dem Bericht des Abts von Josaphat
vom Frühjahr 1146 über die Streitigkeiten mit Nazareth[90], wo es falsch
verwendet wird, denn *monachus noster, quem ... ad vestram maiestatem
direximus* meint offenkundig den Papst. Radulf B gebrauchte es gleich zweimal, einmal in D. RRH n° 354 in einer allgemeinen Besitzbestätigung für das
Hl. Grab[91], zum anderen in der Verlehnung Transjordaniens an Philipp
von Nablus D. RRH n° 366 (*salvo tamen regiae maiestati servitio*). Nachdem
es einmal in die Kanzleisprache eingeführt war, begegnet es dort bis 1187
gelegentlich[92].

Das Fazit ist, daß *maiestas* nach erstmaligem Vorkommen unter Elias A,
wo es ohne Wirkungen blieb, von Radulf B erneut für das Hl. Grab verwendet wurde, was in bescheidenem Umfang beispielgebend wurde. Es fand
das Wort nach Radulf B in Diplomen für Laien Verwendung, wenn es um
den militärischen Königsdienst ging, aber die Kanzlei hat es in Urkunden für
andere geistliche Empfänger als das Hl. Grab nie verwendet, und als der Abt
von Josaphat es einmal anwandte, traf er daneben. Es ist definitiv ein Punkt,
an dem sich Kanzlei und Chorherrenstift vom Hl. Grab zur Zeit des Radulf B berühren.

Das Wort *terminus* im räumlichen Sinne von 'Grenze' ist an sich ein
Allerweltswort, aber nicht im Osten, wo es überwiegend zeitlich als

---

90) RRH n° 239; zum Datum vgl. die Edition von HIESTAND, Vorarbeiten 3, S. 183
n° 60.

91) *Regia maiestas ex ea* (scil. *domo) servitium habeat*; vgl. zu solchen Servitia aus
Häusern D. RRH n° 181 = DD. RRH n° 309. 354: *salva iustitia regali (regio iure),
quam rex debet habere in elemosina, quam ipse dat sanctae ecclesiae* (fehlt D. RRH
n° 400, wo wegen des gestiegenen Umfangs generell gerafft wurde) und D. RRH
n° 281.

92) D. RRH n° 552. 614 von 1177 und 1182 des Notars Wilhelm A, das erste für das
Hl. Grab, das zweite für Joscelin III. von Courtenay: *dono et concedo regiaeque maiestatis auctoritate confirmo*, was der Vizekanzler Hemelin 1129 in D. RRH n° 130 noch so
ausgedrückt hatte: *mea regali auctoritate omnia ... concedo et meae auctoritatis sigillo
corroboro*. In D. RRH n° 556 von 1178 für Petrus de Creseca schrieb Wilhelm A: *nec
aliquod servitium ... alicui nisi regiae maiestati faciatis*. Wir müssen warten bis 1185, bis
Wilhelm A in D. RRH n° 643 einmal für eine andere geistliche Institution als das
Hl. Grab einen wenigstens ähnlichen Begriff verwendete: *regieque celsitudinis cancellarius*. In Zypern finden wir 1389 einen *sacre maiestatis Ierusalem et Cypri regie cancellarius*; MAS LATRIE, Chypre 2, S. 418; RICHARD, Diplomatique S. 78 f.; EDBURY,
Cyprus S. 190.

'Zahlungstermin' verwendet wurde. Das Allerweltswort der Kreuzfahrer für 'Grenze' war *divisio*, und es fällt auf, daß dies weder bei Radulf A noch bei Radulf B vorkommt. Sie verwendeten lieber *terminus*. Man begegnet *terminus* = 'Grenze', auch dem Verb *terminare* und dem Substantiv *conterminum* (zum Adjektiv siehe unten S. 839), schon zuvor in Hemelins D. RRH n° 109 für das Hl. Grab, woraus *conterminum* überging in die NUU. DD. RRH n° 309. 354. 400, sodann in RRH n° 118, einer Schenkung des Grafen von Tripolis für die Johanniter, ferner in RRH n° 172, einer Urkunde des Patriarchen von Jerusalem für das Chorherrenstift vom Hl. Grab, und in RRH n° 191, einer Schenkung des Grafen von Tripolis an das Thaborkloster. Später kommen diese Worte dann vor bei Radulf A[93] und Radulf B[94], und hiervon sind nur DD. RRH n° 281. 321 nicht für die Grabeskirche ausgestellt.

Bei Radulf C flaute das Interesse schon wieder ab. Nur in D. RRH n° 356 hatte er noch *terminus*, verband es aber bereits wieder mit dem herkömmlichen *dividere*: *iuxta quod per homines meos fuit eis tradita, divisa, terminis et metis designata, determinata* und *sicut divisa est et terminis metata*[95], aber sonst war ihm *terminus* wieder der Zahltag (DD. RRH n° 465. 487. spur. 496. 512), und nicht unerwartet ist D. RRH n° 356 für das Hl. Grab ausgestellt. Erst recht wurde *terminus* als 'Grenze' verschmäht von dem folgenden Notar Wilhelm A (D. RRH n° 591: *ad cuius divisionem et metas constituendas*). Besonders aufschlußreich ist D. RRH n° 618 des Wilhelm A. Hier hatte die VU. RRH n° 619 noch von *termini* und *terminare* gesprochen, aber Wilhelm A machte daraus *cum omnibus etiam pertinentiis et divisionibus suis*

---

93) DD. RRH n° 281. 309; in D. RRH n° 244 bedeutete *terminus* nach der VU. noch 'Zahlungstermin'. Auch war Radulf A in D. RRH n° 309 *terminus* = 'Grenze' einmal unheimlich, denn aus *in terminis Tyri* der VU. D. RRH n° 109 des Hemelin machte Radulf A *in territorio Tyrensi*.

94) DD. RRH n° 321. 353 (*in terminis finium territorii casalis*, übergegangen in die NUU. DD. RRH n° 354. 400). 354. 400. Übrigens widerspricht die Vorliebe des Radulf B für *terminus* im Sinne von 'Grenze' seiner Herkunft aus dem Rhôneraum nicht. Ich führe aus der dortigen Gegend folgende Beispiele an: CHARPIN-FEUGEROLLES – GUIGUE, Cartulaire de l'Ile-Barbe 1, S. 45 n° 59, 217 n° 7 (1150–1152); GUIGUE, Obituarium Lugdunensis ecclesiae, pièces justificatives S. 176 n° 3, 177 n° 4 (11. Jh. und 1176); GUIGUE, Cartulaire lyonnais 1, S. 34 n° 23, 42 n° 29 (1138–1146); Cartulaire des fiefs de l'église de Lyon S. 59 n° 50 (hier S. 62–63) (1173); CHEVALIER, Cartulaire de St.-André-le-Bas de Vienne S. 288 n° 77, 302 n° 87* (1122–1169); CHEVALIER, Cartulaires des Hospitaliers et Templiers en Dauphiné S. 62 n° 104, 67 n° 109, 71 n° 115, 73 n° 117, 74 n° 118 (1138–1157). Allein in der letztgenannten Urkunde habe ich in diesem Gebiet auch einmal das Wort *divisio* gefunden.

95) Vgl. D. RRH n° 413: *quod distinctae et divisae sunt*.

und setzte dann noch weitere siebenmal das Wort *divisiones* darauf; *terminus* ist verschwunden. Außerhalb der Kanzlei des Königs begegnet man diesem Sprachgut in RRH n° 310. 340 (*terrarum terminus* und *metis similiter terminatam*, aber daneben *certis metis designatam et divisam* und *metas et divisas agrorum* und *terrarum divisias et terminos*). 360. 377 (*carrucae ita determinatae*). 418. 425. 431[96] in Urkunden des Hl. Grabs, das auch vor Radulf A und in den Diplomen das meiste Vorkommen hatte. Ab 1165 drang dies, wohl aus dem Hl. Grab, vorübergehend in die Johanniterurkunden ein (RRH n° 414. 426. 429. 520 (siehe unten Anm 97). 605. 619. 620), doch waren die vier letztgenannten schon Nachzügler, denn schon ab 1168 behalf sich die Johanniterschreibstube wieder anders, entweder mit einleitungslosen ausführlichen Grenzumschreibungen oder mit dem alten *dividere*[97] oder anderen Ausdrücken[98]. *Terminus* war dagegen wieder zu 'Zahltag' geworden (RRH n° 503. 640).

Mit anderem kann ich mit gottlob kürzer fassen. Ein Ausdruck schon des Radulf A, dann aber auch seines Imitators Radulf B ist *ita dumtaxat* statt des üblichen *eo tenore* oder *hoc videlicet pacto*, ein literarischer Hauch in der sonst so öden Urkundensprache, wie er bei Radulf A durchaus nicht verwundert. Ich finde es bei ihm in DD. RRH n° 293. 307, und im letztgenannten Stück hatte die VU. lediglich *ita scilicet*. Bei Radulf B steht es in DD. RRH n° 336. 352 (ohne *ita*). 353. 366. 598a. Hier kann man von einem Übergewicht von Urkunden für das Hl. Grab nicht sprechen, dem lediglich DD. RRH n° 307. 352. 353 galten. Aber der Ausdruck, der urkundlich nicht eben häufig ist, war außerhalb der Kanzleisprache ganz überwiegend eine Sache der Urkunden, die in der Schreibstube des Hl. Grabes aufgesetzt wurden[99]. Bei anderen Empfängern kommt es, wenn ich nicht geschlafen habe, kaum vor[100].

---

96) Vgl. auch BRESC-BAUTIER, Cartulaire du St.-Sépulcre S. 203 n° 89.

97) RRH n° 448: *cum suis divisis* und *sicut nominatim divisa et determinata est*; RRH n° 520: neben *terminus* und dem adjektivischen *conterminus* auch *terra talibus divisa terminis*; RRH n° 521: *cum omnibus divisis et pertinentiis suis*; RRH n° 551: *cum omnibus iuris* (sic im Original) *et divisis et pertinentiis suis* und *cum divisis suis*; RRH n° 602: *terram, quae intra divisiones subnominatas continetur*.

98) RRH n° 640: *haec sunt cohaerentia*; RRH n° 651: *talibus equidem circumdatur confiniis*.

99) RRH n° 128. 136. 213. 223. 490 (negativ: *exceptis dumtaxat*).

100) RRH n° 505 des Johannitermeisters und D. RRH n° 517 (nur *dumtaxat*) des Radulf C für einen laikalen Empfänger, womit man aber wieder in der Königskanzlei ist.

In D. RRH n° 465 steht in der Corroboratio *Ut igitur haec omnia ...
firma fixa et incommutabilia persistant.* Damit wurde 1169 eine Formel
aufgenommen, die überhaupt nur am Hl. Grab vorkommt, erstmals 1145 in
RRH n° 237[101], dann 1152 in D. RRH n° 278, bald wiederholt in
D. RRH n° 307. Aber insbesondere erlebte die Formel eine Renaissance in
den Urkunden des Patriarchen Amalrich von Jerusalem von 1168 und
1169[102], und hierher dürfte die Formel in D. RRH n° 465 herrühren. Allerdings stammt sie in dem Mischdiktat D. RRH n° 465 wohl eher von Radulf C als aus der verlorenen VU. des Radulf B (siehe unten Bd. 2, S. 34). In
D. RRH n° 309, einem Gemeinschaftsprodukt von Radulf A und B, steht
cum consimili decima. Radulf B hat es in DD. RRH n° 354. 400 wiederholt.
Das ist in den Urkunden sehr selten, kommt aber 1160 in einer ganzen
Gruppe unter sich diktatgleicher Urkunden des Priors Nikolaus der Grabeskirche vor in der Floskel *consimili suo burgensi vendere* (RRH n° 345. 346.
349. 350). Hier ist die Nähe der drei genannten Diplome zum Sprachgut der
Urkundenschreibstube des Hl. Grabes mit Händen zu greifen[103].

Insgesamt ist hier mehr zusammengekommen, als ich bei Beginn dieser
Detailuntersuchung vermutete. Was anfangs nur eine vage Vermutung
aufgrund einer Namensgleichheit war, daß nämlich Radulf B / Stephan von
Lyon mit dem Propst Stephan der Grabeskirche identisch sein könne, ist
damit noch nicht bewiesen, aber der Verdacht einer Herkunft aus dem
Chorherrenstift am Hl. Grab, wo er freilich vor dem Eintritt in die Kanzlei
nicht lange gewesen sein könnte, hat sich gründlich verdichtet.

Sind über die Herkunft und die frühe Laufbahn wenigstens begründete
Vermutungen möglich, so wissen wir rein gar nichts über eine höhere
Laufbahn des Radulf B in der Kirche als eine Folge seines Kanzleinotariats.

---

101) Vgl. schon RRH n° 126, doch ohne *fixum.*
102) RRH n° 455. 456. 469; siehe zu dem Problem auch oben S. 631.
103) Nicht beweiskräftig ist *contiguus*, das zwar bei Radulf B in DD. RRH n° 367.
397 für die Lazariter auffällt, aber sonst nicht einseitig am Hl. Grab bevorzugt wurde.
Dort findet man es in RRH n° 272. 425. 494, bei den Johannitern in RRH n° 391. 432.
433. 520. 528. 535, beim Thabor in RRH n° 594. Dazu kommt, daß es Synonyme gab,
einmal *continuus* in RRH n° 340 für das Hl. Grab und in RRH n° 419 bei den Johannitern, sowie *conterminus* (adjektivisch; zum Substantiv siehe oben S. 837) in RRH
n° 520. 565 bei den Johannitern.

7. Das Ende der Kanzleitätigkeit des Radulf B

Das System des Vizedatars überlebte das 1163 endende Notariat des Stephan (= Radulf B) noch bis zu D. RRH n° 465 von 1169, aber nur lädiert. Das ist begreiflich, denn 1163 wurde der Graf Amalrich von Jaffa-Askalon selbst König, die Doppelgrafschaft kehrte in die Krondomäne zurück, die askalonitanische Kanzlei löste sich eo ipso auf, den bisherigen askalonitanischen Notar Radulf C nahm der neue König mit sich in die Königskanzlei. Mit dem Erlöschen der askalonitanischen Kanzlei war der Hauptgrund entfallen, aus dem man einen Vizedatar überhaupt geschaffen hatte. Dagegen lief das Bischofsamt des Kanzlers Radulf ja bis zu seinem Tode 1174, war also nicht ursächlich gewesen für die Einrichtung eines Vizekanzlerpostens, denn der nächste Vizekanzler – jetzt auch mit diesem Titel – begegnet erst nach dem Tode des Kanzlers im Juli 1174 (D. RRH n° 517). Das Amt des Vizedatars überlebte das Jahr 1169 nicht und kümmerte schon seit dem Thronwechsel von 1163 vor sich hin.

Als Notar in der Kanzlei wurde Stephan beim Thronwechsel sofort kaltgestellt. Schon 1164 diktierte sein Nachfolger Radulf C die DD. RRH n° 397. 400, von denen Stephan das erste beglaubigte, weil der Kanzler nicht da war. Fünf Jahre später[104] tritt Stephan nochmals aus dem Schatten der Geschichte, als er 1169 D. RRH n° 465 nur noch beglaubigte, aber gleichfalls nicht mehr diktierte. Gemeinsam ist diesen drei Diplomen nur, daß sie nach Modellen oder VUU. des Radulf B konzipiert wurden. Sie zeigen daher zwar mehr oder minder massiv das Diktat des Radulf B, stammen aber nicht von ihm (siehe unten Bd. 2, S. 25–36). Der Schluß, daß also Radulf B wenigstens noch auf mittlerer Ebene eine Leitungsfunktion in der Kanzlei hatte, wäre dennoch vorschnell. Vielmehr hat Radulf C lediglich sich in seiner Frühzeit als Königsnotar an den Urkunden des Radulf B geschult. Als er dann ab D. RRH n° 412 sein eigenes Formular entwickelte, hätte er gerade in der Kanzleizeile, dem Tummelplatz eines Vizedatars, dringend jemanden gebraucht, der ihm auf die Finger gesehen hätte (siehe unten Bd. 2, S. 139–141). Da dies nicht passierte, läßt sich nur folgern, daß der Vizedatar entweder normalerweise in der Kanzlei gar nicht mehr präsent war, sondern fallweise vom Kanzler aufgeboten wurde, wenn man ihn brauchte, oder wirklich nichts anderes mehr tat, als in Abwesenheit des Kanzlers die Diplome zu unterfertigen und zu siegeln. Aber dem neuen Notar hatte er nichts

---

104) Es gibt schlimmere Lücken. Walter de Bidun war Kanzler des schottischen Königs, verschwindet dann 1161 zehn Jahre lang, als zwei andere Kanzler amtierten, und wurde dann erneut Kanzler; Regesta regum Scottorum 1, S. 28.

mehr zu sagen, und das ist für die Machtverhältnisse in der Kanzlei die entscheidende Einsicht. Für seine sofortige Ablösung als Notar und damit als des eigentlichen Trägers des Urkundengeschäftes und besonderen Vertrauensmanns des Königs spricht neben den deutlichen Spuren des Diktats des Radulf C in DD. RRH n° 397. 400. 465 nicht nur der Umstand, daß alle Könige sofort oder sehr bald nach ihrem Regierungsantritt neue Notare ernannten. Von diesem Prinzip könnte es ja auch einmal eine Ausnahme gegeben haben. Aber man entließ im Februar 1163 sofort den gleichzeitig mit Radulf B ins Amt gekommenen Kanzleischreiber II, obwohl er auf seinem Gebiet genial veranlagt war. Bereits im März brachte er sich in Jerusalem als Diktator und Schreiber von Privaturkunden durch und trat dann als Schreiber in den Dienst der Johanniter (siehe unten S. 897–899). Man wird ja nicht den zwar sehr guten, vergleichsweise aber unwichtigen Schreiber entlassen, den eminent wichtigen Notar aber im Amt belassen haben.

Was aus Radulf B nach 1169 geworden ist, wissen wir nicht. Ja man muß sich sogar fragen, ob er wirklich wenigstens als Vizedatar bis 1169 in der Kanzlei blieb oder nicht am Ende schon 1164 im Anschluß an das von ihm noch in dieser Eigenschaft unterfertigte D. RRH n° 397 ausschied und 1169 nur nochmals kurzfristig reaktiviert wurde, um D. RRH n° 465 und vielleicht noch andere Diplome dieses Jahres zu unterfertigen, von denen wir keine Kunde mehr haben. Es ist doch auffallend, daß er von März 1159 bis November 1161 sechsmal als Vizedatar unterfertigte, von April 1164 bis August 1169 nur zweimal.

Die einfachste Annahme wäre, daß er 1169 oder 1170 gestorben ist. Aber so sehr lange war er noch nicht im Hl. Land, von 1153 bis 1169, so daß nichts zwingend dafür spricht, daß er bei der Einwanderung schon fortgeschrittenen Alters gewesen wäre, auch wenn er aus der Heimat Urkundenerfahrung mitbrachte, da er aus dem Stand fähig war, Philipp von Nablus eine Schenkung für die Lazariter zu schreiben (verlorene VU. zu D. RRH n° 308) und ein ganz junger Mann nicht sogleich Propst am Hl. Grab geworden wäre, wenn diese Annahme denn stimmt. Andererseits ist die Vermutung, er sei gestorben, bei der damaligen Lebenserwartung auch nicht von der Hand zu weisen, zumal sie bei ihm dadurch erleichtert wird, daß er beim Thronwechsel 1163 zwar als Notar abgelöst, aber nicht aus der Kanzlei hinausgeworfen wurde, in der er Vizedatar blieb. In den Fällen seiner Kollegen, die beim Herrscherwechsel sofort überhaupt aus dem Blickfeld verschwinden, ist die Todesvermutung natürlich weniger leicht.

In der Kirche des Hl. Landes kann man Radulf B nach 1164 oder 1169 nicht feststellen. Er mag beabsichtigt haben, einmal die Nachfolge des Kanzlers Radulf von Bethlehem anzutreten, aber dieser war außerordentlich langlebig und starb erst 1174. In den Episkopat ist Radulf B jedenfalls nicht gelangt. Außer dem Patriarchen Stephan von Jerusalem und dem Erzbischof Stephan von Tarsus sind mir im lateinischen Orient keine Bischöfe dieses Namens bekannt, übrigens auch keine Äbte, und diese beiden passen zeitlich nicht. Im Jahre 1161 hieß der Prior der Verkündigungskirche in Nazareth Stephan (RRH n° 371), aber damals war Radulf B noch voll in der Kanzlei tätig, und eine solche Tätigkeit vertrug sich nicht mit dem Priorenamt an dem bedeutenden Stift in Nazareth. Theoretisch wäre es natürlich denkbar, daß ihn der Kanzler-Bischof Radulf von Bethlehem in seinem Domkapitel untergebracht hätte, denn dort begegnet zwischen 1167 und 1168 (siehe unten Bd. 2, Exkurs II, S. 892) ein Kanoniker namens Stephan (RRH n° 393a), aber sehr wahrscheinlich ist das deshalb nicht, weil man dann ja erwarten sollte, daß er sich dort, quasi im Ruhestand, des Urkundenwesens der Kirche von Bethlehem angenommen hätte. Aber der Verfasser von RRH n° 393a war so wenig versiert in der Herstellung von Urkunden (siehe oben S. 747–750), daß er nicht einmal eine Woche in der Königskanzlei verbracht haben kann. Mit Stephan von Lyon = Radulf B war er sicher nicht identisch.

Nun habe ich ja vermutet, daß Radulf B vor seiner Kanzleitätigkeit Propst am Hl. Grab war, dieses Amt niederlegte, als er Notar wurde, das Kanonikat aber beibehielt. Man muß also für das Ende seines Lebens Ausschau halten nach einem Kanoniker des Hl. Grabes namens Stephan, aber ein solcher findet sich nicht. Das ist nicht im nachhinein ein Argument gegen die Theorie vom Propst Stephan von Lyon, denn von den beiden Chartularen des Hl. Grabes endete die Vorlage des einen ursprünglich um 1162, die des anderen um 1165. Alles spätere war nachgetragen, und unter die Nachträge nahm man wichtige Schenkungen für das Stift auf, aber nicht mehr jene Alltagsurkunden, die sich mit der Verwaltung des Stiftsbesitzes durch den Prior befaßten und in denen wir am ehesten die am Grabe dienenden Chorherren finden könnten.

Generell muß man aber nicht jedesmal, wenn einem im Hl. Land einer aus dem Blick verschwindet, gleich an einen Todesfall denken. Es gibt natürlich auch Fälle der Rückwanderung. Doch weiß man in diesem Fall auch darüber nichts, und so muß es dabei bleiben, daß man über 1169 hinaus von Stephan von Lyon = Radulf B nichts mehr hört und auch schon zuvor die fünfjährige Lücke (1164–1169) in seiner Tätigkeit als Vizedatar des Königs von Jerusalem nicht erklären kann.

Ich gebe nachstehend eine Tabelle dessen, was ich für die gesicherten Daten der Laufbahn des Radulf B halte:

1153	Privaturkundenschreiber für Philipp von Nablus

1154 und 1155	Propst des Chorherrenstifts vom Hl. Grab
1155	Eintritt in die Kanzlei des Königs; Beteiligung an D. RRH n° 309
1156–1163	Kanzleinotar des Königs Balduin III.
1156–1169	Vizedatar der Könige Balduin III. (nachgewiesen ab 1159) und Amalrich
1161	Urkundenschreiber der Königin Theodora
1163 Februar	Entzug des Kanzleinotariats
1164	Weitere Tätigkeit als Vizedatar
1169	Letzte Tätigkeit als Vizedatar und letzte Erwähnung überhaupt

8. Fehleranalyse

Über die Schrift der erhaltenen Originale aus der Zeit des Radulf B, aber auch über reine Schreibversehen wird unten S. 884–899 gehandelt werden, da Radulf B selbst keine Ingrossate anfertigte, sondern dies dem Kanzleischreiber II überließ.

Die weitgehende Präzision der Dictamina des Radulf A (siehe oben S. 750–752) erreichte sein Nachfolger nicht. Auch Radulf A hatte aus VUU. Dinge stehen lassen, die dem Diplomgebrauch nicht entsprachen, vor allem in D. RRH n° 281. Aber dort fällt die Verwendung von Worten auf, die der Diplomsprache eher fremd sind. Bei Radulf B ging das weiter. Ein Beispiel dafür ist D. RRH n° 322, ein Vertrag des Königs mit den Pisanern, in dem sich aber deutlicher Empfängereinfluß findet. Vermutlich gab es hier einen schriftlichen Vorakt (von einem Kanzleikonzept bekanntlich wohl zu unterscheiden), in dem die Einigung zwischen Pisa und dem König aufgezeichnet war, eher sogar zwei Vorakte, in denen sich die Verpflichtungen je einer Seite notiert fanden. Das Stück ist nämlich quasi ein Wechselspiel von kanzleimäßiger und nichtkanzleimäßiger Formulierung. Es beginnt mit der Grundsatzverpflichtung der Pisaner, die alten Streitigkeiten mit genannten Ausnahmen für erledigt zu erklären. Hier findet sich *usque ad diem hanc*. Das hätte, wie wir gleich sehen werden, die Kanzlei nicht geschrieben. *Honores* im Sinne von 'Besitzungen, Lehen' der Pisaner im Hl. Land ist Gemeingut pisanischer Urkundensprache; wir finden es daher nicht unerwartet auch in späteren Diplomen für Pisa[105]. Auch *clericatus Caesariae* für den dortigen Klerus ist bestimmt Empfängereinfluß. Ich kann mich nicht

---

105) DD. RRH n° 665. 667. 668. 683. 684. 703; siehe zu *honor* auch unten Bd. 2, S. 22.

erinnern, dies sonst jemals im Hl. Land gelesen zu haben. Auf die erste
Klausel folgt als zweite die Grundsatzverpflichtung des Königs. Diese dürfte
von der Kanzlei formuliert sein, und so liest man denn statt feminin *usque
ad diem hanc* sofort kanzleigemäß und maskulin *usque in hodiernum diem* (so
auch DD. RRH n° 57. 293. 309. 321. 354. 400). Die Wendung *Pisani me
regem salvum et fidem reddent* in der dritten Klausel ist klassische italienische
Urkundensprache. Auch *studiose* im Sinne von 'vorsätzlich', das ich sonst
nicht einmal in den anderen Urkunden für die italienischen Seestädte finde[106], dürfte eine pisanische Einfügung sein, denn nicht nur ist *studiose*
kein Kanzleiwort, sondern hier wird auch die pisanische Verpflichtung
eingeschränkt, denn nur vorsätzliche Rechtsverletzungen Dritter zu verhindern waren die Pisaner gehalten, was ihnen im rechten Moment immer die
Einrede gestattete, die Verletzung sei nur fahrlässig gewesen. Es ist klar, daß
dann auch der König in seine korrespondierende Verpflichtung dieses Wort
aufnehmen ließ. Zu den Verpflichtungen des Königs gehört auch die Gewäh-
rung eines als *vicecomitatus* bezeichneten eigenen Gerichts an die Pisaner in
Tyrus, aber *dono ... vicecomitatum, qui in eorum propria curia Pisanos iustificare debeat* ist ungeschickt formuliert. Auch wenn die grammatischen Bezüge
richtig sind, geht *qui* gedanklich doch auf ein nicht dastehendes Wort *vice-
comitem*, nicht auf *vicecomitatum*. Wir haben in D. RRH n° 449 ein schönes
Beispiel, wie ein versierter Kanzlist so etwas formulierte: *Concedo ... ibidem
curiam ... ad iustificandos omnes homines Pisarum* und *quae omnia ad regiam
tantum iustificationem pertinent.* Man versteht schon, daß *vicecomitatum, qui
iustificare debeat* im Empfängerentwurf der Pisaner stehen konnte, aber man
versteht nicht, daß Radulf B das unkorrigiert übernahm.

Ganz und gar kanzleiwidrig, wenngleich bei einem Deperditum dem
Editor hochwillkommen, ist das wörtliche Exzerpt aus einem verlorenen
Diplom Balduins II., das eingeführt wird mit einer Erwähnung dieses Königs
als *domnus rex Balduinus avus meus.* Man hätte hier die Ordnungszahl
erwartet, also etwa *Balduinus secundus rex, avus scilicet meus.*

Unachtsamkeiten des Radulf B finden sich auch in D. RRH n° 336. Das
aus dem Antiochenischen der Kanzlei in Akkon übersandte Konzept hatte
am Ende einen Nachtrag und einen Beurkundungsbefehl enthalten. Der
Notar übernahm beides und beließ auch den Nachtrag als solchen. Auch
nahm er eine liturgische Floskel auf (*per infinita saeculorum saecula*). Wenn
sie ihm von der Aufzeichnung angeboten wurde, die der König in den Süden
geschickt hatte, hätte er sie eliminieren sollen, sie hatte in einem Kanzlei-

---

106) Anders ist natürlich die Bedeutung von *studiosius desudare* in RRH n° 455. 456.
469.

produkt nichts zu schaffen, auch wenn man in D. RRH n° 512 nochmals *usque in saeculorum saecula* liest. Bestätigt wurde ein Casale *excepta tamen particula cuidam turcopolo data.* Das ist weder falsch noch unverständlich und nicht einmal singulär[107], aber viel besser ist der Text der VU. D. RRH n° 359 *praeter quandam particulam terrae eiusdem possessionis cuidem* (sic) *turcopolo concessae.*

In D. RRH n° 341 findet sich erneut ein Nachtrag in der Sache, der der Reinschrift am Ende angefügt worden war. Ungeschickt ist *Dono ... Iohanni et haeredibus suis in perpetuum habere concedo procurationem.* Man würde erwarten *Dono et concedo Iohanni et haeredibus suis procurationem in perpetuum habendam.* Geradezu unerhört ist die Einfügung einer Devotionsformel in die Dispositio: *Dono ... custodiam ... omnium pertinentiarum cuiusdam castelli mei ... tam earum videlicet, quae nunc habitantur, quam earum, quae per dei gratiam in futurum habitabuntur*[108]. Mit *deo volente* wäre die Sache bestens repariert gewesen.

In D. RRH n° 344 schreibt der Notar (statt seines üblichen *inter me ... et X) inter me ... regem ... et inter Rainaldum Falconarium talis facta est conventio,* was mit der Doppelung des *inter* mindestens unschön ist[109].

In D. RRH n° 352 besteht der gesamte Context aus einem schier endlosen Satz. Darin verhedderte sich der Diktator prompt, als er schrieb: *ego Balduinus ... rex ... terram illam, quam Hugo de Hybelino ... vendidit, instanti prece praedicti Hugonis terram ipsam, de qua agitur, ... laudo et concedo.* Das *terram illam (ipsam)* steht hier zweimal. Der Satz hätte leicht gerettet werden können, wenn Radulf B im zweiten Teil mit dem nicht ungebräuchlichen *inquam* gearbeitet und geschrieben hätte *terram, inquam, ipsam, de qua agitur.*

In D. RRH n° 353 ließ er den König gewisse Bauern bestätigen, *sicut antiquitus et a priscis temporibus ecclesiae dominici Sepulcri dinoscuntur.* Hier fehlt natürlich, wie sich aus Hunderten von Beispielen in aller Welt ergibt,

---

107) Vgl. RRH n° 191: *concedimus particulam illam* (scil. *casalis*), *quam Georgius Syrus ... monachis auferebat.*

108) Ähnlich, wenn auch viel weniger drastisch, heißt es in der Corroboratio von D. RRH n° 322 *Has ... conventiones pacis ... in perpetuum prestante domino conservande laudo.*

109) Dagegen ist es angesichts der Einheitlichkeit des Formulars wahrscheinlich ein Lesefehler der Editio princeps – eine handschriftliche Überlieferung liegt nicht vor –, wenn in der Corroboratio *sigillique mei subscriptione* (statt *subpressione*) steht. Wenn schon, hätte man zu *suspensione* verbessern müssen, wie es im Diplom Balduins V. für St. Samuel auf dem Freudenberge mit seiner Corroboratio des Radulf B steht; siehe MAYER, St. Samuel S. 71.

ein Infinitiv Perfekt, etwa *subiecisse*. Die Auslassung ist um so gravierender, als der Notar für den zweiten Teil von D. RRH n° 353 die VU. D. RRH n° 307 heranzog, wo er – bezogen auf ein anderes Rechtsgeschäft – lesen konnte: *sicut a tempore illustrissimi ducis Godefridi ... habuisse tenuisse et possedisse dinoscuntur*. Die Corroboratio des Radulf B war von diesem Diplom an grammatisch nicht immer einwandfrei (siehe unten S. 866 f.)[110]. In der Empfängernennung von D. RRH n° 355 müßte es nach dem Vorbild von DD. RRH n° 321. 325 heißen *Hospitali ..., quod Ierosolimis est ad servitium pauperum Christi constitutum*, aber dieses letzte Wort fehlt. In D. RRH n° 367 ließ Radulf B die Königin ein Haus verschenken, von dem er nicht verriet, in welcher Stadt es sich befand; daß es in Akkon lag, muß man erraten[111].

Unklar ist, auf welches Konto die zahlreichen Fehler in D. RRH n° 465 gehen. Es könnte überlieferungsbedingt sein, weil das überliefernde Kopialbuch rasch zusammengestellt werden mußte[112]. Aber die Fehlerzahl übersteigt das, was man dort sonst findet. Sind es dagegen Kanzleiversehen, so weiß man nicht, wem sie zur Last fallen, dem Radulf C, der D. RRH n° 465 nach einer VU. des Radulf B aufsetzte (siehe unten Bd. 2, S. 36), oder schon dieser VU. Jedenfalls steht in der Überlieferung *omibus* statt *omnibus*, *faturis* statt *futuris*, *habebit* statt *habebis*, dann *dedit* (danach fehlt *ei*) *et eiusdem haeredibus*, ferner *recepturos* statt *recipiendi*, weiter *habebunt in possessionem* (statt *possessione*), *praedictos* (statt *praedicti*) *bisantii debent reverti*, dann *Babiloniam* statt *Babilonia*, erneut *recepturos* statt *recipiendos*, des weiteren *subscriptis testibus sigilli* (statt *sigillique*) *mei subpressione*, dann *denotatam* statt *denotata*, und schließlich fehlt im Datum das Wort *anno*.

Das alles ist teilweise starker Tobak. Aber außer in D. RRH n° 367 betrifft es die Form, nicht die Sache. Auf letzterem Gebiet ging Radulf B an Präzision eher über seinen Vorgänger hinaus. Jedenfalls gab er gelegentlich eine VU. genauer wieder als Radulf A. In DD. RRH n° 309. 354 wurde

---

110) Zur Corroboratio des von Radulf C nach einem Modell des Radulf B verfaßten D. RRH n° 366 siehe unten Bd. 2, S. 20.

111) Siehe dazu MAYER, Montfort-sur-Risle S. 486. In ähnlicher Weise erfährt man in RRH n° 283 nur aus dem Dorsualvermerk, wo das geschenkte Grundstück lag. – Ein geradezu grober Verstoß gegen das Kanzleidiktat wäre in D. RRH n° 598a die Promulgatio *Notum sit omnibus tam praesentibus quam absentibus* (so die frühere Edition), doch ist dies ein Lesefehler des Editors, siehe jetzt MAYER, Abū 'Alīs Spuren S. 133. – Zu dem groben Fehler in D. RRH n° 397, das Radulf C nach dem Vorbild des Radulf B verfaßte, die Zeugenliste vor das Actum zu stellen, siehe unten Bd. 2, S. 25 f. Der Fehler ist Radulf C anzulasten.

112) MAYER im Reprint von STREHLKE, Tabulae S. 67 f., 70–81.

dieselbe verlorene VU. eines gewissen Lambert Hals herangezogen, und zwar in D. RRH n° 354 tatsächlich, nicht als bloße Wiedergabe von D. RRH n° 309:

D. RRH n° 309	D. RRH n° 354
De cetero domum Achon sitam, quam Lambertus Als Agnetis uxoris suae consilio nec non et Fulconis patris mei consensu ecclesiae dominici Sepulcri donavit iuxta conditionem, quae in eorum privilegio continetur; donum praefatae domus confirmo	*De cetero domum Achon fundatam, quam Lambertus Als uxorque sua Agnes concessu regis Fulconis patris mei ecclesiae sancti Sepulcri hac videlicet conditione libere et quiete possidendam concessit, ne venditione vel commutatione sive quolibet alio modo a se eicere liceat et, si fecerint, regia maiestas ex ea servitium habeat, saepe dictis canonicis hac praedicta ratione confirmo*

Die Erklärung des Gesamtbefundes ist aufschlußreich für die Arbeitsweise, ja geradezu für das Arbeitsklima der Kanzlei in dieser Zeit. Ich habe oben S. 823 f. gezeigt, daß die Bestellung Stephans zum Vizedatar die Position des Kanzlers in der Kanzlei nicht erschütterte. Über das Besiegelungsmonopol kontrollierte er sie nach wie vor straff, und den Vizekanzlertitel erhielt Stephan nicht. Die vorgeführten Fehler zeigen aber, daß der Kanzler Radulf sich nicht nur auf die Besiegelung beschränkte, sondern auch die Kanzleikontrolle über die Ingrossate ausübte und generell darüber wachte, daß ordentliche Diplome ergingen. In den vom Kanzler unterfertigten Diplomen finden sich nur wenige der oben aufgelisteten Versäumnisse, in größerer Zahl nur in D. RRH n° 322 sowie je ein Vorkommnis in D. RRH n° 352. 353. (366). Hier schlüpften die Fehler durch die Kanzleikontrolle hindurch. Der Kanzler, der jetzt auch politischer Ratgeber und überdies Bischof war, war ja ein vielbeschäftigter Mann.

Die Masse der Fehler steckt dagegen in den von Stephan als Vizedatar unterfertigten Stücken. Von diesen sind allein DD. RRH n° 355. 368 makellos, die anderen drei (und die Mischdiktate DD. RRH n° 397. 465) sind fehlerbehaftet. Bei den Corroborationes wird man einem ähnlichen Befund bei den von Stephan unterfertigten Diplomen begegnen (siehe unten S. 869 f.) und gleich nachstehend auch bei Invocatio und Intitulatio. Wenn Stephan als Vizedatar selbst unterfertigte, wenn also der Kanzler als der eigentliche Datar abwesend war, fand keine Endkontrolle statt und es kam fast ausnahmslos zu den beschriebenen Entgleisungen. Stephan unterlag normalerweise in seiner Arbeit einer strikten und für die Einheitlichkeit des

jerusalemitanischen Diploms wohltuenden Kontrolle des Kanzlers. War
dieser nicht da, so wurde er nachlässig.

9. Das Diktat des Radulf B

Bei der Betrachtung des Diktats ist zu berücksichtigen, daß die DD. RRH
n° 366. 397. 400. 465 Dictamina des Radulf C sind, die aber in verschiedener Weise so sehr Modellen oder VUU. des Radulf B folgen, daß sie für
das Diktat weitgehend hier zu behandeln sind. Für die Corroboratio ist
auch das Diplom Balduins V. für St. Samuel auf dem Freudenberge zu betrachten[113]. Generell ist zu sagen, daß sich Radulf B weitgehend an das
Kanzleidiktat hielt, das Radulf A entworfen hatte. Diese prinzipielle Übereinstimmung in den großen Linien gilt es nicht aus dem Auge zu verlieren,
weil nachstehend die Unterschiede recht ausführlich erörtert werden müssen,
um die Diktatverschiedenheit der beiden Kanzlisten sinnfällig zu machen,
denn es ist ja klar, daß eine Scheidung von Diktatgruppen um so beschwer-
licher wird, je näher die beiden Diktatoren aneinander sind.

Gewisse äußere Merkmale (symbolische Invocatio, verlängerte Schrift der
ersten Zeile, Auszeichnung gewisser Namen) werden später behandelt,
soweit sie sich in Originalen und in den kopial überlieferten DD. RRH
n° 322. 400 finden (siehe unten S. 884–887). In der sonstigen kopialen Überlieferung steht als symbolische Invocatio wie in den Originalen ein lateinisches Kreuz in DD. RRH n° 355. 366. 397. Auffallend ist das lothringische
oder auch sogenannte Patriarchenkreuz mit zwei Querbalken, das in einem
der Chartulare des Hl. Grabes (Vat. lat. 4947 fol. 117^v) D. RRH n° 400
eröffnet[114]. Es ist nämlich in Originalen des Kanzleischreibers II nicht bezeugt, sondern dieser hat sonst nur das lateinische Kreuz. Urkundlich ist das
lothringische insgesamt selten und – jedenfalls in dieser Zeit – überwiegend
eine Sache des tripolitanisch-antiochenischen Nordens[115]. In der Kanzlei
erscheint dieses Kreuz nur in DD. RRH n° 80. 90, in Patriarchenurkunden
vor D. RRH n° 400, von denen es unter Arnulf und Wilhelm ja einige
Originale gibt, kommt es überhaupt nicht vor, dagegen finde ich es danach
in Originalen des Priors der Grabeskirche (RRH n° 529. 561), wo es vielleicht schon früher vorkam, da hier sehr wenig an Originalen erhalten ist.

---

113) Zu diesen fünf DD. siehe auch unten Bd. 2, S. 16–38.
114) Es fehlt in beiden Editionen, obwohl es groß genug ist.
115) RRH n° 212. 233. 387 und die Urkunde der Flandina, ed. RICHARD, Porcellet
S. 366 n° 1. Ich meine, es auch in RRH n° 86. 270 zu finden, aber meine Photogra-
phien sind zu schlecht, um hier eine sichere Aussage zu machen.

Ich halte den zweiten Querbalken aber eher für eine Zutat des Chartularschreibers, da sowohl das Patriarchensiegel wie das Stiftssiegel zu dieser Zeit
das lothringische Kreuz zeigten[116]. In D. RRH n° 397 steht vor der Invocatio ein lateinisches Kreuz, zusammengezogen mit der *I*-Initiale, und nach
ihr ein griechisches mit gleichlangen Schäften und je einem Punkt in den
vier Feldern. Das zweite Kreuz hat mit der Kanzlei nichts zu tun, sondern
ist eine Marotte des Schreibers des Lazariterchartulars, die er auch in RRH
n° 246. 251. 361. 656 hat[117]. Nachgeahmte verlängerte Schrift findet sich
kopial in DD. RRH n° 322. 355. 400 und ist allein in D. RRH n° 355 nicht
zeilenfüllend.

Die Standardinvocatio des Radulf A, die dieser ohne Ausnahme verwendet
hatte, nämlich die um die Aufzählung ihrer Glieder erweiterte Anrufung der
heiligen und unteilbaren Dreifaltigkeit, behielt Radulf B im wesentlichen bei.
Die einfachere Formel *In nomine patris et filii et spiritus sancti amen* ist
wiederum eine, wenn auch nicht ausschließliche, Erscheinung in den vom
Vizedatar Stephan unterfertigten DD. RRH n° 355. 367. 397 sowie in
D. RRH n° 598a, von dem unbekannt ist, wer es unterfertigt hatte[118].

Arengen, wie sie Radulf A in seiner ersten Amtszeit und zu Beginn seiner
zweiten noch gebraucht hatte, gab es jetzt nicht mehr, denn *ecclesiae ... iura,
prout condecet, in nullo minui sustinens* in D. RRH n° 353 kann man kaum
als solche ansprechen. Vielmehr setzten die Diplome jetzt nach der Invocatio
sogleich ein mit der Promulgatio, die also stets vor der Intitulatio stand. In
der zweiten Amtszeit des Radulf A hatte die Promulgatio überwiegend
gelautet *Notum sit omnibus tam praesentibus quam futuris*, und so hielt es
Radulf B, sich an seinem Kanzler schulend, in DD. RRH n° 321. 322. 352.
353. 354. 598a. Die vertauschte Reihenfolge *tam futuris quam praesentibus*
hatte Radulf A nach dem Muster der VU. nur einmal in D. RRH n° 306,

---

116) SCHLUMBERGER, Sigillographie S. 75 n° 8, S. 76 n° 10, S. 135 n° 164. Der
Hauptschreiber des Chartulars hat symbolische Invocationes normalerweise nicht
reproduziert, aber D. RRH n° 400 gehört bereits zu den Nachträgen von anderer Hand
und ist wohl nur wenig nach der Ausstellung in die verlorene ursprüngliche Chartu-
larhandschrift eingetragen worden, da diese Serie von Nachträgen nicht über 1178
hinausreicht.
117) In der Edition von DE MARSY sind diese Kreuze nur teilweise verzeichnet.
118) Freilich sind zwei dieser vier DD. im Lazariterchartular überliefert, wo diese
Invocatio als eine Kontraktion des Schreibers besonders häufig gewesen zu sein scheint;
siehe oben S. 485–487. Wenn in DD. RRH n° 341. 465 jede Invocatio fehlt, so ist auch
dies überlieferungsbedingt, da sie im Kopialbuch des Deutschen Ordens überwiegend
weggelassen wurde. Sie fehlt dort auch für D. RRH n° 366, wo sie sich indessen in
einer anderen Überlieferung findet.

wenn die von mir eben deshalb für den Text gewählte Lesart der Überlieferung C die richtige ist, denn D blieb bei *tam praesentibus quam futuris*.
Radulf B fand die Formel von C schöner, vor allem überall dort, wo er
selbst unterfertigte und vom Kanzler unbeaufsichtigt war, und schrieb in
DD. RRH n° 325. 336. 341. 344. 355. 366. 367. 368. 397. 400. 465, von
denen nur DD. RRH n° 325. 366. 400 vom Kanzler persönlich beglaubigt
sind, lieber *Notum sit omnibus tam futuris quam praesentibus*[119]. Die zweite Promulgatio des Radulf A, die auf *notum fieri volo* aufbaute, kam jetzt gar
nicht mehr vor. Sie empfahl sich freilich vor allem nach den jetzt fehlenden
Arengen, und nur dort hatte Radulf A sie gebraucht[120]. Daß die Promulgatio ganz fehlte, wie dies bei Radulf A in DD. RRH n° 244. 291 der Fall
gewesen war, weil seine VUU. hier keine Promulgatio hatten, kam jetzt
nicht mehr vor. Schon an der Promulgatio zeigt sich also der neue Diktator,
der zwar die Formel des Radulf A mit *tam praesentibus quam futuris* gelegentlich benutzte, aber die bei Radulf A nur einmal in Imitation der VU.
vorkommende Umdrehung *tam futuris quam praesentibus* deutlich bevorzugte.

Hatte Radulf A bei der Devotionsformel anfänglich noch das überkom-
mene *dei gratia* verwendet (*per dei gratiam* D. RRH n° 240), so hatte er sich
bereits ab D. RRH n° 281 davon abgewandt zugunsten von *per gratiam dei*,
das nun in seinen Dictamina konstant blieb. Radulf B war noch weniger
variabel. Er folgte ganz überwiegend dem Vorbild des Radulf A mit *per
gratiam dei* (DD. RRH n° 321. 322. 325. 336. 341. 352. 353. 354. 355. 366.
368. 598a. 397. 400. 465). Hierin stecken sechs Diplome, die vom Vizedatar
Stephan beglaubigt sind. Hier haben wir also mehr oder minder eine Diktateinheit der gesamten Gruppe, d. h. der Diplome, die der Kanzler Radulf unterfertigte, und jener, die auf den Namen Stephans beglaubigt wurden. Aber

---

119) Zu dem nur falsch gelesenen abenteuerlichen *tam praesentibus quam absentibus*
in D. RRH n° 598a siehe oben S. 846 Anm. 111. Bei D. RRH n° 368 haben wir wieder
dieselbe Diskrepanz wie oben bei D. RRH n° 306. Das denselben Vorgang betreffende
Stück RRH n° 369, das als der eigentliche Lehnsverkauf der königlichen Bestätigung
D. RRH n° 368 eigentlich vorausgehen müßte, ist mit seiner Promulgatio *universitati
omnium tam praesentium quam futurorum praesentis scripturae monimento notum fieri
volo* keine Entscheidungshilfe für die Reihenfolge von *praesens* und *futurus*, denn es
liegt tatsächlich um etwa zwei Wochen *nach* der Bestätigung. Obwohl RRH n° 369 in
der königlichen Kanzlei mit dem Siegel des Königs versehen wurde, hat die Urkunde
– soweit sie nicht D. RRH n° 368 als VU. benutzt – ein ganz anderes Diktat, das
typisch ist für die Schreibstube des Hl. Grabes; vgl. RRH n° 272. 301 (dies allerdings
ein Dictamen des Kanzlisten Radulf C). 333.

120) DD. RRH n° 240. 245, aber auch D. RRH n° 307, weil dort die VU. D. RRH
n° 278 eine Arenga gehabt hatte, die in der NU. weggelassen wurde.

es ist bezeichnend, daß die beiden einzigen Ausnahmen, in denen Radulf B umdrehend *per dei gratiam* schrieb, von Stephan unterfertigt sind (DD. RRH n° 344. 367). Während er also grosso modo eine konstante Devotionsformel hatte, hat er doch nur in Abwesenheit des Kanzlers Aufweichungserscheinungen gezeigt, wie dies auch die kanzleiunüblichen Nachträge zu DD. RRH n° 336. 341 nahelegen, deren einer in D. RRH n° 336 um so auffälliger ist, als er sachlich aus der VU. D. RRH n° 359 stammt.

Bei der Intitulatio haben wir dasselbe Bild. Im großen und ganzen folgte Radulf B dem Vorbild des Radulf A mit der Formel *in sancta Hierusalem (Iherusalem, Ierusalem) Latinorum rex quartus*[121]. Von dieser Konstanz wich er gelegentlich ab mit einer Formel, die die Intitulatio der Könige von Jerusalem bis 1192 (D. RRH n° 701) abschließend regelte. In diesen fünf Fällen (DD. RRH n° 341. 344. 397. 400. 465) steht in der Intitulatio des Radulf B noch das Wort *civitas*, das bisher lediglich der Interimsnotar einmal in D. RRH n° 227 gebraucht hatte, dann aber im Genitiv. Die Formel lautete nun *in sancta civitate Ierusalem Latinorum rex*[122]. Damit wurde die Herausstreichung der Hauptstadt im Titel (siehe oben S. 757–760) noch verstärkt und zum Ausdruck gebracht, daß Balduin III. in der heiligen Stadt Jerusalem der König des Staatsvolks (aller) Lateiner (im Reich) war. Auf den ersten Blick ist bei der Intitulatio mit der Annahme, Stephan habe ohne die Aufsicht des Kanzlers freier formuliert, nichts zu machen, denn stehen in der ersten Gruppe mit der alten Intitulatio drei vom Vizedatar Stephan beglaubigte Diplome (DD. RRH n° 336. 355. 368), so sind es bei der neuen Intitulatio deren vier (DD. RRH n° 341. 344. 397. 465). Zumindest ist dieser Befund nicht eindeutig.

Auch chronologisch scheint sich keine Erklärung anzubieten, denn nach der alten Intitulatio in DD. RRH n° 321. 322. 325. 336 und zweimaliger neuer Intitulatio in DD. RRH n° 341. 344 kommt wieder siebenmal die alte in DD. RRH n° 352. 353. 354. 355. 366. 368. 598a, ehe mit DD. RRH n° 397. 400. 465 die neue erneut auftritt. Und doch ist diese Ordnung der Urkunden zu vier Gruppen diejenige, die die Erklärung bringt. Die Einfügung des Wortes *civitas* in die Intitulatio, vielleicht bedingt durch das geringfügig anders lautende Vorbild des Interimsnotars, war die Leistung des Stephan / Radulf B, und zwar zunächst, als er beim Heer des Königs in der

---

121) DD. RRH n° 321. 322. 325. 336. 352. 353. 354. 355. 366. 368. 598a; D. RRH n° 367 ist eine Urkunde der Königin Theodora mit der einfachen Intitulatio *per dei gratiam Ierosolimorum regina*.

122) Diese Formel hat STREHLKE auch für D. RRH n° 366 gedruckt, dabei aber ausweislich der Anm. 1 auf S. 3 das Wort *civitate* von sich aus eingefügt. Es gehört nicht hin, sondern D. RRH n° 366 hat die übliche Formel des Radulf B.

Herrschaft Sidon 1160 in Abwesenheit des Kanzlers unkontrolliert diktierte. Danach kehrte er zum Brauch des Radulf A zurück und blieb dabei bis zum Tode des Königs Balduin III. im Februar 1163. Mit dem neuen König Amalrich aber zog in die Kanzlei auch ein neuer Notar Radulf C ein, und dieser schrieb ohne Ausnahme bis kurz nach Amalrichs Tod, als auch er durch den Notar Wilhelm A abgelöst wurde, die neue Formel *in sancta civitate Ierusalem Latinorum rex*, auch schon in DD. RRH n° 397. 400. 465, die auch nach anderen Kriterien Mischdiktate sind (siehe unten Bd. 2, S. 25–36). Das ist ein gutes Indiz dafür, daß Radulf B sofort nach dem Tode des Königs Balduin III. als Notar abgelöst wurde, auch wenn er als Vizedatar noch bis 1169 blieb (D. RRH n° 465).

Damit sind als echte Abweichungen von der Intitulatio unter Radulf B nur die beiden DD. RRH n° 341. 344 zu werten, und es ergibt sich genau dasselbe Bild wie schon bei der Devotionsformel: War der Kanzler abwesend, löste sich Radulf B aus dessen aus der Zeit vor 1156 noch nachwirkenden Diktatschatten, hier aber anfänglich ohne Erfolg, denn er mußte zu der vom Kanzler-Notar Radulf A geprägten Formel der Intitulatio zurückkehren. Es war Radulf B, der die neue Formel entwickelte, aber Radulf C, der sie beim Kanzler, vor allem aber beim neuen König, durchsetzte, denn wenn es irgendeinen Teil des Formulars gibt, bei dem die Kanzlei sich der Billigung des Herrschers versichern mußte, dann war es natürlich die Intitulatio.

Die Konsensklausel hatte bei Radulf A keine sonderliche Rolle gespielt, aber nicht deshalb weil er sie nicht mochte, sondern weil die maßgeblichen Konsensgeber, die Mutter und der Bruder, nach 1152 aus politischen Gründen jahrelang von den Konsensen ausgeschlossen waren. Und in der ersten Amtsperiode des Radulf A war Melisendis Mitausstellerin, so daß ihr Konsens automatisch entfiel, während der Bruder Amalrich, 1136 geboren, hierfür noch zu klein war[123]. Die Konsensformel hatte bei Radulf A gelautet *consilio et concessione* (D. RRH n° 293), *assensu* (D. RRH n° 306), *assensu et concessione* (D. RRH n° 307) sowie *assensu* und *concessione* und *consensu* (D. RRH n° 309). Bei Radulf B war es quantitativ mehr, was mit der Wiedereinführung der Konsense der Königinmutter und des Bruders, aber auch mit der exorbitanten Länge der Generalbestätigungen des Besitzes des Hl. Grabs zusammenhängt. Aber es war im wesentlichen dasselbe Vokabular, von häufiger benutzten Ausdrücken führte er lediglich *concessu* neu ein, während das isolierte *favore* und *volente* in seinem ersten Diplom vielleicht ein Experimentieren der Anfangszeit darstellt[124]. Zu Lebzeiten des

---

123) Siehe hierzu oben S. 781.
124) Man findet *consilio (etiam) et concessione* in DD. RRH n° 321. 322, in ersterem

Königs Balduin III. fehlten Konsense ganz in DD. RRH n° 336 (das aber *precibus matris* erging). 341. 353. 355. 367. 598a, was im wesentlichen mit der langen Krankheit und dem Tod der Königin Melisendis zusammenhing (siehe dazu oben S. 696 f.). Der Konsens der Königin Theodora erscheint ja nur höchst ausnahmsweise (DD. RRH n° 344. 366). Konsense fehlen auch in DD. RRH n° 397. 465, die aber schon aus der Zeit des Königs Amalrich stammen, als das ganze Konsenswesen bis 1186 zum Erliegen kam, weil mit dem Tode der Melisendis im September 1162 die von Balduin II. begründete Samtherrschaft endgültig zu Ende war, so daß es von nun an keiner Konsense aus der Familie mehr bedurfte. Erst ab 1186 wurde der Konsens erst der Königin Sibylle, dann der Königin Isabella I. zu einer Notwendigkeit, weil sie die eigentlichen Thronerbinnen waren und die Könige nur als ihre Ehegatten regierten[125].

Wo der Diktator parallel den Konsens zweier Personen zu nennen hatte, meist der Mutter und des Bruders des Königs, arbeitete schon Radulf A mit dem Wortpaar *siquidem* und *videlicet*, mit dem bei der jeweils ersten und zweiten Person das Verwandtschaftsverhältnis zum König oder sein Rang ausgedrückt wurde. Radulf B beließ es dabei und verwendete die Kombination in DD. RRH n° 321. 325. 354. 366, daneben aber auch öfters *siquidem* allein. Den an sich in den Diplomen seltenen Bittpassus, den Radulf A mit *rogatu* in D. RRH n° 291 nach der VU. noch gehabt hatte, gebrauchte Radulf B dreimal, immer mit *prex* (DD. RRH n° 336. 352. 368: *precibus, instanti prece, prece*), während ein auf *orare* oder *exorare* aufbauender Gebetspassus, wie ihn Radulf A in D. RRH n° 306 nach einer VU. nochmals gebraucht hatte, jetzt nicht mehr vorkam. Lediglich in D. RRH n° 336 wurde eine Zweckbindungsklausel nachgetragen, die bestimmte, daß im Gegenzug für die Schenkung ein Priester Messen zu lesen hatte. Auch das stammt aus der VU., und die Häufigkeit, mit der jetzt gewisse Floskeln auf Vorurkunden zurückgeführt werden können, zeigt, daß diese der beliebteste Formularbehelf waren.

---

auch *favore* und *volente, concessu* und *concedentibus*. In D. RRH n° 325 steht zweimal *concessione* und je einmal *assensu* und *concessu et gratuita voluntate*. In D. RRH n° 344 heißt es *concessu* und *concessione*, in D. RRH n° 352 *assensu* und *concessione*, DD. RRH n° 354. 400 folgen weitgehend der VU. D. RRH n° 309. In D. RRH n° 366 findet man je zweimal *assensu, concessu* und *concessione* sowie je einmal *consilio* und *consilio et assensu*. In D. RRH n° 368 schließlich steht *laudantibus et concedentibus*, womit zurückgelenkt wird zu einer der Formeln von D. RRH n° 321.

125) Zu den historisch bemerkenswerten Konsensen des Grafen Raimund III. von Tripolis, seiner Mutter und seiner Schwester siehe oben S. 810 f.

Die Gedenkformel hat Radulf B wörtlich von Radulf A (siehe oben S. 762) übernommen: *pro salute* (folgt *domni ac fratris mei ... et pro* D. RRH n° 397) *mea et* (*ac* DD. RRH n° 397. 400) *meorum* (folgt *omnium* D. RRH n° 397) *tam vivorum quam defunctorum* (DD. RRH n° 321. 336. 354. 355. 397. 400). In den anderen DD. des Radulf B fehlt der Passus, denn es nehmen jetzt die Diplome für Laien zu, die weltliche und feudale Angelegenheiten regeln, und auch bei reinen Bestätigungen von Schenkungen der Vorgänger an kirchliche Korporationen war ja nicht immer Anlaß zu einer Gedenkformel, da der kirchliche Besitz hier im Prinzip nicht vermehrt wurde, so daß man sich Lohn im Jenseits davon nicht unbedingt versprechen konnte. Nicht der Passus an sich ist auffällig, denn er kommt im Hl. Land auch anderweitig vor (siehe oben S. 761), sondern das unvermittelte Einsetzen in der zweiten Amtszeit des Radulf A und die Häufung unter Radulf B.

Auch in der Dispositio änderte sich manches. Für Schenkungen bevorzugte Radulf B das Wort *donare*, das Radulf A eher zu vermeiden gesucht hatte (siehe oben S. 726). Einfaches *dono* hatte er in DD. RRH n° 341. 355. 366. 367, und mit dieser eingliedrigen Schenkungsformel stach er erheblich ab von Radulf A und von Radulf C, die nach englischem Usus ganz oder großenteils zweigliedrige Dispositiones bevorzugten (siehe oben S. 723–726 und unten Bd. 2, S. 119); eine eingliedrige Dispositio hatte Radulf A nur in D. RRH 240 gehabt, während sie bei Radulf B bei Schenkungen viermal und bei Bestätigungen einmal vorkam[126]. Einmal kommt in einer Schenkung (D. RRH n° 397) mit *dono et concedo* eine zweigliedrige dispositive Formel vor, aber damit greift man in diesem Mischdiktat das Formular des Radulf C. Bei den Bestätigungen stand bei Radulf B *confirmo* im Vordergrund. Er hatte einfaches *confirmo*, wie schon erwähnt, in D. RRH n° 354[127], *concedo et confirmo* D. RRH n° 321, *laudo et concedo* D. RRH n° 336, wo die VU. und eigentliche Schenkung D. RRH n° 359 richtigerweise *dono et concedo* gehabt hatte. In D. RRH n° 400 steht *confirmo et corroboro* exakt nach der VU. Dreimal aber hatte Radulf B eine dreigliedrige Dispositio *laudo (et) concedo (et) confirmo*[128]. Das hatte Radulf A nur zwei-

---

126) D. RRH n° 354. Hier hatte die VU. D. RRH n° 309 des Radulf A *confirmo et corroboro*, was in D. RRH n° 354 zu einfachem *confirmo* schrumpfte und erst in D. RRH n° 400 wieder auf die volle Form kam. Das wäre Radulf A nicht passiert, eine zweigliedrige Schenkungsformel so verkümmern zu lassen. Ganz im Gegenteil hatte er eingliedrige zu zweigliedrigen erweitert.

127) Ich befasse mich hier nur mit der Hauptformel jedes Diploms, nicht mit sekundären Dispositionsformeln, die auch noch darin enthalten sein können.

128) DD. RRH n° 325. 352. 368, im mittleren Stück noch erweitert um Formeln aus der Corroboratio.

mal gehabt und beide Male nach einer VU.[129], aber nur ein einziges Mal eigenständig in einer Wiederholung der Dispositio in D. RRH n° 309, wo indessen die Hauptformel auch nur zweigliedrig ist. Bei Betrachtung der verwendeten dispositiven Verben ergibt sich, daß *dono* bei den Schenkungen unentbehrlich ist und konsequenterweise bei den reinen Bestätigungen nicht vorkommt. Berechtigte Mischformen sind *remitto et ... confirmo* (D. RRH n° 353; Klageverzicht und Bestätigung) und *dono et confirmo* (D. RRH n° 465; Schenkung und Bestätigung). Sonderfälle sind der Vertrag D. RRH n° 322 (*pacem ... facio*), der Tausch D. RRH n° 344 (*Talis facta est conventio*) und der Geleitbrief D. RRH n° 598a (*in mea protectione suscipio*). Die eingliedrige Formel *dono* einerseits und die dreigliedrige *laudo concedo et confirmo* andererseits grenzen Radulf B deutlich von Radulf A ab. Unter Radulf C sollten dann die dispositiven Formeln in stärkerem Maße dreigliedrig werden.

Im Zusammenhang mit der Dispositio steht die Pertinenzformel. Sie spielt im lateinischen Osten nur eine untergeordnete Rolle, weshalb sie in den bisherigen Diktatvergleichen auch nicht vorkam. Aufgeschwemmte Zubehörslisten wie in der Pertinenzformel des Karolingerdiploms gab es im Hl. Land nie. Das übliche waren knappe und nüchterne Generalklauseln wie *cum omnibus pertinentiis (appenditiis, adiacentiis)*. Der Höhepunkt der Frühzeit war *cum omnibus terris villanis et pertinentiis suis* in D. RRH n° 121 gewesen. Längere Pertinenzformeln begegnen im Königreich Jerusalem erst seit etwa 1165 (RRH n° 414). Aber von Radulf B an wurde die Pertinenzformel in den Diplomen wenigstens etwas wichtiger und kann jetzt nicht mehr einfach ausgeklammert werden. Radulf A (oder vielleicht schon sein Gehilfe Radulf B) hatte in D. RRH n° 309 einmal selbständig geschrieben *cum omni integritate sua*. Daraus machte Radulf B eine regelrechte, auch vollere Pertinenzformel, wie sie sonst im Hl. Land nicht vorkam: *cum omni (videlicet) integritate et adiacentiis suis* (DD. RRH n° 321. 336), *cum omnibus villanis et pertinentiis suis ex integro* (D. RRH n° 352), *cum omni integritate sua* nach der VU. und selbständig *cum omni integritate et pertinentiis suis*, und *cum integritate sua*[130], wo die VU. des Radulf A *cum omnibus appenditiis suis* gehabt hatte, dann *ea scilicet (quidem, videlicet) integritate* mehrfach in D. RRH n° 366 und schließlich *cum omni integritate, gastinis scilicet et appenditiis suis, ubicumque in longum sive in latum protenduntur* in D. RRH n° 368. Mit D. RRH n° 400 verschwindet das Wort *integritas* völlig aus den

---

129) DD. RRH n° 299. 306 nach DD. RRH n° 300. 268.

130) DD. RRH n° 354. 400; aus der VU. D. RRH n° 309 wurde in DD. RRH n° 354. 400 auch wiederholt *cum ... omnium decima tota et integra* und *cum honore suo integro*.

Pertinenzformeln der jerusalemitanischen Diplome, wo es auch vor D. RRH n° 309 nie aufgetaucht war. Der Ausdruck ist ein vorzügliches Diktatkriterium für Radulf B und auch ein Abgrenzungsmerkmal gegenüber Radulf A, dessen *appenditiis* er einmal zu *integritate* umwandelte und dessen einfaches *cum omni integritate sua* er meist erweiterte, also fortbildete.

Ebenso in engen Zusammenhang mit der Dispositio und ihr im klassischen Urkundenformular meist vorausgehend steht die unentbehrliche Empfängernennung[131]. Wie die Pertinenzformel wird jetzt auch die Empfängernennung, die uns bisher nur bei Paganus und Hemelin beschäftigt hat (siehe oben S. 442, 488), wichtiger. Unter Radulf C kommt ihr zentrale Bedeutung zu.

Von Interesse ist sie bei Radulf B allerdings nur bei den geistlichen Empfängern. Man konnte einen solchen natürlich mit der Nennung der Kirche oder der Abtei hinreichend exakt bezeichnen und hat sich in der Frühzeit auch häufig solcher einfacher Formeln wie *ecclesiae sancti Sepulchri* oder *abbatiae de sancta Maria in valle Iosaphat* bedient. Aber der Zug der Zeit ging dahin, neben der Kirche und gegebenenfalls dem Ort auch noch den dortigen Personenverband und auch den Konventsvorsteher anzugeben[132]. Ein Blick in die feierlichen Papstprivilegien mußte den Urkundenkonzipienten eine solche Entwicklung ja aufdrängen. *Dilectis in Christo filiis Gerardo priori et eius fratribus in ecclesia sancti Sepulcri regularem vitam professis tam praesentibus quam futuris* heißt es schon in der ältesten päpstlichen Urkunde für das Chorherrenstift vom Hl. Grab (JL 6921), und diese Adresse blieb grosso modo feststehend, nur rückte das *regularem vitam professis* an den Schluß. In wechselnder Fülle der Bestandteile finden sich solche Formeln mit Nennung der Kirche, der gegenwärtigen und zukünftigen Konventsmitglieder, ihrer Lebensweise und ihres Vorstehers und seiner Nachfolger schon ab 1115[133], also im wesentlichen in den Produkten des Paganus, des Hemelin

---

131) Sie fehlt sensu stricto in DD. RRH n° 91. 125, die beide nur treuhänderisch an das Hl. Grab kamen, weil die Begünstigten selbst unorganisiert und somit nicht rechtsfähig waren. Wirklich fehlt der Empfänger (der König Balduin IV.) nur in RRH n° 536; vgl. zu diesem Elaborat MAYER, Bistümer S. 238 f. und unten Bd. 2, S. 112 f.

132) Bei Empfängern aus dem Episkopat wurden anscheinend wie in der Papsturkunde nur diese, nicht aber ihr Stift genannt, das ja meist mit separatem Korporationsvermögen rechtlich selbständig war, aber wir haben nur zwei Diplome für Bischöfe, D. RRH n° 59. 615, von denen das erste keine sehr vollständige Adresse hat. Man hat es früher für ein Priveleg für die Kirche von Bethlehem schlechthin gehalten, aber die Besitzzuweisung erfolgt ausdrücklich nur an den Bischof und seine Nachfolger; siehe MAYER, Bistümer S. 64 f.

133) DD. RRH n° 80. 90. 109. 121. 137a. 137. 142. 164. 174. 181. 179; dagegen in

und des Elias bzw. des Elias A. So gut, mindestens so ausführlich wie Paganus in D. RRH n° 80 und seiner NU. D. RRH n° 90 brachte es bis zu Radulf A einschließlich keiner seiner Nachfolger hin, und Hemelin gab sich eigentlich nur beim Hl. Grab eine gewisse Mühe.

Die Nennung des Korporationsvorstandes bedeutete Radulf A und B nicht viel. Beide haben sie diese in der eigentlichen Empfängernennung nur selten (DD. RRH n° 244. 240. 336; vgl. DD. RRH n° 291. 355). Damit verband sich bei Radulf A mehrfach auch die Nennung des Personenverbandes (DD. RRH n° 244. 240. 307. 309). Bei Radulf B fehlt sie bei den kirchlichen Stücken nur in DD. RRH n° 353. 397. Nicht daß diese beiden Urkunden ohne Empfängerangabe wären, aber hier hat man sich auf die dürre Angabe der empfangenden Kirche beschränkt; es fehlt die zusätzliche Notiz über die jetzigen und künftigen Konventsmitglieder. Diese ist vorhanden in DD. RRH n° 321. 325. 336. 352. 354. 355. 368. 400. Allerdings war dem Radulf B seine vollmundige Empfängerangabe so wichtig, daß er sie relativ oft in der Corroboratio wiederholte, auch bei Diplomen für Weltliche[134], und in DD. RRH n° 325. 352. 355. 368 hat er hier seine Konventsnennung untergebracht. Auch das hatte es schon bei Radulf A gegeben[135].

Die Formel machte aber unter Radulf A eine längere Entwicklung durch. In D. RRH n° 244 kopierte er die VU.: *aliisque omnibus fratribus eiusdem Hospitalis praesentibus et futuris.* Aus diesem einfachen *praesentibus et futuris* wurde in D. RRH n° 240 *monachis ibidem deo servientibus eorumque successoribus,* in D. RRH n° 307 ohne Hilfe der VU.: *deo nunc ad praesens servientes et in posterum servituri,* bis dann in D. RRH n° 309 die ja auch in Europa verbreitete, bekannte Formel *nunc ibidem deo servientibus et in posterum servituris* erreicht war. Diese Formulierung wollte Radulf B nun nicht mehr fahren lassen. Mit geringfügigen Varianten in der Wortabfolge ist es der Wortlaut seiner DD. RRH n° 321. 325 (statt *deo* steht hier *in honore dei ... pauperibus Christi*). 336. 352. 354. 368. 400, denn in DD. RRH n° 353. 397 fehlt, wie gesagt, die Nennung der Konventsmitglieder überhaupt, und in D. RRH n° 355 wich der Notar aus auf eine andere altvertraute Formel, die

---

D. RRH n° 51 zuerst der Empfänger (Erlöserkloster auf dem Thabor) und danach *ad usus fratrum ibidem deo servientibus.* Dieser Teil ist also keine Empfängernennung, sondern eine Zweckbindungsklausel.

134) DD. RRH n° 321 (kurz). 322 (kurz). 325. 344 (kurz). 352. 353 (kurz). 354. 355. 367. 368. 397. 400. 465 (kurz). Die Wiederholung fehlt nur DD. RRH n° 336. 341. 366.

135) DD. RRH n° 293. 307, und vor allem ausführlich in D. RRH n° 309 in dem Satz vor der eigentlichen Corroboratio, den Radulf B dann mit dieser zusammenziehen sollte. In D. RRH n° 306 wird die Empfängernennung im Gebetspassus wiederholt, der an die Corroboratio angehängt ist.

gleichzeitig den Wortlaut von D. RRH nº 325 'berichtigte', indem sie *dei* wieder in den Dativ rückte: *nunc in honore sancti Iohannis Baptistae Christo, deo nostro et ipsius pauperibus nocte dieque servientes et in posterum servituri,* was sich mittels *noctu diuque* natürlich noch hätte verschönern lassen. Beim Nachfolger Radulf C begegnen wir – zeitlich parallel – der Formel des Radulf B nur einmal in D. RRH nº 308, wo aber die von Radulf B diktierte verlorene VU. durchschlägt (siehe unten Bd. 2, S. 14). Danach kommen einfachere Wendungen (siehe unten Bd. 2, S. 121).

Die ausführlichste dieser Formeln bei Radulf A, die natürlich in den NUU. DD. RRH nº 354. 400 wiederkehrt, ist diejenige in D. RRH nº 309. Sie ist zugleich diejenige bei Radulf A, die den Texten des Radulf B am stärksten verwandt ist. Da Radulf B an D. RRH nº 309 bereits beteiligt war, könnte man daran denken, daß die Verwandtschaft hierauf beruht. Freilich sind die unmittelbar danach folgenden Formeln des Radulf B vollmundiger. Man muß also entweder daran denken, daß D. RRH nº 309 insoweit ein erstes Experiment ist oder aber eine letzte Entwicklung des Radulf A, die Radulf B dann fortbildete. In D. RRH nº 309 steht: *ecclesiae dominici Sepulcri eiusdemque canonicis nunc ibidem deo servientibus et in posterum servituris* und in der Corroboratio: *ecclesiae saepe dictae eiusdemque conventui nunc et per successionem* (gefühlsmäßig würde man hier gerne *temporum* ergänzen) *ibidem deo famulanti.* Damit ist zu vergleichen D. RRH nº 321 des Radulf B: *hospitali meo sub nomine sancti Iohannis Baptistae in Neapoli constituto eiusdemque fratrum conventui nunc in honore ipsius beati Iohannis deo et eiusdem pauperibus ibidem servienti et in posterum servituro* und in der Corroboratio *hospitali totiens memorato et fratribus servitio pauperum in eodem deputatis.* Ferner ist zu vergleichen D. RRH nº 355 des Radulf B: *Hospitali sancti Iohannis Baptistae, quod Ierosolimis est ad servitium pauperum Christi, qui ibidem pro amore ipsius cotidie refitiuntur et suscipiuntur* und in der Corroboratio: *Hospitale iam totiens dictum et eiusdem fratres universi sub regimine domini Otegerii eiusdem Hospitalis venerabilis magistri nunc in honore sancti Iohannis Baptistae Christo, deo nostro et ipsius pauperibus nocte dieque servientes et in posterum servituri*[136].

Sowohl bei der Devotionsformel wie in der Intitulatio hat sich gezeigt, daß der Notar spürbar variationsfreudiger war (oder nachlässiger, wenn man so will), wenn er als Vizedatar selbst unterfertigte und der Kanzler abwesend war. Aber diese Meinung basiert natürlich auf Diktatunterschieden, die man

---

136) Hier kann man mit Händen greifen, daß der Notar mit dem Kanzleischreiber II nicht identisch war, denn hätte Radulf B selbst mundiert, hätte er sich gehütet, derart lange Floskeln zu konzipieren. – Die salvatorische Klausel habe ich schon oben S. 589 f. behandelt; vgl. auch unten S. 901.

ebenso dahin interpretieren könnte, daß der Vizedatar Stephan, wenn er denn die von ihm unterfertigten Diplome selbst diktierte, personenverschieden war von dem Notar Radulf B, der die vom Kanzler Radulf von Bethlehem beglaubigten Diplome konzipierte. Aber die Corroboratio läßt mit ihrer Diktateinheit diese Alternative nicht zu. Sie wird charakterisiert durch *praesenti pagina ... sigillique mei subpressione denotata confirmo*, und zwar insonderheit durch den Ablativ *denotata*, denn *subpressione*, so ungewöhnlich es ist, pflanzt sich ja einfach von Radulf A fort.

Dieses Wort *denotata* fehlt nur in DD. RRH n° 322. 341. Letzteres hat eine fast reine Corroboratio des Radulf A mit *pagina* als Nominativ im Vorsatz statt als Ablativ im Nachsatz und mit *testibus eam subscriptis*, wo Radulf B sonst stets *subscriptis testibus* schrieb, sowie mit *et sigilli* (statt *sigillique* des Radulf B) *subpressione*. Aber dennoch hat nicht Radulf A dies geschrieben, denn nie hätte er, der mit einer Ausnahme von *rata et inconvulsa* stets *rata et incorrupta* formulierte (siehe oben S. 762), *rata et stabilis* (so D. RRH n° 341) in eine Corroboratio gebracht. Da die Sache, eine Verleihung einer Kastellanie und eines Dragomanats, die Existenz einer VU. ausschließt, muß hier eine noch von Radulf A formulierte Urkunde über ein gleichartiges Rechtsgeschäft als Formularbehelf herangezogen worden sein, *stabilis* aber stammt von Radulf B. Die Corroboratio des Friedensvertrages D. RRH n° 322 mit Pisa ist ein mixtum compositum aus dem ersten Kanzleijahr des Radulf B. Dieser ist deutlich erkennbar in *subscriptis testibus* und *sigillique mei* (statt *et sigilli mei* des Radulf A), dagegen ist *(sigilli) subpressione muniri praecipio*[137] im großen und ganzen Radulf A, der persönlich freilich *praecepi* geschrieben hätte. Das wäre begrifflich auch besser gewesen, nur hatte der Notar in D. RRH n° 322 in die Corroboratio nochmals zwei dispositive Verben *laudo* und *concedo* hineinverwoben, was ihn zwang, nunmehr auch bei *praecipio* das Praesens zu verwenden. Über diese Ungleichheiten kann man um so eher hinwegsehen, als Radulf B ohnehin einige Zeit brauchte, ehe er seine Formel voll ausgebildet hatte. Sieht man jedoch ab von DD. RRH n° 322. 341, so steht *denotata* in allen Corroborationes des Radulf B, taucht bei seiner Übernahme des Kanzleinotariats jählings darin auf, bleibt dann weitgehend konstant, klappert in DD. RRH n° 397. 400. 465 des Radulf C als Resultat der Anlehnung an Modelle des Radulf B nochmals nach, verschwindet aber praktisch schon 1163 mit dem Ausscheiden des Radulf B aus dem Amt des Kanzleinotars. Auch als Wilhelm A 1185 am Ende seiner Laufbahn eine allgemeine Besitzbestätigung für St. Samuel

---

137) Ähnlich auch in D. RRH n° 366.

auf dem Freudenberge schrieb[138] und dabei direkt oder indirekt eine VU. des Radulf B benutzte, trat nochmals *denotata* auf, aber mit einer charakteristischen Veränderung, die zeigt, wie störend der Ausdruck *sigilli subpressio* empfunden wurde: *praesenti pagina testibus subscriptis sigillique mei suspensione denotata confirmo.* Das Wort *denotata* bindet die Diktatgruppe Radulf B um so mehr zusammen, als es in der Urkundensprache recht selten ist. Klassisch ist das Wort in der Bedeutung von „(durch Wort und Schrift) kenntlich machen" hinreichend in viel gelesenen Autoren bezeugt[139].

---

138) MAYER, St. Samuel S. 67.

139) Cicero, De imp. Cn. Pompei 3, 7: *uno nuntio atque una significatione litterarum cives Romanos necandos trucidandosque denotavit;* Livius 4, 55: *haud dubie Icilios denotante senatu.* Im Hl. Land habe ich es sonst nur noch einmal gefunden, allerdings in der Bedeutung von 'niederschreiben' (dazu auch NIERMEYER, Lexicon s. v. *denotare* mit einem Beleg aus St.-Amand von 1062): *praesentis scripti pagina denotare et sigillo meo sigillare et personalium virorum ... testimonio corroborare dignum duxi* (RRH n° 127 von 1129). In den Sammlungen des Cabinet Ducange in Paris habe ich überhaupt nur zwei Beispiele für eine Verwendung in der Corroboratio gefunden: DELISLE, St.-Sauveur-le-Vicomte, pièces justificatives S. 70 n° 52 von 1165, also aus der Zeit: *Hec carta ita denotata testium subscriptorum testimonio est confirmata* und um 1100 bei BLOCH, Urkunden des Klosters S. Vanne II S. 88 n° 64: *Et ut presens cartula futuris firmissimum sit munimentum, eam titulo firmissime pacis insignimus et signo nostro corroborando et confirmando tali figura denotamus et testibus signandum tradimus.* In anderen Teilen der Urkunden: FAUROUX, Recueil S. 402 n° 114; MARCHEGAY, Prieurés anglais S. 178 n° 16; DE KERSERS, Cartulaire A de St.-Sulpice de Bourges S. 209 n° 114; DELAVILLE LE ROULX, Cartulaire général des Hospitaliers de S. Jean 1, S. 31 n° 33; MAHUL, Cartulaire de Carcassonne 3, S. 372; DOUET D'ARCQ, Recherches historiques S. 13 n° 9. In der gräflichen Urkunde der Champagne findet sich ab 1165 mit *litteris annotatum* (*annotata*) eine wenigstens ähnliche Formel, die die Grafenurkunde dann allerdings bis ans Ende des Jahrhunderts beherrscht (D'ARBOIS DE JUBAINVILLE, Histoire de Champagne 3, S. 453 n° 129, S. 455 n° 132, S. 456 n° 133, S. 459 n° 137, S. 460 n° 138, S. 462 n° 142, S. 463 n° 143, S. 464 n° 145, S. 465 n° 146, S. 467 n° 148, S. 469 n° 149, S. 470 n° 150, S. 471 n° 151, S. 471 n° 152, S. 473 n° 154, S. 473 n° 155, S. 474 n° 156, S. 475 n° 157, S. 475 n° 158, S. 477 n° 160, S. 478 n° 163). *Denotare* wird im deutschen Sprachraum in den Sammlungen des Mittellateinischen Wörterbuches wie folgt nachgewiesen: D. spur. Arnolf 191: *manu propria subtus eam denotavimus et anulo nostro mandavimus sigillari;* D. HII. 338 (auf S. 720): *hoc praeceptum taliter conscriptum manu propria confirmantes sigillo nostrae cognitionis et imperii inferius iussimus denotari;* Magdeburger Urkundenbuch 1, S. 313 n° 248 von 1140: *hanc inde paginam conscribere et in ea mansos omnes datos ... denotare;* MULLER – BOUMAN, Oorkondenboek Utrecht 1, S. 317 n° 347 (Spurium aus der Zeit nach 1134): *hanc paginam conscribi et sigillo nostro denotari in testimonium huius rei gestae precipimus;* JORDAN, Urkunden Heinrichs des Löwen S. 148 n° 98 von 1173: *Et huius rei testes infra sunt denotati;* SCHMIDT, Urkundenbuch des Hochstifts Halberstadt 2, S. 99 n° 806 von 1249: *quae nec sigillo aliquo vel scripto denotata sunt.*

Im letzten Diplom des Radulf A (D. RRH n° 309) hatte die Corroboratio und der ihr vorangehende Satz gelautet: *Haec omnia, prout superius memorata sunt, ecclesiae saepe dictae eiusdemque conventui nunc et per successionem ibidem deo famulanti libere quiete et sine omni calumpnia vel inpedimento in posterum habenda et iure perpetuo possidenda concedo et praesenti scripto confirmo et corroboro. Et ut huius confirmationis meae pagina rata et incorrupta permaneat, testibus eam subscriptis sigillique mei subpressione muniri praecepi.* Radulf B, der an dem ersten Satz der Corroboratio von D. RRH n° 309 schon beteiligt gewesen sein mag, zog ihn sofort und auch später meist mit der eigentlichen Corroboratio zu einem Satz zusammen (DD. RRH n° 321. 322. 325. 352. 353. 354. 355. 366. 367. 368. 397. 400. 465). Aber das heißt nicht, daß er seine endgültige Form sofort gefunden hätte. In seinem ersten selbständigen Diplom RRH n° 321 hatte er zwar schon viel Eigenes, so gegenüber Radulf A die Verschiebung des Wortes *pagina* vom ersten Teil in den zweiten und die Umstellung *subscriptis testibus* anstelle des vorangegangenen *testibus eam subscriptis*, ferner *sigillique mei* statt des *sigilli mei* des Radulf A und auch das selbständig entwickelte *denotata*. Aber das Verb lautet *corroboro* statt seines später üblichen *confirmo*, und es heißt auch *sigillique mei munimine* statt des von Radulf A sonst übernommenen und weitergeführten, höchst charakteristischen *subpressione*, das nur hier und in D. RRH n° 336 fehlt. *Munimen*, wie es in DD. RRH n° 321. 336 steht, kommt übrigens auch von Radulf A her, denn so hat dieser einen anderslautenden Text einer VU. in D. RRH n° 307 abgeändert. In D. RRH n° 322 hatte Radulf B zwar *sigillique mei subpressione*, aber dafür fehlte hier *denotata*, und mit *muniri praecipio* als Prädikat übernahm er eine Formel des Radulf A[140]. In D. RRH n° 325 hatte er im zweiten Teil seine volle Form erreicht: *et praesenti pagina subscriptis testibus sigillique mei subpressione denotata confirmo.* Aber er schrieb statt der sonstigen Einleitung seiner Frühzeit (*Haec igitur omnia*) hier in einer für eine Corroboratio unschönen Weise *Ego igitur rex praefatus omnia*, als handle es sich um eine Dispositio. Man kann dennoch sagen, daß er mit D. RRH n° 325 seine Standardformel erarbeitet hatte.

Die Einleitung der Corroboratio gestaltete er verschieden. Am Anfang schrieb er *Haec (Has, Ego) igitur* (fehlt D. RRH n° 344) *omnia* (fehlt DD. RRH n° 322. 336). Dies ist die Formel in DD. RRH n° 321. 322. 325. 336. 344. 354. 400[141]. Scheinbar reicht die Serie bis zu DD. RRH n° 354.

---

140) Dort *muniri praecepi*; *muniri et confirmari praecipio* steht auch in D. RRH n° 366.

141) D. RRH n° 341 ist ein Sonderfall (siehe unten S. 863), D. RRH n° 352 entzieht sich für die Einleitung jedem Vergleich, denn diese ist dem Mammutsatz zum Opfer

400, aber sie endet in Wahrheit mit D. RRH n° 344, weil die beiden späteren Stücke hier nur die Corroboratio der VU. D. RRH n° 309 wiederholen. Diese Einleitung *Haec igitur omnia* verband der Notar meist mit neuerlich eingeflochtenen dispositiven Verben wie *laudo et concedo*, und daraus mag man entnehmen, daß er in D. RRH n° 352 noch immer in diesem Schema dachte, auch wenn die Einleitung fehlt, denn dort heißt es *in perpetuum possidenda concedo et praesenti pagina subscriptis testibus sigillique mei subpressione denotata confirmo*. D. RRH n° 344 ist schon ein Stück des Übergangs. Es beginnt wie gewohnt *Haec omnia, prout superius enarrata sunt, ... habere concedo*, geht aber dann weiter mit *tali quidem modo, quod ... habeant*. Nun konnte der Notar mit *et confirmo* nicht weitermachen, sondern mußte neu ansetzen: *Haec omnia, quae praedicta sunt, praesenti pagina subscriptis testibus sigillique mei subpressione denotata confirmo*, was mit dem doppelten *Haec omnia* sehr unschön war.

Von der Bezugnahme auf den Aussteller mit *laudo et concedo* wollte Radulf B weg und hin zu einer Bezugnahme auf den Empfänger. Das aber war mit der Einleitung *Haec igitur omnia* praktisch nicht zu machen, weil dann der zweite Teil der Corroboratio unweigerlich auf den Aussteller Bezug zu nehmen hatte[142]. Radulf B experimentierte zunächst herum. In D. RRH n° 336 schrieb er: *ita dumtaxat, quod ... possideant. Haec igitur praesenti pagina ... confirmo*. So verband er das Neue mit dem Alten, mußte aber zwei Sätze daraus machen, was ihm offenkundig widerstrebte. D. RRH n° 344 habe ich gerade vorgeführt. Daß Radulf B sein Problem mit einem einleitenden Finalsatz lösen konnte und mußte, gab ihm das Vorbild der Corroborationes des Radulf A an die Hand, auch wenn hier eine andere Gedankenführung vorlag. Dort, wo Radulf B keinen VUU. folgte, heißt die Einleitung ab D. RRH n° 353 überwiegend *Ut igitur*. Das ließ sich mühelos mit dem Nachsatz in dem Schema verbinden: *Ut igitur ecclesia praedicta haec omnia iure perpetuo possideat, praesenti pagina confirmo*. Einleitungen mit *Ut igitur* finden sich daher in DD. RRH n° 353. 355. 366. 367. 368. 465[143].

---

gefallen, der den gesamten Context bildet. Die Einleitung mit *Haec igitur omnia* stammt letztlich aus dem Decretum der Papsturkunde, war aber dort schon seit Urban II. praktisch verschwunden (SANTIFALLER, Kontextschlußformeln S. 233–240), so daß kein bewußter Rückgriff des Radulf B vorliegt.

142) *Haec igitur omnia ecclesia praedicta in perpetuum possideat et ego praesenti pagina confirmo* wäre gegangen, aber außerordentlich holprig gewesen.

143) D. RRH n° 598a ist ein Fragment ohne Corroboratio. – Im Zusammenhang mit dem ersten Teil der Corroboratio mag als Diktatkriterium, das die Gruppe zusammenhält, auch auf die von Radulf A übernommene Formel *prout superius memorata sunt* (D. RRH n° 309) verwiesen werden. So steht sie bei Radulf B nicht nur in den NUU.

Daß diese Einleitung von Radulf A kam, ergibt sich aus ihrem allerersten Auftreten in D. RRH n° 341. Es folgt nämlich auf das *Ut igitur* des Radulf B, das bei Radulf A *Et ut* hätte heißen müssen, nahezu wörtlich die Formel des Radulf A: *Ut igitur huius donationis et concessionis meae pagina rata et stabilis permaneat, testibus eam subscriptis corroborari et sigilli mei subpressione muniri praecepi.* Ein von Radulf A stammender Formularbehelf mag ihm das Modell gewesen sein, aber *et stabilis* stammt bestimmt nicht von Radulf A (siehe oben S. 762)

Die Formulierung des einleitenden Satzes schwankt also bei Radulf B und hat zwei verschiedene Grundfassungen, von denen die eine vom Aussteller her denkt (*Haec omnia concedo*), die andere vom Empfänger her (*Ut igitur habeant*). Einige Stücke fallen jedoch auch aus diesem Rahmen. D. RRH n° 341 mit seiner Imitation des Radulf A wurde als ein Stück des experimentierenden Übergangs bereits behandelt. Bei der Einleitung findet sich mit *Et ut* ein weiterer Rückgriff auf Radulf A in D. RRH n° 397[144]: *Et ut hoc donum et concessio ecclesiae praefatae sancti Lazari firmiter et sine omni fraude in perpetuum teneatur ...* (weiter wie bei Radulf B), aber *firmiter et sine omni fraude* ist nicht kanzleigemäß[145], auch *in perpetuum teneatur* kommt nicht vor, so daß insoweit auch an einen Einfluß aus einer Empfängeraufzeichnung zu denken ist. In DD. RRH n° 352. 368 ist Radulf B eine Wendung in die Feder geflossen (*ab omni servitio dominio exactione ... libera quieta et soluta* und ganz ähnlich D. RRH n° 368), die gleichfalls nicht die seine war, ohne daß sich mit Bestimmtheit sagen ließe, ob sie aus anderen Urkunden des Hl. Grabs (RRH n° 333) stammte oder dem Radulf A in D. RRH n° 299 abgesehen war, der freilich dort auch nur letztlich RRH n° 301. D. RRH n° 300 des Radulf C (vgl. auch dessen D. RRH n° 332) folgte (siehe dazu oben S. 732). In D. RRH n° 465, einem Dictamen des Radulf C nach einer VU. des Radulf B, wurde mit *Ut igitur haec omnia ... firma fixa et incommutabilia persistant*[146] 1169 eine Formel aufgenommen, die damals in den Ur-

---

DD. RRH n° 354. 400, sondern auch in DD. RRH n° 321. 465 (*quae* statt *prout*), und daneben begegnen bei ihm eine ganze Reihe synonymer Formeln in seinen Corroborationes; D. RRH n° 322: *quas supra memoravi*; D. RRH n° 325: *omnia, quae praelibata sunt, dona modo, quo superius enarratum est, ... laudo*; D. RRH n° 344: *prout superius enarrata sunt* und *quae praedicta sunt*; D. RRH n° 353: *omnia memorata superius*; D. RRH n° 366: *eo modo, quo in superioribus seriatim enarratum et expressum est*; D. RRH n° 368: *quae seriatim expressa sunt et commemorata*.

144) MAYER, Deperditum Balduins III. S. 553 Anm. 13 ist insoweit zu berichtigen.

145) Beim tripolitanischen Kanzler Matthaeus kommen solche Floskeln vor (siehe unten Bd. 2, S. 240), sind für Jerusalem damit aber kanzleifremd.

146) Vgl. auch D. RRH n° 366: *Ut ... conventiones ... utrique parti firmae stabiles et inconvulsae persistant.*

kunden des Patriarchen Amalrich von Jerusalem beliebt und auch ansonsten
am Hl. Grab nicht ungewöhnlich war (siehe oben S. 631, 839).

Eine deutliche, für den Diktatvergleich bedeutsame Einheitlichkeit im
ersten Teil der Corroboratio (oder ihr direkt benachbart) wird erzielt durch
eine für Radulf B charakteristische Wendung in einer Klausel, die – meist
eingeleitet mit *libere quiete et* – den ungestörten Besitz der geschenkten Sache
garantiert *sine omni calumnia*[147] *vel impedimento* (siehe dazu auch unten
Bd. 2, S. 31). Es ist erstaunlich, daß eine so weitverbreitete Klausel sich
überhaupt für den Diktatvergleich eignet, und doch ist es so. Radulf A setzte
die Wendung ein, ohne sich um Diktateinheit zu bemühen. Er hatte *sine
omni calumpnia vel impedimento* in DD. RRH n° 281. 293. 309, und im
letzten Diplom mag sie schon auf den bereits beteiligten Radulf B zurückgehen. Aber ein Herzensbedürfnis war diese Formulierung dem Radulf A
nicht, denn er hatte auch *sine omni impedimento* (D. RRH n° 281), *sine
omni calumnia* (D. RRH n° 240), in D. RRH n° 299 übernahm er ohne
Zaudern aus der VU. des Radulf C D. RRH n° 300 dessen englische Formel
ab omni servitio dominio exactione soluta libera et quieta, was kein Schikane-
verbot war, das hier völlig fehlt, sondern eine Dienst- und Abgabenbefreiung. In D. RRH n° 307 schrieb er *sine omni molestia vel impedimento*, aber
als es in derselben Urkunde an den König persönlich ging, wollte er diesem
eine potentielle Kalumnie gar nicht erst unterstellen, sondern schrieb zurückhaltend nach der VU. D. RRH n° 278 *absque omni contradictione seu reclamatione mea*. In D. RRH n° 309 lesen wir außer der oben bereits zitierten
Formel noch *a totius calumniae molestia vel impedimento ... me defensurum
polliceor*. Man könnte *molestia* für eine Art von Leitwort bei ihm halten,
aber das ist es nur insofern, als Radulf B es mied. Radulf A gebrauchte es,
zeigte aber keine Präferenz dafür, denn in D. RRH n° 309 fügte er es dem
Text der VU. D. RRH n° 174 zwar eigens ein, ließ es aber in D. RRH
n° 293 weg und ersetzte es durch *impedimento*, als er es in der VU. D. RRH
n° 130 vorfand; in D. RRH n° 307 schrieb er *molestia* aus eigenem Antrieb.

Diese Oszillationen hören sofort auf in dem Moment, als Radulf B bei
den Dictamina das Ruder übernahm. Bei ihm steht überwiegend *sine omni
calumnia vel* (*aut* D. RRH n° 367) *impedimento* (DD. RRH n° 321. 325. 336.
354. 355. 366. 367. 400; in D. RRH n° 352 durch Umstellung eine kaum
nennenswerte Abweichung: *sine omni impedimento vel calumnia*). Fehlen tut

---

147) Hier wohl weniger die gerichtlich vorgebrachte Klage als die Schikane, die
allerdings zum Prozeß führen konnte. Zu der schillernden Bedeutung des Wortes, das
im Französischen zu 'calomnie', im Englischen zu 'claim' wurde, siehe BERCHER,
Approche S. 67–77.

dies nur in DD. RRH n° 322. 341. 344 und in dem Mischdiktat D. RRH n° 465, ohne daß man erkennen könnte warum. Bei dem Fragment D. RRH n° 598a läßt sich nicht sagen, ob es einst die Klausel enthielt oder nicht. Einmal hat er in D. RRH n° 353 eine Formel des Radulf A, aber eben nach dessen VU. D. RRH n° 307: *sine quolibet ... impedimento vel molestia*[148], was dann überging in die NUU. DD. RRH n° 354. 400, und ähnlich liest man von VU. zu NUU. in DD. RRH n° 309. 354. 400: *a totius calumniae molestia vel impedimento ... me defensurum polliceor.* In D. RRH n° 368 heißt es *sine calumnia omnium hominum* und in D. RRH n° 400 an einer ohne VU. konstruierten Stelle *sine omni disturbatione vel impedimento,* aber diese Stelle muß man gleich wieder streichen, weil hier Radulf C diktierte (siehe unten Bd. 2, S. 31 f.), in dessen Formenvielfalt sich das hier aus dem Rahmen fallende *disturbatione* leicht einordnet, während *sine omni calumnia vel impedimento* in dem gleichfalls von ihm diktierten D. RRH n° 366 (siehe unten Bd. 2, S. 16–25) nicht von seiner eigenen Wortwahl her zu erklären ist, da er *impedimentum* selbständig nie benutzte, sondern nur als Einfluß des benutzten Formularvorbildes oder der VU. des Radulf B hier und einmal in D. RRH n° 400.

Es ist aber nicht nur die Wortwahl, die hier interessiert, sondern auch die Stellung der Klausel innerhalb der Diplome. Sie wurde nicht nur in der Corroboratio verwendet. Die vorgeführten Diplome, in denen sie mehrfach erscheint, beweisen dies. Aber natürlich eignet sie sich besonders für die Corroboratio. Und dort oder direkt davor setzte sie Radulf B auch vorzugsweise ein. Nur in dem Mischdiktat D. RRH n° 366 steht sie wirklich ganz fern von der Corroboratio. Anders war dies dagegen bei Radulf A, der sich der Wendung überwiegend außerhalb der Corroboratio bediente[149] und

---

148) In der Corroboratio ersetzt er hier seine übliche Formel durch *in omni pace nunc usque in sempiternum habeat et possideat,* weil er *sine quolibet impedimento vel molestia* schon im davorstehenden Satz verbraucht hatte. Umgekehrt hätte er es wegen der dispositiven Verben hier nicht machen können, denn es handelte sich um die schon in der VU. mit *calumniam illam ... remitto* ausgedrückte Bestätigung eines Verzichts der Königinmutter auf einen geltendgemachten Anspruch, und *remitto* ließ sich mit *in omni pace* nicht verbinden.

149) DD. RRH n° 240. 281. 307, natürlich auch die von Radulf C stammende Dienst- und Abgabenbefreiung in dem corroborationslosen D. RRH n° 299. Exkulpiert ist Radulf A nur in D. RRH n° 307, wo er die Formel deshalb außerhalb der Corroboratio verwendete, weil er in dieser eine gänzlich andere Formel der VU. D. RRH n° 278 entnahm: *remota omnium personarum tam saecularium quam ecclesiasticarum inquietatione interpellatione cavillatione.*

sie nur in DD. RRH n° 293. 309 in oder gleich vor der Corroboratio verwendete.

Weitgehend einheitlich ist dagegen der zweite Teil der Corroboratio des Radulf B, und das ist ja gerade der Teil, der sich deutlich von Radulf A abhebt. Dieser Satzteil lautet: *(et) praesenti pagina subscriptis testibus sigillique mei* (folgt *plumbei* D. RRH n° 366) *subpressione* (*munimine* D. RRH n° 336; *subscriptione* D. RRH n° 344, siehe oben S. 845 Anm. 109) *denotata confirmo* (*muniri et confirmari praecipio* D. RRH n° 366). So steht es in DD. RRH n° 325. 336. 344. 352. 353. 354. 355. 366. 367. 368. 397. 400. 465. Auf die Abweichungen in den ersten beiden Stücken DD. RRH n° 321. 322 wurde schon oben S. 861 verwiesen. In D. RRH n° 336 steht mit *munimine* statt *subpressione* ein Rückgriff in diese Zeit (vgl. D. RRH n° 321), und dasselbe ist der Fall mit *muniri et confirmari praecipio* in D. RRH n° 366[150]. D. RRH n° 341 greift völlig auf die Corroboratio des Radulf A zurück (siehe oben S. 863).

Sensu stricto findet sich in einem Teil der Corroborationes des Radulf B eine grammatische Härte. Er begann mit einer Corroboratio, die mit *Haec omnia ... concedo* einsetzte. Schloß er hier den zweiten Teil mit *et praesenti pagina subscriptis testibus sigillique mei subpressione denotata confirmo* an, so war alles in Ordnung. Dann aber ging er über zu dem Auftakt *Ut igitur haec omnia possideant.* Aber Radulf B änderte sonst nichts, und so fehlt das Objekt zu *confirmo* oder ähnlich in den Corroborationes von DD. RRH n° 353. 355. 366. 367. 368. 465 (von denen DD. RRH n° 366. 465 Mischdiktate sind)[151], während die Sache in DD. RRH n° 321. 322. 325. 336. 341. 344. 352. 354. 400 korrekt ist, also in allen Diplomen, die nicht mit einem Finalsatz anfangen, außer bei D. RRH n° 341, das zwar final anhebt, dann aber ganz mit dem Wortlaut des Radulf A weitermacht, der diesen Fehler auch bei seinem Auftakt *Et ut* zu vermeiden gewußt hatte[152].

---

150) Vgl. *muniri praecipio* in D. RRH n° 322. Zu der grammatischen Härte in der Corroboratio von D. RRH n° 366 siehe unten Bd. 2, S. 20.

151) Der Diktator des Diploms Balduins V. für St. Samuel auf dem Freudenberge hat die Härte wohl empfunden, denn er änderte *praesenti pagina* um zu *praesentem paginam*. Damit hatte er ein Akkusativobjekt, aber nun vergaß er, weiter hinten auch den Casus von *denotata* anzupassen, und damit war es schlimmer als zuvor; siehe MAYER, St. Samuel S. 71 Anm. c'.

152) Auch in dem Mischdiktat D. RRH n° 397 ist die Sache geglückt, denn was hier aussieht wie eine mit *Et ut* final anhebende eigene Corroboratio ist in Wahrheit lediglich eine Fortführung eines einzigen Satzes von der Promulgatio bis zur Corroboratio: *Notum sit ..., quod ego Amalricus ... dono et concedo ... unum esclavum, quem voluero, tantum miles non sit, et, ut hoc donum et concessio ... firmiter et sine omni fraude*

Radulf B schlief also, als er seine Corroboratio auf *Ut igitur* umstellte, und er wachte auch Zeit seines Lebens nicht mehr auf. Es ist klar, was hier geschah: Als er umstellte, operierte er durch eine rein gedankliche Veränderung sein *haec omnia* aus dem Finalsatz wieder heraus, und schon war die Sache in Ordnung: *Haec omnia, ut igitur in futurum habeant et iure perpetuo possideant, praesenti pagina ... confirmo*, denn im Lateinischen treten Satzteile, hier das Akkusativobjekt, die dem Haupt- und dem Nebensatz gemeinsam sind, vor die Konjunktion. Aber das lief unterbewußt ab, tatsächlich hat er nichts umgestellt. Radulf C hatte zeitweilig einen ähnlichen Fehler, aber der war viel härter und nicht in der gleichen Weise reparierbar (siehe unten Bd. 2, S. 104): *Ut autem praesens pagina rata et irrefragabilis permaneat, testibus subscriptis et sigilli mei impressione muniri feci.* Auch hier fehlt dem zweiten Satz ein Akkusativ, aber eine bloße Umstellung nützte hier gar nichts, weil *praesens pagina* für den Finalsatz Subjekt im Nominativ war, man für den Hauptsatz aber einen Akkusativ benötigte. Just aus diesem Grunde ist mit der Umstellung auch in den beiden Mischdiktaten DD. RRH n° 366. 465, die beide von Radulf C nach Modellen des Radulf B stammen, keine Reparatur des Satzes möglich, was die Diktatzuweisung an Radulf C erhärtet.

Daß Radulf B so dachte, wie ich hier dargelegt habe, ist nicht nur mein Soupçon. Der Fehler passierte nämlich auch anderen. Vereinzelt war dies schon Hemelin passiert (siehe oben S. 490), und zum weiteren Vergleich führe ich instruktive Beispiele aus der gleichzeitigen Grafenurkunde der Champagne vor. Dort heißt es falsch: *Et ut hoc ratum permaneat, sigillo meo confirmavi*[153] und mit heilender Umstellung: *Quod, ut ratum permaneat, litteris annotavi et sigilli mei impressione confirmavi*[154]. Der Fehler bei Radulf B ist läßlich, der bei Radulf C nicht.

Haben wir hier für einen Teil der Diktatgruppe einen Leitfehler, so steht in D. RRH n° 366 ein ausgesprochener isolierter Trennfehler, nämlich die ausdrückliche Ankündigung eines bleiernen Siegels. Dieses Siegelmaterial war bei den Königen von Jerusalem so selbstverständlich, daß in Kanzleidiktaten seit langem nicht mehr eigens darauf hingewiesen worden war. Für Radulf B war dies vollständig kanzleiwidrig, trennt aber das Stück leider nicht nur

---

in perpetuum teneatur, praesenti pagina subscriptis testibus sigillique mei suppressione denotata confirmo. Dasselbe ist der Fall in dem Mischdiktat D. RRH n° 308; siehe unten Bd. 2, S. 104 Anm. 158.

153) D'ARBOIS DE JUBAINVILLE, Histoire de Champagne 3, S. 445 n° 117 von 1155. Ähnlich 3, S. 450 n° 124, S. 453 n° 128.

154) Ebd. 3, S. 446 n° 119 von 1157. Ähnlich 3, S. 448 n° 121, S. 448 n° 122, S. 453 n° 129, S. 454 n° 131, S. 455 n° 132, S. 456 n° 133, S. 456 n° 134, S. 459 n° 137.

von Radulf B, sondern auch von Radulf C ab, dem ich das Diktat des Diploms nach einem Modell des Radulf B zuschreibe. Ich befasse mich deshalb erneut mit dieser Bleisiegelankündigung unten Bd. 2, S. 23–25.

Schon vom Wortlaut her hat man bei Radulf B eine andere Corroboratio vor sich als bei Radulf A und damit auch einen anderen Diktator. Aber das gilt auch von der Gedankenführung generell[155]. Ich muß dazu nochmals zurücklenken zur Corroboratio des Radulf A (siehe oben S. 762). Stets wurde sie bei ihm eingeleitet mit *Et ut*, in D. RRH n° 307 verbesserte er sogar das *Ut* der VU. zu *Et ut*. Dieses *Et* verlangt im Grunde einen vorangehenden und im Zusammenhang mit der Corroboratio stehenden Satz, an den diese mit *Et ut* angeschlossen wird. Er ist bei Radulf A keineswegs immer vorhanden, aber das Bedürfnis danach hat der Notar doch verspürt. Erstmals tritt das Phänomen nach der VU. auf in D. RRH n° 291: *Haec itaque omnia, sicut in privilegio continentur, ... in possessione sanctae ecclesiae vallis Iosaphat mancipata esse censeo. Et ut ...* Es kehrt wieder in D. RRH n° 281: *Has itaque conventiones ... illis concedo ... Et ut.* Deutlich vorhanden ist das Phänomen auch in D. RRH n° 309: *Haec omnia, prout superius memorata sunt, ecclesiae saepe dictae ... libere quiete et sine omni calumpnia vel inpedimento in posterum habenda et iure perpetuo possidenda concedo ... confirmo et corroboro. Et ut huius confirmationis meae pagina rata et incorrupta permaneat, testibus eam subscriptis sigillique mei subpressione muniri praecepi.* Sinngemäß sagte Radulf A folgendes: „Dies alles, wie es weiter oben aufgezählt ist, soll die Kirche X frei und ohne Einrede künftig haben und ewig besitzen. Und damit meine diesbezügliche Urkunde rechtskräftig und unverändert fortbestehe, habe ich sie mittels Y und Z zu beglaubigen befohlen". Demgegenüber sagte Radulf B etwas anderes: „Dies alles, wie es weiter oben aufgezählt ist, gewähre ich der Kirche X, daß sie es frei und ohne Einrede künftig haben und zu ewigem Recht besitzen möge, und (so Fassung I; Fassung II: Daß die Kirche X alles, wie es weiter oben aufgezählt wurde, frei und ohne Einrede jetzt und künftig haben und zu ewigem Recht besitzen soll,) bestätige (es) (II: [zu ergänzen: dies] bestätige ich) durch die mittels Y und Z kenntlich gemachte Urkunde". Die ewige Geltung wurde also von Radulf A vor allem für die Urkunde selbst in Anspruch genommen; die Ewigkeit der Rechtsverfügung ergab sich daraus von selbst. Bei Radulf B wird die ewige Geltung dagegen gerade für die Rechtshandlung in Anspruch genommen; das Diplom ist nur noch das Mittel zum Zweck. Das war kein Unterschied im rechtlichen Bereich, wohl aber bei prinzipiell gleichem Ziel, die Fortdauer des Rechtsaktes zu sichern, ein Unterschied in der gedank-

---

155) Dazu MAYER, Deperditum Balduins III. S. 553–555.

lichen Konzeption. Bewirkt wurde der Wechsel vor allem durch die Verschiebung des Wortes *pagina* in der Corroboratio. Bei Radulf A steht: „Die Schenkung soll ewig sein. Und damit meine diesbezügliche Urkunde (*pagina*) ewig sei, habe ich sie in bestimmter Weise beglaubigt". Bei Radulf B heißt es dagegen: „Damit die Schenkung ewig sei, bestätige ich (zu ergänzen: dies) durch meine in bestimmter Weise kenntlich gemachte Urkunde (*pagina*)".

An dem Diktatunterschied zwischen Radulf A und Radulf B und damit an der Zuweisung der Diplome von 1146 bis 1163 (plus Formularmodelle für die Mischdiktate DD. RRH n° 309. 366. 397. 400. 465 bis 1169) an den einen oder den anderen der beiden Kanzlisten kann aufgrund dieses gedanklichen Unterschiedes wie auch aufgrund des verschiedenen Wortlautes der Corroborationes überhaupt kein Zweifel sein. Daran ändert sich auch nichts durch die gelegentlichen Rückgriffe des Radulf B auf mehr oder minder große Teile der Corroboratio des Radulf A. Es gibt zu seiner Zeit nicht eine einzige Wiederaufnahme dieser Corroboratio, in der sich nicht doch auch Elemente des Radulf B fänden.

Es kommt noch hinzu, daß ein großer Teil der Abweichungen vom Standardformular der Corroboratio des Radulf B erneut in jenen Stücken vorkommt, die vom Vizedatar Stephan unterfertigt wurden, wie ich das schon bei der Invocatio und der Intitulatio vorführte (siehe oben S. 849–852). Mit Ausnahme von D. RRH n° 341 betrifft das aber nicht den entscheidenden zweiten Teil der Corroboratio mit *sigillique mei subpressione denotata*; die Diktateinheit bleibt also gewahrt. Abweichungen sind natürlich vorhanden in DD. RRH n° 321 (fehlt *subpressione*). 322 (fehlt *denotata*), als Radulf B noch nach einem Formular tastete, danach wieder in den Diplomen auf den Namen Stephans. In D. RRH n° 336 fehlt *subpressione* wie in D. RRH n° 321. D. RRH n° 341 hat grosso modo überhaupt eine Corroboratio des Radulf A, doch ist die Einleitung mit *Ut igitur* (statt *Et ut*) Diktat des Radulf B. In D. RRH n° 344 steht zweimal *Haec omnia* und das *igitur* fehlt. In D. RRH n° 368 mischte der Notar mit *absque omni servitio exactione et dominio* eine Formel aus dem Urkundenbestand des Hl. Grabes und des Radulf C in seine Corroboratio. In D. RRH n° 397 unterließ er die übliche Einleitung und verfiel – mit oder ohne Hilfe eines Vorakts – mit *sine omni fraude* erneut in privaturkundliche Phraseologie. In D. RRH n° 465 hatte er mit *firma fixa et incommutabilia* erneut Elemente aus den Privaturkunden des Hl. Grabs (siehe oben S. 839). Von allen von Stephan unterfertigten Urkunden zeigen allein DD. RRH n° 355. 367 makellos sein Formular der Corroboratio. Diese Beobachtung ist der Schlüssel zur Erklärung der auf den ersten Blick eher verwirrenden Variationen in diesem Formularteil. Radulf B hatte durchaus ein festes Schema. Aber sein Herz hing nicht dran. Obwohl er es selbst entwickelt hatte, mußte er durch die

Knute des Kanzlers, der ihn beaufsichtigte, zu seiner Verwendung angehalten werden. Anders ausgedrückt: Der Kanzler Radulf von Bethlehem, identisch mit dem ehemaligen Notar Radulf A, wußte um die Notwendigkeit eines unveränderlichen Formulars. Radulf B dagegen hatte dafür wenig Gespür, mindestens glaubte er, es sei genug, die Einheit im zweiten Teil zu wahren, und in D. RRH n° 341 tat er nicht einmal dies. Sowie der Kanzler aus dem Haus war, machte er, was er wollte. Es ist dasselbe Bild wie bei der Invocatio und der Intitulatio. Nimmt man als Gegenprobe die Diplome, die der Kanzler selbst unterfertigte, so finden sich – immer abgesehen von den Erstlingswerken DD. RRH n° 321. 322 – Formularschwankungen im ersten Teil der Corroboratio nur in DD. RRH 352. 366.

In dieser Zeit ist es selbstverständlich, daß alle Diplome des Radulf B ein Siegel ankündigen. Auffällig ist jedoch die ausdrückliche Ankündigung eines Bleisiegels in D. RRH n° 366 (siehe dazu unten Bd. 2, S. 23–25). Der König ließ auch RRH n° 369, einen genehmigungspflichtigen Lehnsverkauf, besiegeln, den er überdies auch noch in seinem eigenen D. RRH n° 368 kurz zuvor bereits bestätigt hatte (siehe dazu oben S. 811). RRH n° 369 ist nur kopial überliefert, aber der Text sagt, es sei ein Chirograph gewesen, und das war keine bloße Umschreibung für eine Urkunde, was auch vorkam (siehe oben S. 645), denn es heißt *per cyrographum, ut pars superior indicat, conscribi praecepi*. Man muß also davon ausgehen, daß die Kanzlei des Königs hier beide Seiten des Chirographs besiegelte.

Im Datum hielt sich Radulf B fast eisern an das Schema des Radulf A. Da das gespaltene Datum im Urkundenwesen generell selten ist, wird man annehmen dürfen, daß der Kanzler auf dieses von ihm entwickelte Diktatelement besonderen Wert legte. So hat Radulf B denn auch überall ein gespaltenes Datum mit Ausnahme von D. RRH n° 397, wo es infolge einer irrtümlichen Anordnung der Zeugenliste durch den tatsächlich diktierenden Radulf C (siehe unten Bd. 2, S. 25) nur zweigeteilt ist. Die Jahresangabe wurde stets eingeleitet mit *Factum est autem hoc*; das gelegentliche *Factum est hoc* ohne *autem* des Radulf A vermied er. Es stellt eine erhebliche Abweichung dar, wenn es einmal in D. RRH n° 400, noch dazu entgegen den VUU., heißt *Factum est autem hoc scriptum*, was denn auch nach Ausscheidung der von Radulf B stammenden Teile zur Zuschreibung des Diktats an Radulf C führt (siehe unten Bd. 2, S. 32). Das Jahr wird mit Ausnahme von D. RRH n° 368 ablativisch angegeben. In D. RRH n° 368 steht es als *anno incarnationis domini*. Zwar hat eine andere Überlieferung *anno incarnatione*, aber da hier das *ab* fehlt, dürfte der Genitiv die richige Lesung darstellen[156].

---

156) Allerdings formuliert die NU. RRH n° 369 ablativisch *anno ab incarnatione domini*.

Die Indiktion fehlt nirgends. Sie ist in DD. RRH n° 355. 368 im November 1160 und 1161 noch nicht umgesetzt, im November 1156 in D. RRH n° 322 dagegen schon. Dies wird darauf zurückzuführen sein, daß die Handlung, die in den Diplomen ja mit Inkarnationsjahr und Indiktion, aber ohne Tag und Monat datiert wird, in D. RRH n° 322 nach, in DD. RRH n° 355. 368 aber bereits vor dem Indiktionswechsel im September stattgefunden hatte (siehe zu dem Problem unten Bd. 2, Exkurs I, S. 865 f.), bei allen drei Diplomen die durch Tag und Monat in der Kanzleizeile angegebene Beurkundung aber erst im November erfolgte. Wenn dagegen in DD. RRH n° 341. 465 die Indiktion um V zu niedrig, respektive sogar um IX zu hoch ist, so sind dies natürlich reine Fehler. Man könnte daran denken, sie dem Kanzleischreiber II in die Schuhe zu schieben, falls Radulf B die Berechnung der Indiktion gelegentlich dem Mundanten überlassen haben sollte, denn der Schreiber II hatte in dem von ihm selbst diktierten und mundierten RRH n° 379 eine Indiktion, die für das von ihm angegebene (falsche) Inkarnationsjahr um I, für das richtige um II zu niedrig ist. Aber als D. RRH n° 465 erging, hatte der Schreiber II seine Kanzleitätigkeit längst beendet, und da das von Radulf B nur unterfertigte, aber von Radulf C diktierte D. RRH n° 465 mit involviert ist, wird man auch nicht Schlampigkeit des Radulf B unterstellen wollen. Ich halte die beiden so ganz verkehrten Indiktionen in DD. RRH n° 341. 465 vielmehr für einen Fehler des hastig zusammengestellten überliefernden Chartulars des Deutschen Ordens[157].

Bei der Zeugenformel blieb Radulf B im wesentlichen bei dem Wortlaut seines Vorgängers *Huius quidem rei testes sunt*. Wegen des besonderen Charakters von D. RRH n° 322 als eines Friedensvertrags wandelte er dies einmal ab zu *Huius quidem praedictae pacis testes sunt*, und wegen der besonderen Länge von DD. RRH n° 354. 366 zu *Horum quidem omnium testes sunt*, was in der NU. D. RRH n° 400 aber schon wieder ersetzt wurde durch die übliche Zeugenformel.

Die Kanzleizeile lautete, wo nicht die Vizedatarformel Stephans eintrat (siehe oben S. 823), unveränderlich *Data* + Ort *per manum Radulfi Bethleemitae episcopi* (*in Bethleem electi* D. RRH n° 321) *regisque cancellarii* + Tag und Monat nach dem römischen Kalender. Für eine andere Schreibung als *Data* gibt es keine ernsthaften Hinweise. Zwar steht kopial im Lazariterchartular *Datum* (D. RRH n° 367), aber alle Originale lesen *Data*. Die Ortsangaben stehen im genitivischen Lokativ (*Sydonie, Ascalone* von Ascalo-

---

157) Siehe dazu MAYER, Nachdruck von STREHLKE, Tabulae ordinis Theutonici S. 67 f., 70–81. D. RRH n° 465 ist ohnehin außergewöhnlich fehlerbehaftet; siehe oben S. 846.

na, -ae [so im Context]) oder im Ablativus locativus (*Ierosolimis, Neapoli*); Accon, Nazareth und wohl auch *Blahasent* sind als indeklinabel behandelt, was bei Akkon nicht unbedingt nötig gewesen wäre, aber dem Vorbild des Radulf A und dem literarischen Gebrauch der Zeit entsprach. Die Einfügung des Wortes *regis* in die Kanzleizeile (siehe dazu oben S. 81) war bedingt durch den Aufstieg des Kanzlers Radulf zum Bischof von Bethlehem und die Einfügung des Bischofsamtes in die Kanzleizeile. Es hätte sonst zu Mißverständnissen kommen können, wenn man nur geschrieben hätte: *Data per manum Radulfi Bethleemitae episcopi et cancellarii*, obwohl natürlich ein Bischof schwerlich sein eigener Kanzler war. Wenn Stephan in den von ihm unterfertigten Diplomen dem Kanzler den *domnus*-Titel gab, so ist dies eine Ehrenbezeugung, die die kurze Leine sichtbar macht, an der der Kanzler den Notar führte. Zweimal hat der Kanzler diesen Ehrentitel auch in Diplomen, die er selbst unterfertigte[158], ohne daß man doch daraus den Schluß ziehen dürfte, hier habe Stephan die Kanzleizeile formuliert und umgekehrt in den anderen vom Kanzler beglaubigten Stücken Radulf von Bethlehem selbst. Alle Originale der Zeit erweisen nämlich, daß sie nur von einer einzigen Hand geschrieben wurden und zwar einschließlich der Kanzleizeile. Der Kanzler Radulf hat also Kanzleizeilen keinesfalls eigenhändig geschrieben, aber er hat vielleicht Tages- und Monatsdaten nachgetragen (siehe oben S. 774 Anm. 140). Ganze Kanzleizeilen aber in ein unvollständiges Konzept hineinzudiktieren, hätte ihm nur unnütze Arbeit gemacht, da es ausreichte, wenn er ein abgeschlossenes Konzept kontrollierte; die Besiegelung hatte er sowieso noch in der Hand. Vielmehr war der *domnus*-Titel für den Kanzler in den Mischdiktaten DD. RRH n° 366. 397. 400, der in der Zeugenliste von D. RRH n° 397 ungebräuchlich, in der dortigen Unterfertigung des Vizedatars Stephan aber üblich ist, eine Ehrenbezeugung des frühen Radulf C an seinen Kanzleichef in Askalon und Jerusalem, die derselben Respektsbezeigung durch Stephan / Radulf B in dessen eigenen Unterfertigungen nachgebildet ist.

10. Der Geleitbrief D. RRH n° 598a

Zwei Stücke müssen gesondert darauf betrachtet werden, ob sie Dictamina des Radulf B sind oder nicht, RRH n° 379 und D. RRH n° 598a. Das erstere behandle ich unten S. 899–903 und nehme als Resultat hier vorweg, daß

---

158) DD. RRH n° 366. 400, außerdem noch in der Zeugenliste von D. RRH n° 397. Zu D. spur. RRH n° 276 siehe oben S. 784, 786.

RRH n° 379 ein Dictamen des Kanzleischreibers II ist, auch wenn er sich am Diktat des Radulf B schulte.

Auch mit D. RRH n° 598a kann ich mich kurz fassen, weil ich es bereits in einem eigenen Aufsatz im Detail untersucht habe[159]. Schon von der Überlieferung gehört das nur als Fragment original erhaltene Stück zu den bemerkenswertesten Urkunden der Könige von Jerusalem. Ehe die handschriftliche Überlieferung in diesem Jahrhundert verschollen ist, war es die einzige Originalurkunde eines Kreuzfahrerkönigs, die sich im Nahen Osten erhalten hatte, nämlich in der Handschriftensammlung der Omajjadenmoschee in Damaskus. Zu Beginn dieses Jahrhunderts war sie vorübergehend in Berlin. Ehe sie 1909 zurückgegeben wurde, fertigte man in Berlin 1908 eine Photographie an, die heute in der Berliner Staatsbibliothek Preußischer Kulturbesitz aufbewahrt wird, so daß D. RRH n° 598a in Gestalt dieses Photos das einzige 'Original' einer Königsurkunde von Jerusalem auf deutschem Boden ist.

Nicht minder interessant ist das Stück von Form und Inhalt her. Es ist ein Dictamen des Radulf B und ganz klar vom Kanzleischreiber II mundiert, lief bisher allerdings zu Unrecht meist unter dem Namen des Königs Balduin IV. Vielmehr gehört es Balduin III. zu[160]. Trotz der fragmentarischen Überlieferung läßt sich klar zeigen, daß es formal kein Diplom ist, sondern die einzige noch erhaltene rechtsetzende Urkunde der Könige von Jerusalem, die als *littera clausa* erging und deshalb neben einem vereinfachten Formular auch ein Querformat hatte und nicht am unteren Rand besiegelt war, sondern seitlich zum Zwecke des Verschlusses. Das Stück ist zwar kein Mandat, läßt sich aber als einfaches Privileg bezeichnen[161]. Seitliche Besiegelung gibt es sonst nur bei dem – in der Kanzlei entstandenen (siehe unten Bd. 2, S. 108-110) – einzigen uns noch überkommenen Originalbrief eines

159) MAYER, Abū ʿAlīs Spuren, passim.

160) Erstmals erfolgte diese richtige Zuschreibung durch KEDAR, Subjected Muslims S. 172 Anm. 99.

161) Aus dem Jahre 1434 hat RICHARD, Diplomatique S. 81 ein einfaches Privileg eines Königs von Zypern veröffentlicht, in dem dieser bescheinigte, daß ein zur Pilgerfahrt nach Zypern verurteilter Namurois auch tatsächlich dort gewesen war. Vielleicht ergingen Bescheinigungen solcher Art auch durch die Könige von Jerusalem. Im 12. Jh. stellte der Johannitermeister einem Teilnehmer der Schlacht bei Montgisard einen Invalidenpaß aus (RRH n° 564), und man kann sich vorstellen, daß auch der König solche Dokumente ergehen ließ. Im Jahre 1287 bescheinigte der Regent des Königreichs Jerusalem einem genuesischen Admiral, daß er den Hafen von Akkon auf die Bitte des Regenten hin verlassen habe; Gestes des Chiprois S. 799 § 460. Auch solche Dokumente könnte früher der König erlassen haben, und das einfache Privileg wäre neben dem besiegelten Brief eine geeignete Form dafür gewesen.

jerusalemitanischen Königs (RRH n° 495), aber auch hier wurde bisher darauf nicht hingewiesen. Ein weiteres Beispiel ist das Original von RRH n° 623 im Münchener Hauptstaatsarchiv, doch handelt es sich hier nicht um einen Königs-, sondern um einen Patriarchenbrief.

Sachlich ist D. RRH n° 598a der einzige erhaltene Schutzbrief eines Königs von Jerusalem für einen muslimischen Kaufmann, der zu Schiff zwischen Tyrus und Ägypten hin- und herhandelte. Das Stück ist also auch insoweit ein Unikat, aber solche Schutzbriefe müssen relativ häufig gewesen sein, von einem weiteren für den berühmten Emir Usāma ibn Munqid̲ haben wir wenigstens Kenntnis[162]. Der Rechtsinhalt scheint zunächst kontradiktorisch zur äußeren Form, denn zur Öffnung einer *littera clausa* mußte das Siegel erbrochen bzw. die Siegelschnur durchschnitten werden, und nach der Trennung von Pergament und Siegel war der Brief ein weiteres Mal nicht mehr einsetzbar. Geleitbriefe wurden deshalb in Europa gerade nicht als *littera clausa*, sondern als *littera patens* ausgestellt. Hier aber war die *littera clausa* eine geradezu geniale Lösung: Der Brief war gut bis zum ersten Einsatz, dann mußte er wegen der erfolgten Abtrennung des Siegels erneuert werden, wenn der regelmäßig zwischen Tyrus und Ägypten hin- und herreisende Kaufmann den Königsschutz nicht verlieren wollte. An diesem Punkt hatte nun der König den muslimischen Kaufmann in der Hand, denn er konnte die Erneuerung verweigern, wenn der Kaufmann sich etwa staatsfeindlich verhalten hatte. Die *littera clausa* sicherte also ein gewisses Wohlverhalten des Kaufmanns. Außerdem konnte die Kanzlei bei der Erneuerung die Taxen erneut kassieren, und bei einem Geleitbrief wird sich dies nicht in der üblichen Kanzleitaxe für die Herstellung der Urkunde erschöpft haben, sondern natürlich mußte auch an den König für den Schutz als solchen gezahlt werden.

11. Stil und Sprachgut des Radulf B

Mit den Hyperbata des Radulf A (siehe oben S. 779) ging es bei Radulf B weiter. Man findet *huic, de quo agitur, hospitali* (D. RRH n° 321), *has igitur, quas supra memoravi, conventiones* (D. RRH n° 322), *in hunc, qui subscriptus est, modum* (D. RRH n° 325), *earum, quae nunc habitantur, pertinentiarum* und *harum, quae praedictae sunt, pertinentiarum*, jedoch dazwischen *illarum*

---

162) Wahrscheinlich handelte es sich auch um einen solchen Geleitbrief bei dem *regius ducatus* des Königs Amalrich für einen Assassinengesandten, der 1173 gleichwohl von den Templern ermordet wurde, auch wenn die Schriftform nicht ausdrücklich bezeugt ist; Wilhelm von Tyrus, Chronicon XX. 30, S. 954

similiter pertinentiarum, quae nondum habitantur (D. RRH n° 341) und nach dem Vorbild von D. RRH n° 309 *cum tota, quae sanctae matri pertinet ecclesiae, plenaria dignitate* (DD. RRH n° 354. 400). Da dies keine Sache des Formulars war, da man es so oder so schreiben konnte, zeigt dies, wie sehr sich Radulf B an seinem Vorgänger schulte. Ebenso ging es weiter mit den bei Radulf A so beliebten Rückverweisen (siehe oben S. 783). Die von diesem ins Kanzleidiktat eingeführte Wendung *de quo (qua, quibus) agitur* hielt sich bei Radulf B auch in DD. RRH n° 321. 352. 353. 354. 368. 400 und wurde in DD. RRH n° 366. 367 fortgebildet zu *de quo (qua) hic agitur*. Beliebt waren bei Radulf B Konstruktionen mit *ubicumque*, die aber urkundensprachlich generell nicht selten waren. Nur verwendete er sie intensiver als Radulf A. Dieser hatte einmal in D. RRH n° 281 gehabt: *Ubicumque sint in huius casalis territorio.* In dem Mischdiktat D. RRH n° 309 steht nichts davon, wohl aber in D. RRH n° 353. 366 (zweimal). 368 (*ubicumque sint vel ubicumque inveniantur; ubicumque in longum sive in latum protenduntur; ubicumque sint cis Iordanem vel citra; ubicumque in longum sive in latum protenduntur*).

Vom Sprachgut ist manches schon oben S. 835–837 zur Sprache gekommen (*maiestas* und *terminus* = 'Grenze'), was auf eine Verbindung des Radulf B mit der Grabeskirche deutet. Hier sei noch anderes erwähnt, das an das Vorbild des Radulf A anknüpft (siehe oben S. 779). Es blieb die Vorliebe für *praedictus* und seine Synonyme, aber die Gewichte verschoben sich. Ich habe notiert in DD. RRH n° 321 viermal *memoratus* und je einmal *praedictus, praetaxatus, iam saepe dictus, totiens memoratus*, in D. RRH n° 325 *praedictus, memoratus, iam totiens dictus, praefatus*, in D. RRH n° 336 *praetaxatus, praedictus, memoratus* und zweimal *praefatus*, in D. RRH n° 341 *memoratus* und *praedictus*, in D. RRH n° 344 *praedictus, praefatus* und *memoratus*, in D. RRH n° 352 *praedictus* und *iam dictus*, in D. RRH n° 353 zweimal *memoratus* und einmal *praetaxatus*, in D. RRH n° 354 sechsmal *praefatus*, je dreimal *praedictus* und *praetaxatus* und *iam totiens dictus*, zweimal *saepe dictus*, je einmal *memoratus, supra memoratus* und *iam saepe dictus*, in D. RRH n° 355 *iam totiens dictus, praedictus, praefatus*, in D. RRH n° 366 dreimal *praefatus*, je zweimal *iam totiens dictus* und *praedictus* und *iam dictus* und je einmal *memoratus* und *saepe dictus*, in D. RRH n° 367 *praefatus, memoratus* und *iam saepe dictus*, in D. RRH n° 368 *iam dictus, praedictus, memoratus, praescriptus, praetaxatus, saepe iam dictus, praefatus*, in D. RRH n° 397 *praefatus*, in D. RRH n° 400 volle zwölfmal *praefatus*, fünfmal *praedictus*, je dreimal *praetaxatus* und *iam totiens dictus*, je zweimal *memoratus* und *saepe dictus*, je einmal *iam dictus, supra memoratus* und *iam saepe dictus*. Der Befund in D. RRH n° 465 ist ganz abweichend, denn hier hört plötzlich die Vielfalt auf und es steht siebenmal *praedictus*, was bisher nicht sehr im

Vordergrund gestanden hatte, und einmal *saepe dictus*. Darauf wird zurück-
zukommen sein (unten Bd. 2, S. 36). Es bedarf schon einiger Geduld, um
diesen Befund zu analysieren. Aber bei genauer Betrachtung zeigt sich, daß
die Vorliebe des Radulf A für *praetaxatus* zurückgegangen ist und daß seine
Wendung *totiens dictus* nur noch in der Form seiner Spätzeit als *iam totiens
dictus* auftritt. Dafür schiebt sich als Lieblingswort bei Radulf B einfaches
memoratus in den Vordergrund und ersetzt in etwa das *praetaxatus* des
Radulf A. *Memoratus* fehlt bei Radulf B nur in DD. RRH n° 322. 352. 355.
598a. 397. 465, steht dagegen viermal in D. RRH n° 321, je einmal in
DD. RRH n° 325. 336. 341. 344, je zweimal in DD. RRH n° 353. 354, je
einmal in DD. RRH n° 366. 367. 368 und erneut zweimal in D. RRH
n° 400. Und das ist nur die adjektivische Verwendung, die verbale (*prout
superius memorata sunt*) ist nicht einmal gerechnet. Bei Radulf A war das
Adjektiv bei aller Vorliebe für derlei Rückverweise viel seltener gewesen.
Wir finden es (ohne Partizipialkonstruktionen) gerade dreimal in DD. RRH
n° 281. 293. 309, während es bei Radulf C dann nur noch ein einziges Mal
in einem Mischdiktat vorkam, in dem eine verlorene VU. des Radulf B
durchscheint[163]. Bei diesem *memoratus* ist an das Vorbild der Papsturkunde zu denken. Dort waren Rückverweise dieser Art angesichts des konzisen
Stils nicht gerade häufig, aber wenn sie vorkamen, lauteten sie in dieser Zeit
neben *praedictus* vorwiegend *memoratus*[164].

Auf das Vorbild der Papsturkunde kommen wir auch bei der Betrachtung
von *prout*. Das ist natürlich eine Allerweltskonjunktion, aber urkundensprachlich wurde im Hl. Land überwiegend *sicut* verwendet, so auch bei
Radulf A in DD. RRH n° 244. 291. 299, wenn auch jeweils nach VUU.
Prout steht bei Radulf A einmal in D. RRH n° 281, einmal in D. RRH
n° 306 nach der VU. und viermal in D. RRH n° 309. Bei Radulf B findet
sich *sicut* dagegen nur in DD. RRH n° 353. 366, letzteres ein Mischdiktat
des für *sicut* geradezu schwärmenden Radulf C nach einem Modell des
Radulf B. Dagegen steht bei Radulf B *prout* in DD. RRH n° 321. 344. 353.
354. 400. Zwar schreiben DD. RRH n° 354. 400 die VU. D. RRH n° 309
ab, aber aus der viermaligen Verwendung dort ist in D. RRH n° 354, das
gegenüber der VU. ja sachlich erweitert ist, eine fünfmalige geworden. Dann
flaut es in D. RRH n° 400 schon wieder ab, denn dort steht es trotz der
beiden VUU. DD. RRH n° 309. 354 nur dreimal, einmal fiel es einer Weg-
kürzung eines ganzen Halbsatzes zum Opfer, einmal wurde es zu *velut*

---

163) D. RRH n° 308; allenfalls noch in seinen Dictamina DD. RRH n° 366. 397. 400,
die oben dem Vorbild Radulf B zugerechnet sind.
164) In Urkunden Alexanders III. für das Hl. Land z. B. JL 11385. 11442 und *memo-
ratae litterae aureae* in JL 11441.

umgewandelt, und einmal bei einer sachlichen Erweiterung, wo sich *prout* angeboten hätte, hieß es: *ut in ... privilegio ... regis ... continetur*. Die Umwandlung zu *velut* ist nicht unerwartet, denn D. RRH n° 400 wurde diktiert von Radulf C, wenn eben auch nach einer VU. des Radulf B. Und Radulf C liebte die Vokabel gar nicht, sondern war seit RRH n° 301. D. RRH n° 300 geradezu fixiert auf *sicut* (siehe unten Bd. 2, S. 83). Auch das *prout* dürfte aus der Papsturkunde stammen, wo man es statt *sicut* häufig liest, gerade auch in Wendungen, die an Radulf B gemahnen[165] und teilweise auch in dem Mischdiktat D. RRH n° 309 stehen.

Anderes, das weniger wichtig ist, sei hier weggelassen. Aber da D. RRH n° 598a nur fragmentarisch überliefert ist und ihm für den Diktatvergleich insbesondere die Corroboratio fehlt, mache ich noch auf zwei darin enthaltene Wendungen aufmerksam, nämlich *procul dubio* und *ita dumtaxat*. Das *Procul dubio* ist generell natürlich nicht selten und mag aus der Papsturkunde stammen (z. B. JL 10003α. 10004). Bei Radulf B steht es auch in D. RRH n° 325, während Radulf A in D. RRH n° 281 *sine dubio* schrieb. *Ita dumtaxat* ist in der Urkundensprache wesentlich seltener als *procul dubio* und war im Hl. Land vorwiegend ein am Hl. Grab kultivierter Ausdruck (siehe oben S. 838). Während es bei Radulf A nur zweimal vorkommt (DD. RRH n° 293. 307), steht es bei Radulf B fünfmal (DD. RRH n° 336. 352 [ohne *ita*]. 353. 366. 598a), bei Radulf C trotz einer steil angestiegenen Zahl von Diplomen nur einmal (D. RRH n° 517 ohne *ita*).

Der Aufmerksamkeit bedarf schließlich die Vorliebe des Radulf B für Epitheta ornantia, die in diesem Ausmaß seit dem Notar Robert nicht mehr vorgekommen waren. Radulf A hatte zwar mit *illustrissimus dux* in D. RRH n° 307 ein seltenes Epitheton für Gottfried von Bouillon gehabt[166], aber er hatte es seiner VU. D. RRH n° 278 der Königin Melisendis entnommen, während Radulf B diese in D. RRH n° 325 ohne erkennbares Vorbild als *illustrissima regina* bezeichnete. Ich erwähne bei Radulf B weiterhin *venerabilis* für die Königinmutter (D. RRH n° 321), dann aber auch für einen Patriarchen, einen Abt, den Johannitermeister[167] und sogar für die Kano-

---

165) JL 7943: *prout convenit*; vgl. D. RRH n° 353: *prout condecet*. Sodann *prout in eiusdem privilegio plenius asserunt contineri* in HIESTAND Vorarbeiten 3, S. 222 n° 81 (I und II). Vgl. dazu D. RRH n° 354: *prout in ipsius notatur privilegio* (so schon in D. RRH n° 309). Weiter in JL 11568: *prout in huiusmodi fieri consuevit* und JL 13516: *prout eius assertione accepimus*.

166) MAYER, Bistümer S. 139. *Illustrissimus rex* für den französischen König in RRH n° 374. 383. 394. 437 mögen noch hinzugerechnet werden, sind aber Briefe.

167) In der Kanzlei ist D. RRH n° 355 des Radulf B das früheste Beispiel für das Vorkommen von *venerabilis* für den Johannitermeister; siehe HIESTAND, Anfänge der Johanniter S. 77.

niker des Hl. Grabes[168], ferner *illustris* für die Königin (DD. RRH n° 336. 366; vgl. *illustris rex* bei Radulf A in D. RRH n° 306 nach der VU. der Königin Melisendis D. RRH n° 268).

Diese Epitheta sind teilweise an sich gängige Münze. *Venerabilis* wurde schon lange verwendet für geistliche Würdenträger und wurde nach Radulf B auch üblich für den König (RRH n° 391. 423 [*venerabilissimus*]. 448). *Illustris* war als Epithet für den König vor allem aus den Papsturkunden bekannt[169]. Aber im allgemeinen waren Epitheta ornantia in jener Zeit überwiegend ein Kennzeichen der Privaturkunde[170], so daß man bei ihrem Auftauchen in Diplomen immer zunächst einmal in Richtung einer kanzleifremden Entstehung denken muß.

In der Kanzlei sind die Ausnahmen Robert (siehe oben S. 414 f.) und Radulf B, wenn man bei Robert überhaupt schon von Kanzlei sprechen will. Radulf A hatte Epitheta vorwiegend nach VUU. (DD. RRH n° 291. 306. 307), nur einmal stand in D. RRH n° 309 unabhängig *venerabilis patriarca*, was freilich durch seine schier endlose Verwendung in den Papsturkunden sattsam genug bekannt war. Überdies hatte Radulf B bei D. RRH n° 309 bereits die Hand im Spiel. Erst bei Radulf B kommen dann die vorgeführten Epitheta in reichlicher Zahl, insbesondere führte er das Epitheton für die Königin ein, das dann mit Ausnahme von D. RRH n° 562 wieder verschwand, um mit *venerabilis regina* erst unter den Königinnen Sibylle und Isabella I. wieder zu erscheinen (DD. RRH n° 653. 654. 683. 684. 690. 693. 696. 697. 698. 701. 740b. 746. 774. 776). In dieser Zeit begegnet dann auch *illustris regina* wieder für Isabella I. und Maria la Marquise[171]. *Illustrissima regina* wie in D. RRH n° 325 kommt überhaupt nicht mehr vor, und fast ebenso selten ist *sanctissimus imperator* für Manuel I. Komnenos in D. RRH n° 367, eine Schmeichelei des Notars für die ausstellende Königin Theodora, eine Nichte des Kaisers[172]. Nicht die vorgeführten Epitheta als solche sind

---

168) DD. RRH n° 336. 352. 353. 354. 355. 400.

169) Im Hl. Land bis 1170 JL 6344. 6922. 7314. 8481. 8690 (*illustris et gloriosus*). 11385. 11441. 11568. 11831. 13516; daneben *gloriosus* JL 5948. 6297. 6298. 8915.

170) Eine Ausnahme bilden die Urkunden der Königin Melisendis, die ich formal auch nach 1152 als Diplome anspreche (siehe oben S. 697). Hier steht *illustris rex, illustrissimus dux* und *dilectus filius meus* (DD. RRH n° 268. 278. 313. 338. 359). Aber Kanzleiprodukte waren es nicht.

171) DD. RRH n° 744. 853 und in dem Eheversprechen der Maria la Marquise von 1206, hg. von VINCKE, Eheprozeß S. 164.

172) Auch in RRH n° 502 des Johannitermeisters für den orthodoxen Erzbischof von Gaza nahm man solche Rücksicht und bezeichnete Manuel als *sanctissimus Constantinopolitanus imperator Romanorum semper augustus*.

bei Radulf B diktatmäßig interessant, wohl aber sind ihre Häufung unter ihm gegenüber Radulf A und ihre frühzeitige Verwendung für die Königin sehr brauchbare Diktatkriterien.

Dagegen sind zwei Ausdrücke, die durchaus ins Auge fallen, als Diktatkriterien nicht brauchbar. Der eine ist das Epithethon *inclitus* (siehe unten Bd. 2, S. 18, 145) Es erscheint nämlich unter Radulf B und Radulf C nur in Diplomen, die Mischdiktate sind (DD. RRH n° 308. 366. 397. 465), so daß sich nicht sagen läßt, welchem der beiden Notare das Wort zuzurechnen ist. Der andere ist der *domnus*-Titel, der allein dort, wo er in der Kanzleizeile für den Kanzler verwendet wird, diktatrelevant wird (siehe oben S. 872 und unten Bd. 2, S. 17 f.). *Domnus* außerhalb der Kanzleizeile ist zwar nicht auf Mischdiktate beschränkt, aber weder bei Radulf B noch bei Radulf C selten. Ursprünglich ist es, soweit der König so genannt wird, zwangsläufig eine Erscheinung der Privaturkunde, weil in den Diplomen die Könige außerhalb der Intitulatio ja nur dann vorkommen, wenn sie als Vorgänger genannt werden. Dagegen findet sich dort je und dann *domnus* für den Patriarchen oder für einen Abt, auch einmal für die eine oder andere adlige *domna* oder einen ebensolchen *domnus*. Erst etwa um die Mitte des 12. Jahrhunderts wird der Ausdruck häufiger, und ich bin ihm daher in den Diplomen vor Radulf A und vor der Reichskrise der Jahrhundertmitte nicht nachgegangen. In der folgenden Analyse lasse ich alle Belege für *domnus* weg, die Seigneurs unter Angabe ihrer Seigneurie bezeichnen als *domnus Tiberiadensis* oder *domnus Beritensis*. In dem Scriptorium der Melisendis findet sich das Wort dann für den König (DD. RRH n° 256 (2 x). 268 (2 x). 269), für den Johannitermeister (D. RRH n° 256), für den Patriarchen (D. RRH n° 313; so auch in D. RRH n° 258 des Daniel aus der Kapelle des Königs), für den Königssohn Amalrich, Rohard den Älteren und Philipp von Nablus (alle drei in D. RRH n° 259, Rohard auch in D. RRH n° 338), ein deutlicher Hinweis, welche Bedeutung Rohard und Philipp als Parteigänger der Melisendis hatten[173]. Allein der Kapellan Friedrich hat trotz vorhandener Gelegenheit in seinem D. RRH n° 262 keinen Gebrauch davon gemacht. Bei Radulf A ist der Titel, jedenfalls im Vergleich zu seinen beiden Nachfolgern, nicht eben häufig. Hugo II. von Jaffa wird so bezeichnet (DD. RRH n° 291. 293), aber der König nur in D. RRH n° 306 (2 x), öfter dagegen die Königin (DD. RRH n° 293. 306. 307), einmal noch die Gemahlin Rohards des Älteren (D. RRH n° 307), aber – wenn ich recht gezählt habe – geht der Titel fünfmal von achtmal nach den VUU. Der Befund ist bei Radulf A also nicht aufregend.

---

173) Wilhelm von Tyrus, Chronicon XVII. 14, S. 779.

Massiv findet sich das Wort dann bei Radulf B: *domnus rex* (DD. RRH
n° 322. 352. 353), *domna regina* (DD. RRH n° 325. 336 (3 x). 344. 366),
domna Albereha (D. RRH n° 325), *domna Osanna* (D. RRH n° 341), *domnus
comes Tripolis, domna Milisendis imperatrix, domna Hodierna, domnus* Philipp
von Nablus (9 x), *domna Helizabeth, domnus Rohardus* (2 x), *domna Gisla*
(alle D. RRH n° 366) sowie schließlich *domnus imperator* (D. RRH n° 367).
Selbst wenn man den exzessiven Gebrauch in dem Mischdiktat D. RRH
n° 366 wegläßt (siehe dazu unten Bd 2, S. 17), ist hier immer noch wesentlich mehr zu finden als bei Radulf A; das Wort ist zu einem bewußt einge-
setzten Titel geworden. Aber auch bei Radulf C ist es nicht selten: *domnus
rex* (DD. RRH n° 324. 356 und in den Mischdiktaten DD. RRH n° 308.
397. 465), *domna regina* (DD. RRH n° 356. 450), *domnus archiepiscopus* und
domnus patriarcha in D. RRH n° 324[174] und *domna Stephania* in dem
Mischdiktat D. RRH n° 308. Der Höhepunkt bei Radulf B ist auffällig, aber
das Vorkommen bei Radulf A und Radulf C ist immerhin zu häufig, als daß
domnus / domna als ein Diktatkriterium für Radulf B Verwendung finden
könnte.

---

174) *Domnus patriarcha* auch D. RRH n° 356.

XIX. Ein Kalligraph aus Italien (?)
Der Kanzleischreiber II (1152–1179)
(in der Kanzlei bis Februar 1163)

1. Der Urkundenbestand
(unten S. 882)

Ich habe bisher mit Ausnahme des Josaphater Scriptors Johannes (oben S. 794) die Schreiber und ihre Produkte im Rahmen derjenigen Abschnitte behandelt, die den Notaren gewidmet sind, weil das fragmentarische Material nur wenig Aussagen über die Ingrossatoren erlaubt. Es war letztlich nicht oder nur selten mit Sicherheit zu sagen, ob die diktierenden Notare auch selbst mundierten, auch wenn es zu vermuten ist, oder ob man Gelegenheitsschreiber heranzog, während für Empfängerschreiber je und dann gesichertere Befunde möglich waren. Negativ war freilich zu konstatieren, daß ein eigener Kanzleischreiber, der in der Kanzlei nur Ingrossate, aber keine Dictamina angefertigt hätte, zuvor nur einmal nachzuweisen ist, nämlich im Falle des Brando (= Kanzleischreiber I), der die erhaltenen Diplome von 1115 bis 1120 mundierte, als noch der Kanzler Paganus selbst diktierte, und der nur einmal in der Ausnahmesituation von 1120 als Aushilfsnotar herangezogen wurde (siehe oben S. 446 f.). Aber auch dies steht unter dem Vorbehalt einer gleichbleibenden Überlieferungssituation bei Originalen. Käme ein größerer Bestand an bisher unbekannten Originalen zum Vorschein, was freilich überhaupt nicht zu erwarten steht, so könnte sich diese Feststellung sehr rasch als revisionsbedürftig erweisen.

Aber eines läßt sich mit Sicherheit sagen: Der Kanzler Radulf, der das eigentliche Kanzleidiktat schuf, sorgte auch dafür, daß er in seiner Zeit als Kanzler-Notar (Radulf A) von einem hauptamtlichen Kanzleischreiber entlastet wurde, der für uns namenlos bleibt, so daß wir ihn als Kanzleischreiber II bezeichnen müssen. Fiel die Ernennung des Notars in die Kompetenz des Königs, so dürfte die Bestellung eines Kanzleischreibers in die des Notars gefallen sein, da der Schreiber ja nur unselbständige Hilfsfunktionen ohne Ermessensspielraum hatte (siehe unten S. 883).

Dieser Kanzleischreiber II mundierte die folgenden Urkunden:

D. RRH n° 291 für Josaphat	1152 April 20
Verlorene Vorlage zu	1152 September 23
D. spur. RRH n° 276	
(siehe unten S. 891)	
D. RRH n° 293 für die Johanniter	1154 Juli 30
D. RRH n° 321 für das Spital in Nablus	1156 Juni 7
Verlorenes Original von	1156 November 2
D. RRH n° 322 für Pisa	
(siehe unten S. 887)	
D. RRH n° 325 für die Johanniter	1157 Oktober 4
D. RRH n° 336 für Josaphat	1159 März 13
D. RRH n° 598a	(1156 Juni 7 –
	1163 Februar 10)
RRH n° 379 für Petrus Iai	1163 März 6[1]
Kopie von D. RRH n° 57 von 1110 für die Johanniter im Johanniterarchiv Malta (Arch. 1 n° 6); weitere Kopie desselben Diploms ebd. (Arch. 1 n° 4a)	
Kopie von RRH n° 546 für die Gräfin Konstanze von St.-Gilles ebd. (Arch. 1 n° 4c) auf demselben Pergamentblatt wie das vorangehende Stück	1177 (1176 Dezember 24 – 1177 September 23)
Kopie von D. RRH n° 545/I für die Gräfin Konstanze von St.-Gilles, ebd. (Arch. 1 n° 4b) auf demselben Pergamentblatt wie die beiden vorangehenden Stücke	1177 (September 24 – Dezember 24)
RRH n° 572 = Vergleich zwischen Templern und Johannitern	1179 Februar (1 – 28)
RRH n° 573 = Vergleich zwischen Templern und Johannitern	1179 Februar (1 – 28)

2. Die Laufbahn des Schreibers

Der Kanzleischreiber II wurde nicht sofort ernannt. Aus der ersten Amtszeit des Kanzler-Notars Radulf A (1145–1146) haben wir nur ein einziges Original (D. RRH n° 240), und dieses stammt von einem Empfängerschreiber (siehe oben S. 795–797). Es ist daher unsicher und auch unwahrscheinlich,

---

1) Zum Datum von RRH n° 379 siehe unten Bd. 2, Exkurs I, S. 866.

daß Radulf A noch vor seinem Sturz als Kanzler und Notar 1146 einen Schreiber ernannt haben sollte. Aber unmittelbar nach dem Ende des Bürgerkrieges erscheint im April 1152 in D. RRH n° 291 dieser neue Schreiber, dessen Tätigkeit wir innerhalb und außerhalb der Kanzlei bis Februar 1179 verfolgen können. Die vermutlich sprunghaft zunehmende Beurkundungstätigkeit nach den vielen Jahren des Reichszerfalls (siehe oben S. 753) hat sicherlich zu dieser Ernennung beigetragen.

Einige Dinge fallen beim Kanzleischreiber II sofort ins Auge: Er arbeitete in der Kanzlei und war kein Gelegenheitsschreiber von außerhalb und auch kein Empfängerschreiber, denn er schrieb in der Kanzlei wenigstens sieben Diplome für fünf verschiedene Empfänger[2]. Weiter gibt es in seiner ganzen Amtszeit nicht ein einziges erhaltenes Original, das von einer anderen Hand geschrieben wäre. Weder tritt ein Empfängerschreiber auf, wie es später gelegentlich wieder der Fall sein sollte, noch läßt sich ein anderer dauerhaft tätiger Kanzleischreiber feststellen. Der Schreiber II monopolisierte die Arbeit an den Ingrossaten der Kanzlei für sich. Er war also auch aus diesem Grunde hauptamtlich und ließ – jedenfalls soweit man das erkennen kann – keine Empfängerschreiber zu, was ihm die zu unterstellende Gebührenregelung natürlich auch nahelegen mußte. Schließlich schreibt er nicht nur unter dem Kanzler-Notar Radulf (Radulf A), sondern auch unter dem Notar Radulf B, als der Kanzler zum Bischof von Bethlehem aufgerückt war und sich aus dem täglichen Urkundengeschäft zurückgezogen hatte. Er war der einzige Schreiber dieser beiden Notare.

Er ist abgelöst worden, als mit dem Wechsel auf dem Thron 1163 auch ein neuer Notar, Radulf C, ins Amt kam (siehe oben S. 840 f. und unten Bd. 2, S. 64 f.). Im April 1165 amtierte in der Kanzlei ein neuer Schreiber (D. RRH n° 413). Das bedeutet, daß auch der Kanzler Radulf von Bethlehem den Kanzleischreiber II nicht halten konnte, ungeachtet seiner überragenden Qualitäten als Schreiber. Der entlassene Schreiber II war vielmehr schon im März 1163 gezwungen, seine Fähigkeiten, die er in der Kanzlei entwickelt hatte, jetzt als professioneller Urkundenmann in Jerusalem in den Dienst Dritter zu stellen, denen er Urkunden sowohl diktierte wie mundierte. Das bedeutet, daß er der Angestellte der beiden Notare Radulf A und Radulf B gewesen war, daß der Schreiber vom Notar, nicht vom Kanzler ernannt wurde[3]. Der Umstand, daß er sofort in der ersten Urkunde tätig

---

2) D. spur. RRH n° 276 ist für Marseille, aber es ist nicht gesagt, daß auch die echte Vorlage für Marseille war.

3) Man wird kaum annehmen, daß der König selbst sich um die Besetzung dieses Amtes gekümmert haben wird, die er um so mehr dem Notar überlassen konnte, als dieser der von ihm ernannte Vertrauensmann war. Im englischen Exchequer ernannte

war, die der Kanzler diktierte, als er im April 1152 in die Kanzlei zurückkehrte, deutet zwar sehr darauf hin, daß er den Schreiber ernannte, aber zu
dieser Zeit war Radulf noch Kanzler-Notar, und als Notar Radulf A hat er
ihn ernannt. Als Kanzler Radulf von Bethlehem hat er seine Entlassung
nicht verhindern können. Der neue Notar Radulf C war ab 1163 sein eigener Schreiber und war fähig, aber nicht überragend, was sich daran zeigt,
daß er sich um die Erhaltung jenes äußeren Bildes der Diplome mühte, das
sein Vorgänger, der Kanzleischreiber II, geschaffen hatte.

3. Die äußeren Merkmale

Der Kanzleischreiber II war ein Kalligraph, und das dürfte ihn dem
Radulf A empfohlen haben, denn er tat bei den äußeren Merkmalen, was
der Kanzler-Notar selbst bei den inneren vornahm: er sorgte für Gleichförmigkeit, Sorgfalt und Feierlichkeit, ja für Schönheit der Diplome. In der
äußeren Gestaltung sah das Jahrzehnt von 1152 bis 1163 den absoluten
Höhepunkt des jerusalemitanischen Diploms, das sich in dieser Zeit mit den
Produkten der besten Kanzleien Europas messen konnte. Alle Urkunden des
Kanzleischreibers II mit Ausnahme von D. RRH n° 598a[4] waren „chartae
transversae". Bei D. RRH n° 321 könnte man allerdings ein annähernd
quadratisches Format erkennen, wenn man will, ebenso wie unter dem
nächsten Notar bei D. RRH n° 450[5]. In den Diplomen (bei den Urkunden
nur in RRH n° 379) hatte er stets eine symbolische Invokation, und zwar
ein lateinisches Kreuz[6], in dessen vier Feldern sich vier Punkte befinden, die
manchmal mit dem Schnittpunkt des Kreuzes durch dünne Linien verbunden sind. Die Enden der Kreuzbalken sind dreieckig verdickt. Die verbale
Invokation hielt er überall in einer verlängerten Schrift, mit der er die ganze
erste Zeile füllte und die er meist mit kräftigen epigraphischen Kürzungszeichen in Gestalt eines flachgedrückten großen griechischen Omega noch
weiter verzierte. Hiervon weicht nur das einfache Privileg D. RRH n° 598a
ab, wo die Invocatio eine eigene Zeile hat, sie aber nicht füllt. Da er genügend Platz hatte, ließ er generös bemessene Spatien zwischen den Worten,
die er dennoch trennte durch jeweils drei, in RRH n° 572 vier übereinander-

---

zur Zeit Heinrichs II. der Kanzler den Schreiber der Exchequer writs, aber dieser hieß
dann bezeichnenderweise auch *scriptor cancellarii*; siehe Richard FitzNigel, Dialogus de
scaccario S. 17–19.

4) Siehe MAYER, Abū ʿAlīs Spuren S. 132 f. mit Facsimile nach S. 122.

5) Ebd. S. 118 Anm. 14.

6) In D. RRH n° 291 ist es ausgerissen.

gesetzte Punkte[7]. Diese setzte er nicht mitten in das Spatium, sondern ließ sie unmittelbar auf das Wortende folgen. Gelegentlich hat er sich hier leicht verkalkuliert, weil er ja auch mit verschiedenen Pergamentbreiten arbeitete, sein Text für die erste Zeile aber immer gleich lang war. In D. RRH n° 325 mußte er das *amen* am Ende kürzen, und trotzdem geriet es ihm über den Rand hinaus. Umgekehrt mußte er in D. RRH n° 336 dasselbe Wort zwischen den einzelnen Buchstaben auseinanderziehen, um den Rand überhaupt zu erreichen. Bis zu D. RRH n° 321 einschließlich benutzte er als Kürzungszeichen in der ersten Zeile einen dicken waagrechten Strich, später setzte er das schon erwähnte epigraphische Kürzungszeichen. Auch die Kanzleizeile der Diplome, die er vom Context deutlich absetzte und in der er keine verlängerte Schrift gebrauchte, zog er zeilenfüllend auseinander. Wo sie hierfür zu lang war, machte er zwei Zeilen daraus und zog entweder beide oder aber nur die zweite zeilenfüllend auseinander[8]. Er linierte seine Pergamente in der Regel sorgfältig und begrenzte sie auch rechts und links mit je zwei parallel laufenden vertikalen Linien, die einen rechts und links etwa gleich breiten Rand schufen[9]. Rechts bemühte er sich mit Erfolg darum, über die innere dieser beiden Linien nicht hinauszuschreiben. Auch links fing er an der inneren zu schreiben an, verlegte aber gewisse Dinge über den Schriftspiegel hinausragend zwischen die beiden Linien. Das war einmal das Kreuz der symbolischen Invokation. Als nächstes stand außerhalb des Schriftspiegels das *N* zu Beginn der Promulgatio (nicht in RRH n° 572), ein über zwei Zeilen reichender Buchstabe in kräftiger Tinte mit einem verdoppelten Schrägstrich[10]. Ferner schrieb er mit Großbuchstaben in den Rand hinein, wo dort zufällig klar ein neuer Satz begann, obwohl dieses

---

7) Vgl. auch D. RRH spur. n° 276, unten S. 891 Anm. 20.

8) DD. RRH n° 325. 336. Möglicherweise hing dies aber zusammen mit einer Nachtragung von Tag und Monat; siehe oben S. 774 Anm. 140. RRH n° 379. 572. 573 als Privaturkunden haben natürlich keine solche Zeile.

9) In den Privaturkunden RRH n° 572. 573 ist diese Linierung vorgegeben durch ein je doppeltes Punctorium rechts und links, was im Osten sehr selten ist. Da ein mit einem Zirkel hergestelltes Punctorium das bequemste Mittel zur Erzielung gleichmäßiger Zeilenabstände war, mag es auch die Linierung der Diplome bestimmt haben, dann aber müßte es beidseitig jeweils weggeschnitten worden sein, und zwar angesichts der großzügig bemessenen Ränder sehr weit außen, denn zu sehen ist es in den Diplomen nirgends, auch nicht in der Privaturkunde RRH n° 379, die äußerlich ganz dem Vorbild der Diplome folgt.

10) So auch in RRH n° 572, in RRH n° 573 zweizeilig, aber ohne doppelte Schrägstriche; in D. RRH n° 598a nur einfacher Schrägstrich, aber ungewöhnlich kräftig. Noch weiter außen steht in RRH n° 572. 573 die verzierte *I*-Initiale der Invocatio, die im ersten Stück über vier Zeilen, im zweiten gar über fünf reicht.

Prinzip nicht lupenrein durchgeführt wurde. In D. RRH n° 325 beispielsweise trifft dies zu für *Ego igitur rex*, aber nicht für *Indictione VI.* Dabei ist
nicht das Majuskel-*I* auffällig, denn er schrieb stets *Indictione*, sondern was
auffällt, ist, daß er dieses *I* hier mitten im Satz dem Schriftspiegel voranstellt,
während in D. RRH n° 321, wo *Indictione* auch zufällig am linken Rand zu
stehen kam, das *I* innerhalb des Schriftspiegels bleibt. Auch hat er in der
Zeugenliste von D. RRH n° 325 den einzigen Zeugen, dessen Namen am
linken Zeilenrand begann, mit dem ersten Buchstaben dem Schriftspiegel
vorangestellt (*Adam episcopus Paneadensis*), was er sonst vermieden hat.
Überall schließlich, wo er eine Kanzleizeile hat, hat er das *D* von *Data*, das
er stets ausschrieb, in dieser Weise in den Rand hineingestellt, so sicherlich
auch in D. RRH n° 291, wo es allerdings ausgerissen ist. Bei aufgeklappter
Plica ist die Linierung übrigens durchweg durchgezogen bis zum Fuß der
Urkunde[11]. Das bedeutet, wie nicht anders zu erwarten, daß das Ingrossat
geschrieben wurde, ehe man es besiegelte; die Besiegelung war das letzte[12].

Als letztes der äußeren Merkmale fällt die Hervorhebung gewisser Namen
durch eine Majuskelschrift mit unzialen oder halbunzialen Elementen auf.
Das war natürlich durchaus nichts Neues. In den Privaturkunden findet sich
das schon in RRH n° 67. 69. 76. 170. In den Diplomen wird diese Auszeichnungsschrift zögerlicher angewendet, in D. RRH n° 79 für Aussteller und
Empfänger, in D. RRH n° 90 für den Aussteller, in D. RRH n° 120 (eigentlich einer Privaturkunde) für die Titelheilige des Empfängers und ebenso,
beim gleichen Empfänger wie DD. RRH n° 79. 90. 120, auch in D. RRH
n° 240, also mit Ausnahme von D. RRH n° 90 in Empfängerausfertigungen
von Josaphat. Mit dem Kanzleischreiber II wird die Sache zum System. Er
hebt dergestalt alle Mitglieder der Königsfamilie hervor[13]. Ebenso wird in
dieser Weise überall der Name des Kanzlers hervorgehoben. Daneben findet
sich nur wenig in dieser Auszeichnungsschrift: der Papstname in RRH
n° 572, das Patrozinium des Empfängers in D. RRH n° 291 und eher versehentlich drei Ortsnamen in D. RRH n° 293 und einer in D. RRH n° 321,
versehentlich wohl deshalb, weil die anderen Ortsnamen dieser Diplome eine
solche Auszeichnung nicht erfahren. Der Notar Radulf C hatte solche
Auszeichnungsschriften nur noch am Beginn seiner Tätigkeit (DD. RRH
n° 413. 416. 422a). Die äußeren Merkmale des Kanzleischreibers II schlugen

---

11) D. RRH n° 293 hat keine Plica und ist heute auch nicht mehr besiegelt, dürfte
aber einstmals besiegelt gewesen sein; siehe oben S. 778 Anm. 151.

12) Für die Papsturkunden des Hochmittelalters hat bereits DIEKAMP, Urkundenwesen S. 608 f. dasselbe beobachtet.

13) Darunter in den Diplomen natürlich jeweils den Aussteller und so diesen analog
auch in RRH n° 379, wo er nicht zum Königshaus gehört.

noch in kopiale Überlieferungen durch. Von D. RRH n° 322 für Pisa von 1156 haben wir zwei notarielle Kopien aus dem 12. und aus der Mitte des 13. Jahrhunderts. In beiden wird das Kreuz des Kanzleischreibers II, seine zeilenfüllende Invocatio mit ihrer charakteristischen Elongata, den drei Trennpunkten und dem Omega-förmigen Kürzungszeichen regelrecht nachgezeichnet, ebenso das *N* mit dem doppelten Schrägstrich in *Notum sit* sowie die Hervorhebung der Namen der Dynastie und des Kanzlers durch eine Auszeichnungsschrift mit unzialen Elementen. Selbst die Schreibung *AchoN* in der Kanzleizeile, bei der das *o* gleichzeitig als linker Abstrich des *N* gedacht wird, ist in einer der beiden Kopien nachgeahmt und kommt so auch in D. RRH n° 325 original vor. Hier ist also überhaupt kein Zweifel erlaubt: Das verlorene Original von D. RRH n° 322 war geschrieben vom Kanzleischreiber II. Das wirft dann Fragen für die Überlieferung auf. Beide Kopien gehen direkt nach dem Original. Die spätere wurde in Akkon angefertigt. Die weitaus frühere hat keine Ortsangabe, ist aber von vier bekannten Pisaner Notaren beglaubigt, die von Kaiser Friedrich I. bestellt worden waren, darunter auch dem Kanzler der Stadt Pisa. Sicherlich wird keine so hochmögende Delegation in den Orient gereist sein, um hier Urkundenabschriften zu nehmen, die nicht mehr wert waren als jede beliebige im Osten gefertigte notarielle Kopie. Da man auch kaum annehmen wird, daß das kostbare Original die Reise übers Meer nach Pisa und dann zurück nach Akkon gemacht hat, muß man für D. RRH n° 322, aber auch für weitere pisanische Diplome für Pisa, mit Doppelausfertigungen rechnen.

Anders liegt der Fall bei D. RRH n° 400 von 1164. Auch hier findet man in der kopialen Überlieferung nachgeahmte verlängerte Schrift, Hervorhebung der Namen der Königsfamilie durch Majuskeln, wenn auch nicht durchgehend, sowie eine gleichartige Hervorhebung des Kanzlernamens in der Unterfertigung. Aber dies alles kam, wenigstens anfänglich, auch in den Originalen der vom Notar selbst mundierten Diplome des Radulf C vor (siehe unten Bd. 2, S. 97 f.), und in der Tat ist D. RRH n° 400 ein Dictamen des Radulf C, wenn auch nach einer VU. des Radulf B (siehe unten Bd. 2, S. 29–32), und diese war ganz bestimmt vom Kanzleischreiber II mundiert worden.

4. Die Schrift

Der Kanzleischreiber II schrieb eine ganz klare und vollständig ebenmäßige, sorgfältig ausgeführte, zierlich-kleine diplomatische Minuskel, in der ein Buchstabe wie der andere ausfiel. Das gilt jedenfalls für die Diplome, die im Folgenden im Vordergrund der Betrachtung stehen. Es liegt auf der Hand, daß die Privaturkunden weniger feierlich sind, jedenfalls RRH n° 572. 573, erst recht die Kopien von DD. RRH n° 57. 545/I. RRH n° 546. Einzig die sofort nach dem Ausscheiden aus der Kanzlei geschriebene Urkunde RRH n° 379 des Priors von Hebron hat noch ganz den äußeren Aspekt eines Diploms. Der Duktus ist stets kerzengerade, ohne irgendwo nach rechts oder links auszubrechen. In der Regel hat der Schreiber sein Pergament sorgfältig geplant und eher zu viel als zu wenig davon genommen. Er hatte daher genügend Platz für eine klare Worttrennung, und indistinkte Schreibweise kommt in den Diplomen fast nicht mehr, in den Privaturkunden und Kopien nur selten vor. Ich finde in den Königsurkunden nur *proculdubio* in D. RRH n° 325 Zeile 12, aber der Schreiber mag dies als ein einziges Wort angesehen haben. Unterlängen gibt es nur, wo dies unbedingt erforderlich ist, also bei *g, p, q* und *y*, während *h* nicht – in RRH n° 572 kaum – unter die Zeile reicht und auch *f* und langes *s* auf der Zeile enden; auch das *r* findet dort seine Begrenzung nach unten. Die vorhandenen Unterlängen reichen meist gleich weit unter die Zeile auf eine gedachte Horizontale, wobei auch die häufig verwendete Cauda unter dem *e* keine Ausnahme macht[14]. Anderes findet man nur bei *y* und *g*. Ersteres, das in den Eigennamen häufig Verwendung findet, hat öfters einen tiefer gezogenen Abstrich. Die *g*-Schlinge endet dafür etwas weiter oben. Sie ist stets offen und lädt je und dann etwas nach links aus.

Die Oberlängen sind deutlich ausgeprägt, füllen aber jeweils nur etwa zwei Drittel des Abstands zwischen zwei Linien. Die übertriebenen Oberlängen der päpstlichen Urkundenschrift werden also vermieden. Es trägt sehr zum gleichförmigen Aussehen der Schrift bei, daß im wesentlichen alle Oberlängen gleich hoch sind, nur gelegentlich überragt von den verzierten Oberschäften von *f* und langem *s*. Auch die Großbuchstaben bei Eigennamen und Satzanfängen haben – mit Ausnahme von *Notum* in der ersten Zeile – dieselbe Höhe wie die Oberschäfte der Minuskelbuchstaben. Die Oberlängen von *b, h, l* und vom geraden *d* sind am oberen Ende sorgfältig und nach links gerichtet dreieckig verdickt.

Neben diesem geraden *d* kommt dasjenige mit dem schrägen und weit nach links oben gereckten Schaft in den Diplomen nicht vor, auch nicht in der Verbindung von *ld*, wo man es am ehesten erwarten würde. Gelegentlich kommt in bestimmten Worten (*ad, Adam, apud, Dauid, illud, quod, quodam*, erstes *d* in *reddere* und *addens*) ein anderes *d* vor, bei dem der Schaft ganz

---

14) Bei der Cauda fällt auf, daß sie der Schreiber beim Wort *episcopus* in DD. RRH n° 321. 325 – nicht aber in D. RRH n° 293 – bei Bischof Friedrich von Akkon setzt, bei anderen Mitgliedern des Episkopats dagegen nicht, ohne daß dem vermutlich irgendeine Bedeutung beizumessen ist.

kurz bleibt und so stark nach links gekrümmt ist, daß der Buchstabe fast wirkt wie ein *o* mit einem Kürzungsstrich. Das ist letztlich eine unziale oder halbunziale Form, die auch durchweg in der Auszeichnungsschrift für die Namen der Königsfamilie verwendet wird. In den Kopien und den beiden Privaturkunden von 1179 kommt dann neben dem geraden *d* auch dasjenige mit schrägem Schaft vor. Neben dem langen *s* kommt am Wortende auch rundes *s* vor, das nur in der sehr langen Urkunde D. RRH n° 293 hochgestellt wird. Die *e* am Wortende haben außer in den Kopien weit ausladende, kräftig gezogene Zungen. Die Oberschäfte von *f* und langem *s* sind in sehr gleichförmiger Weise charakteristisch nach dem Vorbild der Papsturkunde (siehe unten S. 896) verschleift: Die Oberlänge biegt oben nach rechts um, berührt den Schaft, vollzieht eine neue Schleife, durchschneidet den Schaft schräg nach links unten, kehrt dann aber horizontal nach rechts zurück. Neben der Auszeichnung der Eigennamen ist dies dasjenige Element, das die Schrift beim ersten Eindruck am stärksten prägt, auch in den drei Kopien, und erst in den beiden Urkunden von 1179 verschwunden ist. Das ist keine neue Erscheinung[15], wird aber jetzt für das Diplom von Jerusalem kanonisch bis zum Notar Petrus B.

Die Ligaturen *ct* und *st* sind in den Diplomen nicht mehr auseinandergezogen. Die Buchstaben stehen zusammen, wenngleich bei *st* das lange *s* die übliche Verzierung hat und ein stark verlängertes *t* sehr weit oben erreicht. Auch bei *ct* ist das *t* in dieser Weise verlängert, und von der Ligatur ist nur noch ein winziger Querstrich nach links übriggeblieben, der in einen kleinen und nach unten geöffneten Halbkreis übergeht. Aber sowohl *s* wie *c* sind weiter unten mit dem *t* verbunden, indem der Querstrich des *t* bereits am Schaft des *s* ansetzt und das *c* vom unteren Ende mit einem schrägen Aufstrich an den Balken des *t* herangeführt wird. Durch das Weglassen jener weit auseinandergezogenen Ligaturen vermied der Schreiber die zwar charakteristischen, aber nicht gerade schönen leeren Spatien mitten im Text, die jedem Mediaevisten aus der Papsturkunde vertraut sind.

Das diplomatische Kürzungszeichen fehlt überall. Stattdessen hat der Schreiber einen Kürzungsstrich, der rechts nach oben schwenkt, also eher als Kürzungshaken zu bezeichnen wäre. Dieser Strich sitzt wie andere Kürzungszeichen, etwa *9* für *-us*, der bekannte Kürzungshaken in Form eines Runen-*S* für *-er*, der Kürzungsstrich im *l*, und auch der Oberteil des mittelalterlichen Komma in Gestalt unseres umgedrehten Semikolons, immer auf

---

15) Es findet sich schon in RRH n° 215 des Elias, RRH n° 213, D. RRH n° 240 des Scriptor Johannes, D. RRH n° 262 des Kapellans Friedrich; vgl. auch D. RRH n° 359 des Kapellans Guido.

derselben Höhe oder hat jedenfalls nur ganz unwesentliche Abweichungen. Der Effekt ist erneut der einer außerordentlich gleichmäßigen Schrift. Da der Schreiber sich genügend Platz nahm und, wie seine Kalligraphie zeigt, niemals unter Zeitdruck schrieb, hat er auch nicht übermäßig viel gekürzt, jedenfalls viel weniger als manche der gehetzt wirkenden Schreiber englischer Königsurkunden mit ihren kursiven Schriften. Würde man es auszählen, so würden sich *in* und *ī* wohl einigermaßen die Waage halten. Auch *et* wird überwiegend ausgeschrieben, und während der Schreiber dafür gelegentlich *7* hat, fehlt *&* in den Diplomen vollkommen. Die Kürzung für anlautendes *con* hat er überhaupt nie, dagegen ist *que* im Sinne von *et* durchweg als *q;* gekürzt. Zur leichteren Lesbarkeit hat er Striche auf Doppel-*i* oder gar auf vierfachem wie bei *indictione IIII*, aber je und dann, freilich nicht immer, setzt er einen *i*-Strich bei einfachem *i*, wenn es mit *u* kombiniert wird (*iure* oder *huius*). Die Worttrennung zeigt er mit hauchdünnen Strichen am Zeilenende an, die er kaum sichtbar malt, weil sie schon innerhalb des durch zwei vertikale Linien markierten Randes stehen. Sie sollen zwar eine Lesehilfe geben, aber den optischen Eindruck von 'Blocksatz' nicht stören.

Die Trennung von Wörtern und Satzteilen wird unterstützt durch reichlich gesetzte Satzzeichen und zwar von Punkten und mittelalterlichen Kommata (unser umgedrehtes Semikolon). Das letztere ist weniger 'wert' als das erstere. In den Zeugenlisten der Diplome trennt der Punkt die Zeugen, das Semikolon hingegen eine Funktion vom Namen[16]. Im Context der Diplome dient das umgedrehte Semikolon mehr dazu, lange Nebensatzkonstruktionen zu beenden oder auf das folgende Prädikat des Hauptsatzes hinzuweisen[17]. Ein Satz wird nie mit diesem Semikolon abgeschlossen, immer nur mit dem Punkt. Dieser gliedert die Sätze öfter als das Semikolon und hat als Satzende das größere Gewicht, aber das Semikolon gliedert immer, denn in *laudo. et confirmo.* war der erste Punkt überflüssig, ebenso bei *nunc. et in posterum libere. quiete. et sine omni calumpnia.* Nun war die Sorgfalt des Schreibers wenigstens zur Zeit des Radulf A überaus groß (siehe unten S. 892). Er mußte beim Schreiben daher sorgfältig ins Konzept schau-

---

16) D. RRH nº 321: *Odo de Sancto Amando; marescalcus* und *Galuannus de Rochia; camerarius.* D. RRH nº 325: *Fredericus; episcopus Achonensis. Adam; episcopus Paneadensis. Girardus Sydoniensis.*

17) D. RRH nº 321: *Haec igitur omnia prout superius memorata sunt. et si qua alia in futuro. sive per me. sive per successores meos. hospitale iam saepe dictum adquisierit; nunc. et in posterum libere. quiete. et sine omni calumpnia. vel impedimento habenda. et iure perpetuo possidenda; hospitali totiens memorato. et fratribus. servitio pauperum in eodem deputatis; laudo. et confirmo. et praesenti pagina. subscriptis testibus. sigillique mei munimine deputata; corroboro.*

en, so daß ich meine, daß der Punkt oft nichts anderes ist als die Stelle, an der der Schreiber die Feder absetzte, um erneut ins Konzept zu sehen. Da dieses vielleicht schon gegliedert war und auf jeden Fall schon der Cursus der Texte auch beim Abschreiben, d. h. beim gedanklichen Lesen, bestimmte Unterteilungen nahelegte, ist es nur natürlich, daß die Punkte eben häufig auch im grammatischen oder sprachlichen Sinne gliedern.

Es bleibt noch D. spur. RRH n° 276 für Marseille. Der Fälscher der Mitte des 13. Jahrhunderts hat sich bemüht um die Nachahmung einer älteren Schrift, natürlich der Schrift seiner verlorenen echten Vorlage. Das tat er schon bei D. spur. RRH n° 163, so daß der Schriftvergleich, wie ich schon 1972 ausführte[18], schwierig ist. Aber wenn man die beiden Stücke längere Zeit auf sich wirken läßt, tritt doch zutage, daß es sich in DD. spur. RRH n° 163. 276 um dieselbe Schrift handelt, auch wenn teilweise verschiedene Buchstabenformen verwendet werden, weil ja auch verschiedene Diplome mit verschiedenen Handschriften imitiert werden. Aber die Oberschäfte der geraden Buchstaben, noch viel mehr die aufwärts gebogenen Endschlingen der Unterlängen, das nach links gereckte *d* und die Schluß-*e* mit langer Zunge sind gleich. Bei jeder Minuskelschrift schaut man nach dem *g*. Wo die Schlingen geschlossen sind, wie dies im 12. Jahrhundert üblich war, sind sie in beiden Stücken gleich. Aber in D. spur. RRH n° 163 hat der Fälscher überwiegend vor dem *g* kapituliert und es in der Schrift seiner Zeit geschrieben, also die Schlinge flach unter der Zeile weit nach links gezogen, wo sie dann in einem sehr flachen Bogen um- und zurückkehrt, um auf halber Strecke den ersten Strich von unten her zu durchschneiden und die Unterkante des Bauches zu erreichen. In D. spur. RRH n° 276 hat er sich mehr Mühe gegeben um das ältere *g*, aber in Zeile 15 ist ihm die jüngere Form im Wort *regimine* doch in die Feder geflossen, und sie ist identisch mit D. spur. RRH n° 163.

D. spur. RRH n° 276 ist also von der Hand desselben Schreibers geschrieben wie D. spur. RRH n° 163. Es ist überdies erkennbar, daß es ein Original des Kanzleischreibers II nachahmt[19]. Aus diesem ist die Form der symbolischen Invocatio und die verlängerte Schrift für die zeilenfüllende verbale Invocatio genommen[20]. Ebenfalls stammt dorther das *N* mit doppeltem Schrägstrich in dem *Notum sit* der Promulgatio und schließlich die mit ausgeschriebenem *Data* eingeleitete, vom Rest des Diploms abgesetzte Kanzleizeile. Nur das diplomatische Kürzungszeichen, das der Fälscher anders als

---

18) MAYER, Marseilles Levantehandel S. 24 f.

19) So schon ebd. S. 25.

20) Hier mit jeweils vier Trennpunkten zwischen den Worten statt drei, aber so auch in RRH n° 572.

in D. spur. RRH n° 163 hier durchgehend verwendete, kann er aus seiner Vorlage nicht entnommen haben; der Kanzleischreiber II verwendete es nie.

5. Fehleranalyse

Betrachten wir die Schreibfehler in den Originalen des Kanzleischreibers II, so muß das Spurium mit seinem völlig verwilderten Latein natürlich ausgeschaltet werden. Unter Radulf A findet sich sonst fast nichts. In D. RRH n° 291 stehen als einzige Schreibfehler in diesem langen Diplom in Zeile 2 *Quappter* = *Quapropter* ohne Kürzungszeichen am ersten *p* und in Zeile 5 *vidnr* = *videntur*. In D. RRH n° 293 wurde am linken Rand von Zeile 6 das gekürzte 7 = *et* nachträglich eingefügt. In Zeile 16 ist *hos quoque (q̃;) villanos* unkorrigiert stehengeblieben. Wie das Original der VU. D. RRH n° 57 zeigt, wäre richtig gewesen *hos quinque (qnq;) villanos*[21]. Hier scheint die Schlußkontrolle, die weiter oben das *et* eingefügt hatte, durch den Umstand getäuscht worden zu sein, daß der neue Text in sich verständlich war. Schließlich liest man in Zeile 29 *sub tempore nostro* und *privilegium auctoritatis nostrae sigillo munitum fieri praecipio*. Es müßte *meo* und *meae* heißen. Der Plural stammt aus der VU. D. RRH n° 130, wo die Corroboratio in der ersten Person Pluralis gehalten war. In dem nur kopial überlieferten D. RRH n° 309 fällt auf, daß es entgegen der VU. RRH n° 75 *pro excambitu episcopatus contulit* heißt, wo natürlich unbedingt *Bethleemitici* einzufügen ist. Aber das war kein Schreiberversehen, denn in der NU. D. RRH n° 354 ist das Wort vorhanden. Es ist also vermutlich ein Versehen der gemeinsamen Vorlage der beiden heute noch erhaltenen Chartulare des Hl. Grabs[22].

In den Dictamina des Radulf B wird es dann weniger gut. In D. RRH n° 321 steht in Zeile 9 *adepta*, wo es *adeptum* oder *adeptus* heißen müßte. In der Kanzleizeile ist bei *regisque* das *s* über der Zeile nachgetragen. D. RRH n° 325 ist fehlerfrei. Das gilt im wesentlichen auch für D. RRH n° 336, aber hier ist aus dem Konzept, das der Kanzlei aus dem Antiochenischen nach Akkon übersandt worden war (siehe oben S. 806), der Beurkundungsbefehl *volo ut fiat* stehen geblieben. Er hatte im Formular der damaligen Zeit keinen Platz, sondern war nur für den Geschäftsgang nötig. Im Ingrossat hätte er, wenn er irrigerweise übernommen wurde, bei der Schlußkontrolle eliminiert werden müssen. Außerdem heißt es in Zeile 7 *eo tenore et eādē*

---

21) Die Stelle scheint dem Schreiber Mühe bereitet zu haben, denn in seiner Kopie von D. RRH n° 57 schrieb er *hos quimque villanos*.

22) Vgl. das Stemma bei BRESC-BAUTIER, Cartulaire du St.-Sépulcre S. 18.

libertate[23]. Die beste Sicherung der Kanzlei gegen Schreibfehler war die dem Kanzleischreiber II von Haus aus eigene Sorgfalt. Aber da niemand fehlerfrei ist, bedurfte auch er einer Schlußkontrolle. Da sie unter Radulf A meßbar erfolgreicher war als unter Radulf B, ist zu vermuten, daß sie nicht vom Schreiber selbst, sondern vom Notar vorgenommen wurde[24].

6. Die Herkunft der Schrift

Es verbietet sich jeder Gedanke daran, daß der Kanzleischreiber II identisch gewesen sein könnte mit Radulf A, dieser also als Kanzler-Notar nicht nur seine eigenen Dictamina entworfen haben, sondern auch sein eigener Ingrossator gewesen sein könnte. Das ist weder eine englische noch eine flandrische Schrift[25]. Auch die äußeren Merkmale passen nicht auf einen Engländer. Schon die „charta transversa", in der der Kanzleischreiber II seine Diplome hielt, war in den englischen Königsurkunden, aber auch in den insularen Privaturkunden weitgehend unüblich[26]. Eine Linierung des Pergaments, wie sie der Kanzleischreiber II durchweg durchführte, war in England jedenfalls in den Königsurkunden völlig ungewöhnlich[27]. Vor allem aber gingen englische Urkundenschreiber in der königlichen Kanzlei ebenso wie in den bischöflichen Schreibstuben ganz knauserig mit ihrem Beschreibstoff um und ließen praktisch keine Ränder rechts und links[28].

---

23) Zu den nur kopial überlieferten Diplomen des Radulf B siehe oben S. 845 f.

24) Natürlich finden sich auch in den vom Schreiber II geschriebenen Privaturkunden Fehler. In RRH n° 379 steht *census, quem reddere solebant, ... persolvant*; vgl. auch unten S. 902. In RRH n° 572 liest man *seper* statt *semper*, in RRH n° 573 *asciscant* statt *asciscant*; vgl. die mustergültigen Editionen der beiden Stücke bei HIESTAND, Vorarbeiten 2, S. 237 n° 27, 239 n° 28. Zu RRH n° 409 (nur kopial überliefert) siehe unten S. 904.

25) Unter den 102 Abbildungen von englischen Urkunden des 12. Jh. bei SALTER, Early Charters ist nur eine einzige (n° 88), bei der man von den gleichen generellen Characteristica sprechen könnte wie beim Kanzleischreiber II, nämlich von einer kleinen, sehr ebenmäßigen, kräftigen Urkundenminuskel. Bei WARNER und ELLIS, Royal Charters Bd. 1, finde ich überhaupt nichts Vergleichbares.

26) BISHOP, Scriptores regis S. 15; CHENEY, English Bishops' Chanceries S. 45 f., wo gezeigt wird, daß die Entwicklung in der Bischofsurkunde seit den vierziger Jahren von der schon vorher nicht alleinherrschenden „charta transversa" wegging. Für die in England vorherrschende Form der Besiegelung „sur simple queue" ist das Querformat natürlich viel besser geeignet als das Hochformat.

27) Regesta regum Anglo-Normannorum 4, Taf. XLa.

28) BISHOP, Scriptores regis S. 15; Regesta regum Anglo-Normannorum 4, Taf.

Der Kanzleischreiber II von Jerusalem ließ dagegen generöse Ränder. Auch der Umstand, daß er den Ausstellernamen niemals nur mit der Initiale angibt, wie dies in England üblich war[29], und daß er anders als die Engländer die erste Zeile in einer verlängerten Schrift hielt, spricht deutlich gegen einen aus England stammenden oder wie der Kanzler Radulf mindestens dort lange tätig gewesenen Schreiber.

Ebenso wie ein englischer Schreiber fällt auch ein französischer von nördlich der Loire aus. Die Schrift des Kanzleischreibers II hat nichts gemein mit der durchaus schönen, aber doch viel kräftigeren – im Vergleich geradezu klobig zu nennenden –, der Buchschrift viel stärker verwandten nordfranzösischen diplomatischen Minuskel[30]. Für Nordfrankreich ist auch der aus der Papsturkunde stammende Zierrat an den Oberschäften von *f* und langem *s* zu früh (siehe oben S. 665 f.[31].

Natürlich muß man fragen, ob wir hier nicht etwa eine Schrift aus dem Rhôneraum vor uns haben, also die Schrift des Radulf B (= Stephan von Lyon). Mindestens im Reich um diese Zeit und in England und Sizilien schrieben die Notare die Ingrossate ja selbst, während es für Frankreich unklar ist. Auch verschwindet der Kanzleischreiber II um dieselbe Zeit aus der Kanzlei, als Stephan von Lyon die Geschäfte des Notars an Radulf C

XLIIIa. CHENEY, English Bishops' Chanceries S. 46. Alle Tafelwerke legen durchweg Zeugnis von diesem Charakteristikum ab, für das es eine verlockende Erklärung wäre, daß die Schreiber das Pergament auf eigene Kosten beschaffen mußten, verhielte es sich nicht so, daß die writs der Verwaltung, für die die Schreiber ja keine Taxen kassieren konnten, ebenso vollgeschrieben sind.

29) Durchgehend in den Königsurkunden, aber überwiegend auch in den bischöflichen. Siehe CHENEY, English Bishops' Chanceries S. 56; SALTMAN, Theobald of Canterbury S. 190.

30) Beispiele hierfür siehe oben S. 797. Wunderbare Beispiele in einer Urkunde des Abtes Suger von Saint-Denis, abgebildet im Musée des archives départementales, Taf. XXI n° 21, und in einem Diplom Ludwigs VII. für Jumièges von 1174, abgebildet im Recueil des fac-similés de chartes normandes, Taf. V. Ferner GASPARRI, L'écriture Taf. XIII–XIX, XXI f., XXIV, XXIX, XXXI f., XXXIV, XXXVIII, XL f. Auch andere nordfranzösische Urkundenschriften der Zeit sehen ganz anders aus als die Schrift des Kanzleischreibers II. Als Beispiel diene Ludwig VII. für Jumièges von 1152 bei CHEVREUX – VERNIER, Archives de Normandie Taf. XI, und Erzbischof Hugo von Rouen (1130–1164) für Saint-Wandrille, ebd. Taf. XII.

31) Gelegentlich kommt dieser Zierrat in den kapetingischen Diplomen natürlich vor, ein schönes Beispiel ist das Diplom Ludwigs VII. für St.-Père in Chartres von 1145 (LUCHAIRE, Etudes S. 150 n° 158; Original im Ms. lat. 9221 n° 10 der Nationalbibliothek Paris), doch beweisen die zurückhaltenden Äußerungen bei TESSIER, Diplomatique S. 213 zu diesem Thema, daß dies in den Kapetingerurkunden kein häufiges Phänomen war.

abgeben mußte. Aber die Anfänge ihrer Tätigkeit fallen in verschiedene
Zeiten. Der Notar Radulf A ist spätestens mit D. RRH n° 240 von 1146 in
der Kanzlei tätig, aber hier schrieb nicht der Kanzleischreiber II, sondern ein
italienischer Empfängerschreiber aus Josaphat. Dagegen kommt der Kanzleischreiber II erst 1152 in D. RRH n° 291 vor, während Radulf A gar erst
1155 von Stephan von Lyon als Notar abgelöst wurde. Auch war der Kanzleischreiber II ein ausgesprochener Kalligraph. Das benötigt Zeit, die ihm
dann für die Herstellung von Dictamina gefehlt hätte. Überall, wo die
Notare selbst mundierten, haftet ihren Produkten meist wenigstens ein
Hauch, eine Tendenz von Kursive an, also von einer raschen Schrift; sie
waren vielbeschäftigte Männer. Ganz deutlich springt das in England in die
Augen, aber auch die Schrifttafeln bei KOCH, Schrift der Reichskanzlei,
lassen dies fast durchgehend erkennen. Wibald von Stablo ist eine Ausnahme. Auch hätte der Kanzleischreiber II kaum derart lange Floskeln konzipiert, wenn er Diktator und Ingrossator in einem gewesen wäre (siehe
oben S. 858 Anm. 136). Und schließlich können wir den Kanzleischreiber II
auch als Diktator fassen in RRH n° 379. 409, als er nach seinem Ausscheiden aus der Kanzlei sich sein Brot mit der Herstellung von Privaturkunden
verdiente. Wir finden dort ein Diktat, das sich in manchem am Kanzleidiktat
der Zeit schulte, aber ganz charakteristische Abweichungen vom Diktat des
Radulf B hatte (siehe unten S. 899–906). Alles in allem bedeutet dies, daß wir
in der Schrift des Kanzleischreibers II weder die englische oder flandrische
Schrift des Radulf A noch die lyonnaisische Schrift des Radulf B vor uns
haben. Unter diesen beiden Notaren mundierte ein hauptamtlicher Kanzleischreiber, und die Notare fertigten keine Ingrossate an[32].

Auch für eine deutsche Schrift finden sich keine Anhaltspunkte, und die
Annahme eines deutschen Schreibers ist in dieser Zeit a priori unwahrscheinlich. Der Kapellan Friedrich war in der Königskanzlei Jerusalems der letzte
Lothringer. Auch auf eine flandrische Schrift findet sich kein Hinweis,
jedenfalls nicht in den zahlreichen Abbildungen von Urkunden des Lütticher
Bischofs Heinrich von Leez aus den Jahren 1145–1163, die Stiennon abgebildet hat[33].

Bei ebenmäßig und kraftvoll wirkenden Schriften, die dennoch klein und
zierlich sind, denkt man an Italien[34]. Die frühen normannischen Notare

---

32) In Tripolis, wo wir die Dinge etwas besser übersehen, waren mindestens zeitweise
die Diktatoren und die Schreiber personenverschieden; siehe oben S. 376 f. Für den
tripolitanischen Kanzler Matthaeus gilt dies nicht mehr, er diktierte und mundierte;
siehe unten Bd. 2, S. 217.

33) STIENNON, Ecriture diplomatique S. 211–229.

34) Auch GIULIO BATTELLI mit seiner unvergleichlichen Kenntnis italienischer

Jerusalems hatten Schriften, die so charakterisiert werden können, auch wenn sie die Anleihen bei der Papstschrift noch vermieden, dasselbe gilt für die Nachzeichnung des 12. Jahrhunderts von D. RRH n° 102 für Venedig in der Biblioteca Marciana und für die wenig späteren Kopien einzelner jerusalemitanischer Diplome für Pisa aus der zweiten Hälfte des 12. Jh. Natürlich fehlen auch in diesen notariellen Kopien die päpstlichen Einflüsse, aber die kleine kraftvolle Minuskel ist mutatis mutandis vergleichbar. Auch die Schrift der Diplome Rogers II. gehört in diesen Bereich, und zwar auch bei den Fälschungen, wenn man sich auch oft die exzessiven Oberlängen wegdenken muß. Dort findet man, zum Teil schon unter den Herzogen, aber erst recht seit Roger II., verlängerte Schrift für eine zeilenfüllende Invocatio, was auch in Jerusalem keineswegs neu war[35]. Hierbei wurde im normannischen Bereich besonders gern das epigraphische Kürzungszeichen in der Form eines flachgedrückten großen Omega verwendet, das auch der Kanzleischreiber II gern gebrauchte. Natürlich fand es auch in anderen Weltgegenden Verwendung, aber nicht so häufig wie in Italien[36]. Und wenigstens einmal, in dem außerhalb der Kanzlei entstandenen D. 48 Rogers II., dem feierlichen Stiftungsprivileg für die Cappella Palatina in Palermo, findet sich für die Namen von Mitgliedern der Dynastie und für gewisse Begriffe, die zum Königtum gehörten, eine unziale Auszeichnungsschrift wie beim Kanzleischreiber II. Das ist den Diplomen Rogers II. sonst fremd, erst recht aber der englischen und kapetingischen Königskanzlei. Das für den Kanzleischreiber II charakteristische lange s mit seiner Verschleifung des Oberschaftes findet sich in ähnlicher, wenn auch mit nur zwei Schaftberührungen weniger ausgeprägter Form bei den Zeitgenossen von Rogers Notar Wido[37]. An der

---

Schriften hält die Schrift des Kanzleischreibers II für italienisch (frdl. Mitteilung vom 29. 11. 1992).

35) D. RRH n° 90. RRH n° 101. D. spur. RRH n° 163. D. RRH n° 164. RRH n° 170. 173. 213. 215. D. RRH n° 240, womit ich mich beschränke auf die Produkte von Leuten, die auch für die Könige arbeiteten.

36) Es ist bezeichnend, daß der Notar Ekkehard A zur Zeit Lothars III., einer der versiertesten Kalligraphen der Reichskanzlei des 12. Jh., erst in Italien zum epigraphischen Kürzungszeichen fand, das er dann nicht nur in der Elongata, sondern auch im Context benutzte; siehe KOCH, Schrift der Reichskanzlei S. 51. Ansonsten kommt das epigraphische Kürzungszeichen in der Reichskanzlei des 12. Jh. nicht vor, weil die erste Zeile ja ganz überwiegend nicht gekürzt wurde. Auch im Kapetingerdiplom Ludwigs VI. und VII. war es nicht häufig. In den Tafeln bei GASPARRI, L'écriture, finde ich es nur in Taf. X n° 11, Taf. XXIV n° 26 und Taf. XXIX n° 32 aus den Jahren 1128–1160, alle drei für Pariser Empfänger.

37) D. Ro. II. †21 von 1132, im Archivio paleografico italiano 14 Taf. 1 als echt genommen; vgl. auch D. Ro. II. 35 von 1134 ebd. Taf. 2 und 3.

päpstlichen Kurie, wo es letztlich herkommt, findet man es seit Calixt II. und Honorius II.[38]. Unter Paschal II. sah die lange Form des *s* noch anders aus[39], unter Innocenz II. wurde es durchgehend schneller und daher nachlässiger geschrieben[40]. Auch Personennamen wie *Fredericus* statt *Fridericus* (DD. RRH n° 293. 321. 325), *Odo* (RRH n° 379), *Urricus*[41] würden einem Italiener entsprechen. Allerdings spricht die Form *Guischardus* in RRH n° 379 dagegen, denn mir ist aus dem normannischen Bereich nur die Form *Guiscardus* bekannt. So nennt sich der apulische Herzog in seinen eigenen Urkunden, und so heißt er in den Urkunden Rogers II. Auch im Hl. Land ist in den lateinischen Urkunden die benutzte Form überwiegend *Guiscardus* (RRH n° 388. 478. 493. 511. 524. 550. 586). *Guischardus* habe ich außer in RRH n° 379 nur noch in RRH n° 129a. 610. 1164 gefunden, dagegen steht in französischen Urkunden zweimal *Guiscart* (RRH n° 979. 989), zweimal aber *Guichard* (RRH n° 1204. 1247)[42].

7. Schreibertätigkeit nach Februar 1163

Nach dem Tode des Königs Balduin III. am 10. Februar 1163 wurde der Kanzleischreiber II sofort entlassen, denn bereits am 6. März 1163 schrieb (und diktierte) er in Jerusalem die Privaturkunde RRH n° 379. Dabei braucht man nicht damit zu rechnen, daß es direkt der Tod des Königs war, der den Schreiber stürzte. Vielmehr fiel er, weil der Notar Radulf B dem Radulf C weichen mußte und der Schreiber der Angestellte des Notars war.

Es wäre nun wirklich erstaunlich gewesen, wenn ein so außerordentlich fähiger Mann einfach von der Bildfläche verschwunden wäre, und in der Tat finden wir ihn später noch lange im Dienst der Johanniter, ohne daß sich sagen ließe, wann er dort angefangen hat, aber der Orden mit seiner großen Schreibstube wird wohl nicht allzu lange zugewartet haben, um sich die Dienste dieses Kalligraphen zu sichern. Allerdings können wir ihn erst Ende

---

38) VON PFLUGK-HARTTUNG, Specimina selecta Taf. 60–62 von 1123/1124, 1125/ 1126, 1126; Taf. 63 von 1125/1128.

39) Ebd. Taf. 49, 52.

40) Ebd. Taf. 66 von 1133 und 1135 und Taf. 70 von 1139–1143.

41) D. spur. RRH n° 276; vgl. *Orricus* in D. RRH n° 240, für das ich gleichfalls einen italienischen Schreiber vermute.

42) Ähnliches gilt vielleicht auch für die vom Kanzleischreiber II verwendete Form *Henfredus* und *Humfredus* mit anlautendem *H* in RRH n° 293. 321. 325. Das spricht jedenfalls gegen einen Italo-Normannen, einen Italiener schlechthin braucht es nicht auszuschließen.

1177 oder kurz danach bei den Johannitern feststellen. Auch ist nicht klar,
ob er bei den Johannitern eine besoldete Stelle hatte oder nur freiberuflich
für sie schrieb, so wie er zuvor auch für andere geistliche Institutionen
geschrieben und diktiert hatte (siehe unten S. 899). Sicher ist, daß er für die
Johanniter nur mundiert hat und ihnen keine Urkunden konzipierte, und
wenn wir sein Dictamen RRH n° 379 ansehen, so war das vielleicht auch
besser so. Wir haben aus dieser Zeit von seiner Hand nur zwei Originale, die
er für sie schrieb, und zwar den großen Vergleich von Februar 1179 mit dem
Templerorden in zwei Ausfertigungen (RRH n° 572. 573), und das sind
zugleich die letzten bekannten Produkte aus seiner Feder, die er seit 1152
volle 27 Jahre lang geführt hatte. Zuvor hatte er dem Orden zwei Kopien
von D. RRH n° 57 von 1110 geschrieben, ohne daß sich sagen ließe, in
welchem Jahr er dies tat. Da die eine davon (Johanniterarchiv Malta, Arch.
1 n° 4a) nur die eine Hälfte des Pergamentblattes füllte, kopierte er auf der
anderen Hälfte zwei Urkunden, die innerlich in Zusammenhang miteinander
stehen und beide 1177 ausgestellt wurden, nämlich den Verkauf des Schreiberamtes des Casales Bethduras (oder Betheras) an die Gräfin Konstanze von
St.-Gilles und die Bestätigung dieses Verkaufs durch den König (D. RRH
n° 545/I. RRH n° 546).

Das hatte vordergründig nichts mit dem Johanniterorden zu tun, faktisch
aber doch. Konstanze hätte nämlich 1176 das Casale gekauft, damals noch
mit Ausnahme des Schreiberamtes, aber nur um es alsbald dem Johanniterorden zu übertragen[43]. Die Originale von D. RRH n° 545/I. RRH n° 546
gingen wohl in das Archiv der Gräfin von St.-Gilles und von dort in das
Johanniterarchiv über, als sie das *scribanagium* des Dorfes auch noch an die
Johanniter gab. In Malta sind die beiden Urkunden original zwar nicht mehr
erhalten. Aber die gleichzeitige Bestätigung des Vorganges durch die Gräfin
Sibylle von Jaffa-Askalon (D. RRH n° 545/II) liegt heute noch als Original
im Johanniterarchiv in Malta, und RRH n° 546 war sowohl 1531 wie 1742
im Ordenszentralarchiv in der Provence[44], wobei es sich allerdings auch
um die hier erörterte Kopie gehandelt haben könnte; allerdings fehlt in den
beiden Archivinventaren D. RRH n° 545/I, dessen Kopie sich auf demselben
Pergamentblatt befindet wie diejenige von RRH n° 546. Aber selbst wenn
die Originale von D. RRH n° 545/I. RRH n° 546 auf Dauer bei Konstanze
verblieben sein sollten, die nach RRH n° 539 die Absicht zur Rückkehr
nach Europa hatte, ohne daß man wüßte, ob sie dies ausgeführt hat, so hätte

---

43) Kauf RRH n° 539, Übertragung RRH n° 503, das mit 1173 falsch datiert ist; zum
richtigen Datum siehe unten Bd. 2, Exkurs I, S. 871.

44) Departementalarchiv Marseille 56 H 68 fol. 580ʳ; DELAVILLE LE ROULX, Inventaire S. 62 n° 120.

der Orden in jedem Fall ein Interesse an Kopien der beiden Stücke gehabt, die er vom früheren Kanzleischreiber II ausführen ließ.

Die Schrift der oben S. 882 erwähnten Kopien und der Originale RRH n° 572. 573 ist weniger sorgfältig als in den Diplomen von 1152 bis 1163, aber in den Diplomen schrieb unser Mann eine diplomatische Minuskel, hier – auch in RRH n° 572. 573 mit Ausnahme der Kopfzeile in verlängerter Schrift – dagegen eine reine Buchschrift. Auch waren seit 1163 vierzehn Jahre vergangen, während deren wir von ihm kein annähernd oder exakt datiertes Schriftzeugnis mehr besitzen. Natürlich hatte sich seine Schrift in dieser Zeit weiterentwickelt, so gebrauchte er 1177 in den drei Kopien auf Arch. 1 n° 4 des Johanniterarchivs in Malta auch das *d* mit dem schrägen Schaft, aber dieselbe Schrift ist es dennoch, besonders deutlich erkennbar an der Verschleifung der Oberlängen von langem *s* und *f* in den Kopien von 1177. Nach 1179 wird der Schreiber dann wohl bald verstorben sein.

8. Dictamina des Kanzleischreibers II außerhalb der Kanzlei

Außerhalb der Kanzlei und nach seinem Ausscheiden aus derselben diktierte der Kanzleischreiber II zwei Privaturkunden, von denen er die erste auch mundierte, während die zweite nur kopial überliefert ist[45]:

Or. RRH n° 379   1163 März 6
     RRH n° 409   (1163 Februar 18 – 1164 Juli 16)

Während unter Robert zu Anfang des Reichs die Herstellung von Diplomen eine Art von Aushilfstätigkeit der Schreibstube des Hl. Grabes gewesen war und noch Elias A neben seiner Hilfstätigkeit in der Kanzlei reichlich Privaturkunden geschrieben hatte, hörte diese Art von Tätigkeit unter dem Kanzler Radulf von Bethlehem auf. Das mag etwas mit vermehrtem Arbeitsanfall zu tun haben, mehr vielleicht damit, daß sich hochmögende Herren ihre eigenen Kanzler und Kapelläne hielten[46], aber am meisten sicherlich damit, daß die Kanzlei unter dem Kanzler Radulf von Bethlehem zu einer Institution wurde, die ausschließlich den Zwecken der Zentralregierung diente. Das heißt nicht, daß man die Privaturkundenherstellung ganz aus dem Auge verloren hätte, aber man wird nur noch solche Privaturkunden geschrieben haben, bei denen der König ohnehin ein Bestätigungsdiplom auszustellen hatte. Wurden die private und die königliche Rechtshandlung

---

45) Zu den Daten siehe unten Bd. 2, Exkurs I, S. 866, 868.

46) Zu den Kanzlern siehe unten Bd. 2, Exkurs III, S. 921. Zu den Kapellänen MAYER, Hofkapelle S. 492 und DERS., Schenkung Heinrichs des Löwen S. 318 Anm. 45.

gleichzeitig beurkundet, so bedeutete dieses Verfahren nur für den Kanzleischreiber die doppelte Arbeit. Für den Notar sah die Sache anders aus, da in
solchen Fällen die beiden Urkunden weitgehend gleichlauteten und nur der
Rahmen anders aussah. Der Notar hatte gewissermaßen nur die anderthalb-
fache Arbeit, wurde aber zweimal bezahlt, denn natürlich gab es auch Privaturkunden nicht umsonst, auch wenn sie billiger gewesen sein mögen als
Diplome. Für den Empfänger wurde die Privaturkunde wohl teurer als beim
professionellen Privaturkundenschreiber, aber dafür war ihm, der – soweit
Laie – häufig ja nicht lesen konnte, die Übereinstimmung mit dem Bestätigungsdiplom und überhaupt die Sorgfalt der Kanzlei garantiert.

Wir haben nicht einmal für diese eingeschränkte Tätigkeit der Kanzlei für
Dritte ein praktisches Beispiel. RRH n° 301. DD. RRH n° 300. 299, die in
dieser Reihenfolge entstanden, scheinen zwar zuerst darauf hinzudeuten, da
sie alle einschließlich der Urkunde Hugos von Ibelin RRH n° 301 vom
Kanzler Radulf unterfertigt und außerdem vom gleichen Tag datiert sind.
Aber dieser Eindruck täuscht, denn nicht nur liegt das Diplom D. RRH
n° 299 leicht später als RRH n° 301. D. RRH n° 300, sondern es war auch
im Diplom D. RRH n° 299 ein anderer Diktator am Werk als in den beiden
anderen Stücken (siehe oben S. 744–747 und unten Bd. 2, Exkurs I, S. 862 zu
D. RRH n° 299). Wohl aber stammen RRH n° 301. D. RRH n° 300 vom
selben Diktator, nämlich von Radulf C, der damals das Urkundenwesen des
Grafen von Askalon leitete und von diesem, als er König wurde, in die
Königskanzlei berufen wurde. Obwohl die beiden Stücke in die Grafenzeit
gehören, liegt hier doch wenigstens im Umfeld des Königshauses und seiner
Kanzlei ein Fall vor, wie ich ihn suche. Der hier entwickelten Theorie
entspricht es, daß die Königskanzlei nicht tätig wurde, wenn das Bestätigungsdiplom des Königs der privaten Rechtshandlung und deren Beurkundung vorausging (D. RRH n° 368. RRH n° 369) oder wenn die Bestätigung
des Königs erst mit langer zeitlicher Verzögerung erfolgte (RRH n° 333.
D. RRH n° 352).

Man meint zunächst, in RRH n° 379 einen Fall vor sich zu haben, in
dem Radulf B eine Privaturkunde schrieb. Darin verkaufte der Prior Adam
von St. Abraham (Hebron) am 6. März 1163[47] einem gewissen Petrus Iai[48]
ein Casale im Antiochenischen. Drei Jahre später war Petrus tot, und zur
Bezahlung seiner Schulden wurde der Nachlaß öffentlich versteigert und von

---

47) Zum Datum siehe unten Bd. 2, Exkurs I, S. 866.

48) Gayus und Gay in RRH n° 424. 550. Vielleicht war er ein Engländer, denn 1153
verglich sich ein Stephan Gai vor dem Thronfolger Heinrich (II.) über das Erbe seiner
Frau, die zuvor mit dem bekannten Johann FitzGilbert, dem Marschall Heinrichs I.
und Stephans, verheiratet gewesen war; Regesta regum Anglo-Normannorum 3 n° 339.

den Johannitern angekauft, die sich noch 1177 prozessual mit seinen Erben auseinanderzusetzen hatten (RRH n° 424. 550).

Das Stück stammt klar von der Hand des Kanzleischreibers II, und wäre das Diktat von Radulf B, so müßten wir diesen mit dem Kanzleischreiber identifizieren (siehe zu dieser Frage oben S. 894 f.). In dem Stück stehen deutliche Anklänge an das Kanzleidiktat zur Zeit des Radulf B, teilweise auch schon des Radulf A. Dazu gehören die salvatorische Klausel *salvo tamen iure uxoris Willelmi Hostiarii* und *salvo iure nostro*[49]. Bei Radulf A heißt es in D. RRH n° 281 *salvo tamen iure regio* und in dem schon von Radulf B mitbeeinflußten D. RRH n° 309 gleichfalls *salvo tamen regio iure*, wiederholt bei Radulf B in D. RRH n° 354 sowie in D. RRH n° 366 (Modell des Radulf B) *salvo tamen regiae maiestati servitio... et salvis etiam Beduinis meis omnibus... salvisque mihi omnibus caravanis.* Heißt es in RRH n° 379 *hoc tamen pacto,* so steht bei Radulf B in RRH n° 341 *tali quidem pacto,* in D. RRH n° 366 *hoc etiam fuit in pactis* und in D. RRH n° 368 *in pactis habuerunt.*

Das sind natürlich Allgemeinheiten der Urkundensprache. Weniger allgemein für das Hl. Land ist *potestas et dominium* in RRH n° 379. *Dominium* war früher schon vorgekommen (siehe unten Bd. 2, S. 81), aber nur selten[50], aber von einiger Häufigkeit wurde es erst zur Zeit des Radulf B[51] und des Radulf C[52], so daß das Vorkommen in D. RRH n° 379 schon einigermaßen ins Auge sticht. *Potestas et dominium* kommt überhaupt sonst nur noch dreimal vor, am Hl. Grab in RRH n° 58 und wie hier als *potestatem et dominium exercere* in RRH n° 272 von 1158/1159[53], das andere Mal ebenfalls am Hl. Grab als *in potestatem et dominium nostrum redire* in RRH n° 351 von 1160, was ein Jahrzehnt zuvor in D. RRH n° 256 noch geheißen hatte *in potestatem et dispositionem regni reverti.*

Mit *de quo hic agitur* sind wir in RRH n° 379 mitten im Diktat des Radulf B, der das *de quo agitur* des Radulf A noch um *hic* erweitert hatte (siehe oben S. 875), und erst dies gibt dann den bisherigen Beobachtungen ein brauchbares Relief. Ebenso ist der erste der beiden Nachträge in RRH n° 379 in seinem ersten Teil *(Hoc praeterea silentio praeteriri consilium non fuit)* anfänglich schönster Radulf B. Dies ist an sich literarisch ungemein

---

49) Zur salvatorischen Klausel siehe oben S. 589 f.

50) D. RRH n° 59. RRH n° 112 = 113/114. 131. 212 = 236. 272.

51) DD. RRH n° 299 (nach VU. D. RRH n° 300). 352. 353. 366. 368, vgl. auch D. RRH n° 313. Ferner RRH n° 351. 369. 371.

52) RRH n° 301. DD. RRH n° 300. 332. RRH n° 333. 448; vgl. auch D. RRH n° 477 des tripolitanischen Kanzlers Matthaeus.

53) Zum Datum siehe BRESC-BAUTIER, Cartulaire du St.-Sépulcre S. 247 Anm. 1.

häufig, urkundensprachlich aber viel seltener. In D. RRH n° 368 aber findet man *Hoc autem, quod praescriptus Iohannes et filius eius Ancherius canonicis, de quibus agitur, in pactis habuerunt, silentio praeteriri nolo.*

Aber daneben stehen in RRH n° 379 Ausdrücke, die sich Radulf B niemals geleistet hätte. Das beginnt mit *omni occasione sublata libere et quiete deinceps persolvant* und *res praedicta* (statt besser *praedictae*), *vicelicet casale et domus ... , ad Petrum ... libere ac quiete et sine alicuius contradictione et calumnia revertetur.* Die zweite Stelle ist zwar richtig gebraucht, aber in der Wortwahl nicht Radulf B. Bei der ersten ist *omni occasione* gleichfalls nicht Radulf B, sondern eher Radulf C, aber *sublata* kommt bei beiden nicht vor (siehe dazu oben S. 864 f. und unten Bd. 2, S. 131), und überdies ist der Sinn der Klausel völlig verfehlt, die immer auf den freien Besitz von etwas geht, nicht aber auf eine nunmehr an einen anderen Empfänger zu zahlende Bringschuld. *Libere et quiete* läßt sich begrifflich mit einer geforderten Leistung nicht vereinbaren. Wenig später begegnet man in RRH n° 379 *praedicta* im üblicheren Plural, aber das ist nur von kurzer Dauer: *Si autem praedicta, de quibus* (also *praedicta* = Plural) *locuti sumus, vendi contigerit, praetaxatus Petrus suique post ipsum haeredes nobis prius significabunt,* aber dann geht es weiter: *et si eam* (also *praedicta* = Singular) *retinere voluerimus...* Die Kanzlei hätte alles in den Plural gesetzt und hätte geschrieben *Si autem haec omnia praedicta, de quibus locuti sumus...* Es geht weiter mit *cum duabus praeterea domibus,* was die Kanzlei so nie geschrieben hätte. Erst recht nicht hätte sie von diesen Häusern geschrieben *quarum una erga sanctam Mariam Rotundam, altera vero erga domum comitisse de Cereph posita est.* Ich kann mich nicht erinnern, jemals in den Urkunden des Hl. Landes sonst *erga* in dieser räumlichen Bedeutung gelesen zu haben, obwohl sie die ursprüngliche ist. Ebenso wenig kann *et eiusdem unius solius haeredis* sowie *ipsius unus solus haeres* als kanzleigemäß gelten; *unius* und *unus* sind überflüssig. *Suoque praecepto* für „seinem Boten" liest man in Kanzleiprodukten nie; die gängigen Ausdrücke im Hl. Land waren *nuntius* oder *internuntius.* Die Wendung *Censum, quem diximus,* ist schrecklich und wurde in derselben Urkunde an anderer Stelle mit *praedicta, de quibus locuti sumus,* viel besser gelöst (siehe dazu oben S. 783). Aber es ist wenigstens grammatisch in Ordnung. Wenige Zeilen zuvor steht jedoch *census, quem reddere solebant, ... persolvant,* und das ist nicht mehr zu retten, wegen *quem* auch nicht mit *census* als Plural, was ohnehin selten ist, aber vorkommt[54]. Nicht besser als der verunglückte Rückweis ist *consilium non fuit* und *ex annuo censu. Nolo* und *annuatim* wären angebracht gewesen. Auch hätte Radulf B nie geschrieben *Petrus Iai*

---

54) RRH n° 421 mehrfach *domus, quae sunt ad census* und ähnlich.

suique in perpetuum haeredes ... persolvent, sondern *suique haeredes in perpetuum persolvent.* Hier liegt eine verunglückte Imitation der bei Radulf B so beliebten Hyperbata vor. Da so viel gegen Radulf B spricht, wundert es einen nicht mehr, daß dessen bevorzugtes *memoratus* in RRH nᵒ 379 nicht ein einziges Mal vorkommt, obwohl im Grundsatz die von ihm und Radulf A gepflegte Formenvielfalt der Rückverweise mit dreimal *praefatus,* zweimal *saepefatus* und *praedictus,* einmal *praetaxatus* durchaus nachgeahmt wird.

Etwa um dieselbe Zeit, aber nicht später als 16. Juli 1164 diktierte der Kanzleischreiber II auch RRH nᵒ 409 für den orthodoxen Abt Meletos von der Laura von St. Sabas, der dem Hl. Grab drei Gastinen verkaufte, die die Königin Melisendis dem Kloster geschenkt hatte. Den Kaufpreis verwendete Meletos sofort dazu, vom König ein Casale zu kaufen. Man versteht zwar nicht so recht, warum nicht der Empfänger, der Prior Nikolaus vom Hl. Grab, dem Meletos diese Urkunde aufsetzen ließ, aber sonst haben wir einen zu RRH nᵒ 379 ganz ähnlichen Vorgang. Beide Male diktierte der Kanzleischreiber II – wohl in Jerusalem – eine Privaturkunde für einen geistlichen Aussteller, der entweder wie der Prior von Hebron, das ja noch kein Bistum war, selbst keinen eigenen Urkundenschreiber hatte oder wie der orthodoxe Abt Meletos sich mit lateinischem Urkundenwesen kaum auskannte. In beiden Stücken fehlt die Arenga[55]. Die Promulgatio ist mit *Notum sit omnibus tam futuris quam praesentibus* identisch, während Radulf A meist *tam praesentibus quam futuris* schrieb (siehe oben S. 849), aber diese Promulgatio ist natürlich zu sehr Alltagsware, als daß sie beweiskräftig wäre. Anders ist es mit Intitulatio und Devotionsformel, die nicht nur untereinander identisch, sondern bei der Devotionsformel auch von Radulf B, also von der Kanzlei, verschieden sind:

RRH nᵒ 379	RRH nᵒ 409
quod ego Adam dei gratia ecclesiae sancti Abrahae prior et universus eiusdem ecclesiae conventus	*quod ego Miletus dei gratia ecclesiae sancti Sabae abbas et universus conventus monachorum fratrum nostrorum*

Beide Stücke haben am Ende Nachträge, nicht in der Sache, wohl aber in der Form, RRH nᵒ 379 zwei, RRH nᵒ 409 einen. Der erste in RRH nᵒ 379 ist eine am Ende verunglückte Nachahmung des Radulf B: *Hoc praeterea*

---

55) Die Invocatio dürfte in RRH nᵒ 409 dem Chartularschreiber zum Opfer gefallen sein.

silentio praeteriri consilium non fuit, quoniam ... Der zweite hat promulga-
tionsartigen Charakter: *Notandum est siquidem, quod* ..., und einem derartigen Gebilde begegnet man auch in RRH n° 409: *Praeterea innotescat
omnibus, quod* ... Auch Ungelenkes und Falsches findet sich in RRH n° 409,
wie ich dies schon für RRH n° 379 vorführte. *Eminus* statt *emimus* wird ein
Schreibfehler des Chartulars sein. Aber während eingangs die mönchische
Gemeinschaft von St. Sabas richtig als *conventus monachorum* bezeichnet
wird, heißt sie in der Konsensklausel falsch *capitulum*, und falsch ist auch die
adjektivische Verwendung von *elemosina (praedictam terram elemosinam)*,
während *pro elemosina XXIII panum emptorum* zwar nicht falsch, aber
wirklich auch nicht schön ist.

Hier und dort ist es die gleiche Machart. Das ungeschickt nachgeahmte
Vorbild ist einerseits – in RRH n° 379 mehr als in RRH n° 409 – das Kanzleidiktat des Radulf B, aus dem dann im Gegensatz zu RRH n° 379 in RRH
n° 409 auch *memoratus* begegnet, andererseits aber sind es die am Hl. Grab
geschriebenen Privaturkunden der Zeit um 1160, auch dies mehr in RRH
n° 379. Zu diesen letzteren Diktatelementen gehört die Nennung von *prior
totusque conventus* (RRH n° 362. 345. 346, dagegen nur Konsens des Kapitels
RRH n° 343. 349. 350. 351 an derselben Stelle des Formulars), die detaillierten Verkaufsregelungen (RRH n° 343. 345. 346. 349. 350. 362; vgl. schon
RRH n° 295), oft wie in RRH n° 379 mit einem Vorkaufsrecht des Ausstellers (RRH n° 343. 346. 349. 350; vgl. schon RRH n° 295). Besonders dicht
aneinander sind RRH n° 343. 379:

RRH n° 343	RRH n° 379
Si domum illam vendere volue-rint, primum nobis venalem offerrent; quam si retinere volueri-mus, marcham argenti levius habebimus; sin autem, cuicumque dare seu vendere voluerint omni-bus militibus atque ecclesiis peni-tus exceptis salvo praenominato censu licentiam habeant.	*Si autem praedicta, de quibus locuti sumus, vendi contigerit, ... nobis prius significabunt et, si eam retinere voluerimus, eodem pretio quo alii habere debemus; sin autem, cuicum-que voluerint eis vendere invadiare dare,* *salvo iure nostro liceat.*

Weiter muß die salvatorische Klausel verglichen werden, neben den
beiden soeben zitierten Beispielen noch *salvo praenominato censu et nostro
iure (nostra donatione* RRH n° 349) RRH n° 345. 349. 350, die keineswegs
selbstverständliche Angabe des Tages und des Monats nach dem römischen
Kalender (RRH n° 343. 345. 346. 349. 350. 351, dort aber stets vor dem
a. inc., in RRH n° 379 danach), der schon oben S. 901 behandelte Ausdruck

potestatem et (vel) dominium exercere in RRH n° 272. 379; vgl. *in potestatem et dominium nostrum redire* RRH n° 351 und die Vorliebe für *licentia* oder *licere* (RRH n° 343. 346. 349. 350. 362. 379).

Die Frage drängt sich natürlich auf, ob nicht etwa diese Urkunden des Chorherrenstifts vom Hl. Grab auch vom Kanzleischreiber II diktiert sein könnten, der dann schon in seiner Kanzleizeit Privaturkunden diktiert hätte, aber in Wahrheit hat er diese Urkunden nur teilweise imitiert. Zunächst sind die Produkte der Schreibstube der Grabeskirche sprachlich in Ordnung, was man von den Dictamina des Kanzleischreibers II wirklich nicht behaupten kann. Zum anderen verbindet sich am Hl. Grab mit dem einwandfreien Diktat auch eine Freude an der Variation, die nirgends deutlicher hervortritt als in der Promulgatio. Hier hatte der Kanzleischreiber II sein zwar herkömmliches, aber einfallsloses *Notum sit omnibus tam futuris quam praesentibus* (RRH n° 379. 409, in der anderen Gruppe nur RRH n° 362). Daneben begegnen wir aber in der Urkundengruppe des Hl. Grabs noch *Notum sit omnibus dominicae vineae cultoribus* (RRH n° 343), *Omnibus sanctae matris ecclesiae filiis liquescat* (RRH n° 345), *Pateat omnibus hoc audientibus* (RRH n° 346. 349. 350), *Omnibus sanctae matris ecclesiae filiis patens et liquidum fiat* (RRH n° 351) und *Notum sit omnibus commanentibus in civitate sancta Ierusalem* in RRH n° 295, wenn dieses Stück schon zu der Gruppe gehört. Die Intitulatio in der Gruppe ist anders als bei RRH n° 379. 409 stets ohne Devotionsformel (RRH n° 295. 271. 340. 362. 343. 345. 346. 349. 350. 351).

Nicht alle dieser Urkunden werden einem Diktator zuzuschreiben sein, auch wenn sie insgesamt den damaligen Usus der Schreibstube der Grabeskirche reflektieren, aber ganz bestimmt werden RRH n° 343. 345. 346. 349. 350. 351 durch drei Worte zu einer Diktatgruppe zusammengeschweißt, die bei den beiden Dictamina des Kanzleischreibers II nicht vorkommen, nämlich *consimilis burgensis* (alle außer RRH n° 343. 351) und *addimus* (alle außer RRH n° 346. 350). In D. RRH n° 309 kommt einmal in der Kanzlei *cum consimili decima* vor, hat dort aber keine tiefere sachliche Bedeutung. Anders steht es mit dem *consimilis burgensis* in der Diktatgruppe des Hl. Grabes. Ich habe oben S. 904 schon verwiesen auf die detaillierten Verkaufsregelungen in der Gruppe. Neben den Vorkaufsrechten finden sich darin aber auch Verkaufsverbote an Ritterorden, kirchliche Institutionen, ja sogar an einfache Ritter, aber explizit nur in RRH n° 295. 362. 343. Das Verbot des Verkaufs an simple Ritter ist nicht einfach zu verstehen, aber es handelte sich ja nicht um echte Verkäufe, sondern um Verkäufe von Zinsgut, und hier befürchtete das Hl. Grab Schwierigkeiten bei der Zinszahlung seitens des weltlichen Adels (RRH n° 362: *nec tamen Templariis vel Hospitalariis sive alicui ecclesiae vel militibus vel alicui, unde dampnum ecclesia incurrere possit, vendere licebit*). Dagegen war das Verkaufsverbot an die Kirche und die

Ritterorden, insbesondere für Lehnsbesitz, aber auch für anderes Gut, allgemein üblich, um der endlosen Besitzausdehnung der Kirche Einhalt zu gebieten – im wesentlichen natürlich ohne Erfolg. Das wird meist nicht eigens gesagt, weil es ein allgemeines Rechtsprinzip war, aber hier ist das Verkaufsverbot inklusive desjenigen an den weltlichen Adel in RRH n° 345. 346. 349. 350 durchaus auch vorhanden, nur indirekt, nämlich in der Form einer ausdrücklichen Erlaubnis, einem *consimilis burgensis* – aber eben nur diesem – zu verkaufen, eine sehr konzise und höchst elegante Form des Verkaufsverbotes.

Auch *addimus* ist ein sehr konkretes Diktatmerkmal, denn am Hl. Grab hätte man eher das aus der Papsturkunde vertraute *adicimus* erwartet, und in der Tat tritt dieses auf, sowie am Hl. Grab der Diktator wechselt, nämlich *adicimus ad hoc* RRH n° 377. 425 und zwar *addimus* in RRH n° 418, aber in derselben Urkunde auch *Ad hec adicimus et concedimus*, was ebenso in RRH n° 377 steht, und diese beiden Urkunden werden auch verbunden durch eine andere sehr charakteristische Formel, in der vor allem das im Osten seltene Wort *francus* auffällt (*habeant solutas quietas et francas et ab omni exactione et pravo usatico liberas* RRH n° 377 und *soluta et quieta, franca et libera et ab omni exactione et pravo usatico immunia* RRH n° 418).

Das Resultat der Untersuchung ist eindeutig: Nach seiner Entlassung aus der Kanzlei und vor der Aufnahme seiner reinen Schreibertätigkeit für die Johanniter, die bis 1179 währte, brachte sich der Kanzleischreiber II mit dem Diktat von Privaturkunden für Aussteller ohne eigenen leistungsfähigen Urkundenmann durch. Dabei schulte er sich einerseits an dem ihm geläufigen Kanzleidiktat, ohne es je zu erreichen, andererseits an den zeitgenössischen Urkunden des Chorherrenstifts des Hl. Grabes, die er aber nicht diktierte, sondern die ihm nur Modell waren, und auch hier erreichte er weder ihre konzise Eleganz noch ihre partielle Vielfalt. Fehler und ungelenke Formulierungen kennzeichnen sein Diktat, und da mindestens sehr bald in dem Magister Lambert ein sehr tüchtiger 'freiberuflicher' Urkundenschreiber in Jerusalem zur Verfügung stehen sollte, wo allem Anschein nach auch der Kanzleischreiber II sein eigenes Gewerbe betrieb[56], ist es nicht verwunderlich, daß er sich im Gewerbe des Diktators nicht halten konnte. Als Diktator war er bestenfalls Mittelmaß. Seine Stärke war die Schrift, und auch das ist nicht verwunderlich, daß er hier noch geraume Zeit bei den Johannitern reussierte.

---

56) Siehe die Zeugenliste von RRH n° 379, ebenso die gerade vorgeführte Beeinflussung durch Urkunden des Hl. Grabes.